Rechnerarchitektur

Von der digitalen Logik zum Parallelrechner

6., aktualisierte Auflage

Andrew S. Tanenbaum
Todd Austin

Pearson

Bibliografische Information der Deutschen Nationalbibliothek

Die Deutsche Nationalbibliothek verzeichnet diese Publikation in der Deutschen Nationalbibliografie; detaillierte bibliografische Daten sind im Internet über *http://dnb.dnb.de* abrufbar.

10 9

25 24

ISBN 978-3-86894-238-5 (Buch)
ISBN 978-3-86326-687-5 (E-Book)

www.pearson.de
A part of Pearson plc worldwide

Programmleitung: Birger Peil, bpeil@pearson.de
Übersetzung: Frank Langenau, Dresden
Fachlektorat: Prof. Dr. Michael Gerndt, TU München
Korrektorat: Katharine Pieper, Berlin
Herstellung: Claudia Bäurle, cbaeurle@pearson.de
Satz: Nadine Krumm, mediaService, Siegen (www.mediaservice.tv)
Coverdesign: Martin Horngacher, München
Coverabbildung: Fotolia.com
Druck und Verarbeitung: CPI books GmbH, Leck

Printed in Germany

Inhaltsverzeichnis

Vorwort Originalausgabe

Die ersten fünf Auflagen dieses Buchs basierten auf der Vorstellung, dass sich ein Computer als Hierarchie betrachten lässt, deren Ebenen jeweils eine genau definierte Funktion erfüllen. Dieses grundlegende Konzept ist heute genauso gültig wie bei der Erstauflage dieses Buchs. Deshalb wurde es auch in dieser sechsten Auflage beibehalten. Wie in den ersten fünf Auflagen werden die Ebene der digitalen Logik, die Ebene der Mikroarchitektur, die ISA-Ebene (d.h. die Ebene der Befehlssatzarchitektur), die Ebene der Betriebssystemmaschine und die Ebene der Assemblersprache ausführlich behandelt.

Obwohl die Grundstruktur gleich geblieben ist, weist die sechste Auflage viele kleine und große Änderungen auf, die sich zwangsläufig durch den schnellen Wandel in der Computerindustrie ergeben haben. So wurden alle Beispielmaschinen bzw. Prozessoren in diesem Buch dem aktuellen Stand entsprechend gewählt – Intel Core i7, Texas Instruments OMAP4430 und Atmel ATmega168. Der Core i7 ist ein Beispiel für eine bei Laptop- und Desktopcomputern sowie Servern weit verbreitete CPU. Der OMAP4430 liefert ein Beispiel für eine verbreitete ARM-basierte CPU, die man vor allem in Smartphones und Tablet-PCs findet.

Auch wenn Ihnen der Mikrocontroller ATmega168 unbekannt sein dürfte, sicherlich haben Sie schon oft damit interagiert. Der AVR-basierte Mikrocontroller ATmega168 ist in vielen eingebetteten Systemen zu finden – von Uhrenradios bis hin zu Mikrowellenherden. Eingebettete Systeme sind stark im Kommen. Die Wahl fällt dabei häufig auf den weit verbreiteten ATmega168, was mit seinem äußerst geringen Preis (der im Cent-Bereich liegt), dem reichhaltigen Angebot an Software und Peripheriebauelementen sowie der riesigen Schar von Programmierern zusammenhängt. Die Anzahl der weltweit verbauten ATmega168-Controller übersteigt die Anzahl der Core i3-, i5- und i7-CPUs um mehrere Größenordnungen. Zudem ist der ATmega168 im Einkartenrechner Arduino enthalten, einem bekannten Amateur-System, das von einer italienischen Universität konzipiert wurde und weniger als ein Mittagessen in einem Pizza-Restaurant kosten sollte.

In den letzten Jahren haben viele Dozenten wiederholt nach Material für die Programmierung in Assemblersprache gefragt. Mit der sechsten Auflage steht dieses Material nun auf der buchbegleitenden Website zur Verfügung, wo es sich problemlos erweitern und auf dem neuesten Stand halten lässt. Als Basis wurde die Assemblersprache für den Prozessor 8088 gewählt, da sie letztlich eine abgespeckte Version des stark verbreiteten IA32-Befehlssatzes darstellt, den auch der Prozessor Core i7 verwendet. Wir hätten uns auch für den Befehlssatz der ARM- oder AVR-Prozessoren oder einer anderen ISA-Architektur entscheiden können, die fast niemandem bekannt ist, doch stellt der 8088 im Hinblick auf die Motivation eine bessere Wahl dar, da viele Studenten einen Rechner mit einer 8088-kompatiblen CPU zu Hause stehen haben. Der vollständige Befehlssatz des Core i7 ist für Studenten viel zu komplex, um ihn im Detail verstehen zu können. Der 8088 ist ähnlich, aber viel einfacher.

EXTRAS ONLINE Lösungen

Darüber hinaus ist der Core i7, mit dem sich diese Ausgabe des Buchs ausführlich beschäftigt, in der Lage, 8088-Programme auszuführen. Da allerdings das Debuggen von Assemblercode recht schwierig ist, haben wir einen Satz von Werkzeugen zusammengestellt, der die Beschäftigung mit der Assemblersprache erleichtern soll. Hierzu gehören ein Assemblierer, ein Simulator und ein Tracer für den 8088. Diese Werkzeuge sind für Windows, UNIX und Linux auf der Website verfügbar.

Der Umfang dieses Buchs hat mit den Jahren zugenommen – gegenüber der ersten Ausgabe des Buchs ist die Seitenanzahl fast doppelt so groß. Solche Erweiterungen sind natürlich unvermeidbar, wenn sich ein Gebiet weiterentwickelt. Das kann allerdings auch bedeuten, dass das Buch in einem einzigen Kurs (sprich Semester) nicht ganz durchgearbeitet werden kann. Ein möglicher Ansatz ist es, die Kapitel 1, 2 und 3 sowie den ersten Teil von Kapitel 4 (bis einschließlich Abschnitt 4.4) und Kapitel 5 als absolutes Minimum in einen Kurs zu packen. Soweit noch Zeit verbleibt, kann der Rest von Kapitel 4 mit Teilen der Kapitel 6, 7 und 8 in Angriff genommen werden. Dies hängt natürlich von den Interessen des Dozenten und der Studenten ab.

Die folgenden Absätze beschreiben kurz die wesentlichen Änderungen seit der fünften Ausgabe. **Kapitel 1** enthält immer noch einen Überblick über die Geschichte von Rechnerarchitekturen und betont dabei, wie wir den heutigen Stand der Technik erreicht und welche Höhepunkte wir auf dem Weg dorthin erlebt haben. Für viele Studenten dürfte es überraschend sein zu erfahren, dass die weltweit leistungsfähigsten Computer der 1960er Jahre, die Millionen von US-Dollar kosteten, weit weniger als 1 Prozent der Rechenleistung moderner Smartphones erreichten. Wir gehen auch auf das vergrößerte Spektrum heutiger Computer ein – unter anderem FPGAs, Smartphones, Tablet-PCs und Spielkonsolen. Außerdem führt das Kapitel in die drei neuen Beispielarchitekturen ein (Core i7, OMAP4430 und ATmega168).

In **Kapitel 2** wurde der Stoff zu den Verarbeitungsarten erweitert und berücksichtigt jetzt auch Parallelprozessoren einschließlich Grafikprozessoren (Graphic Processing Units, GPUs). Die Palette der Speichertechnologien wurde ebenfalls erweitert, um der zunehmenden Popularität Flash-basierter Speicherbausteine Rechnung zu tragen. Neuer Stoff ist auch in den Abschnitt zur Ein-/Ausgabe eingeflossen. Wir gehen ausführlich auf moderne Spielcontroller ein, einschließlich der Wii-Fernbedienung (kurz Wiimote) und der Kinect sowie der Touchscreens, die in Smartphones und Tablet-PCs eingesetzt werden.

Kapitel 3 hat an mehreren Stellen eine Überarbeitung erfahren. Gleich geblieben ist der Anfang des Kapitels, der die Funktionsweise von Transistoren erläutert. Anhand der hier vermittelten Grundlagen sind selbst Studenten ohne Hintergrundwissen zur Hardware in der Lage, die Arbeitsprinzipien eines modernen Computers zu verstehen. Neu sind die Abschnitte zu FPGAs (Field Programmable Gate Arrays). Diese programmierbaren Gatteranordnungen bringen echte Einsparungen bei den Entwurfskosten auf Gatterebene, sodass sie heute auch im Unterricht verbreitet sind. Die drei neuen Beispielarchitekturen werden hier im Überblick beschrieben.

Kapitel 4 hat schon von Anfang an beschrieben, wie ein Computer tatsächlich funktioniert, sodass der größte Teil seit der fünften Ausgabe unverändert geblieben ist. Allerdings gibt es einige neue Abschnitte, die sich mit der Mikroarchitekturebene der Prozessoren Core i7, OMAP4430 und ATmega168 beschäftigen.

Die **Kapitel 5** und **6** wurden im Hinblick auf die neuen Beispielarchitekturen überarbeitet. Insbesondere enthalten sie neue Abschnitte, die die ARM- und AVR-Befehlssätze beschreiben. **Kapitel 6** verwendet nun Windows 7 statt Windows XP als Beispiel.

Kapitel 7 zur Programmierung in Assemblersprache ist gegenüber der fünften Ausgabe weitgehend unverändert geblieben.

Kapitel 8 hat viele Überarbeitungen erfahren, um neue Entwicklungen auf dem Gebiet der Parallelcomputer widerzuspiegeln. Dazu gehören ausführliche Erläuterungen zur Multiprozessor-Architektur des Core i7 und zur Architektur des Allzweck-Grafikprozessors *Fermi* von NVIDIA. Schließlich wurden die Abschnitte zu den Supercomputern BlueGene und

Red Storm aktualisiert, um die jüngsten Weiterentwicklungen dieser gewaltigen Maschinen darzustellen.

Kapitel 9 hat sich geändert. Die empfohlene Literatur ist auf die Website umgezogen, sodass das neue Kapitel 9 nur die im Buch angeführten Verweise enthält, von denen viele neu sind. Die Computerarchitektur ist ein dynamisches Gebiet.

Die **Anhänge A** und **B** sind seit der letzten Auflage unverändert geblieben. Binärzahlen und Gleitkommazahlen haben in den letzten Jahren keinen Wandel durchgemacht. Anhang C zur Programmierung in Assemblersprache wurde von Dr. Evert Wattel von der Vrije Universiteit Amsterdam geschrieben. Dr. Wattel besitzt langjährige Erfahrungen bei der Unterrichtung von Studenten mit diesen Werkzeugen. Für das Verfassen dieses Anhangs gilt ihm unser besonderer Dank. Der Inhalt ist gegenüber der fünften Ausgabe weitgehend gleich geblieben, die Werkzeuge finden Sie nun aber auf der Website statt auf einer zum Buch gehörenden CD.

Neben den Werkzeugen für die Assemblerprogrammierung finden Sie auf der Website auch einen grafischen Simulator, den Sie in Verbindung mit Kapitel 4 einsetzen können. Diesen Simulator hat Prof. Richard Salter vom Oberlin College geschrieben. Studenten können sich mit diesem Simulator die in diesem Kapitel erläuterten Prinzipien besser klar machen. Prof. Salter gebührt großer Dank, dass er diese Software bereitgestellt hat.

Die Website mit den genannten Tools und anderem Material ist unter

http://www.pearsonhighered.com/tanenbaum

zu finden. Klicken Sie dort auf die Website für dieses Buch und wählen Sie die gesuchte Seite aus. Für Studenten sind die folgenden Ressourcen verfügbar:

- die Assembler-/Tracer-Software
- der grafische Simulator
- die empfohlene Literatur

Dozenten finden auf der Website unter anderem folgende Ressourcen:

- PowerPoint-Folien für den Kurs
- Lösungen für die am Ende jedes Kapitels enthaltenen Übungen

Für den Zugriff auf die Ressourcen für Dozenten ist ein Kennwort erforderlich. Dozenten sollten diesbezüglich ihren Vertreter von Pearson Education konsultieren.

Viele haben dieses Manuskript (zumindest teilweise) gelesen und nützliche Vorschläge unterbreitet oder auf andere Weise bei diesem Buch geholfen. Unser besonderer Dank gilt Anna Austin, Mark Austin, Livio Bertacco, Valeria Bertacco, Debapriya Chatterjee, Jason Clemons, Andrew DeOrio, Joseph Greathouse und Andrea Pellegrini.

Für die kritische Durchsicht des Manuskripts und die vorgeschlagenen Änderungen danken wir Jason D. Bakos (University of South Carolina), Bob Brown (Southern Polytechnic State University), Andrew Chen (Minnesota State University, Moorhead), J. Archer Harris (James Madison University), Susan Krucke (James Madison University), A. Yavuz Oruc (University of Maryland), Frances Marsh (Jamestown Community College) und Kris Schindler (University at Buffalo).

Byron A. Jeff (Clayton University), Laura W. McFall (DePaul University), Taghi M. Mostafavi (University of North Carolina at Charlotte) und James Nystrom (Ferris State University) haben uns dankenswerterweise geholfen, neue Übungen zu erstellen.

Unser Herausgeber Tracy Johnson ist in vielerlei Hinsicht immer hilfreich gewesen, sowohl im Großen wie auch im Kleinen, und er hat zudem viel Geduld mit uns bewiesen. Carole Snyder ist es hervorragend gelungen, die verschiedenen Projektbeteiligten zu koordinieren. Bob Englehardt hat die Produktion des Buchs großartig gemeistert.

Ich (AST) danke Suzanne wieder einmal für ihre Liebe und Geduld, die auch nach 21 Büchern nicht endet. Barbara und Marvin sind immer eine Freude für mich und sie wissen jetzt, womit Professoren ihren Lebensunterhalt verdienen. Aron gehört zur nächsten Generation: Kinder, die Computer schon ausgiebig nutzen, noch bevor sie in den Kindergarten gehen. Nathan ist noch nicht so weit, doch wenn er erst einmal Laufen gelernt hat, dürfte er sich als Nächstes mit dem iPad anfreunden.

Schließlich möchte ich (TA) diese Gelegenheit wahrnehmen, um meiner Schwiegermutter Roberta zu danken, die mir den Rücken für die Arbeit an diesem Buch freigehalten hat. Ihr Esszimmer in Bassano Del Grappa, Italien, bot gerade das richtige Maß an Abgeschiedenheit, Obdach und Wein, um diese wichtige Aufgabe zu bewältigen.

Andrew S. Tanenbaum

Todd Austin

AST: Suzanne, Barbara, Marvin, Aron und Nathan

TA: Für Roberta, die mir für dieses Projekt Raum (und Zeit) verschafft hat.

Vorwort zur deutschen Ausgabe

Die vorliegende erweiterte und aktualisierte 6. Ausgabe des Standardwerks von Andrew S. Tanenbaum gibt einen exzellenten Einblick in die Architektur und Organisation von Rechensystemen. Sie umfasst sowohl sequentielle als auch parallele Architekturen und deckt somit das gesamte Spektrum heutiger Rechner ab.

Der Bereich der sequentiellen Architekturen mit den grundlegenden Konzepten und Techniken wurde um aktuelle Prozessoren ergänzt. Es werden die Prozessoren Intel Core i7, Texas Instruments OMAP4430 und Atmel ATmega168 vorgestellt. Für alle Bereiche von der Mikroarchitektur bis zur Assemblerprogrammierung werden diese Prozessoren durchgehend als Beispiele eingesetzt.

Das Kapitel über Parallelrechner wurde aktualisiert und erweitert. Die vorgestellten großen parallelen Systeme wie BlueGene/P werden auch in europäischen Rechenzentren im Supercomputing eingesetzt. Als Beispiel für den Einsatz von Clustern wird die Verarbeitung von Google-Anfragen in Googles großen Datenzentren vorgestellt.

Hervorzuheben ist auch die umfassende Darstellung der Peripheriegeräte. Sie stellt die aktuellen Technologien von Festplatten, CD- und DVD-Speichern als auch von Bildschirmen und Druckern vor. Das Kapitel enthält zusätzlich eine kurze aber sehr aufschlussreiche Einführung in DSL und Internet über Kabelnetze.

Besonders empfehlenswert ist das Buch, da es über den typischen Inhalt einer einsemestrigen Rechnerarchitekturvorlesung hinausgeht. Es zeigt nicht nur die eigentliche Architektur der Rechner auf, sondern enthält auch weitergehendes Material, das einen guten Gesamtüberblick über die Aspekte der Technischen Informatik vermittelt. So werden zusätzlich die Ebenen der digitalen Bausteine, des Betriebssystems und die Assemblerprogrammierung besprochen.

Die deutsche Übersetzung wurde im Vergleich zur Übersetzung der 5. Auflage vollständig überarbeitet. Hierbei wurde auf die Verwendung etablierter deutscher Fachbegriffe geachtet, dort wo diese nicht vorhanden sind, wurden aber die englischen Fachbegriffe verwendet. Der ausführliche Index sollte jedem ermöglichen, sowohl über den englischen als auch den deutschen Fachbegriff das Thema schnell aufzufinden. Die neu eingeführten Randbemerkungen sollen einen Überblick über den Inhalt geben und so dem Leser einen leichteren Einstieg und eine gezielte Auffrischung seines Wissens ermöglichen.

Das Buch ist sehr gut als begleitendes Buch für Vorlesungen im Bereich Rechnerarchitektur und Rechnerorganisation geeignet. Durch Tanenbaums gut lesbaren zuweilen auch unterhaltsamen Schreibstil, der in der deutsche Übersetzung exzellent erhalten ist, ist das Buch aber auch allen Studenten und anderen Interessierten zur selbständigen Lektüre zu empfehlen.

Michael Gerndt

Einführung

1

ÜBERBLICK

Einleitung

» Ein Computer oder Digitalrechner ist eine Maschine, die Probleme für den Menschen lösen kann, indem sie die ihr gegebenen Befehle ausführt. Eine Befehlssequenz, die beschreibt, wie eine bestimmte Aufgabe auszuführen ist, nennt man **Programm**. Die elektronischen Schaltungen eines Computers verstehen eine begrenzte Menge einfacher Befehle, in die alle Programme konvertiert werden müssen, bevor sie sich ausführen lassen. Diese grundlegenden Befehle sind selten komplizierter als beispielsweise:

- Addiere zwei Zahlen.
- Prüfe eine Zahl, um festzustellen, ob sie null ist.
- Kopiere ein Datenelement von einem Teil des Computerspeichers in einen anderen.

Die Gesamtheit der elementaren Befehle eines Computers bildet die sogenannte **Maschinensprache** (Machine Language), in der der Mensch mit dem Computer kommunizieren kann. Für einen neu zu konzipierenden Computer müssen die Entwickler entscheiden, welche Befehle in der Maschinensprache realisiert werden sollen. Normalerweise versucht man, die elementaren Befehle so einfach wie möglich zu halten. Dabei geht man vom vorgesehenen Einsatzgebiet des Computers und von konkreten Leistungsanforderungen aus, damit sich die Komplexität und die Kosten der erforderlichen Elektronik in Grenzen halten. Da die meisten Maschinensprachen sehr einfach sind, ist es für den Menschen schwierig und umständlich, mit ihnen zu arbeiten.

Dies hat im Laufe der Zeit dazu geführt, Computer als Folge von Abstraktionen zu strukturieren, wobei jede Abstraktion auf der jeweils darunterliegenden aufbaut. Somit bekommt man die Komplexität in den Griff und kann Computersysteme systematisch und strukturiert entwickeln. Dieser Ansatz wird **strukturierte Computerorganisation** genannt. Der nächste Abschnitt erläutert, was dieser Begriff bedeutet. Danach sehen wir uns einige historische Entwicklungen, den Stand der Technik und wichtige Beispiele an. «

1.1 Strukturierte Computerorganisation

Wie oben festgestellt, besteht zwischen dem, was für Menschen, und dem, was für Computer bequem ist, ein großer Unterschied. Der Mensch möchte *X* tun, der Computer beherrscht aber nur *Y*. Das führt zu einem Problem, dessen Lösung in diesem Buch aufgezeigt werden soll.

1.1.1 Sprachen, Ebenen und virtuelle Maschinen

Das Problem kann auf zweierlei Weise angegangen werden. Beide Methoden basieren auf dem Design eines neuen Befehlssatzes, den Menschen leichter nutzen können als die von der Hardware realisierten Maschinenbefehle. Insgesamt bilden diese neuen Befehle eine Sprache, die wir L1 nennen, so wie die integrierten Maschinenbefehle eine Sprache darstellen, die L0 heißen soll. Die beiden Ansätze unterscheiden sich darin, wie der Computer die in L1 geschriebenen Programme bearbeitet. Der Computer kann ja nur Programme ausführen, die in seiner Maschinensprache – L0 – geschrieben sind.

Bei der ersten Methode, ein in L1 geschriebenes Programm auszuführen, wird jeder Befehl dieses Programms durch eine äquivalente Sequenz von Befehlen in L0 ersetzt. Das daraus resultierende Programm besteht gänzlich aus L0-Befehlen. Der Computer führt dann das neue L0-Programm und nicht das alte L1-Programm aus. Diese Technik heißt **Übersetzung**.

Bei der zweiten Methode wird ein Programm in L0 geschrieben, das in L1 geschriebene Programme als Eingabedaten übernimmt und sie ausführt, indem es alle Befehle nacheinander untersucht und direkt als äquivalente Folge von L0-Befehlen ausführt. Hierbei ist es nicht erforderlich, zuerst ein neues Programm in L0 zu erzeugen. Diese Technik heißt **Interpretation** und das Programm, das L1 ausführt, wird **Interpreter** genannt.

Übersetzung und Interpretation ähneln sich. Bei beiden Methoden verarbeitet der Computer die Befehle in L1, indem er äquivalente Sequenzen in L0 ausführt. Der Unterschied besteht darin, dass bei der Übersetzung zuerst das gesamte Programm in ein L0-Programm konvertiert, das L1-Programm verworfen und dann das neue L0-Programm in den Computerspeicher geladen und ausgeführt wird. Zur Ausführungszeit läuft das neu generierte L0-Programm im Computer und steuert diesen.

> Programme in einer höheren Programmiersprache können in Maschinenprogramme **übersetzt** werden oder durch ein Maschinenprogramm **interpretiert** und so ausgeführt werden.

Bei der Interpretation wird jede L1-Anweisung untersucht, decodiert und unmittelbar ausgeführt. Es wird kein übersetztes Programm generiert. Hier übernimmt der Interpreter die Steuerung des Computers. Das L1-Programm ist lediglich eine Menge von Daten. Beide Methoden sind weit verbreitet und werden in zunehmendem Maße kombiniert angewendet.

Anstatt in den Kategorien von Übersetzung und Interpretation zu denken, ist es oftmals einfacher, sich einen hypothetischen Computer oder eine **virtuelle Maschine** vorzustellen, deren Maschinensprache L1 ist. Wir nennen diese virtuelle Maschine M1 (und die virtuelle Maschine, die L0 entspricht, M0). Ließe sich eine solche Maschine kostengünstig produzieren, dann wäre eine Sprache L0 oder eine Maschine, die Programme in L0 ausführt, überhaupt nicht notwendig. Man schreibt die Programme einfach in L1 und lässt sie vom Computer direkt ausführen. Selbst wenn es zu teuer oder zu kompliziert ist, die virtuelle L1-Maschine in Form konkreter Elektronik zu realisieren, kann man dennoch Programme dafür schreiben. Diese Programme lassen sich von einem in L0 geschriebenen Programm, das ein existierender Computer direkt ausführen kann, entweder interpretieren oder übersetzen. Mit anderen Worten kann man Programme für virtuelle Maschinen schreiben, als würden solche Maschinen wirklich existieren.

Damit die Übersetzung oder Interpretation realisierbar ist, dürfen sich die Sprachen L0 und L1 nicht „zu sehr" unterscheiden. Diese Einschränkung bedeutet oftmals, dass L1 zwar besser ist als L0, für die meisten Anwendungen aber noch lange nicht dem Ideal entspricht. Dieses Ergebnis ist vielleicht entmutigend, wenn man bedenkt, was das Ziel von L1 war – den Programmierer davon zu befreien, dass er Algorithmen in einer Sprache ausdrücken muss, die eher für Maschinen als für Menschen geeignet ist. Die Situation ist aber nicht hoffnungslos.

Es liegt nahe, eine weitere Befehlsmenge einzuführen, die benutzerfreundlicher und weniger maschinenorientiert ist als L1. Diese dritte Menge bildet ebenfalls eine Sprache, die wir L2 nennen (mit der virtuellen Maschine M2). Man kann nun Programme in L2 schreiben, als würde eine virtuelle Maschine mit L2 als Maschinensprache wirklich existieren. Solche Programme können entweder in L1 übersetzt oder von einem in L1 geschriebenen Interpreter ausgeführt werden.

Ein Computer kann als eine Hierarchie von virtuellen Maschinen betrachtet werden, die durch die jeweiligen unteren **Schichten** realisiert werden.

Man könnte nun diese Kette endlos fortsetzen, d.h. neue Sprachen einführen, die jeweils etwas komfortabler als ihre Vorgänger sind, bis man schließlich bei einer geeigneten Sprache angekommen ist. Da jede Sprache auf der Vorgängersprache aufbaut, können wir einen Computer, der diese Technik nutzt, als Folge von übereinanderliegenden **Schichten** oder **Ebenen** (Levels) betrachten (▶Abbildung 1.1). Die unterste Sprache bzw. Ebene ist die einfachste und die höchste die komfortabelste.

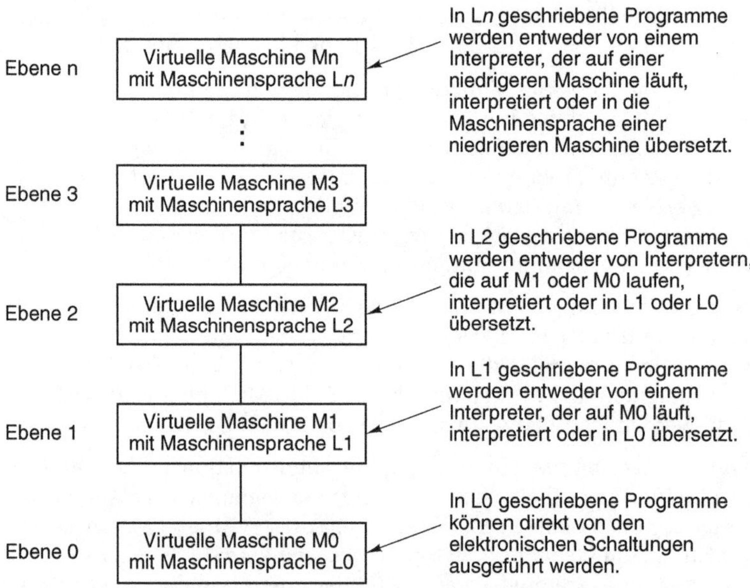

Abbildung 1.1: Struktur einer aus mehreren Ebenen bestehenden Maschine

Zwischen einer Sprache und einer virtuellen Maschine besteht ein wichtiger Zusammenhang. Jede Maschine besitzt eine Maschinensprache mit allen Befehlen, die die Maschine ausführen kann. Praktisch definiert eine Maschine eine Sprache. In gleicher Weise definiert eine Sprache eine Maschine – nämlich die Maschine, die alle in dieser Sprache geschriebenen Programme ausführen kann. Natürlich kann die von einer bestimmten Sprache definierte Maschine außerordentlich kompliziert sein und immense Kosten verschlingen, wenn man sie maßgeschneidert aus elektronischen Schaltungen aufbaut. Dennoch ist eine derartige Maschine vorstellbar. Eine Maschine mit C/C++ oder Java als Maschinensprache wäre tatsächlich komplex, ließe sich aber mit der heutigen Technik leicht realisieren. Andererseits gibt es gute Gründe, derartige Computer nicht zu bauen: Sie wären im Vergleich zu anderen Verfahren viel zu teuer. Es genügt nicht, etwas realisieren zu können: Ein praktisches Konzept muss auch kostengünstig sein.

Einen Computer mit *n* Ebenen kann man sich als *n* unterschiedliche virtuelle Maschinen jeweils mit einer anderen Maschinensprache vorstellen. Wir benutzen die Begriffe „Ebene" und „virtuelle Maschine" gleichberechtigt nebeneinander. Nur die in Sprache L0 geschriebenen Programme können direkt von den elektronischen Schaltkreisen ohne Übersetzung oder Interpretation ausgeführt werden. Die in L1, L2, ..., L*n* geschriebenen Programme müssen entweder von einem Interpreter, der auf einer niedrigeren Ebene läuft, interpretiert oder aber in eine andere Sprache, die der niedrigeren Ebene entspricht, übersetzt werden.

Ein Programmierer, der Programme für die virtuelle Maschinenebene *n* schreibt, braucht die zugrunde liegenden Interpreter und Übersetzer nicht zu kennen. Die Maschinenstruktur stellt sicher, dass diese Programme auf irgendeine Weise ausgeführt werden. Praktisch ist es belanglos, ob ein Interpreter, der seinerseits von einem anderen Interpreter ausgeführt wird, diese Programme schrittweise ausführt, oder ob die Elektronik die Programmbefehle direkt verarbeitet. Das Ergebnis ist in beiden Fällen gleich: Die Programme werden ausgeführt.

Die meisten Programmierer, die mit einer Maschine aus *n* Ebenen arbeiten, interessieren sich nur für die oberste Ebene. Das ist diejenige, die der Maschinensprache ganz unten am wenigsten ähnelt. Möchte man aber wissen, wie ein Computer wirklich funktioniert, muss man sich mit allen Ebenen befassen. Entwickler, die neue Computer oder neue Ebenen (d.h. neue virtuelle Maschinen) entwerfen, müssen mit allen Ebenen – und nicht nur mit der obersten – vertraut sein. Die Konzepte und Techniken für die Entwicklung von Maschinen in Form mehrerer Ebenen und die Details dieser Ebenen selbst bilden das Hauptthema dieses Buchs.

1.1.2 Moderne mehrschichtige Maschinen

Die meisten modernen Computer bestehen aus zwei oder mehr Ebenen. Wie ▶Abbildung 1.2 zeigt, gibt es Maschinen mit bis zu sechs Ebenen. Die unterste Ebene 0 ist die reale Hardware der Maschine. Ihre elektronischen Schaltungen führen die Programme in der Maschinensprache von Ebene 1 aus. Der Vollständigkeit halber sei erwähnt, dass es unter unserer Ebene 0 noch eine Ebene gibt. Diese sogenannte (in Abbildung 1.2 nicht dargestellte) **Geräteebene (Device Level)** fällt in das Hoheitsgebiet der Elektrotechnik und liegt damit außerhalb der Themen dieses Buchs. Auf dieser Ebene hat der Hardwareentwickler mit einzelnen Transistoren zu tun, d.h. mit konkreten elektronischen Bauelementen, aus denen letztlich ein Computer aufbaut ist. Für die Elektroniker ist dies die unterste Ebene. Die Frage nach der internen Arbeitsweise eines Transistors führt schon in das Gebiet der Festkörperphysik.

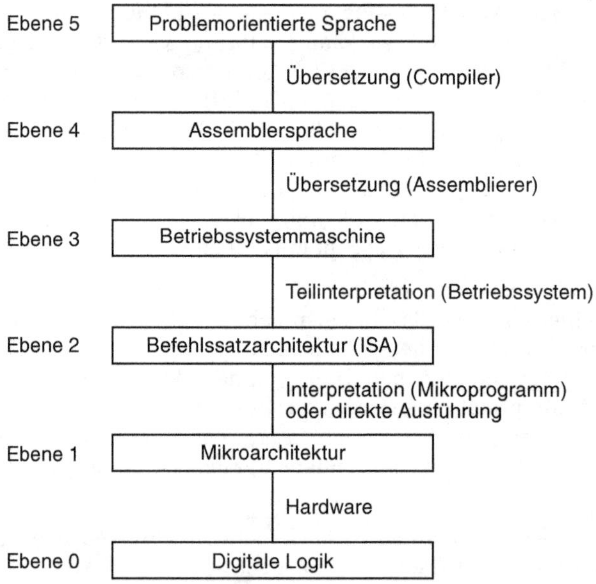

Abbildung 1.2: Struktur eines Computers mit sechs Ebenen; wie die einzelnen Ebenen unterstützt werden, steht rechts unter der jeweiligen Ebene (mit dem Namen des unterstützenden Programms)

Auf der untersten der von uns betrachteten Ebenen – der **Ebene der digitalen Logik** (Digital Logic Level) – interessieren vor allem die sogenannten **Gatter** (**Gates**). Diese bestehen zwar selbst aus analogen Bauelementen, unter anderem aus Transistoren, ergeben aber durch ihre Schaltungstechnik genaue Modelle digitaler Funktionseinheiten. Ein Gatter besitzt einen oder mehrere digitale Eingänge (wobei die Signale 0 oder 1 darstellen) und verknüpft diese nach einer einfachen Funktion – wie zum Beispiel AND oder OR – zu einem Ausgangssignal. Elementare Gatterschaltungen setzen sich aus höchstens einer Handvoll Transistoren zusammen. Mit wenigen Gattern lässt sich bereits ein 1-Bit-Speicher aufbauen, um eine 0 oder eine 1 zu speichern. Mehrere 1-Bit-Speicher (z.B. 16, 32 oder 64) können zu Registern gruppiert werden. Ein **Register** kann eine einzelne Binärzahl aufnehmen, deren maximale Größe von der Anzahl der 1-Bit-Speicher bestimmt wird. Auch die zentrale Verarbeitungseinheit eines Computers (der „Prozessor") besteht letztlich aus einzelnen Gattern. *Kapitel 3* beschäftigt sich ausführlich mit Gattern und der Ebene der digitalen Logik.

Die nächsthöhere Ebene ist die **Mikroarchitekturebene** (**Microarchitecture Level**). Hier findet man eine Gruppe von (normalerweise) 8 bis 32 Registern, die einen lokalen Speicher bilden, sowie eine als **ALU** (**Arithmetic Logic Unit** – **Rechenwerk**) bezeichnete Schaltung, die einfache arithmetische Operationen und logische Verknüpfungen ausführen kann. Die Register sind mit der ALU verbunden, um einen **Datenpfad** (**Data Path**) zu bilden, über den die Daten fließen. Die grundlegende Aufgabe des Datenpfads besteht darin, ein oder zwei Register auszuwählen, mit denen die ALU arbeitet (beispielsweise die Inhalte der Register addiert), und das Ergebnis der Operation in einem Register abzulegen.

Der Datenpfad wird bei manchen Maschinen durch ein sogenanntes **Mikroprogramm** (Microprogram) gesteuert, bei anderen Maschinen direkt von der Hardware. In früheren Ausgaben dieses Buchs wurde diese Ebene als „Mikroprogrammierebene" bezeichnet, weil es sich in der Vergangenheit fast immer um einen Interpreter gehandelt hat. Da der

Datenpfad heute vielfach (zumindest teilweise) durch die Hardware gesteuert wird, haben wir die Bezeichnung entsprechend geändert, um dieser Entwicklung Rechnung zu tragen.

Bei Maschinen mit Softwaresteuerung des Datenpfads ist das Mikroprogramm ein Interpreter für die Befehle auf Ebene 2. Über den Datenpfad ruft das Mikroprogramm die Befehle nacheinander ab, analysiert sie und führt sie aus. Beispielsweise stellt sich das für einen ADD-Befehl wie folgt dar: Befehl abrufen, dessen Operanden lokalisieren und in Register laden, die Summe von der ALU berechnen lassen und schließlich das Ergebnis zu der Stelle übertragen, wo es erwartet wird. Bei Maschinen mit fest verdrahteter Steuerung des Datenpfads laufen die gleichen Schritte ab, außer dass kein explizit gespeichertes Programm die Interpretation der Befehle von Ebene 2 steuert.

Die Ebene 2 wird als **Befehlssatzarchitektur-Ebene** (**ISA**, **Instruction Set Architecture**) bezeichnet. Jeder Computerhersteller liefert seine Computer mit einem Handbuch aus, das einen Titel wie „Leitfaden der Maschinensprache" oder „Grundlegende Arbeitsweise des Computermodells Western Wombat 100X" trägt. Diese Handbücher behandeln die ISA-Ebene und nicht die zugrunde liegenden Ebenen. Wenn vom Befehlssatz der Maschine die Rede ist, geht es tatsächlich um die Befehle, die interpretierend durch das Mikroprogramm oder direkt durch die Hardware ausgeführt werden. Sieht ein Hersteller für einen seiner Computer zwei Interpreter vor, die zwei unterschiedliche ISA-Ebenen realisieren, muss er für beide ein Handbuch der „Maschinensprache" bereitstellen.

Die nächste Ebene ist normalerweise hybrid. Die meisten Befehle in ihrer Sprache sind auch in der ISA-Ebene vorhanden. (Es spricht nichts dagegen, dass ein Befehl in mehreren Ebenen präsent ist.) Zusätzlich gibt es einen Satz neuer Befehle, eine andere Speicherorganisation, die Möglichkeit, zwei oder mehr Programme gleichzeitig auszuführen, und verschiedene andere Merkmale. Für Ebene 3 gibt es sehr viel mehr unterschiedliche Designs als für die Ebenen 1 und 2.

Für die in Ebene 3 neu hinzukommende Funktionalität ist ein Interpreter zuständig, der auf Ebene 2 läuft und den man aus historischer Sicht als Betriebssystem bezeichnet. Befehle der Ebene 3, die mit denen der Ebene 2 identisch sind, führt das Mikroprogramm (bzw. die fest verdrahtete Steuerung) und nicht das Betriebssystem aus. Mit „hybrid" ist gemeint, dass einige Befehle der Ebene 3 vom Betriebssystem und andere direkt vom Mikroprogramm interpretiert werden. Wir nennen dies die **Ebene der Betriebssystemmaschine** (**Operating System Machine Level**).

Zwischen den Ebenen 3 und 4 besteht eine grundlegende Trennung. Die untersten drei Ebenen sind kein Tummelplatz für den Durchschnittsprogrammierer, sondern dienen hauptsächlich dazu, die Interpreter und Übersetzer auszuführen, die zur Unterstützung der höheren Ebenen benötigt werden. Diese Interpreter und Übersetzer fallen in den Aufgabenbereich der **Systemprogrammierer**, die sich auf die Entwicklung und Implementierung neuer virtueller Maschinen spezialisiert haben. Die Ebenen von 4 an aufwärts sind für den Anwendungsprogrammierer vorgesehen, der ein Problem zu lösen hat.

> Anwendungen werden in Assembler oder einer problemorientierten Programmiersprache geschrieben und durch das Betriebssystem und die darunterliegenden Schichten ausgeführt.

Auf Ebene 4 wechselt auch die Methode, wie die höheren Ebenen unterstützt werden. Auf den Ebenen 2 und 3 läuft immer ein Interpreter. Die Ebenen 4, 5 und höher werden normalerweise – wenn auch nicht immer – durch Übersetzung unterstützt.

Zwischen den ersten drei Ebenen und den Ebenen ab 4 aufwärts besteht ein weiterer Unterschied, der das Wesen der bereitgestellten Sprache betrifft. Die Maschinensprachen der Ebenen 1, 2 und 3 sind numerisch. Die in diesen Sprachen geschriebenen Programme bestehen aus langen Zahlenreihen, die für die Maschine gut und für den Menschen schlecht verständlich sind. Die Sprachen ab Ebene 4 enthalten Wörter und Abkürzungen, die auch für den Menschen ohne Weiteres verständlich sind.

Ebene 4 – die Ebene der Assemblersprache – ist eigentlich eine symbolische Form einer der zugrunde liegenden Sprachen. Diese Ebene bietet die Möglichkeit, Programme für die Ebenen 1, 2 und 3 in einer Form zu schreiben, die etwas komfortabler ist als die Sprachen der virtuellen Maschinen an sich. Programme in Assemblersprache werden zuerst in die Sprache der Ebene 1, 2 oder 3 übersetzt und dann von der geeigneten virtuellen oder physischen Maschine interpretiert. Das Programm, das die Übersetzung ausführt, ist ein **Assembler**.

Ebene 5 besteht normalerweise aus Sprachen, die speziell auf den Anwendungsprogrammierer zugeschnitten sind. Von diesen sogenannten **Hochsprachen** (**High-Level Languages**) gibt es im wahrsten Sinne des Wortes Hunderte. Bekanntere Vertreter sind C, C++, Java, Perl, Python und PHP. Die in diesen Sprachen geschriebenen Programme werden im Allgemeinen von Übersetzern (**Compilern**) in die Ebene 3 oder 4 übersetzt, gelegentlich aber auch interpretierend abgearbeitet. Zum Beispiel werden Java-Programme normalerweise zuerst in eine ISA-ähnliche Sprache – den Java-Bytecode – übersetzt, die dann interpretiert wird.

In manchen Fällen enthält Ebene 5 einen Interpreter, der Daten und Operationen für einen bestimmten Anwendungsbereich – wie zum Beispiel symbolische Mathematik – bereitstellt. Die Daten und Operationen sind so gewählt, dass sie für einen Experten auf diesem Gebiet ohne Weiteres verständlich sind.

Unterm Strich ist festzuhalten, dass Computer als Folge von Ebenen konzipiert sind, die jeweils auf ihren Vorgängern aufbauen. Jede Ebene verkörpert eine bestimmte Abstraktion mit unterschiedlichen Objekten und Operationen. Indem wir Computer auf diese Art und Weise entwerfen und analysieren, können wir vorläufig irrelevante Details ignorieren und somit ein komplexes Thema auf ein verständlicheres Niveau bringen.

Den Satz von Datentypen, Operationen und Merkmalen jeder Ebene bezeichnet man als ihre **Architektur** (**Architecture**). Die Architektur betrifft die Aspekte, die für den Benutzer der jeweiligen Ebene sichtbar sind, wie zum Beispiel der verfügbare Hauptspeicher. Dagegen haben Implementierungsdetails, wie z.B. die für die Speicherchips verwendete Technologie, nichts mit der Architektur zu tun. Die **Computerarchitektur** (Computer Architecture) untersucht, wie die für den Programmierer sichtbaren Teile eines Computersystems zu entwerfen sind. Computerarchitektur und Computerorganisation bedeuten in der Praxis das Gleiche.

1.1.3 Evolution mehrschichtiger Maschinen

Um einen Überblick über einige Aspekte mehrschichtiger Maschinen zu geben, beschreiben wir kurz ihre historische Entwicklung, d.h., wie sich Anzahl und Art der Ebenen im Lauf der Jahre entwickelt haben. Programme, die in der echten Maschinensprache eines Computers (Ebene 1) geschrieben sind, lassen sich ohne Interpreter oder Übersetzer direkt von den elektronischen Schaltungen des Computers (Ebene 0) ausführen. Diese elektronischen Schaltungen bilden zusammen mit dem Speicher und den Ein-/Ausgabegeräten die **Hardware** des Computers. Hardware besteht aus greifbaren Objekten – integrierten Schaltungen, gedruckten Leiterplatten (PCBs – Printed Circuit Boards), Kabeln, Netzteilen, Speichern und Druckern – und nicht aus abstrakten Ideen, Algorithmen oder Befehlen.

Demgegenüber besteht **Software** aus **Algorithmen** (detaillierte Vorschriften, wie etwas auszuführen ist) und deren Computerdarstellungen – den Programmen. Programme können auf Festplatte, Diskette, CD-ROM oder anderen Medien gespeichert werden. Das Wesentliche der Software ist aber die Menge der Befehle, die das Programm ausmachen, und nicht das physische Medium, auf dem sie aufgezeichnet sind.

Die Realisierung von Rechnern besteht aus **Hardware** und **Software**. Welche Funktionen durch Hardware bzw. Software implementiert werden, wird abhängig von Faktoren wie Kosten, Geschwindigkeit und Anpassbarkeit bestimmt.

Bei den allerersten Computern war die Grenze zwischen Hardware und Software glasklar zu erkennen. Allerdings hat sie sich im Laufe der Zeit beträchtlich verwischt, was vor allem damit zusammenhängt, dass Ebenen im Zuge der Computerentwicklung hinzugefügt, entfernt oder miteinander verschmolzen wurden. Heutzutage ist es oftmals schwer, sie genau auseinanderhalten zu können [Vahid, 2003]. Das führt uns zu einem der Hauptthemen dieses Buchs:

Hardware und Software sind logisch äquivalent.

Eine durch Software ausgeführte Operation kann auch direkt in die Hardware integriert werden, vorzugsweise nachdem sie ausreichend bekannt ist. Karen Panetta sagte einmal: „Hardware ist nur versteinerte Software." Selbstverständlich trifft auch das Gegenteil zu: Jeder von der Hardware ausgeführte Befehl lässt sich auch durch Software simulieren. Welche Funktionen in Hardware und welche in Software zu implementieren sind, wird anhand von Faktoren wie Kosten, Geschwindigkeit, Zuverlässigkeit und erwarteter Häufigkeit von Änderungen entschieden. Es gibt wenige verbindliche Regeln, die besagen, dass X in die Hardware kommt und Y explizit programmiert werden muss. Diese Entscheidungen ändern sich je nach Technologie, Wirtschaftlichkeit, Bedarf und Computernutzung.

Die Erfindung der Mikroprogrammierung

Die ersten digitalen Computer in den 1940er Jahren hatten nur zwei Ebenen: die ISA-Ebene, auf der die gesamte Programmierung erfolgte, und die Ebene der digitalen Logik, die diese Programme ausführte. Die Schaltungen auf der Ebene der digitalen Logik waren kompliziert, schwer zu verstehen, schwierig herzustellen und unzuverlässig.

1951 kam ein Forscher an der Universität von Cambridge, Maurice Wilkes, auf die Idee, einen Computer mit drei Ebenen zu entwickeln, um die Hardware stark zu vereinfachen [Wilkes, 1951]. Diese Maschine sollte einen integrierten, unveränderlichen Interpreter (das Mikroprogramm) erhalten, um Programme auf ISA-Ebene interpretierend auszuführen. Da die Hardware dann nur Mikroprogramme mit einer beschränkten Befehlsmenge, nicht aber Programme auf der ISA-Ebene mit einem wesentlich umfangreicheren Befehlssatz ausführen musste, konnte man mit weniger elektronischen Schaltungen auskommen. Da elektronische Schaltungen damals mit Vakuumröhren arbeiteten, versprach diese Vereinfachung eine geringere Röhrenanzahl und höhere Zuverlässigkeit (d.h. weniger Abstürze pro Tag).

Einige dieser dreischichtigen Maschinen wurden in den 1950er und 1960er Jahren gebaut. 1970 hatte sich das Konzept, die ISA-Ebene durch ein Mikroprogramm statt direkt durch die Elektronik interpretieren zu lassen, durchgesetzt. Alle bedeutenden Computer dieser Zeit arbeiteten damit.

Die Erfindung des Betriebssystems

Zu jener Zeit waren die meisten Computer als „Open Shop" eingerichtet, d.h., der Programmierer musste die Maschine eigenverantwortlich bedienen. Neben jeder Maschine lag ein Anmeldeformular. Wollte ein Programmierer ein Programm ausführen, trug er[1] sich für einen Zeitraum, sagen wir Mittwoch früh von 3 Uhr bis 5 Uhr, ein (viele Programmierer zogen Arbeitszeiten vor, in denen im Maschinenraum Ruhe herrschte). Zum entsprechenden Zeitpunkt begab sich der Programmierer in den Maschinenraum – in der einen Hand einen Stapel 80spaltiger Lochkarten (dem damaligen Eingabemedium), in der anderen einen gespitzten Bleistift. Im Computerraum angekommen, bugsierte er den noch arbeitenden Programmierer sanft in Richtung Tür und übernahm den Computer.

Wollte der Programmierer ein FORTRAN-Programm ausführen, waren die folgenden Schritte erforderlich:

1. Er ging zum Schrank, in dem alle Programme aufbewahrt wurden, nahm einen großen grünen Stapel mit der Beschriftung FORTRAN-Compiler heraus, legte ihn in den Kartenleser und drückte die START-Taste.
2. Er legte sein FORTRAN-Programm in den Kartenleser ein und drückte die FORTSETZEN-Taste. Das Programm wurde eingelesen.
3. Wenn der Computer anhielt, las der Programmierer sein FORTRAN-Programm ein zweites Mal ein. Obwohl manche Compiler nur einen Durchlauf über die Eingabe verlangten, waren bei vielen zwei oder mehr Durchläufe erforderlich. Bei jedem Durchlauf war ein riesiger Kartenstapel zu bewältigen.
4. Langsam näherte sich die Übersetzung ihrem Ende – ein Zeitpunkt, an dem die meisten Programmierer oft nervös wurden. Falls nämlich der Compiler einen Fehler im Programm gefunden hatte, musste dieser korrigiert und der gesamte Prozess von vorn ausgeführt werden. Hatte das Programm keine Fehler, stanzte der Compiler das in Maschinensprache übersetzte Programm auf Lochkarten.
5. Der Programmierer legte dann das Maschinenspracheprogramm und den Stapel mit der Unterprogrammbibliothek in den Kartenleser und las beide ein.
6. Die Ausführung des Programms begann. Meist funktionierte es nicht richtig und hielt unerwartet irgendwo mittendrin an. Dann versuchte der Programmierer mehr oder weniger zielstrebig, das Ganze mithilfe der Konsolenschalter hinzubiegen und starrte eine Weile auf die Konsolenlampen. Hatte er Glück, dann erkannte er das Problem, korrigierte den Fehler und lief wieder zum Schrank mit dem großen grünen FORTRAN-Compiler, um von vorn zu beginnen. Der weniger Glückliche druckte den Speicherinhalt aus – einen sogenannten **Core-Dump** – und nahm den Ausdruck zur Fehlersuche mit nach Hause, um sich eingehend mit dem Problem zu beschäftigen.

Mit geringen Variationen war diese Prozedur in vielen Rechenzentren jahrelang die Normalität. Sie zwang die Programmierer, die Betriebsweise der Maschine zu kennen und zu verstehen, was es zu tun galt, wenn sich einer der häufigen Abstürze ereignete. Die Maschine stand häufig untätig da, während die Leute Kartenstapel herumtrugen oder sich am Kopf kratzten und überlegten, warum ihre Programme nicht richtig liefen.

Etwa 1960 versuchten Programmierer, die Zeitvergeudung zu reduzieren, indem sie die Arbeit des Bedieners automatisierten. Daraus entstand ein Programm namens **Betriebssystem (Operating System)**, das die ganze Zeit im Computer verblieb. Der Programmierer lieferte bestimmte Steuerkarten zusammen mit dem Programm; beides wurde vom Betriebssystem gelesen und ausgeführt. ▶Abbildung 1.3 zeigt einen Beispiel-Job für eines der ersten weit verbreiteten Betriebssysteme – FMS (FORTRAN Monitor System) auf dem IBM 709.

1 „Er" möchte der Autor im gesamten Buch als „er oder sie" verstanden wissen.

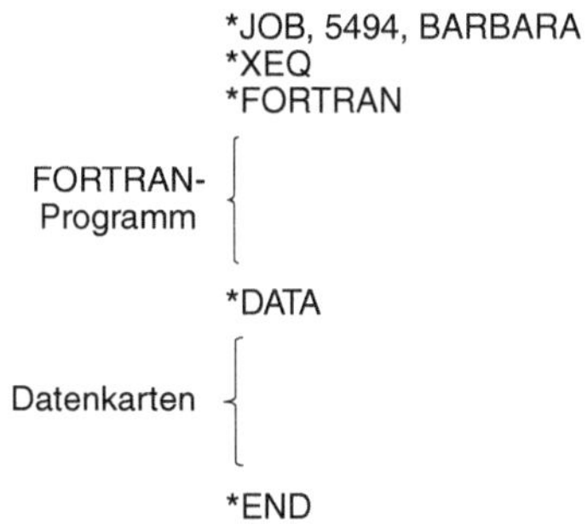

Abbildung 1.3: Ein Beispiel-Job für das Betriebssystem FMS

Das Betriebssystem las die Karte *JOB ein und benutzte die darauf befindlichen Informationen für Verwaltungszwecke. (Mit dem Sternchen wurden Steuerkarten gekennzeichnet, damit man sie nicht mit Programm- und Datenkarten verwechselte.) Später las es die Karte *FORTRAN ein – eine Anweisung zum Laden des FORTRAN-Compilers von einem Magnetband. Anschließend las der Compiler das FORTRAN-Programm ein und kompilierte es. War der Compiler damit fertig, gab er die Steuerung wieder an das Betriebssystem ab, das dann die Karte *DATA einlas. Sie enthielt eine Anweisung zur Ausführung des übersetzten Programms, das die auf *DATA folgenden Karten als Daten verwendete.

Obwohl das Betriebssystem dafür gedacht war, die Arbeit (den Job) des Bedieners (Operator heißt daher die englische Bezeichnung) zu automatisieren, war es auch der erste Schritt in der Entwicklung einer neuen virtuellen Maschine. Man könnte die *FORTRAN-Karte als virtuellen Befehl „Kompiliere das Programm“ betrachten. Die *DATA-Karte wäre dann der virtuelle Befehl „Führe das Programm aus“. Mit nur zwei Befehlen konnte man kaum von einer richtigen Ebene sprechen, aber immerhin war es der erste Schritt in diese Richtung.

In den Folgejahren wurden Betriebssysteme ständig verbessert. Neue Befehle, Funktionen und Merkmale wurden der ISA-Ebene hinzugefügt, bis sie begann, das Aussehen einer neuen Ebene anzunehmen. Einige Befehle dieser neuen Ebene waren mit denen der ISA-Ebene identisch, andere wiederum unterschieden sich völlig, insbesondere die Ein-/Ausgabebefehle. Die neuen Befehle wurden oftmals als **Betriebssystemmakros** (**Operating System Macros**) oder **Supervisor-Aufrufe** bezeichnet. Der heute gängige Begriff lautet **Systemaufruf** (**System Call**).

Betriebssysteme wurden auch in anderer Hinsicht weiterentwickelt. Die frühen Varianten lasen Kartenstapel und gaben Ausdrucke auf dem Zeilendrucker aus. Diese Organisation wurde **Batch-System** (**Stapelsystem**) genannt. Von der Programmübergabe an das System bis zu dem Zeitpunkt, zu dem die Ergebnisse vorlagen, waren Wartezeiten von mehreren Stunden üblich. Unter diesen Bedingungen war es recht schwierig, Software zu entwickeln.

Anfang der 1960er Jahre entwickelten Forscher am Dartmouth College des M.I.T und an anderen Orten Betriebssysteme, die es (mehreren) Programmierern gestatteten, direkt mit dem Computer zu kommunizieren. Bei diesen Systemen waren entfernte Terminals über Telefonleitungen mit dem Zentralrechner verbunden. Die CPU wurde von vielen Benutzern gemeinsam genutzt. Ein Programmierer konnte ein Programm eintippen und erhielt die Ergebnisse fast sofort zurück – im Büro, in der Garage, zu Hause oder wo immer das Terminal stand. Diese Systeme wurden **Timesharing-Systeme** genannt.

Unser Interesse an Betriebssystemen gilt denjenigen Teilen, die Befehle und Merkmale interpretieren, die sich auf Ebene 3 und nicht auf der ISA-Ebene befinden, und weniger den Timesharing-Aspekten. Obwohl es hier nicht besonders betont wird, sollten Sie daran denken, dass Betriebssysteme mehr tun als lediglich Merkmale zu interpretieren, die der ISA-Ebene hinzugefügt wurden.

Verlagerung von Funktionen in den Mikrocode

Komplexe Befehle lassen sich als **Mikroprogramme** in der Hardware realisieren. Aktuelle Prozessoren beschränken sich aber meist auf elementare Befehle, die direkt durch Hardware realisiert sind und schnell ausgeführt werden können.

Nachdem sich die Mikroprogrammierung (um 1970 herum) durchgesetzt hatte, erkannten die Entwickler, dass sie allein durch Erweiterung des Mikroprogramms neue Befehle hinzufügen konnten. Mit anderen Worten: Sie konnten „Hardware" (neue Maschinenbefehle) durch Programmierung ergänzen. Diese Erkenntnis führte zu einer wahren Explosion der Maschinenbefehlssätze – die Entwickler wollten sich gegenseitig mit größeren und besseren Befehlssätzen übertreffen. Viele dieser Befehle waren eigentlich bedeutungslos in dem Sinne, dass sich ihre Wirkung leicht mit bestehenden Befehlen erreichen ließ. Oftmals aber waren sie etwas schneller als eine Sequenz vorhandener Befehle. Zum Beispiel hatten viele Maschinen einen Befehl `INC` (INCrement, d.h. inkrementieren), der 1 zu einer Zahl addiert. Da diese Maschinen auch einen allgemeinen `ADD`-Befehl besaßen, war ein spezieller Befehl zum Addieren von 1 (oder eben auch zum Addieren von 720) nicht nötig. Allerdings war `INC` meist ein bisschen schneller als `ADD`, also wurde er einfach hinzugefügt.

Aus dem gleichen Grund wurde das Mikroprogramm um viele andere Befehle erweitert, z.B.:

1. Befehle für die Multiplikation und Division von Ganzzahlen
2. Befehle für die Gleitkommaarithmetik
3. Befehle zum Aufrufen von Prozeduren und zum Zurückkehren aus Prozeduren
4. Befehle zur Beschleunigung von Schleifen
5. Befehle für den Umgang mit Zeichenfolgen

Und nachdem die Maschinenentwickler gesehen hatten, wie leicht sich neue Befehle hinzufügen ließen, suchten sie nach anderen Funktionsmerkmalen, um ihre Mikroprogramme zu erweitern. Dazu gehören beispielsweise:

1. Funktionen zur Beschleunigung von Berechnungen mit Arrays (Indizierung und indirekte Adressierung)
2. Funktionen, die das Verschieben von Programmen im Speicher nach Beginn der Ausführung erlauben (sogenannte Relokations-Funktionen)
3. Unterbrechungssysteme (Interrupts), die dem Computer signalisieren, dass eine Ein- oder Ausgabeoperation abgeschlossen ist
4. Die Möglichkeit, mit wenigen Befehlen ein Programm zu suspendieren und ein anderes zu starten (Prozessumschaltung)
5. Spezielle Befehle zur Verarbeitung von Audio-, Bild- und Multimediadateien

Daneben sind im Lauf der Jahre viele andere Konzepte und Eigenschaften hinzugekommen, die insbesondere darauf abzielen, die Geschwindigkeit einer bestimmten Aktivität zu steigern.

Beseitigung der Mikroprogrammierung

In den goldenen Jahren der Mikroprogrammierung (in den 1960ern und 1970ern) nahmen Mikroprogramme drastisch an Umfang zu und wurden damit leider auch immer langsamer. Schließlich haben einige Informatiker erkannt, dass sich die Maschinen beschleunigen lassen, wenn man das Mikroprogramm abschafft, den Befehlssatz abspeckt und die verbleibenden Befehle direkt ausführen lässt (d.h. Hardwaresteuerung des Datenpfads). In gewissem Sinn hat sich damit der Kreis der Computerentwicklung geschlossen. Man war wieder dort angekommen, wo Wilkes die Mikroprogrammierung auf den Weg gebracht hatte.

Doch das Rad der Geschichte dreht sich weiter: Moderne Prozessoren stützen sich weiterhin auf Mikroprogrammierung, um komplexe Befehle in internen Mikrocode zu übersetzen, der sich dann direkt auf der abgespeckten Hardware ausführen lässt.

Dieser Überblick soll deutlich machen, dass die Grenze zwischen Hardware und Software beliebig verläuft und sich ständig ändert. Die Software von heute ist möglicherweise die Hardware von morgen und umgekehrt. Auch die Grenzen zwischen den verschiedenen Ebenen sind fließend. Aus Sicht des Programmierers ist es unwichtig, wie ein Befehl tatsächlich implementiert ist (außer vielleicht hinsichtlich seiner Geschwindigkeit). Wer auf der ISA-Ebene programmiert, kann den hier implementierten Multiplikationsbefehl genau wie einen Hardwarebefehl aufrufen – der Programmierer muss sich nicht darum kümmern und noch nicht einmal wissen, ob es sich in Wirklichkeit um einen Hardwarebefehl handelt. Des einen Hardware ist des anderen Software. Auf all diese Themen kommen wir später in diesem Buch noch zurück.

1.2 Meilensteine der Computerarchitektur

Die Evolution des modernen Digitalrechners hat Hunderte verschiedener Varianten hervorgebracht. Auch wenn die meisten längst vergessen sind, haben einige einen bedeutenden Einfluss auf moderne Konzepte ausgeübt. Dieser Abschnitt skizziert die wichtigsten Stationen der Computergeschichte, um besser verstehen zu können, wie wir dorthin gelangt sind, wo wir heute stehen. Es liegt auf der Hand, dass dieser Abschnitt nur einige Highlights streifen und nicht auf alle Wegbereiter eingehen kann. ▶Tabelle 1.1 listet herausragende Maschinen auf, die in diesem Abschnitt näher behandelt werden. Slater [Slater, 1987] ist eine Fundgrube für zusätzliche Informationen zu den Pionieren des Computerzeitalters. Einschlägige Biographien und hervorragende Farbfotos von Louis Fabian Bachrach finden Sie im Bildband von Morgan [Morgan, 1997].

Jahr	Bezeichnung	Hersteller	Anmerkungen
1834	Analytical Engine	Babbage	Erster Versuch, einen digitalen Computer zu bauen
1936	Z1	Zuse	Erste funktionierende Relais-Rechenmaschine
1943	COLOSSUS	Britische Regierung	Erster elektronischer Computer
1944	Mark I	Aiken	Erster amerikanischer Universalcomputer
1946	ENIAC I	Eckert/Mauchley	Beginn der modernen Computergeschichte
1949	EDSAC	Wilkes	Erster speicherprogrammierter Computer
1951	Whirlwind I	M.I.T.	Erster Echtzeitcomputer
1952	IAS	Von Neumann	Die meisten heutigen Maschinen weisen dieses Design auf
1960	PDP-1	DEC	Erster Minicomputer (50 Stück verkauft)
1961	1401	IBM	Sehr beliebter Rechner bei kleinen Firmen
1962	7094	IBM	Beherrschte Anfang der 60er Jahre die wissenschaftliche Rechenwelt
1963	B5000	Burroughs	Erste für eine Hochsprache entwickelte Maschine
1964	360	IBM	Erste als Familie ausgelegte Produktlinie
1964	6600	CDC	Erster wissenschaftlicher Supercomputer
1965	PDP-8	DEC	Erster Minicomputer für den Massenmarkt (50.000 Stück verkauft)
1970	PDP-11	DEC	Vorherrschender Minicomputer der 70er Jahre
1974	8080	Intel	Erster 8-Bit-Universalcomputer auf einem Chip
1974	CRAY-1	Cray	Erster Vektor-Supercomputer
1978	VAX	DEC	Erster 32-Bit-Superminicomputer
1981	IBM PC	IBM	Beginn der modernen Personalcomputerära
1981	Osborne-1	Osborne	Erster portabler Computer
1983	Lisa	Apple	Erster Personalcomputer (PC) mit grafischer Benutzeroberfläche (GUI)
1985	386	Intel	Erster 32-Bit-Vorgänger der Pentium-Linie
1985	MIPS	MIPS	Erster kommerzieller RISC-Rechner
1985	XC2064	Xilinx	Erstes FPGA (Field Programmable Gate Array)
1987	SPARC	Sun	Erste SPARC-basierte RISC-Workstation
1989	GridPad	Grid Systems	Erster kommerzieller Tablet-PC
1990	RS6000	IBM	Erste superskalare Maschine
1992	Alpha	DEC	Erster 64-Bit-Personalcomputer
1992	Simon	IBM	Erstes Smartphone

Tabelle 1.1: Einige Meilensteine in der Entwicklung der modernen Digitalrechner

Jahr	Bezeichnung	Hersteller	Anmerkungen
1993	Newton	Apple	Erster Palmtop
2001	POWER4	IBM	Erster Prozessor mit zwei Kernen auf einem Chip (Dual-Core)

Tabelle 1.1: Einige Meilensteine in der Entwicklung der modernen Digitalrechner *(Forts.)*

1.2.1 Die nullte Generation – Mechanische Computer (1642–1945)

Der französische Wissenschaftler Blaise Pascal (1623–1662) hat die erste funktionierende Rechenmaschine gebaut. Ihm zu Ehren wurde eine Programmiersprache Pascal genannt. Pascal baute dieses Gerät 1642 im Alter von 19 Jahren, um seinem Vater, einem Steuereintreiber für die französische Regierung, zu helfen. Die Maschine arbeitete rein mechanisch, hatte ein Räderwerk und wurde mit einer Handkurbel betrieben.

Pascals Maschine konnte nur addieren und subtrahieren. Dreißig Jahre später baute der große deutsche Mathematiker Gottfried Wilhelm Leibniz (1646–1716) eine andere mechanische Maschine, die auch multiplizieren und dividieren konnte. Das Gerät von Leibniz entsprach dem klassischen Taschenrechner mit vier Funktionen, der drei Jahrhunderte später entwickelt wurde.

In den nächsten 150 Jahren passierte nicht viel, bis der Mathematikprofessor der Universität von Cambridge und Erfinder des Geschwindigkeitsmessers Charles Babbage (1792–1871) seine **Difference Engine** (Differenzmaschine) entwickelte und baute. Dieses mechanische Gerät, das wie das von Pascal nur addieren und subtrahieren konnte, diente der Berechnung von Zahlentabellen für die Schiffsnavigation. Die Maschine führte einen einzigen Algorithmus aus – die Methode finiter Differenzen mithilfe von Polynomen. Das interessanteste Merkmal der Differenzmaschine war ihre Ausgabemethode: Sie stanzte die Ergebnisse mit stählernen Prägestempeln auf eine Kupferplatte und ließ somit schon eine Entwicklung erahnen, die erst viel später mit einmal beschreibbaren Medien wie zum Beispiel Lochkarten und CD-ROM einsetzte.

Die Differenzmaschine funktionierte zwar gut, langweilte Babbage aber bald, weil sie nur einen Algorithmus ausführen konnte. Er steckte viel Zeit und einen Großteil des Familienvermögens (ganz zu schweigen von 17.000 Pfund an Regierungsgeldern) in das Design und die Konstruktion eines Folgegeräts namens **Analytical Engine**. Die Analytical Engine hatte vier Komponenten: Speicher, Mühle (Recheneinheit), Eingabeeinheit (Lochkartenleser) und Ausgabeeinheit (gestanzte und gedruckte Ausgabe). Der Speicher fasste 1000 Wörter zu je 50 Dezimalziffern, die Variablen und Ergebnisse aufnahmen. Die Mühle konnte Operanden aus dem Speicher entgegennehmen, dann addieren, subtrahieren, multiplizieren oder dividieren und schließlich das Ergebnis an den Speicher zurückgeben. Wie die Differenzmaschine war sie gänzlich mechanisch.

Als großer Fortschritt ist der universelle Charakter der Analytical Engine zu sehen. Sie las Befehle von Lochkarten und führte sie aus. Bestimmte Befehle wiesen die Maschine an, zwei Zahlen aus dem Speicher zu holen, zur Mühle zu befördern, dort zu verarbeiten (z.B. zu addieren) und schließlich die Ergebnisse wieder zurück an den Speicher zu schicken. Andere Befehle konnten eine Zahl prüfen und bedingt verzweigen, je nachdem, ob die Zahl positiv oder negativ war. Durch Einstanzen eines anderen Programms auf die Eingabekarten konnte die Analytical Engine unterschiedliche Berechnungen ausführen, wofür die Differenzmaschine gar nicht ausgelegt war.

Da sich die Analytical Engine in einer einfachen Assemblersprache programmieren ließ, brauchte sie Software. Um diese Software zu produzieren, stellte Babbage eine junge Frau namens Ada Augusta Lovelace – die Tochter des berühmten englischen Dichters Lord Byron – ein. Ada Lovelace war damit nicht nur die erste Programmierer**in**, sondern überhaupt der erste Computerprogrammierer der Welt. Die Programmiersprache Ada wurde nach ihr benannt.

Wie vielen modernen Entwicklern gelang es Babbage leider nie, die Hardware ganz von Fehlern zu befreien. Das Problem war, dass Abertausende von Zahnrädern, Wellen und Getrieben mit einer Genauigkeit hergestellt werden mussten, die die Technik des 19. Jahrhunderts noch nicht liefern konnte. Dennoch waren Babbages Ideen seiner Zeit weit voraus. Die meisten modernen Computer weisen heute noch eine Struktur auf, die derjenigen der Analytical Engine ähnelt. Man kann Babbage deshalb ruhigen Gewissens den (Groß-)Vater des modernen Digitalrechners nennen.

Die nächste größere Entwicklung folgte Ende der 1930er Jahre, als der deutsche Maschinenbaustudent Konrad Zuse eine Reihe von automatischen Rechenmaschinen mittels elektromagnetischer Relais baute. Nach Ausbruch des Zweiten Weltkriegs konnte er keine Regierungsmittel erhalten, weil die Regierungsbürokraten damit rechneten, den Krieg so schnell zu gewinnen, dass die neue Maschine erst fertig sein würde, wenn alles vorbei wäre. Zuse wusste nichts von Babbages Arbeit, und seine Maschinen wurden durch die Bombenangriffe auf Berlin durch die Alliierten 1944 zerstört. Aus diesem Grund hatte seine Arbeit keinen Einfluss auf spätere Maschinen. Er war aber einer der Pioniere auf diesem Gebiet.

Einige Zeit später arbeiteten John Atanasoff am Iowa State College und George Stibbitz in den Bell Laboratories an der Entwicklung von Rechenmaschinen. Atanasoffs Maschine war für die damalige Zeit erstaunlich fortschrittlich. Sie benutzte Binärarithmetik und hatte Kondensatoren als Speicher, die periodisch aufgefrischt wurden, um die Ladung aufrechtzuerhalten, was man „Jogging the Memory" nannte, d.h. „dem Gedächtnis auf die Sprünge helfen". Moderne dynamische Speicherchips (DRAM) funktionieren auf genau die gleiche Weise. Leider wurde die Maschine nie in Betrieb genommen. Irgendwie war Atanasoff wie Babbage: ein Visionär, der sich letztlich der unzureichenden Hardwaretechnik seiner Zeit geschlagen geben musste.

Der Computer von Stibbitz war zwar primitiver als der von Atanasoff, funktionierte aber. Stibbitz stellte ihn anlässlich einer Tagung am Dartmouth College 1940 der Öffentlichkeit vor. Unter den Teilnehmern befand sich John Mauchley, ein unbekannter Physikprofessor der Universität von Pennsylvania. Die Computerwelt sollte von Mauchley noch hören.

Während Zuse, Stibbitz und Atanasoff an der Entwicklung automatischer Rechenmaschinen arbeiteten, quälte sich ein junger Mann namens Howard Aiken mit langweiligen numerischen Berechnungen im Rahmen seiner Doktorarbeit an der Harvard-Universität. Nach seiner Promotion wurde ihm klar, wie hilfreich es wäre, solche Berechnungen mit einer Maschine durchführen zu können. Er stöberte in der Bibliothek, fand Babbages Arbeiten und entschloss sich, aus Relais den Universalcomputer zu bauen, den Babbage aus Zahnrädern nicht hatte erschaffen können.

Aikens erste Maschine, die Mark I, wurde 1944 in Harvard fertiggestellt. Sie hatte 72 Wörter mit je 23 Dezimalziffern und eine Befehlszeit von 6 Sekunden. Zur Ein- und Ausgabe wurden Lochbänder verwendet. Bis zur Fertigstellung von Mark II, Aikens Nachfolgermodell, waren Relais-Computer überholt. Das elektronische Zeitalter hatte begonnen.

1.2.2 Die erste Generation – Vakuumröhren (1945–1955)

Angeregt wurde der Bau elektronischer Computer durch den Zweiten Weltkrieg. In den ersten Kriegsjahren wurde ein britisches Schiff nach dem anderen von deutschen U-Booten versenkt. Über Funk erteilte die deutsche Admiralität in Berlin Befehle an die U-Boote, die von den Briten abgehört wurden. Ärgerlich daran war, dass die Nachrichten mit einem Gerät namens **ENIGMA**, dessen Vorläufer vom Amateurerfinder und früheren US-Präsidenten Thomas Jefferson entwickelt wurde, verschlüsselt waren.

Schon zu Beginn des Kriegs gelang es dem britischen Geheimdienst, vom polnischen Geheimdienst eine ENIGMA-Maschine zu bekommen, die dieser den Deutschen gestohlen hatte. Um eine verschlüsselte Nachricht zu knacken, waren aber immense Berechnungen vonnöten, und das in möglichst kurzer Zeit. Die britische Regierung richtete ein streng geheimes Labor ein, das sie mit dem Bau eines elektronischen Computers beauftragte. Der berühmte britische Mathematiker Alan Turing half bei der Entwicklung dieser Maschine namens **COLOSSUS**. Die COLOSSUS wurde 1943 in Betrieb genommen. Da die britische Regierung aber praktisch jeden Aspekt des Projekts 30 Jahre als Militärgeheimnis unter Verschluss hielt, führte die Entwicklung dieser Maschine in eine Sackgasse. Die Maschine wird hier nur erwähnt, weil sie der erste elektronische Digitalrechner der Welt war.

Abgesehen davon, dass Zuses Maschinen zerstört und die COLOSSUS gebaut wurde, wirkte sich der Krieg auch auf die Rechentechnik in den USA aus. Die Armee brauchte Reichweitentabellen zur Ausrichtung von schwerem Geschütz. Zur Produktion dieser Tabellen mit handbetriebenen Rechnern wurden Hunderte von Frauen eingestellt (weil man davon ausging, dass Frauen genauer arbeiten als Männer). Trotzdem war der Prozess sehr zeitaufwendig und fehleranfällig.

John Mauchley, dem die Arbeiten von Atanasoff und Stibbitz bekannt waren, erkannte das Interesse der Armee an mechanischen Rechenmaschinen. Wie viele Computerwissenschaftler nach ihm beantragte er bei der Armee Mittel zur Konstruktion eines elektronischen Computers. Sein Angebot wurde 1943 angenommen und Mauchley und einer seiner Studenten, J. Presper Eckert, nahmen die Entwicklungsarbeiten an einem elektronischen Computer auf, den sie **ENIAC** (**Electronic Numerical Integrator And Computer**) nannten. Er bestand aus 18.000 Vakuumröhren und 1500 Relais, wog 30 Tonnen und hatte eine Leistungsaufnahme von mehr als 150 kW. Architektonisch bestand die Maschine aus 20 Registern, die je eine 10-stellige Dezimalzahl aufnehmen konnten. (Ein Dezimalregister ist ein sehr kleiner Speicher, der eine Zahl mit einer bestimmten Anzahl von Dezimalziffern aufnehmen kann, ähnlich dem Kilometerzähler im Auto.) Der ENIAC wurde über 6000 Drehschalter und Schalttafeln mit einem wahrhaften Dickicht aus Kabeln programmiert.

Die Maschine wurde erst 1946 fertig – zu spät für ihren ursprünglichen Zweck. Da der Krieg vorbei war, erlaubte man Mauchley und Eckert, einen Ferienkurs zu organisieren, um ihren Wissenschaftskollegen von ihrer Arbeit zu berichten. Dieser Ferienkurs war der Anfang eines explosionsartigen Interesses am Bau großer Digitalrechner.

Nach diesem historischen Ereignis schickten sich viele Wissenschaftler an, elektronische Computer zu bauen. Als Erster war der EDSAC (1949) betriebsfähig, den Maurice Wilkes an der Universität von Cambridge baute. Ihm folgten JOHNNIAC von der Rand Corporation, ILLIAC an der Universität von Illinois, MANIAC am Los Alamos Laboratory und WEIZAC am Weizmann-Institut in Israel.

Eckert und Mauchley begannen bald schon mit der Entwicklung eines Nachfolgers, dem **EDVAC (Electronic Discrete Variable Automatic Computer)**. Dieses Projekt war aber zum Sterben verurteilt, als die beiden die Universität von Pennsylvania verließen und in Philadelphia (das Silicon Valley gab es damals noch nicht) eine Firma – die Eckert-Mauchley Computer Corporation – gründeten. Nach einer Reihe von Fusionen entstand daraus die moderne Unisys Corporation.

Nebenbei sei erwähnt, dass Eckert und Mauchley ein Patent mit dem Anspruch anmeldeten, den Digitalrechner erfunden zu haben. Rückblickend hätte es sich gewiss gelohnt, über ein solches Patent zu verfügen. Nach jahrelangem Rechtsstreit urteilte das Gericht, dass das Eckert-Mauchley-Patent ungültig sei und John Atanasoff den Digitalrechner erfunden habe, auch wenn er ihn nie patentieren ließ. Dadurch wurde die Erfindung praktisch zum Gemeingut.

Während Eckert und Mauchley am EDVAC arbeiteten, ging ein Mitglied des ENIAC-Projekts, John von Neumann, an das Princeton Institute of Advanced Studies und entwickelte seine eigene Version des EDVAC, die **IAS-Maschine**. Von Neumann war ein Genie vom Rang eines Leonardo da Vinci. Er beherrschte viele Sprachen, war Experte in Physik und Mathematik und merkte sich alles, was er je hörte, sah oder las. Er konnte aus Büchern zitieren, die er Jahre zuvor gelesen hatte. Als er anfing, sich für Computer zu interessieren, war er schon einer der renommiertesten Mathematiker der Welt.

Ihm war recht schnell klar, dass die Programmierung von Computern mit Unmengen von Schaltern und Kabeln langsam, mühselig und unflexibel war. Er erkannte, dass sich das Programm in digitaler Form zusammen mit den Daten im Speicher des Computers darstellen ließ. Außerdem sah er, dass man die schwerfällige serielle Dezimalarithmetik des ENIAC mit 10 Vakuumröhren für jede Ziffer (1 Röhre an- und 9 ausgeschaltet) durch parallele Binärarithmetik ersetzen konnte, etwas, was Atanasoff schon Jahre früher erkannt hatte.

Sein erster Entwurf ist heute als die **Von-Neumann-Maschine** bekannt. Diese Maschine wurde im EDSAC, dem ersten speicherprogrammierten Computer, benutzt und ist heute, über ein halbes Jahrhundert später, immer noch die Grundlage fast aller digitalen Computer. Dieses Design (und die IAS-Maschine, die unter der Mitwirkung von Herman Goldstine entwickelt wurde) hatte einen derart starken Einfluss, dass es eine kurzen Beschreibung wert ist. Obwohl der Name *von Neumann* immer mit diesem Entwurf verbunden wird, haben Goldstine und andere ebenfalls große Anteile daran. ▶Abbildung 1.4 zeigt eine Skizze der Architektur.

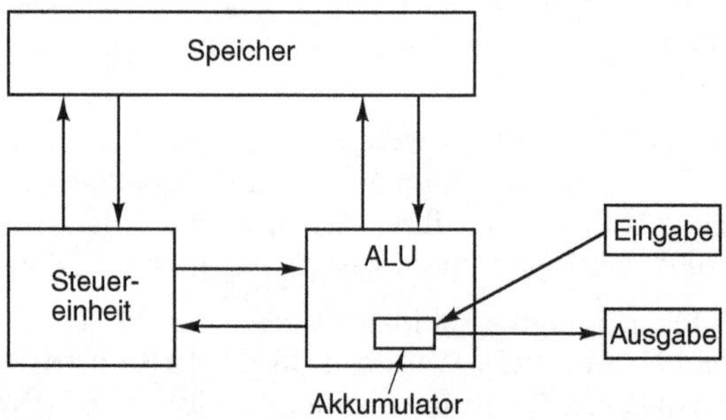

Abbildung 1.4: Die ursprüngliche Von-Neumann-Maschine

Die Von-Neumann-Maschine besteht aus fünf grundlegenden Teilen: dem Speicherwerk, dem Rechenwerk (Arithmetic Logic Unit, ALU), dem Steuerwerk, dem Eingabewerk und dem Ausgabewerk. Der Speicher bestand aus 4096 Wörtern. Ein Wort umfasste 40 Bit, die jeweils 0 oder 1 sein konnten. Jedes Wort nahm entweder zwei 20-Bit-Befehle oder eine 40-Bit-Ganzzahl mit Vorzeichen auf. Ein Befehl kennzeichnete mit 8 Bit den Befehlstyp und mit 12 Bit eines der 4096 Speicherwörter. Das Rechenwerk (ALU) und das Steuerwerk bildeten zusammen das „Gehirn" des Computers. In modernen Computern sind sie auf einem einzelnen Chip vereint, der **zentralen Verarbeitungseinheit** oder **CPU** (**Central Processing Unit**).

Von-Neumann-Maschine: John von Neumann entwarf einen Rechner mit Binärarithmetik, bei dem das Programm im gleichen Speicher wie die Daten abgelegt wurde. Dieser Entwurf hat die Entwicklung der Rechner bis in die heutige Zeit geprägt.

Im Rechenwerk befand sich ein spezielles internes 40-Bit-Register, der **Akkumulator**. Ein typischer Befehl addierte ein Speicherwort zum Akkumulator oder legte den Inhalt des Akkumulators im Speicher ab. Die Maschine besaß keine Gleitkommaarithmetik, weil laut von Neumann jeder Mathematiker in der Lage sein sollte, den Dezimalpunkt (eigentlich den Binärpunkt) im Kopf „mitzuführen".

Etwa zu der Zeit, als von Neumann die IAS-Maschine entwickelte, arbeiteten Wissenschaftler am M.I.T. ebenfalls an einem Computer. Im Gegensatz zu IAS, ENIAC und anderen derartigen Maschinen, die lange Wortlängen hatten und für das Verarbeiten großer Zahlenmengen (Number Crunching) gedacht waren, hatte Whirlwind I, die Erfindung des M.I.T.-Teams, ein 16-Bit-Wort und war auf Echtzeitsteuerung ausgelegt. Dieses Projekt führte zur Erfindung des magnetischen Kernspeichers durch Jay Forrester und letztendlich zum ersten kommerziellen Minicomputer.

Zu dieser Zeit war IBM eine kleine Firma, die mit der Fertigung von Kartenlochern und mechanischen Kartensortiermaschinen befasst war. Ein Teil von Aikens Forschungsmitteln stammte zwar von IBM, die Firma war aber nicht sonderlich an Computern interessiert, bis sie 1953 den 701 produzierte, lange nachdem sich das Unternehmen von Eckert und Mauchley mit dem UNIVAC-Computer zur Nummer Eins auf dem kommerziellen Markt etabliert hatte. Der 701 hatte 2048 Wörter zu je 36 Bit mit zwei Befehlen pro Wort. Er war der erste einer Reihe von wissenschaftlichen Computern, die ein Jahrzehnt danach die Branche beherrschen sollten. Drei Jahre später folgte das Modell 704 mit einem Kernspeicher von 4096 Wörtern, 36-Bit-Befehlen und als Neuerung mit einer Gleitkomma-Hardware. 1958 begann IBM mit der Produktion ihrer letzten Vakuumröhrenmaschine (Modell 709), bei der es sich im Grunde um einen aufgerüsteten 704-Rechner handelte.

1.2.3 Die zweite Generation – Transistoren (1955–1965)

Der Transistor wurde 1948 von John Bardeen, Walter Brattain und William Shockley an den Bell Laboratories erfunden. 1956 erhielten die Erfinder dafür den Physik-Nobelpreis. Innerhalb von zehn Jahren revolutionierte der Transistor den Computer und in den späten 1950ern waren Computer mit Vakuumröhren überholt. Der erste mit Transistoren bestückte Computer wurde am Lincoln Laboratory des M.I.T. entwickelt – eine 16-Bit-Maschine nach Art von Whirlwind I. Der Computer trug den Namen **TX-0** (**Transistorized eXperimental computer 0**) und diente lediglich als Testgerät für einen besseren TX-2.

Der TX-2 erlangte nie größere Bedeutung, aber einer der Konstrukteure, Kenneth Olsen, gründete 1957 eine Firma, die er Digital Equipment Corporation (DEC) nannte. Er begann mit der Entwicklung einer kommerziellen Maschine, die dem TX-0 sehr ähnelte: die PDP-1. Die Fertigstellung dauerte vier Jahre, weil die Investoren, mit deren Geld DEC vorwiegend arbeitete, der Meinung waren, es gäbe keinen Markt für Computer. Schließlich hat der frühere Direktor von IBM T.J. Watson einmal gesagt, dass der Weltmarkt für Computer bei vier oder fünf Exemplaren erschöpft wäre. Stattdessen verkaufte DEC vor allem kleine Leiterplatten, die andere Firmen in ihre Produkte einbauten.

Als die PDP-1 schließlich 1961 auf den Markt kam, verfügte sie über 4096 Wörter zu je 18 Bit und konnte 200.000 Befehle in der Sekunde ausführen. Das entsprach der halben Leistung des IBM-Computers 7090, dem transistorisierten Nachfolger des 709, dem zur damaligen Zeit schnellsten Computer der Welt. Die PDP-1 kostete 120.000 US-Dollar, ein 7090-Rechner kostete Millionen. DEC verkaufte Dutzende des PDP-1. Die Minicomputer-Industrie war geboren.

Eine der ersten PDP-1 wurde dem M.I.T. zur Verfügung gestellt, wo die Maschine schnell die Aufmerksamkeit einiger der jungen Genies erregte, die das M.I.T. so reichlich hervorbrachte. Eine der zahlreichen Innovationen der PDP-1 war eine visuelle Anzeige und die Möglichkeit, Punkte an beliebiger Stelle auf ihrem Bildschirm von 512 mal 512 Bildpunkten darzustellen. Innerhalb kürzester Zeit hatten einige Studenten die PDP-1 für das Spiel Spacewar umprogrammiert. Die Welt hatte ihr erstes Videospiel.

Ein paar Jahre später führte DEC die PDP-8 ein, eine gegenüber der PDP-1 wesentlich billigere (16.000 US-Dollar) 12-Bit-Maschine. Die PDP-8 wies eine wichtige Neuerung auf: einen einzelnen Bus, den Omnibus (▶Abbildung 1.5). Ein **Bus** ist ein Leitungssystem, dessen (parallel geführte) Leitungen die Komponenten eines Computers verbinden. Diese Architektur stellte einen entscheidenden Wendepunkt gegenüber der speicherzentrierten IAS-Maschine dar und wurde seitdem von fast allen Kleincomputern übernommen. Mit 50.000 verkauften PDP-8 etablierte sich DEC als Marktführer im Minicomputer-Geschäft.

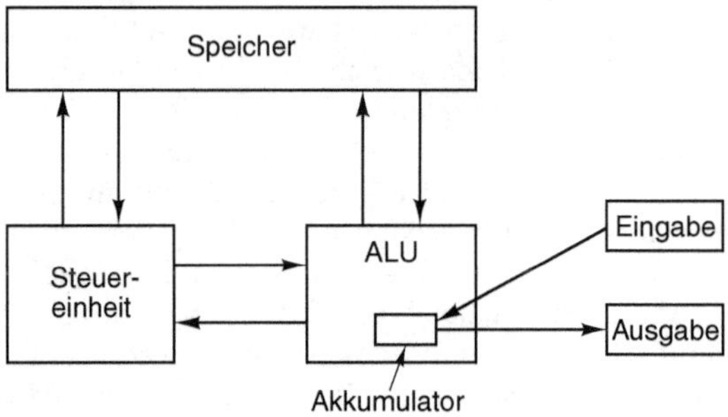

Abbildung 1.5: Der Omnibus der PDP-8

Zwischenzeitlich reagierte IBM auf den Transistor mit der Produktion einer transistorisierten Version des 709, dem oben erwähnten Modell 7090 und später dem 7094. Das Modell 7094 wies eine Zykluszeit von 2 µs und einen Kernspeicher mit 32.768 Wörtern zu je 36 Bit auf. Die Modelle 7090 und 7094 markierten das Ende der Maschinen vom Typ ENIAC, beherrschten aber die wissenschaftliche Computerszene in den sechziger Jahren.

In dieser Zeit profilierte sich IBM mit dem 7094-Computer im wissenschaftlichen Anwendungsbereich. Mit einem kleinen Computer (dem 1401) für den kommerziellen Bereich machte die Firma ein Vermögen. Dieser Computer konnte fast so schnell Magnetbänder lesen/beschreiben, Karten lesen/stanzen und drucken wie der 7094, aber zu einem Bruchteil des Preises. Für den wissenschaftlichen Bereich war der 1401 gänzlich ungeeignet, für Büroanwendungen aber perfekt.

Der 1401 war insofern ungewöhnlich, als er keine Register und auch keine feste Wortlänge hatte. Der Speicher umfasste 4000 Bytes zu je 8 Bit, spätere Modelle unterstützten sogar bis zu 16.000 Bytes – eine für die damalige Zeit verblüffende Kapazität. Jedes Byte enthielt ein 6-Bit-Zeichen, ein Verwaltungsbit und ein Bit zur Kennzeichnung des Wortendes. Zum Beispiel hatte ein `MOVE`-Befehl eine Quell- und eine Zieladresse und transportierte so lange Bytes von der Quelle zum Ziel, bis er auf ein Byte mit einem auf 1 gesetztes Wortende-Bit stieß.

1964 führte eine winzige unbekannte Firma, die Control Data Corporation (CDC), den Computer 6600 ein, der um fast eine Größenordnung schneller war als das mächtige Modell 7094 und jede andere zur damaligen Zeit existierende Maschine. Für die Zahlenakrobaten war der Computer Liebe auf den ersten Blick und die erfolgreiche Karriere von CDC nahm ihren Anfang. Das Geheimnis seiner Geschwindigkeit – und der Grund für den wesentlich niedrigeren Preis gegenüber dem 7094 – lag darin, dass in der CPU eine parallele Maschine arbeitete. Sie hatte mehrere Funktionseinheiten für die Addition, andere für die Multiplikation und wieder andere für die Division, und alle konnten parallel laufen. Um diesen Computer optimal zu nutzen, war zwar sorgfältige Programmierung vonnöten, doch mit einigem Aufwand ließen sich zehn Befehle gleichzeitig ausführen.

Erstmals wurde mit der CDC 6600, die von Seymour Cray entwickelt wurde, die parallele Verarbeitung von Befehlen zur **Steigerung der Rechengeschwindigkeit** eingesetzt. Dieses Prinzip verwenden alle heutigen Prozessoren bis hin zu heutigen Supercomputern.

Als ob das noch nicht genug war, werkelten in der 6600-Maschine mehrere kleine Computer, die ihr nach dem Motto „Schneewittchen und die sieben Kleinwüchsigen[2]“ hilfreich zur Seite standen. Das bedeutete, dass die CPU ihre ganze Zeit mit der Verarbeitung riesiger Zahlenmengen zubringen konnte, während sie alle Details der Job-Verwaltung und Ein-/Ausgabe an die kleineren Computer delegierte. Rückblickend lässt sich feststellen, dass der 6600-Computer seiner Zeit um Jahrzehnte voraus war. Viele Grundkonzepte moderner Computer lassen sich geradewegs auf den 6600 zurückführen.

Seymour Cray, der Entwickler des 6600-Computers, war eine genauso legendäre Persönlichkeit wie von Neumann. Er widmete sein ganzes Leben der Entwicklung immer schnellerer Maschinen, die man heute **Supercomputer** nennt, darunter 6600, 7600 und Cray-1. Außerdem erfand er den heute berühmten Algorithmus für den Kauf von Autos: Du gehst zum nächstliegenden Händler, zeigst auf das Auto gleich neben der Tür und sagst: „Ich nehme dieses hier.“ Dieser Algorithmus vergeudet die wenigste Zeit für unwichtige Dinge (wie Autos kaufen), sodass mehr Zeit für Wichtiges (wie Supercomputer entwickeln) bleibt.

In dieser Ära der zweiten Generation kamen viele andere Computer auf den Markt, von denen sich aber nur einer aus einem völlig anderen Grund abhebt: Burroughs B5000. Die Entwickler von Maschinen wie PDP-1, 7094 und 6600 konzentrierten sich voll auf die Hardware, um sie billiger (DEC) oder schneller (IBM und CDC) zu machen. Software war fast völlig belanglos. Die B5000-Entwickler schlugen eine andere Richtung ein. Sie entwickelten eine Maschine speziell mit der Absicht, sie in ALGOL 60, einem Vorläufer von C und Java, programmieren zu lassen, und bauten viele Funktionsmerkmale in die Hardware ein, um die Arbeit des Compilers zu vereinfachen. Das Konzept, dass auch Software eine wichtige Rolle spielt, war geboren. Leider hatte man es genauso schnell wieder vergessen.

2 Ein Wortspiel des Autors („Snow White and the Seven Vertically Challenged People“), das übertriebene „Political Correctness“ andeutet, d.h. diskriminierende Wörter – hier das Wort „Zwerg“ – vermeiden soll.

1.2.4 Die dritte Generation – integrierte Schaltungen (1965–1980)

Die Erfindung des integrierten Schaltkreises auf einem Siliziumchip durch (die unabhängig voneinander arbeitenden) Jack Kilby und Robert Noyce im Jahr 1958 ermöglichte es, Dutzende von Transistoren auf einen einzigen Chip zu packen. Dadurch konnten kleinere, schnellere und billigere Computer gebaut werden. Einige wichtige Computer dieser Generation werden in den folgenden Abschnitten beschrieben.

1964 war IBM die führende Computerfirma mit einem großen Problem in Bezug auf die beiden besonders erfolgreichen Rechner 7094 und 1401: Sie konnten inkompatibler nicht sein. Bei dem einen handelte es sich um einen Hochgeschwindigkeitsrechner mit paralleler Binärarithmetik auf 36-Bit-Registern. Der andere war ein glorifizierter Ein-/Ausgabeprozessor mit serieller Dezimalarithmetik und Speicherung von Wörtern mit variabler Länge. Viele Großkunden von IBM besaßen beide und es gefiel ihnen gar nicht, zwei getrennte Programmierabteilungen unterhalten zu müssen, die nichts hatten, was sie verbindet.

Als die Zeit kam, diese beiden Serien abzulösen, tat IBM einen radikalen Schritt. Man führte mit dem System/360 eine einzige Produktlinie auf der Grundlage integrierter Schaltungen für wissenschaftliche *und* kommerzielle Rechenumgebungen ein. Das System/360 wies viele Innovationen auf, von denen eine besonders hervorstach: Es handelte sich um eine Familie mit etwa einem halben Dutzend Rechnern mit der gleichen Assemblersprache, die sich nur hinsichtlich Größe und Leistung unterschieden. Ein Unternehmen konnte also seinen 1401 durch ein System/360, Modell 30, und einen 7094 durch ein System/360, Modell 75, ablösen. Modell 75 war größer und schneller (und teurer); die dafür geschriebene Software konnte aber prinzipiell auch auf einem anderen Modell eingesetzt werden. In der Praxis lief dies so ab, dass die für ein kleines Modell geschriebene Software problemlos auf einem größeren Modell lief, das jeweilige Programm auf einem kleineren Modell aber meist nicht in den Speicher passte. Dennoch war das im Vergleich zur 7094- und 1401-Situation eine enorme Verbesserung. Das Konzept von Rechnerfamilien fand sofort Anklang und innerhalb weniger Jahre boten die meisten Computerhersteller Rechnerfamilien über eine große Preis- und Leistungsspanne an. ▶Tabelle 1.2 nennt einige Merkmale der ersten 360-Familie. Andere Modelle wurden später eingeführt.

Eigenschaft	Modell 30	Modell 40	Modell 50	Modell 65
Relative Leistung bezogen auf Modell 30	1	3,5	10	21
Zykluszeit (ns)	1000	625	500	250
Maximaler Speicher (KB)	64	256	256	512
Pro Zyklus eingelesene Bytes	1	2	4	16
Maximale Anzahl von Datenkanälen	3	3	4	6

Tabelle 1.2: Die erste 360-Produktlinie von IBM

Eine weitere Neuerung des 360-Rechners war der **Mehrprogrammbetrieb (Multiprogramming)**. Dabei befanden sich mehrere Programme gleichzeitig im Speicher. Während das eine auf Ein- und Ausgaben wartete, konnte das andere rechnen. Das resultierte in einer besseren Ausnutzung der CPU.

Das System/360 war auch der erste Rechner, der andere Computer emulieren (simulieren) konnte. Die kleineren Modelle emulierten den 1401, die größeren den 7094, sodass Kunden weiterhin ihre alten Binärprogramme unverändert ausführen konnten, während sie auf den 360 umstellten. Einige Modelle führten 1401-Programme viel schneller als der 1401 aus, was dazu führte, dass viele Kunden ihre Programme nie konvertierten.

Eine Emulation war auf dem 360 einfach auszuführen, weil alle anfänglichen und die meisten späteren Modelle auf Mikroprogrammierung basierten. IBM musste lediglich drei Mikroprogramme – für den jeweiligen Befehlssatz von 360, 1401 und 7094 – schreiben. Diese Flexibilität war einer der Hauptgründe, die Mikroprogrammierung im 360 einzuführen. Die Motivation von Wilkes, die Anzahl der Röhren zu verringern, spielte keine Rolle mehr, weil ja der 360 überhaupt keine Röhren mehr enthielt.

Der 360 löste das Dilemma „parallel binär/seriell dezimal“ durch einen Kompromiss: Die Maschine hatte 16 32-Bit-Register für binäre Arithmetik, aber – wie der 1401 – einen byteorientierten Speicher und serielle Befehle zum Transportieren von Datensätzen mit variabler Größe im Speicher.

Ein weiteres hervorstechendes Merkmal des 360 war der (für damalige Begriffe) riesige Adressraum von 2^{24} (16.777.216) Bytes. Bei den damaligen Speicherpreisen von mehreren US-Dollar pro Byte erschienen 16 MB schier grenzenlos. Die 360-Serie wurde später von den Serien 370, 4300, 3080 und 3090 abgelöst – leider alle mit der gleichen Architektur. Mitte der achtziger Jahre erwies sich die 16-MB-Grenze nämlich als echtes Problem. IBM musste die Kompatibilität teilweise aufgeben, als die Umstellung auf 32-Bit-Adressen erfolgte, die für die Adressierung des neuen 2^{32}-Byte-Speichers nötig war.

Rückblickend mag man sich fragen, warum keine 32-Bit-Adressen verwendet wurden, da man ja ohnehin mit 32-Bit-Wörtern und -Registern arbeitete, damals aber konnte sich niemand einen Rechner mit 16 MB vorstellen. Auch wenn der Übergang zu 32-Bit-Adressen für IBM erfolgreich vonstatten ging, war es nur eine vorübergehende Lösung für das Problem der Speicheradressierung, da Rechensysteme bald nach einer Möglichkeit verlangten, mehr als 2^{32} (4.294.967.296) Bytes im Speicher zu adressieren. Wenige Jahre später würden Computer mit 64-Bit-Adressen auftauchen.

Mit der Einführung der Serie PDP-11, einem 16-Bit-Nachfolger der PDP-8, durch DEC vollzog auch die Minicomputer-Welt große Schritte hin zur dritten Generation. Auf vielerlei Art und Weise waren die PDP-11- und PDP-8-Serien wie kleinere Brüder der 360- und 7094-Serie, so wie die PDP-1 ein kleinerer Bruder des 7094 war. Sowohl der 360 als auch die PDP-11 hatten wortorientierte Register und einen byteorientierten Speicher und beide wiesen ein breitgefächertes Preis-Leistungs-Verhältnis auf. Die PDP-11 war besonders an Universitäten sehr erfolgreich und bescherte DEC einen Wettbewerbsvorsprung gegenüber anderen Minicomputer-Herstellern.

1.2.5 Die vierte Generation – VLSI (1980 – ?)

In den 1980er Jahren bot sich mit der Höchstintegration oder **VLSI** (**Very Large Scale Integration**) die Möglichkeit, zuerst etliche Tausende, dann Hunderttausende und schließlich Millionen von Transistoren auf einen einzigen Chip zu packen. Diese Entwicklung führte zu kleineren und schnelleren Computern. Vor der PDP-1 waren Computer so groß und teuer, dass sich Unternehmen und Universitäten für deren Betrieb sogenannte **Rechenzentren** einrichten mussten. Mit dem Aufkommen des Minicomputers war es erstmals möglich, einzelne Abteilungen mit eigenen Computern auszustatten. Bis 1980 waren die Preise derart gesunken, dass sich auch Privatpersonen einen Computer leisten konnten. Die Ära des Personalcomputers (PC) hatte begonnen.

Personalcomputer wurden völlig anders als Großrechner eingesetzt. Man nutzte sie für Textverarbeitung, Tabellenkalkulation und zahlreiche interaktive Anwendungen (wie zum Beispiel Spiele), mit denen Großrechner nicht gut umgehen konnten.

Die ersten Personalcomputer wurden als Bausatz verkauft. Ein Bausatz umfasste eine gedruckte Leiterplatte (PCB – Printed Circuit Board), eine Reihe von Chips – darunter meist ein Intel 8080 –, einige Kabel, ein Netzteil und vielleicht ein 8-Zoll-Diskettenlaufwerk. Dem Käufer wurde es überlassen, diese Teile zu einem Computer zusammenzubauen. Software war nicht dabei. Die musste man sich nach Bedarf selbst schreiben. Später wurde das Betriebssystem CP/M von Gary Kildall auf 8080-Computern populär. Dabei handelte es sich um ein Betriebssystem, das von Diskette aus ausgeführt wurde, ein Dateisystem hatte und Befehle entgegennahm, die der Benutzer von der Tastatur in einen Kommandoprozessor (Shell) eintippte.

Weitere Personalcomputer aus der Frühzeit waren der Apple und später der Apple II, die von Steve Jobs und Steve Wozniak in der sprichwörtlichen Garage gebaut wurden. Dieser Rechner war besonders bei Heimanwendern und an Schulen beliebt und machte Apple über Nacht zu einem ernsthaften Konkurrenten.

Nach reiflichen Überlegungen und langer Beobachtung der Konkurrenz entschloss sich IBM als die herrschende Kraft auf dem damaligen Computermarkt, in das PC-Geschäft einzusteigen. Anstatt den gesamten Rechner von Grund auf ausschließlich mit IBM-Teilen neu zu entwickeln, was viel zu lange gedauert hätte, unternahm IBM etwas recht Untypisches: Das Unternehmen gab einem seiner leitenden Mitarbeiter, Philip Estridge, einen Sack voll Geld und die Anweisung, sich von den Bürokraten im Stammhaus in Armonk, New York, weit zu entfernen und erst wieder zurückzukommen, wenn er einen funktionierenden Personalcomputer vorzeigen konnte. Estridge schlug in Boca Raton in Florida sein Quartier auf, wählte den Intel 8088 als seine CPU und baute den IBM-Personalcomputer aus bereits am Markt erhältlichen Teilen. Dieser wurde 1981 eingeführt und avancierte sofort zum bestverkauften Computer aller Zeiten. Als der PC seinen 30. Geburtstag feierte, erschienen zahlreiche Artikel über seine Geschichte, wovon insbesondere die von Bradley (2011), Goth (2011), Bride (2011) und Singh (2011) zu nennen sind.

IBM unternahm noch einen weiteren untypischen Schritt, den man später aber bereuen sollte. Anstatt das Design der Maschine – wie für das Unternehmen üblich – absolut geheim zu halten (oder zumindest durch eine Mauer von Patenten zu schützen), veröffentlichte es sämtliche Unterlagen, einschließlich der Schaltpläne, in einem Buch, das jeder für 49 US-Dollar im Handel erwerben konnte. Damit sollte anderen Unternehmen die Möglichkeit geboten werden, Steckkarten für den IBM-PC herzustellen, um die Flexibilität und Verbreitung des Geräts zu fördern. Da das Design somit vollständig öffentlich und alle Teile leicht von kommerziellen Anbietern erhältlich waren, stellten zahlreiche andere Unternehmen zum Leidwesen von IBM PC-**Klone** des Personalcomputers her – meist preisgünstiger als das Original von IBM. So entstand ein ganz neuer Industriezweig.

Obwohl andere Firmen – darunter Commodore, Apple und Atari – Personalcomputer herstellten, deren Prozessoren nicht von Intel stammten, war die Triebkraft der IBM-PC-Industrie so groß, dass alle anderen wie von einer Dampfwalze überrollt wurden. Die wenigen Überlebenden mussten auf Marktnischen ausweichen.

Personalcomputer: Durch die Höchstintegration von Transistoren wurden Computer auch für private Anwender erschwinglich. Die Einführung einer grafischen Benutzeroberfläche im Apple Macintosh ermöglichte auch eine leichtere Bedienung und hat sich in heutigen Computern bis hin zu Smartphones und Tablets durchgesetzt.

Zu denjenigen, die knapp überlebt hatten, gehörte der Apple Macintosh. Er wurde 1984 als Nachfolger des erfolglosen Apple Lisa eingeführt und ist der erste Computer mit einer **grafischen Benutzeroberfläche** (**GUI – Graphical User Interface**), ähnlich der heute bekannten Windows-Oberfläche. Der Lisa ist gescheitert, weil er zu teuer war, doch der ein Jahr später eingeführte preiswertere Macintosh war ein riesiger Erfolg und entfachte Feuer und Leidenschaft unter seinen vielen Bewunderern.

Der frühe Personalcomputermarkt führte ebenfalls zu dem damals fast unerhörten Verlangen nach tragbaren Computern. Zu dieser Zeit war ein portabler Computer genauso sinnvoll wie es heutzutage ein portabler Kühlschrank wäre. Der erste wirklich tragbare Personalcomputer war der Osborne-1, der allerdings mit seiner Masse von 11 kg mehr an einen Koffercomputer erinnerte. Dennoch trat er den Beweis an, dass portable Geräte möglich sind. Der wirtschaftliche Erfolg des Osborne-1 hielt sich in Grenzen. Doch ein Jahr später brachte die Firma Compaq ihren ersten tragbaren IBM-PC-Klon heraus und etablierte sich schnell als Marktführer für portable Computer.

Die ursprüngliche Version des IBM-PC war mit dem von der damals winzigen Firma Microsoft Corporation gelieferten Betriebssystem MS-DOS ausgestattet. Da Intel zunehmend leistungsstärkere CPUs produzierte, war es IBM und Microsoft möglich, einen Nachfolger für MS-DOS namens OS/2 zu entwickeln. Dieses Betriebssystem hatte eine mit dem Apple Macintosh vergleichbare grafische Benutzeroberfläche. Für den Fall, dass OS/2 nicht erfolgreich sein sollte, entwickelte Microsoft parallel dazu sein eigenes Betriebssystem weiter – das auf MS-DOS aufsetzende Windows. Kurz: OS/2 war nicht erfolgreich, IBM und Microsoft hatten einen äußerst heftigen Streit und Microsoft machte aus Windows einen Riesenerfolg. Wie die winzige Firma Intel und die noch winzigere Firma Microsoft es schafften, IBM – eines der größten, reichsten und mächtigsten Unternehmen in der Geschichte – zu entthronen, ist eine Geschichte, die zweifellos bis ins kleinste Detail in den Wirtschaftsfakultäten aller Welt eingehend diskutiert wird.

Aufbauend auf dem Erfolg des 8088 machte sich Intel daran, größere und bessere Versionen dieses Mikroprozessors herzustellen. Besonders zu erwähnen ist der im Jahre 1985 erschienene 80386, eine 32-Bit-CPU. Daran schloss sich eine aufgerüstete Version an, die natürlicherweise 80486 genannt wurde. Darauffolgende Versionen dieser Prozessorfamilie erhielten die Namen Pentium und Core. Diese Chips sind in nahezu allen modernen PCs zu finden. Für die Architektur dieser Prozessoren hat sich die Sammelbezeichnung **x86** eingebürgert. Die von AMD produzierten kompatiblen Chips laufen ebenfalls unter x86.

Mitte der achtziger Jahre fasste eine neue Entwicklung namens RISC Fuß, die die komplizierten (CISC-)Architekturen durch viel einfachere (und schnellere) ablöste. In den 1990er Jahren tauchten erstmals superskalare CPUs auf. Diese Maschinen konnten mehrere Befehle gleichzeitig ausführen, und dies oft in einer anderen Reihenfolge, als sie im Programm auftauchten. Die CISC-, RISC- und superskalaren Konzepte werden in *Kapitel 2* vorgestellt und das ganze Buch hindurch ausführlich behandelt.

Ebenfalls in der Mitte der 1980er Jahre entwickelte Ross Freeman mit seinen Kollegen bei Xilinx einen geschickten Ansatz, um integrierte Schaltungen zu erstellen, ohne dass dafür Schubkarren voller Geld oder der Zugang zu einer Halbleiterfabrik erforderlich waren. Diese als **FPGA** (**Field Programmable Gate Array**) bezeichnete neue Art von Computerchip enthält ein großes Reservoir an generischen Logikgattern, die sich zu einer beliebigen Schaltung, die in das Bauelement passt, „programmieren" lassen. Dieser bemerkenswerte neue Ansatz für den Hardwareentwurf machte FPGA-Hardware genauso geschmeidig wie Software. Mit FPGAs im Preissegment von einigen zehn bis hundert US-Dollar wurde es möglich, Rechensysteme für spezielle Anwendungen aufzubauen, die für nur wenige Benutzer gedacht sind. Erfreulicherweise kann die Halbleiterindustrie trotzdem noch schnellere, energiesparendere und billigere Chips herstellen für Anwendungen, die Millionen von Chips benötigen. Doch bei Anwendungen mit nur wenigen Benutzern – wie beispielsweise im Prototyping, in Design-Anwendungen mit geringem Umfang und in der Ausbildung – bleiben FPGAs ein beliebtes Werkzeug für den Aufbau von Hardware.

Bis 1992 waren Personalcomputer für eine Verarbeitungsbreite von 8, 16 oder 32 Bit ausgelegt. Dann brachte DEC den revolutionären 64-Bit-Alpha heraus, einen echten 64-Bit-RISC-Prozessor, der alle anderen Personalcomputer leistungsmäßig weit hinter sich ließ. Der Erfolg des Alpha war recht bescheiden. Es dauerte fast ein Jahrzehnt, bis 64-Bit-Prozessoren in größerem Umfang eingesetzt wurden – und dann vor allem als High-End-Server.

In den 1990er Jahren sind die Rechensysteme aufgrund einer Vielzahl von Mikroarchitekturoptimierungen immer schneller geworden. Viele dieser Optimierungen untersuchen wir in diesem Buch. Benutzer derartiger Systeme werden von Computeranbietern verwöhnt, da jedes neu gekaufte System ihre Programme schneller ausführen würde als ihr altes System. Allerdings flaute diese Tendenz gegen Ende der 1990er Jahre ab, was zwei wichtigen Hindernissen im Computerentwurf zuzuschreiben ist: Architekten gingen die Tricks aus, um ihre Programme schneller zu machen, und es wurde zu teuer, die Prozessoren zu kühlen. Obwohl weiterhin immer schnellere Prozessoren gebaut wurden, gingen die meisten Computerfirmen zu parallelen Architekturen über, um mehr Leistung aus ihrem Silizium herauszupressen. IBM führte 2001 die Dual-Core-Architektur POWER4 ein. Damit vereinte eine Mainstream-CPU erstmals zwei Prozessoren auf demselben Chip. Heute sind bei den meisten Prozessoren der Desktop- und Serverklasse, ja selbst bei einigen eingebetteten Prozessoren mehrere Prozessoren auf einem Chip zu finden. Die wahre Leistungsfähigkeit dieser Multiprozessoren ist für den typischen Benutzer leider kaum zu spüren, da (wie wir in späteren Kapiteln noch sehen werden) parallele Maschinen Programmierer voraussetzen, die ihre Programme explizit parallelisieren – eine schwierige und fehlerträchtige Aufgabe.

1.2.6 Die fünfte Generation – leistungsarme und unsichtbare Computer

Im Jahre 1981 hat die japanische Regierung angekündigt, die Industrie des Landes mit 500 Millionen US-Dollar bei der Entwicklung von Computern der fünften Generation zu unterstützen. Diese sollten auf künstlicher Intelligenz basieren und einen Quantensprung gegenüber den „stummen" Computern der vierten Generation darstellen. Angesichts der Tatsache, dass japanische Firmen ohnehin schon in vielen Industriezweigen den Markt beherrschten, ob es sich nun um Kameras, Stereoanlagen oder Fernsehgeräte handelte, läuteten bei amerikanischen und europäischen Computerherstellern umgehend die Alarmglocken. Von Panik erfasst forderte man Regierungssubventionen und mehr. Doch trotz vollmundiger Ankündigungen ist das japanische Projekt der fünften Generation grundsätzlich gescheitert und lautlos in der Versenkung verschwunden. In gewissem Sinne verhält es sich wie mit der Analytical Engine von Babbage – eine visionäre Idee, doch so weit ihrer Zeit voraus, dass die Technik zu ihrer Umsetzung nirgendwo in Sicht ist.

Trotzdem hat sich das ereignet, was man als fünfte Generation bezeichnen könnte, allerdings nicht in der erwarteten Weise: Computer sind geschrumpft. 1989 brachte GRiD Systems den ersten Tablet-PC heraus, GRiDPad genannt. Er bestand aus einem kleinen Bildschirm, auf dem die Benutzer mit einem speziellen Stift schreiben konnten, um das System zu steuern. Systeme wie das GRiDPad bewiesen, dass Computer nicht auf einem Schreibtisch oder in einem Serverraum stehen müssen. Stattdessen lassen sie sich in leicht transportierbare Gehäuse mit Touchscreens und Handschrifterkennung einbauen, um ihren Wert zu erhöhen.

Der 1993 veröffentlichte Apple Newton hat gezeigt, dass sich ein Computer in einem Gehäuse unterbringen lässt, das nicht größer als ein tragbares Audiokassettengerät ist. Wie das GRiDPad arbeitet der Newton mit Handschrifterkennung, was sich zwar als Stolperstein herausgestellt hat, doch spätere Geräte dieser Klasse, die man jetzt als **PDAs** (**Personal Digital Assistants**) bezeichnet, brachten wesentlich verbesserte Benutzeroberflächen mit und erfreuen sich großer Beliebtheit. Mittlerweile haben sich derartige Geräte zu **Smartphones** gemausert.

Schließlich wurde die Handschrifteingabe des PDA durch Jeff Hawkins perfektioniert. Er gründete die Firma Palm, um einen kostengünstigen PDA für den privaten Massenmarkt zu entwickeln. Hawkins war gelernter Elektrotechniker, hatte aber ein leidenschaftliches Interesse an der Neurowissenschaft, d.h. der Untersuchung der menschlichen Denkprozesse. Er begriff, dass die Handschrifterkennung zuverlässiger funktioniert, wenn man dem Benutzer beibringt, in einer Weise zu schreiben, die für Computer leichter zu lesen ist. Diese Eingabetechnik nannte er „Graffiti". Sie verlangte seitens des Benutzers nur wenig Übung, führte aber zu schnelleren und zuverlässigeren Schreibeingaben. So war auch der erste PDA von Palm, der Palm Pilot, ein riesiger Erfolg. Graffiti gehört zu den herausragenden Fortschritten in der Rechentechnik, denn sie demonstriert, wie sich die Leistung des menschlichen Gehirns umsetzen lässt.

Benutzer der PDAs waren auf ihre Geräte eingeschworen und verwendeten sie ehrfürchtig, um ihre Zeitpläne und Kontakte zu verwalten. Als sich Anfang der 1990er Jahre Mobiltelefone immer weiter verbreiteten, ergriff IBM die Gelegenheit, das Mobiltelefon mit dem PDA zusammenzufassen, wobei das „Smartphone" herauskam. Das erste Smartphone, **Simon** genannt, realisierte die Eingabe über einen Touchscreen und bot dem Benutzer alle Funktionen eines PDA sowie zusätzlich ein Telefon, Spiele und E-Mail. Die abnehmenden Größen und Kosten der Bauelemente mündeten schließlich in der breiten Nutzung von Smartphones, die im bekannten Apple iPhone und den Android-Plattformen von Google verkörpert sind.

Doch selbst die PDAs und Smartphones sind nicht wirklich revolutionär. Noch bedeutender sind die „unsichtbaren" Computer, die in Apparaten, Uhren, Kreditkarten und zahlreichen anderen Geräten eingebettet sind [Bechini et al., 2004]. Diese Prozessoren erlauben zunehmende Funktionalität bei geringeren Kosten in einer breiten Palette von Anwendungen. Es lässt sich darüber streiten, ob diese Chips eine wirkliche Generation bilden (eigentlich gibt es sie schon seit den 1970er Jahren), aber sie revolutionieren die Arbeitsweise Tausender Apparate und anderer Geräte. Bereits heute wirken sie sich auf die gesamte Welt aus und ihr Einfluss wird in den kommenden Jahren schnell zunehmen. Ein ungewöhnlicher Aspekt dieser eingebetteten Computer ist, dass Hardware und Software oftmals durch **Co-Design** entstehen [Henkel et al., 2003]. Wir kommen später in diesem Buch noch darauf zurück.

Ubiquitous Computing: Computer sind in Form von Smartphones und Tablets, Smartcards und Steuerungselektronik heute allgegenwärtig.

Betrachtet man die erste Generation als Maschinen mit Vakuumröhren (z.B. ENIAC), die zweite Generation als transistorisierte Computer (z.B. IBM 7094), die dritte Generation als erste Maschinen mit integrierten Schaltungen (z.B. IBM 360) und die vierte Generation als Personalcomputer (z.B. die Intel-Prozessoren), dann ist die eigentliche fünfte Generation mehr eine Paradigmenverschiebung als eine spezifische neue Architektur. In Zukunft werden Computer überall und in fast allen Gegenständen eingebettet sein – selbstverständlich unsichtbar. Aus dem Alltag sind sie nicht mehr wegzudenken – sie öffnen Türen, schalten das Licht ein, geben Geld aus und tun Tausende andere Dinge. Dieses von Mark Weiser hinterlassene Modell wurde ursprünglich **Ubiquitous Computing** (Allgegenwart von Computern) genannt, doch der Begriff **Pervasive Computing** (Durchdringung mit Computern) ist heute ebenso häufig anzutreffen [Weiser, 2002]. Dieses Modell wird die Welt genauso tief greifend verändern wie die industrielle Revolution. In diesem Buch gehen wir nicht weiter darauf ein, dem interessierten Leser seien [Lyytinen und Yoo, 2002], [Saha und Mukherjee, 2003] und [Sakamura, 2002] empfohlen.

1.3 Vielfalt der Computer

Der letzte Abschnitt hat die Geschichte der Computersysteme im Eiltempo durchstreift. Jetzt wenden wir uns der Gegenwart zu und werfen einen Blick in die Zukunft. Personalcomputer sind zwar die bekanntesten Computer, aber nicht die einzigen. Es lohnt sich also, die anderen Mitspieler wenigstens kurz kennenzulernen.

1.3.1 Technologische und wirtschaftliche Kräfte

Die Computerindustrie entwickelt sich wie keine andere. Die treibende Kraft kommt vor allem von der Fähigkeit der Chiphersteller, jedes Jahr mehr Transistoren auf einen Chip zu packen. Mehr Transistoren (winzige elektronische Schalter) bedeuten größere Speicher und leistungsfähigere Prozessoren. Gordon Moore, der Mitbegründer und ehemalige Direktor von Intel, hat das einmal so ausgedrückt: Wenn sich die Luftfahrtindustrie genauso schnell wie die Computertechnologie entwickelt hätte, würde ein Flugzeug 500 US-Dollar kosten und könnte die Erde in 20 Minuten mit 5 Gallonen Treibstoff umrunden. Allerdings hätte es die Größe eines Schuhkartons.

Insbesondere bemerkte Moore, als er sich auf eine Rede vor einer Industrievereinigung vorbereitete, dass eine neue Generation von Speicherchips drei Jahre nach der vorherigen eingeführt wird. Da jede neue Generation das Vierfache der alten Version an Speicherkapazität aufweist, konstatierte er, dass die Anzahl der Transistoren auf einem Chip in einem konstanten Verhältnis stieg. Folglich sagte er voraus, dass sich dieses Wachstum über die nächsten Jahrzehnte hinweg fortsetzen würde. Diese Beobachtung ist als das **Moore'sche Gesetz** bekannt geworden. Heute wird das Moore'sche Gesetz oft so formuliert, dass sich die Anzahl der Transistoren alle 18 Monate verdoppelt. Dies entspricht einer Steigerung der Transistorenzahl von etwa 60% pro Jahr. Die Größen der Speicherchips und ihre Einführungszeiten (▶Abbildung 1.6) bestätigen, dass das Moore'sche Gesetz bereits für mehr als vier Jahrzehnte gültig ist.

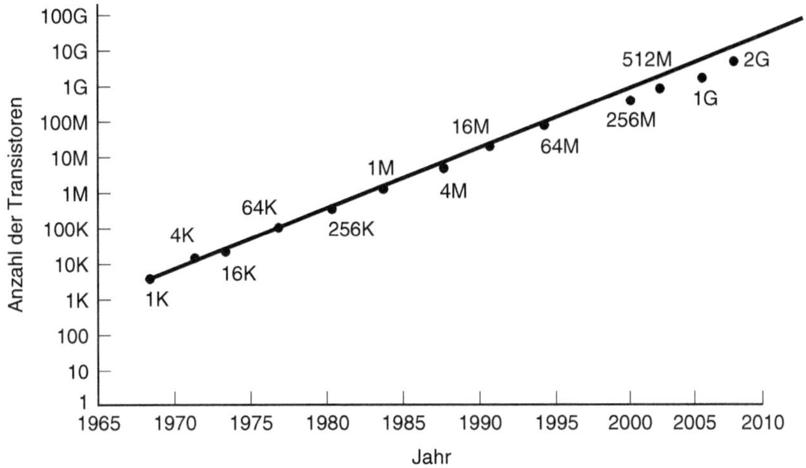

Abbildung 1.6: Gemäß dem Moore'schen Gesetz steigt die Anzahl der Transistoren, die auf einen Chip gepackt werden können, um 60% jährlich. Die Datenpunkte in diesem Bild verkörpern Speichergrößen in Bits.

Moore'sches Gesetz: Das von Gordon Moore beschriebene Wachstum der Integrationsdichte um 60% jedes Jahr gilt seit mehr als vier Jahrzehnten.

Selbstverständlich ist das Moore'sche Gesetz kein Gesetz im naturwissenschaftlichen Sinne, sondern eine empirische Beobachtung, wie schnell die Festkörperphysiker und die Verfahrenstechniker den Stand der Technik voranbringen, sowie eine Voraussage, dass diese Entwicklung künftig mit dem gleichen Tempo verläuft. Viele Branchenkenner gehen davon aus, dass das Moore'sche Gesetz mindestens noch ein Jahrzehnt, wenn nicht sogar mehr seine Gültigkeit behält. Andere Beobachter gehen jedoch davon aus, dass schon vorher ernsthafte Probleme durch Verlustleistung, Leckströme und andere Effekte auftreten und gelöst werden müssen [Bose, 2004; Kim et al., 2003]. Die Konsequenz aus der Verkleinerung der Transistoren ist aber, dass die Dicke dieser Bauelemente bald nur noch wenige Atomlagen ausmacht. An diesem Punkt werden Transistoren dann aus zu wenigen Atomen bestehen, um noch zuverlässig zu sein, oder werden einfach einen Punkt erreichen, wo eine weitere Größenverringerung Bausteine im subatomaren Bereich erfordert. (Den Mitarbeitern in einem Halbleiterbetrieb sei als guter Rat auf den Weg gegeben, sich den Tag freizunehmen, wenn entschieden wird, den einatomigen Transistor aufzuteilen!) Trotz der vielen Herausforderungen in Bezug auf die weiteren Trends des Moore'schen Gesetzes sind hoffnungsvolle Technologien in Sicht. Dazu gehören Fortschritte bei Quantencomputern [Oskin et al., 2002] sowie Kohlenstoffnanoröhren [Heinze et al., 2002], die die Möglichkeiten schaffen, die Elektronik auf Abmessungen unter die durch das Silizium vorgegebenen Grenzen zu reduzieren.

Das Moore'sche Gesetz hat etwas geschaffen, das manche Ökonomen eine **Wachstumsspirale** nennen: Technologische Fortschritte (Transistoren/Chip) führen zu besseren Produkten und niedrigeren Preisen. Niedrigere Preise führen zu neuen Anwendungen (keiner hat Videospiele für Computer hergestellt, als Computer 10 Millionen US-Dollar pro Stück kosteten, auch wenn sich Studenten am M.I.T. der Herausforderung stellten, als der Preis auf 120.000 US-Dollar gefallen war). Neue Anwendungen öffnen neue Märkte, und neue Firmen schießen aus dem Boden, um von diesen Märkten zu profitieren. Die Fülle dieser Firmen führt zu Wettbewerb, in dem technologische Weiterentwicklung für den Erfolg der Firmen von entscheidender Bedeutung ist. Der Kreis schließt sich somit.

Ein weiterer Faktor, der technologische Verbesserungen vorantreibt, ist in Nathans erstem Software-Gesetz (nach Nathan Myhrvold, einem ehemaligen Topmanager von Microsoft) beschrieben, das besagt: „Software ist ein Gas. Es dehnt sich aus und füllt den Behälter, in dem es sich befindet." Damals in den 1980er Jahren wurde Textverarbeitung mit Programmen wie zum Beispiel *Troff* bewältigt. Das Textsatzsystem *Troff* beansprucht nur wenige KB an Speicherplatz. Moderne Textverarbeitungsprogramme schlucken leicht mehrere MB. Künftige werden sich zweifellos im GB-Bereich bewegen. (Die Vorsätze Kilo, Mega, Giga und Tera bedeuten in erster Näherung Tausend, Million, Milliarde und Billion. Mehr dazu finden Sie in Abschnitt 1.5, Metrische Einheiten.) Software, deren Funktionsumfang laufend zunimmt, schafft eine ständige Nachfrage nach schnelleren Prozessoren, größeren Speichern und mehr Ein-/Ausgabekapazität.

Während die Anzahl der Transistoren pro Chip im Lauf der Jahre drastisch zugenommen hat, sind die Steigerungen in anderen Bereichen der Computertechnologie kaum weniger spektakulär. Zum Beispiel wurde der IBM PC/XT 1982 mit einer 10-MB-Festplatte eingeführt. Dreißig Jahre später sind bei den PC/XT-Nachfolgern 1-TB-Festplatten üblicher Standard. Diese Verbesserung von fünf Größenordnungen in dreißig Jahren repräsentiert einen jährlichen Kapazitätszuwachs von fast 50 Prozent. Allerdings ist es bei Festplatten komplizierter, vergleichbare Maße anzugeben, da neben der Kapazität auch andere Faktoren wie Datenübertragungsgeschwindigkeit, Suchzeit und Preis eine wichtige Rolle spielen. Dennoch zeigt fast jede Metrik, dass sich das Preis-Leistungs-Verhältnis seit 1982 um rund 50 Prozent jährlich verbessert hat. Diese enormen Steigerungen der Festplattenperformance und die Tatsache, dass das Dollarvolumen der im Silicon Valley produzierten Festplatten das der CPU-Chips übersteigt, haben Al Hoagland zum Vorschlag verleitet, den Standort umzubenennen: Er sollte Iron Oxide Valley heißen (da Eisenoxid das für Festplatten verwendete Aufzeichnungsmedium ist). Langsam aber verlagert sich dieser Trend wieder zugunsten des Siliziums, da Silizium-basierte Flashspeicher in vielen Systemen die herkömmlichen Festplatten (mit rotierenden Scheiben) ersetzen.

Ein weiterer Bereich mit spektakulären Fortschritten sind Telekommunikation und Netzwerke. In weniger als zwei Jahrzehnten sind wir von 300-Bit/s-Modems über analoge Modems mit 56 Kbit/s zu Glasfasernetzen mit 10^{12} Bit/s gekommen. Transatlantische Glasfasertelefonkabel, z.B. das TAT-12/13, kosten etwa 700 Millionen US-Dollar, überdauern zehn Jahre und können 300.000 Gespräche gleichzeitig übertragen. Das entspricht weniger als einem US-Cent für ein zehnminütiges interkontinentales Gespräch. In Testanlagen haben sich optische Kommunikationssysteme mit einer Geschwindigkeit von 1 Tbit/s (10^{12} Bit/s) über Entfernungen von über 100 km ohne Verstärker als machbar erwiesen. Das exponentielle Wachstum des Internets bedarf hier keines Kommentars.

1.3.2 Das Computerspektrum

Richard Hamming, früher Wissenschaftler an den Bell Laboratories, hat einmal beobachtet, dass eine Mengenänderung von einer Größenordnung eine Qualitätsänderung nach sich zieht. Das würde bedeuten, dass ein Rennwagen, der 1000 km/h in der Wüste von Nevada schafft, eine völlig andere Maschine ist als ein normales Auto, das 100 km/h auf einer Autobahn fährt. Ein Wolkenkratzer mit 100 Stockwerken wäre dann etwas ganz anderes als ein entsprechend vergrößertes 10-stöckiges Wohnhaus. Bei Computern würden wir nicht über einen Faktor von 10, sondern von einer Million im Verlauf von drei Jahrzehnten sprechen.

Die aus dem Moore'schen Gesetz abgeleiteten Resultate lassen sich unterschiedlich umsetzen. Eine Möglichkeit wäre es, immer leistungsstärkere Computer zum gleichen Preis herzustellen. Man könnte aber auch den gleichen Computer zu einem ständig niedrigeren Preis produzieren. Die Computerindustrie hat diese und andere Möglichkeiten in vielen heute erhältlichen Computern umgesetzt. Eine grobe Klassifizierung der heutigen Computer ist in ▶Tabelle 1.3 aufgeführt.

Typ	Preis (US-$)	Anwendungsbeispiel
Wegwerfcomputer	0,5	Glückwunschkarten
Mikrocontroller	5	Uhren, Autos, Geräte
Mobile Computer und Spielkonsolen	50	Heimvideospiele und Smartphones
Personalcomputer	500	Desktop- oder Notebook-Computer
Server	5.000	Netzwerkserver
Großrechner (Mainframe)	5 Millionen	Batch-Verarbeitung in einer Bank

Tabelle 1.3: Das heute verfügbare Computerspektrum; die aufgeführten Preise dienen lediglich der groben Orientierung

Die folgenden Abschnitte untersuchen die einzelnen Kategorien und gehen kurz auf ihre Eigenschaften ein.

1.3.3 Wegwerfcomputer

Am unteren Ende finden wir einzelne Chips, die in Glückwunschkarten eingeklebt werden, um Geburtstagswünsche, Hochzeitsmärsche oder ähnlich nervige Liedchen zu plärren. Dem Autor ist bis jetzt noch keine Beileidskarte in die Hand gefallen, die einen Trauermarsch spielt. Diese Idee wird sich nun aber mit diesem Buch verbreiten, sodass man bald darauf hoffen darf. Für jeden, der mit Großrechnern zum Preis von mehreren Millionen Dollar aufgewachsen ist, sind Wegwerfcomputer so sinnvoll wie Wegwerfflugzeuge.

Inzwischen sind Wegwerfcomputer nicht mehr aus dem Alltag wegzudenken. Wahrscheinlich die wichtigste Entwicklung auf dem Gebiet der Wegwerfcomputer ist der **RFID**-Chip (**Radio Frequency IDentification**). Heutzutage kann man batterielose RFID-Chips mit einer Kantenlänge von weniger als 0,5 mm herstellen. Sie enthalten einen winzigen Funktransponder und eine integrierte 128-Bit-Nummer. Bei Anregung von einer externen Antenne erhalten sie genügend Energie, um ihre Nummer an die Antenne zurückzusenden. Die Chips sind zwar winzig – die Konsequenzen dieser Technik zweifellos nicht.

RFID-Chips: Winzige Chips senden auf Anregung durch eine externe Antenne eine 128-Bit-Identifikation und ermöglichen so ungezählte neue Anwendungen.

Beginnen wir mit einer banalen Anwendung: dem Wegfall der Barcodes zur Produktkennzeichnung. Man hat bereits Feldversuche durchgeführt, in denen die Hersteller ihre Produkte mit RFID-Chips (anstelle von Barcodes) versehen haben. Der Kunde wählt Waren aus, legt sie in seinen Einkaufswagen und verlässt damit einfach das Geschäft, ohne an der Kasse vorbeizugehen. Am Ausgang des Ladens sendet ein Leser mit einer Antenne Signale aus, die jedes Produkt auffordern, sich selbst zu identifizieren, was durch eine kurze drahtlose Übertragung geschieht. Der Kunde wird ebenfalls durch einen Chip auf seiner Bankkarte oder Kreditkarte identifiziert. Am Monatsende schickt das Geschäft dem Kunden eine Rechnung mit der Einzelaufstellung seiner Käufe im laufenden Monat. Falls der Kunde keine gültige RFID-Bank-/Kreditkarte besitzt, ertönt ein Alarm. Dieses System macht nicht nur den Kassierer und die an der Kasse üblichen Schlangen überflüssig, sondern es dient auch als Antidiebstahlsystem, weil es vollkommen sinnlos wird, einen Artikel in der Jackentasche oder einem Einkaufsbeutel verschwinden zu lassen.

Barcodes können zwar die Warenart identifizieren, aber nicht den einzelnen Artikel. RFID-Chips mit ihren 128 Bit sind dazu aber in der Lage. Als Folge hat jede Packung von, sagen wir, Aspirin in einem Supermarktregal einen eigenen RFID-Code. Wenn jetzt ein Arzneimittelhersteller einen Produktionsfehler in einer bereits ausgelieferten Aspirin-Charge entdeckt, kann er die Supermärkte auf der ganzen Welt anweisen, einen Alarm auszulösen, wenn ein Kunde eine Packung kauft, deren RFID-Nummer im betroffenen Bereich liegt, selbst wenn der Kauf erst Monate später und in einem anderen Land stattfindet. Aspirin, das nicht zur fehlerhaften Charge gehört, löst den Alarm nicht aus.

Doch die Kennzeichnung von Aspirinpäckchen, Keksen und Hundefutter ist erst der Anfang. Warum sollte man nur das Hundefutter kennzeichnen, wenn man den ganzen Hund markieren kann? Tierbesitzer fragen schon bei Tierärzten nach, RFID-Chips in ihre Lieblinge implantieren zu lassen, damit sie sich auch bei Verlust oder Diebstahl wieder aufspüren lassen. (Zum Teil ist dies sogar schon gesetzlich vorgeschrieben.) Landwirte möchten ihren Viehbestand kennzeichnen. Nervöse Eltern könnten den Kinderarzt bitten, ihren Kindern RFID-Chips einzupflanzen für den Fall, dass sie verloren gehen oder entführt werden. Und wenn wir schon dabei sind, warum lassen wir die Chips nicht gleich jedem Neugeborenen einsetzen, um Verwechslungen auf der Kinderstation zu vermeiden? Regierungen und Polizei finden zweifellos gute Gründe, um alle Bürger jederzeit verfolgen zu können. Mithin dürfte etwas klarer sein, was mit den eingangs erwähnten Konsequenzen gemeint ist.

Eine andere (nicht ganz so kontrovers diskutierte) Anwendung von RFID-Chips ist die Fahrzeugkennzeichnung. Passiert eine Kette von Fahrzeugen mit eingebetteten RFID-Chips auf der Autobahn einen Leser, bekommt der mit dem Leser verbundene Computer eine Liste, welche Fahrzeuge vorbeigefahren sind. Mit diesem System lassen sich leicht die Standorte aller Autobahnbenutzer verfolgen, was Lieferanten, ihren Kunden und den Autobahnbetreibern hilft. Ein ähnliches Schema lässt sich auf Lastkraftwagen anwenden. Die Mautgebühren können dann elektronisch erfasst und abgerechnet werden (wie zum Beispiel beim System E-ZPass).[3]

Gepäcksysteme von Luftfahrtunternehmen und viele andere Transportsysteme können ebenfalls auf RFID-Chips zurückgreifen. Ein experimentelles System wurde auf dem Flughafen Heathrow in London getestet. Die Passiere brauchten keine Gepäckkennzeichnung mehr an ihren Gepäckstücken anzubringen. Die Koffer der Passagiere, die diesen Service in Anspruch nahmen, wurden mit RFID-Chips gekennzeichnet, getrennt über den Flughafen befördert und direkt in den Hotels der Passagiere abgeliefert.

RFID-Chips verwendet man auch in der Automobilindustrie (beispielsweise, um die gewünschte Farbe der vom Montageband in der Lackiererei ankommenden Fahrzeuge zu bestimmen), bei der Untersuchung von Tierwanderungen, zur Steuerung der Waschmaschinentemperatur durch die Kleidungsstücke selbst und in vielen anderen Bereichen. In bestimmte Chips lassen sich Sensoren integrieren, sodass die niederwertigen Bits aktuelle Werte von Temperatur, Druck, Luftfeuchtigkeit oder anderer Umgebungsdaten enthalten können.

3 Dieses System ist vergleichbar mit Toll Collect, arbeitet aber auf der Basis von RFID.

Erweiterte RFID-Chips können einen Permanentspeicher enthalten. Diese Möglichkeit hat die Europäische Zentralbank dazu veranlasst, in den kommenden Jahren RFID-Chips in Euro-Banknoten einzusetzen. Die Chips können aufzeichnen, wo die Scheine gewesen sind. Das macht nicht nur das Fälschen von Euro-Banknoten nahezu unmöglich, sondern erlaubt auch, das Lösegeld bei Entführungen, die Beute von Überfällen und gewaschenes Geld wesentlich leichter zu verfolgen und möglicherweise aus der Ferne ungültig zu machen. Wenn das Geld nicht mehr anonym ist, könnte es in Zukunft zu den Routineaufgaben der Polizei gehören, den Weg von verdächtigen Geldscheinen zurückzuverfolgen. Wer muss schon Chips in die Bürger implantieren, wenn deren Brieftaschen voll davon sind? Auch diese Themen wird man noch heiß diskutieren, wenn der Öffentlichkeit erst einmal richtig bewusst wird, wozu RFID-Chips in der Lage sind.

Die Technik der RFID-Chips entwickelt sich schnell weiter. Die kleinsten Chips arbeiten passiv (ohne Stromversorgung) und können lediglich ihre eindeutigen Nummern auf Abfrage senden. Dagegen sind die größeren Chips aktiv, können eine kleine Batterie und einen einfachen Computer enthalten und sind in der Lage, Berechnungen durchzuführen. In diese Kategorie fallen auch die bei Finanztransaktionen verwendeten Smartcards.

RFID-Chips unterscheiden sich nicht nur darin, ob sie aktiv oder passiv arbeiten, sondern auch durch den Frequenzbereich, auf den sie reagieren. Die bei niedrigeren Frequenzen arbeitenden Chips bieten zwar eine geringe Datenrate, lassen sich aber von der Antenne über große Entfernungen erfassen. Bei Chips mit hohen Frequenzen liegt die Datenrate höher, der Erfassungsbereich ist aber geringer. Das Internet ist voll von Informationen über RFID-Chips. Als Ausgangspunkt sei die Seite *www.rfid.org* empfohlen.

1.3.4 Mikrocontroller

Die Computer auf der nächsten Stufe der Leiter sind in Geräte eingebettet, die nicht als Computer verkauft werden. Die auch als **Mikrocontroller** bezeichneten eingebetteten Computer verwalten die Geräte und realisieren die Benutzeroberfläche. Mikrocontroller findet man in den verschiedensten Geräten. Die folgende Liste gibt eine Auswahl an und nennt für jede Kategorie in Klammern einige Beispiele.

1. Haushaltsgeräte (Uhrenradio, Waschmaschine, Trockner, Mikrowellenherd, Alarmanlagen)
2. Kommunikationsgeräte (Schnurlostelefon, Mobiltelefon, Fax, Pager)
3. Computerperipheriegeräte (Drucker, Scanner, Modem, CD-ROM-Laufwerk)
4. Unterhaltungselektronik (VCR, DVD, Stereoanlage, MP3-Player, Set-Top-Box)
5. Bildverarbeitungsgeräte (TV, Digitalkamera, Camcorder, Teleskop, Fotokopierer)
6. Medizinische Geräte (Röntgenapparate, MRI, Herzmonitor, Digitalthermometer)
7. Waffensysteme (Marschflugkörper, Interkontinentalrakete, Torpedo)
8. Verkaufseinrichtungen (Warenautomat, Geldautomat, Registrierkasse)
9. Spielzeug (Sprechpuppe, Spielkonsole, ferngesteuertes Auto oder Boot)

Ein Auto kann leicht 50 Mikrocontroller enthalten, die Subsysteme ausführen, wie zum Beispiel Antiblockiersysteme, Benzineinspritzung, Radio, Beleuchtung und GPS. In einem Strahlflugzeug sind ohne Weiteres mehr als 200 Mikrocontroller zu finden. Eine Familie besitzt vielleicht mehrere Hundert Computer, ohne es zu wissen. Innerhalb weniger Jahre wird praktisch alles, was mit Netzspannung oder Batterien läuft, einen Mikrocontroller enthalten. Die Anzahl der jedes Jahr verkauften Mikrocontroller übersteigt alle anderen Arten von Computern um Größenordnungen, mit Ausnahme der Wegwerfcomputer.

Mikrocontroller sind kleine vollständige Computer mit Prozessor, Speicher und Ein-/Ausgabe, die für Steuerungsaufgaben eingesetzt werden.

Während RFID-Chips Minimalsysteme darstellen, sind Mikrocontroller kleine, doch vollständige Computer. Jeder Mikrocontroller besteht aus Prozessor, Speicher und Ein-/Ausgabeeinrichtungen. Die Ein-/Ausgabeeinrichtungen fragen Tasten und Schalter ab, steuern Kontrolllämpchen und Displays an, erzeugen akustische Signale und schalten Motoren. In den meisten Fällen ist die Software fest im Chip verdrahtet und zwar als Nur-Lese-Speicher, dessen Inhalt bei der Herstellung des Mikrocontrollers festgelegt wird. Allgemein kann man Mikrocontroller in zwei Gruppen einteilen: Universalcontroller und Spezialcontroller. Die erste Gruppe verkörpert lediglich kleine, aber normale Computer, während bei der zweiten Gruppe Architektur und Befehlssatz auf eine bestimmte Anwendung abgestimmt sind, beispielsweise für ein Multimediagerät. Mikrocontroller sind in Versionen für 4, 8, 16 und 32 Bit Verarbeitungsbreite erhältlich.

Allerdings unterscheiden sich selbst die Universalmikrocontroller in wesentlichen Punkten vom Standard-PC. Als Erstes ist der Kostenfaktor zu nennen. Wenn eine Firma Millionen Exemplare kauft, macht sie die Entscheidung für einen bestimmten Mikrocontrollertyp von Preisunterschieden im Cent-Bereich abhängig. Aufgrund dieser Einschränkung wählen Mikrocontrollerhersteller eine Architektur, die wesentlich stärker von den Herstellungskosten bestimmt wird als bei Chips, die sowieso mehrere Hundert Dollar kosten. Die Preise von Mikrocontrollern variieren sehr stark und hängen von der Verarbeitungsbreite, der Größe und Art des Speichers sowie anderen Faktoren ab. Wenn zum Beispiel ein 8-Bit-Mikrocontroller in sehr großen Stückzahlen geordert wird, ist er vielleicht schon für rund 10 US-Cent je Exemplar zu haben. Derartige Preise machen es möglich, in einem Uhrenradio für 9,95 US-Dollar einen Mikrocontroller einzubauen.

Zweitens arbeiten praktisch alle Mikrocontroller in Echtzeit. Auf ein Eingangssignal hin sollen sie die Antwort möglichst unmittelbar liefern. Drückt beispielsweise der Benutzer eine Taste, leuchtet als Rückmeldung eine Lampe auf. Zwischen dem Tastendruck und dem Aufleuchten der Lampe darf keine spürbare Verzögerung entstehen. Der erforderliche Echtzeitbetrieb wirkt sich oftmals auf die Architektur aus.

Drittens sind bei eingebetteten Systemen meistens auch physische Einschränkungen hinsichtlich Größe, Gewicht und Stromverbrauch sowie andere elektrische und mechanische Beschränkungen zu beachten. Der Entwurf eines Mikrocontrollers für derartige Geräte muss von vornherein diese Beschränkungen berücksichtigen.

Eine besonders interessante Anwendung von Mikrocontrollern findet sich in der eingebetteten Steuerungsplattform Arduino. Der Entwurf des Arduino stammt von Massimo Banzi und David Cuartielles aus Invrea in Italien. Mit diesem Projekt wollten sie eine vollständig eingebettete Computerplattform schaffen, die weniger als eine große und reichlich belegte Pizza kostet, um sie auch für Studenten und Amateure erschwinglich zu machen. (Eine schwierige Aufgabe, weil es in Italien ein Überangebot von Pizzas gibt und sie deshalb wirklich billig sind.) Ihr Ziel haben sie erreicht: Ein vollständiges Arduino-System kostet weniger als 20 US-Dollar!

Da das Arduino-System ein Open-Source-Hardwarekonzept ist, sind sämtliche Details öffentlich und kostenlos zugänglich, sodass jeder ein Arduino-System aufbauen (und sogar verkaufen) kann. Es beruht auf dem 8-Bit-RISC-Mikrocontroller aus der AVR-

Familie von Atmel und die meisten Boardkonzepte sehen auch grundlegende E/A-Unterstützung vor. Programmiert wird das Board mit der eingebetteten Programmiersprache Wiring, die von Haus aus über allen Schnickschnack verfügt, der für die Steuerung von Geräten in Echtzeit gebraucht wird. Was den Einsatz der Arduino-Plattform so interessant macht, ist seine große und aktive Entwicklergemeinde. Es gibt Tausende veröffentlichter Arduino-Projekte – u.a. einen elektronischen Schadstoffdetektor, ein Biker-Jacket mit Fahrtrichtungsanzeigern, einen Feuchtigkeitssensor, der E-Mails verschickt, wenn eine Pflanze mit Wasser zu versorgen ist, und ein unbemanntes autonomes Flugzeug. Um mehr über den Arduino zu erfahren und sich an eigenen Arduino-Projekten zu versuchen, empfiehlt sich die Seite *www.arduino.cc*.

1.3.5 Mobile Computer und Spielkonsolen

Auf der nächsthöheren Stufe stehen mobile Plattformen und Videospielgeräte. Das sind normale Computer mit speziellen Grafik- und Soundfähigkeiten, aber begrenzter Software und fast keiner Erweiterungsmöglichkeit. Angefangen hat alles bei einfachsten CPUs für primitive Actionspiele wie Ping-Pong mit Darstellung auf einem Fernsehgerät. Im Laufe der Jahre haben sie sich zu weit leistungsfähigeren Systemen gemausert, die in bestimmten Parametern den Personalcomputern ebenbürtig oder sogar überlegen sind.

Um eine Vorstellung davon zu vermitteln, was in einer Spielkonsole steckt, sehen wir uns drei bekannte Produkte an. Erstens die PlayStation 3 von Sony: Sie enthält eine proprietäre 3,2-GHz-Mehrkern-CPU (den sogenannten Cell-Mikroprozessor), die auf der PowerPC-RISC-CPU von IBM basiert, und sieben 128-Bit-SPEs (Synergistic Processing Elements). Außerdem verfügt die PlayStation 3 über 512 MB RAM, einen speziellen 550-MHz-Grafikchip von Nvidia und einen Blu-ray-Player. Zweitens die XBox 360 von Microsoft: Sie ist mit einer 3,2-GHz-Dreikern-PowerPC-CPI von IBM, 512 MB RAM, einem speziellen 500-MHz-Grafikchip von ATI, einem DVD-Player und einer Festplatte ausgestattet. Drittens das Samsung Galaxy-Tablet (auf dem dieses Buch korrekturgelesen wurde). Es enthält zwei 1-GHz-ARM-Kerne und einen Grafikprozessor (die im Nvidia-Tegra-2-System auf einem Chip integriert sind), 1 GB RAM, zwei Kameras, ein 3-Achsen-Gyroskop und Flashspeicher.

Auch wenn diese Maschinen nicht so leistungsfähig sind wie die im gleichen Zeitraum hergestellten High-End-Personalcomputer, liegen sie doch nicht allzu weit zurück und haben in manchen Punkten sogar die Nase vorn (z.B. wartet die 128-Bit-SPE in der PlayStation 3 mit einer Verarbeitungsbreite auf, die noch kein Personalcomputer erreicht hat). Die Unterschiede zwischen Spielkonsole und PC betreffen weniger die CPU als die Tatsache, dass die Spielkonsolen geschlossene Systeme sind. Der Benutzer kann sie nicht mit Einsteckkarten erweitern, abgesehen von eventuell vorhandenen USB- oder FireWire-Schnittstellen. Der wohl wichtigste Punkt ist, dass Spielkonsolen sorgfältig für einen einzigen Anwendungsbereich optimiert sind: stark interaktive 3-D-Spiele mit Multimedia-Ausgabe. Alles andere ist zweitrangig. Diese Hardware- und Softwarebeschränkungen, der Verzicht auf Erweiterbarkeit, kleine Speicher, das Fehlen eines hochauflösenden Monitors und eine kleine (und manchmal gar nicht vorhandene) Festplatte machen es möglich, diese Geräte wesentlich billiger als Personalcomputer auf den Markt zu bringen. Trotz dieser Einschränkungen wurden Millionen dieser Geräte verkauft und ihre Anzahl wächst ständig.

Mobile Computer sollen darüber hinaus ihre Aufgaben mit möglichst wenig Energie ausführen. Je weniger Energie sie verbrauchen, desto länger halten die Batterien. Dies bedeutet hohe Anforderungen an den Entwurf, da mobile Plattformen wie Tablets und

Smartphones genügsam in ihrem Energieverbrauch sein müssen, gleichzeitig aber die Benutzer dieser Geräte eine hohe Leistungsfähigkeit erwarten, wie zum Beispiel 3-D-Grafik, hochauflösende Multimediaverarbeitung und flüssige Spielabläufe.

1.3.6 Personalcomputer

Als Nächstes kommen wir zur Kategorie der Personalcomputer (PC), an die man meistens zuerst denkt, wenn von „Computer" die Rede ist. Dazu zählen Desktop- und Notebook-Modelle. Ihre Ausstattung umfasst normalerweise einige Gigabyte (GB) Hauptspeicher, eine Festplatte mit Kapazitäten bis in den Terabyte-Bereich (TB), ein CD-ROM-/DVD-/Bluray-Laufwerk, eine Soundkarte, eine Netzwerkkarte, einen hochauflösenden Monitor und andere Peripheriegeräte. Zudem verfügen sie über aufwendige Betriebssysteme, viele Erweiterungsoptionen und eine Riesenauswahl an Software.

Das Herz jedes Personalcomputers ist eine gedruckte Leiterplatte (Hauptplatine, Mainboard), die am Gehäuseboden oder an der Seite montiert ist. Sie enthält normalerweise die CPU, den Speicher, verschiedene Ein-/Ausgabebaugruppen (beispielsweise Soundchip und vielleicht ein Modem) und die Schnittstellen zu Tastatur, Maus, Festplattenlaufwerken, Netzwerk usw. sowie einige Erweiterungssteckplätze („Slots"). ▶Abbildung 1.7 zeigt eine derartige Hauptplatine der Firma Intel.

Abbildung 1.7: Eine gedruckte Leiterplatte bildet das Herz jedes Personalcomputers. Das Foto zeigt die Hauptplatine DQ67SW von Intel. [Copyright by Intel 2011, mit freundlicher Genehmigung]

Notebooks sind grundsätzlich PCs in einem kleineren Gehäuse. Sie verwenden die gleichen Hardwarekomponenten, allerdings in kleineren Ausführungen. Außerdem läuft auf ihnen die gleiche Software wie auf Desktop-PCs. Da die meisten Leser höchstwahrscheinlich mit Notebooks und Personalcomputern hinreichend vertraut sind, dürfte zusätzlicher Stoff zur Einführung kaum erforderlich sein.

Ein eng verwandter Computertyp ist der Tablet-PC wie zum Beispiel das bekannte iPad. Diese Geräte sind noch kleiner als Notebooks, besitzen ein Solid-State-Drive (Halbleiterlaufwerk) statt einer rotierenden Festplatte, einen Touchscreen und eine andere CPU als x86. Unter dem Aspekt der Architektur sind Tablets aber nichts weiter als Notebooks mit einem anderen Formfaktor.

1.3.7 Server

Aufgerüstete Personalcomputer oder Workstations setzt man häufig als Netzwerkserver sowohl für lokale Netzwerke (typischerweise innerhalb einer Firma) als auch für das Internet ein. Übliche Konfigurationen umfassen einen oder mehrere Prozessoren, einen Speicher von einigen GB, Festplatten mit Kapazitäten von mehreren TB und Anschlüsse für Hochgeschwindigkeitsnetze. Manche sind in der Lage, Tausende von Transaktionen pro Sekunde zu bewältigen.

Von der Architektur her betrachtet unterscheidet sich ein Einprozessor-Server nicht allzu sehr von einem Einprozessor-Personalcomputer. Er ist nur schneller, größer, besitzt mehr Festplattenkapazität und möglicherweise eine schnellere Netzwerkanbindung. Auf Servern laufen die gleichen Betriebssysteme wie auf Personalcomputern, in der Regel eine Variante von UNIX oder Windows.

Cluster

Zur parallelen Bearbeitung von Anwendungen werden Standard-PCs über schnelle Netzwerke zu **Clustern** gekoppelt.

Infolge der fast stetigen Verbesserungen im Preis-Leistungs-Verhältnis von Workstations und Personalcomputern hat man in den letzten Jahren damit begonnen, eine große Anzahl dieser Computer zu sogenannten **Clustern** zusammenzuschalten. Die Cluster bestehen aus Standard-PCs oder Workstations, sind über schnelle Gigabit-Netzwerke verbunden und führen spezielle Software aus, die es erlaubt, dass alle Rechner gemeinsam an der Lösung eines Problems arbeiten. Derartige Systeme setzt man insbesondere in der Wissenschaft und in der Produktentwicklung ein. Bei den einzelnen Computern spricht man von **COTS**-Computern (**Commodity Off The Shelf**), d.h. Computern, die aus Standardbauteilen bestehen. Zu den Erweiterungen gehören in erster Linie Hochgeschwindigkeitsanschlüsse, obwohl manchmal auch handelsübliche Netzwerkkarten genügen.

Große Cluster sind in der Regel in speziellen Räumen oder Gebäuden – den sogenannten Datenzentren – untergebracht, die von einer Handvoll bis hin zu 100.000 oder mehr Computern ausgestattet sein können. Grenzen werden praktisch nur durch das Budget gesetzt. Aufgrund des niedrigen Komponentenpreises können sich mittlerweile auch einzelne Firmen solche Systeme leisten. Die Begriffe „Cluster" und „Datenzentrum" werden häufig gleichbedeutend verwendet, auch wenn es sich aus technischer Sicht bei Clustern um eine Sammlung von Servern und bei Datenzentren um Räume oder Gebäude handelt.

Auch für Internet-Webserver kommen Cluster infrage. Wenn für die Seiten einer Website Tausende von Anforderungen je Sekunde zu erwarten sind, besteht die wirtschaftlichste Lösung oftmals in einem Cluster mit Hunderten oder sogar Tausenden von Servern. Die eintreffenden Anforderungen werden dann auf die Server aufgeteilt, um sie parallel verarbeiten zu lassen. Zum Beispiel sind die Datenzentren von Google an vielen Standorten weltweit zu finden, um Suchanfragen zu bedienen. Das größte Datenzentrum in The Dalles, Oregon, hat die Größe von zwei Football-Feldern. Die Wahl fiel auf diesen Standort, da Datenzentren riesige Mengen an elektrischer Energie verbrauchen und es in The Dalles ein 2-GW-Wasserkraftwerk am Columbia River gibt, das diesen Bedarf decken kann. Man geht davon aus, dass Google in seinen Datenzentren mehr als eine Million Server betreibt.

Das Computergeschäft ist von Dynamik gekennzeichnet, die Situation ändert sich ständig. In den 1960er Jahren waren riesige Mainframes (siehe unten) vorherrschend, die zig Millionen Dollar kosteten und an die Benutzer über kleine Remoteterminals angeschlossen waren. Dies war ein sehr zentralisiertes Modell. In den 1980er Jahren erschienen die

Personalcomputer auf dem Markt und Millionen Käufern ist es zu verdanken, dass die Rechentechnik dezentralisiert wurde.

IT-Dienste werden im **Cloud-Computing** zentralisiert über das Internet angeboten.

Mit dem Auftauchen der Datenzentren lassen wir die Vergangenheit in Form des **Cloud-Computing** wiederaufleben – gewissermaßen als Mainframe-Computing V2.0. Vom Konzept her fungieren dabei einfache Geräte der Benutzer wie PCs, Notebooks, Tablets und Smartphones als Benutzeroberflächen der Cloud (d.h. des Datenzentrums), in der sämtliche Fotos, Videos, Musik und andere Daten der Benutzer gespeichert sind. Dieses Modell macht die Daten von unterschiedlichen Geräten aus überall und jederzeit zugänglich, ohne dass der Benutzer darauf achten muss, wo er sich befindet. Hier hat das Datenzentrum voller Server den einzelnen großen zentralisierten Computer ersetzt, doch ist inzwischen alles wieder wie früher: Die Benutzer arbeiten an einfachen Terminals und mit einfachen Daten, die Rechenleistung ist an anderer Stelle zentralisiert.

Wer kann wissen, wie lange dieses Modell populär sein wird? In den nächsten 10 Jahren kann es leicht passieren, dass so viele Leute so viele Songs, Fotos und Videos in der Cloud gespeichert haben, dass die (drahtlose) Infrastruktur für die Kommunikation mit der Cloud ins Stocken gerät. Dies könnte zu einer neuen Revolution führen: Personalcomputer, auf denen die Benutzer ihre eigenen Daten auf ihren eigenen Computern lokal speichern und damit den Verkehrsstau über die Luftschnittstelle umgehen.

Unterm Strich heißt das, dass das Modell zum Einsatz von Rechnern, das in einer bestimmten Epoche populär ist, zum großen Teil von der Technologie, der Wirtschaftlichkeit und den jeweils verfügbaren Anwendungen abhängt und umschwenken kann, wenn sich diese Faktoren ändern.

1.3.8 Mainframes

In die Kategorie der Mainframes fallen raumfüllende Rechner, die auf die sechziger Jahre zurückgehen. Oftmals handelt es sich um direkte Nachfahren der IBM-Großrechner, Modell 360, die vor Jahrzehnten angeschafft wurden. Meist sind sie nicht viel schneller als leistungsstarke Server, haben aber durchgängig mehr E/A-Kapazität und sind mit großen Plattenfarmen für Tausende von GB Daten ausgestattet. Aufgrund der immensen Investitionen in Software, Daten, Betriebsprozeduren und Personal werden sie aber weiter betrieben. Viele Unternehmen finden es kostengünstiger, hin und wieder ein paar Millionen Dollar für einen neuen Rechner auszugeben, als alle vorhandenen Anwendungen auf kleinere Maschinen umschreiben zu lassen.

Es ist aber auch die Computerklasse, die das mittlerweile berüchtigte Jahr-2000-Problem verursacht hat. In den 1960er und 1970er Jahren schrieben (vorwiegend) COBOL-Programmierer die Jahreszahl in zwei Dezimalziffern (um Speicher zu sparen). Wahrscheinlich konnten sie sich nicht vorstellen, dass ihre Software drei bis vier Jahrzehnte überdauern würde. Obwohl die vorhergesagte Katastrophe ausblieb, weil das Problem mit ungeheuren Anstrengungen aus der Welt geschafft wurde, haben viele Firmen diesen Fehler wiederholt und einfach zwei weitere Ziffern an das Jahr angehängt. Der Autor erlaubt sich an dieser Stelle die Voraussage, dass die Zivilisation in der uns bekannten Form am 31. Dezember 9999 um Mitternacht endet, wenn 8000 Jahre alte COBOL-Programme allesamt gleichzeitig abstürzen.

Mainframes müssen ihr Dasein nicht mehr nur damit fristen, 40 Jahre alte Software auszuführen – das Internet hat ihnen in den letzten Jahren neues Leben eingehaucht. Sie haben eine Nische als leistungsfähige Internetserver gefunden, da sie beispielsweise riesige Mengen von Transaktionen je Sekunde im E-Commerce bewältigen können, insbesondere in Unternehmen, die sehr große Datenbanken verlangen.

Bis vor kurzem gab es noch eine andere Kategorie von Computern, die noch leistungsfähiger als Mainframes sind: **Supercomputer**. Sie hatten außerordentlich schnelle CPUs, viele GB Hauptspeicher, sehr schnelle Festplatten und Netzwerkanschlüsse. Man hat sie zur Lösung rechenintensiver Probleme in Wissenschaft und Technik eingesetzt, um z.B. kollidierende Galaxien zu simulieren, neuartige Medikamente zu synthetisieren oder den Luftstrom rund um eine Flugzeugtragfläche zu modellieren. Seit einigen Jahren bieten jedoch Datenzentren, basierend auf Standardkomponenten, eine vergleichbare Rechenleistung zu wesentlich günstigeren Preisen und die echten Supercomputer gehören nun einer aussterbenden Spezies an.

1.4 Beispiele von Computerfamilien

Dieses Buch konzentriert sich auf drei verbreitete Befehlssatzarchitekturen (Instruction Set Architectures, ISAs): x86, ARM und AVR. Die x86-Architektur findet sich in nahezu allen Personalcomputern (einschließlich Windows- und Linux-PCs sowie Macs) und Serversystemen. Personalcomputer sind von Interesse, weil jeder Leser zweifellos schon mit einem gearbeitet hat. Server interessieren, weil sie alle Dienste im Internet ausführen. Die ARM-Architektur dominiert den Markt der mobilen Geräte. Zum Beispiel basieren die meisten Smartphones und Tablets auf ARM-Prozessoren. Schließlich ist die AVR-Architektur in äußerst preisgünstigen Mikrocontrollern realisiert, die in vielen eingebetteten Rechneranwendungen üblich sind. Eingebettete Computer sind zwar für ihre Benutzer unsichtbar, steuern aber Autos, Fernsehgeräte, Mikrowellenherde, Waschmaschinen und praktisch jedes andere elektrische Gerät, das mehr als 50 US-Dollar kostet.

Dieser Abschnitt bietet eine kurze Einführung zu den drei Befehlssatzarchitekturen, die wir durchgängig im gesamten Buch als Beispiele heranziehen.

1.4.1 Einführung in die x86-Architektur

Im Jahre 1968 gründeten Robert Noyce, Erfinder der integrierten Schaltung, Gordon Moore, von dem das gleichnamige Gesetz stammt, und Arthur Rock, ein Risikokapitalgeber aus San Francisco, die Intel Corporation, um Speicherchips herzustellen. Im ersten Geschäftsjahr verkaufte Intel Chips im Wert von nur 3 000 US-Dollar, aber das Geschäft hat sich bekanntlich später gut entwickelt. (Intel ist heute der weltweit größte Hersteller von CPU-Chips.)

Ende der 1960er Jahre waren Rechner schwerfällige elektromechanische Maschinen in der Größe eines modernen Laserdruckers mit einem Gewicht von 20 kg. Im September 1969 erteilte die japanische Firma Busicom Intel einen Auftrag für die Fertigung von 12 kundenspezifischen Chips für einen geplanten elektronischen Rechner. Intel-Ingenieur Ted Hoff, dem dieses Projekt übertragen wurde, sah sich den Plan an und erkannte, dass er eine universelle 4-Bit-CPU auf einen einzigen Chip packen konnte, der das Gleiche bewirkte und obendrein einfacher und billiger ist. Damit war 1970 die erste Ein-Chip-CPU – der 2300 Transistoren umfassende 4004 – geboren [Faggin et al., 1996].

Bemerkenswert ist, dass weder Intel noch Busicom ahnten, was sie damit schufen. Als der Versuch lohnenswert erschien, den 4004 in andere Projekte einzubinden, bot Intel der Firma Busicom an, alle Rechte an dem neuen Chip zurückzukaufen, indem Busicom die 60.000 US-Dollar zurückerhalten sollte, mit der die Firma die Intel-Entwicklung finanziert hatte. Intels Angebot wurde ohne Zögern angenommen. Unmittelbar danach begann die Arbeit an einer 8-Bit-Version des Chips, dem 8008, der 1972 eingeführt wurde. ▶Tabelle 1.4 zeigt die Intel-Prozessorfamilie beginnend mit dem 4004 und 8008.

Chip	Monat/ Jahr der Einführung	Taktfrequenz in MHz	Anzahl der Transistoren	Adressierbarer Speicher	Bemerkungen
4004	04/1971	0,108	2 300	640 Byte	Erster Mikroprozessor auf einem Chip
8008	04/1972	0,108	3 500	16 KB	Erster 8-Bit-Mikroprozessor
8080	04/1974	2	6 000	64 KB	Erste universelle CPU auf einem Chip
8086	06/1978	5–10	29 000	1 MB	Erste 16-Bit-CPU auf einem Chip
8088	06/1979	5–8	29 000	1 MB	Im IBM-PC eingesetzte „abgespeckte" Version des 8086
80286	02/1982	8–12	134 000	16 MB	Speicherschutz vorhanden
80386	10/1985	16–33	275 000	4 GB	Erste 32-Bit-CPU
80486	04/1989	25–100	1,2 Mill.	4 GB	Integrierter 8-KB-Cache
Pentium	03/1993	60–233	3,1 Mill.	4 GB	Zwei Pipelines; spätere Modelle mit MMX
Pentium Pro	03/1995	150–200	5,5 Mill.	4 GB	Zwei integrierte Cache-Ebenen
Pentium II	05/1997	233–400	7,5 Mill.	4 GB	Pentium Pro plus MMX-Befehle
Pentium III	02/1999	650–1400	9,5 Mill.	4 GB	SSE-Befehle für 3-D-Grafiken
Pentium 4	11/2000	1300–3800	42 Mill.	4 GB	Hyperthreading; zusätzliche SSE-Befehle
Core Duo	1/2006	1600–3200	152 Mill.	2 GB	Zwei Kerne auf einem einzelnen Die
Core	7/2006	1200–3200	410 Mill.	64 GB	64-Bit-Architektur mit 4 Kernen (Quad-Core)
Core i7	1/2011	1100–3300	1160 Mill.	24 GB	Integrierter Grafikprozessor

Tabelle 1.4: Die wichtigsten Vertreter der Intel-Prozessorfamilie

Intel erwartete keine große Nachfrage nach dem 8008-Chip und fertigte ihn deshalb nur in kleinen Stückzahlen. Zu jedermanns Erstaunen war das Interesse jedoch sehr groß. Folglich machte sich Intel daran, einen neuen CPU-Chip zu entwerfen, der die 8008-Speichergrenze von 16 KB (aufgrund der geringen Anzahl von Pins auf dem Chip) beseitigte. Aus diesem Design ist der 8080 hervorgegangen, eine kleine Universal-CPU, die 1974 eingeführt wurde. Ähnlich wie die PDP-8 eroberte dieses Produkt den Markt im Sturm und erwies sich als Massenartikel. Im Unterschied zu DEC verkaufte Intel aber nicht Tausende, sondern Millionen.

Als echte 16-Bit-CPU auf einem Chip kam 1978 der 8086 auf den Markt. Das 8086-Design war mit dem 8080-Design vergleichbar, aber nicht voll kompatibel. Auf den 8086 folgte der 8088, der die gleiche Architektur aufwies und die gleichen Programme ausführte, anstelle eines 16-Bit-Busses aber einen 8-Bit-Bus hatte und somit langsamer und billiger als der 8086 war. Als IBM den 8088-Chip als CPU für den ursprünglichen IBM-PC wählte, avancierte dieser Chip schnell zum Industriestandard für Personalcomputer.

Die ISA des 8086 charakterisiert bis heute die Prozessoren der Firma Intel. Sie wurde über die Zeit an neue technologische Entwicklungen angepasst. Aktuelle Prozessoren sind abwärtskompatibel mit dem 8086.

Weder der 8088 noch der 8086 konnten mehr als 1 MB Speicher adressieren. Ende der achtziger Jahre wurde dies immer mehr zu einem ernsthaften Problem und Intel entwickelte den 80286, der zu dem 8086 abwärtskompatibel war. Der 80286 hatte im Wesentlichen den gleichen Befehlssatz wie der 8086/8088, aber eine gänzlich andere Speicherorganisation, was angesichts der Kompatibilitätsforderung zu den älteren Chips recht seltsam erscheint. Eingesetzt wurde der 80286 im IBM-PC/AT und in den PS/2-Modellen des mittleren Leistungsbereichs. Wie beim 8088 war dieser Chip ein großer Erfolg, vor allem, weil man ihn als schnelleren 8088 betrachtete.

Der nächste logische Schritt war eine echte 32-Bit-CPU auf einem Chip – der 1985 eingeführte 80386. Wie der 80286 war der 80386 mehr oder weniger kompatibel mit allen zurückliegenden Chips bis zum 8080. Die Abwärtskompatibilität war ein Segen für alle, denen ihre alte Software wichtig war, aber ein Ärgernis für diejenigen, die sich eine einfache, saubere, moderne Architektur wünschten, die nicht mit den Fehlern und Technologien der Vergangenheit behaftet ist.

Jahre später kam der 80486 heraus. Es handelte sich prinzipiell um eine schnellere Version des 80386, die außerdem eine Gleitkommaeinheit und einen Cache-Speicher von 8 KB auf dem Chip integrierte. Ein **Cache-Speicher** (Cache Memory) nimmt die am häufigsten benutzten Speicherwörter in bzw. nahe der CPU auf, um (langsame) Zugriffe auf den Hauptspeicher zu vermeiden. Darüber hinaus unterstützte der 80486 mehrere Prozessoren, was es Herstellern ermöglichte, Systeme mit mehreren CPUs zu bauen, die einen gemeinsamen Speicher nutzten.

Zu dieser Zeit lernte Intel auf unsanfte Art und Weise (Niederlage bei einem Gerichtsverfahren wegen Verletzung des Warenzeichenrechts), dass man Zahlen (wie 80486) nicht als Warenzeichen schützen kann. Folglich erhielt die nächste Generation einen Namen: **Pentium** (nach dem griechischen Wort für fünf, πεντε). Im Gegensatz zum 80486 mit nur einer internen Pipeline wies der Pentium zwei auf, was ihn doppelt so schnell machte. (Pipelines werden ausführlich in *Kapitel 2* behandelt.)

In einem späteren Produktionsstadium fügte Intel spezielle **MMX**-Befehle (**MultiMedia eXtensions**) hinzu. Diese sollten die bei der Audio- und Videoverarbeitung anfallenden Berechnungen beschleunigen, was einen speziellen Multimedia-Coprozessor überflüssig machte.

Die als nächstes erschienene Generation dürfte wohl diejenigen, die auf den Sexium (*Sex* ist Lateinisch und bedeutet sechs) hofften, enttäuscht haben. Die Bezeichnung „Pentium“ war inzwischen so bekannt, dass die Marketingabteilung daran festhalten wollte, und der neue Chip erhielt den Namen Pentium Pro. Trotz der nur geringen Namensänderung stellte dieser Prozessor gegenüber seinem Vorläufer einen einschneidenden Bruch mit der Vergangenheit dar. Statt zwei oder mehr Pipelines hatte der Pentium Pro einen gänzlich anderen internen Aufbau und konnte bis zu fünf Befehle gleichzeitig ausführen.

Als weitere Neuerung wies der Pentium Pro einen aus zwei Ebenen bestehenden Cache auf. Der Prozessorchip selbst hatte einen schnellen 8-KB-Speicher für häufig benutzte Befehle und einen weiteren schnellen 8-KB-Speicher für häufig benutzte Daten. Im selben Prozessorgehäuse (aber getrennt vom eigentlichen Prozessorchip) befand sich ein zweiter Cache mit einer Kapazität von 256 KB.

Der Pentium Pro hatte zwar einen großen Cache, ihm fehlten aber die MMX-Befehle (weil Intel keinen so großen Chip mit akzeptabler Ausbeute herstellen konnte). Als es die verbesserte Technologie endlich erlaubte, sowohl die MMX-Befehle als auch den Cache auf einem Chip unterzubringen, wurde das kombinierte Produkt als Pentium II herausgebracht. Im nächsten Schritt fügte Intel weitere Multimediabefehle hinzu, die sogenannten **SSE-Befehle** (**Streaming SIMD Extensions**), um die 3-D-Grafikfähigkeiten zu erweitern [Raman et al., 2000]. Der neue Chip wurde Pentium III getauft, war aber intern im Wesentlichen ein Pentium II.

Der nächste Pentium (im November 2000 freigegeben) basierte auf einer anderen internen Architektur. Um dieses Ereignis zu würdigen, wechselte Intel von römischen Zahlen zu arabischen und nannte den Prozessor Pentium 4. Wie gewohnt war der Pentium 4 schneller als alle seine Vorgänger. Die 3,06-GHz-Version führte auch ein faszinierendes neues Funktionsmerkmal ein – Hyperthreading. Dadurch können Programme ihre Arbeit auf zwei Threads aufteilen, die der Pentium 4 parallel ausführt, was die Ausführungsgeschwindigkeit deutlich steigert. Außerdem kam ein weiterer Stapel von SSE-Befehlen hinzu, um die Audio- und Videoverarbeitung nochmals zu beschleunigen.

Im Jahr 2006 hat Intel den Markennamen von Pentium in Core geändert und mit dem **Core 2 duo** einen Doppelkernchip (Dual Core) herausgebracht. Als es Intel darum ging, eine preiswerte Einzelkernversion des Chips auf den Markt zu bringen, wurden einfach Core-2-duo-Prozessoren verkauft, bei denen ein Kern deaktiviert war. Denn letztlich war es billiger, ein wenig Silizium auf jedem hergestellten Chip zu verschwenden, als einen neuen Chip von Grund auf zu entwerfen und zu testen, was mit enormen Kosten verbunden ist. Die Core-Reihe wurde weiterentwickelt, wobei die i3, i5 und i7 zu bekannten Varianten für Computer im unteren, mittleren und oberen Leistungsbereich avancierten. Zweifellos werden weitere Varianten folgen. ▶Abbildung 1.8 zeigt ein Foto des i7. Tatsächlich enthält der Chip 8 Kerne, doch sind außer in der Xeon-Version nur 6 aktiviert. Dieses Konzept erlaubt es, einen Chip mit einem oder zwei defekten Kernen trotzdem verkaufen zu können, indem man die defekten Kerne deaktiviert. Jeder Kern besitzt eigene Level-1- und Level-2-Caches, ein Level-3-Cache (L3) wird von allen Kernen gemeinsam genutzt. Darauf gehen wir später in diesem Buch noch näher ein.

Neben der Hauptproduktlinie mit den oben behandelten Desktopprozessoren stellt Intel Varianten einiger Pentium-Chips für spezielle Marktsegmente her. Anfang 1998 führte Intel eine neue Produktlinie mit der Bezeichnung **Celeron** ein. Dabei handelt es sich grundsätzlich um eine preisgünstige, schwächere Ausführung des Pentium II für PCs im unteren Leistungssegment. Da der Celeron die gleiche Architektur wie der Pentium II hat, gehen wir hier nicht weiter darauf ein. Im Juni 1998 führte Intel eine spezielle Version des Pentium II für den oberen Leistungsbereich ein. Dieser Prozessor – **Xeon** – hat einen größeren Cache, einen schnelleren Bus und eine bessere Mehrprozessor-Unterstützung, ist sonst aber ein normaler Pentium II, sodass wir auch diesen Prozessor nicht separat besprechen. Der Pentium III existierte wie auch die Nachfolger ebenfalls in einer Xeon-Version. Die neueren Xeon-Prozessoren zeichnen sich vor allem durch mehr Kerne aus.

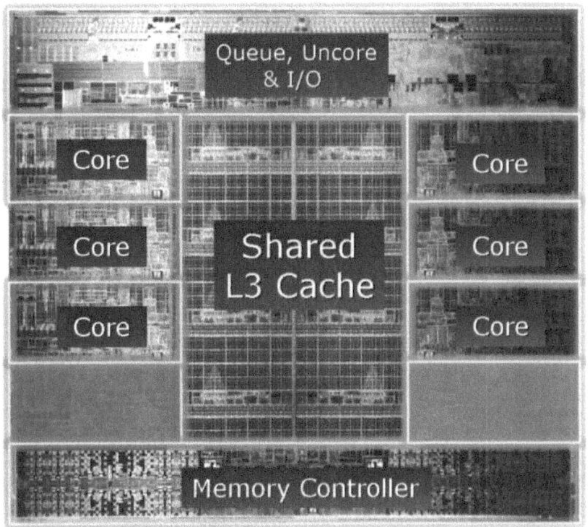

Abbildung 1.8: Der Die des Intel Core i7-3960X hat eine Fläche von 21 × 21 mm^2 und enthält 2,27 Milliarden Transistoren. [Copyright by Intel Corporation, 2011, verwendet mit freundlicher Genehmigung]

Im Jahre 2003 brachte Intel den Pentium M (für Mobile) auf den Markt, der speziell für Notebooks konzipiert ist. Dieser Chip ist Teil der Centrino-Architektur, die auf einen geringeren Leistungsverbrauch (längere Batterielaufzeit) abzielt und für kleinere und leichtere Computer sowie integrierte Unterstützung für Drahtlosnetzwerke nach dem Standard IEEE 802.11 (WiFi) vorgesehen ist. Der Pentium M hatte einen sehr geringen Leistungsverbrauch und war wesentlich kleiner als der Pentium 4, zwei Eigenschaften, die ihm (und seinen Nachfolgern) bald erlaubten, die Pentium-4-Mikroarchitektur in zukünftige Intel-Produkte einzubeziehen.

Alle Intel-Chips sind mit ihren Vorgängern bis zum 8086 abwärtskompatibel. Das heißt, dass ein Pentium 4 alte 8086-Programme ohne Änderungen ausführen kann. Diese Kompatibilität war bei Intel immer eine Designvorgabe, damit die Benutzer ihre vorhandene Software weiter verwenden können. Natürlich ist der Core um vier Größenordnungen komplexer als der 8086, beherrscht also Funktionen, die dem 8086 fremd sind. Diese stückweisen Erweiterungen haben zu einer Architektur geführt, die sicherlich eleganter ausgefallen wäre, wenn man den Pentium 4-Architekten 42 Millionen Transistoren zugestanden und sie angewiesen hätte, ganz von vorn zu beginnen.

Interessant dabei ist, dass man zwar das Moore'sche Gesetz lange Zeit nur auf die Anzahl der Speicherbits angewendet hat, es aber gleichwohl für Prozessorchips gültig ist. Trägt man die in Abbildung 1.6 angegebenen Anzahlen von Transistoren im halblogarithmischen Maßstab auf, ist zu erkennen, dass das Moore'sche Gesetz auch hier zutrifft. ▶Abbildung 1.9 zeigt das entsprechende Diagramm.

Auch wenn das Moore'sche Gesetz vermutlich noch einige Jahre gültig bleibt, wird es zunehmend von einem anderen Problem überschattet: der Wärmeableitung. Kleinere Transistoren ermöglichen höhere Taktfrequenzen, was die Forderung nach höheren Betriebsspannungen nach sich zieht. Der Leistungsverbrauch und die abgegebene Wärme wachsen proportional zum Quadrat der Spannung. Je schneller ein Bauelement, desto mehr Wärme ist abzuführen. Ein 3,6-GHz-Pentium 4 verbraucht 115 W, wird also heißer als eine 100-W-Glühbirne. Mit höherer Taktfrequenz verschlimmert sich die Lage noch.

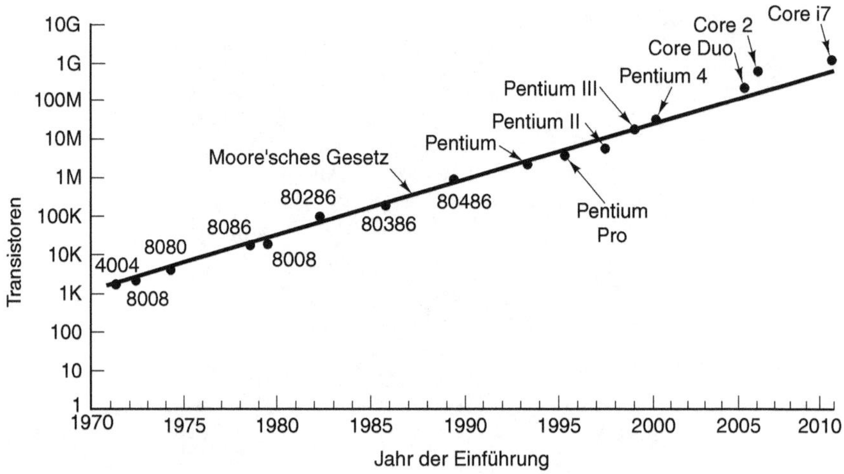

Abbildung 1.9: Das Moore'sche Gesetz für (Intel-)Prozessoren

Im November 2004 hat Intel die Produktion des 4-GHz-Pentium 4 aufgrund von Problemen mit der Wärmeableitung eingestellt. Große Lüfter lindern zwar das Problem, doch der von ihnen erzeugte Geräuschpegel ist bei den Benutzern nicht gerade beliebt. Die in großen Mainframes übliche Wasserkühlung kommt für Desktopcomputer (geschweige denn für Notebooks) nicht infrage. Als Folge scheint der bislang so unerbittliche Vormarsch auf den Taktfrequenzgipfel vorübergehend ins Stocken zu geraten, zumindest bis Intels Techniker eine Lösung gefunden haben, um die produzierte Wärme effizient wieder loszuwerden. Stattdessen sehen Intels Zukunftspläne vor, zwei oder mehr CPUs auf einem einzelnen Chip zusammen mit einem großen, gemeinsam genutzten Cache unterzubringen. Aufgrund der Beziehung zwischen Leistungsaufnahme, Spannung und Taktfrequenz verbrauchen zwei CPUs auf einem Chip weit weniger Leistung als eine CPU bei der doppelten Geschwindigkeit. Als Folge könnte man den aus dem Moore'schen Gesetz abgeleiteten Gewinn zukünftig in größere On-Chip-Caches ummünzen, anstatt nach immer höheren Taktfrequenzen zu streben. Für die Programmierer bedeutet es eine große Herausforderung, diese Multiprozessoren richtig zu nutzen. Denn während die ausgefeilten Einprozessor-Mikroarchitekturen der Vergangenheit aus vorhandenen Programmen mehr Leistung herausholen konnten, verlangen Multiprozessoren vom Programmierer, die parallele Ausführung explizit mithilfe von Threads, Semaphoren, gemeinsamem Speicher und anderen Techniken – die Kopfschmerzen bereiten und fehlerträchtig sind – zu organisieren.

1.4.2 Einführung in ARM-Architektur

In den frühen 1980er Jahren begann die britische Firma Acorn Computer noch im Erfolgsrausch ihres 8-Bit-Personalcomputers BBC Micro an einem zweiten Computer zu arbeiten in der Hoffnung, den erst kürzlich veröffentlichten IBM-PC zu schlagen. Steve Furber und seine Kollegen bei Acorn waren der Ansicht, dass der 8-Bit-Prozessor 6502 des BBC Micro keine Chancen hatte, gegen den 16-Bit-Prozessor 8086 des IBM-PC anzutreten. Eine Marktanalyse bestätigte die geringen Erfolgsaussichten.

Inspiriert vom Berkeley-RISC-Projekt, in dem ein kleines Team einen bemerkenswert schnellen Prozessor entwickelt hatte (der letztlich zur SPARC-Architektur führte), entschieden sich Furber und seine Mitarbeiter dafür, ihre eigene CPU für das Projekt zu bauen. Das

Design nannten sie die Acorn RISC Machine (oder ARM, was später wieder umgetauft wurde zu Advanced RISC Machine, als sich ARM schließlich von Acorn trennte). Im Jahre 1985 war der Entwurf fertiggestellt. Befehle und Daten hatten eine Breite von 32 Bit, für den Adressraum waren 26 Bit vorhanden. Gefertigt wurde der Prozessor von VLSI Technology.

Die erste ARM-Architektur (ARM2 genannt) erschien im Personalcomputer Acorn Archimedes. Der Archimedes war für seine Zeit ein sehr schneller und preisgünstiger Computer, der bis zu 2 MIPS (Million Instructions Per Second) ausführte und zum Verkaufsstart nur 899 Britische Pfund kostete. In Großbritannien, Irland, Australien und Neuseeland war der Computer sehr beliebt, insbesondere in Schulen.

Prozessoren basierend auf der RISC-Architektur der Firma ARM in Cambridge, UK, dominieren den Markt der mobilen Geräte. Ihre Designs werden von vielen Herstellern in System-on-a-Chip-Lösungen integriert.

Auf dem Erfolg des Archimedes aufbauend trat Apple an Acorn heran, um einen ARM-Prozessor für das geplante Apple-Newton-Projekt – den ersten Palmtop – zu entwickeln. Um sich besser auf das Projekt konzentrieren zu können, verließ das ARM-Architekturteam Acorn und gründete die Firma Advanced RISC Machines (ARM). Ihr neuer Prozessor, der ARM 610, lief im Apple Newton, der 1993 auf den Markt kam. Im Gegensatz zum ursprünglichen ARM-Design enthielt dieser neue ARM-Prozessor einen 4-KB-Cache, der die Leistung des Designs deutlich verbesserte. Auch wenn dem Apple Newton kein großer Erfolg beschieden war, konnte der ARM 610 in anderen Anwendungen punkten, unter anderem im RISC PC von Acorn.

Mitte der 1990er Jahre arbeitete ARM mit Digital Equipment Corporation zusammen, um eine Hochgeschwindigkeitsversion des ARM mit geringem Leistungsbedarf für batterieschonende mobile Anwendungen wie zum Beispiel PDAs zu entwickeln. Herausgekommen ist das StrongARM-Design, das vom ersten Augenblick an wegen seiner hohen Geschwindigkeit (233 MHz) und äußerst geringen Leistungsaufnahme (1 W) für Aufsehen in der Industrie sorgte. Seine Effizienz verdankt er einem einfachen klaren Design, das zwei 16-KB-Caches für Befehle und Daten vorsieht. Auf dem Markt waren der StrongARM und seine Nachfolger bei DEC mittelmäßig erfolgreich, sich in einer Reihe von PDAs, Set-Top-Boxen, Mediengeräten und Routern zu etablieren.

Der vielleicht ehrwürdigste Vertreter der ARM-Architekturen ist das ARM7-Design, das ARM erstmals 1994 veröffentlicht hat und heute immer noch gebräuchlich ist. Das Design zeichnet sich durch getrennte Befehls- und Datencaches aus. Außerdem arbeitet es mit dem 16-Bit-Thumb-Befehlssatz, der eine gekürzte Version des vollen 32-Bit-ARM-Befehlssatzes verkörpert und es Programmierern erlaubt, viele der gebräuchlichsten Operationen in den kleineren 16-Bit-Anweisungen zu codieren, wodurch sich die Größe des benötigten Programmspeichers verringert. Der Prozessor hat sich in einer breiten Palette von eingebetteten Anwendungen im unteren und mittleren Leistungsbereich bewährt, beispielsweise in Toastern, als Motorsteuerung und sogar in der Handheld-Spielkonsole Nintendo Gameboy Advance.

Im Unterschied zu vielen Computerfirmen fertigt ARM keine Mikroprozessoren, sondern entwickelt Designs mit den dazugehörenden ARM-basierten Entwicklungstools und -bibliotheken und lizenziert sie für Entwickler und Chiphersteller. Zum Beispiel ist die im Android-basierten Tablet Samsung Galaxy Tab eingesetzte CPU ein ARM-basierter Prozessor. Das Galaxy Tab enthält das Ein-Chip-System (System-on-a-Chip) Tegra 2, das zwei ARM-Cortex-A9-Prozessoren und einen GeForce-Grafikprozessor von Nvidia vereint. Die Tegra-2-Kerne wurden von ARM entworfen, in ein von Nvidia stammendes Ein-Chip-System integriert und von TSMC (Taiwan Semiconductor Manufacturing Company) gefertigt. In dieser eindrucksvollen Zusammenarbeit von Firmen aus verschiedenen Ländern tragen alle Beteiligten zum Erfolg des Endprodukts bei.

▶Abbildung 1.10 zeigt das Ein-Chip-System Tegra 2 von Nvidia. Es enthält drei ARM-Prozessoren: zwei 1,2-GHz-ARM-Cortex-A9-Kerne und einen ARM7-Kern. Die Cortex-A9-Kerne sind Dual-Issue-Out-of-Order-Kerne mit einem L2-Cache von 1 MB und Unterstützung für Shared-Memory-Multiprocessing. (Die vielen Fachbegriffe werden in späteren Kapiteln näher erläutert. Momentan genügt es zu wissen, dass diese Merkmale für das sehr schnelle Design zuständig sind!) Der ARM7-Kern ist ein älterer und kleinerer ARM-Kern, der für Systemkonfiguration und Energieverwaltung zuständig ist. Beim Grafikkern handelt es sich um einen 333-MHz-GeForce-Grafikprozessor (Graphics Processing Unit, GPU), der für geringen Energieverbrauch optimiert wurde. Darüber hinaus sind auf dem Tegra 2 ein Video-En-/Decoder, ein Audio-Prozessor und eine HDMI-Schnittstelle für die Videoausgabe integriert.

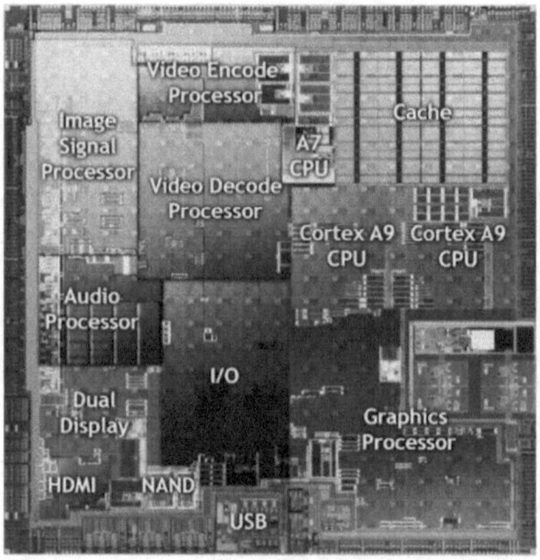

Abbildung 1.10: Das Tegra-2-System auf einem Chip von Nvidia [Copyright 2011 by Nvidia Corporation. Verwendet mit freundlicher Genehmigung]

Die ARM-Architektur ist im Markt für energiesparende, mobile und eingebettete Prozessoren sehr erfolgreich. Im Januar 2011 ließ ARM verlauten, dass die Firma seit ihrer Gründung 15 Milliarden ARM-Prozessoren verkauft hat und die Verkaufszahlen stetig steigen. Auch wenn die ARM-Architektur auf die unteren Marktsegmente zugeschnitten ist, besitzt sie doch die technischen Funktionen, um sich in jedem Markt zu behaupten, und es gibt Hinweise, dass sie ihre Horizonte erweitern könnte. Zum Beispiel wurde im Oktober 2011 ein 64-Bit-ARM angekündigt. Außerdem hatte Nvidia im Januar 2011 das „Project Denver" angekündigt, ein ARM-basiertes Ein-Chip-System, das für Server und andere Märkte entwickelt werde. Das Design vereint mehrere 64-Bit-ARM-Prozessoren und einen Allzweckgrafikprozessor (General Purpose GPU, GPGPU). Die energiesparenden Aspekte des Designs helfen dabei, die Anforderungen an die Kühlung bei Serverfarmen und Datenzentren zu verringern.

1.4.3 Einführung in die AVR-Architektur

Unser drittes Beispiel unterscheidet sich deutlich vom ersten (der x86-Architektur bei Personalcomputern und Servern) und zweiten (der ARM-Architektur bei PDAs und Smartphones). Es handelt sich um die AVR-Architektur, die im unteren Marktsegment für eingebettete Systeme verwendet wird. Die AVR-Geschichte beginnt 1996 an der Norwegischen Technischen Hochschule, wo die Studenten Alf-Egil Bogen und Vegard Wollan eine 8-Bit-RISC-CPU namens AVR entwarfen. Berichten zufolge soll der Name von „(A)lf and (V)egard's (R)ISC processor" herrühren. Kurz nach Abschluss des Entwurfs kaufte Atmel das Design und gründete Atmel Norway, wo die beiden Architekten weiter an der Verfeinerung des AVR-Prozessordesigns arbeiteten. Atmel veröffentlichte 1997 ihren ersten AVR-Mikrocontroller, den AT90S1200. Um seine Akzeptanz bei Systemdesignern zu fördern, implementierten sie die gleiche Anschlussbelegung wie beim Intel 8051, der seinerzeit einer der bekanntesten Mikrocontroller war. Heute besteht großes Interesse an der AVR-Architektur, da sie den Kern der beliebten eingebetteten Open-Source-Controllerplattform Arduino bildet.

Die AVR-Architektur ist in drei Klassen von Mikrocontrollern realisiert, die in ▶Tabelle 1.5 aufgeführt sind. Die unterste Klasse mit dem tinyAVR ist für die meisten flächen-, energie- und kostenbegrenzten Anwendungen vorgesehen. Der Controller enthält eine 8-Bit-CPU, grundlegende digitale E/A-Unterstützung und einen analogen Eingang (um zum Beispiel Temperaturwerte von einem Thermistor einzulesen). Aufgrund der kleinen Bauweise sind die Anschlüsse des tinyAVR doppelt belegt. Sie lassen sich zur Laufzeit für die digitalen oder analogen Funktionen des Mikrocontrollers programmieren. Der megaAVR, der auch im bekannten eingebetteten Open-Source-System Arduino enthalten ist, bringt außerdem serielle E/A-Unterstützung, interne Taktgeber und programmierbare Analogausgänge mit. Der AVR-XMEGA-Mikrocontroller am oberen Ende der Familie verfügt über eine Beschleunigung für kryptografische Operationen und Unterstützung für USB-Schnittstellen.

AVR-Architektur: Mikrocontroller-Architektur aus Norwegen, die der Open-Source-Plattform Arduino zugrunde liegt.

Chip	Flash	EEPROM	RAM	Pins	Features
tinyAVR	0,5 – 16 KB	0 – 512 B	32 – 512 B	6 – 32	Winzig, digitale Ein-/Ausgänge, analoger Eingang
megaAVR	8 – 256 KB	0,5 – 4 KB	0,25 – 8 KB	28 – 100	Viele Peripherieanschlüsse, Analogausgang
AVR XMEGA	16 – 256 KB	1 – 4 KB	2 – 16 KB	44 – 100	Kryptobeschleunigung, USB-E/A

Tabelle 1.5: Mikrocontroller-Klassen in der AVR-Familie

Zusammen mit verschiedenen zusätzlichen Peripherieeinrichtungen umfasst jede AVR-Prozessorklasse einige zusätzliche Speicherressourcen. Mikrocontroller haben normalerweise drei Arten von Speicher an Bord: Flash, EEPROM und RAM. Flashspeicher ist über eine externe Schnittstelle mit hohen Spannungen programmierbar. Hier werden Programmcode und Daten gespeichert. Flash-RAM ist nicht flüchtig, behält also seinen Inhalt, auch wenn die Betriebsspannung vom System abgeschaltet wird. Wie Flashspeicher ist auch ein EEPROM nicht flüchtig, lässt sich aber im Unterschied zum Flash-RAM durch das Programm zur Laufzeit ändern. In diesem Speichertyp legen eingebettete Systeme die Konfigurationsdaten des Benutzers ab, beispielsweise ob die Alarmzeit im 12- oder 24-Stundenformat angezeigt wird. Schließlich dient das RAM dazu, die Programmvariablen des laufenden Programms zu speichern. Dieser Speichertyp ist flüchtig, sodass alle hier gespeicherten Werte verloren gehen, sobald das System ohne Betriebsspannung ist. Mit den flüchtigen und nicht flüchtigen RAM-Typen beschäftigt sich Kapitel 2 ausführlich.

Das Rezept für den Erfolg im Mikrocontrollergeschäft besteht darin, in den Chip alles das zu packen, was möglicherweise benötigt wird (und auch das Spülbecken, wenn es sich auf einen Quadratmillimeter verkleinern lässt), und es dann in einem preiswerten und kleinen Gehäuse mit wenigen Anschlüssen unterzubringen. Indem man viele Funktionen in den Mikrocontroller integriert, lässt er sich für viele Anwendungen einsetzen, und wenn er preiswert und klein ist, eignet er sich für viele Formfaktoren. Um eine Vorstellung davon zu bekommen, was alles in einem modernen Mikrocontroller steckt, sehen wir uns die Peripherieeinrichtungen des megaAVR-168 von Atmel an:

1. Drei Timer (zwei 8-Bit-Timer und ein 16-Bit-Timer)
2. Echtzeituhr mit Oszillator
3. Sechs Kanäle mit Pulsbreitenmodulation, die zum Beispiel die Helligkeit oder die Motordrehzahl steuern können
4. Acht Kanäle mit Analog-Digital-Konvertern zum Einlesen von Spannungspegeln
5. Universeller serieller Empfänger/Sender
6. Serielle I2C-Schnittstelle, ein gebräuchlicher Standard für den Anschluss von Sensoren
7. Programmierbarer Watchdog-Timer, der ein blockiertes System erkennt
8. Analogkomparator, der zwei Eingangsspannungen vergleicht
9. Stromausfalldetektor, der das System unterbricht, wenn die Betriebsspannung ausfällt
10. Interner programmierbarer Taktgeber, der den CPU-Takt liefert

1.5 Metrische Einheiten

Um Unklarheiten auszuschließen, sei ausdrücklich darauf hingewiesen, dass in diesem Buch – wie in Wissenschaft und Technik allgemein üblich – das metrische Einheitensystem und nicht das Zoll-System verwendet wird. ▶Tabelle 1.6 gibt die gesetzlichen Einheitenvorsätze des Internationalen Einheitensystems (SI) an.

Faktor	Vorsatz	Zeichen	Faktor	Vorsatz	Zeichen
10^{1}	Deka	da	10^{-1}	Dezi	d
10^{2}	Hekto	h	10^{-2}	Zenti	c
10^{3}	Kilo	k	10^{-3}	Milli	m
10^{6}	Mega	M	10^{-6}	Mikro	µ
10^{9}	Giga	G	10^{-9}	Nano	n
10^{12}	Tera	T	10^{-12}	Piko	p
10^{15}	Peta	P	10^{-15}	Femto	f
10^{18}	Exa	E	10^{-18}	Atto	a
10^{21}	Zetta	Z	10^{-21}	Zepto	z
10^{24}	Yotta	Y	10^{-24}	Yokto	y

Tabelle 1.6: Einheitenvorsätze des Internationalen Einheitensystems (SI)

Größenangaben in der Computertechnik – beispielsweise für Speicher, Festplatten, Dateien oder Datenbanken – beruhen oftmals auf 2er-Potenzen. Um keine neuen Einheitenvorsätze erfinden zu müssen, hat es sich eingebürgert, die gesetzlichen Vorsätze mit leicht abweichender Bedeutung und Schreibweise zu übernehmen. Der Vorsatz Kilo bedeutet dann 2^{10} (= 1024) statt 10^3 (= 1000). Außerdem schreibt man das Kurzzeichen auch bei Kilo mit einem großen K. Somit enthält ein 1-KB-Speicher genau 1024 Bytes und nicht 1000 Bytes, ein 1-MB-Speicher 2^{20} = 1024 KB = 1.048.576 Bytes, eine 1-GB-Festplatte 2^{30} = 1024 MB = 1024 × 1024 KB = 1.073.741.824 Bytes und eine 1-TB-Datenbank 2^{40} = 1024 GB = 1024 × 1024 MB = 1024 × 1024 × 1024 KB = 1.099.511.627.776 Bytes.

Da eine solche Verwendung der Einheitenvorsätze nicht verbindlich geregelt ist, kann es durchaus zu Fehlinterpretationen und Verwechslungen kommen. So stehen die Einheitenvorsätze bei Geschwindigkeitsangaben meistens für die „wirklichen" Zehnerpotenzen, d.h., eine Netzwerkverbindung für eine Geschwindigkeit von 10 Mbit/s überträgt 10.000.000 Bit/s, weil es sich hier nicht um Zweierpotenzen handelt.

Um Mehrdeutigkeiten in diesem Buch zu vermeiden, werden durchgehend die Symbole KB, MB, GB und TB für 2^{10}, 2^{20}, 20^{30} und 2^{40} sowie die Symbole Kbit/s, Mbit/s, Gbit/s und Tbit/s für 10^3, 10^6, 10^9 und 10^{12} Bit/s verwendet.

1.6 Gliederung dieses Buchs

Dieses Buch behandelt mehrschichtige Computer (was nahezu alle modernen Computer betrifft) und ihre Organisation. Vier Ebenen beschreibt es ausführlich – die Ebene der digitalen Logik, die Mikroarchitekturebene, die ISA-Ebene und die Ebene der Betriebssystemmaschine. Dabei geht es um grundlegende Fragen, die das Gesamtdesign der jeweiligen Ebene (und warum sie gerade so und nicht anders entworfen wurde), die Art der verfügbaren Befehle und Daten, die Speicherorganisation und -adressierung sowie die Methode, nach der die jeweilige Ebene implementiert wird, betreffen. Das Gebiet, das sich mit diesen und ähnlichen Themen beschäftigt, heißt Computerorganisation oder Computerarchitektur.

Vorrangig geht es in diesem Buch um Konzepte und weniger um Einzelheiten oder formale Mathematik. So sind einige der angegebenen Beispiele stark vereinfacht, um die Kernideen und nicht die Details hervorzuheben.

Damit Sie einen Einblick gewinnen, wie die in diesem Buch dargestellten Prinzipien in der Praxis umgesetzt sind, verwenden wir die x86-, ARM- und AVR-Architekturen als durchgängige Beispiele in allen Kapiteln. Die Wahl ist aus mehreren Gründen auf diese drei Vertreter gefallen. Erstens sind sie weit verbreitet und dem Leser ist wahrscheinlich mindestens einer davon zugänglich. Zweitens besitzt jeder seine eigene einzigartige Architektur, die eine Grundlage für Vergleiche bietet und zur Frage nach Alternativen anregt. Bücher, die sich nur mit einer Architektur befassen, hinterlassen beim Leser oft ein Gefühl, dass ein „bestes Maschinendesign enthüllt" wird, was angesichts der vielen Kompromisse und willkürlichen Entscheidungen, die Designer gezwungenermaßen treffen müssen, natürlich unsinnig ist. Der Leser sollte sich diese und alle anderen Computer mit einem kritischen Auge ansehen und versuchen zu verstehen, warum die Dinge so sind, wie sie sind, und was man hätte anders machen können, anstatt sie einfach als gegeben hinzunehmen.

Von Anfang an sollte klar sein, dass es in diesem Buch nicht darum geht, wie man die x86-, ARM- oder AVR-Architekturen programmiert. Diese Prozessoren dienen lediglich dazu, einzelne Dinge zu veranschaulichen, wo es passend erscheint, ohne dabei vollständig sein zu wollen. Wer an einer gründlichen Einführung zu einem dieser Prozessoren interessiert ist, sollte sich die Veröffentlichungen des Herstellers ansehen.

Kapitel 2 ist eine Einführung in die grundlegenden Bestandteile eines Computers – Prozessoren, Speicher und Ein-/Ausgabegeräte. Es behandelt die Systemarchitektur im Überblick und bereitet den Weg für die folgenden Kapitel.

Die **Kapitel 3**, **4**, **5** und **6** sind jeweils einer der in Abbildung 1.2 dargestellten Ebenen gewidmet. Wir gehen von unten nach oben vor, weil dies die traditionelle Entwicklungsrichtung von Computern widerspiegelt. Der Entwurf von Ebene k ergibt sich weitgehend aus den Eigenschaften der Ebene $k - 1$. Deshalb kann man eine bestimmte Ebene nur verstehen, wenn man sich bereits mit den darunterliegenden Ebenen befasst hat. Zudem ist es vom pädagogischen Standpunkt her vernünftig, sich von den einfacheren unteren zu den komplizierteren oberen Ebenen vorzuarbeiten und nicht umgekehrt.

Kapitel 3 behandelt die Ebene der digitalen Logik – die echte Hardware eines Computers. Es zeigt, was Gatter sind und wie man sie zu kombinatorischen Schaltungen verbindet. Dabei lernen Sie die boolesche Algebra als Werkzeug für die Analyse digitaler Schaltungen kennen. Außerdem werden Computerbusse, insbesondere der verbreitete PCI-Bus, erläutert. Dieses Kapitel stellt zahlreiche Beispiele aus der Industrie vor, einschließlich der oben erwähnten drei Beispielarchitekturen.

Kapitel 4 führt die Mikroarchitekturebene und ihre Steuerung ein. Da diese Ebene die Aufgabe hat, die Befehle der Ebene 2 in der darüberliegenden Schicht zu interpretieren, steht dieses Thema im Mittelpunkt und wird anhand von Beispielen veranschaulicht. Außerdem beschäftigt sich dieses Kapitel mit der Mikroarchitekturebene einiger tatsächlich gebauter Computer.

Kapitel 5 befasst sich mit der ISA-Ebene, die von den meisten Computeranbietern als Maschinensprache bezeichnet wird. Hier sehen wir uns die Beispielcomputer im Detail an.

Kapitel 6 geht auf einige Befehle, die Speicherorganisation und die Steuermechanismen auf der Ebene der Betriebssystemmaschine ein. Als Beispiele wurden hierfür die Betriebssysteme Windows (verbreitet auf x86-basierten Desktopsystemen) und UNIX (auf vielen x86- und ARM-basierten Systemen anzutreffen) gewählt.

Kapitel 7 ist der Ebene der Assemblersprache gewidmet. Dabei geht es sowohl um die Assemblersprache selbst als auch um die Assemblierung. Zudem kommt hier das Thema Linken – das bedeutet, die Verbindung mehrerer getrennt übersetzter Programmteile zu einem ausführbaren Programm – zur Sprache.

Kapitel 8 behandelt Parallelrechner, die in der heutigen Zeit zunehmend an Bedeutung gewinnen. Einige dieser Parallelrechner verfügen über mehrere CPUs, die einen Speicher gemeinsam nutzen. Andere arbeiten mit mehreren CPUs ohne gemeinsamen Speicher. Einige sind Supercomputer, andere stellen Ein-Chip-Systeme dar und wieder andere bilden Cluster.

Kapitel 9 enthält eine kommentierte Liste von Literaturvorschlägen, die thematisch angeordnet sind, und eine alphabetische Liste der im gesamten Buch angeführten Literaturhinweise. Dieses wichtige Kapitel sollten Sie ausgiebig nutzen.

Aufgaben

EXTRAS ONLINE Lösungen

Die Lösungen zu den Aufgaben finden Sie auf der Website unter *www.pearson-studium.de.*

1 Erklären Sie die folgenden Begriffe mit eigenen Worten:

a. Übersetzer

b. Interpreter

c. Virtuelle Maschine

2 Ist es vorstellbar, dass ein Compiler Ausgaben für die Mikroarchitekturebene statt für die ISA-Ebene erzeugt? Erläutern Sie die Vor- und Nachteile dieses Vorschlags.

3 Können Sie sich einen mehrschichtigen Computer vorstellen, bei dem die Geräteebene und die Ebene der digitalen Logik nicht die untersten Ebenen sind? Erläutern Sie Ihre Antwort.

4 Stellen Sie sich einen mehrschichtigen Computer vor, bei dem alle Ebenen unterschiedlich sind. Jede Ebene verfügt über Befehle, die m-mal so leistungsfähig wie die der darunterliegenden Ebene sind; d.h., ein Befehl der Ebene r kann die Arbeit von m Befehlen der Ebene $r - 1$ bewältigen. Wie lange laufen gleichwertige Programme auf den Ebenen 2, 3 und 4 unter der Annahme, dass n Befehle der Ebene r erforderlich sind, um einen einzelnen Befehl der Ebene $r + 1$ zu interpretieren, und dass ein Programm der Ebene 1 für die Ausführung k Sekunden benötigt?

5 Einige Befehle auf der Ebene der Betriebssystemmaschine sind identisch mit Befehlen in der ISA-Sprache. Diese Befehle führt das Mikroprogramm direkt und nicht das Betriebssystem aus. Warum ist dies der Fall? Berücksichtigen Sie dabei die Antwort auf die vorhergehende Frage.

6 Stellen Sie sich einen Computer mit identischen Interpretern auf den Ebenen 1, 2 und 3 vor. Ein Interpreter braucht n Befehle, um einen Befehl zu holen, zu analysieren und auszuführen. Die Ausführungszeit eines Befehls der Ebene 1 beträgt k Nanosekunden. Wie lange benötigt ein Befehl auf den Ebenen 2, 3 und 4?

7 In welcher Hinsicht sind Hardware und Software a) gleichwertig, b) nicht gleichwertig?

8 Die Differenzmaschine von Babbage besaß ein feststehendes Programm, das nicht verändert werden konnte. Ist das im Wesentlichen das Gleiche wie eine heutige CD-ROM, die nicht veränderlich ist? Erläutern Sie Ihre Antwort.

9 Aus dem Von-Neumann-Konzept, Programme im Speicher abzulegen, folgt unter anderem, dass sich Programme genauso wie Daten ändern lassen. Können Sie sich ein Beispiel vorstellen, bei dem diese Möglichkeit nützlich wäre? (*Hinweis:* Denken Sie an Arithmetik auf Datenfeldern.)

10 Im IBM System/360 weist das Modell 75 eine 50-mal höhere Leistung als das Modell 30 auf, obwohl die Zykluszeit nur ein Fünftel beträgt. Wie erklären Sie sich diese Diskrepanz?

11 Die Abbildungen 1.4 und 1.5 zeigen zwei grundlegende Systementwürfe. Beschreiben Sie, wie die Ein-/Ausgabe in jedem System ablaufen könnte. Welches System hat das Potenzial für eine bessere Gesamtleistung?

12 Angenommen, jeder der 300 Millionen Einwohner in den Vereinigten Staaten konsumiert jeden Tag zwei Lebensmittelpakete, die mit RFID-Etiketten versehen sind. Wie viele RFID-Etiketten müssen dafür jährlich produziert werden? Wie hoch sind die Gesamtkosten für die Etiketten, wenn ein einzelnes Etikett ein Cent kostet? Würde diese Summe angesichts der Größe des Bruttoinlandsprodukts ein Hindernis darstellen, um die Etiketten auf jedem verkauften Paket zu verwenden?

13 Nennen Sie drei Geräte, die für die Steuerung durch eine eingebettete CPU infrage kommen.

14 Zu einem bestimmten Zeitpunkt betrage der Durchmesser eines Transistors auf einem Mikroprozessor 0,1 µm. Wie groß wäre ein Transistor im Modell des Folgejahres gemäß dem Moore'schen Gesetz?

15 Es wurde gezeigt, dass das Moore'sche Gesetz nicht nur auf die Packungsdichte von Halbleiterbauelementen anwendbar ist, sondern auch den Zuwachs an (sinnvollen) Simulationsgrößen und die Verringerung der Anzahl von Simulationsläufen vorhersagt. Zeigen Sie zuerst für eine Strömungssimulation, die auf einem heutigen Computer 4 Stunden läuft, dass sie auf Computern, die in 3 Jahren gebaut werden, nur noch 1 Stunde braucht, und auf Computern, die in 6 Jahren vorhanden sein werden, nur noch 15 Minuten dauert. Zeigen Sie dann, dass eine große Simulation mit einer geschätzten Ausführungszeit von 5 Jahren eher abgeschlossen sein würde, wenn wir 3 Jahre warten, bevor wir mit der Simulation beginnen.

16 Im Jahr 1959 konnte ein IBM-7090-Computer rund 500.000 Befehle je Sekunde ausführen, besaß einen Speicher von 32.768 36-Bit-Wörtern und kostete 3 Millionen US-Dollar. Vergleichen Sie dies mit einem aktuellen Computer und bestimmen Sie, wie viel besser der aktuelle Computer abschneidet. Bilden Sie dazu das Verhältnis von Speichergrößen und Geschwindigkeiten und dividieren Sie das Ergebnis durch das Verhältnis der Preise. Stellen Sie sich nun vor, was die gleichen Zuwächse im selben Zeitraum für die Luftfahrtindustrie bedeutet hätten. Die Boeing 707 wurde im Jahre 1959 in nennenswerten Stückzahlen an die Airlines ausgeliefert. Ihre Geschwindigkeit betrug 950 km/h und ihre anfängliche Kapazität 180 Passagiere. Sie kostete 4 Millionen US-Dollar. Welche Werte hätten Geschwindigkeit, Kapazität und Kosten eines Flugzeugs heute, wenn die Entwicklung im gleichen Tempo wie beim Computer erfolgt wäre? Formulieren Sie Ihre Annahmen hinsichtlich Geschwindigkeit, Speichergröße und Preis.

17 Entwicklungen in der Computerindustrie verlaufen oftmals zyklisch. Befehlssätze wurden ursprünglich fest verdrahtet, dann als Mikroprogramme realisiert, später durch RISC-Computer abgelöst und nun erneut fest verdrahtet. Die Rechentechnik war ursprünglich auf großen Mainframes zentralisiert. Nennen Sie zwei Entwicklungen, die ebenfalls das zyklische Verhalten demonstrieren.

18 Die gerichtliche Auseinandersetzung um die Frage, wer den Computer erfunden hat, wurde im April 1973 durch Richter Earl Larson beigelegt. Dieser verhandelte einen Patentverletzungsprozess, der von der Firma Sperry Rand – die die ENIAC-Patente erworben hatte – angestrengt wurde. Nach Ansicht von Sperry Rand müsse jeder, der einen Computer herstellt, Lizenzgebühren an Sperry Rand zahlen, weil diese Firma die Schlüsselpatente besitze. Der Fall ging im Juni 1971 vor Gericht und es wurden mehr als 30.000 Beweisstücke eingebracht. Das Gerichtsprotokoll erstreckte sich über 20.000 Seiten. Machen Sie sich mit diesem Fall anhand der umfassenden Informationen im Internet bekannt und erörtern Sie die technischen Aspekte dieses Falls. Was genau haben Eckert und Mauchley patentiert und warum glaubte das Gericht, dass deren System auf der früheren Arbeit von Atanasoff basierte?

19 Wählen Sie die drei Personen aus, die Ihrer Meinung nach den stärksten Einfluss auf die Schaffung moderner Computerhardware hatten. Beschreiben Sie die Beiträge dieser Personen und begründen Sie, warum Sie sie ausgewählt haben.

20 Wiederholen Sie die vorherige Aufgabe für Computersoftware.

21 Wiederholen Sie die vorherige Aufgabe für Websites.

Aufbau von Computersystemen

2

ÜBERBLICK

Einleitung

» Ein Digitalrechner besteht aus Prozessoren, Speichern und Ein-/Ausgabegeräten, die untereinander verbunden sind. Dieses Kapitel gibt einen einführenden Überblick über diese drei Komponenten mit ihren Verbindungen und liefert den Hintergrund für die eingehende Untersuchung bestimmter Ebenen in den fünf folgenden Kapiteln. Prozessoren, Speicher und Ein-/Ausgabegeräte sind grundlegende Konzepte, denen man auf jeder Ebene begegnet. Deshalb schauen wir uns zunächst diese drei Konzepte an. «

2.1 Prozessoren

▶Abbildung 2.1 zeigt den Aufbau eines einfachen busorientierten Computers. Die **CPU** (Central Processing Unit – zentrale Verarbeitungseinheit) oder der **Prozessor**[1] ist das „Gehirn" des Computers. Sie führt die im Hauptspeicher abgelegten Programme aus, indem sie deren Befehle nacheinander abruft, analysiert und dann ausführt. Die Komponenten sind über einen **Bus** miteinander verbunden, d.h. durch ein Leitungssystem, dessen (parallel geführte) Leitungen Adressen, Daten und Steuersignale übertragen. Externe Busse verbinden die CPU mit dem Speicher und den E/A-Geräten, aber auch innerhalb der CPU werden Busse verwendet – mehr dazu in Kürze. Moderne Computer verfügen über mehrere Busse.

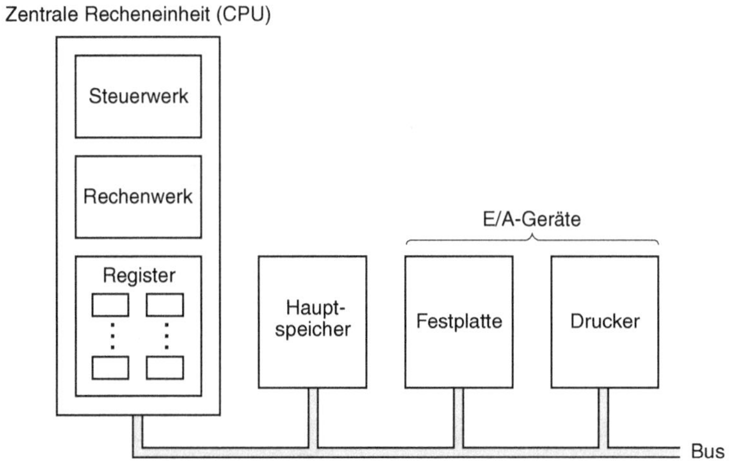

Abbildung 2.1: Der Aufbau eines einfachen Computers mit einer CPU und zwei E/A-Geräten

Die CPU gliedert sich in mehrere Funktionseinheiten. Das Steuerwerk (die Steuereinheit – Control Unit) ruft Befehle aus dem Hauptspeicher ab und bestimmt den Befehlstyp. Das Rechenwerk (Arithmetic Logic Unit, ALU) führt Operationen aus, die für den jeweiligen Befehl erforderlich sind, beispielsweise Addition oder boolesche AND-Verknüpfung.

Außerdem enthält die CPU einen kleinen Hochgeschwindigkeitsspeicher, der Zwischenergebnisse und bestimmte Steuerinformationen temporär aufnimmt. Dieser Speicher besteht aus mehreren Registern, die jeweils eine bestimmte Größe und Funktion haben. Gewöhnlich sind alle Register gleich groß. Jedes Register kann einen Wert aufnehmen, dessen Größe von der Registerbreite – d.h. der Anzahl der Bits in einem Register – abhängt. Da sich die Register innerhalb der CPU befinden, können sie sehr schnell gelesen und geschrieben werden.

Das wichtigste Register ist der **Befehlszähler** (Program Counter – PC). Er zeigt auf den nächsten Befehl, der zur Ausführung abzurufen ist. Die Bezeichnung „Befehlszähler" ist etwas irreführend, da im eigentlichen Sinne nichts *gezählt* wird. Allerdings hat sich dieser Begriff so eingebürgert. Ebenfalls wichtig ist das **Befehlsregister** (Instruction Register – IR), das den momentan ausgeführten Befehl aufnimmt. Die meisten Computer besitzen außerdem eine Reihe weiterer Register, von denen einige universellen Charakter haben,

1 Sofern nicht anders angegeben, werden die Begriffe „CPU" und „Prozessor" in diesem Buch gleichberechtigt nebeneinander verwendet (Anm. d. Übersetzers).

andere nur für spezielle Aufgaben vorgesehen sind. Darüber hinaus gibt es noch Register, über die das Betriebssystem den Computer steuert.

2.1.1 Aufbau der CPU

▶Abbildung 2.2 zeigt die innere Organisation für einen Teil einer typischen Von-Neumann-CPU. Dieser sogenannte **Datenpfad** (Data Path) besteht aus den Registern (normalerweise 1 bis 32), dem **Rechenwerk** (**ALU** – Arithmetic Logic Unit) und mehreren Bussen, die die einzelnen Teile untereinander verbinden. Die Register münden in zwei Eingaberegister der ALU, die in der Abbildung mit *A* und *B* bezeichnet sind. Diese Register speichern die Eingabedaten der ALU, während diese beschäftigt ist. Der Datenpfad spielt in allen Prozessoren eine wichtige Rolle und wird deshalb im gesamten Buch ausführlich behandelt.

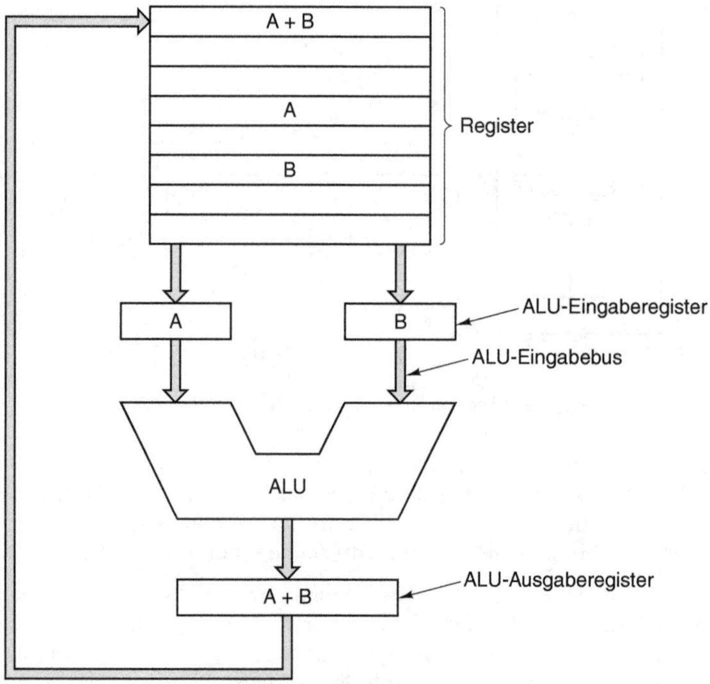

Abbildung 2.2: Der Datenpfad eines typischen Von-Neumann-Rechners

Die CPU besteht aus dem Steuerwerk, dem Rechenwerk (ALU) und den Registern, in denen Daten zwischengespeichert werden, die in der ALU verarbeitet werden.

Die ALU selbst führt Additionen, Subtraktionen und andere einfache Operationen mit ihren Eingabewerten aus und stellt das Ergebnis in das Ausgaberegister. Der Inhalt dieses Ausgaberegisters kann wieder zurück in ein Register gespeichert werden. Später lässt sich das Register bei Bedarf in den Hauptspeicher übernehmen. Nicht alle Entwürfe verfügen über die A-, B- und Ausgaberegister. Das Beispiel zeigt eine Addition, doch können ALUs auch andere Operationen ausführen.

Die meisten Befehle lassen sich in zwei Kategorien aufteilen: Register-Speicher- und Register-Register-Befehle. Mit Register-Speicher-Befehlen können Speicherwörter in Register übernommen werden, wo sie sich beispielsweise in darauffolgenden Befehlen als ALU-Eingaben verwenden lassen. („Wörter" sind die Dateneinheiten, die zwischen Speicher und Registern bewegt werden. Ein Wort kann beispielsweise eine Ganzzahl sein. Auf den Speicheraufbau geht dieses Kapitel später ein.) Andere Register-Speicher-Befehle schreiben den Inhalt von Registern zurück in den Speicher.

Der zweite Typ sind die Register-Register-Befehle. Ein typischer Register-Register-Befehl ruft zwei Operanden aus den Registern ab, bringt sie in die ALU-Eingaberegister, führt mit ihnen eine Operation durch (z.B. eine Addition oder eine boolesche AND-Verknüpfung) und speichert das Ergebnis wieder in einem Register. Der Vorgang, bei dem zwei Operanden durch die ALU geschleust werden und das Ergebnis gespeichert wird, heißt **Datenpfadzyklus** (Data Path Cycle); er bildet die Basis der meisten Prozessoren. Er definiert maßgeblich, was der Computer tun kann. Moderne Computer besitzen mehrere ALUs, die parallel arbeiten und für unterschiedliche Funktionen spezialisiert sind. Je kürzer der Datenpfadzyklus ist, umso schneller ist der Prozessor.

2.1.2 Befehlsausführung

Die CPU führt jeden Befehl in einer Reihe kleiner Schritte aus. Diese stellen sich ungefähr wie folgt dar:

1. Den nächsten Befehl aus dem Speicher in das Befehlsregister abrufen.
2. Den Programmzähler ändern, damit er auf den nächsten Befehl zeigt.
3. Den Typ des gerade eingelesenen Befehls bestimmen.
4. Falls der Befehl ein Speicherwort benötigt, dessen Position bestimmen.
5. Das Wort bei Bedarf in ein CPU-Register laden.
6. Den Befehl ausführen.
7. Zu Schritt 1 gehen, um den nächsten Befehl auszuführen.

Diese Schrittfolge bezeichnet man auch als **Abrufen-Decodieren-Ausführen-Zyklus** (Fetch-Decode-Execute Cycle). Sie liegt der Arbeitsweise aller Computer zugrunde.

Die Beschreibung der Abläufe in einer CPU ähnelt einem in Umgangssprache formulierten Programm. ▶Listing 2.1 zeigt, wie sich dieses formlose Programm als Java-Methode (d.h. als Prozedur) namens `interpret` neu schreiben lässt. Die damit interpretierte Maschine verfügt über zwei Register, die für die Benutzerprogramme sichtbar sind: den Befehlszähler (`PC`), der die Adresse des nächsten einzulesenden Befehls verfolgt, und den Akkumulator (`AC`), der das Ergebnis einer arithmetischen Operation aufnimmt. Weitere interne Register der Maschine speichern den aktuellen Befehl während seiner Ausführung (`instr`), den Typ des aktuellen Befehls (`instr_type`), die Operandenadresse des Befehls (`data_loc`) und den aktuellen Operanden selbst (`data`). Hier wird davon ausgegangen, dass Befehle jeweils eine einzige Speicheradresse enthalten. Die adressierte Speicherstelle enthält den Operanden, z.B. das zum Akkumulator zu addierende Datenelement.

```
public class Interp {
  static int PC;              // Programmzähler speichert Adresse des nächsten Befehls
  static int AC;              // Akkumulator, ein Register für Arithmetik
  static int instr;           // Register, das den aktuellen Befehl aufnimmt
  static int instr_type;      // Befehlstyp (Opcode)
  static int data_loc;        // Adresse der Daten oder -1, falls keine Daten
  static int data;            // Nimmt den aktuellen Operanden auf
  static boolean run_bit = true;  // Ein Bit, das ausgeschaltet werden kann, um
                              // die Maschine anzuhalten

  public static void interpret(int memory[ ], int starting_address) {
    // Diese Prozedur interpretiert Programme für eine einfache Maschine, wobei
    // jeder Befehl genau einen Speicheroperanden enthält.
    // Das Register AC (Akkumulator) ist für arithmetische Operationen vorgesehen.
    // Z.B. addiert der Befehl ADD eine im Speicher befindliche Ganzzahl zum AC.
    // Der Interpreter läuft so lange, bis das Ausführungsbit (run_bit) durch den
    // Befehl HALT ausgeschaltet wird.
    // Der Zustand eines auf dieser Maschine laufenden Prozesses ist durch den
    // Speicher, den Programmzähler, das Ausführungsbit und den Akkumulator
    // gekennzeichnet.
    // Die Eingabeparameter setzen sich aus dem Speicherbild und der
    // Anfangsadresse zusammen.

    PC = starting_address;
    while (run_bit) {
      instr = memory[PC];         // Den nächsten Befehl nach instr abrufen
      PC = PC + 1;                // Programmzähler inkrementieren
      instr_type = get_instr_type(instr);         // Befehlstyp bestimmen
      data_loc = find_data(instr, instr_type);    // Daten suchen (-1 falls keine)
      if (data_loc >= 0)         // Wenn data_loc gleich -1, kein Operand erforderlich
        data = memory[data_loc];                  // Daten abrufen
      execute(instr_type, data);                  // Befehl ausführen
    }
  }

  private static int get_instr_type(int addr) { ... }
  private static int find_data(int instr, int type) { ... }
  private static void execute(int type, int data){ ... }
}
```

Listing 2.1: Ein in Java geschriebener Interpreter für einen einfachen Computer

Dass man mit einem Programm die Funktionen einer CPU nachbilden kann, zeigt bereits, dass Programme nicht unbedingt von einer „Hardware"-CPU – also einem Kästchen voller Elektronik – ausgeführt werden müssen. Stattdessen kann ein Programm auch dadurch ausgeführt werden, dass es seine Befehle durch ein anderes Programm abrufen, decodieren und ausführen lässt. Ein Programm (wie das in Listing 2.1), das die Befehle eines anderen Programms abruft, decodiert und ausführt, heißt (wie bereits in Kapitel 1 erwähnt) **Interpreter**.

Aus dieser Gleichwertigkeit von Hardware-Prozessoren und Interpretern ergeben sich wichtige Schlussfolgerungen für den Aufbau eines Computers und den Entwurf von Computersystemen. Nachdem die Maschinensprache *L* für einen neuen Computer spezifiziert ist, kann das Entwicklerteam entscheiden, ob die Programme in *L* direkt durch einen Hardware-Prozessor oder stattdessen durch einen Interpreter ausgeführt bzw.

interpretiert werden sollen. Entscheidet sich das Team für einen Interpreter, muss es auch für eine Hardware-Maschine sorgen, die den Interpreter ausführen kann. Außerdem sind Hybridkonstruktionen möglich, bei denen ein Teil durch die Hardware ausgeführt und ein Teil durch die Software interpretiert wird.

Ein Interpreter zerlegt die Befehle seiner Zielmaschine in kleine Schritte. Daher kann die Maschine, auf der der Interpreter läuft, viel einfacher und billiger als ein Hardware-Prozessor für die Zielmaschine sein. Solche Einsparungen spielen besonders dann eine wichtige Rolle, wenn die Zielmaschine über eine große Zahl von Befehlen verfügt und es sich um relativ komplexe Befehle mit vielen Optionen handelt. Die Einsparungen ergeben sich im Wesentlichen daraus, dass Hardware durch Software (den Interpreter) ersetzt wird.

Die ersten Computer verfügten über kleine einfache Befehlssätze. Doch das Streben nach leistungsfähigeren Computern führte unter anderem auch zu leistungsstärkeren Einzelbefehlen. Schon recht früh erkannte man, dass komplexere Befehle oft eine schnellere Programmausführung zur Folge haben, auch wenn die Ausführung der einzelnen Befehle etwas länger dauert. Gleitkommabefehle und die direkte Unterstützung des Zugriffs auf Feldelemente sind Beispiele für komplexe Befehle. Manchmal ergab sich rein aus der Beobachtung, dass häufig dieselben zwei Befehle aufeinanderfolgten, sodass man diese beiden Befehle zu einem einzigen zusammenfassen konnte.

Die komplexeren Befehle waren besser, weil Operationen manchmal überlappend bzw. parallel auf verschiedener Hardware ausgeführt werden konnten. Bei teuren Hochleistungsrechnern ließen sich die Kosten für diese zusätzliche Hardware ohne Weiteres rechtfertigen. So kam es, dass teure Hochleistungsrechner über viel mehr Befehle als die billigeren verfügten. Doch steigende Kosten für die Softwareentwicklung und Forderungen nach Befehlskompatibilität führten dazu, dass man komplexe Befehle selbst in Computern des unteren Preissegments implementieren musste, wo es mehr auf niedrige Kosten als auf hohe Geschwindigkeit ankam.

Ende der 1950er Jahre hatte IBM (das zu dieser Zeit dominierende Computerunternehmen) erkannt, dass es sowohl für IBM als auch für ihre Kunden viele Vorteile bringt, wenn man nur eine einzige Familie von Rechnern unterstützt, die alle die gleichen Befehle ausführen. IBM führte den Begriff **Architektur** ein, um diese Kompatibilitätsebene zu beschreiben. Eine neue Computerfamilie bekam nun eine einheitliche Architektur, aber viele unterschiedliche Implementierungen, die alle dasselbe Programm ausführen konnten und sich nur hinsichtlich Preis und Geschwindigkeit unterschieden. Doch wie baut man einen billigen Computer, der all die komplexen Befehle der teuren Hochleistungsrechner ausführen kann?

Die Antwort liegt in der Interpretation. Diese erstmals von Maurice Wilkes (1951) vorgeschlagene Technik ermöglichte die Konstruktion einfacher und billiger Computer, die dennoch eine große Anzahl von Befehlen ausführen konnten. Das Ergebnis war die IBM-System/360-Architektur – eine Familie kompatibler Computer, die in Preis und Fähigkeiten nahezu zwei Größenordnungen umspannte. Nur in den teuersten Modellen kam eine direkte Hardware-Implementierung (d.h. ohne Interpretation) zur Anwendung.

> Durch **Interpretation** kann eine komplexe Architektur auf einer Familie von Rechnern unterschiedlicher Leistungsfähigkeit kostengünstig realisiert werden.

Einfache Computer mit interpretierten Befehlen hatten noch weitere Vorteile. Zu den wichtigsten gehörten:

1. Die Möglichkeit, falsch implementierte Befehle vor Ort zu korrigieren und sogar Entwurfsmängel in der zugrunde liegenden Hardware auszugleichen.
2. Die Gelegenheit, neue Befehle zu minimalen Kosten selbst nach Auslieferung des Rechners hinzuzufügen.
3. Ein strukturiertes Design, das effizientes Entwickeln, Testen und Dokumentieren komplexer Befehle erlaubt.

Als der Computermarkt in den 1970er Jahren einen gewaltigen Aufschwung erfuhr und das Rechenpotenzial schnell wuchs, kam die Nachfrage nach billigen Rechnern insbesondere den Computerkonzepten mit Interpretern zugute. Die Möglichkeit, Hardware und Interpreter auf einen bestimmten Befehlssatz zuzuschneiden, erwies sich als kostengünstiges Entwurfsprinzip für Prozessoren. Da sich die zugrunde liegende Halbleitertechnik schnell weiterentwickelte, kam den Kostenvorteilen mehr Gewicht zu als den Möglichkeiten für höhere Leistung, und Interpreter-basierte Architekturen etablierten sich als Methode für den Computerentwurf. Fast alle in den 1970er Jahren neu entwickelten Computer – von Minicomputern bis Mainframes – basierten auf der Interpretation.

Ende der 1970er Jahre waren einfache Prozessoren, auf denen Interpreter liefen, mit Ausnahme der teuersten und leistungsstärksten Modelle wie der Cray-1 und der Cyber-Serie von Control Data, weit verbreitet. Durch Interpreter konnte man die höheren Kosten abfangen, die mit komplexen Befehlen verbunden sind. Die Architekten untersuchten immer komplexere Befehle und insbesondere Wege, um die zu verwendenden Operanden zu spezifizieren.

Dieser Trend erreichte seinen Höhepunkt mit dem VAX-Computer der Digital Equipment Corporation (DEC), der mehrere Hundert Befehle beherrschte und mehr als 200 unterschiedliche Varianten kannte, um die in jedem Befehl zu verwendenden Operanden zu spezifizieren. Leider war die VAX-Architektur von Anfang an als Interpreter-Implementierung konzipiert und man hatte sich wenig um die Implementierung eines Hochleistungsmodells gekümmert. Durch diese Einstellung führte man sehr viele Befehle mit geringem Nutzen ein, die sich zudem nur schwer direkt ausführen ließen. Dieser Mangel erwies sich letztlich als tödlich für die VAX und letztlich auch für DEC (Compaq kaufte DEC im Jahr 1998 und Hewlett-Packard übernahm Compaq im Jahr 2001).

Auch wenn die ersten 8-Bit-Mikroprozessoren einfache Maschinen mit sehr einfachen Befehlssätzen waren, hatte man bis Ende der 1970er Jahre sogar bei den Mikroprozessoren auf Interpreter-basierte Konzepte gewechselt. Zu dieser Zeit mussten sich die Entwickler von Mikroprozessoren vor allem damit auseinandersetzen, wie sie die zunehmende, durch integrierte Schaltungen ermöglichte Komplexität in den Griff bekommen. Mit dem Interpreter-basierten Ansatz konnte man einen einfachen Prozessor entwickeln, wobei sich die Komplexität hauptsächlich auf den Speicher beschränkte, der den Interpreter aufnahm. So ließ sich ein komplexes Hardware-Design in ein komplexes Software-Design überführen.

Der Erfolg des Motorola 68000 mit seinem großen interpretierten Befehlssatz und der gleichzeitige Misserfolg des Zilog Z8000 (mit einem ebenso großen Befehlssatz, aber ohne Interpreter) stellten die Vorteile des Interpreter-Ansatzes unter Beweis, wenn es darum ging, einen neuen Mikroprozessor so schnell wie möglich auf den Markt zu bringen. Besonders überraschend war dieser Erfolg angesichts des Vorsprungs, den Zilog hatte (der Z80 als Vorgänger des Z8000 war weitaus populärer als der Vorgänger des

68000, der 6800). Es kamen hier natürlich auch noch andere Faktoren ins Spiel, nicht zuletzt der Umstand, dass Motorola bereits eine lange Geschichte als Chiphersteller hinter sich hatte und Exxon (der Eigentümer von Zilog) eine Ölgesellschaft und kein Chiphersteller war.

Dem Interpreter-Konzept kam während dieser Zeit noch ein weiterer Faktor zugute: die Existenz schneller Nur-Lese-Speicher, auch als **Steuerspeicher** (Control Store) bezeichnet, die den Interpreter beherbergten.

Nimmt man an, dass der Interpreter einen typischen interpretierten Befehl in 10 sogenannten **Mikrobefehlen** zu jeweils 100 ns und zwei Referenzen auf den Hauptspeicher zu je 500 ns abgearbeitet hat, dann beträgt die Gesamtausführungszeit mit 2000 ns nur das Doppelte gegenüber der (bestmöglichen) direkten Ausführung. Ohne Steuerspeicher hätte der Befehl 6000 ns beansprucht. Und der 6-fache Zeitbedarf ist erheblich schwerer zu tolerieren als der doppelte.

2.1.3 RISC kontra CISC

Ende der 1970er Jahre experimentierte man mit sehr komplexen Befehlen – der Interpreter machte es möglich. Die Entwickler versuchten, die „semantische Lücke" zwischen den Fähigkeiten der Maschinen und den Anforderungen von Hochsprachen zu schließen. Fast niemand dachte daran, einfachere Maschinen zu entwickeln – so wie man heutzutage kaum etwas in die Entwicklung vereinfachter Betriebssysteme, Netzwerke, Webserver usw. investiert (was vielleicht bedauerlich ist).

Eine Gruppe, die dem vorherrschenden Trend nicht folgte und stattdessen versuchte, einige Ideen von Seymour Cray in einen leistungsfähigen Minicomputer einzubringen, wurde von John Cocke bei IBM geleitet. Die Arbeit dieser Gruppe führte zu einem experimentellen Minicomputer mit der Bezeichnung **801**. Obwohl IBM diesen Rechner nie vermarktet hat und die Ergebnisse erst Jahre später veröffentlichte [Radin, 1982], wurde die Entwicklung bekannt und auch andere machten sich daran, ähnliche Architekturen zu untersuchen.

Im Jahre 1980 begann eine Gruppe an der Berkeley-Universität unter der Leitung von David Patterson und Carlo Séquin mit der Entwicklung von VLSI-CPU-Chips, die ohne Interpretation auskamen [Patterson, 1985; Patterson und Séquin, 1982]. Sie prägten den Ausdruck **RISC** für dieses Konzept und nannten ihren CPU-Chip RISC I, dem kurz darauf RISC II folgte. Ein Jahr später entwickelte und fertigte John Hennessy an der Stanford-Universität einen etwas anderen Chip mit der Bezeichnung **MIPS** [Hennessy, 1984]. Diese Chips mauserten sich zu kommerziell wichtigen Produkten – den SPARC- bzw. MIPS-Prozessoren.

Diese neuen Prozessoren unterschieden sich deutlich von den damaligen kommerziellen Prozessoren. Da die neuen Prozessoren nicht abwärtskompatibel zu bisherigen Produkten sein mussten, konnten die Entwickler neue Befehlssätze wählen, mit denen sich die Gesamtsystemleistung maximieren ließ. Lag der Schwerpunkt anfangs auf einfachen Befehlen, die sich schnell ausführen ließen, erkannte man bald, dass der Schlüssel zu hoher Rechnerleistung in der Entwicklung von Befehlen lag, die schnell **initiiert** (gestartet) werden konnten. Es kam weniger darauf an, wie viel Zeit ein Befehl tatsächlich in Anspruch nahm, als vielmehr, wie viele davon pro Sekunde gestartet werden konnten.

RISC-Computer verwenden einen einfachen Befehlssatz, dessen Befehle sehr effizient abgearbeitet werden können. Die Verwendung eines Interpreters konnte zu Gunsten der direkten Hardwaresteuerung aufgegeben werden.

Als diese einfachen Prozessoren entwickelt wurden, ließ vor allem eine Eigenschaft aufhorchen – die relativ geringe Zahl von verfügbaren Befehlen, in der Regel um die 50. Das waren weit weniger als die 200 bis 300 Befehle der etablierten Rechner, wie zum Beispiel der DEC VAX oder der mächtigen Großrechner von IBM. Schließlich steht das Akronym RISC auch für **Reduced Instruction Set Computer** (Computer mit reduziertem Befehlssatz) – im Gegensatz zu CISC, was für **Complex Instruction Set Computer** (Computer mit komplexem Befehlssatz) steht. Letzteres war ein kaum verhüllter Hinweis auf die VAX, die damals die Informatikfachbereiche der Universitäten beherrschte. Heute glaubt fast niemand mehr, dass die Größe des Befehlssatzes entscheidend ist, doch der Name hält sich eben.

Um es kurz zu machen: Es entflammte ein „Religionskrieg“, in dem die RISC-Verfechter die etablierte Ordnung (VAX, Intel, IBM-Großrechner) angriffen. Ihrer Meinung nach ließe sich ein Computer am besten mit wenigen einfachen Befehlen konstruieren, die in einem einzigen Zyklus des in Abbildung 2.2 dargestellten Datenpfads ausgeführt werden können – nämlich zwei Register abrufen, sie irgendwie kombinieren (z.B. addieren oder per AND verknüpfen) und das Ergebnis wieder in ein Register schreiben. Denn selbst wenn ein RISC-Computer vier oder fünf Befehle benötigt, um das zu tun, wofür bei einem CISC-Computer nur ein einziger Befehl notwendig ist, gewinnt RISC, da die RISC-Befehle zehnmal schneller sind (weil sie nicht interpretiert werden). Außerdem muss man wissen, dass seinerzeit die Geschwindigkeit von Hauptspeichern mit der Geschwindigkeit der Nur-Lese-Steuerspeicher gleichgezogen hatte. Die Nachteile der Interpretation traten damit stärker zutage und es sprach immer mehr für RISC-Prozessoren.

Man sollte glauben, dass RISC-Maschinen (wie die Sun UltraSPARC) angesichts der Leistungsvorteile der RISC-Technologie die CISC-Prozessoren (wie den Intel Pentium) vom Markt verdrängt haben müssten. Doch nichts dergleichen ist geschehen. Warum nicht?

Intels CISC-Prozessoren verwenden eine Kombination von Interpretation und direkter Ausführung in einem RISC-Kern, um Abwärtskompatibilität und Geschwindigkeit zu garantieren.

Der erste Punkt betrifft die Abwärtskompatibilität und die Milliarden Dollar, die die Unternehmen bereits in die Software für Intel-Prozessoren investiert hatten. Zweitens war Intel überraschenderweise in der Lage, die einschlägigen Ideen auch in eine CISC-Architektur einzubringen. Angefangen beim 486, enthalten Intel-Prozessoren einen RISC-Kern, der die einfachsten (und typischerweise auch häufigsten) Befehle in einem einzigen Datenpfadzyklus ausführt, während die komplexeren Befehle in der üblichen CISC-Weise interpretiert werden. Unterm Strich sind häufig vorkommende Befehle also schnell und seltener vorkommende Befehle langsam. Dieser Hybridansatz kommt zwar noch nicht an einen reinen RISC-Entwurf heran, liefert aber immer noch eine konkurrenzfähige Gesamtperformance, wobei alte Software ohne Modifikationen weiterhin lauffähig ist.

2.1.4 Designprinzipien moderner Computer

Seit Einführung der ersten RISC-Prozessoren sind nun etwa drei Jahrzehnte vergangen und es haben sich bestimmte Entwurfsprinzipien durchgesetzt, die einen praktikablen Weg darstellen, um Computer nach dem aktuellen Stand der Hardware-Technologie zu entwerfen. Falls eine größere Veränderung in der Technologie eintreten sollte (beispielsweise ein neuer Fertigungsprozess, der die Speicherzykluszeit plötzlich um den Faktor 10 gegenüber der CPU-Zykluszeit verbessert), kann alles wieder ganz anders aussehen. Die

Computerentwickler sollten daher immer ein Auge auf technologische Veränderungen haben, die sich auf das Gleichgewicht zwischen den Komponenten auswirken können.

Trotzdem gibt es einen Satz von Designprinzipien, auch als **RISC-Designprinzipien** bezeichnet, die Architekten von Universalprozessoren nach Möglichkeit einhalten sollten. Externe Randbedingungen, wie die Forderung nach Abwärtskompatibilität zu einer bereits bestehenden Architektur, verlangen nicht selten Kompromisse. Diese Prinzipien sind aber Ziele, die von den meisten Designern angestrebt werden. Nachstehend werden die wichtigsten Prinzipien behandelt.

Die Hardware führt alle Befehle direkt aus

Alle gängigen Befehle werden direkt von der Hardware ausgeführt und nicht durch Mikrobefehle interpretiert. Indem man die Ebene der Interpretation ausschaltet, erreichen die meisten Befehle eine hohe Ausführungsgeschwindigkeit. Bei Computern mit CISC-Befehlssatz lassen sich komplexere Befehle in separate Bestandteile aufgliedern und als Sequenz von Mikrobefehlen ausführen. Dieser zusätzliche Schritt verlangsamt den Prozessor, was man bei weniger häufig vorkommenden Befehlen aber in Kauf nehmen kann.

Die Befehle werden mit maximaler Rate initiiert

Moderne Computer bedienen sich vieler Tricks, um ihre Leistung zu maximieren. Einer der häufigsten ist es, möglichst viele Befehle pro Sekunde zu starten. Wenn man 500 Millionen Befehle pro Sekunde initiieren kann, hat man immerhin einen 500-MIPS-Prozessor gebaut, ungeachtet dessen, wie lange die Ausführung dieser Befehle dauert. (**MIPS** steht für Millions of Instructions Per Second – Millionen Befehle je Sekunde. Der Name des MIPS-Prozessors ist als Wortspiel von diesem Akronym abgeleitet. Offiziell steht er für Microprocessor without Interlocked Pipeline Stages – etwa: Mikroprozessor ohne Pipeline-Sperren.) Dieses Prinzip unterstellt, dass Parallelität bei der Verbesserung des Leistungsverhaltens eine wichtige Rolle spielt, da man nur dann eine große Zahl von langsamen Befehlen in kurzer Zeit initiieren kann, wenn sich mehrere Befehle gleichzeitig ausführen lassen.

> Die Verarbeitungsleistung von RISC-Prozessoren ergibt sich daraus, dass in jedem Takt ein neuer Befehl gestartet werden kann und die gestarteten Befehle parallel bearbeitet werden.

Obwohl der Prozessor die Befehle immer in der vom Programm vorgegebenen Reihenfolge übernimmt, werden die Befehle nicht immer in der Programmreihenfolge gestartet (weil möglicherweise eine benötigte Ressource gerade belegt ist) und sie müssen auch nicht in der Programmreihenfolge fertiggestellt werden. Wenn Befehl 1 ein Register setzt und Befehl 2 dieses Register verwendet, ist selbstverständlich zu gewährleisten, dass Befehl 2 das Register erst liest, wenn es den korrekten Wert enthält. Diese Arbeitsweise erfordert zwar einen erheblichen Verwaltungsaufwand, bietet aber auch das Potenzial für Leistungsgewinne, indem mehrere Befehle gleichzeitig ausgeführt werden.

Die Befehle müssen leicht zu decodieren sein

Die Decodierung der einzelnen Befehle, um die von ihnen benötigten Ressourcen zu bestimmen, bildet eine kritische Grenze für die Rate, mit der sich Befehle initiieren lassen. Alles, was diesen Vorgang unterstützt, ist dienlich. Dazu gehört, die Befehle nach einem regelmäßigen Muster mit einer festen Länge und einer geringen Anzahl von Feldern aufzubauen. Je geringer die Anzahl unterschiedlicher Formate ist, desto besser ist es.

Nur Lade- und Speichervorgänge sollen auf den Speicher verweisen

Operationen lassen sich am einfachsten in Einzelschritte auflösen, wenn die Operanden für die meisten Befehle aus CPU-Registern kommen und wieder dort abgelegt werden. Separate Befehle können die Operanden aus dem Speicher in Register übertragen. Da Speicherzugriffe viel Zeit beanspruchen können und die Verzögerungen nicht vorhersehbar sind, lassen sich diese Befehle am besten mit anderen Befehlen überlappen, wenn sie ausschließlich Operanden zwischen Registern und dem Speicher übertragen. Dies bedeutet, dass nur `LOAD`- und `STORE`-Befehle auf den Speicher verweisen sollten. Alle anderen Befehle sollten nur mit Registern arbeiten.

Ausreichend Register bereitstellen

Da Speicherzugriffe relativ zeitaufwendig sind, sollten viele Register (mindestens 32) bereitgestellt werden, damit ein einmal abgerufenes Wort in einem Register gehalten werden kann, bis es nicht mehr benötigt wird. Wenn nicht mehr genügend Register vorhanden sind und ihre Inhalte in den Speicher ausgelagert werden müssen, nur um sie später wieder zurückzuladen, ist das ein unbefriedigender Zustand, der möglichst zu vermeiden ist. Das erreicht man am besten mit einer ausreichend großen Anzahl von Registern.

2.1.5 Parallelität auf Befehlsebene

Die Computerarchitekten streben ständig danach, die Leistung der von ihnen entwickelten Rechner zu steigern. Eine Möglichkeit besteht darin, die Taktfrequenz der Chips zu erhöhen. Für jedes neue Design gibt es aber eine Grenze, was zu einem bestimmten Zeitpunkt in der Entwicklungsgeschichte gerade noch machbar ist. Daher weichen die meisten Computerarchitekten auf die Parallelität aus (wobei zwei oder mehrere Dinge gleichzeitig ablaufen), um bei gegebener Taktfrequenz noch mehr Leistung aus ihrem Design herauszuholen.

Eine Beschleunigung der Verarbeitung lässt sich durch die **parallele Ausführung** von Befehlen in einem Prozessor oder durch die Verwendung mehrere Prozessoren erreichen.

Parallelität ist in zwei allgemeinen Formen möglich, nämlich auf Befehlsebene und auf Prozessorebene. Im ersten Fall wird die Parallelität innerhalb der einzelnen Befehle genutzt, um mehr Befehle je Sekunde von ein und demselben Prozessor verarbeiten zu lassen. Im zweiten Fall arbeiten mehrere Prozessoren am selben Problem zusammen. Beide Ansätze haben ihre Vorzüge. Dieser Abschnitt beschäftigt sich mit Parallelität auf Befehlsebene; im nächsten Abschnitt geht es um Parallelität auf Prozessorebene.

Pipelining (Fließbandverarbeitung)

Seit Jahren ist bekannt, dass das Abrufen von Befehlen aus dem Speicher einen entscheidenden Engpass für die Geschwindigkeit der Befehlsausführung darstellt. Um dieses Problem zu lindern, verfügten schon Computer wie der IBM Stretch (1959) über die Fähigkeit, Befehle vorab aus dem Speicher abzurufen, damit sie sofort verfügbar sind, wenn der Prozessor sie benötigt. Diese Befehle wurden in einen speziellen Registersatz mit der Bezeichnung **Prefetch-Puffer** übernommen. Sobald der Prozessor einen Befehl benötigt hat, konnte er ihn gewöhnlich aus dem Prefetch-Puffer abrufen und musste nicht warten, bis der Speicherlesevorgang abgeschlossen ist.

Praktisch gliedert das Prefetching die Befehlsausführung in zwei Teile auf: Speicherzugriff und eigentliche Ausführung. Das Konzept der **Pipeline** (Fließband) führt diese Strategie noch wesentlich weiter. Die Befehlsausführung wird dabei nicht nur in zwei, sondern in viele Teile (oftmals ein Dutzend oder mehr) aufgegliedert, die jeweils von einem dafür bestimmten Hardware-Block abgewickelt werden und alle parallel ablaufen können.

▶Abbildung 2.3a zeigt eine Pipeline mit fünf Einheiten oder **Stufen** (Stages). Stufe 1 ruft den Befehl aus dem Speicher ab und stellt ihn in einen Puffer, bis er benötigt wird. Stufe 2 decodiert den Befehl und bestimmt dabei seinen Typ und die benötigten Operanden. Stufe 3 sucht die Operanden und ruft sie entweder aus Registern oder aus dem Speicher ab. Stufe 4 führt die eigentliche Abarbeitung des Befehls aus, die normalerweise darin besteht, die Operanden durch den Datenpfad (siehe Abbildung 2.2) zu schleusen. Schließlich schreibt Stufe 5 das Ergebnis in das dafür vorgesehene Register zurück.

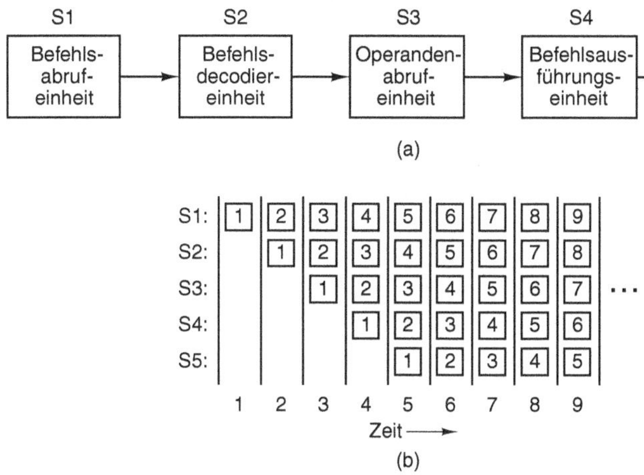

Abbildung 2.3: (a) Eine fünfstufige Pipeline (b) Der Status jeder Stufe als Funktion der Zeit. Es sind neun Taktzyklen dargestellt.

In ▶Abbildung 2.3b ist zu sehen, wie die Pipeline als Funktion der Zeit arbeitet. In Taktzyklus 1 arbeitet die Stufe S1 an Befehl 1 – sie ruft ihn aus dem Speicher ab. In Zyklus 2 decodiert die Stufe S2 den Befehl 1, während Stufe S1 bereits Befehl 2 abruft. In Zyklus 3 ruft die Stufe S3 die Operanden für Befehl 1 ab, die Stufe S2 decodiert den Befehl 2 und die Stufe S1 ruft den dritten Befehl ab. In Zyklus 4 führt die Stufe S4 den Befehl 1 aus, S3 ruft die Operanden für Befehl 2 ab, S3 decodiert Befehl 3 und S1 ruft Befehl 4 ab. Schließlich schreibt in Zyklus 5 die Stufe S5 das Ergebnis von Befehl 1 zurück, während die anderen Stufen an den darauffolgenden Befehlen arbeiten.

Die **Fließbandverarbeitung** von Befehlen beruht auf der parallelen Bearbeitung von Teilaufgaben unterschiedlicher Befehle. Die Initiierungsrate des Fließbandes bestimmt die Bandbreite (den Durchsatz) des Prozessors.

Eine Analogie soll das Konzept der Fließbandverarbeitung verdeutlichen. Stellen Sie sich eine Großbäckerei vor, in der das Kuchenbacken und das versandfertige Verpacken der Kuchen voneinander getrennt ablaufen. Nehmen wir an, die Versandabteilung hat ein langes Fließband, an dem in bestimmten Abständen fünf Arbeiter (Verarbeitungseinheiten) stehen. Alle 10 Sekunden (Taktfrequenz) legt Arbeiter 1 eine leere Kuchenschachtel auf das Fließband. Die Schachtel wandert zu Arbeiter 2, der einen Kuchen hineinlegt. Etwas später kommt die Schachtel an der Station von Arbeiter 3 an, wo sie geschlossen und versiegelt wird. Sie wandert weiter zu Arbeiter 4, der ein Etikett auf die Schachtel klebt. Schließlich nimmt Arbeiter 5 die Schachtel vom Fließband und legt sie in einen großen Behälter, der später an einen Supermarkt ausgeliefert wird. Nach dem gleichen Prinzip läuft die Fließbandverarbeitung im Computer ab: Jeder Befehl (Kuchen) durchläuft mehrere Verarbeitungsschritte, bis er am anderen Ende vollständig ausgeführt ist.

Gehen wir zurück zu unserer Pipeline in Abbildung 2.3 und nehmen wir an, dass die Zykluszeit dieses Prozessors 2 ns beträgt. Dann dauert es 10 ns, bis ein Befehl die gesamte fünfstufige Pipeline durchlaufen hat. Auf den ersten Blick möchte man meinen, dass der Prozessor mit 100 MIPS laufen kann, wenn ein Befehl 10 ns beansprucht, doch in Wirklichkeit leistet er viel mehr. In jedem Taktzyklus (2 ns) wird ein Befehl fertiggestellt, sodass die tatsächliche Verarbeitungsrate 500 MIPS und nicht 100 MIPS beträgt.

Die Fließbandverarbeitung ermöglicht einen Kompromiss zwischen der **Latenzzeit** (der Zeit, die für die Abarbeitung eines Befehls erforderlich ist) und der **Prozessorbandbreite** (wie viele MIPS der Prozessor leistet). Bei einer Zykluszeit von T ns und n Stufen in der Pipeline beträgt die Latenzzeit nT ns, weil jeder Befehl n Stufen durchläuft, die jeweils T ns benötigen.

Da jeweils ein Befehl in jedem Taktzyklus fertiggestellt wird und es $10^9/T$ Taktzyklen/Sekunde gibt, berechnet sich die Anzahl der je Sekunde ausgeführten Befehle zu $10^9/T$. Ist zum Beispiel $T = 2$ ns, dann werden jede Sekunde 500 Millionen Befehle ausgeführt. Um die Anzahl der MIPS zu erhalten, müssen wir die Befehlsausführungsrate durch 1 Million dividieren, was $(10^9/T)/10^6 = 1000/T$ MIPS ergibt. Theoretisch könnten wir die Befehlsausführungsrate in BIPS[2] statt MIPS messen, aber das macht niemand – wir auch nicht.

Superskalare Architekturen

Wenn eine Pipeline gut ist, sind zwei Pipelines sicherlich noch besser. ▶Abbildung 2.4 zeigt ein mögliches Design für eine CPU mit zwei Pipelines auf der Basis von Abbildung 2.3. Hier ruft eine Befehlsabrufeinheit ein Befehlspaar gemeinsam ab und stellt jeden Befehl in eine eigene Pipeline, die wegen der Parallelverarbeitung auch beide über eine eigene ALU verfügen. Damit der Parallelbetrieb möglich ist, dürfen die beiden Befehle bei der Nutzung der Ressourcen (d.h. der Register) nicht kollidieren und auch nicht vom Ergebnis des jeweils anderen Befehls abhängen. Wie bei einer einzigen Pipeline muss entweder der Compiler dafür sorgen, dass dies gewährleistet ist (d.h., die Hardware führt keine Prüfung durch und liefert falsche Ergebnisse, wenn die Befehle nicht kompatibel sind), oder der Prozessor erkennt mit zusätzlicher Hardware Konflikte und löst sie während der Ausführung auf.

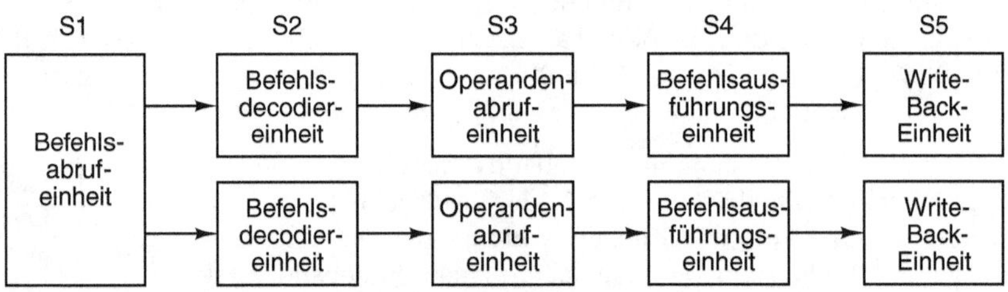

Abbildung 2.4: Zwei fünfstufige Pipelines mit einer gemeinsamen Befehlsabrufeinheit

Obwohl Pipelines – einzelne oder doppelte – ursprünglich bei RISC-Prozessoren zu finden waren, hat Intel mit dem 486 begonnen, Datenpipelines in seinen Prozessoren einzuführen (der 386 und seine Vorgänger besaßen keine Pipelines). Im 486 ist eine Pipeline realisiert und der ursprüngliche Pentium verfügt über zwei fünfstufige Pipelines, die ungefähr so wie in Abbildung 2.4 aufgebaut sind. Allerdings sieht die konkrete Auf-

2 Billions of Instructions Per Second (engl. Billion = deutsch Milliarde) (Anm. d. Übersetzers).

teilung der Arbeit zwischen den Stufen 2 und 3 (namens Decode-1 und Decode-2) geringfügig anders aus als in unserem Beispiel. Die als **u-Pipeline** bezeichnete Haupt-Pipeline kann jeden beliebigen Pentium-Befehl ausführen. Die zweite Pipeline, die **v-Pipeline**, führt nur einfache Integer-Befehle (und einen einfachen Gleitkommabefehl – `FXCH`) aus.

Feststehende Regeln bestimmen, ob ein Befehlspaar kompatibel ist, sodass es sich parallel abarbeiten lässt. Wenn die Befehle in einem Paar zu komplex oder inkompatibel sind, wird nur der erste (in der u-Pipeline) ausgeführt. Der zweite Befehl wird zurückgehalten und mit dem nächsten gepaart. Die Reihenfolge der Befehle bleibt unverändert. Folglich können Pentium-spezifische Compiler, die kompatible Paare bilden, schnellere Programme als ältere Compiler erzeugen. Wie Messungen zeigen, ist bei gleicher Taktfrequenz ein Pentium, der für ihn optimierten Code ausführt, bei Integer-Programmen genau doppelt so schnell wie ein 486 [Pountain, 1993]. Dieser Gewinn ist allein der zweiten Pipeline zuzuschreiben.

Denkbar wäre zwar, auf vier Pipelines überzugehen, dies würde aber zu unnötiger Vervielfachung von Hardware führen (anders als Volkskundler glauben Informatiker nicht an die Magie der Zahl Drei). Stattdessen geht man bei Prozessoren des oberen Leistungsbereichs anders vor. Die Grundidee dabei ist, nur mit einer einzigen Pipeline zu arbeiten, dieser jedoch mehrere Funktionseinheiten zur Verfügung zu stellen, wie in ▶Abbildung 2.5 gezeigt. Beispielsweise hat die Intel-Core-Architektur eine Struktur, die der in diesem Bild ähnelt. *Kapitel 4* geht näher darauf ein. Für diesen Ansatz wurde 1987 der Begriff **superskalare Architektur** (Superscalar Architecture) geprägt [Agerwala und Cocke, 1987]. Die Wurzeln reichen jedoch mehr als 40 Jahre bis zum Computer CDC 6600 zurück. Der 6600 rief alle 100 ns einen Befehl ab und gab ihn an eine von zehn Funktionseinheiten zur parallelen Abarbeitung weiter, während die CPU den nächsten Befehl holte.

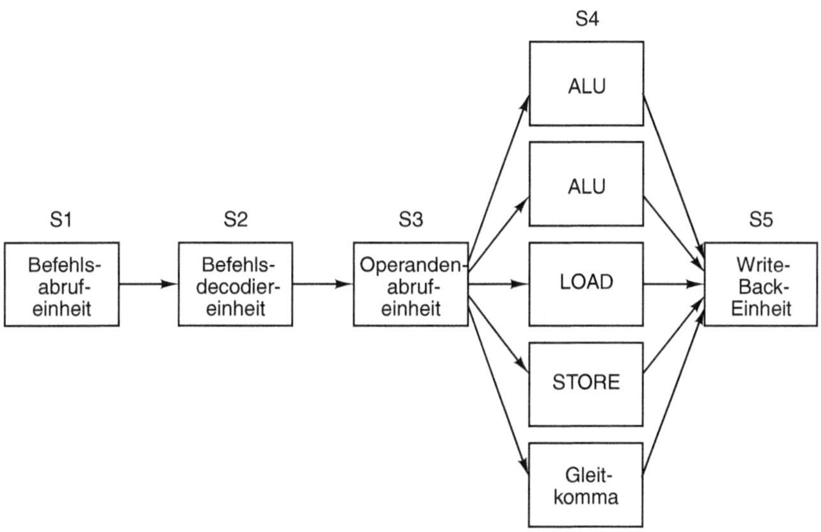

Abbildung 2.5: Ein superskalarer Prozessor mit fünf Funktionseinheiten

Superskalare Prozessoren sind in der Lage, mehrere Befehle pro Takt zu starten und auszuführen. Hierzu werden mehrere parallele Funktionseinheiten eingesetzt.

Die Definition von „superskalar“ hat sich im Laufe der Zeit gewandelt. Heute beschreibt man damit Prozessoren, die mehrere – oftmals vier oder sechs – Befehle in einem einzigen Taktzyklus initiieren. Natürlich muss ein superskalarer Prozessor mehrere Funktionseinheiten besitzen, an die er alle diese Befehle übergibt. Da superskalare Prozessoren im Allgemeinen eine Pipeline haben, ähneln sie dem Aufbau in Abbildung 2.5.

Der 6600 wäre nach dieser Definition aus technischer Sicht nicht superskalar, weil er nur einen Befehl je Zyklus gestartet hat. Allerdings war die Wirkung fast gleich: Befehle wurden mit einer wesentlich höheren Rate initiiert als sie sich ausführen ließen. Der konzeptionelle Unterschied zwischen einer CPU mit einem 100-ns-Takt, die je Zyklus einen Befehl an eine Gruppe von Funktionseinheiten ausgibt, und einer CPU mit einem 400-ns-Takt, die je Zyklus vier Befehle an dieselbe Gruppe von Funktionseinheiten ausgibt, ist äußerst gering. Beiden Fällen liegt das Konzept zugrunde, dass die Initiierungsrate wesentlich höher als die Ausführungsrate ist, wobei die Verarbeitungslast auf einen Verbund von Funktionseinheiten verteilt wird.

Das Konzept eines superskalaren Prozessors impliziert, dass die Stufe S3 Befehle wesentlich schneller verteilen kann als Stufe S4 sie ausführt. Wenn S3 alle 10 ns einen Befehl startet und alle Funktionseinheiten ihre Arbeit in 10 ns erledigen, ist immer nur eine Einheit beschäftigt – die ganze Idee wäre hinfällig. In Wirklichkeit brauchen die meisten Funktionseinheiten der Stufe 4 wesentlich mehr als einen Taktzyklus für die Befehlsausführung. Dies gilt insbesondere für diejenigen, die auf den Speicher zugreifen oder Gleitkommaberechnungen durchführen. Wie Abbildung 2.5 zeigt, können in Stufe S4 mehrere ALUs vorhanden sein.

2.1.6 Parallelität auf Prozessorebene

Der Bedarf an immer schnelleren Computern scheint unstillbar zu sein. Astronomen möchten simulieren, was in der ersten Mikrosekunde nach dem Urknall geschah, Wirtschaftswissenschaftler streben danach, die Weltwirtschaft in einem Modell abzubilden, und Jugendliche wollen mit ihren virtuellen Freunden über das Internet interaktive, multimediale 3-D-Spiele spielen. Bei den immer schneller werdenden Prozessoren bekommt man schließlich Probleme mit den Signallaufzeiten aufgrund der Lichtgeschwindigkeit, die in Kupferdraht oder Glasfaserkabeln wohl bei 20 cm/ns bleiben wird, egal wie findig die Ingenieure bei Intel sind. Schnellere Chips produzieren zudem mehr Wärme, deren Ableitung ein Problem ist. Tatsächlich stagniert die Erhöhung der CPU-Taktfrequenzen in den letzten zehn Jahren vor allem aufgrund der Schwierigkeit, die in der CPU produzierte Wärme loszuwerden.

Parallelität auf Befehlsebene hilft schon etwas, doch Fließbandverarbeitung und superskalarer Betrieb bringen kaum mehr als das Fünf- oder Zehnfache an Gewinn. Ein Zuwachs um den Faktor 50, 100 und mehr lässt sich nur durch Computer mit mehreren Prozessoren erreichen. Deshalb sehen wir uns nun an, wie einige dieser Rechner organisiert sind.

Datenparallele Rechner

Datenparallele Rechner führen die gleiche Operation auf einer großen Datenmenge aus. Dies kann durch eine große Zahl von ALUs erfolgen (SIMD-Rechner) oder durch die Zerlegung der Operation in Stufen einer Pipeline (Vektorrechner).

Viele Probleme in Physik, Technik und Computergrafik haben mit Schleifen und Datenfeldern (Arrays) zu tun oder lassen sich anderweitig durch eine sehr regelmäßige Struktur darstellen. Oftmals werden gleichartige Berechnungen wiederholt auf viele verschiedene Datenmengen angewendet. Aufgrund ihrer Regelmäßigkeit und Struktur lassen sich derartige Programme besonders einfach durch Parallelverarbeitung beschleunigen. Um solche Programme schnell und effizient auszuführen, sind vor allem zwei Methoden üblich: SIMD-Prozessoren und Vektorprozessoren. Obwohl sich diese beiden Schemas in vielerlei Hinsicht bemerkenswert ähnlich sind, betrachtet man ironischerweise das erste im Allgemeinen als Parallelcomputer, das zweite aber als Erweiterung eines Einzelprozessors.

Wegen ihrer bemerkenswerten Effizienz sind Parallelrechner in zahlreiche Anwendungsbereiche eingedrungen. Sie bewältigen eine beträchtliche Rechenleistung mit weniger Transistoren als alternative Konzepte. Gordon Moore (von dem das Moore'sche Gesetz stammt) hat einmal gesagt, dass Silizium ungefähr 1 Milliarde Dollar pro Acre (4047 m^2) kostet. Folglich kann eine Computerfirma beim Verkauf von Silizium mehr Gewinn erzielen, je mehr Rechenleistung sie aus dieser Siliziumfläche herausquetschen kann. Datenparallele Prozessoren gehören zu den effizientesten Mitteln, um Leistung aus Silizium zu pressen. Da alle Prozessoren denselben Befehl ausführen, braucht das System nur ein „Gehirn", das den Computer steuert. Folglich kommt ein Prozessor mit nur einer Stufe zum Abrufen des Befehls, einer Stufe zum Decodieren und einem Satz an Steuerlogik aus. Dies ergibt eine erhebliche Einsparung an Silizium und verschafft Parallelrechnern einen haushohen Vorteil gegenüber anderen Prozessoren, sofern die auszuführende Software von Regelmäßigkeit und möglicher Parallelität geprägt ist.

Ein **SIMD**-Prozessor (**Single Instruction-stream Multiple Data-stream**) besteht aus einer großen Anzahl identischer Prozessoren, die die gleiche Befehlssequenz auf unterschiedlichen Datenmengen ausführen. Der erste SIMD-Prozessor der Welt war der ILLIAC IV an der Universität von Illinois [Bouknight et al., 1972]. Das ursprüngliche Design des ILLIAC IV besteht aus vier Quadranten, wobei jeder Quadrant ein quadratisches 8×8-Gitter aus Prozessor- und Speicherelementen enthält. Je eine Steuereinheit pro Quadrant verteilt die Befehle, die dann alle Prozessoren im Gleichtakt ausführen, wobei jeder Prozessor seine eigenen Daten aus seinem eigenen Speicher bearbeitet. Wegen Budgetbeschränkungen wurde allerdings nur ein Quadrant aufgebaut, der eine Leistung von 50 Megaflops (Millionen Gleitkommaoperationen in der Sekunde) erreichte. Man sagt, dass sich die Rechenleistung der ganzen Welt mit einem Schlag verdoppelt hätte, wenn man den Rechner jemals fertiggestellt und er sein ursprüngliches Leistungsziel (1 Gigaflop) erreicht hätte.

Moderne Grafikprozessoren (Graphics Processing Units, GPUs) machen ausgiebig von der SIMD-Verarbeitung Gebrauch, um massive Rechenleistung mit weniger Transistoren zu bieten. SIMD-Prozessoren sind für die Grafikverarbeitung prädestiniert, da die meisten Algorithmen sehr regelmäßig und durch wiederholte Operationen auf Pixeln, Eckpunkten, Texturen und Kanten gekennzeichnet sind. ▶Abbildung 2.6 zeigt den SIMD-Prozessor im Kern der Fermi-GPU von Nvidia. Eine Fermi-GPU enthält bis zu 16 SIMD-Stream-Multiprozessoren (SM), wobei jeder SM über 32 SIMD-Prozessoren verfügt. In jedem Zyklus wählt der Scheduler zwei Threads aus, um sie auf dem SIMD-Prozessor auszuführen. Der nächste Befehl von jedem Thread läuft dann auf bis zu 16 SIMD-Prozessoren. Allerdings können auch weniger Prozessoren beteiligt sein, wenn nicht genügend Datenparallelität vorhanden ist. Sofern jeder Thread in der Lage ist, 16 Operationen pro Zyklus auszuführen, schafft ein voll ausgestatteter Fermi-GPU-Kern mit 16 SMs stolze 512 Operationen je Zyklus – eine beeindruckende Leistung angesichts der Tatsache, dass ein Quad-Core-Universalprozessor etwa gleicher Größe gerade einmal 1/32 dieser Verarbeitungsleistung erreicht.

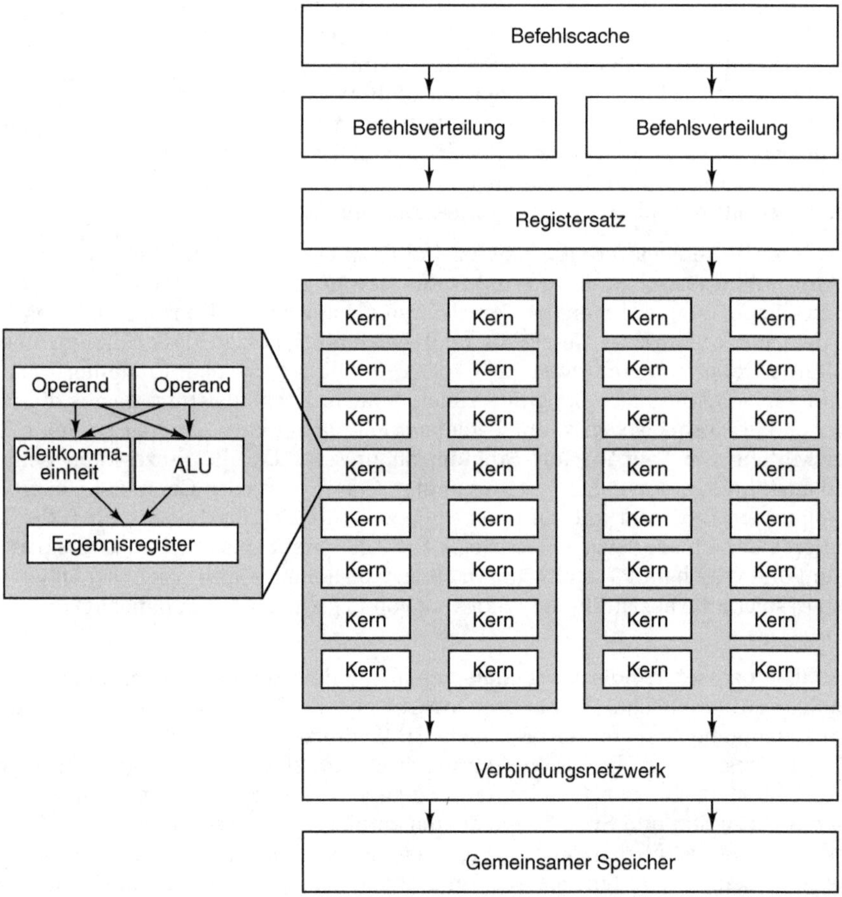

Abbildung 2.6: Der SIMD-Kern der Fermi-GPU

Für den Programmierer ist ein **Vektorprozessor** einem SIMD-Prozessor sehr ähnlich. Wie der SIMD-Prozessor führt er eine Sequenz von Operationen auf Paaren von Datenelementen sehr effizient aus. Doch anders als beim SIMD-Prozessor werden alle Operationen in einer einzigen Funktionseinheit mit massiver Fließbandverarbeitung ausgeführt. Die von Seymour Cray gegründete Firma Cray Research produzierte viele Vektorrechner, was 1974 mit der Cray-1 begann und sich bis zu aktuellen Modellen fortsetzt.

Sowohl SIMD- als auch Vektorprozessoren arbeiten auf Datenfeldern. Beide führen einzelne Befehle aus, die beispielsweise die Elemente von zwei Vektoren paarweise addieren. Während der SIMD-Prozessor dazu aber genauso viele Addierer wie Elemente im Vektor verwendet, arbeitet der Vektorprozessor nach dem Prinzip eines **Vektorregisters** (Vector Register), das aus einem Satz konventioneller Register besteht. Um diese Register aus dem Speicher zu laden, ist nur ein einziger Befehl erforderlich, der die Register aber tatsächlich seriell aus dem Speicher lädt. Ein Befehl zur Vektoraddition addiert dann paarweise die Elemente zweier solcher Vektoren, indem er sie aus den beiden Vektorregistern abruft und einem Addierer mit Fließbandverarbeitung zuführt. Das Ergebnis des Addierers ist ein weiterer Vektor, der entweder in einem Vektorregister gespeichert oder unmittelbar als Operand für eine weitere Vektoroperation verwendet werden kann.

Die in der Core-Architektur von Intel verfügbaren SSE-Befehle (Streaming SIMD Extensions) nutzen dieses Ausführungsmodell, um regelmäßig wiederkehrende Berechnungen zu beschleunigen, beispielsweise in Multimediaprogrammen und wissenschaftlicher Software. In dieser Beziehung kann man den ILLIAC IV als einen Vorgänger der Intel-Core-Architektur ansehen.

Mehrprozessorsysteme

Mehrprozessorsysteme koppeln vollständige Prozessoren über einen gemeinsamen Speicher, der zum Austausch von Daten genutzt wird. Die Skalierbarkeit dieser Systeme ist durch den gemeinsamen Speicher begrenzt.

Die verarbeitenden Elemente in einem datenparallelen Rechner sind keine unabhängigen CPUs, da es nur eine Steuereinheit gibt, die alle Einheiten gemeinsam nutzen. Das erste hier beschriebene Parallelsystem mit mehreren vollständigen Prozessoren ist das **Mehrprozessorsystem** (Multiprocessor), d.h. ein System mit mehreren Prozessoren, die auf einen gemeinsamen Speicher zugreifen – etwa wie eine Gruppe von Menschen in einem Raum, die alle dieselbe Wandtafel benutzen. Da jeder Prozessor jeden beliebigen Teil des Speichers lesen oder schreiben kann, ist eine Koordination (per Software) erforderlich, damit sich die Prozessoren nicht gegenseitig stören. Wenn zwei oder mehr Prozessoren eng miteinander zusammenarbeiten können, wie es bei Multiprozessorsystemen der Fall ist, sagt man, dass sie eng gekoppelt sind.

Es sind verschiedene Implementierungsschemas möglich. Das einfachste besteht aus einem einzelnen Bus, an den mehrere Prozessoren und ein Speicher angeschlossen sind. ▶Abbildung 2.7a zeigt ein derartiges busbasiertes Mehrprozessorsystem.

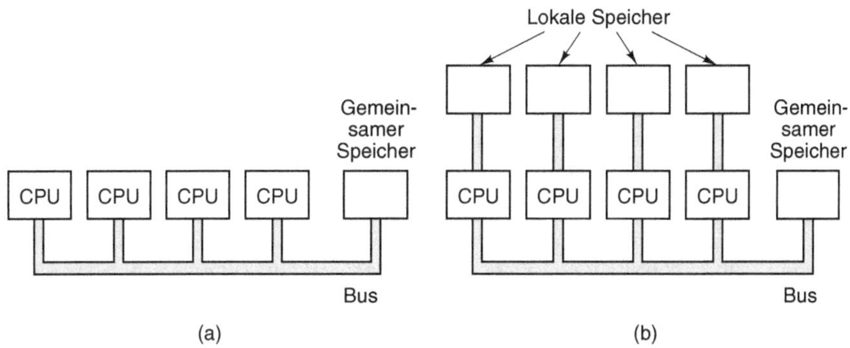

Abbildung 2.7: (a) Ein Mehrprozessorsystem mit einzelnem Bus (b) ein Mehrprozessorsystem mit lokalen Speichern

Man kann sich leicht vorstellen, dass es zwangsläufig zu Konflikten kommt, wenn eine große Anzahl schneller Prozessoren ständig versucht, über denselben Bus auf den Speicher zuzugreifen. Die Entwickler von Mehrprozessorsystemen haben sich verschiedene Schemas ausgedacht, um diese Konkurrenzsituation zu entschärfen und die Leistung zu verbessern. Der in ▶Abbildung 2.7b gezeigte Entwurf ordnet jedem Prozessor einen eigenen lokalen Speicher zu, der den anderen Prozessoren nicht zugänglich ist. Dieser Speicher lässt sich für Programmcode und diejenigen Daten verwenden, die nicht gemeinsam genutzt werden müssen. Der Zugriff auf diesen privaten Speicher erfolgt nicht über den Hauptbus, was den Busverkehr erheblich reduziert. Es sind auch andere Schemas denkbar, wie zum Beispiel die Verwendung von Caches (siehe weiter unten).

Mehrprozessorsysteme haben gegenüber anderen Typen von Parallelrechnern den Vorteil, dass sich mit dem Programmiermodell eines einzigen gemeinsam genutzten Speichers leichter arbeiten lässt. Stellen Sie sich beispielsweise ein Programm vor, das auf einer mit einem Mikroskop hergestellten Fotografie von Körpergewebe nach Krebszellen suchen soll. Man legt die digitalisierte Fotografie im gemeinsam genutzten Speicher ab und weist jedem Prozessor einen bestimmten Bereich der Fotografie für die Suche zu. Da jeder Prozessor auf den gesamten Speicher zugreifen kann, ist es auch kein Problem, wenn eine untersuchte Zelle im zugeordneten Bereich des einen Prozessors beginnt, sich aber bis in den nächsten Bereich erstreckt.

Multicomputersysteme

Multicomputersysteme sind hoch skalierbar und bestehen aus gekoppelten Computern mit privatem Speicher. Ihre Programmierung mittels Nachrichtenaustausch ist sehr aufwendig.

Obwohl Mehrprozessorsysteme mit einer mittleren Anzahl von Prozessoren (≤ 256) relativ leicht zu bauen sind, ist es überraschend schwierig, große Systeme zu konstruieren. Die Schwierigkeit besteht darin, alle Prozessoren mit dem Speicher zu verbinden. Um diese Probleme zu umgehen, haben viele Entwickler einfach das Konzept eines gemeinsam genutzten Speichers verworfen und bauen stattdessen Systeme aus vielen miteinander verbundenen Computern, die jeweils ihren eigenen privaten Speicher besitzen, aber keinen Speicher gemeinsam nutzen. Derartige Systeme heißen **Multicomputersysteme**. Man spricht auch davon, dass die Prozessoren in einem Multicomputersystem **lose gekoppelt** sind, im Gegensatz zu den **eng gekoppelten** Prozessoren in einem Mehrprozessorsystem.

Die Prozessoren in einem Multicomputersystem kommunizieren, indem sie einander Nachrichten schicken – so wie beim E-Mail-Versand, nur viel schneller. Bei großen Systemen ist es nicht praktikabel, jeden Computer mit jedem anderen zu verbinden. Daher arbeitet man mit Topologien wie 2-D- und 3-D-Netzen, Bäumen und Ringen. Meldungen von einem Computer müssen daher oft durch einen oder mehrere Zwischencomputer oder Switches (Schalter) laufen, um von der Quelle zum Ziel zu gelangen. Dennoch lassen sich ohne größere Schwierigkeiten Nachrichtenlaufzeiten in der Größenordnung von wenigen Mikrosekunden erreichen. Es wurden bereits Multicomputersysteme mit über 250.000 Prozessoren gebaut, wie zum Beispiel der Blue Gene/P von IBM.

Da Multiprozessorsysteme einfacher zu programmieren und Multicomputersysteme einfacher zu bauen sind, beschäftigt sich die Forschung intensiv mit dem Entwurf von Hybridsystemen, die die positiven Eigenschaften von beiden Typen verbinden. Derartige Rechner versuchen, die Illusion eines gemeinsamen Speichers zu vermitteln, ohne den Aufwand zu treiben, ihn tatsächlich zu konstruieren. *Kapitel 8* beschäftigt sich eingehend mit Multiprozessor- und Multicomputersystemen.

2.2 Hauptspeicher (Primärspeicher)

Der **Speicher** (Memory, Storage) ist der Teil des Computers, der die Programme und Daten aufnimmt. Ohne Speicher, den die Prozessoren lesen oder beschreiben können, gäbe es keine speicherprogrammierten Digitalrechner. Obwohl vielfach der Begriff „Storage" für den Hauptspeicher verwendet wird, wird er zunehmend zur Bezeichnung von Plattenspeicher verwendet.

2.2.1 Bits

Die Grundeinheit des Speichers ist die binäre Ziffer, genannt **Bit** (Binary Digit). Ein Bit enthält entweder eine 0 oder eine 1. Es ist die einfachste mögliche Einheit. (Eine Einrichtung, die nur Nullen speichern kann, kommt wohl kaum als Basis für ein Speichersystem infrage – es sind mindestens zwei Werte erforderlich.)

Oft hört man, dass Computer deshalb mit Binärarithmetik arbeiten, weil sie „effizient" sei. Eigentlich ist gemeint, dass sich digitale Informationen speichern lassen, indem zwischen diskreten Werten einer stetigen physikalischen Größe wie Spannung oder Strom unterschieden wird. Je mehr Werte zu unterscheiden sind, desto geringer ist der Abstand zwischen benachbarten Werten und desto unzuverlässiger ist der Speicher. Beim binären Zahlensystem müssen sich nur zwei Werte voneinander unterscheiden lassen. Daher bietet es die zuverlässigste Methode für die Codierung digitaler Daten. Wenn Sie mit Binärzahlen nicht vertraut sind, sollten Sie sich *Anhang A* ansehen.

Für manche Computer, wie zum Beispiel die IBM-Großrechner, betont die Werbung, dass sie neben der binären auch die dezimale Arithmetik beherrschen. Der Trick dabei ist, dass man eine Dezimalziffer mithilfe von 4 Bits im sogenannten **BCD**-Format (**Binary Coded Decimal**) speichert. Mit vier Bits kann man 16 Kombinationen bilden, wovon man 10 für die Ziffern 0 bis 9 verwendet und 6 ungenutzt lässt. Das folgende Beispiel zeigt die Zahl 1944 in BCD- und rein binärer Darstellung mit jeweils 16 Bits:

Die **Binärdarstellung** von Zahlen ist effizienter als die Dezimaldarstellung, da mit der gleichen Zahl von Bits mehr Werte codiert werden können.

```
BCD: 0001 1001 0100 0100Binär: 0000011110011000
```

Im Dezimalformat können 16 Bits die Zahlen von 0 bis 9999 speichern, d.h. nur 10.000 Kombinationen, während eine reine 16-Bit-Binärzahl 65.536 verschiedene Kombinationen erlaubt. Aus diesem Grund sagt man, dass die Binärdarstellung effizienter sei.

Wie sieht es nun aus, wenn ein begabter junger Elektroingenieur ein enorm zuverlässiges elektronisches Bauelement erfindet, das die Ziffern von 0 bis 9 unmittelbar speichern kann, indem es den Bereich von 0 bis 10 Volt in 10 Intervalle unterteilt? Vier dieser Bauelemente können jede Dezimalzahl von 0 bis 9999 speichern und 10.000 Kombinationen bereitstellen. Es lassen sich damit auch Binärzahlen speichern, wobei man lediglich 0 und 1 benutzt. Die vier Bauelemente können in diesem Fall nur 16 Kombinationen darstellen. Bei derartigen Bauelementen ist das Dezimalsystem offensichtlich viel effizienter als das Binärsystem.

2.2.2 Speicheradressen

Speicher bestehen aus einer Reihe von **Zellen** (oder **Speicherstellen**), von denen jede eine Informationseinheit aufnehmen kann. Jede Zelle hat eine Nummer, die sogenannte **Adresse**, über die Programme auf die Zellen verweisen können. Ein Speicher mit n Zellen hat die Adressen 0 bis $n - 1$. Alle Zellen in einem Speicher enthalten dieselbe Anzahl von Bits. Besteht eine Zelle aus k Bits, kann sie jede der 2^k verschiedenen Bitkombinationen aufnehmen. ▶Abbildung 2.8 zeigt drei verschiedene Anordnungen für einen 96-Bit-Speicher. Beachten Sie, dass benachbarte Zellen (per Definition) aufeinanderfolgende Adressen haben.

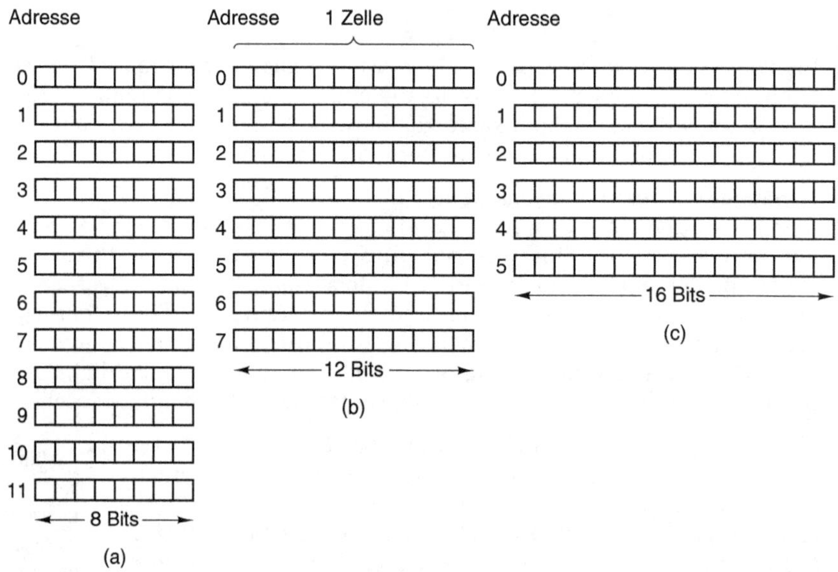

Abbildung 2.8: Drei Arten, einen 96-Bit-Speicher zu organisieren

Computer, die das binäre Zahlensystem (einschließlich oktaler und hexadezimaler Notation für Binärzahlen) verwenden, drücken Speicheradressen als Binärzahlen aus. Hat eine Adresse m Bits, so lassen sich maximal 2^m Zellen adressieren. Beispielsweise sind für eine Adresse, die auf den Speicher von ▶Abbildung 2.8a verweisen soll, mindestens 4 Bits erforderlich, um alle Zahlen von 0 bis 11 auszudrücken. Für ▶Abbildung 2.8b und c genügt dagegen eine 3-Bit-Adresse. Die Anzahl der Bits in der Adresse bestimmt die maximale Anzahl der direkt adressierbaren Zellen im Speicher und ist unabhängig von der Anzahl der Bits je Zelle. Sowohl ein Speicher mit 2^{12} Zellen zu je 8 Bit als auch ein Speicher mit 2^{12} Zellen zu je 64 Bit erfordert 12-Bit-Adressen.

▶Tabelle 2.1 gibt die Anzahl der Bits je Zelle für einige kommerzielle Computer an.

Computer	Bits je Zelle
Burroughs B1700	1
IBM PC	8
DEC PDP-8	12
IBM 1130	16
DEC PDP-15	18
XDS 940	24
Electrologica X8	27
XDS Sigma 9	32
Honeywell 6180	36
CDC 3600	48
CDC Cyber	60

Tabelle 2.1: Anzahl der Bits je Zelle für einige historisch interessante, kommerzielle Computer

Die Bedeutung einer Zelle besteht darin, dass sie die kleinste adressierbare Einheit ist. In den letzten Jahren hat sich bei nahezu allen Computerherstellern eine 8-Bit-Zelle – ein sogenanntes **Byte** oder auch **Oktett** – als Standard etabliert. Bytes werden zu **Wörtern** gruppiert. Ein Computer mit einem 32-Bit-Wort verwendet 4 Byte/Wort und ein Computer mit einem 64-Bit-Wort 8 Byte/Wort. Die Bedeutung eines Wortes besteht darin, dass die meisten Befehle mit ganzen Wörtern arbeiten, beispielsweise bei der Addition zweier Wörter. Daher verfügt ein 32-Bit-Prozessor über 32-Bit-Register und Befehle, die 32-Bit-Wörter verarbeiten, während ein 64-Bit-Prozessor mit 64-Bit-Registern und Befehlen zum Verarbeiten von 64-Bit-Wörtern ausgestattet ist.

Eine **Speicherzelle** ist die kleinste adressierbare Einheit im Hauptspeicher. In heutigen Rechnern speichert eine Zelle typischerweise ein Byte.

2.2.3 Bytereihenfolge

Die Bytes in einem Wort kann man von links nach rechts oder von rechts nach links nummerieren. Auf den ersten Blick mag die jeweilige Wahl unwichtig erscheinen. Wie wir aber gleich sehen werden, hat dies beträchtliche Auswirkungen. ▶Abbildung 2.9a zeigt einen Teil des Speichers eines 32-Bit-Computers, dessen Bytes von links nach rechts nummeriert sind, wie bei der SPARC oder bei IBM-Großrechnern. ▶Abbildung 2.9b gibt dagegen die analoge Darstellung eines 32-Bit-Computers mit Nummerierung von rechts nach links an, wie es bei der Intel-Familie der Fall ist. Das erste System, bei dem die Zählung am „großen" (höherwertigen) Ende beginnt, bezeichnet man als **Big Endian**, im Unterschied zu **Little Endian** von Abbildung 2.9b. Diese Begriffe gehen auf Jonathan Swift zurück, der in „Gullivers Reisen" Politiker karikiert, die Kriege aus Anlass der Kontroverse führten, ob Eier am spitzen („little") oder am breiten („big") Ende aufzuschlagen seien. In der Rechnerarchitektur wurden diese Begriffe erstmals in einem amüsanten Artikel von Cohen (1981) verwendet.

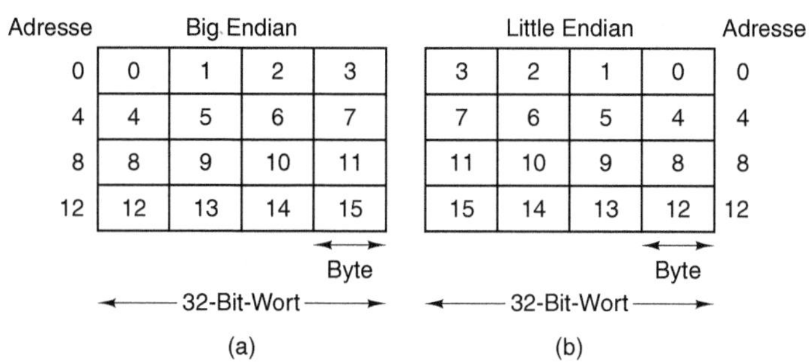

Abbildung 2.9: (a) Big-Endian-Speicher (b) Little-Endian-Speicher

Man muss wissen, dass sowohl in Big-Endian- als auch in Little-Endian-Systemen eine 32-Bit-Ganzzahl mit einem numerischen Wert von beispielsweise 6 durch die Bits 110 in den drei rechten (niederwertigen) Bits eines Wortes und Nullen in den linken 29 Bits dargestellt werden. Im Big-Endian-Schema befinden sich diese Bits in Byte 3 (oder 7, 11 usw.), während sie im Little-Endian-Schema in Byte 0 (oder 4, 8 usw.) stehen. In beiden Fällen hat das Wort, das diese Ganzzahl enthält, die Adresse 0.

Wenn Computer nur Ganzzahlen speichern müssten, gäbe es keine Probleme. Viele Anwendungen erfordern aber eine Kombination aus Ganzzahlen, Zeichenfolgen und anderen Datentypen. Nehmen wir beispielsweise einen einfachen Personaldatensatz mit einer Zeichenfolge (Name des Mitarbeiters) und zwei Ganzzahlen (Alter und Abteilungsnummer) an. Die Zeichenfolge wird mit einem oder mehreren 0-Bytes abgeschlossen, um ein Datenwort zu füllen. ▶Abbildung 2.10a zeigt die Big-Endian-Darstellung für Jim Smith, Alter 21 Jahre, Abteilung 260 ($1 \times 256 + 4 = 260$), während die entsprechende Little-Endian-Darstellung in ▶Abbildung 2.10b zu sehen ist.

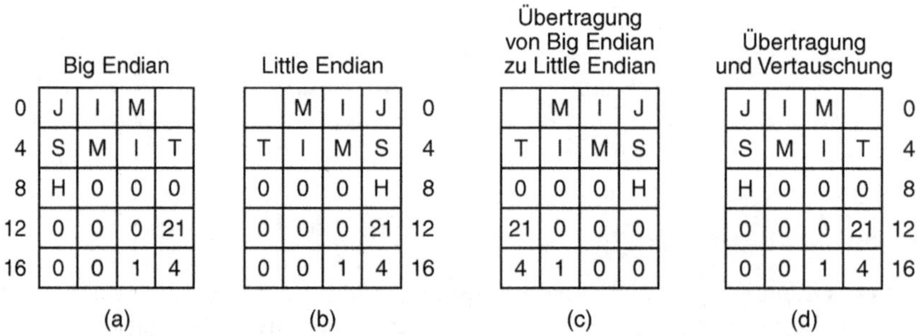

Abbildung 2.10: (a) Ein Personaldatensatz für einen Big-Endian-Computer (b) Der gleiche Datensatz in einem Little-Endian-Computer (c) Das Ergebnis nach Übertragung dieses Datensatzes von einem Big-Endian- auf einen Little-Endian-Computer (d) Das Ergebnis durch Vertauschen der Bytes von (c)

Little Endian und **Big Endian** bezeichnen die Bytereihenfolge von Daten. Die Verwendung zweier Formate erschwert den Datenaustausch zwischen Rechnern.

Beide Darstellungen sind korrekt und intern konsistent. Die Probleme setzen erst ein, wenn ein Computer den Datensatz über ein Netzwerk an einen anderen Computer sendet. Wir nehmen an, dass der Big-Endian-Computer den Datensatz byteweise an den Little-Endian-Computer sendet, wobei die Übertragung mit Byte 0 beginnt und mit Byte 19 endet. (Wir gehen als Optimisten davon aus, dass die Bits in den Bytes bei der Übertragung nicht umgedreht werden, da wir schon genug Probleme haben.) Somit wandert das Byte 0 des Big-Endian-Computers in den Little-Endian-Speicher bei Byte 0 usw., wie es ▶Abbildung 2.10c zeigt.

Wenn der Little-Endian-Computer den Namen ausdruckt, klappt das vorzüglich; das Alter kommt aber als 21×2^{24} heraus und die Abteilungsnummer ist ebenfalls durcheinandergeraten. Diese Situation kommt dadurch zustande, dass die Übertragung die Reihenfolge der Zeichen in einem Wort umgedreht hat, wie es sein soll, aber auch die Bytes in einer Ganzzahl umgekehrt hat, was nicht sein darf.

Als naheliegende Lösung könnte man die Software die Bytes in einem Wort umdrehen lassen, nachdem die Kopie erfolgt ist. Das Ergebnis wäre dann die Darstellung in ▶Abbildung 2.10d. Dieses Verfahren bringt die beiden Ganzzahlwerte in Ordnung, dreht aber die Zeichenfolge in „MIJTIMS", und das „H" steht auf verlorenem Posten. Die Umkehrung der Zeichenfolge findet statt, weil der Computer beim Lesen zuerst das Byte 0 (ein Leerzeichen), dann Byte 1 (M) usw. aus dem Speicher abruft.

Eine einfache Lösung dafür gibt es nicht. Ein funktionierendes, jedoch ineffizientes Verfahren besteht darin, vor jedem Datenelement einen Header einzufügen, der die Art der nachfolgenden Daten (Zeichenfolge, Ganzzahl usw.) und deren Länge angibt. Dann kann sich der Empfänger auf die erforderlichen Konvertierungen beschränken. Jedenfalls dürfte nun klar sein, dass das Fehlen eines Standards für die Bytereihenfolge beim Datenaustausch zwischen unterschiedlichen Computern ein großes Ärgernis darstellt.

2.2.4 Fehlerkorrekturcodes

In Computerspeichern können aufgrund von Spannungsspitzen im Netzteil, durch kosmische Strahlung oder aus anderen Gründen gelegentlich Fehler auftreten. Als Schutz vor solchen Fehlern setzen manche Speicher Codes für die Fehlererkennung und -korrektur ein. Diese Codes ergänzen jedes Speicherwort in bestimmter Weise durch zusätzliche Bits. Beim Lesen eines Wortes aus dem Speicher wird anhand dieser Zusatzbits festgestellt, ob ein Fehler aufgetreten ist.

Um zu verstehen, wie sich Fehler behandeln lassen, muss zunächst einmal klar sein, was ein Fehler eigentlich ist. Angenommen, ein Speicherwort besteht aus m Datenbits, denen wir r redundante Prüfbits hinzufügen. Die Gesamtlänge ist dann n (d.h. $n = m + r$). Eine n-Bit-Einheit mit m Daten- und r Prüfbits wird auch als n-Bit-**Codewort** bezeichnet.

Für zwei beliebige Codewörter, z.B. 10001001 und 10110001, kann man dann bestimmen, wie viele korrespondierende Bits sich voneinander unterscheiden. In diesem Fall sind es drei. Um die Anzahl der abweichenden Bits zu ermitteln, verknüpft man die beiden Codewörter bitweise mit der booleschen `XOR`-Funktion (exklusives Oder, Antivalenz) und zählt die Anzahl der 1-Bits im Ergebnis. Die Anzahl der Bitstellen, in denen sich zwei Codewörter voneinander unterscheiden, wird **Hamming-Abstand** (Hamming Distance) genannt [Hamming, 1950]. Dieses Maß besagt insbesondere, dass d Einzelbitfehler erforderlich sind, um zwei Codewörter mit dem Hamming-Abstand d ineinander umzuwandeln. Beispielsweise haben die Codewörter 11110001 und 00110000 einen Hamming-Abstand von 3, weil drei Einzelbitfehler erforderlich sind, um das eine Wort in das andere zu überführen.

Bei einem m-Bit-Speicherwort sind alle 2^m Bitmuster zulässig. Aufgrund der Art, wie die Prüfbits berechnet werden, sind aber nur 2^m der 2^n Codewörter zulässig. Taucht bei einer Speicherleseoperation ein ungültiges Codewort auf, weiß der Computer, dass ein Speicherfehler aufgetreten ist. Mit dem Algorithmus zur Berechnung der Prüfbits ist es möglich, eine vollständige Liste der zulässigen Codewörter zusammenzustellen und aus dieser Liste die beiden Codewörter herauszusuchen, deren Hamming-Abstand minimal ist. Dieser Abstand ist der Hamming-Abstand des vollständigen Codes.

Die Eigenschaften eines Codes für Fehlererkennung und -korrektur hängen von dessen Hamming-Abstand ab. Um d Einzelbitfehler zu erkennen, benötigt man einen Code mit einem Abstand von $d + 1$, weil es bei einem solchen Code nicht möglich ist, dass d Einzelbitfehler ein gültiges Codewort in ein anderes gültiges Codewort umwandeln können. Entsprechend ist für die Korrektur von d Einzelbitfehlern ein Code mit einem Abstand von $2d + 1$ erforderlich, weil dann die zulässigen Codewörter so weit auseinanderliegen, dass das ursprüngliche Codewort selbst bei d Änderungen immer noch näher als irgendein anderes Codewort ist und daher eindeutig bestimmt werden kann.

Fehlerkorrekturcodes verwenden zusätzliche Bits in einem Wort, um fehlerhafte Daten bei z.B. Speicherzugriffen zu erkennen und eventuell zu korrigieren.

Als einfaches Beispiel eines Fehlererkennungscodes betrachten wir einen Code, bei dem den Daten ein einzelnes **Paritätsbit** (Parity Bit) angehängt wird. Das Paritätsbit wird so gewählt, dass die Anzahl der 1-Bits im Codewort gerade (oder ungerade) ist. Ein solcher Code hat den Abstand 2, da jeder Einzelbitfehler ein Codewort mit der falschen Parität erzeugt. Anders ausgedrückt: Es sind zwei Einzelbitfehler erforderlich, um von einem gültigen Codewort zu einem anderen gültigen Codewort zu gelangen. Mit diesem Code lassen sich Einzelfehler erkennen. Wenn der Prozessor ein Wort mit der falschen Parität aus dem Speicher liest, wird ein Fehlerzustand signalisiert. Das Programm kann dann zwar nicht fortgesetzt werden, es berechnet aber wenigstens keine falschen Ergebnisse mehr.

Sehen Sie sich als Beispiel für einen Fehlerkorrekturcode einen Code mit nur vier gültigen Codewörtern an:

`0000000000`, `0000011111`, `1111100000` und `1111111111`

Dieser Code hat den Abstand 5, kann also Doppelfehler korrigieren. Wenn das Codewort 0000000111 eintrifft, weiß der Empfänger, dass das Original 0000011111 gewesen sein muss (wenn nicht mehr als zwei Fehler aufgetreten sind). Ändert aber ein dreifacher Fehler das Codewort 0000000000 in 0000000111, so lässt sich der Fehler nicht korrigieren.

Angenommen, wir möchten einen Code mit m Datenbits und r Prüfbits entwickeln, bei dem sich alle Einzelbitfehler korrigieren lassen. Zu jedem der 2^m gültigen Speicherwörter gibt es n ungültige Codewörter mit einem Abstand von 1. Man generiert sie, indem man systematisch jedes der n Bits im daraus gebildeten n-Bit-Codewort invertiert. So erfordert jedes der 2^m gültigen Speicherwörter $n + 1$ Bitmuster (für die n möglichen Fehler und das korrekte Muster). Da die Gesamtzahl der Bitmuster 2^n ist, muss $(n + 1)\ 2^m \leq 2^n$ sein. Mit $n = m + r$ wird diese Bedingung zu $(m + r + 1) \leq 2^r$. Bei gegebenem m erhält man damit eine untere Grenze für die Anzahl der Prüfbits, die zur Korrektur von Einzelfehlern erforderlich sind. ▶Tabelle 2.2 gibt die Anzahl der Prüfbits an, die für verschiedene Speicherwortgrößen notwendig sind.

Wortgröße	Prüfbits	Gesamtgröße	Overhead in %
8	4	12	50
16	5	21	31
32	6	38	19
64	7	71	11
128	8	136	6
256	9	265	4
512	10	522	2

Tabelle 2.2: Anzahl der erforderlichen Prüfbits für einen Code, der einen Einzelfehler korrigieren kann

Diese theoretische untere Grenze lässt sich mit einer Methode erreichen, die von Richard Hamming (1950) stammt. Bevor wir Hammings Algorithmus zeigen, betrachten wir eine einfache Grafik, die das Konzept eines Fehlerkorrekturcodes für 4-Bit-Speicherwörter veranschaulicht. Das Venn-Diagramm in ▶Abbildung 2.11 enthält drei Kreise A, B und C, die zusammen sieben Mengen bilden. Als Beispiel codieren wir das 4-Bit-Speicherwort 1100 in den Mengen AB, ABC, AC und BC mit einem Bit je Menge (in alphabetischer Reihenfolge). ▶Abbildung 2.11a zeigt diese Codierung.

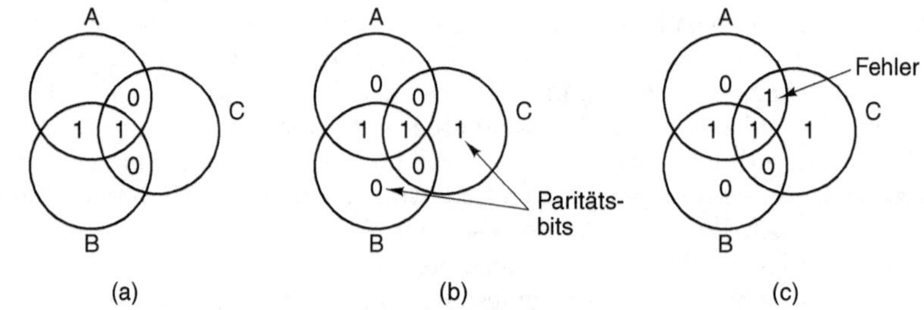

Abbildung 2.11: (a) Codierung von 1100 (b) Gerade Parität ergänzt (c) Fehler in AC

Als Nächstes fügen wir jeder der drei leeren Mengen ein Paritätsbit hinzu, um gerade Parität zu erzeugen, wie es ▶Abbildung 2.11b zeigt. Per Definition ist jetzt die Summe der Bits in jedem der drei Kreise *A*, *B* und *C* eine gerade Zahl. In Kreis *A* haben wir die vier Zahlen 0, 0, 1 und 1, die zusammen 2, also eine gerade Zahl, ergeben. In Kreis *B* haben wir die Zahlen 1, 1, 0 und 0, die zusammen 2, also ebenfalls eine gerade Zahl, ergeben. Das Gleiche gilt für Kreis *C*. Bei diesem Beispiel sind die Ergebnisse in allen Kreisen gleich, in anderen Beispielen wären aber auch Summen von 0 und 4 möglich. Diese Abbildung entspricht einem Codewort mit 4 Datenbits und 3 Paritätsbits.

Nehmen wir nun an, dass das Bit in der Menge *AC* verfälscht wird, d.h. von 0 auf 1 wechselt, wie es in Abbildung 2.11c zu sehen ist. Der Computer erkennt jetzt, dass die Kreise *A* und *C* eine falsche (ungerade Parität) aufweisen. Sie lassen sich nur mit der Einzelbitänderung korrigieren, die *AC* wieder auf 0 bringt, womit der Fehler behoben ist. Auf diese Weise kann der Computer Einzelbit-Speicherfehler automatisch reparieren.

Sehen wir uns nun an, wie sich ein Fehlerkorrekturcode für Speicherwörter beliebiger Größe nach dem Hamming-Algorithmus konstruieren lässt. Ein Hamming-Code fügt einem m-Bit-Wort r Paritätsbits hinzu und bildet ein neues Wort mit der Länge $m + r$ Bits. Die Bits werden mit 1 (nicht 0) beginnend nummeriert, wobei Bit 1 das höchstwertige Bit (ganz links) ist. Alle Bits, deren Bitnummer eine Potenz von 2 ist, sind Paritätsbits; die übrigen werden für die eigentlichen Daten verwendet. Bei einem 16-Bit-Wort kommen also 5 Paritätsbits hinzu. Die Bits 1, 2, 4, 8 und 16 sind Paritätsbits, der Rest Datenbits. Insgesamt hat das Speicherwort 21 Bits (16 Datenbits, 5 Paritätsbits). Wir arbeiten in diesem Beispiel (willkürlich) mit gerader Parität.

Jedes Paritätsbit berechnet sich aus bestimmten Bitpositionen, und zwar so, dass sich eine gerade Anzahl von Einsen in den Prüfpositionen ergibt. Es gilt:

Bit 1 berechnet sich aus den Bits 1, 3, 5, 7, 9, 11, 13, 15, 17, 19, 21.

Bit 2 berechnet sich aus den Bits 2, 3, 6, 7, 10, 11, 14, 15, 18, 19.

Bit 4 berechnet sich aus den Bits 4, 5, 6, 7, 12, 13, 14, 15, 20, 21.

Bit 8 berechnet sich aus den Bits 8, 9, 10, 11, 12, 13, 14, 15.

Bit 16 berechnet sich aus den Bits 16, 17, 18, 19, 20, 21.

Im Allgemeinen ergibt sich Bit b aus den Bits $b_1, b_2, ..., b_j$, sodass $b_1 + b_2 + ... + b_j = b$ gilt. So wird beispielsweise Bit 5 von den Bits 1 und 4 gesetzt, weil 1 + 4 = 5. Bit 6 wird von den Bits 2 und 4 gesetzt, weil 2 + 4 = 6, usw.

▶Abbildung 2.12 zeigt den Aufbau eines Hamming-Codes für das 16-Bit-Speicherwort 1111000010101110. Das 21-Bit-Codewort lautet 001011100000101101110. Um zu sehen, wie die Fehlerkorrektur abläuft, sehen wir uns einmal an, was geschieht, wenn Bit 5 durch eine Spannungsspitze in der Stromversorgung invertiert wird. Das neue Codewort ist dann 001001100000101101110 statt 001011100000101101110. Die 5 Paritätsbits werden überprüft und liefern die folgenden Ergebnisse:

Paritätsbit 1 falsch (1, 3, 5, 7, 9, 11, 13, 15, 17, 19, 21 enthalten fünf Einsen)

Paritätsbit 2 richtig (2, 3, 6, 7, 10, 11, 14, 15, 18, 19 enthalten sechs Einsen)

Paritätsbit 4 falsch (4, 5, 6, 7, 12, 13, 14, 15, 20, 21 enthalten fünf Einsen)

Paritätsbit 8 richtig (8, 9, 10, 11, 12, 13, 14, 15 enthalten zwei Einsen)

Paritätsbit 16 richtig (16, 17, 18, 19, 20, 21 enthalten vier Einsen)

Die Gesamtzahl der Einsen in den Bits 1, 3, 5, 7, 9, 11, 13, 15, 17, 19 und 21 sollte eine gerade Zahl sein, da wir hier mit gerader Parität arbeiten. Das falsche Bit muss eines der Bits sein, aus denen Paritätsbit 1 berechnet wird, nämlich Bit 1, 3, 5, 7, 9, 11, 13, 15, 17, 19 oder 21. Paritätsbit 4 ist falsch, was bedeutet, dass eines der Bits 4, 5, 6, 7, 12, 13, 14, 15, 20 oder 21 falsch sein muss. Der Fehler muss bei einem der Bits liegen, die in beiden Listen enthalten sind, also 5, 7, 13, 15 oder 21. Da Bit 2 richtig ist, scheiden die Bits 7 und 15 aus. Bit 8 ist ebenfalls richtig, sodass Bit 13 ausscheidet. Schließlich ist Bit 16 korrekt, was Bit 21 eliminiert. Es kommt also nur noch Bit 5 als Fehler infrage. Da es als 1 gelesen wurde, muss es 0 gewesen sein. Auf diese Weise lassen sich Fehler korrigieren.

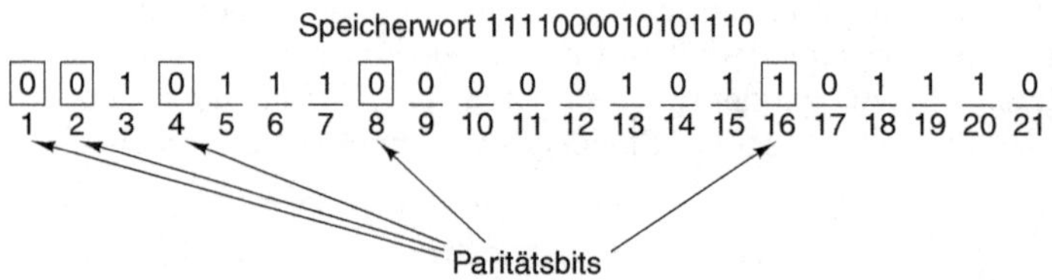

Abbildung 2.12: Aufbau des Hamming-Codes für das Speicherwort 1111000010101110 durch Hinzufügen von 5 Prüfbits zu den 16 Datenbits

Das falsche Bit lässt sich nach einer einfachen Methode finden, indem man zunächst alle Paritätsbits berechnet. Wenn alle richtig sind, gab es keinen (oder mehr als einen) Fehler. Dann addiert man alle falschen Paritätsbits, indem man 1 für Bit 1, 2 für Bit 2, 4 für Bit 4 usw. zählt. Die sich ergebende Summe ist die Position des falschen Bits. Sind beispielsweise die Paritätsbits 1 und 4 falsch, während 2, 8 und 16 richtig sind, muss Bit 5 (1 + 4) invertiert worden sein.

2.2.5 Cache-Speicher

Bisher waren Prozessoren immer schneller als der Speicher. Mit jeder Speicherverbesserung ging auch eine Prozessorverbesserung einher, sodass das Ungleichgewicht erhalten blieb. Tatsächlich wurden die Prozessoren aber sogar noch schneller, da sich immer mehr Schaltungen auf einem Chip unterbringen ließen und die CPU-Entwickler diese neuen Möglichkeiten für Fließbandverarbeitung und superskalaren Betrieb nutzten. Die Speicherentwickler haben neue Technologien gewöhnlich genutzt, um die Kapazität ihrer Chips und nicht die Geschwindigkeit zu erhöhen. Das Ungleichgewicht wird sich in Zukunft also eher noch verstärken. Es bedeutet in der Praxis, dass die CPU nach Ausgabe einer Speicherabfrage erst einmal viele CPU-Zyklen abwarten muss, bevor sie das benötigte Wort erhält. Je langsamer der Speicher ist, umso mehr Zyklen muss die CPU warten.

Wie bereits angedeutet, kann man dieses Problem auf zweierlei Arten lösen. Am einfachsten ist es, Speicherzugriffe (`LOAD`-Befehle) zu starten, wenn sie im Programm auftauchen, das Programm aber weiter auszuführen, ohne auf die Daten zu warten. Erst wenn ein Befehl das Speicherwort benötigt, dieses aber noch nicht angekommen ist, wird der Prozessor angehalten und auf die Daten gewartet. Je langsamer der Speicher ist, umso häufiger tritt dieses Problem auf und umso größer ist in diesem Fall der Zeitverlust. Wenn zum Beispiel ein Befehl von fünfen auf den Speicher zugreift und die Speicherzugriffszeit 5 Zyklen beträgt, verdoppelt sich die Ausführungszeit gegenüber einem Ablauf, der den Speicher ohne Verzögerung lesen kann. Dauert aber der Speicherzugriff 50 Zyklen, so erhöht sich die Ausführungszeit um den Faktor 11 (5 Zyklen für die Befehlsausführung plus 50 Zyklen für das Warten auf den Speicher).

Bei der zweiten Lösung wartet der Prozessor nicht, bis die Daten verfügbar sind. Stattdessen darf der Compiler keinen Code erzeugen, der auf noch nicht eingetroffene Wörter zugreift. Leider ist das leichter gesagt als getan. Oft gibt es nach einem `LOAD` nichts zu tun; daher muss der Compiler `NOP`-Befehle (NOP = No Operation) einfügen, die nichts weiter bewirken, als einen Slot zu belegen und Zeit zu verschwenden. Praktisch ersetzt diese Vorgehensweise den Hardware- durch einen Software-Stillstand, der Leistungsrückgang ist aber der gleiche.

Tatsächlich hat dieses Problem nichts mit Technik, sondern mit Wirtschaftlichkeit zu tun. Die Ingenieure könnten durchaus Speicher bauen, die so schnell wie Prozessoren sind. Um bei voller Geschwindigkeit zu laufen, müssten sich die Speicher aber auf dem CPU-Chip befinden (weil der Weg über den Bus zum Speicher sehr langsam ist). Bestückt man einen CPU-Chip mit einem großen Speicher, wird er größer und teurer. Aber auch wenn es auf die Kosten nicht ankäme, gibt es Grenzen für die Größe eines CPU-Chips. So muss man letztlich zwischen einem kleinen schnellen und einem großen langsamen Speicher wählen. Wir möchten aber einen großen schnellen Speicher zu geringen Kosten haben.

Erfreulicherweise sind Techniken bekannt, wie man einen kleinen schnellen Speicher so mit einem großen langsamen Speicher kombinieren kann, dass man (fast) die Geschwindigkeit des schnellen und die Kapazität des großen Speichers zu angemessenem Preis erzielt. Der kleine schnelle Speicher heißt **Cache** (von französisch *cacher* – verstecken). Wir beschreiben nun kurz, wie man Caches einsetzt und wie sie funktionieren. *Kapitel 4* geht noch ausführlich auf dieses Thema ein.

Der Cache beruht auf dem einfachen Grundkonzept, dass die am häufigsten gebrauchten Speicherwörter im Cache aufbewahrt werden. Wenn die CPU ein Wort benötigt, sieht sie zuerst im Cache nach. Nur wenn sie das Wort hier nicht findet, greift sie auf den Hauptspeicher zu. Befindet sich ein wesentlicher Anteil der benötigten Wörter im Cache, dann lässt sich die durchschnittliche Zugriffszeit erheblich verringern.

Ein **Cache** ist ein schneller Zwischenspeicher, der den Zugriff der CPU auf häufig verwendete Daten beschleunigt.

Über Erfolg oder Misserfolg entscheidet demnach, welcher Anteil der Wörter im Cache vorhanden ist. Es ist längst bekannt, dass Programme nicht vollkommen zufällig auf ihre Speicher zugreifen. Zeigt eine bestimmte Speicherreferenz auf Adresse A, so liegt die nächste Speicherreferenz sehr wahrscheinlich in der Nähe von A. Das Programm selbst ist ein einfaches Beispiel dafür. Außer bei Sprüngen und Prozeduraufrufen kommen die Befehle aus aufeinanderfolgenden Speicherstellen. Zudem geht der größte Teil der Abarbeitungszeit von Programmen auf das Konto von Schleifen, in denen eine begrenzte Zahl von Befehlen wiederholt ausgeführt wird. Analog greift ein Programm, das Matrizen verarbeitet, wahrscheinlich immer wieder auf dieselbe Matrix zu, bevor es mit einer anderen Aufgabe fortfährt.

Die zu beobachtende Eigenschaft, dass Computerprogramme innerhalb eines gewissen Zeitabschnitts nur auf einen kleinen Teil des gesamten Speicherraums zugreifen, bezeichnet man als **Lokalitätseigenschaft** (Locality Principle), auf der alle Cache-Systeme beruhen. Dieser Eigenschaft entsprechend werden beim Verweis auf ein Wort nicht nur dieses Wort, sondern auch einige seiner Nachbarn aus dem großen langsamen Speicher in den Cache geholt. Wenn der Prozessor diese Wörter beim nächsten Mal benötigt, kann er schnell darauf zugreifen. ▶Abbildung 2.13 zeigt eine übliche Anordnung von CPU, Cache und Hauptspeicher. Wird ein Wort in einem kurzen Zeitintervall k-mal gelesen oder geschrieben, dann benötigt der Computer nur 1 Referenz auf den langsamen Speicher und $k-1$ Referenzen auf den schnellen Speicher. Je größer k, desto besser die Gesamtleistung.

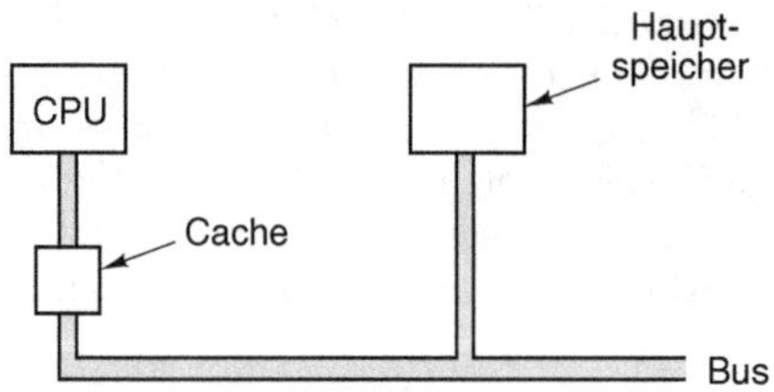

Abbildung 2.13: Der Cache befindet sich logisch zwischen CPU und Hauptspeicher. Es gibt aber mehrere physische Positionen, an denen er sich unterbringen lässt.

Wir können diese Berechnung formalisieren, indem wir die Cache-Zugriffszeit c, die Hauptspeicherzugriffszeit m und die **Trefferquote** (Hit Ratio) h einführen. Die Trefferquote verkörpert den Anteil aller Referenzen, die der Cache bedienen kann. Für unser kleines Beispiel im vorhergehenden Absatz gilt: $h = (k - 1)/k$. Einige Autoren definieren auch die **Fehlerrate** (Miss Ratio), die $1 - h$ beträgt.

Mit diesen Definitionen können wir die mittlere Zugriffszeit wie folgt berechnen:

$$\text{Mittlere Zugriffszeit} = c + (1 - h)m$$

Für $h \rightarrow 1$ lassen sich alle Referenzen aus dem Cache bedienen und die Zugriffszeit nähert sich c an. Andererseits ist bei $h \rightarrow 0$ jedes Mal eine Referenz auf den Speicher erforderlich und die Zugriffszeit nähert sich $c + m$ an – zuerst eine Zeit c zur (erfolglosen) Prüfung des Cache und dann eine Zeit m für den Speicherzugriff. Bei manchen Systemen lässt sich parallel zur Suche im Cache ein Speicherzugriff einleiten, sodass bei erfolgloser Cache-Suche der Speicherzyklus bereits im Gang ist. Diese Strategie setzt aber voraus, dass der Speicherzyklus bei einem Cache-Treffer sofort gestoppt werden kann, was die Implementierung verkompliziert.

Ein **Cache** ist in Zeilen mit mehreren Wörtern organisiert. Wird eine ganze Zeile geladen, ist dies effizienter als das Laden der einzelnen Wörter. Aufgrund der Lokalität im Programm werden die anderen Wörter mit hoher Wahrscheinlichkeit auch benötigt.

Gemäß der Lokalitätseigenschaft werden Hauptspeicher und Caches in Blöcke fester Größe unterteilt. Im Zusammenhang mit dem Cache bezeichnet man diese Blöcke allgemein als **Cachezeilen** (Cache Lines). Bei einem Cache-Zugriffsfehler wird die gesamte Cachezeile – und nicht nur das benötige Wort – aus dem Hauptspeicher geladen. Bei einer Zeilengröße von 64 Byte wird bei einem Zugriff auf die Speicheradresse 260 die gesamte Zeile, bestehend aus Byte 256 bis 319, in eine Cachezeile geladen. Mit etwas Glück werden kurz danach auch einige der anderen Wörter in der Cachezeile benötigt. Dieser Vorgang ist effizienter als der Abruf einzelner Wörter, denn es geht schneller, k Wörter in einem Durchgang abzurufen, als k-mal ein Wort. Außerdem ist weniger Verwaltungsaufwand (Overhead) erforderlich, wenn Cache-Einträge mehr als ein Wort umfassen, weil es dann weniger Einträge gibt. Schließlich können viele Computer 64 oder 128 Bit parallel in einem einzigen Buszyklus übertragen, selbst auf 32-Bit-Maschinen.

Das Cache-Design ist bei Hochleistungsprozessoren ein Thema von zunehmender Bedeutung. Ein Aspekt ist die Cache-Größe. Je größer der Cache, umso mehr leistet er, aber umso teurer ist er auch. Ein zweiter Aspekt betrifft die Größe einer Cachezeile. Ein 16-KB-Cache lässt sich in 1024 Zeilen zu je 16 Byte, 2048 Zeilen zu je 8 Byte und in andere Kombinationen aufteilen. Drittens ist in Bezug auf die Organisation des Cache zu klären, wie die Cache-Steuerung verfolgt, auf welche Speicheradressen sich der Cache gerade bezieht. Mit dem Thema Cache beschäftigt sich *Kapitel 4* ausführlich.

Ein vierter Designaspekt hat damit zu tun, ob Befehle und Daten in demselben Cache oder in verschiedenen Caches gehalten werden sollen. Bei einem **gemeinsamen Cache** (Unified Cache; Befehle und Daten liegen im selben Cache) ist das Design einfacher und das Gleichgewicht zwischen Befehls- und Datenaufrufen bleibt automatisch gewahrt. Trotzdem geht heute die Tendenz in Richtung eines **geteilten Cache** (Split-Cache), bei dem die Befehle in den einen Cache und die Daten in den anderen geladen werden. Dieses Design wird auch als **Harvard-Architektur** bezeichnet und geht zurück auf Howard Aikens Mark-III-Computer, der über unterschiedliche Speicher für Befehle und Daten verfügte. Was die Entwickler in diese Richtung drängt, ist die weite Verbreitung von Pipeline-Prozessoren. Die Befehlsleseeinheit muss zur selben Zeit auf Befehle zugreifen, in der die Operandenleseeinheit die Daten benötigt. Der geteilte Cache erlaubt parallele Zugriffe, was bei einem gemeinsamen Cache nicht möglich wäre. Und da Befehle normalerweise während der Ausführung nicht modifiziert werden, muss der Inhalt des Befehlscache niemals in den Speicher zurückgeschrieben werden.

Ein fünfter Punkt ist die Anzahl der Cache-Speicher. Nicht ungewöhnlich sind heute Chips mit einem internen Primär-Cache und einem externen, aber im gleichen Gehäuse befindlichen Sekundär-Cache, sowie mit einem dritten, noch etwas weiter entfernt liegenden Cache.

2.2.6 Speichermodule und -typen

Von den ersten Tagen der Halbleiterspeicher bis Anfang der 1990er Jahre an wurden Speicher als einzelne Chips produziert, gekauft und installiert. Die Speicherdichte stieg von 1 Kbit auf 1 Mbit und mehr pro Chip. Jeder Chip war aber eine separate Komponente. Die ersten Personalcomputer hatten oftmals leere Sockel, in die der Käufer zusätzliche Speicherchips stecken konnte, falls er sie überhaupt brauchte.

Seit Anfang der 1990er Jahre bedient man sich einer anderen Anordnung. Mehrere Chips, üblicherweise 8 oder 16, werden auf eine kleine Leiterplatte montiert und als Baugruppe – Speichermodul – verkauft. Abhängig davon, ob sie nur auf einer oder aber auf beiden Seiten der Leiterplatte einen Kontaktstreifen aufweisen, werden sie als **SIMM** (**Single Inline Memory Module**) oder **DIMM** (**Dual Inline Memory Module**) bezeichnet. SIMM-Module besitzen eine Kontaktreihe mit 72 Kontakten (Pins) und übertragen 32 Bit je Taktzyklus. Heutzutage sind sie kaum noch im Einsatz. DIMM-Module weisen gewöhnlich auf beiden Seiten der Leiterplatte Kontaktreihen mit je 120 Pins (insgesamt 240 Pins) auf und übertragen 64 Bit je Taktzyklus. Derzeit üblich sind DIMMs vom Typ DDR3, die die dritte Version der Speicher mit doppelter Datenrate verkörpern. ▶Abbildung 2.14 zeigt ein typisches DIMM-Modul.

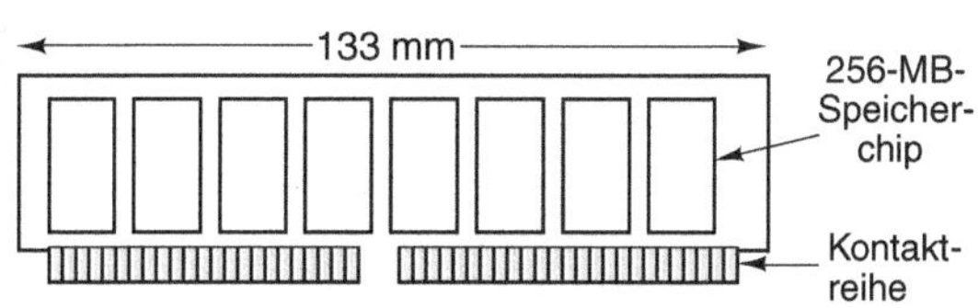

Abbildung 2.14: Draufsicht auf ein DIMM-Speichermodul mit 8 Chips zu je 256 MB auf jeder Seite, d.h. einer Gesamtkapazität von 4 GB. Die andere Seite sieht genauso aus.

Auf einem typischen DIMM-Modul sind beispielsweise acht Datenchips mit je 256 MB montiert. Das gesamte Modul kann dann 2 GB speichern. Viele Computer haben Platz für vier Module, sodass sich eine Gesamtkapazität von 8 GB ergibt, wenn man 2-GB-Module einsetzt. Mit größeren Modulen sind entsprechend größere Gesamtkapazitäten möglich.

In Notebook-Computern kommt ein kleineres DIMM mit der Bezeichnung **SO-DIMM (Small Outline DIMM)** zum Einsatz. DIMMs können auch über ein zusätzliches Paritätsbit bzw. Fehlerkorrektur verfügen. Da aber die mittlere Fehlerrate eines Moduls bei nur einem Fehler alle 10 Jahre liegt, verzichtet man bei gewöhnlichen Computern meist auf Fehlererkennung und -korrektur.

2.3 Sekundärspeicher

Wie groß der Hauptspeicher auch sein mag, er ist immer zu klein. Die Benutzer wollen ständig mehr Daten speichern, als der Hauptspeicher aufnehmen kann, hauptsächlich weil die Menschen mit den wachsenden technischen Möglichkeiten zunehmend auch Dinge speichern wollen, die zuvor noch ganz und gar im Bereich der Science-Fiction lagen. Wenn zum Beispiel die Haushaltsdisziplin der US-Regierung den Regierungsbehörden auferlegt, eigene Einnahmen zu erzielen, könnte man sich vorstellen, dass die „Library of Congress" eines Tages den Plan fasst, all ihre Bestände zu digitalisieren und als Konsumartikel zu verkaufen („Das gesamte Wissen der Menschheit für nur 299,95 Dollar!"). Bei grob gerechnet 50 Millionen Büchern mit je 1 MB an Text und 1 MB an komprimierten Bildern müsste man 10^{14} Byte oder 100 TB archivieren. Die Archivierung aller 50.000 Filme, die je gedreht wurden, liegt etwa in der gleichen Größenordnung. So viele Daten passen in keinen Hauptspeicher, jedenfalls nicht in den nächsten Jahrzehnten.

2.3.1 Speicherhierarchien

Die traditionelle Lösung zum Speichern großer Datenmengen ist eine Speicherhierarchie, wie sie in ▶Abbildung 2.15 dargestellt ist. An der Spitze stehen die CPU-Register, die sich mit voller CPU-Geschwindigkeit ansprechen lassen. Dann folgt der Cache-Speicher, der sich heute in der Größenordnung von 32 KB bis zu einigen MB bewegt. Als Nächstes kommt der Hauptspeicher mit einer Größe von 1 GB für Einstiegssysteme bis zu Hunderten GB im oberen Leistungsspektrum. Es folgen die Solid-State-Drives (seltener auch als Halbleiterlaufwerke bezeichnet) und Festplatten, die derzeitigen Hauptvertreter für die permanente Datenablage. Schließlich haben wir noch das Magnetband und optische Speichermedien als Archivspeicher.

Die **Speicherhierarchie** besteht aus mehreren Ebenen von Speichertechnologien, die von optischen Datenträgern bis hinauf zu den CPU-Registern immer kleiner, schneller und teurer werden.

Wenn wir in der Hierarchie abwärtsgehen, nehmen drei Hauptparameter zu. Erstens vergrößert sich die Zugriffszeit. Für CPU-Register liegt sie bei einer Nanosekunde und darunter. Die Cache-Zugriffszeiten sind etwas größer als die der CPU-Register. Hauptspeicherzugriffe dauern typischerweise zehn Nanosekunden. Dann kommt eine große Lücke, da der Festplattenzugriff mindestens 10-mal langsamer bei Solid-State-Drives und Hunderte Mal langsamer bei Festplatten ist. Die Zugriffszeiten von Bandlaufwerken oder optischen Laufwerken liegen im Sekundenbereich, wenn die Medien erst geholt und in ein Laufwerk eingelegt werden müssen.

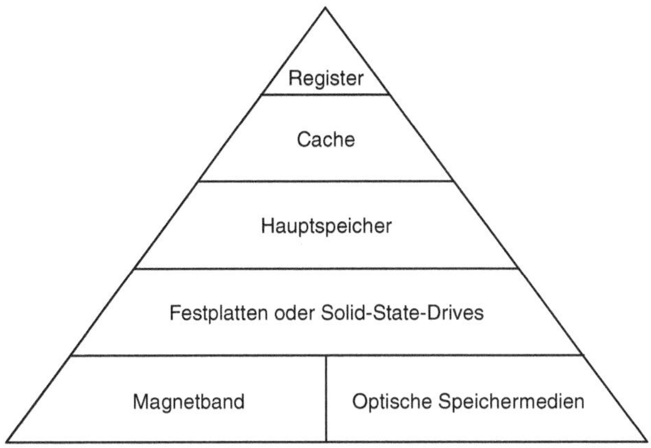

Abbildung 2.15: Speicherhierarchie mit fünf Ebenen

Zweitens nimmt die Speicherkapazität zu, je tiefer wir in der Hierarchie gehen. CPU-Register sind für vielleicht 128 Byte gut, Cache-Speicher für einige zehn MB, Hauptspeicher für einige GB, Solid-State-Drives für Hunderte GB und Festplatten für TB. Magnetbänder und optische Datenträger sind gewöhnlich nicht an den Rechner gebunden, sodass die mit ihnen erreichbare Kapazität nur vom Geldbeutel des Besitzers begrenzt wird.

Drittens nimmt die Anzahl der Bits zu, die man für jeden investierten US-Dollar erhält. Die Tagespreise ändern sich zwar ständig, doch wird der Hauptspeicher in US-Dollar pro MB, die Kapazität von Solid-State-Drives in US-Dollar pro GB und der Speicherplatz von Festplatten und Bandlaufwerken in US-Cent pro GB gemessen.

Register, Cache und Hauptspeicher haben wir bereits behandelt. In den folgenden Abschnitten untersuchen wir Festplatten und Solid-State-Drives; anschließend optische Datenträger. Auf Magnetbänder gehen wir hier nicht ein, weil sie abgesehen von Datensicherungen selten verwendet werden und es ohnehin nicht viel über sie zu sagen gibt.

2.3.2 Festplatten

Eine Festplatte (d.h. ein magnetischer Datenträger) besteht aus einer oder mehreren runden Aluminiumscheiben mit magnetisierbarer Beschichtung. Ursprünglich hatten diese Scheiben einen Durchmesser von bis zu 50 cm, während er heute üblicherweise zwischen 3 und 9 cm liegt. Festplatten für Notebook-Computer sind bereits bei 3 cm angekommen und werden ständig kleiner. Ein Schreib-/Lesekopf mit einer Induktionsspule schwebt knapp über der Oberfläche auf einem Luftkissen. Wenn ein positiver oder negativer Strom durch den Kopf fließt, magnetisiert er die Fläche direkt unter ihm und richtet dadurch die Magnetpartikel abhängig von der Polarität des Ansteuerungsstroms nach links bzw. rechts aus. Läuft unter dem Kopf ein magnetisierter Bereich vorbei, dann wird ein positiver oder negativer Strom in der Spule induziert. Dadurch ist es möglich, die zuvor gespeicherten Bits wieder zu lesen. Während die Magnetscheibe also unter dem Kopf rotiert, kann ein Bitstrom geschrieben und später wieder gelesen werden. ▶Abbildung 2.16 zeigt die Geometrie einer Plattenspur.

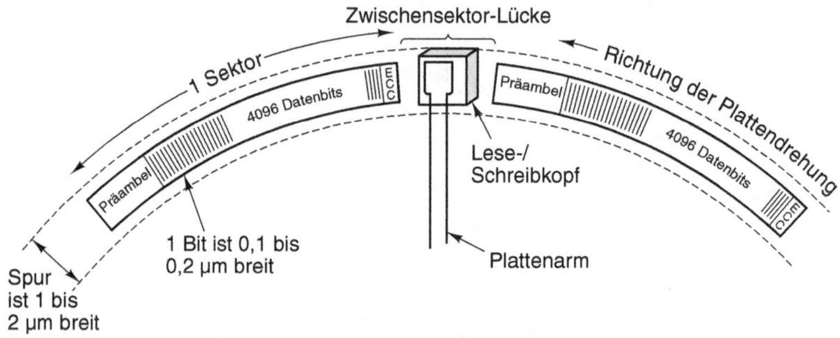

Abbildung 2.16: Ausschnitt einer Plattenspur. Dargestellt sind zwei Sektoren.

Die kreisförmige Sequenz der Bits, die bei einer vollen Umdrehung auf die Platte geschrieben werden, bezeichnet man als **Spur** (Track). Jede Spur ist in eine bestimmte Anzahl von **Sektoren** (Sectors) mit fester Länge unterteilt. Ein Sektor enthält normalerweise 512 Datenbytes, denen eine **Präambel** (Preamble) vorausgeht, die die Synchronisation des Kopfes vor einem Lese- oder Schreibvorgang erlaubt. Den Daten folgt ein Fehlerkorrekturcode (Error-Correcting Code – ECC). Dies kann ein Hamming-Code sein, üblicher ist jedoch ein **Reed-Solomon-Code**, der mehrere Fehler korrigieren kann. Zwischen aufeinanderfolgenden Sektoren befindet sich eine kleine **Zwischensektor-Lücke** (Intersector Gap). Manche Hersteller geben die Kapazität ihrer Festplatten im unformatierten Zustand an (als ob jede Spur nur Daten enthielte). Ehrlicher ist die Angabe der formatierten Kapazität, bei der die Präambeln, ECCs und Lücken nicht als Daten mitgezählt werden. Die formatierte Kapazität ist typischerweise etwa 15 Prozent geringer als die unformatierte.

Alle Festplatten verfügen über bewegliche Arme, die sich zu verschiedenen radialen Abständen von der Spindel, um die sich die Platte dreht, hin- und zurückbewegen können. Bei jedem radialen Abstand kann eine andere Spur beschrieben werden. Die Spuren bilden also konzentrische Kreise um die Spindel. Die Breite einer Spur hängt davon ab, wie groß der Kopf ist und mit welcher Genauigkeit er sich positionieren lässt. Bei der heutigen Technik weisen Platten etwa 50.000 Spuren je Zentimeter auf, was Spurbreiten im Bereich von 200 nm ergibt. Es sei noch einmal darauf hingewiesen, dass eine Spur keine in die Oberfläche gezogene tatsächliche Furche ist, sondern nur ein Ring magnetisierten Materials mit kleinen Schutzzonen als Abgrenzung zu der weiter innen und weiter außen liegenden Spur.

Die lineare Bitdichte auf dem Umfang der Spur unterscheidet sich von der radialen. Mit anderen Worten ist die Anzahl der Bits pro Millimeter gemessen entlang der kreisförmigen Spur nicht gleich der Anzahl der Bits pro Millimeter, wenn man von der Plattenmitte nach außen misst. Die Dichte entlang einer Spur hängt hauptsächlich von der Oberflächengüte und der Luftreinheit ab. Heutige Festplatten erreichen Dichten von 25 GBit/cm. Die radiale Dichte ergibt sich aus der Genauigkeit, mit der der Arm eine Spur anfahren kann. Somit ist ein Bit in radialer Richtung viele Male größer als entlang des Spurumfangs, wie aus Abbildung 2.16 hervorgeht.

Festplatten mit ultrahoher Dichte nutzen eine Aufzeichnungstechnik, bei der die „lange" Dimension der Bits nicht längs auf dem Umfang der Platte liegt, sondern senkrecht dazu in das Eisenoxid eindringt. Für diese als **Senkrechtaufzeichnung** (Perpendicular Recording) bezeichnete Technik hat man bereits gezeigt, dass sie Datendichten bis zu 100 GBit/cm liefern kann. Voraussichtlich wird dieses Verfahren in den nächsten Jahren zur dominierenden Technik avancieren.

Um eine hohe Oberflächen- und Luftqualität zu erzielen, sind die meisten Festplatten werksseitig versiegelt und verhindern so das Eindringen von Staubpartikeln. Derartige Festplatten nannte man ursprünglich **Winchester-Platten**. Die ersten Platten dieser Art (entwickelt von IBM) hatten 30 MB versiegelten Festplattenspeicher und 30 MB Wechselplattenspeicher. Vermutlich erinnerten diese 30-30-Platten an das Winchester-Gewehr 30-30, das in der Eroberung des amerikanischen Westens eine so große Rolle spielte, und die Bezeichnung „Winchester" blieb haften. Heute spricht man einfach von **Festplatten**, um sie von den längst vergessenen **Disketten** oder Floppy Disks abzugrenzen, wie sie in den ersten Personalcomputern üblich waren. In der Computerbranche ist es schwierig, einen Namen für irgendetwas festzulegen, ohne ihn 30 Jahre später absurd finden zu müssen.

Die meisten Festplatten bestehen aus mehreren vertikal übereinander montierten Scheiben, wie in ▶Abbildung 2.17 dargestellt. Für jede Oberfläche sind ein eigener Arm und Kopf vorgesehen. Alle Arme sind mechanisch gekoppelt und bewegen sich daher gleichzeitig zu den verschiedenen radialen Positionen. Die Gesamtheit der Spuren bei einer bestimmten radialen Position wird als **Zylinder** bezeichnet. Aktuelle PC- und Serverfestplatten verfügen normalerweise über 1 bis 12 Scheiben pro Laufwerk, was 2 bis 24 Aufzeichnungsoberflächen ergibt. Festplatten im oberen Leistungsbereich können 1 TB auf einer einzigen Scheibe speichern und diese Grenze dürfte sicherlich im Laufe der Zeit nach oben wandern.

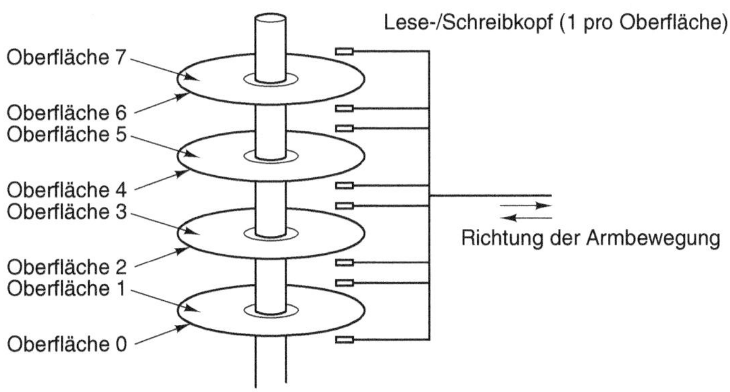

Abbildung 2.17: Eine Festplatte mit vier Scheiben

> Die Zugriffsgeschwindigkeit für Festplatten ergibt sich aus der Positionierung des Schreib-/Lesekopfes und der Drehgeschwindigkeit.

Die Plattenleistung hängt von verschiedenen Faktoren ab. Um einen Sektor zu lesen oder zu beschreiben, muss der Arm zunächst in die richtige radiale Position gebracht werden. Dieser Vorgang heißt **Positionierung** (Seek). Die mittlere Positionierungszeit (zwischen beliebigen Spuren) liegt im Bereich von 5 bis 10 ms, während Positionierungen zwischen aufeinanderfolgenden Spuren heute teilweise weniger als 1 ms in Anspruch nehmen. Ist der Kopf radial positioniert, entsteht eine als **Latenzzeit** (Rotational Latency) bezeichnete Verzögerung, weil nun gewartet werden muss, bis sich der gewünschte Sektor unter dem Kopf vorbeidreht. Die meisten Festplatten rotieren mit 5400, 7200 oder 10.800 Umdrehungen pro Minute (min^{-1}), sodass die durchschnittliche Latenzzeit (eine halbe Umdrehung) 3 bis 6 ms beträgt. Die Transferzeit hängt von der linearen Speicherdichte und der Umdrehungsgeschwindigkeit ab. Bei gängigen Durchsatzwerten von 150 MB/s benötigt ein 512-Byte-Sektor etwa 3,5 µs. Daher wird die Transferzeit in erster Linie von der Positionierungszeit und der Latenzzeit bestimmt. Das Lesen von Sektoren, die über die ganze Festplatte verstreut sind, ist also ineffizient.

Hier ist der Hinweis angebracht, dass wegen der Präambeln, Fehlerkorrekturcodes, Sektorlücken, Positionierungszeiten und Latenzzeiten ein großer Unterschied zwischen der maximalen **Kurzzeittransferrate** (Burst Rate) einer Festplatte und ihrer maximalen **Dauertransferrate** (Sustained Rate) besteht. Die maximale Burst-Rate ist als die Datenübertragungsrate ab dem Augenblick definiert, ab dem der Kopf über dem ersten Datenbit steht. Der Computer muss in der Lage sein, die einlaufenden Daten mit dieser Geschwindigkeit zu bewältigen. Das Laufwerk kann diese Geschwindigkeit aber nur einen Sektor lang halten. Bei manchen Anwendungen, z.B. bei Multimedia-Anwendungen, kommt es auf die durchschnittliche Dauergeschwindigkeit im Verlauf mehrerer Sekunden an. Dabei sind auch die erforderlichen Positionierungszeiten und Latenzzeiten zu berücksichtigen.

Mit etwas Überlegung und der guten alten Formel $u = 2\pi r$ für den Kreisumfang kommt man zu dem Ergebnis, dass die äußeren Spuren länger als die inneren sind. Da alle Magnetscheiben unabhängig von der Position der Köpfe mit konstanter Winkelgeschwindigkeit rotieren, ergibt sich ein Problem. Bei älteren Laufwerken arbeiteten die Hersteller bei der innersten Spur mit der maximal möglichen linearen Speicherdichte und mit geringeren linearen Speicherdichten auf den weiter außen befindlichen Spuren. Wenn eine Festplatte beispielsweise 18 Sektoren pro Spur hatte, nahm jeder Sektor einen Bogenwinkel von 20 Grad ein, unabhängig davon, auf welchem Zylinder er lag.

Heute geht man anders vor. Die Zylinder sind in Zonen (üblicherweise 10 bis 30 pro Laufwerk) unterteilt und in jeder Zone erhöht sich die Anzahl der Sektoren pro Spur, je weiter außen die Spur liegt. Das erschwert es zwar, die Daten zu verfolgen, erhöht aber die Festplattenkapazität, die als wichtiger angesehen wird. Alle Sektoren sind dabei gleich groß. ▶Abbildung 2.18 zeigt eine Scheibe mit fünf Zonen.

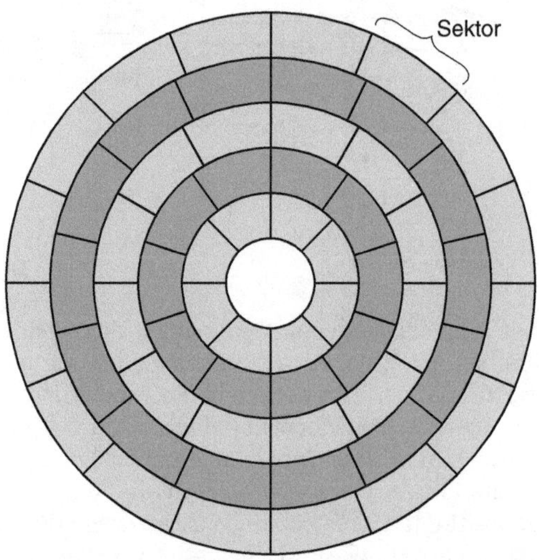

Abbildung 2.18: Eine Scheibe mit fünf Zonen. Jede Zone umfasst mehrere Spuren.

Zu jedem Festplattenlaufwerk gehört ein **Festplatten-Controller** (Disk Controller) – ein Chip, der das Laufwerk steuert. Manche Controller enthalten sogar eine komplette CPU. Der Controller nimmt Befehle von der Software entgegen, z.B. `READ`, `WRITE` und `FORMAT` (alle Präambeln schreiben), steuert die Armbewegung, erkennt und korrigiert Fehler und konvertiert 8-Bit-Bytes aus dem Speicher in einen seriellen Bitstrom und umgekehrt. Manche Controller sind in der Lage, mehrere Sektoren zu puffern, gelesene Sektoren in einem Cache für mögliche spätere Verwendung aufzubewahren und fehlerhafte Sektoren neu zuzuordnen. Die zuletzt genannte Funktion ist notwendig, weil es Sektoren mit fehlerhaften (permanent magnetisierten) Stellen gibt. Wenn der Controller einen fehlerhaften Sektor erkennt, ersetzt er ihn durch einen freien Sektor, der auf jedem Zylinder oder jeder Zone für diesen Zweck reserviert ist.

2.3.3 IDE-Festplatten

Die Festplatten in modernen Personalcomputern entwickelten sich aus der Festplatte, wie sie im IBM-PC-XT verwendet wurde. Es handelte sich dabei um eine 10-MB-Festplatte der Firma Seagate, die von einem Xebec-Disk-Controller auf einer Steckkarte gesteuert wurde. Die Seagate-Festplatte hatte 4 Köpfe, 306 Zylinder und 17 Sektoren pro Spur. Der Controller konnte zwei Festplatten steuern. Das Betriebssystem las und beschrieb die Festplatte, indem es Parameter in bestimmte CPU-Register lud und dann das **BIOS** (**Basic Input Output System**) aufrief, das im eingebauten Festwertspeicher (Read-Only Memory) des PC untergebracht war. Das BIOS gab sodann die Maschinenbefehle zum Laden der Register des Festplatten-Controllers aus, und diese leiteten die Übertragung ein.

Die Technik entwickelte sich schnell weiter. Befand sich der Controller zunächst auf einer separaten Leiterplatte, so wurde er Mitte der 1980er Jahre bei den **IDE**-Laufwerken (**Integrated Drive Electronics**) in die Festplattenlaufwerke integriert. Aus Gründen der Abwärtskompatibilität wurden die BIOS-Aufrufkonventionen jedoch nicht geändert. Die Sektoren wurden durch Angabe von Kopf-, Zylinder- und Sektornummer angesprochen, wobei die Kopf- und Zylindernummern bei 0 und die der Sektoren bei 1 begannen. Dies geht möglicherweise auf einen Fehler des ursprünglichen BIOS-Programmierers zurück, der sein Meisterwerk in 8088-Assembler schrieb. Bei 4 Bits für den Kopf, 6 Bits für den Sektor und 10 Bits für den Zylinder konnte das größte Laufwerk 16 Köpfe, 63 Sektoren und 1024 Zylinder haben, was insgesamt 1.032.192 Sektoren bedeutete. Ein solches maximales Laufwerk hatte eine Kapazität von 504 MB, was damals nahezu unendlich schien, heute sicher nicht mehr. (Was würden Sie von einem neuen Computer halten, der Laufwerke mit mehr als 1000 TB nicht ansprechen kann?)

Der **Controller** einer Festplatte setzt die verwendete Schnittstelle mit ihren Befehlen in Zugriffe auf die physische Platte um. Die Schnittstellen haben sich über die Jahre an die gestiegene Leistungsfähigkeit der Platten angepasst (heute S-ATA).

Über kurz oder lang tauchten Laufwerke mit mehr als 504 MB auf, leider aber mit der falschen Geometrie (z.B. 4 Köpfe, 32 Sektoren, 2000 Zylinder gleich 256.000 Zylinder). Das Betriebssystem konnte sie wegen der längst eingefrorenen BIOS-Aufrufkonventionen beim besten Willen nicht ansprechen. Daher begannen die Festplatten-Controller zu mogeln, indem sie eine BIOS-konforme Geometrie vorgaukelten, insgeheim aber die virtuelle Geometrie auf die tatsächliche abbildeten. Das funktionierte, führte aber zu Chaos bei Betriebssystemen, die die Platzierung von Daten optimierten, um die Suchzeiten zu minimieren.

Schließlich wurden die IDE-Platten zu **EIDE**-Platten (**Extended IDE**) weiterentwickelt, die auch eine zweite Adressierungsmethode mit der Bezeichnung **LBA** (**Logical Block Addressing** – logische Blockadressierung) unterstützen, die einfach die Sektoren von 0 bis maximal $2^{28} - 1$ durchnummeriert. Dieses Verfahren verlangt zwar, dass der Controller die LBA-Adressen in Kopf-, Sektor- und Zylinderadressen umrechnet, es durchbricht aber wenigstens die 504-MB-Grenze. Leider tat sich ein neuer Engpass bei $2^{28} \times 2^9$ Bytes (128 GB) auf. Als 1994 der EIDA-Standard angenommen wurde, konnte sich niemand 128-GB-Festplatten vorstellen. Standardisierungsgremien haben wie Politiker die Angewohnheit, Probleme in die Zukunft zu verschleppen, sodass das nächste Gremium sie lösen muss.

EIDE-Laufwerke und -Controller weisen noch weitere Verbesserungen auf. Beispielsweise können EIDE-Controller zwei Kanäle besitzen, an die sich jeweils ein primäres und ein sekundäres Laufwerk anschließen lassen. Dadurch sind maximal vier Laufwerke je Controller möglich. CD-ROM- und DVD-Laufwerke werden ebenfalls unterstützt und die Transferrate wurde von 4 MB/s auf 16,67 MB/s angehoben.

Mit fortschreitender Festplattentechnik zog auch der EIDE-Standard nach, doch aus irgendeinem Grund wurde der Nachfolger von EIDE als **ATA-3** (**AT Attachment**) bezeichnet, eine Referenz auf den IBM PC/AT (wobei sich AT auf die erweiterte Technik – Advanced Technology – einer 16-Bit-CPU mit 8 MHz bezog). In der nächsten Ausgabe wurde der Standard **ATAPI-4** (**ATA Packet Interface**) genannt und die Geschwindigkeit auf 33 MB/s erhöht. Mit ATAPI-5 stieg sie auf 66 MB/s.

In der Zwischenzeit kam man der 128-GB-Grenze, die sich aus den 28-Bit-LBA-Adressen ergibt, bedrohlich näher, sodass ATAPI-6 die LBA-Größe in 48 Bit änderte. Der neue Standard führt erneut zu Problemen, wenn Festplatten eine Kapazität von $2^{48} \times 2^9$ (128 PB) erreichen. Nimmt man eine jährliche Kapazitätssteigerung von 50% an, so kann man wahrscheinlich noch bis ins Jahr 2035 mit der 48-Bit-Grenze leben. Wenn Sie feststellen wollen, wie das Problem gelöst worden ist, kaufen Sie sich bitte die 11. Auflage dieses Buchs. Man kann darauf wetten, dass die LBA-Größe auf 64 Bit angehoben wird. Der ATAPI-6-Standard hat zudem die Transferrate auf 100 MB/s gesteigert und sich erstmals dem Problem der Laufwerksgeräusche gewidmet.

Der ATAPI-7-Standard stellt einen radikalen Bruch mit der Vergangenheit dar. Anstatt die Größe des Laufwerksanschlusses zu erhöhen (um die Datenrate zu verbessern), verwendet dieser Standard ein Verfahren namens **Serial ATA** (S-ATA), um die Daten bitseriell über einen 7-poligen Steckverbinder zu übertragen. Die Geschwindigkeit liegt anfangs bei 150 MB/s und dürfte mit der Zeit auf 1,5 GB/s steigen. Der Ersatz des momentan verwendeten 80-poligen Flachkabels durch ein rundes Kabel mit nur wenigen Millimetern Durchmesser verbessert die Luftströmung innerhalb des Computers. Außerdem verwendet Serial ATA nur 0,5 V als Signalspannung (im Unterschied zu 5 V bei ATAPI-6-Laufwerken), was die Leistungsaufnahme senkt. Wahrscheinlich werden alle Computer innerhalb weniger Jahre mit Serial ATA ausgestattet sein. Die Frage der Leistungsaufnahme durch Festplatten wird zunehmend wichtiger. Das gilt sowohl für den oberen Leistungsbereich, wo Datenzentren mit riesigen Festplattenfarmen arbeiten, als auch im unteren Leistungsbereich, wo die begrenzte Batteriekapazität von Notebooks eine entscheidende Rolle spielt [Gurumurthi et al., 2003].

2.3.4 SCSI-Festplatten

SCSI-Festplatten unterscheiden sich nicht von IDE-Festplatten, was die Organisation der Zylinder, Spuren und Sektoren angeht, sie weisen aber eine andere Schnittstelle und einen viel höheren Durchsatz auf. SCSI geht auf Howard Shugart zurück, den Erfinder der Diskette, die in den 1980er Jahren in den ersten Personalcomputern gebräuchlich war. Sein Unternehmen brachte 1979 die SASI-Festplatte (Shugart Associates System Interface) auf den Markt. Nach einigen Modifikationen und vielen Auseinandersetzungen standardisierte ANSI 1986 das System und benannte es in **SCSI** (**Small Computer System Interface**) um. (SCSI wird „skasi" ausgesprochen.) Seit dieser Zeit sind Versionen mit zunehmend höheren Bandbreiten standardisiert worden: Fast SCSI (10 MHz), Ultra SCSI (20 MHz), Ultra-2 SCSI (40 MHz), Ultra-3 SCSI (80 MHz), Ultra-4 SCSI (160 MHz) und Ultra-5 SCSI (320 MHz). Zu jedem dieser Standards gehört auch eine Wide-Version (16 Bit). ▶Tabelle 2.3 gibt die Parameter von gebräuchlichen Kombinationen an.

Name	Datenbits	Bustakt in MHz	MB/s
SCSI-1	8	5	5
Fast SCSI	8	10	10
Wide Fast SCSI	16	10	20
Ultra SCSI	8	20	20
Wide Ultra SCSI	16	20	40
Ultra-2 SCSI	8	40	40
Wide Ultra-2 SCSI	16	40	80
Wide Ultra-3 SCSI	16	80	160
Wide Ultra-4 SCSI	16	160	320
Wide Ultra-5 SCSI	16	320	640

Tabelle 2.3: Gebräuchliche SCSI-Parameter

Wegen des hohen Durchsatzes der SCSI-Festplatten sind sie der Standard in den meisten Workstations und Servern im oberen Leistungsbereich, insbesondere in denjenigen mit RAID-Konfigurationen (siehe weiter unten).

SCSI ist mehr als nur eine Festplattenschnittstelle. Es ist ein Bus, an den ein SCSI-Controller und bis zu sieben Geräte angeschlossen werden können. Dabei kann es sich um eine oder mehrere SCSI-Festplatten, CD-ROM-Laufwerke, CD-Rekorder, Scanner, Bandlaufwerke und andere SCSI-Peripheriegeräte handeln. Jedes SCSI-Gerät besitzt eine eindeutige Nummer von 0 bis 7 (oder 15 bei Wide SCSI) und verfügt über zwei Anschlüsse – einen Ein- und einen Ausgang. Der Ausgang eines Geräts ist mit dem Eingang des nächsten Geräts zu verbinden – in einer Reihenschaltung wie bei einer Kette billiger Christbaumlämpchen. Das letzte Gerät in der Kette muss abgeschlossen werden, um zu verhindern, dass Reflexionen von den Enden des SCSI-Busses die anderen Daten auf dem Bus stören. Normalerweise befindet sich der Controller auf einer Steckkarte und bildet den Beginn der Kabelkette, obwohl der Standard diese Konfiguration nicht zwingend vorschreibt.

Das gängigste Kabel für 8-Bit-SCSI hat 50 Leitungen, wobei 25 Masseleitungen abwechselnd mit den anderen 25 Leitungen gepaart sind und die ausgezeichnete Störsicherheit gewährleisten, die für den Hochgeschwindigkeitsbetrieb notwendig ist. Von den 25 Signalleitungen sind 8 für Daten, 1 für die Parität, 9 für die Steuerung und der Rest für die Stromversorgung oder zur späteren Verwendung reserviert. Die 16-Bit- (und 32-Bit-) Geräte erfordern ein zweites Kabel für die zusätzlichen Signale. Die Kabel können mehrere Meter lang sein, sodass sich auch externe Festplatten, Scanner usw. anschließen lassen.

SCSI-Controller und -Peripheriegeräte können als Initiatoren oder als Ziele fungieren. Gewöhnlich arbeitet der Controller als Initiator und gibt Befehle an Laufwerke und andere Peripheriegeräte aus, die als Ziele agieren. Diese Befehle sind Blöcke von bis zu 16 Byte, die dem Ziel ihre Aufgabe mitteilen. Befehle und Reaktionen treten in Phasen auf, wobei verschiedene Steuersignale die Phasen kennzeichnen und über den Buszugriff entscheiden, wenn mehrere Geräte gleichzeitig den Bus benutzen wollen. Diese Arbitration (Lösung von Zugriffskollisionen) ist wichtig, da SCSI den gleichzeitigen Betrieb aller Geräte erlaubt, was die Systemleistung in Umgebungen mit mehreren gleichzeitig aktiven Prozessen möglicherweise deutlich verbessern kann. IDE und EIDE lassen dagegen nur jeweils ein aktives Gerät zu.

2.3.5 RAID

In den letzten zehn Jahren hat die CPU-Leistung exponentiell zugenommen (sich ungefähr alle 18 Monate verdoppelt). Für die Festplattenleistung trifft das nicht zu. In den 1970er Jahren lagen die mittleren Suchzeiten von Minicomputer-Platten bei 50 bis 100 ms. Heute betragen sie 10 ms. In den meisten Bereichen der technischen Industrie (wie Automobil- oder Flugzeugbau) wäre eine Geschwindigkeitssteigerung um einen Faktor von 5 oder 10 in zwei Jahrzehnten eine Sensation, in der Computerbranche ist sie eher peinlich. Die Leistungslücke zwischen CPU und Festplatte ist im Laufe der Zeit immer größer geworden.

Wie mehrfach schon gezeigt, wird vielfach Parallelverarbeitung verwendet, um die CPU-Leistung zu steigern. Im Laufe der Jahre sind auch verschiedene Entwickler auf den Gedanken gekommen, dass parallele Ein-/Ausgabe ebenfalls effizienter sein könnte. In einem 1988 erschienenen Artikel schlagen Patterson et al. sechs spezifische Plattenarchitekturen vor, die der Steigerung von Festplattenleistung und/oder Zuverlässigkeit dienen könnten [Patterson et al., 1988]. Diese Ideen wurden von der Industrie rasch aufgegriffen und führten zu einer neuen Klasse von E/A-Geräten mit der Bezeichnung **RAID**. Patterson et al. definierten RAID als **Redundant Array of Inexpensive Disks** (redundante Anordnung billiger Festplatten), doch die Industrie definierte das „I" um in „independent" (unabhängig) – vielleicht, um teure Platten verwenden zu können? Da auch ein „böser Gegenspieler" gebraucht wurde (wie bei RISC kontra CISC, was ebenfalls auf Patterson zurückgeht), fand man ihn in der **SLED** (**Single Large Expensive Disk** – große und teure Einzelfestplatte).

Das Grundkonzept hinter einem RAID-System ist, neben dem Computer, in der Regel einem großen Server, einen Kasten voller Festplatten aufzustellen, den Festplatten-Controller durch einen RAID-Controller zu ersetzen, die Daten auf das RAID-System zu kopieren und dann ganz normal weiterzuarbeiten. Mit anderen Worten: Das RAID-System sollte dem Betriebssystem wie eine SLED erscheinen, dabei jedoch eine höhere Leistung und Zuverlässigkeit aufweisen. Da SCSI-Festplatten sich durch hohe Leistung und niedrigen Preis auszeichnen und außerdem bis zu sieben Laufwerke an einem Controller (und sogar 15 bei „Wide SCSI") möglich sind, ist es ganz natürlich, dass die meisten RAID-Systeme aus einem RAID-SCSI-Controller und einem Kasten mit SCSI-Festplatten bestehen, die dem Betriebssystem als eine einzige große Festplatte erscheinen. Auf diese Weise sind für die Verwendung des RAID-Systems keine Software-Modifikationen erforderlich, was für viele Systemadministratoren ein wesentliches Kaufargument ist.

> **RAID**-Systeme verwenden mehrere Festplatten, die zu einem virtuellen großen Laufwerk zusammengeschlossen sind. Hierdurch wird eine höhere Bandbreite und Ausfallsicherheit erreicht.

Die RAID-Systeme erscheinen der Software jedoch nicht nur als eine einzige Festplatte. Sie haben außerdem die Eigenschaft, dass die Daten so über die Einzellaufwerke verteilt sind, dass Parallelbetrieb möglich ist. Patterson et al. definierten dazu verschiedene Methoden, die als RAID Level 0 bis RAID Level 5 bekannt sind. Daneben gibt es noch einige untergeordnete Ebenen, die wir hier nicht berücksichtigen. Der Begriff „Level" (Ebene) ist allerdings nicht ganz glücklich gewählt, denn mit einer Hierarchie hat es nichts zu tun – es sind einfach sechs unterschiedliche Organisationsformen.

▶Abbildung 2.19a zeigt RAID Level 0. Dabei unterteilt man die vom RAID-System simulierte virtuelle Festplatte in Strips (Streifen) von jeweils k Sektoren, wobei die Sektoren 0 bis $k - 1$ als Strip 0, die Sektoren k bis $2k - 1$ als Strip 1 usw. definiert sind. Bei $k = 1$ ist jeder Strip ein Sektor, bei $k = 2$ besteht ein Strip aus zwei Sektoren usw. Die RAID-Level-0-Organisation schreibt aufeinanderfolgende Strips zyklisch verteilt auf die Laufwerke, wie es Abbildung 2.19a für ein RAID-System mit vier Festplatten darstellt.

Diese Art der Datenverteilung über mehrere Laufwerke wird als **Striping** bezeichnet. Gibt die Software beispielsweise einen Befehl aus, einen aus vier aufeinanderfolgenden Strips bestehenden Datenblock zu lesen, der an einer Strip-Grenze beginnt, teilt der RAID-Controller diesen Befehl in vier separate Befehle auf – einen für jede der vier Festplatten – und lässt sie parallel verarbeiten. Auf diese Weise bekommt man parallele Ein-/Ausgabe, ohne dass die Software etwas davon merkt.

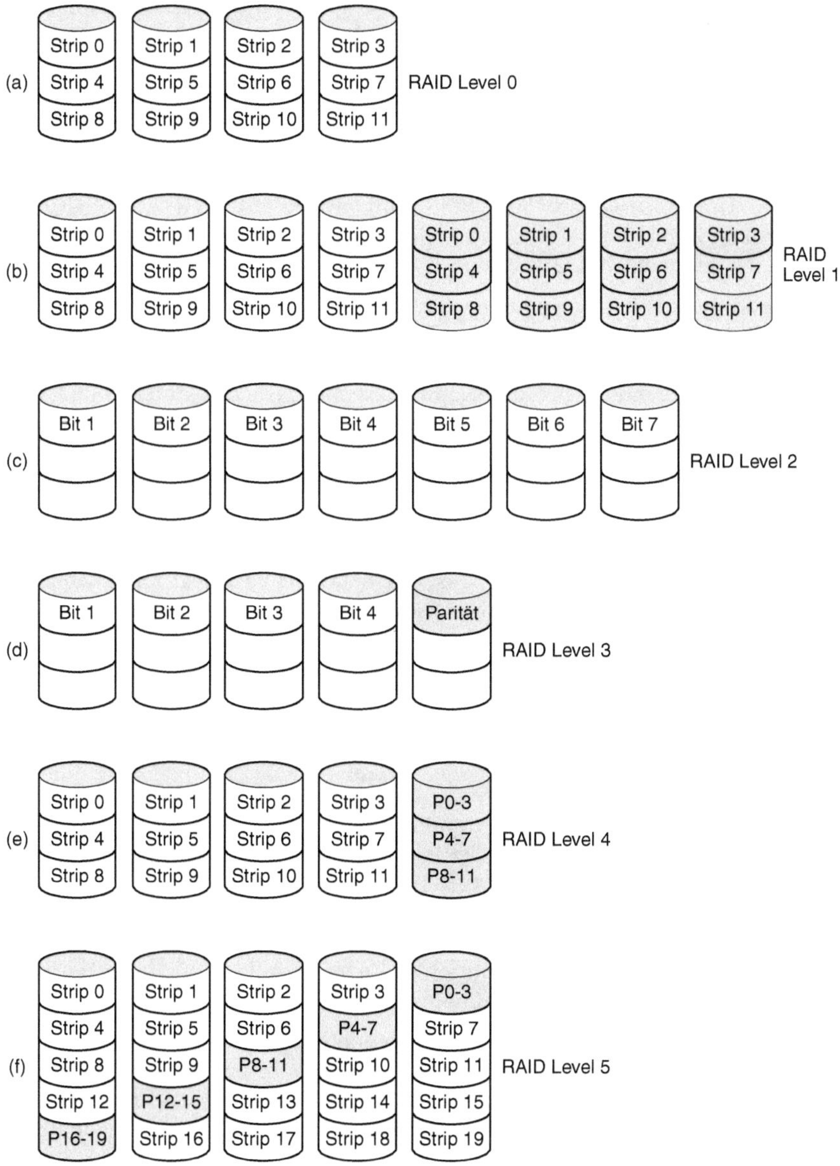

Abbildung 2.19: RAID Level 0 bis 5; Sicherungs- und Paritätslaufwerke sind schattiert dargestellt

RAID Level 0 arbeitet am besten bei großen Datenabfragen – je größer, desto besser. Hat eine Abfrage ein größeres Volumen als die Anzahl der Festplatten multipliziert mit der

Strip-Größe, dann erhalten manche Laufwerke mehrere Abfragen. Wenn sie die erste Abfrage erledigt haben, können sie gleich die zweite bearbeiten. Es ist Sache des Controllers, die Abfrage aufzuteilen, die entsprechenden Befehle an die jeweiligen Laufwerke in der richtigen Abfolge zu schicken und dann die Ergebnisse im Speicher korrekt zusammenzusetzen. Daraus ergibt sich ein hervorragendes Leistungsverhalten bei unproblematischer Implementierung.

RAID Level 0 arbeitet am schlechtesten mit Betriebssystemen, die standardmäßig immer nur einen Datensektor nach dem anderen abfragen. Die Ergebnisse sind dann zwar korrekt, es gibt aber keine Parallelität und somit keinen Leistungszuwachs. Nachteilig bei dieser Organisation ist zudem, dass die Zuverlässigkeit schlechter als bei einer SLED sein kann. Besteht ein RAID-System aus vier Festplatten, von denen jede einen mittleren Ausfallabstand von 20.000 Stunden aufweist, dann kommt es im Mittel einmal alle 5000 Stunden zu einem Laufwerksausfall und alle Daten sind vollständig verloren. Unter diesen Umständen wäre eine SLED mit einem mittleren Ausfallabstand von 20.000 Stunden viermal zuverlässiger. Da dieses Konzept keine Redundanz bietet, ist es eigentlich auch kein echtes RAID-System.

Die in ▶Abbildung 2.19b dargestellte nächste Option, RAID Level 1, ist ein echtes RAID-System. Alle vier Festplatten sind doppelt vorhanden – es gibt vier Haupt- und vier Sicherungsfestplatten. Bei einem Schreibvorgang wird jeder Strip zweimal geschrieben. Ein Lesevorgang kann eine der beiden Kopien lesen und die Belastung verteilt sich über mehrere Laufwerke. Die Schreibleistung entspricht also einem Einzellaufwerk, die Leseleistung kann doppelt so groß sein. Die Fehlertoleranz ist ausgezeichnet – versagt ein Laufwerk, wird stattdessen einfach die Kopie benutzt. Zur Wiederherstellung (Recovery) des Systems muss man nur ein neues Laufwerk installieren und auf dieses das komplette Sicherungslaufwerk kopieren.

Anders als Level 0 und 1, die auf Strips von Sektoren ausgelegt sind, arbeitet RAID Level 2 auf Wortbasis und möglicherweise sogar auf Bytebasis. Jedes Byte auf der virtuellen Einzelplatte kann man sich als Paar von 4-Bit-Nibbles (Halbbytes) denken, denen man je einen Hamming-Code hinzufügt, um so ein 7-Bit-Wort zu bilden, wobei die Bits 1, 2 und 4 Paritätsbits sind. Stellen Sie sich weiterhin vor, dass die sieben Laufwerke in ▶Abbildung 2.19c hinsichtlich Arm- und Rotationsposition synchronisiert sind. Dann ist es möglich, die Bits des Hamming-codierten 7-Bit-Wortes auf sieben Laufwerke – mit einem Bit je Laufwerk – zu verteilen.

Nach diesem Schema arbeitete der Computer CM-2 der Firma Thinking Machines. Aus 32-Bit-Datenwörtern bildete er mit zusätzlichen 6 Paritätsbits ein 38-Bit-Hamming-Wort, fügte noch ein Paritätsbit hinzu und verteilte jedes Wort auf 39 Festplattenlaufwerke. Der Gesamtdurchsatz war gewaltig, denn in einer Sektorzeit konnte er das Datenvolumen von 32 Sektoren schreiben. Es gab auch keine Schwierigkeiten, wenn ein Laufwerk einmal ausfiel, denn es ging dann ja nur ein Bit in jedem gelesenen 39-Bit-Wort verloren und das konnte der Hamming-Code mühelos verkraften.

Nachteilig bei diesem Verfahren ist, dass die Plattendrehungen aller Laufwerke synchronisiert werden müssen und es nur bei einer großen Anzahl von Laufwerken sinnvoll ist (selbst bei 32 Daten- und 6 Paritätslaufwerken beträgt der Overhead noch 19 Prozent). Außerdem verlangt dieses System dem Controller sehr viel ab, da er für jeden Bitzugriff eine Hamming-Prüfsumme bilden muss.

RAID Level 3 in ▶Abbildung 2.19d ist eine vereinfachte Version von RAID Level 2. Es berechnet für jedes Datenwort ein einzelnes Paritätsbit und schreibt es auf ein Paritätslaufwerk. Wie bei RAID Level 2 müssen die Laufwerke exakt synchronisiert sein, da die einzelnen Datenwörter über mehrere Laufwerke verteilt sind.

Auf den ersten Blick sieht es so aus, dass ein einzelnes Paritätsbit nur Fehlererkennung, nicht aber Fehlerkorrektur ermöglicht. Für beliebige unerkannte Fehler trifft dies auch zu. Doch im Fall eines ausfallenden Laufwerks ist eine vollständige 1-Bit-Fehlerkorrektur gegeben, da die Position des fehlerhaften Bits bekannt ist. Für die Bits eines fehlerhaften Laufwerks nimmt der Controller einfach Nullen an. Ergibt sich für das Wort ein Paritätsfehler, muss das Bit aus dem toten Laufwerk eine 1 sein, und es wird entsprechend korrigiert. Zwar bieten die RAID Level 2 und 3 sehr hohe Datenraten; diese Systeme können aber nicht mehr separate Ein-/Ausgabeanforderungen je Sekunde bewältigen als ein Einzellaufwerk.

RAID Level 4 und 5 arbeiten wieder mit Strips – statt auf Wortbasis mit Parität – und verlangen auch keine synchronisierten Laufwerke. RAID Level 4 (▶Abbildung 2.19e) entspricht RAID Level 0, wobei die Parität Strip-weise auf ein zusätzliches Laufwerk geschrieben wird. Ist zum Beispiel jeder Strip k Bytes lang, werden alle Strips per XOR miteinander verknüpft, was einen Paritätsstreifen mit der Länge von k Bytes ergibt. Fällt ein Laufwerk aus, so lassen sich die verloren gegangenen Bytes wieder aus dem Paritätslaufwerk errechnen.

Dieses Konzept schützt gegen den Ausfall eines Laufwerks, doch die Leistung ist bei kleinen Aktualisierungen ungünstig. Wenn sich nämlich ein Sektor ändert, muss das System alle Laufwerke lesen, um die Parität neu zu berechnen und dann zurückzuschreiben. Alternativ kann es die alten Benutzerdaten und die alten Paritätsdaten lesen und daraus die neue Parität errechnen. Selbst mit dieser Optimierung verlangt eine kleine Aktualisierung immer noch zwei Lese- und zwei Schreibvorgänge – zweifellos eine ungünstige Anordnung.

Als Folge seiner hohen Belastung kann das Paritätslaufwerk zu einem Engpass werden. Dieser lässt sich in RAID Level 5 dadurch umgehen, dass das System die Paritätsbits gleichmäßig gemäß dem Round-Robin-Verfahren (d.h. zyklisch) auf alle Laufwerke verteilt, wie es in ▶Abbildung 2.19f zu sehen ist. Beim Ausfall eines Laufwerks ist die Inhaltsrekonstruktion dieses Laufwerks jedoch ein komplexer Vorgang.

2.3.6 Solid-State-Disks

Solid-State-Disks bestehen aus einer großen Zahl von Flashtransistoren, die Daten dauerhaft speichern. SSDs werden heute in vielen Rechnern eingesetzt, da der Datenzugriff deutlich schneller ist als bei normalen Festplatten.

Festplatten auf der Basis von nicht flüchtigem Flashspeicher – sogenannte **Solid-State-Disks (SSDs)** – liegen im Trend als Hochgeschwindigkeitsalternative zu herkömmlichen Technologien mit magnetischen Datenträgern. Die Erfindung der SSD ist eine klassische Geschichte von „When they give you lemons, make lemonade“ (Wenn das Leben dir Zitronen gibt, mach Limonade daraus). Die moderne Elektronik mag vollkommen zuverlässig erscheinen, doch nutzen sich Transistoren im Betrieb auch ab. Bei jedem Schaltvorgang verschleißen sie ein wenig mehr und nähern sich einem Totalausfall. Diese Schädigung ist häufig auf eine Injektion heißer Ladungsträger (Hot Carrier Injection) zurückzuführen, bei der stark geladene Elektronen in einen bisher funktionierenden Transistor eingebettet werden und ihn in einen Zustand versetzen, in dem er permanent ein- oder ausgeschaltet bleibt. Auch wenn das im Allgemeinen wie ein Todesurteil für einen (höchstwahrscheinlich) unschuldigen Transistor klingt, hat Fujio Masuoka bei seinen Arbeiten für Toshiba einen Weg gefunden, um diesen Ausfallmechanismus für einen neuen nicht flüchtigen Speicher nutzbar zu machen. Anfang der 1980er Jahre hat er den ersten Flashspeicher erfunden.

Flashdisks sind aus vielen Festkörper-Flashspeicherzellen (▶Abbildung 2.20) aufgebaut. Die Flashspeicherzellen bestehen aus einem einzelnen speziellen Flashtransistor. In den Transistor eingebettet ist ein Floating-Gate, das sich mit hohen Spannungen laden und entladen lässt. Vor der Programmierung der Zelle wirkt sich das Floating-Gate nicht auf den Betrieb des Transistors aus, sondern wirkt praktisch als zusätzlicher Isolator zwischen dem Steuer-Gate und dem Transistorkanal. Testet man die Flashzelle, dann verhält sie sich wie ein einfacher Transistor.

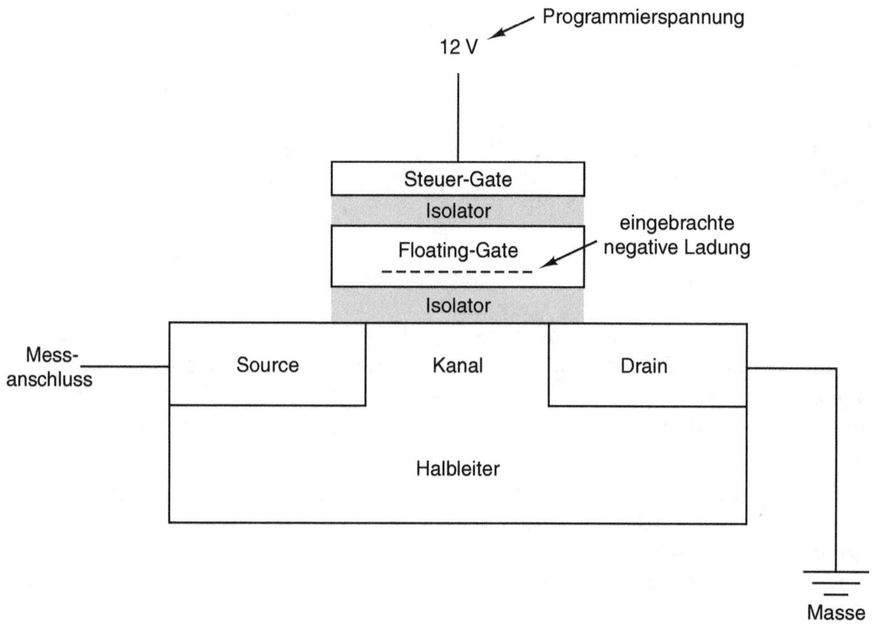

Abbildung 2.20: Eine Flashspeicherzelle

Um die Flashzelle für ein Bit zu programmieren, legt man eine hohe Spannung (in der Computerwelt ist 12 V eine hohe Spannung) an das Steuer-Gate an, was die Injektion heißer Ladungsträger in das Floating-Gate beschleunigt. Elektronen werden in das Floating-Gate eingebettet und erzeugen im Inneren des Transistors eine negative Ladung. Die eingebettete negative Ladung erhöht die erforderliche Spannung, um den Flashtransistor einzuschalten. Durch Testen, ob der Kanal mit einer hohen oder niedrigen Spannung einschaltet, lässt sich ermitteln, ob das Floating-Gate geladen ist, was für die Flashzelle einen 0- oder 1-Wert ergibt. Die eingebettete Ladung verbleibt auch dann im Transistor, wenn am System keine Betriebsspannung mehr anliegt. Damit ist die Flashspeicherzelle nicht flüchtig.

Da SSDs prinzipiell Speicher sind, besitzen sie gegenüber rotierenden Festplatten eine überlegene Leistung und eine Suchzeit von null. Eine typische Festplatte kann mit maximal 100 MB/s auf die Daten zugreifen, eine SSD arbeitet dagegen zwei- bis dreimal schneller. Und da SSDs keine bewegten Teile enthalten, sind sie besonders für Notebook-Computer geeignet, wo sich Rütteln und schnelle Bewegungen nicht auf den Datenzugriff auswirken. Nachteilig sind allerdings die hohen Kosten von SSDs im Vergleich zu Festplatten. Während Festplattenspeicher nur wenige Cent pro GB kosten, sind bei typischen SSDs ein bis drei US-Dollar pro GB zu veranschlagen, sodass sie sich nur für Anwendungen mit geringerem Speicherbedarf eignen oder für Situationen, wo die Kosten eine untergeordnete Rolle spielen. Zwar fallen die Kosten von SSDs, doch ist es noch ein weiter Weg, bis sie mit den preiswerten Festplatten mithalten können. Auch wenn inzwischen SSDs in vielen Computern die Festplatten ersetzen, dürfte es noch lange dauern, bis die Festplatten das Schicksal der Dinosaurier ereilt (außer wenn ein großer Meteorit die Erde treffen sollte, was dann aber höchstwahrscheinlich auch den SSDs den Garaus machen würde).

Wear Levelling: Die begrenzte Lebensdauer einzelner Flashtransistoren wird durch eine gezielte Verteilung der Schreibvorgänge auf alle Zellen einer SSD verlängert.

Ein weiterer Nachteil der SSDs im Vergleich zu Festplatten ist ihre Fehlerrate. Eine typische Flashzelle lässt sich nur etwa 100.000-mal beschreiben, bis sie nicht mehr funktioniert. Die in das Floating-Gate injizierten Elektronen schädigen es genau wie die umgebenden Isolatoren, bis die Funktion nicht mehr gegeben ist. Um die Lebensdauer von SSDs zu erhöhen, verwendet man eine als **Wear Levelling** bezeichnete Technik, die Schreibvorgänge auf alle Flashzellen im Laufwerk verteilt. Wenn ein neuer Datenträgerblock zu schreiben ist, wird der Zielblock einem neuen SSD-Block zugeordnet, der in der letzten Zeit nicht beschrieben worden ist. Hierfür ist eine logische Blockzuordnung im Flashdatenträger erforderlich, wodurch unter anderem die großen internen Speicheroverheads von Flashlaufwerken zustande kommen. Die Anzahl der Schreibvorgänge, die ein Flashdatenträger mit Wear Levelling aushält, ist gleich der Anzahl der Schreibvorgänge, die eine Zelle übersteht, multipliziert mit der Anzahl der Blöcke im Datenträger.

Manche SSDs sind in der Lage, mithilfe von Multilevel-Flashzellen (mehrstufige Speicherzellen) mehrere Bits je Byte zu codieren. Dabei steuert die Technik präzise die Ladungsmenge, die in das Floating-Gate gelangt. Mit einer Sequenz von steigenden Spannungen am Steuer-Gate wird dann ermittelt, wie viel Ladung im Floating-Gate gespeichert ist. Typische Multilevel-Zellen realisieren vier Ladungsstufen, sodass zwei Bits pro Flashzelle möglich sind.

2.3.7 CD-ROMs

Optische Datenträger wurden ursprünglich zur Aufzeichnung von Fernsehprogrammen entwickelt, doch zweckmäßiger lassen sie sich als Speichergeräte für Computer einsetzen. Aufgrund ihrer großen Kapazität und des niedrigen Preises sind optische Datenträger weit verbreitet. Man kann damit Software, Bücher, Filme und Daten aller Art weitergeben und auch Sicherungen von Festplatten anlegen.

Die optischen Platten der ersten Generation wurden vom niederländischen Elektronikkonzern Philips zur Speicherung von Filmen erfunden. Sie hatten einen Durchmesser von 30 cm und wurden unter der Bezeichnung LaserVision vermarktet. Doch außer in Japan konnten sie nicht Fuß fassen.

1980 entwickelte Philips zusammen mit Sony die CD (Compact Disc), die schnell die Schallplatten aus Vinyl mit einer Drehzahl von 33 1/3 min^{-1} verdrängte. Die genauen technischen Details für die CD wurden im offiziellen Internationalen Standard ISO 10149 veröffentlicht, der wegen seiner Umschlagfarbe auch allgemein **Red Book** genannt wurde. (Internationale Standards werden von der International Organization for Standardization herausgegeben – dem internationalen Gegenstück zu nationalen Normengremien wie ANSI, DIN usw. Jeder Standard hat eine ISO-Nummer.) Die Veröffentlichung der Platten- und Laufwerksspezifikationen als internationaler Standard hat den Zweck, dass die CDs verschiedener Musikgesellschaften und die Abspielgeräte verschiedener Elektronikhersteller problemlos zusammenarbeiten. Alle CDs haben einen Durchmesser von 120 mm, sind 1,2 mm dick und haben ein 15 mm großes Loch in der Mitte. Die Audio-CD war das erste digitale Speichermedium auf dem Massenmarkt. Sie soll 100 Jahre halten. Prüfen Sie bitte im Jahr 2080, ob der erste CD-Stapel diese Zeit heil überstanden hat.

Bei der Vorbereitung einer CD werden mit einem Hochleistungslaser Löcher von 0,8 µm Durchmesser in eine beschichtete Glas-Masterdisk gebrannt. Von diesem Master wird eine Form hergestellt, die Erhebungen dort aufweist, wo sich die Laserlöcher des Masters befanden. In diese Form wird geschmolzenes Polykarbonatharz eingespritzt und so entsteht eine CD mit dem gleichen Lochmuster wie im Glas-Master. Danach wird auf das Polykarbonat eine sehr dünne Schicht aus reflektierendem Aluminium sowie eine Schutzschicht aus Lack und schließlich noch ein Etikett aufgebracht. Die Vertiefungen im Polykarbonatsubstrat werden **Pits** und die nicht gebrannten Flächen zwischen den Pits **Lands** genannt.

Bei der Wiedergabe wirft eine Laserdiode geringer Leistung Infrarotlicht mit einer Wellenlänge von 0,78 µm auf die sich vorbeibewegenden Pits und Lands. Der Laser befindet sich dabei auf der Polykarbonatseite, sodass die Pits dem Laser als Erhebungen in der sonst ebenen Oberfläche entgegenragen. Da die Pits eine Höhe von einem Viertel der Wellenlänge des Laserlichts haben, ist das von den Pits reflektierte Licht eine halbe Wellenlänge außer Phase zu dem von der umgebenden Oberfläche reflektierten Licht. Daher kommt es zu einer Auslöschung dieser beiden Lichtanteile, und es geht weniger Licht zurück zum Fotodetektor des Abspielgeräts als das Licht, das von der umgebenden Fläche zurückgeworfen wird. So kann das Gerät Pits von Lands unterscheiden. Obwohl es am einfachsten erscheint, ein Pit zur Aufzeichnung einer 0 und ein Land für eine 1 zu verwenden, ist es zuverlässiger, einen Pit-Land- oder Land-Pit-Übergang für die 0 und die Abwesenheit eines solchen Übergangs als 1 zu definieren. Man entschied sich daher für letzteres Schema.

Die Pits und Lands werden, beginnend in der Nähe des Mittellochs, 32 mm weit in Richtung des Außenrands in einer einzigen nach außen fortlaufenden Spirale geschrieben. Diese Spirale macht 22.188 Umdrehungen um die Scheibe (rund 600 pro mm). Könnte man sie abwickeln, wäre sie 5,6 km lang. ▶Abbildung 2.21 zeigt den spiralförmigen Aufbau.

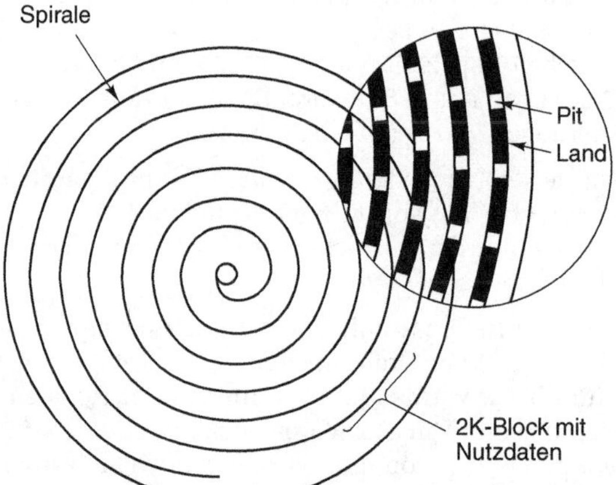

Abbildung 2.21: Aufzeichnungsstruktur einer Compact Disc oder CD-ROM

Damit die Musik gleichmäßig schnell abgespielt wird, müssen die Pits und Lands mit konstanter *linearer* Geschwindigkeit vorbeiströmen. Aus diesem Grund ist die Drehzahl der CD kontinuierlich zu verringern, während der Lesekopf sich von innen nach außen über die CD bewegt. An der Innenseite beträgt die Drehzahl 530 min^{-1}, um die gewünschte Geschwindigkeit von 120 cm/s zu erzielen. An der Außenseite muss sie auf 200 min^{-1} sinken, damit sich die gleiche lineare Geschwindigkeit am Kopf ergibt. Ein Laufwerk mit konstanter linearer Geschwindigkeit unterscheidet sich beträchtlich von einem Festplattenlaufwerk, das unabhängig von der jeweiligen Position des Lesekopfes mit konstanter *Winkelgeschwindigkeit* arbeitet. Außerdem sind 530 min^{-1} weit von den 3600 bis 7200 min^{-1} entfernt, mit denen sich die meisten Festplatten drehen.

1984 erkannten Philips und Sony das Potenzial der CD für die Speicherung von Computerdaten und veröffentlichten das **Yellow Book** mit der Definition eines exakten Standards für das, was wir heute **CD-ROM** (**Compact Disc-Read Only Memory**) nennen. Um auf der Welle des damals bereits etablierten Markts für Audio-CDs reiten zu können, sollten CD-ROMs die gleiche Größe wie Audio-CDs aufweisen, zu ihnen mechanisch und optisch kompatibel sein und mit den gleichen Polykarbonat-Spritzgussmaschinen produziert werden können. Als Konsequenz dieser Entscheidung wurden langsame Motoren mit variabler Drehzahl benötigt. Andererseits konnten aber die Produktionskosten für eine CD-ROM somit auch bei niedrigeren Stückzahlen deutlich unter einem US-Dollar bleiben.

Eine **CD-ROM** ist ein optisches Speichermedium, das durch einen Laser abgetastet wird. Die Daten werden dauerhaft mit einer hohen Dichte gespeichert und durch mehrere Fehlerkorrekturmethoden geschützt.

Das Yellow Book definierte die Formatierung der Computerdaten. Außerdem wurden die Fehlerkorrekturfähigkeiten des Systems verbessert – ein entscheidender Schritt, denn Musikfreunde können den gelegentlichen Ausfall eines Bits leicht verkraften, Computerfreunde reagieren in einem solchen Fall aber schnell sauer. Das Grundformat bei einer CD-ROM besteht in der Codierung jedes Bytes in einem 14-Bit-Symbol. Wie wir weiter oben gesehen haben, genügen 14 Bits, um ein 8-Bit-Byte nach Hamming zu codieren, wobei 2 Bits übrig bleiben. Tatsächlich wird ein noch wirkungsvolleres Codierungssystem verwendet. Die 14-zu-8-Umsetzung beim Lesen erfolgt in der Hardware durch Zuordnungstabellen.

Auf der nächsten Ebene bildet eine Gruppe von 42 aufeinanderfolgenden Symbolen einen **Frame** (Datenübertragungsblock) von 588 Bits. Jeder Frame enthält 192 Datenbits (24 Byte). Die übrigen 396 Bits dienen der Fehlerkorrektur und Steuerung. So weit ist das Schema für Audio-CDs und CD-ROMs identisch.

Neu im Yellow Book ist die Gruppierung von 98 Frames zu einem **CD-ROM-Sektor**, wie in ▶Abbildung 2.22 dargestellt. Jeder CD-ROM-Sektor beginnt mit einer 16-Byte-Präambel. Die ersten 12 davon sind 00FF FFFF FFFF FFFF FFFF FF00 (hexadezimal). Mit ihrer Hilfe erkennt das Abspielgerät den Start eines CD-ROM-Sektors. Die nächsten 3 Bytes enthalten die Sektornummer, denn die Kopfpositionierung auf einer CD-ROM mit ihrer einzigen Datenspirale ist viel schwieriger als bei einer Festplatte mit ihren einheitlichen konzentrischen Spuren. Bei der Positionierung berechnet die Laufwerksoftware den ungefähren Ort, bewegt den Kopf dorthin und sucht dann nach einer Präambel, um zu sehen, wie gut die Schätzung war. Das letzte Byte in der Präambel enthält den Modus.

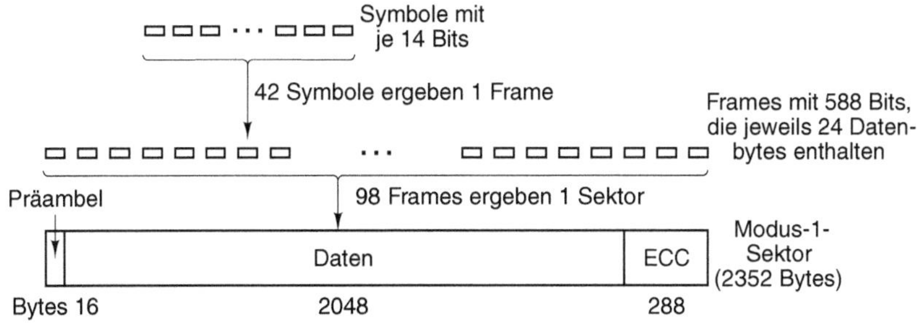

Abbildung 2.22: Logisches Datenlayout auf einer CD-ROM

Das Yellow Book definiert zwei Modi. Modus 1 verwendet das in Abbildung 2.22 dargestellte Layout mit 16-Byte-Präambel, 2048 Datenbytes und einem Fehlerkorrekturcode von 288 Bytes (Cross-Interleaved Reed-Solomon Code – CIRC, d.h. ein Reed-Solomon-Code mit Vorkehrungen gegen Flächenfehler). Modus 2 kombiniert die Daten- und Fehlerkorrekturfelder (Error Correction Code – ECC) für diejenigen Anwendungen, die wie Audio oder Video keine Fehlerkorrektur benötigen (oder sich die Zeit dafür nicht leisten können), zu einem 2336-Byte-Datenfeld. Um hohe Zuverlässigkeit zu erzielen, werden also drei separate Fehlerkorrekturmethoden eingesetzt – innerhalb eines Symbols, eines Rahmens und eines CD-ROM-Sektors. Einzelbitfehler werden auf unterster Ebene und kurze Burst-Fehler auf Frame-Ebene korrigiert, während Restfehler auf Sektorebene abgefangen werden. Der Preis für diese hohe Zuverlässigkeit ist, dass 98 Frames mit je 588 Bits (7203 Byte) erforderlich sind, um eine Nutzdatenmenge von 2048 Byte zu übertragen. Das entspricht einer Effizienz von nur 28 Prozent.

CD-ROM-Laufwerke mit einfacher Geschwindigkeit arbeiten mit 75 Sektoren je Sekunde, was einer Datenrate von 153.600 Byte/s in Modus 1 und 175.200 Byte/s in Modus 2 entspricht. Double-Speed-Laufwerke sind doppelt so schnell; und so geht es weiter bis zu den höchsten Geschwindigkeiten. Eine standardmäßige Audio-CD hat Platz für 74 Minuten Musik, was auf Modus-1-Daten umgerechnet eine Kapazität von 681.984.000 Byte ergibt. Dieser Wert wird gewöhnlich mit 650 MB angegeben, weil 1 MB 2^{20} Byte (1.048.576 Byte) und nicht 1.000.000 Byte entspricht.

Wenn eine neue Technologie herauskommt, gibt es üblicherweise Versuche, die Grenzen auszureizen. Beim Entwurf der CD-ROM waren Philips und Sony vorsichtig und stoppten den Schreibvorgang, bevor der äußere Rand der Disk erreicht war. Es dauerte nicht lange, bis einige Laufwerkshersteller ihren Laufwerken erlaubten, über die offizielle Grenze hinauszugehen und dem physischen Rand des Mediums gefährlich nahe zu kommen. Damit konnten sie die Kapazität von 650 MB auf 700 MB steigern. Und als man bei verbesserter Technologie die leeren Scheiben nach einem höheren Standard herstellte, avancierte die Kapazität 703,12 MB (360.000 statt 333.000 Sektoren zu je 2048 Bytes) zur neuen Norm.

Beachten Sie, dass nicht einmal ein CD-ROM-Laufwerk mit 32-facher Geschwindigkeit (4.915.200 Byte/s) gegen eine schnelle SCSI-2-Festplatte mit 10 MB/s ankommt. Macht man sich klar, dass die Suchzeit gewöhnlich mehrere Hundert Millisekunden beträgt, liegt es auf der Hand, dass CD-ROM-Laufwerke trotz ihrer hohen Kapazität nicht zur gleichen Leistungsklasse wie Festplatten gehören.

1986 erweiterte Philips mit dem **Green Book** die Spezifikation durch Grafiken und die Fähigkeit, Audio, Video und Daten in demselben Sektor zu verschachteln – eine für Multimedia-CD-ROMs unabdingbare Eigenschaft.

Das letzte Stück im CD-ROM-Puzzle ist das Dateisystem. Damit dieselbe CD-ROM auf verschiedenen Computern laufen kann, musste man Einigkeit über CD-ROM-Dateisysteme erzielen. Hierzu kamen die Vertreter vieler Computerfirmen am Lake Tahoe in den High Sierras zwischen Kalifornien und Nevada zusammen und erarbeiteten ein Dateisystem, das sie **High Sierra** nannten. Später entwickelte es sich zu einem internationalen Standard (ISO 9660). Es hat drei Ebenen oder Level. Level 1 arbeitet mit Dateinamen von bis zu 8 Zeichen, wahlweise gefolgt von einer bis zu drei Zeichen langen Erweiterung (die bekannte MS-DOS-Dateinamenskonvention). Die Dateinamen dürfen nur Großbuchstaben, Zahlen und den Unterstrich enthalten. Für Verzeichnisse ist eine maximale Tiefe von acht Ebenen erlaubt, wobei für Verzeichnisnamen keine Erweiterungen zulässig sind. Level 1 fordert, dass alle Dateien fortlaufend gespeichert werden, was bei einem nur einmal beschreibbaren Medium kein Problem darstellt. Jede zu ISO 9660 konforme CD-ROM kann mit einem MS-DOS-, Apple-, Unix- und praktisch jedem anderen Computer gelesen werden. CD-ROM-Verlage betrachten diese Eigenschaft als großen Vorteil.

ISO 9660 Level 2 erlaubt Namen von bis zu 32 Zeichen, und Level 3 lässt auch nicht zusammenhängende Dateien zu. Die Rock-Ridge-Erweiterungen (eigenartigerweise benannt nach der Stadt im Mel-Brooks-Film *Der wilde, wilde Westen*) erlauben sehr lange Namen (für Unix), UIDs, GIDs und symbolische Verknüpfungen, doch CD-ROMs, die nicht konform zu Level 1 sind, können nicht von allen Rechnern gelesen werden.

2.3.8 Einmal beschreibbare CDs

Anfangs war die für die Produktion einer Master-CD-ROM (oder Audio-CD) erforderliche Ausrüstung extrem teuer. Doch in der Computerbranche bleibt nichts auf Dauer teuer. Mitte der neunziger Jahre waren CD-Rekorder von der Größe eines CD-Spielers ein gängiges und in den meisten Computerläden vorrätiges Peripheriegerät. Beschreibbare CD-ROMs unterscheiden sich immer noch von Festplatten, denn sind sie einmal beschrieben, können sie nicht wieder gelöscht und neu beschrieben werden. Dennoch fanden sie schnell eine Nische als Sicherungsmedium für große Festplatten und sie erlaubten es Einzelpersonen oder jungen Unternehmen, eigene CD-ROMs in kleinen Serien zu fertigen oder Master für die Weitergabe an kommerzielle CD-Vervielfältigungsanlagen für große Stückzahlen zu produzieren. Diese Laufwerke tragen die Bezeichnung **CD-R** (**CD-Recordable**).

Ihr Dasein beginnen CD-Rs als Leer-CDs von 120 mm Durchmesser aus Polykarbonat, die wie CD-ROMs aussehen, außer dass sie eine 0,6 mm breite Rille aufweisen, die den Laser beim Beschreiben führt. Die Rille hat eine sinusartige Auslenkung von 0,3 mm bei einer Frequenz von genau 22,05 kHz. Anhand dieser Informationen lässt sich die Umdrehungsgeschwindigkeit präzise überwachen und gegebenenfalls anpassen. Die ersten CD-Rs sahen wie gewöhnliche CD-ROMs aus, nur dass sie an der Oberseite golden statt silbern waren. Die goldene Farbe hat ihre Ursache darin, dass als Reflexionsschicht echtes Gold anstelle des Aluminiums dient. Anders als bei den Silberscheiben, die Vertiefungen aufweisen, muss bei den CD-Rs die unterschiedliche Reflexionsfähigkeit der Pits und Lands simuliert werden. Dies erfolgt durch eine zusätzliche Farbschicht zwischen dem Polykarbonat und der reflektierenden Goldschicht (▶Abbildung 2.23). Es werden zwei Farbstoffarten verwendet: Zyanin mit grünlichem Farbton und Phthalozyanin mit gelblichem Orangeton. Chemiker können endlos darüber debattieren, was besser ist. Schließlich ist an die Stelle der Goldschicht eine Reflexionsschicht aus Aluminium getreten.

Das Laserlicht kann die im ursprünglichen Zustand transparente Farbschicht durchdringen und wird von der reflektierenden Schicht zurückgeworfen. Beim Schreiben wird der CD-R-Laser auf hohe Leistung gebracht (8 – 16 mW). Trifft der Strahl auf einen Farbpunkt, erhitzt er diesen und bricht eine chemische Bindung auf. Diese Veränderung in der Molekülstruktur erzeugt eine dunkle Stelle. Beim Lesen (bei 0,5 mW) erkennt der Fotodetektor den Unterschied zwischen den dunklen Stellen, wo die Farbe getroffen wurde, und den Stellen, wo die Farbschicht intakt ist. Dies wird als Unterschied zwischen Pits und Lands interpretiert – selbst von einem gewöhnlichen CD-ROM-Leser und sogar von einem Audio-CD-Spieler.

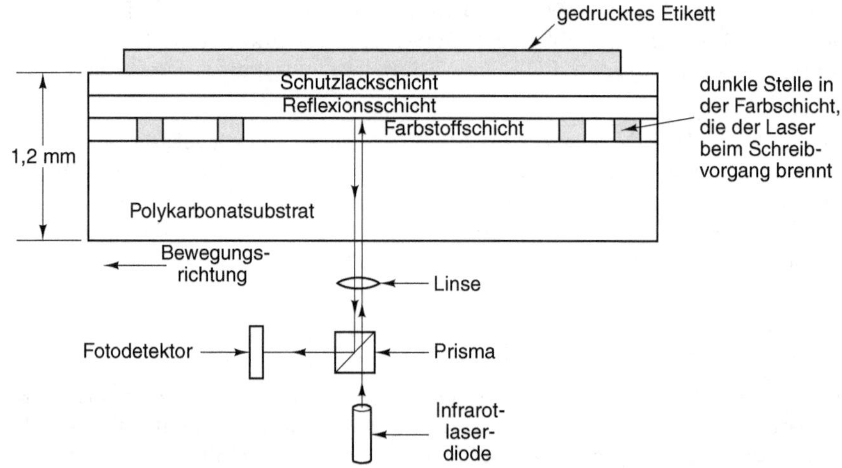

Abbildung 2.23: Querschnitt durch eine CD-R und den Laser (nicht maßstabsgetreu). Eine CD-ROM hat eine ähnliche Struktur, verfügt aber nicht über die Farbschicht und hat anstelle der reflektierenden Schicht eine Aluminiumschicht mit Vertiefungen.

Eine neue Art von CD ohne ein Buch mit einem Farbnamen wäre wohl undenkbar und so hat die CD-R ihr **Orange Book** bekommen, das 1989 veröffentlicht wurde. Dieses Dokument definiert CD-Rs und auch ein neues Format, **CD-ROM XA**, das es erlaubt, CD-Rs inkrementell zu beschreiben – heute ein paar Sektoren, morgen ein paar weitere und im nächsten Monat noch einige. Eine Gruppe aufeinanderfolgend beschriebener Sektoren wird **CD-ROM-Spur** (CD-ROM Track) genannt.

Zu den ersten Anwendungsfällen der CD-Rs gehörte die Kodak PhotoCD. Bei diesem System bringt der Kunde seinem Fotogeschäft eine belichtete Filmrolle und seine alte PhotoCD und erhält dieselbe PhotoCD zurück, auf der die neuen Bilder im Anschluss an die alten angefügt wurden. Die neuen Bilder werden durch Scannen der Negative produziert und als separate CD-ROM-Spur hinter die alten Bilder auf die PhotoCD geschrieben. Das inkrementelle Schreiben ist notwendig, weil leere CD-Rs zu teuer sind, um für jede Filmrolle einen neuen Rohling zu verwenden.

Doch das schrittweise Beschreiben führt zu einem neuen Problem. Vor dem Orange Book hatten alle CD-ROMs am Anfang ein einziges Datenträger-Inhaltsverzeichnis (**Volume Table of Contents – VTOC**). Das funktioniert aber bei inkrementellen (d.h. mehrspurigen) Schreibvorgängen nicht. Als Lösung sieht das Orange Book für jede CD-ROM-Spur ein eigenes Inhaltsverzeichnis vor. In einem Inhaltsverzeichnis können auch einige oder alle Dateien von früheren Spuren aufgelistet sein. Wenn die CD-R in das Laufwerk eingelegt ist, durchsucht das Betriebssystem alle CD-ROM-Spuren nach dem jüngsten Inhaltsverzeichnis, das den aktuellen Status der Scheibe wiedergibt. Wenn nicht alle, sondern nur einige der früheren Dateien in das aktuelle Inhaltsverzeichnis aufgenommen werden, entsteht der Eindruck, die nicht aufgenommenen Dateien seien gelöscht worden. Spuren lassen sich zu **Sitzungen** (Sessions) gruppieren, was dann **Multisession**-CD-ROMs ergibt. Gewöhnliche Audio-CD-Spieler können mit Multisession-CDs nicht umgehen, weil sie ein einziges Inhaltsverzeichnis am Anfang der CD erwarten.

Mit CD-Rs können Einzelpersonen und Unternehmen schnell und einfach CD-ROMs (und Audio-CDs) kopieren, möglicherweise unter Verletzung von Urheberrechten. Aus diesem Grund wurden verschiedene Methoden entwickelt, um Raubkopien dieser Art zu verhindern und es zu erschweren, eine CD-ROM mit einer anderen als der Software des Herstellers zu lesen. Eine dieser Methoden verzeichnet alle Dateilängen auf der CD-ROM in der Größe von mehreren GB, um auf diese Weise jeden Versuch scheitern zu lassen, die Dateien mit Standardsoftware auf die Festplatte zu kopieren. Die wahren Längen sind in die Herausgeber-Software eingebettet oder auf der CD-ROM an unerwarteter Stelle (womöglich auch noch verschlüsselt) versteckt. Ein anderes Verfahren verwendet absichtlich falsche Fehlerkorrekturcodes (ECC) in ausgewählten Sektoren in der Erwartung, dass das Kopierprogramm diese „in Ordnung bringt". Das Anwendungsprogramm prüft selbst die Fehlerkorrekturcodes und verweigert die Arbeit, wenn sie korrekt sind. Weitere Möglichkeiten bestehen darin, nicht standardgemäße Lücken zwischen den Spuren und andere physikalische „Defekte" zu verwenden.

Als **Kopierschutz** für CD-ROMs stehen unterschiedliche Verfahren zur Verfügung. So werden z.B. physikalische oder logische Defekte verwendet, um das Lesen mit normaler Software zu verhindern.

2.3.9 Wiederbeschreibbare CDs

Wir sind zwar alle daran gewöhnt, mit nur einmal beschreibbaren Medien, wie Papier und Fotofilm, umzugehen, dennoch gibt es einen Bedarf an mehrfach beschreibbaren CD-ROMs. Eine hierfür geeignete und verfügbare Technik ist **CD-RW** (**CD-Rewritable**), die mit Medien von der gleichen Größe wie CD-R arbeitet. Statt Zyanin- oder Phthalozyanin-Farbe verwendet die CD-RW aber eine Legierung aus Silber, Indium, Antimon und Tellur als Aufzeichnungsschicht. Diese Legierung kennt zwei stabile Zustände – kristallin und amorph – mit unterschiedlichem Reflexionsvermögen.

CD-RW-Laufwerke verwenden Laser mit drei verschiedenen Leistungsstufen. Bei hoher Leistung schmilzt der Laser die Legierung und bringt sie vom stark reflektierenden kristallinen Zustand in den schwach reflektierenden amorphen Zustand, der ein Pit repräsentiert. Mittlere Leistung schmilzt die Legierung auf und stellt ihren natürlichen kristallinen Zustand wieder her, der einem Land entspricht. Bei niedriger Leistung wird der Zustand des Materials (zum Lesen) abgetastet, wobei aber kein Phasenübergang auftritt.

Die CD-RW hat die CD-R noch nicht vollständig abgelöst, weil CD-RW-Rohlinge teurer als CD-R-Rohlinge sind. Und bei Anwendungen zum Sichern von Festplatten ist die Tatsache, dass sich eine einmal beschriebene CD-R nicht versehentlich löschen lässt, ein Feature und kein Mangel.

2.3.10 DVD

Das Grundformat für CDs/CD-ROMs gibt es seit 1980. Mitte der 1990er Jahre hat sich die Technik für optische Medien drastisch verbessert, sodass sich auch Video-Disks wirtschaftlich herstellen ließen. Zur gleichen Zeit suchte Hollywood nach einer Möglichkeit, die analogen Videokassetten durch eine Technik mit optischen Datenträgern zu ersetzen, da diese eine höhere Qualität aufweisen, billiger herzustellen sind, länger halten, in den Videogeschäften weniger Platz beanspruchen und nach dem Abspielen nicht wieder zurückgespult werden müssen. Es sah so aus, als ob sich das Rad des Fortschritts für optische Datenträger erneut zu drehen begann.

Bei der **DVD** und der **Blu-Ray** wird eine höhere Datendichte durch kleinere Strukturen und die Verwendung von Lasern mit kürzerer Wellenlänge erreicht.

Diese Verbindung aus Technologie und Nachfrage durch drei ungeheuer reiche und mächtige Industriezweige hat zur **DVD** geführt, was ursprünglich für **Digital Video Disk** stand, heute aber offiziell als Akronym für **Digital Versatile Disk** (versatile = vielseitig) gilt. DVDs sind prinzipiell wie CDs aufgebaut: Polykarbonatspritzguss-Scheiben von 120 mm Durchmesser mit Pits und Lands, die von einer Laserdiode angestrahlt und von einem Fotodetektor gelesen werden. Neu an DVDs ist Folgendes:

1. Kleinere Pits (0,4 µm gegenüber 0,8 µm bei CDs)
2. Engere Spirale (0,74 µm zwischen Spuren gegenüber 1,6 µm bei CDs)
3. Roter Laser (0,65 µm gegenüber 0,78 µm bei CDs)

Zusammen steigern diese Verbesserungen die Kapazität um das Siebenfache auf 4,7 GB. Ein DVD-Laufwerk mit einfacher Lesegeschwindigkeit arbeitet mit 1,4 MB/s (gegenüber 150 KB/s bei der CD). Leider bedeutet dieser Übergang zu Rotlasern, wie sie auch an den Kassen von Supermärkten eingesetzt werden, dass DVD-Spieler einen zweiten Laser benötigen, um auch herkömmliche CDs und CD-ROMs lesen zu können, was die Komplexität und die Kosten ein wenig erhöht.

Reichen 4,7 GB aus? Vielleicht. Mit MPEG-2-Komprimierung (genormt in ISO 13346) kann eine DVD-Disk von 4,7 GB 133 Minuten Videofilm in Vollbildgröße bei hoher Auflösung (720 × 480) einschließlich Tonspuren in acht Sprachen sowie Untertitel in weiteren 32 Sprachen aufnehmen. Rund 92 % aller Filme, die Hollywood je hervorgebracht hat, sind weniger als 133 Minuten lang. Dennoch könnten einige Produkte, z.B. Multimediaspiele oder Nachschlagewerke, mehr benötigen, und Hollywood könnte mehr als nur einen Film auf dieselbe Scheibe bringen wollen. Daher wurden vier Formate definiert:

1. Einseitig, eine Schicht (single-sided, single-layer 4,7 GB)
2. Einseitig, zwei Schichten (single-sided, dual-layer 8,5 GB)
3. Zweiseitig, eine Schicht (double-sided, single-layer 9,4 GB)
4. Zweiseitig, zwei Schichten (double-sided, dual-layer 17 GB)

Warum so viele Formate? In einem Wort: Politik. Philips und Sony wollten einseitige Zwei-Schichten-Disks für die Hochkapazitätsversion, doch Toshiba und Time Warner forderten zweiseitige Ein-Schichten-Disks. Philips und Sony glaubten nicht, dass die Verbraucher Lust hätten, die Scheibe umzudrehen, und Time Warner glaubte nicht, dass man zwei Schichten auf einer Seite überhaupt zur Funktionsreife bringen könnte. Der Kompromiss: Alle Kombinationen erlauben und es dem Markt überlassen, welche Kombinationen überleben. Nun, der Markt hat gesprochen, Philips und Sony lagen richtig. Man sollte eben nie gegen Technologie wetten.

Bei der Zwei-Schichten-Technik befindet sich eine reflektierende Schicht am Boden und darüber eine halbreflektierende Schicht. Abhängig von der Fokussierung des Lasers erfolgt die Reflexion an der einen oder anderen Schicht. Die untere Schicht benötigt geringfügig größere Pits und Lands, daher ist ihre Kapazität etwas kleiner als die der oberen Schicht.

Um zweiseitige Disks herzustellen, klebt man zwei einseitige 0,6-mm-Disks Rücken an Rücken zusammen. Damit alle Versionen die gleiche Dicke aufweisen, besteht eine einseitige Disk aus einer 0,6 mm dicken Scheibe auf einem leeren Substrat (oder in Zukunft vielleicht auf einem Substrat mit 133 Minuten Werbung, in der Hoffnung, dass Neugierige wissen wollen, was sich da unten befindet). ▶Abbildung 2.24 zeigt den Aufbau einer zweiseitigen Zwei-Schichten-Disk.

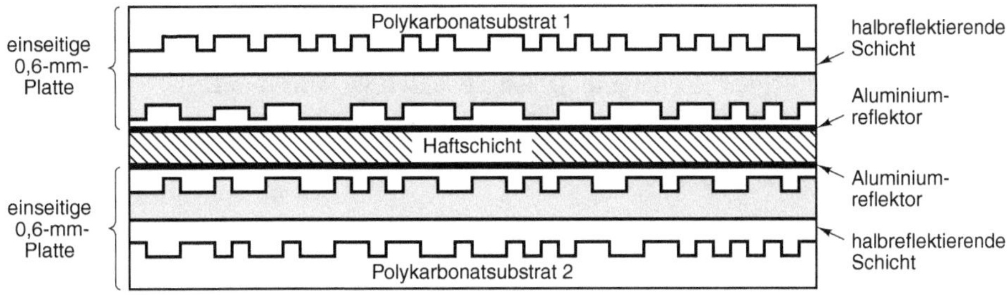

Abbildung 2.24: Eine zweiseitige DVD-Disk mit zwei Schichten

Ausgearbeitet wurde die DVD-Spezifikation von einem Konsortium aus zehn Unternehmen der Unterhaltungselektronik (davon sieben japanische) in enger Zusammenarbeit mit den maßgeblichen Hollywood-Studios (von denen einige den japanischen Elektronikunternehmen im Konsortium gehören). Die Computer- und Telekommunikationsindustrie wurde nicht eingeladen und so ergab sich als Schwerpunkt der Einsatz von DVDs für den Filmverleih. Zu den Standardfeatures gehören zum Beispiel das Überspringen schlüpfriger Szenen in Echtzeit (damit Eltern einen nicht jugendfreien Film für ihre Kinder entschärfen können), Sechskanalton und „Pan-and-Scan" (Schwenken und Austasten). Durch letztere Funktion kann der DVD-Spieler dynamisch bestimmen, wie die rechte und linke Seite eines Films (mit einem Breiten-Höhen-Verhältnis von 3:2) zu beschneiden sind, damit er auf damals gängigen Fernsehgeräten (mit einem Seitenverhältnis von 4:3) dargestellt werden konnte.

Ein weiterer Aspekt, an den die Computerindustrie wahrscheinlich nicht gedacht hätte, ist die absichtliche Inkompatibilität zwischen Disks für die USA und Platten für Europa (sowie weitere Standards für andere Kontinente). Hollywood verlangte dieses „Feature", weil neue Filme immer zunächst in den USA freigegeben und erst dann nach Europa ausgeliefert werden, wenn sie in den USA als Videos herauskommen. Es sollte verhindert werden, dass europäische Videoläden vorzeitig in den USA Videos kaufen und so die Kassenumsätze neuer Filme in den europäischen Kinos schmälern könnten. Wenn Hollywood die Computerindustrie managen würde, hätten wir 3,5-Zoll-Disketten in Amerika und 9-cm-Disketten in Europa.

2.3.11 Blu-Ray

In der Computerbranche gibt es keinen Stillstand und schon gar nicht in der Speichertechnik. Kaum war das DVD-Format eingeführt, schickte sich schon sein Nachfolger an, es zum alten Eisen werden zu lassen. Die Rede ist von **Blu-Ray** (Blaustrahl), sogenannt nach dem blauen Laser, den das Verfahren anstelle des roten Lasers der DVD verwendet. Ein blauer Laser hat eine kürzere Wellenlänge als ein roter, wodurch man ihn genauer fokussieren und demzufolge kleinere Pits und Lands unterstützen kann. Einseitige Blu-Ray-Scheiben fassen 25 GB Daten; doppelseitige rund 50 GB. Die Datenrate beträgt etwa 4,5 MB/s, was zwar für eine optische Platte angemessen, aber immer noch weit entfernt von Festplatten ist (vgl. mit ATAPI-6 bei 100 MB/s und Wide Ultra-5 SCSI bei 640 MB/s). Man kann davon ausgehen, dass Blu-Ray schließlich CD-ROM und DVD ersetzt, doch kann dieser Übergang noch einige Jahre dauern.

2.4 Eingabe/Ausgabe

Wie zu Beginn dieses Kapitels erwähnt, verfügt ein Computersystem über drei Hauptkomponenten: die CPU, die Speicher (primäre und sekundäre) und die Einheiten für die **Ein- und Ausgabe** (Input/Output – I/O), z.B. Drucker, Scanner und Modems. Bisher haben wir CPU und Speicher behandelt. Jetzt wenden wir uns den E/A-Geräten zu und beschreiben, wie sie an das übrige System angeschlossen werden.

2.4.1 Busse

In physischer Hinsicht haben die meisten Personalcomputer und Workstations den in ▶Abbildung 2.25 dargestellten Aufbau. Die Konstruktion besteht normalerweise aus einem Metallgehäuse, in dem am Boden oder an der Seite eine große Leiterplatte montiert ist – die sogenannte **Hauptplatine** oder das **Motherboard** (bzw. das Elternboard, um politisch korrekt zu sein). Das Motherboard enthält den Prozessor, einige Steckplätze für DIMM-Module und verschiedene unterstützende Chips. Zudem befinden sich auf der Hauptplatine die Leiterzüge für einen Bus sowie die Steckverbinder, in die sich Erweiterungskarten – E/A-Baugruppen – mit ihren Kontaktreihen einstecken lassen.

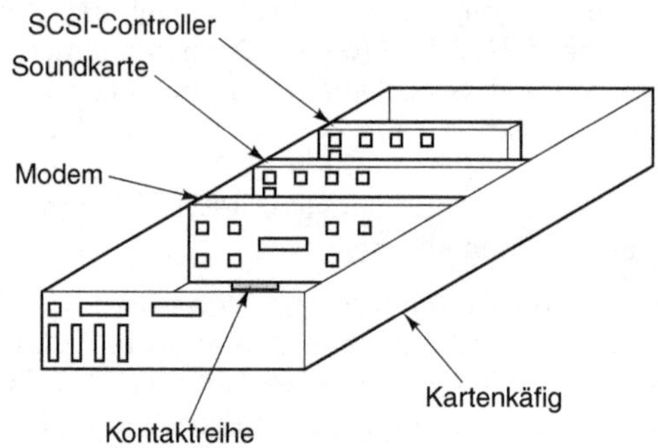

Abbildung 2.25: Physischer Aufbau eines Personalcomputers

▶Abbildung 2.26 zeigt den logischen Aufbau eines Personalcomputers der unteren Preisklasse. Er besitzt einen einzigen Bus, um den Prozessor, den Speicher und die E/A-Geräte anzuschließen; viele Systeme haben zwei oder mehr Busse. Jedes E/A-Gerät besteht aus zwei Teilen: dem **Controller** mit dem größten Teil der Elektronik und dem eigentlichen E/A-Gerät, z.B. einem Festplattenlaufwerk. Der Controller befindet sich normalerweise direkt auf dem Motherboard, manchmal aber auch auf einer eigenen Steckkarte, die in einen freien Steckplatz auf dem Bus eingeschoben wird. Obwohl das Anzeigegerät (Monitor) obligatorisch ist, befindet sich der Video-Controller manchmal auf einer eigenen Steckkarte, damit der Benutzer selbst zwischen Karten mit oder ohne Grafikbeschleuniger, Zusatzspeicher usw. wählen kann. Der Anschluss des Anzeigegeräts erfolgt über ein Kabel, das an den Steckverbinder der Grafikkarte an der Rückseite des Computergehäuses angesteckt wird.

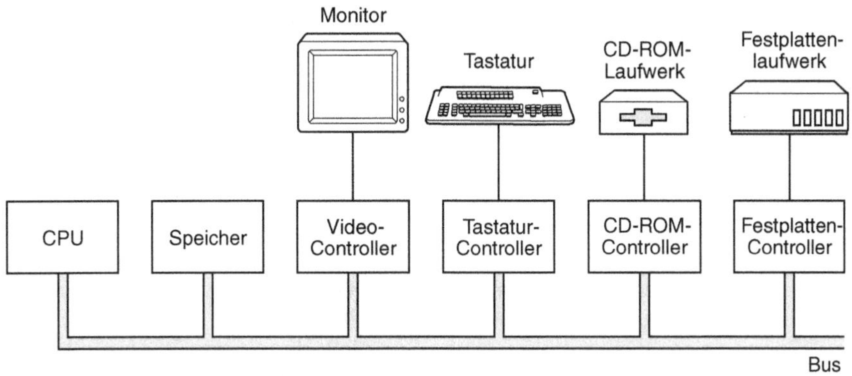

Abbildung 2.26: Logischer Aufbau eines einfachen Personalcomputers

DMA-Controller transferieren selbstständig Daten vom Speicher zu den E/A-Geräten und umgekehrt. Hierdurch wird die CPU entlastet.

Ein Controller hat die Aufgabe, sein zugehöriges E/A-Gerät zu steuern und dessen Buszugriff zu realisieren. Benötigt beispielsweise ein Programm Daten von der Festplatte, gibt es einen Befehl an den Festplatten-Controller aus, der Such- und andere Befehle an das Laufwerk schickt. Sind Spur und Sektor gefunden, gibt das Laufwerk die Daten als seriellen Bitstrom an den Controller aus. Der Controller muss nun den Bitstrom in Pakete aufgliedern und die zusammengesetzten Pakete in den Speicher schreiben. Ein solches Paket besteht normalerweise aus einem oder mehreren Wörtern. Ein Controller, der ohne Mitwirkung des Prozessors Daten vom oder zum Speicher überträgt, führt einen sogenannten **direkten Speicherzugriff** (Direct Memory Access) – kurz **DMA** – aus. Ist die Übertragung abgeschlossen, dann löst der Controller normalerweise einen **Interrupt** (eine Programmunterbrechung) aus. Daraufhin unterbricht der Prozessor sofort die Ausführung des aktuellen Programms und startet ein spezielles Unterprogramm, die **Interrupt-Behandlungsroutine** (Interrupt Handler). Diese prüft, ob es Fehler gegeben hat, ergreift eventuell erforderliche Maßnahmen und informiert das Betriebssystem darüber, dass der E/A-Vorgang beendet ist. Wenn die Interrupt-Behandlungsroutine ihre Arbeit beendet hat, setzt der Prozessor das beim Auftreten des Interrupts vorübergehend angehaltene Programm wieder fort.

Der Bus wird nicht nur von den E/A-Controllern benutzt, sondern auch von der CPU für den Abruf von Befehlen und Daten. Was geschieht, wenn die CPU und ein E/A-Controller gleichzeitig den Bus benutzen wollen? Ein Chip namens **Bus-Arbiter** (Bus-Verwalter) entscheidet, wer als Nächstes an die Reihe kommt. Im Allgemeinen haben E/A-Geräte Vorrang vor der CPU, denn Festplatten und andere Geräte mit beweglichen Teilen können nicht angehalten werden. Würde man sie zum Warten zwingen, gingen Daten verloren. Wenn gerade kein E/A-Vorgang abläuft, stehen der CPU alle Buszyklen zum Zugriff auf den Arbeitsspeicher zur Verfügung. Sobald aber ein E/A-Gerät läuft, fordert dieses den Bus an und erhält ihn auch, wenn es ihn benötigt. Dieser Vorgang heißt **Cycle-Stealing** („Zyklus-Stehlen") und verlangsamt den Computer.

Dieses Design funktionierte für die ersten Personalcomputer auch recht gut, da zwischen allen Komponenten mehr oder weniger ein Gleichgewicht herrschte. Je schneller die CPU, Speicherbausteine und E/A-Geräte aber wurden, umso stärker trat ein Problem in den Vordergrund: Der Bus konnte die Arbeit nicht mehr bewältigen. In einem geschlossenen System, z.B. einer Workstation im technisch-wissenschaftlichen Bereich, sah man die Lösung darin, im nächsten Modell einfach einen neuen, schnelleren Bus zu entwickeln. Da damals niemand auf die Idee kam, E/A-Geräte eines älteren Modells für das neuere zu übernehmen, ging das auch sehr gut.

In der PC-Welt dagegen gönnen sich die Benutzer oft eine schnellere CPU, wollen aber ihre alten Drucker, Scanner oder das Modem an das neue System anschließen. Außerdem war rund um ein breites Spektrum an E/A-Geräten für den IBM-PC-Bus eine riesige Industrie entstanden, die überhaupt kein Interesse daran hatte, ihre gesamten Investitionen in den Schornstein zu schreiben und wieder von vorn zu beginnen. IBM lernte dies auf die harte Tour bei der Einführung der PS/2-Serie, die den IBM-PC ablösen sollte. Der PS/2 hatte einen neuen, schnelleren Bus, doch die meisten Klon-Hersteller blieben beim alten PC-Bus, der jetzt **ISA**-Bus (**Industry Standard Architecture**) genannt wurde. Auch die meisten Hersteller von Festplatten und E/A-Geräten stellten weiterhin Controller für den alten Bus her. So fand sich IBM in der seltsamen Situation, der einzige PC-Hersteller zu sein, der nicht mehr IBM-kompatibel war. Das Unternehmen war letztlich gezwungen, wieder ISA zu unterstützen. Inzwischen ist der ISA-Bus nur noch in veralteten Systemen und in Computermuseen zu finden, denn an seine Stelle sind neuere und schnellere Standardbusarchitekturen getreten. Nebenbei sei darauf hingewiesen, dass das Akronym ISA im Kontext von Maschinenebenen für „Instruction Set Architecture“ (Befehlssatzarchitektur) steht, während es im Zusammenhang mit Bussen „Industry Standard Architecture“ bedeutet.

Die PCI- und PCIe-Busse

Trotz des Marktdrucks, alles beim Alten zu lassen, war der alte Bus wirklich zu langsam. Es musste etwas geschehen. Andere Unternehmen entwickelten Rechnersysteme mit mehreren Bussen. Einer davon war der alte ISA-Bus oder sein abwärtskompatibler Nachfolger, der **EISA**-Bus (**Extended ISA**). Der Gewinner war der **PCI**-Bus (**Peripheral Component Interconnect**). Er wurde von Intel entwickelt; das Unternehmen beschloss dann aber, die Patente lizenzfrei zu stellen, um die gesamte Industrie (einschließlich der Konkurrenz) zu ermutigen, diesen Bus zu übernehmen.

Der PCI-Bus lässt sich in verschiedenen Konfigurationen einsetzen. ▶Abbildung 2.27 zeigt eine typische Konfiguration. Hier kommuniziert die CPU über eine dedizierte Hochgeschwindigkeitsverbindung mit einem Speichercontroller. Der Controller wendet sich direkt an den Speicher und den PCI-Bus, sodass der Datenaustausch zwischen CPU und Speicher nicht über den PCI-Bus läuft. Andere Peripheriegeräte sind direkt am Bus angeschlossen. In einem derartigen Rechner sind meistens zwei oder drei leere PCI-Steckplätze vorgesehen, sodass der Benutzer PCI-E/A-Karten für neue Peripheriegeräte einbauen kann.

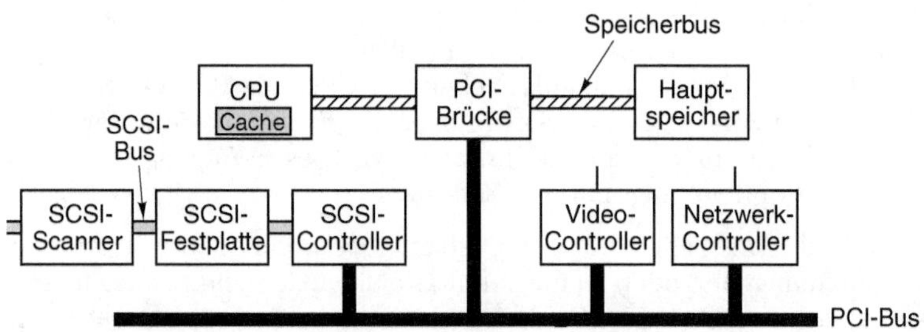

Abbildung 2.27: Ein typischer PC mit PCI-Bus. Der SCSI-Controller ist ein PCI-Gerät.

Egal wie schnell etwas ist in der Computerwelt, viele Leute sind immer noch der Ansicht, dass es zu langsam ist. Dieses Schicksal widerfuhr auch dem PCI-Bus, der nun durch **PCI Express** – kurz **PCIe** – ersetzt wurde. Die meisten modernen Computer unterstützen beide Busse, sodass Benutzer neue, schnelle Geräte an den PCIe-Bus und ältere, langsamere Geräte an den PCI-Bus anschließen können.

Während der PCI-Bus nur ein Upgrade des älteren ISA-Busses mit höheren Geschwindigkeiten und mehr parallel übertragenen Bits war, stellt PCIe eine radikale Abkehr vom PCI-Bus dar. Praktisch ist es nicht einmal ein Bus, sondern ein Punkt-zu-Punkt-Netzwerk mit bitseriellen Leitungen und Paketvermittlung (Packet Switching), das eher an das Internet als einen herkömmlichen Bus erinnert. ▶Abbildung 2.28 zeigt seine Architektur.

PCI Express wird in aktuellen Systemen zur Anbindung von E/A-Geräten eingesetzt. Diese werden über serielle Punkt-zu-Punkt-Verbindungen mit hoher Taktung bedient. Zur Leistungssteigerung können mehrere Verbindungen gebündelt werden.

Zwei Dinge stechen bei PCIe sofort hervor. Erstens sind die Verbindungen zwischen den Geräten seriell, d.h. 1 Bit und nicht 8, 16, 32 oder 64 Bit breit. Man könnte meinen, dass die Bandbreite einer 64 Bit breiten Verbindung höher als bei einer 1 Bit breiten Verbindung ist, doch muss man in der Praxis wegen unterschiedlicher Laufzeiten auf den 64 Leitungen – **Skew** (Taktversatz) genannt – relativ geringe Geschwindigkeiten verwenden. Bei einer seriellen Verbindung sind wesentlich höhere Geschwindigkeiten möglich, was die fehlende Parallelität mehr als ausgleicht. PCI-Busse laufen mit einem maximalen Takt von 66 MHz. Bei 64 übertragenen Bits pro Zyklus ergibt sich eine Datenrate von 528 MB/s. Mit einem Takt von 8 Gbit/s beträgt die PCIe-Datenrate der seriellen Übertragung 1 GB/s. Darüber hinaus sind die Geräte nicht auf ein einzelnes Leitungspaar beschränkt, um mit dem Root Complex oder einem Switch zu kommunizieren. Ein Gerät kann bis zu 32 Leitungspaare – **Lanes** (Stränge) genannt – besitzen. Da diese Lanes nicht synchronisiert sein müssen, spielt hier der Skew keine Rolle. Die meisten Motherboards verfügen über einen Slot mit 16 Lanes für die Grafikkarte, die in PCIe 3.0 eine Bandbreite von 16 GB/s für die Grafikkarte erlaubt. Das ist rund 30-mal schneller als für eine PCI-Grafikkarte. Diese Bandbreite ist für die immer anspruchsvolleren Anwendungen (zum Beispiel 3-D) notwendig.

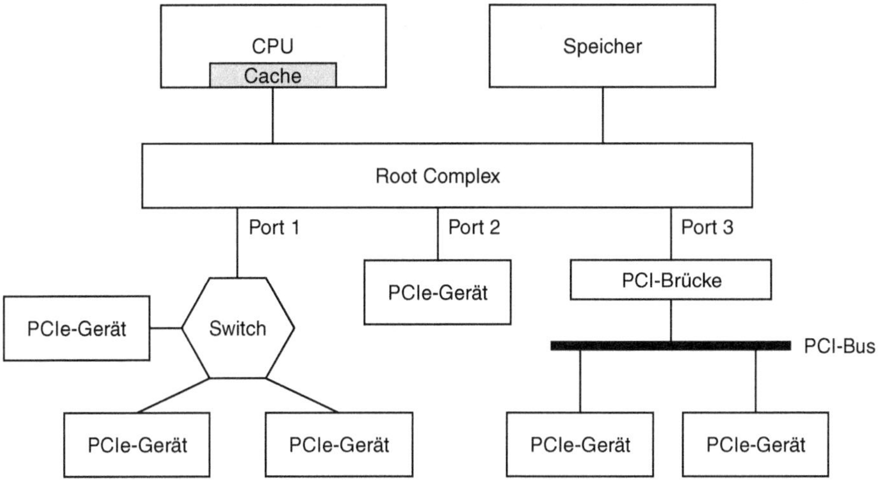

Abbildung 2.28: Beispielarchitektur eines PCIe-Systems mit drei PCIe-Ports

Zweitens findet die gesamte Kommunikation über Punkt-zu-Punkt-Verbindungen statt. Wenn die CPU mit einem Gerät sprechen möchte, sendet sie ein Paket an das Gerät und erhält daraufhin eine Antwort. Das Paket durchläuft den Root Complex, der sich auf dem Motherboard befindet, und geht dann zum Gerät, möglicherweise über einen Switch (oder über die PCI-Bridge, wenn es sich um ein PCI-Gerät handelt). Diese Entwicklung von einem System, in dem alle Geräte am selben Bus gelauscht haben, zu einem System, das Punkt-zu-Punkt-Kommunikation verwendet, entspricht der Entwicklung von Ethernet (einem bekannten lokalen Netzwerk), das zunächst ebenfalls mit einem Broadcast-Kanal begonnen hat, jetzt aber Switches verwendet, um Punkt-zu-Punkt-Kommunikation zu ermöglichen.

2.4.2 Terminals

Heute gibt es viele Arten von Ein-/Ausgabegeräten. Mit einigen davon beschäftigen sich die nächsten Abschnitte. Computerterminals bestehen aus zwei Teilen – einer Tastatur und einem Monitor. In der Welt der Großrechner sind diese Teile oft in einem einzigen Gerät vereinigt und mit dem Hauptrechner über einen seriellen Anschluss oder eine Telefonleitung verbunden. Bei der Flugreservierung, im Bankwesen und in anderen großrechnerorientierten Branchen gehören derartige Geräte immer noch zum Standard. In der Welt der Personalcomputer sind Tastatur und Monitor jedoch unabhängige Geräte. Die Technik ist aber in beiden Fällen prinzipiell gleich.

Tastaturen

Tastaturen gibt es in mehreren Varianten. Die Tastatur des ursprünglichen IBM-PC ist mit Zwei-Punkt-Schaltern ausgerüstet. Dadurch hat jede Taste einen fühlbaren Druckpunkt und erzeugt ein Klickgeräusch, wenn man sie genügend tief drückt. Die preiswerteren Tastaturen von heute beschränken sich darauf, einen mechanischen Kontakt herzustellen. Bei den besseren Modellen verwendet man zwischen den Tasten und der darunterliegenden Leiterplatte eine Elastomer-Folie (einen gummiartigen, leitfähigen Werkstoff). Unter jeder Taste befindet sich eine kleine kuppelartige Wölbung, die nachgibt, wenn man die Taste weit genug eindrückt. In die Wölbung eingelassen ist ein leitfähiges Plättchen, das den Stromkreis schließt. Bei manchen Tastaturen befindet sich unter jeder Taste ein Magnet, der beim Anschlag der Taste einen Strom in einer Spule induziert. Darüber hinaus sind noch andere mechanische und elektromagnetische Verfahren gebräuchlich.

Drückt man auf der Tastatur eines Personalcomputers eine Taste, wird ein Interrupt ausgelöst und die Interrupt-Behandlungsroutine für die Tastatur (die Teil des Betriebssystems ist) aufgerufen. Die Behandlungsroutine liest ein Hardwareregister im Tastatur-Controller aus, um die Nummer der gedrückten Taste (1 bis 102) abzufragen. Beim Lösen der Taste entsteht ein zweiter Interrupt. Wenn der Benutzer beispielsweise die [⇧]-Taste drückt, dann die [M]-Taste anschlägt und loslässt und schließlich die [⇧]-Taste freigibt, kann das Betriebssystem erkennen, dass das große „M“ und nicht das kleine „m“ gefragt war. Es ist allein Sache der Software (des Betriebssystems), Sequenzen von mehreren nacheinander oder gleichzeitig gedrückten Tasten zu behandeln. Dazu gehört auch der berüchtigte „Affengriff“, d.h. die Tastenkombination [Strg]+[Alt]+[Entf], mit der sich PCs neu starten lassen.

Touchscreens

Auch wenn bei Tastaturen keine Gefahr besteht, dass sie das Schicksal der mechanischen Schreibmaschine ereilt, gibt es einen neuen Mitspieler bei Eingabegeräten für den Computer: den Touchscreen. Auf dem Massenmarkt tauchten diese Geräte zwar erst mit der Einführung des iPhone von Apple 2007 auf, doch reicht ihre Geschichte viel weiter zurück. Der erste Touchscreen wurde 1965 an der Königlichen Radareinrichtung in Malvern, Großbritannien, entwickelt. Selbst die vielgepriesene Pinching-Funktionalität (zum Zoomen zuziehen) des iPhone geht auf Arbeiten an der Universität von Toronto 1982 zurück. Seit dieser Zeit wurden viele unterschiedliche Technologien entwickelt und vermarktet.

Berührungsempfindliche Geräte lassen sich in zwei Kategorien einteilen: undurchsichtig und transparent. Ein typisches undurchsichtiges Gerät ist das Touchpad auf einem Notebook-Computer. Der Bildschirm eines Smartphones oder Tablets ist ein typisches transparentes Gerät. Hier sehen wir uns nur die zweite Kategorie an, in der Regel **Touchscreens** genannt. Die Hauptvertreter der Touchscreens arbeiten mit Infrarotlicht oder sind resistiv bzw. kapazitiv.

Bei Infrarotbildschirmen sitzen Infrarotsender (Infrarot-LEDs oder Laser) an den linken und oberen Rändern der Bildschirmblende und Detektoren an den rechten und unteren Rändern. Wenn ein Finger, ein Eingabestift oder irgendein undurchsichtiges Objekt einen oder mehrere Strahlen unterbricht, erkennt der Detektor das fehlende Signal, die Hardware des Geräts teilt dem Betriebssystem mit, welcher Strahl unterbrochen wurde, und das System kann die (x,y)-Koordinaten des Fingers oder Eingabestifts berechnen. Derartige Geräte haben eine lange Geschichte und sind immer noch in Kiosksystemen und anderen Anwendungen im Einsatz, für mobile Geräte werden sie aber nicht verwendet.

Eine ebenfalls schon alte Technologie arbeitet nach dem resistiven Prinzip. Die Touchscreens bestehen hier aus zwei Schichten, von denen die obere flexibel ist. Sie enthält eine große Anzahl waagerechter Drähte. Die darunterliegende Schicht ist mit vertikalen Drähten versehen. Drückt ein Finger oder ein anderes Objekt auf einen Punkt des Bildschirms, so kommen einer oder mehrere der oberen Drähte in Kontakt mit den senkrechten Drähten in der unteren Schicht. Die Elektronik des Geräts ermittelt den gedrückten Bereich. Derartige Bildschirme lassen sich kostengünstig herstellen und sind in Anwendungen gebräuchlich, bei denen es auf einen niedrigen Preis ankommt. Die beiden beschriebenen Technologien funktionieren gut, wenn lediglich ein gedrückter Finger zu erkennen ist. Eine Bedienung mit mehreren Fingern ist mit Problemen behaftet. Wir beschreiben es hier mit der Terminologie des Touchscreens auf Infrarotbasis. Bei der resistiven Variante tritt aber das gleiche Problem auf. Nehmen Sie an, dass sich zwei Finger an den Positionen (3, 3) und (8, 8) befinden. Im Ergebnis werden die vertikalen Strahlen bei $x = 3$ und $x = 8$ sowie die horizontalen Strahlen bei $y = 3$ und $y = 8$ unterbrochen. In einem anderen Szenario sollen sich die Finger bei (3, 8) und (8, 3) befinden, d.h. an den entgegengesetzten Ecken des Rechtecks mit den Eckkoordinaten (3, 3), (8, 3), (8, 8) und (8, 3). Die Finger unterbrechen wieder dieselben Strahlen und die Software kann nicht feststellen, welches der beiden Szenarios zutrifft. Dieses Problem ist das sogenannte **Ghosting**.

Kapazitive **Touchscreens** ermöglichen die Erkennung von Multitouch-Gesten. Sie bestimmen die Position über die Veränderung der Kapazität eines Leitungsgitters. Diese wird mit der Berührung des menschlichen Fingers ausgelöst.

Um mehrere Finger auf einmal erkennen zu können – eine für Pinching- und Expanding-Gesten (zum Zoomen zu- bzw. aufziehen) unabdingbare Eigenschaft –, wurde eine neue Technologie benötigt. In den meisten Smartphones und Tablets (jedoch nicht in Digitalkameras und anderen Geräten) verwendet man **Projected Capacitive Touchscreens**. Es gibt verschiedene Typen, von denen vor allem die Version mit **Mutual Capacitance** (Gegenkapazität) gebräuchlich ist. Alle Touchscreens, die zwei oder mehrere Kontaktpunkte auf einmal erkennen können, bezeichnet man als Multitouch-Screens. Sehen wir uns nun kurz ihre Funktionsweise an.

Für Leser, die nicht mehr ganz sattelfest in ihrem Physikwissen sind: Ein **Kondensator** ist ein Bauelement, das elektrische Ladungen speichern kann. Ein einfacher Kondensator besteht aus zwei Leitern, die durch einen Isolator getrennt sind. Moderne Touchscreens verwenden ein gitterartiges Muster von dünnen „Drähten", wobei die senkrechten von den waagerechten Drähten durch eine dünne Isolationsschicht getrennt sind. Berührt ein Finger den Bildschirm, ändert sich die Kapazität aller (möglicherweise weit auseinanderliegenden) berührten Schnittpunkte. Diese Änderung lässt sich messen. Um sich selbst davon zu überzeugen, dass ein moderner Touchscreen nicht wie die älteren Infrarot- oder resistiven Bildschirme arbeitet, berühren Sie den Bildschirm mit einem Stift, einer Büroklammer oder mit einem Finger, der in einem Handschuh steckt – es passiert nichts. Der menschliche Körper kann recht gut elektrische Ladungen speichern, wie jeder schmerzlich bestätigen wird, der an einem kalten und trockenen Tag über einen Teppich geschlurft ist und dann einen Türgriff aus Metall berührt hat. Plastik, Holz und Metallgegenstände sind hinsichtlich ihrer elektrischen Kapazität bei Weitem nicht so gut wie der Mensch.

Die „Drähte" in einem Touchscreen sind keine normalen Kupferdrähte wie in Elektrogeräten, denn diese würden das vom Bildschirm ausgesendete Licht blockieren. Stattdessen handelt es sich um dünne (typischerweise 50 µm breite) Streifen aus transparentem leitfähigen Indium-Zinn-Oxid, die an gegenüberliegenden Seiten einer dünnen Glasplatte befestigt sind und mit ihr zusammen die Kondensatoren bilden. In einigen neueren Designs tritt an die Stelle der isolierenden Glasplatte eine dünne Schicht aus Siliziumdioxid (Sand!), wobei die drei Ebenen auf ein Substrat gesputtert (d.h. Atom für Atom aufgesprüht) werden. Die Kondensatoren sind gegen Schmutz und Zerkratzen durch eine darüberliegende Glasplatte geschützt, die die Oberfläche des zu berührenden Bildschirms bildet. Je dünner die obere Glassplatte ist, desto empfindlicher, aber auch anfälliger ist das Gerät.

Im Betrieb legt das System Spannungen abwechselnd an die horizontalen und vertikalen „Drähte" und liest dabei die Spannungswerte, die durch die Kapazität an jedem Schnittpunkt beeinflusst werden, von den jeweils anderen Drähten ein. Dieser Vorgang wiederholt sich mehrmals je Sekunde und liefert dem Gerätetreiber die Koordinaten der Berührungspunkte als Stream von (x, y)-Paaren. Das Betriebssystem verarbeitet dann diese Daten weiter, um die gewünschte Aktion – Zeigen, Zuziehen, Aufziehen oder Wischen – zu ermitteln. Selbst wenn Sie alle 10 Finger verwenden und noch einen Freund hinzunehmen, der weitere Finger auflegt, hat das Betriebssystem zwar alle Hände voll zu tun, doch die Multitouch-Hardware bleibt ihrer Aufgabe gewachsen.

Flachbildschirme

Die ersten Computermonitore haben genau wie ältere Fernsehgeräte **Kathodenstrahlröhren** (**Cathode Ray Tubes – CRTs**) verwendet. Diese sind aber insbesondere für Notebooks viel zu klobig und zu schwer, sodass für deren Bildschirme eine kompaktere Anzeigetechnologie gefragt war. Die Entwicklung von Flachbildschirmen hat den Formfaktor geschaffen, der für Notebooks erforderlich ist. Zudem benötigen derartige Anzeigen weniger Energie. Die heutigen Flachbildschirme haben die Röhrenmonitore sowohl hinsichtlich Größe als auch Energieeffizienz so gut wie verdrängt.

Die gebräuchlichste Technologie für Flachbildschirme ist die **Flüssigkristallanzeige** (**Liquid Crystal Display – LCD**). Diese höchst komplexe Technik hat viele Varianten und unterliegt schnellen Veränderungen. Ihre Beschreibung muss daher knapp und stark vereinfacht ausfallen.

Flüssigkristalle sind viskose organische Moleküle, die wie eine Flüssigkeit fließen, aber auch wie ein Kristall eine Raumstruktur aufweisen. Sie wurden 1888 von dem österreichischen Botaniker Friedrich Richard Rheinitzer entdeckt und erstmals in den siebziger Jahren für Anzeigen (in Taschenrechnern und Uhren) genutzt. Sind alle Moleküle in der gleichen Richtung angeordnet, hängen die optischen Eigenschaften des Kristalls von Richtung und Polarisation des einfallenden Lichts ab. Über ein elektrisches Feld kann man die Molekülausrichtung und somit die optischen Eigenschaften ändern. Insbesondere lässt sich die Intensität eines Lichtstrahls, der durch einen Flüssigkristall scheint, elektrisch steuern. Diese Eigenschaft macht man sich bei der Konstruktion von Flachbildschirmen zunutze.

Ein LCD-Bildschirm besteht aus zwei parallelen Glasplatten, zwischen denen sich ein hermetisch abgeschlossener Flüssigkristall befindet. An beiden Platten liegen transparente Elektroden an. Eine (natürliche oder künstliche) Lichtquelle hinter der rückwärtigen Platte beleuchtet den Schirm von hinten. Die an jeder Platte anliegenden transparenten Elektroden erzeugen elektrische Felder im Flüssigkristall. Verschiedene Teile des Bildschirms erhalten unterschiedliche elektrische Spannungen, um das darzustellende Bild zu steuern. Vorn und hinten auf dem Bildschirm befinden sich Polarisationsfilter, denn diese Anzeigetechnik erfordert polarisiertes Licht. ▶Abbildung 2.29a zeigt den allgemeinen Aufbau.

LCD-Bildschirme
basieren auf Flüssigkristallen, deren Eigenschaften durch das Anlegen einer Spannung verändert werden. Hierdurch können einzelne Punkte hell oder dunkel geschaltet werden. Eine farbige Darstellung wird durch Verwendung von optischen Filtern erreicht.

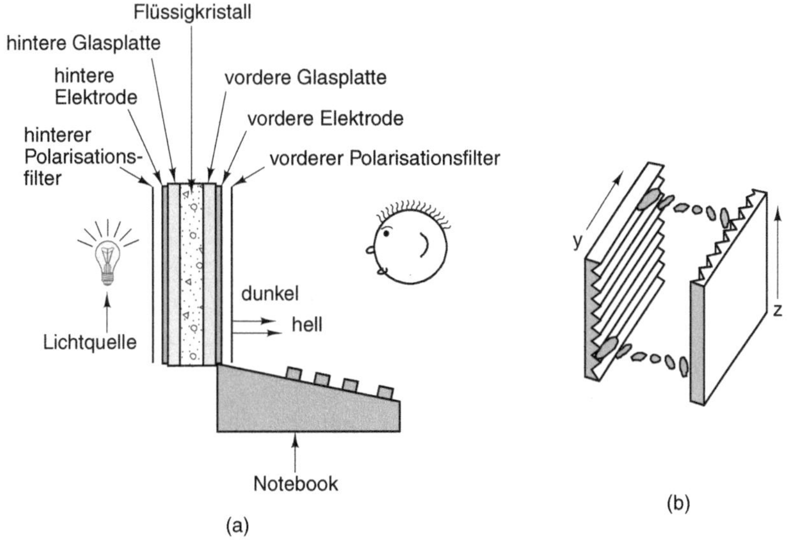

Abbildung 2.29: (a) Aufbau eines LCD-Bildschirms (b) Die Rillen an der hinteren und vorderen Platte stehen im rechten Winkel zueinander

Von den vielen gebräuchlichen LCD-Typen sehen wir uns nun exemplarisch einen speziellen Anzeigetyp an, die **TN**-Anzeige (**Twisted Nematic**). Hier weist die hintere Platte feine horizontale und die vordere vertikale Rillen auf, wie in ▶Abbildung 2.29b dargestellt. Liegt kein elektrisches Feld an, neigen die LCD-Moleküle dazu, sich nach den Rillen auszurichten. Da zwischen der vorderen und hinteren Ausrichtung eine Differenz von 90 Grad besteht, sind die Moleküle (und damit die Kristallstruktur) von hinten nach vorn verdreht.

An der Rückseite des Displays befindet sich ein horizontaler Polarisationsfilter. Er lässt nur horizontal polarisiertes Licht durch. Ein vertikaler Polarisationsfilter an der Vorderseite lässt nur vertikal polarisiertes Licht passieren. Gäbe es zwischen den Platten keine Flüssigkeit, würde das vom hinteren Polarisationsfilter durchgelassene, horizontal polarisierte Licht vom vorderen Polarisationsfilter abgeblockt werden und der Bildschirm wäre durchgängig schwarz.

Die verdrehte Kristallstruktur der LCD-Moleküle führt jedoch das Licht und dreht dessen Polarisation, sodass es vertikal austritt. Wenn kein elektrisches Feld anliegt, ist der LCD-Bildschirm also durchgängig hell. Legt man nun an bestimmten Stellen der Platte eine Spannung an, wird die gedrehte Struktur zerstört und das Licht an diesen Stellen blockiert.

Die Spannung lässt sich nach zwei Verfahren anlegen. In einer (billigen) Anzeige mit **Passivmatrix** (Passive Matrix Display) weisen beide Elektroden parallele Drähte auf. Beispielsweise könnte bei einer Anzeige mit 1920 × 1080 Bildpunkten die hintere Elektrode aus 1920 vertikalen und die vordere aus 1080 horizontalen Drähten bestehen. Legt man nun eine Spannung an einen der vertikalen Drähte und einen Impuls an einen der horizontalen Drähte, dann lässt sich die Spannung an genau einer ausgewählten Pixelposition ändern – der Punkt wird kurzzeitig dunkel. Ein **Pixel** (ursprünglich aus Picture Element abgeleitet) ist ein farbiger Bildpunkt, aus dem alle digitalen Bilder aufgebaut sind. Indem man die Bildpunkte nacheinander impulsförmig ansteuert, kann man eine dunkle Linie zeichnen. Normalerweise wird der ganze Bildschirm 60-mal in der Sekunde aufgefrischt, um dem Auge ein konstantes Bild vorzutäuschen.

Das zweite allgemein verbreitete Verfahren ist eine Anzeige mit **Aktivmatrix** (Active Matrix Display). Sie ist teurer, liefert aber auch ein besseres Bild und setzt sich deshalb mehr und mehr durch. Anstelle zweier rechtwinklig übereinanderliegender Drähte befindet sich an jedem Bildpunkt ein winziges Schaltelement auf einer der Elektroden. Durch An- und Abschalten dieser Elemente wird auf dem Bildschirm ein beliebiges Muster aus elektrischen Spannungen erzeugt, das einem entsprechenden Bitmuster entspricht. Bei den Schaltelementen handelt es sich um **Dünnfilmtransistoren** (Thin Film Transistors) und die Flachbildschirme heißen dementsprechend **TFT-Anzeigen**. Die meisten Notebooks und Flachbildschirme für Desktopcomputer verwenden heutzutage die TFT-Technologie.

Damit haben wir beschrieben, wie eine Schwarz-Weiß-Anzeige funktioniert. Für Farbanzeigen gelten die gleichen Prinzipien, nur ist die Technik im Detail viel komplizierter. Mit optischen Filtern wird das weiße Licht an jedem Pixel in Rot-, Grün- und Blauanteile zerlegt, sodass diese unabhängig voneinander dargestellt werden. Aus diesen Primärfarben lässt sich durch lineare Überlagerung jede beliebige Farbe aufbauen.

Am Horizont tauchen bereits neue Bildschirmtechnologien auf. Eine der aussichtsreicheren ist die **OLED**-Anzeige (**Organic Light Emitting Diode**). Sie besteht aus Schichten elektrisch geladener organischer Module, die zwischen zwei Elektroden übereinandergestapelt sind. Spannungsänderungen regen die Moleküle an, die dadurch höhere Energiezustände einnehmen. Wenn sie wieder auf ihren Grundzustand zurückgehen, senden sie Licht aus. Weitere Details gingen über den Rahmen dieses Buchs (und die Aussagefähigkeit seiner Autoren) hinaus.

Videospeicher

Die meisten Monitore aktualisieren den Bildschirminhalt 60- bis 100-mal je Sekunde aus einem speziellen Speicher, dem **Video-RAM** auf der Controllerkarte der Anzeige. Dieser Speicher enthält eine oder mehrere Bitmaps, die den Bildschirminhalt darstellen. Umfasst ein Bildschirm z.B. 1920 × 1080 Pixel, dann speichert das Video-RAM 1920 × 1080 Werte – einen für jedes Pixel. In der Praxis kann das Video-RAM viele solcher Bitmaps enthalten, um schnell von einem Bildschirminhalt zu einem anderen wechseln zu können.

Feld-Wald-und-Wiesen-Anzeigen stellen jedes Pixel als 3-Byte-RGB-Wert dar, wobei je ein Byte die Intensität der roten, blauen und grünen Farbkomponenten des Pixels repräsentiert (High-End-Displays verwenden 10 oder mehr Pixel je Farbe). Aus der Physik ist bekannt, dass sich jede Farbe aus einer linearen Überlagerung von roten, grünen und blauen Lichtanteilen erzeugen lässt.

Ein Video-RAM mit 1920 × 1080 Pixeln bei 3 Byte/Pixel erfordert rund 6 MB, um das Bild zu speichern, und ziemlich viel Prozessorzeit, um etwas mit dem Speicherinhalt anzustellen. Aus diesem Grund beschränken sich manche Computer auf eine 8-Bit-Zahl, um die gewünschte Farbe darzustellen. Diese Zahl dient dann als Index zu einer Hardware-Tabelle, der sogenannten **Farbpalette** (Color Palette), mit 256 Einträgen, wobei jeder Eintrag einen 24-Bit-RGB-Wert enthält. Dieses Konzept der **indizierten Farbe** verringert den Bedarf an Video-RAM um zwei Drittel, erlaubt aber nur die gleichzeitige Darstellung von 256 verschiedenen Farben auf dem Bildschirm. Gewöhnlich hat jedes Fenster auf dem Bildschirm sein eigenes Zuordnungsschema. Da aber auch bei mehreren gleichzeitig sichtbaren Fenstern lediglich eine Hardware-Farbpalette aktiv ist, werden oftmals nur die Farben im Fenster mit dem korrespondierenden Zuordnungsschema korrekt wiedergegeben. Es sind auch Farbpaletten mit 2^{16} Einträgen gebräuchlich, doch beträgt die Einsparung hier nur 1/3.

Bitmap-orientierte Videoanzeigen verlangen jede Menge Bandbreite. Um Multimedia im Vollbildmodus mit voller Farbenpracht auf einer 1920×1080-Anzeige wiederzugeben, sind für jeden Frame 6 MB Daten in das Video-RAM zu kopieren. Bei Videofilmen ist eine Rate von mindestens 25 Frames pro Sekunde erforderlich, was einer Datenrate von 150 MB/s entspricht. Das ist mehr, als der ursprüngliche PCI-Bus verkraftet (132 MB/s), doch PCIe kommt problemlos damit klar.

2.4.3 Mäuse

Im Laufe der Zeit wurden Computer mehr und mehr auch von Personen benutzt, die nur geringe Fachkenntnisse von der Arbeitsweise eines Computers hatten. Die Computer der ENIAC-Generation wurden nur von denen bedient, die sie gebaut hatten. In den 1950er Jahren gingen nur bestens geschulte, professionelle Programmierer mit Computern um. Viele der heutigen Computerbenutzer möchten einfach irgendwelche Arbeiten damit erledigen, ohne zu wissen (oder ohne überhaupt wissen zu wollen), wie der Computer funktioniert und wie er programmiert wird.

Die Bedienung moderner **Benutzeroberflächen** erfolgt meist durch die Verwendung einer Maus, deren relative Bewegung zu einer Oberfläche auf den Cursor am Bildschirm übertragen wird.

In der Frühzeit der Rechentechnik hatten die Computer Befehlszeilenoberflächen, in die man Befehle eintippen musste. Da Computerlaien die Befehlszeilenoberflächen als benutzerunfreundlich, wenn nicht sogar als Zumutung empfanden, entwickelten viele Computeranbieter Benutzeroberflächen auf der Grundlage von „Zeigen und Klicken", wie beispielsweise beim Macintosh oder unter Windows. Dieses Modell verlangt, dass der Benutzer etwas auf dem Bildschirm zeigen und auswählen kann. Als Gerät hat sich dafür die Maus durchgesetzt.

Eine **Maus** ist ein kleines Kunststoffgehäuse, das seinen Platz gleich neben der Tastatur hat. Schiebt man die Maus auf der Unterlage hin und her, dann bewegt sich synchron dazu ein kleiner Zeiger auf dem Bildschirm. Auf diese Weise kann der Benutzer auf Bildschirmobjekte zeigen. Die Maus hat eine, zwei oder drei Tasten, mit denen sich zum Beispiel Menübefehle auswählen lassen. Es gab heftige Debatten darüber, wie viele Tasten eine Maus haben sollte. Unbedarfte Benutzer sind mehr für eine einzige Taste (man kann keine falsche Taste drücken, wenn es nur eine gibt); fortgeschrittene Benutzer bevorzugen mehrere Tasten, da diese interessante Steuermöglichkeiten bieten.

Nach Art der Konstruktion unterscheidet man drei Arten von Mäusen: mechanische, optische und optomechanische. Die ersten Mäuse hatten zwei Gummirädchen, die an der Unterseite herausragten und deren Achsen in einem rechten Winkel zueinander standen. Wenn die Maus parallel zu ihrer Hauptachse bewegt wurde, drehte sich das eine Rädchen. Wurde sie senkrecht zur Hauptachse bewegt, drehte sich das andere. Jedes Rad steuerte einen veränderbaren Widerstand (Potenziometer). Aus den Widerstandsänderungen ließ sich berechnen, wie weit sich jedes Rad gedreht hatte, und damit, wie weit die Maus in jeder Richtung bewegt worden war. Später wurde diese Konstruktion dahingehend geändert, dass eine aus der Unterseite herausragende Kugel die Bewegung der Maus auf die im Innern der Maus befindlichen Rädchen überträgt. ▶Abbildung 2.30 zeigt die prinzipielle Verwendung einer Maus.

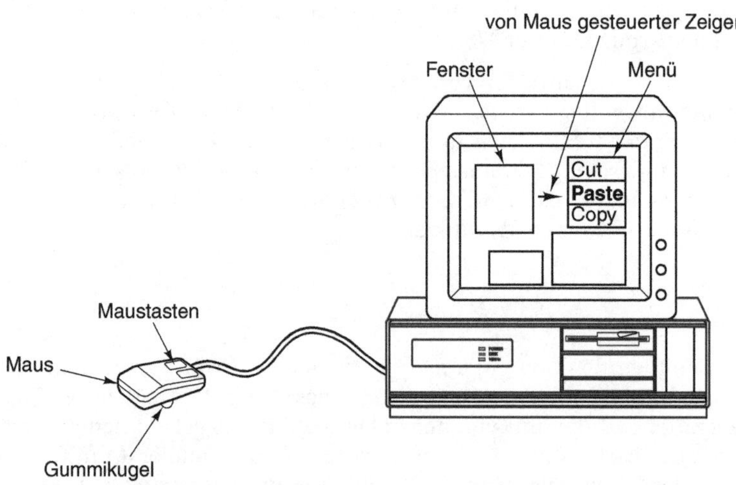

Abbildung 2.30: Mit einer Maus auf Menübefehle zeigen

Die optische Maus als zweite Konstruktionsvariante besitzt weder Rädchen noch Kugel. Stattdessen hat die optische Maus eine **LED (Light Emitting Diode** – Leuchtdiode) und einen Fotodetektor an der Unterseite. Für die ersten optischen Mäuse war eine spezielle Kunststoffunterlage mit einem rechtwinkligen Gitter enger Linien erforderlich, um die Anzahl der passierten Linien zu erkennen und daraus zu berechnen, wie weit die Maus bewegt wurde. Moderne optische Mäuse enthalten eine LED, die die Unregelmäßigkeiten der darunterliegenden Oberfläche beleuchtet, und eine winzige Videokamera, die ein kleines Bild (typischerweise 18 × 18 Pixel) bis zu 1000-mal pro Sekunde aufnimmt. Durch Vergleichen aufeinanderfolgender Bilder lässt sich die Bewegung der Maus ermitteln. Manche optische Mäuse sind statt mit einer LED mit einem Laser ausgestattet, der die Unterlage beleuchtet. Derartige Mäuse arbeiten genauer, sind aber auch teurer.

Die dritte Variante ist die optomechanische Maus. Wie die neueren mechanischen Mäuse arbeitet sie mit einer rollenden Kugel, die zwei in rechtem Winkel zueinander stehende Achsen antreibt. Die Achsen sind mit geschlitzten Codierscheiben verbunden, durch die Licht treten kann. Bewegt sich die Maus, drehen sich die Achsen und auf die Detektoren fallen Lichtimpulse, wenn ein Schlitz der Codierscheibe zwischen eine LED und den zugehörigen Detektor kommt. Die Anzahl der aufgenommenen Lichtimpulse ist proportional zum Ausmaß der Bewegung.

Die Funktion einer Maus lässt sich auf verschiedene Arten einrichten. Üblich ist aber, dass die Maus immer dann eine Sequenz aus 3 Bytes an den Computer schickt, wenn sie eine bestimmte minimale Strecke weit bewegt wurde (z.B. 1/100 Zoll), die manchmal auch ein **Mickey** genannt wird. Diese Bytefolgen werden normalerweise bitseriell übertragen. Das erste Byte enthält eine vorzeichenbehaftete Ganzzahl, die angibt, um wie viele Einheiten die Maus seit der letzten Abtastung in *x*-Richtung bewegt wurde. Das zweite Byte liefert die entsprechende Information für die Bewegung in der *y*-Richtung. Das dritte Byte enthält den aktuellen Status der Maustasten. Manchmal werden auch 2 Bytes für jede Koordinate benutzt.

Systemnahe Software im Computer übernimmt diese Informationen, sobald sie einlaufen, und konvertiert die von der Maus abgesendeten relativen Bewegungen in eine absolute Position. Dann wird ein Pfeil an die Stelle des Bildschirms gesetzt, die der Mausposition entspricht. Wenn der Pfeil auf das gewünschte Element zeigt, betätigt der Benutzer eine Maustaste und der Computer kann das ausgewählte Element ermitteln, da er ja die aktuellen Koordinaten des Mauszeigers kennt.

2.4.4 Gamecontroller

Da Videospiele in der Regel hohe Anforderungen an die Ein-/Ausgabe stellen, wurden für den Markt der Videokonsolen spezielle Eingabegeräte entwickelt. Dieser Abschnitt beschreibt zwei jüngere Entwicklungen von Videogamecontrollern, die Wiimote von Nintendo und die Kinect von Microsoft.

Der Wiimote-Controller

Der Wiimote-Controller erschien erstmals 2006 gemeinsam mit der Spielkonsole Wii von Nintendo. Er enthält herkömmliche Gamepad-Tasten und zusätzlich einen dualen Bewegungssensor. Alle Interaktionen mit der Wiimote werden über das integrierte Bluetooth-Modul in Echtzeit an die Spielkonsole gesendet. Die Bewegungssensoren in der Wiimote erfassen die eigene Bewegung in drei Dimensionen. Richtet man die Fernbedienung auf den Bildschirm, dann steht außerdem eine feinstufige Zeigefunktion zur Verfügung.

Der **Controller der Wii** von Nintendo verwendet einen 3-D-Beschleunigungssensor und eine optische Positionsbestimmung zur Erfassung der Bewegungen des Spielers.

▶Abbildung 2.31 veranschaulicht, wie die Wiimote die Bewegungserfassung realisiert. Die Bewegung der Wiimote wird über einen internen 3-Achsen-Beschleunigungsmesser verfolgt. Hierfür können sich drei kleine Massen jeweils auf der *x*-, *y*- und *z*-Achse (in Bezug auf den Beschleunigungschip) bewegen. Die Auslenkung der Massen erfolgt proportional zur Beschleunigung in der jeweiligen Richtung, wobei sich die Kapazität der Masse in Bezug auf eine feste Metallwand ändert. Durch Messen dieser drei Kapazitätsänderungen lassen sich die Beschleunigungen in drei Dimensionen erfassen. Mit dieser Technik und einigen herkömmlichen Berechnungen ist die Wii-Konsole in der Lage, die Bewegung der Wiimote im Raum zu verfolgen. Wenn Sie die Wiimote schwenken, um einen virtuellen Tennisball zu treffen, wird die Bewegung der Wiimote während des Schlages in Richtung des Balls verfolgt. Und wenn Sie im letzten Moment das Handgelenk drehen, um dem Ball einen Topspin zu verleihen, erfassen die Beschleunigungssensoren der Wiimote auch diese Bewegung.

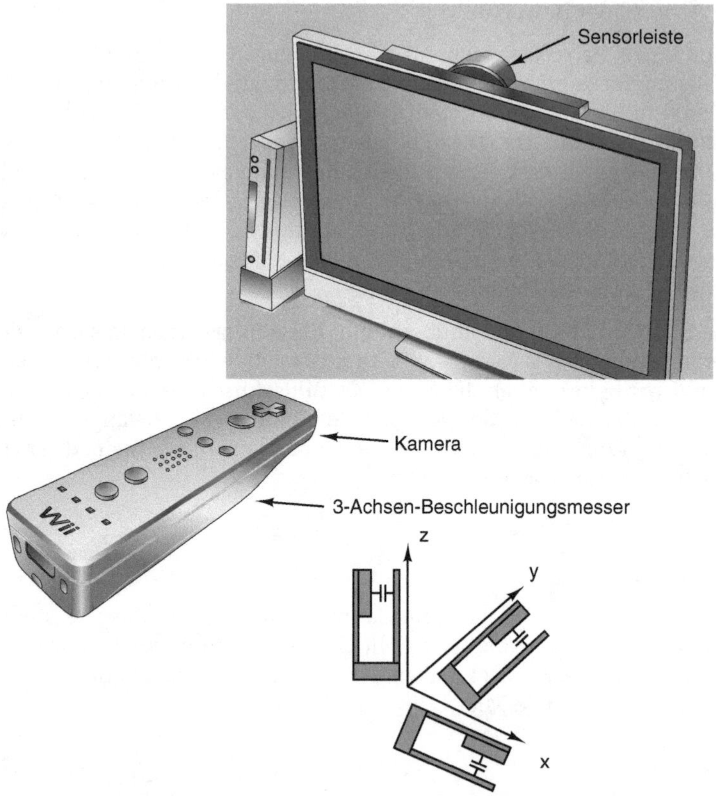

Abbildung 2.31: Die Bewegungssensoren des Wiimote-Videogamecontrollers

Die Beschleunigungsmesser können zwar die Bewegungen der Wiimote in drei Dimensionen verfolgen, jedoch nicht die feinstufigen Bewegungsänderungen erfassen, um einen Zeiger auf dem Fernsehbildschirm exakt zu steuern. Aufgrund der unvermeidlichen kleinen Fehler bei den Beschleunigungsmessungen weicht die ermittelte Position der Wiimote (die auf der Integration der Beschleunigungen beruht) immer mehr von der tatsächlichen Position ab.

Um eine präzise Bewegungserfassung zu bieten, nutzt die Wiimote eine ausgeklügelte Technik der Computervision. Über dem Bildschirm befindet sich eine „Sensorleiste" mit LEDs in festen Abständen. Wenn eine in der Wiimote eingebaute Kamera auf die Sensorleiste zeigt, lassen sich der Abstand und die Lage der Wiimote in Bezug auf den Fernsehbildschirm bestimmen. Da die festen Abstände der LEDs in der Sensorleiste bekannt sind, ist der von der Wiimote wahrgenommene Abstand proportional zur Entfernung der Wiimote von der Sensorleiste. Aus der Position der Sensorleiste im Sichtfeld der Wiimote ergibt sich die Richtung, in der die Wiimote in Bezug auf den Fernsehbildschirm zeigt. Indem diese Lage fortlaufend erfasst wird, ist es möglich, eine feinstufige Zeigefunktion zu unterstützen, ohne dass sich die inhärenten Positionierungsfehler der Beschleunigungsmesser bemerkbar machen.

Der Kinect-Controller

Die Microsoft Kinect hebt die Fähigkeiten der Computervision von Gamecontrollern auf eine neue Stufe. Das Gerät bestimmt allein mithilfe von Computervision die Interaktionen des Benutzers mit der Spielkonsole. Dazu erfasst es die Position des Benutzers im Raum sowie die Lage und Bewegung seines Körpers. Die Spiele steuert man über vordefinierte Bewegungen von Händen, Armen und mit allem, womit nach Ansicht der Spieldesigner gewedelt werden sollte.

> Die **Microsoft Kinect** erfasst die Bewegung eines Spielers durch die Verarbeitung der Signale eines Tiefensensors und einer Kamera. Der Spieler benötigt kein spezielles Eingabegerät.

Die Erfassungsfunktionen der Kinect beruhen auf einem Tiefensensor in Verbindung mit einer Videokamera. Der Tiefensensor berechnet die Entfernung des Objekts im Sichtfeld der Kinect. Dazu sendet er ein zweidimensionales Feld von Infrarotlaser-Punkten aus und nimmt die Reflexionen mit einer Infrarotkamera auf. Durch eine Computervision-Technik genannt „structure light" kann die Kinect so die Entfernung der Objekte im Sichtfeld bestimmen. Dabei wird ermittelt, wie die angestrahlten Oberflächen ein Gitter der Infrarotpunkte deformieren.

Die Tiefeninformationen liefern zusammen mit den Texturdaten, die von der Videokamera kommen, eine texturierte Tiefenkarte. Diese Karte lässt sich dann von Algorithmen der Computervision verarbeiten, um Position, Orientierung und Bewegung von Personen im Raum zu lokalisieren (und sogar ihre Gesichter zu erkennen). Nach der Verarbeitung werden die Informationen über die im Raum befindlichen Personen an die Spielkonsole geschickt, die anhand dieser Daten das Videospiel steuert.

2.4.5 Drucker

Hat man ein Dokument erstellt oder eine Seite aus dem World Wide Web abgerufen, dann möchte man sie manchmal auch ausdrucken. Deshalb sind viele Computer mit einem Drucker ausgestattet. Dieser Abschnitt beschreibt einige der gängigen Druckertypen.

Laserdrucker

Die wohl interessanteste Entwicklung in der Drucktechnik, seit Johann Gutenberg im 15. Jahrhundert die beweglichen Lettern erfand, ist der **Laserdrucker** (Laser Printer). Dieser Druckertyp verbindet hohe Druckqualität, Flexibilität und Geschwindigkeit mit annehmbaren Kosten in einem einzigen Peripheriegerät. Bei Laserdruckern kommt fast die gleiche Technik zum Einsatz wie bei Fotokopierern. Und tatsächlich bieten viele Hersteller Geräte an, die sowohl kopieren als auch drucken (und teilweise auch faxen) können.

Die grundsätzliche Technik ist in ▶Abbildung 2.32 dargestellt. Das Herz des Druckers ist eine sich drehende Präzisionstrommel (oder in einigen Geräten des oberen Leistungsbereichs ein Band). Am Anfang eines jeden Seitenzyklus wird sie auf rund 1000 V aufgeladen und mit fotoempfindlichem Material überzogen. Die Belichtung der Trommel erfolgt zeilenweise mit einem Laserstrahl, der über einen sich drehenden, achteckigen Spiegel auf die Trommel gelenkt wird. Der modulierte Laserstrahl erzeugt dabei ein Muster aus hellen und dunklen Punkten. Die Stellen der Trommel, auf die der Strahl auftrifft, verlieren ihre elektrische Ladung.

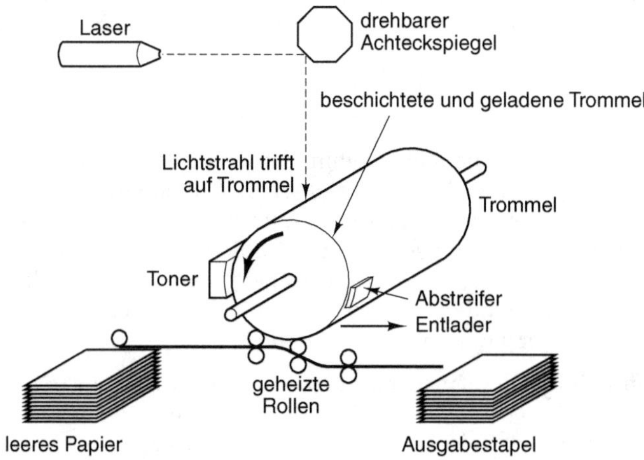

Abbildung 2.32: Funktionsweise eines Laserdruckers

Ist eine Linie von Punkten gezeichnet, so dreht sich die Trommel den Bruchteil eines Grads weiter, um die nächste Linie zeichnen zu können. Schließlich erreicht die erste Linie aus Punkten den Toner – elektrostatisch empfindliches schwarzes Pulver in einem Behälter. Die noch elektrisch geladenen Punkte ziehen den Toner an und es entsteht ein sichtbares Abbild der jeweiligen Linie. Etwas später auf dem Transportweg drückt die mit Toner beschichtete Trommel gegen ein Blatt Papier und überträgt dabei das schwarze Pulver auf das Papier. Dann läuft das Papier durch aufgeheizte Rollen, die den Toner dauerhaft mit dem Papier verschmelzen und somit das Bild fixieren. Etwas später auf dem Rotationsweg wird die Trommel entladen und übrig gebliebener Toner abgestreift. Dadurch wird die Trommel auf einen weiteren Lade- und Beschichtungsvorgang für die nächste Seite vorbereitet.

Ein Laser wird in Druckern eingesetzt, um mithilfe elektrischer Ladung den Toner auf das Druckpapier zu übertragen. Drucker entlasten den Hauptprozessor durch die eigenständige Berechnung des Druckbildes.

Es muss sicher nicht betont werden, dass dieser Prozess eine höchst komplexe Verbindung aus Physik, Chemie, Feinmechanik und optischer Technik darstellt. Dennoch stehen komplette Baugruppen, sogenannte **Drucksysteme** (Print Engines), von mehreren Anbietern zur Verfügung. Die Hersteller von Laserdruckern kombinieren diese Module mit ihrer eigenen Elektronik und Software zu einem vollständigen Drucker. Die Elektronik besteht aus einem schnellen eingebetteten Prozessor mit mehreren MB RAM für die Aufnahme einer ganzseitigen Bitmap und zahlreicher Schriftfamilien, von denen einige bereits eingebaut sind und andere sich herunterladen lassen. Die meisten Drucker akzeptieren Befehle, die die zu druckenden Seiten beschreiben (im Gegensatz zur schlichten Übernahme von Bitmaps, die der Hauptprozessor vorbereitet hat). Diese Befehle werden in Sprachen wie PCL von HP oder PostScript von Adobe erteilt.

Laserdrucker mit 600 **dpi** (**dots per inch** – Punkte pro Zoll) und mehr können Schwarz-Weiß-Fotos recht ordentlich drucken. Die dabei eingesetzte Technik ist aber komplizierter, als es auf den ersten Blick scheinen mag. Stellen Sie sich ein mit 600 dpi eingescanntes Foto vor, das auf einem 600-dpi-Drucker ausgedruckt werden soll. Das gescannte Bild hat 600 × 600 Pixel pro Quadratzoll, jedes mit einem Grauwert von 0 (weiß) bis 255 (schwarz). Der Drucker kann zwar ebenfalls 600 dpi aufs Papier bringen, jedes Pixel ist aber entweder schwarz (Toner vorhanden) oder weiß (kein Toner). Grauwerte lassen sich nicht drucken.

Die übliche Lösung für das Drucken von Grauwerten ist die **Halbtonrasterung** (Halftoning) wie bei gewerblich gedruckten Plakaten. Dabei wird das Bild in Halbtonzellen aufgelöst, die in der Regel aus 6 × 6 Pixeln bestehen. Jede Zelle kann zwischen 0 und 36 schwarze Punkte enthalten. Das Auge nimmt eine Zelle mit mehr Punkten dunkler wahr als eine Zelle mit weniger Punkten. Um Grauwerte im Bereich von 0 bis 255 darzustellen, teilt man diesen Bereich in 37 Zonen auf. Werte von 0 bis 6 liegen in Zone 0, Werte von 7 bis 13 in Zone 1 und so weiter (Zone 36 ist etwas kleiner als die anderen, weil sich 256 nicht ohne Rest durch 37 teilen lässt). Ist ein Grauton in Zone 0 darzustellen, dann bleibt die zugehörige Halbtonzelle auf dem Papier leer, wie es ▶Abbildung 2.33a zeigt. Ein Wert der Zone 1 wird als 1 schwarzes Pixel und ein Wert der Zone 2 wie in ▶Abbildung 2.33b als 2 schwarze Pixel gedruckt. Andere Zonenwerte sind in ▶Abbildung 2.33c bis f zu sehen. Nimmt man auf einem mit 600 dpi gescannten Foto eine derartige Halbtonrasterung vor, so verringert sich die effektive Bildauflösung auf 100 Zellen/Zoll. Man nennt dies die **Halbtonrasterfrequenz** (Halftone Screen Frequency). Sie wird gewöhnlich in **lpi** (**lines per inch** – Zeilen pro Zoll) gemessen.

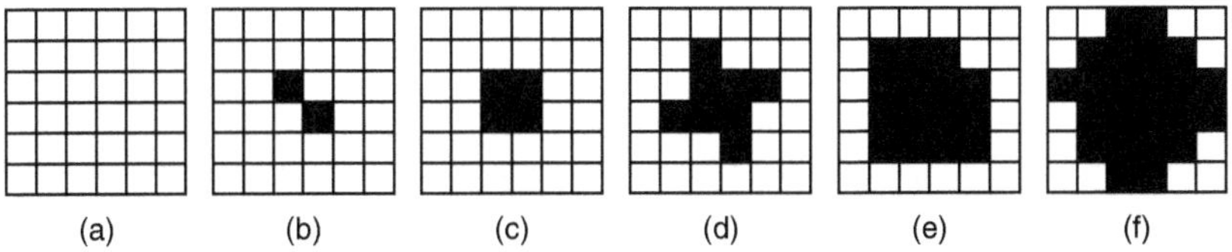

Abbildung 2.33: Halbtonpunkte für verschiedene Graustufenbereiche (a) 0–6 (b) 14–20 (c) 28–34 (d) 56–62 (e) 105–111 (f) 161–167

Farbdrucker

Zwar arbeiten derzeit die meisten Laserdrucker monochrom, doch sind Farblaserdrucker auf dem Vormarsch, sodass hier sicherlich einige Erläuterungen zum Farbdruck (die auch für Tintenstrahl- und andere Drucker gelten) angebracht sind. Wie man sich vorstellen kann, ist das Ganze nicht trivial. Farbbilder lassen sich nach zwei Arten unterscheiden: Durchlicht und Auflicht. Durchlichtbilder wie bei Monitoren entstehen durch lineare Überlagerung der drei additiven Primärfarben Rot, Grün und Blau.

Farbdrucker verwenden die **subtraktiven Primärfarben** Zyan, Magenta und Gelb sowie Schwarz (CMYK).

Auflichtbilder, wie zum Beispiel Farbfotos und Bilder in Hochglanzmagazinen, absorbieren dagegen bestimmte Wellenlängen und reflektieren den Rest. Diese Bilder entstehen aus einer linearen Überlagerung der drei subtraktiven Primärfarben Zyan (absorbiert komplett Rot), Gelb (absorbiert komplett Blau) und Magenta (absorbiert komplett Grün). Theoretisch lässt sich jede Farbe durch Mischen von Zyan-, Gelb- und Magentatinte erzeugen. In der Praxis ist es aber schwierig, die Tinten so rein herzustellen, dass sie zusammen das gesamte Licht absorbieren und ein reines Schwarz hervorbringen. Aus diesem Grund arbeiten fast alle Farbdrucker mit vier Tinten – Zyan, Magenta, Gelb und Schwarz.

Derartige Systeme nennt man **CMYK-Drucker** (aus den englischen Bezeichnungen Cyan, Magenta und Yellow; das K steht für Black, um eine Verwechslung mit Blau zu vermeiden). Demgegenüber arbeiten Monitore mit Durchlicht und dem RGB-System (für Rot, Grün und Blau).

Das gesamte Farbspektrum, das ein Bildschirm oder Drucker hervorbringen kann, nennt man **Farbskala** (Gamut). Kein Gerät kann eine Farbskala erzeugen, die hundertprozentig die Wirklichkeit widerspiegelt, da für jede Farbe typischerweise 256 Intensitätsstufen möglich sind, was lediglich 16.777.216 diskrete Farbtöne ergibt. Unvollkommenheiten der Technologie lassen diese Zahl weiter schrumpfen und die übrig bleibenden Farbtöne sind nicht immer gleichmäßig über das Farbspektrum verteilt. Außerdem hat die Farbwahrnehmung nicht nur mit den physikalischen Gegebenheiten des Lichts zu tun, sondern hängt stark davon ab, wie die Stäbchen und Zäpfchen in der Netzhaut des menschlichen Auges arbeiten.

Aus diesen Gründen ist die Umwandlung eines auf dem Bildschirm gut aussehenden Farbbilds in ein identisches Druckbild alles andere als einfach. Zu den Problemen gehören unter anderem:

1. Farbmonitore arbeiten mit Durchlicht, Farbdrucker mit Auflicht.
2. Monitore liefern 256 Intensitätsstufen je Farbe. Farbdrucker müssen mit Halbtonrasterung arbeiten.
3. Monitore haben einen dunklen Hintergrund, Papier hat einen hellen Hintergrund.
4. Die RGB-Farbskala eines Monitors und die CMYK-Farbskala eines Druckers unterscheiden sich.

Farbige Druckbilder so hinzubekommen, dass sie lebensecht (oder wenigstens wie das Bildschirmbild) aussehen, erfordert feinste Geräteeinstellungen, ausgeklügelte Software, um ICC-Profile (International Color Consortium) zu erstellen, und ein gehöriges Maß an Fachkenntnis seitens des Benutzers.

Tintenstrahldrucker

Für das preiswerte Drucken im privaten Bereich sind die **Tintenstrahldrucker** (Inkjet Printers) am beliebtesten. Der bewegliche Druckkopf mit den Tintenpatronen wird durch ein Band oder ein Stahlseil horizontal über das Papier geführt, während aus winzigen Düsen Tinte ausgespritzt wird. Die Tintentröpfchen haben ein Volumen von etwa 1 pl (Pikoliter = 10^{-12} l), sodass rund 100 Millionen davon in einen einzigen Wassertropfen passen.

Tintenstrahldrucker arbeiten nach zwei Funktionsprinzipien: piezoelektrisch (Epson) und thermisch (Canon, HP und Lexmark). Bei den piezoelektrischen Tintenstrahldruckern befindet sich ein spezieller Kristall neben der Tintenkammer. Wird eine Spannung an den Kristall angelegt, verformt er sich leicht und drückt ein Tintentröpfchen aus der Düse hinaus. Je höher die Spannung ist, desto größer fällt das Tröpfchen aus. Die Software kann auf diese Weise die Tröpfchengröße steuern.

Thermische Tintenstrahldrucker (auch als **Bubblejet**-Drucker bezeichnet) enthalten in jeder Düse einen winzigen Widerstand. Wird eine Spannung an den Widerstand angelegt, so heizt er sich äußerst schnell auf und bringt dabei die ihn berührende Tinte augenblicklich zum Siedepunkt, bis sie verdampft und eine Gasblase bildet. Nun beansprucht die Gasblase mehr Raum als die Tinte, aus der sie entstanden ist, wodurch ein Druck auf die

Düse entsteht. Der Tinte bleibt nur ein einziger Weg nach draußen – vorn aus der Düse hinaus und auf das Papier. Die Düse kühlt sich dann ab und der so entstehende Unterdruck saugt ein weiteres Tintentröpfchen aus dem Tintentank an. Die Geschwindigkeit des Druckers hängt davon ab, wie schnell der Aufheiz- und Abkühlzyklus wiederholt werden kann. Die Tröpfchen haben alle die gleiche Größe, sind aber normalerweise etwas kleiner als beim piezoelektrischen Drucker.

Tintenstrahldrucker haben üblicherweise eine Auflösung von wenigstens 1200 dpi bis zu hochqualitativen 4800 dpi. Diese Drucker sind billig (in der Anschaffung) und leise, aber auch langsam. Dafür bieten sie eine gute Druckqualität, der wieder die hohen Verbrauchskosten (teure Tintenpatronen) gegenüberstehen. Setzt man den besten der High-End-Tintenstrahldrucker ein, um eine hochauflösende Fotografie auf speziell beschichtetem Fotopapier zu drucken, lassen sich die Ergebnisse – selbst bei größeren Formaten – nicht mehr von einer herkömmlichen Fotografie unterscheiden.

Die besten Ergebnisse erzielt man mit Spezialtinte und -papier. Es gibt zwei Tintentypen: **Farbstofftinten** (Dye-based Inks) bestehen aus einem in einer Trägerflüssigkeit aufgelösten Farbstoff. Sie liefern leuchtende Farben und fließen leicht. Ihr Hauptnachteil ist, dass sie verblassen, wenn sie ultravioletter Strahlung, die im Sonnenlicht enthalten ist, ausgesetzt werden. **Pigmenttinten** (Pigment-based Inks) dagegen enthalten feste Pigmentpartikel, die in einer Trägerflüssigkeit schweben. Die Trägerflüssigkeit verdunstet und lässt die Pigmente auf dem Papier zurück. Diese Tinten verblassen zwar nicht, sind aber auch nicht so kräftig wie die Tinten auf Farbstoffbasis. Außerdem neigen die Pigmentpartikel dazu, die Düsen im Druckkopf zu verstopfen, sodass regelmäßige Reinigung nötig ist. Für den Ausdruck von Fotos ist beschichtetes oder Hochglanzpapier (Glossy) erforderlich. Diese Papiersorten sind so beschaffen, dass die Tintentröpfchen nicht verlaufen.

Die **Spezialtinte**, die Tintenstrahldrucker auf das Papier spritzen, basiert auf einem flüssigen Farbstoff oder auf festen Farbpartikeln. Dies bestimmt die Haltbarkeit und Intensität.

Spezialdrucker

Laser- und Tintenstrahldrucker dominieren den Markt im Privat- und Bürobereich. Daneben gibt es weitere Druckertypen für Situationen, in denen besondere Anforderungen in Bezug auf Farbqualität, Preis und andere Kriterien im Vordergrund stehen.

Eine Variante des Tintenstrahldruckers ist der **Volltontintendrucker** oder **Festtintendrucker** (Solid Ink Printer). Dieser Typ arbeitet mit vier festen Blöcken einer speziellen wachsartigen Tinte, die zunächst in heiße Tintenbehälter eingeschmolzen werden müssen. Die Vorlaufzeit solcher Drucker kann bis zu 10 Minuten betragen, denn erst müssen die Tintenblöcke schmelzen. Die heiße Tinte wird auf das Papier gesprüht, wo sie aushärtet. Das Papier durchläuft zwei harte Walzen, um die Tinte auf dem Papier zu fixieren. Dieses Verfahren kombiniert gewissermaßen die Sprühtechnik der Tintenstrahldrucker mit dem Einbrennen der Tinte auf das Papier durch Hartgummiwalzen wie bei Laserdruckern.

Ein weiterer Druckertyp ist der **Wachsdrucker** (Wax Printer). Er hat ein breites Band mit Wachs in vier Farben, das in seitengroße Streifen unterteilt ist. Tausende von Heizelementen schmelzen das Wachs auf das darunter vorbeiziehende Papier auf. Das Wachs wird in Form von Pixeln nach dem CMYK-System auf dem Papier fixiert. Wachsdrucker waren einmal der vorherrschende Farbdruckertyp, werden jetzt aber zunehmend von den anderen Typen verdrängt, die mit billigeren Verbrauchsmaterialien auskommen.

Der fünfte Typ ist der **Farbsublimationsdrucker** (Dye Sublimation Printer). Trotz des freudschen Untertons ist „Sublimation“ die wissenschaftliche Bezeichnung für den direkten Übergang vom festen in den gasförmigen Zustand eines Stoffs, ohne dass dieser die flüssige Phase durchläuft. Trockeneis (gefrorenes Kohlendioxid) ist ein bekannter Stoff, der sublimiert. Im Farbsublimationsdrucker streicht ein Träger mit den CMYK-Farbstoffen über einen thermischen Druckkopf mit Tausenden von programmierbaren Heizelementen. Die Farbstoffe verdampfen sofort und werden von einem Spezialpapier absorbiert. Jedes Heizelement kann 256 verschiedene Temperaturen erzeugen. Je höher die Temperatur, umso mehr Farbstoff wird aufgebracht und umso intensiver ist die Farbe. Anders als bei allen anderen Farbdruckern sind für jedes Pixel nahezu kontinuierliche Helligkeitsabstufungen möglich, Halbtonrasterung ist also nicht erforderlich. Kleine Schnappschussdrucker produzieren im Farbsublimationsprozess auf speziellem (und teurem) Papier hochqualitative fotorealistische Bilder.

Schließlich kommen wir zum **Thermodrucker**, der einen kleinen Druckkopf mit einer Anzahl von winzigen aufheizbaren Nadeln enthält. Fließt ein elektrischer Strom durch eine Nadel, so heizt sie sich sehr schnell auf. Wenn ein spezielles thermoempfindliches Papier gegen den Druckkopf gedrückt wird, entstehen auf dem Papier an den Stellen Punkte, wo sich die heißen Nadeln befinden. Praktisch ähnelt ein Thermodrucker den älteren Matrixdruckern, deren Nadeln gegen ein Farbband drücken, um Punkte auf dem hinter dem Farbband befindlichen Papier zu erzeugen. Thermodrucker sind unter anderem gebräuchlich, um Belege in Läden, Geldautomaten, Tankstellen usw. zu drucken.

2.4.6 Telekommunikationsgeräte

Die meisten Computer sind heutzutage mit einem Computernetzwerk – oftmals mit dem Internet – verbunden. Das setzt spezielle Geräte voraus. Dieser Abschnitt zeigt, wie sie funktionieren.

Modems

Mit der zunehmenden Computernutzung in den vergangenen Jahren ist es heute die Regel, dass ein Computer mit einem anderen kommunizieren muss. Beispielsweise haben viele Benutzer zu Hause einen Personalcomputer, den sie zur Kommunikation mit ihrem Computer im Büro, mit einem Internetdienstanbieter (Internet Service Provider) oder mit einem Homebanking-System einsetzen. In vielen Fällen stellt die Telefonleitung den physischen Kommunikationsweg bereit.

Die Telefonleitung an sich ist allerdings nicht geeignet, Computersignale zu übertragen, die im Allgemeinen eine 1 als Spannung zwischen 3 und 5 V und eine 0 als 0 V darstellen, wie es ▶Abbildung 2.34a zeigt. Digitale Signale erleiden erhebliche Verzerrungen, wenn sie über eine für Sprachübertragung geeignete Telefonleitung übertragen werden. Die Folge sind Übertragungsfehler. Eine reine Sinusschwingung mit einer Frequenz von 1000 bis 2000 Hz, der sogenannte **Träger** (Carrier), lässt sich jedoch mit relativ geringen Verzerrungen übertragen, und dieser Umstand wird als Basis für die meisten Telekommunikationssysteme genutzt.

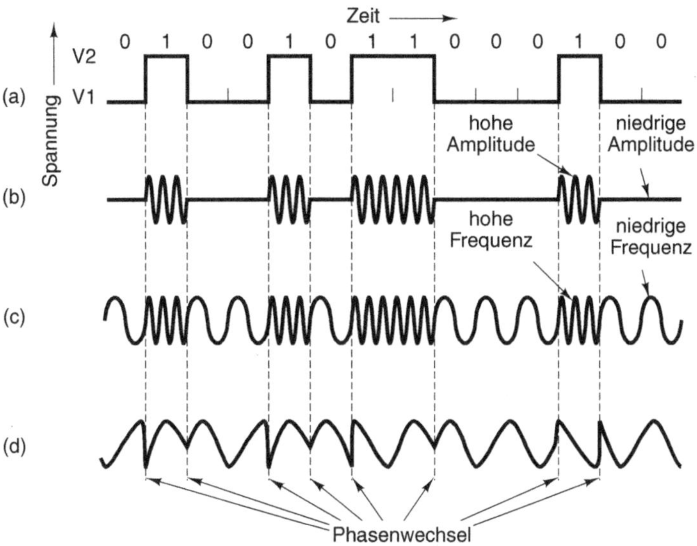

Abbildung 2.34: Bitweise Übertragung der Binärzahl 01 0010 1100 0100 über eine Telefonleitung (a) digitales Signal mit zwei verschiedenen Pegeln (b) Amplitudenmodulation (c) Frequenzmodulation (d) Phasenmodulation

Da die Impulse einer Sinuswelle vollständig vorhersagbar sind, überträgt eine reine Sinusschwingung keinerlei Information. Eine Folge von Einsen und Nullen lässt sich aber durch Verändern von Amplitude, Frequenz oder Phase übertragen (Abbildung 2.34). Dieser Vorgang heißt **Modulation** und das hierfür zuständige Gerät **Modem**, was für **Modulator DEModulator** steht. Die in ▶Abbildung 2.34b gezeigte **Amplitudenmodulation** (Amplitude Modulation) verwendet zwei verschiedene Spannungspegel für 0 und 1. Wenn man einer sehr langsamen Übertragung von digitalen Daten zuhört, nimmt man ein lautes Geräusch für 1 und Stille für 0 wahr.

Ein Modem überträgt digitale Information in Form einer modulierten Trägerfrequenz. Beim Vollduplex-Betrieb werden verschiedene Trägerfrequenzen für die beiden Richtungen verwendet.

Die in ▶Abbildung 2.34c dargestellte **Frequenzmodulation** (Frequency Modulation) arbeitet mit gleichbleibendem Spannungspegel und stellt 0 und 1 durch unterschiedliche Trägerfrequenzen dar. Wenn man frequenzmodulierten Daten zuhört, nimmt man zwei verschieden hohe Töne für 0 bzw. 1 wahr. Deshalb spricht man bei Frequenzmodulation auch von **Frequenzumtastung** (Frequency Shift Keying).

Bei der einfachen **Phasenmodulation** (Phase Modulation; ▶Abbildung 2.34d) bleiben Amplitude und Frequenz unverändert, während die Phase der Trägerfrequenz um 180 Grad gedreht wird, wenn die Datensignale von 0 auf 1 oder von 1 auf 0 übergehen. Komplexere phasenmodulierte Systeme verschieben bei Beginn eines jeden unteilbaren Zeitintervalls die Phase der Trägerfrequenz abrupt um 45, 135, 225 oder 315 Grad, was die Übertragung von 2 Bits pro Zeitintervall ermöglicht. Dies ist die sogenannte **Quadraturphasenumtastung**. Zum Beispiel repräsentiert eine Phasenverschiebung um 45 Grad den Wert 00, um 135 Grad den Wert 01 usw. Die zusammengehörende Gruppe von 2 Bit bezeichnet man als **Dibit**. Es gibt auch andere Verfahren, mit denen 3 oder mehr Bits pro Zeitintervall übertragen werden können. Die Anzahl der Zeitintervalle (d.h. die Anzahl potenzieller Signaländerungen pro Sekunde) ist die **Baudrate**. Bei 2 oder mehr Bits pro Zeitintervall ist die Bitrate größer als die Baudrate. Diese beiden Begriffe werden oft verwechselt. Deshalb noch einmal: Die Baudrate bezeichnet die Anzahl der Signalwechsel pro Sekunde, während die Bitrate die Anzahl der pro Sekunde übertragenen Bits angibt. Die Bitrate ist im Allgemeinen ein Vielfaches der Baudrate, kann aber theoretisch auch niedriger sein.

Wenn die zu übertragenden Daten aus einer Folge von 8-Bit-Zeichen bestehen, wäre eine Verbindung wünschenswert, die 8 Bits gleichzeitig übertragen kann – also ein Kabel mit acht Leitungspaaren. Da aber gewöhnliche (Sprach-)Telefonleitungen nur einen Kanal zu bieten haben, müssen die Bits seriell, also hintereinander (oder in Zweiergruppen bei der Dibit-Codierung) gesendet werden. Das Gerät, das die Zeichen vom Computer bitweise als digitale Signale aufnimmt und die Bits in Einer- oder in Zweiergruppen in amplituden-, frequenz- oder phasenmodulierter Form überträgt, ist das Modem. Um Beginn und Ende eines Zeichens zu kennzeichnen, wird jeweils vor einem 8-Bit-Zeichen normalerweise ein Startbit und nach dem Zeichen ein Stoppbit gesendet, was für jedes Zeichen zusammen 10 Bits ausmacht.

Das sendende Modem schickt die einzelnen Bits, aus denen ein Zeichen besteht, in gleich großen Zeitintervallen ab. Beispielsweise bedeutet 9600 Baud eine Signaländerung alle 104 µs. Ein zweites Modem am empfangenden Ende wandelt den modulierten Träger wieder in eine Binärzahl um. Da die Bits beim Empfänger in gleich großen Zeitintervallen einlaufen, kann das empfangende Modem – nachdem es den Beginn eines Zeichens erkannt hat – durch seinen eingebauten Taktgeber feststellen, wann es die einlaufenden Daten abfragen muss, um die einzelnen Bits zu lesen.

Moderne Modems arbeiten mit einer Datenrate von 57.600 Bit/s bei gewöhnlich sehr viel niedrigeren Baudraten. Dabei wird eine Kombination verschiedener Techniken mit Modulation von Amplitude, Frequenz und Phase eingesetzt, um mehrere Bits pro Baud zu senden. Alle Modems sind für den **Vollduplex**-Betrieb ausgelegt. Das bedeutet, dass das Modem (auf verschiedenen Frequenzen) in beiden Richtungen gleichzeitig übertragen kann. Modems oder Übertragungsleitungen, die jeweils nur in einer Richtung senden können (wie eine eingleisige Bahnlinie jeweils nur Züge in nördlicher oder südlicher Richtung bewältigen kann, nicht jedoch gleichzeitig), arbeiten **halbduplex**. Bei Leitungen, die überhaupt nur in eine einzige Richtung übertragen können, spricht man von **Simplex**-Betrieb.

DSL

Als die Telefonindustrie schließlich bei 56 Kbit/s angekommen war, hat sie sich wegen dieser guten Leistung selbst auf die Schulter geklopft. In der Zwischenzeit konnten die Kabelnetzbetreiber bereits Geschwindigkeiten bis zu 10 Mbit/s auf gemeinsam genutzten Kabeln anbieten und die Satellitenunternehmen planten, bis auf 50 Mbit/s heraufzugehen. Da der Internetzugang einen zunehmend wichtigeren Teil ihres Geschäfts ausmachte, wurde den Telefongesellschaften langsam klar, dass sie ein konkurrenzfähigeres Produkt als die simplen Einwahlverbindungen brauchten. Ihre Antwort bestand in einem neuen Angebot von digitalen Internetzugängen. Dienste mit mehr Bandbreite als die Standardtelefondienste bezeichnet man auch als **Breitbandanschlüsse**, obwohl dieser Begriff eigentlich mehr ein Marketingkonzept als ein besonderes technisches Konzept ist. Im engeren technischen Sinne bedeutet Breitband, dass die Übertragung gleichzeitig in mehreren Signalkanälen erfolgt, während es bei Basisbandbetrieb nur einen Kanal gibt. Somit ist das 10-Gbit-Ethernet, das deutlich schneller arbeitet als jeder „Breitband"-Dienst der Telefongesellschaften, überhaupt kein Breitband, da es nur einen einzigen Signalkanal verwendet.

Anfangs gab es viele sich überlappende Angebote, die alle unter dem allgemeinen Namen **xDSL (Digital Subscriber Line)** für verschiedene *x* liefen. Dieser Abschnitt beschäftigt sich mit dem Verfahren, das sich von allen diesen Diensten durchgesetzt hat: **ADSL (Asymetric DSL)**. Da die Entwicklung von ADSL noch im Fluss ist und noch nicht alle Standards vollständig etabliert sind, können sich einige Details mit der Zeit noch ändern. Doch das grundlegende Bild sollte gültig bleiben. Weiterführende Informationen zu ADSL finden Sie in [Summers, 1999] und [Vetter et al., 2000].

Modems sind deshalb so langsam, weil Telefone für die Übertragung der menschlichen Stimme erfunden wurden und das gesamte System sorgfältig für genau diesen Zweck optimiert ist. Daten waren immer die Stiefkinder. Die vom Teilnehmer zur Vermittlungsstelle der Telefongesellschaft führende Leitung, die sogenannte **Ortsverbindungsleitung** oder **Amtsleitung** (Local Loop), ist normalerweise in der Vermittlungsstelle durch Filter auf das Frequenzband von 300 Hz bis 3400 Hz beschränkt. Diese Filter begrenzen die Datenrate. Die tatsächliche Bandbreite der Amtsleitung hängt von ihrer Länge ab, wobei für typische Entfernungen von wenigen Kilometern ein Wert von 1,1 MHz praktikabel ist.

ADSL überträgt Daten parallel auf 250 Kanälen über die Telefonleitung. Der größte Teil der Kanäle wird zum Herunterladen von Daten verwendet.

▶Abbildung 2.35 zeigt das gebräuchlichste Konzept, um ADSL anbieten zu können. Praktisch entfernt man die Filter und teilt das auf der Amtsleitung verfügbare Spektrum von 1,1 MHz in 256 unabhängige Kanäle von je 4312,5 Hz ein. Kanal 0 bleibt dem guten alten Telefon – **POTS (Plain Old Telephone Service)** – vorbehalten. Die Kanäle 1 bis 5 lässt man frei, um gegenseitige Störungen zwischen dem Sprachsignal und den Datensignalen auszuschließen. Von den verbleibenden 250 Kanälen dient ein Kanal für die Datenflusssteuerung zur Vermittlungsstelle (Upstream Control) und einer für die umgekehrte Richtung zum Teilnehmer (Downstream Control). Der Rest ist für Benutzerdaten verfügbar. ADSL verhält sich sozusagen wie 250 parallel arbeitende Modems.

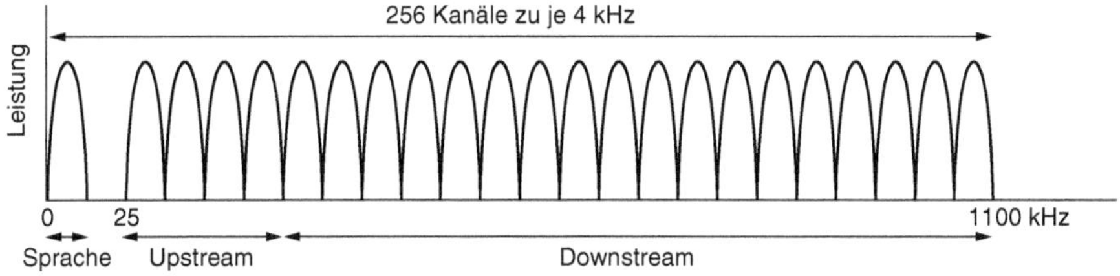

Abbildung 2.35: Arbeitsweise von ADSL

Prinzipiell lässt sich jeder der freien Kanäle für einen Vollduplex-Datenstrom nutzen, doch harmonische Verzerrungen, Übersprechen und andere Effekte drücken reale Systeme ein ganzes Stück unter die theoretische Grenze. Der Provider muss bestimmen, wie viele Kanäle für den Datenstrom zum Teilnehmer (Downstream) und wie viele Kanäle für den Datenstrom zur Vermittlungsstelle (Upstream) zu verwenden sind. Ein Verhältnis von 50 zu 50 bei Upstream zu Downstream ist technisch machbar, jedoch reservieren die meisten Provider etwa 80% bis 90% der Bandbreite für den Downstream-Kanal, da die Benutzer in der Regel mehr Daten herunter- als heraufladen. Diese Wahl führt zum „A“ in ADSL. Eine übliche Teilung sieht 32 Kanäle für den Upstream und den Rest für den Downstream vor.

In jedem Kanal wird die Leitungsqualität ständig überwacht und die Datenrate bei Bedarf dynamisch angepasst, sodass verschiedene Kanäle mit unterschiedlichen Datenraten laufen können. Die eigentliche Datenübertragung erfolgt durch eine Kombination von Amplituden- und Phasenmodulation mit bis zu 15 Bits/Baud. Nimmt man beispielsweise 224 Downstream-Kanäle und 15 Bits/Baud bei 4000 Baud an, beträgt die Downstream-Bandbreite 13,44 Mbit/s. In der Praxis ist der Signal-Rausch-Abstand fast nie so gut, um diese Rate zu erreichen, doch sind kurzfristig 4 bis 8 Mbit/s auf guten Leitungen möglich.

▶Abbildung 2.36 zeigt einen typischen ADSL-Aufbau. In diesem Schema muss der Benutzer (oder ein Techniker der Telefongesellschaft) eine **Telekommunikations-Anschluss-Einheit (TAE)**[3] auf dem Grundstück (bzw. in der Wohnung, im Haus, im Gebäude) des Kunden installieren. Dieser kleine Plastikkasten markiert den Übergang zwischen dem Eigentum der Telefongesellschaft und dem Eigentum des Kunden. In der Nähe der TAE (oder manchmal auch damit kombiniert) befindet sich ein **Splitter** (Signalteiler). Dabei handelt es sich um einen Analogfilter, der das Band von 0–4000 Hz für das normale Telefon (POTS) von den Daten trennt. Das Sprachsignal gelangt wie bisher zum vorhandenen Telefon oder Fax, während das Datensignal zu einem ADSL-Modem geführt wird. Das ADSL-Modem enthält einen digitalen Signalprozessor, der sich wie 250 parallel auf unterschiedlichen Frequenzen arbeitende Modems verhält. Da die meisten aktuellen ADSL-Modems als externe Geräte konzipiert sind, ist das Modem noch über eine Hochgeschwindigkeitsverbindung an den Computer anzuschließen. Das geschieht in der Regel mit einer Ethernet-Karte im Computer, um eine sehr kurze Punkt-zu-Punkt-Verbindung zwischen Computer und ADSL-Modem zu realisieren. (Ethernet ist ein verbreiteter und kostengünstiger Standard für lokale Netzwerke.) Gelegentlich lässt sich das ADSL-Modem auch über den USB-Port anstelle von Ethernet anschließen. Auch interne ADSL-Modemkarten sind bereits erhältlich.

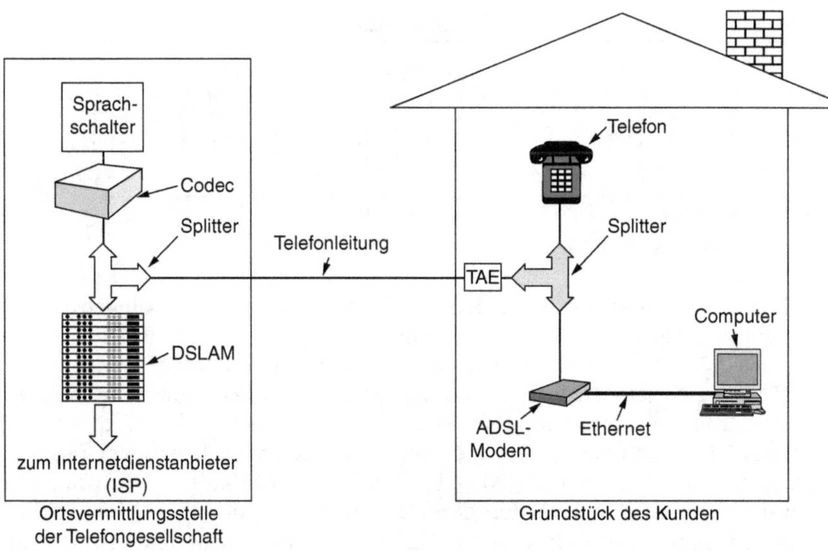

Abbildung 2.36: Typische Konfiguration einer ADSL-Ausrüstung

3 In Nordamerika **NID (Network Interface Device)** genannt (Anm. d. Übersetzers).

Auf der Seite der Telefongesellschaft am anderen Ende der Leitung ist ein korrespondierender Splitter installiert. Dieser filtert den Sprachanteil des Signals heraus und leitet ihn an die normale Vermittlungsstelle weiter. Das Signal oberhalb von 26 kHz gelangt zu einer neuen Art von Gerät namens **DSLAM** (**Digital Subscriber Line Access Multiplexer**), der einen mit dem ADSL-Modem vergleichbaren digitalen Signalprozessor enthält. Nachdem das Signal wieder in einen Bitstrom zurückverwandelt ist, werden Datenpakete gebildet und an den Internetprovider (Internetdienstanbieter) gesendet.

Internet über Kabel

Viele Kabelfernsehgesellschaften bieten jetzt den Internetzugang über ihre Kabel an. Da sich die Technik deutlich von ADSL unterscheidet, lohnt es sich, einen kurzen Blick darauf zu werfen. Der Kabelnetzbetreiber unterhält in jeder Stadt eine oder mehrere **Kopfstationen** (Headends) und eine große Anzahl Kästen, die voller Elektronik sind – die sogenannten **Verstärkerpunkte**, die über sein gesamtes Einzugsgebiet verteilt sind. Die Verstärkerpunkte sind mit der Kopfstation durch Breitbandkabel oder Glasfaserkabel verbunden.

Von jedem Verstärkerpunkt gehen ein oder mehrere Kabel zu Hunderten von Haushalten und Büros ab. Jeder Kabelkunde schaltet sich an seinem Standort in das Kabel ein. Somit nutzen Hunderte von Kunden dasselbe Kabel zum Verstärkerpunkt gleichzeitig. Das Kabel hat normalerweise eine Bandbreite von 750 MHz. Das System unterscheidet sich damit drastisch von ADSL, weil von jedem Telefonbenutzer eine private (d.h. nicht gemeinsam genutzte) Leitung zur Telefonvermittlungsstelle führt. Praktisch macht es aber keinen so großen Unterschied, ob Sie einen eigenen 1,1-MHz-Kanal zu einer Vermittlungsstelle „genießen" dürfen oder sich einen 200-MHz-Bereich des Kabelspektrums bis zum Verstärkerpunkt mit 400 anderen Benutzern – von denen gleichzeitig höchstens die Hälfte aktiv ist – teilen müssen. Allerdings bedeutet das für einen Kabel-Internetbenutzer, dass er um 4 Uhr einen wesentlich besseren Dienst erhält als um 16 Uhr, während die Qualität des ADSL-Dienstes rund um die Uhr gleichbleibend ist. Wer auf optimale Bedingungen für Internet über Kabel aus ist, sollte eine reiche Gegend bevorzugen (weit auseinanderstehende Häuser – weniger Kunden an einem Kabel) oder in eine arme Gegend ziehen (in der sich niemand einen Internetdienst leisten kann).

Da das Kabel ein gemeinsam genutztes Medium ist, steht die große Frage, wer wann und mit welcher Frequenz senden darf. Um die Funktionsweise zu verstehen, müssen wir kurz beschreiben, wie Kabelfernsehen funktioniert. Die Kabelfernsehkanäle belegen in Nordamerika den Bereich von 54–550 MHz (ausgenommen der UKW-Rundfunkbereich von 87,5–108 MHz). Diese Kanäle sind 6 MHz breit, einschließlich der Schutzbänder, um Signalverluste zwischen den Kanälen zu verhindern. In Europa liegt dieser Bereich bei 100–862 MHz und die Kanäle sind wegen der von PAL und SECAM geforderten höheren Auflösung zwischen 7 MHz (bei VHF) und 8 MHz (bei UHF) breit, das Zuordnungsschema ist aber sonst ähnlich. Der untere Teil des Bandes wird nicht für Fernsehübertragungen genutzt.

Der Internetzugang der Kabelprovider basiert auf der gemeinsamen Nutzung des Fernsehkabels durch alle angeschlossenen Internetnutzer. Dies geschieht im Zeitmultiplex über mehrere Kanäle.

Bei der Einführung von Internet über Kabel hatten die Kabelnetzbetreiber zwei Probleme zu lösen:

1. Wie lässt sich der Internetzugang bereitstellen, ohne die Fernsehprogramme zu stören?
2. Wie lässt sich ein Zweirichtungsbetrieb realisieren, wenn die gesamte Verstärkertechnik von Haus aus nur in eine Richtung arbeitet?

Die gewählten Lösungen sehen folgendermaßen aus: Moderne Kabel lassen sich bis weit über 550 MHz betreiben, oftmals bis zu 750 MHz und mehr. Die Upstream-Kanäle (d.h. vom Benutzer zum Verstärkerpunkt) kommen in das Band 5–42 MHz (in Europa 12–65 MHz)[4] und der Downstream-Verkehr (d.h. von der Kopfstation zum Benutzer) verwendet die Frequenzen am oberen Ende, wie es ▶Abbildung 2.37 veranschaulicht.

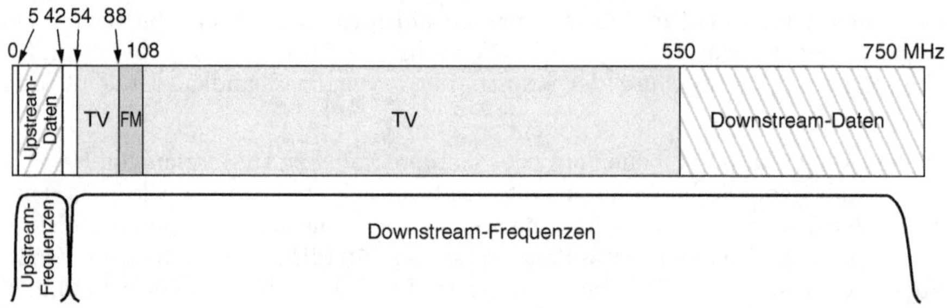

Abbildung 2.37: Frequenzzuteilung in einem typischen Kabelfernsehsystem, das für den Internetzugang verwendet wird

Da alle Fernsehsignale zum Downstream-Bereich gehören, kann man Upstream-Verstärker einsetzen, die ausschließlich für den Bereich 5–42 MHz (Europa 12–65 MHz) ausgelegt sind, und Downstream-Verstärker, die nur ab 54 MHz (Europa 100 MHz) aufwärts arbeiten, wie es aus Abbildung 2.37 hervorgeht. Somit liegt eine Asymmetrie zwischen den Upstream- und Downstream-Bandbreiten vor, weil das verfügbare Spektrum oberhalb des Fernsehbereichs wesentlich größer ist als darunter. Andererseits läuft der meiste Verkehr ohnehin in Downstream-Richtung ab, sodass die Kabelbetreiber gar nicht so unglücklich mit den gegebenen Fakten sind. Wie bereits erwähnt, bieten die Telefongesellschaften normalerweise einen asymmetrischen DSL-Dienst an, selbst wenn es dazu keine technische Notwendigkeit gibt.

Der Internetzugang erfordert ein Kabelmodem, d.h. ein Gerät mit zwei Schnittstellen: eine zum Computer und eine zum Kabelnetz. Die Schnittstelle zwischen Kabelmodem und Computer ist unkompliziert – normales Ethernet, genau wie bei ADSL. In Zukunft könnte das gesamte Modem als kleine Einsteckkarte für den Computer verfügbar sein, vergleichbar mit den alten Modems für den Telefonanschluss.

Das andere Ende ist wesentlich aufwendiger. Der Kabelstandard befasst sich hauptsächlich mit Rundfunktechnik, einem Thema, das weit über den Rahmen dieses Buchs hinausreicht. Interessant ist hier nur, dass Kabelmodems genau wie ADSL-Modems immer aktiv sind. Da Kabelnetzbetreiber keine Gebühren für Verbindungszeiten berechnen, stellen die Kabelmodems beim Einschalten eine Verbindung her und halten diese aufrecht, solange die Stromversorgung gewährleistet ist.

4 Eigentlich ebenfalls ab 5 MHz, wobei sich aber in der Praxis gezeigt hat, dass im Bereich zwischen 5 MHz und 12 MHz zu viele Störungen auftreten, sodass man diesen Bereich nicht nutzt (Anm. d. Übersetzers).

Um die Arbeitsweise besser zu verstehen, sehen wir uns die Abläufe an, wenn ein Kabelmodem eingesteckt und eingeschaltet wird. Das Modem sucht die Downstream-Kanäle nach einem speziellen Paket ab, das die Kopfstation regelmäßig sendet, um Systemparameter für Modems bereitzustellen, die gerade online gesetzt worden sind. Dabei kündigt das neue Modem gleichzeitig seine Anwesenheit in einem der Upstream-Kanäle an. Die Kopfstation weist daraufhin dem Modem seine Upstream- und Downstream-Kanäle zu. Diese Zuweisungen können sich später ändern, wenn es die Kopfstation für erforderlich hält, die Belastung auszugleichen.

Das Modem bestimmt dann seine Entfernung zur Kopfstation, indem es ihr ein spezielles Paket sendet und feststellt, wie viel Zeit bis zur Antwort vergeht. Dieser Vorgang heißt **Ranging** (was so viel heißt wie Bereichszuteilung). Das Modem muss seine Entfernung zur Kopfstation kennen, damit es sich an die Arbeitsweise der Upstream-Kanäle anpassen und das richtige Timing einstellen kann. Die Kanäle sind zeitlich in **Minislots** unterteilt. Jedes Upstream-Paket muss in einen oder mehrere aufeinanderfolgende Minislots passen. Die Kopfstation kündigt periodisch den Beginn einer neuen Runde an, doch wegen der Ausbreitungsgeschwindigkeit entlang des Kabels bekommen nicht alle Modems den Startschuss gleichzeitig mit. Wenn jedes Modem weiß, wie weit es von der Kopfstation entfernt ist, kann es berechnen, vor welcher Zeit der erste Minislot tatsächlich begonnen hat. Die Minislot-Länge ist netzwerkabhängig. Die Nutzdaten umfassen in der Regel 8 Bytes.

Während der Initialisierung weist die Kopfstation jedem Modem einen Minislot zu, den es für die Anforderung von Upstream-Bandbreite verwenden soll. In der Regel wird mehreren Modems derselbe Minislot zugewiesen, was zu einer Konkurrenzsituation führt. Möchte ein Computer ein Paket senden, überträgt er das Paket zum Modem, das dann die erforderliche Anzahl von Minislots für das Paket anfordert. Wird die Anforderung akzeptiert, so sendet die Kopfstation eine Bestätigung auf dem Downstream-Kanal, die dem Modem die für seine Pakete reservierten Minislots mitteilt. Das Paket wird dann beginnend mit dem ihm zugewiesenen Minislot gesendet. Zusätzliche Pakete lassen sich über ein Feld im Header des Minislot-Protokolls anfordern.

Liegt dagegen eine Konkurrenzsituation für den angeforderten Minislot vor, gibt es keine Bestätigung. Das Modem wartet dann einfach eine zufällig gewählte Zeitspanne und versucht es erneut. Nach jedem aufeinanderfolgenden Scheitern wird die Zufallszeit verdoppelt, um die Belastung bei starkem Verkehr zu verteilen.

Die Downstream-Kanäle werden anders als die Upstream-Kanäle verwaltet. Zunächst einmal gibt es nur einen Sender (die Kopfstation), sodass keine Konkurrenzsituation entsteht und keine Minislots notwendig sind. Letztlich läuft das Ganze auf ein statistisches Zeitmultiplexverfahren hinaus. Zum anderen ist der Downstream-Verkehr gewöhnlich wesentlich umfangreicher als der Upstream-Verkehr und man verwendet eine feste Paketgröße von 204 Byte. Zu diesem Paket gehören ein Reed-Solomon-Fehlerkorrekturcode und noch etwas Overhead, sodass 184 Bytes Nutzdaten verbleiben. Diese Zahlen hat man aus Kompatibilitätsgründen mit dem Digitalfernsehen nach dem MPEG-2-Verfahren gewählt, damit Fernsehkanäle und Downstream-Datenkanäle in der gleichen Weise formatiert sind. Logisch stellen sich die Verbindungen wie in ▶Abbildung 2.38 gezeigt dar.

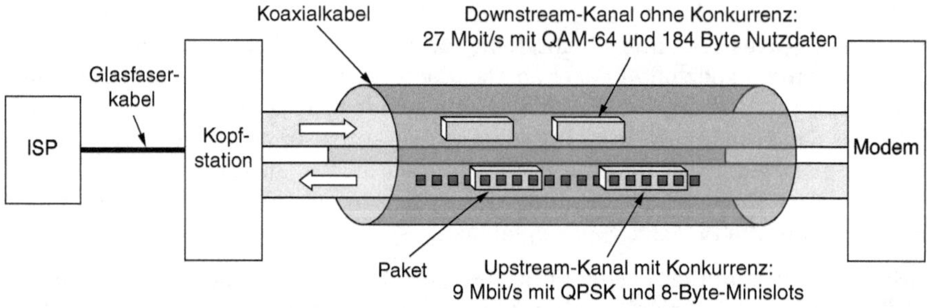

Abbildung 2.38: Typische Details der Upstream- und Downstream-Kanäle in Nordamerika. QAM-64 (Quadraturamplitudenmodulation) erlaubt 6 Bits/Hz, funktioniert aber nur bei hohen Frequenzen. QPSK (Quadraturphasenumtastung) arbeitet bei niedrigeren Frequenzen, erlaubt aber nur 2 Bits/Hz. In Europa arbeitet man im Downstream-Kanal mit einer Bandbreite von 8 MHz und erreicht damit bei QAM-64 Übertragungsraten von 38 Mbit/s, während bei QAM-256 sogar 52 Mbit/s möglich sind.

Wenden wir uns wieder der Initialisierung zu: Wenn das Modem das Ranging abgeschlossen und seine Zuweisungen für Upstream-Kanal, Downstream-Kanal und Minislot erhalten hat, ist es bereit, Pakete zu senden. Diese Pakete gehen zum Verstärkerpunkt, der sie über einen dedizierten Kanal zur Kopfstation der Kabelgesellschaft weiterleitet und von dort aus zum Internetprovider (der mit der Kabelgesellschaft identisch sein kann). Das erste Paket fordert vom Internetprovider eine Netzwerkadresse an (technisch gesprochen eine IP-Adresse), die dynamisch zugeordnet wird. Außerdem wird die genaue Uhrzeit übermittelt.

Die Kommunikation im Kabel erfolgt verschlüsselt, da sonst die Daten von anderen Nutzern des gemeinsamen Mediums leicht mitgehört werden könnten.

Der nächste Schritt betrifft die Sicherheit. Da das Kabel ein gemeinsam genutztes Medium ist, kann jeder, der darauf aus ist, den ganzen Verkehr mitlesen, der an ihm vorüberzieht. Um zu verhindern, beim Nachbarn (im wörtlichen Sinne) herumzuschnüffeln, wird der Verkehr in beiden Richtungen verschlüsselt. Es gehört deshalb zur Initialisierungsprozedur, die Codierungsschlüssel einzurichten. Auf den ersten Blick scheint es unmöglich zu sein, dass zwei Fremde – die Kopfstation und das Modem – einen geheimen Schlüssel bei vollem Tageslicht unter den Blicken Tausender Zuschauer vereinbaren können. Es zeigt sich, dass es nicht so ist, doch die verwendete Technik (der Diffie-Hellman-Algorithmus) ginge über den Rahmen dieses Buchs hinaus. Näheres hierzu finden Sie in [Kaufman et al., 2002].

Schließlich muss sich das Modem anmelden und seinen eindeutigen Bezeichner über den sicheren Kanal bereitstellen. An diesem Punkt ist die Initialisierung abgeschlossen. Der Benutzer kann sich nun beim Internetprovider anmelden und mit der Arbeit beginnen.

Zum Thema Kabelmodem gibt es noch viel mehr zu sagen. Als einschlägige Quellen seien [Adams und Dulchinos, 2001], [Donaldson und Jones, 2001] und [Dutta-Roy, 2001] genannt.

2.4.7 Digitalkameras

Den Computer setzt man verstärkt für den Bereich der digitalen Fotografie ein und macht dadurch Digitalkameras zu einer Art Peripheriegerät. Dieser Abschnitt erläutert, wie das Ganze funktioniert. Alle Kameras besitzen eine Linse, die ein Bild auf der Bildebene im hinteren Teil der Kamera erzeugt. In einer konventionellen Kamera befindet sich an dieser Stelle der Film, auf dem während der Belichtung das latente Bild entsteht. Das latente

Bild lässt sich später durch verschiedene chemische Prozesse bei der Filmentwicklung sichtbar machen. Eine Digitalkamera arbeitet praktisch in der gleichen Weise, außer dass an die Stelle des Films ein rechteckiges Feld aus lichtempfindlichen **ladungsgekoppelten Bauelementen** – besser bekannt unter der englischen Abkürzung **CCD** (**Charge-Coupled Devices**) – tritt. (Manche Kameras arbeiten mit CMOS-Bauelementen, wir konzentrieren uns hier aber auf die gebräuchlicheren CCDs.)

Trifft Licht auf ein CCD-Bauelement, dann regt es eine elektrische Ladung an. Je mehr Licht einfällt, desto größer ist die Ladung. Die Ladung lässt sich mithilfe eines Analog-Digital-Konverters als Ganzzahl zwischen 0 und 255 (bei Kameras im unteren Preissegment) oder 0 bis 4095 (bei digitalen einäugigen Spiegelreflexkameras) abgreifen. ▶Abbildung 2.39 zeigt den prinzipiellen Aufbau.

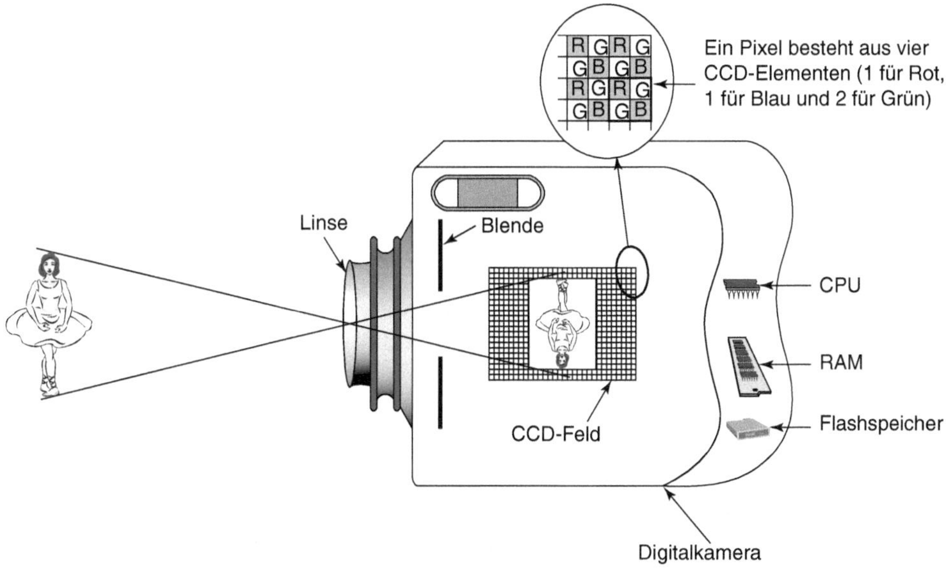

Abbildung 2.39: Eine Digitalkamera

Die Sensoren in digitalen Kameras verwenden pro Pixel vier CCD-Elemente, die für Rot, Blau und Grün Intensitätswerte liefern. Die Basisdaten werden weiterverarbeitet und auf einem Flashspeicher als komprimiertes Bild abgelegt.

Jedes CCD-Element liefert einen einzelnen Wert, der unabhängig von der Farbe des auftreffenden Lichts ist. Um Farbbilder zu erhalten, fasst man die CCD-Elemente in 4er Gruppen zusammen und setzt einen **Bayer-Filter** darüber. Dieser bewirkt, dass rotes Licht auf eines der vier CCD-Elemente in jeder Gruppe fällt, blaues Licht auf ein anderes und grünes Licht auf die beiden restlichen. Wenn nun der Hersteller einer Digitalkamera behauptet, sie habe 6 Millionen Pixel, ist das eigentlich eine Lüge. Die Kamera besitzt 6 Millionen CCD-Elemente, die zusammen 1,5 Millionen Pixel bilden. Das Bild wird als Feld von 2828 × 2121 Pixeln (bei Low-End-Kameras) oder 3000 × 2000 Pixeln (bei digitalen Spiegelreflexkameras) ausgelesen, wobei aber die zusätzlichen Pixel durch Extrapolation mithilfe von Software in der Kamera erzeugt werden.

Wenn man den Auslöser an der Kamera drückt, d.h. den Blendenverschluss öffnet, hat die Software in der Kamera drei Aufgaben zu erledigen: die Schärfe einstellen, die Belichtung bestimmen und den Weißabgleich durchführen. Die automatische Schärfeneinstellung analysiert den Anteil der hohen Frequenzen im Bild und verschiebt die

Linse so lange, bis der höchste Wert – der auch das schärfste Bild liefert – erreicht ist. Die Belichtungsmessung bestimmt die Lichtmenge, die auf die CCD-Elemente fällt, und passt Blende und Belichtungszeit an, damit die Lichtintensität in den mittleren Empfindlichkeitsbereich der CCD-Elemente fällt. Für den Weißabgleich ist das Spektrum des einfallenden Lichts zu messen, um später notwendige Farbkorrekturen durchführen zu können.

Anschließend wird das Bild aus den CCD-Elementen ausgelesen und als Pixelfeld im internen RAM der Kamera gespeichert. Hochwertige Spiegelreflexkameras, wie sie von Fotojournalisten eingesetzt werden, können 5 Sekunden lang acht hochauflösende Bilder je Sekunde schießen und benötigen ungefähr 1 GB internen RAM, um die Bilder zwischenzuspeichern, bevor sie verarbeitet und permanent gespeichert werden. Kameras im unteren Preissegment haben zwar weniger RAM, verglichen mit der Ausstattung eines PC aber immerhin noch recht viel.

In der Phase nach der Aufnahme korrigiert die Kamerasoftware die Farben per Weißabgleich, um rot- oder blaustichige Bilder (z.B. von einem Gegenstand im Schatten oder durch Blitzlicht) auszugleichen. Es folgen ein Algorithmus zur Rauschminderung und ein anderer zur Kompensation defekter CCD-Elemente. Danach versucht die Software, die Schärfe des Bilds zu erhöhen (sofern dieses Merkmal nicht deaktiviert ist), indem nach Kanten gesucht und der Intensitätsgradient um sie herum erhöht wird.

Schließlich lässt sich das Bild komprimieren, um den Speicherbedarf zu verringern. Ein gebräuchliches Format ist **JPEG** (**Joint Photographic Experts Group**), bei dem eine zweidimensionale räumliche Fouriertransformation angewendet wird und einige der hochfrequenten Komponenten wegfallen. Das Ergebnis dieser Transformation ist, dass zwar der Speicherbedarf geringer ist, aber es gehen auch feinere Details verloren.

Nachdem alle kamerainternen Verarbeitungsschritte abgeschlossen sind, wird das Bild auf das Speichermedium geschrieben, was gewöhnlich ein Flashspeicher oder eine winzige Wechselplatte (**Microdrive**) ist. Das Nachbearbeiten und Speichern kann mehrere Sekunden pro Bild dauern.

Zu Hause kann der Benutzer die Kamera an einen Computer anschließen, was gewöhnlich über ein USB- oder proprietäres Kabel erfolgt. Die Bilder werden dann von der Kamera auf die Festplatte des Computers übertragen. Mit spezieller Software, wie zum Beispiel Adobe Photoshop, kann der Benutzer das Bild zurechtschneiden, Helligkeit, Kontrast und Farben anpassen, das Bild schärfen, verwischen oder ganze Teile des Bilds entfernen sowie zahlreiche Filter anwenden. Wenn der Benutzer mit dem Ergebnis zufrieden ist, kann er die Bilddateien auf einem Farbdrucker ausgeben, über das Internet an ein professionelles Fotolabor hochladen oder auf CD-ROM bzw. DVD schreiben, um die Bilder zu archivieren oder für ein späteres Ausdrucken zu speichern.

Der Umfang an Rechenleistung, RAM, Festplattenplatz und Software in einer digitalen Spiegelreflexkamera ist verblüffend. Der Computer muss nicht nur die oben erwähnten Dinge bewältigen, sondern auch mit den Prozessoren in der Linse und im Blitzlicht kommunizieren, das Bild auf dem LCD-Monitor aktualisieren und alle Schalter, Rädchen, Kontrollanzeigen und anderen Schnickschnack an der Kamera in Echtzeit steuern. Dies ist ein äußerst leistungsfähiges eingebettetes System, das an die Rechenleistung eines nur wenige Jahre alten Desktopcomputers heranreicht.

2.4.8 Zeichencodes

Jeder Computer verfügt über einen Zeichensatz, mit dem er arbeitet. Heute umfasst dieser Satz mindestens die 26 Großbuchstaben, die 26 Kleinbuchstaben, die Ziffern 0 bis 9 und eine Reihe von speziellen Symbolen wie Leerzeichen, Punkt, Minuszeichen, Komma und Wagenrücklauf.

Um diese Zeichen in den Computer zu bringen, wird ihnen eine Zahl zugeordnet, beispielsweise a = 1, b = 2, ..., z = 26, + = 27, – = 28. Diese Zuordnung von Zeichen zu Ganzzahlen ist der **Zeichencode** (Character Code). Miteinander kommunizierende Computer müssen denselben Code verwenden; andernfalls verstehen sie sich nicht. Aus diesem Grund hat man mehrere Standards entwickelt. Drei der wichtigsten werden nachfolgend beschrieben.

ASCII

Der ASCII-Zeichensatz legt für 128 Zeichen jeweils genau einen 7-Bit-Wert fest.

Ein weit verbreiteter Code ist **ASCII** (**American Standard Code for Information Interchange**). Jedes ASCII-Zeichen hat 7 Bit, was insgesamt 128 Zeichen zulässt. Da Computer aber byteorientiert arbeiten, speichern sie jedes ASCII-Zeichen normalerweise in einem eigenen Byte. ▶Tabelle 2.4 zeigt den ASCII-Code. Die Codes 0 bis 1F (hexadezimal) sind die nicht druckbaren Steuerzeichen. Die Codes von 128 bis 255 gehören zwar nicht zum ASCII-Zeichensatz, doch sind sie bereits für den IBM-PC als Sonderzeichen – zum Beispiel Smileys – definiert worden und die meisten Computer unterstützen sie immer noch.

		Bedeutung	
Hex	**Name**	**englisch**	**deutsch**
0	NUL	NuLl	Füllzeichen / Steuerung
1	SOH	Start Of Heading	Anfang des Kopfes
2	STX	Start Of Text	Anfang des Textes
3	ETX	End Of Text	Ende des Textes
4	EOT	End Of Transmission	Ende der Übertragung
5	ENQ	Enquiry	Stationsaufforderung
6	ACK	ACKnowledgement	Positive Rückmeldung
7	BEL	BELl	Klingel
8	BS	BackSpace	Rückwärtsschritt
9	HT	Horizontal Tab	Horizontaltabulator
A	LF	Line Feed	Zeilenvorschub
B	VT	Vertical Tab	Vertikaltabulator
C	FF	Form Feed	Formularvorschub
D	CR	Carriage Return	Wagenrücklauf
E	SO	Shift Out	Dauerumschaltung
F	SI	Shift In	Rückschaltung

Tabelle 2.4: Der ASCII-Zeichensatz

		Bedeutung	
Hex	**Name**	**englisch**	**deutsch**
10	DLE	Data Link Escape	Datenübertragungsumschaltung
11	DC1	Device Control 1	Gerätesteuerzeichen zum Ein-/Ausschalten von Geräten
12	DC2	Device Control 2	
13	DC3	Device Control 3	
14	DC4	Device Control 4	
15	NAK	Negative AcKnowledgement	Negative Rückmeldung
16	SYN	SYNchronous idle	Synchronisation
17	ETB	End of Transmission Block	Ende des Datenübertragungsblocks
18	CAN	CANcel	Ungültig
19	EM	End of Medium	Ende der Aufzeichnung
1A	SUB	SUBstitute	Substitution
1B	ESC	ESCape	Umschaltung
1C	FS	File Separator	Hauptgruppentrennung
1D	GS	Group Separator	Gruppentrennung
1E	RS	Record Separator	Untergruppentrennung
1F	US	Unit Separator	Teilgruppentrennung

Hex	Zeichen	Hex	Zeichen	Hex	Zeichen	Hex	Zeichen	Hex	Zeichen	Hex	Zeichen
20	(Leerzeichen)	30	0	40	@	50	P	60	`	70	p
21	!	31	1	41	A	51	Q	61	a	71	q
22	"	32	2	42	B	52	R	62	b	72	r
23	#	33	3	43	C	53	S	63	c	73	s
24	$	34	4	44	D	54	T	64	d	74	t
25	%	35	5	45	E	55	U	65	e	75	u
26	&	36	6	46	F	56	V	66	f	76	v
27	'	37	7	47	G	57	W	67	g	77	w
28	(	38	8	48	H	58	X	68	h	78	x
29	)	39	9	49	I	59	Y	69	i	79	y
2A	*	3A	:	4A	J	5A	Z	6A	j	7A	z
2B	+	3B	;	4B	K	5B	[	6B	k	7B	{
2C	,	3C	<	4C	L	5C	\	6C	l	7C	|
2D	-	3D	=	4D	M	5D	]	6D	m	7D	}
2E	.	3E	>	4E	N	5E	^	6E	n	7E	~
2F	/	3F	?	4F	O	5F	_	6F	o	7F	DEL

Tabelle 2.4: Der ASCII-Zeichensatz *(Forts.)*

Viele ASCII-Steuerzeichen dienen der Datenübertragung. Beispielsweise kann eine Nachricht aus einem SOH-Zeichen (Start of Heading), einem Header, einem STX (Start of Text), dem Text selbst, einem ETX (End of Text) und einem EOT (End of Transmission) bestehen. In der Praxis werden die über Telefonleitungen und Netzwerke gesendeten Nachrichten aber anders formatiert, sodass man die ASCII-Steuerzeichen heute kaum noch einsetzt.

Die druckbaren ASCII-Zeichen sind allgemein bekannt. Sie umfassen die Groß- und Kleinbuchstaben, Ziffern, Satzzeichen und einige mathematische Symbole.

Unicode

Die Computerindustrie ist überwiegend in den USA entstanden, was zum ASCII-Zeichensatz geführt hat. ASCII ist demnach auf die englische Sprache ausgerichtet und eignet sich weniger gut für andere Sprachen. Französisch braucht Akzente (z.B. „système“); Deutsch hat Umlaute (z.B. „für“) und so weiter. In einigen europäischen Sprachen kommen Zeichen vor, die es im ASCII-Code überhaupt nicht gibt, wie das deutsche ß oder das dänische ø. Bei manchen Sprachen sehen die Alphabete anders aus (z.B. Russisch oder Arabisch), während einige wenige Sprachen überhaupt kein Alphabet haben (z.B. Chinesisch). Nachdem der Computer die ganze Welt erobert hat und die Softwareanbieter ihre Produkte auch in Ländern verkaufen wollen, in denen die meisten Benutzer kein Englisch sprechen, braucht man einen gänzlich anderen Zeichensatz.

Im ersten Versuch wurde ASCII durch den Standard ISO 646 um 128 Zeichen zu einem 8-Bit-Code mit der Bezeichnung **Latin-1** erweitert. Die zusätzlichen Zeichen waren überwiegend lateinische Buchstaben mit Akzenten und diakritischen Zeichen[5]. Der nächste Versuch war ISO 8859, der das Konzept einer **Codeseite** (Code Page) einführte, d.h. eine Gruppe von 256 Zeichen für eine bestimmte Sprache oder Sprachgruppe. ISO 8859-1 entspricht Latin-1, ISO 8859-2 versorgt die osteuropäischen Sprachen mit lateinischem Alphabet (z.B. Tschechisch, Polnisch und Ungarisch). ISO 8859-3 enthält die Zeichen für Türkisch, Maltesisch, Esperanto, Galizisch usw. Problematisch am Codeseitenkonzept ist nur, dass die Software verfolgen muss, mit welcher Codeseite sie arbeitet. Außerdem ist es nicht möglich, Sprachen seitenübergreifend zu mischen, und das Schema ignoriert Japanisch und Chinesisch gänzlich.

Einige Computerunternehmen beschlossen daher, das Problem durch die Bildung eines Konsortiums zu beheben, das ein neues System mit der Bezeichnung **Unicode** schaffen und dieses als internationalen Standard (ISO 10646) ausrufen sollte. Unicode wird heute von Programmiersprachen (z.B. Java), Betriebssystemen (z.B. Windows) und vielen Anwendungsprogrammen unterstützt.

Konzeptionell weist Unicode jedem Zeichen und Symbol einen eindeutigen 16-Bit-Wert zu, einen sogenannten **Codepunkt** (Code Point). Es sind weder Mehrbytezeichen noch Escapesequenzen vorgesehen. Software lässt sich einfacher schreiben, weil alle Zeichen 16 Bit breit sind.

Mit 16-Bit-Symbolen verfügt Unicode über 65.536 Codepunkte. Da die Sprachen der Welt zusammen ungefähr 200.000 Symbole benutzen, sind die Codepunkte eine knappe Ressource, die mit Sorgfalt zugeteilt werden muss. Um die Akzeptanz von Unicode zu fördern, hat das Konsortium klugerweise Latin-1 für die Codepunkte 0 bis 255 verwendet, sodass die Konvertierung zwischen ASCII und Unicode äußerst einfach ist. Um

5 Diakritische Zeichen sind z.B. die Doppelpunkte über den Vokalen im Deutschen, die die Aussprache verändern.

keine Codepunkte zu verschwenden, hat jedes diakritische Zeichen seinen eigenen Codepunkt. Es ist dann Sache der Software, die diakritischen Zeichen mit ihren Nachbarn zu neuen Zeichen zu kombinieren. Diese Methode erhöht zwar den Aufwand auf der Softwareseite, spart aber wertvolle Codepunkte ein.

Unicode verwendet 16-Bit-Werte und kann somit 65536 Zeichen identifizieren.

Der Codepunkteraum ist in Blöcke unterteilt, deren Größe ein Vielfaches von 16 Codepunkten beträgt. Jedes wichtigere Alphabet besteht in Unicode aus einer Sequenz aufeinanderfolgender Zonen. Einige Beispiele (mit der Anzahl der zugewiesenen Codepunkte) sind: Latein (336), Griechisch (144), Kyrillisch (256), Armenisch (96), Hebräisch (112), Devanagari (128), Gurmukhi (128), Oriya (128), Telugu (128) und Kannada (128). Es fällt auf, dass jede dieser Sprachen mehr Codepunkte zugeteilt bekam, als sie Zeichen hat. Dafür entschied man sich zum Teil deswegen, weil viele Sprachen für die einzelnen Buchstaben verschiedene Formen haben. So gibt es beispielsweise im Englischen Groß- und Kleinbuchstaben. Manche Sprachen haben aber sogar drei oder mehr Formen für ihre Zeichen, je nachdem, ob der Buchstabe am Anfang, in der Mitte oder am Ende eines Wortes steht.

Zusätzlich zu den Alphabeten gibt es Codepunkte für diakritische Zeichen (112), Satzzeichen (112), tief- und hochgestellte Zeichen (48), Währungssymbole (48), mathematische Symbole (256), geometrische Formen (96) und Ornamente (Dingbats – 192).

Dann folgen die Symbole für Chinesisch, Japanisch und Koreanisch. Zunächst kommen 1024 phonetische Zeichen (z.B. Katakana und Bopomofo) und dann die vereinheitlichten Han-Ideogramme (20.992), die im Chinesischen und Japanischen gebraucht werden, sowie die koreanischen Hangul-Silbenzeichen (11.156).

Damit sich die Benutzer Sonderzeichen für Spezialanwendungen ausdenken können, wurden 6400 Codepunkte für den lokalen Gebrauch freigehalten.

Unicode behebt zwar viele Schwierigkeiten, die sich aus der Internationalisierung ergeben, doch löst dieser Code nicht alle Probleme der Welt und versucht es auch gar nicht. So ist etwa das lateinische Alphabet alphabetisch angeordnet, die Han-Schriftzeichen liegen aber nicht in der Reihenfolge des Wörterbuchs vor. Daher kann ein englisches Programm die Wörter „dog" und „cat" prüfen und sie einfach durch Vergleich der Unicode-Werte ihres Anfangsbuchstabens alphabetisch sortieren. Ein japanisches Programm benötigt aber externe Tabellen, um zu bestimmen, welches Symbol im Wörterbuch vor einem anderen steht.

Ein weiteres Problem ist das Entstehen von ständig neuen Wörtern. Vor fünfzig Jahren hat kein Mensch Wörter wie App, Cyberspace, Gigabyte, Laser, Modem, Smiley oder Videoband in den Mund genommen. Neue Wörter erfordern im Englischen keine neuen Codepunkte, im Japanischen aber durchaus. Neben neuem technischen Wortgut müssen noch mindestens 20.000 neue (meist chinesische) Personen- und Ortsnamen hinzugefügt werden. Blinde wünschen sich, dass die Braille-Schrift aufgenommen wird, und Gruppen mit speziellen Interessen aller Art glauben ebenfalls, dass ihnen Codepunkte zustehen. Das Unicode-Konsortium prüft und entscheidet über alle neuen Vorschläge.

Unicode benutzt im Japanischen und Chinesischen denselben Codepunkt für Zeichen, die fast gleich aussehen, aber unterschiedliche Bedeutungen haben oder geringfügig anders geschrieben werden (so als schrieben englische Textverarbeitungen „blue" immer wie „blew", weil die beiden Wörter gleich ausgesprochen werden). Manche betrachten das als Optimierung, um kostbare Codepunkte einzusparen, andere sehen es als angelsächsischen Kulturimperialismus an. (Damit dürfte wohl klar sein, dass die Zuweisung von 16-Bit-Werten für Zeichen ein politisch höchst brisantes Thema ist.) Schlimmer noch – ein einigermaßen vollständiges japanisches Wörterbuch enthält 50.000 Kanji-Zeichen (ohne Namen). Weil aber nur 20.992 Codepunkte für die Han-Ideogramme vorgesehen sind, musste eine Auswahl getroffen werden. Nicht alle Japaner sind der Meinung, dass ein Konsortium von Computerunternehmen das ideale Forum ist, um solche Entscheidungen zu treffen, selbst wenn ein paar Japaner darunter sind.

Und was ist das Ende vom Lied? Da die 65.536 Codepunkte nicht ausreichten, um alle Ansprüche zu befriedigen, hat man 1996 einen neuen Unicodeblock mit 16 **Ebenen** von jeweils 16 Bit hinzugefügt und somit die Gesamtzahl der Zeichen auf 1.114.112 erweitert.

2.4.9 UTF-8

Auch wenn Unicode besser als ASCII ist, stehen letztlich doch nicht genügend Codepunkte zur Verfügung und zudem braucht man auch für normalen ASCII-Text 16 Bit je Zeichen – die reine Verschwendung. Um diese Mängel zu beseitigen, hat man ein anderes Codierungsschema entwickelt: das sogenannte **UTF-8** (Abkürzung für 8-Bit **UCS Transformation Format**, wobei **UCS** wiederum für **Universal Character Set** steht). UTF-8 verwendet Codes mit einer variablen Länge von 1 bis 4 Bytes und kann ungefähr zwei Milliarden Zeichen codieren. Im World Wide Web ist dies der vorherrschende Zeichensatz.

Der UTF-8-Code verwendet eine variable Anzahl von Bytes für die Codierung von Zeichen. Dies ermöglicht einen effizient nutzbaren, sehr großen Zeichensatz. UTF-8 ist vorherrschend im WWW.

Unter anderem hat UTF-8 die angenehme Eigenschaft, die ASCII-Zeichen mit 0 bis 127 zu codieren, sodass sie sich in 1 Byte ausdrücken lassen (gegenüber 2 Bytes in Unicode). Bei Nicht-ASCII-Zeichen zeigt das auf 1 gesetzte höchstwertige Bit des ersten Bytes an, dass 1 oder mehr zusätzliche Bytes folgen. Insgesamt verwendet man sechs verschiedene Formate, die in ▶Tabelle 2.5 aufgeführt sind. Die mit „d“ gekennzeichneten Bits sind Datenbits.

Bits	Byte 1	Byte 2	Byte 3	Byte 4	Byte 5	Byte 6
7	0ddddddd					
11	110ddddd	10dddddd				
16	1110dddd	10dddddd	10dddddd			
21	11110ddd	10dddddd	10dddddd	10dddddd		
26	111110dd	10dddddd	10dddddd	10dddddd	10dddddd	
31	1111110x	10dddddd	10dddddd	10dddddd	10dddddd	10dddddd

Tabelle 2.5: Das UTF-8-Codierungsschema

UTF-8 besitzt eine Reihe von Vorteilen gegenüber Unicode und anderen Schemas. Wenn erstens ein Programm oder Dokument nur Zeichen aus dem ASCII-Zeichensatz verwendet, lässt sich jedes Zeichen in 8 Bits darstellen. Zweitens bestimmt das erste Byte jedes UTF-8-Zeichens eindeutig die Anzahl der Bytes im Zeichencode. Drittens beginnt ein Folgebyte immer mit den Bits 10, das Startbyte nie. Der Code ist dadurch selbst synchronisierend. Insbesondere ist es bei einem Übertragungs- oder Speicherfehler immer möglich, weiterzugehen und den Beginn des nächsten Zeichens zu suchen (unter der Annahme, dass es nicht verstümmelt ist).

Normalerweise codiert man mit UTF-8 nur die 17 Unicode-Ebenen, selbst wenn das Schema weit mehr als 1.114.112 Codepunkte erlaubt. Sollten aber Anthropologen neue Stämme in Neuguinea oder anderswo entdecken, deren Sprachen zurzeit nicht bekannt sind (oder wir später in Kontakt mit Außerirdischen treten), ist UTF-8 darauf vorbereitet, deren Alphabete oder Ideogramme aufzunehmen.

ZUSAMMENFASSUNG

Prozessoren, Speicher und **E/A-Geräte** sind die drei Komponententypen, aus denen Computersysteme aufgebaut sind. Der Prozessor hat die Aufgabe, nacheinander Befehle aus dem Speicher abzurufen, zu decodieren und auszuführen. Der Zyklus Abrufen-Decodieren-Ausführen lässt sich immer als Algorithmus beschreiben und wird in der Tat manchmal von einem Softwareinterpreter ausgeführt, der auf einer niedrigeren Ebene läuft. Zur Steigerung der Geschwindigkeit verfügen viele Computer heute über eine oder mehrere Pipelines oder besitzen eine superskalare Architektur mit mehreren parallel arbeitenden Funktionseinheiten.

Systeme mit mehreren Prozessoren sind immer öfter anzutreffen. Es gibt mehrere Typen von Parallelcomputern: Datenparallele Rechner wenden die gleiche Berechnung zur selben Zeit auf viele verschiedene Datenmengen an, bei Mehrprozessorsystemen greifen mehrere Prozessoren auf einen gemeinsamen Speicher zu und bei Multicomputersystemen besitzen mehrere Computer jeweils ihren eigenen Speicher und kommunizieren per Nachrichtenaustausch.

Speicher lassen sich in Primär- und Sekundärspeicher unterteilen. Der Primärspeicher enthält das Programm, das gerade ausgeführt wird. Die Zugriffszeit ist kurz – maximal einige zehn Nanosekunden – und unabhängig von der Adresse, auf die zugegriffen wird. Cache-Speicher reduzieren diese Zugriffszeit noch weiter. Sie sind erforderlich, da der Prozessor viel schneller als der Hauptspeicher arbeitet und ständig auf Speicherzugriffe warten müsste, was die Ausführungszeit verlängert. Manche Speichersysteme verfügen über Fehlerkorrekturcodes, um die Zuverlässigkeit zu erhöhen.

Sekundärspeicher haben demgegenüber viel längere Zugriffszeiten (Millisekunden und mehr), die zudem noch von der Position der zu lesenden oder zu schreibenden Daten abhängen. Magnetbänder, Flashspeicher, Festplatten und optische Datenträger sind die gebräuchlichsten Sekundärspeicher. Festplatten gibt es in vielen Varianten, einschließlich IDE- und SCSI-Festplatten sowie RAID-Systeme. Zu den optischen Datenträgern gehören CD-ROMs, CD-Rs, DVDs und Blu-rays.

E/A-Geräte sind für die Übertragung von Daten in und aus dem Computer zuständig. Sie sind mit Prozessor und Speicher über einen oder mehrere Busse verbunden. Beispiele dafür sind Terminals, Mäuse, Gamecontroller, Drucker und Modems. Die meisten E/A-Geräte arbeiten mit dem ASCII-Zeichensatz. Außerdem wird Unicode verwendet und UTF-8 setzt sich zunehmend durch, da die Computerindustrie immer mehr auf das World Wide Web ausgerichtet wird.

Aufgaben

EXTRAS ONLINE Lösungen

Die Lösungen zu den Aufgaben finden Sie auf der Website unter *www.pearson-studium.de*.

1 Betrachten Sie die Arbeitsweise eines Rechners mit dem Datenpfad in Abbildung 2.2. Nehmen Sie an, dass das Laden der ALU-Eingaberegister 5 ns, die Verarbeitung in der ALU 10 ns und das Rückspeichern des Ergebnisses in ein Register 5 ns dauert. Wie viele MIPS kann dieser Rechner ohne Fließbandverarbeitung maximal ausführen?

2 Welchen Zweck hat Schritt 2 in der Aufzählung in Abschnitt 2.1.2? Was passiert, wenn man diesen Schritt auslässt?

3 Auf Computer 1 werden alle Befehle in 10 ns ausgeführt. Auf Computer 2 sind dazu nur 5 ns nötig. Können Sie mit Sicherheit sagen, dass Computer 2 schneller ist? Erläutern Sie Ihre Antwort.

4 Stellen Sie sich vor, Sie müssten einen Ein-Chip-Rechner für den Einsatz in eingebetteten Systemen bauen. Der gesamte Speicher soll bereits auf dem Chip enthalten sein und die gleiche Geschwindigkeit wie der Prozessor aufweisen – es gibt also keine Zugriffsverzögerungen. Prüfen Sie alle in Abschnitt 2.1.4 erläuterten Prinzipien und sagen Sie, ob diese immer noch so wichtig sind (unter der Annahme, dass es nach wie vor auf hohe Geschwindigkeit ankommt).

5 Um mit der gerade erfundenen Druckerpresse konkurrieren zu können, hat ein mittelalterliches Kloster beschlossen, handgeschriebene Taschenbücher in Massenproduktion herauszugeben. Dazu versammelt es viele Schreiber in einer riesigen Halle. Der Abt ruft das erste Wort des herzustellenden Buchs aus und alle Schreiber schreiben es nieder. Dann ruft der Abt das zweite Wort aus und alle Schreiber schreiben es nieder. Dieser Vorgang wird so lange wiederholt, bis das ganze Buch vorgelesen und kopiert ist. Welchem Typ eines Parallelrechners in Abschnitt 2.1.6 ist dieses System am ähnlichsten?

6 Je weiter man in der fünfstufigen Speicherhierarchie abwärts geht, desto mehr nimmt die Zugriffszeit zu. Schätzen Sie das Verhältnis zwischen Zugriffszeit des optischen Datenträgers und Zugriffszeit auf ein Register. Nehmen Sie an, dass die CD bereits eingelegt ist.

7 Soziologen können drei Antworten auf eine typische Umfrage wie beispielsweise „Glauben Sie an den Osterhasen?“ erhalten: „ja“, „nein“ und „keine Meinung“. Vor diesem Hintergrund beschließt die Soziomagnetische Computer GmbH, einen Rechner zu bauen, der Umfragedaten bearbeiten soll. Dieser Computer hat einen ternären Speicher, d.h., jedes Byte (oder besser Tryte?) besteht aus 8 Trits, wobei ein Trit eine 0, 1 oder 2 enthalten kann. Wie viele Trits sind erforderlich, um eine 6-Bit-Zahl aufzunehmen? Geben Sie eine Formel für die Anzahl der erforderlichen Trits an, um n Bits zu speichern.

8 Berechnen Sie die Datenrate des menschlichen Auges anhand der folgenden Angaben: Das Sichtfeld besteht aus rund 10^6 Elementen (Pixeln). Jedes Pixel kann auf eine Überlagerung der drei Primärfarben – jede mit 64 Helligkeitsstufen – reduziert werden. Die zeitliche Auflösung beträgt 100 ms.

9 Berechnen Sie die Datenrate für das menschliche Ohr anhand der folgenden Angaben: Der Mensch kann Frequenzen bis zu 22 kHz wahrnehmen. Um alle Informationen in einem Klangsignal bei 22 kHz zu erfassen, muss der Klang mit der doppelten Frequenz, also 44 kHz, abgetastet werden. Ein 16-Bit-Wert genügt wahrscheinlich, um den größten Teil der Klanginformationen zu erfassen (d.h., das Ohr kann nicht mehr als 65.535 Intensitätsstufen unterscheiden.)

10 Die genetischen Informationen sind in allen Lebewesen als DNA-Moleküle gespeichert. Ein DNA-Molekül ist eine lineare Sequenz der vier Nukleobasen *A*, *C*, *G* und *T*. Das menschliche Genom enthält rund 3×10^9 Nukleobasen in Gestalt von rund 30.000 Genen. Wie groß ist das gesamte Datenvolumen (in Bits) des menschlichen Genoms? Wie groß ist das maximale Datenvolumen (in Bits) eines durchschnittlichen Gens?

11 Ein bestimmter Computer lässt sich mit einem Speicher von 1.073.741.824 Bytes ausstatten. Warum gibt der Hersteller eine so krumme Zahl anstelle einer viel einfacher zu merkenden Zahl wie 1.000.000.000 an?

12 Entwickeln Sie einen Hamming-Code mit 7 Bit und gerader Parität für die Ziffern 0 bis 9.

13 Entwickeln Sie einen Code für die Ziffern 0 bis 9, dessen Hamming-Abstand 2 beträgt.

14 Ein Hamming-Code „verschwendet" einige Bits in dem Sinne, dass sie zum Prüfen und nicht als Information verwendet werden. Wie hoch ist der Prozentsatz an verschwendeten Bits für Meldungen, deren Gesamtlänge (Datenbits + Prüfbits) gleich $2^n - 1$ ist? Geben Sie die numerischen Ergebnisse dieses Ausdrucks für die Werte n von 3 bis 10 an.

15 Ein erweitertes ASCII-Zeichen wird durch eine 8-Bit-Größe dargestellt. Die zugehörige Hamming-Codierung jedes Zeichens lässt sich dann als Sequenz von drei Hexadezimalziffern darstellen. Codieren Sie den folgenden ASCII-Text aus 5 Zeichen mit einem Hamming-Code mit gerader Parität: Earth. Geben Sie Ihre Antwort als Sequenz von Hexadezimalziffern an.

16 Die folgende Sequenz von Hexadezimalziffern codiert erweiterte ASCII-Zeichen in einem Hamming-Code mit gerader Parität: 0D3 DD3 0F2 5C1 1C5 CE3. Decodieren Sie diese Sequenz und schreiben Sie die codierten Zeichen auf.

17 Die in Abbildung 2.16 dargestellte Platte hat 1024 Sektoren/Spur und eine Drehzahl von 7200 min^{-1}. Wie hoch ist die Dauertransferrate dieser Platte für eine Spur?

18 Ein Computer hat einen Bus mit einer Zykluszeit von 5 ns, in der er ein 32-Bit-Wort aus dem Speicher lesen oder in den Speicher schreiben kann. Der Computer verfügt über eine Ultra-4-SCSI-Festplatte, die den Bus benutzt und bei 160 MB/s läuft. Der Prozessor ruft normalerweise jede 1 ns einen 32-Bit-Befehl ab und führt ihn aus. Wie stark wird der Prozessor von der Festplatte gebremst?

19 Stellen Sie sich vor, Sie müssten den Datenträgerverwaltungsteil eines Betriebssystems schreiben. Logisch stellen Sie den Datenträger als Sequenz von Blöcken dar, beginnend mit 0 an der Innenseite bis zu einem Maximalwert an der Außenseite. Beim Erstellen von Dateien müssen Sie freie Sektoren zuteilen. Dabei könnten Sie von außen nach innen oder von innen nach außen vorgehen. Spielt es eine Rolle, für welche Strategie Sie sich entscheiden? Erläutern Sie Ihre Antwort.

20 Wie lange dauert es, einen Datenträger mit 10.000 Zylindern, jeder mit 4 Spuren zu 2048 Sektoren, zu lesen? Zuerst werden alle Sektoren der Spur 0, beginnend mit dem Sektor 0 gelesen, dann alle Sektoren von Spur 1 usw. Eine Umdrehung dauert 10 ms und eine Positionierung des Lesekopfes von 1 ms (zwischen zwei benachbarten Zylindern) bis 20 ms (für den ungünstigsten Fall). Der Übergang zwischen den Spuren eines Zylinders kann ohne Verzögerung erfolgen.

21 RAID Level 3 kann Einzelbitfehler mit nur einem Paritätslaufwerk korrigieren. Welchen Sinn hat dann RAID Level 2? Dieses System kann letztlich auch nur einen Fehler korrigieren, benötigt dazu aber mehr Laufwerke.

22 Wie groß ist die genaue Datenkapazität (in Byte) einer CD-ROM im Modus 2 mit dem inzwischen standardmäßigen Datenvolumen von 80 Minuten? Wie groß ist die Kapazität für Benutzerdaten in Modus 1?

23 Um eine CD-R zu brennen, müssen die Laserimpulse mit hoher Geschwindigkeit wechseln können. Wie groß ist die Impulsdauer in Nanosekunden bei 10-facher Geschwindigkeit in Modus 1?

24 Um ein 133-Minuten-Videokunstwerk auf einer einseitigen DVD mit einer Schicht zu verewigen, ist beträchtlicher Komprimierungsaufwand erforderlich. Berechnen Sie den erforderlichen Komprimierungsfaktor. Gehen Sie davon aus, dass für die Videospur 3,5 GB zur Verfügung stehen, dass die Bildauflösung 720×480 Pixel mit 24-Bit-Farbtiefe (RGB mit jeweils 8 Bit) beträgt und die Bilder mit 30 Frames je Sekunde angezeigt werden.

25 Blu-Ray läuft mit 4,5 MB/s und hat eine Kapazität von 25 GB. Wie lange dauert es, den gesamten Datenträger zu lesen?

26 Ein Hersteller wirbt damit, dass sein Bitmap-Farbterminal 2^{24} verschiedene Farben darstellen kann. Die Hardware stellt aber nur 1 Byte für jedes Pixel bereit. Wie ist das möglich?

27 Sie sind Teil eines streng geheimen internationalen Wissenschaftlerteams, dem gerade die Aufgabe übertragen wurde, ein Wesen namens Herb zu studieren. Dabei handelt es sich um einen Außerirdischen von Planet 10, der vor Kurzem auf der Erde eingetroffen ist. Herb hat Ihnen die folgenden Angaben zur Funktion seiner Augen gemacht: Sein Sichtfeld besteht aus ungefähr 10^8 Pixeln. Jedes Pixel ist prinzipiell eine Überlagerung von fünf „Farben" (Infrarot, Rot, Grün, Blau und Ultraviolett) mit jeweils 32 Helligkeitsstufen. Die zeitliche Auflösung des Sichtfelds von Herb beträgt 10 ms. Berechnen Sie für Herbs Augen die Datenrate in GB/s.

28 Ein Bitmap-Terminal hat einen Bildschirm mit 1920 × 1080 Pixeln. Der Bildschirm wird 75-mal pro Sekunde neu gezeichnet. Ermitteln Sie die Impulsdauer, die einem Pixel entspricht.

29 In einer bestimmten Schriftart kann ein Monochrom-Laserdrucker 50 Zeilen zu je 80 Zeichen pro Seite ausdrucken. Ein Zeichen belegt durchschnittlich ein Kästchen von 2×2 mm^2, wovon rund 25% mit Toner bedeckt sind und der Rest frei (ohne Toner) bleibt. Die Tonerschicht ist 25 µm dick. Die Tonerkassette des Druckers misst $25 \times 8 \times 2$ cm^3. Wie viele Seiten können mit einer Tonerkassette bedruckt werden?

30 Die Hi-Fi Modem Company hat gerade ein neues Modem mit Frequenzmodulation herausgebracht, das mit 64 statt nur 2 Frequenzen arbeitet. Jede Sekunde ist in n gleiche Zeitintervalle unterteilt, von denen jedes einen der 64 möglichen Töne enthält. Wie viele Bits pro Sekunde kann dieses Modem bei synchroner Datenübertragung senden?

31 Ein Internetbenutzer hat einen ADSL-Dienst mit 2 Mbit/s abonniert. Sein Nachbar nutzt den Internetdienst eines Kabelnetzbetreibers mit einer gemeinsam genutzten Bandbreite von 12 MHz. Als Modulation wird QAM-64 verwendet. Am Kabel sind n Wohnungen mit jeweils einem Computer angeschlossen. Von diesen Computern ist gleichzeitig ein Anteil f online. Unter welchen Bedingungen erhält der Kabelnetzkunde einen besseren Dienst als der ADSL-Nutzer?

32 Eine Digitalkamera hat eine Auflösung von 3000 × 2000 Pixeln mit 3 Bytes je Pixel für die RGB-Farbinformationen. Der Hersteller der Kamera möchte ein JPEG-Bild bei einem Kompressionsfaktor von 5 in 2 s in den Flashspeicher schreiben. Welche Datenrate ist hierzu erforderlich?

33 Eine hochwertige Digitalkamera besitzt einen Sensor mit 24 Millionen Pixeln mit jeweils 6 Byte je Pixel. Wie viele Bilder lassen sich auf einer 8-GB-Flashspeicherkarte bei einem Kompressionsfaktor von 5 unterbringen? Nehmen Sie 1 GB mit 2^{30} Bytes an.

34 Schätzen Sie, wie viele Zeichen einschließlich Leerzeichen ein typisches EDV-Lehrbuch enthält. Wie viele Bits sind erforderlich, um ein Buch in ASCII mit Parität zu codieren? Wie viele CD-ROMs werden benötigt, um eine aus 10.000 Büchern bestehende EDV-Bibliothek zu speichern? Wie viele zweiseitige DVDs mit zwei Schichten sind für dieselbe Bibliothek erforderlich?

35 Schreiben Sie eine Prozedur `hamming(ascii, encoded)`, die die niederwertigen 7 Bits von `ascii` in ein 11-Bit-Ganzzahl-Codewort umwandelt, das in `encoded` gespeichert wird.

36 Schreiben Sie eine Funktion `distance(code, n, k)`, die ein Array `code` aus `n` Zeichen zu je `k` Bit übernimmt und den Abstand des Zeichensatzes als Ausgabe liefert.

Die Ebene der digitalen Logik

3

ÜBERBLICK

Einleitung

» In der Hierarchie gemäß *Abbildung 1.2* liegt ganz unten die Ebene der digitalen Logik – die reale Computerhardware. In diesem Kapitel untersuchen wir viele Aspekte der digitalen Logik. Das sind die Bausteine, auf denen wir in nachfolgenden Kapiteln mit den höheren Ebenen aufbauen. Auf dieser Ebene befinden wir uns an der Grenze zwischen Informatik und Elektrotechnik. Es handelt sich allerdings um ein eigenständiges Thema, das keine Kenntnisse zu Hardware oder Technik voraussetzt.

Alle Digitalrechner bestehen aus erstaunlich einfachen Grundelementen. Als Erstes sehen wir uns diese Grundelemente an und erläutern eine spezielle zweiwertige (boolesche) Algebra, mit der man diese Elemente analysieren und beschreiben kann. Dann wenden wir uns einigen Grundschaltungen zu, die sich aus Gattern in einfachen Kombinationen aufbauen lassen. Dazu gehören auch arithmetische Schaltungen. Das nächste Thema zeigt, wie man Gatter verknüpfen kann, um Informationen zu speichern, d.h., wie Speicher aufgebaut sind. Die Prozessoren bilden den nächsten Themenkomplex. Insbesondere erfahren Sie, wie Ein-Chip-Prozessoren mit Speicher- und Peripheriebausteinen kommunizieren. Später in diesem Kapitel werden zahlreiche Beispiele aus der Industrie vorgestellt. «

3.1 Gatter und boolesche Algebra

Digitale Schaltungen lassen sich aus einer kleinen Anzahl einfachster Elemente aufbauen, indem man diese in geeigneter Weise miteinander verknüpft. Die folgenden Abschnitte beschreiben diese Grundelemente, zeigen, wie man sie kombiniert, und führen ein leistungsfähiges mathematisches Instrument ein, mit dem sich das Verhalten dieser Schaltungen analysieren lässt.

3.1.1 Gatter

Eine digitale Schaltung kennt nur zwei logische Werte. Normalerweise stellt ein Signal zwischen 0 und 0,5 Volt den einen Wert (z.B. die binäre 0) und ein Signal zwischen 1 und 1,5 Volt den anderen Wert (z.B. die binäre 1) dar. Spannungen außerhalb dieser beiden Bereiche sind nicht zulässig. **Gatter** (Gates) sind kleine elektronische Bauelemente, die verschiedene Funktionen dieser zweiwertigen Signale realisieren. Diese Gatter bilden die Hardwarebasis, auf der alle Digitalrechner aufgebaut sind.

Es ginge über den Rahmen dieses Buchs hinaus, die interne Arbeitsweise von Gattern zu beschreiben. Das ist Thema der **Geräteebene** (Device Level), die noch unter der Ebene 0 liegt. Dennoch tauchen wir ganz kurz in diese Sphäre ein und werfen einen Blick auf das Grundkonzept, das nicht besonders kompliziert ist. Jede moderne digitale Logik beruht letztendlich auf der Tatsache, dass sich ein Transistor als sehr schneller binärer Schalter betreiben lässt. ▶Abbildung 3.1a zeigt einen Bipolartransistor (Schaltzeichen mit dem Kreis) in einer einfachen Schaltung. Dieser Transistor hat drei Verbindungen mit der Außenwelt: **Kollektor**, **Basis** und **Emitter**. Liegt die Eingangsspannung U_{ein} unter einem bestimmten kritischen Wert, dann sperrt der Transistor und verhält sich wie ein unendlich hoher Widerstand. Dadurch nimmt die Ausgangsspannung der Schaltung U_{aus} einen Wert nahe der Betriebsspannung U_{CC} (eine extern geregelte Gleichspannung mit einem für derartige Schaltungen typischen Wert von +1,5 V) an. Überschreitet U_{ein} den kritischen Wert, so leitet der Transistor und wirkt wie ein Draht, wodurch U_{aus} auf Masse (gemäß Konvention 0 V) gezogen wird. Es ist üblich, den niedrigeren Spannungswert als **Low** zu bezeichnen und den höheren Spannungswert als **High**.

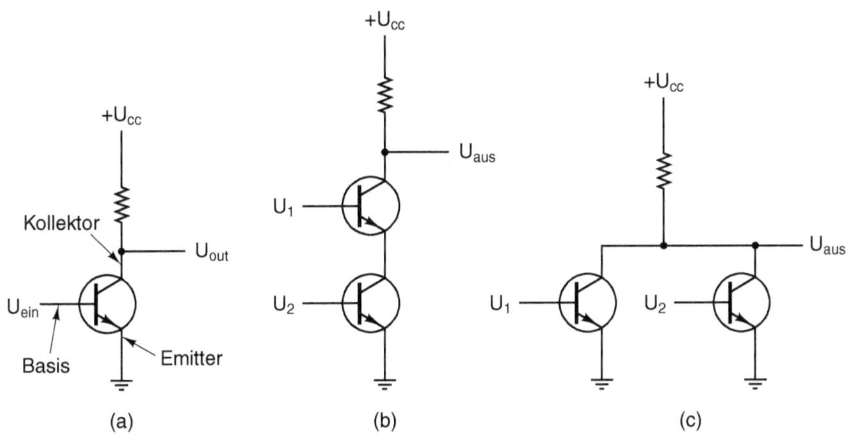

Abbildung 3.1: (a) Transistor als Inverter (b) Ein NAND-Gatter (c) Ein NOR-Gatter

Wichtig hierbei ist: Wenn U_{ein} auf Low liegt, hat U_{aus} den Pegel High und umgekehrt. Folglich stellt diese Schaltung einen Inverter dar, der eine logische 0 in eine logische 1 und eine logische 1 in eine logische 0 umwandelt. Der Widerstand begrenzt den Strom, der durch den Transistor fließt. Der Umschaltvorgang von einem Zustand in den anderen dauert normalerweise nur eine Nanosekunde oder weniger.

▶Abbildung 3.1b zeigt zwei in Reihe geschaltete Transistoren. Wenn sowohl U_1 als auch U_2 auf High liegen, leiten beide Transistoren und ziehen U_{aus} auf Low. Liegt einer der beiden Eingänge auf Low, dann sperrt der entsprechende Transistor und der Ausgang geht auf High. Anders ausgedrückt: U_{aus} ist nur dann Low, wenn sowohl U_1 als auch U_2 auf High liegen.

Die beiden Transistoren in ▶Abbildung 3.1c sind nicht in Reihe, sondern parallel geschaltet. Liegt einer der Eingänge in dieser Konfiguration auf High, so schaltet der entsprechende Transistor ein und zieht den Ausgang auf Masse. Sind beide Eingänge auf Low, bleibt der Ausgang auf High.

Gatter sind die Grundlage der Hardware und realisieren Funktionen der binären Signale 1 und 0.

Diese drei Schaltungen (oder äquivalente Schaltungen bei anderen Transistortypen) bilden die drei einfachsten Gatter, die die Funktionen NOT, NAND und NOR realisieren. NOT-Gatter bezeichnet man auch als **Inverter**. Wir benutzen beide Begriffe gleichberechtigt nebeneinander. Wenn wir nun die Konvention anwenden, dass „High" (nahezu Betriebsspannung, U_{cc}) eine logische 1 und „Low" (Masse) eine logische 0 darstellt, können wir den Ausgangswert als Funktion der Eingangswerte ausdrücken. In ▶Abbildung 3.2 zeigen die Teile (a) bis (c) die Schaltzeichen, mit denen man diese drei Gatter darstellt, sowie ihr funktionelles Verhalten. In diesen Abbildungen sind A und B Eingänge, X ist der Ausgang. Jede Zeile gibt das Ausgangssignal für eine bestimmte Kombination von Eingangssignalen an.

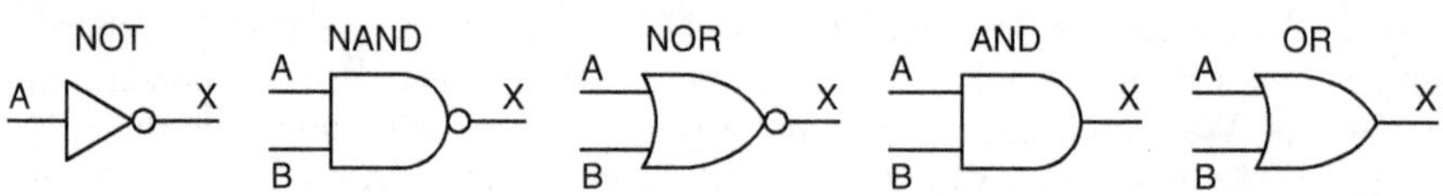

(a)

A	X
0	1
1	0

(b)

A	B	X
0	0	1
0	1	1
1	0	1
1	1	0

(c)

A	B	X
0	0	1
0	1	0
1	0	0
1	1	0

(d)

A	B	X
0	0	0
0	1	0
1	0	0
1	1	1

(e)

A	B	X
0	0	0
0	1	1
1	0	1
1	1	1

Abbildung 3.2: Die Symbole (Schaltzeichen) und das funktionelle Verhalten für die fünf Grundgatter

Wenn man das Ausgangssignal des Gatters von Abbildung 3.1b in eine Inverterschaltung einspeist, erhält man eine andere Schaltung, die die genaue Umkehrung des NAND-Gatters darstellt – nämlich eine Schaltung, deren Ausgang nur dann 1 ist, wenn beide Eingänge 1 sind. Eine derartige Schaltung nennt man AND-Gatter. ▶Abbildung 3.2d zeigt das entsprechende Symbol und die funktionale Beschreibung. Ebenso kann man das NOR-Gatter mit einem Inverter verbinden und erhält eine Schaltung, deren Ausgang 1 ist, wenn mindestens einer der Eingänge 1 ist, die aber 0 liefert, wenn beide Eingänge 0 sind. ▶Abbildung 3.2e gibt das Symbol und die funktionale Beschreibung dieses sogenannten OR-Gatters an. Die kleinen Kreise in den Symbolen für den Inverter, das NAND-Gatter und das NOR-Gatter nennt man **Inversionsblasen** (Inversion Bubbles). Sie werden häufig auch in anderen Zusammenhängen benutzt, um ein invertiertes Signal zu bezeichnen.

Die fünf Gatter von Abbildung 3.2 sind die grundlegenden Bausteine der digitalen logischen Ebene. Aus der vorhergehenden Darstellung wird klar, dass NAND- und NOR-Gatter je zwei Transistoren benötigen, während AND- und OR-Gatter jeweils drei brauchen. Aus diesem Grund basieren viele Computer auf NAND- und NOR-Gattern und nicht auf den vertrauteren AND- und OR-Gattern. (Auch wenn die konkrete Schaltungstechnik etwas anders aussieht, sind NAND und NOR dennoch einfacher als AND und OR.) Nebenbei bemerkt können Gatter (z.B. NAND) auch mehr als zwei – prinzipiell beliebig viele – Eingänge haben. In der Praxis sind aber mehr als acht Eingänge unüblich.

Obwohl die elektronische Realisierung von Gattern zur Geräteebene gehört, gehen wir hier kurz auf die wichtigsten Schaltkreisfamilien oder Herstellungstechnologien ein, da man mit diesen Begriffen häufig zu tun hat. Nach dem als Basis für alle Schaltfunktionen verwendeten Transistor unterscheidet man grundsätzlich zwischen **Bipolartechnik** und **MOS-Technik** (Metal Oxide Semiconductor). Hauptvertreter der bipolaren Technik sind die Familien **TTL** (Transistor-Transistor-Logic) – jahrelang das eigentliche Arbeitspferd der digitalen Elektronik – und **ECL** (Emitter-Coupled Logic) – speziell für hohe Geschwindigkeitsanforderungen. Als Technologie für Computerschaltkreise hat sich größtenteils MOS durchgesetzt.

MOS-Gatter sind langsamer als TTL und ECL, erfordern aber weniger Strom und nehmen viel weniger Platz auf dem Chip ein. Deshalb lassen sie sich in großer Zahl auf engem Raum packen. Die MOS-Technologie gibt es in vielen Varianten, darunter PMOS, NMOS und CMOS. Zwar unterscheiden sich MOS-Transitoren in Bezug auf elektronischen Aufbau und Wirkprinzip von Bipolartransistoren, die prinzipielle Funktionsweise als Schalter ist aber gleich. Die meisten modernen Prozessoren und Speicher basieren auf der CMOS-Technologie mit einer Betriebsspannung in der Nähe von +1,5 V. Damit sind wir schon am Ende des kurzen Ausflugs in die Geräteebene angelangt. Der an dieser Ebene interessierte Leser findet einschlägige Literaturhinweise auf der Website zum Buch.

3.1.2 Boolesche Algebra

Um die Schaltungen zu beschreiben, die sich durch Kombinieren von Gattern aufbauen lassen, ist eine neue Art von Algebra erforderlich – und zwar eine, bei der Variablen und Funktionen nur die Werte 0 und 1 annehmen können. Eine derartige Algebra nennt man **boolesche Algebra** nach ihrem Begründer, dem englischen Mathematiker George Boole (1815–1864). Genau genommen haben wir es hier eigentlich mit einer bestimmten Art von boolescher Algebra zu tun, einer **Schaltalgebra** (Switching Algebra). Da sich aber der Begriff „boolesche Algebra“ in der Bedeutung „Schaltalgebra“ eingebürgert hat, sind wir ebenfalls nicht so streng und verwenden beide Begriffe gleichberechtigt.

Genauso, wie es Funktionen in der „normalen“ Algebra (d.h. Schulalgebra) gibt, kennt man Funktionen in der booleschen Algebra. Eine boolesche Funktion hat eine oder mehrere Eingangsvariablen und führt zu einem Ergebnis, das nur von den Werten dieser Variablen abhängt. Eine einfache Funktion f lässt sich wie folgt definieren: $f(A)$ ist 1, wenn A gleich 0 ist, und $f(A)$ ist 0, wenn A gleich 1 ist. Dies ist die NOT-Funktion aus ▶Abbildung 3.2a.

Da eine boolesche Funktion mit n Variablen nur 2^n mögliche Kombinationen von Eingabewerten hat, kann man die Funktion vollständig durch eine Tabelle mit 2^n Zeilen beschreiben. Jede Zeile dieser Tabelle enthält den Wert der Funktion für eine andere Kombination von Eingangswerten. Eine solche Tabelle heißt **Wahrheitstabelle** (Truth Table). Die Tabellen in Abbildung 3.2 sind Beispiele für Wahrheitstabellen. Ordnet man die Zeilen einer Wahrheitstabelle in numerischer Reihenfolge (zur Basis 2) an, was bei zwei Variablen die Reihenfolge 00, 01, 10 und 11 ergibt, so kann man die Funktion vollständig durch die binäre 2^n-Bit-Zahl beschreiben, die man aus der Ergebnisspalte der Wahrheitstabelle von oben nach unten abliest. Das heißt: NAND ist 1110, NOR ist 1000, AND ist 0001 und OR ist 0111. Wie sich leicht feststellen lässt, gibt es nur 16 boolesche Funktionen von zwei Variablen, entsprechend den 16 möglichen 4-Bit-Ergebnisketten. Demgegenüber kennt die normale Algebra unendlich viele Funktionen von zwei Variablen und die Ergebnisse lassen sich auch nicht durch eine Tabelle mit den Ausgangswerten für alle möglichen Eingänge beschreiben, weil jede Variable jeden beliebigen Wert einer unendlichen Anzahl möglicher Werte annehmen kann.

▶Abbildung 3.3a zeigt die Wahrheitstabelle für eine boolesche Funktion von drei Variablen: $M = f(A, B, C)$. Diese Funktion ist die logische Mehrheitsfunktion. Das heißt, sie ist 0, wenn die Mehrheit ihrer Eingänge 0 ist, und 1, wenn die Mehrheit ihrer Eingänge 1 ist. Obwohl man jede boolesche Funktion vollständig mithilfe einer Wahrheitstabelle angeben kann, wird diese Notation zunehmend mühsamer, je größer die Anzahl der Variablen ist. Deshalb verwendet man häufig eine andere Notation.

A	B	C	M
0	0	0	0
0	0	1	0
0	1	0	0
0	1	1	1
1	0	0	0
1	0	1	1
1	1	0	1
1	1	1	1

(a)

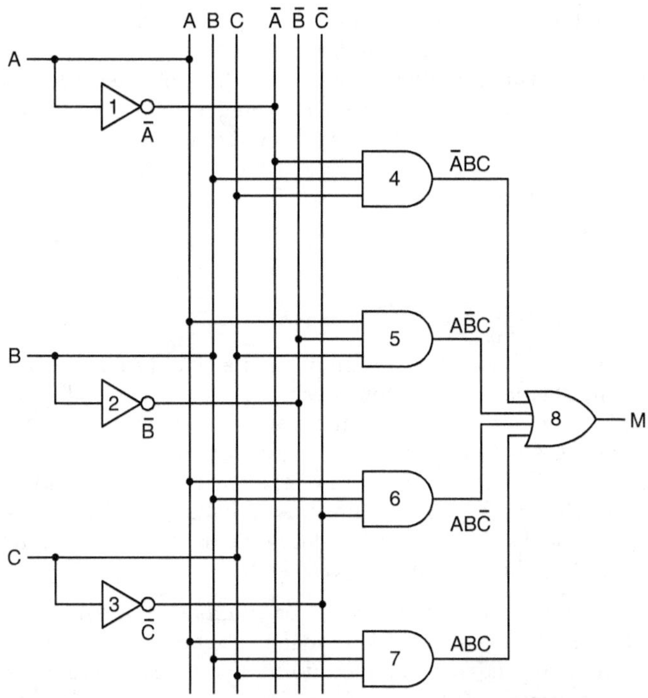

(b)

Abbildung 3.3: (a) Die Wahrheitstabelle der Mehrheitsfunktion von drei Variablen (b) eine Schaltung für (a)

Ausgangspunkt für diese andere Notation ist, dass man jede boolesche Funktion durch die Kombinationen der Eingangsvariablen, die den Ausgangswert 1 liefern, beschreiben kann. Die Funktion von Abbildung 3.3a hat vier Kombinationen von Eingangsvariablen, die am Ausgang *M* zum Wert 1 führen. Der Konvention entsprechend kennzeichnen wir mit einem waagerechten Strich über einer Eingangsvariablen, dass ihr Wert invertiert ist. Fehlt der Überstrich, so bedeutet das einen nicht invertierten Wert. Außerdem verwenden wir eine implizite Multiplikation oder einen Punktoperator für die boolesche AND-Funktion und ein Pluszeichen für die boolesche OR-Funktion. Das heißt z.B., dass $A\overline{B}C$ nur dann den Wert 1 annimmt, wenn $A = 1$ und $B = 0$ und $C = 1$ ist. $A\overline{B} + B\overline{C}$ ist nur 1, wenn ($A = 1$ und $B = 0$) oder ($B = 1$ und $C = 0$). Die vier Zeilen in Abbildung 3.3a, die 1-Bits liefern, lauten: $\overline{A}BC$ $A\overline{B}C$, $AB\overline{C}$ und ABC. Die Funktion *M* ist wahr (d.h. 1), wenn eine dieser vier Bedingungen wahr ist. Folglich können wir

$$M = \overline{A}BC + A\overline{B}C + AB\overline{C} + ABC$$

als kompakte Schreibweise für die Wahrheitstabelle verwenden. Eine Funktion von n Variablen lässt sich somit dadurch beschreiben, dass man eine „Summe" von höchstens 2^n „Produkttermen" aus n Variablen angibt. Wir werden gleich sehen, dass diese Form besonders wichtig ist, weil sie direkt zu einer Implementierung der Funktion unter Verwendung von Standardgattern führt.

Wichtig ist die Unterscheidung zwischen einer abstrakten booleschen Funktion und ihrer Implementierung in einer elektronischen Schaltung. Eine boolesche Funktion besteht aus Variablen, z.B. *A*, *B* und *C*, und booleschen Operatoren, z.B. AND, OR und NOT. Man beschreibt eine boolesche Funktion mit einer Wahrheitstabelle oder einer booleschen Funktion, wie

$$F = A\overline{B}C + AB\overline{C}.$$

Boolesche Funktionen können durch ihre Wahrheitstafel oder eine Formel mit booleschen Variablen beschrieben werden. Ihre Implementierung erfolgt durch eine elektronische Schaltung.

Eine boolesche Funktion kann man durch eine elektronische Schaltung (oft auf unterschiedliche Weise) implementieren, indem man die Ein- und Ausgangsvariablen durch Signale und die Funktionen wie AND, OR und NOT durch Gatter darstellt. Im Allgemeinen schreiben wir AND, OR und NOT für die booleschen Operatoren und AND, OR und NOT in Bezug auf Gatter, auch wenn nicht immer eindeutig klar ist, ob die Funktionen oder die Gatter gemeint sind.

3.1.3 Implementierung von booleschen Funktionen

Wie bereits erwähnt, führt die Formulierung einer booleschen Funktion als Summe von bis zu 2^n Produkttermen unmittelbar zu einer möglichen Implementierung. Anhand des Beispiels von Abbildung 3.3 wird gezeigt, wie die Funktion implementiert werden kann. In ▶Abbildung 3.3b sind die Eingänge *A*, *B* und *C* auf der linken Seite und die Ausgangsfunktion *M* auf der rechten Seite zu sehen. Da Komplemente (Umkehrfunktionen) der Eingangsvariablen erforderlich sind, führen wir die Eingangssignale auf Inverter, die in der Abbildung mit 1, 2 und 3 bezeichnet sind. Damit die Abbildung übersichtlich bleibt, sind sechs senkrechte Linien eingezeichnet, von denen drei mit den Eingangsvariablen und drei mit deren Komplementen verbunden sind. Diese Linien eignen sich gut als Quellen für die Eingänge zu nachfolgenden Gattern. Beispielsweise benutzen die Gatter 5, 6 und 7 den Wert von *A* als Eingang. Denken Sie immer daran, dass ein Schaltplan wie in Abbildung 3.3b lediglich Symbolcharakter hat. Die konkrete Leiterzugführung sieht in der Regel vollkommen anders aus und wird von konstruktiven Gegebenheiten bestimmt. In diesem Sinne dienen die sechs senkrechten Hilfslinien nur der Orientierung – in einer praktisch ausgeführten Schaltung sind die Gatter wahrscheinlich direkt mit A ohne einen Umweg über „vertikale" Leitungen verbunden.

Die Schaltung enthält vier AND-Gatter – je ein Gatter für jeden Term in der Gleichung für M (d.h. ein Gatter für jede Zeile der Wahrheitstabelle, die in der Ergebnisspalte ein 1-Bit hat). Jedes AND-Gatter „berechnet" eine Zeile der Wahrheitstabelle. Schließlich verknüpft ein OR-Gatter alle Produktterme und liefert das Endergebnis.

Die Schaltungsdarstellung von Abbildung 3.3b verwendet genormte Schaltzeichen, die Sie auch an anderen Stellen im Buch finden. So sind zwei sich kreuzende Linien (Leitungen) nur dann (elektrisch) verbunden, wenn die Leitungskreuzung durch einen Punkt gekennzeichnet ist. Zum Beispiel kreuzt die Ausgangsleitung von Gatter 3 alle sechs vertikalen Linien, sie ist aber nur mit der Linie für das Signal $\overline{C}$ verbunden. Man beachte, dass einige Autoren andere (allerdings nicht genormte) Konventionen verwenden.

Aus dem Beispiel von Abbildung 3.3 wird deutlich, wie wir eine Schaltung für eine beliebige boolesche Funktion implementieren:

1. Die Wahrheitstabelle für die Funktion niederschreiben
2. Inverter bereitstellen, um die komplementären Eingangsignale zu erzeugen
3. Ein AND-Gatter für jeden Term mit einer 1 in der Ergebnisspalte zeichnen
4. Die AND-Gatter mit den entsprechenden Eingängen verbinden
5. Die Ausgänge aller AND-Gatter in einem OR-Gatter zusammenführen

Boolesche Funktionen lassen sich durch Schaltungen mit nur einem Gattertyp realisieren, nämlich dem NAND- oder dem NOR-Gatter.

Obwohl wir hier gezeigt haben, wie Sie eine beliebige boolesche Funktion mit NOT-, AND- und OR-Gattern implementieren, ist es oftmals angebracht oder sogar notwendig, Schaltungen ausschließlich mit einem Gattertyp aufzubauen. Zum Glück ist es nicht kompliziert, die mit dem obigen Algorithmus erzeugten Schaltungen in eine reine NAND- oder eine reine NOR-Form umzuwandeln. Für eine solche Umwandlung benötigen wir lediglich eine Möglichkeit, NOT, AND und OR mithilfe eines einzigen Gattertyps zu implementieren. Die jeweils obere Zeile in ▶Abbildung 3.4 zeigt, wie sich alle drei Typen ausschließlich mit NAND-Gattern realisieren lassen. In der jeweils unteren Zeile ist das Gleiche für NOR-Gatter dargestellt. (Neben diesen relativ unkomplizierten Schaltungen gibt es selbstverständlich noch andere Möglichkeiten.)

Um eine boolesche Funktion nur mit NAND- oder nur mit NOR-Gattern zu implementieren, kann man die Schaltung zuerst nach dem oben beschriebenen Verfahren mit NOT, AND und OR entwickeln. Dann ersetzt man die Gatter mit mehreren Eingängen durch äquivalente Nachbildungen, die aus Gattern mit zwei Eingängen bestehen. Zum Beispiel lässt sich $A + B + C + D$ mithilfe von drei 2-Eingangs-OR-Gattern als $(A + B) + (C + D)$ darstellen. Schließlich ersetzt man die NOT-, AND- und OR-Gatter durch die in Abbildung 3.4 angegebenen äquivalenten Schaltungen.

Im Sinne einer möglichst geringen Anzahl von Gattern führt dieses Verfahren zwar nicht zu optimalen Schaltungen, zeigt aber, dass es immer eine Lösung gibt. NAND- und NOR-Gatter bezeichnet man als **vollständig**, weil sich jede boolesche Funktion allein mit einem dieser Gattertypen realisieren lässt. Kein anderes Gatter hat diese Eigenschaft.

Nicht zuletzt deshalb setzt man sie oftmals als Bausteine für komplexere Schaltungen ein.

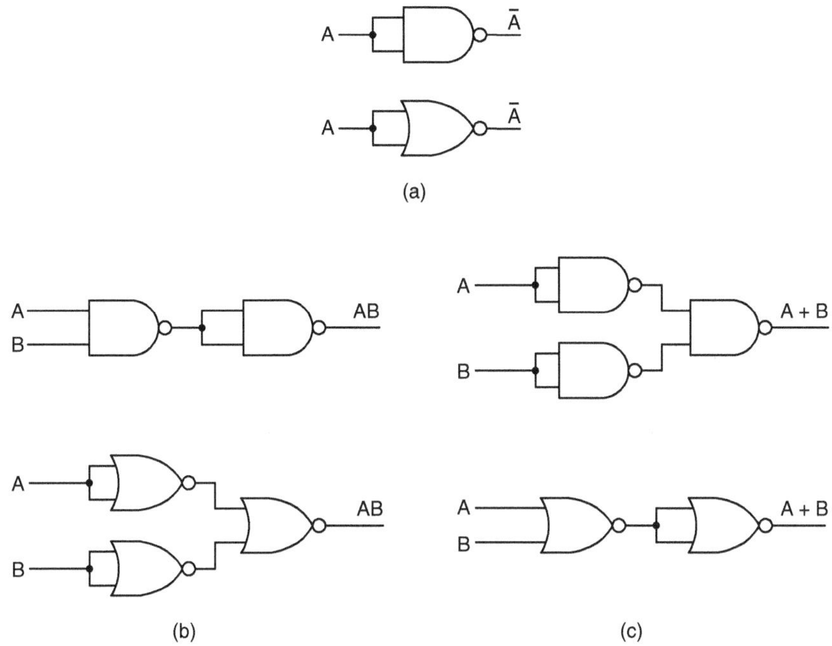

Abbildung 3.4: Nachbildung von (a) NOT-, (b) AND- und (c) OR-Gattern ausschließlich durch NAND- oder NOR-Gatter

3.1.4 Schaltungsäquivalenz

Entwickler von Schaltungen versuchen in der Regel, die Anzahl der Gatter in ihren Produkten zu minimieren, um Bauteilekosten, Platz auf der Leiterplatte, Stromverbrauch usw. zu reduzieren. Möchte der Entwickler die Komplexität einer Schaltung verringern, dann muss er eine andere Schaltung finden, die zwar dieselbe Funktion wie das Original realisiert, aber mit weniger Gattern (oder auch einfacheren Gattern, beispielsweise mit zwei statt vier Eingängen) auskommt. Auf der Suche nach äquivalenten Schaltungen erweist sich die boolesche Algebra als nützliches Werkzeug.

Sehen Sie sich als Beispiel dafür die Schaltung und die Wahrheitstabelle für $AB + AC$ in ▶Abbildung 3.5a an. Die Regeln der booleschen Algebra haben wir zwar noch nicht behandelt, doch gelten hier auch viele Regeln der normalen Algebra. Insbesondere können wir $AB + AC$ mithilfe des Distributivgesetzes in $A\,(B + C)$ umformen. ▶Abbildung 3.5b zeigt die Schaltung und die Wahrheitstabelle für $A\,(B + C)$. Da zwei Funktionen nur dann äquivalent sind, wenn sie denselben Ausgang für alle möglichen Eingänge haben, erkennt man aus den Wahrheitstabellen von Abbildung 3.5, dass $A\,(B + C)$ mit $AB + AC$ äquivalent ist. Trotz dieser Äquivalenz ist die Schaltung von Abbildung 3.5b zweifellos besser als die in Abbildung 3.5(a), weil sie weniger Gatter enthält.

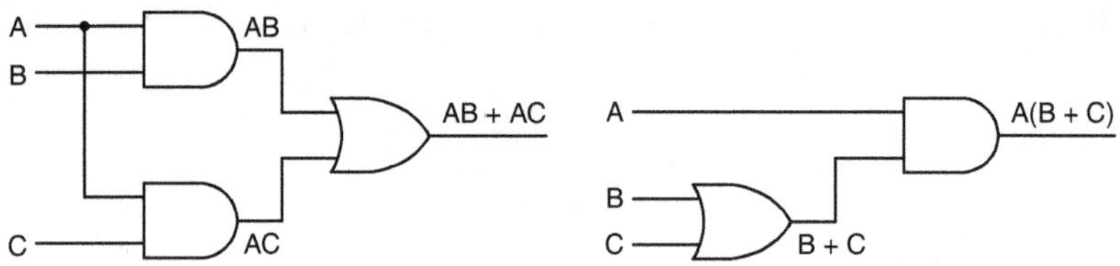

A	B	C	AB	AC	AB + AC
0	0	0	0	0	0
0	0	1	0	0	0
0	1	0	0	0	0
0	1	1	0	0	0
1	0	0	0	0	0
1	0	1	0	1	1
1	1	0	1	0	1
1	1	1	1	1	1

(a)

A	B	C	A	B + C	A(B + C)
0	0	0	0	0	0
0	0	1	0	1	0
0	1	0	0	1	0
0	1	1	0	1	0
1	0	0	1	0	0
1	0	1	1	1	1
1	1	0	1	1	1
1	1	1	1	1	1

(b)

Abbildung 3.5: Zwei äquivalente Funktionen: (a) $AB + AC$ (b) $A(B + C)$

Im Allgemeinen beginnt ein Schaltungsentwickler mit einer booleschen Funktion und wendet dann darauf die Gesetze der booleschen Algebra an, um eine einfachere, aber äquivalente Schaltung zu finden. Aus der endgültigen Funktion lässt sich eine Schaltung aufbauen.

Für diesen Ansatz benötigen wir einige Identitäten aus der booleschen Algebra. ▶Tabelle 3.1 zeigt die wichtigsten Gesetze. Interessant ist, dass jedes Gesetz zwei Formen hat, die **dual** zueinander sind (**Dualitätseigenschaft**). Vertauscht man sowohl AND mit OR als auch 0 mit 1, so lässt sich jede Form aus der anderen ableiten. Die Gültigkeit dieser Gesetze kann man leicht mithilfe von Wahrheitstabellen beweisen. Mit Ausnahme der De Morgan'schen Regeln, des Absorptionsgesetzes und der AND-Form des Distributivgesetzes sind die Ergebnisse unmittelbar verständlich. Die De Morgan'schen Regeln können auf mehr als zwei Variablen erweitert werden, z.B. $\overline{ABC} = \overline{A} + \overline{B} + \overline{C}$.

Gesetz	AND-Form	OR-Form
Identität	$1A = A$	$0 + A = A$
Null	$0A = 0$	$1 + A = 1$
Idempotenz	$AA = A$	$A + A = A$
Komplement	$A\overline{A} = 0$	$A + \overline{A} = 1$
Kommutativität	$AB = BA$	$A + B = B + A$
Assoziativität	$(AB)C = A(BC)$	$(A + B) + C = A + (B + C)$
Distributivität	$A + BC = (A + B)(A + C)$	$A(B + C) = AB + AC$
Absorption	$A(A + B) = A$	$A + AB = A$
De Morgan	$\overline{AB} = \overline{A} + \overline{B}$	$\overline{A + B} = \overline{A}\,\overline{B}$

Tabelle 3.1: Einige Identitäten der booleschen Algebra

Die De Morgan'schen Regeln legen eine andere Schreibweise nahe. ▶Abbildung 3.6a zeigt die AND-Form mit Negation (durch Inversionsblasen dargestellt) sowohl für Eingang als auch Ausgang. Somit ist ein OR-Gatter mit invertierten Eingängen einem NAND-Gatter äquivalent. Die in ▶Abbildung 3.6b dargestellte duale Form der De Morgan'schen Regeln macht deutlich, dass man ein NOR-Gatter als AND-Gatter mit invertierten Eingängen zeichnen kann. Durch Negation beider Formen der De Morgan'schen Regeln gelangen wir zu ▶Abbildung 3.6c und d, den äquivalenten Darstellungen der AND- und OR-Gatter. Entsprechende Symbole gibt es für die Formen der De Morgan'schen Regeln mit mehreren Variablen (z.B. wird aus einem NAND-Gatter mit n Eingängen ein OR-Gatter mit n invertierten Eingängen).

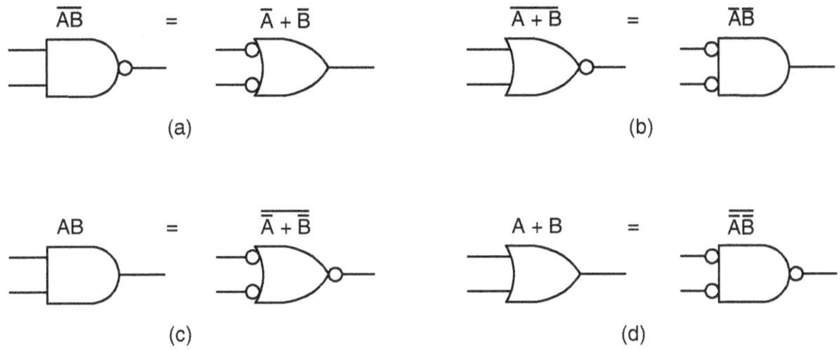

Abbildung 3.6: Alternative Symbole für einige Gatter: (a) NAND (b) NOR (c) AND (d) OR

Mithilfe der Identitäten aus Abbildung 3.6 (die für Gatter mit mehreren Eingängen analog sind) lässt sich die Produktsummendarstellung einer Wahrheitstabelle leicht in die reine NAND- oder die reine NOR-Form umwandeln. Sehen Sie sich als Beispiel die Xor-Funktion von ▶Abbildung 3.7a an. ▶Abbildung 3.7b zeigt die Standardschaltung gemäß den Produktsummen.

A	B	XOR
0	0	0
0	1	1
1	0	1
1	1	0

(a)

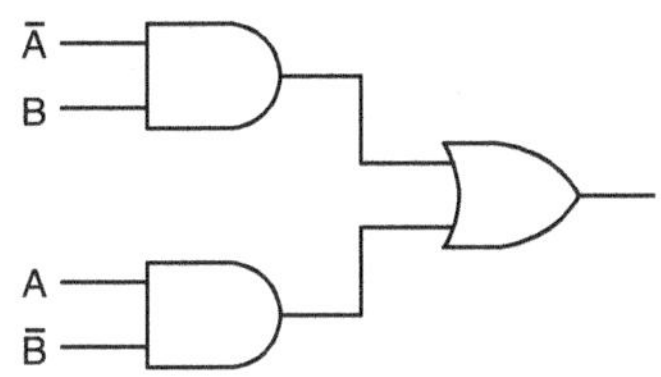

(b)

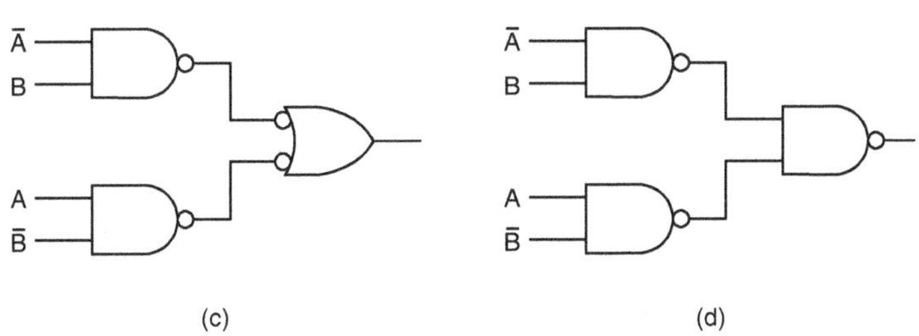

Abbildung 3.7: (a) Die Wahrheitstabelle für die XOR-Funktion (b)–(d) drei Schaltungen zu ihrer Realisierung

Um sie in die NAND-Form umzuwandeln, zeichnen Sie die Linien von den Ausgängen der AND-Gatter zum Eingang des OR-Gatters mit zwei Inversionsblasen neu, wie es ▶Abbildung

3.7c zeigt. Schließlich gelangen Sie mithilfe von Abbildung 3.6a zu ▶Abbildung 3.7d. Die Variablen $\overline{A}$ und $\overline{B}$ lassen sich aus A und B mithilfe von NAND- oder NOR-Gattern erzeugen, deren Eingänge jeweils miteinander verbunden werden. Die Inversionsblasen lassen sich entlang einer Linie beliebig verschieben, beispielsweise von den Ausgängen der Eingangsgatter in Abbildung 3.7d zu den Eingängen des Ausgangsgatters.

Abschließend demonstrieren wir zum Thema Schaltungsäquivalenz nun das überraschende Ergebnis, dass dasselbe physische Gatter verschiedene Funktionen je nach den benutzten Konventionen berechnen kann. Abbildung 3.2a zeigt den Ausgang eines bestimmten Gatters F für verschiedene Eingangskombinationen. Eingänge und Ausgänge sind in Volt dargestellt. Wenn wir 0 V der logischen 0 und 1,5 V der logischen 1 zuordnen, arbeiten wir mit **positiver Logik** und erhalten die Wahrheitstabelle von Abbildung 3.2b, d.h. die AND-Funktion. Ordnen wir dagegen bei **negativer Logik** 0 V der logischen 1 und 1,5 V der logischen 0 zu, so ist das Ergebnis die Wahrheitstabelle von ▶Tabelle 3.2c, die OR-Funktion.

A	B	F
0 V	0 V	0 V
0 V	1,5 V	0 V
1,5 V	0 V	0 V
1,5 V	1,5 V	1,5 V

(a)

A	B	F
0	0	0
0	1	0
1	0	0
1	1	1

(b)

A	B	F
1	1	1
1	0	1
0	1	1
0	0	0

(c)

Tabelle 3.2: (a) Elektrische Eigenschaften eines Bauelements (b) positive Logik (c) negative Logik

Dies verdeutlicht, dass die zur Abbildung von Spannungen auf logische Werte gewählte Konvention von großer Bedeutung ist. Soweit nicht anders angegeben, verwenden wir ab jetzt die positive Logik. Somit sind die Begriffe „logische 1", „wahr" und „High" Synonyme, genau wie „logische 0", „falsch" und „Low".

3.2 Grundschaltungen der digitalen Logik

Die vorherigen Abschnitte haben gezeigt, wie man Wahrheitstabellen und andere einfache Schaltungen mit einzelnen Gattern implementieren kann. In der Praxis findet man kaum noch Schaltungen, die durchgehend aus einzelnen Gattern aufgebaut sind, während das früher die Regel war. Heutzutage fassen die gängigen Bausteine bereits mehrere Gatterfunktionen zusammen. In den folgenden Abschnitten lernen Sie einige dieser Bausteine näher kennen und erfahren, wie man sie einsetzt und aus Einzelgattern aufbauen kann.

3.2.1 Integrierte Schaltungen

Gatter werden nicht einzeln, sondern als Einheit mit anderen Gattern in Form einer **integrierten Schaltung** (IS) hergestellt und verkauft. Andere gebräuchliche Bezeichnungen sind **Chip** oder **IC** (Integrated Circuit). Der eigentliche Chip ist ein Siliziumplättchen (Die), dessen Größe von der Anzahl der darauf realisierten Gatterfunktionen abhängt. Kleinere Dies haben eine Fläche von etwa 2×2 mm^2, größere bis zu 18×18 mm^2. Die Chips sind in rechteckigen Plastik- oder Keramikgehäusen untergebracht, die wesentlich größer als die enthaltenen Dies sein können, insbesondere wenn viele Anschlüsse (Pins) vom Chip nach außen zu führen sind. Jeder Pin ist mit einem Eingang oder Ausgang eines Gatters auf dem Chip verbunden. Zudem gibt es zwei Anschlüsse für Betriebsspannung und Masse.

▶Abbildung 3.8 zeigt eine Auswahl heutiger IC-Gehäuse. Kleinere Chips wie zum Beispiel Mikrocontroller oder RAMs sind in einem Gehäuse mit zwei Kontaktreihen montiert, einem sogenannten **DIP** (**Dual Inline Package**) oder **DIL** (**Dual In-Line**). Die Kontakte passen in entsprechende IC-Fassungen oder Löcher direkt auf dem Motherboard. Gebräuchliche DIL-Gehäuse haben 14, 16, 18, 20, 22, 24, 28, 40, 64 oder 68 Pins. Für größere Chips sind quadratische Gehäuse mit Pins an allen vier Seiten oder an der Unterseite üblich, beispielsweise **PGA** (**Pin Grid Array**) und **LGA** (**Land Grid Array**). Bei PGAs sitzen die Pins an der Unterseite des Gehäuses. Der entsprechende Sockel zur Aufnahme der Pins befindet sich auf dem Motherboard. Derartige Sockel besitzen oftmals einen Nullkraftmechanismus, damit sich der PGA-Chip schonend und ohne Kraftaufwand einsetzen lässt. Sitzt der Chip ordnungsgemäß, so drückt man über einen Hebel alle Kontakte gegen die PGA-Pins, sodass sowohl die Kontaktgabe als auch die feste Arretierung des Chips gewährleistet ist. Bei LGAs befinden sich dagegen kleine Pads an der Unterseite des Gehäuses. Der dazugehörende Sockel besitzt eine Abdeckung, die genau auf den LGA passt und eine nach unten gerichtete Kraft auf den Chip ausübt, um einen sicheren Kontakt zwischen PGA und Sockelpads herzustellen.

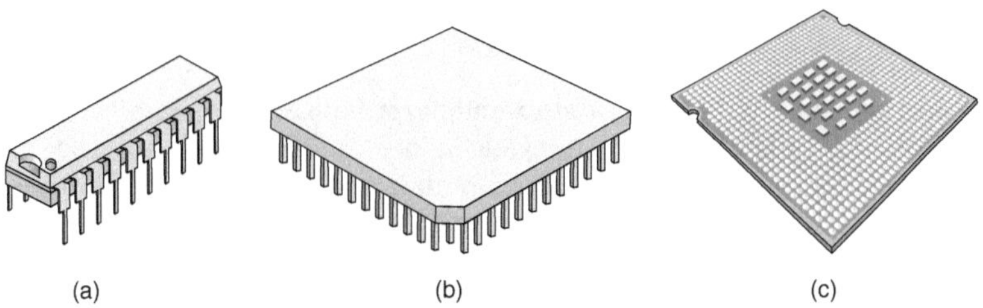

Abbildung 3.8: Gebräuchliche Gehäusetypen integrierter Schaltkreise: (a) DIP, (b) PGA und (c) LGA

Da viele IC-Gehäuse symmetrisch sind, ist es ein altes Problem, die richtige Orientierung des Chips für den Einbau herauszufinden. DIPs sind im Allgemeinen mit einer Kerbe oder einer anderen Markierung versehen, um die Seite mit Pin 1 zu kennzeichnen. Auf dem Sockel oder der Leiterplatte ist eine korrespondierende Markierung angebracht. Bei PGAs fehlt normalerweise ein Pin, sodass sich der PGA-Chip nur in der richtigen Position in den Sockel einsetzen lässt. Da LGAs keine Pins besitzen, sorgen Kerben an einer oder zwei Seiten des Gehäuses für einen korrekten Sitz im entsprechend gestalteten LGA-Sockel. Den Chip kann man nur dann einsetzen, wenn die Kerben und Aussparungen von Gehäuse und Sockel übereinstimmen.

Für unsere Zwecke betrachten wir alle Gatter in dem Sinne als ideal, dass das Ausgangssignal unmittelbar nach Anlegen der Eingangssignale erscheint. In Wirklichkeit weisen Chips eine endliche **Gatterverzögerung** (Gate Delay) auf, die sowohl die Signalausbreitung (Signal Propagation) durch den Chip als auch die Schaltzeit beinhaltet. Typische Verzögerungen reichen von 0,1 ps bis zu einigen ns.

Nach dem derzeitigen Stand der Technik ist es möglich, mehr als 1 Milliarde Transistoren auf einen einzigen Chip zu packen. Da sich jede Schaltung aus NAND-Gattern aufbauen lässt, ist es theoretisch vorstellbar, dass ein Hersteller einen sehr universellen Chip mit 500 Millionen NAND-Gattern fertigt. Leider würde ein solcher Chip 1.500.000.002 Pins benötigen. Bei einem Standardabstand von 1 mm zwischen den einzelnen Pins müsste die Seitenlänge eines LGAs 38 m betragen, um alle Pins unterzubringen, was sich auf den Vertrieb des Chips doch sehr nachteilig auswirken würde. Will man die Möglichkeiten der Technologie nutzen, muss man also Schaltungen mit einem hohen Gatter-Pin-Verhältnis entwickeln. In den folgenden Abschnitten betrachten wir einfache Schaltungen, die intern eine Reihe von Gattern zu einer nützlichen Funktion kombinieren und damit nur wenige externe Verbindungen (Pins) verlangen.

3.2.2 Schaltnetze

Ein **Schaltnetz** realisiert eine Funktion, die nur von den aktuellen Eingangssignalen abhängig ist.

Viele Anwendungen im Bereich der digitalen Logik erfordern eine Schaltung mit mehreren Ein- und Ausgängen, wobei die Ausgänge eindeutig durch die aktuellen Eingangssignale bestimmt sind. Eine solche Schaltung nennt man **Schaltnetz** (Combinational Circuit). Nicht alle Schaltungen weisen diese Eigenschaft auf. Enthält eine Schaltung beispielsweise Speicherelemente, dann können die Ausgangssignale sowohl von den gespeicherten Werten als auch von den Eingangsvariablen abhängen. Ein typisches Beispiel für ein Schaltnetz ist eine Schaltung, die eine Wahrheitstabelle wie in Abbildung 3.3a implementiert. In diesem Abschnitt lernen Sie einige häufig eingesetzte Schaltnetze kennen.

Multiplexer

Auf der Ebene der digitalen Logik ist ein **Multiplexer** eine Schaltung mit 2^n Dateneingängen, einem Datenausgang und n Steuereingängen, die einen der Dateneingänge auswählen. Gatter schalten den ausgewählten Dateneingang zum Ausgang durch. ▶Abbildung 3.9 zeigt den Schaltplan eines Multiplexers mit acht Eingängen.

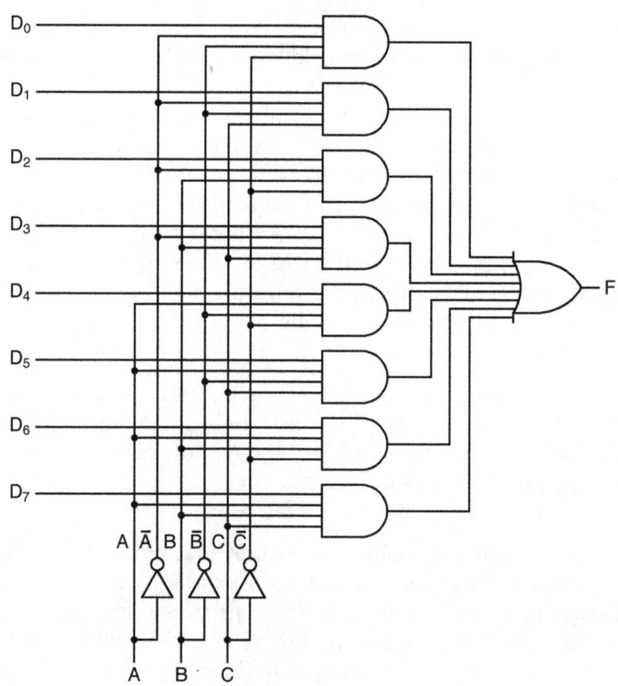

Abbildung 3.9: Multiplexer-Schaltung mit acht Eingängen

Die drei Steuerleitungen A, B und C codieren eine 3-Bit-Zahl, die festlegt, welche der acht Eingangsleitungen zum OR-Gatter und somit zum Ausgang durchgeschaltet wird. Unabhängig von den Werten der Steuerleitungen liegen die Ausgänge von sieben AND-Gattern immer auf 0, während das verbleibende achte AND-Gatter je nach dem Signal der ausgewählten Eingangsleitung entweder 0 oder 1 am Ausgang zeigt. Jedes AND-Gatter wird durch eine andere Kombination der Steuereingänge freigegeben. Abbildung 3.9 zeigt die vollständige Multiplexer-Schaltung.

Mit einem Multiplexer kann man die Mehrheitsfunktion von Abbildung 3.3a implementieren (▶Abbildung 3.10b). Jede Kombination von A, B und C wählt genau eine Dateneingangsleitung aus. Jeder Eingang liegt entweder an U_{CC} (logisch 1) oder Masse (logisch 0). Der Algorithmus für die Belegung der Eingänge ist einfach: Eingang D_i entspricht dem Wert in Zeile i der Wahrheitstabelle. In Abbildung 3.3a sind die Ausgangswerte in den Zeilen 0, 1, 2 und 4 gleich 0, sodass die entsprechenden Eingänge auf Masse liegen. Die übrigen Zeilen sind 1 und demnach mit der logischen 1 verbunden. Auf diese Weise kann man eine beliebige Wahrheitstabelle von drei Variablen mit dem Chip gemäß ▶Abbildung 3.10a implementieren.

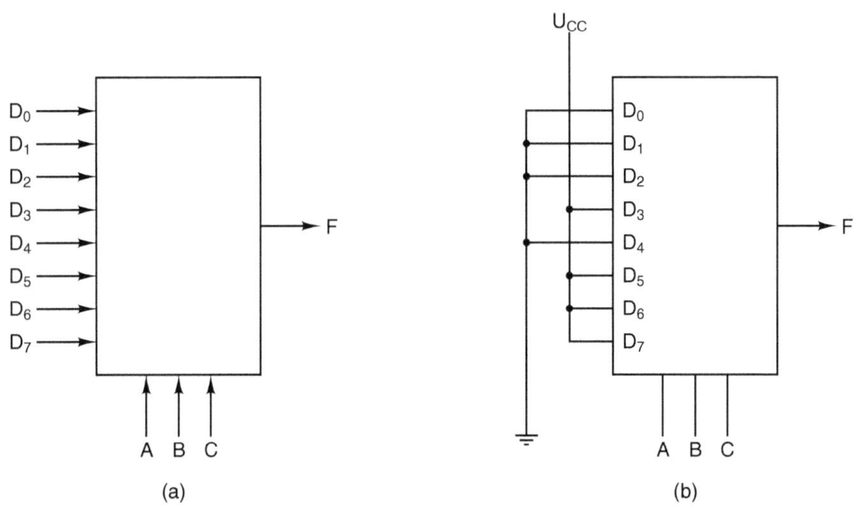

Abbildung 3.10: (a) Ein Multiplexer mit 8 Eingängen. (b) Derselbe Multiplexer wurde für die Berechnung der Mehrheitsfunktion beschaltet.

Das Beispiel eben hat gezeigt, wie ein Multiplexer einen von mehreren Eingängen auswählen und eine Wahrheitstabelle implementieren kann. Ein Multiplexer lässt sich auch als Parallel-Serien-Wandler einsetzen. Legt man 8 Datenbits auf die Eingangsleitungen und schaltet die Steuerleitungen nacheinander von 000 bis 111 (binär) weiter, so gelangen die Eingangssignale sequenziell auf die Ausgangsleitung. Die Parallel-Serien-Umwandlung findet man beispielsweise in einer Tastatur. Jeder Taste ist eine 7- oder 8-Bit-Zahl zugeordnet, die bei einem Tastendruck über eine serielle Verbindung wie zum Beispiel USB übertragen werden muss.

Das Gegenstück des Multiplexers ist der **Demultiplexer**, der je nach den Werten der n Steuerleitungen ein einzelnes Eingangssignal auf einen von 2^n Ausgängen leitet. Liegt an den Steuerleitungen der Binärwert k an, wird Ausgang k ausgewählt.

Decodierer

Als zweites Beispiel sehen wir uns nun eine Schaltung an, die eine n-Bit-Zahl als Eingabe übernimmt und dieser Zahl entsprechend genau eine der 2^n Ausgangsleitungen wählt (d.h. auf 1 setzt). Eine solche Schaltung nennt man **Decodierer** (Decoder). ▶Abbildung 3.11 zeigt ein Beispiel für $n = 3$.

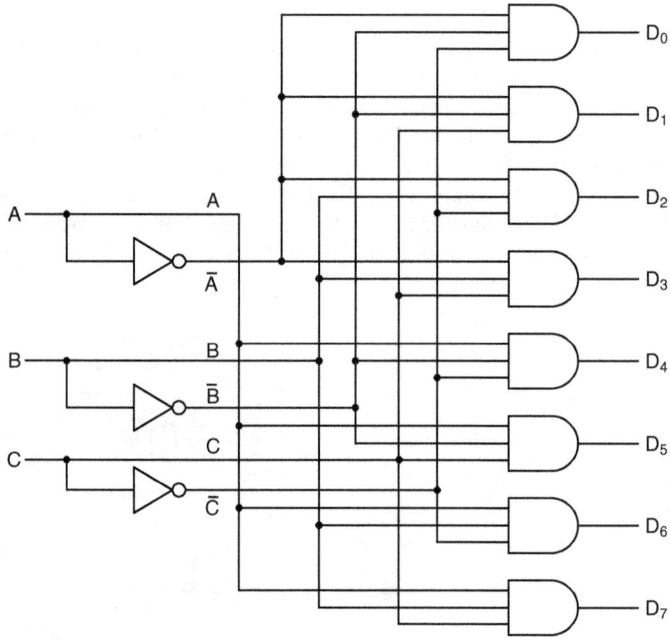

Abbildung 3.11: Schaltung eines 3-zu-8-Decodierers

Wofür braucht man Decodierer? Stellen Sie sich als Beispiel einen Speicher vor, der aus acht Chips mit je 256 MB besteht. Chip 0 hat die Adressen 0 bis 256 MB, Chip 1 die Adressen 256 MB bis 512 MB usw. Legt man eine Adresse an den Speicher an, dann dienen die 3 höherwertigen Bits dazu, einen der acht Chips auszuwählen. Verwendet man die Schaltung nach Abbildung 3.11, so entsprechen diese 3 Bits den drei Eingängen A, B und C. Abhängig von den Eingängen hat genau eine der acht Ausgangsleitungen $D_0, \ldots, D_7$ den Wert 1 und die restlichen liegen auf 0. Jede Ausgangsleitung ist mit den Freigabeeingängen der acht Speicherchips verbunden. Und da jeweils nur eine Ausgangsleitung auf 1 gesetzt wird, ist jeweils nur ein Chip aktiv.

Die Arbeitsweise der Schaltung von Abbildung 3.11 ist leicht nachvollziehbar. Jedes AND-Gatter hat drei Eingänge, von denen der erste entweder A oder $\overline{A}$, der zweite entweder B oder $\overline{B}$ und der dritte entweder C oder $\overline{C}$ ist. Jedes Gatter wird durch eine andere Eingangskombination freigegeben: D_0 durch $\overline{A}\,\overline{B}\,\overline{C}$, D_1 durch $\overline{A}\,\overline{B}\,C$ usw.

Komparatoren

Eine weitere nützliche Schaltung ist der **Komparator** (Comparator), der zwei Eingangswörter vergleicht. Der einfache Komparator von ▶Abbildung 3.12 übernimmt zwei Eingaben *A* und *B* mit einer Länge von je 4 Bit und liefert das Ergebnis 1, falls die Eingangswerte gleich sind, andernfalls 0. Die Schaltung basiert auf dem XOR-Gatter (Exclusive OR), das bei gleichen Eingangssignalen das Ergebnis 0 und bei ungleichen Eingängen das Ergebnis 1 liefert. Wenn die beiden Eingabewörter gleich sind, müssen alle vier XOR-Gatter 0 ausgeben. Diese vier Signale lassen sich dann mit OR verknüpfen. Ist das Ergebnis 0, sind die Eingabewörter gleich, andernfalls nicht. In unserem Beispiel haben wir ein NOR-Gatter als letzte Stufe vorgesehen, um die Aussage des Tests umzudrehen: 1 bedeutet „gleich" und 0 bedeutet „ungleich".

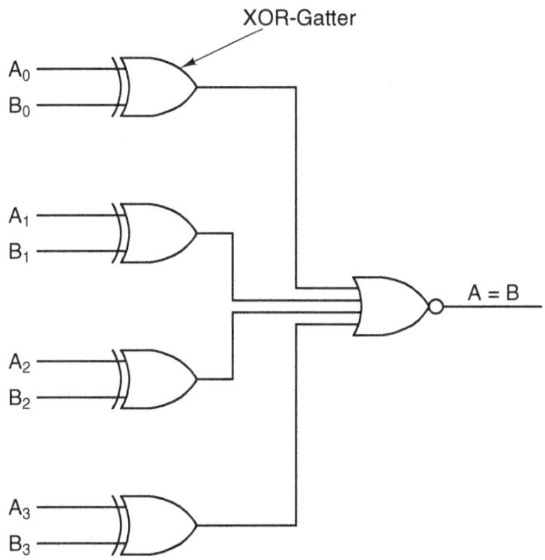

Abbildung 3.12: Ein einfacher 4-Bit-Komparator

3.2.3 Arithmetische Schaltungen

Jetzt ist es an der Zeit, von den bisher behandelten Schaltnetzen zu allgemeinen Schaltkreisen für arithmetische Funktionen überzugehen. Zur Erinnerung: Die Ausgänge von Schaltnetzen sind Funktionen ihrer Eingänge. Arithmetische Schaltungen besitzen diese Eigenschaft jedoch nicht. Wir beginnen mit einem einfachen 8-Bit-Schieberegister, sehen uns dann einen Addierer an und untersuchen schließlich Rechenwerke, die in jedem Computer eine zentrale Rolle spielen.

Schieberegister

Unsere erste arithmetische Schaltung ist ein **Schieberegister** (Shifter) mit 8 Eingängen und 8 Ausgängen (▶Abbildung 3.13). An den Leitungen D_0, ..., D_7 liegen 8 Eingangsbits an. Die Ausgänge stellen die um ein Bit verschobenen Eingänge dar und sind auf den Leitungen S_0, ..., S_7 verfügbar. Die Steuerleitung *C* bestimmt die Richtung der Verschiebung – 0 für Linksschieben, 1 für Rechtsschieben. Beim Linksschieben läuft in Bit 7 eine 0 ein, beim Rechtsschieben in Bit 0 eine 1.

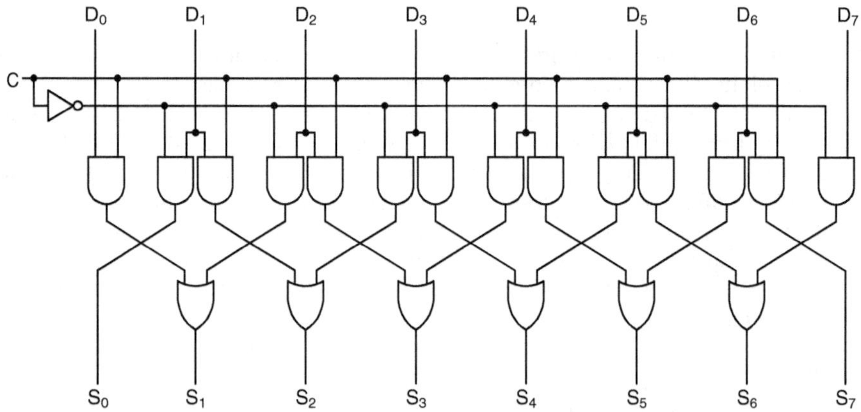

Abbildung 3.13: 1-Bit-Links-/Rechts-Schieberegister

Als Erstes fallen in dieser Schaltung die Paare der AND-Gatter auf, die für jedes Bit außer dem ersten und letzten vorhanden sind. Bei $C = 1$ ist das rechte AND-Gatter jedes Paars aktiv und das entsprechende Eingangsbit gelangt zum Ausgang. Da das rechte AND-Gatter mit dem OR-Gatter rechts daneben verbunden ist, findet eine Rechtsverschiebung statt. Ist $C = 0$, wird das linke AND-Gatter eines Paars aktiv, wodurch sich eine Linksverschiebung ergibt.

Addierer

Ein Computer, der keine Ganzzahlen addieren kann, ist nahezu undenkbar. Folglich ist eine hardwareseitige Additionsschaltung ein unentbehrlicher Teil eines jeden Prozessors. Die Wahrheitstabelle für eine 1-Bit-Addition ist in ▶Abbildung 3.14a dargestellt. Hier gibt es zwei Ausgänge: die Summe (S) der Eingänge A und B sowie den Übertrag ($Ü$) zur nächsten Stelle (nach links). ▶Abbildung 3.14b zeigt eine Schaltung, die sowohl das Summenbit als auch das Übertragsbit berechnet. Diese einfache Schaltung bezeichnet man als **Halbaddierer** (Half Adder).

A	B	S	Ü
0	0	0	0
0	1	1	0
1	0	1	0
1	1	0	1

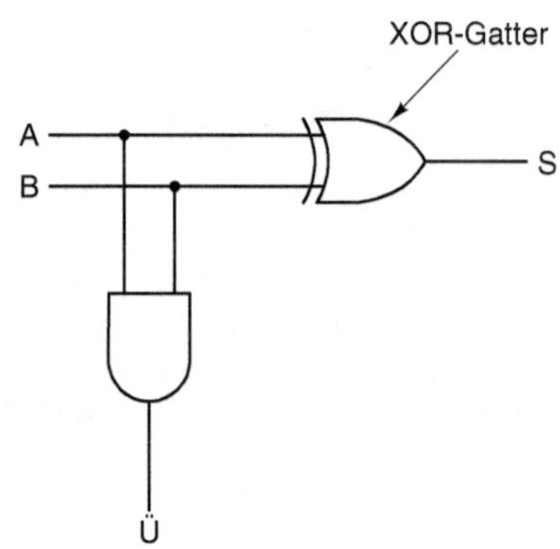

Abbildung 3.14: (a) Wahrheitstabelle für eine 1-Bit-Addition (b) Schaltung für einen Halbaddierer

Nun ist ein Halbaddierer zwar für die Addition der niederwertigen Bits zweier aus mehreren Bits bestehenden Eingabewörter geeignet, reicht aber nicht für eine Bitstelle in der Wortmitte, weil er den von rechts in die Bitstelle einlaufenden Übertrag nicht behandeln kann. Hier benötigt man den **Volladdierer** (Full Adder) von ▶Abbildung 3.15. Ein Blick auf die Schaltung zeigt, dass ein Volladdierer aus zwei Halbaddierern besteht. Die

Ausgangsleitung für die Summe S ist 1, wenn eine ungerade Anzahl der Bits A, B und $Ü_{ein}$ auf 1 gesetzt ist. Der Übertragsausgang $Ü_{aus}$ ist 1, wenn entweder A und B gleich 1 sind (linker Eingang zum `OR`-Gatter) oder genau ein Bit dieser Eingänge 1 und das $Ü_{ein}$-Bit ebenfalls 1 ist. Zusammen erzeugen die beiden Halbaddierer sowohl die Summen- als auch die Übertragsbits.

A	B	$Ü_{ein}$	S	$Ü_{aus}$
0	0	0	0	0
0	0	1	1	0
0	1	0	1	0
0	1	1	0	1
1	0	0	1	0
1	0	1	0	1
1	1	0	0	1
1	1	1	1	1

(a)

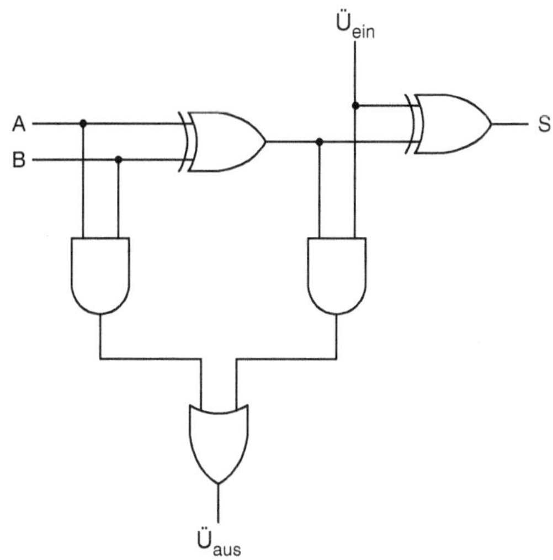

(b)

Abbildung 3.15: (a) Wahrheitstabelle und (b) Schaltung für einen Volladdierer

Um einen Addierer für beispielsweise zwei 16-Bit-Wörter zu bauen, wiederholt man lediglich die Schaltung von Abbildung 3.15b 16-mal. Der Übertragsausgang einer Bitstelle dient als Übertragseintrag der links daneben befindlichen Bitstelle. Den Übertragseingang der ersten (ganz rechts liegenden) Bitstelle legt man fest auf 0. Eine derartige Schaltung bezeichnet man als **Carry-Ripple-Addierer** (von carry = Übertrag und ripple = rieseln, in etwa: Addierer mit Übertragsweiterleitung), weil die Addition von 1 zu 111...111 (binär) im ungünstigsten Fall erst abgeschlossen ist, wenn der Übertrag den gesamten Weg von der äußerst rechten zur äußerst linken Bitstelle zurückgelegt hat. Es gibt auch Addierer, die diese Verzögerung nicht aufweisen und somit schneller sind. Bei größeren Wortlängen sind solche Addierer zu bevorzugen.

Als einfaches Beispiel eines schnelleren Addierers teilen wir einen 32-Bit-Addierer in eine untere und eine obere Hälfte von je 16 Bits auf. Bei Beginn der Addition kann sich der obere Addierer noch nicht an die Arbeit machen, weil er noch nicht weiß, welchen Übertrag er für die ersten 16 Additionen übernehmen muss.

Sehen Sie sich nun folgende Modifikation an: Die Hardware der oberen Hälfte wird nicht nur einmal, sondern zweimal parallel aufgebaut. Somit besteht die Schaltung aus drei 16-Bit-Addierern: einer unteren Hälfte und zwei oberen Hälften $U0$ und $U1$, die parallel arbeiten. Als Übertrag für $U0$ wird eine 0 eingespeist, als Übertrag für $U1$ eine 1. Jetzt können die beiden oberen Hälften gleichzeitig mit der unteren Hälfte beginnen, wobei aber nur ein Ergebnis der oberen Hälfte korrekt ist. Nach 16 Bitadditionen ist bekannt, wie der Übertrag für die obere Hälfte aussieht, sodass sich nun die entsprechende obere Hälfte aus den beiden verfügbaren Antworten auswählen lässt. Dadurch halbiert sich die

Additionszeit. Einen derartigen Addierer nennt man **Carry-Select-Addierer** (in etwa: Übertragsauswahladdierer). Dieser Trick lässt sich wiederholen, um jeden 16-Bit-Addierer aus replizierten 8-Bit-Addierern aufzubauen, usw.

Rechenwerk

Die meisten Computer enthalten nur eine einzige Schaltung, um AND- und OR-Verknüpfungen zu realisieren sowie zwei Maschinenwörter zu addieren. Normalerweise besteht eine solche Schaltung für n-Bit-Wörter aus n identischen Schaltungen für die einzelnen Bitstellen. ▶Abbildung 3.16 zeigt ein einfaches Beispiel einer solchen Schaltung, die man **Rechenwerk** (Arithmetic Logic Unit), kurz **ALU** nennt. Eine ALU kann die vier Funktionen A AND B, A OR B, $\overline{B}$ und $A + B$ berechnen, je nachdem, ob an den Funktionsauswahlleitungen F_0 und F_1 die Werte 00, 01, 10 oder 11 (binär) anliegen. Hier bedeutet $A + B$ die arithmetische Summe von A und B und nicht das boolesche OR.

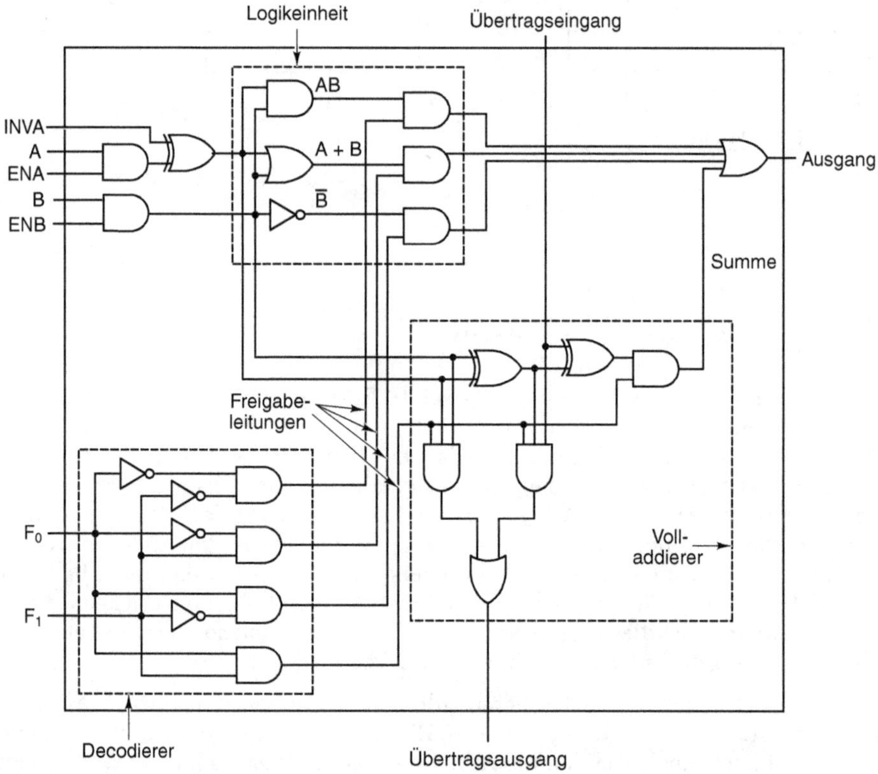

Abbildung 3.16: Eine 1-Bit-ALU

In der unteren linken Ecke unserer ALU befindet sich ein 2-Bit-Decodierer für die Steuersignale F_0 und F_1, um die Freigabesignale für die vier Operationen zu erzeugen. Je nach den Werten von F_0 und F_1 wird genau eine der vier Freigabeleitungen ausgewählt. Wenn die entsprechende Leitung auf 1 gesetzt ist, gelangt das Ausgangssignal der gewählten Funktion zum abschließenden OR-Gatter und bestimmt damit den Ausgang der Gesamtschaltung.

In der oberen linken Ecke befindet sich die Logik zur Berechnung von A AND B, A OR B und $\overline{B}$; wobei aber nur eines dieser Ergebnisse zum letzten OR-Gatter gelangt. Welcher

Ausgang das ist, hängt vom Zustand der Leitungen ab, die vom Decodierer kommen. Da genau einer der Decodierer-Ausgänge auf 1 gesetzt ist, wird genau eines der vier AND-Gatter, deren Ausgänge zum OR-Gatter führen, freigegeben und die Ausgänge der anderen drei AND-Gatter haben unabhängig von A und B den Wert 0.

Man kann A und B nicht nur als Eingänge für logische oder arithmetische Operationen verwenden, sondern diese Eingangssignale auch auf 0 ziehen, indem man ENA bzw. ENB deaktiviert (sprich: auf 0 setzt). Außerdem lässt sich $\overline{A}$ erhalten, wenn INVA auf 1 gesetzt wird. *Kapitel 4* erläutert, wie man INVA, ENA und ENB verwendet. Normalerweise setzt man ENA und ENB auf 1, um beide Eingänge freizugeben, und INVA auf 0. In diesem Fall gelangen die Eingangssignale A und B unverändert zur Logikeinheit.

Der Volladdierer in der rechten unteren Ecke der ALU berechnet die Summe von A und B. Außerdem behandelt er die Überträge, da man höchstwahrscheinlich mehrere dieser Schaltungen verknüpft, um Operationen mit vollständigen Wörtern durchführen zu können. Chips wie in Abbildung 3.16 sind als sogenannte **Bit-Slices** (Bitscheiben) tatsächlich realisiert worden. Damit ist es möglich, eine ALU mit jeder gewünschten Verarbeitungsbreite aufzubauen. ▶Abbildung 3.17 zeigt eine 8-Bit-ALU, die sich aus acht 1-Bit-ALU-Slices zusammensetzt. Das INC-Signal ist nur für Additionen nützlich. Ist es auf 1 gesetzt, dann wird das Ergebnis inkrementiert (d.h. 1 zum Ergebnis addiert). Damit lassen sich Summen wie $A + 1$ und $A + B + 1$ berechnen.

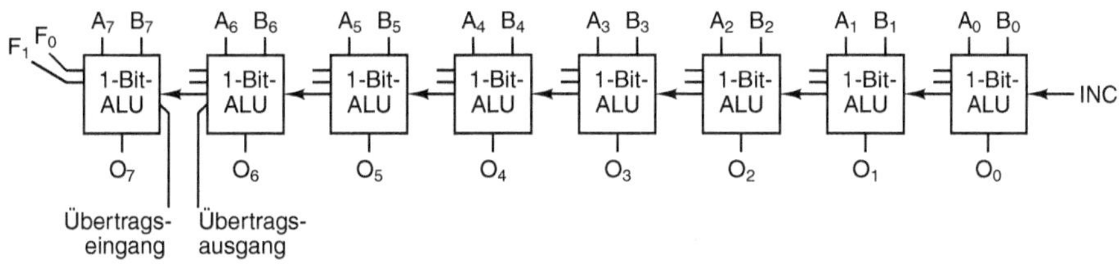

Abbildung 3.17: Acht 1-Bit-ALU-Slices sind verbunden und bilden eine 8-Bit-ALU. Der Einfachheit halber sind die Signale zum Aktivieren und Negieren nicht dargestellt.

Vor einigen Jahren waren Bit-Slices tatsächlich als Chip erhältlich. Heute dient ein Bit-Slice eher als Baustein in der Bibliothek eines CAD-Programms. Der Chipdesigner kann damit die Bit-Slice beliebig oft replizieren und das CAD-Programm liefert eine Ausgabedatei, die die Maschinen zur Chipherstellung steuert. Das Prinzip ist aber das gleiche.

3.2.4 Taktgeber

Zur Synchronisation von **Ereignissen** werden digitale Schaltungen getaktet. Hierzu werden verschiedene Taktfrequenzen von einem Grundtakt abgeleitet.

In vielen digitalen Schaltungen ist die Reihenfolge, in der Ereignisse stattfinden, von maßgeblicher Bedeutung. Manchmal muss ein Ereignis einem anderen vorausgehen, in anderen Fällen müssen zwei Ereignisse gleichzeitig eintreten. Damit Entwickler die geforderten Zeitrelationen erreichen können, werden viele digitale Schaltungen mit Taktgebern synchronisiert. Ein **Taktgeber** (Clock) ist in diesem Zusammenhang eine Schaltung, die eine Impulsfolge mit genauer Impulsbreite und genauen Abständen zwischen aufeinanderfolgenden Impulsen ausgibt. Das Intervall zwischen gleichen Flanken von zwei aufeinanderfolgenden Impulsen nennt man **Taktzykluszeit** (Clock Cycle Time). Impulsfrequenzen liegen normalerweise zwischen 100 MHz und 4 GHz, was Taktzyklen von 10 ns bis 250 ps entspricht. Um eine hohe Frequenzstabilität zu erreichen, steuert man Taktgeber normalerweise mit einem Quarzoszillator.

In einem Computer können innerhalb eines einzigen Taktzyklus viele Ereignisse stattfinden. Sollen diese Ereignisse in einer bestimmten Reihenfolge eintreten, muss der Taktzyklus in Teilzyklen aufgeteilt werden. Um eine feinere Auflösung als den Grundtakt bereitzustellen, ist es üblich, den Haupttakt abzugreifen und in eine Schaltung mit einer bekannten Verzögerung einzuspeisen, sodass ein sekundäres Taktsignal entsteht, das gegenüber dem Haupttakt phasenverschoben ist (▶Abbildung 3.18a). Aus dem Taktdiagramm von ▶Abbildung 3.18b lassen sich vier Zeitbezugspunkte für diskrete Ereignisse ableiten:

1. Steigende Flanke von C1
2. Fallende Flanke von C1
3. Steigende Flanke von C2
4. Fallende Flanke von C2

Verknüpft man verschiedene Ereignisse mit den verschiedenen Flanken, so lässt sich die erforderliche Sequenz umsetzen. Werden innerhalb eines Taktzyklus mehr als vier Zeitbezugspunkte benötigt, kann man weitere sekundäre Leitungen vom Haupttakt abgreifen und mit unterschiedlichen Verzögerungen belegen.

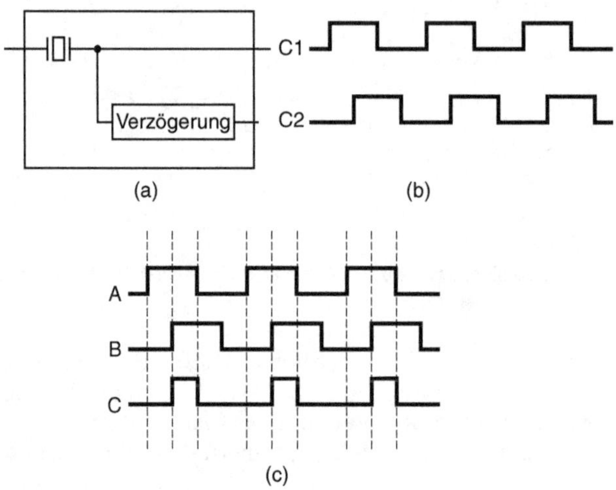

Abbildung 3.18: (a) Taktgeber (b) Taktdiagramm für den Taktgeber (c) Erzeugung eines asymmetrischen Takts

Bei manchen Schaltungen ist man mehr an Zeitintervallen als an diskreten Zeitpunkten interessiert. Zum Beispiel darf ein Ereignis jederzeit eintreten, wenn C1 auf High liegt, und nicht nur an der steigenden Flanke von C1. Ein weiteres Ereignis kann nur eintreten, wenn C2 auf High liegt. Benötigt man mehr als zwei Intervalle, dann kann man mehr Taktleitungen bereitstellen oder die High-Zustände der beiden Taktgeber so einrichten, dass sie sich zeitlich teilweise überlappen. Im zweiten Fall lassen sich vier eindeutige Intervalle unterscheiden: $\overline{C1}$ AND $\overline{C2}$, $\overline{C1}$ AND C2, C1 AND $\overline{C2}$ und C1 AND C2.

Nebenbei bemerkt sind Takte symmetrisch, wobei die High-Zeit gleich der Low-Zeit ist (siehe Abbildung 3.18b). Um eine asymmetrische Impulsfolge zu erzeugen, verschiebt man den Basistakt mit einer Verzögerungsschaltung und verknüpft deren Ausgang durch AND mit dem Ursprungssignal. Auf diese Weise erhält man eine Impulsfolge wie C in ▶Abbildung 3.18c.

3.3 Speicher

Der Speicher bildet eine wesentliche Komponente jedes Computersystems. Ohne Speicher wären Computer nicht das, was sie sind. Ein Speicher nimmt sowohl die auszuführenden Befehle als auch die Daten auf. Die folgenden Abschnitte untersuchen die grundlegenden Komponenten eines Speichersystems. Dabei zeigen wir zunächst auf der Gatterebene, wie Speicherzellen funktionieren und wie sie sich zu großen Speichern kombinieren lassen.

3.3.1 Latches

Um einen 1-Bit-Speicher zu realisieren, brauchen wir eine Schaltung, die sich irgendwie vorherige Eingabewerte „merkt". Eine solche Schaltung lässt sich aus zwei NOR-Gattern aufbauen, wie es ▶Abbildung 3.19a zeigt. Analoge Schaltungen sind auch mit NAND-Gattern möglich. Darauf gehen wir hier nicht weiter ein, weil sie konzeptionell mit den NOR-Versionen identisch sind.

Schaltwerke haben im Gegensatz zu Schaltnetzen einen inneren Zustand, der die Ausgabe mitbestimmt. Beispiele hierfür sind Schieberegister, Latches, Register und Speicher.

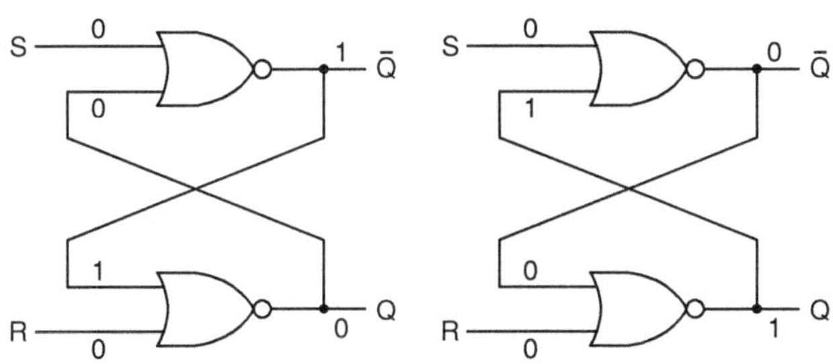

A	B	NOR
0	0	1
0	1	0
1	0	0
1	1	0

(a) (b) (c)

Abbildung 3.19: (a) NOR-Latch im Zustand 0 (b) NOR-Latch im Zustand 1 (c) Wahrheitstabelle für NOR

Die Schaltung von Abbildung 3.19a nennt man **SR-Latch**. Ein Latch hat zwei Eingänge – S zum Setzen und R zum Zurücksetzen (d.h. Löschen). Außerdem hat es zwei komplementäre Ausgänge Q und $\overline{Q}$ – mehr dazu gleich. Im Gegensatz zu einem Schaltnetz werden die Ausgänge des Latches nicht eindeutig durch die aktuellen Eingangssignale bestimmt.

Um zu sehen, wie das zustande kommt, nehmen wir an, dass S und R gleich 0 sind – das ist der Normal- oder Ruhezustand. Weiter nehmen wir $Q = 0$ an. Da Q in das obere NOR-Gatter zurückgeführt wird, liegen beide Eingänge dieses Gatters auf 0 und der Ausgang $\overline{Q}$ entsprechend auf 1. Die 1 wird in das untere Gatter zurückgeführt, das dann die Eingangsbelegung 1 und 0 hat, woraus sich $Q = 0$ ergibt. Dieser Zustand ist stabil und in Abbildung 3.19a dargestellt.

Nun stellen wir uns vor, dass Q nicht 0, sondern 1 ist, während R und S immer noch 0 sind. Die Eingänge des oberen Gatters liegen nun auf 0 und 1. Dementsprechend hat der Ausgang $\overline{Q}$ den Wert 0, der auf das untere Gatter zurückgeführt wird. Dieser Zustand, den ▶Abbildung 3.19b zeigt, ist ebenfalls stabil. Dagegen ist ein Zustand, bei dem beide Ausgänge gleich 0 sind, unbestimmt, weil er verlangt, dass an beiden Gattern zwei Nullen als Eingangssignale anliegen. Wäre dies wahr, so wäre der Ausgang 1 und nicht 0. Ebenso ist es nicht möglich, dass beide Ausgänge gleich 1 sind, weil dies die Eingänge auf 0 und 1 zwingen würde, was 0 und nicht 1 ergibt. Unsere Schlussfolgerung ist einfach: Bei $R = S = 0$ hat das Latch zwei stabile Zustände, die wir je nach dem Ausgangswert von Q als 0 und 1 bezeichnen.

Jetzt untersuchen wir die Wirkung der Eingänge auf den Zustand des Latches. Dazu nehmen wir an, dass S auf 1 geht, während $Q = 0$ ist. Die Eingänge des oberen Gatters sind dann 1 und 0, was zum Ausgangszustand $\overline{Q} = 0$ führt. Diese Änderung bewirkt, dass beide Eingänge des unteren Gatters auf 0 liegen, was zum Ausgangszustand $Q = 1$ führt. Setzt man also S auf 1, dann wechselt der Zustand von 0 auf 1. Setzt man R auf 1, wenn sich das Latch im Zustand 0 befindet, passiert nichts, weil der Ausgang des unteren NOR-Gatters für die Eingangskombinationen 10 und 11 jeweils 0 ist.

Analog lässt sich leicht erkennen, dass beim Setzen von S auf 1 im Zustand $Q = 1$ nichts passiert, aber das Latch in den Zustand $Q = 0$ übergeht, wenn man R auf 1 setzt. Fassen wir zusammen: Setzt man S kurzzeitig auf 1, so nimmt das Latch unabhängig von seinem vorherigen Zustand den Zustand $Q = 1$ an. Und wenn man R kurzzeitig auf 1 setzt, geht das Latch in den Zustand $Q = 0$ über. Die Schaltung „merkt" sich, ob S oder R zuletzt auf 1 gesetzt war. Auf dieser Eigenschaft aufbauend können wir Computerspeicher entwickeln.

Getaktete SR-Latches

Oftmals ist es zweckmäßig, Zustandsänderungen eines Latches nur zu bestimmten festgelegten Zeitpunkten zuzulassen. Dazu modifizieren wir die Grundschaltung etwas, um ein **getaktetes SR-Latch** (Clocked SR Latch) zu erhalten, wie es ▶Abbildung 3.20 zeigt.

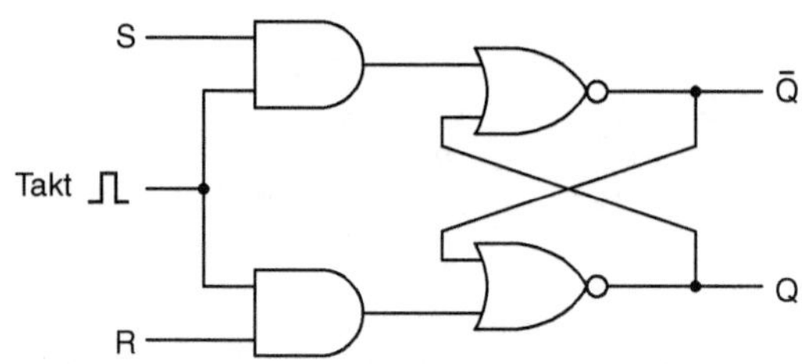

Abbildung 3.20: Getaktetes SR-Latch

Diese Schaltung besitzt einen zusätzlichen Takteingang, der normalerweise auf 0 liegt. In diesem Fall liegen die Ausgänge beider AND-Gatter unabhängig von S und R auf 0 und das Latch behält seinen aktuellen Zustand bei. Geht der Takteingang auf 1, so ist die Sperrwirkung der AND-Gatter aufgehoben und das Latch reagiert auf S und R. Die englische Bezeichnung des Takteingangs – „Clock" – hat nichts mit einer Uhr zu tun. Üblich sind auch die Bezeichnungen **Enable** und **Strobe** im Sinne von „aktivieren" oder „freigeben". Das ist lediglich ein anderer Ausdruck dafür, dass der Takteingang den Wert 1 annimmt und die Schaltung auf den Zustand von S und R reagiert.

Bis jetzt haben wir geflissentlich übergangen, was passiert, wenn sowohl S als auch R auf 1 gesetzt sind. Und das aus gutem Grund: Die Schaltung befindet sich in einem unbestimmten Zustand, wenn R und S schließlich wieder auf 0 zurückgehen. Der einzige konsistente Zustand für $S = R = 1$ ist $Q = \overline{Q} = 0$. Sobald aber beide Eingänge auf 0 zurückkehren, muss das Latch in einen seiner beiden stabilen Zustände springen. Fällt ein Eingang vor dem anderen auf 0 zurück, gewinnt derjenige, der am längsten auf 1 verbleibt, denn wenn nur ein Eingang auf 1 liegt, erzwingt er den Zustand. Kehren beide Eingänge gleichzeitig auf 0 zurück (was sehr unwahrscheinlich ist), springt das Latch in einen seiner stabilen Zustände – in welchen, entscheidet der Zufall.

Getaktete D-Latches

Das Problem der (durch $S = R = 1$ verursachten) Zweideutigkeit beim SR-Latch lässt sich am besten lösen, wenn man dieses von vornherein verhindert. ▶Abbildung 3.21 zeigt eine Latch-Schaltung mit nur einem Eingang D. Da am Eingang des unteren AND-Gatters immer das Komplement des oberen Eingangswertes anliegt, tritt das Problem der gleichzeitig auf 1 gesetzten Eingänge niemals auf. Wenn $D = 1$ ist und der Takteingang auf 1 geht, wird das Latch in den Zustand $Q = 1$ versetzt. Ist $D = 0$ und der Takt geht auf 1, so nimmt das Latch den Zustand $Q = 0$ an. Mit anderen Worten: Wenn der Takteingang 1 ist, wird der aktuelle Wert von D abgetastet und im Latch gespeichert. Diese als **getaktetes D-Latch** (Clocked D Latch) bezeichnete Schaltung ist ein echter 1-Bit-Speicher. Der gespeicherte Wert ist stets an Q verfügbar. Um den aktuellen Wert von D in den Speicher zu laden, legt man einen positiven Impuls auf die Taktleitung.

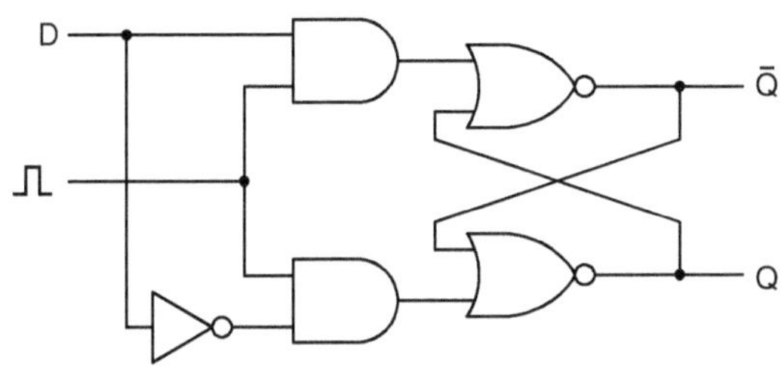

Abbildung 3.21: Getaktetes D-Latch

Diese Schaltung benötigt 11 Transistoren. Speziellere (wenn auch nicht ganz so verständliche) Schaltungen können 1 Bit mit nur 6 Transistoren speichern, sodass man in der Praxis solche Konzepte bevorzugt. Diese Schaltung behält ihren Zustand stabil bei, solange die (nicht dargestellte) Betriebsspannung anliegt. Später stellen wir Speicherschaltungen vor, die ihren aktuellen Zustand schnell vergessen, sofern der Speicher nicht ständig daran „erinnert“ wird.

3.3.2 Flipflops

Bei vielen Schaltungen muss man den Wert einer Leitung zu einem bestimmten Zeitpunkt abtasten und speichern. Bei dieser als **Flipflop** bezeichneten Schaltungsvariante findet kein Zustandswechsel statt, wenn das Taktsignal auf 1 liegt, sondern nur beim Übergang des Taktsignals von 0 auf 1 (d.h. mit der steigenden Flanke) oder von 1 auf 0 (mit der fallenden Flanke). Die Länge des Taktimpulses spielt demnach keine Rolle, nur der Potenzialübergang muss sich genügend schnell vollziehen.

Um den Unterschied noch einmal deutlich zu machen: Ein Flipflop ist **taktflankengesteuert** (edge triggered), ein Latch **taktpegelgesteuert** (level triggered). In der Literatur werden diese Begriffe häufig durcheinandergebracht. Viele Autoren verwenden „Flipflop“, wenn sie Latch meinen, und umgekehrt.

Ein Flipflop ändert seinen Zustand aufgrund der Eingangssignale bei einer **Taktflanke**. Der Wert wird bis zur nächsten Änderung gespeichert. Flipflop und Latch können somit zur Realisierung von Speichern eingesetzt werden.

Ein Flipflop lässt sich nach verschiedenen Konzepten realisieren. Könnte man beispielsweise einen sehr kurzen Impuls auf der steigenden Flanke des Taktsignals erzeugen, so ließe sich dieser Impuls als Takt für ein D-Latch verwenden. Diese Möglichkeit gibt es tatsächlich, eine entsprechende Schaltung ist in ▶Abbildung 3.22a zu sehen.

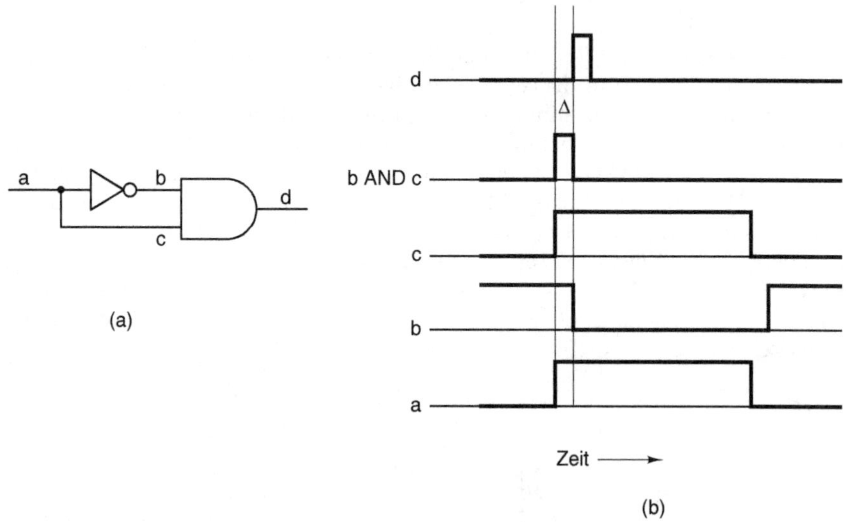

Abbildung 3.22: (a) Impulsgenerator (b) Zeitlicher Verlauf der Spannungen an vier Punkten der Schaltung

Auf den ersten Blick sieht es so aus, als ob der Ausgang des AND-Gatters immer null wäre, da die AND-Verknüpfung eines Signals mit seinem Komplement immer null ist. Allerdings gibt es hier eine Besonderheit. Der Inverter weist eine kleine, von null verschiedene Signalverzögerung auf. Und genau auf dieser Signalverzögerung beruht die Funktion der Schaltung. Misst man die Spannungen an den vier Punkten, die in Abbildung 3.22a eingetragen sind, dann ergibt sich der in ▶Abbildung 3.22b dargestellte zeitliche Verlauf. Das an *a* gemessene Eingangssignal ist ein langer Taktimpuls, wie er in Abbildung 3.22b unten dargestellt ist. Darüber ist das Signal am Punkt *b* zu sehen. Beachten Sie, dass es sowohl invertiert als auch leicht verzögert ist. Die Verzögerungszeit liegt im Bereich von einigen Hundert Pikosekunden und ist vom Schaltkreistyp des eingesetzten Inverters abhängig.

Das Signal an *c* ist ebenfalls verzögert, aber nur um die Signallaufzeit, wobei die Ausbreitung der Signale mit Lichtgeschwindigkeit erfolgt. Nimmt man eine physische Entfernung zwischen *a* und *c* von beispielsweise 20 µm an, so beträgt die Signalverzögerung rund 0,0001 ns – sicherlich ein tolerierbarer Wert im Vergleich zu der Zeit, die das Signal durch den Inverter benötigt. Das Signal an *c* ist also für alle praktischen Belange so gut wie identisch mit dem Signal an *a*.

Die AND-Verknüpfung der Eingangssignale *b* und *c* durch das AND-Gatter liefert einen kurzen Impuls, wie in Abbildung 3.22b dargestellt, wobei die Impulsbreite Δ gleich der Gatterverzögerung des Inverters ist und typischerweise bei 5 ns oder darunter liegt. Am Ausgang des AND-Gatters erscheint genau dieser Impuls verschoben um die Verzögerung des AND-Gatters, wie es der oberste Verlauf in Abbildung 3.22b zeigt. Diese Zeitverschiebung bedeutet lediglich, dass das D-Latch erst mit einer festen Verzögerung nach der steigenden Taktflanke aktiviert wird. Auf die Impulsbreite hat die Verzögerung des AND-Gatters keine Auswirkung. Bei einem Speicher mit einer Zykluszeit von 10 ns ist ein Impuls von 1 ns für die Übernahme der Informationen an *D* noch ausreichend kurz, sodass sich die vollständige Schaltung gemäß ▶Abbildung 3.23 aufbauen lässt. Es sei darauf hingewiesen, dass dieses Flipflop-Design zwar leicht zu verstehen ist, in der Praxis aber wesentlich komplexere Flipflops üblich sind.

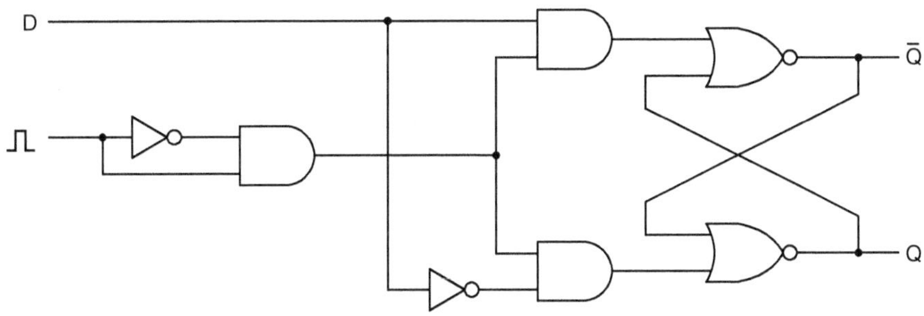

Abbildung 3.23: D-Flipflop-Schaltung

Abbildung 3.24 zeigt die Standardsymbole für Latches und Flipflops. Das Latch in ▶Abbildung 3.24a übernimmt den Zustand an *D*, wenn das Taktsignal *CK* gleich 1 ist. Beim Latch in ▶Abbildung 3.24b ist der Takt normalerweise 1 und fällt kurzzeitig auf 0, um den Zustand von *D* zu übernehmen. Die Teile (c) und (d) von Abbildung 3.24 zeigen Flipflops statt Latches, was an den Pfeilspitzen an den Takteingängen zu erkennen ist. Das Flipflop nach Abbildung 3.24 ändert den Zustand bei der steigenden Flanke des Taktimpulses (Übergang von 0 auf 1), während das Flipflop in ▶Abbildung 3.24d den Zustand bei der fallenden Flanke (Übergang von 1 auf 0) ändert. Viele Latches und Flipflops verfügen auch über einen $\overline{Q}$-Ausgang und manche Schaltkreise bieten zwei zusätzliche Stelleingänge mit der Bezeichnung *Set*, *Preset* oder *S* (um den Zustand $Q = 1$ direkt zu setzen) und *Reset*, *Clear* oder *R* (um den Zustand $Q = 0$ direkt zu setzen).

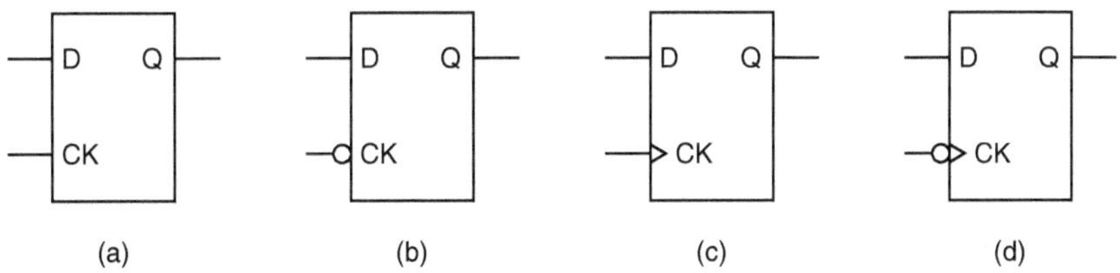

Abbildung 3.24: Standardsymbole für D-Latches und Flipflops

3.3.3 Register

> **Register** setzen sich aus mehreren Flipflops zusammen, die alle mit dem gleichen Taktsignal verbunden sind.

Mehrere Flipflops lassen sich zu **Registern** zusammenschalten, um Datentypen mit mehr als 1 Bit Länge zu speichern. ▶Abbildung 3.25 zeigt 8 Flipflops, die zu einem 8-Bit-Speicherregister gekoppelt sind. Beim Pegelwechsel am Takteingang *CK* übernimmt das Register einen 8-Bit-Eingabewert (*I0* bis *I7*). Damit die Schaltung als Register funktioniert, sind alle Taktleitungen mit demselben Eingangssignal *CK* verbunden. Bei jedem Taktwechsel übernimmt das Register den neuen 8-Bit-Datenwert, der am Eingangsbus anliegt. Die Flipflops entsprechen dem in Abbildung 3.24d gezeigten Typ, wobei aber der am Taktsignal *CK* liegende Inverter die Wirkung der Inversionsblasen aufhebt, sodass die Flipflops an der steigenden Taktflanke geladen werden. Auch alle 8 Löscheingänge der Flipflops sind miteinander verbunden, sodass eine 0 am Eingang *CLR* alle Flipflops in den Ausgangszustand $Q = 0$ zurücksetzt. Wieso verwendet man überhaupt einen Inverter am Takteingang *CK* und negiert den Takt dann noch einmal an jedem Flipflop-Eingang? Das hängt mit dem sogenannten **Lastfaktor** zusammen: Der Ausgang eines Schaltkreises kann nur eine bestimmte Anzahl nachgeschalteter Eingänge treiben (mit genügend Strom versorgen).

Der Inverter am Takteingang dient praktisch als Verstärker, um der äußeren Schaltung einen Standardeingang (mit dem Lastfaktor 1) zu bieten und den für die Innenschaltung erforderlichen Strom aufzubringen.

Nachdem wir ein 8-Bit-Register entworfen haben, können wir es als Baustein einsetzen, um damit größere Register aufzubauen. Zum Beispiel lässt sich ein 32-Bit-Register aus zwei 16-Bit-Registern zusammensetzen, indem man jeweils ihre Taktsignale *CK* und Löschsignale *CLR* verbindet. *Kapitel 4* geht näher auf Register und ihren Einsatz ein.

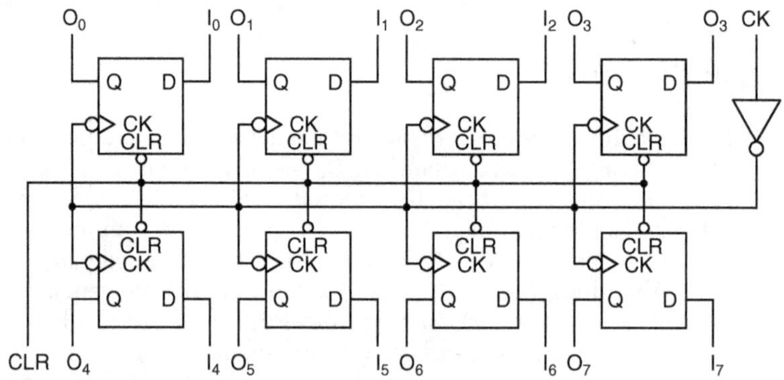

Abbildung 3.25: Ein 8-Bit-Register aus Einzelbit-Flipflops

3.3.4 Speicherorganisation

Vom einfachen 1-Bit-Speicher in Abbildung 3.21 ausgehend sind wir inzwischen beim 8-Bit-Speicher nach Abbildung 3.25 angekommen. Um aber große Speicher aufzubauen, ist eine andere Organisation erforderlich, bei der man einzelne Wörter adressieren kann. Eine weit verbreitete Speicherorganisation, die dieses Kriterium erfüllt, ist in ▶Abbildung 3.26 dargestellt. Dieses Beispiel zeigt einen Speicher mit vier 3-Bit-Wörtern. Jede Operation liest oder schreibt ein volles 3-Bit-Wort. Die gesamte Speicherkapazität von 12 Bits liegt zwar nur wenig über der unseres 8-fach Flipflops, die Schaltung benötigt aber weniger Pins und lässt sich vor allem leicht auf große Speicher erweitern. Beachten Sie, dass die Anzahl der Wörter immer eine Zweierpotenz ist.

Speicherchips bestehen prinzipiell aus vielen Registern, die durch eine Adresse ausgewählt werden und die gleichen Ein- und Ausgangsleitungen verwenden.

Der Speicher in Abbildung 3.26 sieht auf den ersten Blick kompliziert aus, ist es dank seiner regelmäßigen Struktur aber nicht. Er hat acht Eingangs- und drei Ausgangsleitungen. An den drei Eingängen I_0, I_1 und I_2 werden die Daten angelegt, die beiden Eingänge A_0 und A_1 sind für die Adressen vorgesehen und drei weitere Eingänge dienen der Steuerung: *CS* (Chip Select), um den Chip auszuwählen, *RD* (Read) zur Umschaltung zwischen Lesen und Schreiben und *OE* (Output Enable), um die Ausgänge zu aktivieren. Die drei Datenausgänge sind mit O_0, O_1 und O_2 bezeichnet. Interessant ist, dass dieser 12-Bit-Speicher weniger Signale als das oben vorgestellte 8-Bit-Register benötigt. Beim 8-Bit-Register sind 20 Signale einschließlich Betriebsspannung und Masse erforderlich, während der 12-Bit-Speicher mit lediglich 13 Signalen auskommt. Der Speicherblock erfordert weniger Signale, da Speicherbits im Unterschied zum Register ein Ausgangssignal gemeinsam nutzen. In diesem Speicher teilen sich 4 Speicherbits 1 Ausgangssignal. Die Werte an den Adressleitungen bestimmen, welches der 4 Speicherbits einen Eingabewert übernehmen bzw. einen Ausgabewert liefern darf.

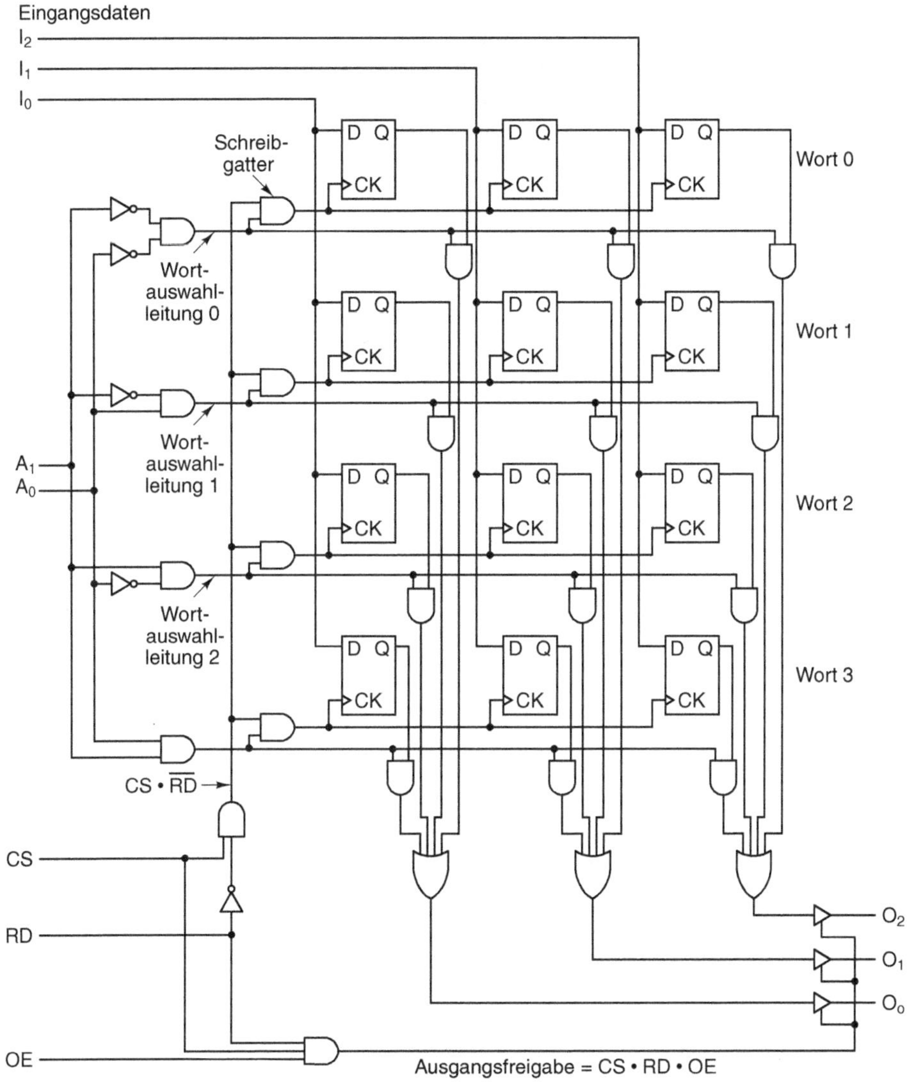

Abbildung 3.26: Logikdiagramm für einen 4×3-Speicher. Jede Zeile stellt eines der vier 3-Bit-Wörter dar. Eine Lese- oder Schreiboperation bezieht sich immer auf ein ganzes Wort.

Um diesen Speicherchip auszuwählen, setzt die externe Logik *CS* auf High (logisch 1). An *RD* muss zum Lesen High und zum Schreiben Low (logisch 0) liegen. Mit den beiden Adressleitungen legt man fest, welches der vier 3-Bit-Wörter gelesen bzw. geschrieben werden soll. Eine Leseoperation legt das ausgewählte Wort auf die Datenausgangsleitungen. Die Dateneingangsleitungen werden dabei nicht genutzt. Eine Schreiboperation übernimmt die auf den Dateneingangsleitungen vorhandenen Bitwerte in das ausgewählte Speicherwort. Jetzt werden die Datenausgangsleitungen nicht verwendet.

Betrachten wir nun die Funktionsweise anhand von Abbildung 3.26. Die vier AND-Gatter zur Wortauswahl links vom Speicher bilden einen Decodierer. Die Eingangsinverter sind so angeordnet, dass jedes Gatter durch eine andere Adresse aktiviert (der Ausgang auf

High gesetzt) wird. Jedes Gatter steuert eine Wortauswahlleitung, und zwar von oben nach unten für die Wörter 0, 1, 2 und 3. Ist der Chip für eine Schreiboperation ausgewählt, so geht die mit $CS \cdot \overline{RD}$ beschriftete vertikale Leitung auf High und gibt eines der vier Schreibgatter frei, je nachdem, welche Wortauswahlleitung auf High liegt. Der Ausgang des Schreibgatters steuert alle *CK*-Signale für das ausgewählte Wort, sodass die Eingangsdaten für dieses Wort in die Flipflops geladen werden. Eine Schreiboperation findet nur statt, wenn *CS* auf High und *RD* auf Low liegen. In diesem Fall wird ausschließlich das durch A_0 und A_1 ausgewählte Wort geschrieben – die übrigen Wörter bleiben unverändert.

Der Lesevorgang ist dem Schreibvorgang ähnlich. Die Adressdecodierung erfolgt genau wie beim Schreiben. Allerdings liegt jetzt die Leitung $CS \cdot \overline{RD}$ auf Low, sodass alle Schreibgatter gesperrt sind und keine Flipflops geändert werden. Stattdessen aktiviert die gewählte Wortauswahlleitung die mit den *Q*-Bits des ausgewählten Wortes verbundenen AND-Gatter. Somit gelangen die Ausgangsdaten des ausgewählten Wortes zu den 4-Eingangs-OR-Gattern im unteren Teil der Abbildung, während die anderen drei Wörter jeweils Nullen als Ausgabe liefern. Folglich sind die Ausgänge der OR-Gatter mit dem gespeicherten Wert im ausgewählten Wort identisch. Die drei nicht ausgewählten Wörter tragen nichts zur Ausgabe bei.

In der Schaltung hätte man die Ausgänge der drei OR-Gatter auch direkt mit den Datenausgangsleitungen verbinden können. Allerdings führt das manchmal zu Problemen. Insbesondere haben wir darauf hingewiesen, dass die Dateneingangs- und Datenausgangsleitungen verschieden sind, während man in realen Speicherchips dieselben Leitungen verwendet. Wenn man dann die OR-Gatter direkt mit den Datenausgangsleitungen verbindet, versucht der Chip, selbst bei Schreibvorgängen Daten auszugeben. Das heißt, die Leitungen werden auf einen bestimmten Wert gezogen, was zu Konflikten mit den Eingabedaten führt. Aus diesem Grund ist es wünschenswert, die OR-Gatter bei Leseoperationen mit den Datenausgangsleitungen zu verbinden, bei Schreiboperationen aber vollständig davon zu trennen. Wir benötigen also einen elektronischen Schalter, der eine Verbindung in wenigen Nanosekunden aufbauen bzw. trennen kann.

Zum Glück gibt es einen solchen Schalter. ▶Abbildung 3.27a zeigt einen sogenannten **nichtinvertierenden Puffer** (Noninverting Buffer). Er hat einen Dateneingang, einen Datenausgang und einen Steuereingang. Ist der Steuereingang auf High, so agiert der Puffer wie ein Draht (▶Abbildung 3.27b). Liegt der Steuereingang auf Low, verhält sich der Puffer wie ein offener Schalter (▶Abbildung 3.27c) – so als ob jemand den Datenausgang mit einem Seitenschneider vom Rest der Schaltung abgetrennt hätte. Im Unterschied zur Lösung mit dem Seitenschneider lässt sich die Verbindung in wenigen Nanosekunden wiederherstellen, indem man einfach das Steuersignal auf High setzt.

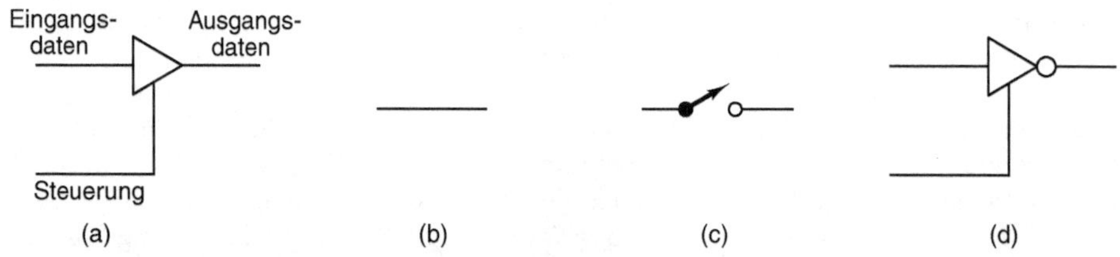

Abbildung 3.27: (a) Nichtinvertierender Puffer (b) Wirkung von (a), wenn der Steuereingang auf High liegt (c) Wirkung von (a), wenn der Steuereingang auf Low liegt (d) Invertierender Puffer

▶Abbildung 3.27d zeigt einen **invertierenden Puffer** (Inverting Buffer), der sich wie ein normaler Inverter verhält, wenn der Steuereingang auf High liegt, und den Ausgang von der Schaltung trennt, wenn der Steuereingang Low ist. Beide Puffer sind **Tristate-Bauele-**

mente (Schaltung mit drei Zuständen), weil an ihren Ausgängen 0, 1 oder keiner der beiden (offener Schalter) anliegen kann. Puffer verstärken außerdem Signale, sodass sie viele Eingänge gleichzeitig steuern können. Manchmal setzt man sie aus diesem Grund in einer Schaltung ein, selbst wenn man ihre Schaltereigenschaften nicht benötigt.

Wenden wir uns wieder der Speicherschaltung zu. Inzwischen dürfte klar sein, welchen Zweck die drei nichtinvertierenden Puffer in den Datenausgangsleitungen erfüllen. Liegen *CS*, *RD* und *OE* auf High, dann ist auch das Ausgangsfreigabesignal High, das die Puffer aktiviert und ein Wort auf die Ausgangsleitungen legt. Befindet sich eines der Signale *CS*, *RD* oder *OE* auf Low, werden die Datenausgänge vom Rest der Schaltung getrennt.

3.3.5 Speicherchips

Der Speicher nach Abbildung 3.26 bietet den Vorteil, dass er sich mühelos für größere Kapazitäten erweitern lässt. In der aktuellen Darstellung hat der Speicher eine Kapazität von 4×3 Bits, d.h. vier Wörter zu je 3 Bits. Um ihn auf eine Kapazität von 4×8 zu erweitern, müssen wir lediglich fünf weitere Spalten mit je vier Flipflops und fünf Ausgangsleitungen hinzufügen. Wollen wir von 4×3 auf 8×3 aufrüsten, dann sind vier zusätzliche Zeilen mit je drei Flipflops sowie eine Adressleitung A_2 erforderlich. Bei dieser Struktur ist es am effizientesten, wenn die Anzahl der Wörter im Speicher eine Zweierpotenz ist, während die Anzahl der Bits je Wort beliebig sein kann.

Da die Technologie der integrierten Schaltungen dafür prädestiniert ist, Chips herzustellen, deren interne Struktur ein wiederkehrendes zweidimensionales Muster aufweist, sind Speicherchips ideale Kandidaten. Die ständig besser werdende Technik erlaubt es, immer mehr Bits auf einen einzelnen Chip zu packen, wobei sich die Anzahl der Bits entsprechend dem Moore'schen Gesetz etwa alle 18 Monate verdoppelt. Durch größere Chips gehören die kleineren nicht automatisch zum alten Eisen, weil hinsichtlich Kapazität, Geschwindigkeit, Leistung, Preis und Anschlussgestaltung viele Kompromisse notwendig sind. Bezogen auf ein Bit sind die neuesten Chips im Vergleich zu den älteren und kleineren in der Regel wesentlich teurer.

Für jede vorgegebene Speichergröße gibt es verschiedene Möglichkeiten, den Chip zu organisieren. Abbildung 3.28 zeigt zwei Varianten für einen älteren Speicherchip der Größe 4 Mbit: 512 Kbit × 8 und 4096 Kbit × 1. (Übrigens gibt man Speichergrößen normalerweise in Bits und nicht in Bytes an, sodass wir uns hier auch an diese Konvention halten.) In ▶Abbildung 3.28a sind 19 Adressleitungen erforderlich, um eines der 2^{19} Byte zu adressieren. Zum Laden oder Speichern des ausgewählten Bytes braucht man acht Datenleitungen.

An dieser Stelle ist eine Anmerkung zur Terminologie angebracht: An manchen Pins wird eine Aktion durch hohe Spannung bewirkt, an anderen Pins durch niedrige Spannung. Um Verwechslungen zu vermeiden, sprechen wir im weiteren Verlauf davon, dass ein Signal **aktiviert** (statt „auf High oder Low gesetzt wird"). Das bedeutet, dass das Signal gesetzt wird, um eine bestimmte Aktion zu veranlassen. Bei einigen Pins bedeutet Aktivieren, dass der Pin auf High, bei anderen, dass der Pin auf Low gesetzt wird. Pins, die bei Low aktiviert sind, erhalten Signalbezeichnungen mit einem Überstrich. Somit wird ein Signal namens *CS* bei High aktiviert, während ein Signal namens $\overline{CS}$ bei Low aktiviert wird. Das Gegenteil von aktiviert ist **deaktiviert**. Wenn nichts Besonderes passiert, werden Pins deaktiviert.

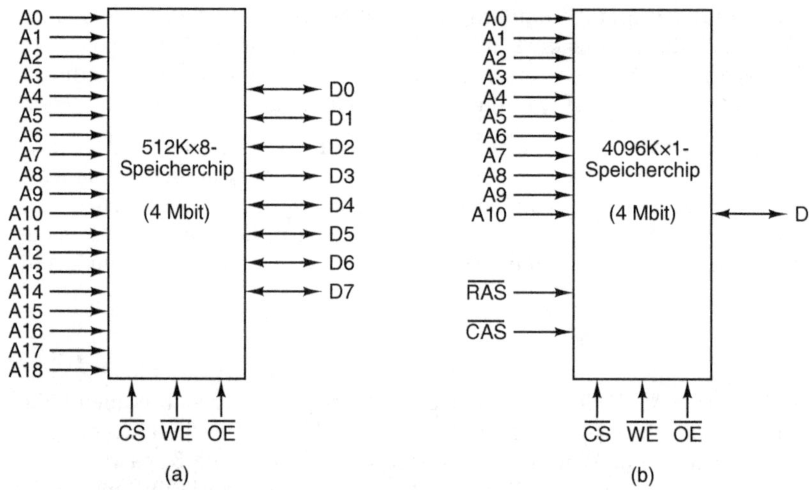

Abbildung 3.28: Zwei Varianten für die Organisation eines 4-Mbit-Speicherchips

Kehren wir nun wieder zu unserem Speicherchip zurück. Da ein Computer normalerweise viele Speicherchips besitzt, ist ein Signal erforderlich, um den momentan benötigten Chip auszuwählen, damit nur dieser und kein anderer reagiert. Für diesen Zweck ist das Signal $\overline{CS}$ (Chip Select) vorgesehen. Es wird aktiviert, um den Chip freizugeben. Außerdem muss man zwischen Lese- und Schreiboperationen unterscheiden können. Das Signal $\overline{WE}$ (Write Enable) zeigt an, dass Daten geschrieben und nicht gelesen werden. Schließlich wird das Signal $\overline{OE}$ (Output Enable) aktiviert, um die Ausgangssignale freizugeben. Ist das Signal deaktiviert, wird der Chip-Ausgang von der Schaltung getrennt.

Der Chip in ▶Abbildung 3.28b verwendet ein anderes Adressierungsschema. Intern ist dieser Chip als 2048×2048-Matrix von 1-Bit-Zellen organisiert, was 4 Mbit ergibt. Um den Chip zu adressieren, wählt man zuerst eine Zeile aus, indem man ihre 11-Bit-Zahl an die Adresspins legt. Dann wird das Signal $\overline{RAS}$ (Row Address Strobe) aktiviert. Anschließend wird eine Spaltennummer an die Adresspins gelegt und $\overline{CAS}$ (Column Address Strobe) aktiviert. Der Chip reagiert, indem er ein Datenbit übernimmt oder ausgibt.

In Speicherchips werden 1-Bit-Speicher in einer Matrix angeordnet. Die **Zeilen- und Spaltenadresse** wird im Zeitmultiplex über die gleichen Adressleitungen übertragen.

Große Speicherchips werden oft als $m \times n$-Matrizen aufgebaut, die durch Zeile und Spalte adressiert werden. Diese Organisation verringert die erforderliche Anzahl der Pins, verlangsamt aber auch die Adressierung des Chips, da zwei Adressierungszyklen erforderlich sind – einer für die Zeile und einer für die Spalte. Um den Geschwindigkeitsverlust durch dieses Design teilweise wieder wettzumachen, kann man an einige Speicherchips eine Zeilenadresse ausgeben und dann durch eine Sequenz von Spaltenadressen nacheinander auf Bits zugreifen, die in einer Zeile aufeinanderfolgen.

Vor Jahren hat man die größten Speicherchips oftmals gemäß Abbildung 3.28b organisiert. Als man bei Speicherwörtern von 8 zu 32 Bits und mehr übergegangen ist, wurden Chips mit einer Breite von 1 Bit unhandlich. Um einen Speicher mit einem 32-Bit-Wort aus 4096 Kbit × 1 großen Chips aufzubauen, sind 32 parallele Chips erforderlich. Diese 32 Chips haben eine Gesamtkapazität von mindestens 16 MB, während bei Verwendung von 512 Kbit × 8 großen Chips nur vier parallele Chips nötig sind und kleinere Speicher bis herab zu 2 MB möglich sind. Um die hohe Anzahl von 32 Chips für einen Speicher zu vermeiden, sind die meisten Chiphersteller heute zu Chipfamilien mit Breiten von 4, 8 und 16 Bits übergegangen. Natürlich sieht die Lage bei 64-Bit-Wörtern noch ungünstiger aus.

Abbildung 3.29 gibt zwei Beispiele für 512-Mbit-Chips an. Diese Chips haben vier interne Speicherbänke von jeweils 128 Mbit. Es sind also zwei Bankauswahlleitungen erforderlich, um eine Bank zu wählen. Das Konzept in ▶Abbildung 3.29a mit 32 Mbit × 16 verwendet 13 Leitungen für das $\overline{RAS}$-Signal, 10 Leitungen für das $\overline{CAS}$-Signal und 2 Leitungen für die Bankauswahl. Mit diesen insgesamt 25 Leitungen lässt sich jede der 2^{25} internen 16-Bit-Zellen adressieren. Im Unterschied dazu zeigt ▶Abbildung 3.29b einen 128 Mbit × 4 großen Entwurf mit 13 Leitungen für das $\overline{RAS}$-Signal, 12 Leitungen für das $\overline{CAS}$-Signal und 2 Leitungen für die Bankauswahl. Hier können 27 Signale jede der 2^{27} internen 4-Bit-Zellen adressieren. Die Entscheidung, wie viele Zeilen und Spalten ein Chip erhält, basiert auf technischen Gesichtspunkten. Die Matrix muss nicht unbedingt quadratisch sein.

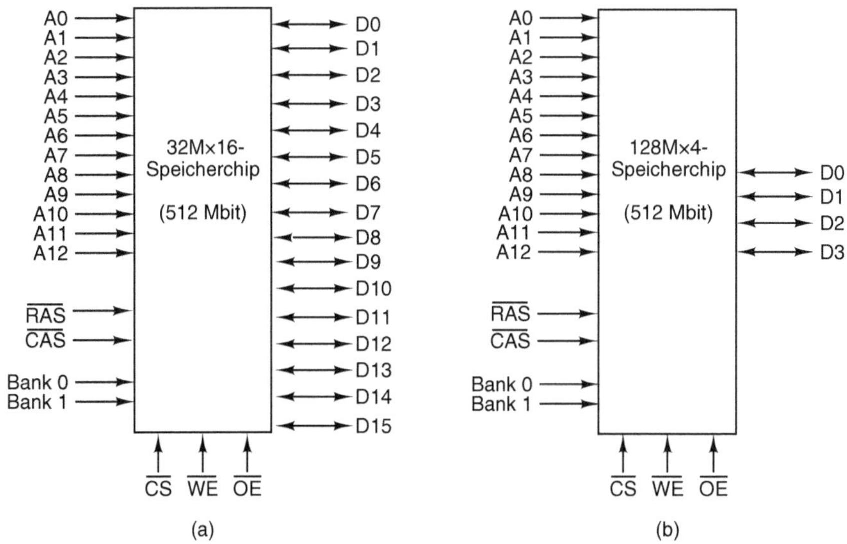

Abbildung 3.29: Zwei Möglichkeiten für die Organisation eines 512-Mbit-Speicherchips

Diese Beispiele weisen auf zwei getrennte und voneinander unabhängige Fragen beim Entwurf von Speicherchips hin. Die erste betrifft die Ausgabebreite (in Bit): Stellt der Chip 1, 4, 8, 16 oder eine andere Anzahl von Bits gleichzeitig bereit? Zweitens: Werden alle Adressbits an separate Pins gleichzeitig angelegt oder ist es erforderlich, die Zeilen und Spalten nacheinander wie in den Beispielen von Abbildung 3.29 bereitzustellen? Ein Speicherchipentwickler muss beide Fragen beantworten, bevor er sich mit dem eigentlichen Entwurf beschäftigen kann.

3.3.6 RAM und ROM

Die bislang untersuchten Speicher lassen sich alle lesen und beschreiben. Diese Speicherform nennt man **RAM (Random Access Memory)** – Speicher mit wahlfreiem Zugriff. Diese Bezeichnung ist unglücklich gewählt, weil sämtliche Speicherchips wahlfreien Zugriff bieten. Allerdings hat sich diese Bezeichnung mittlerweile so etabliert, dass man sie jetzt nicht mehr über Bord werfen kann. RAM gibt es in zwei Varianten: statisch und dynamisch. **Statisches RAM (SRAM)** wird intern mit Schaltungen realisiert, die unserem grundlegenden D-Flipflop ähneln. Diese Speicher haben die Eigenschaft, ihren Inhalt zu behalten, solange die Betriebsspannung anliegt: Sekunden, Minuten, Stunden oder gar Tage. Statische RAMs sind sehr schnell. Die typischen Zugriffszeiten betragen weniger als eine Nanosekunde. Aus diesem Grund setzt man statische RAMs für Cachespeicher ein.

Heutige Speicher werden durch **DRAM**-Bausteine realisiert, bei denen die Information in einem Kondensator gespeichert wird und regelmäßig aufgefrischt werden muss.

Demgegenüber verwendet **dynamischer RAM (DRAM)** keine Flipflops. Ein dynamisches RAM ist ein Array von Zellen, die jeweils aus einem Transistor und einem winzigen Kondensator bestehen. Die Kondensatoren lassen sich laden und entladen – ein geladener Kondensator entspricht einer gespeicherten 1, ein entladener Kondensator einer 0. Da sich die elektrische Ladung infolge von Kriechströmen mehr oder weniger schnell abbaut, muss jedes Bit in einem dynamischen RAM alle paar Millisekunden **aufgefrischt** (nachgeladen) werden, um Datenverluste zu vermeiden. Da eine externe Logik dieses Auffrischen übernehmen muss, sieht die Anschlussgestaltung bei dynamischen RAMs komplizierter als bei statischen RAMs aus. Dieser Nachteil gleicht sich aber in vielen Anwendungen durch ihre größeren Speicherkapazitäten aus.

Da dynamische RAMs nur einen Transistor und einen Kondensator pro Bit benötigen (gegenüber sechs Transistoren pro Bit beim besten statischen RAM), weisen dynamische RAMs eine sehr hohe Speicherdichte auf (viele Bits pro Chip). Aus diesem Grund sind Hauptspeicher nahezu immer aus dynamischen RAMs aufgebaut. Allerdings hat diese große Speicherkapazität ihren Preis: Dynamische RAMs sind relativ langsam (einige zehn Nanosekunden). Somit versucht man, durch eine Kombination aus statischem RAM-Cache und dynamischen RAM-Hauptspeicher die besten Eigenschaften von beiden Typen zu vereinen.

Dynamische RAM-Chips sind in verschiedenen Typen erhältlich. Der älteste Typ (der in älteren Computern noch zu finden sein dürfte) ist der **FPM-DRAM (FPM = Fast Page Mode)**. Intern ist dieses DRAM als Bitmatrix organisiert. Zum Adressieren legt man an dieses RAM eine Zeilenadresse an und durchläuft dann schrittweise die Spaltenadressen, wie wir es im Zusammenhang mit Abbildung 3.28 für die Signale $\overline{RAS}$ und $\overline{CAS}$ beschrieben haben. Explizite Signale sagen dem Speicher, wann er antworten soll, sodass der Speicher nicht mit dem Hauptsystemtakt synchron läuft.

FPM-DRAMs wurden durch den **EDO-DRAM (Extended Data Output)** abgelöst. Beim EDO-DRAM kann eine zweite Speicherreferenz vor Beendigung der ersten beginnen. Diese einfache Fließbandverarbeitung beschleunigte einen einzelnen Speicherzugriff nicht, verbesserte aber die Speicherbandbreite und lieferte so mehr Wörter je Sekunde.

FPM und EDO waren ausreichend, als die Speicherzykluszeiten bei 12 ns und darüber lagen. Mit zunehmenden Prozessorgeschwindigkeiten war schließlich schnellerer Speicher unabdingbar. So wurden FPM und EDO durch **SDRAM (Synchronous DRAM)** – eine Hybridlösung aus statischem und dynamischem RAM – ersetzt. Da SDRAM vom Hauptsystemtakt gesteuert wird, benötigt der Speicherchip keine Steuersignale mehr, die sein Antwortverhalten regeln. Stattdessen teilt der Prozessor dem Speicher mit, wie viele Zyklen er laufen soll, und startet ihn dann. Bei jedem darauffolgenden Zyklus gibt der Speicher 4, 8 oder 16 Bits aus, je nach Anzahl seiner Ausgangsleitungen. Der Wegfall der Steuersignale steigert die Datenübertragungsrate zwischen Prozessor und Speicher.

Die nächste Verbesserung gegenüber SDRAM war **DDR-SDRAM (Double Data Rate)**. Dieser Speichertyp liefert Ausgaben sowohl an der steigenden als auch an der fallenden Flanke des Taktsignals, was die Datenrate verdoppelt. Somit liefert ein 8 Bit breiter DDR-Chip, der mit 200 MHz getaktet wird, 200 Millionen Mal in der Sekunde zwei 8-Bit-Werte (natürlich nur für eine kurze Zeitspanne), was eine theoretische Burst-Rate von 3,2 Gbit/s ergibt. Die DDR2- und DDR3-Speicherschnittstellen verbessern die Leistung gegenüber DDR, indem die Taktfrequenzen für den Speicher auf 533 MHz bzw. 1067 MHz erhöht werden. Bei Drucklegung dieses Buchs konnten die schnellsten DDR3-Chips Daten bei 17,067 GB/s ausgeben.

Nicht flüchtige Speicherchips

RAM ist nicht der einzige Speichertyp. In vielen Anwendungen, z.B. Spielzeugen, Haushaltsgeräten und Autos, müssen das Programm und ein Teil der Daten auch im stromlosen Zustand gespeichert bleiben. Außerdem ist es hier nach der Installation nicht mehr erforderlich, Programm oder Daten zu ändern. Diese Anforderungen haben zur Entwicklung des **ROM (Read-Only Memory)** geführt, das sich weder absichtlich noch anderweitig ändern oder löschen lässt. Das ROM bekommt seinen Dateninhalt während der Herstellung des Chips. In einem bestimmten Prozessschritt belichtet man dazu eine fotoempfindliche Schicht durch eine Maske, die das gewünschte Bitmuster enthält, und ätzt dann die belichteten (oder unbelichteten) Teile der Oberfläche weg. Das in einem ROM gespeicherte Programm lässt sich nur ersetzen, wenn man den kompletten Chip austauscht.

ROM, EPROM und Flashspeicher verlieren ihren Inhalt nicht, wenn die Versorgungsspannung entfällt. Sie werden im Gegensatz zum RAM als **nicht flüchtige Speicher** bezeichnet.

ROMs sind wesentlich billiger als RAMs, sofern das Auftragsvolumen groß genug ist, damit sich die Herstellungskosten der Maske über die Stückzahl amortisieren. Allerdings sind ROMs unflexibel, weil sich ihr Inhalt nach der Herstellung nicht mehr ändern lässt. Zudem kann zwischen der Bestellung und der Auslieferung einige Zeit vergehen. Um die Entwicklung von ROM-basierten Produkten zu erleichtern, hat man das **PROM (Programmable ROM)** eingeführt. Dieser Speichertyp ist dem ROM sehr ähnlich, außer dass man ihn (einmalig) vor Ort programmieren kann, wodurch sich der Entwicklungszyklus insbesondere bei Programmänderungen erheblich verkürzt. Viele PROMs enthalten ein Array mit winzigen Sicherungen. Um eine bestimmte Sicherung durchzubrennen, wählt man ihre Zeile und Spalte aus und legt dann eine hohe Spannung an einen speziellen Pin (den Programmiereingang) des Chips.

Der nächste Entwicklungsschritt auf diesem Weg ist das **EPROM (Erasable PROM)**, das man vor Ort nicht nur programmieren, sondern auch löschen kann. Setzt man das Quarzglasfenster in einem EPROM rund 15 Minuten einem starken ultravioletten Licht aus, dann werden alle Bits auf 1 gesetzt. Treten im Verlauf des Designzyklus viele Änderungen auf, sind EPROMs weitaus wirtschaftlicher als PROMs, weil man sie wiederverwenden kann. EPROMs sind normalerweise genau wie statische RAMs organisiert. Beispielsweise verwendet das 4-Mbit-EPROM 27C040 eine Organisation gemäß Abbildung 3.29a, die für ein statisches RAM typisch ist. Interessant ist, dass historische Chips wie dieser nicht aussterben. Da sie immer billiger werden, finden sie ihren Weg in Produkte des unteren Preissegments, bei denen jeder Cent im Preis eine Rolle spielt. Einen 27C040 gibt es heute im Einzelhandel für weniger als 3 US-Dollar, bei großen Stückzahlen sogar noch mit Rabatten.

Noch besser als das EPROM ist das **EEPROM (Electrical Erasable PROM)**, das sich mit elektrischen Impulsen löschen lässt, sodass keine spezielle Löschkammer mit ultraviolettem Licht erforderlich ist. Zudem ist es möglich, den EEPROM in der Anwendungsschaltung zu programmieren, während man für einen EPROM ein spezielles Programmiergerät benötigt. Nachteilig ist, dass die größten EEPROMs normalerweise nur 1/64 so groß und halb so schnell wie übliche EPROMs sind. EEPROMs können nicht mit DRAMs oder SRAMs konkurrieren, weil sie zehnmal langsamer sind, nur ein Hundertstel der Speicherkapazität mitbringen und viel mehr kosten. Man setzt sie nur dort ein, wo ihre Nichtflüchtigkeit entscheidend ist.

Eine neuere Art von EEPROM ist der **Flashspeicher** (Flash Memory). Im Gegensatz zum EPROM, das durch ultraviolettes Licht gelöscht wird, und zum EEPROM, das byteweise löschbar ist, kann man den Flashspeicher blockweise löschen und neu beschreiben. Und wie beim EEPROM lässt sich der Flashspeicher löschen, ohne dass man ihn aus der Schaltung entfernen muss. Verschiedene Hersteller bieten kleine Leiterplatten mit bis zu 64 GB Flashspeicher an, die man unter anderem als eine Art „Film" in digitalen Kameras nutzen kann, um Bilder zu speichern. Wie bereits in *Kapitel 2* erwähnt, beginnen Flashspeicher bereits damit, die mechanischen Festplatten abzulösen. Als Datenträger zeichnet sich Flashspeicher durch kürzere Zugriffszeiten und geringeren Energiebedarf, aber auch durch einen wesentlich höheren Preis pro Bit aus. ▶Tabelle 3.3 zeigt eine Übersicht der verschiedenen Speichertypen.

Typ	Kategorie	Löschen	Änderbar in Byte-Einheiten	Flüchtig	Typische Anwendung
SRAM	Lesen/Schreiben	Elektrisch	Ja	Ja	Level-2-Cache
DRAM	Lesen/Schreiben	Elektrisch	Ja	Ja	Hauptspeicher (alt)
SDRAM	Lesen/Schreiben	Elektrisch	Ja	Ja	Hauptspeicher (neu)
ROM	Nur Lesen	Nicht möglich	Nein	Nein	Geräte in großen Stückzahlen
PROM	Nur Lesen	Nicht möglich	Nein	Nein	Geräte in kleinen Stückzahlen
EPROM	Vorwiegend Lesen	UV-Licht	Nein	Nein	Herstellung von Geräteprototypen
EEPROM	Vorwiegend Lesen	Elektrisch	Ja	Nein	Herstellung von Geräteprototypen
Flashspeicher	Lesen/Schreiben	Elektrisch	Nein	Nein	„Film" für digitale Kamera

Tabelle 3.3: Vergleich verschiedener Speichertypen

FPGA

Hardwareschaltungen können in **FPGAs** ohne großen Aufwand realisiert und getestet werden. Dies geschieht über die Konfiguration von Basiszellen und deren Verbindungen.

Wie in *Kapitel 1* bereits erwähnt, sind **FPGAs (Field-Programmable Gate Arrays)** Chips mit programmierbarer Logik, sodass sich beliebige Logikschaltungen bilden lassen, indem man einfach die entsprechenden Konfigurationsdaten in den FPGA-Chip lädt. FPGAs bieten vor allem den Vorteil, neue Hardwareschaltungen in wenigen Stunden aufbauen zu können und nicht auf den monatelangen Durchlauf einer herkömmlichen Schaltkreisproduktion warten zu müssen. Integrierte Schaltungen gehören damit aber nicht zum alten Eisen, denn sie sind in hohen Stückzahlen immer noch deutlich kostengünstiger herzustellen als FPGAs. Außerdem arbeiten sie schneller und verbrauchen weniger Strom. Für Prototypen und Anwendungen in geringen Stückzahlen setzt man FPGAs allerdings häufig ein, allein schon wegen ihrer Vorteile beim Entwurf.

Sehen wir uns nun das Innenleben eines FPGA an, um zu verstehen, wie sich damit ein breites Spektrum von logischen Schaltungen realisieren lässt. Die FPGA-Chips enthalten zwei Hauptkomponenten, die viele Male repliziert werden: **LUTs (Lookup-Tables)** und programmierbare Verbindungen.

Eine LUT (▶Abbildung 3.30a) ist ein kleiner programmierbarer Speicher, der ein Signal optional an ein Register ausgibt, das dann an die programmierbare Verbindung ausgegeben wird. Der programmierbare Speicher dient dazu, eine beliebige Logikfunktion zu erzeugen. Die in Abbildung 3.30 dargestellte LUT besitzt einen 16×4-Speicher, der jede logische Schaltung mit 4 Eingangs- und 4 Ausgangsbits emulieren kann. Um die LUT zu programmieren, sind in den Speicher die Antworten zu laden, die der zu emulierenden kombinatorischen Logik entsprechen. Mit anderen Worten: Wenn die kombinatorische Logik den Wert *Y* für den Eingangswert *X* erzeugt, wird der Wert *Y* am Index *X* in die LUT geschrieben.

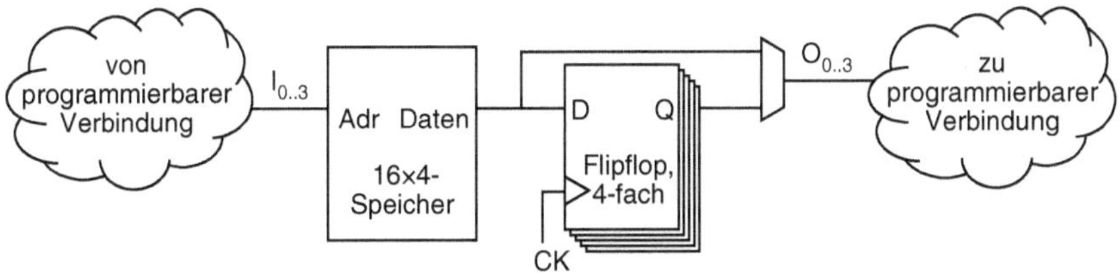

(a)

Signalzuweisung

FPGA	Zähler
I_3	CLR
$O_{2..0}$	$O_{2..0}$
CK	CK

Adr	Daten
0	1
1	2
2	3
3	0

Adr	Daten
4	0
5	0
6	0
7	0

(b)

Abbildung 3.30: (a) Die LUT eines FPGAs (b) Die LUT-Konfiguration, um einen rücksetzbaren 3-Bit-Zähler zu realisieren

Das Beispieldesign in ▶Abbildung 3.30b zeigt, wie eine 4-Eingangs-LUT einen 3-Bit-Zähler mit Rücksetzfunktion realisiert. Der Zähler addiert fortlaufend jeweils 1 (modulo 4) zum aktuellen Wert, bis das Rücksetzsignal *CLR* aktiviert wird und den Zähler auf den Wert 0 zurücksetzt.

Um den Beispielzähler zu implementieren, sind die oberen vier Einträge der LUT sämtlich 0. Diese Einträge liefern den Ausgabewert 0, wenn der Zähler zurückgesetzt wird. Folglich stellt das höchstwertige Bit des LUT-Eingangs (I_3) den Rücksetzeingang (*CLR*) dar, der mit einer logischen 1 aktiviert wird. Für die übrigen LUT-Einträge enthält der Wert am Index $I_{0...3}$ der LUT den Wert $(I + 1)$ modulo 4. Um den Entwurf fertigzustellen, ist das Ausgangssignal $O_{0..3}$ über die programmierbaren Verbindungen mit dem internen Eingangssignal $I_{0...3}$ zu verbinden.

Die folgende Beschreibung verdeutlicht die Funktionsweise des FPGA-basierten Zählers mit Rücksetzfunktion. Wenn zum Beispiel der aktuelle Zustand des Zählers 2 und das Rücksetzsignal (CLR) nicht aktiviert ist, liegt an der LUT die Eingangsadresse 2 an und die LUT liefert 3 als Ausgabe an die Flipflops. Wird das Rücksetzsignal (CLR) für den gleichen Zustand aktiviert, so liegt an LUT die Adresse 6 an, was als nächsten Zustand 0 liefert.

Alles in allem scheint dies eine undurchsichtige Methode zu sein, einen Zähler mit Rücksetzfunktion aufzubauen, und letztlich wäre ein spezielles Design mit einer Inkrementierschaltung und Rücksetzsignalen an den Flipflops kleiner, schneller und stromsparender. Der FPGA-basierte Entwurf hat aber den Vorzug, dass Sie das Ganze in einer Stunde zu Hause bewerkstelligen können, während die effizientere maßgeschneiderte Variante aus Silizium hergestellt werden müsste, was einen Monat oder mehr dauern könnte.

Um ein FPGA verwenden zu können, ist der Entwurf mit einer Schaltungs- oder Hardwarebeschreibungssprache zu formulieren (z.B. mit einer Programmiersprache für die Beschreibung von Hardwarestrukturen). Ein Synthesizer verarbeitet dann den Entwurf und bildet die Schaltung auf eine konkrete FPGA-Architektur ab. Dabei sehen Sie sich oftmals der Herausforderung gegenüber, dass der abzubildende Entwurf scheinbar niemals passt. FPGAs werden mit unterschiedlicher Anzahl von LUTs hergestellt, wobei die Chips teurer sind, je mehr LUTs sie enthalten. Allgemein gilt: Sollte Ihr Entwurf nicht passen, müssen Sie die Funktionalität vereinfachen oder auf einen Teil davon verzichten oder aber eine größere (und teurere) FPGA-Version kaufen. Und wenn sehr große Designs nicht in die größten FPGAs passen, müssen die Designer die Funktionalität auf mehrere FPGAs abbilden. Dies ist zweifellos schwieriger, doch immer noch ein Spaziergang, verglichen mit dem Entwurf eines vollständig benutzerdefinierten Schaltkreises.

3.4 CPU-Chips und Busse

Nachdem Sie mit Informationen über integrierte Schaltkreise, Taktgeber und Speicherchips ausgerüstet sind, können wir die einzelnen Teile zusammensetzen und vollständige Systeme betrachten. Dieser Abschnitt geht zuerst auf einige allgemeine Aspekte von Prozessoren ein, die mit der Ebene der digitalen Logik zu tun haben. Dazu gehört die **Anschlussbelegung** (das **Pinout**), die die Bedeutung der verschiedenen Pins angibt. Da Prozessoren sehr eng mit dem Design der von ihnen genutzten Busse verflochten sind, gibt dieser Abschnitt auch eine Einführung in Buskonzepte. Darauffolgende Abschnitte zeigen ausführliche Beispiele für Prozessoren mit den dazugehörenden Bussen und Schnittstellen.

3.4.1 Prozessorchips

Alle modernen Prozessoren sind auf einem einzigen Chip untergebracht. Dadurch ist ihre Interaktion mit dem restlichen System gut definiert. Jeder Prozessorchip besitzt eine Reihe von Pins, durch die seine gesamte Kommunikation mit der Außenwelt stattfinden muss. Einige Pins geben Signale vom Prozessor aus, andere nehmen Signale von der Außenwelt entgegen und wieder andere arbeiten in beiden Richtungen. Wenn man die Funktionen aller Pins kennt, wird klar, wie die CPU mit dem Speicher und den E/A-Geräten auf der Ebene der digitalen Logik interagiert.

Die Pins eines Prozessors lassen sich drei Kategorien zuordnen: Adressen, Daten und Steuerung. Diese Pins sind mit funktionell gleichen Pins auf den Speicher- und E/A-Chips über ein Leitungssystem – den sogenannten „Bus" – verbunden. Um einen Befehl aus dem Hauptspeicher abzurufen, legt die CPU zuerst die Speicheradresse dieses Befehls auf ihre Adresspins. Dann aktiviert sie eine oder mehrere Steuerleitungen, um den Speicher darüber zu informieren, dass (zum Beispiel) ein Wort gelesen werden soll. Der Speicher antwortet, indem er das angeforderte Wort auf die Datenpins der CPU legt und ein Bestätigungssignal für die Anforderung aktiviert. Wenn die CPU dieses Signal erkennt, nimmt sie das Wort an und führt den Befehl aus.

Der Befehl kann das Lesen oder Schreiben von Datenwörtern erfordern. In diesem Fall wiederholt sich der gesamte Vorgang für jedes weitere Wort. Zur Funktionsweise der Lese- und Schreiboperationen kommen wir gleich. Vorläufig interessiert nur, wie der Prozessor mit Speicher und E/A-Geräten kommuniziert: Über seine Pins gibt er Signale aus und nimmt Signale entgegen. Eine andere Kommunikation ist nicht möglich.

Zwei Schlüsselparameter, die die Leistung eines Prozessors bestimmen, sind die Anzahl der Adresspins und die Anzahl der Datenpins. Ein Chip mit m Adresspins kann bis zu 2^m Speicherstellen adressieren. Übliche Werte von m sind 16, 32 und 64. Analog dazu kann ein Chip mit n Datenpins ein n-Bit-Wort in einer Operation lesen oder schreiben. Übliche Werte von n sind 8, 32 und 64. Eine CPU mit 8 Datenpins benötigt vier Operationen, um ein 32-Bit-Wort zu lesen, während eine CPU mit 32 Datenpins dieselbe Aufgabe in einer einzigen Operation abwickelt. Somit ist ein Chip mit 32 Datenpins wesentlich schneller, unweigerlich aber auch teurer.

Zusätzlich zu Adress- und Datenpins besitzt jede CPU einige Steuerpins, die das zeitliche Verhalten beim Datenaustausch zwischen CPU und anderen Bausteinen regeln sowie verschiedene andere Aufgaben übernehmen. Alle CPUs besitzen Pins für Betriebsspannung (normalerweise +1,2 V bis +1,5 V), Masse und ein Taktsignal (eine Rechteckschwingung mit einer bestimmten Frequenz). Hinsichtlich der übrigen Pins bestehen zwischen den einzelnen Prozessoren mehr oder weniger große Unterschiede. Dennoch kann man die Steuerpins grob den folgenden Kategorien zuordnen:

1. Bussteuerung
2. Interrupts
3. Bus-Arbitration (Konkurrenzbereinigung bei gleichzeitigem Zugriff auf den Bus)
4. Coprozessor-Signalisierung
5. Status
6. Verschiedenes

Auf diese Kategorien gehen wir später kurz ein. Und wenn wir uns den Prozessoren Intel Core i7, TI OMAP4430 und Atmel ATmega168 zuwenden, erfahren Sie weitere Einzelheiten. ▶Abbildung 3.31 zeigt einen generischen Prozessorchip mit den entsprechenden Signalgruppen.

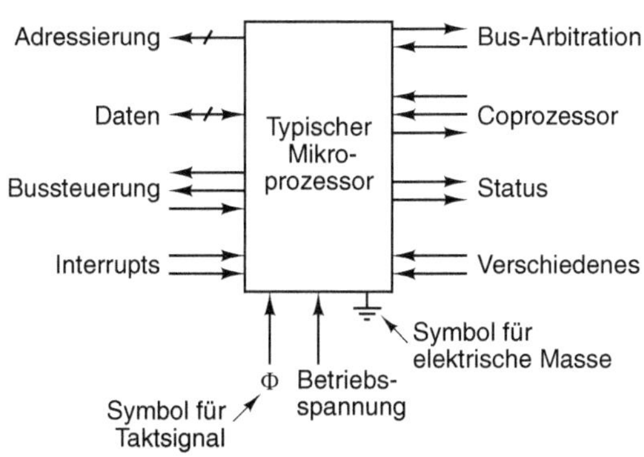

Abbildung 3.31: Logische Anschlussbelegung eines generischen Prozessors. Die Pfeile symbolisieren Ein- und Ausgangssignale. Die kurzen Schrägstriche zeigen an, dass der jeweilige Pfeil für mehrere Leitungen (bzw. Pins) steht. Bei einem konkreten Prozessor steht an diesem Schrägstrich noch eine Zahl, um die tatsächliche Anzahl der Leitungen anzugeben.

Die Bussteuerungspins sind vorwiegend Ausgänge von der CPU zum Bus (somit Eingänge in den Speicher und die E/A-Chips) und zeigen an, ob die CPU in den Speicher schreiben, von dort lesen oder etwas anderes tun möchte. Die CPU steuert also über diese Pins das übrige System.

Die Interrupt-Pins sind Eingänge von E/A-Geräten zur CPU. In den meisten Systemen kann der Prozessor eine Operation bei einem E/A-Gerät einleiten und daraufhin mit etwas anderem fortfahren, während das E/A-Gerät seine Arbeit aufnimmt. Sobald die E/A-Operation abgeschlossen ist, aktiviert der E/A-Controllerchip ein Signal auf einem dieser Pins, um die Arbeit des Prozessors zu unterbrechen und ihn das E/A-Gerät bedienen zu lassen – z.B. um zu prüfen, ob E/A-Fehler aufgetreten sind. Einige Prozessoren besitzen ein Ausgangspin, um das Interrupt-Signal zu bestätigen.

Die Pins für die Bus-Arbitration sind erforderlich, um den Verkehr auf dem Bus zu regeln, wenn zwei oder mehr Geräte gleichzeitig darauf zugreifen möchten. Im Hinblick auf die Arbitration zählt die CPU selbst als Gerät und muss den Bus wie jedes andere Gerät anfordern.

Einige Prozessoren sind so konzipiert, dass sie mit Coprozessoren zusammenarbeiten können, beispielsweise mit Gleitkommachips oder Grafikchips. Um die Kommunikation zwischen der CPU und einem Coprozessor zu vereinfachen, gibt es spezielle Pins, um verschiedene Anforderungen zu stellen und zu gewähren.

Neben diesen Signalen kann ein Prozessor mehrere andere Pins besitzen, die zur Kategorie „Verschiedenes" gehören. Einige davon liefern und übernehmen Statusinformationen, andere können den Computer zurücksetzen und wieder andere dienen dazu, die Kompatibilität mit älteren E/A-Chips zu gewährleisten.

3.4.2 Computer-Busse

Ein **Bus** ist ein gemeinsamer elektrischer Weg zwischen mehreren Geräten. Busse lassen sich nach ihrer Funktion einteilen. Prozessor-interne Busse realisieren den Datenaustausch mit der ALU, Prozessor-externe Busse verbinden die CPU mit den E/A-Geräten. Jeder Bustyp hat seine eigenen Anforderungen und Eigenschaften. In diesem und den folgenden Abschnitten konzentrieren wir uns auf Busse, die den Prozessor mit dem Speicher und den E/A-Geräten verbinden. Das nächste Kapitel beschäftigt sich näher mit den Bussen innerhalb des Prozessors.

Die ersten Personalcomputer hatten einen einzigen externen Bus oder **Systembus**. Er bestand aus 50 bis 100 parallelen Leiterzügen auf der Hauptplatine – dem Motherboard – des Computers. Der Anschluss an den Bus erfolgte über Steckverbinder, die in regelmäßigen Abständen angeordnet waren und in die sich Speicher- und E/A-Karten einstecken ließen. Moderne Personalcomputer besitzen im Allgemeinen einen spezialisierten Bus zwischen der CPU und dem Speicher und (mindestens) einen weiteren für die E/A-Geräte. ▶Abbildung 3.32 zeigt ein Minimalsystem mit einem Speicherbus und einem E/A-Bus.

In der Literatur stellt man Busse zuweilen als „dicke" Pfeile dar, wie es auch in Abbildung 3.32 zu sehen ist. Der Unterschied zwischen einem dicken Pfeil und einer einfachen Linie mit Schrägstrich und Angabe der Bits ist eher etwas spitzfindig. Sind alle Bits vom selben Typ, beispielsweise ausschließlich Adressbits oder ausschließlich Datenbits, zieht man die Linie mit kurzem Schrägstrich vor. Sind Adress-, Daten- und Steuerleitungen beteiligt, ist ein dicker Pfeil üblich.

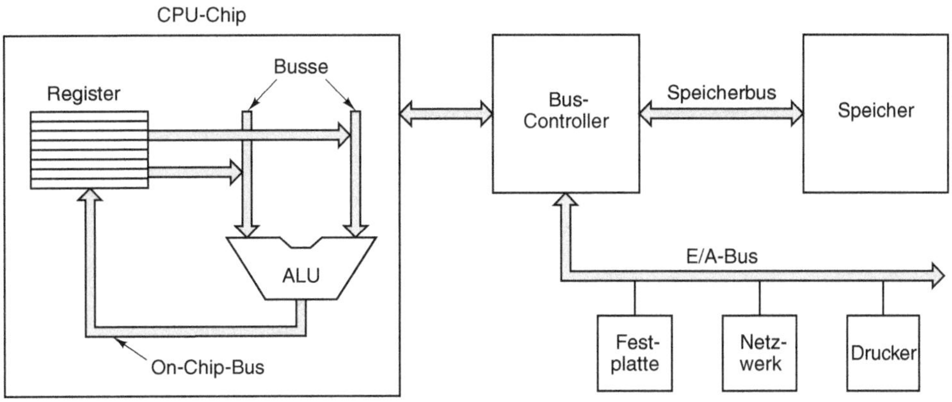

Abbildung 3.32: Ein Computersystem mit mehreren Bussen

Busse verbinden die Komponenten eines Rechners. Die Kommunikation folgt bestimmten Regeln, dem **Busprotokoll**.

Während es den Entwicklern des Prozessors freisteht, welche Art von Bus sie innerhalb des Chips verwenden, muss es klare Regeln geben, wie der Systembus arbeitet, damit sich Leiterkarten von Drittherstellern anschließen lassen. Diesen Regeln müssen dann alle anzuschließenden Geräte entsprechen. Bei diesem Regelwerk handelt es sich um das sogenannte **Busprotokoll**. Darüber hinaus ist eine mechanische und elektrische Spezifikation erforderlich, damit Platinen verschiedener Hersteller in das vorgesehene Platinenprofil passen, die Steckverbinder mechanisch mit denen auf dem Motherboard übereinstimmen und sämtliche Bedingungen hinsichtlich der Spannungen, der Zeitabläufe usw. eingehalten werden.

In der Computerwelt sind viele Busse verbreitet. Um einige der bekanntesten – moderne und historische – zu nennen: Omnibus (PDP-8), Unibus (PDP-11), Multibus (8086), VME-Bus (Prozessrechner für wissenschaftliche Einrichtungen), IBM-PC-Bus (PC/XT), ISA-Bus (PC/AT), EISA-Bus (80386), Microchannel (PS/2), Nubus (Macintosh), PCI-Bus (viele PCs), SCSI-Bus (viele PCs und Workstations), Universal Serial Bus (moderne PCs) und FireWire (Konsumgüterelektronik). Die Welt wäre wahrscheinlich schöner, wenn alle Busse außer einem (nun gut, sagen wir außer zweien) plötzlich von der Erdoberfläche verschwinden würden. Leider scheint eine Standardisierung in diesem Bereich sehr unwahrscheinlich, weil bereits zu viel in diese verschiedenen, untereinander nicht kompatiblen Systeme investiert wurde.

Nicht unerwähnt bleiben sollte das Verbindungssystem PCI Express, das auf breiter Front als Bus bezeichnet wird, was aber überhaupt kein Bus ist. Wir gehen später in diesem Kapitel darauf noch ein.

Wie funktionieren Busse? Einige Geräte, die man an einen Bus anschließt, sind aktiv und können Busübertragungen einleiten, während andere passiv sind und auf Anforderungen warten. Die aktiven nennt man **Master**, die passiven **Slaves**. Fordert die CPU einen Laufwerkscontroller auf, einen Block zu lesen oder zu schreiben, so tritt die CPU als Master und der Laufwerkscontroller als Slave auf. Allerdings kann der Laufwerkscontroller im weiteren Verlauf auch als Master agieren, wenn er den Speicher anweist, die vom Laufwerk gelesenen Wörter zu übernehmen. ▶Tabelle 3.4 listet mehre typische Kombinationen von Master und Slave auf. Speicher kommt unter keinen Umständen als Master infrage.

Master	Slave	Beispiel
CPU	Speicher	Befehle und Daten abrufen
CPU	E/A-Gerät	Datenübertragung einleiten
CPU	Coprozessor	CPU gibt Befehle an den Coprozessor weiter
E/A	Speicher	DMA (Direct Memory Access)
Coprozessor	CPU	Coprozessor ruft Operanden von der CPU ab

Tabelle 3.4: Beispiele für Kombinationen von Master und Slave auf einem Bussystem

Die von Computerbaugruppen abgegebenen binären Signale sind häufig zu schwach, um einen Bus direkt zu speisen. Das gilt vor allem, wenn der Bus relativ lang ist oder viele Geräte an ihn angeschlossen sind. Aus diesem Grund werden die meisten Busmaster mithilfe eines Chips an den Bus angeschlossen, den man **Bustreiber** (Bus Driver) nennt. Dabei handelt es sich im Wesentlichen um einen digitalen Verstärker. Dementsprechend sind die meisten Slaves über einen **Busempfänger** (Bus Receiver) an den Bus angeschlossen. Für Geräte, die sowohl als Master als auch als Slave auftreten können, verwendet man einen kombinierten Chip namens **Bustransceiver.** Diese Busschnittstellenchips haben meistens Tristate-Ausgänge, die im hochohmigen (inaktiven) Zustand den Bus nicht belasten. Elektrisch ähnlich verhält sich der **offene Kollektorausgang**, der die jeweiligen Busleitungen nur im leitenden Zustand niederohmig mit Masse verbindet. Wenn zwei oder mehr Bauelemente mit offenem Kollektorausgang die Leitung gleichzeitig aktivieren, ist das Ergebnis die boolesche OR-Verknüpfung der betreffenden Signale. Diese logische Funktion bezeichnet man auch als **Wired-OR** (OR durch Verbinden). Auf den meisten Bussen sind einige Leitungen für Tristate-Betrieb ausgelegt und andere, die die Wired-OR-Eigenschaft benötigen, für offene Kollektorausgänge konzipiert.

Wie eine CPU hat auch ein Bus Adress-, Daten- und Steuerleitungen. Zwischen den Pins der CPU und den Bussignalen besteht aber nicht unbedingt eine 1:1-Zuordnung. Beispielsweise codieren einige Prozessoren mit Signalen an drei Pins, ob ein Speicherlesen, ein Speicherschreiben, ein E/A-Lesen, ein E/A-Schreiben oder eine andere Operation erfolgen soll. Ein typischer Bus besitzt eine Leitung für Speicherschreiben, eine zweite für Speicherlesen, eine dritte für E/A-Lesen, eine vierte für E/A-Schreiben usw. Zwischen dem Prozessor und einem solchen Bus ist dann ein Decodierchip erforderlich, um die beiden Seiten aneinander anzupassen. Dieser Chip konvertiert das mit 3 Bit codierte Signal in getrennte Signale, die die Busleitungen speisen können.

Design und Betrieb von Bussen sind recht komplexe Themen, denen ganze Bücher gewidmet sind, z.B. [Anderson et al., 2004] und [Solari und Willse, 2004]. Die hauptsächlichen Kriterien beim Busdesign sind Busbreite, Bustaktung, Bus-Arbitration und Busoperationen. Diese Kriterien haben großen Einfluss auf Geschwindigkeit und Bandbreite des Busses. Die nächsten vier Abschnitte beschäftigen sich ausführlich mit diesen Fragen.

3.4.3 Busbreite

Die Busbreite ist der offensichtlichste Entwurfsparameter. Je mehr Adressleitungen ein Bus hat, umso mehr Speicher kann die CPU direkt adressieren. Verfügt ein Bus über n Adressleitungen, so kann eine CPU über diesen Bus 2^n verschiedene Speicherstellen adressieren. Um große Speicher zu ermöglichen, brauchen Busse viele Adressleitungen. Das hört sich einfacher an, als es ist.

Breite Busse erfordern mehr Leitungen als schmale. Sie beanspruchen mehr Platz (auf dem Motherboard) und verlangen größere Steckverbinder. Diese Faktoren machen den Bus teuer. Somit muss ein Kompromiss zwischen der maximalen Speichergröße und den Systemkosten gefunden werden. Ein System mit einem Adressbus von 64 Leitungen und 2^{32} Bytes Speicher kostet mehr als ein System mit 32 Adressleitungen und derselben Speicherkapazität. Auch die Möglichkeit einer späteren Erweiterung ist nicht umsonst zu haben.

Aus diesem Grund neigen viele Systemdesigner zu kurzsichtigen Lösungen, die später zu verhängnisvollen Konsequenzen führen. Der ursprüngliche IBM-PC enthielt eine 8088-CPU und einen 20-Bit-Adressbus, wie in ▶Abbildung 3.33a dargestellt. Mit diesen 20 Bit war der PC in der Lage, 1 MB Speicher zu adressieren.

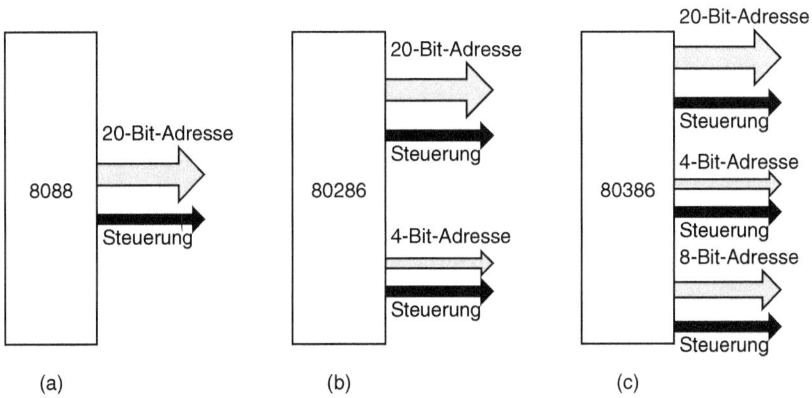

Abbildung 3.33: Wachstum eines Adressbusses im Laufe der Zeit

Als der nächste CPU-Chip (der 80286) herauskam, entschloss sich Intel, den Adressraum auf 16 MB zu vergrößern, sodass vier weitere Busleitungen hinzugefügt werden mussten (ohne dass Konflikte mit den bereits vorhandenen 20 Adressleitungen auftreten und somit die Abwärtskompatibilität gewahrt bleibt). Dieser Bus ist in ▶Abbildung 3.33b zu sehen. Leider waren auch weitere Steuerleitungen erforderlich, um das neue Adressierungsschema zu unterstützen. Mit Einführung des 80386 kamen weitere acht Adressleitungen und mehr Steuerleitungen hinzu, wie es ▶Abbildung 3.33c veranschaulicht. Das resultierende Konzept (der EISA-Bus) wäre wesentlich ordentlicher ausgefallen, wenn man den Bus von vornherein mit 32 Leitungen ausgestattet hätte.

Nicht nur die Anzahl der Adressleitungen nimmt mit der Zeit zu. Das Gleiche gilt auch für die Datenleitungen, allerdings aus einem etwas anderen Grund. Es gibt zwei Möglichkeiten, die Datenbandbreite eines Busses zu erhöhen: Verringerung der Buszykluszeit (mehr Übertragungen je Sekunde) oder Erhöhung der Datenbusbreite (mehr Bits pro Übertragung). Eine Beschleunigung des Busses ist zwar möglich, aber schwierig zu realisieren, weil sich die Signale auf verschiedenen Leitungen mit geringfügig unterschiedlichen Geschwindigkeiten ausbreiten. Diesen Effekt bezeichnet man als **Bus Skew** (Signalversatz auf dem Bus). Er tritt umso deutlicher zutage, je schneller der Bus ist.

Die **Busbreite** bestimmt zusammen mit dem Bustakt dessen Übertragungsgeschwindigkeit. Eine Änderung dieses grundlegenden Wertes führt zu Kompatibilitätsproblemen für ältere Geräte.

Ein weiteres Problem bei der Beschleunigung des Busses ist der Verlust der Abwärtskompatibilität. Ältere Platinen, die für den langsameren Bus konzipiert wurden, funktionieren nicht am neuen Bus. Wenn man die alten Platinen als überholt deklariert, kommt weder bei den Besitzern noch den Herstellern der alten Platinen Freude auf. Deshalb verbessert man die Leistung normalerweise dadurch, dass man mehr Datenleitungen vorsieht, wie es aus Abbildung 3.33 hervorgeht. Es liegt auf der Hand, dass dieses allmähliche Wachstum letztlich nicht zu einem sauberen Entwurf führt. Beispielsweise sind der IBM-PC und seine Nachfolger von 8 Datenleitungen zu 16 und dann zu 32 übergangen, wobei der Bus praktisch derselbe geblieben ist.

Um das Problem sehr breiter Busse zu umgehen, greifen Entwickler manchmal auf einen **Multiplexbus** zurück. Dieses Konzept sieht keine separaten Daten- und Adressleitungen vor, sondern verwendet zum Beispiel 32 Leitungen für Adressen und Daten gemeinsam. Eine Busoperation belegt diese Leitungen zunächst mit der Adresse und verwendet sie später für die Daten. Das bedeutet beispielsweise bei einem Schreibvorgang auf dem Speicher, dass zuerst die Adresse über die Leitungen zum Speicher übertragen werden muss, bevor man die Daten auf den Bus legen kann. Bei getrennten Leitungen lassen sich die Adresse und die Daten gemeinsam auf dem Bus übertragen. Das Multiplexen der Leitungen verringert die Bandbreite (und die Kosten), führt aber auch zu einem langsameren System. Busdesigner müssen diese Optionen sorgfältig gegeneinander abwägen.

3.4.4 Bustaktung

Synchrone Busse sind einfacher, aber auch weniger flexibel als asynchrone Busse.

Busse lassen sich nach ihrem Taktschema in zwei Kategorien unterteilen. Bei einem **synchronen Bus** wird eine Leitung von einem Quarzoszillator gesteuert, der eine Rechteckschwingung mit einer Frequenz zwischen 5–133 MHz erzeugt. Alle Busaktivitäten benötigen ein ganzzahliges Vielfaches dieser Zyklen, der sogenannten **Buszyklen**. Die zweite Variante ist der **asynchrone Bus** ohne Mastertakt. Die Buszyklen können jede erforderliche Länge haben und müssen nicht unbedingt zwischen allen Gerätepaaren gleich sein. Die folgenden Unterabschnitte beschäftigen sich ausführlich mit diesen beiden Bustypen.

Synchrone Busse

Sehen Sie sich als Beispiel für die Funktionsweise eines synchronen Busses das Taktschema in ▶Abbildung 3.34a an. Wir verwenden hier einen 100-MHz-Takt, der einem Buszyklus von 10 ns entspricht. Dies mag im Vergleich zu CPU-Geschwindigkeiten von 3 GHz und mehr langsam erscheinen; es gibt aber kaum schnellere PC-Busse. Zum Beispiel läuft der verbreitete PCI-Bus normalerweise entweder mit 33 oder 66 MHz, der erweiterte PCI-X-Bus mit 133 MHz. Die Gründe für die Langsamkeit der heutigen Busse wurden bereits erwähnt: technische Entwurfsprobleme wie Bus Skew und Abwärtskompatibilität.

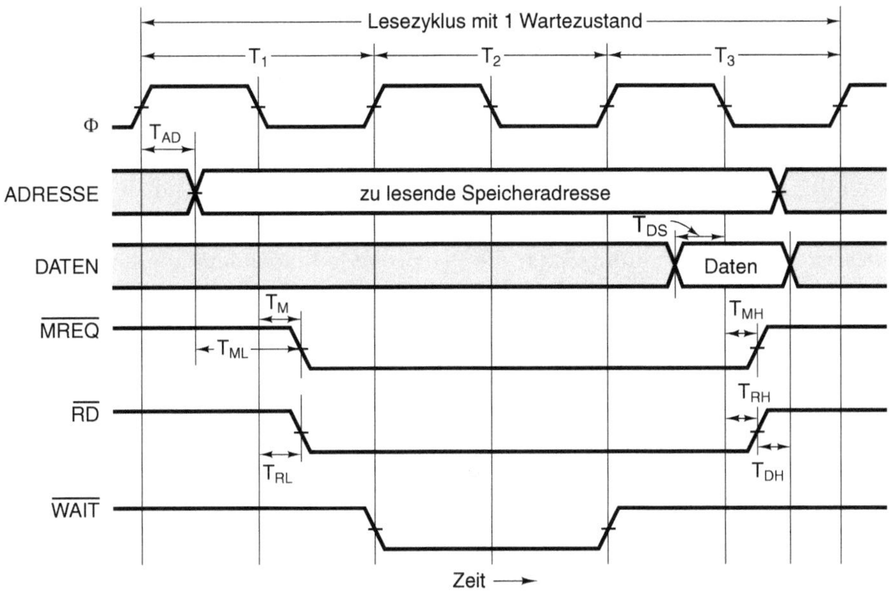

(a)

Symbol	Parameter	Min [in ns]	Max [in ns]
T_{AD}	Adressausgabeverzögerung		4
T_{ML}	Adresse ist vor $\overline{MREQ}$ stabil	2	
T_M	$\overline{MREQ}$-Verzögerung von der fallenden Flanke von Φ in T_1		3
T_{RL}	RD-Verzögerung von der fallenden Flanke von Φ in T_1		3
T_{DS}	Dateneinrichtezeit vor der fallenden Flanke von Φ	2	
T_{MH}	$\overline{MREQ}$-Verzögerung von der fallenden Flanke von Φ in T_3		3
T_{RH}	$\overline{RD}$-Verzögerung von der fallenden Flanke von Φ in T_3		3
T_{DH}	Datenhaltezeit nach der Deaktivierung von $\overline{RD}$	0	

(b)

Abbildung 3.34: (a) Signalverlauf auf einem synchronen Bus (b) Spezifikation wichtiger Zeitpunkte

Außerdem gehen wir in unserem Beispiel davon aus, dass das Lesen aus dem Speicher ab dem Zeitpunkt, an dem die Adresse stabil ist, 15 ns dauert. Wir werden gleich sehen, dass es mit diesen Parametern drei Buszyklen dauert, um ein Wort zu lesen. Der erste Zyklus beginnt an der steigenden Flanke von T_1 und der dritte endet an der steigenden Flanke von T_4. Beachten Sie, dass die Flanken schräg verlaufend dargestellt sind, weil jede elektrische Signaländerung eine bestimmte Mindestzeit benötigt. Bei diesem Beispiel nehmen wir an, dass die Änderung eines Signals 1 ns dauert. Alle Leitungen (Takt Φ, *ADRESSE*, *DATEN*, $\overline{MREQ}$, $\overline{RD}$ und $\overline{WAIT}$) werden auf derselben Zeitskala dargestellt.

Der Beginn von T_1 ist durch die steigende Flanke des Taktgebers definiert. Irgendwo auf dem Weg durch T_1 legt die CPU die Adresse des gewünschten Wortes auf die Adressleitungen. Da die Adresse im Gegensatz zum Takt kein Einzelwert ist, können wir sie in der Abbildung nicht als einzelnes Signal darstellen. Stattdessen erscheint die Adresse in Form von zwei Linien, die sich bei den Zeitpunkten kreuzen, an denen sich die Adresse ändert. Außerdem bedeutet die Schattierung, dass der Wert im schattierten Bereich nicht von Belang ist. Für die Daten zeigt die Schattierung an, dass der Inhalt der Datenleitungen bis weit in T_3 hinein uninteressant ist.

Nachdem sich die Adressleitungen auf die neuen Werte einpendeln konnten, werden $\overline{MREQ}$ und $\overline{RD}$ aktiviert. Das erste Signal zeigt an, dass auf den Speicher (und nicht auf ein E/A-Gerät) zugegriffen wird, während das zweite Signal für Leseoperationen aktiviert und für Schreiboperationen deaktiviert wird. Da der Speicher nach der Stabilisierung der Adresse (mitten im ersten Taktzyklus) 15 ns braucht, kann er die angeforderten Daten innerhalb von T_2 noch nicht bereitstellen. Damit die CPU die Daten nicht zu früh erwartet, aktiviert der Speicher die Leitung $\overline{WAIT}$ zu Beginn von T_2. Diese Aktion fügt **Wartezustände** (zusätzliche Buszyklen) ein, bis der Speicher fertig ist und $\overline{WAIT}$ deaktiviert. In unserem Beispiel wurde ein Wartezustand (T_2) eingefügt, weil der Speicher zu langsam ist. Der Speicher deaktiviert $\overline{WAIT}$ zu Beginn von T_3, wenn sicher ist, dass er die Daten im laufenden Zyklus bereitstellen kann.

Während der ersten Hälfte von T_3 legt der Speicher die Daten auf die Datenleitungen. An der fallenden Flanke von T_3 liest die CPU die Datenleitungen und speichert den Wert in einem internen Register. Nach dem Lesen der Daten deaktiviert die CPU $\overline{MREQ}$ und $\overline{RD}$. Bei Bedarf kann an der nächsten steigenden Flanke des Takts ein weiterer Speicherzyklus beginnen. Diese Sequenz lässt sich beliebig oft wiederholen.

Die Taktspezifikation von ▶Abbildung 3.34b erläutert acht Symbole, die im Taktdiagramm eingezeichnet sind. Beispielsweise ist T_{AD} das Zeitintervall zwischen der steigenden Flanke von T_1 und der Ausgabe der Adresse. Entsprechend der Taktspezifikation ist $T_{AD} \leq 4$ ns. Damit garantiert der CPU-Hersteller, dass die CPU innerhalb eines beliebigen Lesezyklus die Adresse der zu lesenden Daten innerhalb von 4 ns gerechnet ab dem Mittelpunkt der steigenden Flanke von T_1 ausgibt.

Die Taktspezifikationen verlangen auch, dass die Daten auf den Datenleitungen mindestens T_{DS} (2 ns) vor der fallenden Flanke von T_3 verfügbar sein müssen, damit sich die Signale auf den Busleitungen stabilisieren (einpendeln) können, bevor die CPU die Daten übernimmt. Die Kombination der Einschränkungen für T_{AD} und T_{DS} bedeutet, dass dem Speicher im ungünstigsten Fall ab der Adressausgabe nur $25 - 4 - 2 = 19$ ns bleiben, um die Daten bereitzustellen. Da 10 ns auch im ungünstigsten Fall ausreichen, kann ein 10-ns-Speicher immer innerhalb von T_3 antworten. Ein 20-ns-Speicher müsste allerdings einen zweiten Wartezustand einfügen und innerhalb von T_4 antworten.

Die Taktspezifikation gewährleistet weiterhin, dass die Adresse mindestens 2 ns vor der Aktivierung von $\overline{MREQ}$ eingerichtet ist. Diese Zeit kann wichtig sein, falls $\overline{MREQ}$ die Chipauswahl auf dem Speicherchip ansteuert, weil einige Speicher eine gewisse Adresseinrichtungszeit vor der Chipauswahl verlangen. Selbstverständlich sollte der Systemdesigner keinen Speicherchip wählen, der eine Einrichtungszeit von 3 ns benötigt.

Die Einschränkungen auf T_M und T_{RL} bedeuten, dass $\overline{MREQ}$ und $\overline{RD}$ innerhalb von 3 ns ab der fallenden Flanke von T_1 aktiviert werden. Im ungünstigsten Fall bleiben dem Speicherchip nur $10 + 10 - 3 - 2 = 15$ ns nach der Aktivierung von $\overline{MREQ}$ und $\overline{RD}$, um seine Daten auf den Bus zu bringen. Diese Einschränkung gilt zusätzlich zum (und unabhängig vom) 15-ns-Intervall, das nach der Stabilisierung der Adresse nötig ist.

T_{MH} und T_{RH} geben an, wie lange es dauert, $\overline{MREQ}$ und $\overline{RD}$ zu deaktivieren, nachdem die CPU die Daten übernommen hat. Schließlich sagt T_{DH} aus, wie lange der Speicher die Daten nach dem Deaktivieren von $\overline{RD}$ auf dem Bus halten muss. Bei unserem Beispielprozessor kann der Speicher die Daten vom Bus nehmen, sobald $\overline{RD}$ deaktiviert wurde. Bei einigen neueren CPU-Typen müssen die Daten aber etwas länger stabil gehalten werden.

Wir möchten darauf hinweisen, dass Abbildung 3.34 eine stark vereinfachte Version echter Takteinschränkungen ist. In der Praxis hat man es stets mit einer ganzen Reihe weiterer wichtiger Zeiten zu tun. Dennoch vermittelt das Beispiel eine gute Vorstellung von der Funktionsweise eines synchronen Busses.

Abschließend sei erwähnt, dass Steuersignale auf High oder Low aktiviert werden können. Es bleibt dem Busdesigner überlassen, welche Variante er wählt – die Entscheidung kann im Wesentlichen willkürlich erfolgen. Man kann dies als Hardwareentsprechung zur Entscheidung eines Programmierers betrachten, ob er freie Blöcke auf dem Datenträger in einer Zuordnungstabelle durch Nullen oder Einsen kennzeichnet.

Asynchrone Busse

Obwohl sich mit synchronen Bussen aufgrund ihrer diskreten Zeitintervalle relativ einfach arbeiten lässt, weisen sie auch einige Probleme auf. Erstens spielt sich alles in ganzzahligen Vielfachen des Bustakts ab. Selbst wenn CPU und Speicher eine Übertragung in 3,1 Zyklen fertigstellen könnten, müssen sie das Ganze auf 4,0 strecken, weil Teilzyklen verboten sind.

Die Flexibilität **asynchroner Busse** ermöglicht eine bessere Anpassung an unterschiedlichste Geräte.

Schwerer wiegt allerdings folgende Tatsache: Nachdem einmal die Entscheidung für einen bestimmten Buszyklus gefallen ist und Speicher sowie E/A-Karten dafür hergestellt wurden, lassen sich künftige technische Verbesserungen kaum nutzen. Nehmen wir beispielsweise an, dass ein paar Jahre nach der Entwicklung des Systems von Abbildung 3.34 neue Speicher mit Zugriffszeiten von 8 ns statt 15 ns auf den Markt kommen. Damit entfallen die Wartezustände für den Speicher und der Rechner läuft schneller. Und da sich die Technik ständig weiterentwickelt, sind etwas später 4-ns-Speicher verfügbar. Jetzt gibt es aber keinen Leistungsgewinn mehr, weil die Mindestzeit für eine Leseoperation bei diesem Buskonzept zwei Zyklen beträgt.

Das Ganze lässt sich auch so formulieren: Ist an einem synchronen Bus mit heterogenen Geräten zu rechnen, von denen einige schnell und einige langsam sind, dann muss man den Bus für das langsamste Gerät auslegen und die schnellsten Geräte können ihr volles Potenzial nie ausreizen.

Gemischte Technologien lassen sich in den Griff bekommen, wenn man zu einem asynchronen Bus übergeht, d.h. zu einem Bus ohne Mastertakt wie in ▶Abbildung 3.35 gezeigt. Anstatt alles an den Takt zu binden, aktiviert der Busmaster ein spezielles Signal, sobald er die Adresse, $\overline{MREQ}$, $\overline{RD}$ und alle sonst noch erforderlichen Signale aktiviert hat. Dieses Signal nennen wir $\overline{MSYN}$ (Master SYNchronization). Erkennt der Slave dieses Signal, führt er die ihm übertragene Aufgabe schnellstmöglich aus und aktiviert anschließend $\overline{SSYN}$ (Slave SYNchronization).

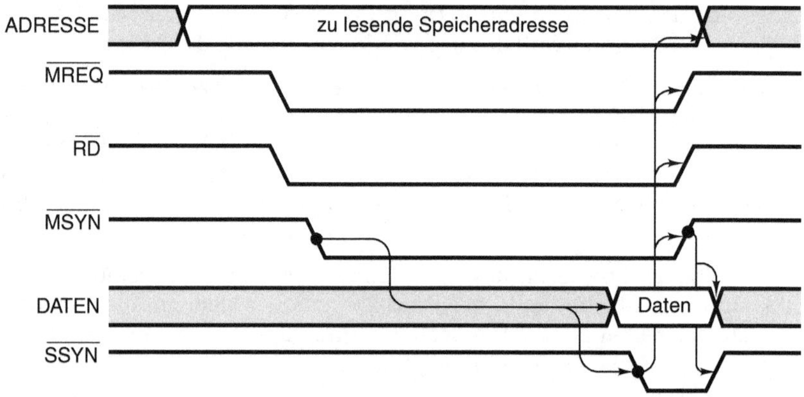

Abbildung 3.35: Arbeitsweise eines asynchronen Busses

Sobald $\overline{SSYN}$ aktiviert wurde, weiß der Master, dass die Daten verfügbar sind. Er übernimmt sie und deaktiviert die Adressleitungen sowie $\overline{MREQ}$, $\overline{RD}$ und $\overline{MSYN}$. Wenn der Slave die Deaktivierung von $\overline{MSYN}$ registriert, weiß er, dass der Zyklus beendet ist. Er deaktiviert also $\overline{SSYN}$ und wir befinden uns wieder in der Ausgangssituation, in der alle Signale deaktiviert sind und auf die nächste Aktion des Masters gewartet wird.

Bei Taktdiagrammen von asynchronen (und manchmal auch von synchronen) Bussen verwendet man Pfeile, um Ursache und Wirkung anzuzeigen, wie es in Abbildung 3.35 zu sehen ist. Die Aktivierung von $\overline{MSYN}$ löst die Aktivierung der Datenleitungen aus und veranlasst außerdem den Slave, $\overline{SSYN}$ zu aktivieren. Die Aktivierung von $\overline{SSYN}$ verursacht wiederum, dass die Adressleitungen sowie $\overline{MREQ}$, $\overline{RD}$ und $\overline{MSYN}$ deaktiviert werden. Schließlich zieht die Deaktivierung von $\overline{MSYN}$ die Deaktivierung von $\overline{SSYN}$ nach sich, was den Lesevorgang beendet und das System in seinen ursprünglichen Zustand zurückbringt.

Eine auf diese Weise ineinandergreifende Menge von Signalen bezeichnet man als **vollständigen Handshake**. Der wesentliche Teil besteht aus vier Ereignissen:

1. $\overline{MSYN}$ wird aktiviert.
2. $\overline{SSYN}$ wird als Reaktion auf $\overline{MSYN}$ aktiviert.
3. $\overline{MSYN}$ wird als Reaktion auf $\overline{SSYN}$ deaktiviert.
4. $\overline{SSYN}$ wird als Reaktion auf die Deaktivierung von $\overline{MSYN}$ deaktiviert.

Es liegt auf der Hand, dass vollständige Handshakes zeitunabhängig sind. Jedes Ereignis wird durch ein vorhergehendes Ereignis und nicht durch einen Taktimpuls ausgelöst. Arbeitet ein bestimmtes Master-Slave-Paar langsam, so wirkt sich das in keiner Weise auf das nächste Master-Slave-Paar aus, das wesentlich schneller ist.

Der Vorteil eines asynchronen Busses dürfte nun klar sein. Tatsache ist aber, dass die meisten Busse synchron arbeiten. Das ist darauf zurückzuführen, dass sich synchrone Systeme einfacher entwickeln lassen. Die CPU aktiviert einfach nur ihre Signale und der Speicher reagiert einfach nur. Es gibt keine Rückmeldung (Ursache und Wirkung), aber wenn die Komponenten richtig ausgewählt sind, funktioniert alles ohne Handshake. Außerdem hat man im Laufe der Zeit sehr viel in die synchrone Bustechnik investiert.

3.4.5 Bus-Arbitration

Bis jetzt haben wir stillschweigend angenommen, dass es nur einen Busmaster – die CPU – gibt. In Wirklichkeit müssen E/A-Chips zum Busmaster werden, um den Speicher zu lesen oder zu beschreiben und um Interrupts auszulösen. Auch Coprozessoren fällt gegebenenfalls die Busmasterfunktion zu. Dabei taucht die Frage auf: „Was passiert, wenn zwei oder mehr Geräte gleichzeitig die Rolle des Busmasters übernehmen wollen?“ Die Antwort ist, dass ein bestimmter Mechanismus, die sogenannte **Bus-Arbitration** (Busverwaltung), erforderlich ist, um Chaos zu verhindern.

Bei der zentralen **Bus-Arbitration** bestimmt ein Arbiter, welches Gerät als Nächstes den Bus benutzen darf.

Arbitrations-Mechanismen können zentralisiert oder dezentralisiert arbeiten. Zuerst betrachten wir die zentrale Arbitration. ▶Abbildung 3.36a zeigt eine besonders einfache Form. In diesem Schema bestimmt ein einzelner **Bus-Arbiter**, wer als Nächstes an die Reihe kommt. Bei vielen CPUs ist der Arbiter im CPU-Chip integriert, doch manchmal ist ein separater Chip erforderlich. Der Bus enthält eine einzelne Anforderungsleitung vom Typ Wired-OR, die von einem oder mehreren Geräten aktiviert werden kann. Der Arbiter hat keine Möglichkeit festzustellen, wie viele Geräte den Bus angefordert haben. Er kann lediglich zwischen den Kategorien „einige Anforderungen“ und „keine Anforderungen“ unterscheiden.

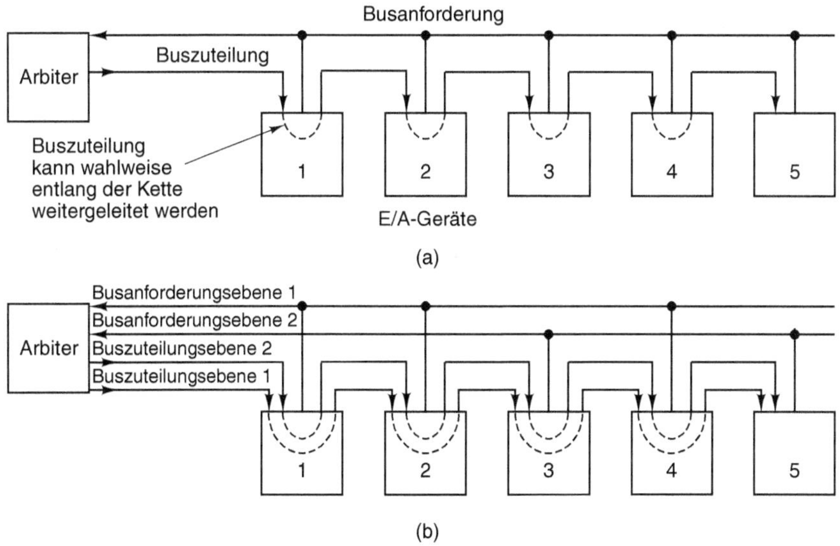

Abbildung 3.36: (a) Zentraler Bus-Arbiter mit einer Ebene in Daisy-Chain-Formation (b) Der gleiche Arbiter, jedoch mit zwei Ebenen

Wenn der Arbiter eine Busanforderung empfängt, gibt er eine Zuteilung aus, indem er die Buszuteilungsleitung aktiviert. Diese Leitung zieht sich wie eine Lichterkette für den Weihnachtsbaum durch alle in Reihe liegenden E/A-Geräte. Erkennt das dem Arbiter physisch am nächsten liegende Gerät die Zuteilung, prüft es, ob es eine Anforderung gestellt hat. In diesem Fall übernimmt es den Bus und leitet die Zuteilung nicht mehr an den dahinterliegenden Teil der Kette weiter. Hat das Gerät keine Anforderung gestellt, dann reicht es die Zuteilung an das nächste Gerät in der Reihe weiter, das sich genauso verhält, und so weiter, bis ein Gerät die Zuteilung akzeptiert und den Bus übernimmt. Dieses Schema bezeichnet man als **Daisy-Chain** („Kette aus Gänseblümchen“). Praktisch weist es jedem Gerät eine Priorität zu, die umso größer ist, je näher das Gerät am Verwalter liegt. Das nächstliegende Gerät gewinnt.

Um die impliziten Prioritäten zu umgehen, die sich aus der Entfernung zum Arbiter ergeben, besitzen viele Busse mehrere Prioritätsebenen. Für jede Prioritätsebene gibt es eine Busanforderungsleitung und eine Buszuteilungsleitung. Der Bus in ▶Abbildung 3.36b hat zwei Ebenen, die mit 1 und 2 nummeriert sind (reale Busse weisen oftmals 4, 8 oder 16 Ebenen auf). Jedes Gerät wird an eine der Busanforderungsebenen angeschlossen, wobei man zeitkritischere Geräte den Leitungen mit den höheren Prioritäten zuordnet. In Abbildung 3.36b verwenden die Geräte 1, 2 und 4 die Priorität 1, die Geräte 3 und 5 die Priorität 2.

Wenn mehrere Prioritätsebenen gleichzeitig angefordert werden, gibt der Arbiter eine Zuteilung nur auf der Ebene mit der höchsten Priorität aus. Unter den Geräten derselben Priorität kommt das Daisy-Chain-Verfahren zum Einsatz. Wenn bei der Variante von Abbildung 3.36b Konflikte auftreten, gewinnt Gerät 2 gegenüber Gerät 4, das seinerseits Gerät 3 schlägt. Gerät 5 hat die niedrigste Priorität, weil es am Ende der Kette mit der niedrigsten Priorität liegt.

Übrigens ist es technisch nicht notwendig, die Buszuteilungsleitung der Ebene 2 seriell durch die Geräte 1 und 2 zu schleifen, da sie auf dieser Ebene ohnehin keine Anforderungen vornehmen können. Allerdings ist es konstruktiv wesentlich einfacher, alle Zuteilungsleitungen durch alle Geräte zu führen, als spezielle Verdrahtungen vorzusehen, die von den Prioritäten der jeweiligen Geräte abhängig sind.

Einige Arbiter verfügen über eine dritte Leitung, die von einem Gerät aktiviert wird, wenn es eine Zuteilung erhalten und den Bus belegt hat. Sobald das Gerät diese Rückmeldeleitung aktiviert hat, können die Anforderungs- und Zuteilungsleitungen deaktiviert werden. Somit ist es möglich, dass andere Geräte den Bus anfordern, während das erste Gerät den Bus noch verwendet. Wenn dann die aktuelle Busübertragung abgeschlossen ist, wird der nächste Busmaster bereits ausgewählt sein. Er kann seine Arbeit sofort aufnehmen, sobald die Rückmeldeleitung deaktiviert wurde. Zu diesem Zeitpunkt beginnt die nächste Arbitrations-Runde. Dieses Verfahren erfordert eine zusätzliche Busleitung und mehr Logik in jedem Gerät, nutzt aber die Buszyklen besser aus.

In vielen Rechnern ist die CPU mit dem Speicher über einen separaten Bus verbunden, sodass sie unabhängig von den E/A-Geräten zugreifen kann.

In Systemen, bei denen sich der Speicher auf dem Hauptbus befindet, muss auch die CPU mit allen E/A-Geräten in fast jedem Zyklus um den Bus kämpfen. In dieser Situation ist es üblich, der CPU die niedrigste Priorität zu geben, sodass sie den Bus nur erhält, wenn niemand sonst ihn haben möchte. Diesem Vorgehen liegt der Gedanke zugrunde, dass die CPU immer warten kann, während E/A-Geräte oftmals unverzüglich auf den Bus zugreifen müssen, da sie andernfalls eintreffende Daten verlieren. Festplatten mit hoher Drehzahl können nicht warten. In vielen modernen Computersystemen vermeidet man dieses Problem dadurch, dass man den Speicher auf einem von den E/A-Geräten getrennten Bus unterbringt, sodass nicht alle Geräte um den Bus konkurrieren müssen.

Dezentrale Bus-Arbitration ist ebenfalls möglich. Beispielsweise ist ein Computer mit 16 priorisierten Busanforderungsleitungen denkbar. Möchte ein Gerät den Bus verwenden, aktiviert es seine Anforderungsleitung. Alle Geräte überwachen sämtliche Anforderungsleitungen, sodass am Ende eines jeden Buszyklus jedes Gerät weiß, ob es die Anforderung mit der höchsten Priorität gestellt hat und damit die Erlaubnis erhält, den Bus im nächsten Zyklus zu verwenden. Im Vergleich zur zentralen Verwaltung erfordert diese Methode mehr Busleitungen, vermeidet aber die potenziellen Kosten des Arbiters.

Außerdem begrenzt dieses Verfahren die Anzahl der Geräte auf die Anzahl der Anforderungsleitungen.

▶Abbildung 3.37 zeigt eine weitere Variante der dezentralen Busverwaltung. Sie verwendet nur drei Leitungen, unabhängig davon, wie viele Geräte vorhanden sind. Die erste Busleitung ist eine Wired-OR-Leitung für die Anforderung des Busses. Die zweite Busleitung heißt `BUSY` (beschäftigt) und wird vom momentanen Busmaster aktiviert. Die dritte Leitung läuft als Daisy-Chain durch alle Geräte und dient dazu, über die Busnutzung zu entscheiden. Der Kopf dieser Kette wird fest auf +5 V gelegt und bleibt damit ständig aktiviert.

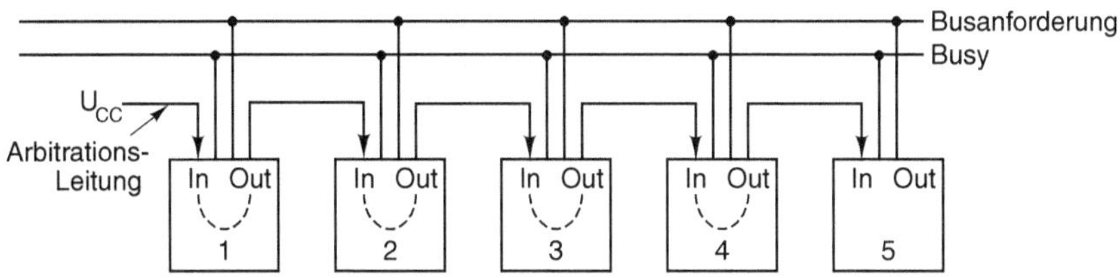

Abbildung 3.37: Dezentrale Bus-Arbitration

Wenn kein Gerät den Bus beansprucht, wird die aktivierte Arbitrations-Leitung an alle Geräte weitergegeben. Um den Bus zu erlangen, prüft ein Gerät zuerst, ob sich der Bus im Leerlauf befindet und ob das empfangene Arbitrations-Signal `IN` aktiviert ist. Ist `IN` deaktiviert, so kann das Gerät nicht zum Busmaster werden und deaktiviert `OUT`. Wenn `IN` jedoch aktiviert ist, deaktiviert das Gerät das Signal `OUT`. Der nächste Nachbar in der Kette erkennt damit das Signal `IN` und deaktiviert seinerseits `OUT`. Folglich erhalten alle darauffolgenden Geräte in der Kette das deaktivierte `IN` und deaktivieren dementsprechend `OUT`. Am Ende dieser Prozedur hat nur ein Gerät `IN` aktiviert und `OUT` deaktiviert. Dieses Gerät wird zum Busmaster, aktiviert `BUSY` und `OUT` und beginnt mit der Übertragung.

Es zeigt sich, dass das Gerät ganz links immer den Bus bekommt, wenn es ihn anfordert. Dieses Schema ist also mit der ursprünglichen Daisy-Chain-Verwaltung vergleichbar, außer dass es keinen Arbiter gibt. Daher ist es billiger, schneller und für Arbiter-Ausfälle nicht anfällig.

3.4.6 Busoperationen

Bisher haben wir nur gewöhnliche Buszyklen betrachtet, bei denen ein Master (in der Regel die CPU) von einem Slave (in der Regel der Speicher) liest oder dorthin schreibt. Daneben gibt es noch mehrere andere Arten von Buszyklen. Einige davon sehen wir uns jetzt an.

Normalerweise wird immer nur ein Wort übertragen. Setzt man aber einen Cache ein, ist es wünschenswert, eine ganze Cachezeile (z.B. 8 aufeinanderfolgende 64-Bit-Wörter) auf einmal einzulesen. Vielfach lassen sich Blockübertragungen effizienter als aufeinanderfolgende einzelne Übertragungen gestalten. Beginnt eine Blockleseoperation, dann teilt der Busmaster dem Slave die Anzahl der zu übertragenden Wörter mit. Dazu kann er beispielsweise die Wortanzahl im Zyklus T_1 auf die Datenleitungen legen. Anstatt nun lediglich ein Wort zurückzugeben, liefert der Slave in jedem Zyklus ein Wort, bis die angegebene Anzahl erreicht ist. ▶Abbildung 3.38 zeigt eine modifizierte Version von Abbildung 3.34, jetzt aber mit dem zusätzlichen Signal $\overline{BLOCK}$. Dieses Signal wird aktiviert, um eine Blockübertragung anzufordern. Bei diesem Beispiel dauert eine Blockleseoperation von vier Wörtern 6 statt 12 Zyklen.

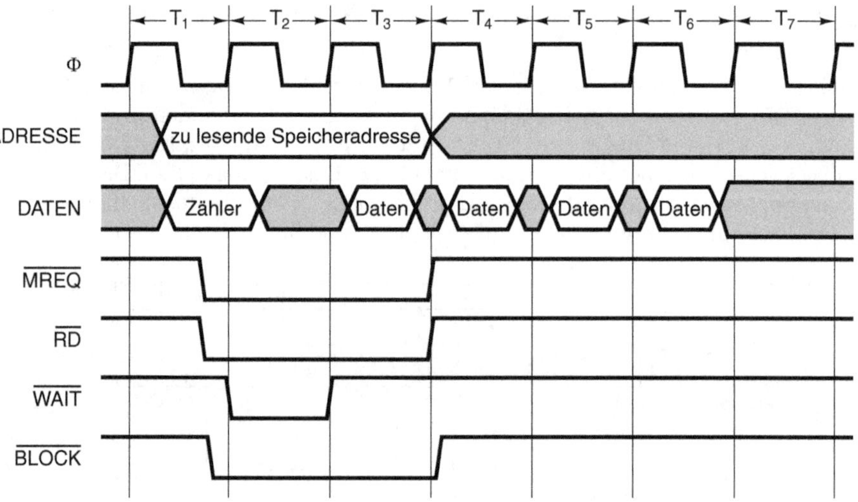

Abbildung 3.38: Eine Blockübertragung

Daneben gibt es noch weitere Arten von Buszyklen. Beispielsweise muss man bei einem Mehrprozessorsystem mit zwei oder mehr Prozessoren am selben Bus oftmals sicherstellen, dass jeweils nur eine CPU auf eine bestimmte kritische Datenstruktur im Speicher zugreift. Normalerweise verwendet man dazu eine Variable im Speicher, die 0 ist, wenn keine CPU auf die Datenstruktur zugreift, und 1, wenn sie verwendet wird. Möchte eine CPU auf die Datenstruktur zugreifen, so muss sie die Variable lesen und auf 1 setzen, falls sie 0 ist. Im ungünstigsten Fall könnten zwei Prozessoren die Variable in aufeinanderfolgenden Buszyklen lesen. Finden beide den Wert 0 vor, setzt jede CPU die Variable auf 1 und nimmt an, dass sie die einzige CPU ist, die die Datenstruktur verwendet. Diese Sequenz von Ereignissen führt zum Chaos.

> In parallelen Systemen ist es notwendig, atomar eine Speicherstelle zu lesen und zu schreiben, ohne dass ein anderer Prozessor darauf zugreifen kann. Dies kann durch das Sperren des Busses bis zur Beendigung der zweiten Operation erreicht werden.

Um eine solche Situation zu verhindern, sind Mehrprozessorsysteme oft mit einem speziellen Buszyklus (Read-Modify-Write) ausgestattet, der jeder CPU erlaubt, ein Wort aus dem Speicher zu lesen, es zu inspizieren und zu modifizieren und es dann wieder in den Speicher zurückzuschreiben, ohne in dieser Zeit den Bus freizugeben. Diese Zyklusart verhindert, dass konkurrierende Prozessoren den Bus gleichzeitig nutzen und sich gegenseitig stören.

Ein anderer wichtiger Buszyklus betrifft die Interrupt-Behandlung. Wenn die CPU einem E/A-Gerät eine Aufgabe erteilt, erwartet sie gewöhnlich einen Interrupt, wenn die Aufgabe abgeschlossen ist. Die Signalisierung des Interrupts erfolgt über den Bus.

Nun kann es vorkommen, dass mehrere Geräte gleichzeitig einen Interrupt auslösen. Dabei stellen sich die gleichen Arbitrations-Probleme wie bei gewöhnlichen Buszyklen. Als übliche Lösung weist man den Geräten Prioritäten zu und verwendet einen zentralen Arbiter, um den zeitkritischsten Geräten den Vorrang zu gewähren. Hierfür sind Standard-Interrupt-Controllerchips weit verbreitet. Für PCs mit Intel-Prozessoren umfasst der Chipsatz den Interrupt-Controller 8259A (▶Abbildung 3.39).

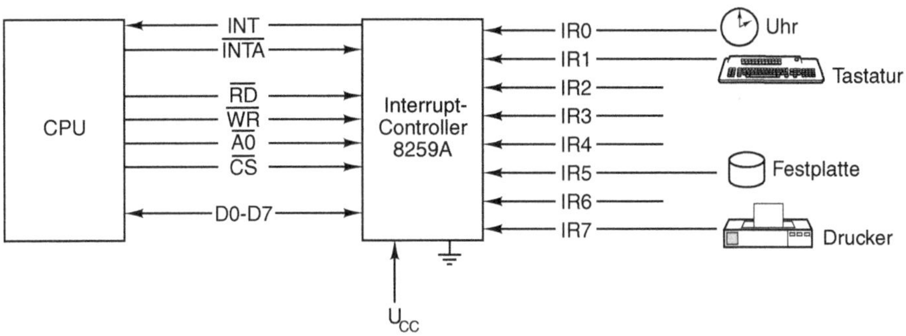

Abbildung 3.39: Einsatz des Interrupt-Controllers 8259A

Die CPU reagiert auf Unterbrechungen und führt entsprechende Behandlungsroutinen aus. Zur Signalisierung werden spezielle **Interrupt-Controller** eingesetzt.

An die 8 IR*x*-Eingänge (Interrupt Request) des 8259A lassen sich bis zu 8 E/A-Controllerchips direkt anschließen. Möchte eines dieser Geräte einen Interrupt auslösen, aktiviert es seine Eingangsleitung. Wenn einer oder mehrere Eingänge aktiviert sind, dann aktiviert der 8259A die Leitung INT (INTerrupt), die direkt das Interrupt-Pin der CPU steuert. Kann die CPU den Interrupt behandeln, sendet sie auf der Leitung INTA (INTerrupt Acknowledge) einen Impuls zurück an den 8259A. Jetzt muss der 8259A spezifizieren, welcher Eingang den Interrupt ausgelöst hat. Dazu legt er die Nummer dieses Eingangs auf den Datenbus. Diese Operation erfordert einen gesonderten Buszyklus. Die CPU-Hardware verwendet dann diese Nummer als Index auf eine Zeigertabelle. Hier stehen die sogenannten **Interrupt-Vektoren** – d.h. die Adressen der auszuführenden Prozeduren, die den jeweiligen Interrupt bedienen.

Der 8259A besitzt mehrere Register, die der Prozessor über gewöhnliche Buszyklen und die Signale $\overline{RD}$ (ReaD), $\overline{WR}$ (WRite), $\overline{CS}$ (Chip Select) und $\overline{A0}$ lesen und schreiben kann. Wenn das Programm den Interrupt abgearbeitet hat und bereit ist, den nächsten entgegenzunehmen, schreibt es einen speziellen Code in eines der 8259A-Register. Daraufhin deaktiviert der 8259A die INT-Leitung, sofern kein anderer Interrupt anhängig ist. Indem man bestimmte Werte in die Register schreibt, kann man die Interrupt-Modi des 8259A festlegen, eine bestimmte Gruppe von Interrupts ausmaskieren und andere Features aktivieren.

Falls mehr als acht E/A-Geräte zu bedienen sind, kann man den 8259A kaskadieren. Im Extremfall lassen sich alle acht Eingänge mit den Ausgängen von weiteren acht 8259A-Chips verbinden, sodass bis zu 64 E/A-Geräte in einem zweistufigen Interrupt-Netz möglich sind. Der E/A-Controller-Hub ICH10 von Intel, der zum Chipsatz des Core i7 gehört, beinhaltet zwei 8259A-Interrupt-Controller und bietet 15 externe Interrupts. Von den 16 Interrupts bei zwei 8269A-Controllern dient ein Interrupt dazu, den zweiten 8259A mit dem ersten zu kaskadieren. Verschiedene Pins des 8259A – die wir hier der Einfachheit halber weggelassen haben – sind dafür vorgesehen, diese Kaskadierung zu steuern. In den heutigen Chipsätzen ist die Funktionalität des „8259A“ als Teil eines anderen Chips realisiert.

Damit ist das Thema „Busdesign“ keinesfalls erschöpft. Die obigen Erläuterungen bieten aber genügend Hintergrundinformationen, um zu verstehen, wie Busse funktionieren und wie Prozessoren und Busse zusammenarbeiten. Wir kommen nun vom Allgemeinen zum Speziellen und sehen uns einige Beispiele marktüblicher Prozessoren und ihrer Busse an.

3.5 Beispiele für CPU-Chips

Dieser Abschnitt beschäftigt sich recht ausführlich mit den Prozessoren Intel Core i7, TI OMAP4430 und Atmel ATmega168 auf der Hardwareebene.

3.5.1 Der Intel Core i7

Der Core i7 ist ein direkter Nachfolger des 8088-Prozessors, der im ursprünglichen IBM-PC eingesetzt wurde. Intel hat den ersten Core i7 im November 2008 als 4-Prozessor-CPU mit 731 Millionen Transistoren, einer Taktfrequenz von 3,2 GHz und einer Stegbreite von 45 nm eingeführt. Die Stegbreite gibt an, wie breit die Leiterzüge zwischen den Transistoren sind (und dient gleichzeitig als Maß für die Größe der Transistoren selbst). Je geringer die Stegbreite, desto mehr Transistoren lassen sich auf dem Chip unterbringen. Das Moore'sche Gesetz liefert eine grundsätzliche Aussage über die Fähigkeit der Prozesstechniker, die Stegbreiten ständig zu verringern. Zum Vergleich: Die Dicke eines menschlichen Haars reicht von 20.000 bis 100.000 nm, wobei blondes Haar feiner als dunkles Haar ist.

Die ursprüngliche Version der Core-i7-Architektur basierte auf der „Nahalem"-Architektur, den neuesten Versionen des Core i7 liegt aber die neuere „Sandy Bridge"-Architektur zugrunde. In diesem Zusammenhang ist unter Architektur die interne Organisation der CPU zu verstehen, der man oftmals einen Codenamen gibt. Auch wenn Computerarchitekten im Allgemeinen ernsthafte Menschen sind, geben sie ihren Projekten manchmal recht ausgefallene Namen. Das trifft zum Beispiel auf die Architekturen der K-Familie von AMD zu, die die scheinbar unverwundbare Stellung von Intel auf dem Markt für Desktop-CPUs aushebeln sollte. Der Codename „Kryptonite" für die Prozessoren aus der K-Familie war eine Referenz auf die einzige Substanz, die Superman verletzen konnte, und ein geschickter Hieb auf die Dominanz von Intel.

Ein Intel **Core i7** enthält 1,16 Milliarden Transistoren und besteht aus mehreren Prozessoren (Kernen).

Der neue Core i7 auf Sandy-Bridge-Basis hat sich zu einem Prozessor gemausert, der 1,16 Milliarden Transistoren bei einer Stegbreite von 32 nm enthält und mit bis zu 3,5 GHz läuft. Obwohl der Core i7 weit entfernt ist vom 8088 mit seinen 29.000 Transistoren, ist er vollständig abwärtskompatibel zum 8088 und kann unveränderten 8088-Binärcode ausführen (ganz zu schweigen von Programmen für alle dazwischenliegenden Prozessoren).

Aus Sicht der Software ist der Core i7 eine komplette 64-Bit-Maschine. Er besitzt die gleichen ISA-Features auf Benutzerebene wie die Prozessoren 80386, 80486, Pentium, Pentium II, Pentium Pro, Pentium III und Pentium 4. Das gilt auch für die Register, die Befehle und vollständige Implementierung des Gleitkommastandards IEEE 754 auf dem Chip. Darüber hinaus besitzt er neue Befehle, die vorwiegend für kryptografische Operationen vorgesehen sind.

Der Core-i7-Prozessor ist eine Multicore-CPU, d.h., auf dem Die sind mehrere Prozessoren realisiert. Verkauft wird die CPU mit einer unterschiedlichen Anzahl von Prozessoren, derzeit zwischen 2 und 6, wobei für die nahe Zukunft weitere Prozessoren geplant sind. Wenn Programmierer ein paralleles Programm mithilfe von Threads und Locks schreiben, läuft das Programm erheblich schneller, wenn sie die Parallelität von mehreren Prozessoren ausnutzen. Darüber hinaus beherrschen einzelne CPUs „Hyperthreading", sodass mehrere Hardware-Threads gleichzeitig aktiv sein können. Durch Hyperthreading – das Computerarchitekten eher als „simultanes Multithreading" bezeichnen –

lassen sich sehr kurze Latenzen (wie zum Beispiel Cache-Zugriffsfehler) bei hardwareseitigen Thread-Wechseln tolerieren. Softwarebasiertes Threading verkraftet nur sehr lange Latenzen, wie zum Beispiel Seitenzugriffsfehler, da die Implementierung von softwarebasierten Thread-Wechseln Hunderte von Taktzyklen benötigt.

Auf der Mikroarchitekturebene ist beim Core i7 ein sehr leistungsfähiges Design umgesetzt. Es basiert auf der Architektur der Vorgängerprozessoren, dem Core 2 und dem Core 2 Duo. Der Core-i7-Prozessor kann bis zu vier Befehle auf einmal ausführen, was ihn zu einem superskalaren Prozessor der Breite 4 macht. *Kapitel 4* beschäftigt sich ausführlich mit der Mikroarchitektur.

Alle Core-i7-Prozessoren besitzen drei Cache-Ebenen. Jeder Prozessor in einem Core-i7-Prozessor verfügt über einen L1-Datencache von 32 KB und einen L1-Befehlscache von 32 KB. Außerdem besitzt jeder Kern einen eigenen L2-Cache von 256 KB. Der L2-Cache ist unifiziert, kann also eine Mischung von Befehlen und Daten aufnehmen. Es gibt einen unifizierten L3-Cache, den alle Kerne gemeinsam nutzen. Die Größe des Cache liegt abhängig vom Prozessormodell zwischen 4 und 15 MB. Die drei Cache-Ebenen tragen zwar zu einer beträchtlichen Leistungssteigerung des Prozessors bei, verschlingen aber auch recht viel Siliziumfläche, da die Core-i7-CPUs insgesamt 17 MB auf einem einzelnen Silizium-Die enthalten können.

Jeder Prozessor greift auf eigene L1- und L2-Caches sowie einen gemeinsamen L3-Cache zu. Kopien von Daten in den privaten Caches werden über **Snooping** konsistent gehalten.

Da alle Core-i7-Chips über mehrere Prozessoren mit privaten Datencaches verfügen, kann es zu Konflikten kommen, wenn der eine Prozessor ein Wort in seinem privaten Cache ändert, das im Cache eines anderen Prozessors enthalten ist. Versucht ein anderer Prozessor, dieses Wort aus dem Hauptspeicher zu lesen, so erhält er einen veralteten Wert, da modifizierte Cachewörter nicht unverzüglich in den Hauptspeicher zurückgeschrieben werden. Um die Speicherkonsistenz aufrechtzuerhalten, „schnüffelt" jeder Prozessor in einem Multiprozessorsystem auf dem Speicherbus und sucht nach Verweisen auf Wörter, die er in seinem lokalen Cache gespeichert hat (**Snooping**). Wenn er einen derartigen Verweis findet, greift er ein und stellt die angeforderten Daten bereit, bevor der Speicher eine Möglichkeit dazu erhält. Auf Snooping geht *Kapitel 8* ausführlich ein.

Core-i7-Systeme verwenden zwei primäre externe Busse, die beide synchron arbeiten. Ein DDR3-Speicherbus wird benutzt, um auf den DRAM-Hauptspeicher zuzugreifen, und ein PCI-Express-Bus verbindet den Prozessor mit E/A-Geräten. High-End-Versionen des Core i7 realisieren mehrere Speicher- und PCI-Express-Busse und enthalten außerdem einen QPI-Port (Quick Path Interconnect). Der QPI-Port verbindet den Prozessor mit einer externen Mehrprozessor-Verbindung, sodass sich Systeme mit mehr als sechs Prozessoren aufbauen lassen. Der QPI-Port sendet und empfängt Cache-Kohärenzanforderungen sowie eine breite Palette anderer Multiprozessor-Verwaltungsnachrichten, wie zum Beispiel Interrupts zwischen den Prozessoren.

Ein Core i7 verbraucht bis zu 150 W. Zur Reduzierung des Stromverbrauchs und der Abwärme werden ausgeklügelte **Stromsparmechanismen** verwendet.

Ein Problem beim Core i7 wie bei allen modernen Chips ist ihre Leistungsaufnahme und die dadurch produzierte Wärme. Um eine Schädigung des Siliziums zu verhindern, muss die Hitze vom Prozessor-Die abgeleitet werden, sobald sie entstanden ist. Der Core i7 setzt je nach Taktfrequenz und Modell zwischen 17 und 150 W um. Folglich sucht Intel ständig nach Möglichkeiten, die von den CPU-Chips erzeugte Wärme in den Griff zu bekommen. Kühltechniken und wärmeleitende Gehäuse sind entscheidend, um das Silizium vor dem Wärmetod zu schützen.

Das LGA-Gehäuse des Core i7 ist quadratisch mit einer Seitenlänge von 37,5 mm. An seiner Unterseite enthält es 1155 Pads – darunter 286 für die Betriebsspannung und 360 mit Masse verbundene Pads, um Rauschen zu verringern. Die Pads sind in einem Quadrat von etwa 40 × 40 Pads angeordnet, wobei die mittleren 17 × 25 Pads fehlen. Außerdem fehlen 20 weitere Pads in einem asymmetrischen Muster am Rande des Chips, um das Einsetzen des Chips in den Sockel mit falscher Orientierung zu verhindern. ▶Abbildung 3.40 zeigt die physische Anordnung der Pads.

Abbildung 3.40: Physische Pad-Anordnung beim Core i7

Zum Lieferumfang des Chips gehören ein Kühlkörper (mit passender Montageklammer), um die Wärme zu verteilen, und ein Lüfter, der den Chip kühlt. Um sich ein Bild davon zu machen, wie groß das Problem der Wärmeerzeugung ist, schalten Sie am besten eine 150-W-Glühlampe ein und umschließen sie mit Ihren Händen (aber nicht berühren!). So viel Wärme muss von einem High-End-Core-i7-Prozessor ständig abgeführt werden. Und wenn ein Core i7 als CPU ausgedient hat, kann er immer noch als Campingkocher fungieren.

Nach den Gesetzen der Physik muss alles, was eine Menge Hitze abgibt, eine Menge Energie aufnehmen. In einem tragbaren Computer mit einer begrenzten Batterieladung ist ein hoher Energieverbrauch erst recht nicht erwünscht. Um dieses Problem zu lösen, hat Intel die CPU so entworfen, dass sie schlummert, wenn sie im Leerlauf arbeitet, und in einen Tiefschlaf fällt, wenn der Leerlaufzustand höchstwahrscheinlich noch eine ganze Zeit anhält. Es gibt fünf Zustände, die von „vollständig aktiv“ bis zum Tiefschlaf reichen. In den Zwischenzuständen werden bestimmte Funktionen aktiviert (beispielsweise das Cache-Snooping und die Interrupt-Behandlung), während andere Funktionen deaktiviert werden. Im Tiefschlaf behält der Prozessor alle Registerwerte, leert aber die Caches und schaltet sie ab. Aus dem Tiefschlafzustand wird der Prozessor mit einem Hardwaresignal aufgeweckt. Es ist bisher nichts darüber bekannt, ob ein Core i7 träumen kann, wenn er sich im Tiefschlaf befindet.

Die logische Anschlussbelegung des Core i7

Die 1155 Pads des Core i7 sind mit 447 Signalen, 286 Stromversorgungsanschlüssen (mit mehreren verschiedenen Spannungen), 360 Masseverbindungen und 62 Reserveanschlüssen für künftige Verwendung belegt. Einige logische Signale verwenden zwei oder mehr

Pins (beispielsweise die Speicheranforderungsadresse), sodass es nur 131 unterschiedliche Signale gibt. ▶Abbildung 3.41 gibt eine vereinfachte logische Anschlussbelegung an. Auf der linken Seite der Abbildung befinden sich fünf Hauptgruppen der Bussignale und auf der rechten Seite mehrere Signale der Kategorie „Verschiedenes".

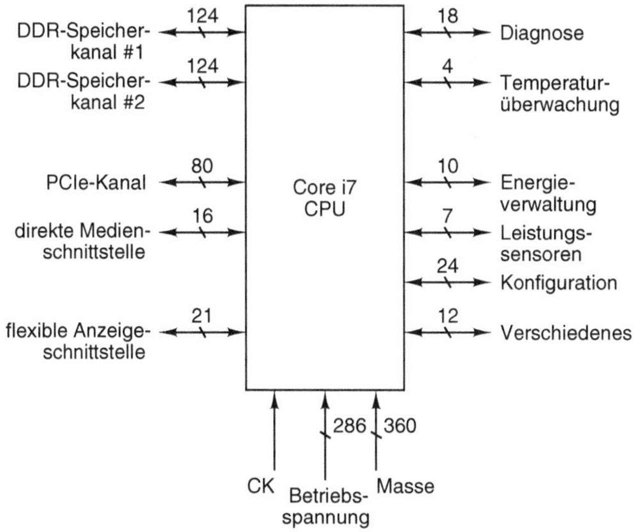

Abbildung 3.41: Logische Anschlussbelegung des Core i7

Wir sehen uns nun die Signale im Einzelnen an und beginnen mit den Bussignalen. Die beiden ersten Bussignale sind für DDR3-kompatibles DRAM vorgesehen. Diese Signalgruppe enthält Adressen-, Daten-, Steuer- und Taktsignale für die DRAM-Bank. Der Core i7 unterstützt zwei unabhängige DDR3-DRAM-Kanäle, die bei einem Bustakt von 666 MHz an beiden Taktflanken Daten übertragen und somit 1333 Millionen Transaktionen je Sekunde ermöglichen. Die DDR3-Schnittstelle ist 64 Bit breit. Die beiden DDR3-Schnittstellen arbeiten im Verbund, um speicherhungrigen Programmen bis zu 20 GB Daten je Sekunde bereitzustellen.

Die dritte Busgruppe ist die PCI-Express-Schnittstelle, die Peripheriegeräte direkt an die Core-i7-CPU anschließt. Die PCI-Express-Schnittstelle ist eine serielle Hochgeschwindigkeitsschnittstelle, bei der jede einzelne serielle Verbindung eine Kommunikations-„Lane" (Spur, Strang) mit Peripheriegeräten bildet. Die Core-i7-Verbindung ist 16-fach ausgeführt, kann also mit 16 gleichzeitig genutzten Lanes eine Gesamtbandbreite von 16 GB/s liefern. Obwohl der Kanal seriell arbeitet, läuft ein umfangreicher Satz von Befehlen über die PCI-Express-Verbindungen, unter anderem Befehle zum Lesen und Schreiben von Geräten, Interrupts und Setupbefehle zur Konfiguration.

Die nächste Busgruppe, das DMI (Direct Media Interface), verbindet die Core-i7-CPU mit den anderen Komponenten des **Chipsatzes**. Die DMI-Schnittstelle ähnelt der PCI-Express-Schnittstelle, läuft aber etwa mit der halben Geschwindigkeit, da 4 Lanes Datentransferraten nur bis zu 2,5 GB/s bereitstellen können. Der Chipsatz einer CPU realisiert umfangreiche Unterstützung für Schnittstellen zu Peripheriegeräten, was typischerweise für Systeme der oberen Leistungsklasse mit vielen E/A-Geräten erforderlich ist. Der Core-i7-Chipsatz besteht aus den Chips P67 und ICH10. Der P67-Chip ist das Schweizer Armeemesser, das die Schnittstellen für SATA, USB, Audio, PCIe und Flashspeicher bereitstellt. Der ICH10-

Chip unterstützt ältere (Legacy-)Schnittstellen. Dazu gehören eine PCI-Schnittstelle und die Funktionalität der Interrupt-Steuerung eines 8259A. Darüber hinaus enthält der ICH10 eine Handvoll anderer Schaltungen, wie zum Beispiel Echtzeituhren, Ereignistimer und DMA-Controller (Direct Memory Access). Diese Chips erleichtern die Konstruktion eines vollständigen PC erheblich.

Der Core i7 lässt sich so konfigurieren, dass er die Interrupts genau wie der 8088 verarbeitet (im Sinne der Abwärtskompatibilität). Er kann aber auch ein neues Interrupt-System mit einem sogenannten **APIC** (**Advanced Programmable Interrupt Controller**) verwenden.

Der Prozessor lässt sich mit einer beliebigen der vordefinierten Spannungen betreiben, er muss aber wissen, welche Spannung anliegt. Über die Signale für die Betriebsspannungsverwaltung ist es möglich, die Betriebsspannung automatisch auszuwählen, der CPU mitzuteilen, dass die Betriebsspannung stabil anliegt, und andere mit der Stromversorgung im Zusammenhang stehende Aufgaben zu realisieren. Hier werden auch die verschiedenen Schlafzustände gesteuert, da dies zum Bereich der Energieverwaltung gehört.

Trotz ausgeklügelter Energieverwaltung kann der Core i7 sehr heiß werden. Um das Silizium zu schützen, besitzt jeder Core-i7-Prozessor mehrere interne Wärmesensoren, die eine bevorstehende Überhitzung des Chips erkennen. Deshalb ist eine Signalgruppe für die Temperaturregelung vorgesehen. Die CPU kann damit ihrer Umgebung mitteilen, dass eine Gefahr der Überhitzung besteht. Eines der Pins wird von der CPU aktiviert, wenn ihre interne Temperatur 130 °C erreicht. Sollte eine CPU jemals bei dieser Temperatur ankommen, denkt sie wahrscheinlich ohnehin an ihre Pensionierung und an ein Leben als Campingkocher.

Prozessoren verfügen meist über eine automatische **Wärmedrosselung**. Diese senkt die Rechengeschwindigkeit bei Überhitzungsgefahr.

Doch selbst bei derartig hohen Temperaturen brauchen Sie sich keine Sorgen um die Sicherheit des Core i7 zu machen. Wenn die internen Sensoren eine mögliche Überhitzung des Prozessors melden, setzt eine **Wärmedrosselung** ein. Der Prozessor arbeitet dann nur noch in jedem *N*-ten Taktzyklus, um die erzeugte Wärme schnell zu verringern. Je größer der Wert von *N* ist, desto mehr wird der Prozessor gedrosselt und desto schneller kühlt er ab. Diese Drosselung senkt natürlich die Systemleistung. Vor Einführung der Wärmedrosselung sind Prozessoren regelrecht verglüht, wenn ihr Kühlsystem ausgefallen ist. Zeugnisse für diese dunklen Zeiten des CPU-Wärmemanagements finden Sie beispielsweise auf YouTube unter „Prozessor explodiert“. Auch wenn es sich um Fake-Videos handeln sollte: das Problem ist real.

Das Taktsignal *CK* liefert den Systemtakt für den Prozessor, der intern verschiedene Takte als Vielfache oder Bruchteile des Systemtakts ableitet. Vielfache der Taktfrequenz lassen sich mit einer sogenannten DLL-Schaltung (Delay-Locked Loop) erzeugen.

Die Gruppe der Diagnosesignale dient zum Testen und Debuggen von Systemen entsprechend dem JTAG-Teststandard (Joint Test Action Group) IEEE 1149.1. Schließlich bildet die Gruppe „Verschiedenes“ ein Sammelsurium von Signalen, die spezielle Aufgaben haben.

Fließbandverarbeitung auf dem DDR3-Speicherbus des Core i7

Moderne CPUs wie der Core i7 stellen hohe Ansprüche an den DRAM-Speicher. Einzelne Prozessoren können Zugriffsanforderungen wesentlich schneller ausgeben, als ein DRAM die Werte liefern kann. Dieses Problem verschärft sich noch, wenn mehrere Prozessoren gleichzeitig den Speicher anfordern. Um die CPU mangels Daten vor dem Hungertod zu retten, muss man aus dem Speicher den höchstmöglichen Durchsatz herausholen. Aus diesem Grund ist der DDR3-Speicherbus des Core i7 auf Fließbandverarbeitung (Pipelining) ausgerichtet, wobei bis zu vier Bustransaktionen gleichzeitig stattfinden. Das Konzept der Fließbandverarbeitung hat *Kapitel 2* im Zusammenhang mit einer Pipeline-CPU (siehe *Abbildung 2.3*) demonstriert, es lässt sich aber auch auf den Speicher anwenden.

Um die Fließbandverarbeitung zu ermöglichen, laufen Speicheranforderungen beim Core i7 in drei Schritten ab:

1. Die Phase `ACTIVATE` „öffnet" eine DRAM-Zeile und bereitet sie damit für darauffolgende Speicherzugriffe vor.
2. Die Phase `READ` oder `WRITE` erlaubt mehrere Zugriffe auf einzelne Wörter innerhalb der momentan geöffneten DRAM-Zeile oder auf mehrere aufeinanderfolgende Wörter innerhalb der aktuellen DRAM-Zeile im Burstmodus.
3. Die Phase `PRECHARGE` „schließt" die aktuelle DRAM-Zeile und bereitet den DRAM-Speicher für den nächsten `ACTIVATE`-Befehl vor.

Das Geheimnis der Pipeline-Speicherzugriffe beim Core i7 liegt darin, dass DDR3-DRAMs mit mehreren **Bänken** innerhalb des DRAM-Chips organisiert sind. Eine Bank ist ein DRAM-Speicherblock, auf den Zugriffe parallel mit anderen DRAM-Speicherbänken möglich sind, selbst wenn sie sich im selben Chip befinden. Ein typischer DDR3-DRAM-Chip verfügt über bis zu 8 DRAM-Bänke. Die DDR3-Schnittstellenspezifikation gestattet allerdings nur vier gleichzeitige Zugriffe über einen DDR3-Kanal. Das Timing-Diagramm in ▶Abbildung 3.42 veranschaulicht 4 Speicherzugriffe des Core i7 auf drei verschiedene DRAM-Bänke. Die Zugriffe überlappen sich vollständig, sodass die DRAM-Lesevorgänge innerhalb des DRAM-Chips parallel stattfinden. In der Abbildung weisen Pfeile darauf hin, welche Befehle zu später ausgeführten Operationen führen.

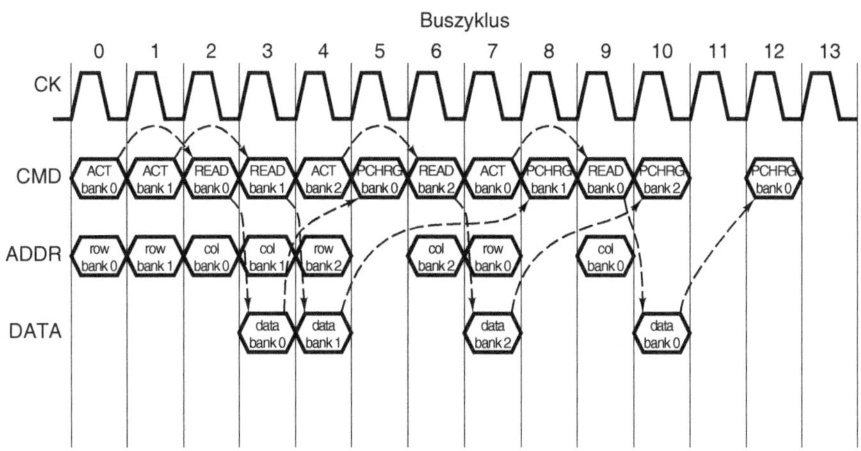

Abbildung 3.42: Fließbandverarbeitung von Speicheranforderungen an der DDR3-Schnittstelle des Core i7

Wie aus Abbildung 3.42 hervorgeht, gibt es in der DDR3-Speicherschnittstelle vier primäre Signalpfade: Bustakt (*CK*), Busbefehl (*CMD*), Adresse (*ADDR*) und Daten (*DATA*). Das Bustaktsignal *CK* dirigiert sämtliche Busaktivitäten. Der Busbefehl CMD zeigt an, welche Aktivität vom verbundenen DRAM angefordert wird. Der Befehl `ACTIVATE` spezifiziert über das *ADDR*-Signal die Adresse der zu öffnenden DRAM-Zeile. Beim Lesen (`READ`) erhält das DRAM die Spaltenadresse über die *ADDR*-Signale und das DRAM legt den gelesenen Wert um eine festgelegte Zeitspanne später auf die *DATA*-Signale. Schließlich gibt der `PRECHARGE`-Befehl über die *ADDR*-Signale die Bank an, die vorab zu laden ist. Im angegebenen Beispiel muss der `ACTIVATE`-Befehl zwei DDR3-Buszyklen vor dem ersten `READ` auf dieselbe Bank erscheinen, die Daten sind einen Buszyklus nach dem READ-Befehl gültig. Des Weiteren darf die PRECHARGE-Operation erst nach mindestens zwei Buszyklen bezüglich der letzten READ-Operation auf derselben DRAM-Bank auftreten.

Die Parallelität der Speicheranforderungen ist an den überlappenden READ-Anforderungen auf die verschiedenen DRAM-Bänke ersichtlich. Die beiden ersten READ-Zugriffe auf die Bänke 0 und 1 überlappen sich vollständig, die Ergebnisse erscheinen in den Buszyklen 3 bzw. 4. Der Zugriff auf Bank 2 ist mit dem ersten Zugriff auf Bank 1 teilweise überlappend und schließlich überlappt sich der zweite Lesezugriff auf Bank 0 teilweise mit dem Zugriff auf Bank 2.

Wie erfährt nun der Core i7, wann er die Daten seines READ-Befehls zurückbekommt und wann er eine neue Speicheranforderung ausgeben kann? Er weiß, wann Anforderungen zu empfangen und einzuleiten sind, weil er die internen Aktivitäten jedes angeschlossenen DDR3-DRAMs vollständig modelliert. Folglich sieht er die Rückgabe der Daten im richtigen Zyklus voraus und weiß, dass er eine PRECHARGE-Operation erst zwei Zyklen nach seiner letzten READ-Operation einleiten darf. Der Core i7 kann alle diese Aktivitäten vorhersehen, da die DDR3-Speicherschnittstelle **synchron** arbeitet. Folglich benötigen sämtliche Aktivitäten eine genau bekannte Anzahl von DDR3-Buszyklen. Doch selbst mit diesem Wissen ist es nicht trivial, eine DDR3-Speicherschnittstelle hoher Leistung mit vollständiger Fließbandverarbeitung aufzubauen, da viele interne Timer und Konfliktdetektoren erforderlich sind, um DRAM-Anforderungen effizient verarbeiten zu können.

3.5.2 Das Ein-Chip-System Texas Instruments OMAP4430

Als unser zweites Beispiel für einen CPU-Chip untersuchen wir nun das **Ein-Chip-System** (System-on-a-Chip, **SoC**) OMAP4430 von Texas Instruments (TI). Der OMAP4430 implementiert den ARM-Befehlssatz und ist für mobile und eingebettete Anwendungen wie zum Beispiel Smartphones, Tablets und Internetgeräte konzipiert. Wie der Name verrät, ist auf einem Ein-Chip-System eine breite Palette von Geräten zusammengefasst, sodass sich in Verbindung mit physischen Peripheriegeräten (Touchscreen, Flashspeicher usw.) ein vollständiger Rechner realisieren lässt.

Der **OMAP4430** ist ein SoC mit zwei ARM-A9-Kernen, einem Grafik-, einem Signal- und einem Videoprozessor. Die Spezialprozessoren führen zu einer hohen Energieeffizienz für mobile Anwendungen. Bei voller Leistung nimmt der Chip nur 600 mW auf.

Das Ein-Chip-System OMAP4430 enthält zwei ARM-A9-Kerne, zusätzliche Beschleuniger und verschiedenartige Peripherieschnittstellen. ▶Abbildung 3.43 zeigt die interne Organisation des OMAP4430. Die ARM-A9-Kerne sind 2-fache superskalare Mikroarchitekturen. Außerdem sind auf dem OMAP4430-Die drei weitere Beschleunigungsprozessoren vorhanden: ein POWERVR-SGX540-Grafikprozessor, ein ISP (Image Signal Processor) und ein IVA3-Videoprozessor. Der SGX540 erlaubt effizientes programmierbares 3-D-Rendering. Er ähnelt den Grafikprozessoren in Desktop-PCs, ist allerdings kleiner und langsamer. Der programmierbare ISP dient der effizienten Bildverarbeitung für solche Operationen, wie sie in einer digitalen High-End-Kamera erforderlich sind. Der IVA3 implementiert effiziente Videosignalverarbeitung (Decodierung/Codierung) und bringt genügend Leistung mit, um 3-D-Anwendungen zu unterstützen, wie sie bei mobilen Spielkonsolen üblich sind. Des Weiteren vereint das Ein-Chip-System OMAP4430 eine breite Palette von peripheren Schnittstellen.

Dazu gehören Controller für Touchscreens und Keypads sowie Schnittstellen für DRAM und Flashspeicher, USB und HDMI. Texas Instruments hat die Roadmap für die OMAP-

Reihe der CPUs ausführlich dargelegt. Zukünftige Designs werden alle Komponenten in größerer Anzahl enthalten – mehr ARM-Kerne, GPUs und diverse Peripherieelemente.

Das OMAP4430-Ein-Chip-System wurde Anfang 2011 mit zwei ARM-A9-Kernen in 45-nm-Technologie und einem Takt von 1 GHz eingeführt. Ein wesentlicher Aspekt des OMAP4430-Designs ist, dass das System eine beträchtliche Rechenleistung bei geringem Stromverbrauch bietet, da es für mobile Anwendungen konzipiert ist, die mit Batterien betrieben werden. In batteriebetriebenen mobilen Anwendungen kommt der Benutzer länger mit einer Akkuladung aus, je effizienter das Design arbeitet.

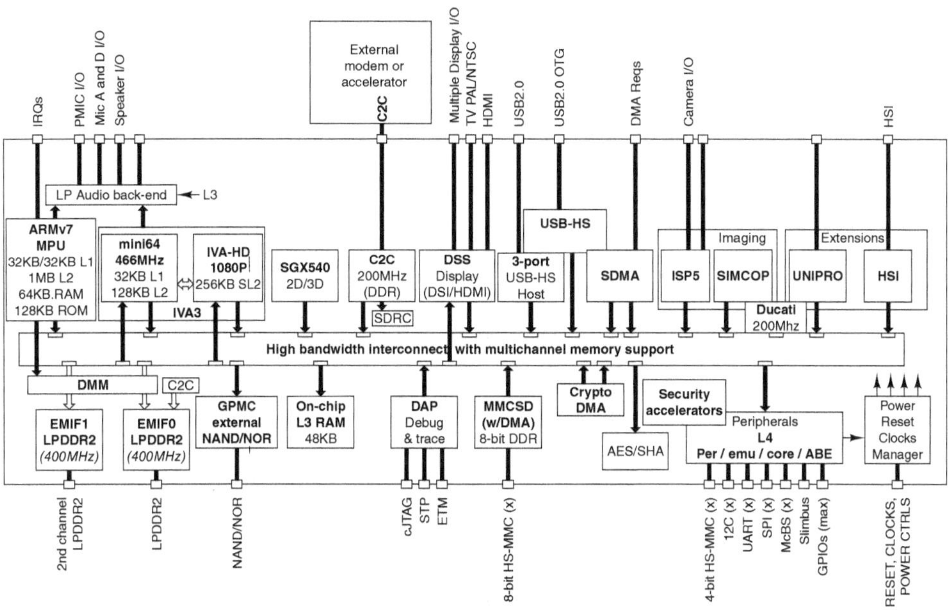

Abbildung 3.43: Die interne Organisation des Ein-Chip-Systems OMAP4430

Die vielen Prozessoren des OMAP4430 unterstützen eine energiesparende Arbeitsweise des Systems. Bei Grafikprozessor, ISP und IVA3 handelt es sich um programmierbare Beschleuniger, die effiziente Berechnungsfunktionen bei deutlich weniger Energieverbrauch bieten, als wenn allein die ARM-A9-CPUs die gleichen Aufgaben auszuführen hätten. Bei voller Leistung nimmt das OMAP4430-Ein-Chip-System lediglich 600 mW auf. Verglichen mit einem High-End-Core i7 kommt der OMAP4430 mit rund 1/250 der Leistung aus. Zudem implementiert der OMAP4430 einen sehr sparsamen Schlafmodus, in welchem das System nur 100 µW aufnimmt, wenn sich alle Komponenten im Schlafmodus befinden. Wichtig sind effiziente Schlafmodi insbesondere für mobile Endgeräte mit längeren Standby-Phasen wie zum Beispiel bei Mobiltelefonen. Je weniger Energie das System im Schlafmodus verbraucht, desto länger kann das Mobiltelefon im Standby-Modus bleiben.

Um den Leistungsbedarf des OMAP4430 weiter zu senken, enthält das Design verschiedenartige Einrichtungen für die Energieverwaltung. Dazu gehören die **dynamische Spannungsabsenkung** (Dynamic Voltage Scaling) und das vollständige Abschalten der Versorgungsspannung (**Power Gating**). Durch ein Absenken der Versorgungsspannung können Komponenten bei geringerer Spannung langsamer arbeiten, was den Leistungsbedarf drastisch verringert. Wenn Sie für Ihre Aufgaben nicht die volle Geschwindigkeit der

CPU benötigen, lässt sich die Spannung des Designs absenken, um die CPU bei einer geringeren Geschwindigkeit zu betreiben, was viel Energie spart. Power Gating ist eine noch aggressivere Energieverwaltungstechnik, die eine nicht verwendete Komponente vollständig abschaltet und damit ihren Strombedarf auf null verringert. Wenn sich beispielsweise der Benutzer in einer Tablet-Anwendung keinen Film ansieht, schaltet der IVA3-Videoprozessor vollständig ab und zieht keinen Strom mehr. Sieht sich dagegen der Benutzer einen Film an, wird der IVA3-Videoprozessor über seine Videodecodieraufgaben beschleunigt, während die beiden ARM-A9-CPUs in den Schlafzustand übergehen.

Trotz ihrer Veranlagung für Joule-sparende Betriebsweise nutzen ARM-A9-Kerne eine sehr leistungsfähige Mikroarchitektur. In jedem Zyklus können sie bis zu zwei Befehle decodieren und ausführen. Wie *Kapitel 4* noch zeigt, stellt diese Ausführungsrate den maximalen Durchsatz der Mikroarchitektur dar. Doch erwarten Sie nicht, dass dies in jedem Zyklus möglich ist. Vielmehr sollten Sie diese Rate als eine vom Hersteller garantierte Maximalleistung interpretieren, die der Prozessor unter keinen Umständen überschreiten wird. In vielen Zyklen führt der Prozessor weniger als zwei Befehle aus infolge der unzähligen „Hindernisse", die Befehle anhalten können, was einen geringeren Befehlsdurchsatz bedeutet. Um vielen dieser Durchsatzbremsen entgegenzuwirken, realisiert der ARM A9 eine leistungsfähige Sprungvorhersage, Out-of-Order-Befehlsabläufe und ein hoch optimiertes Speichersystem.

Das Speichersystem des OMAP4430 besitzt zwei interne L1-Caches für jeden ARM-A9-Prozessor: einen 32-KB-Cache für Befehle und einen 32-KB-Cache für Daten. Wie der Core i7 verwendet auch der OMAP4430 einen chipinternen L2-Cache, der aber im Unterschied zum Core i7 mit 1 MB recht winzig ausfällt und den beide ARM-A9-Kerne gemeinsam nutzen. Gespeist werden die Caches über duale DRAM-Kanäle aus energiesparenden LPDDR2-RAMs. LPDDR2 ist vom Standard für DDR2-Speicherschnittstellen abgeleitet, weist aber weniger Leitungen auf und ist auf energieeffiziente Spannungen hin ausgelegt. Des Weiteren enthält der Speichercontroller eine Reihe von Speicherzugriffsoptimierungen wie zum Beispiel spezielle Prefetch-Techniken und Unterstützung zur Rotation von Bildern im Speicher.

Kapitel 4 befasst sich noch ausführlich mit der Cachetechnik, doch sind hier schon einige Anmerkungen angebracht. Der gesamte Hauptspeicher wird in Cachezeilen (Blöcke) von je 32 Bytes aufgeteilt. Die 1024 am meisten genutzten Befehlszeilen und die 1024 am meisten genutzten Datenzeilen kommen in den L1-Cache. Stark frequentierte Cachezeilen, die nicht in den L1-Cache passen, werden im L2-Cache abgelegt. Dieser Cache enthält sowohl Daten- als auch Befehlszeilen von beiden ARM-A9-CPUs, die zufällig gemischt sind. Der L2-Cache nimmt die zuletzt im Hauptspeicher angesprochenen 32.768 Zeilen auf. Bei einem L1-Cache-Zugriffsfehler (Cache Miss) sendet die CPU die Kennung der gesuchten Zeile (Tag-Adresse) an den L2-Cache. Aus der Antwort (Tag-Daten) erfährt die CPU, ob sich die Zeile im L2-Cache befindet und (falls das zutrifft) in welchem Zustand sie ist. Wenn die Zeile im Cache steht, liest die CPU sie. Einen Wert aus dem L2-Cache abzurufen dauert 19 Zyklen. Da diese Zeitspanne recht groß ist, um auf Daten zu warten, optimieren geschickte Programmierer ihre Programme, um weniger Daten zu verwenden, sodass es wahrscheinlicher ist, die Daten im schnellen L1-Cache zu finden.

Befindet sich die Cachezeile nicht im L2-Cache, dann muss sie aus dem Hauptspeicher über die LPDD2-Speicherschnittstelle abgerufen werden. Die LPDDR2-Schnittstelle des OMAP4430 ist auf dem Chip implementiert, sodass sich der LPDDR2-DRAM direkt an den OMAP4430 anschließen lässt. Um auf den Speicher zuzugreifen, muss die CPU zuerst den oberen Teil der DRAM-Adresse – über die 13 Adressleitungen – an den DRAM-Chip senden. Diese sogenannte `ACTIVATE`-Operation lädt eine komplette Speicherzeile aus dem DRAM in einen Zeilenpuffer. Anschließend kann die CPU mehrere `READ`- oder `WRITE`-Befehle ausgeben. Dabei legt sie den Rest der Adresse auf dieselben 13 Adressleitungen und sendet (oder empfängt) die Daten für die Operation auf den 32 Datenleitungen.

Beim Warten auf die Ergebnisse kann die CPU durchaus mit anderen Arbeiten fortfahren. Zum Beispiel verhindert ein Cache-Zugriffsfehler beim Prefetching eines Befehls nicht die Ausführung eines oder mehrerer bereits abgerufener Befehle, die sich eventuell auf Daten beziehen, die in keinem Cache stehen. Somit können mehrere Transaktionen an den beiden LPDDR2-Schnittstellen auf einmal ausstehen, und das sogar für denselben Prozessor. Es ist Sache des Speichercontrollers, diese Vorgänge zu verfolgen und die tatsächlichen Speicheranforderungen in einer möglichst effizienten Reihenfolge abzuwickeln.

Wenn die Daten schließlich aus dem Speicher eintreffen, kann dies in 4 Bytes gleichzeitig geschehen. Bei Speicheroperation ist ein Burstmodus für Lese- oder Schreibvorgänge möglich, sodass mehrere zusammenhängende Adressen in derselben DRAM-Zeile gelesen oder geschrieben werden können. Dieser Modus ist insbesondere beim Lesen oder Schreiben von Cache-Blöcken effizient. Nebenbei bemerkt sind die oben angegebenen Beschreibungen für den OMAP4430 wie auch für den Core i7 stark vereinfacht, spiegeln aber das Wesentliche ihrer Arbeitsweise wider.

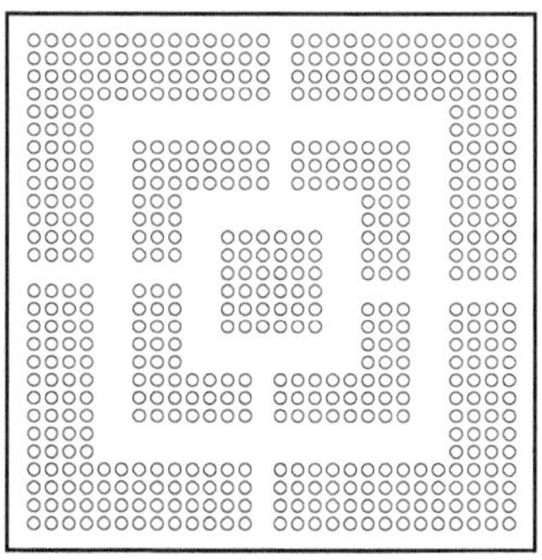

Abbildung 3.44: Anordnung der Kontakte beim Ein-Chip-System OMAP4430

Der OMAP4430 ist in einem **Ball Grid Array** (**BGA**) mit 547 Pins untergebracht (▶Abbildung 3.44). Diese Gehäusebauform (Ball Grid Array – Kugelgitteranordnung) ähnelt einem LGA (Land Grid Array), wobei aber die Kontakte auf dem Chip als kleine Metallperlen und nicht als rechteckige Pads wie im LGA ausgeführt sind. Die beiden Gehäusebauformen sind nicht kompatibel, was die Tatsache erhärtet, dass man einen eckigen Stab nicht in ein rundes Loch stecken kann. Das Gehäuse des OMAP4430 besteht aus einem rechteckigen Raster von 28 × 26 Lötperlen, bei dem innen zwei Ringe komplett frei sind und zudem die Lötperlen in zwei versetzt gegenüberliegenden Spalten und Zeilen fehlen, um ein falsches Einsetzen des Chips in den BGA-Sockel zu verhindern.

Es ist schwierig, einen CISC-Chip (wie den Core i7) und einen RISC-Chip (wie den OMAP4430) allein anhand der Taktfrequenz zu vergleichen. Zum Beispiel haben die beiden ARM-A9-Kerne im OMAP4430 eine Spitzenausführungsgeschwindigkeit von 4 Befehlen je Taktzyklus, was nahezu die gleiche Ausführungsrate wie bei den 4-fach superskalaren Core-i7-Prozessoren ergibt. Allerdings erreicht der Core i7 eine schnellere Programmausführung dank seiner (maximal) 6 Prozessoren, die mit einem 3,5-fach höheren Takt (3,5 GHz) als der OMAP4430 laufen. Der OMAP4430 mag wie eine Schildkröte erscheinen, die neben dem Core-i7-Hasen läuft, doch verbraucht die Schildkröte weniger Energie und erreicht möglicherweise als Erste das Ziel, vor allem wenn der Hase keine große Batterie mit sich führt.

3.5.3 Der Mikrocontroller Atmel ATmega168

Die Prozessoren Core i7 und OMAP4430 sind Beispiele für äußerst leistungsfähige Rechnerplattformen, wobei der Core i7 für Desktopanwendungen und der OMAP4430 für mobile Anwendungen konzipiert ist. An derartige Systeme denkt man in der Regel zuerst, wenn von Computer die Rede ist. Daneben gibt es aber noch eine andere Welt von Computern, die tatsächlich viel größer ist: eingebettete Systeme. Dieser Abschnitt vermittelt einen kurzen Einblick in diese Welt.

Wahrscheinlich ist es nur leicht übertrieben zu sagen, dass jedes elektrische Gerät, das mehr als 100 US-Dollar kostet, einen Computer enthält. Sicherlich sind Fernseher, Mobiltelefone, PDAs, Mikrowellenherde, Camcorder, Videorekorder, Laserdrucker, Einbruchsicherungen, Hörgeräte, elektronische Spiele und andere Geräte, die man gar nicht alle aufzählen kann, heutzutage computergesteuert. Die in diese Dinge integrierten Computer sind eher auf geringe Kosten als auf hohe Leistung optimiert, was zu anderen Kompromissen als bei den bisher untersuchten CPUs des oberen Leistungsbereichs führt.

Wie bereits in *Kapitel 1* erwähnt, ist der ATmega168 von Atmel sehr weit verbreitet, was vor allem auf seine geringen Kosten (etwa 1 US-Dollar) zurückzuführen ist. Zudem ist es ein universeller Chip, der einfache und preiswerte Schnittstellen erlaubt. Deshalb untersuchen wir nun diesen Chip, dessen physische Anschlussbelegung in ▶Abbildung 3.45 zu sehen ist.

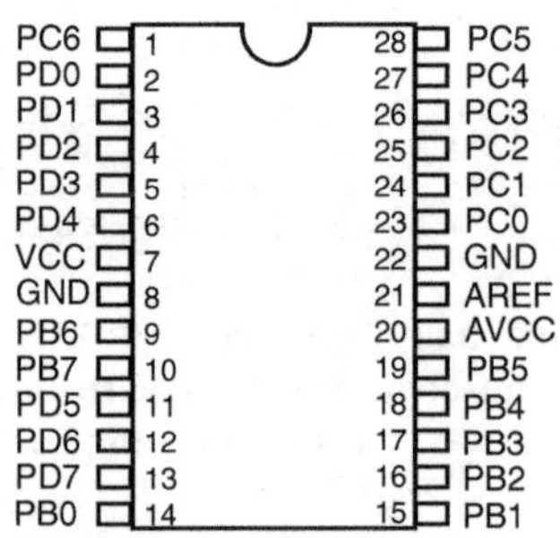

Abbildung 3.45: Physische Anschlussbelegung des ATmega168

Beim Mikrocontroller **ATmega168** ist der gesamte Speicher (EEPROM, Flash, SRAM) im Prozessor realisiert. Die meisten seiner Pins sind E/A-Anschlüsse.

Wie aus der Abbildung hervorgeht, ist der ATmega168 normalerweise in einem Standardgehäuse mit 28 Pins untergebracht (daneben gibt es aber noch andere Bauformen). Auf den ersten Blick mag die Anschlussbelegung dieses Chips verglichen mit den beiden oben vorgestellten Designs etwas seltsam anmuten. Insbesondere besitzt der Chip weder Adress- noch Datenleitungen. Das hängt damit zusammen, dass der Chip nicht für den Anschluss an Speicher, sondern nur für den Anschluss an Geräte konzipiert ist. Wie ▶Abbildung 3.46 zeigt, ist der gesamte Speicher – SRAM und Flash – im Prozessor selbst realisiert. Somit sind weder Adress- noch Datenpins erforderlich.

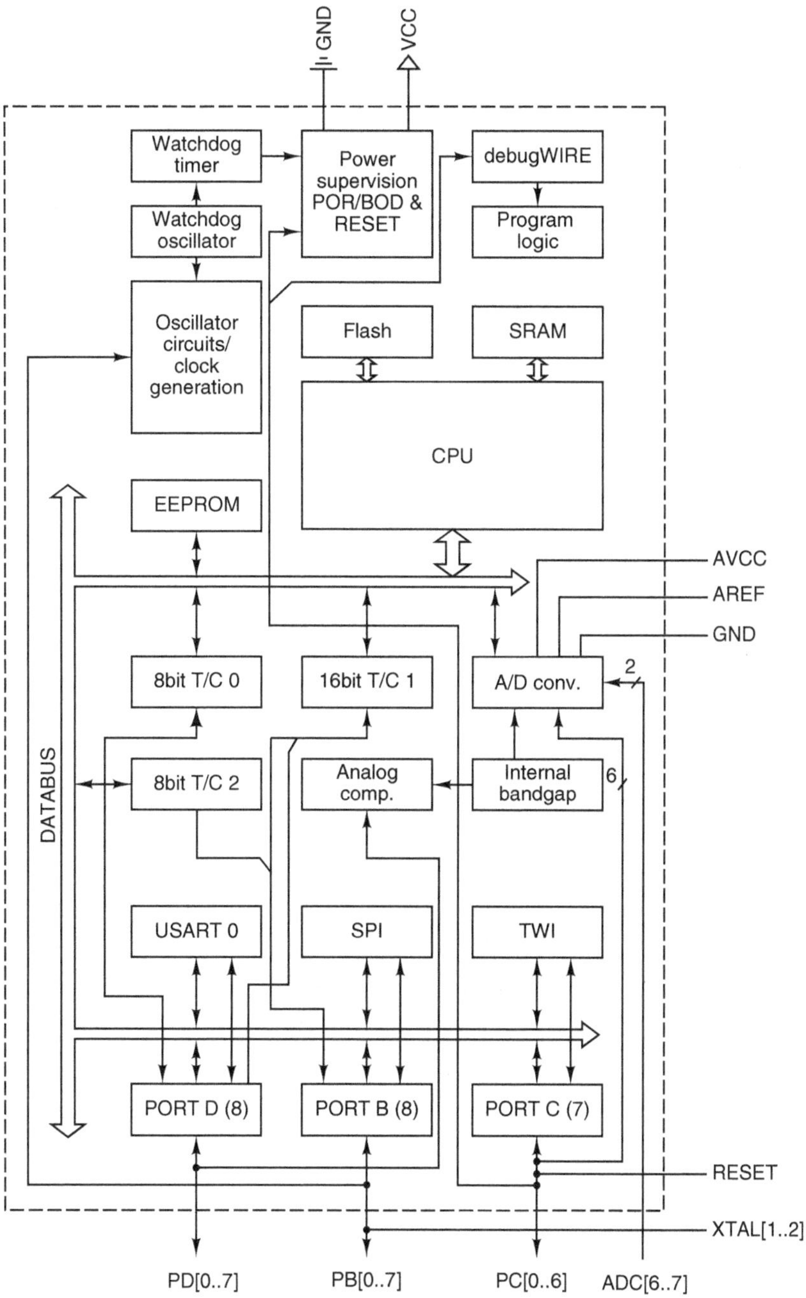

Abbildung 3.46: Architektur und logische Anschlussbelegung des ATmega168

Statt der Adress- und Datenpins verfügt der ATmega168 über 23 digitale E/A-Anschlüsse – 8 an Port B und D, 7 an Port C. Diese digitalen Ein-/Ausgangsleitungen sind für den Anschluss von E/A-Peripheriegeräten vorgesehen. Jede Leitung lässt sich intern durch das Startprogramm als Eingang oder Ausgang konfigurieren. Zum Beispiel könnte in einem

Mikrowellenherd eine digitale E/A-Leitung als Eingang für den Sensor „Tür offen“ dienen. Eine andere E/A-Leitung könnte als Ausgang programmiert sein, um den Mikrowellengenerator ein- und auszuschalten. Die Software im ATmega168 prüft dann, ob die Tür geschlossen ist, bevor sie den Mikrowellengenerator einschaltet. Wird die Tür plötzlich geöffnet, dann muss die Software die Stromzufuhr sofort abschalten. In der Praxis sind natürlich immer auch mechanische Trennschalter vorhanden.

Optional lassen sich 6 der Eingänge von Port C als analoge Ein-/Ausgänge konfigurieren. Über die analogen E/A-Pins ist es möglich, Spannungspegel eines Eingangs zu lesen oder den Spannungspegel eines Ausgangs zu setzen. In einem erweiterten Beispiel unseres Mikrowellenherds verfügen einige Öfen über einen Temperatursensor, sodass der Benutzer die Speisen auf eine vorgegebene Temperatur erhitzen kann. Der Temperatursensor ist dann an einen Eingang von Port C angeschlossen, die Software liest die Spannung des Sensoreingangs und wandelt sie dann entsprechend der Kennlinie des Sensors mit einer sensorspezifischen Übersetzungsfunktion in eine Temperatur um. Die übrigen Pins am ATmega168 sind als Eingang für die Betriebsspannung (VCC), als Masseanschluss (2-mal GND) und als Konfigurationseingänge (AREF, AVCC) für den analogen E/A-Schaltungsteil beschaltet.

Die interne Architektur des ATmega168 ist wie beim OMAP4430 ein Ein-Chip-System mit einem umfangreichen Arsenal an internen Bausteinen. Der ATmega168 enthält 16 KB Flashspeicher für nicht flüchtige Informationen, die sich nicht allzu häufig ändern, beispielsweise Programmbefehle. Ein ebenfalls nicht flüchtiger Speicher ist der bis zu 1 KB große EEPROM, der sich per Software schreiben lässt. Der EEPROM speichert die Konfigurationsdaten für das System. Im Mikrowellenbeispiel könnte das Programm mit einem Bit im EEPROM das Anzeigeformat der Uhrzeit (12 oder 24 h) codieren. Der ATmega168 bringt zudem bis zu 1 KB SRAM mit, in dem die Software temporäre Variablen aufbewahren kann.

Der interne Prozessor führt den AVR-Befehlssatz aus, der aus 131 Befehlen von jeweils 16 Bit Länge besteht. Da es sich um einen 8-Bit-Prozessor handelt, arbeitet er mit 8-Bit-Datenwerten und besitzt 8 Bit breite Register. Im Befehlssatz gibt es spezielle Befehle, durch die der 8-Bit-Prozessor auch größere Datentypen effizient verarbeiten kann. Zum Beispiel erlaubt es der Befehl „Addieren mit Übertrag“, zwei Werte und den Übertrag der vorhergehenden Addition zu addieren, sodass sich Additionen mit 16 Bit oder mehr ausführen lassen. Zu den übrigen Komponenten gehören die Echtzeituhr und die Logik für verschiedene Schnittstellen – serielle, pulsbreitenmodulierte (PWM) und I2C-Verbindungen (Inter-IC bus) – sowie analoge und digitale E/A-Controller.

3.6 Beispielbusse

Busse sind der „Klebstoff“, der Computersysteme zusammenhält. Dieser Abschnitt beschäftigt sich mit zwei verbreiteten Bussen im Detail: PCI und USB (Universal Serial Bus). Der PCI-Bus ist in den heutigen PCs der vorherrschende Bus für E/A-Peripherie. Dabei sind zwei Formen zu unterscheiden: der ältere PCI-Bus und der neuere und wesentlich schnellere PCI-Express-Bus (PCIe). Der Universal Serial Bus setzt sich immer stärker als E/A-Bus für langsamere Peripheriegeräte, wie Mäuse und Tastaturen, durch. Eine zweite und dritte Version des USB läuft mit wesentlich höheren Geschwindigkeiten. In den folgenden Abschnitten sehen wir uns diese Busse und ihre Arbeitsweise nacheinander an.

3.6.1 Der PCI-Bus

Im ursprünglichen IBM-PC waren die meisten Anwendungen textbasiert. Mit der Einführung von Windows setzten sich nach und nach grafische Benutzeroberflächen durch. Keine dieser Anwendungen hatte den frühen Systembussen wie dem ISA-Bus viel abgefordert. Als aber mit der Zeit viele neue Anwendungen – insbesondere Multimediaspiele – den Computer nutzten, um Video in Vollbilddarstellung anzuzeigen, änderte sich die Situation drastisch.

Ein einfaches Rechenbeispiel soll dies verdeutlichen. Wir nehmen eine Bildschirmauflösung von 1024 × 768 Bildpunkten für Video mit 3 Byte je Pixel an. Ein Frame enthält 2,25 MB Daten. Damit die Bewegungen flüssig ablaufen, sind mindestens 30 Bilder/s erforderlich, was eine Datenrate von 67,5 MB/s ergibt. Möchte man Videos von der Festplatte, einer CD-ROM oder von DVD anzeigen, dann kommt erschwerend hinzu, dass die Daten vom Laufwerk über den Bus zum Speicher fließen müssen. Und für die eigentliche Anzeige ist es erforderlich, die Daten erneut über den Bus zum Grafikadapter zu leiten. Somit brauchen wir allein für das Video 135 MB/s Bandbreite, ganz zu schweigen von der Bandbreite, die die CPU und andere Geräte benötigen.

Der ISA-Bus als Vorläufer des PCI-Busses lief mit einem maximalen Takt von 8,33 MHz und konnte pro Zyklus 2 Bytes übertragen, was eine maximale Bandbreite von 16,7 MB/s bedeutet. Der erweiterte ISA-Bus (EISA-Bus genannt) konnte 4 Bytes in jedem Zyklus übertragen und erreicht 33,3 MB/s. Es ist klar, dass beide Busse nicht einmal annähernd an das herankamen, was für Vollbildvideodarstellung notwendig ist.

Mit dem modernen Full-HD-Video sieht die Lage noch schlimmer aus. Hier sind 1920 × 1080 Frames bei 30 Frames/s erforderlich, was eine Datenrate von 155 MB/s bedeutet (oder 310 MB/s, wenn die Daten den Bus zweimal passieren müssen). Der EISA-Bus kann diese Datenmengen nicht annähernd bewältigen.

Intel erkannte 1990 diese Entwicklung und konzipierte einen neuen Bus mit einer wesentlich höheren Bandbreite als der EISA-Bus. Dieser Bus erhielt die Bezeichnung **PCI-Bus (Peripheral Component Interconnect Bus)**. Um seinen Einsatz voranzutreiben, patentierte Intel den PCI-Bus und stellte dann alle Patente zur freien Verfügung, damit jedes Unternehmen Peripheriegeräte dafür bauen konnte, ohne Lizenzgebühren zahlen zu müssen. Außerdem gründete Intel ein Industriekonsortium, die PCI Special Interest Group, um die Zukunft des PCI-Busses zu verwalten. Diese Schritte führten dazu, dass der PCI-Bus sehr populär wurde. Praktisch jeder Intel-basierte Computer seit dem Pentium besitzt einen PCI-Bus und viele andere Computer haben ihn ebenfalls übernommen. Der PCI-Bus wird ausführlich in [Shanley und Anderson, 1999] und [Solari und Willse, 2004] beschrieben.

Der ursprüngliche PCI-Bus überträgt 32 Bit pro Zyklus und läuft mit 33 MHz (d.h. einer Zykluszeit von 30 ns), was eine Gesamtbandbreite von 133 MB/s ergibt. Im Jahre 1993 wurde PCI 2.0 eingeführt und 1995 kam die Version PCI 2.1 heraus. Die Spezifikation PCI 2.2 ist auf mobile Computer ausgerichtet (hauptsächlich, um die Batterie zu schonen). Der PCI-Bus läuft mit bis zu 66 MHz und kann 64 Bit übertragen, was eine Bandbreite von 528 MB/s bedeutet. Mit diesen Eigenschaften ist Vollbildvideo möglich (unter der Voraussetzung, dass die Festplatte und der Rest des Systems diesen Anforderungen genügen). Auf jeden Fall ist der PCI-Bus nicht mehr der Flaschenhals.

Selbst wenn sich die Rate von 528 MB/s gut anhört, hafteten dem PCI-Bus noch zwei Probleme an. Erstens war er für einen Speicherbus nicht ausreichend. Zweitens war er nicht kompatibel mit den vielen noch vorhandenen alten ISA-Karten. Bei der von Intel anvisierten Lösung werden Computer mit drei oder mehr Bussen ausgestattet. ▶Abbildung 3.47 zeigt, dass die CPU mit dem Hauptspeicher über einen speziellen Speicherbus kommuniziert und dass sich ein ISA-Bus an den PCI-Bus anschließen lässt. Da diese Anordnung alle Anforderungen erfüllte, wurde sie in den 1990er Jahren weithin eingesetzt.

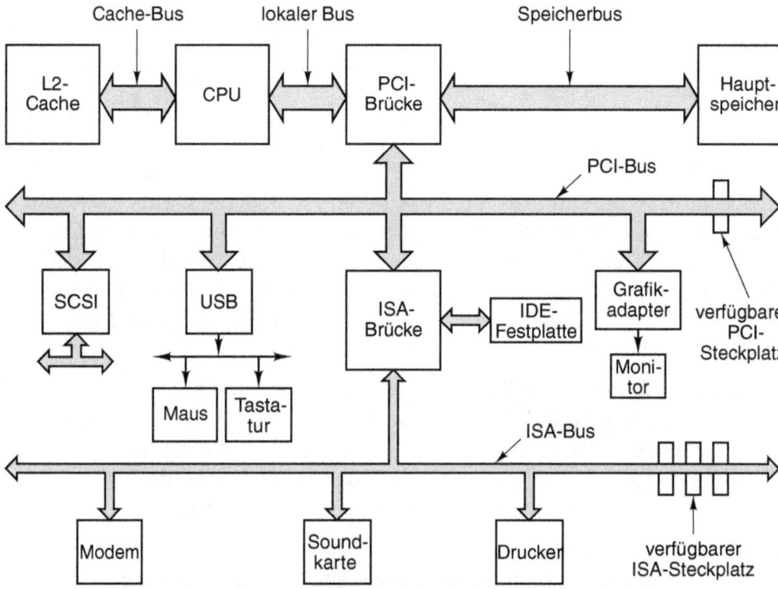

Abbildung 3.47: Architektur eines frühen Pentium-Systems. Die dicker gezeichneten Busse haben mehr Bandbreite als die dünneren, auch wenn die Darstellung nicht maßstabsgerecht ist.

Die beiden Brückenchips (Bridges) sind die Schlüsselkomponenten in diesem System. (Da Intel diese Chips herstellt, erklärt das wohl auch das Interesse an diesem Projekt.) Die PCI-Brücke verbindet die CPU, den Speicher und den PCI-Bus. Die ISA-Brücke schließt den ISA-Bus an den PCI-Bus an und unterstützt eine oder zwei IDE-Festplatten. Nahezu alle PC-Systeme mit dieser Architektur bieten einen oder mehrere freie PCI-Steckplätze für neue Hochgeschwindigkeitsperipheriegeräte und einen oder mehrere ISA-Steckplätze für langsamere Peripheriegeräte.

Das System in Abbildung 3.47 hat den großen Vorteil, dass der CPU über einen proprietären Speicherbus eine außerordentlich hohe Bandbreite zum Speicher zur Verfügung steht, der PCI-Bus eine hohe Bandbreite für schnelle Peripheriegeräte, wie zum Beispiel SCSI-Platten, Grafikadapter usw., bietet und ältere ISA-Karten weiterhin genutzt werden können. In der Abbildung bezieht sich das Kästchen mit der Bezeichnung USB auf den Universal Serial Bus, der später in diesem Kapitel behandelt wird.

Es wäre schön gewesen, wenn es nur bei einer Sorte PCI-Karten geblieben wäre. Leider ist das nicht der Fall. Somit existieren Optionen für Spannung, Verarbeitungsbreite und zeitliche Abläufe. Ältere Computer nutzen meist 5 V, während neuere zu 3,3 V übergehen, sodass der PCI-Bus beides unterstützt. Die Steckverbinder sind gleich, mit Ausnahme von zwei Kunststoffnasen, die verhindern sollen, dass man eine 5-V-Karte in einen 3,3-V-Bus steckt oder umgekehrt. Zum Glück gibt es auch universell einsetzbare Karten, die beide Spannungen unterstützen und für jeden Steckplatz geeignet sind. Abgesehen von den beiden Spannungen gibt es Karten in 32- und 64-Bit-Versionen. Die 32-Bit-Karten sind mit 120 Pins versehen, die 64-Bit-Karten besitzen die gleichen 120

Pins und zusätzlich 64 Pins. Ein PCI-Bussystem, das 64-Bit-Karten unterstützt, kann auch 32-Bit-Karten aufnehmen, umgekehrt ist das nicht möglich. Schließlich können PCI-Busse mit 33 oder 66 MHz laufen. Die Auswahl erfolgt über einen Pin, der entweder mit Betriebsspannung oder mit Masse verbunden wird. Die Steckverbinder sind für beide Geschwindigkeiten identisch.

PCI-Express hat die älteren Busse, ISA und AGP, zur Anbindung von E/A-Geräten abgelöst. Er bietet bis zu 16 GB/s Bandbreite über serielle Verbindungen.

In den späten 1990er Jahren war man sich ziemlich einig, dass der ISA-Bus überholt ist, sodass er in neuen Konzepten nicht mehr auftauchte. Allerdings hatte sich inzwischen die Bildschirmauflösung in manchen Fällen auf 1600 × 1200 erhöht und der Bedarf nach Vollbildvideo war ebenfalls größer geworden. Deshalb hat Intel einen weiteren Bus eingeführt, der lediglich die Grafikkarten bedient. Es handelt sich dabei um den **AGP-Bus (Accelerated Graphics Port Bus)**. Die ursprüngliche Version AGP 1.0 lief mit 264 MB/s und wurde als 1x definiert. Der Bus ist zwar langsamer als der PCI-Bus, bleibt aber der Grafikkarte vorbehalten. Im Laufe der Jahre sind neue Versionen herausgekommen, wobei die Version AGP 3.0 mit 2,1 GB/s (8x) läuft. Doch selbst der leistungsfähigste AGP-3.0-Bus ist inzwischen durch noch schnellere Emporkömmlinge verdrängt worden, insbesondere durch den PCI-Express-Bus, der die Daten mit beachtlichen 16 GB/s über serielle Hochgeschwindigkeitsbusverbindungen pumpen kann. ▶Abbildung 3.48 zeigt ein modernes Core-i7-System.

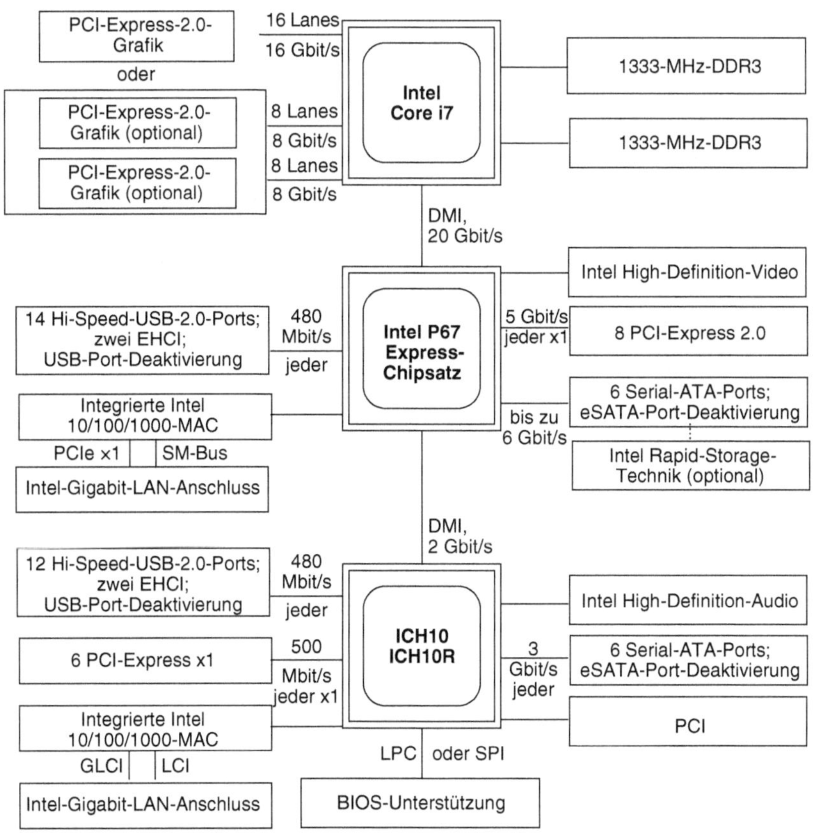

Abbildung 3.48: Die Busstruktur eines modernen Pentium-4-Systems

Ein modernes Core-i7-System verfügt über eine Reihe von Schnittstellen, die direkt im CPU-Chip integriert sind. Die beiden DDR3-Speicherkanäle bewältigen 1333 Millionen Transaktionen/s, sind mit dem Hauptspeicher verbunden und bieten Gesamtbandbreite von 10 GB/s je Kanal. Ebenfalls in die CPU integriert ist ein PCI-Express-Kanal mit 16 Lanes, der sich optimal zu einem einzelnen 16-Bit-PCI-Express-Bus oder zu zwei unabhängigen 8-Bit-PCI-Express-Bussen konfigurieren lässt. Die 16 Lanes bieten zusammen eine Bandbreite von 16 GB/s für E/A-Geräte.

Die CPU ist an den primären Brückenchip, den P67, über die serielle DMI-Verbindung (Direct Media Interface) mit 20 Gbit/s (2,5 GB/s) angeschlossen. Der P67 enthält Schnittstellen für eine Reihe moderner Hochleistungs-E/A-Geräte. Es stehen 8 zusätzliche PCI-Express-Lanes und eine SATA-Festplattenschnittstelle zur Verfügung. Der P67 implementiert des Weiteren 14 USB-2.0-Schnittstellen, 10G-Ethernet und eine Audioschnittstelle.

Der ICH10-Chip unterstützt Schnittstellen für ältere Geräte. Er ist mit dem P67 über eine langsamere DMI-Schnittstelle verbunden. Der ICH10 implementiert den PCI-Bus, 1G-Ethernet, USB-Ports und ältere PCI-Express- und SATA-Schnittstellen. In neueren Systemen ist der ICH10 möglicherweise nicht mehr zu finden; er ist nur erforderlich, wenn das System ältere Schnittstellen unterstützen muss.

Arbeitsweise des PCI-Busses

Wie alle PC-Busse, die auf den ursprünglichen IBM-PC zurückgehen, arbeitet der PCI-Bus synchron. Alle Transaktionen erfolgen zwischen einem Master, der offiziell **Initiator** heißt, und einem Slave, den man **Target** nennt. Um die PCI-Pinanzahl gering zu halten, werden die Adress- und Datenleitungen gemultiplext. Auf diese Weise sind nur 64 Pins auf PCI-Karten für die Adresse und die Datensignale erforderlich, selbst wenn der PCI-Bus 64-Bit-Adressen und 64-Bit-Daten unterstützt.

Die gemultiplexten Adress- und Datenpins funktionieren wie folgt: Bei einer Leseoperation im Zyklus 1 legt der Master die Adresse auf den Bus. In Zyklus 2 entfernt der Master die Adresse und der Bus wird umgekehrt, sodass ihn der Slave benutzen kann. In Zyklus 3 gibt der Slave die angeforderten Daten aus. Bei Schreiboperationen muss der Bus nicht umgekehrt werden, weil der Master sowohl Adresse als auch Daten ausgibt. Die kleinste Transaktion erfordert trotzdem drei Zyklen. Ist der Slave nicht in der Lage, in drei Zyklen zu reagieren, so kann er Wartezustände einfügen. Blockübertragungen in unbegrenzter Größe und verschiedene andere Arten von Buszyklen sind ebenfalls zulässig.

PCI-Bus-Arbitration

Der **PCI-Bus** ist ein synchroner Bus mit zentraler Arbitrierung.

Damit ein Gerät den PCI-Bus benutzen kann, muss dieser ihm zuerst zugeteilt werden. Die PCI-Bus-Arbitration setzt dafür einen zentralen Bus-Arbiter ein (▶Abbildung 3.49). Bei den meisten Designs ist der Bus-Arbiter in einem der Brückenchips integriert. Von jedem PCI-Gerät gehen zwei dedizierte Leitungen zum Arbiter. Über die Leitung `REQ#` sendet das Gerät die Busanforderung (Request) und empfängt auf der Leitung `GNT#` die Buszuteilung (Grant). *Hinweis:* Im PCI-Sprachgebrauch steht `REQ#` für $\overline{REQ}$.

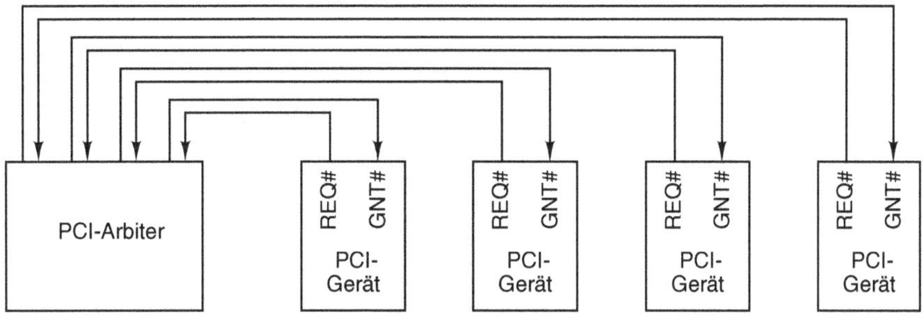

Abbildung 3.49: Der PCI-Bus verwendet einen zentralen Bus-Arbiter

Um den Bus anzufordern, aktiviert ein PCI-Gerät (einschließlich der CPU) das Signal REQ# und wartet, bis seine GNT#-Leitung vom Arbiter aktiviert wird. Dann kann das Gerät den Bus im nächsten Zyklus benutzen. Der vom Arbiter benutzte Algorithmus ist in der PCI-Spezifikation jedoch nicht definiert. Round-Robin-Arbitration, Prioritäten-Arbitration und andere Verfahren sind zulässig. Selbstverständlich ist ein guter Arbiter fair und lässt kein Gerät ewig warten.

Eine Busüberlassung gilt nur für eine Transaktion, obwohl die Länge dieser Transaktion theoretisch unbegrenzt ist. Wenn ein Gerät eine zweite Transaktion durchführen möchte und kein anderes Gerät den Bus angefordert hat, kann es sofort fortfahren, auch wenn häufig ein Leerlaufzyklus zwischen zwei Transaktionen eingeschoben werden muss. Allerdings kann ein Gerät unter besonderen Umständen – wenn es gerade keinen Wettbewerb um den Bus gibt – mehrere Transaktionen hintereinander ausführen, ohne einen Leerlaufzyklus einschieben zu müssen. Führt ein Busmaster einen sehr langen Transfer durch und hat ein anderes Gerät währenddessen den Bus angefordert, so kann der Arbiter die GNT#-Leitung deaktivieren. Der aktuelle Busmaster muss die GNT#-Leitung überwachen, damit er den Bus beim Erkennen der Deaktivierung im nächsten Zyklus freigeben kann. Dieses Schema erlaubt sehr lange Transfers (die effizient sind), wenn es nur einen Anwärter auf den Busmaster gibt, aber dennoch kurze Reaktionszeiten für konkurrierende Geräte.

PCI-Bussignale

Der PCI-Bus hat mehrere obligatorische Signale, die in ▶Tabelle 3.5 zusammengefasst sind, und eine Reihe von optionalen Signalen, die ▶Tabelle 3.6 zeigt. Der Rest der 120 bzw. 184 Pins wird für Betriebsspannung, Masse und verschiedene Funktionen, die damit im Zusammenhang stehen, verwendet. (Diese Signale sind hier nicht aufgelistet.) In den Spalten *Master* (Initiator) und *Slave* (Ziel) ist angegeben, wer das Signal in einer normalen Transaktion aktiviert. Wird das Signal von einem anderen Gerät aktiviert (z.B. CLK), bleiben beide Spalten leer.

Signal	Leitungen	Master	Slave	Beschreibung
CLK	1			Takt (33 oder 66 MHz)
AD	32	×	×	Gemultiplexte Adress- und Datenleitungen
PAR	1	×		Adress- oder Datenparitätsbit
C/BE	4	×		Busbefehl/Bitmap für Byte Enable (zeigt gültige Datenbytes an)
FRAME#	1	×		Kennzeichnet, dass AD und C/BE aktiviert sind
IRDY#	1	×		Lesen: Master wird akzeptieren; Schreiben: Daten liegen an
IDSEL	1	×		Wählt Konfigurationsraum statt Speicher
DEVSEL#	1		×	Slave hat seine Adresse decodiert und ist in Bereitschaft
TRDY#	1		×	Lesen: Daten liegen an; Schreiben: Slave wird akzeptieren
STOP#	1		×	Slave möchte Transaktion sofort abbrechen
PERR#	1			Empfänger hat Datenparitätsfehler erkannt
SERR#	1			Adressparitätsfehler oder Systemfehler erkannt
REQ#	1			Bus-Arbitration: Anforderung des Busses
GNT#	1			Bus-Arbitration: Zuteilung des Busses
RST#	1			Setzt das System und alle Geräte zurück

Tabelle 3.5: Obligatorische PCI-Bussignale

Signal	Leitungen	Master	Slave	Beschreibung
REQ64#	1	×		Anforderung zur Ausführung einer 64-Bit-Transaktion
ACK64#	1		×	Berechtigung wird für eine 64-Bit-Transaktion gewährt
AD	32	×		Zusätzliche 32 Bits für Adresse oder Daten
PAR64	1	×		Parität für die 32 zusätzlichen Adress-/Datenbits
C/BE#	4	×		Weitere 4 Bits für Byte Enable (zeigt gültige Datenbytes an)
LOCK	1	×		Bus sperren, um mehrere Transaktionen zu erlauben
SBO#	1			Treffer in einem entfernten Cache (bei einem Mehrprozessorsystem)
SDONE	1			Snooping ausgeführt (bei einem Mehrprozessorsystem)
INTx	4			Anforderung eines Interrupts
JTAG	5			JTAG-Testsignale nach IEEE 1149.1
M66EN	1			An Betriebsspannung oder Masse gelegt (wählt 66 oder 33 MHz)

Tabelle 3.6: Optionale PCI-Bussignale

Wir sehen uns nun die einzelnen PCI-Bussignale kurz an und beginnen mit den obligatorischen (32-Bit-)Signalen. Anschließend wenden wir uns den optionalen (64-Bit-)Signalen zu. Das CLK-Signal steuert den Bus. Die meisten anderen Signale sind mit diesem Signal synchron. Eine PCI-Bustransaktion beginnt an der fallenden Flanke von CLK, d.h. in der Mitte des Zyklus.

Die 32 AD-Signale sind für die Adresse und die Daten (bei 32-Bit-Transaktionen) bestimmt. Im Allgemeinen wird die Adresse in Zyklus 1 aktiviert und die Daten in Zyklus 3. Das PAR-Signal ist ein Paritätsbit für AD. Das Signal C/BE# erfüllt zwei Aufgaben: In Zyklus 1 enthält es den Busbefehl (1 Wort lesen, Block lesen usw.). In Zyklus 2 enthält es eine Bitmap mit 4 Bits, die besagen, welche Bytes des 32-Bit-Wortes gültig sind. Mit C/BE# können 1, 2 oder 3 beliebige Bytes oder das ganze Wort gelesen oder geschrieben werden.

Das Signal FRAME# wird vom Busmaster für den Start einer Bustransaktion aktiviert, um eine Bustransaktion einzuleiten. Es informiert den Slave darüber, dass die Adress- und Busbefehle jetzt gültig sind. In einer Leseoperation wird IRDY# normalerweise gleichzeitig mit FRAME# aktiviert. Dies besagt, dass der Master bereit ist, die eintreffenden Daten zu akzeptieren. Bei einer Schreiboperation wird IRDY# später aktiviert, wenn sich die Daten auf dem Bus befinden.

Das Signal IDSEL bezieht sich auf die Tatsache, dass jedes PCI-Gerät über einen Konfigurationsraum von 256 Byte verfügen muss, den andere Geräte (durch Aktivierung von IDSEL) lesen können. Dieser Konfigurationsraum enthält die Eigenschaften des Geräts. Die Plug-and-Play-Funktion mancher Betriebssysteme bestimmt anhand des Konfigurationsraums, welche Geräte auf dem Bus vorhanden sind.

Nun kommen wir zu den Signalen, die der Slave aktiviert. DEVSEL# kündigt an, dass der Slave seine Adresse auf den AD-Leitungen erkannt hat und bereit ist, in die Transaktion einzutreten. Wird DEVSEL# nicht innerhalb eines bestimmten Zeitraums aktiviert, dann läuft der Timer des Masters ab und der Master nimmt dann an, dass das adressierte Gerät nicht vorhanden oder ausgefallen ist.

Mit dem Signal TRDY# kündigt der Slave bei Leseoperationen an, dass sich die Daten auf den AD-Leitungen befinden. Bei Schreiboperationen kündigt der Slave damit an, dass er bereit ist, Daten zu akzeptieren.

Die nächsten drei Signale sind für Fehlermeldungen reserviert. Der Slave aktiviert STOP#, wenn etwas Unvorhergesehenes passiert und er die aktuelle Transaktion abbrechen möchte. PERR# wird benutzt, um einen Datenparitätsfehler aus dem vorherigen Zyklus zu melden. Bei einer Leseoperation wird es vom Master und bei einer Schreiboperation vom Slave aktiviert. Schließlich dient SERR# dazu, Adress- und Systemfehler zu melden.

Über die Signale REQ# und GNT# erfolgt die Bus-Arbitration. Diese Signale aktiviert nicht der aktuelle Busmaster, sondern ein Gerät, das zum Busmaster werden möchte. Das letzte obligatorische Signal ist RST#. Mit ihm setzt man das System zurück, wenn der Benutzer die RESET-Taste gedrückt oder ein Systemgerät einen nicht reparierbaren Fehler festgestellt hat. Die Aktivierung dieses Signals setzt alle Geräte zurück und startet den Computer neu.

Die optionalen Signale beziehen sich vor allem auf die Erweiterung von 32 auf 64 Bit. Die Signale REQ64# und ACK64# erlauben dem Master, eine Berechtigung für die Durchführung einer 64-Bit-Transaktion einzuholen, bzw. dem Slave, eine Transaktion mit 64 Bit Breite zu akzeptieren. Die Signale AD, PAR64 und C/BE# sind lediglich Erweiterungen der entsprechenden 32-Bit-Signale.

Die nächsten drei Signale haben nichts mit der Erweiterung von 32 auf 64 Bit zu tun, sondern mit Mehrprozessorsystemen – etwas, was PCI-Platinen nicht unbedingt unterstützen müssen. Mit dem Signal `LOCK` lässt sich der Bus für mehrere Transaktionen sperren. Die nächsten beiden Signale beziehen sich auf das Bus-Snooping, um die Kohärenz der Caches aufrechtzuerhalten.

Die `INTx`-Signale sind für Interrupt-Anforderungen vorgesehen. Auf einer PCI-Karte lassen sich bis zu vier separate logische Geräte realisieren, wobei jedes Gerät seine eigene Interrupt-Anforderungsleitung besitzen kann. Die `JTAG`-Signale sind für das JTAG-Testverfahren gemäß IEEE-Standard 1149.1 reserviert. Das Signal `M66EN` wird fest auf High oder Low gelegt, um die Taktgeschwindigkeit auszuwählen. Während des Systembetriebs darf es sich nicht ändern.

PCI-Bustransaktionen

Der PCI-Bus ist eigentlich sehr einfach. Das Taktdiagramm in ▶Abbildung 3.50 soll Ihnen eine Vorstellung davon vermitteln. Die Abbildung zeigt eine Lesetransaktion gefolgt von einem Leerlaufzyklus, an den sich eine Schreibtransaktion durch denselben Busmaster anschließt.

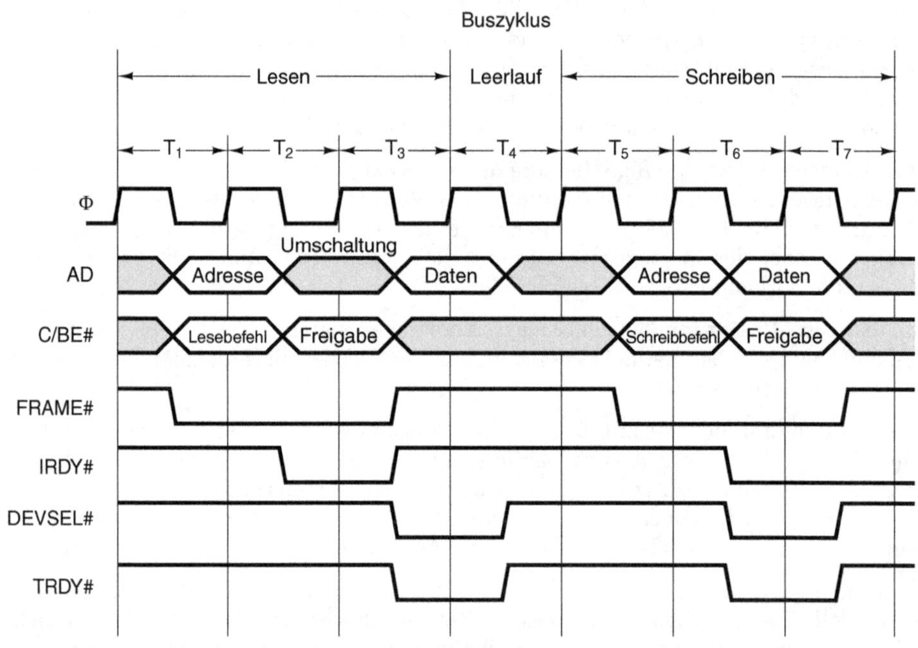

Abbildung 3.50: Beispiele für PCI-Bustransaktionen (32 Bit). In den ersten drei Zyklen findet eine Leseoperation statt, daran schließt sich ein Leerlaufzyklus an und in den folgenden drei Zyklen läuft eine Schreiboperation ab.

Mit der fallenden Flanke des Takts innerhalb von T_1 legt der Master die Speicheradresse auf `AD` und den Busbefehl auf `C/BE#`. Dann aktiviert er `FRAME#`, um die Bustransaktion zu starten.

In T_2 schaltet der Master den Adressbus hochohmig (Tristate), um eine Busumschaltung (Turnaround) vorzubereiten, damit der Slave in T_3 den Bus steuern kann. Außerdem zeigt der Master mit `C/BE#` an, welche Bytes im adressierten Wort gültig sein sollen (d.h. eingelesen werden).

In T_3 aktiviert der Slave DEVSEL#, damit der Master weiß, dass der Slave die Adresse erhalten hat und antworten möchte. Außerdem legt er die Daten auf die AD-Leitungen und aktiviert TRDY#, um dies dem Master mitzuteilen. Auch wenn der Slave nicht in der Lage war, so schnell zu antworten, aktiviert er trotzdem DEVSEL#, um seine Anwesenheit anzuzeigen, hält aber TRDY# deaktiviert, bis er die Daten absenden kann. Diese Prozedur kann einen oder mehrere Wartezustände einschieben.

In diesem Beispiel (und oftmals auch in der Praxis) ist der nächste Zyklus ein Leerlaufzyklus. Beginnend in T_5 leitet derselbe Master eine Schreiboperation ein. Zunächst setzt er wie üblich die Adresse und den Befehl auf den Bus. Jetzt aber aktiviert er im zweiten Zyklus die Daten. Da dasselbe Gerät die AD-Leitungen steuert, ist kein Busumschaltungszyklus notwendig. In T_7 akzeptiert der Speicher die Daten.

3.6.2 PCI Express

Obwohl der PCI-Bus für die meisten derzeitigen Anwendungen angemessen funktioniert, führt die Nachfrage nach größerer E/A-Bandbreite zu einem Durcheinander in der bisher so aufgeräumten PC-Architektur. Aus Abbildung 3.48 geht klar hervor, dass der PCI-Bus nicht mehr das zentrale Element ist, das die Komponenten des PCs zusammenhält. Die Brückenchips haben einen Teil dieser Rolle übernommen.

Das Problem besteht im Kern darin, dass es immer mehr E/A-Geräte gibt, die für den PCI-Bus zu schnell sind. Es ist keine gute Lösung, die Taktfrequenz auf dem Bus hochzuschrauben, weil sich dann Probleme durch unterschiedliche Signalgeschwindigkeiten (Bus Skew), Übersprechen zwischen den Leitungen und Effekte infolge parasitärer Kapazitäten verstärken. Jedes Mal wenn ein E/A-Gerät zu schnell für den PCI-Bus wird (wie zum Beispiel Grafikkarte, Festplatte, Netzwerk usw.), fügt Intel einen neuen speziellen Port in den Brückchip ein, damit dieses Gerät den PCI-Bus umgehen kann. Zweifellos ist dies auch keine längerfristige Lösung.

Dem PCI-Bus haftet weiter das Problem an, dass die Karten ziemlich groß sind. PCI-Standardkarten messen im Allgemeinen 17,5 cm mal 10,7 cm und sogenannte „Low-Profile"-Karten immerhin noch 12,0 mal 3,6 cm. Beide Bauformen passen nicht in Laptops und erst recht nicht in mobile Geräte. Und der Trend geht zu immer kleineren Geräten. Außerdem möchten einige Firmen den PC ganz neu definieren, wobei CPU und Speicher in einer kleinen versiegelten Box und die Festplatte im Monitor untergebracht sind. Mit PCI-Karten ist dies unmöglich.

Von den verschiedenen vorgeschlagenen Lösungen hat in modernen PCs nur **PCI Express** das Rennen gemacht (nicht zuletzt deshalb, weil Intel dahintersteht). Das Ganze hat wenig mit dem PCI-Bus zu tun und ist eigentlich überhaupt kein Bus. Doch die Marketingstrategen möchten den gut eingeführten Namen PCI nicht fallen lassen. PCs, die damit ausgerüstet sind, gibt es schon seit einiger Zeit auf dem Markt. Sehen wir uns nun an, wie PCI Express funktioniert.

Die PCI-Express-Architektur

Zentrales Anliegen der PCI-Express-Lösung ist es, vom parallelen Bus mit seinen vielen Mastern und Slaves abzukommen und zu einem Design überzugehen, das auf seriellen Punkt-zu-Punkt-Hochgeschwindigkeitsverbindungen basiert. Diese Lösung stellt einen radikalen Bruch mit der ISA/EISA/PCI-Bus-Tradition dar und übernimmt viele Ideen aus der Welt der lokalen Netze, insbesondere vom Switched Ethernet. Das Grundkonzept lässt sich wie folgt auf einen Nenner bringen: Im Innersten stellt ein PC eine Ansammlung von CPU, Speicher und E/A-Controllerchips dar, die untereinander verbunden werden müssen. PCI Express stellt einen universellen Switch bereit, um Chips mithilfe von seriellen Verbindungen zusammenzuschalten. ▶Abbildung 3.51 zeigt eine typische Konfiguration.

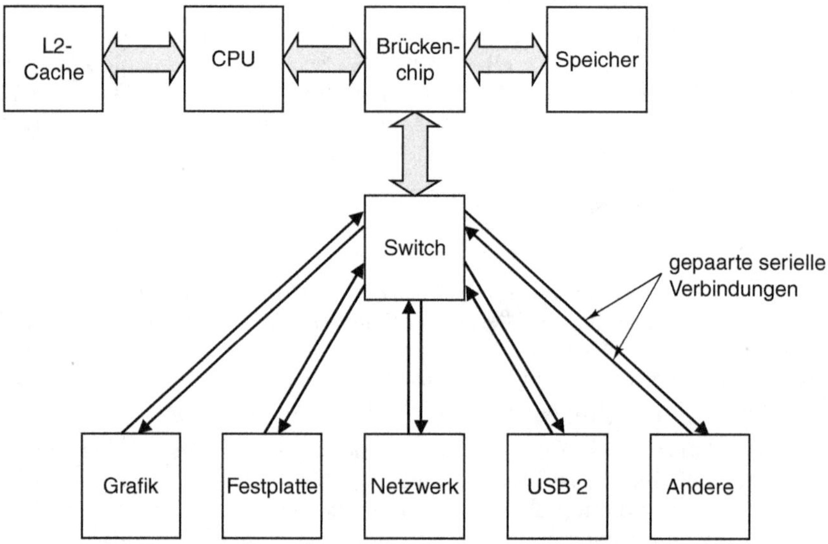

Abbildung 3.51: Ein typisches PCI-Express-System

Wie Abbildung 3.51 zeigt, sind die CPU, der Speicher und der Cache in der herkömmlichen Form an den Brückenchip angeschlossen. Das Neue hier ist ein Switch, der mit der Brücke verbunden (und möglicherweise Teil der Brücke selbst) ist. Von jedem E/A-Chip führt eine dedizierte Punkt-zu-Punkt-Verbindung zum Switch. Jede Verbindung umfasst ein Paar unidirektionaler Kanäle – einer zum Switch hin und einer von ihm weg. Ein Kanal besteht aus zwei Leitungen, einer Signalleitung und einer Masseleitung, um hohe Störsicherheit während der Hochgeschwindigkeitsübertragung zu gewährleisten. Diese Architektur ersetzt die alte durch ein wesentlich einheitlicheres Modell, das alle Geräte gleich behandelt.

Die PCI-Express-Architektur unterscheidet sich von der alten PCI-Bus-Architektur in drei wesentlichen Punkten. Zwei haben wir bereits kennengelernt: ein zentraler Switch gegenüber einem Mehrpunktbus und die Verwendung von schmalen Punkt-zu-Punkt-Verbindungen gegenüber einem breiten Parallelbus. Der dritte Punkt ist etwas subtiler. Konzeptionell löst beim PCI-Bus ein Busmaster einen Befehl an einen Slave aus, um ein Wort oder einen Block von Wörtern zu lesen. Beim PCI-Express-Modell sendet ein Gerät ein Datenpaket an ein anderes Gerät. Das Konzept des **Pakets**, das aus Header und Nutzdaten besteht, stammt aus der Netzwerkwelt. Der **Header** enthält Steuerinformationen, die die vielen Steuerleitungen des PCI-Busses überflüssig machen. Die **Nutzdaten** (Payload) enthalten die zu übertragenden Daten. Letztlich ist ein PC mit PCI Express ein Paketvermittlungsnetz (Packet Switching Network) en miniature.

Der Bruch mit der Vergangenheit dokumentiert sich neben diesen drei Hauptpunkten auch noch in mehreren kleineren Unterschieden. So sind viertens die Pakete mit einem Fehlerkorrekturcode versehen, was eine höhere Zuverlässigkeit als beim PCI-Bus bringt. Fünftens ist die Verbindung zwischen einem Chip und dem Switch mit 50 cm länger als bisher, um eine Systemaufteilung zu ermöglichen. Sechstens ist das System erweiterbar, weil ein Gerät durchaus auch ein anderer Switch sein kann und sich somit ein Baum von Switches bilden lässt. Siebentens sind Geräte Hot-Plugging-fähig, d.h., sie lassen sich im laufenden Betrieb des Systems ein- und ausbauen. Und da schließlich die Größe der seriellen Steckverbinder nur einen Bruchteil der alten PCI-Steckverbinder ausmacht, kann man Geräte und Computer wesentlich kleiner gestalten. Insgesamt gesehen ist PCI Express eine radikale Abkehr vom PCI-Bus.

PCI-Express ist ein Punkt-zu-Punkt-Netzwerk mit seriellen Leitungen. Die Geräte sind **Hot-Plugging**-fähig. Sie lassen sich bei laufendem System ein- und ausbauen.

Der PCI-Express-Protokollstapel

Entsprechend dem Modell eines paketvermittelten Netzwerks baut das PCI-Express-System auf einem geschichteten Protokollstapel auf. Ein **Protokoll** ist eine Menge von Regeln, die die Konversation zwischen zwei Teilnehmern bestimmen. Ein Protokollstapel umfasst eine Hierarchie von Protokollen, die sich mit unterschiedlichen Fragen auf unterschiedlichen Ebenen befassen. Nehmen Sie als Beispiel einen Geschäftsbrief. Er hält sich an bestimmte Konventionen hinsichtlich Platzierung und Inhalt von Briefkopf, Empfängeradresse, Datum, Anrede, eigentlichem Text, Unterschrift usw. Das kann man sich als Briefprotokoll vorstellen. Daneben gibt es eine Menge von Konventionen zum Briefumschlag – zum Beispiel Größe, Lage und Format des Absenders, Lage und Format der Anschrift, Anordnung der Briefmarke usw. Diese beiden Ebenen und ihre Protokolle sind unabhängig. Zum Beispiel ist es möglich, den Brief vollständig neu zu formatieren, aber denselben Umschlag zu verwenden und umgekehrt. Geschichtete Protokolle fördern ein modulares flexibles Design und haben sich seit Jahrzehnten in der Welt der Netzwerke weithin etabliert. Neu ist hier, dass man sie in die „Bus"-Hardware integriert.

▶Abbildung 3.52a zeigt den Protokollstapel des PCI-Express-Systems.

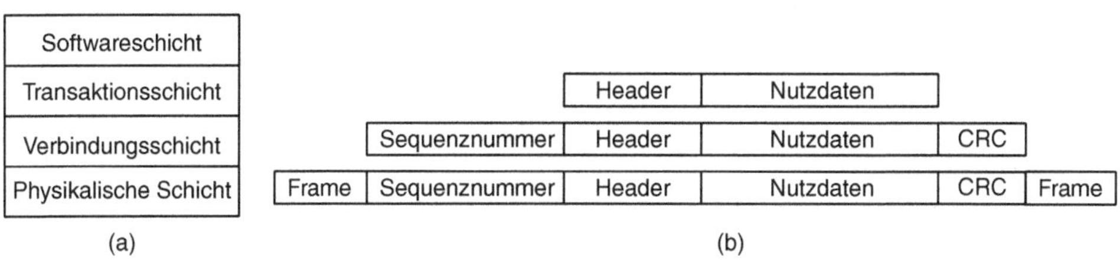

Abbildung 3.52: (a) Der PCI-Express-Protokollstapel (b) Format eines Pakets

Wir untersuchen nun die Schichten von unten nach oben. Die unterste Schicht ist die **physikalische Schicht** (Physical Layer). Hier findet die Übertragung der Bits von einem Sender zu einem Empfänger über eine Punkt-zu-Punkt-Verbindung statt. Jede Punkt-zu-Punkt-Verbindung besteht aus einem oder mehreren Paaren von Simplexverbindungen (d.h. unidirektionalen Verbindungen). Im einfachsten Fall gibt es in jeder Richtung ein Paar, jedoch sind auch 2, 4, 8, 16 oder 32 Paare zulässig. Eine derartige Verbindung wird als **Lane** (Spur, Strang) bezeichnet. Die Anzahl der Lanes muss in jeder Richtung gleich sein. Produkte der ersten Generation müssen auf jedem Weg eine Datenrate von mindestens 2,5 Gbit/s unterstützen. Es ist aber recht bald damit zu rechnen, dass man auf jedem Weg zu einer Geschwindigkeit von 10 Gbit/s übergeht.

Im Unterschied zu den ISA/EISA/PCI-Bussen verfügt PCI Express nicht über einen Mastertakt. Geräte können aufs Geratewohl mit einer Übertragung beginnen, sobald sie zu sendende Daten haben. Diese Freiheit macht das System schneller, führt aber auch zu Problemen. Nehmen wir an, dass ein 1-Bit mit +3 V und ein 0-Bit mit 0 V codiert ist. Wenn die ersten Bytes sämtlich 0 sind, wie erkennt dann der Empfänger, dass Daten übertragen werden? Immerhin sieht eine Folge von 0-Bits genau wie eine Verbindung im Leerlauf aus. Als Lösung hat man die sogenannte **8b/10b-Codierung** gewählt. Dabei werden 10 Bits verwendet, um 1 Byte der eigentlichen Daten in einem 10-Bit-Symbol zu codieren. Von den 1024 möglichen 10-Bit-Symbolen hat man solche mit genügend Taktübergängen ausgewählt, um Sender und Empfänger auf den Bitgrenzen selbst ohne Mastertakt synchronisieren zu können. Wegen der 8b/10b-Codierung kann eine Verbindung mit einer Bruttokapazität von 2,5 Gbit/s nur 2 Gbit/s Benutzerdaten (Nettodaten) transportieren.

Während die physikalische Schicht mit der Bitübertragung zu tun hat, beschäftigt sich die **Verbindungsschicht** (Link Layer) mit der Paketübertragung. Sie übernimmt den Header und die Nutzdaten von der Transaktionsschicht, fügt diesen Daten eine Sequenznummer hinzu, berechnet einen Fehlerkorrekturcode und hängt diesen an das Paket an. Der als **CRC** (**Cyclic Redundancy Code**) bezeichnete Fehlerkorrekturcode wird nach einem bestimmten Algorithmus aus den Header- und Nutzdaten berechnet. Erhält der Empfänger ein Paket, führt er die gleiche Berechnung auf den Header- und Nutzdaten durch. Stimmt das Ergebnis mit dem im Paket angefügten CRC-Wert überein, dann sendet der Empfänger ein kurzes **Bestätigungspaket** (Acknowledgment Packet) zurück, das den korrekten Empfang quittiert. Bei abweichenden Ergebnissen fordert der Empfänger eine Neuübertragung an. Dieses Verfahren gewährleistet eine deutlich bessere Datenintegrität gegenüber PCI-Bussystemen, die keinerlei Vorkehrungen für Verifizierung und Neuübertragung der über den Bus gesendeten Daten kennen.

Um zu verhindern, dass ein schneller Sender einen langsamen Empfänger in Paketen erstickt, die dieser nicht behandeln kann, wird eine **Flusssteuerung** verwendet. Der verwendete Mechanismus stützt sich darauf, dass der Empfänger dem Sender eine bestimmte Anzahl von Credits gibt, die grundsätzlich der Größe des Puffers entsprechen, die er für eintreffende Pakete verfügbar hat. Wenn die Credits aufgebraucht sind, muss der Sender das Senden stoppen, bis er neue Credits erhält. Dieses in allen Netzwerken übliche Schema verhindert, dass Pakete aufgrund nicht übereinstimmender Geschwindigkeiten von Sender und Empfänger verloren gehen.

Die **Transaktionsschicht** behandelt Busaktionen. Um ein Wort aus dem Speicher zu lesen, sind zwei Transaktionen erforderlich: Die CPU oder ein DMA-Kanal leitet eine Transaktion ein, um bestimmte Daten anzufordern, das Target initiiert eine zweite Transaktion, um die Daten bereitzustellen. Allerdings hat die Transaktionsschicht noch mehr zu tun, als reine Lese- und Schreibvorgänge abzuwickeln. Sie bereitet die von der Verbindungsschicht angebotene Rohpaketübertragung auf. Dazu kann sie zunächst jede Lane in bis zu acht **virtuelle Verbindungen** unterteilen, die jeweils eine andere Klasse von Datenverkehr behandeln. Die Transaktionsschicht markiert Pakete entsprechend ihrer Verkehrsklasse, wozu Attribute wie hohe Priorität, niedrige Priorität, „schnüffelt“ nicht, kann unabhängig von der Reihenfolge bereitgestellt werden usw. gehören. Anhand dieser Tags kann der Switch entscheiden, welches Paket als Nächstes an die Reihe kommt.

Jede Transaktion verwendet einen von vier Adressräumen:

1. Speicherraum (für normale Lese- und Schreiboperationen)
2. E/A-Raum (für die Adressierung von Geräteregistern)
3. Konfigurationsraum (für Systeminitialisierung etc.)
4. Nachrichtenraum (für Signalisierung, Interrupts etc.)

Die Speicher- und E/A-Räume sind mit aktuellen Systemen vergleichbar. Mit dem Konfigurationsraum lassen sich Funktionen wie Plug-and-Play implementieren. Der Nachrichtenraum übernimmt die Rolle vieler vorhandener Steuersignale. Etwas in der Art wie dieser Raum ist unbedingt notwendig, da in PCI Express keine Steuerleitungen des PCI-Busses existieren.

Die **Softwareschicht** stellt die Schnittstelle des PCI-Express-Systems zum Betriebssystem her. Sie kann den PCI-Bus emulieren, sodass vorhandene Betriebssysteme unverändert auf PCI-Express-Systemen laufen können. Natürlich nutzt ein derartiger Betrieb nicht die volle Leistung von PCI Express, aber die Abwärtskompatibilität ist ein notwendiges Übel, auf das man erst verzichten kann, wenn die Betriebssysteme vollständig auf PCI Express ausgerichtet sind. Die Erfahrung zeigt, dass das noch eine ganze Weile dauern kann.

Abbildung 3.52 b zeigt den Informationsfluss. Wird ein Befehl an die Softwareschicht erteilt, dann übergibt sie ihn an die Transaktionsschicht, die ihn als Header und Nutzdaten formuliert. Diese beiden Teile werden an die Verbindungsschicht übergeben, die eine Sequenznummer vorn und eine CRC-Prüfsumme hinten anfügt. Dieses vergrößerte Paket geht dann zur physikalischen Schicht, die Rahmeninformationen an jedes Paket anfügt, um das physische Paket zu bilden, das dann tatsächlich gesendet wird. Am empfangenden Ende findet der umgekehrte Prozess statt, wobei die voran- und nachgestellten Verbindungsinformationen entfernt werden und das Ergebnis an die Transaktionsschicht übergeben wird.

Das Konzept, dass jede Schicht zusätzliche Informationen an die Daten anfügt, wenn sie den Protokollstapel von oben nach unten durchlaufen, wird seit Jahrzehnten mit Erfolg in der Netzwerkwelt angewandt. Während aber der Code in der Netzwerkwelt nahezu immer durch Software des Betriebssystems realisiert ist, gehört er bei PCI Express zur Gerätehardware.

PCI Express ist ein komplexes Thema. Weitere Informationen finden Sie in [Mayhew und Krishnan, 2003] und [Solari und Congdon, 2005]. Außerdem schreitet die Entwicklung auch bei PCI Express voran. So wurde 2007 PCIe 2.0 veröffentlicht. Diese Version unterstützt 500 MB/s je Lane (die bis zu 32 Leitungen umfasst), was eine Bandbreite von insgesamt 16 GB/s ergibt. Der 2011 veröffentlichte Standard PCIe 3.0 hat die Codierung von 8b/10b auf 128b/130b geändert und kann 8 Milliarden Transaktionen/s bewältigen, das Doppelte von PCIe 2.0.

3.6.3 USB (Universal Serial Bus)

Der PCI-Bus und PCI Express eignen sich gut zum Anschließen von Hochgeschwindigkeitsperipherie an einen Computer, sind aber für langsame E/A-Geräte wie Tastaturen und Mäuse viel zu teuer. Im Verlauf der Geschichte wurde jedes E/A-Standardgerät auf besondere Weise an den Computer angeschlossen, wofür freie ISA- und PCI-Steckplätze genutzt wurden. Leider war dieses Verfahren von Anfang an mit Problemen behaftet.

Beispielsweise wird ein neues E/A-Gerät meistens mit einer eigenen ISA- oder PCI-Karte geliefert. Der Benutzer muss manchmal die Schalter und Steckbrücken (Jumper) auf der Karte selbst einstellen und gewährleisten, dass die Einstellungen nicht zu Konflikten mit anderen Karten führen. Dann muss der Benutzer das Gehäuse öffnen, die Karte vorsichtig einstecken, das Gehäuse schließen und den Rechner neu starten. Für viele Benutzer ist dieser Vorgang schwierig und birgt viele Fehlerquellen. Außerdem ist die Anzahl der ISA- und PCI-Steckplätze recht begrenzt (normalerweise auf zwei oder drei). Plug-and-Play-Karten ersparen dem Benutzer zwar die Einstellung der Jumper, zur Installation muss er aber trotzdem den Computer öffnen und die Karte einstecken. An der Anzahl der Bussteckplätze hat sich nichts geändert.

Um dieses Problem anzugehen, haben sich 1993 die Vertreter von sieben Unternehmen (Compaq, DEC, IBM, Intel, Microsoft, NEC und Northern Telecom) an einen Tisch gesetzt, um ein besseres Designkonzept für den Anschluss langsamer E/A-Geräte an einen Computer auf den Weg zu bringen. Seither sind Hunderte weiterer Unternehmen der Gruppe beigetreten. Der daraus hervorgegangene Standard heißt **USB** (**Universal Serial Bus**) und wird inzwischen durchgängig in Personalcomputern implementiert. Detaillierte Informationen finden Sie in [Anderson, 1997] und [Tan, 1997].

Mit dem USB-Projekt verfolgten die Gründungsmitglieder der USB-Arbeitsgruppe unter anderem folgende Ziele:

1. Benutzer sollen keine Schalter und Jumper auf Platinen oder Geräten einstellen müssen.
2. Benutzer sollen das Gehäuse nicht zur Installation neuer E/A-Geräte öffnen müssen.
3. Es soll nur eine Kabelart für den Anschluss aller Geräte verwendet werden.
4. Die Stromversorgung der E/A-Geräte soll über das Kabel erfolgen.
5. An einen einzigen Computer sollen sich bis zu 127 Geräte anschließen lassen.
6. Das System soll Echtzeitgeräte (z.B. Sound, Telefon) unterstützen.
7. Geräte sollen bei laufendem Computer installierbar sein.
8. Nach der Installation eines neuen Geräts soll kein Neustart des Computers erforderlich sein.
9. Der neue Bus und seine E/A-Geräte sollen preisgünstig gefertigt werden können.

USB ist ein Bus zur Anbindung langsamer E/A-Geräte, der eine baumartige Verbindungsstruktur realisiert, bei der jedes Gerät nur mit dem Root-Hub kommuniziert. **USB 3.0** bietet eine maximale Bandbreite von 5 Gbits/s.

Der USB erfüllt alle diese Ziele. Er wurde für langsame Geräte wie Tastaturen, Mäuse, Standbildkameras, Büroscanner, digitale Telefone usw. ausgelegt. Version 1.0 hatte eine Bandbreite von 1,5 Mbit/s, die für Tastaturen und Mäuse ausreicht. Version 1.1 läuft bei 12 Mbit/s, was für Drucker, Digitalkameras und viele andere Geräte genügt. Version 2.0 unterstützt Geräte mit bis zu 480 Mbit/s, sodass sich auch externe Festplatten, HD-Webcams und Netzwerkadapter problemlos betreiben lassen. Die zuletzt definierte USB-Version 3.0 erhöht die Geschwindigkeit auf bis zu 5 Gbit/s. Es bleibt abzuwarten, welche neuen und bandbreitenhungrigen Anwendungen von dieser Schnittstelle mit ultrahoher Bandbreite beflügelt werden.

Ein USB-System besteht aus einem **Root-Hub**, der in den Hauptbus (Abbildung 3.47) eingesteckt wird. Dieser Hub hat Buchsen für Kabel, über die E/A-Geräte oder Erweiterungshubs angeschlossen werden können, sodass weitere Buchsen bereitstehen. Die Topologie eines USB-Systems ist also ein Baum mit der Wurzel beim Root-Hub im Innern des Computers. Die Steckverbinder der Kabel unterscheiden sich zwischen Hub-Seite und Geräteseite, um zu verhindern, dass man versehentlich zwei Hubs zusammensteckt.

Das Kabel besteht aus vier Leitungen – zwei für Daten, einer für die Betriebsspannung (+5 V) und einer für Masse. Das Signalisierungssystem überträgt eine 0 als Spannungsübergang und eine 1 als Fehlen eines Spannungsübergangs, sodass lange Folgen von Nullen einen regelmäßigen Impulsstrom erzeugen.

Der Root-Hub erkennt, wenn ein neues E/A-Gerät eingesteckt wird, und unterbricht das Betriebssystem. Das Betriebssystem fragt das Gerät danach ab, um welches es sich handelt, und wie viel USB-Bandbreite es benötigt. Stellt das Betriebssystem fest, dass ausreichend Bandbreite für das Gerät vorhanden ist, weist es ihm eine eindeutige Adresse (1–127) zu. Dann lädt es diese Adresse und andere Informationen in Konfigurationsregister innerhalb des Geräts. Auf diese Weise können neue Geräte problemlos hinzugefügt werden, ohne dass der Benutzer etwas konfigurieren oder installieren muss. Nicht initialisierte Karten erhalten zunächst die Adresse 0, damit sie sich ansprechen lassen. Zur Vereinfachung der Verkabelung sind in vielen USB-Geräten Hubs zur Aufnahme zusätzlicher USB-Geräte eingebaut. Ein Monitor kann beispielsweise zwei Hub-Buchsen bekommen, um den linken und rechten Lautsprecher aufzunehmen.

Logisch kann man das USB-System als Menge von Datenströmen vom Root-Hub zu den E/A-Geräten betrachten. Jedes Gerät kann seine Bit-Pipe in maximal 16 Teil-Pipes für unterschiedliche Datenarten (z.B. Audio und Video) aufteilen. Innerhalb jeder Pipe oder jeder Teil-Pipe fließen Daten vom Root-Hub zum Gerät oder umgekehrt. Zwischen zwei E/A-Geräten gibt es keinen Datenverkehr.

Für die Synchronisation sendet der Root-Hub genau alle 1,00 ± 0,05 ms einen neuen Frame an alle Geräte. Ein Frame ist mit einer Bit-Pipe verbunden und besteht aus Paketen. Das erste Paket kommt vom Root-Hub des Geräts. Die folgenden Pakete im Frame können ebenfalls in diese Richtung oder vom Gerät zurück zum Root-Hub laufen. ▶Abbildung 3.53 zeigt eine Folge von vier Frames.

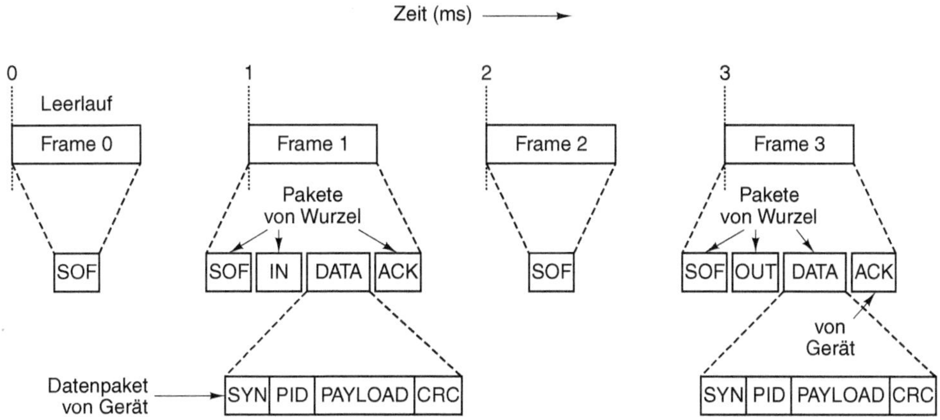

Abbildung 3.53: Der USB-Root-Hub sendet alle 1,00 ms Frames aus

In Abbildung 3.53 haben die Frames 0 und 2 nichts zu tun, sodass nur ein SOF-Paket (Start Of Frame) erforderlich ist. Dieses Paket wird immer als Rundruf an alle Geräte gesendet. Frame 1 ist eine Abfrage, z.B. eine Anforderung an einen Scanner, die im abgetasteten Bild gefundenen Bits zurückzugeben. Frame 3 besteht aus den Bereitstellungsdaten für ein bestimmtes Gerät, wie zum Beispiel einen Drucker.

USB unterstützt vier Arten von Frames: Control, Isochronous, Bulk und Interrupt. Control-Frames werden benutzt, um Geräte zu konfigurieren, Befehle an sie zu erteilen und ihren Status abzufragen. Isochronous-Frames sind für Echtzeitgeräte wie Mikrofone, Lautsprecher und Telefone vorgesehen, die Daten in genauen Zeitintervallen senden oder annehmen müssen,. Sie haben eine genau vorhersagbare Verzögerung, bieten im Fall von Fehlern aber keine Möglichkeit der erneuten Übertragung. Bulk-Frames werden für umfangreiche Übertragungen zu oder von Geräten ohne Echtzeitanforderungen, z.B. Drucker, benutzt. Schließlich sind Interrupt-Frames nötig, weil der USB keine Interrupts unterstützt. Anstatt die Tastatur bei jedem Tastenanschlag einen Interrupt auslösen zu lassen, kann das Betriebssystem die Tastatur alle 50 ms abfragen, um eventuell ausstehende Tastenanschläge zu sammeln.

Ein Frame besteht aus einem oder mehreren Paketen, die möglicherweise in beide Richtungen gesendet werden. Es gibt vier Paketarten: Token, Data, Handshake und Special. Token-Pakete fließen vom Root-Hub zu einem Gerät und dienen der Systemsteuerung. Die Pakete SOF, IN und OUT in Abbildung 3.53 sind Token-Pakete. Das Paket SOF (Start Of Frame) ist das erste in jedem Frame und kennzeichnet den Frame-Beginn. Wenn es nichts zu tun gibt, ist SOF das einzige Paket im Frame. Das Token-Paket IN ist eine Abfrage, die das Gerät auffordert, bestimmte Daten zurückzugeben. Die Felder im IN-Paket geben Auskunft darüber, welche Bit-Pipe abgefragt wird, sodass das Gerät weiß, welche Daten zurückzugeben sind (wenn es mehrere Datenströme hat). Das Token-Paket OUT kündigt an, dass Daten für das Gerät folgen. Ein vierter Token-Pakettyp SETUP (in der Abbildung nicht gezeigt) wird für die Konfiguration verwendet.

Neben dem Token-Paket gibt es noch drei weitere: DATA (für die Übertragung von 64 Byte Informationen in beide Richtungen), Handshake und Special. Das Format eines Datenpakets ist aus Abbildung 3.53 ersichtlich. Es besteht aus einem 8-Bit-Synchronisierungsfeld, einem 8-Bit-Pakettyp (PID), den Nutzdaten (Payload) und einem 16-Bit-**CRC** (**Cyclic Redundancy Code**) zur Fehlererkennung. Es sind drei Arten von Handshake-Paketen definiert: ACK (das vorherige Datenpaket wurde korrekt empfangen), NAK (ein CRC-Fehler wurde erkannt) und STALL (bitte warten, bin momentan beschäftigt).

Sehen Sie sich Abbildung 3.53 noch einmal an. Alle 1,00 ms muss ein Frame vom Root-Hub gesendet werden, auch wenn nichts zu tun ist. Die Frames 0 und 2 bestehen nur aus einem SOF-Paket, das diesen Leerlauf anzeigt. Frame 1 ist eine Abfrage und beginnt deshalb mit SOF- und IN-Paketen vom Computer zum E/A-Gerät, gefolgt von einem DATA-Paket vom Gerät zum Computer. Das ACK-Paket teilt dem Gerät mit, welche Daten korrekt empfangen wurden. Bei einem Fehler würde ein NAK an das Gerät zurückgeschickt und das Paket bei Bulk-Daten (nicht aber bei isochronen Daten) erneut übertragen werden. Der Aufbau von Frame 3 entspricht dem von Frame 1, außer dass die Daten vom Computer zum Gerät fließen.

Nachdem der USB-Standard im Jahre 1998 verabschiedet war, gingen die Designer von USB gleich daran, an einer neuen Hochgeschwindigkeitsversion von USB namens **USB 2.0** zu arbeiten. Dieser Standard ist dem älteren USB 1.1 ähnlich und dazu abwärtskompatibel, außer dass er den bisher vorhandenen zwei Geschwindigkeiten mit 480 Mbit/s noch eine dritte Geschwindigkeit hinzufügt. Des Weiteren gibt es einige kleinere Unterschiede, wie zum Beispiel bei der Schnittstelle zwischen dem Root-Hub und dem Controller. Mit USB 1.1 waren zwei Schnittstellen verfügbar. Die erste namens **UHCI (Universal Host Controller Interface)** stammt von Intel und verlagert einen Großteil der Arbeitslast auf die Softwareentwickler (sprich: Microsoft). Die zweite Schnittstelle mit der Bezeichnung **OHCI (Open Host Controller Interface)** kommt aus dem Hause Microsoft und bürdet die meiste Arbeit den Hardwareentwicklern (sprich: Intel) auf. In USB 2.0 haben sich nun alle Partner auf eine einzige neue Schnittstelle namens **EHCI (Enhanced Host Controller Interface)** geeinigt.

USB ist nun mit einer Arbeitsgeschwindigkeit von 480 Mbit/s ein klarer Konkurrent zum seriellen IEEE-1394-Bus, der unter dem Namen FireWire bekannter ist und bei 400 Mbit/s läuft. Da praktisch jeder neue Intel-basierte PC mit USB 2.0 oder USB 3.0 (siehe unten) ausgeliefert wird, dürfte 1394 in absehbarer Zeit verschwinden. Das hängt nicht so sehr mit einer Überalterung, sondern eher mit Revierkämpfen zusammen. USB ist ein Produkt der Computerindustrie, während 1394 aus dem Bereich der Konsumgüterelektronik kommt. Beide Lager sind natürlich daran interessiert, dass ihre Kabel verwendet werden, wenn es darum geht, Kameras an Computer anzuschließen. Diesmal sieht es so aus, als ob das Lager der Computerindustrie das Rennen gemacht hat.

Acht Jahre nach Einführung von USB 2.0 wurde der Schnittstellenstandard **USB 3.0** angekündigt. USB 3.0 unterstützt eine kolossale Bandbreite von 5 Gbit/s über das Kabel, wobei aber die Modulation der Verbindung adaptiv ist und diese Topgeschwindigkeit wahrscheinlich nur mit professionellen Kabeln erreichbar sein dürfte. USB-3.0-Geräte sind mit den früheren USB-Geräten strukturell identisch und implementieren den USB-2.0-Standard vollständig. An einem USB-2.0-Anschluss arbeiten sie also ebenfalls korrekt.

3.7 Schnittstellen

Ein typisches kleines bis mittleres Computersystem besteht aus einem CPU-Chip, Speicherchips und einigen E/A-Controllern, die alle durch einen Bus miteinander verbunden sind. Manchmal sind alle diese Komponenten in einem Ein-Chip-System integriert, wie zum Beispiel beim OMAP4430 von Texas Instruments. Speicher, CPUs und Busse haben wir bereits mehr oder weniger ausführlich behandelt. Nun ist es an der Zeit, den letzten Teil des Puzzles – die E/A-Schnittstellen – zu betrachten. Über diese E/A-Ports kommuniziert ein Computer mit der Außenwelt.

3.7.1 E/A-Schnittstellen

E/A-Schnittstellen sind in Hülle und Fülle erhältlich und laufend kommen neue hinzu. Zu den Standardschnittstellen gehören UART, USART, CRT-Controller, Festplattencontroller und PIO. Ein **UART (Universal Asynchronous Receiver Transmitter)** ist eine E/A-Schnittstelle, die ein Byte vom Datenbus lesen und es bitweise über eine serielle Leitung an ein Terminal ausgeben oder Daten von einem Terminal entgegennehmen kann. UARTs unterstützen verschiedene Geschwindigkeiten von 50 bis 19.200 Bit/s, Zeichenbreiten von 5 bis 8 Bits, 1, 1,5 oder 2 Stoppbits und gerade, ungerade oder keine Parität. Alle diese Parameter lassen sich per Programm einstellen. Ein **USART (Universal Synchronous Asynchronous Receiver Transmitter)** beherrscht synchrone Übertragungen nach verschiedenen Protokollen sowie alle UART-Funktionen. Da Telefonmodems praktisch von der Bildfläche verschwunden sind, spielen UARTs nur noch eine untergeordnete Rolle. Wir untersuchen deshalb die parallele Schnittstelle als Beispiel für einen E/A-Chip.

PIO-Schnittstellen

▶Abbildung 3.54 zeigt eine typische **PIO**-Schnittstelle (**Parallel Input/Output**, nach dem Design des PIO-Schaltkreises 8255A von Intel). Sie besitzt mehrere E/A-Leitungen (24 im Beispiel gemäß Abbildung 3.54), die Geräte mit digitaler Logik ansteuern können, z.B. Tastaturen, Schalter, Lampen oder Drucker. Kurz gesagt kann das CPU-Programm auf jede Leitung eine 0 oder eine 1 schreiben oder den Eingangsstatus einer Leitung lesen, sodass sich dieser Schaltkreis sehr flexibel einsetzen lässt. Ein kleines, CPU-basiertes System mit einer PIO-Schnittstelle kann verschiedenste physische Geräte steuern, beispielsweise einen Roboter, einen Toaster oder ein Elektronenmikroskop. PIO-Schnittstellen sind auch typisch für eingebettete Systeme.

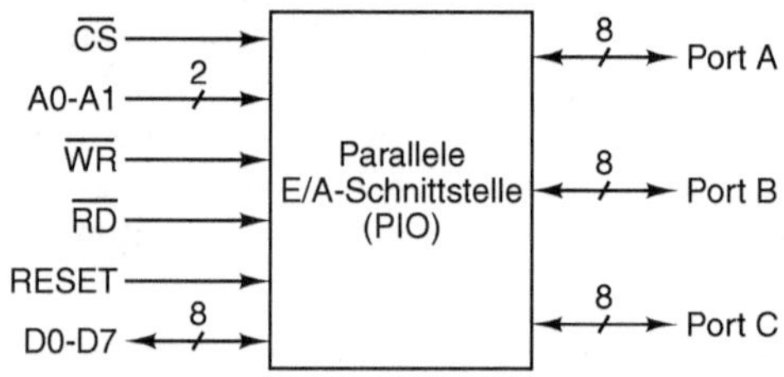

Abbildung 3.54: Ein PIO-Chip vom Typ 8255A

Über ein 3-Bit-Konfigurationsregister lässt sich festlegen, ob die drei unabhängigen 8-Bit-Ports als Eingänge (0) oder Ausgänge (1) für digitale Signale arbeiten sollen. Mit dem entsprechenden Wert im Konfigurationsregister ist jede Kombination von Eingängen und Ausgängen der drei Ports programmierbar. Jedem Port ist ein 8-Bit-Zwischenregister (Latch) zugeordnet. Um die Leitungen auf einem Ausgabeport zu setzen, schreibt die CPU eine 8-Bit-Zahl in das entsprechende Register. Dann erscheint die 8-Bit-Zahl auf den Ausgangsleitungen und bleibt dort, bis das Register erneut beschrieben wird. Um einen Port für die Eingabe zu verwenden, liest die CPU einfach das entsprechende Register.

Es ist auch möglich, komplexere PIO-Schnittstellen zu realisieren. So sieht eine gängige Betriebsart Handshaking mit externen Geräten vor. Um beispielsweise eine Ausgabe an ein nicht ständig zur Datenaufnahme bereites Gerät zu schicken, kann der PIO-Chip auf einen Ausgangsport Daten legen und warten, bis das Gerät mit einem Rückmeldeimpuls anzeigt, dass es die Daten akzeptiert hat und auf weitere Daten wartet. Die erforderliche Logik, um derartige Impulse zwischenzuspeichern und sie für die CPU bereitzustellen, umfasst ein Bereitschaftssignal und eine Warteschlange mit 8-Bit-Registern für jeden Ausgabeport.

Aus dem Funktionsdiagramm des PIO-Schaltkreises ist ersichtlich, dass er zusätzlich zu den 24 Pins für die drei Ports noch über acht Leitungen, die direkt mit dem Datenbus verbunden sind, eine Chipauswahlleitung, Lese- und Schreibleitungen, zwei Adressleitungen und eine Leitung zum Zurücksetzen des Chips verfügt. Die beiden Adressleitungen wählen eines der vier internen Register aus, die den Ports A, B, C und dem Statusregister entsprechen. Die Bits des Statusregisters legen die Ports für Eingabe und Ausgabe sowie andere Funktionen fest. Normalerweise sind die beiden Adressleitungen mit den niederwertigen Bits des Adressbus verbunden. Die Chipauswahlleitung ermöglicht es, die 24-Bit-PIO zu größeren PIO-Schnittstellen zu erweitern. Dazu werden mithilfe weiterer Adressleitungen die Chipauswahlleitungen der einzelnen PIO-Schaltkreise aktiviert.

3.7.2 Decodierung von Adressen

Bis jetzt haben wir absichtlich ungenaue Aussagen darüber gemacht, wie die Chipauswahl auf den bisher beschriebenen Speicher- und E/A-Chips aktiviert wird. Nun ist es an der Zeit, sich mit diesem Thema zu befassen. Betrachten wir einen einfachen eingebetteten 16-Bit-Computer, der aus einer CPU, einem 2K×8-Byte-EPROM für das Programm, einem 2K×8-Byte-RAM für die Daten und einer PIO-Schnittstelle besteht. Dieses kleine System lässt sich als Prototyp für die Steuerung eines billigen Spielzeugs oder eines einfachen Haushaltsgeräts einsetzen. Nach der Erprobung kann das EPROM durch ein ROM ersetzt werden.

Die PIO-Schnittstelle kann man auf zweierlei Weise auswählen: als echtes E/A-Gerät oder als Teil des Speichers. Soll der PIO-Schaltkreis als E/A-Gerät arbeiten, dann müssen wir ihn über eine besondere Busleitung auswählen, die anzeigt, dass ein E/A-Gerät und nicht der Speicher angesprochen wird. Der zweite Ansatz ist die sogenannte **Memory Mapped I/O**. Dabei werden den drei Ports und dem Steuerregister 4 Bytes des Speicheradressraums zugeordnet. Die Wahl einer dieser Varianten kann mehr oder weniger willkürlich geschehen. Wir entscheiden uns für Memory Mapped I/O, weil dieser Ansatz interessante Aspekte der E/A-Schnittstellen veranschaulicht.

Beim **Memory Mapped I/O** werden die Register des E/A-Gerätes in den normalen Adressraum des Prozessors abgebildet und können so geschrieben und gelesen werden.

Das EPROM und das RAM benötigen jeweils einen Adressraum von 2K. Der PIO-Schaltkreis belegt 4 Bytes. Da der Adressraum in unserem Beispiel 64K groß ist, müssen wir entscheiden, wo wir die drei Geräte einordnen wollen. ▶Abbildung 3.55 zeigt eine Möglichkeit. Das EPROM belegt die Adressen bis 2K, das RAM von 32K bis 34K und der PIO-Schaltkreis die höchsten 4 Bytes des Adressraums, 65532 bis 65535. Aus Sicht des Programmierers macht es keinen Unterschied, welche Adressen wir benutzen. Für die Schnittstellen ist das aber von Bedeutung. Hätten wir uns entschieden, den PIO-Schaltkreis über den E/A-Adressraum anzusprechen, würde er keine Speicheradressen belegen (dafür aber 4 E/A-Adressen).

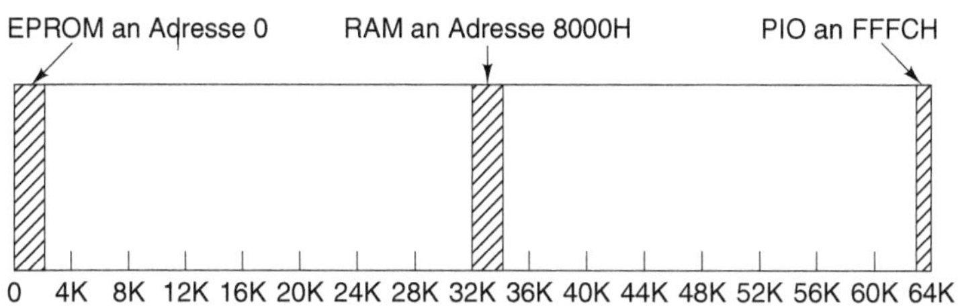

Abbildung 3.55: Speicherzuordnung für EPROM, RAM und PIO in einem 64-KB-Adressraum

Mit den Adresszuordnungen nach Abbildung 3.55 soll das EPROM durch eine 16-Bit-Speicheradresse im Format 0000 0xxx xxxx xxxx (binär) ausgewählt werden. Anders ausgedrückt: Jede Adresse, deren fünf höherwertige Bits Nullen sind, fällt in die unteren 2K des Speichers, also in den EPROM-Bereich. Somit lässt sich die EPROM-Chipauswahl mit einem 5-Bit-Komparator realisieren, dessen Vergleichseingänge fest auf 00000 gelegt sind.

Die gleiche Wirkung lässt sich besser durch ein OR-Gatter mit fünf Eingängen realisieren, an dem die fünf Adressleitungen A11 bis A15 anliegen. Nur dann, wenn alle fünf Leitungen 0 sind, liegt am Ausgang des OR-Gatters 0-Potenzial, das das Signal $\overline{CS}$ aktiviert (das Low-aktiv ist). Diese sogenannte **vollständige Adressdecodierung** ist in ▶Abbildung 3.56a dargestellt.

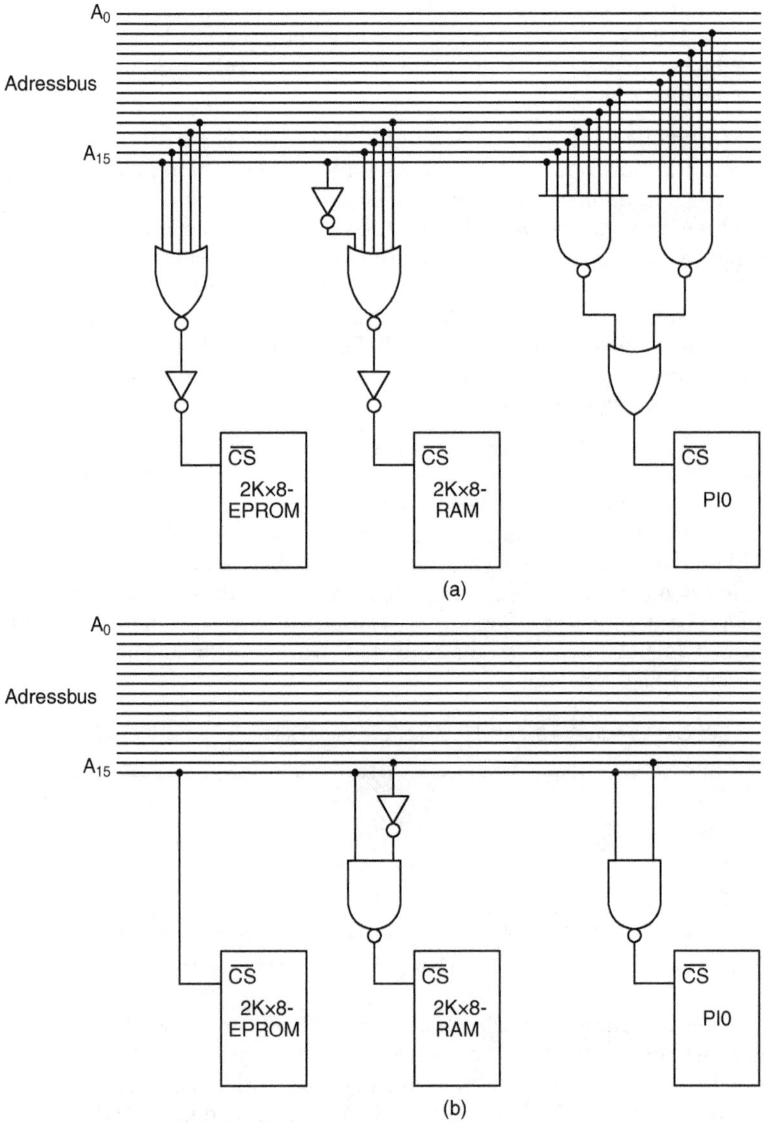

Abbildung 3.56: (a) Vollständige Adressdecodierung (b) partielle Adressdecodierung

Das gleiche Prinzip lässt sich auf das RAM anwenden. Allerdings soll das RAM auf Binäradressen der Form 1000 0xxx xxxx xxxx reagieren, sodass ein zusätzlicher Inverter erforderlich ist, wie es aus der Abbildung hervorgeht. Die PIO-Adressdecodierung ist etwas komplizierter, weil der Schaltkreis durch die vier Adressen der Form 1111 1111 1111 11xx ausgewählt wird. Die Abbildung zeigt eine mögliche Schaltung, die $\overline{CS}$ nur dann aktiviert, wenn die richtige Adresse auf dem Adressbus liegt. Die Schaltung verwendet zwei NAND-Gatter mit je 8 Eingängen, deren Ausgänge in einem OR-Gatter verknüpft werden.

Falls aber der Computer wirklich nur aus der CPU, den beiden Speicherchips und dem PIO-Schaltkreis besteht, können wir einen Trick anwenden, um die Adressdecodierung enorm zu vereinfachen. Alle EPROM-Adressen – und nur die EPROM-Adressen – enthalten im höchstwertigen Bit A15 eine 0. Somit können wir $\overline{CS}$ direkt mit A15 verbinden, wie es in ▶Abbildung 3.56b zu sehen ist.

Unter diesem Aspekt sieht die Entscheidung, das RAM bei 8000H anzusiedeln, gar nicht mehr so willkürlich aus. Die einzigen gültigen Adressen der Form 10xx xxxx xxxx xxxx liegen nämlich im RAM-Bereich. Es genügt also, die höchstwertigen 2 Bits zu decodieren. Des Weiteren muss jede mit 11 beginnende Adresse eine PIO-Adresse sein. Die vollständige Decodierlogik kommt nun mit zwei NAND-Gattern und einem Inverter aus.

Die in Abbildung 3.56b dargestellte Logik zur Adressdecodierung heißt **partielle Adressdecodierung** (Partial Address Decoding), weil zur Decodierung nicht die vollständigen Adressen herangezogen werden. Eine derartige Schaltung hat die Eigenschaft, dass eine Leseoperation von den Adressen 0001 0000 0000 0000, 0001 1000 0000 0000 oder 0010 0000 0000 0000 zum selben Ergebnis führt. Jede Adresse in der unteren Hälfte des Adressraums wählt das EPROM aus. Da die zusätzlichen Adressen anderweitig nicht genutzt werden, kann nichts passieren. Will man aber einen Computer auf künftige Erweiterung auslegen (was bei einem Spielzeug kaum der Fall sein dürfte), sollte man die partielle Decodierung vermeiden, weil sie zuviel Adressraum belegt.

Es ist auch üblich, die Adressdecodierung mit einem Decodierer zu realisieren, wie er beispielsweise in Abbildung 3.11 zu sehen ist. Wenn man die drei Eingänge mit den drei höchstwertigen Adressleitungen verbindet, erhält man auch Ausgänge, die den Adressen in den ersten 8K, den zweiten 8K usw. entsprechen. Für einen Computer mit acht RAMs zu je 8K × 8 lässt sich mit einem derartigen Chip die gesamte Decodierung erledigen. Auch für einen Computer mit acht 2K×8-Speicherchips genügt ein Decodierer, vorausgesetzt, dass sich die Speicherchips jeweils an getrennten 8K-Blöcken des Adressraums befinden. (Wie weiter oben angemerkt, ist es wichtig, wo sich die Speicher- und E/A-Chips im Adressraum befinden.)

ZUSAMMENFASSUNG

Computer werden aus integrierten Schaltkreisen aufgebaut, die winzige Schaltelemente – die sogenannten Gatter – enthalten. Gebräuchliche Gatterfunktionen sind AND, OR, NAND, NOR und NOT. Einfache Schaltungen lassen sich direkt durch Verknüpfen einzelner Gatter realisieren.

Zu den **komplexeren Schaltkreisen** gehören Multiplexer, Demultiplexer, Codierer, Decodierer, Schieberegister und ALUs. Mit einem FPGA kann man beliebige boolesche Funktionen programmieren. Benötigt man viele boolesche Funktionen, sind FPGAs oftmals effizienter. Mithilfe der Gesetze der booleschen Algebra lassen sich Schaltungen von einer Form in eine andere überführen. In vielen Fällen gelangt man auf diese Weise zu Schaltungen, die sich wirtschaftlicher herstellen lassen.

Der Grundbaustein für **Computerarithmetik** ist der Addierer. Ein Einzelbit-Volladdierer lässt sich aus zwei Halbaddierern aufbauen. Um einen Addierer für Mehrbitwörter zu erhalten, schaltet man mehrere Volladdierer so zusammen, dass der Übertrag jeder einzelnen Bitstelle in ihre linke Nachbarstelle eingespeist wird.

Die **Komponenten** von (statischen) Speichern sind Latches und Flipflops, die jeweils ein Bit speichern können. Diese Schaltungen lassen sich linear zu 8-fach-Latches und -Flipflops für Speicher mit jeder gewünschten Wortgröße kombinieren. Als Speichertypen sind RAM, ROM, PROM, EPROM, EEPROM und Flashspeicher erhältlich. Statische RAMs müssen nicht aufgefrischt werden; sie behalten ihre Werte, solange die Betriebsspannung anliegt. Dagegen ist es bei dynamischen RAMs erforderlich, die Inhalte periodisch aufzufrischen, um die (durch Kriechströme verursachten) Ladungsverluste der winzigen Kondensatoren auf dem Chip zu kompensieren.

Die Komponenten eines Computersystems werden durch **Busse** miteinander verbunden. Die Pins einer typischen CPU sind zum Teil direkt mit den Busleitungen verbunden. Die Busleitungen lassen sich in Adress-, Daten- und Steuerleitungen unterteilen. Synchrone Busse werden von einem Mastertakt gesteuert. Asynchrone Busse arbeiten mit vollständigem Handshaking, um den Slave mit dem Master zu synchronisieren.

Der Core i7 ist ein Beispiel für einen **modernen Prozessor**. Moderne Systeme, die mit diesem Prozessor ausgestattet sind, verfügen über einen Speicherbus, einen PCIe-Bus und einen USB-Bus. Die Verbindung über PCIe ist die dominierende Methode, um die inneren Bestandteile eines Computers bei hohen Übertragungsgeschwindigkeiten zu verbinden. Der ARM ist ebenfalls eine moderne High-End-CPU, die allerdings für eingebettete Systeme und mobile Endgeräte konzipiert ist, wo der Energieverbrauch eine entscheidende Rolle spielt. Der Atmel ATmega168 ist ein Beispiel für einen preiswerten Chip, der sich für kleine und kostengünstige Geräte sowie viele andere Anwendungen eignet, bei denen es auf den Preis ankommt.

Schalter, Lampen, Drucker und viele andere **E/A-Geräte** kann man über parallele Schnittstellen an den Computer anschließen. Die entsprechenden Chips lassen sich konfigurieren und können je nach Bedarf über den E/A-Adressraum oder den Speicheradressraum angesprochen werden. Um die Chips auszuwählen, kann man die Adressen abhängig von der konkreten Anwendung vollständig oder partiell decodieren.

Aufgaben

EXTRAS ONLINE Lösungen

Die Lösungen zu den Aufgaben finden Sie auf der Website unter *www.pearson-studium.de.*

1 Analoge Schaltkreise sind mit Rauschen behaftet, das ihren Ausgang stören kann. Sind digitale Schaltkreise immun für Rauschen? Erörtern Sie Ihre Antwort.

2 Ein Logiker fährt in ein Drive-in-Restaurant und sagt: „Ich möchte einen Hamburger oder ein Hot-Dog und Pommes Frites.“ Der Koch hat die Schule zu häufig geschwänzt und weiß nicht (oder kümmert sich nicht darum), ob „und“ Vorrang vor „oder“ hat. Für ihn ist das eine so gut wie das andere. Welche der folgenden Fälle sind gültige Interpretationen der Bestellung? (Beachten Sie, dass hier das Wort „oder“ im Sinne von „entweder oder“ verwendet wird.)

a. Nur ein Hamburger.

b. Nur ein Hot-Dog.

c. Nur Pommes Frites.

d. Ein Hot-Dog und Pommes Frites.

e. Ein Hamburger und Pommes Frites.

f. Ein Hot-Dog und ein Hamburger.

g. Alle drei.

h. Nichts – der Logiker fährt hungrig von dannen, weil er zu schlau war.

3 Ein Missionar hat sich in Südkalifornien verirrt und trifft an einer Kreuzung auf einen Motorradfahrer. Er weiß, dass zwei Motorradbanden die Gegend unsicher machen. Eine davon sagt immer die Wahrheit, und die andere lügt immer. Er möchte wissen, welche Straße nach Disneyland führt. Welche Frage sollte er stellen?

4 Zeigen Sie mithilfe einer Wahrheitstabelle, dass $X = (X$ AND $Y)$ OR $(X$ AND NOT $Y)$ gilt.

5 Es gibt vier boolesche Funktionen für eine einzelne Variable und 16 Funktionen für zwei Variablen. Wie viele Funktionen von drei Variablen gibt es? Verallgemeinern Sie die Aussage für n Variablen.

6 Es gibt vier boolesche Funktionen für eine einzelne Variable und 16 Funktionen für zwei Variablen. Wie viele Funktionen von vier Variablen gibt es?

7 Zeigen Sie, wie sich die AND-Funktion aus zwei NAND-Gatter konstruieren lässt.

8 Verwenden Sie den Multiplexerchip für drei Variablen gemäß Abbildung 3.10 und implementieren Sie eine Funktion, die die Parität für die Eingabesignale ausgibt, d.h. den Ausgang nur dann auf 1 setzt, wenn eine gerade Anzahl von Eingängen auf 1 gesetzt ist.

9 Denken Sie einmal scharf nach: Der Multiplexerchip für drei Variablen von Abbildung 3.10 ist eigentlich in der Lage, eine beliebige Funktion von *vier* booleschen Variablen zu berechnen. Geben Sie eine Beschreibung und als Beispiel das Logikdiagramm für die Funktion an, die 0 ist, falls das englische Wort für die Zeilennummer in der Wahrheitstabelle eine gerade Zahl von Buchstaben hat, und 1 ist, falls es eine ungerade Zahl von Buchstaben hat (z.B. 0000 = zero = 4 Buchstaben → 0; 0111 = seven = 5 Buchstaben → 1; 1101 = thirteen = 8 Buchstaben → 0). *Hinweis:* Wenn wir die vierte Eingabevariable D nennen, können die acht Eingangsleitungen mit U_{CC}, Masse, D oder $\overline{D}$ verdrahtet werden.

10 Zeichnen Sie das Logikdiagramm für einen 2-Bit-Codierer, d.h. eine Schaltung mit vier Eingangsleitungen, von denen immer nur genau eine auf High liegt, und zwei Ausgangsleitungen, deren 2-Bit-Binärwert angibt, welcher Eingang auf High liegt.

11 Zeichnen Sie das Logikdiagramm für einen 2-Bit-Demultiplexer, d.h. eine Schaltung, deren einzige Eingangsleitung zu einer der vier Ausgangsleitungen je nach Zustand der beiden Steuerleitungen durchgeschaltet wird.

12 Was bewirkt diese Schaltung?

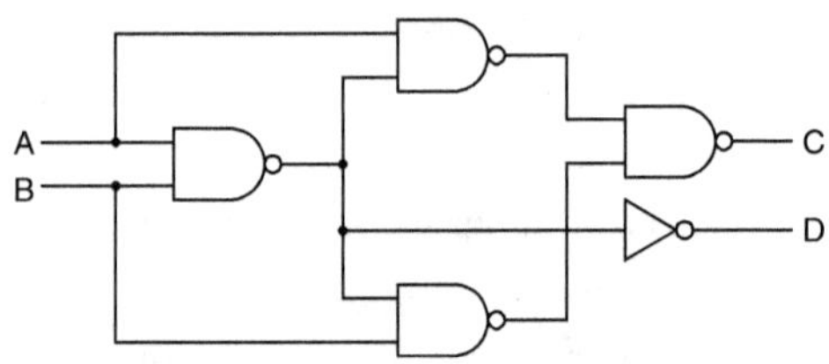

13 Ein 4-Bit-Addierer ist als Standardchip erhältlich. Vier dieser Chips können zu einem 16-Bit-Addierer verbunden werden. Wie viele Pins erwarten Sie für den 4-Bit-Addiererchip? Warum?

14 Um einen n-Bit-Addierer aufzubauen, kann man n Volladdierer in Reihe kaskadieren, wobei der Übertrag C_i in Stufe i vom Ausgang der Stufe $i-1$ kommt. Der Übertrag C_0 in Stufe 0 ist 0. Wenn jede Stufe T ns benötigt, um Summe und Übertrag zu ermitteln, ist der Übertrag zu Stufe i erst nach iT ns ab dem Beginn der Addition gültig. Bei großen n ist die Zeit, die der Übertrag zum Durchlaufen der gesamten Kette bis in die höchste Stufe benötigt, gegebenenfalls nicht akzeptabel. Entwerfen Sie einen Addierer, der schneller arbeitet. *Hinweis:* Jeder Übertrag C_i lässt sich durch die Operandenbits A_{i-1} und B_{i-1} sowie den Übertrag C_{i-1} ausdrücken. Mit dieser Beziehung ist es möglich, C_i als Funktion der Eingaben in die Stufen 0 bis $i-1$ darzustellen, sodass alle Überträge gleichzeitig erzeugt werden können.

15 Wann kann eine Schaltung nach Abbildung 3.16 frühestens ein gültiges Ausgabebit gewährleisten, wenn man für alle Gatter eine Laufzeit von 1 ns annimmt und alle anderen Verzögerungen ignoriert werden können?

16 Die ALU von Abbildung 3.17 kann Zweierkomplementadditionen mit 8 Bit ausführen. Ist sie auch in der Lage, Zweierkomplementsubtraktionen auszuführen? Falls ja, erklären Sie, wie. Ändern Sie andernfalls die ALU entsprechend ab, sodass sie auch für Subtraktionen geeignet ist.

17 Eine 16-Bit-ALU besteht aus 16 1-Bit-ALUs, die jeweils eine Additionszeit von 10 ns haben. Angenommen, es gibt eine zusätzliche Verzögerung von 1 ns für die Weitergabe der Signale von einer ALU zur nächsten. Wie lange dauert es, bis das Ergebnis einer 16-Bit-Addition erscheint?

18 Manchmal ist es nützlich, dass eine 8-Bit-ALU wie in Abbildung 3.17 die Konstante −1 als Ausgabe erzeugt. Zeigen Sie zwei unterschiedliche Wege, wie sich dies realisieren lässt. Geben Sie für jede Lösung die Werte der sechs Steuersignale an.

19 Wie lautet der Ruhezustand der Eingänge *S* und *R* in einem SR-Latch, der aus zwei NAND-Gattern aufgebaut ist?

20 Die Schaltung von Abbildung 3.23 ist ein Flipflop, das an der steigenden Flanke des Takts ausgelöst wird. Ändern Sie die Schaltung so ab, dass das Flipflop an der fallenden Flanke des Takts ausgelöst wird.

21 Der 4×3-Speicher von Abbildung 3.26 ist mit 22 AND-Gattern und drei OR-Gattern aufgebaut. Wie viele Gatter sind von jedem Typ erforderlich, wenn man die Schaltung auf 256 × 8 erweitert?

22 Um die Raten für Ihren neuen Personalcomputer schneller tilgen zu können, werden Sie als Berater für Firmenneugründungen tätig, die SSI-Chips herstellen. Einer Ihrer Kunden überlegt, ob er für einen potenziell wichtigen Abnehmer einen Chip mit vier D-Flipflops entwerfen soll, die jeweils Q und $\overline{Q}$ enthalten. Gemäß Pflichtenheft sind im vorgeschlagenen Entwurf alle vier Taktsignale miteinander verbunden. Es gibt weder Preset noch Clear. Ihre Aufgabe ist es, eine professionelle Einschätzung des Designs zu geben.

23 Je mehr Speicher auf einen einzigen Chip gequetscht wird, umso höher ist auch die Anzahl der für die Adressierung benötigten Pins. Oftmals ist eine große Zahl von Adresspins an einem Chip unpraktisch. Geben Sie eine Möglichkeit an, um 2^n Speicherwörter mit weniger als n Pins zu adressieren.

24 Ein Computer mit einem 32 Bit breiten Datenbus benutzt dynamische 1M×1-RAM-Speicherchips. Geben Sie den kleinsten Speicher (in Byte) an, den dieser Computer haben kann.

25 Verwenden Sie das Taktdiagramm von Abbildung 3.34 und nehmen Sie an, dass Sie den Takt auf eine Impulsdauer von 20 ns statt der angegebenen 10 ns herabgesetzt haben, die Zeitbeschränkungen aber unverändert geblieben sind. Wie viel Zeit steht dem Speicher im ungünstigsten Fall zur Verfügung, um die Daten während T_3 nach der Aktivierung von $\overline{MREQ}$ auf den Bus zu legen?

26 Verwenden Sie wieder das Taktdiagramm von Abbildung 3.34 und nehmen Sie an, dass der Takt unverändert bei 100 MHz bleibt, aber T_{DS} auf 4 ns angehoben wurde. Lassen sich jetzt noch 10-ns-Speicherchips einsetzen?

27 In Abbildung 3.34b ist T_{ML} mit mindestens 2 ns angegeben. Können Sie sich einen Chip vorstellen, bei dem diese Zeit negativ ist? Anders ausgedrückt: Könnte die CPU $\overline{MREQ}$ aktivieren, bevor die Adresse stabil ist? Warum bzw. warum nicht?

28 Nehmen Sie an, dass der Blocktransfer von Abbildung 3.38 auf dem Bus von Abbildung 3.34 erfolgt. Wie viel mehr Bandbreite erhält man, wenn man statt einzelner Übertragungen einen Blocktransfer mit langen Blöcken verwendet? Nehmen Sie jetzt an, dass der Bus nicht 8 Bit, sondern 32 Bit breit ist. Beantworten Sie die Frage erneut.

29 Beschriften Sie die Übergangszeiten der Adressleitungen von Abbildung 3.35 mit T_{A1} und T_{A2}, die Übergangszeiten von $\overline{MREQ}$ mit T_{MREQ1} und T_{MREQ2} usw. Schreiben Sie alle durch das volle Handshake implizierten Ungleichheiten auf.

30 Mehrkernchips mit mehreren CPUs auf demselben Die setzen sich immer mehr durch. Welche Vorteile bieten sie gegenüber einem System aus mehreren PCs, die über Ethernet verbunden sind?

31 Weshalb sind Mehrkernchips so plötzlich auf der Bildfläche aufgetaucht? Gibt es technologische Faktoren, die den Weg geebnet haben? Spielt hier das Moore'sche Gesetz eine Rolle?

32 Worin liegt der Unterschied zwischen dem Speicherbus und dem PCI-Bus?

33 Die meisten 32-Bit-Busse erlauben 16-Bit-Lese- und Schreiboperationen. Steht es eindeutig fest, wo die Daten zu platzieren sind? Erörtern Sie Ihre Antwort.

34 Viele CPUs verfügen über einen speziellen Buszyklustyp, um Interrupts zu bestätigen. Warum?

35 Ein 32-Bit-Computer mit einem 400-MHz-Bus erfordert vier Zyklen, um ein 32-Bit-Wort zu lesen. Wie viel Busbandbreite verbraucht die CPU im ungünstigsten Fall, d.h., wenn man durchgängig unmittelbar aufeinanderfolgende Lese- oder Schreibvorgänge annimmt?

36 Ein 64-Bit-Computer mit einem 400-MHz-Bus erfordert vier Zyklen, um ein 64-Bit-Wort zu lesen. Wie viel Busbandbreite verbraucht die CPU im ungünstigsten Fall, d.h., wenn man durchgängig unmittelbar aufeinanderfolgende Lese- oder Schreibvorgänge annimmt?

37 Eine 32-Bit-CPU mit den Adressleitungen A2–A31 verlangt, dass alle Speicherreferenzen ausgerichtet werden. Das heißt, Wörter müssen an Vielfachen von 4 Bytes und Halbwörter an geraden Adressen (Vielfachen von 2 Bytes) liegen. Bytes dürfen sich an beliebigen Positionen befinden. Wie viele zulässige Kombinationen gibt es für Speicherleseoperationen und wie viele Pins sind erforderlich, um sie auszudrücken? Geben Sie zwei Antworten mit je einem Fallbeispiel an.

38 Moderne CPU-Chips realisieren eine, zwei oder sogar drei Cache-Ebenen auf dem Chip. Weshalb sind mehrere Cache-Ebenen erforderlich?

39 Eine CPU habe einen Level-1-Cache und einen Level-2-Cache mit Zugriffszeiten von 1 bzw. 2 ns. Die Hauptspeicherzugriffszeit beträgt 10 ns. Wie groß ist die durchschnittliche Zugriffszeit, wenn 20% der Zugriffe L1-Cache-Treffer und 60% der Zugriffe L2-Cache-Treffer sind?

40 Berechnen Sie die erforderliche Busbandbreite, um einen Videofilm mit 30 Frames/s bei einer Auflösung von 1290×960 anzuzeigen. Gehen Sie davon aus, dass die Daten zweimal den Bus passieren müssen, einmal von der CD-ROM zum Speicher und einmal vom Speicher zum Bildschirm.

41 Welches der Signale in Abbildung 3.50 ist nicht unbedingt notwendig, damit das Busprotokoll funktioniert?

42 Ein PCI-Express-System verfügt über 10-Mbit/s-Verbindungen (Bruttokapazität). Wie viele Signalleitungen sind in jeder Richtung für eine 16x-Betriebsart erforderlich? Wie groß ist jeweils die Bruttokapazität? Wie groß ist jeweils die Nettokapazität?

43 Ein Computer verfügt über Befehle, die je zwei Buszyklen erfordern – einen zum Holen des Befehls und einen zum Holen der Daten. Jeder Buszyklus dauert 10 ns und jeder Befehl 20 ns (d.h., die interne Verarbeitungszeit ist zu vernachlässigen). Außerdem verfügt der Computer über eine Festplatte mit 2048 Sektoren (zu je 512 Byte) pro Spur. Die Zeit für eine Umdrehung der Platte beträgt 5 ms. Auf wie viel Prozent der ursprünglichen Geschwindigkeit wird der Computer während eines DMA-Transfers gebremst, wenn jeder 32-Bit-DMA-Transfer einen Buszyklus dauert?

44 Auf dem USB-Bus lassen sich in einem isochronen Datenpaket maximal 1023 Byte Nutzdaten transportieren. Wie groß ist die maximale Bandbreite für ein einzelnes isochrones Gerät, wenn man annimmt, dass ein Gerät nur ein Datenpaket pro Frame senden kann?

45 Was passiert, wenn man in der Schaltung von Abbildung 3.56b für die Auswahl des PIO-Schaltkreises ein `NAND`-Gatter mit 3 statt 2 Eingängen verwendet und den dritten Eingang mit `A13` verbindet?

46 Schreiben Sie ein Programm, um das Verhalten eines $m \times n$-Arrays aus `NAND`-Gattern mit je zwei Eingängen zu simulieren. Diese auf einem Chip untergebrachte Schaltung hat j Eingangs- und k Ausgangspins. Die Werte von j, k, m und n werden als Parameter zur Kompilierzeit des Simulationsprogramms eingerichtet. Das Programm soll zunächst eine „Verdrahtungsliste" einlesen, in der jede Leitung einen Eingang und einen Ausgang spezifiziert. Ein Eingang ist entweder einer der j Eingangspins oder der Ausgang eines `NAND`-Gatters. Ein Ausgang ist entweder einer der k Ausgangspins oder ein Eingang eines `NAND`-Gatters. Unbenutzte Eingänge sind logisch 1. Nach dem Lesen der Verdrahtungsliste soll das Programm die Ausgangswerte für alle möglichen 2^j Eingangsbelegungen ausgeben. Derartige Gatearray-Chips sind für kundenspezifische Schaltungen auf einem Chip weit verbreitet, weil der größte Teil des Herstellungsprozesses (Realisieren des Gatearrays auf dem Chip) unabhängig von der zu implementierenden Schaltung ist. Nur die Verdrahtung ist designspezifisch.

47 Schreiben Sie in Ihrer bevorzugten Programmiersprache ein Programm, das zwei beliebige boolesche Ausdrücke einliest und bestimmt, ob sie die gleiche Funktion darstellen. Für die Eingabesprache sind einzelne Buchstaben als boolesche Variablen, die Operanden `AND`, `OR` und `NOT` sowie Klammern vorzusehen. Jeder Ausdruck muss auf eine Eingabezeile passen. Das Programm soll die Wahrheitstabellen für beide Funktionen berechnen und vergleichen.

Die Mikroarchitekturebene

4

ÜBERBLICK

Einleitung

» Über der Ebene der digitalen Logik befindet sich die Mikroarchitekturebene. Ihre Aufgabe ist es, die darüberliegende ISA-Ebene (Instruction Set Architecture, Befehlssatzarchitektur) zu implementieren, wie es in *Abbildung 1.2* zu sehen ist. Das Design der Mikroarchitekturebene hängt von der zu implementierenden ISA sowie vom Kostenrahmen und den Leistungszielen des Computers ab. Viele moderne Befehlssatzarchitekturen – insbesondere RISC-Computer – arbeiten mit einfachen Befehlen, die sich normalerweise in einem einzigen Taktzyklus ausführen lassen. Komplexere Befehlssatzarchitekturen, wie zum Beispiel beim Core i7, brauchen mehrere Zyklen, um einen Befehl auszuführen. Es ist nämlich gegebenenfalls erforderlich, die Operanden im Speicher zu suchen, sie einzulesen und die Ergebnisse wieder im Speicher abzulegen. Die Aufeinanderfolge von Operationen innerhalb eines einzelnen Befehls führt oftmals zu einem anderen Steuerungskonzept als bei einfachen Befehlssatzarchitekturen. «

4.1 Beispiel einer Mikroarchitektur

Um dieses Thema einzuführen, müsste man eigentlich zunächst die allgemeinen Prinzipien des Mikroarchitekturdesigns erläutern. Leider gibt es keine allgemeinen Prinzipien – jedes Design ist ein Sonderfall. Stattdessen beschäftigen wir uns mit einem ausführlichen Beispiel. Dafür haben wir eine Teilmenge der virtuellen Java-Maschine (JVM) gewählt. Diese Teilmenge umfasst nur ganzzahlige (Integer-)Befehle. Wir nennen sie deshalb **IJVM**.

Als Erstes beschreiben wir die Mikroarchitektur, auf der wir IJVM implementieren. IJVM verfügt über einige relativ komplexe Befehle. Viele derartige Architekturen hat man durch Mikroprogrammierung implementiert, wie es *Kapitel 1* beschrieben hat. Die IJVM ist zwar klein, bietet aber einen guten Ausgangspunkt, um die Steuerung und Aufeinanderfolge von Befehlen zu beschreiben.

Die **Mikroarchitektur** legt die Implementierung einer ISA fest.

Unsere Mikroarchitektur enthält ein Mikroprogramm (im ROM), dessen Aufgabe es ist, IJVM-Befehle einzulesen, zu decodieren und auszuführen. Den Oracle-JVM-Interpreter können wir nicht verwenden, weil wir ein winziges Mikroprogramm brauchen, das die einzelnen Gatter in der eigentlichen Hardware effizient steuert. Im Gegensatz dazu wurde der Oracle-JVM-Interpreter aus Portabilitätsgründen in C geschrieben und ist gar nicht in der Lage, die Hardware zu steuern.

Da die hier verwendete konkrete Hardware nur aus den grundlegenden Komponenten besteht, die *Kapitel 3* beschrieben hat, sollte der Leser – nachdem er dieses Kapitel gründlich durchgearbeitet hat – theoretisch in der Lage sein, eine Kiste voll Transistoren zu kaufen und damit die hier beschriebene Teilmenge der JVM zu bauen. Studenten, die diese Aufgabe erfolgreich bewältigen, erhalten einen Bonus (und eine umfassende psychiatrische Untersuchung gratis dazu).

Es ist praktisch, sich den Entwurf der Mikroarchitektur als Programmierproblem vorzustellen. Jeder Befehl auf der ISA-Ebene ist dabei eine Funktion, die von einem Masterprogramm aufgerufen wird. In diesem Modell ist das Masterprogramm eine einfache Endlosschleife, die eine aufzurufende Funktion bestimmt, diese Funktion aufruft und dann wieder von vorn beginnt – ähnlich wie in *Listing 2.1*.

Das Mikroprogramm speichert in einer Gruppe von Variablen den sogenannten **Zustand** (State) des Computers, der allen Funktionen zugänglich ist. Jede Funktion ändert mindestens einige der Variablen, die den Zustand ausmachen. Beispielsweise ist der Programmzähler (Program Counter – PC) ein Teil dieses Zustands. Er bezeichnet die Speicherstelle, die die nächste auszuführende Funktion (d.h. den ISA-Befehl) enthält. Während der Ausführung jedes Befehls wird der Programmzähler weitergesetzt, sodass er jeweils auf den nächsten auszuführenden Befehl zeigt.

IJVM-Befehle sind kurz und prägnant. Jeder Befehl besteht aus – normalerweise ein oder zwei – Feldern, die jeweils einem bestimmten Zweck dienen. Das erste Feld jedes Befehls ist der **Opcode** (kurz für **Operation Code**), der den Befehl identifiziert und Auskunft darüber gibt, ob er ein `ADD`, ein `BRANCH` oder etwas anderes ist. Viele Befehle haben ein zusätzliches Feld, das den Operanden bezeichnet. Befehle, die z.B. auf eine lokale Variable zugreifen, brauchen ein Feld, das angibt, um *welche* Variable es sich handelt.

Dieses auch als **Abrufen-Decodieren-Ausführen-Zyklus** (Fetch-Decode-Execute) bezeichnete Ausführungsmodell ist als Abstraktion nützlich und kann auch die Basis für die Implementierung von Befehlssatzarchitekturen wie IJVM mit komplexen Befehlen bilden. Die nächsten Abschnitte beschreiben, wie dieses Modell funktioniert, wie die Mikroarchitektur aussieht und wie sie durch die Mikrobefehle gesteuert wird, die jeweils den Datenpfad für einen Zyklus steuern. Zusammengenommen bildet die Liste der Mikrobefehle das Mikroprogramm, das wir hier vorstellen und im Detail besprechen.

IJVM-Befehle werden in den drei Phasen **Abrufen, Decodieren** und **Ausführen** des Befehlszyklus verarbeitet.

4.1.1 Der Datenpfad

Der **Datenpfad** (Data Path) ist der Teil der CPU, der die ALU mit ihren Ein- und Ausgängen enthält. ▶Abbildung 4.1 zeigt den Datenpfad unserer Beispielarchitektur. Auch wenn der Datenpfad für die Interpretation von IJVM-Programmen sorgfältig optimiert wurde, ist er weitgehend dem Datenpfad ähnlich, der in den meisten Prozessoren zu finden ist. Er enthält eine Reihe von 32-Bit-Registern, die wir mit symbolischen Namen versehen haben, beispielsweise `PC`, `SP` und `MDR`. Auch wenn einige dieser Namen bereits bekannt sind, muss man wissen, dass diese Register nur auf der Mikroarchitekturebene (durch das Mikroprogramm) zugänglich sind. Wir haben die Namen deshalb gewählt, weil diese Register normalerweise Werte aufnehmen, die den Variablen gleichen Namens in der Architektur der ISA-Ebene entsprechen. Die meisten Register können ihren Inhalt auf den B-Bus legen. Der Ausgang der ALU gelangt zum Schieberegister und dann auf den C-Bus, dessen Wert gleichzeitig in eines oder mehrere Register geschrieben werden kann. Vorläufig gibt es keinen A-Bus; wir fügen ihn später hinzu.

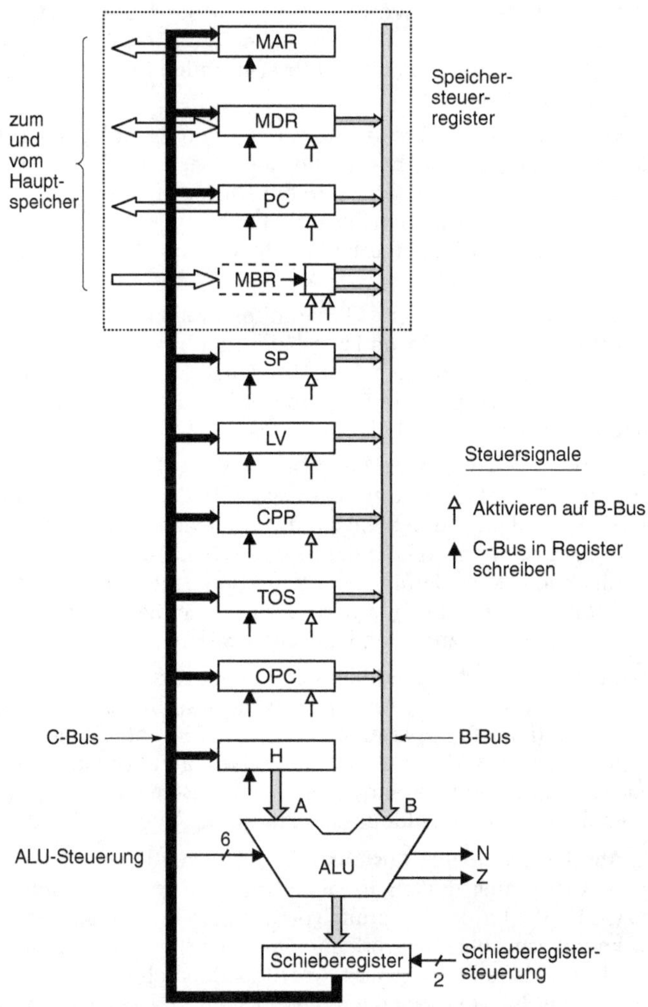

Abbildung 4.1: Der Datenpfad der in diesem Kapitel verwendeten Beispielmikroarchitektur

Die ALU ist mit der von *Abbildung 3.16 und 3.17* identisch. Sechs Steuerleitungen bestimmen ihre Funktion. Der kurze Schrägstrich mit der Beschriftung „6“ in Abbildung 4.1 bedeutet, dass es sich um 6 Leitungen handelt – und zwar sind das die Steuerleitungen der ALU: F_0 und F_1 bestimmen die ALU-Operation, ENA und ENB aktivieren die einzelnen Eingänge, INVA invertiert den linken Eingang und INC erzwingt einen Übertrag in das niederwertige Bit, wodurch letztlich 1 addiert wird. Allerdings führen nicht alle 64 Kombinationen der ALU-Steuerleitungen zu sinnvollen Ergebnissen.

Einige der interessanteren Kombinationen sind in Abbildung 4.1 dargestellt. Die IJVM benötigt nicht alle hier angegebenen Funktionen, jedoch sind die meisten für die ausgewachsene JVM praktisch. In vielen Fällen gibt es mehrere Möglichkeiten, das gleiche Ergebnis zu erzielen. In ▶Tabelle 4.1 bedeutet + ein arithmetisches Plus und – ein arithmetisches Minus. Beispielsweise bedeutet $-A$ das Zweierkomplement von A.

F_0	F_1	ENA	ENB	INVA	INC	Funktion
0	1	1	0	0	0	A
0	1	0	1	0	0	B
0	1	1	0	1	0	$\overline{A}$
1	0	1	1	0	0	$\overline{B}$
1	1	1	1	0	0	A + B
1	1	1	1	0	1	A + B + 1
1	1	1	0	0	1	A + 1
1	1	0	1	0	1	B + 1
1	1	1	1	1	1	B − A
1	1	0	1	1	1	B − 1
1	1	1	0	1	1	−A
0	0	1	1	0	0	A AND B
0	1	1	1	0	0	A OR B
0	1	0	0	0	0	0
1	1	0	0	0	1	1
1	1	0	0	1	0	−1

Tabelle 4.1: Nützliche Funktionen der ALU-Signale und die jeweils ausgeführte Funktion

Die ALU von Abbildung 4.1 benötigt zwei Dateneingänge: einen linken (A) und einen rechten (B). Mit dem linken Eingang ist ein Zwischenregister H (Hold Register) verbunden. Am rechten Eingang liegt der B-Bus, der von einer der insgesamt neun Quellen geladen werden kann, was durch die neun grauen Pfeile angedeutet ist. Ein alternatives Design mit zwei vollständigen Bussen hat andere Vor- und Nachteile. Darauf gehen wir später in diesem Kapitel ein.

Die ALU-Operationen werden durch Steuersignale ausgewählt und die Ein- und Ausgabedaten über Busse mit den Registern ausgetauscht. Diese Komponenten bilden zusammen den **Datenpfad**.

Das Register H lässt sich laden, indem man eine ALU-Funktion wählt, die einfach den rechten Eingang (vom B-Bus) durch die ALU zum Ausgang weiterleitet. Eine derartige Funktion ist das Addieren der ALU-Eingänge, wobei man allerdings ENA negiert und damit den linken Eingang auf null zwingt. Wenn man null zum Wert auf dem B-Bus addiert, erhält man einfach den Wert auf dem B-Bus. Dieses Ergebnis lässt sich dann durch das Schieberegister unverändert weitergeben und in H speichern.

Zusätzlich zu den obigen Funktionen kann man zwei weitere Steuerleitungen unabhängig voneinander verwenden, um den Ausgang von der ALU zu steuern. SLL8 (Shift Left Logical) verschiebt den Inhalt um 1 Byte nach links und füllt die acht niederwertigen Bits mit Nullen auf. SRA1 (Shift Right Arithmetic) verschiebt den Inhalt um 1 Bit nach rechts und lässt das höchstwertige Bit unverändert.

Es ist durchaus möglich, dasselbe Register in einem Zyklus zu lesen und zu schreiben. Beispielsweise ist es zulässig, SP auf den B-Bus zu legen, den linken Eingang der ALU zu deaktivieren, das INC-Signal zu aktivieren und das Ergebnis in SP zu speichern, wodurch SP um 1 inkrementiert wird (siehe die achte Zeile in Tabelle 4.1). Wie kann ein Register im selben Zyklus gelesen und beschrieben werden, ohne dass Müll entsteht? Die Lösung besteht darin, dass Lese- und Schreibvorgänge zu unterschiedlichen Zeiten innerhalb des Zyklus stattfinden. Wird beispielsweise ein Register als rechter Eingang der ALU ausgewählt, kommt sein Inhalt zu einem frühen Zeitpunkt des Zyklus auf den B-Bus und verbleibt dort während des gesamten Zyklus. Die ALU führt dann eine Verknüpfung aus und liefert ein Ergebnis, das über das Schieberegister auf den C-Bus gelangt. Wenn gegen Ende des Zyklus die Ausgänge von ALU und Schieberegister stabil sind, bewirkt ein Taktsignal, dass der Inhalt auf dem C-Bus in eines oder mehrere Register geschrieben wird. Dabei kann eines dieser Register durchaus dasjenige sein, das die Eingabe für den B-Bus geliefert hat. Das genaue Timing macht es möglich, dasselbe Register in einem Zyklus zu lesen und zu schreiben. Wie das im Detail abläuft, beschreibt der nächste Unterabschnitt.

Datenpfadzeiten

▶Abbildung 4.2 zeigt die Zeitabläufe dieser Ereignisse. Der kurze Impuls am Beginn jedes Taktzyklus lässt sich aus dem Haupttakt ableiten, wie es *Abbildung 3.18c* dargestellt hat. Auf der fallenden Flanke des Impulses werden die Bits für alle Gattereingänge eingerichtet. Dies dauert eine endliche und bekannte Zeit Δw. Dann wird das auf dem B-Bus benötigte Register ausgewählt und auf den B-Bus durchgeschaltet. Bis der Wert stabil ist, vergeht die Zeit Δx. Die ALU und das Schieberegister können dann mit gültigen Daten arbeiten. Nach einer weiteren Zeitspanne Δy sind die Ausgänge von ALU und Schieberegister stabil. Die Ergebnisse gelangen nach einer zusätzlichen Zeit Δz über den C-Bus zu den Registern, wo sie mit der steigenden Flanke des nächsten Impulses geladen werden können. Der Ladevorgang sollte flankengetriggert und schnell sein, sodass sich bei einer Änderung eines Eingangsregisters eine Wirkung auf dem C-Bus erst nach dem Laden der Register zeigt. Ebenfalls mit der steigenden Flanke des Impulses werden die Register vom B-Bus abgeschaltet, um den nächsten Zyklus vorzubereiten. Abbildung 4.2 gibt die Signale MPC und MIR sowie den Speicher an. Zu ihren Rollen erfahren Sie in Kürze mehr.

Wichtig ist die Tatsache, dass der Datenpfad zwar keine Speicherelemente enthält, die Signale aber eine endliche Ausbreitungszeit benötigen, um von einem Punkt zu einem anderen zu gelangen. Ändert sich der Wert auf dem B-Bus, so zeigt sich die Änderung auf dem C-Bus erst nach einer bestimmten Zeit (infolge der endlichen Verzögerungen in jedem Schritt). Selbst wenn ein Speichervorgang eines der Eingaberegister ändert, wird der Wert sicher im Register verstaut, lange bevor der (jetzt falsche) auf den B-Bus (oder H) gelegte Wert die ALU erreichen kann.

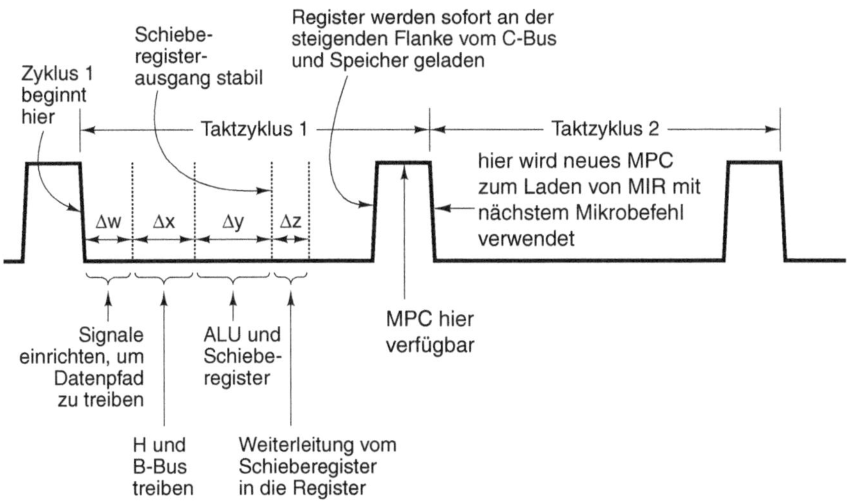

Abbildung 4.2: Zeitdiagramm eines Datenpfadzyklus

Dieses Konzept verlangt streng eingehaltene Zeitbedingungen, einen langen Taktzyklus, eine bekannte Mindestausbreitungszeit durch die ALU und ein schnelles Laden der Register vom C-Bus. Allerdings lässt sich der Datenpfad durch präzise Technik so gestalten, dass er jederzeit ordnungsgemäß funktioniert. Reale Prozessoren arbeiten auf diese Weise.

Den Datenpfadzyklus kann man auch in einer anderen Form betrachten, wenn man ihn in implizite Teilzyklen unterteilt. Der Beginn von Teilzyklus 1 wird von der fallenden Flanke des Takts ausgelöst. In den Teilzyklen laufen folgende Aktivitäten ab (wobei die Zeitabschnitte in Klammern angegeben sind):

Der Datenpfad kann in mehreren Teilzyklen zum Anlegen der Steuersignale, dem Zugriff auf die Operanden, die eigentliche ALU Operation und das Zurückspeichern des Ergebnisses gesteuert werden.

1. Die Steuersignale werden eingerichtet (Δw).
2. Die Register werden auf den B-Bus gelegt (Δx).
3. Die ALU und das Schieberegister arbeiten (Δy).
4. Die Ergebnisse laufen über den C-Bus zurück zu den Registern (Δz).

Das Zeitintervall nach Δz bietet eine gewisse Toleranz, da die Zeiten nicht exakt sind. Mit der steigenden Flanke des nächsten Taktzyklus werden die Ergebnisse in die Register übernommen.

Wir haben festgestellt, dass man sich die Teilzyklen am besten als *implizit* vorstellen kann. Damit ist gemeint, dass es weder Taktimpulse noch andere explizite Signale gibt, um die ALU zur Arbeit anzutreiben oder die Ergebnisse auf den C-Bus zu übernehmen. In Wirklichkeit sind ALU und Schieberegister ständig in Betrieb. Allerdings sind ihre Eingaben ungültig, bis die Zeit $\Delta w + \Delta x$ nach der fallenden Flanke des Takts verstrichen ist. Auch ihre Ausgaben sind unbrauchbar, bis die Zeit $\Delta w + \Delta x + \Delta y$ nach der fallenden Flanke des Takts abgelaufen ist. Die einzigen expliziten Signale, die den Datenpfad steuern, sind die fallende Flanke des Takts, die den Datenpfadzyklus startet, und die steigende Taktflanke, die die Register vom C-Bus lädt. Die übrigen Teilzyklusgrenzen ergeben sich implizit durch die inhärenten Ausbreitungszeiten der beteiligten Elektronik. Der Schaltkreisentwickler muss sicherstellen, dass der durch $\Delta w + \Delta x + \Delta y + \Delta z$ bestimmte Zeitpunkt ausreichend weit vor der steigenden Taktflanke liegt, damit die Registerladevorgänge jederzeit zuverlässig funktionieren.

Arbeitsweise des Speichers

Unser Prozessor kann auf zweierlei Weise mit dem Speicher kommunizieren: über einen wortadressierbaren 32-Bit-Speicherport und über einen byteadressierbaren 8-Bit-Speicherport. Der 32-Bit-Speicherport wird von den beiden Registern MAR (**Memory Address Register**) und MDR (**Memory Data Register**) gesteuert (siehe Abbildung 4.1). Der 8-Bit-Port wird nur vom Register PC gesteuert und liest 1 Byte in die niederwertigen 8 Bits von MBR ein. Dieser Port kann Daten aus dem Speicher nur lesen, aber keine Daten in den Speicher schreiben.

Alle diese Register (und alle übrigen Register in Abbildung 4.1) werden von einem oder zwei **Steuersignalen** (Control Signals) gesteuert. Ein leerer Pfeil unter einem Register bezeichnet ein Steuersignal, das die Ausgabe des Registers auf den B-Bus aktiviert. Da MAR nicht mit dem B-Bus verbunden ist, besitzt es auch kein Aktivierungssignal. Das Gleiche gilt für das Register H, weil es immer aktiv ist und als einziger linker Eingang der ALU infrage kommt.

Ein ausgefüllter schwarzer Pfeil unter einem Register bezeichnet ein Steuersignal, das das Register vom C-Bus schreibt (d.h. lädt). Da MBR nicht vom C-Bus geladen werden kann, hat es kein Schreibsignal (aber zwei andere Aktivierungssignale, die weiter unten erläutert werden). Um eine Speicherlese- oder Speicherschreiboperation einzuleiten, müssen die entsprechenden Speicherregister geladen werden. Dann ist ein Lese- oder Schreibsignal an den Speicher auszugeben (in Abbildung 4.1 nicht dargestellt).

MAR enthält *Wort*adressen, sodass sich die Werte 0, 1, 2 usw. auf aufeinanderfolgende Wörter beziehen. PC enthält *Byte*adressen und adressiert deshalb mit den Werten 0, 1, 2 usw. aufeinanderfolgende Bytes. Schreibt man also eine 2 in PC, holt eine Leseoperation Byte 2 aus dem Speicher und schreibt es in die acht niederwertigen Bits von MBR. Wenn man eine 2 in MAR einträgt, ruft eine Leseoperation die Bytes 8 bis 11 (d.h. Wort 2) aus dem Speicher ab und schreibt sie in MDR.

Dieser funktionelle Unterschied ist notwendig, weil MAR und PC unterschiedliche Teile des Speichers referenzieren. Warum dieser Unterschied erforderlich ist, wird später noch erläutert. Vorläufig genügt es festzustellen, dass die MAR/MDR-Kombination Datenwörter auf der ISA-Ebene liest und schreibt, während die PC/MBR-Kombination dazu dient, das ausführbare Programm auf der ISA-Ebene zu lesen, das aus einem Bytestrom besteht. Alle übrigen Register, deren Inhalte Adressen darstellen, verwenden genau wie MAR Wortadressen.

Bei der realen physischen Implementierung gibt es nur einen echten byteorientierten Speicher. Dass sich mit MAR Wörter adressieren lassen (was durch die Definition der JVM erforderlich ist), während im physischen Speicher Bytes adressiert werden, erreicht man durch einen einfachen Trick. Wenn der Inhalt von MAR auf den Adressbus kommt, werden seine 32 Bits nicht direkt auf die 32 Adressleitungen 0 bis 31 abgebildet. Stattdessen ist Bit 0 von MAR mit der Adressbusleitung 2, Bit 1 von MAR mit der Adressbusleitung 3 usw. verdrahtet. Die oberen 2 Bits von MAR werden verworfen, weil sie nur für Wortadressen oberhalb 2^{32} erforderlich sind, die bei unserem 4-Gbyte-Rechner nicht zulässig sind. Wenn bei dieser Zuordnung MAR gleich 1 ist, liegt Adresse 4 auf dem Bus, ist MAR gleich 2, enthält der Bus die Adresse 8 usw. ▶Abbildung 4.3 veranschaulicht diesen Kunstgriff.

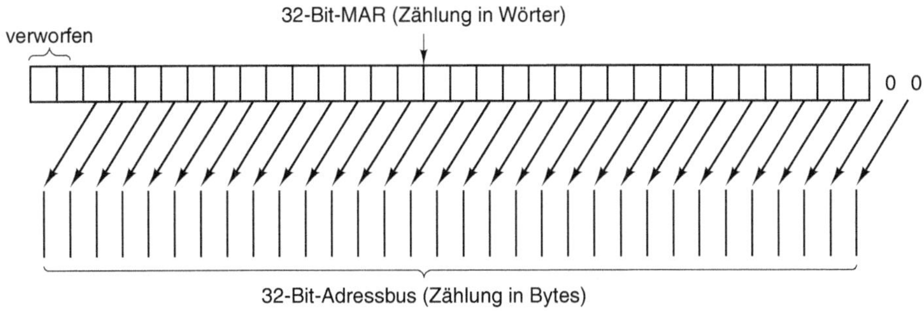

Abbildung 4.3: Abbildung der MAR-Bits auf den Adressbus

Wie bereits erwähnt, kommen die über den 8-Bit-Speicherport gelesenen Daten in das 8-Bit-Register MBR. MBR lässt sich auf zweierlei Weise auf den B-Bus durchschalten (d.h. kopieren): vorzeichenlos und vorzeichenbehaftet. Ist der vorzeichenlose Wert gefragt, dann enthält das auf den B-Bus gelegte 32-Bit-Wort den MBR-Wert in den acht niederwertigen Bits und Nullen in den oberen 24 Bits. Vorzeichenlose Werte benötigt man beispielsweise, um eine Tabelle zu indizieren oder um eine 16-Bit-Ganzzahl aus zwei aufeinanderfolgenden (vorzeichenlosen) Bytes im Befehlsstrom zusammenzusetzen.

Bei der anderen Option, den 8-Bit-MBR-Wert in ein 32-Bit-Wort umzuwandeln, betrachtet man den Inhalt als vorzeichenbehafteten Wert zwischen −128 und +128 und verwendet ihn, um ein 32-Bit-Wort mit demselben numerischen Wert zu erzeugen. Dazu kopiert man das MBR-Vorzeichenbit (das Bit ganz links) in die oberen 24 Bitpositionen des B-Busses. Diesen Prozess nennt man **Vorzeichenerweiterung** (Sign Extension). Bei dieser Option sind die oberen 24 Bits entweder alle 0 oder 1, je nachdem, ob das Bit ganz links im 8-Bit-MBR eine 0 oder eine 1 ist.

Ob der 8-Bit-MBR-Inhalt in einen vorzeichenlosen oder vorzeichenbehafteten 32-Bit-Wert auf dem B-Bus umgewandelt wird, hängt von den beiden Steuersignalen ab (leere Pfeile unter MBR in Abbildung 4.1). Und weil diese beiden Optionen erforderlich sind, stellen wir sie mit zwei verschiedenen Pfeilen dar. Um die Fähigkeit anzudeuten, dass sich das 8-Bit-MBR-Register wie eine 32-Bit-Quelle für den B-Bus verhalten kann, ist in der Abbildung der Rahmen um MBR auf der linken Seite gestrichelt dargestellt.

4.1.2 Mikrobefehle

Um den Datenpfad von Abbildung 4.1 zu steuern, sind 29 Signale erforderlich. Diese Signale lassen sich folgenden fünf Funktionsgruppen zuordnen:

- 9 Signale, um das Schreiben der Daten vom C-Bus in die Register zu steuern,
- 9 Signale, um das Durchschalten der Register auf den B-Bus für den ALU-Eingang zu steuern,
- 8 Signale, um die Funktionen der ALU und des Schieberegisters zu steuern,
- 2 Signale (nicht dargestellt), um Speicherlesen/Speicherschreiben über MAR/MDR anzuzeigen, und
- 1 Signal (nicht dargestellt), um das Abrufen aus dem Speicher über PC/MBR anzuzeigen.

Mikrobefehle legen die **Steuersignale** für einen Teilzyklus des Datenpfads fest.

Die Werte dieser 29 Steuersignale legen die Operationen für einen Zyklus des Datenpfads fest. In einem Zyklus werden die Werte aus den Registern auf den B-Bus durchgeschaltet, die Signale durch die ALU und das Schieberegister weitergeleitet, die Signale auf den C-Bus gelegt und schließlich die Ergebnisse in die entsprechenden Register geschrieben. Wenn ein Speicherlesesignal für Daten aktiv ist, beginnt außerdem die Speicheroperation am Ende des Datenpfadzyklus, nachdem `MAR` geladen wurde. Die Speicherdaten sind ganz am Ende des *folgenden* Zyklus in `MBR` oder `MDR` verfügbar und können erst im sich *daran anschließenden* Zyklus verwendet werden. Anders ausgedrückt: Ein am Ende von Zyklus k eingeleiteter Speicherlesevorgang an einem der Ports liefert Daten, die noch nicht in Zyklus $k + 1$, sondern erst in Zyklus $k + 2$ oder später nutzbar sind.

Dieses scheinbar unverständliche Verhalten lässt sich anhand von Abbildung 4.2 erklären. Die Speichersteuersignale werden erst in Taktzyklus 1 erzeugt, nachdem `MAR` und `PC` an der steigenden Flanke des Takts gegen Ende von Taktzyklus 1 geladen wurden. Wir nehmen an, dass der Speicher seine Ergebnisse innerhalb eines Zyklus auf die Speicherbusse stellt, sodass `MBR` und/oder `MDR` zusammen mit den übrigen Registern an der nächsten steigenden Taktflanke geladen werden können.

Mit anderen Worten laden wir `MAR` am Ende eines Datenpfadzyklus und starten den Speicher kurz danach. Folglich können wir nicht erwarten, dass sich die Ergebnisse einer Leseoperation zu Beginn des nächsten Zyklus in `MDR` befinden, insbesondere nicht, wenn die Breite der Taktimpulse nur gering ist. Die Zeit reicht einfach nicht, wenn der Speicher einen Taktzyklus beansprucht. Zwischen dem Start eines Speicherlesevorgangs und der Verwendung des Ergebnisses muss ein Datenpfadzyklus liegen. Selbstverständlich lassen sich während dieses Zyklus andere Operationen durchführen, nur nicht die, die auf das Speicherwort zugreifen.

Die Annahme, dass der Speicher für seine Arbeit nur einen Zyklus benötigt, ist gleichbedeutend mit der Annahme, dass die Cache-Trefferquote 100% beträgt. Diese Annahme ist nie wahr; wir wollen uns hier aber nicht mit der Komplexität auseinandersetzen, die durch eine Speicherzykluszeit mit variabler Länge entsteht.

Da `MBR` und `MDR` zusammen mit allen übrigen Registern an der steigenden Flanke des Takts geladen werden, lassen sie sich während der Zyklen lesen, in denen ein neuer Speicherlesevorgang beginnt. Diese Register geben die alten Werte zurück, da der Lesevorgang noch nicht genügend Zeit hatte, sie zu überschreiben. Dies stellt keine Zweideutigkeit dar. Bis neue Werte in `MBR` und `MDR` an der steigenden Flanke des Takts geladen werden, sind die vorherigen Werte noch vorhanden und verwendbar. Beachten Sie, dass es möglich ist, Lesevorgänge direkt hintereinander in zwei aufeinanderfolgenden Zyklen durchzuführen, weil ein Lesevorgang nur einen Zyklus lang dauert. Außerdem können beide Speicher gleichzeitig arbeiten. Der Versuch, dasselbe Byte gleichzeitig zu lesen und zu schreiben, führt aber zu undefinierten Ergebnissen.

Das Format der Mikrobefehle kann durch die **Codierung von Steuersignalen** komprimiert werden. Die codierten Signale können aber nicht mehr gleichzeitig ausgegeben werden.

Während es wünschenswert sein kann, die Ausgabe auf dem C-Bus in mehr als ein Register zu schreiben, ist es jedoch nie sinnvoll, mehr als ein Register gleichzeitig auf den B-Bus durchzuschalten. (In der Tat kann in diesem Fall bei bestimmten Hardware-Implementierungen ein physischer Schaden entstehen.) Mit etwas mehr Schaltungsaufwand können wir die zur Auswahl der möglichen Quellen für den B-Bus erforderlichen Bits verringern. Es gibt nur neun mögliche Eingaberegister, die sich auf den B-Bus durchschalten lassen (wobei die `MBR`-Versionen mit und ohne Vorzeichen jeweils getrennt zählen). Deshalb können wir die B-Businformationen in vier Bits codieren und mit einem Decodierer 16 Steuersignale erzeugen, von denen 7 nicht benötigt werden. In einem kommerziellen Umfeld würden die Architekten sicherlich den unbändigen Drang verspüren, eines der Register loszuwerden, um für die Decodierung mit 3 Bits auszukommen. Als Akademiker leisten wir uns den ungeheuren Luxus, ein Bit zu vergeuden, um ein klareres und einfacheres Design zu ermöglichen.

Jetzt sind wir in der Lage, den Datenpfad mit 9 + 4 + 8 + 2 + 1 = 24 Signalen zu steuern, d.h. mit 24 Bits. Allerdings steuern diese 24 Bits den Datenpfad nur für einen Zyklus. Im zweiten Teil der Steuerung ist zu bestimmen, was im folgenden Zyklus geschehen soll. Um diese Aufgabe im Entwurf des Controllers umzusetzen, beschreiben wir die auszuführenden Operationen in einem Format, das die 24 Steuerbits und zwei zusätzliche Felder – `NEXT_ADDRESS` und `JAM` – verwendet. Auf den Inhalt dieser Felder gehen wir gleich noch näher ein. ▶Abbildung 4.4 zeigt ein mögliches Format, das in sechs Gruppen gegliedert ist und die folgenden 36 Signale enthält:

`Addr` – enthält die Adresse eines potenziellen nächsten Mikrobefehls

`JAM` – bestimmt, wie der nächste Mikrobefehl ausgewählt wird

`ALU` – ALU- und Schieberegisterfunktionen

`C` – wählt aus, welche Register vom C-Bus geschrieben werden

`Mem` – Speicherfunktionen

`B` – wählt die Quelle für den B-Bus aus; wird wie dargestellt codiert

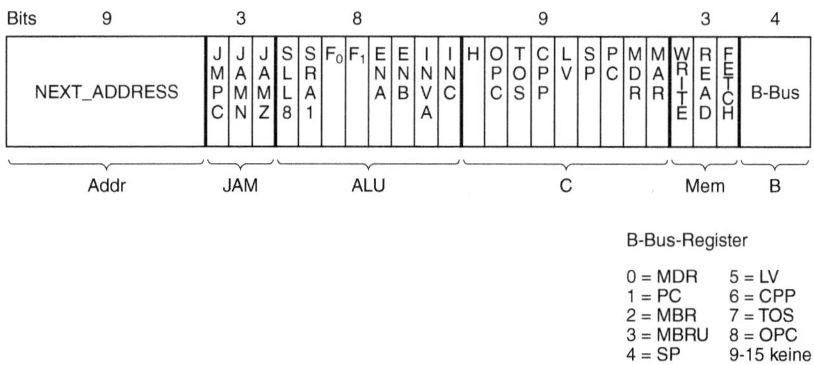

Abbildung 4.4: Das Mikrobefehlsformat für die Mic-1

Die Reihenfolge der Gruppen spielt im Grunde keine Rolle. Wir haben aber bei ihrer Anordnung darauf geachtet, dass sich möglichst wenige Linienkreuzungen in ▶Abbildung 4.5 ergeben. Linienkreuzungen in Schaltplänen wie in Abbildung 4.5 korrespondieren oft mit Leitungskreuzungen auf den Chips, was in zweidimensionalen Layouts problematisch sein kann, sodass man sie möglichst vermeiden sollte.

4.1.3 Mikrobefehlssteuerung: Mic-1

Bisher haben wir zwar die Steuerung des Datenpfads beschrieben, sind aber noch nicht darauf eingegangen, wie entschieden wird, welche Steuersignale in jedem Zyklus zu aktivieren sind. Dies geschieht mit einem **Sequenzer**, der die Reihenfolge von Operationen bestimmt, die für die Ausführung eines einzigen ISA-Befehls nötig sind.

Der **Sequenzer** legt die Abfolge von Mikrobefehlen fest und gibt die entsprechenden Steuersignale jedes Befehls aus.

Der Sequenzer muss in jedem Zyklus zwei Arten von Informationen liefern:

1. Den Zustand jedes Steuersignals im System
2. Die Adresse des Mikrobefehls, der als Nächstes auszuführen ist

Abbildung 4.5 ist ein detailliertes Blockschaltbild für die komplette Mikroarchitektur unserer Beispielmaschine, die wir **Mic-1** nennen. Dieser Schaltplan mag auf den ersten Blick verwirrend erscheinen, es empfiehlt sich aber, ihn genau zu studieren. Wenn Sie jedes Kästchen und jede Linie in diesem Bild verinnerlicht haben, sind Sie auf dem besten Weg, die Mikrostrukturebene zu verstehen. Der Blockschaltplan besteht aus zwei Teilen: Auf der linken Seite finden Sie den Datenpfad, den wir bereits eingehend besprochen haben, und auf der rechten Seite ist der Steuerabschnitt zu sehen, dem wir uns jetzt zuwenden.

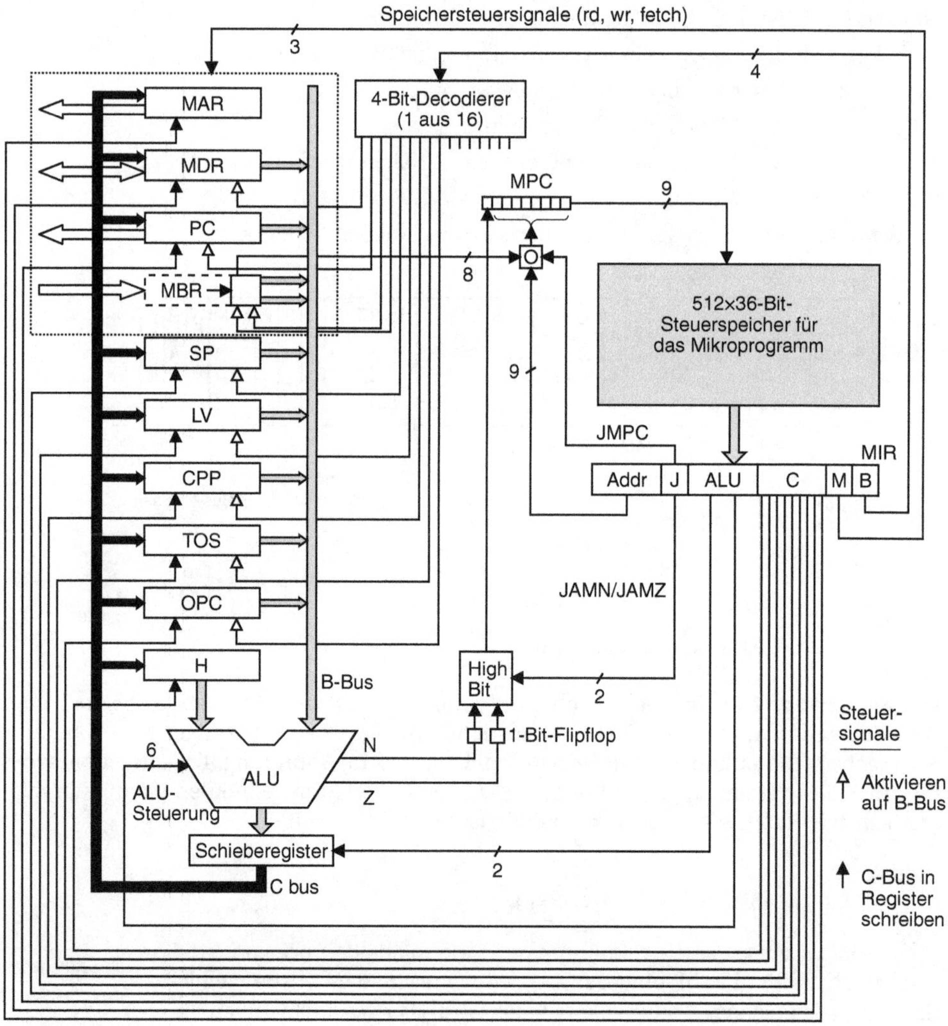

Abbildung 4.5: Der vollständige Blockschaltplan unserer Beispielmikroarchitektur, die Mic-1

Das größte und wichtigste Element im Steuerteil des Prozessors ist der **Steuerspeicher** (Control Store). Man kann ihn sich als Speicher vorstellen, der das komplette Mikroprogramm enthält, obwohl dieses manchmal als Menge logischer Gatter implementiert wird. Im Allgemeinen sprechen wir von einem Steuerspeicher, um Verwechslungen mit dem Hauptspeicher zu vermeiden, auf den `MBR` und `MDR` zugreifen. Aus funktioneller Sicht ist der Steuerspeicher jedoch ein Speicher, der einfach nur Mikrobefehle statt ISA-Befehle enthält. Für unseren Beispielprozessor enthält er 512 Wörter. Jedes Wort besteht aus einem 36-Bit-Mikrobefehl der in Abbildung 4.4 dargestellten Art. Eigentlich sind nicht alle diese Wörter notwendig, doch aus noch zu erläuternden Gründen brauchen wir Adressen für 512 einzelne Wörter.

In einem wichtigen Punkt unterscheidet sich der Steuerspeicher erheblich vom Hauptspeicher: Befehle im Hauptspeicher werden immer in der Reihenfolge der Adressen ausgeführt (mit Ausnahme der Verzweigungsbefehle), Mikrobefehle dagegen nicht. Das Inkrementieren des Programmzählers in *Listing 2.1* drückt die Tatsache aus, dass nach dem aktuellen Befehl standardmäßig der Befehl ausgeführt wird, der im Speicher auf den aktuellen Befehl folgt. Mikroprogramme müssen flexibler sein (da Mikrobefehlssequenzen normalerweise kurz sind) und besitzen deshalb diese Eigenschaft gewöhnlich nicht. Stattdessen legt jeder Mikrobefehl explizit seinen Nachfolger fest.

Das Mikroprogramm wird im **Steuerspeicher** abgelegt. Mikrobefehle bestimmen explizit die Adresse des nachfolgenden Mikrobefehls.

Der Steuerspeicher ist funktionell ein (Nur-Lese-)Speicher und braucht daher seine eigenen Speicheradress- und Speicherdatenregister. Lese- und Schreibsignale sind nicht erforderlich, weil der Speicher ausschließlich gelesen wird. Das Speicheradressregister des Steuerspeichers nennen wir **MPC** (**MicroProgram Counter**). Das ist etwas ironisch gemeint, weil die darin befindlichen Speicherstellen ausdrücklich nicht geordnet sind, sodass das Konzept des Zählers unnütz ist. (Warum aber sollen wir uns gegen die gängigen Gepflogenheiten auflehnen?) Das Speicherdatenregister nennen wir **MIR** (**MicroInstruction Register**). Es nimmt den aktuellen Mikrobefehl auf, dessen Bits die Steuersignale für den Datenpfad liefern.

Im `MIR`-Register von Abbildung 4.5 finden wir die gleichen sechs Gruppen wie in Abbildung 4.4. Die Gruppen `Addr` und `J` (für `JAM`) steuern die Auswahl des nächsten Mikrobefehls – mehr dazu gleich. Die 8 Bits der `ALU`-Gruppe wählen die ALU-Funktion und steuern das Schieberegister. Die `C`-Bits legen fest, welches Register die Ausgabe der ALU vom C-Bus lädt. Die `M`-Bits steuern Speicheroperationen.

Schließlich sind die letzten 4 Bits für den Decodierer vorgesehen, der bestimmt, was auf den B-Bus gelangt. Wir haben hier einen 4-Bit-Standarddecodierer (1 aus 16) gewählt, obwohl nur neun Möglichkeiten erforderlich sind. In einem feiner abgestimmten Design könnte man einen 4-zu-9-Decoder verwenden. Der Kompromiss, eine Standardschaltung aus einer Bibliothek von Schaltungen zu verwenden, anstatt eine genau auf diesen Fall abgestimmte Schaltung zu entwickeln, vereinfacht die Entwicklung und bringt wahrscheinlich auch weniger neue Fehler mit sich. Eine eigens entwickelte Schaltung verbraucht zwar weniger Chipfläche, ihre Entwicklung dauert aber länger und kann zudem fehlerhaft sein.

Die Schaltung in Abbildung 4.5 arbeitet wie folgt: Zu Beginn jedes Taktzyklus (an der fallenden Flanke des Takts in Abbildung 4.2) wird `MIR` mit dem Wort aus dem Steuerspeicher geladen, auf das `MPC` zeigt. Die `MIR`-Ladezeit ist in der Abbildung durch Δw angegeben. In Teilzyklen ausgedrückt heißt das, dass `MIR` im ersten Teilzyklus geladen wird.

Sobald der Mikrobefehl in MIR steht, durchlaufen die verschiedenen Signale den Datenpfad. Ein Register wird auf den B-Bus durchgeschaltet und die ALU kennt die auszuführende Operation – es passiert eine Menge in diesem zweiten Teilzyklus. Nach einem Intervall $\Delta w + \Delta x$ ab Beginn des Zyklus sind die ALU-Eingänge stabil.

Eine Zeitspanne Δy später hat sich alles eingerichtet und die Ausgänge von ALU, N, Z und Schieberegister sind stabil. Die Schaltung übernimmt dann die Werte von N und Z in ein Paar 1-Bit-Flipflops. Diese Bits werden wie alle Register, die vom C-Bus und aus dem Speicher geladen werden, mit der steigenden Flanke des Takts gegen Ende des Datenpfadzyklus gespeichert. Die ALU-Ausgabe wird nicht zwischengespeichert, sondern einfach an den Eingang des Schieberegisters gelegt. In Teilzyklus 3 laufen die ALU- und Schieberegisteraktivitäten ab.

Nach einem weiteren Intervall Δz hat der Schieberregisterausgang die Register über den C-Bus erreicht. Nun lassen sich die Register gegen Ende des Zyklus (an der steigenden Flanke des Taktimpulses gemäß Abbildung 4.2) laden. Teilzyklus 4 umfasst das Laden der Register sowie der N- und Z-Flipflops. Er endet kurz nach der steigenden Taktflanke. Jetzt sind alle Ergebnisse gespeichert, die Ergebnisse der vorherigen Speicheroperationen stehen zur Verfügung und MPC wurde geladen. Dieser Prozess setzt sich nun so lange fort, bis jemand genug davon hat und den Computer ausschaltet.

Das Mikroprogramm muss nicht nur den Datenpfad steuern, sondern parallel dazu bestimmen, welcher Mikrobefehl als Nächstes auszuführen ist, da die Ausführungsreihenfolge der Mikrobefehle nicht unbedingt ihrer Anordnung im Steuerspeicher entspricht. Die Adressberechnung des nächsten Mikrobefehls beginnt, nachdem MIR geladen wurde und stabil ist. Zuerst wird das 9-Bit-Feld NEXT_ADDRESS nach MPC kopiert und in dieser Zeit Feld JAM inspiziert. Hat es den Wert 000, geschieht nichts weiter. Ist das Kopieren von NEXT_ADDRESS abgeschlossen, dann zeigt MPC auf den nächsten Mikrobefehl.

Ist mindestens ein JAM-Bit 1, so steht Mehrarbeit ins Haus. Wenn JAMN gesetzt ist, wird das 1-Bit-N-Flipflop mit dem höchstwertigen Bit von MPC per OR verknüpft. Steht JAMZ auf 1, geschieht das Gleiche mit dem 1-Bit-Z-Flipflop. Und sind beide JAM-Bits gesetzt, erfolgt die OR-Verknüpfung sowohl mit N als auch mit Z. Die N- und Z-Flipflops sind erforderlich, weil die Register nach der steigenden Taktflanke (während der Takt auf High liegt) nicht mehr auf den B-Bus durchgeschaltet und die Ausgaben der ALU eventuell nicht mehr gültig sind. Indem man die Zustandsflags N und Z der ALU speichert, stehen die richtigen Werte für die Berechnung von MPC stabil bereit und hängen nicht mehr von den Ereignissen rund um die ALU ab.

Die mit „High Bit" in Abbildung 4.5 bezeichnete Logik realisiert folgende boolesche Funktion:

```
F = (JAMZ AND Z) OR (JAMN AND N) OR NEXT_ADDRESS[8]
```

Beachten Sie, dass MPC in jedem Fall nur einen von zwei möglichen Werten annehmen kann:

1. Den Wert von NEXT_ADDRESS
2. Den Wert von NEXT_ADDRESS, in dem das höherwertige Bit per OR mit 1 verknüpft ist

Andere Möglichkeiten sind nicht sinnvoll. War das höherwertige Bit von NEXT_ADDRESS bereits 1, ist JAMN oder JAMZ überflüssig.

Sind alle JAM-Bits 0, dann ist die Adresse des nächsten auszuführenden Mikrobefehls einfach die 9-Bit-Zahl im NEXT_ADDRESS-Feld. Wenn entweder JAMN oder JAMZ auf 1 gesetzt ist, gibt es zwei potenzielle Nachfolger: NEXT_ADDRESS und NEXT_ADDRESS über OR mit 0x100 verknüpft (unter der Annahme, dass NEXT_ADDRESS ≤ 0xFF ist)[1]. ▶Abbildung 4.6 veranschaulicht diese Tatsache. Im aktuellen Mikrobefehl an der Speicherstelle 0x75 sind NEXT_ADDRESS auf 0x92 und JAMZ auf 1 gesetzt. Folglich hängt die nächste Adresse des Mikrobefehls von dem Z-Bit ab, das in der vorherigen ALU-Operation gespeichert wurde. Ist das Z-Bit 0, kommt der nächste Mikrobefehl von 0x92, und wenn es 1 ist, von 0x192.

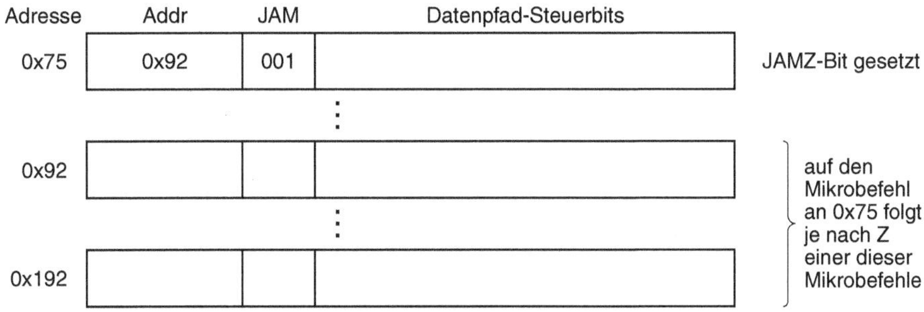

Abbildung 4.6: Ein Mikrobefehl, in dem JAMZ auf 1 gesetzt ist, hat zwei mögliche Nachfolger

Wenn das dritte Bit im JAM-Feld – JMPC – gesetzt ist, werden die 8 MBR-Bits bitweise per OR mit den acht niederwertigen Bits des Felds NEXT_ADDRESS verknüpft, das vom aktuellen Mikrobefehl stammt. Das Ergebnis kommt nach MPC. Die Logik im Kästchen mit der Beschriftung „O“ in Abbildung 4.5 verknüpft MBR und NEXT_ADDRESS mit OR, falls JMPC gleich 1 ist, und reicht NEXT_ADDRESS einfach an MPC durch, falls JMPC auf 0 steht. Ist JMPC gleich 1, sind die niederwertigen 8 Bits von NEXT_ADDRESS normalerweise 0. Das höherwertige Bit kann 0 oder 1 sein, sodass der mit JMPC verwendete NEXT_ADDRESS-Wert normalerweise 0x000 oder 0x100 ist. Wir kommen später darauf zurück, warum man manchmal 0x000 und manchmal 0x100 verwendet.

Die Möglichkeit, MBR und NEXT_ADDRESS mit OR zu verknüpfen und das Ergebnis in MPC zu speichern, erlaubt es, effizient eine Mehrfachverzweigung (einen Sprung) zu implementieren. Es lässt sich eine beliebige von 256 möglichen Adressen spezifizieren, die ausschließlich durch die Bits von MBR bestimmt wird. In einer typischen Anwendung enthält MBR einen Opcode, sodass JMPC eindeutig für jeden möglichen Opcode den nächsten auszuführenden Mikrobefehl auswählt. Dadurch ist es möglich, direkt zu der Funktion zu verzweigen, die dem gerade abgerufenen Opcode entspricht.

Für die folgenden Darstellungen ist es unabdingbar, das Timing des Prozessors verstanden zu haben. Wir sprechen hier zwar von Teilzyklen, weil sich das Timing damit leicht visualisieren lässt, die einzigen echten Taktereignisse sind aber die fallende Flanke, die den Zyklus startet, und die steigende Flanke, die die Register sowie die N- und Z-Flipflops lädt. Sehen Sie sich dazu bitte noch einmal Abbildung 4.2 an.

In Teilzyklus 1, den die fallende Flanke des Takts einleitet, wird MIR mit dem Inhalt der momentan in MPC befindlichen Adresse geladen. In Teilzyklus 2 gehen die Signale von MIR aus und der B-Bus wird vom gewählten Register geladen. In Teilzyklus 3 liefern ALU und Schieberegister ein stabiles Ergebnis. In Teilzyklus 4 stabilisieren sich die Werte des C-Busses, der Speicherbusse und der ALU. Die steigende Flanke des Takts lädt die Register vom C-Bus, die N- und Z-Flipflops werden geladen und die Register MBR und MDR erhalten ihre Ergebnisse von der Speicheroperation (falls zutreffend), die am

1 Die Zeichenfolge 0x gibt an, dass die sich anschließenden Ziffern eine Hexadezimalzahl darstellen.

Ende des vorherigen Datenpfadzyklus begonnen hat. Sobald MBR verfügbar ist, wird MPC geladen, um den nächsten Mikrobefehl vorzubereiten. Somit erhält MPC seinen Wert manchmal mitten im Intervall, wenn der Takt auf High liegt, aber erst nachdem MBR/MDR bereit sind. Die Übernahme könnte entweder pegelgesteuert (statt flankengesteuert) oder durch Flankensteuerung mit einer festen Verzögerung nach der steigenden Taktflanke erfolgen. Entscheidend ist, dass MPC erst geladen wird, wenn die Werte der zugrunde liegenden Register (MBR, N und Z) stabil anliegen. Sobald der Takt fällt, kann MPC den Steuerspeicher adressieren und alles ist bereit für einen neuen Zyklus.

Beachten Sie, dass jeder Zyklus in sich geschlossen ist. Er legt fest, was auf dem B-Bus passiert, was die ALU und das Schieberegister tun sollen, wo der C-Bus zu speichern ist und wie der nächste MPC-Wert lauten soll.

Abschließend ist noch eine Anmerkung zu Abbildung 4.5 angebracht. Wir haben MPC als „echtes" Register mit 9 Bit Speicherkapazität behandelt, das geladen wird, wenn der Takt auf High liegt. Eigentlich ist an dieser Stelle überhaupt kein Register notwendig. Alle seine Eingaben lassen sich direkt über den Steuerspeicher beziehen. Solange sie am Steuerspeicher an der fallenden Taktflanke vorhanden sind, wenn MIR ausgewählt und gelesen wird, reicht das völlig aus. Es ist nicht erforderlich, sie im MPC zu speichern. Aus diesem Grund lässt sich MPC ohne Weiteres auch als **virtuelles Register** implementieren, das mehr ein Sammelplatz für Signale in der Art einer elektronischen Schalttafel als ein echtes Register ist. Wenn man MPC zu einem virtuellen Register macht, vereinfacht sich das Timing: Jetzt treten Ereignisse nur noch an den fallenden und steigenden Flanken des Takts und nirgends sonst auf. Aber wenn Sie sich MPC leichter als echtes Register vorstellen können, ist nichts dagegen einzuwenden.

4.2 Eine Beispiel-ISA: IJVM

Wir setzen nun unser Beispiel fort und führen die ISA-Ebene des Prozessors ein (IJVM). Diese soll vom Mikroprogramm interpretiert werden, das auf der Mikroarchitektur gemäß Abbildung 4.5 läuft. Der Einfachheit halber nennen wir die Befehlssatzarchitektur im Gegensatz zur Mikroarchitektur auch **Makroarchitektur**. Bevor wir jedoch die IJVM beschreiben, wollen wir etwas abschweifen, um dies zu begründen.

4.2.1 Keller

Praktisch alle Programmiersprachen unterstützen das Konzept von Prozeduren (Methoden), die mit lokalen Variablen arbeiten. Diese Variablen sind innerhalb der Prozedur zugänglich, sobald aber die Prozedur zurückgekehrt ist, kann man nicht mehr auf die Variablen zugreifen. Somit stellt sich die Frage: „Wo soll man diese Variablen im Speicher unterbringen?"

Die einfachste Lösung, jeder Variablen eine absolute Speicheradresse zu geben, funktioniert nicht. Eine Prozedur kann sich nämlich auch selbst aufrufen. *Kapitel 5* beschäftigt sich mit diesen rekursiven Prozeduren. Momentan genügt folgende Feststellung: Wenn eine Prozedur zweimal aktiv ist (d.h. aufgerufen wurde), kann man ihre Variablen nicht an absolut adressierten Speicherstellen ablegen, weil der zweite Aufruf mit dem ersten kollidieren würde.

Beim Aufruf einer Prozedur wird ein **Aktivierungsblock** mit den lokalen Variablen und der Rücksprungadresse auf dem **Aufrufkeller** abgelegt.

Deshalb greift man auf eine andere Strategie zurück. Man reserviert einen Speicherbereich namens **Keller (Stack)**[2] für Variablen, wobei aber die einzelnen Variablen keine absolute Adresse im Keller erhalten. Stattdessen richtet man ein Register – nennen wir es LV – so ein, das es auf die Basis der lokalen Variablen für die aktuelle Prozedur zeigt. In ▶Abbildung 4.7a wurde eine Prozedur *A* mit den lokalen Variablen *a1*, *a2* und *a3* aufgerufen. Deshalb wurde für ihre lokalen Variablen Speicher ab der Speicherstelle reserviert, auf die LV zeigt. Ein weiteres Register, der Kellerzeiger SP (Stack Pointer), zeigt auf das höchste Wort der lokalen Variablen von *A*. Wenn LV den Wert 100 enthält und die Wörter 4 Byte breit sind, enthält SP den Wert 108. Variablen werden referenziert, indem man ihren Offset (den Abstand) von LV angibt. Die Datenstruktur zwischen LV und SP (einschließlich der beiden Wörter, auf die gezeigt wird) nennt man den **Variablenbereich** (Local Variable Frame) der Prozedur A.

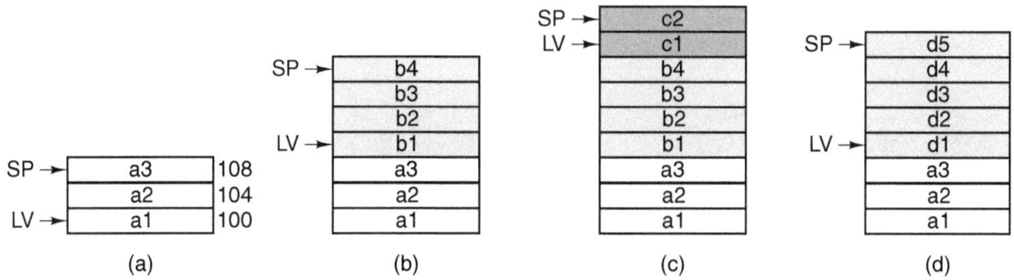

Abbildung 4.7: In einem Keller gespeicherte lokale Variablen (a) während A aktiv ist (b) nachdem B von A aufgerufen wurde (c) nachdem C von B aufgerufen wurde (d) nachdem C und B zurückgekehrt sind und D von A aufgerufen wurde

Sehen wir uns nun an, was passiert, wenn *A* eine andere Prozedur *B* aufruft. Wo sollen die vier lokalen Variablen von *B* (*b1*, *b2*, *b3*, *b4*) gespeichert werden? Die Antwort lautet: auf dem Keller, und zwar über den lokalen Variablen von *A*, wie es ▶Abbildung 4.7b zeigt. Beachten Sie, dass LV vom Prozeduraufruf angepasst wurde und jetzt auf die lokalen Variablen von *B* statt von *A* zeigt. Auf die lokalen Variablen von *B* kann man zugreifen, indem man ihren Offset bezüglich LV angibt. Wenn nun *B* die Prozedur *C* aufruft, werden LV und SP erneut angepasst, um Platz für die beiden Variablen von *C* zuzuordnen, wie es aus ▶Abbildung 4.7c ersichtlich ist.

Wenn *C* zurückkehrt, wird *B* wieder aktiv und der Keller entsprechend Abbildung 4.7b angepasst, sodass LV jetzt wieder auf die lokalen Variablen von *B* zeigt. Und wenn *B* zurückkehrt, liegt wieder die Situation von Abbildung 4.7a vor. In jedem Fall zeigt LV auf die Basis des Aktivierungsblocks für die momentan aktive Prozedur und SP auf die Spitze des Aktivierungsblocks.

Nehmen wir nun an, dass *A* die Prozedur *D* mit fünf lokalen Variablen aufruft. Damit kommen wir zur Situation von ▶Abbildung 4.7d, in der die lokalen Variablen von *D* denselben Speicher wie ursprünglich *B* sowie einen Teil von *C* verwenden. Diese Speicherorganisation weist den Speicher nur für Prozeduren zu, die momentan aktiv sind. Kehrt eine Prozedur zurück, wird der von ihren lokalen Variablen belegte Speicherplatz freigegeben.

Keller können nicht nur lokale Variablen speichern, sondern auch die Operanden während der Berechnung eines arithmetischen Ausdrucks aufnehmen. In diesem Fall spricht

2 Der englische Begriff Stack wird hier mit Keller übersetzt. Sowohl für einen Stapel als auch für den Keller wird das Last-In-First-Out-Prinzip genutzt.

man von einem **Operandenkeller** (Operand Stack). Nehmen wir zum Beispiel an, dass *A* die Berechnung

```
a1 = a2 + a3;
```

vor Aufruf von *B* ausführen muss. Um diese Summe zu berechnen, kann *A* die Variable *a2* auf den Stack legen, wie es ▶Abbildung 4.8a zeigt. Hier wurde SP um die Anzahl der Bytes in einem Wort – sagen wir 4 – inkrementiert und der erste Operand an der Adresse gespeichert, auf die SP jetzt zeigt. Als Nächstes wird *a3* auf den Keller gelegt, wie es in ▶Abbildung 4.8b zu sehen ist. Übrigens geben wir Programmfragmente wie im obigen Beispiel in Schreibmaschinenschrift an. Diese Schrift verwenden wir auch für Opcodes in Assemblersprache und für Prozessorregister, während Programmvariablen und Prozeduren im laufenden Text *kursiv* erscheinen. Diese Unterscheidung soll darauf hinweisen, dass der Benutzer die Variablen- und Prozedurnamen festlegt, während Opcodes und Registernamen vordefiniert sind.

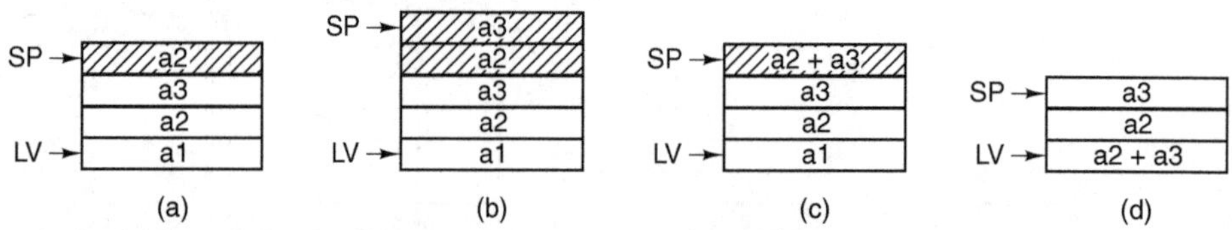

Abbildung 4.8: Verwendung eines Operandenkellers für eine arithmetische Berechnung

Die eigentliche Berechnung lässt sich nun durchführen, indem man die beiden Wörter vom Keller holt, sie addiert und das Ergebnis zurück auf den Keller legt, wie es aus ▶Abbildung 4.8c ersichtlich ist. Schließlich kann man das oberste Wort vom Keller holen und in der lokalen Variablen *a1* speichern. Damit liegt der in ▶Abbildung 4.8d dargestellte Zustand vor.

Die lokalen Variablenbereiche und die Operandenkeller kann man mischen. Bei der Berechnung eines Ausdrucks wie $x^2 + f(x)$ kann sich ein Teil des Ausdrucks (z.B. x^2) bei Aufruf einer Funktion f auf dem Operandenkeller befinden. Das Ergebnis der Funktion verbleibt oberhalb von x^2 auf dem Keller, sodass der nächste Befehl diese Werte addieren kann.

Es sei darauf hingewiesen, dass zwar alle Maschinen lokale Variablen in einem Stack speichern, aber nicht alle einen Operandenkeller wie hier beschrieben für arithmetische Berechnungen verwenden. Tatsächlich arbeiten die meisten ohne Operandenkeller, aber JVM und IJVM funktionieren nach diesem Prinzip, weshalb wir auch die Kelleroperationen hier eingeführt haben. Detaillierter gehen wir in *Kapitel 5* darauf ein.

4.2.2 Das IJVM-Speichermodell

Die JVM definiert mehrere **Datenbereiche** im Speicher, auf die nur über Zeiger zugegriffen werden kann. Direkte Zugriffe über absolute Adressen sind nicht möglich.

Nach diesen Erläuterungen sind wir nun bereit, einen Blick auf die Architektur der IJVM zu werfen. Grundsätzlich besteht sie aus einem Speicher, den man auf zweierlei Weise betrachten kann: als Array von 4.294.967.296 Byte (4 GB) oder als Array von 1.073.741.824 Wörtern mit je 4 Byte. Im Gegensatz zu den meisten Befehlssatzarchitekturen macht die JVM keine absoluten Speicheradressen direkt auf der ISA-Ebene sichtbar. Es gibt aber mehrere implizite Adressen, die die Basis für einen Zeiger bilden. IJVM-Befehle können auf den Speicher nur zugreifen, indem sie ihn über Zeiger indizieren. Zu jeder Zeit sind die folgenden Speicherbereiche definiert:

1 *Der Konstantenpool:* In diesen Bereich kann ein IJVM-Programm nicht schreiben. Er besteht aus Konstanten, Zeichenfolgen und Zeigern auf andere Bereiche des Speichers, auf die verwiesen werden kann. Der Konstantenpool wird zusammen mit dem Programm in den Speicher geladen und lässt sich danach nicht mehr ändern. Das implizite Register `CPP` enthält die Adresse des ersten Wortes des Konstantenpools.

2 *Der lokale Variablenbereich:* Für jeden Methodenaufruf wird ein Bereich reserviert, in dem sich Variablen während der Ausführung der Methode speichern lassen. Dieser **Variablenbereich** enthält am Anfang die Parameter (auch als Argumente bezeichnet), mit denen die Methode aufgerufen wurde. Der Operandenkeller ist vom lokalen Variablenbereich getrennt. Allerdings haben wir in unserer Implementierung aus Effizienzgründen den Operandenkeller unmittelbar über dem lokalen Variablenbereich angesiedelt. Ein implizites Register enthält die Adresse der ersten Speicherstelle im lokalen Variablenbereich. Dieses Register bezeichnen wir als `LV`. Die beim Aufruf der Methode übergebenen Parameter werden am Beginn des lokalen Variablenbereichs abgelegt.

3 *Der Operandenkeller:* Der Java-Compiler berechnet im Voraus die Größe des Aktivierungsblocks, damit dieser eine bestimmte Größe nicht überschreitet. Der Operandenkeller wird direkt oberhalb des lokalen Variablenbereichs angeordnet, wie es ▶Abbildung 4.9 zeigt. In unserer Implementierung ist es zweckmäßig, sich den Operandenkeller als Teil des lokalen Variablenbereichs vorzustellen. In jedem Fall gibt es ein implizites Register, das die Adresse des obersten Wortes im Keller enthält. Im Gegensatz zu `CPP` und `LV` ändert sich dieser Zeiger `SP` während der Ausführung der Methode, wenn Operanden auf den Keller gelegt oder vom Keller geholt werden.

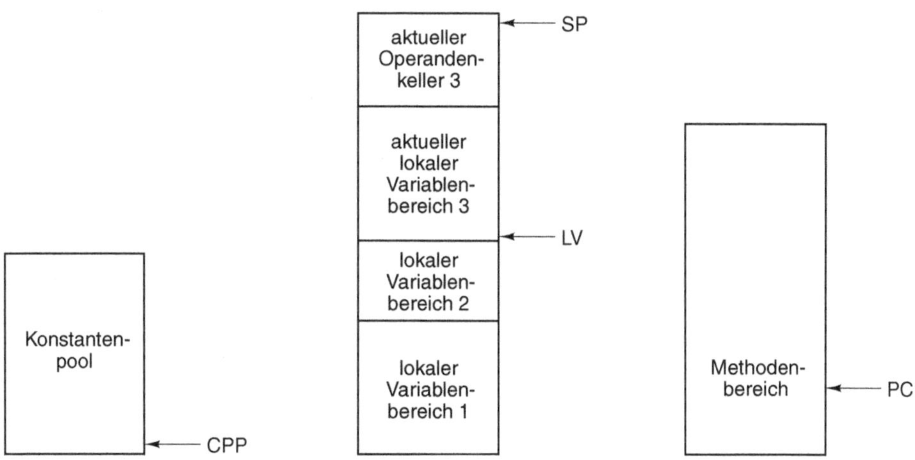

Abbildung 4.9: Die verschiedenen Teile des IJVM-Speichers

4 *Der Methodenbereich:* In diesem Speicherbereich befindet sich das Programm. Bei einem Unix-Prozess spricht man hier vom „Textbereich“. Ein implizites Register enthält die Adresse des nächsten abzurufenden Befehls. Dieser Zeiger heißt „Programmzähler“ (Program Counter) bzw. `PC`. Im Gegensatz zu anderen Speicherbereichen wird der Methodenbereich als Bytearray behandelt.

In Bezug auf Zeiger ist eine Erläuterung notwendig. Die Register CPP, LV und SP sind Zeiger auf *Wörter* und nicht auf *Bytes*. Ihre numerischen Werte stellen Offsets in Vielfachen von Wörtern dar. Für die von uns gewählte ganzzahlige Teilmenge sind alle Referenzen auf Elemente im Konstantenpool, im lokalen Variablenbereich und im Keller Wörter und alle Offsets, mit denen diese Bereiche indiziert werden, sind Wortoffsets. Beispielsweise verweisen LV, LV + 1 und LV + 2 auf die ersten drei Wörter des lokalen Variablenbereichs. Demgegenüber zeigen LV, LV + 4 und LV + 8 auf Wörter mit Abständen von jeweils vier Wörtern (16 Byte).

Im Gegensatz dazu enthält PC eine Byteadresse. Eine Addition oder Subtraktion ändert die Adresse um die Anzahl von Bytes und nicht um die Anzahl von Wörtern. Die Adressberechnung mit PC unterscheidet sich von den anderen Adressberechnungen, was sich auch in dem speziellen Speicherport dokumentiert, den die Mic-1 für PC bereitstellt. Wie Sie wissen, ist er nur 1 Byte breit. Inkrementiert man PC um 1 und leitet eine Leseoperation ein, so wird das nächste *Byte* gelesen. Wenn man SP um 1 inkrementiert und eine Leseoperation startet, ruft sie das nächste *Wort* ab.

4.2.3 Der IJVM-Befehlssatz

Alle **IJVM-Befehle** haben die gleiche Struktur. Sie bestehen aus einem Opcode und optional einem Operanden.

▶Tabelle 4.2 gibt den IJVM-Befehlssatz an. Jeder Befehl umfasst einen Opcode und manchmal einen Operanden, z.B. einen Speicheroffset (Memory Offset) oder eine Konstante. In der ersten Spalte steht die hexadezimale Codierung des Befehls. Die zweite Spalte enthält die Mnemonik in Assemblersprache. In der dritten Spalte ist eine kurze Beschreibung angegeben.

Es gibt Befehle, um ein Wort aus verschiedenen Quellen auf den Keller zu legen. Zu diesen Quellen gehören der Konstantenpool (LDC_W), der lokale Variablenbereich (ILOAD) und der Befehl selbst (BIPUSH). Eine Variable lässt sich auch vom Keller holen und im lokalen Variablenbereich speichern (ISTORE). Zwei arithmetische Befehle (IADD und ISUB) und zwei logische (boolesche) Befehle (IAND und IOR) verwenden die beiden obersten Kellerwörter als Operanden. Alle arithmetischen und logischen Befehle holen zwei Wörter vom Keller und legen das Ergebnis auf den Keller zurück. Es sind vier Verzweigungsbefehle (Sprungbefehle) vorgesehen, ein unbedingter (GOTO) und drei bedingte (IFEQ, IFLT und IF_ICMPEQ). Alle Sprungbefehle passen den Wert von PC entsprechend dem auf den Opcode des Befehls folgenden *offset*-Wert an, wenn die Sprungbedingung erfüllt ist. In diesem Fall wird der vorzeichenbehaftete 16-Bit-Offset zur Adresse des Opcodes addiert. Außerdem sind IJVM-Befehle vorhanden, um die beiden obersten Kellerwörter zu vertauschen (SWAP), das oberste Kellerwort zu duplizieren (DUP) und das oberste Wort vom Keller zu entfernen (POP).

Einige Befehle weisen mehrere Formate auf, was Kurzformen für häufig verwendete Versionen ermöglicht. Die IJVM realisiert zwei der verschiedenen Mechanismen, die in der JVM für diesen Zweck vorhanden sind. In einem Fall haben wir die Kurzform zugunsten der allgemeineren Form weggelassen. In einem anderen Fall zeigen wir, wie man den darauffolgenden Befehl mit dem Präfixbefehl WIDE modifizieren kann.

Hex	Mnemonik	Bedeutung
0×10	BIPUSH *byte*	Lege Byte auf den Keller
0×59	DUP	Kopiere oberstes Kellerwort und lege es auf den Keller
0×A7	GOTO *offset*	Unbedingter Sprung
0×60	IADD	Hole zwei Wörter vom Keller und lege ihre Summe auf den Keller
0×7E	IAND	Hole zwei Wörter vom Keller und lege das Ergebnis der booleschen AND-Verknüpfung auf den Keller
0×99	IFEQ *offset*	Hole Wort vom Keller und verzweige, falls es null ist
0×9B	IFLT *offset*	Hole Wort vom Keller und verzweige, falls es kleiner als null ist
0×9F	IF_ICMPEQ *offset*	Hole zwei Wörter vom Keller und verzweige, falls sie gleich sind
0×84	IINC *varnum const*	Addiere eine Konstante zu einer lokalen Variablen
0×15	ILOAD *varnum*	Lege lokale Variable auf den Keller
0×B6	INVOKEVIRTUAL *disp*	Rufe eine Methode auf
0×80	IOR	Hole zwei Wörter vom Keller und lege das Ergebnis der booleschen OR-Verknüpfung auf den Keller
0×AC	IRETURN	Kehre aus Methode mit ganzzahligem Wert zurück
0×36	ISTORE *varnum*	Hole Wort vom Keller und speichere es in lokaler Variablen
0×64	ISUB	Hole zwei Wörter vom Keller und lege ihre Differenz auf den Keller
0×13	LDC_W *index*	Lege Konstante aus dem Konstantenpool auf den Keller
0×00	NOP	Tue nichts
0×57	POP	Lösche oberstes Kellerwort
0×5F	SWAP	Vertausche die beiden obersten Kellerwörter
0×C4	WIDE	Präfixbefehl; nächster Befehl hat einen 16-Bit-Index

Tabelle 4.2: Der IJVM-Befehlssatz. Die Operanden *byte*, *const* und *varnum* sind 1-Byte-Werte, die Operanden *disp*, *index* und *offset* 2-Byte-Werte.

Darüber hinaus gibt es einen Befehl (INVOKEVIRTUAL), mit dem sich eine andere Methode aufrufen lässt, und einen korrespondierenden Befehl (IRETURN), der die Methode beendet und die Steuerung an die aufrufende Methode zurückgibt. Da der Aufrufmechanismus relativ komplex ist, haben wir die Definition geringfügig vereinfacht und erhalten somit einen unkomplizierten Mechanismus für Aufruf- und Rückkehrbefehle. Eine Methode darf bei uns im Unterschied zu Java nur eine Methode innerhalb ihres eigenen Objekts aufrufen. Diese Einschränkung lähmt zwar in erheblichem Maße die Objektorientierung, erlaubt uns aber, einen viel einfacheren Mechanismus anzubieten, indem wir einfach auf die Forderung verzichten, die Methode dynamisch zu lokalisieren. (Falls Sie mit objektorientierter Programmierung nicht vertraut sind, können Sie diesen Hinweis getrost übergehen. Wir haben Java einfach in eine nicht objektorientierte Sprache wie C oder Pascal zurückversetzt.) Auf allen Computern – außer der JVM – wird die Adresse der aufzurufenden Prozedur direkt durch den CALL-Befehl bestimmt, sodass unser Ansatz eigentlich der Normalfall und nicht die Ausnahme ist.

Methodenaufrufe über INVOKEVIRTUAL/ IRETURN werden mithilfe des Kellers ausgeführt.

Der Mechanismus zum Aufrufen einer Methode sieht wie folgt aus: Zuerst legt der Aufrufende eine Referenz (einen Zeiger) auf das aufzurufende Objekt auf den Keller. (Diese Referenz ist bei der IJVM nicht nötig, weil sich ohnehin kein anderes Objekt spezifizieren lässt, wird aber zugunsten der Konsistenz mit der JVM beibehalten.) In ▶Abbildung 4.10a ist diese Referenz mit `OBJREF` bezeichnet. Dann legt der Aufrufende die Parameter der Methode – in diesem Beispiel *Parameter 1*, *Parameter 2* und *Parameter 3* – auf den Keller. Schließlich wird `INVOKEVIRTUAL` ausgeführt.

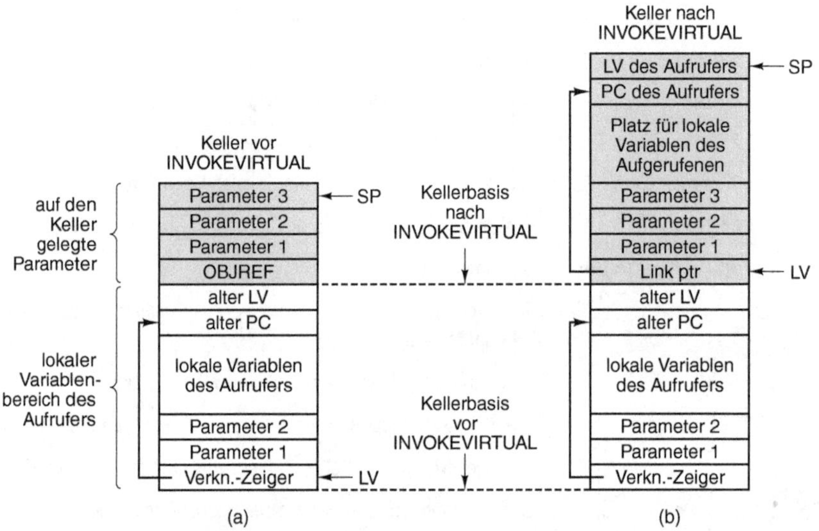

Abbildung 4.10: Speicher (a) vor und (b) nach der Ausführung von `INVOKEVIRTUAL`

Der Befehl `INVOKEVIRTUAL` enthält eine Verschiebung (*disp* – Displacement), die auf die Stelle im Konstantenpool verweist, an der sich die Anfangsadresse des Methodenbereichs für die aufzurufende Methode befindet. Der Methodencode befindet sich zwar an der durch diesen Zeiger bezeichneten Stelle, allerdings enthalten die ersten 4 Bytes des Methodenbereichs spezielle Daten. Die ersten 2 Bytes werden als 16-Bit-Ganzzahl interpretiert, die die Anzahl der Methodenparameter angibt (die Parameter selbst wurden zuvor auf den Keller gelegt). In die Zählung geht `OBJECT` als Parameter 0 ein. Zusammen mit dem Wert von `SP` liefert diese 16-Bit-Ganzzahl die Position von `OBJREF`. Beachten Sie, dass `LV` auf `OBJREF` und nicht auf den ersten echten Parameter zeigt. Worauf `LV` zeigt, wird mehr oder weniger willkürlich entschieden.

Die zweiten 2 Bytes im Methodenbereich werden als weitere 16-Bit-Ganzzahl interpretiert, die die Größe des lokalen Variablenbereichs für die aufzurufende Methode angibt. Dies ist erforderlich, weil ein neuer Operandenkeller für die Methode eingerichtet wird, der unmittelbar oberhalb des lokalen Variablenbereichs beginnt. Schließlich enthält das fünfte Byte im Methodenbereich den ersten auszuführenden Opcode.

Der eigentliche Ablauf für `INVOKEVIRTUAL` lässt sich anhand von Abbildung 4.10 verfolgen. Mit den beiden vorzeichenlosen Indexbytes, die sich an den Opcode anschließen, wird ein Index auf die Tabelle des Konstantenpools konstruiert (das erste Byte ist das höherwertige Byte). Der Befehl berechnet die Basisadresse des neuen lokalen Variablenbereichs, indem er die Anzahl der Parameter vom Kellerzeiger subtrahiert und `LV` auf `OBJREF` zeigen lässt. Die Implementierung überschreibt OBJREF mit der Adresse, an der der alte Wert von PC gespeichert werden soll. Diese Adresse berechnet sich aus der Adresse, die in LV enthalten ist, plus der Größe des lokalen Variablenbereichs (Parameter + lokale Variablen). Unmittelbar oberhalb der Adresse, an der der alte Wert von PC steht, befindet sich die Adresse, wo der alte Wert von LV abgelegt werden soll. Direkt oberhalb dieser Adresse beginnt der Keller für die neu aufgerufene Prozedur. Der Kellerzeiger SP wird so gesetzt, dass er auf den alten LV zeigt. Das ist die Adresse unmittelbar unter der ersten leeren Position im Keller. Denken Sie daran, dass SP immer auf das oberste Wort im Keller zeigt. Ist der Keller leer, so enthält der Kellerzeiger die Adresse der ersten Position unterhalb des Kellers, weil unsere Keller nach oben in Richtung der höheren Adressen wachsen. Dementsprechend zeigen unsere Abbildungen, wie der Keller nach oben wächst. Die höheren Adressen liegen also in Richtung des oberen Seitenrands.

Als letzte Operation für INVOKEVIRTUAL ist der Programmzähler PC so zu setzen, dass er auf das fünfte Byte im Methodenbereich zeigt.

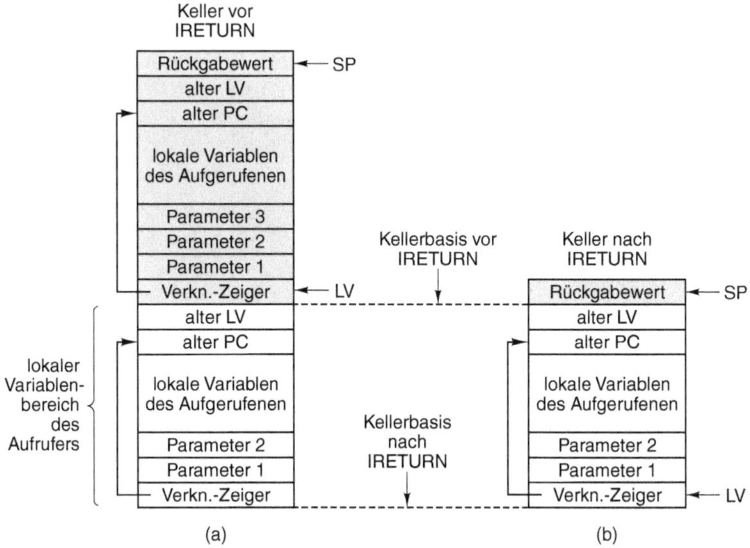

Abbildung 4.11: Speicher (a) vor und (b) nach der Ausführung von IRETURN

Der Befehl IRETURN kehrt die Operationen des Befehls INVOKEVIRTUAL um, wie es aus ▶Abbildung 4.11 hervorgeht. Er gibt den von der zurückkehrenden Methode belegten Speicherplatz frei und stellt auch den vorherigen Zustand des Kellers wieder her, außer dass (1.) das (jetzt überschriebene) Wort OBJREF sowie alle Parameter vom Stack entfernt und (2.) der Rückgabewert auf die Spitze des Kellers – an die vorher von OBJREF eingenommene Position – gelegt wurde. Um den alten Zustand wiederherzustellen, muss der Befehl IRETURN die Zeiger PC und LV auf ihre alten Werte zurücksetzen können. Dazu greift er auf den Verknüpfungszeiger (das Wort, auf das der aktuelle LV-Zeiger verweist) zu. Wie Sie wissen, hat der Befehl INVOKEVIRTUAL an dieser Stelle (wo ursprünglich OBJREF abgelegt war) die Adresse gespeichert, die den alten PC enthält. Dieses und das darüberliegende Wort werden abgerufen, um die alten Werte von PC und LV wiederherzustellen. Der von der rückkehrenden Methode auf der Spitze des Kellers abgelegte Rückgabewert wird an die Stelle kopiert, wo OBJREF ursprünglich gespeichert war, und SP wird wiederhergestellt, um auf diese Stelle zu zeigen. Danach geht die Programmsteuerung an den Befehl über, der unmittelbar auf den Befehl INVOKEVIRTUAL folgt.

Bislang besitzt unsere Maschine noch keine Ein-/Ausgabebefehle. Und wir fügen auch keine hinzu. Sie braucht sie genauso wenig wie die JVM. Und die offizielle Spezifikation der JVM erwähnt nicht einmal Ein-/Ausgaben. Theoretisch heißt das, dass eine Maschine ohne Ein- und Ausgaben „sicher" ist. (Lesen und Schreiben erfolgt bei der JVM über Aufrufe spezieller E/A-Methoden.)

4.2.4 Java zu IJVM kompilieren

Wir sehen uns nun an, wie Java und die IJVM miteinander in Beziehung stehen. ▶Listing 4.1a zeigt ein einfaches Java-Codefragment. Wenn man es einem Java-Compiler anbietet, erzeugt er wahrscheinlich ein Programm, wie es ▶Listing 4.1b in IJVM-Assemblersprache wiedergibt. Die Zeilennummern 1 bis 15 links neben dem Assemblerprogramm gehören nicht zur Ausgabe des Compilers. Das gilt auch für die (mit // beginnenden) Kommentare, die hier lediglich zur Erläuterung einer späteren Abbildung dienen. Der Java-Assemblierer würde dann das Assemblerprogramm in das Binärprogramm von ▶Listing 4.1c übersetzen. (Eigentlich führt der Java-Compiler seine eigene Assemblierung durch und produziert das Binärprogramm direkt.) Bei diesem Beispiel nehmen wir an, dass *i* die lokale Variable 1, *j* die lokale Variable 2 und *k* die lokale Variable 3 ist.

```
i = j + k;      1         ILOAD j        // i = j + k      0x15 0x02
if (i == 3)     2         ILOAD k                          0x15 0x03
  k = 0;        3         IADD                             0x60
else            4         ISTORE i                         0x36 0x01
  j = j - 1;    5         ILOAD i        // if (i < 3)     0x15 0x01
                6         BIPUSH 3                         0x10 0x03
                7         IF_ICMPEQ L1                     0x9F 0x00 0x0D
                8         ILOAD j        // j = j - 1      0x15 0x02
                9         BIPUSH 1                         0x10 0x01
                10        ISUB                             0x64
                11        ISTORE j                         0x36 0x02
                12        GOTO L2                          0xA7 0x00 0x07
                13   L1:  BIPUSH 0       // k = 0          0x10 0x00
                14        ISTORE k                         0x36 0x03
                15   L2:
(a)                       (b)                              (c)
```

Listing 4.1: (a) Ein Java-Codefragment (b) die korrespondierende Java-Assemblersprache (c) das IJVM-Programm in hexadezimaler Form

Der kompilierte Code ist einfach aufgebaut. Zuerst legt das Programm *j* und *k* auf den Keller, addiert diese Werte und speichert das Ergebnis in *i*. Dann werden *i* und die Konstante 3 auf den Keller gelegt und verglichen. Sind sie gleich, folgt ein Sprung zu *L1*, wo *k* auf 0 gesetzt wird. Sind sie ungleich, schlägt der Vergleich fehl und der auf `IF_ICMPEQ` folgende Code wird ausgeführt. In diesem Fall verzweigt das Programm zu *L2*, wo die *then*- und *else*-Zweige zusammentreffen.

Der Operandenkeller für das IJVM-Programm von Listing 4.1b ist in ▶Abbildung 4.12 dargestellt. Bevor der Code mit der Ausführung beginnt, ist der Keller leer, was die Linie über der 0 andeutet. Nach dem ersten `ILOAD`-Befehl befindet sich *j* auf dem Keller, was durch das umrahmte *j* über der 1 gekennzeichnet wird (dies bedeutet, dass Befehl 1 ausgeführt wurde). Nach dem zweiten `ILOAD` befinden sich zwei Wörter auf dem Keller, wie es über der 2 zu sehen ist. Nach dem `IADD`-Befehl befindet sich auf dem Keller nur ein Wort, das die Summe $j + k$ enthält. Wird das oberste Wort vom Keller entnommen und in *i* gespeichert, dann ist der Keller leer, wie über der 4 dargestellt.

Java-Code wird von einem Compiler in ein IJVM-Programm übersetzt, dessen Befehle von einem Mikroprogramm interpretiert werden. Berechnungen erfolgen hierbei grundsätzlich auf einem Operandenkeller.

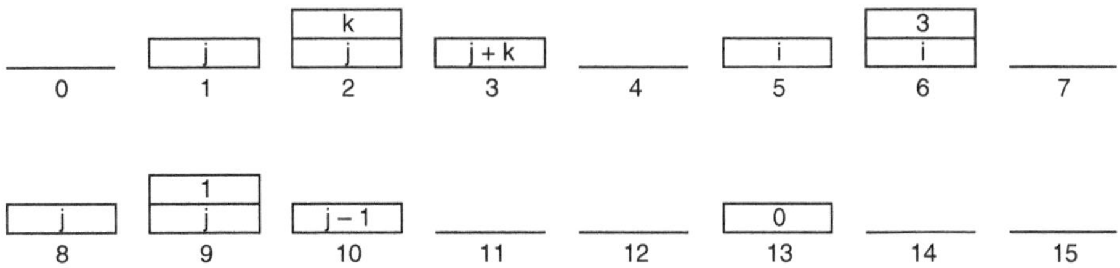

Abbildung 4.12: Der Stack nach jedem Befehl von Listing 4.1b

Befehl 5 (`ILOAD`) leitet die `if`-Anweisung ein, indem er *i* auf den Keller legt (in 5 zu sehen). Als Nächstes kommt die Konstante 3 auf den Keller (in 6). Nach dem Vergleich ist der Keller wieder leer (7). Befehl 8 ist der Beginn des *else*-Zweigs im Java-Programmfragment. Der *else*-Zweig setzt sich bis zu Befehl 12 fort, wo das Programm über den *then*-Zweig zur Marke *L2* springt.

4.3 Beispielimplementierung

Nachdem wir nun die Mikroarchitektur und die Makroarchitektur ausführlich erläutert haben, bleibt noch die Implementierung. Anders ausgedrückt: Wie sieht ein Programm aus, das auf der Mikroarchitektur läuft und die Makroarchitektur interpretiert? Und wie funktioniert es? Bevor wir diese Fragen beantworten können, müssen wir uns mit der Notation auseinandersetzen, mit der wir die Implementierung beschreiben.

Die **Implementierung der Mikroarchitektur** legt das konkrete Format der Mikrobefehle und deren Ausführung fest. Es wird eine symbolische Notation verwendet, die vom Mikroassemblierer in die entsprechenden Bitmuster übersetzt wird.

4.3.1 Mikrobefehle und Notation

Im Prinzip können wir den Steuerspeicher in binärer Form mit 36 Bits je Wort beschreiben. Wie bei konventionellen Programmiersprachen ist es aber sinnvoll, eine Notation einzuführen, die die wesentlichen Punkte vermittelt und die Details verdeckt, die nicht von Interesse sind oder sich besser automatisch abwickeln lassen. Die von uns gewählte Sprache ist nämlich dafür vorgesehen, die Konzepte zu veranschaulichen, und nicht, effiziente Entwürfe zu realisieren. Dann nämlich würden wir eine andere Notation verwenden, um dem Designer eine höchstmögliche Flexibilität zu bieten. Dieser Punkt ist besonders im Hinblick auf die Wahl der Adressen wichtig. Da der Speicher nicht logisch geordnet ist, müssen wir keinen natürlichen „nächsten Befehl“ voraussetzen, wenn wir eine Sequenz von Operationen spezifizieren.

Die Stärke dieser Steuerungsorganisation ergibt sich vor allem daraus, dass der Designer (oder der Assemblierer) Adressen effizient wählen kann. Wir führen daher zunächst eine einfache symbolische Sprache ein, die jede Operation vollständig beschreibt, ohne im Detail zu erklären, wie alle Adressen bestimmt werden könnten.

Unsere Notation spezifiziert in einer einzelnen Zeile alle Aktivitäten, die in einem einzigen Taktzyklus stattfinden. Die Operationen könnten wir theoretisch in einer Hochsprache beschreiben. Allerdings ist die zyklusorientierte Steuerung sehr wichtig, weil sie die Möglichkeit bietet, mehrere Operationen gleichzeitig auszuführen. Außerdem sind wir damit in der Lage, jeden Zyklus zu analysieren, um die Operationen zu verstehen und überprüfen zu können. Wenn das Ziel eine schnelle und effiziente Implementierung ist (unter sonst gleichen Umständen ist schnell und effizient immer besser als langsam und uneffizient), zählt jeder Zyklus. In einer echten Implementierung verstecken sich im Programm viele Spitzfindigkeiten, die auf schwer verständlichen Sequenzen oder Operationen beruhen, nur um einen einzigen Zyklus einzusparen. Unterm Strich zahlt sich eine Einsparung von Zyklen natürlich aus: Ein aus vier Zyklen bestehender Befehl, der sich auf zwei Zyklen reduzieren lässt, läuft jetzt doppelt so schnell. Und von diesem Geschwindigkeitsgewinn profitieren wir jedes Mal, wenn wir den Befehl ausführen.

Ein möglicher Ansatz besteht darin, einfach die Signale aufzulisten, die in jedem Taktzyklus zu aktivieren sind. Angenommen, wir möchten in einem Zyklus den Wert von SP inkrementieren. Außerdem wollen wir eine Leseoperation einleiten. Und der nächste Befehl soll derjenige sein, der sich an Position 122 im Steuerspeicher befindet. Das lässt sich wie folgt formulieren:

```
ReadRegister = SP, ALU = INC, WSP, Read, NEXT_ADDRESS = 122
```

WSP bedeutet hier „Schreibe das SP-Register" (W für Write, schreiben). Diese Notation ist vollständig, aber schwer verständlich. Stattdessen fassen wir die Operationen in einer natürlichen und intuitiven Art zusammen, um das Wesentliche dieser Ereignisse wiederzugeben:

```
SP = SP + 1; rd
```

Wir nennen unsere Mikroassembler-Hochsprache „MAL" (französisch für „übel", was Ihnen werden kann, wenn Sie zu viel Code in dieser Sprache schreiben müssen). MAL ist darauf zugeschnitten, die Charakteristika der Mikroarchitektur widerzuspiegeln. In jedem Zyklus kann man jedes beliebige Register schreiben, normalerweise wird aber nur eines geschrieben. Denn nur ein Register lässt sich auf die B-Seite der ALU durchschalten. Auf der A-Seite haben wir die Wahl zwischen +1, 0, −1 und dem Register H. Somit können wir wie in Java mit einer einfachen Zuweisungsanweisung die auszuführende Operation angeben. Um zum Beispiel etwas von SP nach MDR zu kopieren, können wir

```
MDR = SP
```

schreiben. Möchten wir eine Funktion der ALU bezeichnen (außer dem „Durchreichen" auf den B-Bus), lässt sich das beispielsweise als

```
MDR = H + SP
```

formulieren. Diese Anweisung addiert den Inhalt des Registers H zu SP und schreibt das Ergebnis in das Register MDR. Der Operator + ist kommutativ (d.h., die Reihenfolge der Operanden spielt keine Rolle), sodass man die obige Anweisung auch wie folgt schreiben kann:

```
MDR = SP + H
```

Sie erzeugt denselben 36-Bit-Mikrobefehl, auch wenn `H` streng genommen der linke ALU-Operand sein muss.

Es ist genau darauf zu achten, nur zulässige Operationen zu verwenden. ▶Tabelle 4.3 gibt die wichtigsten zulässigen Operationen an, wobei `SOURCE` (Quelle) jedes der Register `MDR`, `PC`, `MBR`, `MBRU`, `SP`, `LV`, `CPP`, `TOS` und `OPC` sein kann (`MBRU` bezeichnet die vorzeichenlose – `U` für „unsigned“ – Version von `MBR`). Diese Register können als Quellen für die ALU auf dem B-Bus fungieren. Analog kommen als `DEST` (Destination, Ziel) die Register `MAR`, `MDR`, `PC`, `SP`, `LV`, `CPP`, `TOS`, `OPC` oder `H` infrage, die mögliche Ziele für die Ausgabe der ALU auf dem C-Bus sind. Dieses Format ist trügerisch, weil viele scheinbar sinnvolle Anweisungen unzulässig sind. Zum Beispiel sieht

Mikrobefehle werden in der intuitiven Form von Registertransfers als Zuweisung dargestellt.

```
MDR = SP + MDR
```

absolut vernünftig aus. Es gibt aber keine Möglichkeit, diese Anweisung auf dem Datenpfad von Abbildung 4.5 in einem Zyklus auszuführen und zwar deshalb nicht, weil bei einer Addition (im Gegensatz zum Inkrementieren oder Dekrementieren) einer der Operanden das Register `H` sein muss. Ebenso ist die Anweisung

```
H = H - MDR
```

möglicherweise nützlich, aber nicht zulässig, weil als mögliche Quelle eines Subtrahenden (der abzuziehende Wert) nur das Register `H` infrage kommt. Der Assemblierer ist dafür zuständig, Anweisungen zurückzuweisen, die zwar gültig aussehen, tatsächlich aber ungültig sind.

Operation
DEST = H
DEST = SOURCE
DEST = $\overline{\text{H}}$
DEST = $\overline{\text{SOURCE}}$
DEST = H + SOURCE
DEST = H + SOURCE + 1
DEST = H + 1
DEST = SOURCE + 1
DEST = SOURCE - H
DEST = SOURCE - 1
DEST = - H
DEST = H AND SOURCE
DEST = H OR SOURCE
DEST = 0
DEST = 1
DEST = -1

Tabelle 4.3: Alle erlaubten Operationen. Alle angegebenen Operationen lassen sich mit dem Zusatz „<< 8" erweitern, um das Ergebnis um 1 Byte nach links zu schieben. Zum Beispiel ist `H = MBR << 8` eine gebräuchliche Operation.

Wir erweitern die Notation, um mehrere Zuweisungen auf einer Zeile mit mehreren Gleichheitszeichen zuzulassen. Beispielsweise kann man mit der folgenden Anweisung 1 zu `SP` addieren und das Ergebnis sowohl in `SP` als auch in `MDR` speichern:

```
SP = MDR = SP + 1
```

Um Lese- und Schreiboperationen von 4-Byte-Datenwörtern mit dem Speicher anzuzeigen, fügen wir einfach `rd` bzw. `wr` an den Mikrobefehl an. Der Zusatz `fetch` zeigt an, dass ein Byte über den 1-Byte-Port abgerufen wird. Zuweisungen und Speicheroperationen können im selben Zyklus stattfinden. Dazu schreibt man diese Befehle auf dieselbe Zeile.

Es sei noch einmal klargestellt, dass die Mic-1 auf zwei Arten auf den Speicher zugreifen kann. Lese- und Schreiboperationen von 4-Byte-Datenwörtern verwenden `MAR/MDR` und werden in den Mikrobefehlen durch `rd` bzw. `wr` gekennzeichnet. Leseoperationen von 1-Byte-Opcodes vom Befehlsstrom verwenden `PC/MBR` und erhalten den Zusatz `fetch` in den Mikrobefehlen. Beide Arten von Speicheroperationen können gleichzeitig ablaufen.

Allerdings darf dasselbe Register nicht im selben Zyklus einen Wert vom Speicher und vom Datenpfad erhalten. Sehen Sie sich folgenden Code an:

```
MAR = SP; rd
MDR = H
```

Der erste Mikrobefehl adressiert den Speicher (mit der in `SP` angegebenen Adresse) und schreibt das gelesene Wort am Ende des zweiten Mikrobefehls in `MDR`. Gleichzeitig weist aber der zweite Mikrobefehl ebenfalls `MDR` einen Wert zu. Diese beiden Anweisungen kollidieren miteinander und sind nicht zulässig, da die Ergebnisse undefiniert sind.

Wie Sie wissen, muss jeder Mikrobefehl explizit die Adresse des nächsten auszuführenden Mikrobefehls bereitstellen. Allerdings kommt es häufig vor, dass ein Mikrobefehl nur durch genau einen anderen Mikrobefehl aufgerufen wird, nämlich durch denjenigen, der in der Zeile unmittelbar darüber steht. Um die Arbeit des Mikroprogrammierers zu erleichtern, ordnet der Mikroassembler normalerweise jedem Mikrobefehl eine (im Steuerspeicher nicht unbedingt fortlaufende) Adresse zu und füllt das Feld `NEXT_ADDRESS`, sodass Mikrobefehle in aufeinanderfolgenden Zeilen auch nacheinander ausgeführt werden.

Der **Goto**-Befehl wird vom Mikroassemblierer durch die Ausgabe der Adresse im Feld NEXT_ADDRESS des vorhergehenden Mikrobefehls umgesetzt.

Allerdings muss der Mikroprogrammierer manchmal – entweder bedingt oder unbedingt – verzweigen. Die Notation für unbedingte Sprünge ist einfach:

```
goto Marke
```

Diese Anweisung kann in jeden Mikrobefehl eingebunden werden, um explizit seinen Nachfolger zu nennen. Zum Beispiel enden die meisten Mikrobefehlssequenzen mit einem Rückkehrbefehl zum ersten Befehl in der Hauptschleife, sodass der letzte Befehl in jeder derartigen Sequenz normalerweise

```
goto Main1
```

einbindet.

Der Datenpfad ist auch bei einem Mikrobefehl mit `goto` für normale Operationen verfügbar. Denn jeder einzelne Mikrobefehl enthält ein `NEXT_ADDRESS`-Feld. Die `goto`-Anweisung weist lediglich den Mikroassemblierer an, einen bestimmten Wert in dieses Feld zu schreiben und zwar anstelle der Adresse, die der Assemblierer für den Mikrobefehl auf der nächsten Zeile vorgesehen hat. Im Prinzip sollte jede Zeile über eine `goto`-Anweisung verfügen – nur wenn sich die Zieladresse auf die nächste Zeile bezieht, kann man `goto` weglassen.

Für bedingte Sprünge brauchen wir eine andere Notation. Bekanntlich verwenden `JAMN` und `JAMZ` die Bits `N` und `Z`, die auf der Ausgabe der ALU basieren. Manchmal muss man ein Register testen, um beispielsweise festzustellen, ob es null ist. Dazu kann man es durch die ALU schleusen und es in sich selbst zurückspeichern. Der Code

```
TOS = TOS
```

sieht zwar eigenartig aus, erfüllt aber seinen Zweck (indem er das `Z`-Flipflop abhängig von `TOS` setzt). Um die Optik der Mikroprogramme aufzubessern, erweitern wir MAL und fügen zwei neue imaginäre Register `N` und `Z` hinzu, denen sich Werte zuweisen lassen. Zum Beispiel leitet

```
Z = TOS
```

das Register `TOS` durch die ALU und setzt dabei das `Z`- (und `N`-)Flipflop, speichert aber nichts in einem Register. Eine Anweisung mit `Z` oder `N` als Ziel weist lediglich den Mikroassemblierer an, alle Bits im C-Feld (siehe Abbildung 4.4) auf 0 zu setzen. Der Datenpfad führt einen normalen Zyklus aus, wobei alle normalen Operationen zulässig sind, schreibt aber keine Register. Dabei spielt es keine Rolle, ob das Ziel `N` oder `Z` ist. Der vom Mikroassemblierer erzeugte Mikrobefehl ist identisch. Programmierer, die absichtlich das „falsche" Ziel wählen, sollte man zur Strafe eine Woche lang an einem mit 4,77 MHz getakteten Original-IBM-PC arbeiten lassen.

Die Syntax, mit der wir den Mikroassemblierer anweisen, das `JAMZ`-Bit zu setzen, lautet:

```
if (Z) goto L1; else goto L2
```

Da die Hardware verlangt, dass diese beiden Adressen in ihren niederwertigen 8 Bits identisch sind, liegt es beim Mikroassemblierer, ihnen derartige Adressen zuzuweisen. Da sich andererseits *L2* irgendwo in den unteren 256 Wörtern des Steuerspeichers befinden kann, hat der Mikroassemblierer viel Freiraum, ein verfügbares Paar zu finden.

Normalerweise kombiniert man diese beiden Anweisungen, wie zum Beispiel

```
Z = TOS; if (Z) goto L1; else goto L2
```

Auf diese Anweisung hin generiert MAL einen Mikrobefehl, der `TOS` durch die ALU leitet (aber nirgendwo speichert), sodass der Wert dieses Registers das `Z`-Bit setzt. Kurz nachdem `Z` seinen Wert aus dem Bedingungsbit der ALU erhalten hat, wird es mit dem höchstwertigen `MPC`-Bit per `OR` verknüpft. Daraufhin wird die Adresse des nächsten Mikrobefehls entweder von *L2* oder von *L1* (die genau 256 größer als *L2* sein muss) abgerufen. Dann ist `MPC` stabil und bereit, den nächsten Mikrobefehl abzurufen.

Schließlich brauchen wir eine Notation, um das `JMPC`-Bit zu verwenden. Hierfür nehmen wir

```
goto (MBR OR Wert)
```

Diese Syntax weist den Mikroassemblierer an, den *Wert* für `NEXT_ADDRESS` zu übernehmen und das `JMPC`-Bit so zu setzen, dass `MBR` zusammen mit `NEXT_ADDRESS` per `OR` in `MPC` verknüpft wird. Ist der *Wert* gleich 0, was der Normalfall ist, genügt es,

```
goto (MBR)
```

zu schreiben.

Da nur die 8 niederwertigen Bits von MBR mit MPC verbunden sind (siehe Abbildung 4.5), stellt sich hier die Frage der Vorzeichenerweiterung (d.h. MBR oder MBRU) nicht. Außerdem ist am Ende des aktuellen Zyklus das gerade verwendete Register MBR verfügbar. Ein in *diesem* Mikrobefehl gestartetes Abrufen kommt zu spät, um die Wahl des nächsten Mikrobefehls beeinflussen zu können.

4.3.2 IJVM mit der Mic-1 implementieren

Ein **IJVM-Programm** wird auf der Mic-1 ausgeführt, indem ein Mikroprogramm die IJVM-Befehle interpretiert.

Wir sind nun endlich an dem Punkt angekommen, an dem wir alle Teile zusammensetzen können. ▶Tabelle 4.4 zeigt das Mikroprogramm, das auf der Mic-1 läuft und IJVM interpretiert. Mit insgesamt nur 112 Mikrobefehlen ist es überraschend kurz. Für jeden Mikrobefehl sind drei Spalten vorhanden: die symbolische Marke, der eigentliche Mikrocode und ein Kommentar. Wie bereits betont, müssen sich aufeinanderfolgende Mikrobefehle nicht unbedingt an fortlaufenden Adressen im Steuerspeicher befinden.

Marke	Operationen	Kommentare
Main1	PC = PC + 1; fetch; goto (MBR)	MBR speichert Opcode; hole nächstes Byte; verzweige
nop1	goto Main1	Tue nichts
iadd1	MAR = SP = SP - 1; rd	Lies zweitoberstes Wort vom Keller
iadd2	H = TOS	H = Spitze des Kellers
iadd3	MDR = TOS = MDR + H; wr; goto Main1	Addiere die beiden obersten Wörter; schreibe auf die Spitze des Kellers
isub1	MAR = SP = SP - 1; rd	Lies zweitoberstes Wort vom Keller
isub2	H = TOS	H = Spitze des Kellers
isub3	MDR = TOS = MDR - H; wr; goto Main1	Subtrahiere; schreibe auf die Spitze des Kellers
iand1	MAR = SP = SP - 1; rd	Lies zweitoberstes Wort vom Keller
iand2	H = TOS	H = Spitze des Kellers
iand3	MDR = TOS = MDR AND H; wr; goto Main1	Verknüpfe mit AND; schreibe auf neue Spitze des Kellers
ior1	MAR = SP = SP - 1; rd	Lies zweitoberstes Wort vom Keller
ior2	H = TOS	H = Spitze des Kellers
ior3	MDR = TOS = MDR OR H; wr; goto Main1	Verknüpfe mit OR; schreibe auf neue Spitze des Kellers
dup1	MAR = SP = SP + 1	Inkrementiere SP und kopiere nach MAR
dup2	MDR = TOS; wr; goto Main1	Schreibe neues Kellerwort

Tabelle 4.4: Das Mikroprogramm für die Mic-1

Marke	Operationen	Kommentare
pop1	MAR = SP = SP - 1; rd	Lies zweitoberstes Wort vom Keller
pop2		Warte, bis neues TOS vom Speicher gelesen werden kann
pop3	TOS = MDR; goto Main1	Kopiere neues Wort nach TOS
swap1	MAR = SP - 1; rd	Setze MAR auf SP – 1; lies zweites Wort vom Keller
swap2	MAR = SP	Setze MAR auf das oberste Wort
swap3	H = MDR; wr	Speichere TOS in H; schreibe zweites Wort auf neue Spitze des Kellers
swap4	MDR = TOS	Kopiere altes TOS in MDR
swap5	MAR = SP - 1; wr	Setze MAR auf SP – 1; schreibe es als zweites Wort auf den Keller
swap6	TOS = H; goto Main1	Aktualisiere TOS
bipush1	SP = MAR = SP + 1	MBR = das auf den Keller zu legende Byte
bipush2	PC = PC + 1; fetch	Inkrementiere PC; hole nächsten Opcode
bipush3	MDR = TOS = MBR; wr; goto Main1	Erweitere Konstante mit Vorzeichen und lege sie auf den Keller
iload1	H = LV	MBR enthält Index; kopiere LV nach H
iload2	MAR = MBRU + H; rd	MAR = Adresse der lokalen Variablen, die auf den Keller zu legen ist
iload3	MAR = SP = SP + 1	SP zeigt auf neue Spitze des Kellers; bereite Schreiboperation vor
iload4	PC = PC + 1; fetch; wr	Inkrementiere PC; hole nächsten Opcode; schreibe auf Spitze des Kellers
iload5	TOS = MDR; goto Main1	Aktualisiere TOS
istore1	H = LV	MBR enthält Index; kopiere LV nach H
istore2	MAR = MBRU + H	MAR = Adresse der lokalen Variablen, in die zu speichern ist
istore3	MDR = TOS; wr	Kopiere TOS nach MDR; schreibe Wort
istore4	SP = MAR = SP - 1; rd	Lies zweitoberstes Wort vom Keller
istore5	PC = PC + 1; fetch	Inkrementiere PC; hole nächsten Opcode
istore6	TOS = MDR; goto Main1	Aktualisiere TOS
wide1	PC = PC + 1; fetch	Operandenbyte oder nächsten Opcode abrufen
wide2	goto(MBR OR 0x100)	Mehrwegverzweigung, wobei das höchstwertige Bit gesetzt ist

Tabelle 4.4: Das Mikroprogramm für die Mic-1 *(Forts.)*

Marke	Operationen	Kommentare
wide_iload1	PC = PC + 1; fetch	MBR enthält erstes Indexbyte; hole zweites
wide_iload2	H = MBRU << 8	H = erstes Indexbyte um 8 Bits nach links verschoben
wide_iload3	H = MBRU OR H	H = 16-Bit-Index der lokalen Variablen
wide_iload4	MAR = LV + H; rd; goto iload3	MAR = Adresse der lokalen Variablen, die auf den Keller zu legen ist
wide_istore1	PC = PC + 1; fetch	MBR enthält erstes Indexbyte; hole zweites
wide_istore2	H = MBRU << 8	H = erstes Indexbyte um 8 Bit nach links verschoben
wide_istore3	H = MBRU OR H	H = 16-Bit-Index der lokalen Variablen
wide_istore4	MAR = LV + H; goto istore3	MAR = Adresse der lokalen Variablen, in die zu speichern ist
ldc_w1	PC = PC + 1; fetch	MBR enthält erstes Indexbyte; hole zweites
ldc_w2	H = MBRU << 8	H = erstes Indexbyte << 8
ldc_w3	H = MBRU OR H	H = 16-Bit-Index in Konstantenpool
ldc_w4	MAR = H + CPP; rd; goto iload3	MAR = Adresse der Konstanten im Pool
iinc1	H = LV	MBR enthält Index; kopiere LV nach H
iinc2	MAR = MBRU + H; rd	Kopiere LV + Index nach MAR; lies Variable
iinc3	PC = PC + 1; fetch	Hole Konstante
iinc4	H = MDR	Kopiere Variable nach H
iinc5	PC = PC + 1; fetch	Hole nächsten Opcode
iinc6	MDR = MBR + H; wr; goto Main1	Schreibe Summe nach MDR; aktualisiere Variable
goto1	OPC = PC - 1	Speichere Opcode-Adresse
goto2	PC = PC + 1; fetch	MBR = erstes Offset-Byte; hole zweites Byte
goto3	H = MBR << 8	Verschiebe und speichere vorzeichenbehaftetes erstes Byte in H
goto4	H = MBRU OR H	H = 16-Bit-Sprungdistanz (Offset)
goto5	PC = OPC + H; fetch	Addiere Offset zu OPC
goto6	goto Main1	Warte auf Abrufen des nächsten Opcodes
iflt1	MAR = SP = SP - 1; rd	Lies zweitoberstes Wort vom Keller
iflt2	OPC = TOS	Sichere TOS vorübergehend in OPC
iflt3	TOS = MDR	Schreibe neue Spitze des Kellers nach TOS
iflt4	N = OPC; if (N) goto T; else goto F	Verzweige abhängig von N-Bit

Tabelle 4.4: Das Mikroprogramm für die Mic-1 *(Forts.)*

Marke	Operationen	Kommentare
ifeq1	MAR = SP = SP - 1; rd	Lies zweitoberstes Wort vom Keller
ifeq2	OPC = TOS	Sichere TOS vorübergehend in OPC
ifeq3	TOS = MDR	Schreibe neue Spitze des Kellers nach TOS
ifeq4	Z = OPC; if (Z) goto T; else goto F	Verzweige abhängig von Z-Bit
if_icmpeq1	MAR = SP = SP - 1; rd	Lies zweitoberstes Wort vom Keller
if_icmpeq2	MAR = SP = SP - 1	Setze MAR, um die neue Spitze des Kellers zu lesen
if_icmpeq3	H = MDR; rd	Kopiere zweites Kellerwort nach H
if_icmpeq4	OPC = TOS	Sichere TOS vorübergehend in OPC
if_icmpeq5	TOS = MDR	Schreibe neue Spitze des Kellers nach TOS
if_icmpeq6	Z = OPC - H; if (Z) goto T; else goto F	Falls die obersten zwei Wörter gleich sind, gehe nach T, andernfalls nach F
T	OPC = PC - 1; fetch; goto goto2	Wie goto1; für Zieladresse nötig
F	PC = PC + 1	Überspringe erstes Offset-Byte
F2	PC = PC + 1; fetch	PC zeigt jetzt auf nächsten Opcode
F3	goto Main1	Warte auf das Abrufen des Opcodes
invokevirtual1	PC = PC + 1; fetch	MBR = Indexbyte 1; inkrementiere PC, hole zweites Byte
invokevirtual2	H = MBRU << 8	Verschiebe und speichere erstes Byte in H
invokevirtual3	H = MBRU OR H	H = Offset des Methodenzeigers von CPP
invokevirtual4	MAR = CPP + H; rd	Hole Zeiger zur Methode aus dem CPP-Bereich
invokevirtual5	OPC = PC + 1	Sichere Rückkehradresse in PC vorübergehend in OPC
invokevirtual6	PC = MDR; fetch	PC zeigt auf neue Methode; hole Parameteranzahl
invokevirtual7	PC = PC + 1; fetch	Hole zweites Byte der Parameteranzahl
invokevirtual8	H = MBRU << 8	Verschiebe und speichere erstes Byte in H
invokevirtual9	H = MBRU OR H	H = Parameteranzahl
invokevirtual10	PC = PC + 1; fetch	Rufe erstes Byte der Anzahl lokaler Variablen ab
invokevirtual11	TOS = SP - H	TOS = Adresse von OBJREF – 1
invokevirtual12	TOS = MAR = TOS + 1	TOS = Adresse von OBJREF (neuer LV)
invokevirtual13	PC = PC + 1; fetch	Rufe zweites Byte der Anzahl lokaler Variablen ab
invokevirtual14	H = MBRU << 8	Verschiebe und speichere erstes Byte in H

Tabelle 4.4: Das Mikroprogramm für die Mic-1 *(Forts.)*

Marke	Operationen	Kommentare
invokevirtual15	H = MBRU OR H	H = Anzahl lokaler Variablen
invokevirtual16	MDR = SP + H + 1; wr	Überschreibe OBJREF mit Verknüpfungszeiger
invokevirtual17	MAR = SP = MDR;	Setze SP und MAR auf die Stelle, die den alten PC aufnimmt
invokevirtual18	MDR = OPC; wr	Speichere alten PC oberhalb der lokalen Variablen
invokevirtual19	MAR = SP = SP + 1	SP zeigt auf die Stelle, die den alten LV aufnimmt
invokevirtual20	MDR = LV; wr	Speichere alten LV oberhalb von gespeichertem PC
invokevirtual21	PC = PC + 1; fetch	Rufe ersten Opcode der neuen Methode ab
invokevirtual22	LV = TOS; goto Main1	Setze LV so, dass der Wert auf den LV-Bereich zeigt
ireturn1	MAR = SP = LV; rd	Setze SP und MAR zurück, um Verknüpfungszeiger zu holen
ireturn2		Warte auf Leseoperation
ireturn3	LV = MAR = MDR; rd	Setze LV auf Verknüpfungszeiger; hole alten PC
ireturn4	MAR = LV + 1	Setze MAR, um den alten LV zu lesen
ireturn5	PC = MDR; rd; fetch	Stelle PC wieder her; rufe nächsten Opcode ab
ireturn6	MAR = SP	Setze MAR, um TOS zu schreiben
ireturn7	LV = MDR	Stelle LV wieder her
ireturn8	MDR = TOS; wr; goto Main1	Speichere Rückgabewert auf ursprünglicher Spitze des Kellers

Tabelle 4.4: Das Mikroprogramm für die Mic-1 *(Forts.)*

Mittlerweile dürfte klar sein, woher die Namen für die meisten Register in Abbildung 4.1 stammen: CPP, LV und SP nehmen die Zeiger auf den Konstantenpool, die lokalen Variablen bzw. die Spitze des Kellers auf, während PC die Adresse des nächsten Bytes, das aus dem Befehlsstrom gelesen wird, speichert. Das 1-Byte-Register MBR nimmt die zu interpretierenden Bytes auf, die nacheinander über den Befehlsstrom aus dem Speicher eintreffen. TOS und OPC sind zusätzliche Register, mit denen wir uns jetzt beschäftigen.

Jedes dieser Register enthält zu bestimmten Zeiten garantiert einen bestimmten Wert, lässt sich aber auch bei Bedarf als temporäres Register verwenden. Am Anfang und am Ende jedes Befehls enthält TOS den Wert der Speicherstelle, auf die SP zeigt – das ist das oberste Wort im Keller. Dieser Wert ist redundant, da er immer aus dem Speicher gelesen werden kann. Wenn er aber in einem Register steht, spart das oftmals eine Speicherreferenz. Für einige Befehle bedeutet es *mehr* Speicheroperationen, wenn TOS immer auf dem aktuellen Stand gehalten wird. Beispielsweise verwirft der POP-Befehl das oberste Wort des Kellers und es ist immer das neue Wort von der Spitze des Kellers (Top Of Stack, daher die Registerbezeichnung) aus dem Speicher in das Register TOS abzurufen.

Das OPC-Register ist ein temporäres (d.h. Notiz- oder Arbeits-)Register, dem keine spezielle Bedeutung zugeordnet ist. Es kann beispielsweise die Adresse des Opcodes für einen Sprungbefehl speichern, während PC inkrementiert wird, um auf Parameter zuzugreifen. Außerdem dient es als temporäres Register in den bedingten Sprungbefehlen der IJVM.

Wie alle Interpreter hat das Mikroprogramm von Tabelle 4.4 eine Hauptschleife, die Befehle des zu interpretierenden Programms – in diesem Fall IJVM-Befehle – abruft, decodiert und ausführt. Die Hauptschleife beginnt in der Zeile mit der Marke Main1 und setzt immer voraus, dass PC zuvor mit der Adresse einer Speicherstelle, an der sich ein Opcode befindet, geladen und dieser Opcode bereits in MBR abgerufen wurde. Das impliziert aber Folgendes: Wenn wir zu dieser Stelle zurückkehren, muss gewährleistet sein, dass der aktualisierte Wert in PC auf den nächsten zu interpretierenden Opcode zeigt und das Opcode-Byte selbst bereits in MBR abgerufen wurde.

Diese Initialisierungssequenz läuft am Beginn jedes Befehls ab und sollte deshalb so kurz wie möglich sein. Durch sehr sorgfältiges Design der Hard- und Software für die Mic-1 ist es uns gelungen, die Hauptschleife auf einen einzigen Mikrobefehl zu reduzieren. Nach dem Start der Maschine und bei jeder Ausführung dieses Mikrobefehls befindet sich der auszuführende IJVM-Opcode bereits in MBR. Der Mikrobefehl verzweigt zu dem Mikrocode, der diesen IJVM-Befehl ausführt, und ruft außerdem das auf den Opcode folgende Byte ab, das entweder ein Operand oder der nächste Opcode sein kann.

Nun können wir den wahren Grund nennen, warum wir in jedem Mikrobefehl den Nachfolger benennen, anstatt die Mikrobefehle der Reihe nach ausführen zu lassen. Alle Adressen im Steuerspeicher, die Opcodes entsprechen, müssen für das erste Wort des entsprechenden Befehlsinterpreters reserviert werden. Wie aus Abbildung 4.2 hervorgeht, beginnt der Code, der POP interpretiert, bei 0x57 und der Code, der DUP interpretiert, bei 0x59. (Woher weiß MAL, dass POP auf 0x57 zu setzen ist? Möglicherweise gibt es eine Datei, aus der das hervorgeht.)

Der **Opcode** eines IJVM-Befehls ist die Startadresse der Mikrobefehle, die diesen Befehl interpretieren.

Leider ist der Code für POP drei Mikrobefehle lang. Bringt man ihn in aufeinanderfolgenden Wörtern unter, dann kollidiert der Code mit dem Beginn von DUP. Da alle Steuerspeicheradressen, die Opcodes entsprechen, in jedem Fall reserviert sind, muss man alle Mikrobefehle außer dem Initialisierungsbefehl in jeder Sequenz in die Lücken zwischen den reservierten Adressen stopfen. Aus diesem Grund treten massenhaft Sprünge auf. Es wäre also eine riesige Verschwendung, eine explizite Mikroverzweigung (einen Mikrobefehl, der verzweigt) alle paar Mikrobefehle von Loch zu Loch springen zu lassen.

Um die Funktionsweise des Interpreters darzustellen, nehmen wir zum Beispiel an, dass MBR den Wert 0x60 enthält, d.h. den Opcode für IADD (siehe Abbildung 4.2). In der aus einem Mikrobefehl bestehenden Hauptschleife realisieren wir drei Dinge:

1. Den Wert von PC inkrementieren, sodass dieses Register die Adresse des ersten Bytes nach dem Opcode enthält.

2. Abrufen des nächsten Bytes nach MBR einleiten. Dieses Byte wird früher oder später immer gebraucht, entweder als Operand für den aktuellen IJVM-Befehl oder als nächster Opcode (wie im Fall des IADD-Befehls, der keine Operandenbytes hat).

3. Zu der Adresse verzweigen, die in MBR am Anfang von Main1 enthalten ist. Diese Adresse entspricht dem numerischen Wert des momentan ausgeführten Opcodes und wurde vom vorherigen Mikrobefehl hier eingetragen. Achten Sie besonders darauf, dass der in diesem Mikrobefehl abgerufene Wert keinerlei Rolle in der Mehrwegverzweigung spielt.

Hier beginnt das Abrufen des nächsten Bytes, sodass es bis zum Beginn des dritten Mikrobefehls verfügbar ist. Ob es dann benötigt wird oder nicht – irgendwann wird es gebraucht, sodass es nichts schadet, das Abrufen jetzt einzuleiten.

Falls das Byte in MBR nur aus Nullen – dem Opcode für den NOP-Befehl – besteht, ist der nächste Mikrobefehl der mit der Marke nop1, der von Position 0 abgerufen wird. Da dieser Befehl nichts tut, verzweigt er einfach zurück an den Anfang der Hauptschleife, wo sich die Sequenz wiederholt, dieses Mal jedoch mit einem neuen Opcode, der inzwischen nach MBR abgerufen wurde.

Es sei noch einmal betont, dass die Mikrobefehle in Tabelle 4.4 nicht aufeinanderfolgend im Speicher liegen und dass sich Main1 nicht an der Steuerspeicheradresse 0 befindet (weil nop1 an Adresse 0 liegen muss). Der Mikroassemblierer ist dafür zuständig, jeden Mikrobefehl an einer passenden Adresse zu platzieren und sie über das NEXT_ADDRESS-Feld in kurzen Sequenzen zu verknüpfen. Die Anfangsadresse jeder Sequenz entspricht dem numerischen Wert des IJVM-Opcodes, den die Sequenz interpretiert (z.B. beginnt POP bei 0x57). Die übrigen Bytes der Sequenz können aber überall im Steuerspeicher stehen und müssen nicht an fortlaufenden Adressen gespeichert sein.

Sehen wir uns nun den IJVM-Befehl IADD näher an. Die Hauptschleife verzweigt zum Mikrobefehl mit der Marke iadd1. Dieser Befehl beginnt mit den für IADD relevanten Operationen:

1. Das oberste Kellerwort steht bereits in TOS, aber das zweitoberste Kellerwort muss noch aus dem Speicher abgerufen werden.
2. Der Inhalt von TOS ist zum zweitobersten Wort, das aus dem Speicher abgerufen wurde, zu addieren.
3. Das auf den Keller zu legende Ergebnis muss in den Speicher zurückgeschrieben und außerdem im TOS-Register gespeichert werden.

Um den Operanden vom Speicher einzulesen, ist der Kellerzeiger zu dekrementieren und in MAR zu schreiben. Es ist recht komfortabel, dass diese Adresse gleichzeitig die Adresse für die darauffolgende Schreiboperation ist. Und da nun diese Stelle die neue Spitze des Kellers verkörpert, sollte man diesen Wert dem Kellerzeiger SP zuweisen. Somit kann eine einzige Operation den neuen Wert von SP und MAR bestimmen, SP dekrementieren und in beide Register schreiben.

Diese Operationen finden im ersten Zyklus – iadd1 – statt und die Leseoperation ist eingeleitet. Außerdem erhält MPC den Wert aus dem Feld NEXT_ADDRESS von iadd1. Das ist die Adresse des Mikrobefehls iadd2, der sich wie mehrfach erwähnt an beliebiger Stelle im Steuerspeicher befinden kann. Dann wird iadd2 aus dem Steuerspeicher gelesen. Im zweiten Zyklus – während wir auf das Einlesen des Operanden aus dem Speicher warten – kopieren wir das oberste Kellerwort von TOS nach H, wo es nach Abschluss der Leseoperation für die Addition verfügbar ist.

Zu Beginn des dritten Zyklus, iadd3, enthält MDR den aus dem Speicher geholten Summanden. In diesem Zyklus wird er zum Inhalt von H addiert und das Ergebnis in MDR und TOS zurückgespeichert. Außerdem wird eine Schreiboperation eingeleitet, um das neue oberste Kellerwort in den Speicher zurückzuschreiben. In diesem Zyklus bewirkt goto, dass die Adresse von Main1 nach MPC kommt, was uns wieder zum Ausgangspunkt für die Ausführung des nächsten Befehls bringt.

Ist der darauffolgende IJVM-Opcode, der nun in MBR steht, 0x64 (ISUB), so findet fast die gleiche Ereignissequenz erneut statt. Nach der Ausführung von Main1 geht die Kontrolle auf den Mikrobefehl bei 0x64 (isub1) über. Auf diesen Mikrobefehl folgen isub2, isub3 und dann wieder Main1. Der einzige Unterschied zwischen dieser Sequenz und der vorherigen besteht darin, dass der Inhalt von H in isub3 nicht zu MDR addiert, sondern davon subtrahiert wird.

Die Interpretation von IAND läuft fast genau wie bei IADD und ISUB ab, außer dass die beiden obersten Kellerwörter bitweise mittels AND verknüpft und nicht addiert oder subtrahiert werden. Ähnlich sieht es bei IOR aus.

Beim IJVC-Opcode DUP, POP oder SWAP muss der Keller angepasst werden. Der DUP-Befehl kopiert einfach das oberste Kellerwort. Da dieses Wort bereits in TOS steht, ist lediglich SP zu inkrementieren, damit der Kellerzeiger auf die neue Stelle zeigt, und TOS an dieser Position zu speichern. Der POP-Befehl ist fast genauso einfach: Er dekrementiert SP, um das oberste Kellerwort zu verwerfen. Damit aber in TOS wieder das oberste Kellerwort steht, ist das neue oberste Wort aus dem Speicher zu lesen und in TOS einzutragen. Schließlich vertauscht der SWAP-Befehl die Werte in zwei Speicherstellen: die beiden obersten Wörter im Keller. Das ist relativ einfach zu bewerkstelligen, weil TOS bereits einen dieser Werte enthält, sodass man ihn nicht erst aus dem Speicher lesen muss. Auf diesen Befehl gehen wir später ausführlicher ein.

Der Befehl BIPUSH ist etwas komplizierter, weil dem Opcode ein einzelnes Byte folgt (Abbildung 4.13), das als vorzeichenbehaftete Ganzzahl zu interpretieren ist. Für dieses bereits in Main1 nach MBR abgerufene Byte ist eine Vorzeichenerweiterung auf 32 Bit erforderlich. Außerdem muss das Byte auf die Spitze des Kellers gelegt werden. Diese Sequenz muss demnach eine Vorzeichenerweiterung für das Byte in MBR auf 32 Bit vornehmen und das Ergebnis nach MDR kopieren. Schließlich wird SP inkrementiert und nach MAR kopiert, sodass sich der auszugebende Operand auf die Spitze des Kellers legen lässt. Nebenbei ist dieser Operand auch noch nach TOS zu kopieren. Außerdem muss PC vor der Rückkehr in das Hauptprogramm inkrementiert werden, damit der nächste Opcode in Main1 verfügbar ist.

BIPUSH (0x10)	BYTE

Abbildung 4.13: Das Befehlsformat von BIPUSH

Als Nächstes kommen wir zum Befehl ILOAD, bei dem ebenfalls auf den Opcode ein Byte folgt, wie es ▶Abbildung 4.14a zeigt. Allerdings ist dieses Byte ein (vorzeichenloser) Index, um das Wort im lokalen Variablenbereich zu identifizieren, das auf den Keller zu legen ist. Da es nur 1 Byte gibt, lassen sich nur $2^8 = 256$ Wörter unterscheiden, nämlich die ersten 256 Wörter im lokalen Variablenbereich. Der Befehl ILOAD erfordert sowohl eine Leseoperation (um das Wort zu holen) als auch eine Schreiboperation (um das Wort oben auf den Keller zu legen). Um die Adresse für den Lesevorgang zu bestimmen, ist allerdings der in MBR enthaltene Offset zum Inhalt von LV zu addieren. Da MBR und LV nur über den B-Bus zugänglich sind, wird LV zuerst (in iload1) nach H kopiert und dann MBR addiert. Dann wird das Ergebnis dieser Addition nach MAR kopiert und (in iload2) eine Leseoperation eingeleitet.

ILOAD (0x15)	INDEX

(a)

WIDE (0xC4)	ILOAD (0x15)	INDEX BYTE 1	INDEX BYTE 2

(b)

Abbildung 4.14: (a) ILOAD mit einem 1-Byte-Index (b) WIDE ILOAD mit einem 2-Byte-Index

Allerdings wird MBR für einen Index in etwas anderer Form verwendet als in BIPUSH, wo eine Vorzeichenerweiterung erfolgte. Bei einem Index ist der Offset immer positiv, sodass der Byte-Offset als vorzeichenlose Ganzzahl zu interpretieren ist, während er in BIPUSH als vorzeichenbehaftete 8-Bit-Ganzzahl interpretiert wurde. Die sorgfältige Konzeption der Schnittstelle von MBR zum B-Bus ermöglicht beide Operationen. Im Fall von BIPUSH (vorzeichenbehaftete 8-Bit-Ganzzahl) ist die passende Operation eine Vorzeichenerweiterung, d.h., das ganz links im 1-Byte-MBR befindliche Bit wird in die oberen 24 Bits auf dem B-Bus kopiert. Im Fall von ILOAD (vorzeichenlose 8-Bit-Ganzzahl) ist die richtige Operation eine Auffüllung mit Nullen. Hier werden die oberen 24 Bits auf dem B-Bus einfach auf 0 gesetzt. Wie aus Abbildung 4.5 hervorgeht, zeigen getrennte Signale an, welche Operation auszuführen ist. Im Mikrocode ist dies durch MBR (Vorzeichenerweiterung wie im Fall von bipush3) oder MBRU (vorzeichenlos, wie in iload2) ersichtlich.

Bis der Speicher (in iload3) den Operanden liefert, wird SP inkrementiert und enthält nun die Adresse, die das Ergebnis aufnimmt – die neue Spitze des Kellers. Dieser Wert wird außerdem nach MAR kopiert, um die Operation vorzubereiten, die den Operanden auf die Spitze des Kellers schreibt. Erneut ist PC zu inkrementieren, um (in iload4) den nächsten Opcode zu holen. Schließlich (in iload5) wird MDR nach TOS kopiert, um die neue Spitze des Kellers widerzuspiegeln.

ISTORE ist die Umkehrung von ILOAD, d.h., ein Wort wird von der Spitze des Kellers entfernt und an der Stelle gespeichert, deren Adresse sich aus der Summe von LV und dem im Befehl enthaltenen Index ergibt. Der Befehl verwendet das gleiche Format wie ILOAD, das in Abbildung 4.14a zu sehen ist, außer dass der Opcode 0x36 statt 0x15 lautet. Dieser Befehl sieht etwas anders als erwartet aus, weil das oberste Kellerwort bereits (in TOS) bekannt ist, sodass es sich sofort speichern lässt. Allerdings muss das Wort an der neuen Spitze des Kellers abgerufen werden. Deshalb ist eine Lese- und eine Schreiboperation notwendig; die man aber in beliebiger Reihenfolge (oder parallel, wenn das möglich wäre) ausführen kann.

Über **Präfixbytes** kann das Format für IJVM-Befehle erweitert werden, z.B. für längere Adressen der Operanden.

Die Befehle ILOAD und ISTORE können nur auf die ersten 256 lokalen Variablen zugreifen. Auch wenn die meisten Programme mit diesem lokalen Variablenbereich auskommen, ist es natürlich notwendig, dass man auf eine Variable überall im lokalen Variablenbereich zugreifen kann. Um dies zu erreichen, verwendet die IJVM den gleichen Mechanismus wie die JVM: einen speziellen Opcode WIDE, **Präfixbyte** genannt, dem der Opcode ILOAD oder der Opcode ISTORE folgt. Tritt diese Sequenz auf, werden die Definitionen von ILOAD und ISTORE modifiziert, wobei auf den Opcode kein 8-Bit-Index, sondern ein 16-Bit-Index folgt, wie es ▶Abbildung 4.14b zeigt.

Die Decodierung von WIDE geschieht in der üblichen Weise und bewirkt einen Sprung zum Mikrobefehl wide1, der den Opcode WIDE verarbeitet. Obwohl der zu erweiternde Opcode bereits in MBR verfügbar ist, ruft wide1 das erste Byte nach dem Opcode ab, weil es die Mikroprogrammlogik immer an dieser Stelle erwartet. In wide2 erfolgt dann eine Mehrwegverzweigung, die jetzt das auf WIDE folgende Byte zur Sprungverteilung heranzieht. Da allerdings WIDE ILOAD einen anderen Mikrocode als ILOAD, WIDE ISTORE einen anderen Mikrocode als ISTORE usw. verlangt, kann die zweite Mehrwegverzweigung nicht wie bei Main1 einfach den Opcode als Zieladresse verwenden.

Stattdessen verknüpft wide2 den Wert 0x100 per OR mit dem Opcode und trägt ihn in MPC ein. Somit beginnt die Interpretation von WIDE ILOAD bei 0x115 (statt bei 0x15), die Interpretation von WIDE ISTORE bei 0x136 (statt bei 0x36) usw. Der Beginn jedes WIDE-Opcodes liegt also bei einer um 256 (d.h. 0x100) höheren Steuerspeicheradresse als der entsprechende reguläre Opcode. ▶Abbildung 4.15 zeigt die anfänglichen Sequenzen der Mikrobefehle für ILOAD und WIDE ILOAD.

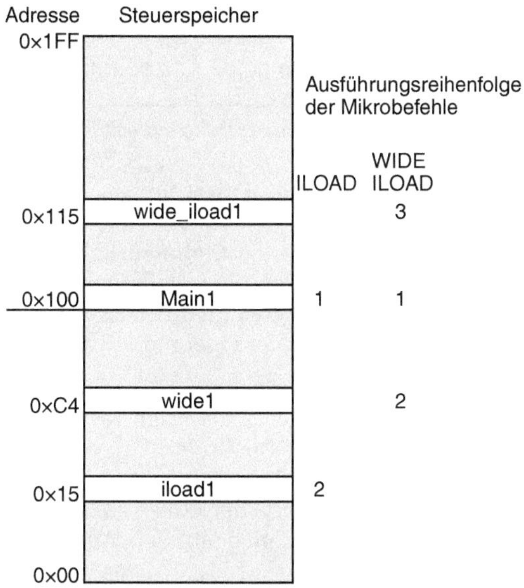

Abbildung 4.15: Die anfänglichen Mikrobefehlssequenzen für ILOAD und WIDE ILOAD. Die Adressen sind lediglich Beispiele.

Nachdem der Code für die Implementierung von WIDE ILOAD (0x115) erreicht ist, unterscheidet sich der Code für den normalen ILOAD-Befehl nur dadurch, dass der Index durch Verkettung von zwei Indexbytes zu konstruieren ist, anstatt einfach die Vorzeichenerweiterung eines einzelnen Bytes vorzunehmen. Die Verkettung und die anschließende Addition müssen in Stufen erfolgen. Zuerst wird INDEX BYTE 1 nach H kopiert und um 8 Bits nach links verschoben. Da der Index eine vorzeichenlose Ganzzahl ist, verwendet man MBRU, um MBR mit Nullen aufzufüllen. Nun wird das zweite Byte des Index addiert (was mit einer Verkettung identisch ist, da das niederwertige Byte von H jetzt Null ist und garantiert kein Übertrag zwischen den Bytes auftritt). Das Ergebnis kommt wieder nach H. Ab hier kann die Operation genauso wie in einem normalen ILOAD fortfahren. Anstatt die abschließenden Befehle von ILOAD (iload3 bis iload5) doppelt vorzusehen, verzweigen wir einfach von wide_iload4 zu iload3. Beachten Sie aber, dass PC während der Befehlsausführung zweimal zu inkrementieren ist, damit das Register auf den nächsten Opcode zeigt. Der Befehl ILOAD inkrementiert PC einmal und die WIDE ILOAD-Sequenz ebenfalls einmal.

Bei WIDE_ISTORE haben wir die gleiche Situation: Nach Ausführung der ersten vier Mikrobefehle (wide_istore1 bis wide_istore4) ist der weitere Ablauf derselbe wie für ISTORE nach den beiden ersten Befehlen, sodass wide_istore4 zu istore3 verzweigt.

Als nächstes Beispiel sehen wir uns einen LDC_W-Befehl an. Dieser Opcode unterscheidet sich von ILOAD in zweierlei Hinsicht. Erstens hat er einen vorzeichenlosen 16-Bit-Offset (wie die WIDE-Version von ILOAD). Zweitens wird er in Bezug auf CPP und nicht LV indiziert, weil er aus dem Konstantenpool und nicht aus dem lokalen Variablenbereich lesen soll. (Eigentlich gibt es mit LDC eine Kurzform von LDC_W, die wir aber nicht in der IJVM realisieren, weil die Langform alle möglichen Varianten der Kurzform umfasst und auch nur 3 gegenüber 2 Byte beansprucht.)

Der Befehl IINC ist der einzige IJVM-Befehl neben ISTORE, der eine lokale Variable modifizieren kann. Dazu umfasst der Befehl zwei Operanden, die je 1 Byte lang sind, wie es ▶Abbildung 4.16 zeigt.

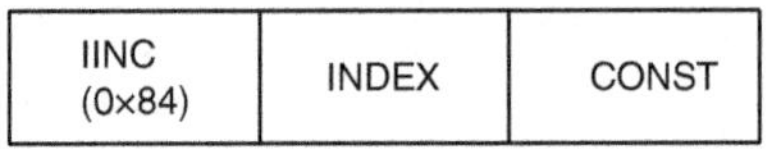

Abbildung 4.16: Der IINC-Befehl besitzt zwei unterschiedliche Operandenfelder

Der Befehl IINC spezifiziert mit INDEX den Offset vom Anfang des lokalen Variablenbereichs. Er liest diese Variable, inkrementiert sie um CONST – einen Wert, der im Befehl enthalten ist – und speichert sie an dieselbe Stelle zurück. Beachten Sie, dass dieser Befehl die Variable um einen negativen Wert „inkrementieren“ kann, d.h., CONST ist eine vorzeichenbehaftete 8-Bit-Konstante im Bereich von −128 bis +127. Die volle JVM enthält eine WIDE-Version von IINC, bei der jeder Operand 2 Byte lang ist.

Wir kommen nun zum ersten IJVM-Sprungbefehl: GOTO. Dieser Befehl hat als einzige Aufgabe den Wert von PC zu ändern, sodass als Nächstes der IJVM-Befehl ausgeführt wird, der sich an der geänderten Adresse befindet. Um diese Adresse zu berechnen, addiert der GOTO-Befehl den (vorzeichenbehafteten) 16-Bit-Offset zur Adresse seines Opcodes. Kompliziert ist hier nur, dass sich der Offset auf den Wert bezieht, den PC zu Beginn der Befehlsdecodierung hatte, und nicht auf den Wert, den PC nach dem Abrufen der beiden Offset-Bytes enthält.

Um diesen Punkt zu verdeutlichen, zeigt ▶Abbildung 4.17a die Situation zu Beginn von Main1. Der Opcode befindet sich bereits in MBR, aber PC wurde noch nicht inkrementiert. In ▶Abbildung 4.17b sehen wir die Situation zu Beginn von goto1. Inzwischen zeigt PC auf das nächste Byte, das erste Offset-Byte, das aber noch nicht nach MBR abgerufen wurde. Einen Mikrobefehl später – in ▶Abbildung 4.17c – wurde der alte Wert von PC, der auf den Opcode zeigt, in OPC gespeichert und das erste Offset-Byte steht in MBR. Der im OPC-Register gesicherte Wert ist erforderlich, weil der Offset des IJVM-Befehls GOTO relativ zum Opcode von GOTO und nicht zum aktuellen Wert von PC ist. Eigentlich ist das der Grund, warum wir das OPC-Register überhaupt brauchen.

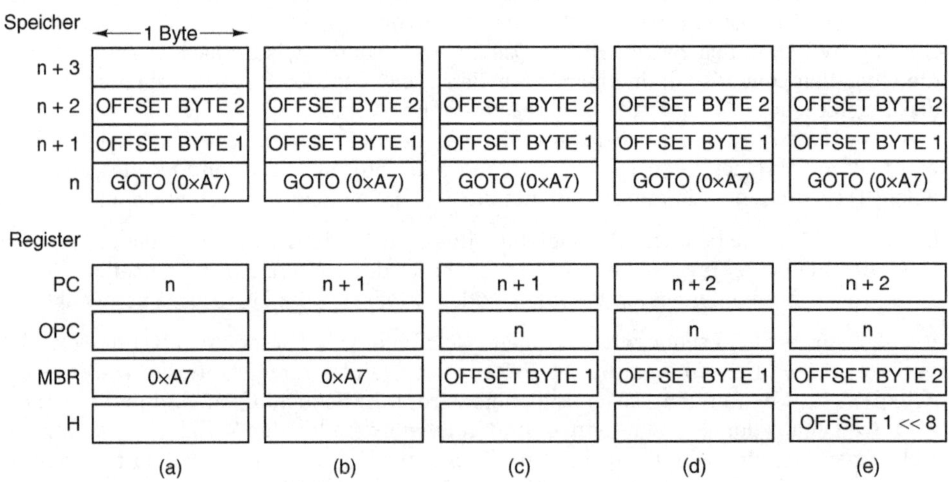

Abbildung 4.17: Die Situation zu Beginn verschiedener Mikrobefehle: (a) Main1 (b) goto1 (c) goto2 (d) goto3 (e) goto4

Der Mikrobefehl bei `goto2` beginnt mit dem Einlesen des zweiten Offset-Bytes, was zur Situation in ▶Abbildung 4.17d am Beginn von `goto3` führt. Nachdem das erste Offset-Byte um 8 Bits nach links verschoben und nach `H` kopiert wurde, gelangen wir zu `goto4` in ▶Abbildung 4.17e. Hier liegt das erste Offset-Byte in `H` nach links verschoben vor, das zweite Offset-Byte steht in `MBR` und die Basisadresse ist in `OPC` gespeichert. Indem wir den vollständigen 16-Bit-Offset in `H` konstruieren und ihn dann zur Basisadresse addieren, erhalten wir die neue Adresse, die `goto5` nach `PC` schreibt. Achten Sie genau darauf, dass wir in `goto4` mit `MBRU` und nicht mit `MBR` arbeiten, weil wir keine Vorzeichenerweiterung des zweiten Bytes haben wollen. Der 16-Bit-Offset entsteht durch die `OR`-Verknüpfung der beiden Hälften. Schließlich müssen wir den nächsten Opcode abrufen, bevor wir zu `Main1` zurückkehren, weil der dortige Code den nächsten Opcode in `MBR` erwartet. Der letzte Zyklus `goto6` ist notwendig, damit die abgerufenen Speicherdaten rechtzeitig für `Main1` in `MBR` bereitstehen.

Die im `goto`-Befehl der IJVM verwendeten Offsets sind 16-Bit-Werte mit Vorzeichen im Bereich von −32768 bis +32767. Demzufolge sind Verzweigungen – egal in welcher Richtung – zu Marken, die weiter entfernt als diese Werte liegen, nicht möglich. Diese Eigenschaft kann man entweder als Bug oder als Feature[3] der IJVM (und auch der JVM) betrachten. Das „Bug-Lager“ kann anführen, dass die JVM-Definition den Programmierstil nicht einschränken sollte. Die Gegenseite kann damit argumentieren, dass die Arbeit vieler Programmierer wesentlich besser wäre, wenn ihnen die gefürchtete Compiler-Meldung

```
Program is too big and hairy. You must rewrite it. Compilation aborted.
```

(Das Programm ist zu groß und zu umständlich. Sie müssen es neu schreiben. Die Kompilierung wurde abgebrochen.)

Albträume verursachte. Leider (wie wir meinen) taucht diese Meldung nur auf, wenn ein *then-* oder *else-*Zweig 32 KB übersteigt, was normalerweise mindestens 50 Seiten Java-Code bedeutet.

Wenden wir uns nun den drei bedingten Sprungbefehlen der IJVM zu: `IFLT`, `IFEQ` und `IF_ICMPEQ`. Die ersten beiden holen das oberste Wort vom Keller und verzweigen, falls das Wort kleiner als null bzw. gleich null ist. `IF_ICMPEQ` holt die beiden obersten Wörter vom Keller und verzweigt nur dann, wenn sie gleich sind. In allen drei Fällen ist es erforderlich, ein neues oberstes Kellerwort einzulesen und in `TOS` zu speichern.

Die Steuerung dieser drei Befehle ist ähnlich: Die IJVM speichert zuerst den bzw. die Operanden in Registern, liest dann den neuen Wert auf der Spitze des Kellers nach `TOS` und führt schließlich den Test mit der anschließenden Verzweigung aus. Wir betrachten zuerst `IFLT`. Das zu testende Wort befindet sich bereits in `TOS`. Da aber `IFLT` ein Wort vom Keller entfernt, muss das Wort auf der neuen Spitze des Kellers eingelesen und in `TOS` gespeichert werden. Die Leseoperation beginnt in `iflt1`. In `iflt2` wird das zu testende Wort vorübergehend in `OPC` gesichert, sodass man den neuen Wert kurz danach in `TOS` schreiben kann, ohne den aktuellen Wert zu verlieren. In `iflt3` ist das neue oberste Kellerwort in `MDR` verfügbar und wird nach `TOS` kopiert. Schließlich leitet `iflt4` das zu testende – jetzt in `OPC` gesicherte – Wort durch die ALU, ohne es zu speichern, aber um das `N`-Bit zu übernehmen und zu testen. Dieser Mikrobefehl enthält auch eine Verzweigung, die bei erfolgreichem Test das Ziel `T` und andernfalls das Ziel `F` wählt.

3 Anspielung auf den berüchtigten Spruch: „It's not a bug, it's a feature!“, was so viel heißt wie „Das ist kein Fehler, sondern eine gewünschte Programmfunktion!“ (Anm. d. Übersetzers).

Im Erfolgsfall verläuft der Rest der Operation im Wesentlichen so, wie der GOTO-Befehl zu Beginn, und der Ablauf setzt sich einfach in der Mitte der GOTO-Sequenz mit goto2 fort. Bei gescheitertem Test ist eine kurze Sequenz (F, F2 und F3) nötig, um den Rest des Befehls (den Offset) zu überspringen, bevor es zu Main1 zurückgeht, um mit dem nächsten Befehl fortzufahren.

Der Code in ifeq2 und ifeq3 folgt der gleichen Logik, wertet aber das Z-Bit und nicht das N-Bit aus. In beiden Fällen muss der Assemblierer für MAL erkennen, dass die Adressen T und F spezieller Natur sind, und sicherstellen, dass sie bei Steuerspeicheradressen platziert werden, die sich nur im äußerst linken Bit unterscheiden.

Die Logik für IF_ICMPEQ ähnelt mehr oder weniger IFEQ, außer dass wir hier auch den zweiten Operanden einlesen müssen. Der Mikrobefehl if_icmpeq3 speichert den Operanden in H und startet das Einlesen des neuen obersten Kellerwortes. Auch hier kommt das aktuelle oberste Kellerwort nach OPC und das neue nach TOS. Schließlich läuft der Test in if_icmpeq6 ähnlich ab wie in ifeq4.

Die Befehle INVOKEVIRTUAL und IRETURN zum Methodenaufruf werden im Mikroprogramm durch entsprechende Operationen auf dem Keller realisiert.

Nun sind die Implementierungen von INVOKEVIRTUAL und IRETURN an der Reihe. Das sind die Befehle, die eine Prozedur aufrufen bzw. die Rückkehr aus einer Prozedur bewirken, wie sie *Abschnitt 4.2.3* „Der IJVM-Befehlssatz“ weiter vorn in diesem Kapitel beschrieben hat. Die Sequenz von 22 Mikrobefehlen für INVOKEVIRTUAL repräsentiert den komplexesten Befehl, der in IJVM implementiert ist. Abbildung 4.10 hat die Arbeitsweise dieses Befehls gezeigt. Der Befehl bestimmt mit seinem 16-Bit-Offset die Adresse der aufzurufenden Methode. Der Offset ist in unserer Implementierung einfach ein Offset in den Konstantenpool. Diese Stelle im Konstantenpool zeigt auf die aufzurufende Methode. Denken Sie aber daran, dass die ersten 4 Bytes jeder Methode *keine* Befehle sind. Vielmehr handelt es sich dabei um zwei 16-Bit-Zeiger. Der erste gibt die Anzahl der Parameterwörter (einschließlich OBJREF – siehe Abbildung 4.10) an. Der zweite bezeichnet die Größe des lokalen Variablenbereichs in Wörtern. Diese Felder werden über den 8-Bit-Port abgerufen und verkettet, als wären sie zwei 16-Bit-Offsets innerhalb eines Befehls.

Dann werden die zum Wiederherstellen der Maschine in ihren vorherigen Zustand benötigten Verknüpfungsinformationen – die Anfangsadresse des alten lokalen Variablenbereichs und der alte PC – unmittelbar oberhalb des neu erzeugten lokalen Variablenbereichs und unterhalb des neuen Kellers gespeichert. Schließlich wird der Opcode des nächsten Befehls eingelesen und PC inkrementiert, bevor die Rückkehr zu Main1 erfolgt, um mit dem nächsten Befehl zu beginnen.

IRETURN ist ein einfacher Befehl ohne Operanden. Er verwendet lediglich die im ersten Wort des lokalen Variablenbereichs gespeicherte Adresse, um die Verknüpfungsinformation abzurufen. Dann setzt er SP, LV und PC auf die vorherigen Werte zurück und kopiert den Rückgabewert von der Spitze des aktuellen Kellers auf die Spitze des ursprünglichen Kellers, wie es Abbildung 4.11 veranschaulicht.

4.4 Design der Mikroarchitekturebene

Das Design der Mikroarchitekturebene ist wie fast alles in der Informatik voller Kompromisse. Computer haben viele wünschenswerte Eigenschaften, die zum Beispiel mit Geschwindigkeit, Kosten, Zuverlässigkeit, Bedienungsfreundlichkeit, Energieanforderungen und Abmessungen zu tun haben. Allerdings bestimmt vor allem ein Kompromiss die wichtigsten Entscheidungen, die der CPU-Designer treffen muss: das Geschwindigkeits-Kosten-Verhältnis. In diesem Abschnitt behandeln wir diesen Aspekt ausführlich. Wir beschreiben, welche Kompromisse man eingehen kann, wie sich hohe Leistung erreichen lässt und zu welchem Preis dies bezüglich Hardware und Komplexität möglich ist.

4.4.1 Geschwindigkeit und Kosten

Schnellere Technologien führen zu ständigen Steigerungen der Geschwindigkeit. Doch das ist nicht das Thema dieses Buchs. Geschwindigkeitsverbesserungen durch eine bessere Organisation sind zwar weniger spektakulär als diejenigen aufgrund schnellerer Schaltungen, aber nicht weniger eindrucksvoll. Geschwindigkeit lässt sich mit verschiedenen Methoden messen. Mit einer gegebenen Schalttechnik und einer ISA gibt es drei grundlegende Ansätze, die Ausführungsgeschwindigkeit zu erhöhen:

> Bei dem Design der Mikroarchitekturebene muss häufig zwischen **Geschwindigkeit und Kosten** abgewogen werden. Zusätzliche Hardware führt zu größeren Chips und somit zu deutlich höheren Kosten.

1. Verringern der erforderlichen Anzahl von Taktzyklen, um einen Befehl auszuführen.
2. Vereinfachen der Organisation, um kürzere Taktzyklen zu erreichen.
3. Überlappen der Ausführung von Befehlen.

Die ersten beiden Methoden sind zwar naheliegend, doch gibt es eine Fülle von Designmöglichkeiten, die einen großen Einfluss auf die Anzahl der Taktzyklen, die Taktperiode oder – meistens – auf beide haben. In diesem Abschnitt zeigen wir ein Beispiel, wie Codierung und Decodierung einer Operation den Taktzyklus beeinflussen können.

Die Anzahl der Taktzyklen, die für die Ausführung einer Reihe von Operationen benötigt wird, nennt man **Pfadlänge** (Path Length). Manchmal lässt sich die Pfadlänge mit spezieller Zusatzhardware verkürzen. Wenn wir beispielsweise den Befehlszähler (`PC`) mit einem Inkrementierer ausstatten (vom Konzept her ein Addierer, bei dem eine Seite ständig so verdrahtet ist, dass er 1 addiert), brauchen wir keine ALU mehr, um `PC` weiterzusetzen, sodass sich einige Zyklen vermeiden lassen. Diesen Vorteil erkaufen wir uns mit zusätzlicher Hardware. Allerdings bringt diese Einrichtung weniger als erwartet. Bei den meisten Befehlen sind die Zyklen, die wir zum Inkrementieren von `PC` verbrauchen, gleichzeitig auch Zyklen, in denen eine Leseoperation ausgeführt wird. Der folgende Befehl lässt sich ohnehin nicht früher ausführen, weil er von den Daten abhängt, die vom Speicher kommen.

Um die Anzahl der Befehlszyklen zum Abrufen von Befehlen zu verringern, ist mehr erforderlich als lediglich eine Zusatzschaltung, die `PC` inkrementiert. Will man das Einlesen von Befehlen um ein nennenswertes Maß beschleunigen, muss man die dritte Technik – Überlappen der Ausführung von Befehlen – nutzen. Trennt man die Schaltungstechnik zum Einlesen von Befehlen ab – den 8-Bit-Speicherport sowie die Register `MBR` und `PC` –, wirkt sich das vor allem aus, wenn man die Einheit funktionell unabhängig vom Hauptdatenpfad auslegt. Auf diese Weise kann sie den nächsten Opcode oder Operanden eigenständig einlesen, vielleicht sogar in Bezug auf die CPU asynchron arbeiten und einen oder mehrere Befehle im Voraus abrufen.

Bei vielen Befehlen ist die Ausführung besonders dann zeitaufwendig, wenn sie einen 2-Byte-Offset einlesen, ihn entsprechend erweitern und verkettet im `H`-Register für eine Addition bereitstellen müssen – beispielsweise in einer Verzweigung zu `PC` $\pm$ n Bytes. Eine mögliche Lösung – den Speicherport 16 Bit breit zu machen – verkompliziert die

Operation, weil der Speicher tatsächlich 32 Bit breit ist. Die benötigten 16 Bit können sich über Wortgrenzen erstrecken, sodass auch eine einzelne Leseoperation von 32 Bit nicht unbedingt die beiden benötigten Bytes holt.

Die überlappende Befehlsausführung ist die bei Weitem interessanteste Lösung und bietet das größte Potenzial für enorme Geschwindigkeitssteigerungen. Schon das einfache Überlappen von Abrufen und Ausführen eines Befehls ist überraschend effektiv. Ausgefeiltere Techniken gehen aber noch weiter und überlappen die Ausführung mehrerer Befehle. In der Tat gehört dieses Konzept zum Kern des modernen Computerdesigns. Die folgenden Abschnitte beschäftigen sich mit einigen grundlegenden Verfahren für die überlappende Befehlsausführung und geben einige Anregungen für die anspruchsvolleren Techniken.

Geschwindigkeit ist nur die eine Seite der Medaille, auf der anderen stehen die Kosten. Es gibt verschiedene Methoden, die Kosten zu erfassen. Ein ganz einfaches Maß ist beispielsweise die Anzahl der Bauelemente. Dies war vor allem sinnvoll zu einer Zeit, als man Prozessoren noch aus diskreten Bauelementen aufgebaut hat. Heute befindet sich der gesamte Prozessor auf einem einzigen Chip, aber größere und komplexere Chips sind weitaus teurer als kleinere und einfachere. Man kann zwar Einzelbauelemente zählen – zum Beispiel Transistoren, Gatter oder Funktionseinheiten –, doch ist oftmals die Anzahl nicht so wichtig wie die Chipfläche, die sie in der integrierten Schaltung beanspruchen. Je mehr Fläche für die realisierten Funktionen nötig ist, umso größer wird der Chip. Und die Herstellungskosten des Chips wachsen viel schneller als seine Fläche. Deshalb sprechen Chipdesigner bei den Herstellungskosten oftmals von „Grundstückskosten“ und meinen damit die Fläche, die für eine Schaltung erforderlich ist (vermutlich in Pikohektar ausgedrückt).

Zu den am gründlichsten untersuchten Schaltungen in der mehr oder weniger langen Computergeschichte gehört der binäre Addierer. Es gibt unzählige Realisierungen, wobei die schnellsten tatsächlich deutlich schneller als die langsamsten Versionen sind. Allerdings sind sie auch weitaus komplexer. Der Systemdesigner muss entscheiden, ob die höhere Geschwindigkeit die „Grundstückskosten“ rechtfertigt.

Addierer sind nicht die einzigen Komponenten mit vielen Optionen. Fast jede Komponente eines Systems lässt sich innerhalb einer bestimmten Kostenspanne schneller oder langsamer gestalten. Die Herausforderung für den Designer ist es, die Komponenten im System zu erkennen, die das System optimal verbessern können, indem sie es beschleunigen. Interessant ist, dass sich manche Einzelkomponente durch eine viel schnellere Komponente ersetzen lässt, ohne dass sich daraus ein nennenswerter Einfluss auf die Geschwindigkeit ergibt. Die folgenden Abschnitte beschäftigen sich mit einigen Designfragen und den entsprechenden Kompromissen.

Zu den Schlüsselfaktoren bei der Festlegung der maximalen Taktgeschwindigkeit gehört der Arbeitsaufwand, der in jedem Zyklus zu bewältigen ist. Offensichtlich muss der Taktzyklus umso länger sein, je mehr Arbeit ansteht. So pauschal kann man das aber nicht sagen, weil die Hardware viele Dinge parallel abarbeiten kann. Letztlich wird also der Taktzyklus von der Sequenz der Operationen bestimmt, die *seriell* in einem einzigen Taktzyklus ablaufen müssen.

Ein Aspekt, den man durchaus beeinflussen kann, ist der zu bewältigende Decodierumfang. Wir haben beispielsweise in Abbildung 4.5 gesehen, dass wir zwar jedes der neun Register vom B-Bus in die ALU einlesen können, dass wir aber nur 4 Bit im Wort eines Mikrobefehls benötigen, um das jeweilige Register auszuwählen. Leider haben diese Einsparungen ihren Preis. Die Decodierschaltung führt gerade im kritischen Pfad zu einer Verzögerung. Das Register, das seine Daten auf den B-Bus durchschalten soll, erhält diesen Befehl also etwas später und legt somit seine Daten auch etwas später auf den Bus. Dieser Effekt verstärkt sich kaskadenförmig – die ALU erhält ihre Eingaben ein wenig später und liefert die Ergebnisse noch etwas später. Schließlich ist das Ergebnis auf dem C-Bus verfügbar und kann wieder etwas später in die Register geschrieben werden. Da diese Verzögerung oftmals den Taktzyklus entscheidend bestimmt, leitet sich eine Obergrenze für den Takt ab und der Computer muss sich mit einer geringeren Geschwindigkeit begnügen. Somit ergibt sich ein Kompromiss zwischen Geschwindigkeit und Kosten. Verringert man die Kapazität des Steuerspeichers um 5 Bit pro Wort, so geht das zu Lasten der möglichen Taktrate. Der Designer muss die Entwurfsziele berücksichtigen, um die richtigen Entscheidungen treffen zu können. Für eine Hochleistungsimplementierung kommt ein Decodierer wahrscheinlich nicht infrage, während diese Lösung für eine preisgünstige Implementierung angemessen ist.

4.4.2 Die Länge des Ausführungspfads reduzieren

Die Mic-1 wurde so ausgelegt, dass sie sowohl relativ einfach als auch angemessen schnell ist, obwohl zugegebenermaßen zwischen beiden Zielen eine enorme Spannung besteht. Kurz gesagt sind einfache Maschinen nicht schnell und schnelle Maschinen nicht einfach. Die CPU der Mic-1 kommt mit einem Minimum an Hardware aus: zehn Register, die einfache ALU von *Abbildung 3.17* in 32-facher Ausführung, ein Schieberegister, ein Decodierer, ein Steuerspeicher und ein wenig „Klebstoff" hier und da. Man könnte das ganze System mit weniger als 5000 Transistoren, einem ROM als Steuerspeicher und einem RAM als Hauptspeicher bauen.

Nachdem wir gesehen haben, wie sich die IJVM mit einfachem Mikrocode und wenig Hardwareaufwand implementieren lässt, ist es an der Zeit, nach alternativen schnelleren Implementierungen zu suchen. Wir betrachten zunächst Möglichkeiten, um die Anzahl der Mikrobefehle pro ISA-Befehl (d.h. die Länge des Ausführungspfads) zu verringern, und wenden uns dann anderen Ansätzen zu.

Die Interpreter-Schleife mit dem Mikrocode verschmelzen

Bei der Mic-1 besteht die Hauptschleife aus einem Mikrobefehl, mit dem jeder IJVM-Befehl beginnen muss. In manchen Fällen ist es möglich, ihn mit dem vorherigen Befehl zu überlappen. Dies wurde bereits teilweise erreicht. Wenn `Main1` ausgeführt wird, befindet sich der zu interpretierende Opcode bereits in `MBR` – und zwar steht er dort, weil er entweder von der vorherigen Hauptschleife (falls der letzte Befehl keine Operanden hatte) oder während der Ausführung des vorherigen Befehls abgerufen wurde.

Eine beschleunigte Ausführung lässt sich durch Anpassungen der **Interpreter-Schleife** ohne zusätzliche Hardware erreichen.

Dieses Konzept, die Befehle am Beginn zu überlappen, lässt sich weiter ausbauen und in der Tat kann man die Hauptschleife in manchen Fällen auf nichts reduzieren. Sehen Sie sich dazu jede Mikrobefehlssequenz an, die mit einem Sprung zu `Main1` endet. An allen diesen Stellen kann man den Mikrobefehl für die Hauptschleife am Ende der Sequenz (statt am Beginn der nächsten Sequenz) anfügen, wodurch die Mehrwegverzweigung jetzt an vielen Stellen (aber immer mit dem gleichen Satz von Zielen) erscheint. In manchen Fällen lässt sich der Mikrobefehl `Main1` mit den vorherigen Mikrobefehlen verschmelzen, da die betreffenden Befehle nicht immer vollständig genutzt werden.

▶Tabelle 4.5 stellt die dynamische Sequenz der Befehle für einen POP-Befehl dar. Die Hauptschleife tritt vor und nach jedem Befehl auf; wir zeigen hier nur den Ablauf nach dem POP-Befehl. Die Ausführung dieses Befehls beansprucht vier Taktzyklen: drei für die spezifischen POP-Mikrobefehle und einen für die Hauptschleife.

Marke	Operationen	Kommentare
pop1	MAR = SP = SP - 1; rd	Lies zweitoberstes Wort vom Keller
pop2		Warte, bis neues TOS vom Speicher gelesen werden kann
pop3	TOS = MDR; goto Main1	Kopiere neues Wort in TOS
Main1	PC = PC + 1; fetch; goto (MBR)	MBR speichert Opcode; hole nächstes Byte; verteile

Tabelle 4.5: Ursprüngliche Mikroprogrammsequenz für die Ausführung von POP

▶Tabelle 4.6 zeigt eine auf drei Befehle verkürzte Sequenz, die Befehle für die Hauptschleife mit anderen Befehlen zusammenfasst. Dabei nutzen wir einen Taktzyklus in pop2, wenn die ALU nicht aktiv ist. Auf diese Weise sparen wir hier einen Zyklus und noch einen in Main1. Das Ende dieser Sequenz verzweigt direkt zum spezifischen Code für den nachfolgenden Befehl, sodass insgesamt nur drei Zyklen erforderlich sind. Dieser kleine Trick verringert die Ausführungszeit des nächsten Mikrobefehls um einen Zyklus, sodass beispielsweise die Anzahl der Zyklen bei einem nachfolgenden IADD von vier auf drei sinkt. Dies entspricht der kostenlosen Beschleunigung des Takts von 250 MHz (4 ns Mikrobefehle) auf 333 MHz (3 ns Mikrobefehle).

Marke	Operationen	Kommentare
pop1	MAR = SP = SP - 1; rd	Lies zweitoberstes Wort vom Keller
Main1.pop	PC = PC + 1; fetch	MBR speichert Opcode; hole nächstes Byte
pop3	TOS = MDR; goto (MBR)	Kopiere neues Wort in TOS; verteile nach Opcode

Tabelle 4.6: Erweiterte Mikroprogrammsequenz für die Ausführung von POP

Der POP-Befehl eignet sich für dieses Thema besonders gut, weil er in der Mitte einen toten Zyklus hat, der ohne ALU auskommt. Die Hauptschleife dagegen benötigt die ALU. Wenn wir also die Befehlslänge um einen Zyklus in einem Befehl kürzen möchten, müssen wir einen Zyklus finden, in dem die ALU nicht aktiv ist. Auch wenn solche toten Zyklen nicht die Regel sind, kommen sie dennoch vor und es lohnt sich, Main1 in das Ende jeder Mikrobefehlssequenz einzuflechten. Das kostet lediglich etwas Steuerspeicher. Somit haben wir unsere erste Technik, um die Pfadlänge zu verringern:

Lege die Interpreter-Schleife mit dem Ende jeder Mikrocodesequenz zusammen.

Architektur mit drei Bussen

Was können wir noch tun, um die Ausführungspfadlänge zu reduzieren? Eine weitere einfache Lösung besteht darin, zwei vollständige Eingangsbusse – einen A- und einen B-Bus – für die ALU zu verwenden, sodass wir insgesamt drei Busse erhalten. Alle (oder zumindest die meisten) Register sollten auf beide Eingangsbusse zugreifen können. Zwei Eingangsbusse bieten den Vorteil, dass wir dann in einem einzigen Zyklus ein beliebiges Register zu einem beliebigen anderen Register addieren können. ▶Tabelle 4.7 zeigt für die Mic-1-Implementierung von `ILOAD`, welchen Wert diese Eigenschaft hat.

Marke	Operationen	Kommentare
`iload1`	`H = LV`	`MBR` enthält Index; kopiere `LV` nach `H`
`iload2`	`MAR = MBRU + H; rd`	`MAR` = Adresse der lokalen Variablen, die auf den Keller zu legen ist
`iload3`	`MAR = SP = SP + 1`	`SP` zeigt auf neue Spitze des Kellers; bereite Schreiboperation vor
`iload4`	`PC = PC + 1; fetch; wr`	Inkrementiere `PC`; hole nächsten Opcode; schreibe auf Spitze des Kellers
`iload5`	`TOS = MDR; goto Main1`	Aktualisiere `TOS`
`Main1`	`PC = PC + 1; fetch; goto (MBR)`	`MBR` speichert Opcode; hole nächstes Byte; verzweige

Tabelle 4.7: Mic-1-Code zur Ausführung von `ILOAD`

Aus dieser Sequenz geht hervor, dass `iload1` das Register `LV` nach `H` kopiert. Das geschieht allein deshalb, damit `iload2` den Inhalt von `H` zu `MBRU` addieren kann. Bei unserem ursprünglichen 2-Bus-Konzept gibt es keine Möglichkeit, zwei willkürlich gewählte Register zu addieren – eines muss zuerst nach `H` kopiert werden. Bei unserem neuen 3-Bus-Konzept können wir einen Zyklus einsparen, was aus ▶Tabelle 4.8 zu ersehen ist. Wir haben hier die Interpreter-Schleife zu `ILOAD` hinzugefügt, was die Ausführungspfadlänge aber weder verringert noch vergrößert. Dennoch hat der zusätzliche Bus die gesamte Ausführungszeit von `ILOAD` von sechs auf fünf Zyklen verkürzt. Damit haben wir unsere zweite Technik, um die Pfadlänge zu verringern:

Gehe von einem 2-Bus-Konzept zu einem 3-Bus-Konzept über.

Marke	Operationen	Kommentare
`iload1`	`MAR = MBRU + LV; rd`	`MAR` = Adresse der lokalen Variablen, die auf den Keller zu legen ist
`iload2`	`MAR = SP = SP + 1`	`SP` zeigt auf neue Spitze des Kellers; bereite Schreiboperation vor
`iload3`	`PC = PC + 1; fetch; wr`	Inkrementiere `PC`; hole nächsten Opcode; schreibe auf Spitze des Kellers
`iload4`	`TOS = MDR`	Aktualisiere `TOS`
`iload5`	`PC = PC + 1; fetch; goto (MBR)`	`MBR` hält bereits Opcode; hole Indexbyte

Tabelle 4.8: 3-Bus-Code zur Ausführung von `ILOAD`

Befehlsabrufeinheit (IFU)

Die beiden bisher beschriebenen Techniken sind schon recht brauchbar. Um aber eine nennenswerte Verbesserung zu erzielen, ist eine radikalere Lösung gefragt. Doch sehen wir uns erst einmal an, was alle Befehle gemeinsam haben: das Abrufen und Decodieren der Befehlsfelder. Dabei können für jeden Befehl die folgenden Operationen auftreten:

1. Der PC wird durch die ALU geleitet und inkrementiert.
2. Der PC wird zum Abrufen des nächsten Bytes im Befehlsstrom verwendet.
3. Operanden werden aus dem Speicher gelesen.
4. Operanden werden in den Speicher geschrieben.
5. Die ALU führt eine Berechnung aus und die Ergebnisse werden zurückgespeichert.

Verfügt ein Befehl über zusätzliche Felder (für Operanden), ist jedes Feld explizit und byteweise einzulesen und dann zu kombinieren, bevor es sich verwenden lässt. Durch das Abrufen und Kombinieren eines Felds ist die ALU für mindestens einen Zyklus pro Byte gebunden, um den PC zu inkrementieren, und dann erneut, um den resultierenden Index oder Offset zusammenzustellen. Die ALU kommt fast in jedem Zyklus für eine Vielzahl von Operationen zum Einsatz, die mit dem Abrufen des Befehls und dem Aufbereiten der Felder innerhalb des Befehls zu tun haben, abgesehen von der eigentlichen „Arbeit“ des Befehls.

Um die Hauptschleife überlappend ausführen zu können, muss man die ALU von einigen dieser Aufgaben befreien. Das lässt sich mit einer zweiten ALU erreichen, obwohl eigentlich eine vollständige ALU für einen Großteil der anfallenden Arbeiten gar nicht notwendig ist. In vielen Fällen dient nämlich die ALU lediglich als Pfad, um einen Wert von einem Register zu einem anderen zu kopieren. Diese Zyklen lassen sich eliminieren, wenn man zusätzliche Datenpfade einführt, die nicht durch die ALU laufen. Gewisse Vorteile bieten sich auch, wenn man einen Pfad von TOS zu MDR oder von MDR zu TOS einrichtet, da das oberste Kellerwort häufig zwischen diesen beiden Registern kopiert wird.

Die Befehlsbearbeitung kann auch durch zusätzliche Hardware beschleunigt werden. Hierzu zählen z.B. zusätzliche Datenpfade und ein eigener Inkrementierer für die **Befehlsabrufeinheit**.

Bei der Mic-1 lässt sich ein Großteil der Last von der ALU fernhalten, wenn man Befehle mit einer unabhängigen Einheit abruft und verarbeitet. Diese sogenannte **IFU** (**Instruction Fetch Unit**, **Befehlsabrufeinheit**) kann unabhängig PC inkrementieren und Bytes aus dem Bytestrom abrufen, bevor sie benötigt werden. Diese Einheit benötigt nur einen Inkrementierer (Vorwärtszähler) – eine Schaltung, die weit einfacher als ein Volladdierer ist. Führt man diesen Gedanken weiter, kann die IFU auch 8- und 16-Bit-Operanden zusammenstellen, damit sie bei Bedarf sofort bereitstehen. Es gibt mindestens zwei Methoden, um das zu erreichen:

1. Man lässt die IFU jeden Opcode interpretieren, wobei sie bestimmt, wie viele zusätzliche Felder abgerufen werden müssen. Dann stellt sie jedes Feld in einem Register zusammen, das für die Hauptausführungseinheit bereitsteht.
2. Die IFU kann die stromartige Verarbeitung der Befehle nutzen und die nächsten 8- und 16-Bit-Stücke jederzeit verfügbar halten, gleichgültig, ob das momentan sinnvoll erscheint oder nicht. Die Hauptausführungseinheit kann dann anfordern, was immer sie benötigt.

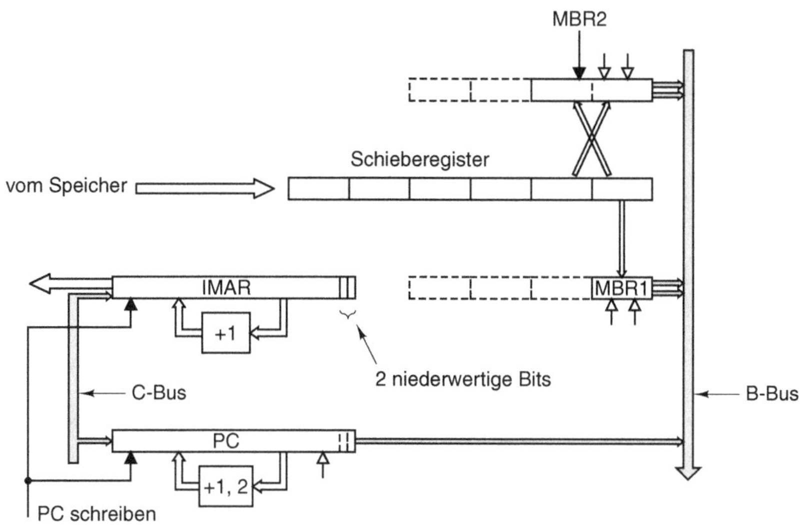

Abbildung 4.18: Eine Abrufeinheit für die Mic-1

▶Abbildung 4.18 zeigt die ersten Ansätze der zweiten Methode. Statt eines einzelnen 8-Bit-MBR haben wir jetzt zwei MBR-Register: das 8-Bit-MBR1 und das 16-Bit-MBR2. Die IFU führt Buch über das jeweils letzte Byte bzw. die letzten Bytes, die von der Hauptausführungseinheit verbraucht werden. Genau wie die Mic-1 stellt sie das nächste Byte in MBR1 bereit, erkennt aber automatisch, wann das MBR1 gelesen wird, ruft daraufhin das nächste Byte ab und lädt es sofort nach MBR1. Wie in der Mic-1 hat sie zwei Schnittstellen zum B-Bus: MBR1 und MBR1U. Die erste dient der Vorzeichenerweiterung auf 32 Bit, die zweite der Erweiterung mit Nullen.

Das Register MBR2 bietet nahezu die gleiche Funktionalität, nimmt aber die nächsten zwei Bytes auf. Es hat ebenfalls zwei Schnittstellen zum B-Bus: MBR2 und MBR2U, die Werte mit 32-Bit-Vorzeichenerweiterung bzw. Erweiterung mit Nullen durchschalten.

Die IFU ist dafür zuständig, einen Bytestrom abzurufen. Dazu verwendet sie einen konventionellen 4-Byte-Speicherport, ruft das gesamte 4-Byte-Wort im Voraus ab und lädt die aufeinanderfolgenden Bytes in ein Schieberegister, das sie einzeln oder paarweise in der eingelesenen Reihenfolge bereitstellt. Das Schieberegister hat die Aufgabe, eine Warteschlange aus Bytes vom Speicher zu verwalten, um MBR1 und MBR2 zu versorgen.

MBR1 speichert ständig das älteste Byte im Schieberegister und MBR2 die ältesten zwei Bytes (das älteste Byte links), um eine 16-Bit-Ganzzahl zu bilden, wie es Abbildung 4.14b gezeigt hat. Die zwei Bytes in MBR2 können von verschiedenen Speicherwörtern stammen, weil IJVM-Befehle nicht an Wortgrenzen im Speicher ausgerichtet sind.

Wird MBR1 gelesen, dann schiebt das Schieberegister den Inhalt um ein Byte nach rechts, bei MBR2 um zwei Bytes nach rechts. Dann werden MBR1 und MBR2 mit dem ältesten Byte bzw. Bytepaar nachgeladen. Wenn jetzt im Schieberegister genügend Platz für ein anderes ganzes Wort verbleibt, startet die IFU einen Speicherzyklus, um das Wort zu lesen. Wenn eines der MBR-Register gelesen wird, gehen wir davon aus, dass es am Beginn des nächsten Zyklus neu gefüllt wird, sodass es sich in aufeinanderfolgenden Zyklen auslesen lässt.

Das Konzept der IFU lässt sich durch einen **endlichen Automaten** (Finite State Machine, FSM) – auch **Zustandsmaschine** genannt – wie in ▶Abbildung 4.19 gezeigt modellieren. Alle endlichen Automaten bestehen aus zwei Teilen: **Zuständen**, die als Kreise dargestellt werden, und **Übergängen** (Transitions), die man mit Pfeilen von einem Zustand zum anderen zeichnet. Jeder Zustand stellt eine mögliche Situation dar, in der sich der endliche Automat befinden kann. Der in Abbildung 4.19 angegebene endliche Automat hat sieben Zustände, die mit den sieben Zuständen des Schieberegisters von Abbildung 4.18 korrespondieren. Die sieben Zustände entsprechen der Anzahl der Bytes (0 bis 6), die sich momentan im Schieberegister befinden.

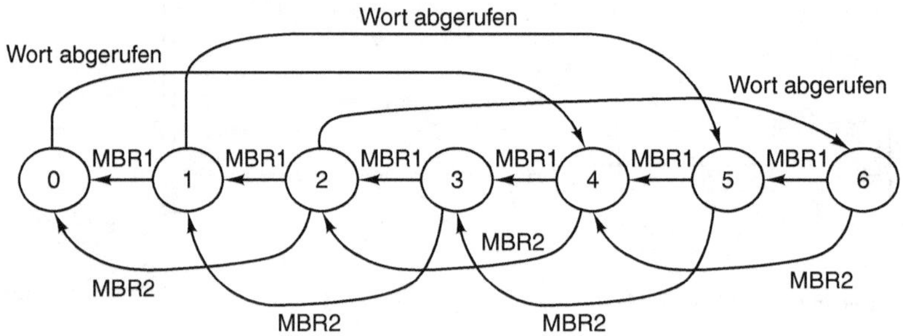

Übergänge
MBR1: Findet beim Lesen von MBR1 statt
MBR2: Findet beim Lesen von MBR2 statt
Wort abgerufen: Findet statt, wenn ein Speicherwort gelesen wird und 4 Bytes in das Schieberegister übernommen werden

Abbildung 4.19: Ein endlicher Automat für die Implementierung der IFU

Jeder Pfeil stellt ein mögliches Ereignis dar. Hier können drei verschiedene Ereignisse eintreten. Das erste Ereignis bezeichnet 1 Byte, das von `MBR1` eingelesen wird. Dieses Ereignis aktiviert das Schieberegister, das 1 Byte am rechten Ende herausschiebt, wodurch sich der Zustand um 1 verringert. Das zweite Ereignis verkörpert 2 Bytes, die von `MBR2` gelesen werden, was den Zustand um 2 verringert. Diese beiden Übergänge bewirken, dass `MBR1` und `MBR2` neu geladen werden. Geht der endliche Automat in die Zustände 0, 1 oder 2 über, beginnt eine Speicherreferenz, um ein neues Wort einzulesen (in der Annahme, dass der Speicher nicht bereits mit dem Lesen eines Wortes beschäftigt ist). Das Eintreffen des Wortes setzt den Zustand um 4 weiter.

Für die korrekte Funktion muss die IFU blockieren, wenn sie etwas tun soll, was sie nicht kann, zum Beispiel den Wert von `MBR2` liefern, während sich im Schieberegister nur 1 Byte befindet und der Speicher noch immer mit dem Abrufen eines neuen Wortes beschäftigt ist. Außerdem kann die IFU immer nur eine Aufgabe erledigen, sodass ankommende Ereignisse serialisiert werden müssen. Schließlich ist die IFU zu aktualisieren, sobald `PC` sich ändert. Solche Einzelheiten machen die Abläufe komplizierter, als wir sie dargestellt haben. Dennoch konstruiert man viele Hardwaregeräte als endliche Automaten.

Die IFU besitzt ihr eigenes Speicheradressregister namens IMAR, das den Speicher adressiert, wenn ein neues Wort abzurufen ist. Dieses Register verfügt über seinen eigenen Inkrementierer, sodass die Haupt-ALU es nicht inkrementieren muss, um das nächste Wort zu erhalten. Die IFU muss den C-Bus überwachen, damit bei jedem Laden des PC-Registers der neue PC-Wert auch nach IMAR kopiert wird. Da der neue Wert in PC nicht unbedingt an einer Wortgrenze liegt, muss die IFU das benötigte Wort einlesen und das Schieberegister entsprechend berichtigen.

Mit der IFU schreibt die Hauptausführungseinheit nur in PC, wenn es erforderlich ist, die sequenzielle Eigenschaft des Befehlsbytestroms zu ändern. Das geschieht bei einer Verzweigung, deren Bedingung erfüllt ist, sowie bei INVOKEVIRTUAL und IRETURN.

Da das Mikroprogramm den Wert in PC nicht mehr explizit inkrementiert, wenn es Opcodes abruft, muss die IFU das PC-Register auf dem neuesten Stand halten. Das erreicht sie durch einen Erkennungsmechanismus, wann ein Byte aus dem Befehlsstrom verbraucht wurde, d.h., wann MBR1 oder MBR2 (oder ihre vorzeichenlosen Versionen) gelesen wurden. Dem PC-Register ist ein eigener Inkrementierer zugeordnet, der – abhängig von der Anzahl der verbrauchten Bytes – um 1 oder 2 inkrementieren kann. Somit enthält PC immer die Adresse des ersten noch nicht verbrauchten Bytes. Am Anfang jedes Befehls enthält MBR die Adresse des Opcodes für diesen Befehl.

Es gibt zwei getrennte Inkrementierer, die verschiedene Funktionen ausführen. Das Register PC zählt *Bytes* und inkrementiert um 1 oder 2. IMAR zählt *Wörter* und inkrementiert nur um 1 (für 4 neue Bytes). Wie MAR ist IMAR mit dem versetzten Adressbus verdrahtet, wobei das IMAR-Bit 0 mit Adressleitung 2 verbunden ist usw., um Wortadressen implizit in Byteadressen zu konvertieren.

Wie Sie gleich im Detail sehen werden, ist es von großem Vorteil, dass PC nicht in der Hauptschleife inkrementiert werden muss, da der Mikrobefehl, der PC inkrementiert, oftmals kaum etwas anderes als eben dies macht. Wenn man diesen Mikrobefehl eliminieren kann, lässt sich der Ausführungspfad verkürzen. Der Preis dafür ist mehr Hardware für eine schnellere Maschine, sodass unsere dritte Technik zur Reduzierung der Pfadlänge wie folgt lautet:

Lass Befehle vom Speicher durch eine spezielle Funktionseinheit abrufen.

4.4.3 Design mit Prefetching: Mic-2

Die IFU kann die Pfadlänge eines durchschnittlichen Befehls erheblich reduzieren. Erstens vermeidet sie die Hauptschleife vollständig, da am Ende jedes Befehls direkt zum nächsten Befehl verzweigt wird. Zweitens muss sich die ALU nicht mehr damit befassen, PC zu inkrementieren. Und drittens verringert sie die Pfadlänge, wenn ein Index oder ein Offset mit 16 Bit zu berechnen ist, weil sie den 16-Bit-Wert zusammenstellt und ihn direkt der ALU als 32-Bit-Wert anbietet, sodass er nicht mehr in H assembliert werden muss. ▶Abbildung 4.20 zeigt die Mic-2 als erweiterte Version von Mic-1 mit hinzugefügter IFU gemäß Abbildung 4.18. ▶Tabelle 4.9 gibt den Mikrocode für die erweiterte Architektur an.

Die Mic-2 demonstriert, dass durch den Einsatz einer **unabhängigen Befehlsholeinheit** die Ausführung beschleunigt werden kann.

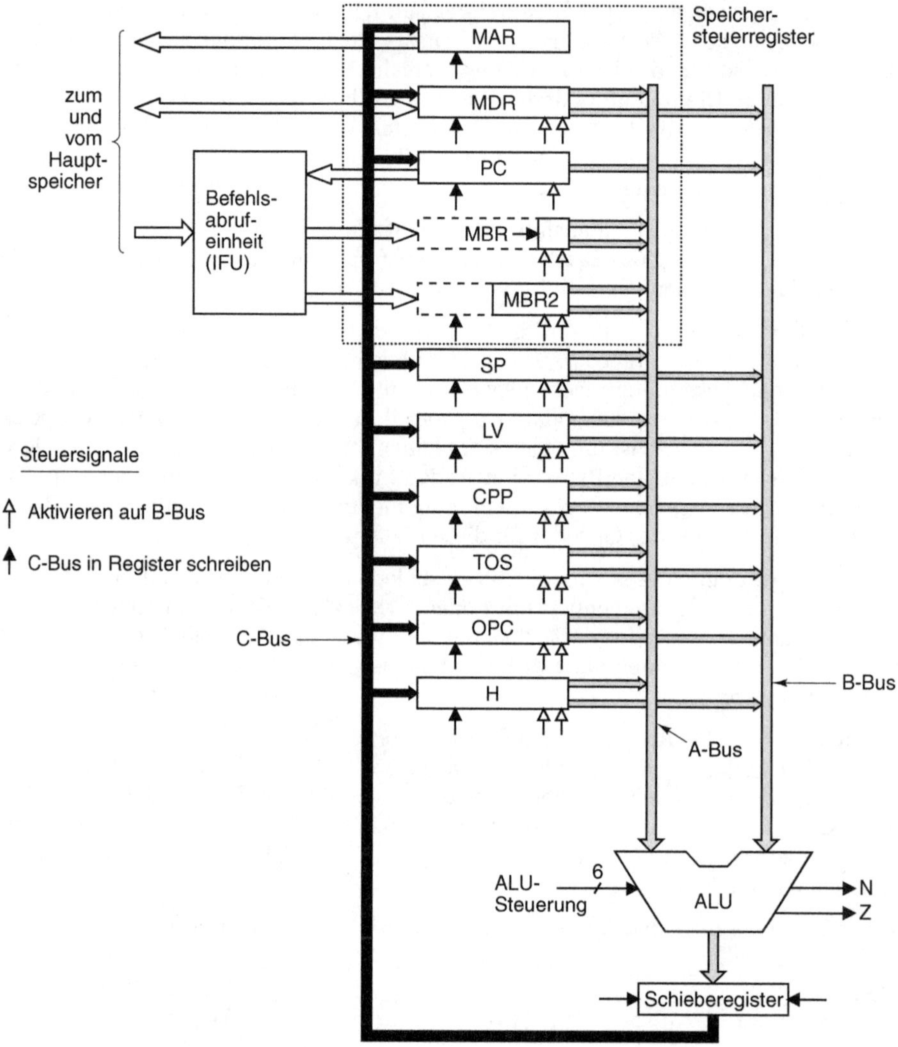

Abbildung 4.20: Der Datenpfad für die Mic-2

Marke	Operationen	Kommentare
`nop1`	`goto (MBR)`	Verzweige zum nächsten Befehl
`iadd1`	`MAR = SP = SP - 1; rd`	Lies zweitoberstes Wort vom Keller
`iadd2`	`H = TOS`	H = Spitze des Kellers
`iadd3`	`MDR = TOS = MDR+H; wr; goto (MBR1)`	Addiere die beiden obersten Wörter; schreibe auf die neue Spitze des Kellers
`isub1`	`MAR = SP = SP - 1; rd`	Lies zweitoberstes Wort vom Keller

Tabelle 4.9: Das Mikroprogramm für die Mic-2

Marke	Operationen	Kommentare
isub2	H = TOS	H = Spitze des Kellers
isub3	MDR = TOS = MDR-H; wr; goto (MBR1)	Subtrahiere TOS vom abgerufenen TOS-1
iand1	MAR = SP = SP - 1; rd	Lies zweitoberstes Wort vom Keller
iand2	H = TOS	H = Spitze des Kellers
iand3	MDR = TOS = MDR AND H; wr; goto (MBR1)	Verknüpfe abgerufenes TOS-1 per AND mit TOS
ior1	MAR = SP = SP - 1; rd	Lies zweitoberstes Wort vom Keller
ior2	H = TOS	H = Spitze des Kellers
ior3	MDR = TOS = MDR OR H; wr; goto (MBR1)	Verknüpfe abgerufenes TOS-1 per OR mit TOS
dup1	MAR = SP = SP + 1	Inkrementiere SP; kopiere nach MAR
dup2	MDR = TOS; wr; goto (MBR1)	Schreibe neues Kellerwort
pop1	MAR = SP = SP - 1; rd	Lies zweitoberstes Wort vom Keller
pop2		Warte auf Leseoperation
pop3	TOS = MDR; goto (MBR1)	Kopiere neues Wort nach TOS
swap1	MAR = SP - 1; rd	Lies zweites Wort vom Keller; setze MAR auf SP
swap2	MAR = SP	Bereite Schreiben für neues zweites Wort vor
swap3	H = MDR; wr	Speichere neues TOS; schreibe zweites Wort auf den Keller
swap4	MDR = TOS	Kopiere altes TOS nach MDR
swap5	MAR = SP - 1; wr	Schreibe altes TOS an zweite Stelle auf dem Keller
swap6	TOS = H; goto (MBR1)	Aktualisiere TOS
bipush1	SP = MAR = SP + 1	Richte MAR zum Schreiben auf die neue Spitze des Kellers ein
bipush2	MDR = TOS = MBR1; wr; goto (MBR1)	Aktualisiere Keller in TOS und Speicher
iload1	MAR = LV + MBR1U; rd	Übertrage LV + Index nach MAR; lies Operanden
iload2	MAR = SP = SP + 1	Inkrementiere SP; übertrage neuen SP nach MAR
iload3	TOS = MDR; wr; goto (MBR1)	Aktualisiere Keller in TOS und Speicher
istore1	MAR = LV + MBR1U	Setze MAR auf LV + Index
istore2	MDR = TOS; wr	Kopiere TOS für Speicheroperation

Tabelle 4.9: Das Mikroprogramm für die Mic-2 *(Forts.)*

Marke	Operationen	Kommentare
istore3	MAR = SP = SP - 1; rd	Dekrementiere SP; lies neues TOS
istore4		Warte auf Leseoperation
istore5	TOS = MDR; goto (MBR1)	Aktualisiere TOS
wide1	goto (MBR1 OR 0x100)	Nächste Adresse ist 0x100 per OR mit Opcode verknüpft
wide_iload1	MAR = LV + MBR2U; rd; goto iload2	Identisch mit iload1, verwendet aber 2-Byte-Index
wide_istore1	MAR = LV + MBR2U; goto istore2	Identisch mit istore1, verwendet aber 2-Byte-Index
ldc_w1	MAR = CPP + MBR2U; rd; goto iload2	Wie wide_iload1, jedoch Indizierung über CPP
iinc1	MAR = LV + MBR1U; rd	Setze MAR auf LV + Index für das Lesen
iinc2	H = MBR1	Setze H auf Konstante
iinc3	MDR = MDR + H; wr; goto (MBR1)	Inkrementiere um Konstante und aktualisiere
goto1	H = PC - 1	Kopiere PC nach H
goto2	PC = H + MBR2	Addiere Offset und aktualisiere PC
goto3		Warte, bis IFU neuen Opcode geholt hat
goto4	goto (MBR1)	Verteile zu nächstem Befehl
iflt1	MAR = SP = SP - 1; rd	Lies zweitoberstes Wort vom Keller
iflt2	OPC = TOS	Sichere TOS vorübergehend in OPC
iflt3	TOS = MDR	Schreibe neue Spitze des Kellers nach TOS
iflt4	N = OPC; if (N) goto T; else goto F	Verzweige abhängig von N-Bit
ifeq1	MAR = SP = SP - 1; rd	Lies zweitoberstes Wort vom Keller
ifeq2	OPC = TOS	Sichere TOS vorübergehend in OPC
ifeq3	TOS = MDR	Schreibe neue Spitze des Kellers nach TOS
ifeq4	Z = OPC; if (Z) goto T; else goto F	Verzweige abhängig von Z-Bit
if_icmpeq1	MAR = SP = SP - 1; rd	Lies zweitoberstes Wort vom Keller
if_icmpeq2	MAR = SP = SP - 1	Setze MAR, um die neue Spitze des Kellers zu lesen
if_icmpeq3	H = MDR; rd	Kopiere zweites Kellerwort nach H
if_icmpeq4	OPC = TOS	Sichere TOS vorübergehend in OPC
if_icmpeq5	TOS = MDR	Schreibe neue Spitze des Kellers nach TOS

Tabelle 4.9: Das Mikroprogramm für die Mic-2 *(Forts.)*

Marke	Operationen	Kommentare
if_icmpeq6	Z = H - OPC; if (Z) goto T; else goto F	Falls die obersten zwei Wörter gleich sind, gehe nach T, andernfalls nach F
T	H = PC - 1; goto goto2	Wie goto1
F	H = MBR2	Zu verwerfende Bytes in MBR2 anfassen
F2	goto (MBR1)	
invokevirtual1	MAR = CPP + MBR2U; rd	Schreibe Adresse des Methodenzeigers nach MAR
invokevirtual2	OPC = PC	Sichere Rückkehradresse in PC vorübergehend in OPC
invokevirtual3	PC = MDR	Setze PC auf das erste Byte des Methodencodes
invokevirtual4	TOS = SP - MBR2U	TOS = Adresse von OBJREF − 1
invokevirtual5	TOS = MAR = H = TOS + 1	TOS = Adresse von OBJREF
invokevirtual6	MDR = SP + MBR2U + 1; wr	Überschreibe OBJREF mit Verknüpfungszeiger
invokevirtual7	MAR = SP = MDR	Setze SP und MAR auf die Stelle, die den alten PC aufnimmt
invokevirtual8	MDR = OPC; wr	Bereite Speichern des alten PC vor
invokevirtual9	MAR = SP = SP + 1	Inkrementiere SP, um auf die Stelle zu zeigen, die alten LV aufnimmt
invokevirtual10	MDR = LV; wr	Speichere alten LV
invokevirtual11	LV = TOS; goto (MBR1)	Setze LV, um auf den 0-ten Parameter zu zeigen
ireturn1	MAR = SP = LV; rd	Setze SP und MAR zurück, um Verknüpfungszeiger zu lesen
ireturn2		Warte auf Verknüpfungszeiger
ireturn3	LV = MAR = MDR; rd	Setze LV und MAR auf Verknüpfungszeiger; lies alten PC
ireturn4	MAR = LV + 1	Setze MAR, um auf alten LV zu zeigen; lies alten LV
ireturn5	PC = MDR; rd	Stelle PC wieder her
ireturn6	MAR = SP	
ireturn7	LV = MDR	Stelle LV wieder her
ireturn8	MDR = TOS; wr; goto (MBR1)	Speichere Rückgabewert auf ursprünglicher Spitze des Kellers

Tabelle 4.9: Das Mikroprogramm für die Mic-2 *(Forts.)*

Die Funktionsweise der Mic-2 betrachten wir am Beispiel von `IADD`. Dieser Befehl ruft das zweite Wort auf dem Keller ab und führt die Addition wie zuvor aus, nur muss er dieses Mal nicht zurück zu `Main1` gehen, um `PC` zu inkrementieren und zum nächsten Mikrobefehl zu verzweigen. Erkennt die IFU, dass `iadd3` das Register `MBR1` referenziert, schiebt ihr internes Schieberegister alles nach rechts und lädt `MBR1` und `MBR2` erneut. Außerdem geht sie in einen um 1 kleineren Zustand über. Ist der neue Zustand 2, beginnt die IFU, ein Wort aus dem Speicher abzurufen. Dies alles geschieht in der Hardware. Das Mikroprogramm hat damit nichts zu tun. Deshalb lässt sich `IADD` von vier Mikrobefehlen auf drei kürzen.

Die Bewertung von Hardware-Verbesserungen hängt häufig von dem Befehlsmix der Anwendungen ab. Deshalb sind **Benchmarks** mit typischen Anwendungen erforderlich.

Die Mic-2 verbessert einige Befehle mehr als andere. `LDC_W` reduziert sich von neun auf nur drei Mikrobefehle, sodass die Ausführungszeit nur noch ein Drittel beträgt. Dagegen verringert sich die Anzahl der Mikrobefehle bei `SWAP` lediglich von acht auf sechs. Für die Gesamtleistung ist der Gewinn durch die am häufigsten ausgeführten Befehle entscheidend. Dazu gehören `ILOAD` (von 6 auf 3 Mikrobefehle reduziert), `IADD` (von 4 auf 3) und `IF_ICMPEQ` (von 13 auf 10 bei ausgeführter Verzweigung und von 10 auf 8 bei nicht ausgeführter Verzweigung). Um die Verbesserung objektiv beurteilen zu können, wären einige Benchmark-Tests erforderlich. Es dürfte aber auch so klar sein, dass die IFU-Variante einen beträchtlichen Gewinn bedeutet.

4.4.4 Fließbandverarbeitung: Mic-3

Die Mic-3 verwendet eine **Fließbandverarbeitung** im Datenpfad für eine beschleunigte Ausführung.

Die Mic-2 ist zweifellos besser als die Mic-1. Sie ist schneller und kommt mit weniger Steuerspeicher aus, obwohl die IFU wahrscheinlich mehr Chipfläche belegt, als sich mit dem kleineren Steuerspeicher einsparen lässt. Dennoch erhalten wir eine wesentlich schnellere Maschine zu einem nur geringfügig höheren Preis. Wir wollen nun nach Wegen suchen, wie sie sich noch schneller machen lässt.

Wie wäre es, wenn man versucht, die Zykluszeit zu verkürzen? Vorwiegend wird die Zykluszeit durch die zugrunde liegende Technologie bestimmt. Je kleiner die Transistoren und die Abstände zwischen ihnen sind, umso schneller kann der Takt sein. Die Zeit, die eine Operation über den vollständigen Datenpfad benötigt, liegt bei einer gegebenen Technologie fest (jedenfalls aus unserer Sichtweise). Dennoch haben wir einige Freiheiten, die wir in Kürze voll ausschöpfen werden.

Weiterhin besteht die Möglichkeit, mehr Parallelität in die Maschine einzuführen. Die Mic-2 arbeitet momentan vor allem sequenziell. Sie legt Register auf ihre Busse, wartet darauf, dass die ALU und das Schieberegister diese verarbeiten, und schreibt dann die Ergebnisse in die Register zurück. Abgesehen von der IFU ist kaum Parallelität vorhanden. Jetzt aber nutzen wir die Gelegenheit, um Parallelität einzubringen.

Wie bereits erwähnt, ist die Taktfrequenz nach oben hin begrenzt, weil die Signale eine gewisse Laufzeit durch den Datenpfad benötigen. Abbildung 4.2 hat die einzelnen Verzögerungen durch die verschiedenen Komponenten in jedem Zyklus gezeigt. Im eigentlichen Datenpfadzyklus gibt es drei Hauptkomponenten:

1. Die Zeit, um die ausgewählten Register auf die A- und B-Busse durchzuschalten
2. Die Zeit, in der die ALU und das Schieberegister ihre Arbeit verrichten
3. Die Zeit, bis die Ergebnisse in die Register zurückgelangen und gespeichert werden

▶Abbildung 4.21 zeigt eine neue 3-Bus-Architektur inklusive IFU, aber mit drei zusätzlichen Pipeline-Registern, die jeweils in der Mitte jedes Busses eingefügt sind. Die Pipeline-Register werden in jedem Zyklus geschrieben. Praktisch gliedern diese Register den Datenpfad in gesonderte Teile, die jetzt unabhängig voneinander arbeiten können. Diese Architektur bezeichnen wir als **Mic-3** oder **Fließbandmodell**.

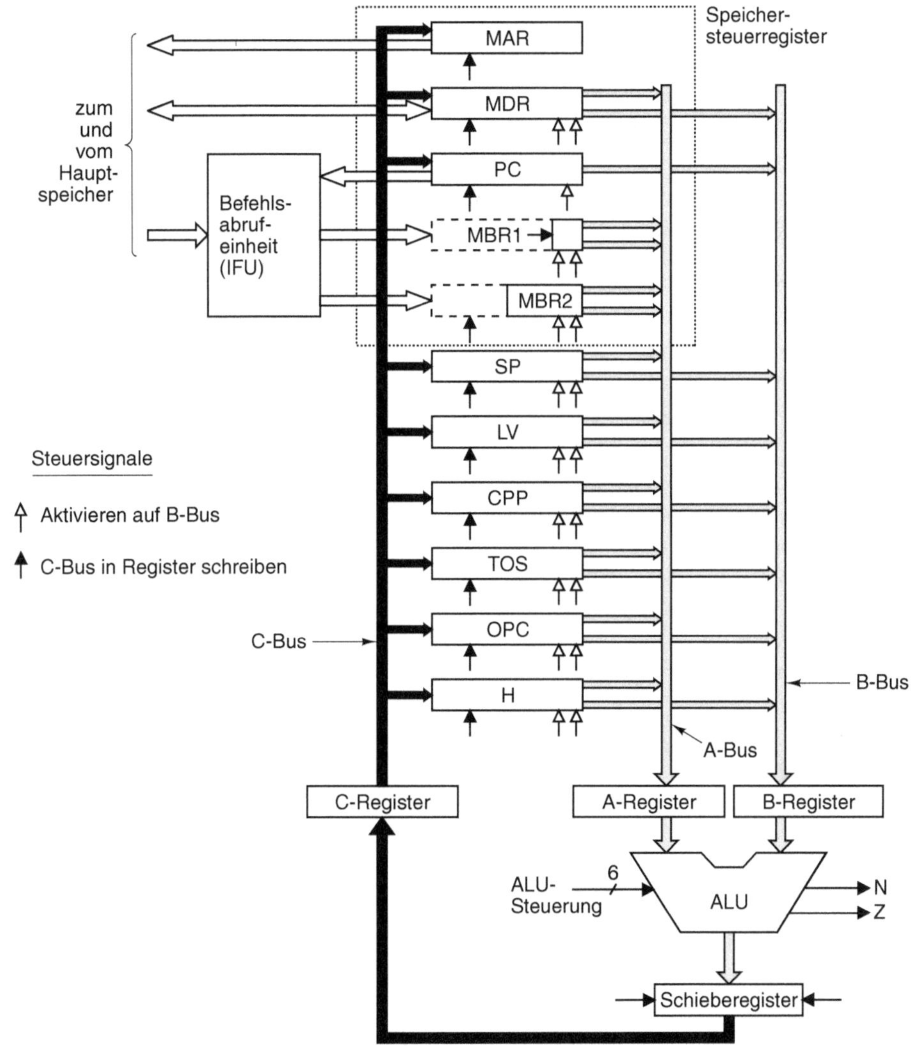

Abbildung 4.21: Der 3-Bus-Datenpfad der Mic-3

Wozu sind diese zusätzlichen Register überhaupt gut? Es dauert jetzt drei Taktzyklen, um den Datenpfad zu nutzen: einen Zyklus zum Laden der A- und B-Register, einen weiteren, um die Operationen von ALU und Schieberegister auszuführen und das C-Register zu laden, und einen dritten, um das C-Register in die ursprünglichen Register zurückzuspeichern. Zweifellos ist dies schlechter als das, was wir bereits hatten.

Sind wir verrückt geworden? Keineswegs. Das Einfügen der Pipeline-Register hat zwei Gründe:

1. Wir können den Takt erhöhen, weil die maximale Verzögerung jetzt kürzer ist
2. Wir können alle Teile des Datenpfads in jedem Zyklus verwenden

Die Trennung des Datenpfads in drei Teile verringert die maximale Verzögerung, wodurch die Taktfrequenz höher sein darf. Angenommen, wir teilen den Datenpfadzyklus auf drei Zeitintervalle auf, wobei jedes rund 1/3 so lang wie das Original ist, sodass wir die Taktgeschwindigkeit verdreifachen können. (Dies ist nicht ganz realistisch, weil wir auch zwei weitere Register in den Datenpfad eingebracht haben, aber als erste Näherung mag es genügen.)

Da wir davon ausgegangen sind, dass sich alle Speicheroperationen mit dem Level-1-Cache bedienen lassen und dieser Cache genau wie die Register aufgebaut ist, nehmen wir weiter an, dass eine Speicheroperation einen Zyklus lang dauert. Auch dies dürfte in der Praxis nicht so ohne Weiteres erreichbar sein.

Der zweite Punkt hat weniger mit der Geschwindigkeit eines einzelnen Befehls als mit dem Durchsatz zu tun. Bei der Mic-2 arbeitet die ALU im ersten und im dritten Teil eines Taktzyklus im Leerlauf. Durch Aufteilen des Datenpfads in drei Stücke können wir die ALU in jedem Zyklus nutzen, sodass wir die dreifache Arbeitsleistung aus der Maschine herausholen.

Wie funktioniert nun der Datenpfad der Mic-3? Bevor wir uns damit beschäftigen können, brauchen wir zunächst eine Notation für die Pipeline-Register. Es bietet sich an, die Register `A`, `B` und `C` zu nennen und sie wie die ursprünglichen Register zu behandeln, wobei wir die Einschränkungen des Datenpfads im Auge behalten. ▶Tabelle 4.10 zeigt eine Beispielcodesequenz – die Implementierung von `SWAP` für die Mic-2.

Marke	Operationen	Kommentare
`swap1`	`MAR = SP - 1; rd`	Lies zweites Wort vom Keller; setze `MAR` auf `SP`
`swap2`	`MAR = SP`	Bereite Schreiben für neues zweites Wort vor
`swap3`	`H = MDR; wr`	Speichere neues `TOS`; schreibe zweites Wort auf den Keller
`swap4`	`MDR = TOS`	Kopiere altes `TOS` nach `MDR`
`swap5`	`MAR = SP - 1; wr`	Schreibe altes `TOS` an zweite Stelle auf dem Keller
`swap6`	`TOS = H; goto (MBR1)`	Aktualisiere `TOS`

Tabelle 4.10: Der Mic-2-Code für `SWAP`

Jetzt implementieren wir diese Sequenz für die Mic-3 neu. Bekanntermaßen erfordert der Datenpfad jetzt drei Zyklen: einen, um `A` und `B` zu laden, einen, um die Operation durchzuführen und `C` zu laden, und einen, um die Ergebnisse zurück in die Register zu schreiben. Wir nennen jeden dieser Schritte einen **Mikroschritt** (Microstep).

▶Tabelle 4.11 zeigt die Implementierung von `SWAP` für die Mic-3. In Zyklus 1 beginnen wir mit `swap1` und Kopieren `SP` nach `B`. Es spielt keine Rolle, was nach `A` kommt, weil `ENA` deaktiviert ist, um 1 von `B` zu subtrahieren (siehe Tabelle 4.1). Der Einfachheit halber lassen wir die nicht verwendeten Zuweisungen weg. In Zyklus 2 erfolgt die Subtraktion. In Zyklus 3 wird das Ergebnis in `MAR` gespeichert und die Leseoperation beginnt am Ende von Zyklus 3 (nach dem Speichern von MAR). Da Speicherleseoperationen jetzt einen Zyklus lang dauern, ist dieser erst am Ende von Zyklus 4 fertig, was die Zuweisung an MDR in Zyklus 4 zeigt. Der Wert in MDR kann frühestens in Zyklus 5 gelesen werden.

	Swap1	Swap2	Swap3	Swap4	Swap5	Swap6
Zyklus	MAR=SP-1;rd	MAR=SP	H=MDR;wr	MDR=TOS	MAR=SP-1;wr	TOS=H;goto (MBR1)
1	B=SP					
2	C=B-1	B=SP				
3	MAR=C; rd	C=B				
4	MDR=mem	MAR=C				
5			B=MDR			
6			C=B	B=TOS		
7			H=C; wr	C=B	B=SP	
8			Mem=MDR	MDR=C	C=B-1	B=H
9					MAR=C; wr	C=B
10					Mem=MDR	TOS=C
11						goto (MBR1)

Tabelle 4.11: Implementierung von SWAP für die Mic-3

Doch zurück zu Zyklus 2: Wir können jetzt ebenfalls swap2 in Mikroschritte aufteilen und diese starten. In Zyklus 2 kopieren wir SP nach B, leiten B in Zyklus 3 durch die ALU und speichern es schließlich in Zyklus 4 in MAR. So weit – so gut. Eines dürfte klar sein: Wenn wir in diesem Tempo fortfahren und in jedem Zyklus einen neuen Mikrobefehl beginnen können, haben wir die Geschwindigkeit der Maschine verdreifacht. Dieser Gewinn ergibt sich daraus, dass wir in jedem Taktzyklus einen neuen Mikrobefehl einleiten können und die Mic-3 dreimal so viele Taktzyklen pro Sekunde wie die Mic-2 aufweist. Auf diese Weise haben wir eine CPU mit Fließbandverarbeitung (Pipeline-CPU) gebaut.

Bei der Fließbandverarbeitung wird in jedem Zyklus ein neuer Befehl gestartet. Die Verarbeitungsschritte verschiedener Befehle erfolgen parallel durch unterschiedliche Hardware. Der **Durchsatz** an Befehlen steigt somit erheblich.

Leider stoßen wir in Zyklus 3 auf ein Hindernis. Wir möchten mit swap3 beginnen, doch zuerst schleust dieser Zyklus MDR durch die ALU und MDR ist erst zu Beginn von Zyklus 5 aus dem Speicher verfügbar. Dass ein Mikroschritt nicht starten kann, weil er auf ein Ergebnis wartet, das ein vorheriger Mikroschritt noch nicht bereitgestellt hat, nennt man **echte Abhängigkeit** (True Dependence) oder **RAW-Abhängigkeit** (RAW Dependence), die zu **Konflikten** (Hazards) führen kann. RAW steht für „Read After Write" (Lesen nach Schreiben) und bedeutet, dass ein Mikroschritt ein noch nicht beschriebenes Register lesen möchte. Das einzig Vernünftige ist hier, den Beginn von swap3 so lange zu verzögern, bis MDR in Zyklus 5 verfügbar ist. Das Anhalten, um auf einen benötigten Wert zu warten, nennt man **Stillstand** (Stalling). Danach können wir fortfahren, Mikrobefehle in jedem Zyklus zu starten, da es keine weiteren Abhängigkeiten mehr gibt, obwohl es swap6 kaum schafft, weil H in dem Zyklus gelesen wird, nachdem swap3 das Register schreibt. Hätte swap5 versucht, H zu lesen, wäre einen Zyklus lang ein Stillstand aufgetreten.

Die Fließbandverarbeitung wird unterbrochen, wenn es zu **Konflikten aufgrund von Abhängigkeiten** kommt.

Obwohl das Mic-3-Programm mehr Zyklen als das Mic-2-Programm beansprucht, läuft es schneller. Wenn die Zykluszeit der Mic-3 ΔT ns beträgt, dann braucht die Mic-3 zur Ausführung von SWAP 11 ΔT. Demgegenüber braucht die Mic-2 sechs Zyklen von je 3 ΔT, d.h. insgesamt 18 ΔT. Durch die Fließbandverarbeitung ist die Maschine schneller geworden, obwohl es in einem Zyklus zum Stillstand kam, um eine Abhängigkeit zu umgehen.

Da Fließbandverarbeitung (Pipelining) eine Schlüsseltechnik für alle modernen Prozessoren ist, muss man ihre Funktionsweise verstanden haben. ▶Abbildung 4.22 veranschaulicht den Datenpfad von Abbildung 4.21 grafisch als Fließband. Die erste Spalte stellt Zyklus 1, die zweite Spalte Zyklus 2 dar usw. (unter der Annahme, dass kein Stillstand vorkommt). Der schattierte Bereich in Zyklus 1 für Befehl 1 bedeutet, dass die IFU mit dem Abrufen von Befehl 1 beschäftigt ist. Einen Taktschritt weiter, in Zyklus 2, werden die von Befehl 1 benötigten Register in die A- und B-Register geladen, während die IFU gleichzeitig Befehl 2 abruft, was wieder durch die beiden schattierten Rechtecke in Zyklus 2 dargestellt ist.

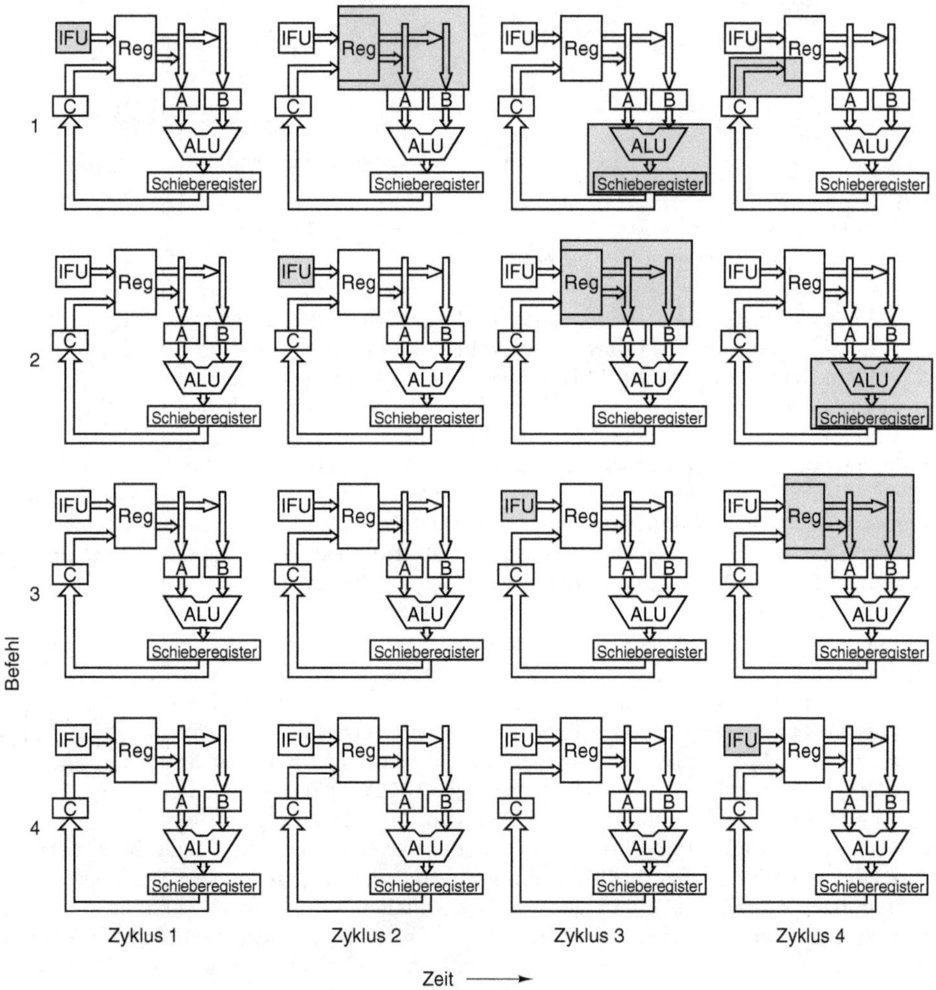

Abbildung 4.22: Grafische Darstellung der Fließbandverarbeitung

In Zyklus 3 benutzt Befehl 1 die ALU und das Schieberegister für seine Operation, die A- und B-Register werden für Befehl 2 geladen und Befehl 3 wird abgerufen. Schließlich laufen in Zyklus 4 vier Befehle parallel. Das Ergebnis aus Befehl 1 wird gespeichert, die Operation der ALU für Befehl 2 wird ausgeführt, die A- und die B-Register werden für Befehl 3 geladen und Befehl 4 wird abgerufen.

Hätten wir Zyklus 5 und weitere Zyklen dargestellt, entspräche das Muster Zyklus 4: Alle vier Teile des Datenpfads, die unabhängig laufen können, wären beschäftigt. Dieses Design repräsentiert eine vierstufige Pipeline – mit den Stufen für Abrufen von Befehlen, Zugreifen auf Operanden, Ausführen von ALU-Operationen und Zurückschreiben in die Register. Dieses Konzept ist mit der Pipeline in *Abbildung 2.3a* vergleichbar, außer dass die Decodierstufe fehlt. Besonders hervorzuheben ist hier, dass zwar ein einzelner Befehl vier Taktzyklen benötigt, in jedem Taktzyklus aber ein neuer Befehl gestartet und ein alter Befehl fertiggestellt wird.

In Abbildung 4.22 kann man jedem Befehl auch horizontal über die Seite folgen. In Zyklus 1 arbeitet die IFU für Befehl 1. Zyklus 2 schaltet seine Register auf die A- und B-Busse durch. In Zyklus 3 sind ALU und Schieberegister für den Befehl reserviert. Schließlich speichert Zyklus 4 die Ergebnisse des Befehls in die Register zurück. Hier ist hervorzuheben, dass es vier verfügbare Hardwareabschnitte gibt und in jedem Zyklus ein bestimmter Befehl nur einen dieser Abschnitte belegt, wodurch die anderen Abschnitte für andere Befehle frei sind.

Eine brauchbare Analogie zu unserem Fließbandkonzept ist eine Fertigungsstraße in einer Automobilfabrik. Um dieses Modell auf das Wesentliche zu abstrahieren, stellen Sie sich vor, dass jede Minute ein lauter Gong ertönt, auf den hin sich alle Autos auf der Fertigungsstraße um eine Station weiterbewegen. An jeder Station führen die Arbeiter bestimmte Handgriffe an den Autos aus, die momentan vor ihnen stehen, beispielsweise Einbauen der Lenkung oder der Bremsen. Bei jedem Gongschlag (ein Zyklus) wird eine neue Karosse am Anfang der Fertigungsstraße aufgelegt und ein fertiges Auto verlässt das Band am anderen Ende. Das heißt: Auch wenn es Hunderte von Zyklen bis zur Fertigstellung eines Autos gibt, wird in einem Zyklus ein ganzes Auto fertig. Das Werk kann ein Auto pro Minute produzieren, unabhängig davon, wie lange ein tatsächlicher Montagevorgang dauert. Das ist die Stärke der Fließbandverarbeitung; sie lässt sich auf Prozessoren genauso anwenden wie auf die Autoherstellung.

4.4.5 Siebenstufige Pipeline: Mic-4

Bis jetzt haben wir großzügig die Tatsache übergangen, dass jeder Mikrobefehl seinen eigenen Nachfolger auswählt. Die meisten wählen einfach den nächsten Mikrobefehl in der aktuellen Sequenz, während der letzte – wie z.B. `swap6` – oftmals eine Mehrwegverzweigung ausführt, was die Pipeline verstopft, da es nicht mehr möglich ist, nach diesem Mikrobefehl einen neuen Befehl vorab zu holen. Wir brauchen also für diesen Fall einen Ausweg.

Unsere letzte Mikroarchitektur ist die Mic-4. ▶Abbildung 4.23 zeigt die Hauptteile. Wir haben aber zugunsten der Klarheit viele Einzelheiten weggelassen. Wie die Mic-3 besitzt die Mic-4 eine IFU, die Wörter vorab aus dem Speicher liest und die verschiedenen `MBR`-Register verwaltet.

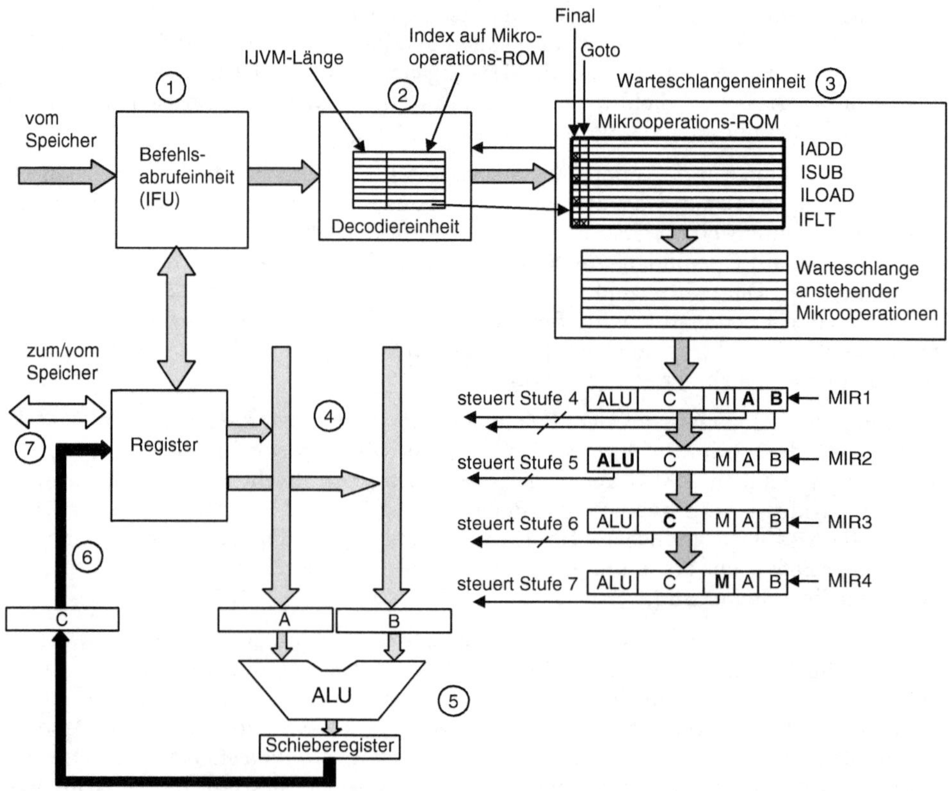

Abbildung 4.23: Die Hauptkomponenten der Mic-4

Die IFU speist außerdem den ankommenden Bytestrom in eine neue Komponente – die **Decodiereinheit** (Decoding Unit) – ein. Diese Einheit verfügt über ein internes ROM, den der IJVM-Opcode indiziert. Jeder Eintrag (Zeile) umfasst zwei Teile: die Länge dieses IJVM-Befehls und einen Index auf ein anderes ROM – das Mikrooperations-ROM. Anhand der Länge des IJVM-Befehls kann die Decodiereinheit den eintreffenden Bytestrom in Befehle parsen (analysieren), sodass sie immer weiß, welche Bytes Opcodes und welche Operanden sind. Ist der aktuelle Befehl 1 Byte lang (z.B. `POP`), dann weiß die Decodiereinheit, dass das nächste Byte ein Opcode ist. Beträgt dagegen die Länge des aktuellen Befehls 2 Bytes, so muss das nächste Byte ein Operand sein, dem unmittelbar ein weiterer Opcode folgt. Erscheint das Präfix `WIDE`, wandelt die Decodiereinheit das nachfolgende Byte in einen speziellen `WIDE`-Opcode um, z.B. wird `WIDE` + `ILOAD` zu `WIDE_ILOAD`.

Die Decodiereinheit sendet den Index im Mikrooperations-ROM, den sie in seiner Tabelle gefunden hat, an die nächste Komponente – die **Warteschlangeneinheit** (Queueing Unit). Diese Einheit enthält etwas Logik sowie zwei interne Tabellen, eine im ROM und eine im RAM. Das ROM enthält das Mikroprogramm, wobei jeder IJVM-Befehl eine Reihe aufeinanderfolgender Einträge hat, die man **Mikrooperationen** (Micro Operations) nennt. Die Einträge müssen geordnet sein, sodass Tricks à la Mic-2, wie zum Beispiel eine Verzweigung von `wide_iload2` zu `iload2`, nicht zulässig sind. Jede IJVM-Sequenz muss vollständig aufgeführt sein, sodass in manchen Fällen Sequenzen doppelt erscheinen.

Mikrooperationen sind mit den Mikrobefehlen von Abbildung 4.4 vergleichbar, außer dass die Felder `NEXT_ADDRESS` und `JAM` nicht vorhanden sind. Dafür ist ein neues codiertes Feld erforderlich, um den A-Buseingang zu spezifizieren. Außerdem sind zwei neue Bits vorhanden: `Final` und `Goto`. Das Bit `Final` markiert die letzte Mikrooperation einer jeden IJVM-Mikrooperationssequenz. Das Bit `Goto` markiert Mikrooperationen, die bedingte Mikroverzweigungen sind. Gegenüber den normalen Mikrooperationen haben sie ein anderes Format, das aus den `JAM`-Bits und einem Index auf den Mikrooperations-ROM besteht. Mikrobefehle, die zuvor mit dem Datenpfad zu tun hatten und auch eine bedingte Mikroverzweigung ausgeführt haben (z.B. `iflt4`), müssen jetzt in zwei Mikrooperationen aufgeteilt werden.

Die Warteschlangeneinheit empfängt einen Mikrooperations-ROM-Index von der Decodiereinheit. Dann sucht sie die Mikrooperation und kopiert sie in eine interne Warteschlange. Anschließend kopiert sie die nächste und die übernächste Mikrooperation ebenfalls in die Warteschlange. Das setzt sich so lange fort, bis eine Mikrooperation mit gesetztem `Final`-Bit erreicht ist. Die Warteschlangeneinheit kopiert noch diesen Befehl und stoppt dann. Unter der Annahme, dass sie auf keine Mikrooperation mit gesetztem `Goto`-Bit gestoßen ist und immer noch genügend Platz in der Warteschlange hat, sendet die Decodiereinheit dann ein Bestätigungssignal an die Decodiereinheit zurück. Wenn die Decodiereinheit die Bestätigung erhält, sendet sie den Index des nächsten IJVM-Befehls an die Warteschlangeneinheit.

Auf diese Weise wird die IJVM-Befehlssequenz im Speicher letztendlich in eine Sequenz von Mikrooperationen in einer Warteschlange umgewandelt. Diese Mikrooperationen gelangen zu den `MIR`-Registern, die daraufhin die Signale zur Steuerung des Datenpfads aussenden. Daneben müssen wir einen weiteren Punkt beachten: Die Felder in den einzelnen Mikrooperationen sind nicht gleichzeitig aktiv, sondern im ersten Zyklus nur die Felder `A` und `B`, im zweiten Zyklus das `ALU`-Feld und im dritten Zyklus das `C`-Feld. Eventuelle Speicheroperationen finden im vierten Zyklus statt.

Damit das richtig funktioniert, haben wir vier unabhängige `MIR`-Register vorgesehen (siehe Abbildung 4.23). Zu Beginn eines jeden Taktzyklus (im Intervall Δw von Abbildung 4.2) werden `MIR3` nach `MIR4`, `MIR2` nach `MIR3` und `MIR1` nach `MIR2` kopiert und `MIR1` erhält eine neue Mikrooperation aus der Mikrooperationswarteschlange. Dann sendet jedes `MIR`-Register seine Steuersignale aus, von denen aber nur einige verwendet werden. Die Felder `A` und `B` aus `MIR1` wählen die Register aus, die auf die A- und B-Register durchgeschaltet werden, während das `ALU`-Feld in `MIR1` unbenutzt bleibt und auch mit keinem Element im Datenpfad verbunden ist.

Einen Taktzyklus später steht diese Mikrooperation in `MIR2`. Die von ihr ausgewählten Register liegen jetzt stabil in den A- und B-Registern vor und warten auf ihren Auftritt. Das `ALU`-Feld dieser Mikrooperation steuert jetzt die ALU. Im nächsten Zyklus schreibt ihr `C`-Feld die Ergebnisse in die Register zurück. Danach gelangt sie in `MIR4` und leitet eventuell erforderliche Speicheroperationen mithilfe des nun geladenen `MAR`-Registers (bzw. `MDR` beim Schreiben) ein.

Ein letzter Aspekt der Mic-4 bedarf jetzt einiger Erläuterungen: die Mikroverzweigungen. Einige IJVM-Befehle wie `IFLT` müssen bedingt verzweigen, z.B. abhängig vom `N`-Bit. Bei einer Mikroverzweigung kann die Pipeline nicht fortfahren. Deshalb haben wir das `Goto`-Bit in die Mikrooperation eingefügt. Wenn die Warteschlangeneinheit auf eine Mikrooperation mit gesetztem `Goto`-Bit trifft, während sie die Mikrooperation in die Warteschlange kopiert, erkennt sie das sich anbahnende Problem und sendet keine Bestätigung an die Decodiereinheit. Die Maschine geht daraufhin in den Stillstand, bis die Mikroverzweigung aufgelöst ist.

Vermutlich stehen bereits einige auf die Verzweigung folgende IJVM-Befehle in der Decodiereinheit (aber noch nicht in der Warteschlange), da diese kein Bestätigungssignal (zum Fortfahren) sendet, wenn sie auf eine Mikrooperation mit gesetztem `Goto`-Bit trifft. Spezielle Hardware und entsprechende Mechanismen sind erforderlich, um das Durcheinander zu beseitigen und auf den richtigen Weg zurückzukehren. Dies ginge aber über den Rahmen dieses Buchs hinaus. Als Edsger Dijkstra seinen berühmten Brief „GOTO Statement Considered Harmful“ schrieb [Dijkstra, 1968a], hatte er keine Ahnung, wie recht er haben sollte.

Zwischen der Mic-1 und der Mic-4 liegt ein langer Weg. Die Mic-1 ist eine sehr einfache Hardware, bei der die Software fast die gesamte Steuerung übernimmt. Die Mic-4 ist stark fließbandorientiert mit sieben Stufen und einer weitaus komplexeren Hardware. ▶Abbildung 4.24 stellt die Pipeline schematisch dar, wobei die eingekreisten Zahlen auf die Komponenten in Abbildung 4.23 verweisen. Die Mic-4 liest automatisch einen Bytestrom vorab aus dem Speicher ein, decodiert ihn in IJVM-Befehle, wandelt diese mithilfe eines ROMs in eine Sequenz von Mikrooperationen um und stellt sie abrufbereit in Warteschlangen. Die ersten drei Stufen der Pipeline lassen sich bei Bedarf an den Datenpfadtakt koppeln. Es steht aber nicht immer Arbeit an. Beispielsweise kann die IFU zweifellos nicht in jedem Taktzyklus einen neuen IJVM-Opcode in die Decodiereinheit einspeisen, weil die Ausführung von IJVM-Befehlen mehrere Zyklen dauert und die Warteschlange schnell überlaufen würde.

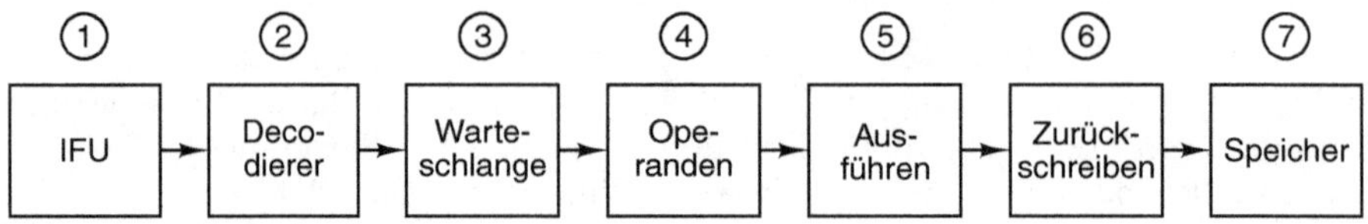

Abbildung 4.24: Die Pipeline der Mic-4

In jedem Taktzyklus werden die `MIR`-Register vorwärts geschoben und die unten aus der Warteschlange heraustretende Mikrooperation kommt nach `MIR1`, um ihre Ausführung zu starten. Dann laufen die Steuersignale von den vier `MIR`-Registern durch den Datenpfad und lösen bestimmte Aktionen aus. Jedes `MIR`-Register steuert einen anderen Abschnitt des Datenpfads und somit verschiedene Mikroschritte.

Bei einer fließbandorientierten CPU sind die einzelnen Verarbeitungsschritte sehr kurz, was neben dem höheren Durchsatz eine **höhere Taktfrequenz** ermöglicht.

Dieses Konzept realisiert eine stark fließbandorientierte CPU, bei der die einzelnen Schritte sehr kurz sein können und folglich die Taktfrequenz hoch sein kann. Viele CPUs basieren im Wesentlichen auf diesem Konzept, insbesondere jene, die einen älteren Befehlssatz (CISC) implementieren müssen. Beispielsweise ist die Core-i7-Implementierung konzeptionell in gewisser Weise mit der Mic-4 vergleichbar, wie wir später in diesem Kapitel noch sehen werden.

4.5 Leistungsverbesserung

Alle Computerhersteller möchten, dass ihre Systeme so schnell wie möglich laufen. In diesem Abschnitt betrachten wir eine Reihe fortgeschrittener Techniken, die man derzeit untersucht, um die Systemleistung (vorwiegend von CPU und Speicher) zu verbessern. Durch die starke Konkurrenz in der Computerindustrie ist die zeitliche Verzögerung zwischen neuen Forschungsideen, die einen Computer beschleunigen können, und deren Umsetzung in konkrete Produkte überraschend kurz. Folglich sind die meisten Ideen, die wir hier behandeln, bereits bei einer Vielzahl von Produkten realisiert.

Die hier behandelten Konzepte lassen sich grob zwei Kategorien zuordnen: Verbesserung der Implementierung und Verbesserung der Architektur. Implementierungsverbesserungen sind Möglichkeiten, eine neue CPU oder einen Speicher zu entwickeln, damit das System ohne Änderung der Architektur schneller läuft. Eine entsprechende Änderung der Implementierung bedeutet, dass alte Programme auf dem neuen Computer laufen – ein starkes Verkaufsargument. Beispielsweise kann man die Implementierung durch eine höhere Taktfrequenz verbessern, doch es geht auch anders. Leistungsgewinne vom 80386 über den 80486, Pentium und spätere Konzepte wie beim Core i7 sind auf bessere Implementierungen zurückzuführen, da die Architektur im Wesentlichen durch alle Modelle hindurch gleich geblieben ist.

Einige Verbesserungen lassen sich nur durch Veränderung der Architektur realisieren. Manchmal verlaufen diese Änderungen stufenweise, z.B. durch Hinzufügen neuer Befehle oder Register, sodass alte Programme weiterhin auf den neuen Modellen laufen. Um in diesem Fall die Leistung voll auszuschöpfen, muss man die Software anpassen oder zumindest mit einem neuen Compiler, der die neuen Merkmale nutzt, neu kompilieren.

Alle Jubeljahre sehen auch die Designer ein, dass die alte Architektur ausgedient hat und weiterer Fortschritt nur möglich ist, wenn man vollkommen neue Wege beschreitet. Die RISC-Revolution in den 1980er Jahren war ein solcher Durchbruch. Ein weiterer liegt derzeit in der Luft. *Kapitel 5* zeigt dafür ein Beispiel (die Intel IA-64).

Im Rest dieses Abschnitts sehen wir uns vier unterschiedliche Verfahren an, um die CPU-Leistung zu verbessern. Wir beginnen mit drei etablierten Implementierungsverbesserungen und gehen dann zu einer über, die ein wenig Unterstützung von der Architektur braucht, um optimal zu funktionieren: Cache-Speicher, Sprungvorhersage, Out-of-Order-Ausführung (Umstellen von Befehlen in der Pipeline) mit Registerumbenennung und spekulative Ausführung.

4.5.1 Cache-Speicher

Seit Anbeginn gehört es wohl zu den größten Herausforderungen im Computerdesign, Speichersysteme zu schaffen, die den Prozessor mit Operanden in einer Geschwindigkeit versorgen, mit der er sie verarbeiten kann. Der jüngste Geschwindigkeitszuwachs bei Prozessoren wird nicht von einer entsprechenden Beschleunigung der Speicher begleitet. Im Verhältnis zu CPUs sind Speicher im Laufe von Jahrzehnten langsamer geworden. Angesichts der enormen Bedeutung von Hauptspeicher hat dies die Entwicklung von Hochleistungssystemen stark eingeschränkt und Forschungsarbeiten angeregt, um das Problem zu umgehen, dass Speicher viel langsamer sind als CPUs, was sich – relativ gesehen – jedes Jahr verschlimmert.

Moderne Prozessoren stellen äußerst hohe Ansprüche an ein Speichersystem, sowohl hinsichtlich der Latenzzeit (der Verzögerung bei der Bereitstellung eines Operanden) als auch hinsichtlich der Bandbreite (der Datenmenge, die pro Zeiteinheit bereitgestellt wird). Leider stehen diese beiden Aspekte eines Speichersystems in starkem Konflikt zueinander. Viele Techniken zur Steigerung der Bandbreite realisieren das nur durch Erhöhen der Latenzzeit. Beispielsweise lassen sich die in der Mic-3 eingesetzten Fließbandverfahren auf ein Speichersystem anwenden, das mehrere sich überlappende Speicheranforderungen effizient behandeln kann. Leider führt dies wie bei der Mic-3 zu einer höheren Latenz für einzelne Speicheroperationen. Je stärker die Taktgeschwindigkeit des Prozessors zunimmt, umso schwieriger lässt sich ein Speichersystem realisieren, das Operanden in einem oder zwei Taktzyklen bereitstellen kann.

Caches bieten eine Möglichkeit, dieses Problem anzugehen. Wie *Abschnitt 2.2.5* gezeigt hat, nimmt ein Cache die zuletzt benutzten Speicherwörter in einem kleinen, schnellen Speicher auf, sodass sich der Zugriff darauf beschleunigt. Befindet sich ein ausreichend großer Anteil der benötigten Speicherwörter im Cache, so verringert sich die effektive Speicherlatenz enorm.

Caches verringern die Latenz von Speicherzugriffen und erhöhen die Bandbreite. Cachezeilen werden hierzu für weitere Zugriffe zwischengespeichert. Aktuelle Prozessoren verwenden eine Hierarchie von Caches sowie getrennte Befehls- und Datencaches.

Um sowohl Bandbreite als auch Latenz zu verbessern, ist es am wirksamsten, mehrere Caches einzusetzen. Ein sehr effizient arbeitendes grundlegendes Verfahren führt einen separaten Cache für Befehle und Daten ein. Dieser geteilte Cache – der sogenannte **Split-Cache** – bietet mehrere Vorteile. Erstens lassen sich Speicheroperationen unabhängig voneinander in jedem Cache einleiten, sodass sich die Bandbreite des Speichersystems praktisch verdoppelt. Deshalb ist es sinnvoll, zwei getrennte Speicherports bereitzustellen, wie es die Mic-1 gezeigt hat: Jeder Port hat seinen eigenen Cache. Beachten Sie, dass jeder Cache unabhängig von den anderen auf den Hauptspeicher zugreifen kann.

Moderne Speichersysteme sind wesentlich komplizierter. Ein zusätzlicher Cache – der **Level-2-Cache** (auch L2-Cache) – kann zwischen dem Befehls- und dem Datencache auf der einen Seite und dem Hauptspeicher auf der anderen Seite angesiedelt sein. Möglicherweise gibt es drei oder mehr Cache-Ebenen, je nachdem, wie ausgefeilt die Speichersysteme sein müssen. ▶Abbildung 4.25 zeigt ein System mit drei Cache-Ebenen. Der CPU-Chip selbst enthält einen kleinen Befehls- und einen kleinen Datencache, normalerweise in der Größe von 16 KB bis 64 KB. Dann gibt es den Level-2-Cache, der sich nicht auf dem CPU-Chip befindet, aber im CPU-Gehäuse neben dem CPU-Chip untergebracht und mit diesem über einen Hochgeschwindigkeitspfad verbunden sein kann. Dabei handelt es sich normalerweise um einen gemeinsamen (unified) Cache, der eine Mischung aus Daten und Befehlen enthält. Ein L2-Cache ist typischerweise 512 KB bis 1 MB groß. Der Cache der dritten Ebene befindet sich auf der Prozessorkarte und besteht aus einigen Megabyte SRAM, einem Speichertyp, der viel schneller als der DRAM-Hauptspeicher ist. Caches sind im Allgemeinen umfassend, d.h., der gesamte Inhalt des Level-1-Cache ist im Level-2-Cache und der gesamte Inhalt des Level-2-Cache im Level-3-Cache enthalten.

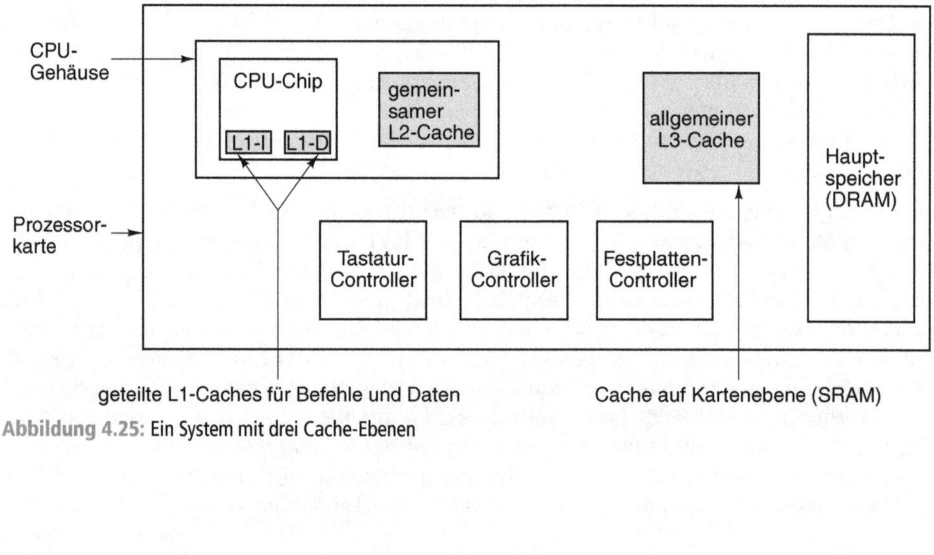

Abbildung 4.25: Ein System mit drei Cache-Ebenen

Caches beruhen auf zwei Arten der Adresslokalität, um ihr Ziel zu erreichen. Die **örtliche Lokalität** (Spatial Locality) beschreibt die Beobachtung, dass auf Speicherstellen mit Adressen, die einer kürzlich angesprochenen Speicherstelle numerisch ähnlich sind, in der nächsten Zeit wahrscheinlich zugegriffen wird. Caches nutzen diese Eigenschaft, indem sie mehr Daten als angefordert einlesen, in der Annahme, dass künftige Anforderungen vorausgesagt werden können. Die **zeitliche Lokalität** (Temporal Locality) liegt vor, wenn auf Speicherstellen, auf die kürzlich zugegriffen wurde, erneut zugegriffen wird. Dies können beispielsweise Speicherstellen nahe der Spitze des Kellers oder Befehle in einer Schleife sein. Die zeitliche Lokalität nutzt man bei der Auslegung eines Cache vor allem zur Entscheidung, was bei einem Cache-Zugriffsfehler zu verwerfen ist. Viele Cache-Ersetzungsalgorithmen verwerfen aufgrund der zeitlichen Lokalität die Einträge, auf die in der letzten Zeit nicht zugegriffen wurde.

Alle Caches basieren auf dem folgenden Prinzip: Man teilt den Hauptspeicher in Blöcke fester Größe namens **Cachezeilen** (Cache Lines) ein. Eine Cachezeile besteht normalerweise aus 4 bis 64 aufeinanderfolgenden Bytes. Die Zeilen sind ab 0 durchnummeriert. Bei einer Zeilengröße von 32 Byte umfasst Zeile 0 die Bytes 0 bis 31, Zeile 1 die Bytes 32 bis 63 usw. Im Cache befinden sich jederzeit mehrere Zeilen. Bei Zugriffen auf den Speicher prüft der Cache-Controller, ob sich das angeforderte Wort im Cache befindet. In diesem Fall kann der Prozessor das Wort verwenden, was einen Weg zum Hauptspeicher spart. Ist das Wort nicht im Cache vorhanden, dann wird ein bestimmter Zeileneintrag aus dem Cache entfernt und die benötigte Zeile vom Hauptspeicher oder vom Cache einer darunterliegenden Ebene geholt. Für dieses Schema existieren viele Variationen, die aber alle auf dem Konzept basieren, dass die am häufigsten benutzten Zeilen so lange wie möglich im Cache verbleiben, um die Anzahl der Speicherzugriffe, die der Cache bedienen kann, zu maximieren.

Direkt abbildende Caches

Der einfachste Cache ist der **direkt abbildende Cache** (Direct-mapped Cache). ▶Abbildung 4.26a zeigt ein Beispiel für einen direkt abbildenden Cache mit einer Ebene, der 2048 Einträge enthält. Jeder Eintrag (Zeile) im Cache kann genau eine Cachezeile aus dem Hauptspeicher aufnehmen. Bei einer Cachezeilengröße von 32 Byte (in diesem Beispiel) nimmt der Cache 64 KB auf. Jeder Cache-Eintrag besteht aus drei Teilen:

1. Das Bit `Valid` zeigt an, ob es in diesem Eintrag gültige Daten gibt. Wird das System hochgefahren (gestartet), dann werden alle Einträge als ungültig markiert.
2. Das Feld `Tag` besteht aus einem eindeutigen 16-Bit-Wert. Er kennzeichnet die entsprechende Zeile im Speicher, woher die Daten stammen.
3. Das Feld `Data` enthält eine Kopie der im Speicher befindlichen Daten. Dieses Feld nimmt eine Cachezeile von 32 Byte auf.

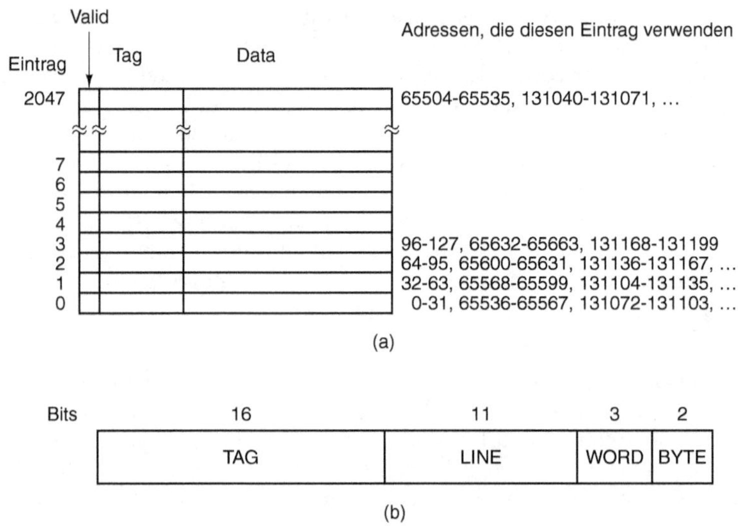

Abbildung 4.26: (a) Ein direkt abbildender Cache (b) eine virtuelle 32-Bit-Adresse

In einem direkt abbildenden Cache kann ein bestimmtes Speicherwort an genau einer Stelle im Cache gespeichert werden. Für eine bestimmte Speicheradresse gibt es nur eine Stelle, an der man im Cache nach dem Wort suchen muss. Steht es dort nicht, befindet es sich auch nicht im Cache. Zum Speichern und Abrufen von Cache-Daten wird die Adresse in vier Komponenten gemäß ▶Abbildung 4.26b aufgeteilt:

1. Das Feld `TAG` entspricht den `Tag`-Bits, die in einem Cache-Eintrag gespeichert sind.
2. Das Feld `LINE` gibt an, in welchem Cache-Eintrag sich die entsprechenden Daten befinden, falls sie vorhanden sind.
3. Das Feld `WORD` gibt an, welches Wort innerhalb einer Zeile angefordert wird.
4. Das Feld `BYTE` wird normalerweise nicht benutzt. Wenn aber nur ein einzelnes Byte angefordert wird, gibt dieses Feld das Byte innerhalb des Wortes an. Bei einem Cache, der nur 32-Bit-Wörter liefert, ist dieses Feld immer 0.

Wenn die CPU eine Speicheradresse erzeugt, zieht die Hardware die 11 `LINE`-Bits aus der Adresse heraus und indiziert damit den Cache, um einen der 2048 Einträge zu finden. Bei gültigem Eintrag wird das `TAG`-Feld der Speicheradresse mit dem `Tag`-Feld im Cache-Eintrag verglichen. Stimmen beide überein, dann enthält der Cache-Eintrag das angeforderte Wort – es liegt ein **Cache-Treffer** (Cache Hit) vor. Bei einem Treffer kann der Prozessor das Wort aus dem Cache lesen, sodass kein Zugriff auf den Speicher notwendig ist. Aus dem Cache-Eintrag wird nur das angeforderte Wort extrahiert. Der Rest des Eintrags wird nicht benutzt. Ist der Cache-Eintrag ungültig oder stimmen die beiden Tags nicht überein, dann ist der benötigte Eintrag nicht im Cache vorhanden. Dies nennt man **Cache-Zugriffsfehler** (Cache Miss). In diesem Fall ruft der Cache-Controller die 32 Byte lange Cachezeile aus dem Speicher ab, speichert sie im Cache-Eintrag und ersetzt damit den ursprünglichen Inhalt dieses Eintrags. Wenn sich jedoch der vorhandene Cache-Eintrag seit dem Laden geändert hat, muss der Controller ihn zuerst in den Hauptspeicher zurückschreiben, bevor er den Eintrag verwerfen kann.

Auch wenn die zu treffenden Entscheidungen relativ kompliziert sind, kann der Zugriff auf ein benötigtes Wort bemerkenswert schnell sein. Sobald die Adresse bekannt ist, steht auch die genaue Position des Wortes fest, *sofern es sich im Cache befindet*. Es ist also möglich, das Wort aus dem Cache zu lesen und dem Prozessor zu übergeben, und zwar bereits in dem Moment, in dem es als korrektes Wort (durch Vergleichen der Tags) erkannt wird. Der Prozessor erhält also ein Wort aus dem Cache simultan oder möglicherweise noch bevor er weiß, ob es sich um das angeforderte Wort handelt.

Dieses Abbildungsschema übernimmt aufeinanderfolgende Speicherzeilen in aufeinanderfolgende Cache-Einträge. Tatsächlich können bis zu 64 KB zusammenhängende Datenbytes im Cache gespeichert werden. Andererseits lassen sich zwei Zeilen, die sich in ihrer Adresse um genau 64 KB (65.536 Byte) oder ein ganzzahliges Vielfaches dieser Zahl unterscheiden, nicht gleichzeitig im Cache speichern (weil sie denselben `LINE`-Wert haben). Wenn ein Programm beispielsweise auf Daten an Position X zugreift und als Nächstes einen Befehl ausführt, der Daten von Position $X + 65.536$ (oder einer anderen Stelle innerhalb derselben Zeile) braucht, erzwingt der zweite Befehl, dass der Cache-Eintrag neu geladen und der vorhandene Inhalt überschrieben wird. Passiert das recht häufig, verschlechtert sich das Leistungsverhalten. Im ungünstigsten Fall ist es sogar mit Cache schlechter, als wäre überhaupt kein Cache vorhanden, da jede Speicheroperation eine komplette Cachezeile und nicht nur ein einzelnes Wort liest.

Direkt abbildende Caches sind die häufigsten Cache-Typen und sie arbeiten recht effektiv, weil Kollisionen, wie die oben beschriebene, selten oder überhaupt nie vorkommen. Beispielsweise kann ein cleverer Compiler von vornherein Kollisionen berücksichtigen, wenn er Befehle und Daten im Speicher platziert. Beachten Sie, dass der oben beschriebene Sonderfall bei einem System mit getrennten Befehls- und Datencaches nicht auftritt, weil verschiedene Caches die kollidierenden Anfragen bedienen. Hier zeigt sich ein zweiter Vorteil von zwei Caches gegenüber nur einem: mehr Flexibilität beim Umgang mit Speicherkonflikten.

Mengenassoziative Caches

Wie bereits erwähnt, konkurrieren viele unterschiedliche Zeilen im Speicher um dieselben Cache-Einträge. Wenn ein Programm, das den Cache gemäß Abbildung 4.26a verwendet, häufig Wörter an den Adressen 0 und 65536 holt, treten ständig Konflikte auf, wobei jede Referenz möglicherweise die andere aus dem Cache verdrängt. Dieses Problem lässt sich beispielsweise mit zwei oder mehr Zeilen in jedem Cache-Eintrag lösen. Ein Cache mit *n* möglichen Einträgen für jede Adresse heißt **n-fach mengenassoziativer Cache** (n-way Set-associative Cache). ▶Abbildung 4.27 zeigt einen 4-fach mengenassoziativen Cache.

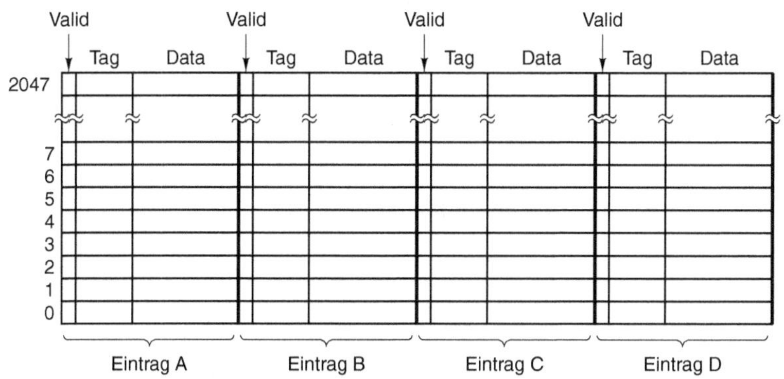

Abbildung 4.27: Ein 4-fach mengenassoziativer Cache

Mengenassoziative Caches vermeiden Konflikte um einen einzelnen Cache-Eintrag, in dem mehrere Cache-Einträge für eine Speicheradresse zur Verfügung stehen. Diese müssen dann bei einem Cache-Zugriff nach der Adresse durchsucht werden.

Ein mengenassoziativer Cache ist von Haus aus komplizierter als ein direkt abbildender Cache. Zwar lässt sich der richtige Cache-Eintrag aus der referenzierten Speicheradresse berechnen, aber es muss eine Menge von *n* Cache-Einträgen geprüft werden, um festzustellen, ob die benötigte Zeile vorhanden ist. Und diese Prüfung muss sehr schnell erfolgen. Dennoch zeigen Simulationen und die Erfahrung, dass 2- und 4-fach Caches gute Leistungen bringen, für die sich der zusätzliche Schaltungsaufwand lohnt.

Die Verwendung eines mengenassoziativen Caches stellt den Designer vor eine Entscheidung: Welches der vorhandenen Elemente ist zu verwerfen, wenn ein neuer Eintrag in den Cache überführt wird? Die optimale Wahl setzt natürlich einen Blick in die Zukunft voraus, wobei aber für die meisten Zwecke der Algorithmus **LRU** (Least Recently Used) recht brauchbar ist. Dieser Algorithmus verwaltet eine Reihenfolge jeder Gruppe von Speicherstellen. Erfolgt ein Zugriff auf vorhandene Zeilen, aktualisiert er die Liste und markiert den Eintrag, auf den zuletzt zugegriffen wurde. Ist ein Eintrag zu ersetzen, wird der am Ende der Liste befindliche Eintrag – auf den am längsten nicht zugegriffen wurde – verworfen.

Im Extremfall ist auch ein 2048-fach Cache möglich, der eine einzige Menge von 2048 Zeileneinträgen enthält. Hier werden alle Speicheradressen auf diese Menge abgebildet, sodass die Suche die Adresse mit allen 2048 Tags im Cache vergleichen muss. Beachten Sie, dass jeder Eintrag jetzt eine Logik für die Übereinstimmung der Tags besitzen muss. Da das Feld `LINE` eine Länge von 0 hat, stellt das `TAG`-Feld außer für `WORD`- und `BYTE`-Felder die gesamte Adresse dar. Darüber hinaus kommen alle 2048 Stellen für eine Verdrängung infrage, wenn eine Cachezeile zu ersetzen ist. Die Verwaltung einer geordneten Liste von 2048 Einträgen bedeutet einen erheblichen Verwaltungsaufwand, was die LRU-Ersetzung unbrauchbar macht. (Diese Liste muss bei jeder Speicheroperation und nicht nur bei jedem Zugriffsfehler aktualisiert werden.) Überraschenderweise ist die Leistung von stark assoziativen Caches in den meisten Fällen kaum höher als bei schwach assoziativen Caches und manchmal sogar schlechter. Aus diesen Gründen sind höchstens 4-fach mengenassoziative Caches üblich.

Schließlich stellen Schreiboperationen ein besonderes Problem für Caches dar. Schreibt ein Prozessor ein Wort und befindet sich das Wort im Cache, muss er natürlich entweder das Wort aktualisieren oder den Cache-Eintrag verwerfen. Nahezu alle Lösungen aktualisieren den Cache. Wie sieht es aber mit der Aktualisierung der Kopie im Hauptspeicher aus? Diese Operation lässt sich auf später verschieben, wenn die Cachezeile zur Verdrängung durch den LRU-Algorithmus ausgewählt ist. Diese Wahl ist schwierig und es gibt keine wirklich bevorzugte Option. Das sofortige Aktualisieren des Eintrags im Hauptspeicher nennt man **Write Through**. Dieser Ansatz lässt sich im Allgemeinen leichter implementieren und er ist zuverlässiger, weil der Speicher immer auf dem neuesten Stand bleibt – das ist beispielsweise hilfreich, wenn ein Fehler auftritt und der Speicherzustand wiederhergestellt werden muss. Leider bedeutet er andererseits mehr Schreibverkehr zum Speicher, sodass man bei anspruchsvolleren Implementierungen zu der als **Write Deferred** oder **Write Back** bezeichneten Alternative greift.

Für Schreiboperationen ist noch ein verwandtes Problem zu lösen: Was passiert, wenn an eine Stelle geschrieben wird, die sich momentan nicht im Cache befindet? Sollten die Daten in den Cache gebracht oder einfach nur in den Speicher übernommen werden? Wieder sind beide Möglichkeiten nicht immer optimal. Die meisten Konzepte mit verzögertem Schreiben in den Speicher (Write Deferred) bringen die Daten bei einem Schreibzugriffsfehler in den Cache. Diese Technik nennt man **Write Allocation** (Schreibzuordnung).

Demgegenüber ordnen die meisten Lösungen nach dem Write-Through-Verfahren bei einer Schreiboperation keinen Eintrag zu, weil diese Option ein sonst einfaches Konzept verkompliziert. Die Schreibzuordnung ist nur im Vorteil, wenn es wiederholte Schreiboperationen auf dasselbe Wort oder verschiedene Wörter innerhalb einer Cachezeile gibt.

Die Cache-Leistung ist für die Systemleistung entscheidend, weil die Lücke zwischen CPU-Geschwindigkeit und Speichergeschwindigkeit weit auseinanderklafft. Folglich ist die Untersuchung besserer Cache-Strategien weiterhin ein brandaktuelles Thema [Sanchez und Kozyrakis, 2011] und [Gaur et al., 2011].

4.5.2 Sprungvorhersage

Moderne Computer arbeiten stark fließbandorientiert. Zum Beispiel besteht die Pipeline in Abbildung 4.23 aus sieben Stufen. Computer im oberen Leistungsbereich können 10-stufige oder sogar noch längere Pipelines aufweisen. Fließbandverarbeitung funktioniert am besten mit linearem Code, sodass die Abrufeinheit einfach aufeinanderfolgende Wörter aus dem Speicher lesen und sie vorab an die Decodiereinheit weiterreichen kann.

Dieses wunderbare Modell hat nur den kleinen Haken, dass es nicht im Mindesten realistisch ist. Programme bestehen nicht aus linearen Codesequenzen, sondern sind voller Verzweigungsbefehle. Sehen Sie sich die einfachen Anweisungen in ▶Listing 4.2a an. Die Variable *i* wird mit 0 verglichen (der in der Praxis sicherlich häufigste Test). Je nach Ergebnis wird einer weiteren Variablen *k* einer von zwei möglichen Werten zugewiesen.

```
if (i == 0)                CMP i,0    ; vergleiche i mit 0
    k = 1;                 BNE Else   ; verzweige zu Else, falls ungleich
else                 Then: MOV k,1    ; übertrage 1 nach k
    k = 2;                 BR Next    ; unbedingter Sprung zu Next
                     Else: MOV k,2    ; übertrage 2 nach k
                     Next:
(a)                  (b)
```

Listing 4.2: (a) Ein Programmfragment und (b) seine Übersetzung in eine generische Assemblersprache

▶Listing 4.2b zeigt eine mögliche Übersetzung in Assemblersprache. Auf Assemblersprachen kommen wir später in diesem Buch noch zurück und die Details sind hier auch nicht wichtig. Jedenfalls ist ein Code wahrscheinlich, der je nach Computer und Compiler mehr oder weniger dem in Listing 4.2b ähnelt. Der erste Befehl vergleicht *i* mit 0. Die zweite verzweigt zur Marke *Else* (dem Beginn des *else*-Zweigs), falls *i* nicht 0 ist. Der dritte Befehl weist 1 an *k* zu. Der vierte Befehl verzweigt zum Code für den nächsten Befehl. Der Compiler hat praktischerweise die Marke *Next* an die entsprechende Stelle gesetzt, sodass diese Stelle als Ziel einer Verzweigung infrage kommt. Der fünfte Befehl weist 2 an *k* zu.

Hier fällt auf, dass zwei der fünf Befehle Verzweigungen (Sprünge) sind. Außerdem ist einer davon, `BNE`, eine bedingte Verzweigung (ein Sprung, der ausgeführt wird, sofern eine Bedingung erfüllt ist – in diesem Fall, dass die beiden Operanden im vorherigen `CMP`-Befehl ungleich sind). Die längste lineare Codesequenz besteht hier aus zwei Befehlen. Folglich ist es schwierig, Befehle mit einer hohen Rate in die Pipeline abzurufen.

Auf den ersten Blick sieht es so aus, als ob die unbedingten Sprünge, z.B. der Befehl `BR Next` in Listing 4.2b, unproblematisch sind. Immerhin liegt der Weg eindeutig fest.

Warum kann die Abrufeinheit nicht einfach damit fortfahren, Befehle von der Zieladresse an zu lesen (d.h. von der Stelle, zu der die Verzweigung führt)?

Bei Programmverzweigungen ist der nächste auszuführende Befehl abhängig von vorherigen Berechnungen. Die Fließbandverarbeitung wird somit behindert. Um dies zu umgehen, werden komplexe Techniken zur **Sprungvorhersage** in der Hardware realisiert, die spekulativ den nächsten Befehl bestimmen.

Die Probleme liegen in der Natur der Fließbandverarbeitung. Zum Beispiel zeigt Abbildung 4.23, dass die Befehlsdecodierung in der zweiten Stufe erfolgt. Somit muss die Abrufeinheit entscheiden, von wo als Nächstes zu lesen ist, bevor sie überhaupt weiß, welche Art von Befehl sie gerade erhalten hat. Erst einen Zyklus später erfährt sie, dass sie gerade einen unbedingten Sprung bearbeitet. Inzwischen hat sie aber begonnen, den auf den unbedingten Sprung folgenden Befehl zu lesen. Aus diesem Grund haben die meisten Pipeline-Maschinen (z.B. die UltraSPARC III) die Eigenschaft, den Befehl *nach* einem unbedingten Sprung auszuführen, obwohl das logisch nicht korrekt ist. Die Position nach einer Verzweigung nennt man **Delay-Slot** (etwa „Verzögerungsschlitz"). Beim Core i7 – und der in Listing 4.2b verwendeten Maschine – ist diese Eigenschaft nicht implementiert. Allerdings betreibt man oftmals einen erheblichen internen Aufwand, um dieses Problem zu umgehen. Ein optimierender Compiler versucht im Allgemeinen, einen nützlichen Befehl für den Delay-Slot zu finden. Häufig gelingt das nicht und der Compiler ist gezwungen, einen NOP-Befehl einzufügen. Programme bleiben dadurch korrekt, werden aber größer und langsamer.

So „störend" unbedingte Verzweigungen sind, bei bedingten Verzweigungen sieht die Lage noch schlechter aus. Abgesehen davon, dass auch hier Delay-Slots vorhanden sind, erfährt die Abrufeinheit erst viel später in der Pipeline, von wo zu lesen ist. Frühere Pipeline-Maschinen haben die Pipeline einfach angehalten, bis bekannt wurde, ob die Verzweigung erfolgen soll oder nicht. Ein **Stillstand** über drei oder vier Zyklen hinweg bei jedem bedingten Sprung hat eine verheerende Wirkungì auf die Leistung, insbesondere wenn 20% der Befehle bedingte Sprünge sind.

Deshalb verfährt man bei den meisten modernen Prozessoren wie folgt: Wenn sie auf einen bedingten Sprung stoßen, versuchen sie vorauszusagen, ob dieser auszuführen ist oder nicht. Sicherlich wäre es schön, wenn man einfach eine Glaskugel in einem freien PCIe-Steckplatz (oder besser noch, in der IFU) unterbringen könnte, die bei der Vorhersage behilflich ist. Doch diese Idee hat noch keine Früchte getragen.

Da ein solch schönes Peripheriegerät leider nicht existiert, hat man sich verschiedene Vorhersagestrategien ausgedacht. Eine sehr einfache Methode nimmt an, dass alle Rückwärtsverzweigungen ausgeführt und alle Vorwärtsverzweigungen nicht ausgeführt werden. Die Argumentation für den ersten Teil stützt sich auf die Beobachtung, dass nach hinten führende Sprünge häufig am Ende einer Schleife stehen. Da die meisten Schleifen mehrfach ausgeführt werden, liegt man mit der Vermutung, dass eine Verzweigung an den Anfang einer Schleife erfolgt, oftmals richtig.

Der zweite Teil der Annahme ist weniger gut fundiert. Bestimmte Vorwärtsverzweigungen treten auf, wenn die Software Fehlerbedingungen erkennt (z.B. wenn sich eine Datei nicht öffnen lässt). Da aber Fehler selten sind, finden die meisten derartigen Verzweigungen nicht statt. Natürlich gibt es jede Menge Vorwärtsverzweigungen, die nichts mit der Fehlerbehandlung zu tun haben, sodass hier die Erfolgsrate nicht annähernd so gut ist wie bei Sprüngen nach hinten. Somit ist diese Regel zwar nicht berauschend, aber besser als gar keine.

Trifft die Voraussage für einen Sprung ein, dann ist nichts Besonderes zu unternehmen. Die Programmausführung fährt einfach an der Zieladresse fort. Die Probleme zeigen sich erst, wenn ein Sprung falsch vorhergesagt wird. Das wirkliche Ziel zu ermitteln und dorthin zu gelangen, ist noch einfach. Der schwierige Teil besteht darin, die Befehle rückgängig zu machen, die bereits ausgeführt wurden, aber nun nicht mehr ausgeführt werden sollen.

Aus dieser Situation führen zwei Wege heraus. Beim ersten lässt man die Ausführung der Befehle zu, die bereits nach einer vorhergesagten bedingten Verzweigung abgerufen wurden, bis sie versuchen, den Zustand der Maschine zu ändern (z.B. in ein Register zu speichern). Anstatt das Register zu überschreiben, kommt der berechnete Wert in ein (geheimes) Notizregister und wird nur dann in das echte Register kopiert, wenn bekannt ist, dass die Vorhersage richtig war. Beim zweiten Weg zeichnet man den Wert eines zu überschreibenden Registers (z.B. in einem geheimen Notizregister) auf, sodass sich die Maschine gegebenenfalls in den Zustand zurückbringen lässt, den sie zum Zeitpunkt der falsch vorhergesagten Verzweigung hatte. Beide Lösungen sind komplex und erfordern wasserdichte Verwaltungsmechanismen, damit alles glatt geht. Und wenn ein zweiter bedingter Sprung auftaucht, bevor bekannt ist, ob der erste richtig vorhergesagt wurde, ist das Durcheinander im wahrsten Sinne des Wortes vorprogrammiert.

Dynamische Sprungvorhersage

Dynamische Vorhersagestrategien berücksichtigen im Gegensatz zu statischen die im bisherigen Programmverlauf getroffenen Entscheidungen.

Zweifellos sind richtige Vorhersagen wertvoll, da die CPU dann mit voller Geschwindigkeit fortfahren kann. Deshalb ist das Thema der Algorithmen zur Sprungvorhersage ein wichtiges Forschungsgebiet [Chen et al., 2003], [Falcon et al., 2004], [Jimenez, 2003] und [Parikh et al., 2004]. Bei einer Methode verwaltet die CPU (mit spezieller Hardware) eine History-Tabelle (d.h. eine Tabelle für die Vorgeschichte von Verzweigungen), in der sie die aufgetretenen bedingten Verzweigungen protokolliert, sodass die CPU darauf zurückgreifen kann, wenn die Verzweigungen erneut vorkommen. ▶Abbildung 4.28 zeigt die einfachste Version dieses Schemas. Hier nimmt die History-Tabelle einen Eintrag für jeden bedingten Verzweigungsbefehl auf. Der Eintrag enthält die Adresse des Verzweigungsbefehls zusammen mit einem Bit, das angibt, ob der Sprung beim letzten Mal ausgeführt wurde. Nach diesem Schema besteht die Vorhersage einfach darin, dass die Verzweigung denselben Weg wie beim letzten Mal nimmt. Ist die Vorhersage falsch, wird das Bit in der History-Tabelle geändert.

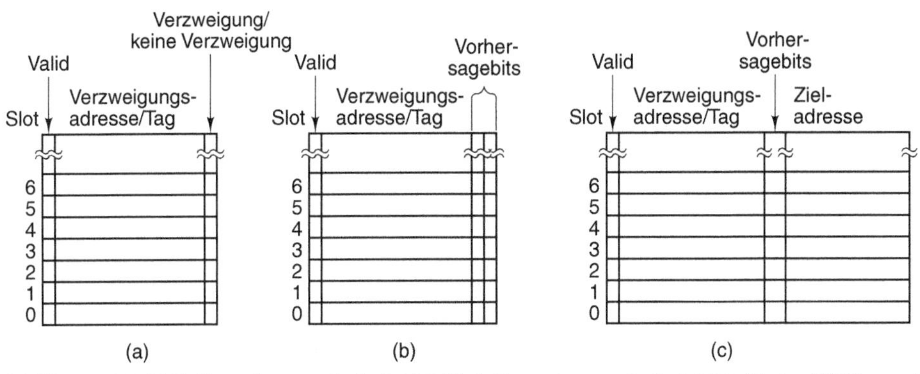

Abbildung 4.28: (a) Ein Verzweigungsverlauf mit 1 Bit (b) ein Verzweigungsverlauf mit 2 Bits (c) eine Abbildung zwischen Sprungbefehls- und Zieladresse

Eine History-Tabelle lässt sich auf verschiedene Weise organisieren und zwar prinzipiell genauso wie bei einem Cache. Nehmen wir einen Prozessor an mit 32-Bit-Befehlen, die an Wörtern ausgerichtet sind, sodass die niederwertigen zwei Bits jeder Speicheradresse 00 sind. Bei einer direkt abgebildeten History-Tabelle mit 2^n Einträgen können die niederwertigen $n + 2$ Bits eines Sprungbefehls herausgezogen und um 2 Bitstellen nach rechts geschoben werden. Diese n-Bit-Zahl kann als Index auf die History-Tabelle dienen. Dort wird geprüft, ob die gespeicherte Adresse mit der Adresse der Verzweigung übereinstimmt. Wie bei einem Cache ist es nicht notwendig, die niederwertigen $n + 2$ Bits zu speichern (d.h. nur die oberen Adressbits – das Tag – werden gespeichert). Im Fall eines Treffers sagt die Logik den Sprung anhand des Vorhersagebits voraus. Ist das falsche Tag vorhanden oder ist der Eintrag ungültig, so handelt es sich – genau wie bei einem Cache – um einen Fehlschlag. In diesem Fall lässt sich die Regel für Vorwärts-/Rückwärtssprünge anwenden.

Sind in der History-Tabelle beispielsweise 4096 Einträge verzeichnet, dann kollidieren die Sprünge an den Adressen 0, 16384, 32768, usw. wie bei einem Cache. Die gleiche Lösung ist auch hier möglich: ein 2-facher, 4-facher oder n-facher assoziativer Eintrag. Wie bei einem Cache ist die obere Grenze ein einziger n-facher assoziativer Eintrag, der eine volle Suche voraussetzt.

Bei einer genügend großen Tabelle und ausreichender Assoziativität funktioniert diese Methode in den meisten Fällen. Ein Problem tritt aber immer auf: Beim Verlassen einer Schleife wird der Sprung am Ende falsch vorhergesagt. Noch schlimmer ist, dass diese falsche Vorhersage das Bit in der History-Tabelle ändert, um künftig „kein Sprung" vorherzusagen. Beim nächsten Eintritt in die Schleife wird der Sprung am Ende des ersten Durchlaufs falsch vorhergesagt. Liegt die Schleife in einer äußeren Schleife oder in einer häufig aufgerufenen Prozedur, tritt dieser Fehler entsprechend oft auf.

Um diese Fehlvorhersage zu vermeiden, können wir dem Tabelleneintrag eine zweite Chance geben. Bei dieser Methode wird die Vorhersage erst nach zwei aufeinanderfolgenden falschen Vorhersagen geändert. Dieser Ansatz setzt voraus, dass sich in der History-Tabelle zwei Vorhersagebits befinden – eines für das, was der Sprung tun „soll" und eines für das, was er beim letzten Mal getan hat, wie es ▶Abbildung 4.28b zeigt.

Man kann diesen Algorithmus auch als endlichen Automaten mit vier Zuständen betrachten (▶Abbildung 4.29). Nach einer Reihe von aufeinanderfolgenden erfolgreichen „kein Sprung"-Vorhersagen ist der endliche Automat im Zustand 00 und sagt beim nächsten Mal „kein Sprung" voraus. Ist diese Vorhersage falsch, geht er in den Zustand 10 über, sagt aber beim nächsten Mal wieder „kein Sprung" voraus. Erst wenn auch diese Vorhersage falsch ist, geht er in den Zustand 11 über und sagt dann jedes Mal Sprünge voraus. Praktisch gibt das linke Zustandsbit die Vorhersage an und das rechte Bit sagt aus, wie der Sprung beim letzten Mal erfolgt ist. Dieses Konzept kommt mit nur 2 Verlaufsbits aus, es lässt sich aber auch auf 4 oder 8 Verlaufsbits erweitern.

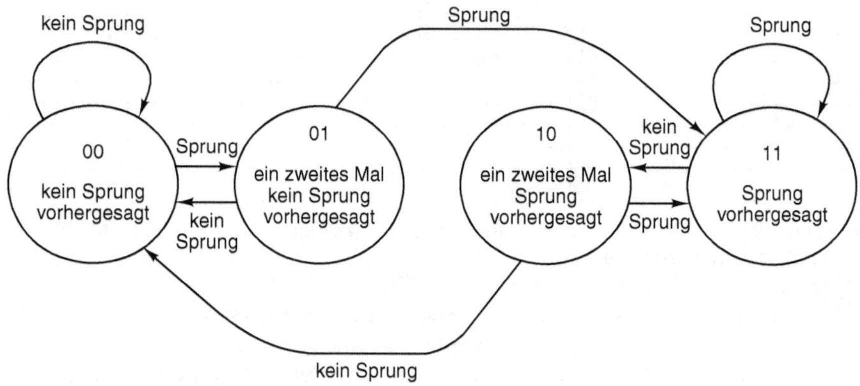

Abbildung 4.29: Ein endlicher Automat mit 2 Bits für die Sprungvorhersage

Einen endlichen Automaten haben Sie bereits in Abbildung 4.19 kennengelernt. Im Grunde lassen sich alle unsere Mikroprogramme als endlicher Automat betrachten, da jede Zeile einen bestimmten Zustand darstellt, in dem sich die Maschine befinden kann, wobei eine endliche Menge von Übergängen zu weiteren Zuständen genau definiert ist. Endliche Automaten sind ein weit verbreitetes Instrument für alle Aspekte des Hardwareentwurfs.

Die **Sprungvorhersage** kann auch die Zieladresse umfassen, sodass auf die Adressberechnung nicht gewartet werden muss.

Bisher haben wir angenommen, dass das Ziel jedes bedingten Sprungs bekannt ist, entweder als explizite (im Befehl selbst enthaltene) Zieladresse oder als relativer Offset vom aktuellen Befehl aus (d.h. als Zahl mit Vorzeichen, die zum Programmzähler addiert wird). Diese Annahme trifft oftmals zu, doch berechnen einige bedingte Sprungbefehle die Zieladresse über Registerarithmetik und verzweigen dann zur resultierenden Adresse. Auch wenn der endliche Automat von Abbildung 4.29 genau vorhersagt, ob der Sprung erfolgt, ist eine solche Vorhersage bei unbekannter Zieladresse wertlos. Diese Situation lässt sich verbessern, wenn man die tatsächliche Adresse, zu der beim letzten Mal verzweigt wurde, in der History-Tabelle speichert, wie es Abbildung 4.28c zeigt. Besagt nun die Tabelle, dass die Verzweigung an Adresse 516 beim letzten Mal zu Adresse 4000 geführt hat, und lautet die Vorhersage jetzt „Sprung", so führt der Sprung wieder zu 4000.

Ein anderes Verfahren zur Sprungvorhersage protokolliert, ob die letzten k bedingten Sprünge ausgeführt wurden, wobei es die Art des Befehls nicht berücksichtigt. Diese k-Bit-Zahl wird im sogenannten **Branch History Shift Register** (Schieberegister für die Vorgeschichte von Verzweigungen) geführt und dann parallel zu allen Einträgen einer History-Tabelle mit einem k-Bit-Schlüssel verglichen. Bei einem Treffer wird die hier verzeichnete Vorhersage verwendet. Es mag überraschen, dass sich diese Technik in der Praxis als recht brauchbar erwiesen hat.

Statische Sprungvorhersage

Alle bisher behandelten Techniken zur Sprungvorhersage arbeiten dynamisch, d.h. zur Laufzeit des Programms. Zudem können sie sich an das momentane Verhalten des Programms anpassen. Nachteilig ist, dass sie spezielle und teure Hardware sowie ein ziemlich komplexes Chipdesign verlangen.

Ein anderer Weg führt über die Hilfe des Compilers. Trifft der Compiler auf eine Anweisung wie

```
for (i = 0; i < 1000000; i++) {...}
```

dann weiß er natürlich, dass der Sprung am Ende der Schleife fast jedes Mal erfolgt. Wenn er nur eine Möglichkeit hätte, dies der Hardware begreiflich zu machen, ließe sich eine Menge Aufwand sparen.

Obwohl es sich hierbei um eine Änderung der Architektur (und nicht nur um eine Implementierungsfrage) handelt, verfügen einige Prozessoren – z.B. der UltraSPARC III – über einen zweiten Satz von Sprungbefehlen (zusätzlich zu den normalen, die wegen der Abwärtskompatibilität erforderlich sind). In einem speziellen Bit der neuen Sprungbefehle kann der Compiler festlegen, dass der Sprung seiner Meinung nach erfolgen (bzw. nicht erfolgen) soll. Wenn im Programmablauf derartige Befehle erscheinen, richtet sich die Abrufeinheit einfach nach diesem Verzweigungsbit. Außerdem muss man für diese Befehle keinen kostbaren Platz in der History-Tabelle vergeuden, was die Wahrscheinlichkeit für Konflikte verringert.

Unsere letzte Sprungvorhersagetechnik basiert auf Profiling [Fisher und Freudenberger, 1992]. Dabei handelt es sich ebenfalls um ein statisches Verfahren. Anstatt aber den Compiler herausfinden zu lassen, welche Sprünge auszuführen sind und welche nicht, wird das Programm tatsächlich (normalerweise auf einem Simulator) ausgeführt und das Sprungverhalten erfasst. Der Compiler erhält diese Informationen und generiert dann die speziellen bedingten Sprungbefehle, um der Hardware die Sprungrichtung mitzuteilen.

4.5.3 Out-of-Order-Ausführung und Registerumbenennung

Die meisten modernen CPUs sind sowohl fließbandorientiert als auch superskalar, wie es aus *Abbildung 2.5* hervorgeht. Das bedeutet im Allgemeinen, dass eine Abrufeinheit aus dem Speicher Befehlswörter holt, bevor sie benötigt werden, um sie an eine Decodiereinheit zu übergeben. Die Decodiereinheit leitet die decodierten Befehle an die entsprechenden Funktionseinheiten zur Ausführung weiter. In manchen Fällen kann sie einzelne Befehle in Mikrooperationen auflösen, bevor sie sie an die Funktionseinheiten ausgibt, je nachdem, wofür die Funktionseinheiten ausgelegt sind.

Natürlich sieht das Design eines Prozessors am einfachsten aus, wenn er alle Befehle in der Reihenfolge ausführt, in der er sie abruft (wobei wir fürs Erste annehmen, dass der Algorithmus zur Sprungvorhersage immer richtig entscheidet). Allerdings ergibt sich bei dieser In-Order-Ausführung infolge von Abhängigkeiten zwischen den Befehlen nicht immer die optimale Leistung. Benötigt ein Befehl einen Wert, den ein vorheriger Befehl berechnet, dann lässt sich dieser zweite Befehl erst ausführen, wenn der erste den erforderlichen Wert bereitgestellt hat. In dieser Situation (einer RAW-Abhängigkeit) muss der zweite Befehl warten. Wie Sie gleich sehen werden, gibt es daneben noch weitere Abhängigkeiten.

Um diese Probleme zu umgehen und eine bessere Leistung zu erreichen, können manche CPUs abhängige Befehle überspringen und zu nachfolgenden Befehlen übergehen, die nicht abhängig sind. Eigentlich ist es überflüssig zu betonen, dass der interne Algorithmus zur Befehlsplanung dieselbe Wirkung gewährleisten muss, als ob das Programm in der geschriebenen Reihenfolge ausgeführt würde. Wir zeigen jetzt anhand eines ausführlichen Beispiels, wie das Umstellen von Befehlen funktioniert.

Um das Wesen des Problems zu veranschaulichen, beginnen wir mit einer Maschine, die Befehle immer in der Programmreihenfolge startet und verlangt, dass sie in der Programmreihenfolge fertiggestellt werden. Die Bedeutung der zweiten Bedingung wird später klar.

Unsere Beispielmaschine hat acht Register, die für den Programmierer sichtbar sind – `R0` bis `R7`. Alle arithmetischen Befehle verwenden drei Register: zwei für die Operanden und eines für das Ergebnis, genau wie bei der Mic-4. Wir nehmen an, dass die Ausführung in Zyklus $n + 1$ beginnt, wenn der Befehl in Zyklus n decodiert wird. Bei einem einfachen Befehl, wie zum Beispiel einer Addition oder Subtraktion, erfolgt das Zurückschreiben in das Zielregister am Ende von Zyklus $n + 2$. Bei einem komplizierteren Befehl, wie zum Beispiel einer Multiplikation, findet das Zurückschreiben am Ende von Zyklus $n + 3$ statt. Um das Beispiel realistisch zu machen, erlauben wir der Decodiereinheit, bis zu zwei Befehle pro Taktzyklus auszulösen. Kommerzielle superskalare CPUs können oftmals vier oder sogar sechs Befehle pro Taktzyklus ausgeben.

▶Tabelle 4.12 zeigt die Ausführungssequenz für das Beispiel. Hier gibt die erste Spalte (*Z*) die Zyklusnummer und die zweite Spalte (*B*) die Befehlsnummer an. In der dritten Spalte steht der decodierte Befehl. Die vierte Spalte (*A*) nennt den auszugebenden Befehl (wobei maximal zwei Befehle je Taktzyklus möglich sind). Die fünfte Spalte (*R*) gibt Auskunft über die abgeschlossenen Befehle. Es sei daran erinnert, dass dieses Beispiel sowohl das Starten als auch das Abschließen der Befehle in der Programmreihenfolge (In-Order) verlangt. Deshalb lässt sich Befehl $k+1$ erst nach Befehl k starten und Befehl $k+1$ erst abschließen (d.h. das Ergebnis in das Zielregister schreiben), nachdem Befehl k abgeschlossen wurde. Auf die übrigen 16 Spalten gehen wir später ein.

					Gelesene Register								Geschriebene Register							
Z	**B**	**Decodiert**	**A**	**R**	**0**	**1**	**2**	**3**	**4**	**5**	**6**	**7**	**0**	**1**	**2**	**3**	**4**	**5**	**6**	**7**
1	1	R3=R0 ∗ R1	1		1	1										1				
	2	R4=R0 + R2	2		2	1	1									1	1			
2	3	R5=R0 + R1	3		3	2	1									1	1	1		
	4	R6=R1 + R4	–		3	2	1									1	1	1		
3					3	2	1									1	1	1		
4				1	2	1	1										1	1		
				2	1	1												1		
				3																
5			4			1			1										1	
	5	R7=R1 ∗ R2	5			2	1		1										1	1
6	6	R1=R0 – R2	–			2	1		1										1	1
7				4		1	1													1
8				5																
9			6		1		1							1						
	7	R3=R3 ∗ R1	–		1		1							1						
10					1		1							1						
11				6																
12			7			1		1								1				
	8	R1=R4 + R4	–			1		1								1				
13						1		1								1				
14						1		1								1				
15				7																
16			8						2					1						
17									2					1						
18				8																

Tabelle 4.12: Abläufe in einer superskalaren CPU mit In-Order-Starten und In-Order-Abschließen

Nach dem Decodieren eines Befehls muss die Decodiereinheit entscheiden, ob er sich sofort starten lässt oder nicht. Dafür muss sie den Status aller Register kennen. Braucht beispielsweise der aktuelle Befehl ein Register, dessen Wert noch nicht berechnet wurde, kann der Befehl nicht ausgegeben werden und die CPU muss anhalten.

Die Registerverwendung protokollieren wir mit einem sogenannten **Scoreboard** (wörtlich „Anzeigetafel bei Spielen"), das erstmals im Supercomputer CDC 6600 zu finden ist. Das Scoreboard besitzt für jedes Register einen kleinen Zähler, der angibt, wie oft das betreffende Register als Quelle in den aktuell ausgeführten Befehlen erscheint. Wenn maximal 15 Befehle gleichzeitig ausgeführt werden, genügt ein 4-Bit-Zähler. Beim Starten eines Befehls werden die Scoreboard-Einträge für seine Operandenregister inkrementiert, beim Abschließen eines Befehls dekrementiert.

Außerdem besitzt das Scoreboard Zähler, um die als Ziele verwendeten Register zu protokollieren. Da jeweils nur eine Schreiboperation zulässig ist, können diese Zähler 1 Bit breit sein. Die 16 rechten Spalten in ▶Tabelle 4.12 zeigen das Scoreboard.

Bei realen Computern protokolliert das Scoreboard auch die Verwendung von Funktionseinheiten, um zu vermeiden, dass ein Befehl an eine nicht verfügbare Funktionseinheit ausgegeben wird. Der Einfachheit halber gehen wir hier davon aus, dass immer eine Funktionseinheit verfügbar ist, und zeigen deshalb die Funktionseinheiten nicht auf dem Scoreboard an.

Die erste Zeile von Tabelle 4.12 zeigt Befehl 1 (kurz B1), der `R0` mit `R1` multipliziert und das Ergebnis in `R3` ablegt. Da noch keines dieser Register in Gebrauch ist, wird der Befehl ausgegeben und das Scoreboard aktualisiert. Es zeigt jetzt, dass `R0` und `R1` gelesen und `R3` geschrieben wird. Bis zum Ende von B1 kann kein nachfolgender Befehl in eines dieser Register schreiben oder `R3` lesen. Dieser Befehl führt eine Multiplikation aus und wird damit am Ende von Zyklus 4 fertiggestellt. Die in jeder Zeile angegebenen Scoreboard-Werte entsprechen dem Zustand nach der Befehlsausgabe der betreffenden Zeile. Für leere Einträge gilt 0.

Superskalare Prozessoren können mehrere Befehle pro Taktzyklus starten. Abhängigkeiten müssen hierbei eingehalten werden.

Da die superskalare Maschine unseres Beispiels zwei Befehle pro Zyklus starten kann, löst sie in Zyklus 1 einen zweiten Befehl (B2) aus. Er addiert `R0` zu `R2` und speichert das Ergebnis in `R4`. Anhand folgender Regeln lässt sich feststellen, ob dieser Befehl ausgegeben werden kann:

1. Nicht ausgeben, falls ein Operand geschrieben wird (RAW-Abhängigkeit).
2. Nicht ausgeben, falls das Ergebnisregister gelesen wird (WAR-Abhängigkeit).
3. Nicht ausgeben, falls in das Ergebnisregister geschrieben wird (WAW-Abhängigkeit).

Bereits kennengelernt haben Sie RAW-Abhängigkeiten, die auftreten, wenn ein Befehl als Quelle ein Ergebnis benötigt, das ein vorheriger Befehl noch nicht geliefert hat. Die beiden anderen Abhängigkeiten sind nicht so gravierend und betreffen im Wesentlichen Ressourcenkonflikte. Bei einer **WAR-Abhängigkeit** (Write After Read) versucht ein Befehl, ein Register zu überschreiben, das ein vorheriger Befehl möglicherweise noch liest. Bei der **WAW-Abhängigkeit** (Write After Write) verhält es sich ähnlich. Diese beiden Abhängigkeiten lassen sich oftmals vermeiden, wenn man die Ergebnisse des zweiten Befehls an einer anderen Stelle (eventuell temporär) speichern lässt. Liegt keine der genannten drei Abhängigkeiten vor und ist die benötigte Funktionseinheit verfügbar, dann wird der Befehl ausgegeben. In diesem Fall verwendet B2 ein Register (`R0`), das von einem anhängigen Befehl gelesen wird. Diese Überlappung ist aber zulässig und folglich wird B2 ausgegeben. Das Gleiche gilt für B3 in Zyklus 2.

Nun kommen wir zum Befehl B4, der R4 verwenden muss. Wie aus Zeile 3 hervorgeht, wird R4 leider gerade geschrieben. Hier liegt eine RAW-Abhängigkeit vor, sodass die Decodiereinheit anhält, bis R4 wieder verfügbar ist. Während des Stillstands bezieht sie auch keine Befehle von der Abrufeinheit. Ist der interne Puffer der Abrufeinheit gefüllt, hört sie mit dem Prefetching auf.

Es sei betont, dass beim nächsten Befehl in der Programmreihenfolge, B5, keine Konflikte mit einem der anstehenden Befehle auftreten. Man könnte ihn decodieren und starten, wenn da nicht die Design-Forderung wäre, die Befehle in der Programmreihenfolge zu starten.

Sehen wir uns nun an, was während Zyklus 3 passiert. B2 wird als Additionsbefehl (zwei Zyklen) am Ende von Zyklus 3 fertig sein. Leider lässt er sich nicht abschließen (und somit R4 für B4 freimachen). Dieses Design verlangt nämlich auch das In-Order-Abschließen. Warum? Was könnte wohl passieren, wenn man jetzt in R4 speichert und es als verfügbar markiert?

Die Antwort ist subtil, aber wichtig. Nehmen wir nur einmal an, Befehle könnten Out-of-Order abgeschlossen werden. Sollte es dann zu einem Interrupt kommen, wäre es sehr schwierig, den Zustand der Maschine für die spätere Wiederherstellung zu speichern. Insbesondere könnte man überhaupt nicht mehr sagen, dass alle Befehle bis zu einer gewissen Adresse ausgeführt seien und alle darüber hinausgehenden Befehle nicht. Diese erwünschte Eigenschaft einer CPU bezeichnet man als **präzisen Interrupt** (Precise Interrupt), siehe auch in [Moudgill und Vassiliadis, 1996]. Durch das Out-of-Order-Abschließen von Befehlen werden Interrupts ungenau, weshalb einige Maschinen das In-Order-Abschließen von Befehlen verlangen.

Doch zurück zu unserem Beispiel: Am Ende von Zyklus 4 können alle drei anhängigen Befehle abgeschlossen werden, sodass schließlich in Zyklus 5 der Befehl B4 zusammen mit dem gerade decodierten Befehl B5 ausgelöst werden kann. Bei jedem Abschließen eines Befehls muss die Decodiereinheit prüfen, ob ein angehaltener Befehl vorhanden ist, der jetzt ausgegeben werden kann.

In Zyklus 6 kommt B6 zum Stillstand, weil er in R1 schreiben muss, R1 aber belegt ist. Schließlich wird der Befehl in Zyklus 9 gestartet. Die gesamte Sequenz von acht Befehlen beansprucht aufgrund vieler Abhängigkeiten 18 Zyklen zur Fertigstellung, obwohl die Hardware in jedem Zyklus zwei Befehle starten kann. Beachten Sie aber, dass die Spalte *A* in Abbildung 4.12 von oben nach unten gelesen zeigt, dass alle Befehle in der Programmreihenfolge gestartet wurden. Analog geht aus Spalte *R* hervor, dass alle Befehle auch in der Programmreihenfolge abgeschlossen wurden.

Bei der **Out-of-Order-Ausführung** können Befehle abweichend von der Programmreihenfolge bearbeitet werden, wenn alle Abhängigkeiten von früheren Befehlen erfüllt sind. Dies kann zu einer besseren Auslastung der Funktionseinheiten führen.

Nun betrachten wir ein alternatives Design: die **Out-of-Order-Ausführung**. Bei diesem Design können Befehle von der Programmreihenfolge abweichend gestartet und ebenso abgeschlossen werden. ▶Tabelle 4.13 zeigt dieselbe Sequenz von acht Befehlen, wobei dieses Mal aber das Out-of-Order-Starten und das Out-Of-Order-Abschließen erlaubt sind.

					Gelesene Register								Geschriebene Register							
Z	B	Decodiert	A	R	0	1	2	3	4	5	6	7	0	1	2	3	4	5	6	7
1	1	R3=R0 ∗ R1	1		1	1										1				
	2	R4=R0 + R2	2		2	1	1									1	1			
2	3	R5=R0 + R1	3		3	2	1									1	1	1		
	4	R6=R1 + R4	–		3	2	1									1	1	1		
3	5	R7=R1 ∗ R2	5		3	3	2									1	1	1		1
	6	S1=R0 – R2	6		4	3	3									1	1	1		1
				2	3	3	2									1		1		1
4			4		3	4	2		1							1		1	1	1
	7	R3=R3 ∗ S1	–		3	4	2		1							1		1	1	1
	8	S2=R4 + R4	8		3	4	2		3							1		1	1	1
				1	2	3	2		3									1	1	1
				3	1	2	2		3										1	1
5				6		2	1		3					1					1	1
6			7			2	1	1	3					1		1			1	1
				4		1	1	1	2					1		1				1
				5				1	2					1		1				
				8				1								1				
7								1								1				
8								1								1				
9				7																

Tabelle 4.13: Abläufe in einer superskalaren CPU mit Out-of-Order-Starten und Out-of-Order-Abschließen

Der erste Unterschied ergibt sich in Zyklus 3. Obwohl B4 angehalten hat, können wir B5 decodieren und ausgeben, weil er mit keinem anstehenden Befehl kollidiert. Allerdings bewirkt das Überspringen von Befehlen ein neues Problem. Angenommen, B5 verwendet einen Operanden, den der übersprungene Befehl B4 berechnet. Aus dem angegebenen Scoreboard lässt sich das nicht erkennen. Folglich müssen wir das Scoreboard erweitern, um die von den übersprungenen Befehlen durchgeführten Speicheroperationen zu erfassen. Dazu fügen wir eine zweite Bitmap mit einem Bit für jedes Register hinzu, um die von den angehaltenen Befehlen ausgeführten Speichervorgänge zu protokollieren. (Diese Zähler sind in Tabelle 4.13 nicht dargestellt.) Die Regel für das Starten von Befehlen ist nun zu erweitern, damit kein Befehl ausgegeben wird, dessen Operand laut Scheduler (Befehlsplaner) von einem Befehl zu speichern ist, der eigentlich vorher an der Reihe war, aber übersprungen wurde.

Sehen Sie sich noch einmal B6, B7 und B8 in Tabelle 4.12 an. Hier ist zu erkennen, dass B6 einen Wert in `R1` berechnet, auf den B7 zurückgreift. Allerdings ist auch festzustellen, dass der Wert niemals verwendet wird, weil B8 das Register `R1` überschreibt. Es gibt keinen triftigen Grund, in `R1` das Ergebnis von B6 abzulegen. Zudem stellt `R1` als Zwischenregister noch eine unglückliche Wahl dar, obwohl es für einen Compiler oder Programmierer, der an die sequenzielle Ausführung von Befehlen ohne überlappende Befehle gewöhnt ist, absolut sinnvoll erscheint.

In Tabelle 4.13 führen wir eine neue Technik zur Lösung dieses Problems ein: die **Registerumbenennung** (Register Renaming). Die intelligente Decodiereinheit ändert die Verwendung von `R1` in B6 (Zyklus 3) und B7 (Zyklus 4) auf ein geheimes Register `S1` ab, das für den Programmierer nicht sichtbar ist. Nun lässt sich B6 gleichzeitig mit B5 starten. Moderne CPUs verfügen oft über Dutzende geheimer Register für die Registerumbenennung. Mit dieser Technik kann man oft WAR- und WAW-Abhängigkeiten vermeiden.

Die **Registerumbenennung**, also die Ersetzung eines Registers im Befehl durch ein Notizregister, beseitigt Abhängigkeiten zwischen den Befehlen und führt zu einer effizienteren Fließbandverarbeitung.

Bei B8 greifen wir erneut auf die Registerumbenennung zurück. Diesmal wird `R1` in `S2` umbenannt, sodass sich die Addition starten lässt, bevor `R1` frei ist, d.h. am Ende von Zyklus 6. Stellt sich heraus, dass das Ergebnis diesmal wirklich in `R1` stehen muss, kann man immer noch den Inhalt von `S2` rechtzeitig dorthin kopieren. Noch besser ist es, wenn alle späteren Befehle, die auf das Register zugreifen, ihre Quellen in das Register umbenennen lassen, wo es tatsächlich gespeichert ist. In jedem Fall kommt die B8-Addition auf diese Weise früher zum Zuge.

Bei vielen echten Maschinen ist die Umbenennung tief in die Organisation der Register eingebettet. Es gibt dort viele geheime Register und eine Tabelle, die die für den Programmierer sichtbaren Register auf die geheimen Register abbildet. Somit findet sich das echte Register, das beispielsweise für `R0` benutzt wird, in Eintrag 0 dieser Abbildungstabelle. Auf diese Weise gibt es kein echtes Register `R0`, sondern lediglich eine Bindung zwischen dem Namen `R0` und einem der geheimen Register. Diese Bindung ändert sich häufig während der Ausführung, um Abhängigkeiten zu vermeiden.

Liest man die vierte Spalte der Tabelle 4.13 von oben nach unten, erkennt man, dass die Befehle nicht in der Programmreihenfolge gestartet wurden. Und sie wurden auch nicht in der Programmreihenfolge abgeschlossen. Die Schlussfolgerung aus diesem Beispiel ist einfach: Durch Out-of-Order-Ausführung und Registerumbenennung konnten wir die Berechnung fast doppelt so schnell machen.

4.5.4 Spekulative Ausführung

Im vorherigen Abschnitt haben wir das Konzept der Umordnung von Befehlen zur Verbesserung der Leistung eingeführt. Wenn auch nicht explizit erwähnt, ist es dabei um die Umordnung innerhalb eines einzigen Basisblocks gegangen. Nun ist es an der Zeit, diesen Punkt eingehender zu untersuchen.

Computerprogramme kann man in **Basisblöcke** aufteilen, wobei jeder Basisblock aus einer linearen Codesequenz mit einem Eintrittspunkt oben und einem Austrittspunkt unten besteht. Ein Basisblock enthält keinerlei Steuerstrukturen (z.B. `if`- oder `while`-Anweisungen), sodass seine Übersetzung in Maschinensprache ohne Verzweigungen vor sich geht. Die Basisblöcke werden durch Steueranweisungen miteinander verbunden.

Ein Programm in dieser Form lässt sich wie in ▶Abbildung 4.30 als gerichteter Graph darstellen. Hier berechnen wir die Summe der Kubikzahlen von geraden und ungeraden Ganzzahlen bis zu einer gewissen Grenze und akkumulieren sie in *evensum* bzw. *oddsum*. Innerhalb eines jeden Basisblocks funktionieren die Umordnungstechniken des vorherigen Abschnitts.

```
evensum = 0;
oddsum = 0;
i = 0;
while (i < limit) {
    k = i * i * i;
    if (((i/2) * 2) == i)
        evensum = evensum + k;
    else
        oddsum = oddsum + k;
    i = i + 1;
}
```

(a)

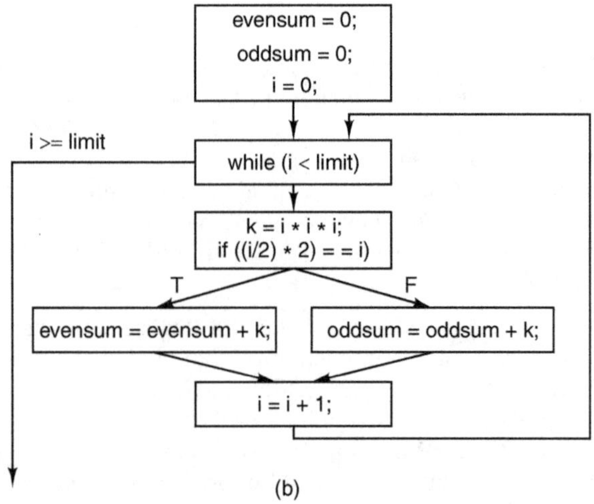

(b)

Abbildung 4.30: (a) Ein Programmfragment und (b) der entsprechende Kontrollflussgraph

Problematisch ist, dass die meisten Basisblöcke kurz sind und nicht genügend Ansatzpunkte für eine effiziente Parallelität bieten. Folglich gehen wir im nächsten Schritt dazu über, die Umordnung über Basisblockgrenzen hinweg zuzulassen und so zu versuchen, die maximale Zahl von abgeschlossenen Befehlen pro Takt zu erreichen. Die größten Gewinne lassen sich erzielen, wenn man eine potenziell langsame Operation im Graphen nach oben verschieben kann, um sie früh zu starten. Dies kann ein `LOAD`-Befehl, eine Gleitkommaoperation oder gar der Beginn einer langen Abhängigkeitskette sein. Das Verschieben von Code nach oben über einen Sprung nennt man **Hoisting** (Anheben).

Stellen Sie sich vor, dass in Abbildung 4.30 alle Variablen in Registern gespeichert werden, außer *evensum* und *oddsum* (weil nicht genügend Register vorhanden sind). Es scheint dann sinnvoll zu sein, ihre `LOAD`-Befehle vor der Berechnung von k über die Schleife zu verschieben, damit sie früh starten, sodass die Werte bei Bedarf verfügbar sind. Natürlich wird in jeder Iteration nur einer dieser `LOAD`-Befehle gebraucht, der andere ist überflüssig. Wenn aber Cache und Speicher fließbandorientiert arbeiten und das Starten weiterer Befehle möglich ist, lohnt es sich dennoch so vorzugehen. Die Ausführung von Code, noch bevor bekannt ist, ob er überhaupt gebraucht wird, nennt man **spekulative Ausführung** (Speculative Execution). Diese Technik setzt die Unterstützung von Compiler und Hardware sowie einige Architekturerweiterungen voraus. In den meisten Fällen übersteigt die Umordnung von Befehlen über mehrere Basisblockgrenzen hinweg die Fähigkeit der Hardware, sodass der Compiler die Befehle explizit verschieben muss.

Die spekulative Ausführung wirft einige interessante Probleme auf. Zum einen ist es wichtig, dass die spekulativen Befehle keine unwiderruflichen Ergebnisse erzeugen, weil sich später herausstellen kann, dass sie nicht hätten ausgeführt werden sollen.

Beim Code in Abbildung 4.30 ist es sinnvoll, *evensum* und *oddsum* abzurufen, und es ist auch richtig, die Addition auszuführen, sobald *k* verfügbar ist (selbst vor der `if`-Anweisung), doch es wäre verkehrt, die Ergebnisse in den Speicher zurückzuschreiben. Um in komplizierten Codesequenzen zu verhindern, dass spekulativer Code vorschnell – und vielleicht unerwünscht – Register überschreibt, benennt man üblicherweise alle vom spekulativen Code verwendeten Zielregister um. Auf diese Weise werden lediglich Notizregister modifiziert, sodass kein Problem entsteht, wenn der Code letztendlich nicht mehr erforderlich ist. Andernfalls werden die Arbeitsregister in die echten Zielregister kopiert. Wie man sich vorstellen kann, ist ein Scoreboard, das alle diese Dinge verwalten muss, recht komplex. Mit entsprechender Hardware lässt sich das aber bewerkstelligen.

Codestücke können zur Optimierung **spekulativ** ausgeführt werden. Ausnahmen und schreibende Zugriffe müssen bis zur endgültigen Entscheidung aufgeschoben werden.

Allerdings führt spekulativer Code zu einem anderen Problem, das sich nicht durch Registerumbenennung lösen lässt. Was passiert, wenn ein spekulativ ausgeführter Befehl eine Ausnahme (Exception) verursacht? Ein schmerzliches, aber nicht verhängnisvolles Beispiel ist ein `LOAD`-Befehl, der einen Cache-Zugriffsfehler verursacht, wenn die Maschine mit einer großen Cachezeilengröße (z.B. 256 Byte) arbeitet und ihr Speicher weit langsamer als die CPU und der Cache ist. Stoppt ein unbedingt erforderlicher `LOAD`-Befehl, so gerät die Maschine über viele Zyklen hinweg in Stillstand, während die Cachezeile geladen wird. Allerdings ist es kontraproduktiv, die Maschine anzuhalten, nur um ein Wort abzurufen, das sich später als gar nicht benötigt entpuppt. Zu viele solcher „Optimierungen" machen die CPU langsamer, als wenn sie überhaupt keine hätte. (Falls die Maschine mit einem virtuellen Speicher arbeitet, den *Kapitel 6* behandelt, könnte ein spekulativer `LOAD`-Befehl sogar einen Seitenfehler verursachen. Daraufhin ist eine Festplattenoperation erforderlich, um die benötigte Seite einzulesen. Seitenfehler können sich verheerend auf die Leistung auswirken. Deshalb ist es so wichtig, sie zu vermeiden.)

Viele moderne Maschinen verfügen über einen speziellen `SPECULATIVE-LOAD`-Befehl, der das Wort aus dem Cache zu lesen versucht und, wenn er es dort nicht findet, einfach aufgibt. Steht der Wert im Cache und wird er tatsächlich gebraucht, kann der Prozessor ihn verwenden. Befindet sich der Wert nicht im Cache, muss die Hardware ihn unverzüglich herbeischaffen. Stellt sich heraus, dass der Wert nicht benötigt wird, dann hat sich durch den Cache-Zugriffsfehler auch kein Nachteil ergeben.

Eine weit schlimmere Situation lässt sich mit der folgenden Anweisung veranschaulichen:

```
if (x > 0) z = y/x;
```

Hier sind *x*, *y* und *z* Gleitkommavariablen. Angenommen, alle Variablen werden vorab in Register eingelesen und die (langsame) Gleitkommadivision wird über den `if`-Test angehoben. Nun ist *x* leider 0 und die resultierende unzulässige Division durch null beendet das Programm. Unter dem Strich ist festzustellen, dass die Spekulation ein korrektes Programm zum Absturz gebracht hat. Noch schlimmer ist, dass der Programmierer ausdrücklich Code geschrieben hat, um diese Situation zu verhindern, und das Unglück ist trotzdem passiert. Sicherlich gehört das nicht zu den Dingen, die Glücksgefühle beim Programmierer aufkommen lassen.

Als mögliche Lösung kann man spezielle Versionen für Befehle vorsehen, die gegebenenfalls Ausnahmen auslösen. Zusätzlich fügt man jedem Register ein sogenanntes **Poison Bit** („Giftbit") hinzu. Scheitert ein spezieller spekulativer Befehl, bewirkt er keinen Trap, sondern setzt das Poison Bit im Ergebnisregister. Wenn später ein normaler Befehl auf dieses Register zugreift, tritt der Trap auf (wie er sollte). Wird allerdings das Ergebnis niemals verwendet, wird das Poison Bit schließlich gelöscht und es entsteht kein Schaden.

4.6 Beispiele der Mikroarchitekturebene

Dieser Abschnitt stellt kurze Beispiele von drei Prozessoren vor und zeigt, wie diese die Konzepte umsetzen, die wir in diesem Kapitel untersucht haben. Die Beispiele müssen zwangsläufig kurz sein, weil reale Maschinen äußerst komplex sind und Millionen von Gattern enthalten. Die Beispielprozessoren sind die gleichen, die wir bisher herangezogen haben: Core i7, OMAP4430 und ATmega168.

4.6.1 Die Mikroarchitektur der Core-i7-CPU

Nach außen hin erscheint der Core i7 wie eine herkömmliche CISC-Maschine mit Prozessoren, die einen riesigen und unhandlichen Befehlssatz für 8-, 16- und 32-Bit-Ganzzahloperationen sowie 32- und 64-Bit-Gleitkommaoperationen unterstützt. Er besitzt je Prozessor nur acht sichtbare Register, die untereinander nicht völlig identisch sind. Die Befehlslängen variieren zwischen 1 und 17 Bytes. Kurz gesagt handelt es sich um eine Legacy-Architektur, die alles falsch zu machen scheint.

Im Inneren weist der Core i7 dagegen einen modernen, aufgeräumten, stark fließbandorientiert arbeitenden RISC-Kern auf, der mit einer äußerst hohen Taktfrequenz arbeitet, die sich in den nächsten Jahren möglicherweise noch erhöht. Es ist schon erstaunlich, wie es die Intel-Ingenieure geschafft haben, einen modernen Prozessor zu bauen, um eine veraltete Architektur zu implementieren. Dieser Abschnitt beschäftigt sich mit der Mikroarchitektur des Core i7 und zeigt, wie sie funktioniert.

Die Sandy-Bridge-Mikroarchitektur des Core i7

Die als **Sandy Bridge** bezeichnete Mikroarchitektur des Core i7 stellt eine erhebliche Verbesserung gegenüber der vorherigen Generation von Intel-Mikroarchitekturen dar, einschließlich der älteren P4 und P6. ▶Abbildung 4.31 gibt einen groben Überblick über die Core-i7-Mikroarchitektur.

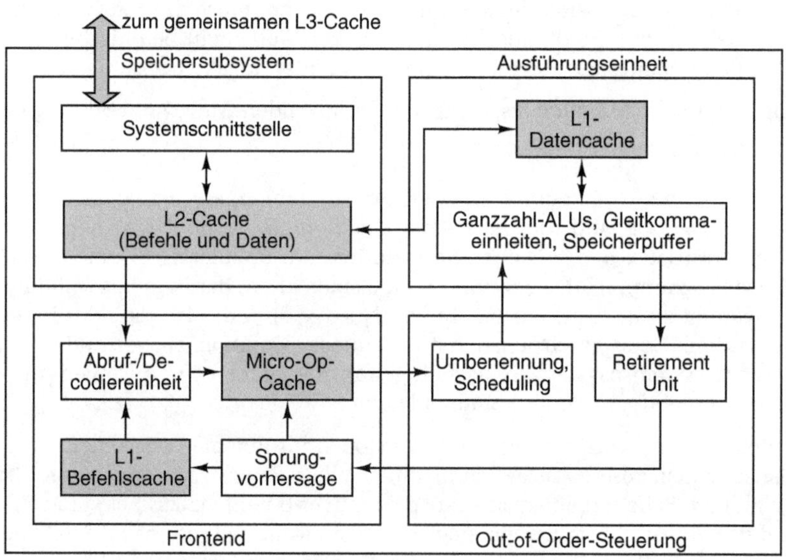

Abbildung 4.31: Blockdarstellung der Sandy-Bridge-Mikroarchitektur des Core i7

Der Core i7 besteht aus vier Hauptabschnitten: Speichersubsystem, Frontend, Out-of-Order-Steuerung und Ausführungseinheiten. Diese Abschnitte untersuchen wir nun nacheinander, wobei wir auf dem Chip links oben beginnen und entgegen dem Uhrzeigersinn vorgehen. Jeder Prozessor im Core i7 enthält ein Speichersubsystem mit einem gemeinsamen (unified) L2-Cache (Level-2-Cache) und die Logik für den Zugriff auf den L3-Cache (Level-3-Cache). Alle Prozessoren greifen auf einen einzelnen großen L3-Cache zu. Dies ist der letzte Halt, bevor die Daten den CPU-Chip verlassen und ihre sehr lange Reise über den Speicherbus zum externen RAM antreten. Die L2-Caches des Core i7 sind 256 KB groß und jeder Cache ist als 8-facher assoziativer Cache mit 64-Byte-Cachezeilen organisiert. Die Größe des gemeinsamen L3-Cache variiert von 1 MB bis 20 MB. Je mehr Sie an Intel bezahlen, desto mehr Cache bekommen Sie. Unabhängig von seiner Größe ist der L3-Cache als 12-facher assoziativer Cache mit 64-Byte-Cachezeilen organisiert. Bei einem Fehlzugriff auf den L3-Cache geht die Anforderung über den DDR3-RAM-Bus zum externen RAM.

Die beiden mit dem L1-Cache verbundenen Prefetch-Einheiten (in der Abbildung nicht gezeigt) versuchen, voraussichtlich benötigte Daten aus tieferen Ebenen des Speichersystems in den L1-Cache abzurufen. Eine Prefetch-Einheit lädt vorab den nächsten Speicherblock, wenn sie erkennt, dass ein sequenzieller „Strom" aus dem Speicher in den Prozessor abgerufen werden soll. Ein zweiter, etwas komplexerer Prefetcher verfolgt die Sequenz der Adressen von bestimmten Lade- und Speichervorgängen eines Programms. Erfolgen diese in gleichmäßigen Schritten (z.B. 0x1000 ... 0x1020 ... 0x1040 ...), dann ruft er vorab das nächste Element ab, auf das das Programm höchstwahrscheinlich zugreifen wird. Dieses schrittorientierte Prefetching wirkt Wunder für Programme, die Felder von strukturierten Variablen durchlaufen.

Prefetch-Einheiten der Caches laden Daten automatisch, sodass diese bereitstehen, wenn ein späterer Zugriff erfolgt.

Das in Abbildung 4.31 dargestellte Speichersubsystem ist sowohl mit dem Frontend als auch dem L1-Datencache verbunden. Das Frontend ist dafür zuständig, Befehle aus dem Speichersubsystem abzurufen, sie in RISC-ähnlichen Mikrooperationen zu decodieren und in zwei Befehlscaches zu speichern. Alle abgerufenen Befehle kommen in den L1-Befehlscache (Level 1). Der L1-Cache hat eine Größe von 32 KB und ist als 8-facher assoziativer Cache mit 64-Byte-Blöcken organisiert. Die aus dem L1-Cache abgerufenen Befehle gelangen zu den Decodierern, die die Folge der verwendeten Mikrooperationen ermitteln, um den Befehl in der Ausführungspipeline zu implementieren. Dieser Decodiermechanismus überbrückt die Lücke zwischen einem altertümlichen CISC-Befehlssatz und einem modernen RISC-Datenpfad.

Intel-Prozessoren übersetzen die IA-32-CISC-Befehle in eine Sequenz von RISC-Mikrooperationen, die effizient in der Pipeline bearbeitet werden können.

Die decodierten Mikrooperationen werden in den **Micro-Op-Cache** übernommen, den Intel als L0-Befehlscache (Level 0) bezeichnet. Der Micro-Op-Cache ähnelt einem herkömmlichen Befehlscache, besitzt aber jede Menge zusätzliche Kapazität, um die Micro-Op-Sequenzen zu speichern, die einzelne Befehle erzeugen. Wenn die decodierten Mikrooperationen statt der ursprünglichen Befehle im Cache stehen, ist es nicht mehr erforderlich, den Befehl bei darauffolgenden Ausführungen zu decodieren. Auf den ersten Blick scheint es, als ob Intel damit die Pipeline beschleunigen möchte (und tatsächlich geht es schneller, einen Befehl zu erzeugen), doch gibt Intel an, dass der zusätzliche Micro-Op-Cache vor allem den Leistungsbedarf des Frontends verringern soll. Ist der Micro-Op-Cache vorhanden, schläft der Rest des Frontends 80% der Zeit in einem nicht getakteten Stromsparmodus.

Im Frontend ist auch die Sprungvorhersage realisiert. Sie soll erkennen, wann der Programmablauf von einem reinen sequenziellen Abrufen abweicht, und das muss lange vor der Ausführung der Sprungbefehle geschehen können. Die Sprungvorhersage im Core i7 ist recht bemerkenswert. Leider betrachtet Intel die Details der Prozessorsprungvorhersagen für die meisten Designs als Betriebsgeheimnis. Denn die Leistung der Sprungvorhersage macht oftmals den entscheidenden Anteil an der Gesamtgeschwindigkeit des Designs aus. Je mehr Vorhersagegenauigkeit die Designer aus jedem Quadratmikrometer Silizium herausquetschen können, desto besser ist die Leistung des Gesamtdesigns. In diesem Sinne halten die Firmen diese Geheimnisse unter Verschluss und drohen sogar Mitarbeitern mit Strafverfolgung, falls sie diese Wissensschätze preisgeben sollten. Es bleibt festzuhalten, dass alle diese Mechanismen analysieren, auf welche Weise vorherige Verzweigungen erfolgt sind, und sich bei Vorhersagen auf diese Ergebnisse stützen. Doch was sie genau aufzeichnen und wie sie die Informationen speichern und wieder aufsuchen, ist topsecret. Immerhin würden Sie es auch nicht im Web ausposaunen, wenn Sie einen fantastischen Weg gefunden hätten, die Zukunft vorherzusagen.

Der Prozessor überträgt die Befehle in der vom Programm vorgegebenen Reihenfolge aus dem Micro-Op-Cache in den Out-of-Order-Scheduler, startet sie aber nicht unbedingt in der Programmreihenfolge. Trifft der Scheduler auf einen Mikrobefehl, der sich nicht ausführen lässt, dann übernimmt er ihn, führt aber die Verarbeitung des Befehlsstroms fort, um darauffolgende Befehle auszulösen, für die alle Ressourcen (Register, Funktionseinheiten etc.) verfügbar sind. Ebenfalls erfolgt hier die Registerumbenennung, um Befehlen mit einer WAR- oder WAW-Abhängigkeit eine verzögerungsfreie Fortsetzung zu ermöglichen.

Obwohl die Befehle von der Programmreihenfolge abweichend ausgelöst werden können, bedeutet die Forderung der Core-i7-Architektur nach präzisen Interrupts, dass die Befehle in der Programmreihenfolge abgeschlossen (d.h. ihre Ergebnisse sichtbar gemacht) werden müssen. Für diese Aufgabe ist die Retirement Unit (Abschlusseinheit) vorgesehen.

Im Backend des Prozessors sind die Ausführungseinheiten untergebracht, die Ganzzahl- und Gleitkommaarithmetik sowie spezialisierte Befehle ausführen. Es sind mehrere Ausführungseinheiten vorhanden, die parallel laufen können. Ihre Daten erhalten sie von der Registeranordnung und dem L1-Datencache.

Die Sandy-Bridge-Pipeline des Core i7

▶Abbildung 4.32 zeigt die Pipeline in einer vereinfachten Version der Sandy-Bridge-Mikroarchitektur. Oben finden Sie das Frontend, das Befehle aus dem Speicher abruft und sie zur Ausführung vorbereitet. Dem Frontend werden neue x86-Befehle aus dem L1-Befehlscache übergeben. Es decodiert sie in Mikrooperationen und legt sie im Micro-Op-Cache ab, der etwa 1,5 K Mikrooperationen aufnimmt. Die Leistung eines Micro-Op-Cache dieser Größe ist mit einem konventionellen L0-Cache von 6 KB vergleichbar. Der Micro-Op-Cache nimmt Gruppen von sechs Mikrooperationen in einer einzelnen Trace-Zeile auf. Für längere Sequenzen von Mikrooperationen lassen sich mehrere Trace-Zeilen miteinander verknüpfen.

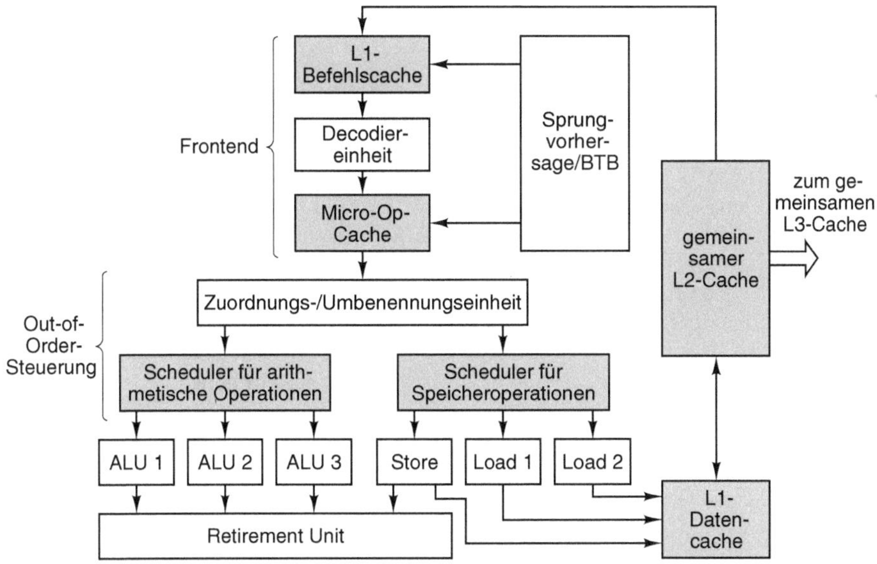

Abbildung 4.32: Vereinfachte Ansicht des Core-i7-Datenpfads

Trifft die Decodiereinheit auf eine bedingte Verzweigung, dann entnimmt sie die vorhergesagte Richtung dem **Branch Predictor** (Sprungvorhersage). Der Branch Predictor enthält den Verlauf von Verzweigungen, wie sie in der Vergangenheit stattgefunden haben, und stützt darauf seine Vorhersage, ob eine bedingte Verzweigung beim nächsten Auftreten erfolgt oder nicht. Hier kommt der streng geheime Algorithmus zum Zuge. Steht die Verzweigungsanweisung nicht in der Tabelle, so wird statische Vorhersage verwendet. Die Logik nimmt an, dass ein Rückwärtssprung zu einer Schleife gehört und ausgeführt wird. Die Genauigkeit dieser statischen Vorhersagen ist äußerst hoch. Eine Vorwärtsverzweigung wird für eine `if`-Anweisung und als nicht ausgeführt angenommen. Die Trefferquote derartiger statischer Vorhersagen ist wesentlich geringer als bei Rückwärtsverzweigungen.

Für eine ausgeführte Verzweigung wird der **BTB** (**Branch Target Buffer**) konsultiert, um die Zieladresse zu ermitteln. Der BTB speichert die Zieladresse der Verzweigung, wie sie zuletzt ausgeführt wurde. Meistens ist diese Adresse richtig (und in der Tat immer richtig bei Verzweigungen mit einer relativen Adresse). Da indirekte Verzweigungen, wie sie bei virtuellen Funktionsaufrufen und C++-`switch`-Anweisungen vorkommen, mehrere mögliche Zieladressen haben, stimmt die Vorhersage des BTB nicht immer.

Der zweite Teil der Pipeline, die Out-of-Order-Steuerlogik, wird vom Micro-Op-Cache gespeist. Die vom Frontend eintreffenden Mikrooperationen (bis zu 4 je Zyklus) protokolliert die **Zuordnungs-/Umbenennungseinheit** (Allocation/Renaming Unit) in einer Tabelle mit 168 Einträgen, dem sogenannten **Umordnungspuffer** oder **ROB** (**ReOrder Buffer**). Dieser Eintrag verfolgt den Status der Mikrooperation, bis sie abgeschlossen wird. Die Zuordnungs-/Umbenennungseinheit prüft dann, ob die von der Mikrooperation benötigten Ressourcen verfügbar sind. In diesem Fall wird die Mikrooperation zur Ausführung in eine der **Scheduler**-Warteschlangen eingereiht. Für Speicher- und Nicht-Speicher-Mikrooperationen werden separate Warteschlangen verwaltet. Wenn sich eine Mikrooperation nicht ausführen lässt, wird sie verzögert, doch darauffolgende Mikrooperationen werden verarbeitet, was zur Out-of-Order-Ausführung der Mikrooperationen führt. Diese Strategie soll alle Funktionseinheiten möglichst gut auslasten. Zu jedem Zeitpunkt können bis zu 154 Befehle gestartet sein, davon bis zu 64 Ladevorgänge aus dem Speicher und bis zu 36 Schreibvorgänge in den Speicher.

Manchmal hält eine Mikrooperation an, weil sie in ein Register schreiben muss, das von einer vorherigen Mikrooperation gelesen oder geschrieben wird. Bei diesen Konflikten handelt es sich um WAR- bzw. WAW-Abhängigkeiten, wie wir bereits weiter vorn gesehen haben. Indem man das Ziel der neuen Mikrooperation umbenennt, damit sie ihr Ergebnis in eines der 160 Notizregister statt in das vorgesehene – immer noch beschäftigte – Ziel schreiben kann, lässt sich die Mikrooperation für sofortige Ausführung planen. Ist kein Notizregister verfügbar oder hat die Mikrooperation eine RAW-Abhängigkeit (die sich niemals überdecken lässt), vermerkt die Zuordnungseinheit (Allocator) die Ursache des Problems im ROB-Eintrag. Werden später alle erforderlichen Ressourcen verfügbar, dann kommt die Mikrooperation in eine der Ausführungswarteschlangen.

Die Scheduler-Warteschlangen senden Mikrooperationen an die sechs Funktionseinheiten, wenn sie bereit zur Ausführung sind. Folgende Funktionseinheiten sind vorhanden:

1. ALU 1 und die Gleitkommaeinheit für Multiplikation
2. ALU 2 und die Gleitkommaeinheit für Addition/Subtraktion
3. ALU 3 und die Einheit für Sprungverarbeitung und Gleitkommavergleiche
4. Speicherbefehle
5. Ladebefehle 1
6. Ladebefehle 2

Da die Scheduler und die ALUs eine Operation je Zyklus verarbeiten können, ist ein 3-GHz-Core-i7 in der Lage, 18 Milliarden Operationen je Sekunde auszusenden, wobei aber der Prozessor dieses Durchsatzniveau in der Praxis nie erreicht. Das Frontend liefert höchstens vier Mikrooperationen je Zyklus. Somit lassen sich in kurzen Bursts nur sechs Mikrooperationen ausgeben, da die Scheduler-Warteschlangen binnen Kurzem leer sind. Außerdem benötigen die Speichereinheiten jeweils vier Zyklen, um ihre Operationen zu verarbeiten. Insofern könnten sie zum maximalen Ausführungsdurchsatz ohnehin nur in kleinen Bursts beitragen. Auch wenn sich die Ausführungsressourcen nicht voll auslasten lassen, bieten die Funktionseinheiten eine beträchtliche Ausführungskapazität. Das ist auch der Grund, warum die Out-of-Order-Steuerung solche Schwierigkeiten hat, genügend Arbeit für sie zu finden.

Die drei Ganzzahl-ALUs sind nicht identisch. ALU 1 wickelt alle arithmetischen und logischen Operationen sowie Multiplikationen und Divisionen ab. ALU 2 ist ausschließlich arithmetischen und logischen Operationen vorbehalten. ALU 3 kann arithmetische und logische Operationen ausführen sowie Verzweigungen auflösen. Auch die beiden Gleitkommaeinheiten sind nicht identisch. Die erste kann Gleitkommaarithmetik einschließlich der Multiplikation durchführen, die zweite beherrscht nur Gleitkommaadditionen und -subtraktionen sowie Verschiebebefehle.

Die ALU und die Gleitkommaeinheiten werden durch ein Paar Registersätze mit 128 Einträgen gespeist, wobei je ein Satz für Ganzzahlen und einer für Gleitkommazahlen gedacht ist. Diese liefern alle Operanden für die auszuführenden Befehle und stellen ein Repository für Ergebnisse bereit. Infolge der Registerumbenennung enthalten acht von ihnen die Register, die auf der ISA-Ebene sichtbar sind (`EAX`, `EBX`, `ECX`, `EDX` usw.), aber welche acht die „wirklichen“ Werte aufnehmen, ändert sich mit der Zeit, da sich die Abbildung während der Ausführung ändert.

Die Sandy-Bridge-Architektur führt die AVX (Advanced Vector Extensions) ein, die parallele Vektoroperationen mit 128-Bit-Daten unterstützt. Diese neue ISA-Erweiterung verarbeitet sowohl Gleitkomma- als auch Ganzzahlvektoren, und zwar in doppelter Vektorgröße gegenüber den bisherigen ISA-Erweiterungen SSE und SSE2. Wie implementiert die Architektur 256-Bit-Operationen mit Datenpfaden und Funktionseinheiten, die lediglich 128 Bit breit sind? AVX koordiniert hierzu geschickt die beiden 128-Bit-Scheduler-Ports zu einer 256-Bit-Funktionseinheit.

Die **Vektoreinheiten** der Sandy-Bridge-Architektur können bis zu 8 Fließkommaoperationen pro Takt ausführen.

Der L1-Datencache ist eng an das Backend der Sandy-Bridge-Pipeline gekoppelt. Dieser 32-KB-Cache nimmt Ganzzahlen, Gleitkommazahlen und andere Datentypen auf. Im Unterschied zum Micro-Op-Cache findet hier keinerlei Decodierung statt. Der Cache übernimmt einfach eine Kopie der Bytes im Hauptspeicher. Organisiert ist der L1-Cache als 8-facher assoziativer Cache mit 64 Bytes je Cachezeile. Er ist ein Write-Back-Cache – ändert sich eine Cachezeile, so wird deren Dirty-Bit gesetzt und die Daten werden zurück in den L2-Cache kopiert, wenn sie aus dem L1-Datencache verdrängt werden. Der Cache kann zwei Lese- und eine Schreiboperation je Taktzyklus verarbeiten. Diese Mehrfachzugriffe sind mithilfe von **Banking** implementiert, das den Cache in getrennte Teilcaches (8 bei Sandy Bridge) aufteilt. Sofern alle drei Zugriffe auf separate Bänke erfolgen, können sie hintereinander ablaufen; andernfalls müssen alle kollidierenden Bankzugriffe bis auf einen anhalten. Ist ein benötigtes Wort nicht im L1-Cache vorhanden, ergeht eine Anforderung an den L2-Cache, der entweder sofort antwortet oder erst die Cachezeile aus dem gemeinsamen L3-Cache abruft und dann antwortet. Zu jedem Zeitpunkt können bis zu 10 Anforderungen vom L1-Cache an den L2-Cache anstehen.

Da Mikrooperationen Out-of-Order ausgeführt werden, sind Speichervorgänge in den L1-Cache erst dann erlaubt, wenn alle Befehle vor dem Befehl, der die Speicheroperation bewirkt hat, abgeschlossen wurden. Die **Retirement Unit** muss die Befehle in der richtigen Reihenfolge abschließen und protokollieren, wo sie sich befinden. Tritt ein Interrupt auf, dann werden die noch nicht abgeschlossenen Befehle abgebrochen. Damit besitzt der Core i7 die Eigenschaft „präziser Interrupts“, d.h., bei einem Interrupt sind alle Befehle bis zu einem bestimmten Punkt abgeschlossen und kein Befehl darüber hinaus hat irgendeine Auswirkung.

Wenn ein Speicherbefehl abgeschlossen wurde, aber frühere Befehle immer noch bearbeitet werden, kann der L1-Cache nicht aktualisiert werden, sodass die Ergebnisse in einen Pending-Store-Puffer kommen. Dieser Puffer umfasst 36 Einträge, die den 36 gleichzeitig ausführbaren Speicheroperationen entsprechen. Wenn ein darauffolgender Ladevorgang versucht, die gespeicherten Daten zu lesen, kann der Befehl die Daten aus dem Pending-Store-Puffer erhalten, selbst wenn sie noch nicht im L1-Datencache stehen. Dieser Vorgang heißt **Store-to-Load**-Weiterleitung. Dieser Weiterleitungsmechanismus mag einfach erscheinen, doch ist er in der Praxis recht schwierig zu implementieren, da die Adressen von dazwischenliegenden Speichervorgängen möglicherweise noch nicht berechnet sind. In diesem Fall kann die Mikroarchitektur nicht eindeutig erkennen, welcher Speicher im Speicherpuffer den benötigten Wert liefert. Als **Disambiguierung** bezeichnet man den Vorgang, die Speicheroperation zu ermitteln, die den Wert für eine Ladeoperation bereitstellt.

Mittlerweile dürfte klar sein, dass der Core i7 eine äußerst komplexe Mikroarchitektur besitzt, deren Design sich auch daran orientiert, dass der alte Pentium-Befehlssatz auf einem modernen, stark fließbandorientiert arbeitenden RISC-Kern laufen muss. Der Core i7 erreicht dieses Ziel, indem er die Pentium-Befehle in Mikrooperationen auflöst, sie in einen Cache schreibt und jeweils vier gleichzeitig in die Pipeline abruft, um sie auf einem Satz von ALUs ausführen zu lassen, die unter optimalen Bedingungen bis zu sechs Mikrooperationen je Zyklus ausführen können. Mikrooperationen werden abweichend von der Programmreihenfolge ausgeführt, aber in der richtigen Reihenfolge abgeschlossen. Auch die Ergebnisse werden in der richtigen Reihenfolge in die L1- und L2-Caches übernommen.

4.6.2 Die Mikroarchitektur der OMAP4430-CPU

Das Herz des Ein-Chip-Systems OMAP4430 bilden zwei Cortex-A9-ARM-Prozessoren. Die äußerst leistungsfähige Cortex-A9-Mikroarchitektur implementiert den ARM-Befehlssatz (Version 7). Der Prozessor wurde von der Firma ARM Ltd. entwickelt und ist mit leichten Variationen in einer breiten Palette von eingebetteten Geräten eingebaut. ARM fertigt den Prozessor nicht selbst, sondern liefert nur den Entwurf an Halbleiterhersteller, die ihn in ihr eigenes Ein-Chip-System einbinden möchten (im Beispiel Texas Instruments).

Der **Cortex-A9** ist ein RISC-Prozessor der Firma ARM, bei dem viele der Techniken verwendet werden, die auch im Core i7 zum Einsatz kommen. Der Prozessor wird in Ein-Chip-Systemen eingesetzt und hat einen deutlich geringeren Stromverbrauch.

Der Cortex-A9-Prozessor ist eine 32-Bit-Maschine mit 32-Bit-Registern und einem 32-Bit-Datenpfad. Wie die interne Architektur ist auch der Speicherbus 32 Bit breit. Im Unterschied zum Core i7 handelt es sich beim Cortex-A9 um eine echte RISC-Architektur. Deshalb kommt er ohne den komplexen Mechanismus aus, der alte CISC-Befehle zur Ausführung in Mikrooperationen konvertiert. Praktisch sind die Kernbefehle bereits ARM-Befehle, die Mikrooperationen ähneln. In den letzten Jahren sind allerdings komplexere Grafik- und Multimediabefehle hinzugekommen, die für ihre Ausführung spezielle Hardwareeinrichtungen voraussetzen.

Übersicht über die Cortex-A9-Mikroarchitektur des OMAP4430

▶Abbildung 4.33 zeigt das Blockschema der Cortex-A9-Mikroarchitektur. Insgesamt gesehen ist sie wesentlich einfacher als die Sandy-Bridge-Mikroarchitektur des Core i7, weil eine einfachere ISA-Architektur zu implementieren ist. Dennoch sind einige Schlüsselkomponenten denen des Core i7 ähnlich. Die Ähnlichkeiten ergeben sich vor allem aus der Technologie, den Beschränkungen im Leistungsbedarf und der Wirtschaftlichkeit. Zum Beispiel nutzen beide Designs eine Cachehierarchie mit mehreren Ebenen, um den engen Kostenrahmen typischer eingebetteter Anwendungen zu entsprechen; allerdings ist die letzte Ebene des Cortex-A9-Cache-Systems (L2) nur 1 MB groß und damit beträchtlich kleiner als beim Core i7, der Caches der letzten Ebene (L3) mit bis zu 20 MB unterstützt. Im Gegensatz dazu gehen die Unterschiede vor allem darauf zurück, dass der Core i7 die Kluft zwischen einem alten CISC-Befehlssatz und einem modernen RISC-Kern überbrücken muss, während das beim OMAP4430 nicht notwendig ist.

Im oberen Teil von Abbildung 4.33 befindet sich der 4-fach assoziative Befehlscache mit 32 KB, der 32-Byte-Cachezeilen verwendet. Da die meisten ARM-Befehle 4 Byte lang sind, lassen sich hier ungefähr 8 K Befehle unterbringen, erheblich mehr als im Micro-Op-Cache des Core i7.

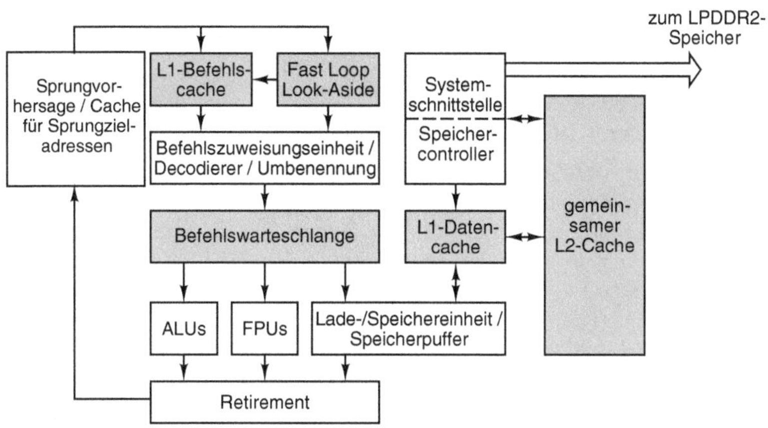

Abbildung 4.33: Blockschema der Cortex-A9-Mikroarchitektur des OMAP4430

Die **Befehlszuweisungseinheit** (Instruction Issue Unit) bereitet je Taktzyklus bis zu vier Befehle für die Ausführung vor. Tritt ein Zugriffsfehler im L1-Cache auf, dann werden weniger Befehle ausgelöst. Bei einem bedingten Sprung sagt ein Branch Predictor anhand einer Tabelle mit 4-K-Einträgen voraus, ob die Verzweigung stattfindet oder nicht. Erfolgt der vorhergesagte Sprung, dann sucht der Predictor im Branch-Target-Address-Cache (mit 1 K Einträgen) nach der vorhergesagten Zieladresse. Und wenn das Frontend erkennt, dass das Programm eine kurze Schleife ausführt (d.h. eine nicht verschachtelte kleine Schleife), lädt er sie in den Fast-Loop-Look-Aside-Cache. Diese Optimierung beschleunigt das Abrufen von Befehlen und verringert den Leistungsbedarf, da die Caches und die Sprungvorhersageeinheiten in einen Schlafmodus mit geringer Stromaufnahme gehen können, während die kurze Schleife ausgeführt wird.

Die Ausgabe der Befehlszuweisungseinheit gelangt zu den Decodierern, die ermitteln, welche Ressourcen und Eingaben für die Befehle erforderlich sind. Wie beim Core i7 werden die Befehle nach dem Decodieren umbenannt, um WAR-Konflikte zu vermeiden, die die Out-of-Order-Ausführung bremsen können. Nach der Umbenennung kommen die Befehle in die Warteschlange für die Befehlsverteilung. Sie gibt die Befehle aus, wenn deren Eingaben für die Funktionseinheiten bereit sind, was möglicherweise nicht in der Programmreihenfolge geschieht.

Wie Abbildung 4.33 zeigt, sendet die Warteschlange zur Befehlsverteilung die Befehle an die Funktionseinheiten. Die Ausführungseinheit für Ganzzahlen enthält zwei ALUs und eine kurze Pipeline für Verzweigungsbefehle. Hier ist auch der physische Registersatz mit ISA-Registern und einigen Notizregistern untergebracht. Die Cortex-A9-Pipeline kann optional eine oder mehrere Recheneinheiten enthalten, die als zusätzliche Funktionseinheiten agieren. ARM unterstützt ein Rechenmodul für Gleitkommaberechnungen namens **VFP** und eines für ganzzahlige SIMD-Vektorberechnungen namens **NEON**.

Die Lade-/Speichereinheit verarbeitet verschiedene Lade- und Speicherbefehle. Von ihr führen Pfade zum Datencache und zum Speicherpuffer. Der **Datencache** ist ein herkömmlicher 4-fach assoziativer L1-Datencache mit einer Größe von 32 KB und verwendet 32-Byte-Zeilen. Der **Speicherpuffer** nimmt die Speicheroperationen auf, deren Werte noch nicht in den Datencache geschrieben wurden (bei Abschluss der Operation). Eine Ladeoperation versucht zuerst, ihren Wert aus dem Speicherpuffer abzurufen, wobei die Store-to-Load-Weiterleitung wie beim Core i7 verwendet wird. Steht der Wert nicht im Speicherpuffer, dann ruft die Operation ihn aus dem Datencache ab. Eine Ladeoperation kann auch blockiert werden, wenn der Speicherpuffer eine frühere Schreiboperation auf eine unbekannte Adresse anzeigt. Falls ein Zugriffsfehler auf den L1-Datencache auftritt, wird der Speicherblock aus dem gemeinsamen (unified) L2-Cache geholt. Unter bestimmten Umständen führt der Cortex-A9-Prozessor auch Hardware-Prefetching aus dem L2-Cache in den L1-Datencache durch, um die Leistung von Lade- und Speicheroperationen zu verbessern.

Der OMAP4430-Chip enthält auch die Logik, um den Speicherzugriff zu steuern. Die Logik ist in zwei Teile gegliedert: die Systemschnittstelle und den Speichercontroller. Die Systemschnittstelle kommuniziert mit dem Speicher über einen 32 Bit breiten LPDDR2-Bus. Sämtliche nach außen gehenden Speicheranforderungen laufen über diese Schnittstelle. Der LPDDR2-Bus unterstützt eine 26-Bit-Adresse (Wort-, nicht Byte-Adresse) zu 8 Bänken, die ein 32-Bit-Datenwort zurückgeben. Theoretisch kann der Hauptspeicher bis zu 2 GB pro LPDDR2-Kanal groß sein. Da der OMAP4430 zwei Kanäle besitzt, kann er bis zu 4 GB externen RAM adressieren.

Der Speichercontroller bildet virtuelle 32-Bit-Adressen auf physische 32-Bit-Adressen ab. Der Cortex-A9-Prozessor unterstützt virtuellen Speicher (siehe *Kapitel 6*) mit einer Seitengröße von 4 KB. Um die Abbildung zu beschleunigen, lässt sich mithilfe spezieller Tabellen, den sogenannten **TLBs** (**Translation Lookaside Buffers**) die momentan referenzierte virtuelle Adresse mit den in der Vergangenheit referenzierten Adressen vergleichen. Für die Zuordnung von Befehls- und Datenadressen stehen zwei derartige Tabellen bereit.

Die Cortex-A9-Pipeline des OMAP4430

Der Cortex-A9 besitzt eine 11-stufige Pipeline, wie sie ▶Abbildung 4.34 in vereinfachter Form zeigt. Die Kurznamen der 11 Stufen sind in der Abbildung auf der linken Seite angegeben. Die Stufe *Fe1* (Fetch #1) befindet sich am Anfang der Pipeline. Das hat den Zweck, dass die Adresse des nächsten abzurufenden Befehls dazu dient, den Befehlscache zu indizieren und eine Verzweigungsvorhersage zu starten. Normalerweise ist es diejenige Adresse, die auf den vorherigen Befehl folgt. Diese sequenzielle Reihenfolge wird aber aus verschiedenen Gründen unterbrochen, beispielsweise wenn ein vorheriger Befehl ein Verzweigungsbefehl ist, für den die Verzweigung vorhergesagt wurde, oder wenn ein Trap oder Interrupt zu bedienen ist. Da es mehr als einen Zyklus dauert, einen Befehl zu holen und eine Verzweigung vorherzusagen, bietet die Stufe *Fe2* (Fetch #2) zusätzliche Zeit, um diese Operationen auszuführen. In der Stufe *Fe3* (Fetch #3) werden die geholten Befehle (bis zu 4) in die Befehlswarteschlange gestellt.

Die Stufen *De1* und *De2* (Decode) decodieren die Befehle. In diesem Schritt wird ermittelt, welche Eingaben (Register und Speicher) die Befehle benötigen und welche Ressourcen (Funktionseinheiten) für die Ausführung erforderlich sind. Ist die Decodierung abgeschlossen, gelangen die Befehle zur Stufe *Re* (Rename), die die angesprochenen Register umbenennt, um während der Out-of-Order-Ausführung WAR- und WAW-Konflikte zu vermeiden. Diese Stufe enthält die Umbenennungstabelle, in der verzeichnet ist, welches physische Register momentan einem Architekturregister zugeordnet ist. Mithilfe dieser Tabelle lässt sich jedes beliebige Eingaberegister leicht umbenennen. Dem Ausgaberegister ist ein neues physisches Register zuzuteilen, das aus einem Pool nicht verwendeter physischer Register genommen wird. Der Befehl beansprucht das zugewiesene physische Register, bis er abgeschlossen ist.

Als Nächstes gelangen die Befehle in die Stufe *Iss* (Instruction Issue), die sie in der Befehlszuweisungswarteschlange (Instruction Issue Queue) ablegt. Diese Warteschlange sucht nach Befehlen, für die alle Eingaben bereitstehen. Sobald das der Fall ist, werden deren Registereingaben (vom physischen Registersatz oder dem Bypass-Bus der Funktionseinheiten geholt und der Befehl wird an die Ausführungsstufen weitergeleitet. Wie beim Core i7 löst der Cortex-A9 die Befehle unter Umständen abweichend von der Programmreihenfolge aus. In jedem Zyklus lassen sich bis zu vier Befehle starten. Die Auswahl der Befehle ist durch die verfügbaren Funktionseinheiten beschränkt.

In den *Ex*-Stufen (Execute) findet die eigentliche Befehlsausführung statt. Die meisten arithmetischen, booleschen und Verschiebebefehle verwenden die Ganzzahl-ALUs und sind in einem Zyklus abgearbeitet. Speicher- und Ladeoperationen benötigen zwei Zyklen (bei Treffern im L1-Cache) und Multiplikationen drei Zyklen. Die *Ex*-Stufen enthalten die folgenden Funktionseinheiten:

1. Ganzzahl-ALU 1
2. Ganzzahl-ALU 2
3. Multipliziereinheit
4. Gleitkomma- und SIMD-ALU (optional mit VFP- und NEON-Unterstützung)
5. Lade- und Speichereinheit

Die erste *Ex*-Stufe verarbeitet zudem bedingte Verzweigungsbefehle und bestimmt deren Richtung (verzweigen/nicht verzweigen). Falls die Vorhersage nicht zutrifft, wird ein Signal zurück an die Stufe *Fe1* gesendet und die Pipeline geleert.

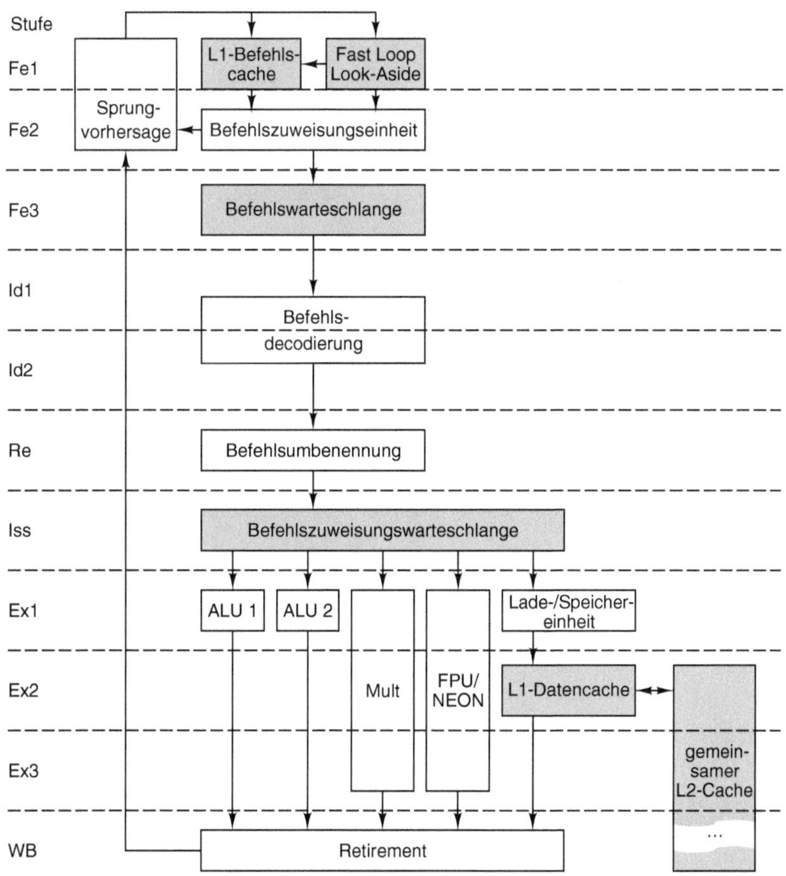

Abbildung 4.34: Vereinfachte Darstellung der Cortex-A9-Pipeline des OMAP4430

Nachdem die Ausführung abgeschlossen ist, gelangen die Befehle in die Stufe *WB* (Write-Back), wo jeder Befehl den physischen Registersatz sofort aktualisiert. Dann schreibt er sein Registerergebnis in den Architekturregistersatz, was gegebenenfalls später passiert, wenn es sich um den ältesten noch laufenden Befehl handelt. Tritt ein Trap oder Interrupt auf, werden diese Werte und nicht die Werte in den physischen Registern sichtbar gemacht. Das Speichern der Register im Architekturregistersatz ist gleichwertig mit dem Abschließen (Retirement) im Core i7. In der Stufe *WB* schließen außerdem alle Speicherbefehle die Übernahme ihrer Ergebnisse in den L1-Datencache ab.

Diese Beschreibung der Cortex-A9-Mikroarchitektur ist bei Weitem nicht vollständig, sollte aber eine vernünftige Vorstellung davon vermitteln, wie sie arbeitet und sich von der Core-i7-Mikroarchitektur unterscheidet.

4.6.3 Die Mikroarchitektur des Mikrocontrollers ATmega168

▶Abbildung 4.35 zeigt als letztes Beispiel die Mikroarchitektur des ATmega168 von Atmel. Sie ist beträchtlich einfacher als die Mikroarchitekturen von Core i7 und OMAP4430. Der Grund für diese Einfachheit liegt darin, dass der Chip im Hinblick auf den Markt für eingebettete Systeme sehr klein und billig sein muss. In diesem Sinne zielt das Design des ATmega168 in erster Linie darauf ab, den Chip billig zu machen, nicht unbedingt schnell. Billig und einfach passt gut zusammen, während billig und schnell keine guten Partner sind.

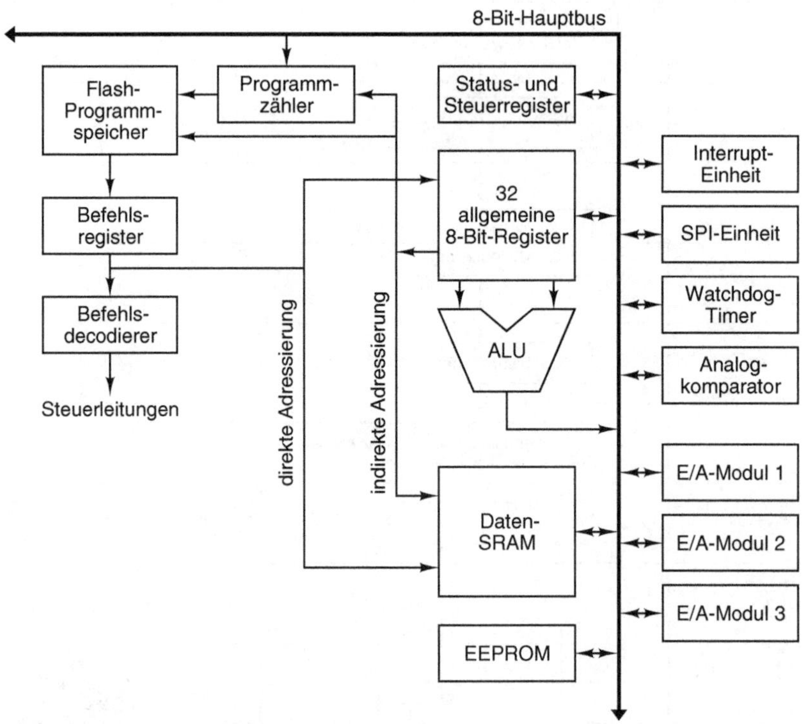

Abbildung 4.35: Die Mikroarchitektur des ATmega168

Der 8-Bit-Hauptbus bildet das Herz des ATmega168. Daran sind die Register und Statusbits, die ALU, der Speicher und die E/A-Geräte angeschlossen. Darauf gehen wir jetzt kurz ein. Der Registersatz mit 32 8-Bit-Registern ist dafür vorgesehen, Programmwerte temporär aufzubewahren. Die **Status- und Steuerregister** speichern die Bedingungscodes der letzten ALU-Operation (d.h. Vorzeichen, Überlauf, Minus, Null und Übertrag) sowie ein Bit, das einen anhängigen Interrupt anzeigt. Im **Programmzähler** steht die Adresse des momentan ausgeführten Befehls. Eine ALU-Operation liest zuerst die Operanden aus den Registern und kann die Ausgabe über den Hauptbus in jedes der schreibbaren Register schreiben.

Der ATmega168 besitzt mehrere Speicher für Daten und Befehle. Der SRAM für Daten hat eine Kapazität von 1 KB und lässt sich damit durch eine 8-Bit-Adresse auf dem Hauptbus nicht vollständig adressieren. Deshalb erlaubt es die AVR-Architektur, Adressen aus einem sequenziellen Paar von 8-Bit-Registern zu einer 16-Bit-Adresse zusammenzusetzen, die bis zu 64 KB Datenspeicher unterstützt. Der EEPROM bietet bis zu 1 KB nicht volatilen Speicherplatz, in dem Programme solche Variablen ablegen können, deren Inhalt auch beim Abschalten der Betriebsspannung erhalten bleiben muss.

Für den Programmspeicher gibt es einen ähnlichen Mechanismus, doch sind 64 KB Code selbst für kostengünstige eingebettete Systeme zu wenig. Um mehr Befehlsspeicher adressieren zu können, definiert die AVR-Architektur drei RAM-Seitenregister (RAMPX, RAMPY und RAMPZ) mit einer Breite von jeweils 8 Bit. Das RAM-Seitenregister ist mit einem 16-Bit-Registerpaar verkettet. Dies ergibt eine 24-Bit-Programmadresse für einen möglichen Befehlsadressraum von 16 MB.

Wie war das doch gleich? 64 KB Code sind zu wenig für einen Mikrocontroller, der für ein Spielzeug oder ein kleines Haushaltsgerät gedacht ist. IBM hat 1964 das System 360 Modell 30 herausgebracht, das über einen Speicher von insgesamt 64 KB verfügte (ohne Kniffe für eine mögliche Aufrüstung). Der Verkaufspreis lag bei 250.000 US-Dollar, was heute ungefähr 2 Millionen US-Dollar entspricht. Der ATmega168 kostet dagegen nur 1 US-Dollar, bei Abnahme einer großen Stückzahl sogar noch weniger. Wenn Sie sich dagegen die Preisliste von Boeing ansehen, werden Sie feststellen, dass die Preise für Flugzeuge keineswegs um einen Faktor von 250.000 in den letzten 50 Jahren gefallen sind. Ähnliches gilt auch für die Preise von Autos, Fernsehgeräten oder allem anderen, mit Ausnahme von Computern.

Darüber hinaus besitzt der ATmega168 einen Interrupt-Controller, eine serielle Schnittstelle (Serial Port Interface, SPI) und Timer, die für Echtzeitanwendungen unentbehrlich sind. Des Weiteren gibt es drei digitale E/A-Ports mit einer Breite von 8 Bit, über die der ATmega168 bis zu 24 externe Taster, Leuchten, Sensoren, Aktoren usw. steuern kann. Mehr als alles andere sind es die Timer und die E/A-Ports, die den Einsatz des ATmega168 für eingebettete Anwendungen ohne zusätzliche Chips ermöglichen.

Der ATmega168 ist ein synchroner Prozessor, der die meisten Befehle in einem Taktzyklus abarbeitet, auch wenn manche Befehle mehrere Zyklen benötigen. Die Pipeline-orientierte Architektur des Prozessors ruft einen Befehl ab, während der vorherige Befehl ausgeführt wird. Allerdings umfasst die Pipeline nur zwei Stufen – Abrufen und Ausführen. Um Befehle in einem Zyklus ausführen zu können, sind im Taktzyklus das Lesen des Registers aus der Registerbank, das anschließende Ausführen des Befehls in der ALU und schließlich das Zurückschreiben des Registers in die Registerbank unterzubringen. Da alle diese Operationen in einem Taktzyklus erfolgen, sind weder eine Bypass-Logik noch eine Konflikterkennung (Stalling) erforderlich. Programmbefehle werden der Reihe nach in einem Zyklus ausgeführt, ohne sich mit anderen Befehlen zu überlappen.

Zum ATmega168 gibt es zwar noch viel mehr zu sagen – die obige Beschreibung und Abbildung 4.35 vermitteln aber zumindest die grundlegenden Konzepte. Der ATmega168 besitzt einen einzigen Hauptbus (um die Chipfläche zu verringern), an den ein heterogener Registersatz und verschiedene Speicher- und E/A-Geräte angeschlossen sind. Jeder Datenpfadzyklus liest zwei Operanden aus der Registerbank, schleust sie durch die ALU und speichert die Ergebnisse in ein Register zurück, genau wie bei moderneren Computern.

4.7 Core i7, OMAP4430 und ATmega168 im Vergleich

Unsere drei Beispiele sind zwar sehr unterschiedlich, zeigen aber doch eine Reihe von Gemeinsamkeiten. Der Core i7 realisiert einen altertümlichen CISC-Befehlssatz, den die Intel-Techniker liebend gern in die San Francisco Bay werfen würden, auch wenn dies die Gesetze über Gewässerverunreinigung von Kalifornien verletzen würde. Der OMAP4430 verkörpert ein reines RISC-Design mit einem schlanken und rationellen Befehlssatz. Der ATmega168 ist ein einfacher 8-Bit-Prozessor für eingebettete Anwendungen. Doch das Herz dieser Prozessoren besteht aus einem Satz von Registern und einer oder mehrerer ALUs, die einfache arithmetische und boolesche Operationen mit Registeroperanden ausführen.

Trotz ihrer offenkundigen äußeren Unterschiede besitzen der Core i7 und der OMAP4430 recht ähnliche Ausführungseinheiten: Beide akzeptieren Mikrooperationen, die einen Opcode, zwei Quellregister und ein Zielregister enthalten. Beide können eine Mikrooperation in einem Zyklus ausführen. Und beide besitzen tiefe Pipelines, eine Verzweigungsvorhersage und geteilte Befehls- und Datencaches.

Diese innere Ähnlichkeit ist weder ein Zufall noch auf die endlosen Jobwechsel bei den Ingenieuren im Silicon Valley zurückzuführen. Wie die Beispiele der Mic-3 und Mic-4 gezeigt haben, ist es leicht und natürlich, einen Pipeline-orientierten Datenpfad aufzubauen, der zwei Quellregister nimmt, sie durch eine ALU schleust und die Ergebnisse in einem Register speichert. Abbildung 4.22 veranschaulicht diese Pipeline. Mit der aktuellen Technologie ist dies das effizienteste Design.

Der Core i7 und der OMAP4430 unterscheiden sich vor allem darin, wie sie von ihrem ISA-Befehlssatz zur Ausführungseinheit kommen. Der Core i7 muss seine CISC-Befehle aufteilen, um sie in das 3-Register-Format zu überführen, das die Ausführungseinheit benötigt. Hierfür ist das in Abbildung 4.32 gezeigte Frontend zuständig – große Befehle in leichtverdauliche Mikrooperationen zu zerlegen. Der OMAP4430 hat nichts dergleichen zu tun, weil seine nativen ARM-Befehle bereits kleine Mikrooperationen sind. Aus diesem Grund sind die meisten neuen ISAs vom RISC-Typ – um eine bessere Übereinstimmung zwischen dem ISA-Befehlssatz und dem internen Ausführungsmodul zu realisieren.

Es ist lehrreich, unser letztes Design, die Mic-4, mit diesen beiden realen Beispielen zu vergleichen. Die Mic-4 entspricht mehr dem Core i7. Beide müssen einen Nicht-RISC-ISA-Befehlssatz interpretieren. Beide teilen dazu die ISA-Befehle in Mikrooperationen mit einem Opcode, zwei Quellregistern und einem Zielregister auf. Und in beiden Fällen kommen die Mikrooperationen in eine Warteschlange, um sie später auszuführen. Die Mic-4 besitzt ein strenges Design mit In-Order-Ausgabe, In-Order-Ausführung und In-Order-Abschluss, während der Core i7 das Prinzip In-Order-Ausgabe, Out-of-Order-Ausführung und In-Order-Abschluss realisiert.

Die Mic-4 und der OMAP4430 lassen sich eigentlich überhaupt nicht vergleichen, weil der OMAP4430 mit RISC-Befehlen (d.h. 3-Register-Mikrooperationen) als ISA-Befehlssatz arbeitet. Diese Befehle brauchen nicht aufgeteilt zu werden. Sie lassen sich unverändert ausführen, und zwar jeder in einem einzigen Datenpfadzyklus.

Im Unterschied zum Core i7 und zum OMAP4430 ist der ATmega168 tatsächlich eine sehr einfache Maschine. Er arbeitet eher RISC- als CISC-artig, da sich die meisten seiner einfachen Befehle in einem Taktzyklus ausführen lassen und nicht zerlegt werden müssen. Er besitzt weder Pipelines noch Caches und arbeitet nach dem Schema In-Order-Ausgabe, In-Order-Ausführung und In-Order-Abschluss. In seiner Einfachheit ähnelt er mehr der Mic-1.

ZUSAMMENFASSUNG

Der **Datenpfad** bildet das Herz eines jeden Computers. Er enthält einige Register, einen, zwei oder drei Busse sowie eine oder mehrere Funktionseinheiten, wie zum Beispiel ALUs und Schieberegister. Die Hauptausführungsschleife ruft Operanden aus den Registern ab und sendet sie über die Busse zur ALU sowie an eine andere Funktionseinheit, um sie ausführen zu lassen. Die Ergebnisse werden dann zurück in die Register gespeichert.

Der Datenpfad lässt sich durch einen Sequenzer steuern, der Mikrobefehle aus einem Steuerspeicher holt. Jeder Mikrobefehl enthält Bits, die den Datenpfad über einen Zyklus hinweg steuern. Diese Bits legen fest, welche Operanden auszuwählen und welche Operationen auszuführen sind und was mit den Ergebnissen geschehen soll. Darüber hinaus spezifiziert jeder Mikrobefehl seinen Nachfolger, indem er normalerweise explizit dessen Adresse enthält. Einige Mikrobefehle modifizieren diese Basisadresse, indem sie Bits per OR mit der Adresse vor ihrer Verwendung verknüpfen.

Die **IJVM-Maschine** ist eine Kellermaschine mit 1-Byte-Opcodes, die Wörter auf den Keller legen, vom Keller holen und im Keller kombinieren (z.B. addieren). Für die Mic-1 wurde eine mikroprogrammierte Implementierung angegeben. Mit einer zusätzlichen Befehlsabrufeinheit, die Bytes im Befehlsstrom vorab abruft, lassen sich viele Referenzen auf den Programmzähler vermeiden, was die Maschine erheblich beschleunigt.

Es gibt viele Wege, um die **Mikroarchitekturebene** zu konzipieren. Dabei sind viele Kompromisse zu schließen, beispielsweise Konzepte mit zwei oder drei Bussen, codierte oder decodierte Mikrobefehlsfelder, Prefetching oder kein Prefetching, flache oder tiefe Pipelines. Daneben muss man noch eine Reihe anderer Entscheidungen treffen. Die Mic-1 ist eine einfache, durch Software gesteuerte Maschine mit sequenzieller Ausführung und ohne Parallelität. Demgegenüber repräsentiert die Mic-4 eine Mikroarchitektur mit viel Parallelität und einer siebenstufigen Pipeline.

Für die **Leistungsverbesserung** bieten sich mehrere Optionen an. Zur wichtigsten gehört der Cache-Speicher. Üblich sind direkt abbildende und mengenassoziative Caches, um Speicheroperationen zu beschleunigen. Ebenso wichtig wie statische und dynamische Sprungvorhersage sind Out-of-Order-Ausführung und spekulative Ausführung.

Unsere drei Beispielmaschinen (Core i7, OMAP4430 und ATmega168) verfügen über Mikroarchitekturen, die für den Assemblerprogrammierer auf ISA-Ebene nicht sichtbar sind. Der Core i7 verwendet ein komplexes Schema, um die ISA-Befehle in Mikrooperationen zu konvertieren, diese in einen Cache zu schreiben und sie dann an einen superskalaren RISC-Kern zu übergeben. Dieser führt die Mikrooperationen abweichend von der Programmreihenfolge (Out-of-Order), mit Registerumbenennung und jedem anderen im Buch beschriebenen Trick aus, um das letzte Quäntchen an Geschwindigkeit aus der Hardware herauszuholen. Der OMAP4430 arbeitet mit einer tiefen Pipeline, ist aber andererseits recht einfach aufgebaut und verlangt Starten, Ausführung und Abschließen streng nach Programmreihenfolge. Der ATmega168 ist sehr einfach gehalten und besitzt einen einzelnen Hauptbus, an den eine Handvoll Register und eine ALU angeschlossen sind.

EXTRAS ONLINE Lösungen

Aufgaben

Die Lösungen zu den Aufgaben finden Sie auf der Website unter *www.pearson-studium.de*.

1 Nennen Sie die vier Schritte, in denen CPUs Befehle ausführen.

2 In Abbildung 4.5 ist das Register des B-Busses in einem 4-Bit-Feld codiert, der C-Bus aber als Bitmap dargestellt. Was ist der Grund dafür?

3 In Abbildung 4.5 gibt es ein Kästchen mit der Beschriftung „High Bit". Erstellen Sie dafür einen Schaltplan.

4 Wenn das `JMPC`-Feld in einem Mikrobefehl aktiviert ist, wird `MBR` per OR mit `NEXT_ADDRESS` verknüpft, um die Adresse des nächsten Mikrobefehls zu bilden. Gibt es Situationen, in denen es sinnvoll ist, `NEXT_ADDRESS` auf 0x1FF zu setzen und `JMPC` zu verwenden?

5 Fügen Sie in das Beispiel von Listing 4.1a die Anweisung

```
k = 5;
```

nach der `if`-Anweisung ein. Wie sieht der neue Assemblercode aus? Nehmen Sie an, dass der Compiler optimierten Code liefert.

6 Geben Sie zwei unterschiedliche IJVM-Übersetzungen für die folgende Java-Anweisung an:

```
i = k + n + 5;
```

7 Geben Sie die Java-Anweisung an, die den folgenden IJVM-Code produziert hat:

```
ILOAD j
ILOAD n
ISUB
BIPUSH 7
ISUB
DUP
IADD
ISTORE i
```

8 Der Textteil hat darauf hingewiesen, dass sich *L2* bei der binären Übersetzung der Anweisung

```
if (Z) goto L1; else goto L2
```

in den unteren 256 Wörtern des Steuerspeichers befinden muss. Wäre es nicht auch möglich, beispielsweise *L1* auf 0x40 und *L2* auf 0x140 zu setzen? Erläutern Sie Ihre Antwort.

9 Das Mikroprogramm für die Mic-1 kopiert in `if_icmpeq3` das Register `MDR` nach `H` und subtrahiert `H` drei Zeilen später von `TOS` (bzw. `OPC`). Sicherlich wäre es besser, hier mit einer Anweisung zu arbeiten:

```
if_cmpeq3  Z = TOS - MDR; rd
```

Warum wird das nicht gemacht?

10 Wie lange braucht eine mit 2,5 GHz getaktete Mic-1, um die Java-Anweisung

```
i = j + k;
```

auszuführen? Geben Sie Ihre Antwort in Nanosekunden an.

11 Wiederholen Sie die vorherige Frage, jetzt aber für eine mit 2,5 GHz getaktete Mic-2. Wie lange würde ein Programm, das 100 s auf der Mic-1 läuft, nach dieser Berechnung auf der Mic-2 dauern?

12 Schreiben Sie Mikrocode für die Mic-1, um den JVM-Befehl `POPTWO` zu implementieren. Dieser Befehl entfernt zwei Wörter von der Spitze des Kellers.

13 Auf einer vollen JVM-Maschine gibt es spezielle 1-Byte-Opcodes, um die lokalen Variablen 0 bis 3 auf den Keller zu laden, anstatt den allgemeinen `ILOAD`-Befehl zu verwenden. Wie müsste man die IJVM modifizieren, um diese Befehle vorteilhaft einsetzen zu können?

14 Der Befehl `ISHR` (Arithmetic Shift Right Integer) ist in der JVM, aber nicht in der IJVM vorhanden. Er verknüpft die beiden obersten Werte im Keller und ersetzt sie durch einen einzigen Wert – das Ergebnis. Das zweitoberste Wort des Kellers ist der zu verschiebende Operand. Sein Inhalt wird um einen Wert zwischen 0 und 31 (jeweils inklusive) nach rechts verschoben. Der Verschiebungswert ergibt sich aus den 5 niederwertigen Bits des obersten Kellerwortes (wobei die übrigen 27 Bits des obersten Wortes ignoriert werden). Das Vorzeichenbit wird um so viele Bitpositionen nach rechts repliziert, wie sie der Verschiebungszähler angibt. Der Opcode für `ISHR` lautet 122 (0x7A).

a. Wie lautet die arithmetische Operation, die einer Rechtsverschiebung um genau 2 Stellen entspricht?

b. Erweitern Sie den Mikrocode, um diesen Befehl in die IJVM einzubinden.

15 Der Befehl `ISHL` (Shift Left Integer) ist in der JVM, aber nicht in der IJVM vorhanden. Er verknüpft die beiden obersten Werte im Keller und ersetzt sie durch einen einzigen Wert – das Ergebnis. Das zweitoberste Wort im Keller ist der zu verschiebende Operand. Sein Inhalt wird um einen Wert zwischen 0 und 31 (jeweils einschließlich) nach links verschoben. Der Verschiebungswert ergibt sich aus den 5 niederwertigen Bits des obersten Kellerwortes (wobei die übrigen 27 Bits des obersten Wortes ignoriert werden). Von rechts werden so viele 0-Bits eingeschoben, wie es der Verschiebungszähler angibt. Der Opcode für `ISHL` lautet 120 (0x78).

a. Wie lautet die arithmetische Operation, die einer Linksverschiebung um genau 2 Stellen entspricht?

b. Erweitern Sie den Mikrocode, um diesen Befehl in die IJVM einzubinden.

16 Der JVM-Befehl `INVOKEVIRTUAL` muss wissen, wie viele Parameter er übernimmt. Warum?

17 Implementieren Sie den JVM-Befehl `DLOAD` für die Mic-2. Er hat einen 1-Byte-Index und legt die lokale Variable an dieser Stelle auf den Keller. Dann legt er auch das nächsthöhere Wort auf den Keller.

18 Zeichnen Sie einen endlichen Automaten, um die Punkte beim Tennis zu erfassen. Die Regeln sind beim Tennis wie folgt: Um zu gewinnen, müssen Sie mindestens vier Punkte erreichen und mindestens zwei Punkte mehr als Ihr Gegner haben. Beginnen Sie mit einem Zustand (0, 0), der besagt, dass noch kein Spieler Punkte gemacht hat. Dann fügen Sie einen Zustand (1, 0) hinzu, der bedeutet, dass Spieler *A* einen Punkt erzielt hat. Beschriften Sie den Pfeil von (0, 0) zu (1, 0) mit einem *A*. Fügen Sie jetzt einen Zustand (0, 1) hinzu, der besagt, dass Spieler *B* gepunktet hat. Beschriften Sie den Pfeil von (0, 0) zu (0, 1) mit einem *B*. Fügen Sie weitere Zustände und Pfeile hinzu, bis Sie alle möglichen Zustände erfasst haben.

19 Sehen Sie sich die vorherige Aufgabe noch einmal an. Gibt es Zustände, die man zusammenlegen kann, ohne dass sich das Ergebnis eines beliebigen Spiels ändert? Falls ja, welche sind gleichwertig?

20 Zeichnen Sie einen endlichen Automaten für eine Sprungvorhersage, die träger ist als die in Abbildung 4.29. Vorhersagen sollen erst nach drei aufeinanderfolgenden Fehlvorhersagen geändert werden.

21 Das Schieberegister in Abbildung 4.18 kann maximal 6 Bytes aufnehmen. Ließe sich eine billigere Version der IFU mit einem 5-Byte-Schieberegister bauen? Wie sieht es mit einem 4-Byte-Schieberegister aus?

22 Nachdem Sie in der vorherigen Aufgabe billigere IFU-Versionen untersucht haben, beschäftigen wir uns jetzt mit teureren. Wäre es überhaupt sinnvoll, ein viel größeres Schieberegister, etwa mit 12 Bytes, vorzusehen? Warum bzw. warum nicht?

23 Im Mikroprogramm für die Mic-2 springt der Code für `if_icmpeq6` nach `T`, wenn `Z` auf 1 gesetzt ist. Der Code bei `T` ist aber der gleiche wie `goto1`. Könnte man `goto1` nicht direkt anspringen? Würde die Maschine dadurch schneller?

24 Die Decodiereinheit der Mic-4 bildet den IJVM-Opcode auf den ROM-Index ab, wo die entsprechenden Mikrooperationen gespeichert sind. Scheinbar wäre es einfacher, die Decodierstufe einfach wegzulassen und den IJVM-Opcode direkt in die Warteschlange zu stellen. Man könnte den IJVM-Opcode als Index auf den ROM verwenden, genauso wie die Mic-1 arbeitet. Was stimmt an dieser Idee nicht?

25 Weshalb sind Computer mit mehreren Cache-Ebenen ausgestattet? Wäre eine einzige große Ebene nicht besser geeignet?

26 Ein Computer verfügt über einen Cache mit zwei Ebenen. Wir nehmen an, dass 60% der Speicherreferenzen auf den Cache der ersten Ebene und 35% auf den der zweiten Ebene Treffer und 5% Fehlzugriffe sind. Die Zugriffszeiten betragen 5, 15 bzw. 60 ns, wobei die Zeiten für den Level-2-Cache und den Speicher ab dem Moment zählen, an dem bekannt ist, dass die Zugriffe erforderlich sind (z.B. beginnt ein Zugriff auf den Level-2-Cache erst, nachdem ein Fehlzugriff auf den Level-1-Cache aufgetreten ist). Wie groß ist die durchschnittliche Zugriffszeit?

27 Am Ende von Abschnitt 4.5.1 wurde behauptet, dass die Schreibzuordnung nur einen Vorteil bringt, wenn wahrscheinlich mehrere Schreiboperationen nacheinander auf dieselbe Cachezeile erfolgen. Wie sieht der Fall aus, wenn einer Schreiboperation mehrere Leseoperationen folgen? Wäre das nicht ebenso ein großer Gewinn?

28 Im ersten Entwurf dieses Buchs hat Abbildung 4.27 einen 3-fach assoziativen Cache anstelle eines 4-fach assoziativen Cache dargestellt. Einer unserer Lektoren hat dies bemängelt und behauptet, dies würde die Studenten völlig verwirren, weil 3 keine Potenz von 2 ist und Computer ausschließlich binäre Operationen durchführen. Da der Kunde immer König ist, wurde die Abbildung entsprechend abgeändert. Hat der Lektor recht? Erläutern Sie Ihre Antwort.

29 Viele Computerarchitekten verbringen viel Zeit damit, ihre Pipelines tiefer zu machen. Warum?

30 Ein Computer mit einer fünfstufigen Pipeline behandelt bedingte Sprünge so, dass er die nächsten drei Zyklen anhält, nachdem er auf einen Sprung gestoßen ist. Wie verringert sich die Leistung durch diesen Stillstand, wenn 20% aller Befehle bedingte Sprünge sind? Ignorieren Sie alle Ursachen für einen Stillstand mit Ausnahme der bedingten Sprünge.

31 Nehmen Sie an, dass ein Computer bis zu 20 Befehle im Voraus abruft. Im Durchschnitt sind vier davon aber bedingte Sprünge, die mit einer Wahrscheinlichkeit von jeweils 90% richtig vorausgesagt werden. Wie hoch ist die Wahrscheinlichkeit, dass sich das Prefetching auf dem richtigen Weg befindet?

32 Angenommen, wir ändern das Design der für Tabelle 4.12 verwendeten Maschine auf 16 statt 8 Register. Anschließend ändern wir B6, um `R8` als Ziel zu verwenden. Was passiert in den Zyklen, die bei Zyklus 6 beginnen?

33 Normalerweise verursachen Abhängigkeiten bei Pipeline-CPUs Schwierigkeiten. Gibt es Optimierungen, die sich bei WAW-Abhängigkeiten realisieren lassen und sogar die Leistung verbessern? Welche?

34 Schreiben Sie den Mic-1-Interpreter so um, dass `LV` jetzt auf die erste lokale Variable und nicht auf den Verknüpfungszeiger verweist.

35 Schreiben Sie einen Simulator für einen direkt abbildenden Cache. Übernehmen Sie die Anzahl der Einträge und die Zeilengröße als Parameter für die Simulation. Experimentieren Sie damit und beschreiben Sie Ihre Beobachtungen.

Die ISA-Ebene

5

ÜBERBLICK

Einleitung

» Dieses Kapitel beschäftigt sich ausführlich mit der ISA-Ebene (Instruction Set Architecture) oder Befehlssatzarchitektur. Diese Ebene liegt zwischen der Mikroarchitektur- und der Betriebssystemebene (siehe *Abbildung 1.2*). Im Verlauf der Computergeschichte wurde diese Ebene vor den anderen Ebenen entwickelt und war ursprünglich sogar die einzige. Selbst heute ist es nicht ungewöhnlich, diese Ebene einfach als „die Architektur" einer Maschine oder (fälschlicherweise) als „Assemblersprache" zu bezeichnen.

Die ISA-Ebene hat eine besondere Bedeutung für Systemarchitekten: Sie ist die Schnittstelle zwischen der Soft- und der Hardware. Theoretisch könnte man zwar die Hardware direkt Programme ausführen lassen, die in C, C++, Java oder in einer anderen Hochsprache geschrieben sind, doch wäre das keine gute Idee. Der Leistungsvorteil der Kompilierung gegenüber der Interpretation ginge dann verloren. Darüber hinaus sollten die meisten Computer flexibel sein – und dazu müssen sie Programme ausführen können, die in mehreren Sprachen und nicht nur in einer geschrieben wurden.

Fast alle Systemdesigner haben das Konzept übernommen, Programme aus verschiedenen Hochsprachen in eine gemeinsame Zwischenform – die ISA-Ebene – übersetzen zu lassen und Hardware zu bauen, die Programme der ISA-Ebene direkt ausführen kann. Die ISA-Ebene definiert die Schnittstelle zwischen den Compilern und der Hardware. Es ist die Sprache, die beide verstehen müssen. ▶Abbildung 5.1 zeigt die Beziehung zwischen den Compilern, der ISA-Ebene und der Hardware.

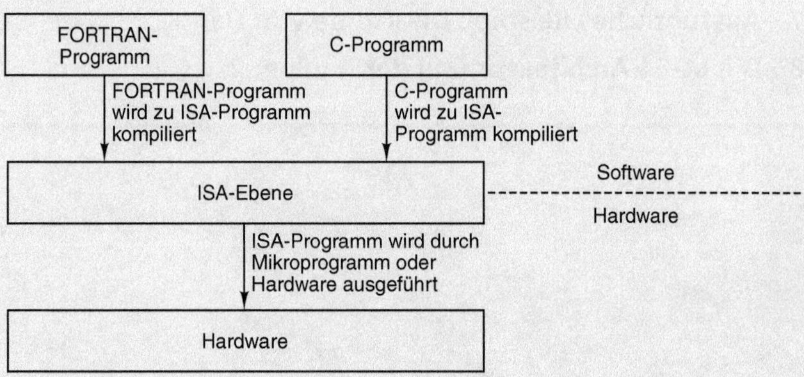

Abbildung 5.1: Die ISA-Ebene ist die Schnittstelle zwischen den Compilern und der Hardware

Im Idealfall sprechen die Architekten bei der Entwicklung einer neuen Maschine sowohl mit den Compiler-Entwicklern als auch mit den Hardware-Ingenieuren, um herauszufinden, welche Merkmale beide Seiten auf der ISA-Ebene anstreben. Wünschen die Compiler-Entwickler ein Merkmal, das die Ingenieure nicht kostengünstig implementieren können (z.B. einen Sprungbefehl mit Ausführung von Gehaltsabrechnungen), dann wird es nicht realisiert. Und möchten die Hardware-Spezialisten ein neues Merkmal umsetzen (z.B. einen Speicher, bei dem Zugriffe auf Wörter mit Primzahladressen superschnell sind), für das die Software-Spezialisten keinen entsprechenden Code zustande bringen, so stirbt die Idee auf dem Zeichenbrett. Nach reichlicher Diskussion und Simulation entsteht eine perfekt optimierte ISA für die beabsichtigten Programmiersprachen, die letztlich implementiert wird.

So viel zur Theorie. Nun zur harten Wirklichkeit. Im Laufe der Entwicklung eines neuen Computers stellen alle potenziellen Kunden zuerst folgende Frage: „Ist er mit dem Vorgänger kompatibel?“ Die zweite Frage ist: „Kann er mein altes Betriebssystem ausführen?“ Die dritte Frage lautet: „Kann er meine vorhandenen Anwendungsprogramme ohne Modifizierung ausführen?“ Lautet die Antwort auf eine dieser Fragen „Nein“, dann müssen die Designer reichlich Überzeugungsarbeit leisten. Kunden sind nur selten bereit, ihre alte Software wegzuwerfen und von Neuem zu beginnen.

Diese Haltung setzt die Computerarchitekten erheblich unter Druck, um die ISA-Ebene zwischen verschiedenen Modellen gleich zu halten oder zumindest **abwärtskompatibel** zu machen. Damit ist gemeint, dass der neue Computer alte Programme ohne Änderung ausführen kann. Andererseits ist es absolut akzeptabel, dass der neue Computer über neue Befehle und andere Merkmale verfügt, die von der neuen Software genutzt werden können. Solange die Designer im Sinne von Abbildung 5.1 die ISA mit den vorherigen Modellen abwärtskompatibel auslegen, steht es ihnen mehr oder weniger frei, mit der Hardware anzustellen, was sie wollen, weil sich kaum jemand um die echte Hardware kümmert (oder gar weiß, was sie macht). Sie können von einem mikroprogrammierten Design auf die direkte Ausführung übergehen oder Fließbandverarbeitung und superskalare Merkmale hinzufügen, solange sie Abwärtskompatibilität mit der vorherigen ISA wahren. Es ist lediglich sicherzustellen, dass alte Programme auf dem neuen Computer laufen. Die Herausforderung besteht darin, bessere Computer unter den Zwängen der Abwärtskompatibilität zu entwickeln.

Das alles soll aber nicht heißen, dass das ISA-Design keine Rolle spielt. Eine gute ISA hat erhebliche Vorteile gegenüber einer schlechten, vor allem wenn man die reine Rechenleistung mit den Kosten vergleicht. Bei einem sonst gleichwertigen Design weisen verschiedene ISAs einen Leistungsunterschied von bis zu 25% auf. Um es auf den Punkt zu bringen: Durch den Druck des Marktes ist es schwierig (wenn nicht gar unmöglich), eine alte ISA über Bord zu werfen und eine neue einzuführen. Dennoch bildet sich dann und wann eine neue Universal-ISA heraus und in speziellen Marktsegmenten (z.B. bei eingebetteten Systemen oder Multimedia-Prozessoren) kommt das noch häufiger vor. Daher ist es wichtig, das ISA-Design zu verstehen.

Wodurch zeichnet sich eine gute ISA aus? Hier sind in erster Linie zwei Faktoren zu nennen: Erstens sollte eine gute ISA einen Befehlssatz definieren, der sich effizient in vorhandene und künftige Technologien implementieren lässt, was zu kostengünstigen Konzepten über mehrere Generationen hinweg führt. Ein schlechtes Design lässt sich schwieriger implementieren, benötigt sicherlich viel mehr Gatter für die Implementierung eines Prozessors und setzt zudem mehr Speicher für die Programmausführung voraus. Außerdem läuft der Prozessor möglicherweise langsamer, weil die ISA Gelegenheiten zum Überlappen von Operationen verdeckt, sodass noch mehr in das Design gesteckt werden muss, um eine gleichwertige Leistung zu erzielen. Ein Design, das sich auf die Eigenheiten einer bestimmten Technologie stützt, kann zwar kurzfristig erfolgreich sein und genügt für eine einzelne Generation von kostengünstigen Implementierungen, wird aber letztlich von zukunftsorientierten ISAs überholt.

Zweitens sollte eine gute ISA eine saubere Plattform für kompilierten Code bieten. Regelmäßigkeit und Vollständigkeit in einem Bereich von Optionen sind wichtige Merkmale, die nicht immer in einer ISA vorhanden sind. Eine entscheidende Rolle spielen diese Eigenschaften für einen Compiler, der möglicherweise Schwierigkeiten hat, die beste Option aus einer Reihe begrenzter Alternativen auszuwählen, insbesondere wenn einige scheinbar geeignete Alternativen für die ISA nicht gelten. Kurz gesagt: Da die ISA die Schnittstelle zwischen Hard- und Software bildet, sollten damit sowohl die Hardware-Designer (einfach, um effizient zu implementieren) als auch die Software-Designer (einfach, um guten Code dafür zu generieren) zufrieden sein. «

5.1 Übersicht über die ISA-Ebene

Bevor wir uns eingehend mit der ISA-Ebene beschäftigen, fragen wir zuerst, was sie überhaupt ist. Diese einfache Frage bringt mehr Komplikationen ans Tageslicht, als es auf den ersten Blick erscheint. Der folgende Abschnitt beleuchtet einige dieser Punkte. Anschließend geht es um Speichermodelle, Register und Befehle.

5.1.1 Eigenschaften der ISA-Ebene

Die **ISA** (Instruction Set Architecture) ist die Schnittstelle zwischen Software und Hardware. Sie definiert die Maschinenbefehle und Datentypen sowie die Register und das Speichermodell des Prozessors.

Im Prinzip wird die ISA-Ebene danach definiert, wie sich die Maschine dem Maschinensprachenprogrammierer darstellt. Da kein (vernünftiger) Mensch heute noch in Maschinensprache programmiert, definieren wir dieses Prinzip neu und sagen, dass der Code auf der ISA-Ebene das ist, was ein Compiler ausgibt (wobei wir Betriebssystemaufrufe und symbolische Assemblersprachen vorerst ignorieren). Um einen Code für die ISA-Ebene zu produzieren, muss der Compiler-Entwickler wissen, um welches Speichermodell es sich handelt, welche Register vorhanden sind, welche Datentypen und Befehle verfügbar sind usw. Diese Informationen definieren zusammen die ISA-Ebene.

Gemäß dieser Definition sind Fragen, ob die Mikroarchitektur durch ein Mikroprogramm gesteuert wird, ob sie auf Fließbandverarbeitung basiert, ob sie superskalar ist usw., für die ISA-Ebene nicht relevant, weil sie für den Compiler-Entwickler nicht sichtbar sind. Diese Bemerkung stimmt aber nicht ganz, weil sich ein Teil dieser Eigenschaften auf die Leistung auswirkt, und das ist für den Compiler-Entwickler sehr wohl sichtbar. Sehen Sie sich beispielsweise ein superskalares Design an, das unmittelbar aufeinanderfolgende Befehle im selben Zyklus auslösen kann, sofern der eine ein Ganzzahlbefehl und der andere ein Gleitkommabefehl ist. Wenn der Compiler abwechselnd Ganzzahl- und Gleitkommabefehle generiert, anstatt gleichartige Befehle nacheinander anzuordnen, ist eine spürbare Leistungsverbesserung zu verzeichnen. Folglich sind die Einzelheiten der superskalaren Operation auf der ISA-Ebene *doch* sichtbar, sodass die Trennung zwischen den Schichten nicht so scharf ist, wie es auf den ersten Blick scheint.

Einige Architekturen spezifizieren die ISA-Ebene in einem formell definierten Dokument, das häufig von einem Industriekonsortium erarbeitet wird. Beispielsweise hat die Firma ARM Ltd. eine offizielle Definition für den ARM v7 (Version 7 ARM ISA) veröffentlicht. Ein definierendes Dokument soll verschiedene Hersteller in die Lage versetzen, Computer so zu bauen, dass sie identische Software ausführen und dabei die gleichen Ergebnisse liefern können.

Bei der ARM-ISA verfolgt man die Idee, dass mehrere Chipanbieter funktionell identische ARM-Chips herstellen können, die sich nur in Leistung und Preis unterscheiden. Damit dieses Konzept funktioniert, müssen die Chipanbieter wissen, was ein ARM-Chip (auf der ISA-Ebene) tun soll. Deshalb beschreibt das definierende Dokument, um welches Speichermodell es sich handelt, welche Register vorhanden sind, was die Befehle bewirken usw., nicht aber, wie die Mikroarchitektur aussieht.

Solche definierenden Dokumente enthalten **normative** Abschnitte, die Forderungen aufstellen, und **informative** Abschnitte, die Erläuterungen für den Leser bieten, jedoch nicht Teil der formellen Definition sind. Die normativen Abschnitte verwenden durchgängig Begriffe wie *soll*, *darf nicht* oder *sollte*, um auf Forderungen, Verbote und Vorschläge in Bezug auf die Architektur hinzuweisen. Beispielsweise bedeutet ein Satz wie

Die Ausführung eines reservierten Opcodes sollte zu einem Trap führen.

dass die Ausführung eines nicht definierten Opcodes einen Trap (Systemaufruf) auslösen muss und nicht einfach ignoriert werden darf. Ein alternativer Ansatz könnte diesen Punkt offen lassen. In diesem Fall liest sich der Satz so:

Die Wirkung der Ausführung eines reservierten Opcodes wird durch die Implementierung definiert.

Das bedeutet, dass der Compiler-Entwickler nicht mit einem bestimmten Verhalten rechnen kann und bei der Implementierung viel Freiraum besteht. Zu den meisten Architekturspezifikationen gehören begleitende Testreihen, die prüfen, ob eine Implementierung tatsächlich mit der Spezifikation übereinstimmt.

Es ist klar, warum es für den ARM v7 ein Dokument gibt, das seine ISA-Ebene definiert: Alle ARM-Chips sollen die gleiche Software ausführen. Lange Jahre gab es keine formelle Definition für die IA-32-ISA (auch als **x86**-ISA bezeichnet), weil Intel es anderen Anbietern nicht zu leicht machen wollte, Intel-kompatible Chips herzustellen. Die Firma Intel ist sogar vor Gericht gezogen, um andere Hersteller am Klonen der Chips zu hindern – diesen Streit hat Intel allerdings verloren. Ende der 1990er Jahre hat Intel letztlich aber eine vollständige Spezifikation des IA-32-Befehlssatzes veröffentlicht. Vielleicht geschah das deshalb, weil bei ihnen die Einsicht gereift ist und sie Architektur- und Programmierkollegen unter die Arme greifen wollten, vielleicht aber auch, weil die USA, Japan und Europa nach möglichen Verletzungen von Kartellgesetzen seitens Intel recherchierten. Diese gut geschriebene ISA-Referenz wird auf der Entwickler-Website von Intel (*http://developer.intel.com*) auch heute noch aktualisiert. Die mit dem Core i7 von Intel veröffentlichte Version hat einen Umfang von 4161 Seiten, was uns wieder einmal daran erinnert, dass es sich beim Core i7 um einen Prozessor mit *komplexem* Befehlssatz handelt.

Eine weitere wichtige Eigenschaft der ISA-Ebene ist, dass die meisten Maschinen mindestens zwei Modi aufweisen. Der **Kernel-Modus** ist dafür vorgesehen, das Betriebssystem auszuführen, und lässt die Ausführung sämtlicher Befehle zu. Der **Benutzermodus** (User Mode) dient der Ausführung von Anwendungsprogrammen und unterbindet die Ausführung bestimmter kritischer Befehle (z.B. derjenigen, die den Cache direkt manipulieren). In diesem Kapitel konzentrieren wir uns hauptsächlich auf Befehle und Eigenschaften des Benutzermodus.

5.1.2 Speichermodelle

Das **Speichermodell** in der ISA umfasst die Größe einer Speicherzelle, die Breite der Adressen, die Anordnung von Bytes in Datenworten, deren Ausrichtung im Adressraum und die Semantik aufeinanderfolgender Speicherzugriffe.

Alle Computer teilen den Speicher in Zellen mit aufeinanderfolgenden Adressen auf. Die übliche Zellengröße ist derzeit 8 Bit. In der Vergangenheit wurden aber auch Zellengrößen von 1 bis 60 Bit benutzt (siehe *Tabelle 2.1*). Eine 8-Bit-Zelle bezeichnet man als **Byte** (oder auch **Oktett**). Die Breite von 8 Bit je Byte ergibt sich daraus, dass ASCII-Zeichen mit jeweils 7 Bit codiert sind, sodass ein ASCII-Zeichen (zuzüglich eines selten verwendeten Paritätsbits) in ein Byte passt. Andere Codes wie zum Beispiel Unicode und UTF-8 verwenden Vielfache von 8 Bit, um Zeichen dazustellen.

Bytes gruppiert man im Allgemeinen in 4-Byte- (32 Bit) oder 8-Byte-Wörtern (64 Bit), wobei Befehle verfügbar sind, die ganze Wörter manipulieren. Viele Architekturen verlangen, dass Wörter an ihren natürlichen Grenzen ausgerichtet werden. So kann z.B. ein 4-Byte-Wort an Adresse 0, 4, 8 usw., aber nicht an Adresse 1 oder 2 beginnen. Ein 8-Byte-Wort darf an Adresse 0, 8 oder 16, aber nicht an Adresse 4 oder 6 beginnen. ▶Abbildung 5.2 zeigt die Ausrichtung von 8-Byte-Wörtern.

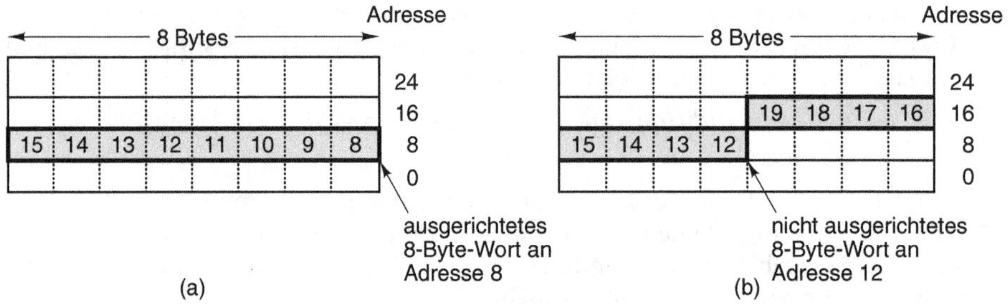

Abbildung 5.2: Ein 8-Byte-Wort in einem Little-Endian-Speicher (a) ausgerichtet und (b) nicht ausgerichtet. Bei manchen Computern müssen Wörter im Speicher ausgerichtet werden.

Ausrichtung ist oftmals erforderlich, weil Speicher auf diese Weise effizienter arbeiten. Der Core i7 ruft zum Beispiel 8 Bytes auf einmal aus dem Speicher über eine DDR3-Schnittstelle ab, die ausschließlich ausgerichtete 64-Bit-Zugriffe unterstützt. Somit ist der Core i7 nicht einmal in der Lage, ein nicht ausgerichtetes Wort im Speicher zu referenzieren, weil die Speicherschnittstelle Adressen voraussetzt, die Vielfache von 8 sind.

Allerdings ist diese Ausrichtung manchmal problematisch. Programme für den Core i7 dürfen Wörter an beliebigen Adressen referenzieren. Diese Eigenschaft geht auf den 8088 mit seinem 1 Byte breiten Datenbus zurück (der die Forderung nach Ausrichtung von Speicherreferenzen an 8-Byte-Grenzen demzufolge gar nicht kennt). Wenn ein Core i7-Programm ein 4-Byte-Wort an Adresse 7 liest, muss die Hardware im ersten Speicherzugriff die Bytes 0 bis 7 und in einem zweiten Zugriff die Bytes 8 bis 15 holen. Der Prozessor hat dann die Aufgabe, die angeforderten 4 Bytes aus den vom Speicher geholten 16 Bytes zu extrahieren und sie in der richtigen Reihenfolge zu einem 4-Byte-Wort zusammenzusetzen. Passiert dies regelmäßig, ist keine berauschende Geschwindigkeit zu erwarten.

Wörter an beliebigen Adressen lesen zu können, verlangt zusätzliche Logik auf dem Chip, was ihn größer und teurer macht. Die Entwickler würden liebend gern auf diese Zusatzlogik verzichten und einfach von allen Programmen verlangen, dass sie nur an Wortgrenzen auf den Speicher zugreifen. Wenn aber der Techniker sagt: „Wer arbeitet denn noch mit den alten angestaubten 8088-Programmen, die den Speicher falsch referenzieren?“, haben die Leute in der Marketingabteilung eine knappe Antwort: „Unsere Kunden!“

Die meisten Computer haben einen einzigen linearen Adressraum auf der ISA-Ebene, der sich von Adresse 0 bis zu einem bestimmten Maximum, oftmals $2^{32} - 1$ Bytes oder $2^{64} - 1$ Bytes, erstreckt. Allerdings verfügen manche Computer über getrennte Adressräume für Befehle und Daten, sodass ein Befehlsabruf von Adresse 8 an einen anderen Adressraum als ein Datenabruf von Adresse 8 gerichtet wird. Dieses Schema ist komplexer als bei einem einzigen Adressraum, bietet aber zwei Vorteile. Erstens stehen 2^{32} Bytes für Programme und zusätzlich 2^{32} Bytes für Daten bei nur 32-Bit-Adressen zur Verfügung. Und da zweitens alle Schreiboperationen automatisch an den Datenraum gehen, ist es nicht möglich, Programme versehentlich zu überschreiben – eine potenzielle Fehlerquelle fällt damit weg. Die Trennung von Befehls- und Datenräumen erschwert auch Angriffe von Malware, da die Malware das Programm nicht ändern kann – sie kann es nicht einmal adressieren.

Beachten Sie, dass zwei getrennte Adressräume für Befehle und Daten nicht das Gleiche wie ein geteilter Level-1-Cache sind. Im ersten Fall verdoppelt sich der Gesamtumfang des Adressraums und Leseoperationen auf eine bestimmte Adresse führen zu unterschiedlichen Ergebnissen, je nachdem, ob ein Befehl oder ein Datenwort gelesen wird. Bei einem geteilten Cache ist nach wie vor nur ein Adressraum vorhanden; lediglich das Speichern erfolgt in unterschiedlichen Teilen des Caches.

Ein weiterer Aspekt des Speichermodells auf der ISA-Ebene ist die Speichersemantik. Eigentlich erwartet man, dass ein LOAD-Befehl, der nach einem STORE-Befehl auf dieselbe Adresse zugreift, den eben gespeicherten Wert zurückgibt. Wie aber *Kapitel 4* gezeigt hat, werden Mikrobefehle in vielen Architekturen umgeordnet. Es besteht also eine echte Gefahr, dass sich der Speicher nicht wie erwartet verhält. In einem Multiprozessorsystem verschlimmert sich diese Lage noch, wenn mehrere CPUs jeweils einen Strom von (möglicherweise umgeordneten) Lese- und Schreibanforderungen an einen gemeinsamen Speicher senden.

Der Systemdesigner hat verschiedene Möglichkeiten, um dieses Problem zu lösen. In dem einen Extrem kann er alle Speicherabfragen serialisieren, sodass jede einzelne fertiggestellt ist, bevor die nächste ausgelöst wird. Diese Strategie wirkt sich nachteilig auf die Leistung aus, bietet aber die einfachste Speichersemantik (alle Operationen werden strikt in der Programmreihenfolge ausgeführt).

Im anderen Exremfall gibt er keinerlei Garantien irgendeiner Art. Um den Speicher zu ordnen, muss das Programm einen SYNC-Befehl ausführen, der das Auslösen aller neuen Speicheroperationen blockiert, bis alle vorherigen abgeschlossen sind. Dieses Design legt den Compilern eine große Bürde auf, weil sie die Arbeitsweise der zugrunde liegenden Mikroarchitektur im Detail kennen müssen, bietet dem Hardware-Designer aber maximalen Freiraum, um die Speichernutzung zu optimieren.

Daneben sind auch Speichermodelle zwischen diesen beiden extremen Lösungen möglich, bei denen die Hardware automatisch die Ausgabe bestimmter Speicherreferenzen (z.B. die mit RAW- oder WAR-Abhängigkeit) blockiert, andere Referenzen aber nicht. Auch wenn diese von der Mikroarchitektur für die ISA-Ebene offengelegten Eigenheiten störend sind (zumindest für die Compiler-Entwickler und die Assemblerprogrammierer), liegen sie voll im Trend der Zeit. Dieser Trend ist auf die zugrunde liegenden Implementierungen, wie zum Beispiel Umordnung von Mikrobefehlen, tiefe Pipelines, mehrere Cache-Ebenen usw., zurückzuführen. Später zeigt dieses Kapitel weitere Beispiele für derartige Effekte.

5.1.3 Register

Die ISA legt auch fest, wie viele **Register** für Ganzzahl- und Fließkommazahlen zur Verfügung stehen, deren Adressierung und die Spezialregister wie den Programmzähler und das Statusregister.

Alle Computer besitzen einige Register, die auf der ISA-Ebene sichtbar sind. Unter anderem sind die Register dafür vorgesehen, die Ausführung des Programms zu steuern und Zwischenergebnisse zu speichern. Im Allgemeinen kann die ISA-Ebene auf die Register der Mikroarchitekturebene, wie zum Beispiel TOS und MAR in *Abbildung 4.1*, nicht zugreifen. Einige Register, wie der Programmzähler (PC) und der Kellerzeiger (SP), sind allerdings auf beiden Ebenen sichtbar. Andererseits sind Register der ISA-Ebene immer auf der Mikroarchitekturebene sichtbar, weil sie hier implementiert werden.

Register auf der ISA-Ebene lassen sich grob in zwei Kategorien einteilen: Spezialregister und allgemeine Register. Zu den Spezialregistern gehören unter anderem der Programmzähler und der Kellerzeiger sowie weitere Register, denen spezifische Funktionen zugeordnet sind. Demgegenüber sollen allgemeine Register wichtige lokale Variablen und Zwischenergebnisse von Berechnungen aufnehmen. Vor allem aber bieten sie schnellen Zugriff auf häufig verwendete Daten (in erster Linie, um Speicherzugriffe zu vermeiden). RISC-Computer mit ihren schnellen CPUs und (relativ) langsamen Speichern besitzen normalerweise mindestens 32 allgemeine Register, wobei der Trend bei neueren CPU-Konzepten zu einer noch größeren Anzahl geht.

Bei einigen Computern sind die allgemeinen Register vollkommen symmetrisch und austauschbar. Wenn alle Register gleichwertig sind, kann ein Compiler ein Zwischenergebnis in R1 ablegen, könnte aber genauso gut R25 verwenden. Die Wahl des Registers spielt keine Rolle.

Allerdings können bei anderen Computern einige der allgemeinen Register eine speziellere Aufgabe erfüllen. Zum Beispiel gibt es im Core i7 das Register EDX, das als allgemeines Register verfügbar ist, aber auch die Hälfte des Produkts einer Multiplikation und die Hälfte des Dividenden einer Division aufnimmt.

Auch wenn die allgemeinen Register untereinander vollkommen austauschbar sind, halten sich Betriebssystem oder Compiler an bestimmte Konventionen, wie Register verwendet werden. Beispielsweise können einige Register Parameter für aufgerufene Prozeduren speichern und andere als Notizregister dienen. Wenn ein Compiler eine wichtige lokale Variable in R1 schreibt und dann eine Bibliotheksprozedur aufruft, die R1 als frei verfügbares Notizregister betrachtet, enthält R1 nach der Rückkehr aus der Bibliotheksprozedur möglicherweise ungültige Daten. Gibt es systemweite Konventionen über die Registerverwendung, dann sollten sich Compiler und Assemblerprogrammierer auch daran halten, um Konflikte zu vermeiden.

Zusätzlich zu den Registern auf der ISA-Ebene, die Anwendungsprogrammen zur Verfügung stehen, gibt es immer eine gewisse Anzahl von speziellen Registern, die nur im Kernel-Modus zugänglich sind. Diese Register steuern die verschiedenen Caches, Speicher, E/A-Geräte und andere Hardware-Funktionen der Maschine. Diese Register bleiben dem Betriebssystem vorbehalten, sodass Compiler und Benutzer nichts darüber wissen müssen.

Das **Flagregister** bzw. PSW (**Programmstatuswort**) ist ein Steuerregister, das man als Kernel-Benutzer-Hybrid ansehen kann. Die verschiedenen Bits dieses Registers werden von der CPU benötigt. Die wichtigsten Bits sind die **Bedingungscodes** (Condition Codes). Diese Bits werden in jedem ALU-Zyklus gesetzt (bzw. zurückgesetzt) und spiegeln den Zustand des Ergebnisses der jeweils letzten Operation wider. Zu den typischen Bedingungsbits gehören:

N – Gesetzt, wenn das Ergebnis negativ (**N**egative) war.

Z – Gesetzt, wenn das Ergebnis null (**Z**ero) war.

V – Gesetzt, wenn das Ergebnis einen Überlauf (o**V**erflow) verursacht hat.

C – Gesetzt, wenn das Ergebnis einen Übertrag (**C**arry) aus dem am weitesten links stehenden Bit verursacht hat.

A – Gesetzt, wenn ein Übertrag von Bit 3 (**A**uxiliary carry, Hilfsübertrag) aufgetreten ist.

P – Gesetzt, wenn das Ergebnis gerade Parität (**P**arity) hatte.

Die Bedingungscodes sind wichtig, weil die Befehle für Vergleiche und Verzweigungen (d.h. bedingte Sprungbefehle) darauf zurückgreifen. Beispielsweise subtrahiert der Befehl CMP zwei Operanden und setzt die Bedingungscodes abhängig von der Differenz. Wenn die Operanden gleich sind, setzt dieser Befehl das Bedingungsbit Z im PSW. Ein darauffolgender BEQ-Befehl (**B**ranch **EQ**ual) testet das Z-Bit und verzweigt, wenn es gesetzt ist.

Das PSW enthält nicht nur die Bedingungscodes. Allerdings ist der konkrete Inhalt bei jedem Prozessor unterschiedlich. Typische zusätzliche Felder sind der Maschinenmodus (Kernel oder Benutzer), Trace-Bits (für die Fehlerdiagnose), CPU-Prioritätsebene und Interrupt-Freigabestatus. Oftmals ist das PSW im Benutzermodus lesbar, während einige Felder nur im Kernel-Modus geschrieben werden können (z.B. das Bit für Benutzer-/Kernel-Modus).

5.1.4 Befehle

Das Hauptmerkmal der ISA-Ebene ist ihr Satz von Maschinenbefehlen. Diese Befehle steuern die Aktionen der Maschine. Es gibt immer `LOAD`- und `STORE`-Befehle (in der einen oder anderen Form), die Daten zwischen Speicher und Registern transportieren, sowie `MOVE`-Befehle, die Daten zwischen den Registern kopieren. Ebenso sind immer arithmetische Befehle, logische Befehle und Befehle, die Operanden vergleichen und je nach Ergebnis verzweigen, vorhanden. Einige typische ISA-Befehle haben Sie bereits kennengelernt (siehe *Tabelle 4.2*) und viele weitere untersuchen wir in diesem Kapitel.

5.1.5 Übersicht über die ISA-Ebene des Core i7

In diesem Kapitel behandeln wir drei sehr unterschiedliche ISA-Ebenen: IA-32 von Intel, wie sie der Core i7 verkörpert, die ARM v7-Architektur, die im Ein-Chip-System OMAP4430 implementiert ist, und die AVR-8-Bit-Architektur des Mikrocontrollers ATmega168. Wir wollen hier nicht die einzelnen ISAs erschöpfend beschreiben, sondern wichtige Aspekte einer ISA demonstrieren und zeigen, wie diese Aspekte von einer ISA zu einer anderen variieren können. Als Erstes steht der Core i7 auf der Tagesordnung.

Die vorhandenen Maschinenbefehle und deren Format stehen im Zentrum der ISA. Der **Core-i7**-Prozessor unterstützt die IA-32-Architektur und bietet somit Rückwärtskompatiblität bis hin zu alten 8088-Programmen. Neben weiteren neuen Befehlen, insbesondere zur Vektorverarbeitung, wird auch die 64-Bit-Erweiterung x86-64 unterstützt.

Der Core-i7-Prozessor hat sich über viele Generationen hinweg entwickelt. Er stammt von den frühesten Mikroprozessoren ab, die jemals gebaut wurden; diesen Prozessortyp hatten wir in *Kapitel 1* beschrieben. Während die grundlegende ISA die Ausführung von Programmen für die Prozessoren 8086 und 8088 (die beide dieselbe ISA haben) voll unterstützt, enthält sie sogar Überreste des in den 1970er Jahren weit verbreiteten 8-Bit-Prozessors 8080. Der 8080 ist seinerseits stark von Kompatibilitätseinschränkungen zu dem noch älteren 8008 geprägt, der wiederum auf dem 4004 basiert. Und der 4004 ist ein 4-Bit-Chip aus einer Zeit, in der die Dinosaurier noch die Erde unsicher machten.

Aus Sicht der Software sind 8086 und 8088 unkomplizierte 16-Bit-Prozessoren (obwohl der Datenbus beim 8088 nur 8 Bit breit ist). Der 80286 ist als Nachfolger dieser Prozessoren ebenfalls ein 16-Bit-Prozessor. Er bietet vor allem einen größeren Adressraum, den zwar kaum ein Programm genutzt hat, weil er aus 16.384 Segmenten zu je 64 KB und nicht aus einem linearen 2^{30}-Byte-Speicher besteht.

Der 80386 ist der erste 32-Bit-Prozessor in der Intel-Familie. Alle Nachfolgemodelle (80486, Pentium, Pentium Pro, Pentium II, Pentium III, Pentium 4, Celeron, Xeon, Pentium M, Centrino, Core 2 duo, Core i7 usw.) haben im Wesentlichen die gleiche 32-Bit-Architektur wie der 80386. Auf diese **IA-32** genannte Architektur konzentrieren wir uns hier. Die einzige Architekturänderung seit dem 80386 ist die Einführung der MMX, SSE- und SSE2-Befehle in späteren Versionen der x86-Reihe. Diese hochspezialisierten Befehle zielen darauf ab, die Leistung bei Multimedia-Anwendungen zu verbessern. Eine weitere wichtige Erweiterung ist die 64-Bit-Version der x86-Architektur (oftmals als x86-64 bezeichnet), die Ganzzahlberechnungen und virtuelle Adressen auf 64 Bit anhebt. Während die meisten Erweiterungen von Intel eingeführt und später von den Konkurrenten implementiert wurden, handelt es sich bei der 64-Bit-Erweiterung um eine von AMD eingeführte Technik, die Intel übernehmen musste.

Der Core i7 kann in drei Betriebsmodi arbeiten, wobei er sich in zwei Modi wie ein 8088 darstellt. Der **Real-Modus** schaltet alle seit dem 8088 eingeführten Merkmale ab, sodass sich der Core i7 wie ein einfacher 8088 verhält. Ein fehlerhaftes Programm kann den gesamten Computer lahmlegen. Würde Intel Menschen entwickeln, hätte man einfach ein Bit eingefügt, das sie in den Schimpansen-Modus zurückversetzt (ein Großteil des Gehirns ist deaktiviert, er spricht nicht, schläft auf Bäumen, isst vorwiegend Bananen usw.).

Einen Schritt weiter geht der **virtuelle 8086-Modus**, der die Ausführung von alten 8088-Programmen in geschützter Form ermöglicht. In diesem Modus hat das Betriebssystem die Kontrolle über den ganzen Computer. Um ein altes 8088-Programm auszuführen, erzeugt das Betriebssystem eine spezielle, isolierte Umgebung, die sich wie ein 8088 verhält, außer dass bei einem Programmfehler das Betriebssystem benachrichtigt wird und nicht der gesamte Computer abstürzt. Wenn ein Windows-Benutzer ein MS-DOS-Fenster öffnet, wird das dort laufende Programm im virtuellen 8086-Modus gestartet, um Windows selbst vor fehlerhaften MS-DOS-Programmen zu schützen.

Im **geschützten Modus** läuft der Core i7 endlich wie ein Core i7 und nicht wie ein überteuerter 8088. Es sind vier Privilegebenen verfügbar, die von den Bits im `PSW` gesteuert werden. Ebene 0 entspricht dem Kernel-Modus auf anderen Computern und hat vollen Zugriff auf die Maschine. Auf dieser Ebene arbeitet das Betriebssystem. Ebene 3 ist für Anwendungsprogramme vorgesehen. Sie blockiert den Zugriff auf bestimmte kritische Befehle und Steuerregister, um ein böswilliges Anwendungsprogramm daran zu hindern, den ganzen Computer zum Absturz zu bringen. Die Ebenen 1 und 2 werden selten benutzt.

Der Core i7 besitzt einen riesigen Adressraum. Er ist unterteilt in 16.384 Segmente, die jeweils von Adresse 0 bis Adresse $2^{32} - 1$ reichen. Allerdings unterstützen die meisten Betriebssysteme (darunter Unix und alle Versionen von Windows) nur ein Segment, sodass die meisten Anwendungsprogramme effektiv einen linearen Adressraum von 2^{32} Byte vor sich haben, der manchmal auch zum Teil vom Betriebssystem belegt wird. Jedes Byte im Adressraum hat seine eigene Adresse, wobei die Wörter 32 Bit lang sind. Wörter werden im Little-Endian-Format gespeichert (das niederwertige Byte hat die niedrigste Adresse).

Abbildung 5.3 zeigt die Register des Core i7. Die ersten vier Register `EAX`, `EBX`, `ECX` und `EDX` sind mehr oder weniger allgemeine 32-Bit-Register, die aber alle gewisse Eigenheiten aufweisen. `EAX` ist das Hauptarithmetikregister, `EBX` eignet sich für Zeiger (Speicheradressen), `ECX` spielt in Schleifenbefehlen eine Rolle und `EDX` ist für Multiplikation und Division erforderlich, wobei es zusammen mit `EAX` Produkte bzw. Dividenden mit einer Breite von 64 Bit aufnimmt. Jedes dieser Register enthält ein 16-Bit-Register in den 16 niederwertigen Bits und ein 8-Bit-Register in den 8 niederwertigen Bits. Diese Register vereinfachen die Manipulation von 16- bzw. 8-Bit-Größen. Der 8088 und der 80286 verfügen nur über die 8- und 16-Bit-Register. Seit dem 80386 gibt es die 32-Bit-Register mit dem Präfix `E`, das für „Extended“ steht.

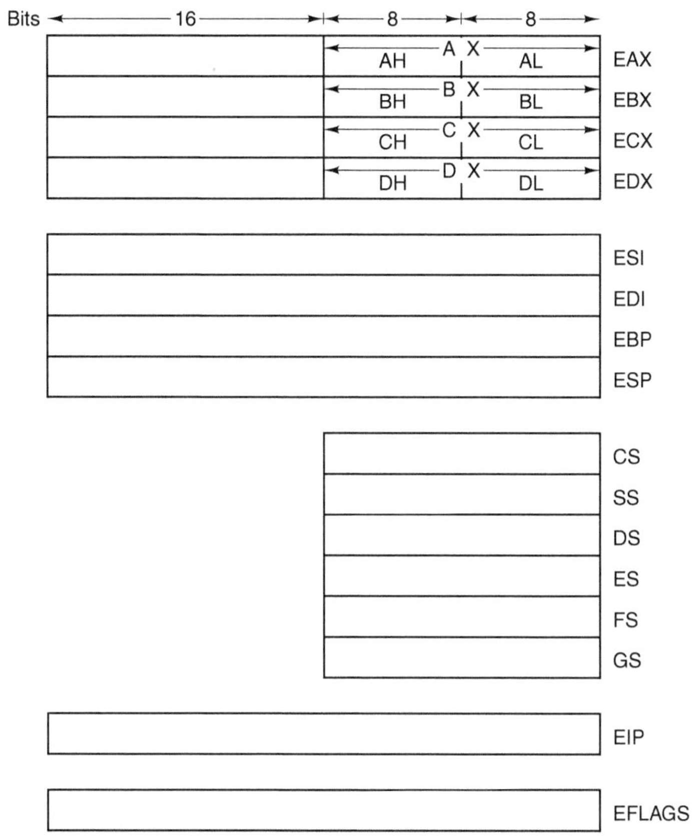

Abbildung 5.3: Der Hauptregistersatz des Core i7

Auch die nächsten vier Register sind in gewissem Sinne allgemeine Register, allerdings mit noch mehr Besonderheiten. Die Register `ESI` und `EDI` sind für Zeiger auf den Speicher vorgesehen, insbesondere für die per Hardware ausgeführten Zeichenfolgenbefehle, wobei `ESI` auf die Quellzeichenfolge und `EDI` auf die Zielzeichenfolge zeigt. Das `EBP`-Register ist ebenfalls ein Zeigerregister. Es zeigt normalerweise auf die Basis des aktuellen Aktivierungsblocks, genau wie `LV` in der IJVM. Wenn ein Register (wie `EBP`) auf die Basis des lokalen Aktivierungsblocks zeigt, spricht man normalerweise vom **Rahmenzeiger** (Frame Pointer). Schließlich ist `ESP` der Zeiger auf den Keller.

Die Register `CS` bis `GS` in der nächsten Gruppe sind Segmentregister. Größtenteils handelt es sich hierbei um elektronische Fossilien aus der Zeit, als der 8088 versuchte, 2^{20} Byte im Speicher mithilfe von 16-Bit-Adressen zu adressieren. Kurz gesagt: Wenn man den Core i7 für einen einzigen linearen 32-Bit-Adressraum einrichtet, kann man die Segmentregister getrost ignorieren. Das nächste Register `EIP` (Extended Instruction Pointer) ist der Programmzähler. Schließlich sind wir bei `EFLAGS`, dem `PSW` angelangt.

5.1.6 Übersicht über die ISA-Ebene des ARM OMAP4430

Die **ARM**-V7-ISA des Cortex-A9 ist eine Load/Store-Architektur. Nur explizite Load- und Store-Instruktionen können auf den Speicher zugreifen. Eine Erweiterung des Adressraums von 32 auf 64 Bit erfolgt in der ARM-V8-ISA. Die Architektur kann Daten sowohl im Little- als auch Big-Endian-Format verarbeiten.

Die ARM-Architektur wurde erstmals 1985 von Acorn Computer vorgestellt. Die Architektur basiert im Wesentlichen auf den in den achtziger Jahren in Berkeley durchgeführten Forschungsarbeiten [Patterson, 1985] und [Patterson und Séquin, 1982]. Die ursprüngliche ARM-Architektur (namens ARM2) war eine 32-Bit-Architektur, die einen 26-Bit-Adressraum unterstützt. Der OMAP4430 nutzt die ARM-Cortex-A9-Mikroarchitektur, die die Version 7 der ARM-Architektur implementiert. Genau das ist die ISA, die dieses Kapitel beschreibt. Wir beziehen uns hier auf den OMAP4430, da auch die übrigen Teile des Buchs diesen Prozessor als Beispiel verwenden – doch auf der ISA-Ebene implementieren sämtliche Designs, die auf dem ARM-Cortex-A9 basieren, dieselbe ISA.

Der OMAP4430 besitzt eine saubere und einfache Speicherstruktur, die sich als lineares Datenfeld von 2^{32} Bytes darstellt. ARM-Prozessoren beherrschen Big-Endian-Adressierung, können also auf den Speicher sowohl in der Big- als auch in der Little-Endian-Bytereihenfolge zugreifen. Die Bytereihenfolge ist in einem Systemspeicherblock hinterlegt, den der Prozessor unmittelbar nach einem Reset liest. Um sicherzustellen, dass der Systemspeicherblock korrekt gelesen wird, muss dieser die Daten im Little-Endian-Format enthalten, selbst wenn der Prozessor für Big-Endian-Arbeitsweise konfiguriert ist.

Es ist wichtig, dass die ISA über ein größeres Limit für den Speicherraum verfügt, als es für die heutigen Implementierungen erforderlich ist, weil zukünftige Implementierungen sicherlich die Größe des für den Prozessor verfügbaren Speichers erhöhen müssen. Der 32-Bit-Adressraum der ARM-ISA bereitet Systemdesignern zunehmend Kopfschmerzen, da bereits viele ARM-basierte Systeme wie etwa Smartphones mit mehr als 2^{32} Bytes Speicher ausgestattet sind. Bislang umgehen die Designer diese Probleme, indem sie den Großteil des Speichers als Flashspeicher auslegen. Der Zugriff darauf erfolgt über eine Festplattenschnittstelle, die einen größeren blockorientierten Adressraum unterstützt. Um dieser möglicherweise marktfeindlichen Beschränkung entgegenzuwirken, hat ARM (die Firma) vor Kurzem die Definition der ARM-ISA in der Version 8 veröffentlicht, die 64-Bit-Adressräume unterstützt.

Erfolgreiche Architekturen hatten vor allem das Problem, dass ihre ISAs den adressierbaren Speicher beschränkt haben. In der Informatik kann man eigentlich nur einen Fehler machen: zu wenige Bits verwenden. Eines Tages werden Ihre Enkel Sie fragen, wie Computer in den alten Zeiten mit nur 32-Bit-Adressen und nur 4 GB an echtem Speicher überhaupt etwas zustande bringen konnten, wenn ein durchschnittliches Spiel allein beim Starten schon 1 TB braucht.

Die ARM-ISA ist sauber konzipiert, auch wenn die Organisation der Register etwas verzwickt ist, weil man bestimmte Befehlscodierungen vereinfachen wollte. Die Architektur bildet den Programmzähler auf den Registersatz (als Register `R15`) ab, da sich so Verzweigungen über ALU-Operationen erzeugen lassen, die `R15` als Zielregister verwenden. Die Erfahrungen haben gezeigt, dass die Registerorganisation mehr Probleme als Nutzen eingebracht hat, doch wegen der altehrwürdigen Abwärtskompatibilitätsregeln konnte man sie nicht einfach über Bord werfen.

Die ARM-ISA hat zwei Registergruppen: 16 allgemeine 32-Bit-Register und 32 Gleitkommaregister zu je 32 Bit (wenn der VFP-Coprozessor unterstützt wird). Die allgemeinen Register heißen `R0` bis `R15`, obwohl in manchen Kontexten auch andere Namen üblich sind. ▶Tabelle 5.1 zeigt die alternativen Namen und Funktionen der Register.

Register	Alternativer Name	Funktion
R0 – R3	A1 – A4	Nimmt Parameter für die aufzurufende Prozedur auf
R4 – R11	V1 – V8	Nimmt lokale Variablen für die aktuelle Prozedur auf
R12	IP	Prozedurübergreifendes Aufrufregister (für 32-Bit-Aufrufe)
R13	SP	Kellerzeiger
R14	LR	Link-Register (Rückkehradresse für aktuelle Funktion)
R15	PC	Programmzähler

Tabelle 5.1: Die allgemeinen Register des ARM Version 7

Alle allgemeinen Register sind 32 Bit breit und können durch verschiedenartigste Lade- und Speicherbefehle gelesen und geschrieben werden. Die in Tabelle 5.1 angegebenen Funktionsmöglichkeiten basieren teilweise auf Konventionen, teilweise aber auch darauf, wie die Hardware die Register behandelt. Im Allgemeinen sollten Sie nicht vom angegebenen Zweck abweichen, es sei denn, Sie haben den Schwarzen Gürtel als ARM-Guru und wissen wirklich, was Sie tun. Der Compiler oder Programmierer muss sicherstellen, dass das Programm korrekt auf die Register zugreift und die richtigen Berechnungen darauf ausführt. So ist es beispielsweise einfach, Gleitkommazahlen in die allgemeinen Register zu laden und diese dann in eine Ganzzahladdition einzubeziehen. Dabei kommt natürlich blanker Unsinn heraus, die CPU führt diese Operation allerdings ohne zu murren aus.

Die V*x*-Register sind für die von Prozeduren benötigten Konstanten, Variablen und Zeiger vorgesehen. Falls erforderlich, sollten sie beim Eintreten in und Austreten aus der jeweiligen Prozedur gesichert bzw. zurückgeladen werden. Die A*x*-Register dienen der Parameterübergabe an Prozeduren, um Speicherreferenzen zu vermeiden. Wir erläutern gleich, wie das funktioniert.

Vier Register sind für Spezialzwecke reserviert. Das Register IP umgeht die Beschränkungen der ARM-Funktionsaufrufe (BL – Branch with Link), die den Adressraum von 2^{32} Byte nicht vollständig adressieren können. Liegt das Ziel eines Aufrufs zu weit entfernt, um es im Befehl ausdrücken zu können, ruft der Befehl ein sogenanntes „Veneer"-Codefragment (Furnier) auf, das die Adresse im IP-Register als Ziel des Funktionsaufrufs verwendet. Das Register SP enthält die aktuelle Spitze des Kellers und wandert mit, wenn das Programm Wörter auf den Keller legt oder davon entfernt. Das Link-Register LR ist das dritte Spezialregister. Es nimmt bei Prozeduraufrufen die Rückkehradresse auf. Wie bereits weiter oben erwähnt, ist das vierte Spezialregister für den Programmzähler PC vorgesehen. Speichert man einen Wert in diesem Register, so wird das Abrufen der Befehle auf diesen neu festgelegten PC umgeleitet. Ein weiteres wichtiges Register in der ARM-Architektur ist das Programmstatusregister (PSR), das den Status vorheriger ALU-Operationen speichert – unter anderem Bits für Operationen, die null (Z), einen negativen Wert (N) oder einen Überlauf (V) erzeugt haben.

Des Weiteren besitzt die ARM-ISA (wenn sie mit dem VFP-Coprozessor konfiguriert ist) 32 Gleitkommaregister mit 32 Bit Breite. Diese Register lassen sich entweder direkt als 32 Gleitkommawerte einfacher Genauigkeit oder als 16 Gleitkommawerte doppelter Genauigkeit (64 Bit) ansprechen. Die Größe des angesprochenen Gleitkommaregisters ergibt sich aus dem Befehl; im Allgemeinen stehen alle ARM-Gleitkommabefehle als Varianten mit einfacher und doppelter Genauigkeit zur Verfügung.

In der **Load/Store-Architektur** der ARM-ISA greifen nur die Lade- und Speicherbefehle direkt auf den Speicher zu, um Daten zwischen den Registern und dem Speicher zu übertragen. Alle Operanden für arithmetische und logische Befehle müssen von Registern oder vom Befehl selbst (nicht vom Speicher) kommen und alle Ergebnisse müssen in einem Register (nicht im Speicher) abgelegt werden.

5.1.7 Übersicht über die ISA-Ebene des AVR ATmega168

Die ISA des **ATmega168** verfügt über getrennte Adressräume für Programme und Daten. Der Programmadressraum ist unterteilt in Bereiche für den Bootloader und Anwendungsprogramme. Dies dient der Verbesserung der Sicherheit, da das Laden von Programmen auf den Bootloader beschränkt wird. Eine weitere Besonderheit der ISA ist, dass die Register über normale Adressen im Datenadressraum angesprochen werden können.

Unser drittes Beispiel ist der ATmega168. Im Gegensatz zum Core i7 (der hauptsächlich in Desktoprechnern und Serverfarmen eingebaut wird) und dem OMAP4430 (den man vor allem in Mobiltelefonen, Tablets und anderen mobilen Geräten antrifft) wird der ATmega168 in eingebetteten Low-End-Systemen – ob Uhrenradio oder Lichtsignalanlage – eingesetzt, um das jeweilige Gerät selbst sowie die Tasten, Lämpchen und die anderen Teile der Benutzeroberfläche zu steuern. Dieser Abschnitt gibt eine kurze technische Einführung zur ISA des AVR ATmega168.

Der ATmega168 kennt nur einen Betriebsmodus und keine Schutzhardware, da er niemals mehrere Programme auf einmal ausführt, die möglicherweise von böswilligen Benutzern stammen. Das Speichermodell ist äußerst einfach. Es gibt einen 16-KB-Programmspeicher und einen zweiten 1-KB-Datenspeicher. Jedem Speicher ist ein eigener Adressraum zugeordnet, sodass eine bestimmte Adresse auf verschiedene Speicher verweist, je nachdem, ob der Zugriff auf den Programm- oder den Datenspeicher erfolgt. Durch die getrennten Programm- und Datenräume ist es möglich, den Programmbereich in Flashspeicher und den Datenbereich in SRAM zu implementieren.

Abhängig davon, wie viel der Designer für den Prozessor aufwenden möchte, sind verschiedene Speicherimplementierungen möglich. Die einfachste Version, der ATmega48, besitzt einen 4-KB-Flashspeicher für das Programm und ein 512-Byte-SRAM für die Daten. Beide Speicher sind auf dem Chip integriert. Bei kleinen Anwendungen genügt diese Speicherkapazität oftmals und es ist ein großer Gewinn, den gesamten Speicher auf dem CPU-Chip unterzubringen. Der ATmega88 verfügt über doppelt so viel Speicher auf dem Chip: 8 KB ROM und 1 KB SRAM.

Die Speicherorganisation des ATmega168 ist zweischichtig, um eine bessere Programmsicherheit zu gewährleisten. Der Flashspeicher für Programme ist in den Bootloader- und den Anwendungsbereich gegliedert. Die Größe der Bereiche lässt sich durch Fusebits konfigurieren, die beim ersten Zuschalten der Betriebsspannung an den Mikrocontroller einmalig gesetzt werden. Aus Sicherheitsgründen kann nur der Code aus dem Bootloaderbereich den Flashspeicher aktualisieren. Dieses Feature erlaubt es, beliebigen Code (einschließlich heruntergeladener Anwendungen von Drittanbietern) im Anwendungsbereich unterzubringen, ohne befürchten zu müssen, dass er anderen Code im System verstümmelt (weil Anwendungscode aus dem Anwendungsbereich ausgeführt wird, der den Flashspeicher nicht beschreiben kann). Um ein System wirklich abzuriegeln, kann ein Anbieter den Code digital signieren. In diesem Fall lädt der Bootloader Code nur dann in den Flashspeicher, wenn er durch einen bestätigten Softwareanbieter digital signiert ist. Somit führt das System nur Code aus, der von einem vertrauenswürdigen Softwareanbieter „abgesegnet“ wurde. Dieses Konzept ist recht flexibel, da sich selbst der Bootloader ersetzen lässt, wenn der neue Code ordnungsgemäß digital signiert wurde. Dies ähnelt dem Verfahren, wie Apple und TiVo sicherstellen, dass der auf ihren Geräten ausgeführte Code gegenüber Schadcode gesichert ist.

Der ATmega168 enthält 32 allgemeine Register mit 8 Bit Breite, auf die Befehle mit einem 5-Bit-Feld zugreifen, das das zu verwendende Register spezifiziert. Die Register sind mit `R0` bis `R31` benannt. Eine Eigenart der ATmega168-Register besteht darin, dass sie auch im Speicherraum präsent sind. Byte 0 des Datenraums ist äquivalent zu `R0` von Registersatz 0. Wenn ein Befehl das Register `R0` verändert und später Byte 0 aus dem Speicher liest, findet er dort den neuen Wert von `R0` vor. Analog entspricht Byte 1 des Speichers dem Register `R1` usw. bis zu Byte 31. ▶Abbildung 5.4. zeigt diese Zuordnung.

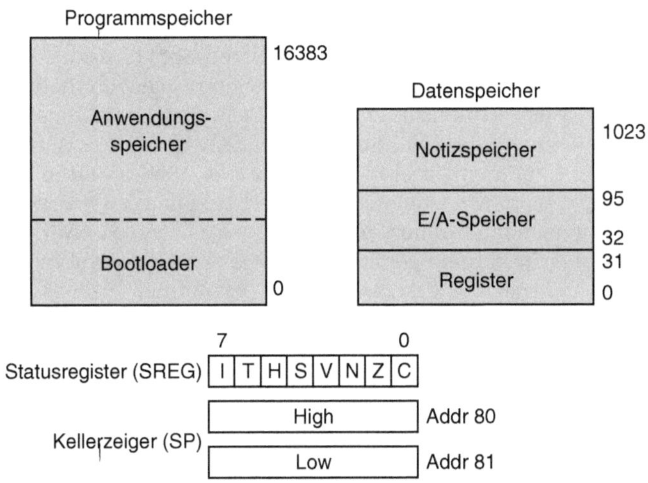

Abbildung 5.4: Chipregister und Speicherorganisation für den ATmega168

Direkt über den 32 allgemeinen Registern sind bei den Speicheradressen 32 bis 95 für den Zugriff auf E/A-Geräteregister 64 Speicherbytes reserviert. Hierzu zählen auch die chipinternen Geräte.

Neben den vier Registersätzen mit je 8 Registern besitzt der ATmega168 eine kleine Anzahl von Spezialregistern, von denen Abbildung 5.4 die wichtigsten zeigt. Das Statusregister enthält von links nach rechts die Bits für Interrupt-Freigabe (`I`), Transfer (`T`, für `BLD`- und `BST`-Befehle), Hilfsübertrag (`H`), Vorzeichen (`S`), Überlauf (`V`), negatives Ergebnis (`N`), null (`Z`) und Übertrag (`C`). Bis auf das Bit für die Interrupt-Freigabe werden alle Statusbits als Ergebnis von arithmetischen Operationen gesetzt.

Das `I`-Bit des Statusregisters erlaubt es, Interrupts global zu aktivieren (1) bzw. zu deaktivieren (0). Löscht man das Bit, kann man alle weiteren Interrupts mit einem einzigen Befehl deaktivieren. Jedem Gerät ist ein Interrupt-Freigabebit zugeordnet. Wenn das Freigabebit des Geräts und das globale Interrupt-Freigabebit `I` auf 1 gesetzt sind, kann das Gerät den Programmablauf im Prozessor unterbrechen.

Der Kellerzeiger `SP` nimmt die aktuelle Adresse für den Datenspeicher auf, wo `PUSH`- und `POP`-Befehle – vergleichbar mit den ähnlich benannten Befehlen in der Java-JVM von *Kapitel 4* – auf ihre Daten zugreifen. Der Kellerzeiger befindet sich im E/A-Speicher an Adresse 80. Um die 1024 Bytes des Datenspeichers zu adressieren, ist ein einzelnes 8-Bit-Speicherbyte zu klein. Deshalb besteht der Kellerzeiger aus zwei aufeinanderfolgenden Speicherstellen, die zusammen eine 16-Bit-Adresse ergeben.

5.2 Datentypen

Zu den **Datentypen**, die die ISA definiert, gehören Ganzzahlen, Fest- und Fließkommazahlen, logische Werte, Zeichenketten und Zeiger. Es werden Format, Genauigkeit sowie die Operationen festgelegt.

Alle Computer brauchen Daten. Die meisten Computersysteme sind überhaupt nur dazu da, um Daten in Anwendungsbereichen wie Finanzwesen, Handel, Wissenschaft, Konstruktionswesen usw. zu verarbeiten. Im Computer müssen diese Daten in einer bestimmten Form dargestellt werden. Auf der ISA-Ebene verwendet man dazu verschiedene Datentypen, mit denen sich dieser Abschnitt beschäftigt.

Eine besonders wichtige Frage dabei ist, ob zur Unterstützung eines bestimmten Datentyps Hardware vorhanden ist. Hardwareunterstützung bedeutet, dass ein oder mehrere Befehle Daten in einem bestimmten Format erwarten und der Benutzer nicht einfach ein anderes Format auswählen kann. So haben Buchhalter z.B. die seltsame Angewohnheit, negative Zahlen mit einem Minuszeichen rechts nach der Zahl zu schreiben statt links vor der Zahl wie Informatiker. Angenommen, der Leiter des Rechenzentrums einer Wirtschaftsprüfungsfirma möchte seinen Chef damit beeindrucken, dass er alle Zahlen in allen Computern auf die Verwendung des am weitesten rechts stehenden (statt des am weitesten links stehenden) Bits als Vorzeichenbit ändert. Auf den Chef würde das zweifellos großen Eindruck machen – weil nämlich die gesamte Software ab sofort nicht mehr korrekt arbeitet. Die Hardware erwartet bei Ganzzahlen ein bestimmtes Format und funktioniert nicht mehr richtig, wenn man ihr etwas anderes vorsetzt.

Nun betrachten wir eine andere Wirtschaftsprüfungsfirma, die gerade den Auftrag erhalten hat, die Bundesschulden der USA (also die Summe, die die US-Regierung den Bürgern schuldet) zu überprüfen. Die Anwendung einer 32-Bit-Arithmetik würde hier nicht funktionieren, weil die betreffenden Zahlen größer sind als 2^{32} (etwa 4 Milliarden). Als Lösung könnte man jede Zahl mit zwei 32-Bit-Ganzzahlen darstellen, was insgesamt 64 Bit ergibt. Falls die Maschine diese Art von **doppelter Genauigkeit** (Double Precision) nicht unterstützt, muss die Software die gesamte Arithmetik abwickeln. Die beiden Teile können aber in beliebiger Reihenfolge erscheinen, weil sich die Hardware nicht darum kümmert. Wir haben es hier mit einem Datentyp ohne Hardwareunterstützung zu tun, der auch keine Hardwaredarstellung verlangt. Die folgenden Abschnitte beschäftigen sich mit Datentypen, die von der Hardware unterstützt werden und für die somit spezifische Formate erforderlich sind.

5.2.1 Numerische Datentypen

Datentypen lassen sich in zwei Kategorien einteilen: numerische und nicht numerische. Die wichtigsten unter den numerischen Datentypen sind die Ganzzahlen (Integer). Üblich sind Längen von 8, 16, 32 und 64 Bit. Mit Ganzzahlen zählt man Dinge (z.B. die Anzahl von Schraubendrehern, die ein Baumarkt am Lager hat), identifiziert Dinge (z.B. Bankkonten) und vieles mehr. Die meisten modernen Computer speichern Ganzzahlen im binären Zweierkomplement, wobei in der Vergangenheit auch andere Systeme üblich waren. Mit Binärzahlen beschäftigt sich *Anhang A* ausführlich.

Einige Computer unterstützen vorzeichenlose und vorzeichenbehaftete Ganzzahlen. Bei einer vorzeichenlosen Ganzzahl gibt es kein Vorzeichenbit und alle Bits enthalten Daten. Dieser Datentyp hat den Vorteil eines zusätzlichen Bits. So kann ein 32-Bit-Wort eine vorzeichenlose Ganzzahl im Bereich 0 bis $2^{32} - 1$ speichern. Dagegen kann eine vorzeichenbehaftete 32-Bit-Ganzzahl im Zweierkomplement nur Zahlen bis $2^{31} - 1$ aufnehmen, allerdings auch negative Zahlen darstellen.

Für Zahlen wie zum Beispiel 3,5, die sich nicht als Ganzzahlen ausdrücken lassen, verwendet man Gleitkommazahlen. Mehr dazu erfahren Sie in *Anhang B*. Gleitkommazahlen haben eine Länge von 32, 64 oder 128 Bit. Die meisten Computer verfügen über Befehle für Gleitkommaarithmetik. Außerdem besitzen viele Computer getrennte Register für die Aufnahme von Ganzzahl- und Gleitkommaoperanden.

Einige Programmiersprachen, insbesondere COBOL, erlauben Dezimalzahlen als Datentyp. Computer, die für COBOL geeignet sein sollen, unterstützen oftmals Dezimalzahlen per Hardware. Normalerweise codieren sie dazu eine Dezimalzahl in 4 Bit und verpacken zwei Dezimalziffern pro Byte. Das ist das sogenannte **BCD-Format** (binärcodiertes Dezimalformat). Allerdings funktioniert die Binärarithmetik mit gepackten Dezimalzahlen nicht. Deshalb braucht man spezielle Befehle für die Dezimalarithmetikkorrektur. Diese Befehle verarbeiten einen Übertrag von Bit 3. Deshalb enthält der Bedingungscode (das Flagregister) oftmals ein Hilfsübertragsbit. Übrigens ist das berüchtigte Jahr-2000-Problem (Y2K) COBOL-Programmierern zu verdanken, die sich dafür entschieden hatten, das Jahr mit nur zwei Dezimalziffern (8 Bit) darzustellen statt mit vier Dezimalziffern (oder einer 8-Bit-Binärzahl, die noch mehr Werte (256) als zwei Dezimalziffern (100) erlaubt hätte). Welch eine Optimierung!

5.2.2 Nicht numerische Datentypen

Während die meisten frühen Computer den Tag damit verbrachten, riesige Zahlenmengen zu verarbeiten (das sogenannte Number Crunching), setzt man moderne Computer oftmals für nicht numerische Anwendungen ein, wie zum Beispiel E-Mail-Verarbeitung, Surfen im Web, digitale Fotografie sowie Erzeugen und Wiedergeben von Multimediainhalten. Für diese Anwendungen sind andere Datentypen erforderlich, die häufig auch durch Befehle auf der ISA-Ebene unterstützt werden. In diesem Zusammenhang sind Zeichen (Characters) von großer Bedeutung, obwohl nicht jeder Computer Hardwareunterstützung dafür bietet. Die bekanntesten Zeichensätze sind ASCII und Unicode. Sie unterstützen 7-Bit- bzw. 16-Bit-Zeichen. Auf beide ist *Kapitel 2* eingegangen.

Auf der ISA-Ebene sind spezielle Befehle üblich, die mit Zeichenfolgen umgehen können, d.h. mit langen Ketten aufeinanderfolgender Zeichen. Manchmal sind diese Zeichenfolgen am Ende durch ein spezielles Zeichen begrenzt. Alternativ steht in einem Längenfeld, wo die Zeichenfolge endet. Die jeweiligen Befehle können Zeichenfolgen kopieren, durchsuchen, bearbeiten und andere Funktionen damit ausführen.

Boolesche Werte sind ebenfalls wichtig. Ein boolescher Wert kann einen von zwei Werten annehmen: wahr (true) oder falsch (false). Theoretisch genügt ein einzelnes Bit, um einen booleschen Wert mit 0 als falsch und 1 als wahr (bzw. umgekehrt) darzustellen. In der Praxis nimmt man aber gleich ein ganzes Byte oder Wort für einen booleschen Wert, weil die einzelnen Bits in einem Byte keine eigenen Adressen besitzen und es somit relativ umständlich ist, auf konkrete Bits zuzugreifen. Es ist üblich, den Wert 0 als falsch und alles ungleich 0 als wahr zu interpretieren.

Die einzige Situation, in der man einen booleschen Wert normalerweise durch ein Bit darstellt, ist die Verwendung eines ganzen Felds von booleschen Werten. Ein 32-Bit-Wort nimmt dann 32 boolesche Werte auf. Solch eine als **Bitmap** bezeichnete Datenstruktur tritt in vielen Zusammenhängen auf. Beispielsweise kann man in einer Bitmap die freien Blöcke einer Festplatte verzeichnen. Wenn die Festplatte in *n* Blöcke eingeteilt ist, hat die Bitmap *n* Bits.

Unser letzter Datentyp ist der Zeiger (Pointer), bei dem es sich lediglich um eine Maschinenadresse handelt. Wir haben Zeiger bereits wiederholt erwähnt. Bei den Mic-*x*-Maschinen sind `SP`, `PC`, `LV` und `CPP` Beispiele für Zeiger. Der Zugriff auf eine Variable bezogen auf eine feste Distanz von einem Zeiger – wie zum Beispiel beim Befehl `ILOAD` – gehört bei allen Computern zu den gebräuchlichsten Operationen. So nützlich Zeiger aber sind, bilden sie auch die Quelle für eine riesige Anzahl von Programmierfehlern – oftmals mit schwerwiegenden Konsequenzen. Deshalb sind sie mit großer Vorsicht zu genießen.

5.2.3 Datentypen des Core i7

Der Core i7 unterstützt vorzeichenbehaftete Ganzzahlen im Zweierkomplement, vorzeichenlose Ganzzahlen, binärcodierte Dezimalzahlen und Gleitkommazahlen nach dem Standard IEEE 754, wie sie ▶Tabelle 5.2 zeigt. Aufgrund seines Ursprungs als bescheidener 8-Bit-/16-Bit-Prozessor verarbeitet er Ganzzahlen in diesen Längen sowie 32-Bit-Werte mit zahlreichen Befehlen für Arithmetik, boolesche Operationen und Vergleiche. Optional arbeitet der Prozessor im 64-Bit-Modus, der auch 64-Bit-Register und -Operationen unterstützt. Operanden müssen nicht im Speicher ausgerichtet sein. Es lässt sich aber eine bessere Leistung erzielen, wenn Wortadressen Vielfache von 4 Byte sind.

Typ	8 Bit	16 Bit	32 Bit	64 Bit
Vorzeichenbehaftete Ganzzahlen	×	×	×	× (64 Bit)
Vorzeichenlose Ganzzahlen	×	×	×	× (64 Bit)
Binärcodierte Dezimalzahlen (BCD)	×			
Gleitkommazahlen			×	×

Tabelle 5.2: Numerische Datentypen des Core i7. Unterstützte Typen sind mit einem × gekennzeichnet. Der Zusatz (64 Bit) bedeutet, dass diese Typen nur im 64-Bit-Modus verfügbar sind.

Der Core i7 kann auch mit 8-Bit-ASCII-Zeichen gut umgehen. Er verfügt über spezielle Befehle zum Kopieren und Durchsuchen von Zeichenfolgen. Diese Befehle eignen sich sowohl für Zeichenfolgen, deren Länge im Voraus bekannt ist, als auch für Zeichenfolgen mit einer Endemarkierung. Bibliotheken zur Zeichenfolgenmanipulation greifen oft auf diese Befehle zurück.

5.2.4 Datentypen des OMAP4430

Die OMAP4430-ARM-CPU unterstützt viele Datenformate (▶Tabelle 5.3). Allein für Ganzzahlen unterstützt der Prozessor vorzeichenlose und vorzeichenbehaftete 8-, 16- und 32-Bit-Operanden. Die Verarbeitung von kleinen Datentypen ist im OMAP4430 etwas geschickter gelöst als im Core i7. Intern ist der OMAP4430 eine 32-Bit-Maschine mit 32-Bit-Datenpfaden und -Befehlen. Für Lade- und Speicheroperationen kann das Programm die Größe und das Vorzeichen der Werte festlegen. Ein Ladebefehl (z.B. `LDRSB` – lade vorzeichenbehaftetes Byte) konvertiert dann den Wert in einen vergleichbaren 32-Bit-Wert. Analog dazu lassen sich Größe und Vorzeichen für einen zu speichernden Wert angeben. Die Befehle greifen nur auf den angegebenen Teil des Eingaberegisters zu.

Vorzeichenbehaftete Ganzzahlen verwenden das Zweierkomplement. Für Gleitkommaoperationen sind Operanden mit 32 und 64 Bits vorgesehen, die dem IEEE-Standard 754 entsprechen. Binärcodierte Dezimalzahlen werden nicht unterstützt. Alle Operanden müssen im Speicher ausgerichtet sein. Es gibt keine speziellen Hardwarebefehle, die Zeichen- und Zeichenfolgendatentypen unterstützen. Ihre Verarbeitung erfolgt rein softwareseitig.

Typ	8 Bit	16 Bit	32 Bit	64 Bit
Vorzeichenbehaftete Ganzzahlen	×	×	×	
Vorzeichenlose Ganzzahlen	×	×	×	
Binärcodierte Dezimalzahlen (BCD)				
Gleitkommazahlen			×	×

Tabelle 5.3: Die numerischen Datentypen des OMAP4430. Unterstützte Typen sind mit einem × markiert.

5.2.5 Datentypen der ATmega168 AVR-CPU

Der ATmega168 besitzt nur eine sehr begrenzte Anzahl von Datentypen. Mit einer Ausnahme sind alle Register 8 Bit breit, sodass auch Ganzzahlen 8 Bit breit sind. Und Zeichen umfassen ebenfalls 8 Bit. Die Hardware unterstützt für arithmetische Operationen praktisch nur das 8-Bit-Byte als einzigen richtigen Datentyp (▶Tabelle 5.4).

Typ	8 Bit	16 Bit	32 Bit	64 Bit
Vorzeichenbehaftete Ganzzahlen	×			
Vorzeichenlose Ganzzahlen	×	×		
Binärcodierte Dezimalzahlen (BCD)				
Gleitkommazahlen				

Tabelle 5.4: Die numerischen Datentypen des ATmega168. Unterstützte Typen sind mit einem × markiert.

Speicherzugriffe erleichtert der ATmega168 mit einer bescheidenen Unterstützung für vorzeichenlose 16-Bit-Zeiger. Die 8-Bit-Registerpaare `R26`/`R27`, `R28`/`R29` und `R30`/`R31` lassen sich verketten, um die 16-Bit-Zeiger `X`, `Y` und `Z` zu bilden. Wenn eine Ladeoperation `X`, `Y` oder `Z` als Adressoperand verwendet, inkrementiert oder dekrementiert der Prozessor den Wert bei Bedarf.

5.3 Befehlsformate

Ein Befehl besteht aus einem Opcode und normalerweise zusätzlichen Informationen, die beispielsweise angeben, woher Operanden kommen oder wo das Ergebnis abzulegen ist. Als **Adressierung** bezeichnet man die Spezifikation, wo sich die Operanden befinden. Darauf geht dieser Abschnitt später detailliert ein.

▶Abbildung 5.5 zeigt mehrere mögliche Formate für Befehle der Ebene 2. Der erste Teil eines Befehls ist immer der Opcode, der die Aufgabe des Befehls beschreibt. Dem Opcode können sich keine, eine, zwei oder drei Adressen anschließen.

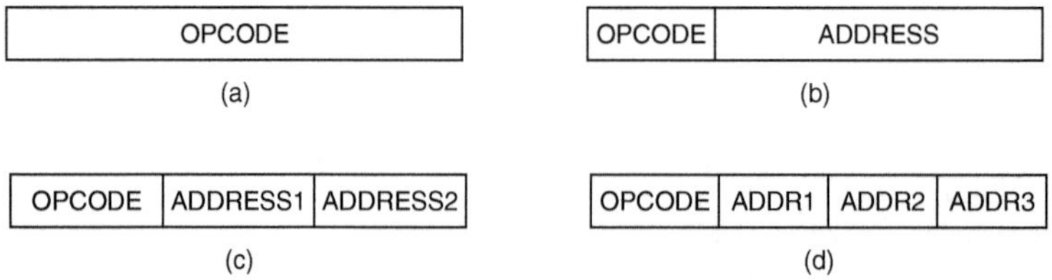

Abbildung 5.5: Vier gebräuchliche Befehlsformate: (a) Befehl ohne Adresse (b) Befehl mit einer Adresse (c) Befehl mit zwei Adressen (d) Befehl mit drei Adressen

Bei der Wahl des **Befehlsformats** sind viele Aspekte abzuwägen. Längere Opcodes und größere Adressbreiten schaffen mehr Flexibilität, führen aber zu einem größeren Speicherbedarf und längeren Zugriffszeiten. Ein einheitliches Befehlsformat erleichtert die Decodierung und führt zu effizienteren Implementierungen.

Bei manchen Prozessoren sind alle Befehle gleich lang, bei anderen Prozessoren gibt es mehrere verschiedene Längen. Die Befehlslänge kann mit der Wortlänge übereinstimmen, aber auch kürzer oder länger sein. Weisen alle Befehle die gleiche Länge auf, dann sind sie leichter zu handhaben und einfacher zu decodieren, verschwenden aber oftmals Platz, weil jeder Befehl so lang wie der längste Befehl sein muss. Es sind aber auch andere Kompromisse denkbar. ▶Abbildung 5.6 zeigt mögliche Beziehungen zwischen Befehlslänge und Wortlänge.

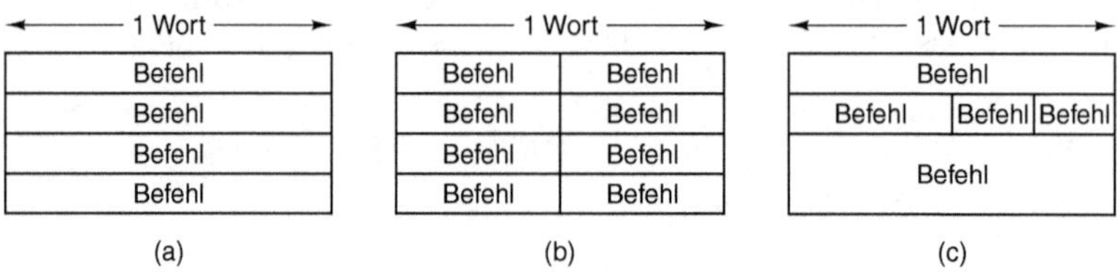

Abbildung 5.6: Mögliche Beziehungen zwischen Befehls- und Wortlänge

5.3.1 Designkriterien für Befehlsformate

Wenn das Befehlsformat für einen Computer festzulegen ist, muss das Entwicklerteam mehrere Faktoren berücksichtigen und darf die Schwierigkeiten dieser Entscheidungen nicht unterschätzen. Bereits frühzeitig im Entwurfsprozess ist das Befehlsformat festzulegen. Bei einem kommerziell erfolgreichen Computer kann der Befehlssatz durchaus 40 Jahre oder mehr überdauern. Die Option, neue Befehle hinzuzufügen und andere Erweiterungsmöglichkeiten zu nutzen, die sich über eine längere Zeitspanne ergeben, ist von großer Bedeutung, aber nur dann, wenn die Architektur – und das dafür zuständige Unternehmen – lange genug überlebt, damit sie ein Erfolg werden kann.

Die Effizienz einer bestimmten ISA hängt stark von der Technologie ab, mit der der Computer implementiert wird. Diese Technologie unterliegt in der Regel im Laufe der Zeit vielen Änderungen, und einige vielversprechende ISA-Optionen stellen sich im Nachhinein als Fehlschlag heraus. Sind beispielsweise die Speicherzugriffe schnell, eignet sich ein kellerbasiertes Design (wie die IJVM). Sind sie aber langsam, ist es von Vorteil, viele Register (wie bei der OMAP4430-ARM-CPU) zur Verfügung zu stellen. Falls Sie diese Entscheidungen leicht finden, sind Sie eingeladen, folgende Prognosen für einen Computer niederzuschreiben, der in 20 Jahren aktuell sein wird: (1) eine typische CPU-Taktfrequenz und (2) eine typische RAM-Zugriffszeit. Falten Sie den Zettel fein säuberlich zusammen und bewahren Sie ihn 20 Jahre lang auf. Dann lesen Sie ihn. Wer unbedingt auf Spott aus ist, kann den Zettel vergessen und seine Voraussage gleich ins Internet stellen.

Natürlich sind auch weitsichtige Designer nicht unbedingt in der Lage, immer die richtige Auswahl zu treffen. Und auch wenn sie das könnten, müssten sie kurzfristige Entwicklungen berücksichtigen. Ist eine elegante ISA ein wenig teurer als ihre hässlichen Mitbewerber, so überlebt das Unternehmen möglicherweise nicht lange genug, bis die Welt endlich diese Eleganz schätzen gelernt hat.

Unter sonst gleichen Umständen sind kurze Befehle besser als lange. Ein Programm, das aus n 16-Bit-Befehlen besteht, nimmt nur halb so viel Speicherplatz wie ein Programm mit n 32-Bit-Befehlen ein. Bei ständig sinkenden Speicherpreisen ist dieser Faktor in der Zukunft möglicherweise von geringerer Bedeutung, abgesehen davon, dass sich Software schneller aufbläht, als die Speicherpreise sinken.

Des Weiteren lassen sich kleinere Befehle möglicherweise schwerer decodieren oder überlappen. Deshalb muss man die minimale Befehlsgröße sorgfältig gegen die Zeit abwägen, die erforderlich ist, um die Befehle zu decodieren und auszuführen.

Ein weiterer Grund für die Minimierung der Befehlslänge ist bereits heute wichtig und wird im Zuge schnellerer Prozessoren immer wichtiger: die Speicherbandbreite (die Anzahl von Bit/s, die der Speicher bereitstellen kann). Der eindrucksvollen Zunahme bei Prozessorgeschwindigkeiten in den letzten Jahrzehnten hinkt die Erhöhung der Speicherbandbreite weit hinterher. Eine der häufigsten Einschränkungen bei Prozessoren kommt daher, dass das Speichersystem nicht in der Lage ist, Befehle und Operanden so schnell bereitzustellen, wie sie der Prozessor verarbeiten kann. Jeder Speicher hat eine Bandbreite, die durch die Technologie und das Design bestimmt wird. Der Engpass bei der Bandbreite betrifft nicht nur den Hauptspeicher, sondern auch alle Caches.

Beträgt die Bandbreite eines Befehlscaches t Bit/s und die durchschnittliche Befehlslänge r Bit, so kann der Cache höchstens t/r Befehle pro Sekunde liefern. Dieser Wert stellt eine *Obergrenze* dar, bis zu der der Prozessor Befehle ausführen kann, obwohl daran gearbeitet wird, auch diese scheinbar unmögliche Barriere zu durchbrechen. Zweifellos begrenzt die Befehlslänge die Rate, mit der sich Befehle ausführen lassen (d.h. die Prozessorgeschwindigkeit). Kürzere Befehle bedeuten einen schnelleren Prozessor. Da moderne Prozessoren in der Lage sind, mehrere Befehle in jedem Taktzyklus auszuführen, ist das Abrufen mehrerer Befehle pro Taktzyklus zwingend erforderlich. Dieser Aspekt des Befehlscaches macht die Größe von Befehlen zu einem wichtigen Designkriterium und wirkt sich deutlich auf die Leistung aus.

Das zweite Designkriterium ist ausreichender Platz im Befehlsformat, um alle gewünschten Operationen ausdrücken zu können. Eine Maschine mit 2^n Operationen, bei denen alle Befehle kleiner als n Bit sind, ist unmöglich. Es steht einfach nicht genügend Platz im Opcode bereit, um den benötigten Befehl zu bezeichnen. Die Geschichte hat uns wiederholt gelehrt, dass es töricht ist, nicht genügend Opcodes für künftige Erweiterungen des Befehlssatzes freizulassen.

Ein drittes Kriterium betrifft die Anzahl von Bits in einem Adressfeld. Denken Sie nur an einen Computer mit 8-Bit-Zeichen und einem Hauptspeicher, der 2^{32} Zeichen aufnehmen muss. Die Entwickler könnten den Weg einschlagen, fortlaufende Adressen in Einheiten von 8, 16, 24 oder 32 Bits zuzuweisen, oder sich für andere Möglichkeiten entscheiden.

Stellen Sie sich vor, dass das Designteam darüber streitet, ob die Basiseinheit für den Speicher ein 8-Bit-Byte oder ein 32-Bit-Wort sein soll. Die erste Gruppe schlägt dann einen Speicher von 2^{32} Byte vor, der von 0, 1, 2, 3, ..., bis 4.294.967.295 nummeriert ist.

Die zweite Gruppe wählt einen Speicher von 2^{30} Wörtern und nummeriert sie von 0, 1, 2, 3, ..., bis 1.073.741.823.

Die erste Gruppe würde reklamieren, dass ein Programm, das zwei Zeichen in der Organisation mit 32-Bit-Wörtern vergleichen soll, nicht nur die Wörter mit den Zeichen abrufen, sondern jedes Zeichen aus seinem Wort extrahieren müsste, um sie vergleichen zu können. Das kostet zusätzliche Befehle und verschwendet deshalb Platz. Andererseits stellt die 8-Bit-Organisation eine Adresse für jedes Zeichen bereit, was den Vergleich erheblich vereinfacht.

Die Verfechter der 32-Bit-Wörter würden damit kontern, dass ihr Vorschlag nur 2^{30} getrennte Adressen erfordert, was eine Adresslänge von nur 30 Bit ergibt, während bei dem Ansatz mit 8-Bit-Bytes 32 Bit für die Adressierung desselben Speichers erforderlich sind. Eine kürzere Adresse bedeutet einen kürzeren Befehl, was nicht nur weniger Platz belegt, sondern auch weniger Zeit zum Abrufen erfordert. Alternativ könnte man die 32-Bit-Adressen beibehalten, um einen 16-GB-Speicher statt eines kümmerlichen 4-GB-Speichers zu referenzieren.

Dieses Beispiel zeigt, dass eine feinere Speicherauflösung ihren Preis hat: längere Adressen und damit längere Befehle. Die höchste Auflösung erreicht eine Speicherorganisation, bei der jedes Bit direkt adressierbar ist (z.B. bei der Burroughs B1700). Das andere Extrem ist ein Speicher, der aus sehr langen Wörtern besteht (z.B. arbeitete die Cyber-Serie von CDC mit 60-Bit-Wörtern).

Bei modernen Computersystemen ist man zu dem Kompromiss gelangt, der eigentlich das Schlechteste beider Ansätze in sich vereint. Diese Systeme verlangen, dass sich alle erforderlichen Bits einzeln adressieren lassen, dass aber Speicherzugriffe ein, zwei oder manchmal vier Wörter gleichzeitig lesen. Zum Beispiel holt eine Leseoperation für 1 Byte aus dem Speicher beim Core i7 mindestens 8 Bytes und wahrscheinlich eine komplette 64-Byte-Cachezeile.

5.3.2 Opcodes erweitern

Der vorherige Abschnitt hat gezeigt, dass man kurze Adressen und gute Speicherauflösung gegeneinander abwägen kann. Dieser Abschnitt untersucht nun weitere Kompromisse, die sowohl Opcodes als auch Adressen betreffen. Sehen Sie sich einen $(n + k)$-Bit-Befehl mit einem k-Bit-Opcode und einer einzelnen n-Bit-Adresse an. Dieser Befehl erlaubt 2^k verschiedene Operationen und 2^n adressierbare Speicherzellen. Alternativ ließen sich dieselben $n + k$ Bits in einen $(k - 1)$-Bit-Opcode und eine $(n + 1)$-Bit-Adresse zerlegen, was nur halb so viel Befehle, aber entweder doppelt so viel adressierbaren Speicher oder denselben Speicherumfang mit doppelter Auflösung bedeutet. Ein $(k + 1)$-Bit-Opcode und eine $(n - 1)$-Bit-Adresse ergeben mehr Operationen. Der Preis ist aber entweder eine kleinere Anzahl adressierbarer Zellen oder eine geringere Auflösung bei derselben adressierbaren Speichermenge. Neben diesen einfachen Kompromissen sind auch kompliziertere Aufteilungen zwischen Opcode-Bits und Adressbits möglich. Das in den folgenden Absätzen beschriebene Verfahren heißt **Opcode-Erweiterung** (Expanding Opcode).

Das Konzept der Opcode-Erweiterung lässt sich am besten anhand eines Beispiels beschreiben. Nehmen Sie einen Computer an, bei dem Befehle 16 Bit umfassen und Adressen 4 Bit lang sind (▶Abbildung 5.7). Diese Konstellation könnte sich für einen Computer eignen, der 16 Register (und damit eine 4-Bit-Registeradresse) hat, auf denen alle arithmetischen Operationen stattfinden. Ein mögliches Design wäre ein 4-Bit-Opcode und drei Adressen in jedem Befehl, was 16 Dreiadressbefehle ergibt.

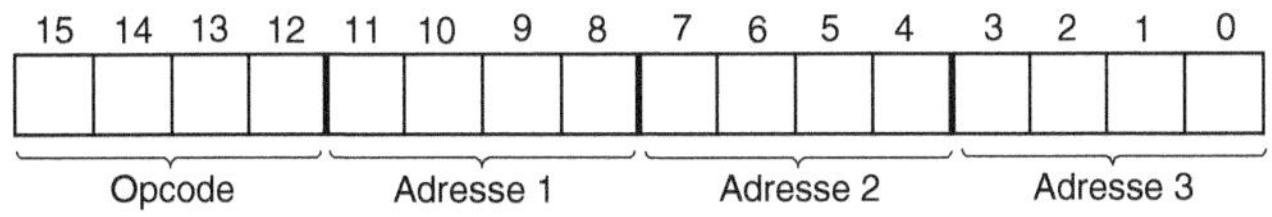

Abbildung 5.7: Ein Befehl mit einem 4-Bit-Opcode und drei 4-Bit-Adressfeldern

Wenn allerdings die Designer 15 Dreiadressbefehle, 14 Zweiadressbefehle, 31 Einadressbefehle und 16 Befehle mit gar keiner Adresse benötigen, können sie die Opcodes 0 bis 14 als Dreiadressbefehle verwenden und Opcode 15 unterschiedlich interpretieren (▶Abbildung 5.8).

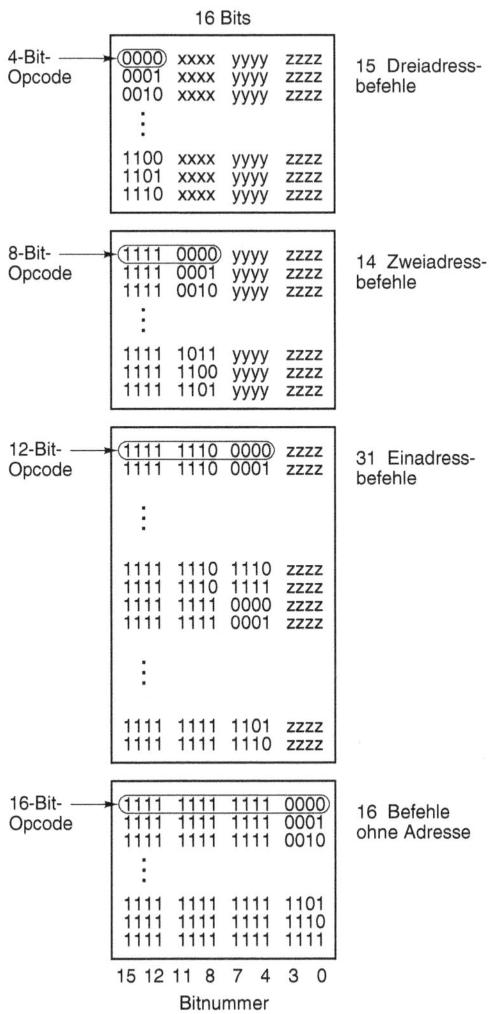

Abbildung 5.8: Eine Opcode-Erweiterung, die 15 Dreiadressbefehle, 14 Zweiadressbefehle, 31 Einadressbefehle und 16 Befehle ohne Adressen erlaubt. Die mit *xxxx*, *yyyy* und *zzzz* gekennzeichneten Felder sind 4-Bit-Adressfelder.

Opcode 15 bedeutet, dass der Opcode in den Bits 8 bis 15 statt in den Bits 12 bis 15 enthalten ist. Die Bits 0 bis 3 und 4 bis 7 bilden wie gewöhnlich zwei Adressen. Die 14 Zweiadressbefehle enthalten 1111 in den vier linken Bits und Zahlen von 0000 bis 1101 in den

Bits 8 bis 11. Befehle mit 1111 in den vier linken Bits und entweder 1110 oder 1111 in den Bits 8 bis 11 werden besonders behandelt, und zwar so, als befänden sich ihre Opcodes in den Bits 4 bis 15. Das Ergebnis sind 32 neue Opcodes. Da nur 31 erforderlich sind, wird der Opcode 1111 1111 1111 so interpretiert, dass der echte Opcode die Bits 0 bis 15 umfasst, was 16 Befehle ohne Adressen ergibt.

Wie Sie sicherlich bemerkt haben, ist der Opcode immer länger geworden: Die Dreiadressbefehle haben einen 4-Bit-Opcode, die Zweiadressbefehle einen 8-Bit-Opcode, die Einadressbefehle einen 12-Bit-Opcode und die Befehle ohne Adresse schließlich einen 16-Bit-Opcode.

Das Konzept der Opcode-Erweiterung ist ein Kompromiss zwischen dem Platz für Opcodes und dem Platz für andere Informationen. In der Praxis sind Opcode-Erweiterungen nicht so klar und regelmäßig wie in unserem Beispiel. In der Tat lässt sich die Möglichkeit, variable Opcode-Längen zu verwenden, in zwei Formen nutzen. Erstens kann man für alle Befehle die gleiche Länge verwenden, indem man den kürzesten Opcodes die Befehle zuordnet, die die meisten Bits für andere Informationen benötigen. Zweitens lässt sich die Größe des *durchschnittlichen* Befehls minimieren, wenn man Opcodes wählt, die für häufige Befehle am kürzesten und für seltene Befehle am längsten sind.

Treibt man das Konzept von Opcodes mit variabler Länge auf die Spitze, so lässt sich die durchschnittliche Befehlslänge minimieren, indem man jeden Befehl mit der kleinstmöglichen Anzahl von Bits codiert. Leider führt das zu Befehlen unterschiedlicher Größen, die nicht einmal an Bytegrenzen ausgerichtet sind. Es hat zwar ISAs mit dieser Eigenschaft gegeben (beispielsweise die vom Pech verfolgte Intel 432), die Ausrichtung ist aber für die schnelle Decodierung von Befehlen so immens wichtig, dass eine solche „Optimierung" fast immer kontraproduktiv ist.

5.3.3 Befehlsformate des Core i7

Die Befehlsformate des Core i7 sind sehr komplex und unregelmäßig mit bis zu sechs Feldern variabler Länge, von denen fünf optional sind. ▶Abbildung 5.9 zeigt das allgemeine Muster. Diese Situation ist entstanden, weil sich die Architektur über viele Generationen entwickelt hat und seit den frühen Phasen die Folgen von Fehlentscheidungen mit sich schleppt. Aufgrund der geforderten Abwärtskompatibilität ließen sich diese frühen Entscheidungen später nicht mehr revidieren. Allgemein gilt, dass bei Befehlen mit zwei Operanden höchstens einer im Speicher stehen darf. Somit gibt es Befehle, die zwei Register addieren, ein Register zu einem Speicherwort addieren und ein Speicherwort zu einem Register addieren, aber keinen Befehl, der ein Speicherwort zu einem anderen Speicherwort addiert.

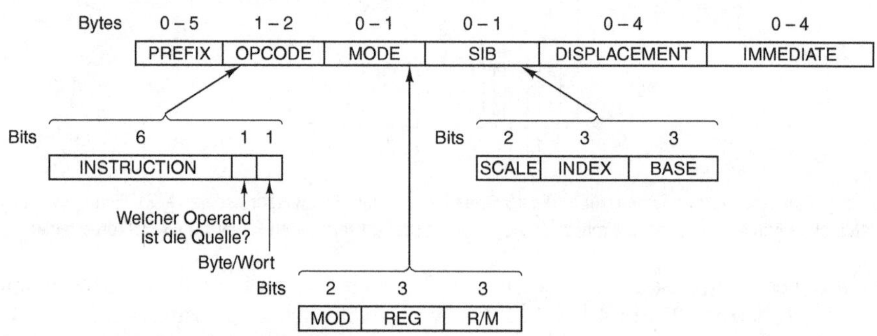

Abbildung 5.9: Befehlsformate des Core i7

Frühe Intel-Architekturen haben durchgängig 1-Byte-Opcodes verwendet, allerdings auch das Konzept eines Präfixbytes zum Modifizieren bestimmter Befehle ausgiebig genutzt. Ein **Präfixbyte** (Prefix Byte) ist ein zusätzlicher Opcode, der vor einem Befehl steht, um dessen Wirkung zu ändern – wie es beim Befehl WIDE in der IJVM der Fall ist. Leider gingen Intel im Verlauf der Weiterentwicklung die Opcodes aus, sodass man einen Opcode – 0xFF – als **Escape-Code** eingeführt hat, um ein zweites Befehlsbyte zuzulassen.

In der IA-32-Architektur wird der 1-Byte-Opcode über einen Escape-Code um ein zweites Befehlsbyte erweitert. Weiterhin werden **Präfixbytes** eingesetzt, um einzelne Befehle zu modifizieren. Somit können immer neue Maschinenbefehle integriert werden.

Die einzelnen Bits in den Opcodes des Core i7 liefern nicht viele Informationen über den Befehl. Als einzige Struktur im Opcode-Feld gibt das niederwertige Bit in einigen Befehlen an, ob sich der Befehl auf ein Byte oder ein Wort bezieht, und das sich anschließende Bit gibt an, ob die Speicheradresse (falls zutreffend) die Quelle oder das Ziel ist. Somit muss der Prozessor im Allgemeinen den Befehl vollständig decodieren, um die Klasse des auszuführenden Befehls – und damit dessen Länge – zu bestimmen. Das erschwert Hochleistungsimplementierungen, weil umfangreiche Decodierung nötig ist, bevor man überhaupt feststellen kann, wo der nächste Befehl beginnt.

Bei den meisten Befehlen, die einen Operanden im Speicher referenzieren, folgt dem Opcode-Byte ein zweites Byte, das Auskunft über den Operanden gibt. Diese 8 Bits gliedern sich in ein 2 Bit großes MOD-Feld und zwei 3 Bit große Registerfelder REG und R/M. Manchmal dienen die ersten 3 Bits dieses Bytes als Opcode-Erweiterung, wodurch insgesamt 11 Bits für die Operandenadressierung verfügbar sind. Allerdings bedeutet ein Modus-Feld mit 2 Bit, dass es nur vier Möglichkeiten für die Operandenadressierung gibt und einer der Operanden immer ein Register sein muss. Logischerweise sollte sich jedes der Register EAX, EBX, ECX, EDX, ESI, EDI, EBP und ESP als Quell- und Zielregister spezifizieren lassen. Jedoch verbieten die Codierregeln einige Kombinationen und verwenden sie für Sonderfälle. Bestimmte Modi verlangen ein zusätzliches Byte namens **SIB (Scale, Index, Base)**. Dieses Schema ist nicht ideal, aber ein Kompromiss angesichts der sich widersprechenden Forderungen nach Abwärtskompatibilität und des Wunsches, neue und noch nicht vorhersehbare Merkmale hinzufügen zu können.

Außerdem gibt es einige Befehle mit 1, 2 oder 4 zusätzlichen Bytes, um eine Speicheradresse (Verschiebung) zu spezifizieren und gegebenenfalls andere 1, 2 oder 4 Bytes, die eine Konstante (den unmittelbaren Operanden) enthalten.

5.3.4 Befehlsformate der OMAP4430-ARM-CPU

Die ISA der OMAP4430-ARM-CPU besteht aus 16- und 32-Bit-Befehlen, die im Speicher ausgerichtet sind. Im Allgemeinen sind die Befehle einfach und spezifizieren nur eine einzige Aktion. Ein typischer Arithmetikbefehl spezifiziert zwei Register als Quelloperanden und ein einzelnes Zielregister. Die 16-Bit-Befehle sind Sparversionen der 32-Bit-Befehle. Sie führen die gleichen Operationen aus, erlauben aber nur zwei Registeroperanden (d.h., das Zielregister muss mit einem der Eingaberegister identisch sein) und nur die ersten acht Register lassen sich als Eingaben festlegen. Die ARM-Architekten bezeichnen diese kleinere Version der ARM-ISA als Thumb ISA.

Zusätzliche Varianten ermöglichen Befehle mit einer vorzeichenlosen 3-, 8-, 12-, 16- oder 24-Bit-Konstanten anstelle eines Registers. Ein Ladebefehl addiert zwei Register (oder ein Register und eine vorzeichenlose 8-Bit-Konstante), um die Speicheradresse des zu lesenden Werts festzulegen. Die Daten werden in das andere angegebene Register geschrieben.

▶Abbildung 5.10 zeigt das Format der ARM-Befehle mit 32 Bit. Dem aufmerksamen Leser ist sicherlich aufgefallen, dass einige Formate die gleichen Felder besitzen (z.B. `LONG MULTIPLY` und `SWAP`). Einen `SWAP`-Befehl kann der Decodierer nur daran erkennen, dass die Kombination von Feldwerten für den `MUL`-Befehl unzulässig ist. Für Befehlserweiterungen und die Thumb ISA gibt es zusätzliche Formate. Als dieses Buch entstanden ist, waren 21 Befehlsformate bekannt, wobei eine zunehmende Anzahl zu erwarten ist. (Wie lange wird es dauern, bis eine Firma den „komplexesten RISC-Prozessor der Welt" ankündigt?) Der Großteil der Befehle verwendet aber weiterhin die in Abbildung 5.10 dargestellten Formate.

31 28 27 16 15 8 7 0

															Befehlstyp
Cond	0 0	I	Opcode	S	Rn	Rd	Operand2								Data processing / PSR Transfer
Cond	0 0 0 0 0 0	A	S	Rd	Rn	RS	1 0 0 1	Rm							Multiply
Cond	0 0 0 0 1	U	A	S	RdHi	RdLo	RS	1 0 0 1	Rm						Long Multiply
Cond	0 0 0 1 0	B	0 0	Rn	Rd	0 0 0 0	1 0 0 1	Rm							Swap
Cond	0 1	I	P	U	B	W	L	Rn	Rd	Offset					Load/Store Byte/Word
Cond	1 0 0	P	U	S	W	L	Rn	Register List							Load/Store Multiple
Cond	0 0 0	P	U	1	W	L	Rn	Rd	Offset1	1	S	H	1	Offset2	Halfword transfer: Immediate offset
Cond	0 0 0	P	U	0	W	L	Rn	Rd	0 0 0 0	1	S	H	1	Rm	Halfword transfer: Register offset
Cond	1 0 1	L	Offset												Branch
Cond	0 0 0 1	0 0 1 0	1 1 1 1	1 1 1 1	1 1 1 1	0 0 0 1	Rn								Branch Exchange
Cond	1 1 0	P	U	N	W	L	Rn	CRd	CPNum	Offset					Coprocessor data transfer
Cond	1 1 1 0	Op1	CRn	CRd	CPNum	Op2	0	CRm							Coprocessor data operation
Cond	1 1 1 0	Op1	L	CRn	Rd	CPNum	Op2	1	CRm						Coprocessor register transfer
Cond	1 1 1 1	SWI Number													Software interrupt

Abbildung 5.10: Die Befehlsformate der 32-Bit-ARM-Prozessoren

Die Bits 26 und 27 jedes Befehls stellen den ersten Haltepunkt beim Ermitteln des Befehlsformats dar. Die Hardware erkennt daran, wo der übrige Opcode (falls vorhanden) zu finden ist. Wenn zum Beispiel die Bits 26 und 27 null sind, Bit 25 ebenfalls null ist (es sich also nicht um einen unmittelbaren Operanden handelt) und die Verschiebung des Eingabeoperanden nicht zulässig ist (was einen *Multiply*- oder *Branch Exchange*-Befehl kennzeichnet), sind beide Quelloperanden Register. Ist Bit 25 auf 1 gesetzt, dann ist ein Quelloperand ein Register und der andere eine Konstante im Bereich von 0 bis 4095. In beiden Fällen ist das Ziel immer ein Register. Es ist genügend Platz für die Codierung von bis zu 16 Befehlen vorhanden, die momentan alle verwendet werden.

Bei 32-Bit-Befehlen ist es nicht möglich, eine 32-Bit-Konstante im Befehl unterzubringen. Der Befehl `MOVT` setzt die 16 oberen Bits eines 32-Bit-Registers, sodass noch Raum bleibt, um mit einem anderen Befehl die restlichen unteren 16 Bits zu setzen. Das ist der einzige Befehl mit diesem Format.

Alle 32-Bit-Befehle enthalten in den höchstwertigen 4 Bits (28 bis 31) das gleiche 4-Bit-Feld: das Bedingungsfeld (`Cond`). Es macht jeden Befehl zu einem **bedingten Befehl** (Predicated Instruction). Der Prozessor führt einen bedingten Befehl wie einen normalen Befehl aus, bevor er aber sein Ergebnis in ein Register (oder den Speicher) schreibt, überprüft er erst die Bedingung des Befehls. Bei ARM-Befehlen basiert die Bedingung auf dem Zustand des Prozessorstatusregisters (`PSR`). Dieses Register speichert die arithmetischen Eigenschaften der letzten arithmetischen Operation (z.B. null, negativ, Überlauf usw.). Ist die Bedingung nicht erfüllt, so wird das Ergebnis des bedingten Befehls verworfen.

Das Format für Verzweigungsbefehle (Branch) codiert den größten Direktwert. Dieser dient zur Berechnung der Zieladresse für Verzweigungen und Prozeduraufrufe. Dieser Befehl ist der einzige, bei dem 24 Bit Daten erforderlich sind, um eine Adresse festzulegen. Es gibt nur einen einzigen 3-Bit-Opcode für diesen Befehl. Die Adresse ist die durch 4 geteilte Zieladresse, sodass sich ein Sprungbereich von $\pm 2^{25}$ Bytes relativ zum aktuellen Befehl ergibt.

Es liegt auf der Hand, dass die ARM-ISA-Designer bestrebt waren, jede Bitkombination vollständig zu nutzen. In diesem Sinne nutzt man sonst ungültige Operandenkombinationen, um Befehle zu spezifizieren. Die verwendete Befehlsstruktur macht eine äußerst komplizierte Decodierlogik erforderlich, erlaubt aber gleichzeitig, die maximale Anzahl von Operationen in einem 16- oder 32-Bit-Befehl fester Länge zu codieren.

5.3.5 Die Befehlsformate des ATmega168 AVR

Der ATmega168 besitzt sechs einfache Befehlsformate, die in Abbildung 5.11 dargestellt sind. Ein Befehl ist 2 oder 4 Byte lang. Format 1 besteht lediglich aus einem Opcode und zwei Registeroperanden, die beide als Eingabeoperanden dienen und von denen eines auch die Ausgabe des Befehls aufnimmt. Dieses Format verwendet zum Beispiel der ADD-Befehl für Register.

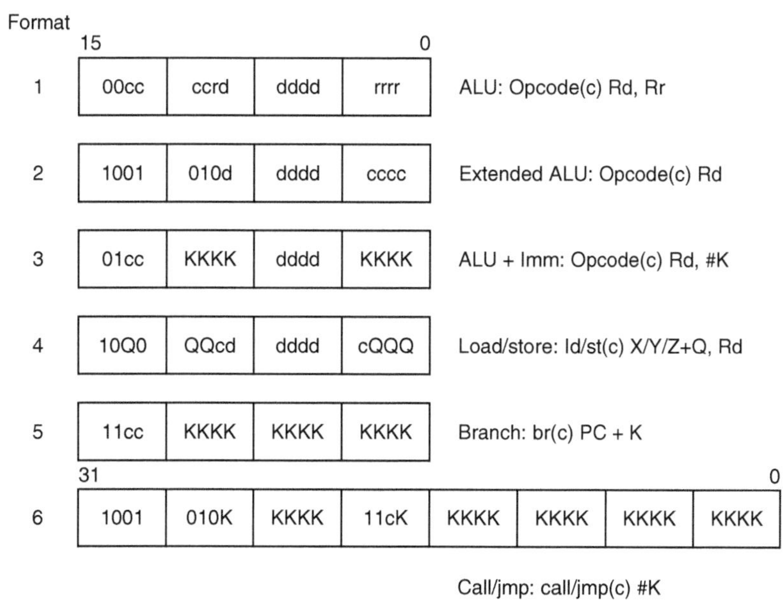

Abbildung 5.11: Die Befehlsformate des ATmega168 AVR

Format 2 umfasst ebenfalls 16 Bits, bestehend aus 16 weiteren Opcodes und einer 5-Bit-Registernummer. Das Format erhöht die Anzahl der in der ISA codierten Operationen, reduziert aber die Anzahl der Befehlsoperanden auf einen. Befehle in diesem Format führen eine unäre Operation aus, übernehmen eine einzige Registereingabe und schreiben die Ausgabe der Operation in dasselbe Register. Beispiele für diesen Befehlstyp sind die Negation und das Inkrement.

Format 3 verwendet einen vorzeichenlosen unmittelbaren 8-Bit-Operanden. Um einen derartig großen Direktwert (*Imm*) in einem 16-Bit-Befehl unterzubringen, können Befehle nach dieser Codierung nur einen Registeroperanden (der als Eingabe und Ausgabe dient) und nur die Register `R16` bis `R31` ansprechen (wodurch die Operandencodierung mit 4 Bits auskommt). Da die Anzahl der Opcode-Bits halbiert ist, lassen sich mit diesem Format nur vier Befehle darstellen (`SUBCI`, `SUBI`, `ORI` und `ANDI`).

Format 4 codiert Lade- und Speicherbefehle, die einen vorzeichenlosen 6-Bit-Operanden einschließen. Das Basisregister ist ein festes Register, das in der Befehlscodierung nicht angegeben ist, weil es durch den Load/Store-Opcode impliziert wird.

Die Formate 5 und 6 sind für Sprünge und Unterprogrammaufrufe vorgesehen. Das erste Format enthält einen vorzeichenbehafteten 12-Bit-Direktwert, der zum Programmzähler (`PC`) des Befehls addiert wird, um das Ziel des Befehls zu berechnen. Das zweite Format erweitert den Offset auf 22 Bits, wodurch der AVR-Befehl 32 Bit groß wird.

5.4 Adressierung

Die meisten Befehle arbeiten mit Operanden, sodass es eine Möglichkeit geben muss, den Ort der Operanden zu spezifizieren. Die Rede ist hier von **Adressierung**, mit der sich dieser Abschnitt jetzt beschäftigt.

5.4.1 Adressierungsmodi

Bisher haben wir uns kaum darum gekümmert, wie die Bits eines Adressfelds interpretiert werden, um den Operanden zu finden. Es ist nun an der Zeit, die sogenannten **Adressierungsmodi** (Address Modes) eingehend zu untersuchen.

5.4.2 Unmittelbare Adressierung

Adressierungsmodi legen fest, wie ein Befehl auf Operanden zugreifen kann. Bei der **unmittelbaren Adressierung** wird eine Konstante direkt im Befehl spezifiziert.

Bei der einfachsten Adressierungsart enthält der Befehl seinen Operanden als Teil des Befehls und nicht als Adresse oder in Form anderer Informationen, die die Position des Operanden angeben. Ein derartiger Operand heißt **unmittelbarer Operand** (Immediate Operand), weil er automatisch zusammen mit dem Befehl aus dem Speicher abgerufen wird – der Operand also unmittelbar verfügbar ist. ▶Abbildung 5.12 zeigt einen möglichen Befehl, der das Register `R1` mit der Konstanten 4 lädt.

MOV	R1	4

Abbildung 5.12: Ein unmittelbarer Befehl, der die Konstante 4 in Register 1 lädt

Die unmittelbare Adressierung hat den Vorzug, dass für das Abrufen des Operanden keine zusätzliche Speicherreferenz erforderlich ist. Nachteilig ist, dass sich auf diese Weise nur eine Konstante bereitstellen lässt. Außerdem ist die Anzahl der Werte auf die Größe des Felds beschränkt. Dennoch verwenden viele Architekturen diese Technik, um kleinere Ganzzahlkonstanten zu spezifizieren.

5.4.3 Direkte Adressierung

Einen Operanden im Speicher kann man auch mit seiner vollständigen Adresse spezifizieren. Dieser Modus heißt **direkte Adressierung**. Wie die unmittelbare Adressierung weist auch die direkte Adressierung eine Beschränkung auf: Der Befehl greift immer auf genau dieselbe Speicherstelle zu. Der Wert kann sich zwar ändern, die Position jedoch nicht. Somit lässt sich die direkte Adressierung nur für den Zugriff auf globale Variablen nutzen, deren Adressen zur Übersetzungszeit bekannt sind. Da aber viele Programme ohnehin mit globalen Variablen arbeiten, ist dieser Modus weit verbreitet. Woher der Computer am Ende weiß, welche Adressen unmittelbar und welche direkt sind, darauf kommen wir später zu sprechen.

5.4.4 Registeradressierung

Die Registeradressierung ist konzeptionell mit der direkten Adressierung identisch, spezifiziert aber ein Register anstelle einer Speicherstelle. Da Register (aufgrund des schnellen Zugriffs und kurzer Adressen) immens wichtig sind, findet man diesen Adressierungsmodus auf den meisten Computern vor. Viele Compiler bestimmen mit relativ großem Aufwand, auf welche Variablen ein Programm besonders häufig zugreift (z.B. einen Schleifenindex), und sehen für diese Variablen Register vor.

Diesen Adressierungsmodus bezeichnet man einfach als **Registermodus** (Register Mode). Bei Load/Store-Architekturen wie dem OMAP4430-ARM-Architektur verwenden fast alle Befehle ausschließlich diesen Adressierungsmodus. Nur Befehle, die einen Operanden vom Speicher in ein Register (`LDR`-Befehl) oder von einem Register in den Speicher (`STR`-Befehl) übertragen, verwenden diesen Modus nicht. Doch auch bei diesen Befehlen ist einer der Operanden ein Register – das als Quelle oder als Ziel des Speicherwortes fungiert.

5.4.5 Indirekte Registeradressierung

Während die direkte Adressierung eine Speicheradresse festlegt, wird bei der **indirekten Registeradressierung** die zugegriffene Speicheradresse aus dem Wert eines Registers gebildet. Die indizierte Adressierung erlaubt, zusätzlich einen Offset im Befehl anzugeben.

In diesem Modus ist die Quelle oder das Ziel des spezifizierten Operanden der Speicher. Im Unterschied zur direkten Adressierung ist aber der Operand nicht fest im Befehl codiert, sondern in einem Register enthalten. Eine auf diese Weise verwendete Adresse bezeichnet man als **Zeiger** (Pointer). Ein Befehl mit indirekter Registeradressierung hat den großen Vorteil, dass er den Speicher referenzieren kann, ohne dass im Befehl eine vollständige Speicheradresse codiert sein muss. Außerdem kann er bei jedem Aufruf ein anderes Speicherwort verwenden.

An einem Beispiel lässt sich am besten zeigen, warum es nützlich ist, bei jedem Aufruf des Befehls ein anderes Wort verwenden zu können: Stellen Sie sich eine Schleife vor, die nacheinander die Elemente eines eindimensionalen Felds mit 1024 Ganzzahlelementen durchläuft, um die Summe der Elemente in Register `R1` zu berechnen. Außerhalb der Schleife lässt sich ein weiteres Register – z.B. `R2` – initialisieren, das auf das erste Element des Felds zeigt, und ein weiteres Register – sagen wir `R3` – mit der ersten Adresse nach dem Feld einrichten. Wenn das Feld bei A beginnt und 1024 Ganzzahlen zu je 4 Byte enthält, ergibt sich die erste Adresse nach dem Datenfeld zu $A + 4096$. ▶Listing 5.1 zeigt ein typisches Assemblerprogramm, das diese Berechnung für eine Zweiadressmaschine ausführt.

```
      MOV R1,#0        ; Akkumuliere die Summe in R1, anfangs 0
      MOV R2,#A        ; R2 = Adresse des Felds A
      MOV R3,#A+4096   ; R3 = Adresse des ersten Wortes nach A
LOOP: ADD R1,(R2)      ; Register indirekt über R2, um Operanden zu holen
      ADD R2,#4        ; Inkrementiere R2 um ein Wort (4 Bytes)
      CMP R2,R3        ; Sind wir schon fertig?
      BLT LOOP         ; Falls R2 < R3, sind wir nicht fertig; daher fortfahren
```

Listing 5.1: Ein generisches Assemblerprogramm, das die Summe der Elemente eines Felds berechnet

Dieses kleine Programm zeigt mehrere Adressierungsmodi. Die ersten drei Befehle verwenden den Registermodus für den ersten Operanden (das Ziel) und den unmittelbaren Modus für den zweiten Operanden (eine durch das Zeichen # gekennzeichnete Konstante). Der zweite Befehl schreibt die *Adresse* und nicht den Inhalt nach `R2`. Das erkennt der Assemblierer am #-Zeichen. Ebenso schreibt der dritte Befehl die Adresse des ersten Wortes nach dem Datenfeld in `R3`.

Interessant daran ist, dass der Schleifenkörper selbst keine Speicheradressen enthält. Die Schleife verwendet im vierten Befehl ein Register und den indirekten Registermodus, im fünften Befehl ein Register und den unmittelbaren Modus und im sechsten Befehl zweimal den Registermodus. Der Befehl `BLT` könnte eine Speicheradresse verwenden, es ist aber wahrscheinlicher, dass er das Ziel der Verzweigung mit einem 8-Bit-Offset relativ zum Befehl `BLT` selbst spezifiziert. Indem wir Speicheradressen insgesamt vermeiden, entsteht eine kurze und schnelle Schleife. Nebenbei sei erwähnt, dass dieses Programm tatsächlich für den Core i7 geeignet ist, außer dass wir die Befehle und Register umbenannt und die Notation so geändert haben, dass sie leichter zu lesen ist. Standardmäßig verwendet man für den Core i7 die etwas bizarr erscheinende MASM-Assemblersprache – ein Überbleibsel aus dem früheren Leben des Prozessors als 8088.

Theoretisch lässt sich diese Berechnung ohne indirekte Registeradressierung ausführen. Dazu erhält die Schleife einen Befehl wie

```
ADD R1,A
```

um A zu R1 zu addieren. Dann könnte bei jedem Schleifendurchlauf die Adresse im Befehl um 4 inkrementiert werden, sodass der Befehl nach einem Durchlauf

```
ADD R1,A+4
```

lautet usw., bis die Schleife fertig ist.

Ein derartiges Programm nennt man **selbstmodifizierendes Programm** (Self-modifying Program). Dieses Konzept stammt von keinem Geringeren als John von Neumann und war auf den ersten Computern, die keine indirekte Registeradressierung kannten, sinnvoll. Heute gelten selbstmodifizierende Programme als stilistisch untragbar und schwer verständlich. Außerdem lassen sie sich nicht von mehreren Prozessen gleichzeitig nutzen. Und auf Computern mit geteiltem Level-1-Cache laufen sie nicht einmal richtig, wenn der Befehlscache schaltungstechnisch nicht für Write-Back ausgelegt ist (weil die Entwickler davon ausgegangen sind, dass sich Programme nicht selbst modifizieren). Schließlich scheitern selbstmodifizierende Programme auch auf Maschinen mit getrennten Befehls- und Datenräumen. Immerhin ist dies eine Idee, die aufgetaucht und (glücklicherweise) wieder verschwunden ist.

5.4.6 Indizierte Adressierung

Häufig ist es nützlich, wenn man auf Speicherwörter an einem bekannten Offset von einem Register aus zugreifen kann. Einige Beispiele für die IJVM haben lokale Variablen über einen Offset von LV referenziert. Die Adressierung von Speicher über ein (explizit oder implizit) angegebenes Register, zu dem ein Offset addiert wird, nennt man **indizierte Adressierung** (Indexed Addressing).

Die IJVM greift auf lokale Variablen mithilfe eines Zeigers auf den Speicher (LV) in einem Register plus einem kleinen Offset im Befehl selbst zu, wie es *Abbildung 4.14a* gezeigt hat. Allerdings kann man auch den Speicherzeiger im Befehl codieren und den kleinen Offset im Register angeben. Das folgende Programmbeispiel zeigt, wie das funktioniert. Es seien zwei eindimensionale Felder A und B mit je 1024 Wörtern gegeben. Wir möchten nun A_i AND B_i für alle Paare berechnen und dann diese 1024 booleschen Produkte mittels OR verknüpfen, um festzustellen, ob es mindestens ein Paar in der Menge gibt, das nicht null ist. Dazu könnte man die Adresse von A in einem Register unterbringen, die Adresse von B in ein zweites Register schreiben und die Felder dann im „Gleichschritt" analog zu Listing 5.1 durchlaufen. Sicherlich funktioniert das, es gibt aber eine bessere und allgemeinere Lösung, wie sie in ▶Listing 5.2 zu sehen ist.

```
      MOV R1,#0      ; Akkumuliere die OR-Verknüpfungen in R1, anfangs 0
      MOV R2,#0      ; R2 = Index i des aktuellen Produkts: A[i] AND B[i]
      MOV R3,#4096   ; R3 = erster nicht mehr verwendeter Indexwert
LOOP: MOV R4,A(R2)   ; R4 = A[i]
      AND R4,B(R2)   ; R4 = A[i] AND B[i]
      OR R1,R4       ; Verknüpfe alle booleschen Produkte mittels OR in R1
      ADD R2,#4      ; i = i + 4 (in Schritten von einem Wort = 4 Bytes fortfahren)
      CMP R2,R3      ; Sind wir schon fertig?
      BLT LOOP       ; Falls R2 < R3, sind wir nicht fertig; daher fortfahren
```

Listing 5.2: Ein generisches Assemblerprogramm, das A_i AND B_i für zwei Felder mit je 1024 Elementen berechnet und alle Ergebnisse per OR verknüpft

Die Arbeitsweise dieses Programms ist einfach. Wir brauchen hier vier Register:

1. R1 – nimmt die akkumulierte OR-Verknüpfung der booleschen Produktterme auf
2. R2 – der Index i, der zum Durchlaufen der Felder verwendet wird
3. R3 – die Konstante 4096 als kleinster Wert von i, der nicht mehr verwendet wird
4. R4 – ein Notizregister, das nacheinander die einzelnen Produkte aufnimmt

Das Programm initialisiert zuerst die Register und tritt dann in eine Schleife mit sechs Befehlen ein. Der Befehl an der Marke *LOOP* ruft A_i nach R4 ab. Die Berechnung der Quelle verwendet den indizierten Modus. Das Register R2 und eine Konstante – die Adresse von A – werden addiert und als Referenz auf den Speicher verwendet. Die Summe dieser beiden Größen ergibt zwar eine Adresse auf den Speicher, wird aber in keinem für den Benutzer zugänglichen Register abgelegt. Die Notation

```
MOV R4,A(R2)
```

bedeutet, dass das Ziel den Registermodus mit R4 als Register und die Quelle den indizierten Modus mit A als Offset und R2 als Register verwendet. Hat A einen Wert von beispielsweise 124300, sieht der eigentliche Maschinenbefehl für den obigen Befehl wie in ▶Abbildung 5.13 aus.

MOV	R4	R2	124300

Abbildung 5.13: Eine mögliche Darstellung des Befehls `MOV R4,A(R2)`

Beim ersten Schleifendurchlauf ist `R2` gleich 0 (weil es diesen Anfangswert erhalten hat), sodass sich das adressierte Speicherwort A_0 an Adresse 124300 befindet. Das Wort an dieser Adresse wird nach `R4` geladen. Im nächsten Schleifendurchlauf hat `R2` den Wert 4 und das adressierte Speicherwort ist A_1 bei 124304 usw.

Wie oben erwähnt, ist hier der Offset im Befehl selbst der Speicherzeiger und der Wert im Register eine kleine Ganzzahl, die während der Berechnung inkrementiert wird. Diese Form verlangt natürlich im Befehl ein Offsetfeld, das groß genug für eine Adresse ist, und sie ist deshalb nicht so effizient wie die umgekehrte Variante. Dennoch ist sie häufig am besten geeignet.

5.4.7 Basisindizierte Adressierung

Manche Prozessoren verfügen über einen Adressierungsmodus, der die Speicheradresse durch Addition zweier Register und eines (optionalen) Offsets berechnet. Diesen Modus bezeichnet man auch als **basisindizierte Adressierung** (Based-indexed Addressing) – ein Register liefert die Basis, das andere den Index. Für das letzte Beispiel ist ein derartiger Modus nützlich. Außerhalb der Schleifen initialisieren wir `R5` mit der Adresse von *A* und `R6` mit der Adresse von *B*. Dann ersetzen wir den Befehl an der Marke *`LOOP`* und seinen Nachfolger durch

```
LOOP:  MOV R4,(R2+R5)
       AND R4,(R2+R6)
```

Ideal wäre ein Adressierungsmodus, der die indirekte Adresse aus der Summe von zwei Registern ohne Offset berechnet. Alternativ wäre sogar ein Befehl mit einem 8-Bit-Offset eine Verbesserung gegenüber dem Originalcode, da wir beide Offsets auf 0 setzen könnten. Wenn jedoch die Offsets immer 32 Bits umfassen, haben wir mit diesem Modus nichts gewonnen. Praktisch realisierte Prozessoren, die diesen Modus bieten, verwenden allerdings eine Form mit einem 8-Bit- oder 16-Bit-Offset.

5.4.8 Kelleradressierung

Wie bereits erwähnt, sind möglichst kurze Maschinenbefehle wünschenswert. Die Adresslänge lässt sich auf das Äußerste verkürzen, wenn der Befehl überhaupt keine Adresse verwendet. *Kapitel 4* hat gezeigt, dass Befehle ohne Adresse, wie zum Beispiel `IADD`, in Verbindung mit einem Keller möglich sind. Dieser Abschnitt beschäftigt sich nun ausführlich mit der Kelleradressierung.

Umgekehrte polnische Notation (Postfix-Notation)

Seit den ersten Anfängen der Mathematik ist es üblich, den Operator wie in $x + y$ zwischen die Operanden zu setzen und nicht wie in $x\ y\ +$ nach den Operanden zu schreiben. Wenn der Operator zwischen den Operanden steht, spricht man von **Infix-Notation**. Die **Postfix-Notation** mit dem Operator nach den Operanden bezeichnet man auch als **umgekehrte polnische Notation** nach dem polnischen Logiker J. Lukasiewicz [Lukasiewicz, 1958], der die Eigenschaften dieser Notation untersucht hat.

Die umgekehrte polnische Notation besitzt gegenüber der Infix-Notation eine Reihe von Vorteilen, um algebraische Formeln auszudrücken. Erstens lässt sich jede Formel ohne Klammern schreiben. Zweitens bietet sich diese Notation an, um auf einem Computer Formeln durch Kelleroperationen auszuwerten. Drittens haben Infix-Operatoren eine Rangfolge, die willkürlich festgelegt und manchmal hinderlich ist. Beispielsweise wissen wir, dass $a \times b + c$ nicht $a \times (b + c)$, sondern $(a \times b) + c$ bedeutet, weil willkürlich festgelegt wurde, dass die Multiplikation Vorrang vor der Addition hat. Aber hat eine Linksverschiebung Vorrang vor einer booleschen AND-Verknüpfung? Wer weiß das auf Anhieb? Die umgekehrte polnische Notation beseitigt solche Missverständnisse.

Es gibt mehrere Algorithmen, die Infix-Formeln in die umgekehrte polnische Notation umwandeln. Der nachstehend angegebene Algorithmus geht auf eine Idee von E. W. Dijkstra zurück. Eine Formel bestehe aus folgenden Symbolen: Variablen, den dyadischen Operatoren (mit zwei Operanden) $+$, $-$, $*$ und / sowie der linken und rechten Klammer. Um das Ende einer Formel zu kennzeichnen, fügen wir das Symbol $\perp$ nach dem letzten und vor dem ersten Symbol ein.

▶Abbildung 5.14 zeigt eine Eisenbahnlinie von New York nach Kalifornien mit einer Abzweigung in der Mitte, die in Richtung Texas führt. Jeder Eisenbahnwaggon repräsentiert ein Symbol in der Formel. Der Zug fährt nach Westen (nach links). Kommt ein Waggon an der Weiche an, dann muss er kurz davor stoppen und fragen, ob er direkt nach Kalifornien weiterfahren oder einen Abstecher nach Texas machen soll. Waggons, die Variablen transportieren, fahren immer direkt nach Kalifornien und nie nach Texas. Waggons, die alle übrigen Symbole enthalten, müssen sich über den Inhalt des nächsten Waggons auf der Strecke nach Texas erkundigen, bevor sie auf die Weiche fahren.

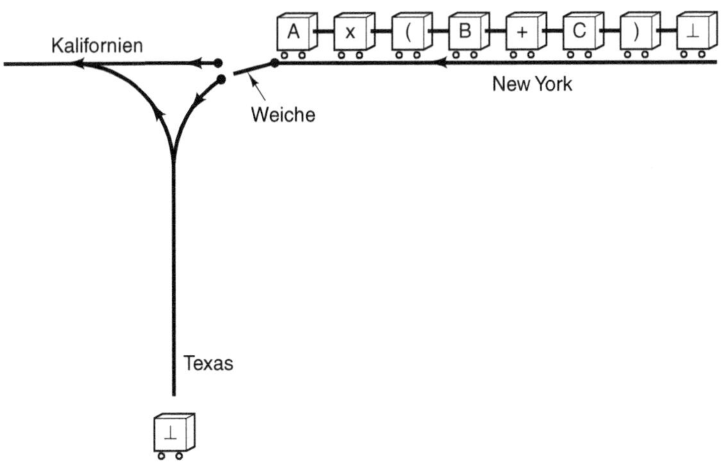

Abbildung 5.14: Jeder Eisenbahnwaggon stellt ein Symbol in der Formel dar, die von der Infix- in die umgekehrte polnische Notation konvertiert werden soll

▶Abbildung 5.15 zeigt die Ergebnisse abhängig vom Inhalt des Waggons, der zuletzt die Texas-Route genommen hat, und des Waggons, der unmittelbar vor der Weiche steht. Der erste $\perp$ fährt immer nach Texas. Die Zahlen beziehen sich auf die folgenden Fälle:

1. Der Waggon an der Weiche fährt in Richtung Texas.
2. Der Waggon, der zuletzt den Weg nach Texas genommen hat, kehrt um und fährt nach Kalifornien.

3. Sowohl der Waggon an der Weiche als auch der Waggon, der sich zuletzt auf der Fahrt in Richtung Texas befand, werden entführt und verschwinden (d.h., beide werden gelöscht).
4. Stopp! Die sich jetzt in Kalifornien befindlichen Symbole stellen die Formel in umgekehrter polnischer Notation dar, wenn man sie von links nach rechts liest.
5. Stopp! Ein Fehler ist aufgetreten. Die ursprüngliche Formel ist nicht vollständig.

Waggon, der zuletzt den Weg nach Texas genommen hat \ Waggon an der Weiche	⊥	+	–	x	/	(	)
⊥	4	1	1	1	1	1	5
+	2	2	2	1	1	1	2
–	2	2	2	1	1	1	2
x	2	2	2	2	2	1	2
/	2	2	2	2	2	1	2
(	5	1	1	1	1	1	3

Abbildung 5.15: Entscheidungstabelle für den Algorithmus zur Umwandlung von der Infix- in die umgekehrte polnische Notation

Nach einer abgeschlossenen Aktion wird ein neuer Vergleich vorgenommen zwischen dem momentan an der Weiche befindlichen Waggon, bei dem es sich um denselben Waggon wie im vorherigen Vergleich oder um den nächsten Waggon handeln kann, und dem Waggon, der jetzt der letzte auf der Strecke nach Texas ist. Dieser Prozess setzt sich fort, bis Schritt 4 erreicht ist. Beachten Sie, dass die Texas-Strecke als Keller dient. Wird ein Waggon nach Texas geleitet, entspricht das einer Push-Operation. Muss ein bereits auf der Texas-Strecke befindlicher Waggon umkehren und nach Kalifornien fahren, ist das eine Pop-Operation.

Die Reihenfolge der Variablen ist bei der Infix- und bei der umgekehrten polnischen Notation gleich. Dagegen muss die Reihenfolge der Operatoren nicht immer identisch sein. In der umgekehrten polnischen Notation erscheinen die Operatoren in der Reihenfolge, in der sie tatsächlich bei der Auswertung des Ausdrucks ausgewertet werden. ▶Tabelle 5.5 zeigt mehrere Beispiele von Infix-Formeln und ihren äquivalenten Ausdrücken in umgekehrter polnischer Notation.

Infix	Umgekehrte polnische Notation
A + B × C	A B C × +
A × B + C	A B × C +
A × B + C × D	A B × C D × +
(A + B) / (C – D)	A B + C D – /
A × B / C	A B × C /
((A + B) × C + D)/(E + F + G)	A B + C × D + E F + G + /

Tabelle 5.5: Einige Beispiele für Infix-Ausdrücke und ihre äquivalenten Ausdrücke in umgekehrter polnischer Notation

Auswertung von Formeln in umgekehrter polnischer Notation

Die umgekehrte polnische Notation ist die ideale Notation zur Auswertung von Formeln auf einem Computer mit einem Keller. Die Formel besteht aus *n* Symbolen, die jeweils einen Operanden oder einen Operator repräsentieren. Der Algorithmus, mit dem sich eine in umgekehrter polnischer Notation ausgedrückte Formel mithilfe eines Kellers auswerten lässt, ist einfach: Analysiere die Zeichenfolge in umgekehrter polnischer Notation von links nach rechts. Wird ein Operand angetroffen, lege ihn auf den Keller. Handelt es sich um einen Operator, führe den entsprechenden Befehl aus.

▶Tabelle 5.6 zeigt die Auswertung des Ausdrucks

$$(8 + 2 \times 5) / (1 + 3 \times 2 - 4)$$

in der JVM. Die entsprechende Formel in der umgekehrten polnischen Notation lautet:

$$8\ 2\ 5 \times + 1\ 3\ 2 \times + 4 - /$$

Schritt	Verbleibende Zeichenfolge	Befehl	Keller
1	8 2 5 × + 1 3 2 × + 4 – /	`BIPUSH 8`	8
2	2 5 × + 1 3 2 × + 4 – /	`BIPUSH 2`	8, 2
3	5 × + 1 3 2 × + 4 – /	`BIPUSH 5`	8, 2, 5
4	× + 1 3 2 × + 4 – /	`IMUL`	8, 10
5	+ 1 3 2 × + 4 – /	`IADD`	18
6	1 3 2 × + 4 – /	`BIPUSH 1`	18, 1
7	3 2 × + 4 – /	`BIPUSH 3`	18, 1, 3
8	2 × + 4 – /	`BIPUSH 2`	18, 1, 3, 2
9	× + 4 – /	`IMUL`	18, 1, 6
10	+ 4 – /	`IADD`	18, 7
11	4 – /	`BIPUSH 4`	18, 7, 4
12	– /	`ISUB`	18, 3
13	/	`IDIV`	6

Tabelle 5.6: Eine Formel in umgekehrter polnischer Notation mit einem Keller auswerten

In Tabelle 5.6 haben wir `IMUL` und `IDIV` als Multiplikations- bzw. Divisionsbefehl eingeführt. Die Zahl oben auf der Spitze des Kellers ist der rechte Operand und nicht der linke. Dies ist bei Division (und Subtraktion) wichtig, weil die Reihenfolge der Operanden signifikant ist (im Gegensatz zu Addition und Multiplikation). Anders ausgedrückt: `IDIV` ist so ausgelegt, dass zuerst der Zähler und dann der Nenner auf den Keller gelegt wird, sodass die anschließende Operation das richtige Ergebnis liefert. Beachten Sie, wie leicht sich Code aus der umgekehrten polnischen Notation für die IJVM erzeugen lässt: Man muss lediglich die Formel in der umgekehrten polnischen Notation schrittweise analysieren und einen Befehl je Symbol ausgeben. Ist das Symbol eine Konstante oder Variable, gibt man einen Befehl aus, der sie auf den Keller legt. Ist das Symbol ein Operator, gibt man einen Befehl aus, der die Operation durchführt.

5.4.9 Adressierungsmodi für Verzweigungen

Bisher haben wir nur Befehle betrachtet, die auf Daten ausgeführt werden. Verzweigungen bzw. Sprungbefehle (und Prozeduraufrufe) brauchen ebenfalls Adressierungsmodi, um die Zieladresse festzulegen. Die bisher untersuchten Modi sind größtenteils auch für Verzweigungen geeignet. Eine Möglichkeit ist sicherlich die direkte Adressierung, bei der die Zieladresse vollständig im Befehl codiert ist.

Daneben sind aber auch andere Adressierungsmodi sinnvoll. Bei der indirekten Registeradressierung kann ein Programm die Zieladresse berechnen, in ein Register schreiben und dann bezüglich des Registerinhalts springen. Dieser Modus ist am flexibelsten, weil sich die Zieladresse zur Laufzeit berechnen lässt. Allerdings bietet sie auch die beste Gelegenheit, Fehler zu machen, die man später fast nicht mehr finden kann.

Zur Adressierung von Sprungzielen können die vorher genannten Adressierungsmodi verwendet werden. Häufig wird auch die **Adressierung relativ zum Programmzähler** verwendet.

Als vernünftige Alternative bietet sich der indizierte Modus an, der eine Verzweigung zu einer bekannten Entfernung von einem Register ausführt. Er hat die gleichen Eigenschaften wie der indirekte Registermodus.

Eine weitere Option ist die Adressierung relativ zum Programmzähler (PC). In diesem Modus wird der (vorzeichenbehaftete) Offset im Befehl selbst zum Programmzähler addiert, um die Zieladresse zu erhalten. Das ist einfach der indizierte Modus, der PC als Register verwendet.

5.4.10 Orthogonalität von Opcodes und Adressierungsmodi

Aus Sicht der Software sollten Befehle und Adressierung eine regelmäßige Struktur mit möglichst wenigen Befehlsformaten aufweisen. Mit einer derartigen Struktur kann der Compiler wesentlich einfacher guten Code erzeugen. Alle Opcodes sollten – soweit sinnvoll – alle Adressierungsmodi zulassen. Des Weiteren sollten alle Register für alle Registermodi verfügbar sein. Das gilt auch für Rahmenzeiger (FP), Kellerzeiger (SP) und Programmzähler (PC).

Sehen Sie sich die 32-Bit-Befehlsformate in ▶Abbildung 5.16 als Beispiel für ein klares Konzept bei einer Dreiadressmaschine an. Es unterstützt bis zu 256 Opcodes. In Format 1 enthält jeder Befehl zwei Quell- und ein Zielregister. Alle arithmetischen und logischen Befehle verwenden dieses Format.

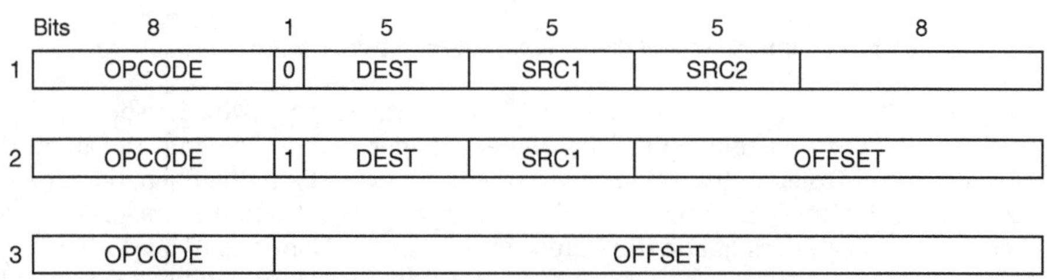

Abbildung 5.16: Ein einfaches Design für die Befehlsformate einer Dreiadressmaschine

Mit dem ungenutzten 8-Bit-Feld am Ende lassen sich Befehle weiter differenzieren. Beispielsweise kann man einen Opcode für alle Gleitkommaoperationen reservieren und mit dem zusätzlichen Feld zwischen den einzelnen Befehlen unterscheiden. Ist Bit 23 gesetzt, dann gilt Format 2, bei dem der zweite Operand kein Register mehr, sondern eine vorzeichenbehaftete unmittelbare 13-Bit-Konstante ist. Die `LOAD`- und `STORE`-Befehle können dieses Format ebenfalls verwenden, um den Speicher im indizierten Modus zu referenzieren.

Die wenigen zusätzlich erforderlichen Befehle, wie zum Beispiel bedingte Verzweigungen, lassen sich leicht in Format 3 unterbringen. Beispielsweise kann man jeder (bedingten) Verzweigung, jedem Prozeduraufruf usw. einen Opcode zuweisen, sodass 24 Bits für einen Offset relativ zum Programmzähler verbleiben. Wenn sich dieser Offset dann auf Wortadressen bezieht, ist ein Bereich von ±32 MB adressierbar. Außerdem könnte man einige Opcodes für `LOAD`- und `STORE`-Befehle reservieren, die auf die langen Offsets des Formats 3 angewiesen sind. Dabei geht zwar etwas Allgemeingültigkeit verloren (z.B. lässt sich nur noch `R0` laden oder speichern), doch kommen diese Befehle auch selten zum Einsatz.

Wir kommen nun zu einem Konzept für eine Zweiadressmaschine, die Speicherwörter für beide Operanden verwenden kann (▶Abbildung 5.17). Eine derartige Maschine kann ein Speicherwort zu einem Register, ein Register zu einem Speicherwort, ein Register zu einem Register oder ein Speicherwort zu einem Speicherwort addieren. Da Speicherzugriffe derzeit relativ teuer sind, ist dieses Konzept nicht besonders beliebt. Wenn aber Fortschritte in der Cache- oder Speichertechnologie zu billigeren Speicherzugriffen führen, dürfte dieses Design, das sich für den Compiler besonders einfach und effizient darstellt, sicherlich interessant werden. Die sehr erfolgreichen Computer PDP-11 und VAX haben mit einem ähnlichen Design zwei Jahrzehnte lang die Minicomputer-Welt beherrscht.

Bits	8	3	5	4	3	5	4
	OPCODE	MODE	REG	OFFSET	MODE	REG	OFFSET
	(wahlweise 32-Bit-Direktadresse oder Offset)						
	(wahlweise 32-Bit-Direktadresse oder Offset)						

Abbildung 5.17: Ein einfaches Design für die Befehlsformate einer Zweiadressmaschine

Dieses Konzept stützt sich wieder auf einen 8-Bit-Opcode, stellt aber jetzt zweimal 12 Bits bereit, um die Quelle und das Ziel zu spezifizieren. Für jeden Operanden geben 3 Bits den Modus, 5 Bits das Register und 4 Bits den Offset an. Mit drei Modusbits können wir den unmittelbaren, direkten, indizierten, Register-, indirekten Register- und Kellermodus unterstützen und haben noch Platz für zwei weitere künftige Modi. Dieses klare und regelmäßige Format lässt sich leicht kompilieren und ist recht flexibel, vor allem, wenn sich Programmzähler, Kellerzeiger und Zeiger auf lokale Variablen unter den allgemeinen Registern befinden, die dem Programm auf die übliche Art zugänglich sind.

Lediglich bei der direkten Adressierung besteht das Problem, dass weitere Bits für die Adresse erforderlich sind. Die PDP-11 und die VAX haben das mit einem zusätzlichen Wort im Befehl für die Adresse jedes direkt adressierten Operanden gelöst. Wir könnten ebenso einen der beiden verfügbaren Adressierungsmodi für einen indizierten Modus mit einem 32-Bit-Offset im Anschluss an den Befehl verwenden. Im ungünstigsten Fall – beispielsweise bei einer Speicher-Speicher-Addition, die beide Operanden direkt adressiert oder die lange indizierte Form verwendet – ist dann ein Befehl 96 Bit lang und benötigt drei Buszyklen (einen für den Befehl und zwei für die Daten). Andererseits setzen die meisten RISC-Designs mindestens 96 Bits – wahrscheinlich sogar mehr – voraus, um ein beliebiges Wort im Speicher zu einem anderen beliebigen Wort im Speicher zu addieren, und benötigen dafür – je nach Adressierung der Operanden – mindestens vier Buszyklen.

Zum Format in Abbildung 5.17 gibt es viele Alternativen. Bei diesem Design ist es möglich, die Anweisung

```
i = j;
```

in einem 32-Bit-Befehl auszuführen, sofern sich sowohl *i* als auch *j* unter den ersten 16 lokalen Variablen befinden. Für Variablen oberhalb von 16 muss man auf 32-Bit-Offsets übergehen. Eine andere Möglichkeit ist ein Format, das anstelle von zwei 4-Bit-Offsets nur einen einzigen 8-Bit-Offset verwendet und die Regel einführt, dass entweder die Quelle oder das Ziel (nicht aber beide) diesen Offset verwenden dürfen. Die Möglichkeiten und Kompromisse sind praktisch unbegrenzt und die Maschinen-Designer müssen für ein gutes Ergebnis viele Faktoren abwägen.

5.4.11 Adressierungsmodi des Core i7

Die Adressierungsmodi des Core i7 sind sehr unregelmäßig und unterscheiden sich zudem danach, ob ein bestimmter Befehl im 16-, 32- oder 64-Bit-Modus arbeitet. Wir ignorieren hier die 16- und 64-Bit-Modi; der 32-Bit-Modus ist schon schlimm genug. Zu den unterstützten Modi gehören der unmittelbare, direkte, indizierte, Register-, indirekte Register- und ein spezieller Modus zur Adressierung von Feldelementen. Problematisch ist, dass nicht alle Modi auf alle Befehle anwendbar sind und nicht alle Register in allen Modi verwendet werden können. Das erschwert die Arbeit des Compiler-Entwicklers und führt zu schlechterem Code.

Das Byte `MODE` in Abbildung 5.9 steuert die Adressierungsmodi. Die Kombination der Felder `MOD` und `R/M` spezifiziert einen der Operanden. Der andere ist immer ein Register, das der Wert im Feld `REG` angibt. ▶Tabelle 5.7 gibt die 32 Kombinationen an, die sich mit dem 2 Bit großen `MOD`-Feld und dem 3 Bit großen `R/M`-Feld bilden lassen. Sind beispielsweise beide Felder null, so wird der Operand aus der im Register `EAX` enthaltenen Speicheradresse gelesen.

	MOD			
R/M	**00**	**01**	**10**	**11**
000	M[EAX]	M[EAX + OFFSET8]	M[EAX + OFFSET32]	EAX oder AL
001	M[ECX]	M[ECX + OFFSET8]	M[ECX + OFFSET32]	ECX oder CL
010	M[EDX]	M[EDX + OFFSET8]	M[EDX + OFFSET32]	EDX oder DL
011	M[EBX]	M[EBX + OFFSET8]	M[EBX + OFFSET32]	EBX oder BL
100	SIB	SIB mit OFFSET8	SIB mit OFFSET32	ESP oder AH
101	Direkt	M[EBP + OFFSET8]	M[EBP + OFFSET32]	EBP oder CH
110	M[ESI]	M[ESI + OFFSET8]	M[ESI + OFFSET32]	ESI oder DH
111	M[EDI]	M[EDI + OFFSET8]	M[EDI + OFFSET32]	EDI oder BH

Tabelle 5.7: Die 32-Bit-Adressierungsmodi des Core i7. Der Ausdruck `M[x]` bezeichnet das Speicherwort an der Adresse `x`.

Die Modi in den Spalten 01 und 10 addieren ein Register zu einem 8- oder 32-Bit-Offset, der auf den Befehl folgt. Ein 8-Bit-Offset wird vor der Addition auf 32 Bit vorzeichenerweitert. Zum Beispiel berechnet ein ADD-Befehl mit R/M = 011, MOD = 01 und einem Offset von 6 die Summe aus EBX und 6 und liest das Speicherwort an dieser Adresse für einen der Operanden. Das Register EBX bleibt unverändert.

Die Spalte MOD = 11 stellt zwei Register zur Wahl. Für Wortbefehle gilt die erste Variante und für Bytebefehle die zweite. Beachten Sie, dass die Tabelle nicht ganz regelmäßig ist. Beispielsweise gibt es keine Möglichkeit, indirekt über EBP zu adressieren oder einen Offset mit ESP zu verwenden.

In einigen Modi folgt dem MODE-Byte ein als **SIB** (**Scale, Index, Base**) bezeichnetes zusätzliches Byte (siehe Abbildung 5.9). Es spezifiziert einen Skalierungsfaktor und zwei Register. Enthält der Befehl ein SIB-Byte, dann multipliziert er das Indexregister mit 1, 2, 4 oder 8 (je nach SCALE), addiert das Basisregister und addiert schließlich abhängig von MOD eine 8- oder 32-Bit-Verschiebung, um die Operandenadresse zu erhalten. Als Index- oder Basisregister kommen fast alle Register infrage.

Die SIB-Modi sind nützlich für den Zugriff auf Feldelemente. Sehen Sie sich beispielsweise die Java-Anweisung

```
for (i = 0; i < n; i++) a[i] = 0;
```

an, wobei *a* ein zur aktuellen Prozedur lokales Feld aus 4-Byte-Ganzzahlen ist. Normalerweise zeigt EBP auf die Basis des Aktivierungsblocks, der die lokalen Variablen und Felder enthält, wie es ▶Abbildung 5.18 zeigt. Der Compiler kann das Register EAX für *i* vorsehen. Um auf *a[i]* zuzugreifen, wählt er einen SIB-Modus, dessen Operandenadresse die Summe von 4 × EAX, EBP und 8 ist. Mit diesem Format lässt sich eine Speicheroperation nach *a[i]* mit einem einzigen Befehl realisieren.

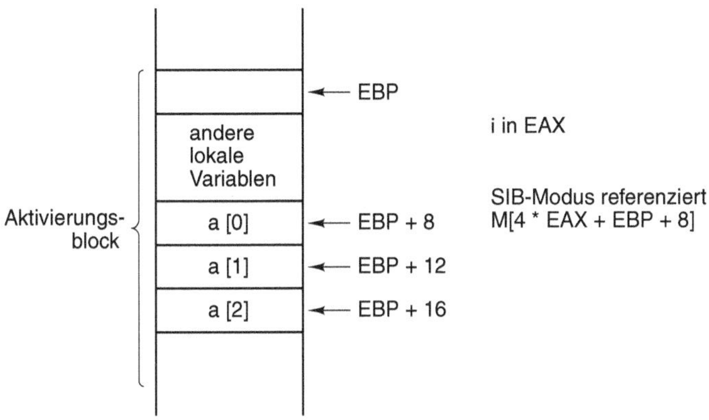

Abbildung 5.18: Zugriff auf *a[i]*

Ist dieser Modus den ganzen Aufwand wert? Das ist schwer zu sagen. Zweifellos lassen sich einige Zyklen einsparen, wenn man diesen Befehl richtig einsetzt. Vom Compiler und der Anwendung hängt es ab, wie oft der Befehl zum Zuge kommt. Problematischer ist eher, dass dieser Befehl eine bestimmte Chipfläche beansprucht, die man bei Verzicht auf diesen Befehl hätte anders nutzen können. Denkbar ist ein größerer Level-1-Cache oder ein verkleinerter Prozessorchip, der vielleicht eine etwas höhere Taktfrequenz zulässt.

Gerade solche Kompromisse sind das tägliche Brot der Designer. Gewöhnlich führt man ausgedehnte Simulationen durch, bevor irgendetwas „in Silizium gegossen" wird, doch diese Simulationen verlangen eine gute Vorstellung davon, wie die tatsächliche Arbeitsbelastung des Prozessors aussieht. Man darf mit Sicherheit annehmen, dass die Designer des 8088 in ihre Testreihe keinen Webbrowser einbezogen hatten. Dennoch setzt man heute viele Nachfolger dieses Produkts vorwiegend zum Surfen im Web ein, sodass die vor 35 Jahren getroffenen Entscheidungen für aktuelle Anwendungen vollkommen falsch sein können. Allerdings ist es angesichts der Abwärtskompatibilität kaum noch möglich, ein einmal vorhandenes Merkmal wieder loszuwerden.

5.4.12 Adressierungsmodi der OMAP4430-ARM-CPU

Bei der ISA des OMAP4430 verwenden alle Befehle die unmittelbare Adressierung oder die Registeradressierung, mit Ausnahme der Befehle, die Speicher adressieren. Im Registermodus geben die 5 Bits einfach das zu verwendende Register an. Im unmittelbaren Modus liefert eine (vorzeichenlose) 12-Bit-Konstante die Daten. Für die arithmetischen, logischen und ähnliche Befehle sind keine weiteren Modi vorhanden.

Den Speicher adressieren zwei Befehlsarten: Befehle zum Laden (`LDR`) und Speichern (`STR`). Die `LDR`- und `STR`-Befehle verfügen über drei Modi zur Speicheradressierung. Der erste Modus berechnet die Summe von zwei Registern und greift dann indirekt über diese auf den Speicher zu. Der zweite Modus berechnet die Adresse als Summe eines Basisregisters und eines vorzeichenbehafteten 13-Bit-Offsets. Beim dritten Adressierungsmodus – der sogenannten PC-relativen Adressierung – ergibt sich die Adresse aus dem Programmzähler (`PC`) plus einem vorzeichenbehafteten 13-Bit-Offset; dieser Modus eignet sich besonders für das Laden von Programmkonstanten, die im Code des Programms gespeichert sind.

5.4.13 Adressierungsmodi des ATmega168 AVR

Der ATmega168 besitzt eine ziemlich regelmäßige Adressierungsstruktur mit vier Basismodi. Der erste ist ein Registermodus, bei dem der Operand in einem Register steht. Register lassen sich sowohl als Quellen als auch als Ziele verwenden. Im zweiten Modus, einem unmittelbaren Modus, kann ein vorzeichenloser 8-Bit-Wert in einem Befehl codiert sein.

Die übrigen Modi sind ausschließlich für Lade- und Speicherbefehle nutzbar. Beim dritten Modus, der direkten Adressierung, befindet sich der Operand im Speicher an einer Adresse, die im Befehl selbst enthalten ist. Für 16-Bit-Befehle ist die direkte Adresse auf 7 Bits beschränkt (sodass sich nur die Adressen 0 bis 127 laden lassen). Die AVR-Architektur definiert auch einen 32-Bit-Befehl, der eine 16-Bit-Adresse aufnimmt und somit einen Speicher von 64 KB unterstützt.

Der vierte Modus ist die indirekte Registeradressierung, bei der ein Register einen Zeiger auf den Operanden enthält. Da normale Register 8 Bit breit sind, arbeiten Lade- und Speicherbefehle mit Registerpaaren, um eine 16-Bit-Adresse auszudrücken. Ein Registerpaar kann bis zu 64 KB Speicher adressieren. Die Architektur unterstützt die drei Registerpaare `X`, `Y` und `Z`, die aus den Registern `R26`/`R27`, `R28`/`R29` und `R30`/`R31` gebildet werden. Um zum Beispiel eine Adresse in das Register `X` zu bringen, muss das Programm zwei 8-Bit-Werte in die Register `R26` und `R27` laden, wozu zwei Ladebefehle erforderlich sind.

5.4.14 Adressierungsmodi im Vergleich

Die letzten Abschnitte haben sich mit den verschiedenen Adressierungsmodi beschäftigt. ▶Tabelle 5.8 fasst die Adressierungsmodi zusammen, die die Prozessoren Core i7, OMAP4430 und ATmega168 verwenden. Wie bereits erwähnt, ist nicht jeder Modus in jedem Befehl möglich.

Adressierungsmodus	Core i7	OMAP4430 ARM	ATmega168 AVR
Unmittelbar	×	×	×
Direkt	×		×
Register	×	×	×
Register indirekt	×	×	×
Indiziert	×	×	
Basisindiziert		×	

Tabelle 5.8: Vergleich der Adressierungsmodi

Für eine effiziente ISA sind in der Praxis nur wenige Adressierungsmodi erforderlich. Da heute fast ausschließlich Compiler den auf dieser Ebene geschriebenen Code generieren (außer vielleicht beim ATmega168), ist der wichtigste Aspekt der Adressierungsmodi einer Architektur, dass die Optionen knapp und klar sind und sich die Kosten (in Bezug auf die Ausführungszeit und den Codeumfang) leicht berechnen lassen. Das bedeutet im Allgemeinen, dass eine Maschine eine extreme Position einnehmen muss: Entweder sollte sie jede mögliche Option anbieten oder nur eine. Alles dazwischen bedeutet, dass der Compiler mit Optionen konfrontiert wird, die er nicht kennt oder nicht beherrscht.

Folglich verfügen die saubersten Architekturen im Allgemeinen nur über eine kleine Anzahl von Adressierungsmodi mit strikten Nutzungsgrenzen. Für die meisten Anwendungen kommt man in der Praxis mit unmittelbarem, direktem, Register- und indiziertem Modus aus. Außerdem sollte jedes Register (inklusive lokaler Variablenzeiger, Kellerzeiger und Programmzähler) verwendbar sein, wenn der Befehl nach einem Register verlangt. Durch kompliziertere Adressierungsmodi kann man zwar die Anzahl der Befehle verringern, allerdings geht das auf Kosten zusätzlich einzuführender Operationssequenzen, die sich mit anderen sequenziellen Operationen nicht parallel ausführen lassen.

Wir haben nun unsere Untersuchung der verschiedenen Kompromisse, die zwischen Opcodes und Adressen möglich sind, und der verschiedenen Adressierungsformen abgeschlossen. Wenn Sie den Einsatz eines neuen Computers vorbereiten, sollten Sie sich die Befehle und Adressierungsmodi genau ansehen, damit Sie nicht nur wissen, welche Befehle verfügbar sind, sondern auch die Entscheidungen nachvollziehen können und verstehen, welche Konsequenzen sich bei Alternativen ergeben hätten.

5.5 Befehlstypen

Die Befehle auf der ISA-Ebene lassen sich grob in ein halbes Dutzend Gruppen gliedern, die sich bei den verschiedenen Maschinen mehr oder weniger ähneln, auch wenn sie sich in Details unterscheiden können. Darüber hinaus verfügt jeder Computer über ein paar ungewöhnliche Befehle, weil die Kompatibilität mit älteren Modellen zu sichern ist, weil der Architekt eine brillante Idee umsetzen musste oder weil eine Regierungsbehörde den Hersteller dafür bezahlt hat. Wir wollen nun alle gebräuchlichen Kategorien kurz behandeln, ohne jedoch Anspruch auf Vollständigkeit zu erheben.

5.5.1 Befehle zur Datenbewegung

Zu den wichtigsten Operationen gehört es, Daten von einer Stelle an eine andere zu kopieren. Kopieren heißt, ein neues Objekt mit dem gleichen Bitmuster wie das Original zu erzeugen. Der Begriff „Bewegung“ hat gegenüber dem allgemeinen Sprachgebrauch eine etwas andere Bedeutung. Wenn wir sagen, dass sich etwas zu einer anderen Stelle bewegt, heißt das nicht, dass ein Duplikat an der neuen Position erzeugt wird und das Original immer noch an der alten Stelle zu finden ist. Aber wenn wir sagen, dass der Inhalt von Speicherstelle 2000 in irgendein Register bewegt wurde, meinen wir immer, dass dort eine identische Kopie erzeugt wurde und sich das Original nach wie vor unbeschadet in der Speicherstelle 2000 befindet. Gelegentlich findet man auch den Begriff „Verschieben“, der aber praktisch ebenso irreführend ist. Das Gleiche gilt sinngemäß für den englischen Begriff „move“, der in der Kurzform `MOV` in Befehlsmnemoniken erscheint. Ob man also bei diesen Befehlen von Daten „bewegen“, „transportieren“, „verschieben“ oder „übertragen“ spricht – es ist immer „kopieren“ gemeint.

Daten kopiert man aus verschiedensten Gründen von einer Stelle an eine andere. Grundlegende Bedeutung hat die Zuweisung von Werten an Variablen. So kopiert die Zuweisung

```
A = B
```

den Wert an der Speicheradresse *B* in die Speicherstelle *A*, weil der Programmierer das so vorgesehen hat. Zweitens kopiert man Daten an eine andere Stelle, um effizienter darauf zugreifen zu können. Wir haben bereits gesehen, dass viele Befehle nur auf Variablen zugreifen können, wenn sie in einem Register verfügbar sind. Da es für ein Datenelement zwei mögliche Quellen (Speicher oder Register) und immer zwei mögliche Ziele (Speicher oder Register) gibt, sind vier verschiedene Kopierarten möglich. Einige Computer weisen den vier Fällen vier Befehle zu, andere haben nur einen Befehl für alle vier Fälle. Wieder andere bewegen Daten mit `LOAD` vom Speicher zu einem Register, mit `STORE` von einem Register zum Speicher und mit `MOVE` von einem Register in ein anderes, besitzen aber keinen Befehl, um von Speicher zu Speicher zu kopieren.

Befehle zur Datenbewegung müssen den Umfang der zu bewegenden Daten auf irgendeine Weise angeben. In manchen ISAs existieren Befehle, die variable Datenmengen bewegen können – von 1 Bit bis zum ganzen Speicherinhalt. Auf Maschinen mit fester Wortlänge beträgt die zu bewegende Menge oftmals genau ein Wort. Alles, was darüber oder darunter liegt, muss eine Software-Routine durch Verschieben und Zusammenführen realisieren. Einige ISAs bieten zusätzlich eine Möglichkeit, um weniger als ein Wort (gewöhnlich in Byte-Inkrementen) oder mehrere Wörter zu kopieren. Beim Kopieren sehr vieler Wörter ist Vorsicht geboten, weil eine derartige Operation lange dauern kann und möglicherweise in der Mitte unterbrochen werden muss. Manche Maschinen mit variablen Wortlängen verfügen über Befehle, die nur die Quell- und Zieladressen, nicht aber den Umfang spezifizieren. Die Datenbewegung setzt sich so lange fort, bis der Befehl ein Feld mit einer Endemarkierung in den Daten erreicht.

5.5.2 Dyadische Operationen

Dyadische Operationen kombinieren zwei Operanden zu einem Ergebnis. Alle ISAs bieten Befehle für Addition und Subtraktion von Ganzzahlen. Multiplikation und Division von Ganzzahlen sind ebenfalls nahezu die Regel. Sicherlich muss man nicht erklären, weshalb Computer mit arithmetischen Befehlen ausgestattet sind.

Boolesche Befehle machen eine weitere Gruppe dyadischer Operationen aus. Es existieren zwar 16 boolesche Funktionen mit zwei Variablen, doch sind nur in wenigen Maschinen alle 16 Funktionen – wenn überhaupt welche – implementiert. Üblich sind `AND`, `OR` und `NOT`, manchmal noch `XOR`, `NOR` und `NAND`.

Die `AND`-Operation ist unter anderem wichtig, um Bits aus Wörtern zu extrahieren. Als Beispiel beziehen wir uns auf eine Maschine mit einer Wortlänge von 32 Bit, die vier 8-Bit-Zeichen pro Wort speichert. Wir nehmen nun an, dass das zweite Zeichen von den drei anderen zu trennen ist, um es zu drucken. Man muss also ein – **rechtsbündiges** (right justified) – Wort erzeugen, das das betreffende Zeichen in den niederwertigen 8 Bits und Nullen in den übrigen 24 Bits enthält.

Um das Zeichen herauszuziehen, verknüpft man das betreffende Wort per `AND` mit einer Konstanten, einer sogenannten **Maske** (Mask). Im Ergebnis der Operation sind alle nicht benötigten Bits auf 0 gesetzt – d.h. ausmaskiert:

```
10110111 10111100 11011011 10001011 A
00000000 11111111 00000000 00000000 B (Maske)
-----------------------------------
00000000 10111100 00000000 00000000 A AND B
```

Dann verschiebt man das Ergebnis um 16 Bits nach rechts, um das extrahierte Zeichen am rechten Ende des Wortes zu isolieren.

Die `OR`-Operation ist wichtig, um Bits in ein Wort einzufügen. Das ist die umgekehrte Funktion zum Extrahieren von Bits. Um die 8 niederwertigsten Bits eines 32-Bit-Wortes zu ändern, ohne die übrigen 24 Bits zu beeinflussen, maskiert man zuerst die 8 nicht gewünschten aus und verknüpft dann das neue Zeichen per `OR` mit dem Wort:

```
10110111 10111100 11011011 10001011 A
11111111 11111111 11111111 00000000 B (Maske)
-----------------------------------
10110111 10111100 11011011 00000000 A AND B
00000000 00000000 00000000 01010111 C
----------------------------------
10110111 10111100 11011011 01010111 (A AND B) OR C
```

Die `AND`-Operation entfernt eher Einsen, weil das Ergebnis nie mehr Einsen enthalten kann, als in beiden Operanden an denselben Bitpositionen gleichzeitig auf 1 gesetzt sind. Die `OR`-Operation fügt eher Einsen ein, weil das Ergebnis mindestens so viele Einsen enthält wie der Operand mit den meisten Einsen. Demgegenüber ist die `XOR`-Operation (`EXCLUSIVE OR`) symmetrisch und neigt im Durchschnitt dazu, Einsen weder einzufügen noch zu entfernen. Diese Symmetrie in Bezug auf Einsen und Nullen ist gelegentlich nützlich, z.B. beim Erzeugen von Zufallszahlen.

Die meisten modernen Computer unterstützen auch einen Satz von Gleitkommabefehlen, die ungefähr den arithmetischen Operationen mit Ganzzahlen entsprechen. In der Regel werden Gleitkommazahlen mit zwei Längen unterstützt: kurze Zahlen für schnellere Operationen und lange Zahlen für höhere Genauigkeit. Von den vielen Möglichkeiten zur Darstellung von Gleitkommazahlen hat sich inzwischen der Standard IEEE 754 allgemein durchgesetzt. Mit Gleitkommazahlen und IEEE 754 beschäftigt sich *Anhang B* ausführlich.

5.5.3 Monadische Operationen

Monadische Operationen arbeiten auf nur einem Operanden und liefern ein Ergebnis. Da bei monadischen gegenüber dyadischen Operationen eine Adresse weniger erforderlich ist, sind die Befehle manchmal kürzer, obwohl oftmals andere Informationen zu spezifizieren sind.

Die recht nützlichen Befehle, die den Inhalt eines Wortes oder Bytes verschieben oder rotieren, werden oftmals in mehreren Varianten bereitgestellt. Verschiebeoperationen verschieben im wörtlichen Sinn Bits nach links oder rechts, wobei die über das Ende des Wortes hinausgeschobenen Bits verloren gehen. Bei Rotationsoperationen erscheinen die an einem Ende herauslaufenden Bits wieder am anderen Ende. Das folgende Beispiel veranschaulicht den Unterschied zwischen Verschieben und Rotieren:

```
00000000 00000000 00000000 01110011 A
00000000 00000000 00000000 00011100 A um 2 Bits nach rechts verschoben
11000000 00000000 00000000 00011100 A um 2 Bits nach rechts rotiert
```

Verschiebe- und Rotationsoperationen sind sowohl nach links als auch nach rechts nützlich. Ein n-Bit-Wort um k Bits nach links zu rotieren ist das Gleiche wie dieses Wort um $n - k$ Bits nach rechts zu rotieren.

Rechtsverschiebungen führt man oftmals mit Vorzeichenerweiterung durch. Dabei werden die am linken Ende des Wortes frei gewordenen Positionen mit dem ursprünglichen Vorzeichenbit (0 oder 1) aufgefüllt. Man kann sich das so vorstellen, als würde das Vorzeichen nach rechts durchgezogen. Unter anderem bedeutet das, dass eine negative Zahl negativ bleibt. Das folgende Beispiel zeigt diesen Fall für eine Rechtsverschiebung um 2 Bits:

```
11111111 11111111 11111111 11110000 A
00111111 11111111 11111111 11111100 A ohne Vorzeichenerweiterung verschoben
11111111 11111111 11111111 11111100 A mit Vorzeichenerweiterung verschoben
```

Wichtige Anwendungen der Verschiebeoperationen sind die Multiplikation und Division mit Zweierpotenzen. Wenn man eine positive Ganzzahl um k Bits nach links verschiebt, ist das Ergebnis – abgesehen vom Überlauf – der mit 2^k multiplizierte Originalwert. Und verschiebt man eine positive Ganzzahl um k Bits nach rechts, so ist das Ergebnis der durch 2^k dividierte Originalwert.

Durch Verschiebeoperationen lassen sich bestimmte arithmetische Operationen beschleunigen. Nehmen wir als Beispiel die Berechnung von $18 \times n$ für eine positive Ganzzahl n an. Da $18 \times n = 16 \times n + 2 \times n$ ist, berechnet man zuerst den Term $16 \times n$, indem man eine Kopie von n um 4 Bit nach links verschiebt, und dann den Term $2 \times n$ durch Linksverschiebung von n um 1 Bit. Die Summe dieser beiden Zahlen ergibt $18 \times n$. Die Multiplikation wurde durch eine Kopieroperation, zwei Verschiebungen und eine Addition realisiert, was oft schneller als eine Multiplikation ist. Natürlich kann der Compiler diesen Trick nur anwenden, wenn mindestens ein Faktor eine Konstante ist.

Das Verschieben von negativen Zahlen führt allerdings selbst mit Vorzeichenerweiterung zu recht unterschiedlichen Ergebnissen. Als Beispiel nehmen wir die Zahl −1 in Einerkomplementdarstellung. Eine Linksverschiebung um 1 Bit liefert das Ergebnis −3. Nach einer weiteren Linksverschiebung lautet das Ergebnis −7:

```
11111111 11111111 11111111 11111110 -1 im Einerkomplement
11111111 11111111 11111111 11111100 -1 um 1 Bit nach links verschoben = -3
11111111 11111111 11111111 11111000 -1 um 2 Bits nach links verschoben = -7
```

Die Linksverschiebung von negativen Zahlen im Einerkomplement multipliziert nicht mit 2. Dagegen liefert eine Rechtsverschiebung das korrekte Ergebnis einer Division durch 2.

Sehen Sie sich jetzt die Zweierkomplementdarstellung von −1 an. Eine Rechtsverschiebung um 6 Bits mit Vorzeichenerweiterung liefert −1. Dieses Ergebnis ist falsch, weil der ganzzahlige Teil von −1/64 gleich 0 ist:

```
11111111 11111111 11111111 11111111 -1 im Zweierkomplement
11111111 11111111 11111111 11111111 -1 um 6 Bits nach rechts verschoben = -1
```

Im Allgemeinen führt das Verschieben nach rechts zu Fehlern, weil es die Zahl (in Richtung zur negativeren Ganzzahl) abschneidet, was bei der Arithmetik mit negativen Ganzzahlen falsch ist. Eine Linksverschiebung entspricht jedoch einer korrekten Multiplikation mit 2.

Rotationsoperationen sind nützlich, um Bitfolgen in Wörter zu packen oder aus Wörtern zu extrahieren. Wenn man alle Bits in einem Wort testen möchte, bringt eine Links- oder Rechtsrotation nacheinander jedes Bit in das Vorzeichenbit, wo es sich leicht testen lässt. Zudem enthält das Wort wieder seinen ursprünglichen Wert, nachdem alle Bits getestet sind. Rotationsoperationen sind „sauberer“ als Verschiebeoperationen, weil keine Informationen verloren gehen: Eine beliebige Rotationsoperation lässt sich mit einer weiteren Rotationsoperation negieren.

Bestimmte dyadische Operationen treten so häufig in Kombination mit bestimmten Operanden auf, dass ISAs manchmal monadische Befehle bereitstellen, um derartige dyadische Operationen schnell auszuführen. So ist häufig bei einer Berechnung ein Speicherwort oder Register mit dem Wert 0 zu initialisieren. Natürlich ist ein Datenbewegungsbefehl für den Wert 0 nur ein Sonderfall der allgemeinen Datenbewegungsbefehle. Aus Effizienzgründen wird häufig eine `CLR`-Operation mit nur einer Adresse – der zu löschenden (d.h. auf 0 zu setzenden) Stelle – bereitgestellt.

Eine mindestens ebenso häufige Operation ist das Addieren von 1 zu einem Wert. Eine monadische Form des `ADD`-Befehls ist die `INC`-Operation, die 1 addiert. Die `NEG`-Operation ist ein weiteres Beispiel. Der Wert von X lässt sich eigentlich auch mit der dyadischen Subtraktion $0 - X$ negieren. Doch kommt die Negation so häufig vor, dass manchmal dafür ein eigener `NEG`-Befehl vorhanden ist. Beachten Sie aber den Unterschied zwischen der arithmetischen Operation `NEG` und der logischen Operation `NOT`. Die `NEG`-Operation liefert die **additive Umkehrung** einer Zahl (die Zahl, die zur ursprünglichen Zahl addiert, 0 ergibt). Dagegen invertiert die `NOT`-Operation einfach alle einzelnen Bits im Wort. Die Operationen sind sich sehr ähnlich und bei einem System mit Einerkomplementdarstellung sogar identisch. (In der Zweierkomplementarithmetik negiert der Befehl `NEG` zuerst alle einzelnen Bits und addiert dann 1.)

Dyadische und monadische Befehle gruppiert man in der Regel nach ihrem Einsatzzweck und nicht nach der Anzahl der von ihnen benötigten Operanden. So umfasst eine Gruppe die arithmetischen Operationen einschließlich der Negation. Die andere Gruppe beinhaltet logische und Verschiebeoperationen, da man diese beiden Kategorien meistens zusammen in Verbindung mit der Datenextraktion einsetzt.

5.5.4 Vergleiche und bedingte Verzweigungen

Fast alle Programme müssen Daten testen und die Befehlsreihenfolge je nach den Ergebnissen ändern können. Ein einfaches Beispiel ist die Quadratwurzelfunktion $\sqrt{x}$. Ist x negativ, dann führt die Prozedur zu einer Fehlermeldung; andernfalls berechnet sie die Quadratwurzel. Eine Funktion *sqrt* muss x testen und dann verzweigen, je nachdem, ob sie negativ ist oder nicht.

Zu diesem Zweck existieren bedingte Sprungbefehle, die eine Bedingung testen und zu einer bestimmten Speicheradresse verzweigen, wenn die Bedingung erfüllt ist. Manchmal zeigt ein Bit im Befehl an, ob der Sprung bei erfüllter bzw. nicht erfüllter Bedingung erfolgen soll. Oftmals wird die Adresse nicht absolut, sondern relativ zum aktuellen Befehl angegeben.

Die häufigsten Bedingungstests stellen fest, ob ein bestimmtes Bit im Computer auf 0 oder 1 gesetzt ist. Wenn ein Befehl das Vorzeichenbit einer Zahl testet und bei auf 1 gesetztem Bit zu *LABEL* verzweigt, werden die bei *LABEL* beginnenden Befehle ausgeführt, falls die getestete Zahl negativ war, und die auf die bedingte Verzweigung folgenden Befehle, wenn die Zahl 0 oder positiv war.

Viele Prozessoren verfügen über Statusbits, die bestimmte Bedingungen anzeigen. So zeigt ein auf 1 gesetztes Überlaufbit an, dass eine arithmetische Operation ein falsches Ergebnis geliefert hat. Wenn man dieses Bit testet, prüft man auf einen Überlauf in der zuletzt ausgeführten arithmetischen Operation. Ist ein Überlauf aufgetreten, kann man zu einer Fehlerroutine verzweigen und gegebenenfalls eine Korrektur vornehmen.

Analog setzen manche Prozessoren ein Übertragsbit, wenn ein Übertrag an der höchstwertigen Bitstelle auftritt, beispielsweise wenn man zwei negative Zahlen addiert. Ein Übertrag vom höchstwertigen Bit ist eine reguläre Bedingung, die man nicht mit einem Überlauf verwechseln darf. Das Übertragsbit ist unabdingbar für arithmetische Operationen mit höherer Genauigkeit (wenn zum Beispiel eine Ganzzahl durch zwei oder mehrere Wörter dargestellt wird).

Das Testen auf null ist bei Schleifen und für viele andere Zwecke wichtig. Wenn alle bedingten Sprungbefehle nur 1 Bit testen würden, müsste man für einen Test auf 0 jedes Bit einzeln testen, um sich zu vergewissern, dass kein Bit auf 1 gesetzt war. Um diese umständliche Prozedur zu vermeiden, bieten viele Prozessoren einen Befehl, der ein Wort testet und verzweigt, wenn es 0 war. Natürlich gibt diese Lösung nur den schwarzen Peter an die Mikroarchitektur weiter. In der Praxis enthält die Hardware normalerweise ein Register und verknüpft dessen Bits mit `OR` zu einem einzigen Ergebnisbit, das aussagt, ob das Register mindestens ein 1-Bit enthält. Das `Z`-Bit von *Abbildung 4.1* würde man normalerweise erhalten, indem man alle Ausgabebits der ALU per `OR` verknüpft und dann das Ergebnis invertiert.

Eine ebenfalls wichtige Operation – beispielsweise für Sortiervorgänge – ist der Vergleich zweier Wörter oder Zeichen, um festzustellen, ob sie gleich sind oder welches größer ist. Für diesen Test sind drei Adressen erforderlich: zwei für die Datenelemente und eine für das Sprungziel, wenn die Vergleichsbedingung erfüllt ist. Computer mit Dreiadressbefehlen haben damit keine Probleme, Sollte das nicht der Fall sein, muss man andere Wege einschlagen.

Eine übliche Lösung dafür ist ein Befehl, der einen Vergleich durchführt und ein oder mehrere Bedingungsbits setzt, um das Ergebnis festzuhalten. Ein darauffolgender Befehl kann die Bedingungsbits testen und verzweigen, wenn die beiden verglichenen Werte gleich oder ungleich sind oder wenn der erste Wert größer als der zweite oder der zweite größer als der erste Wert ist usw. Diesen Ansatz verwenden die Prozessoren Core i7, OMAP4430 und ATmega168.

Beim Vergleichen von zwei Zahlen sind einige Feinheiten zu beachten. Beispielsweise ist ein Vergleich nicht so einfach wie eine Subtraktion. Vergleicht man eine sehr große positive Zahl mit einer (dem Betrag nach) sehr großen negativen Zahl, dann führt die Subtraktion zu einem Überlauf, weil sich das Ergebnis der Subtraktion nicht darstellen lässt. Dennoch muss der Vergleichsbefehl ermitteln, ob der angegebene Test erfüllt ist, und die richtige Antwort zurückgeben – bei Vergleichen gibt es keinen Überlauf.

Weiterhin ist beim Vergleichen von Zahlen zu beachten, ob die Zahlen als vorzeichenbehaftet gelten sollen oder nicht. So lassen sich Binärzahlen mit drei Bits von der kleinsten zur größten Zahl nach zwei Arten anordnen:

Vorzeichenlos	Vorzeichenbehaftet
000	100 (kleinste)
001	101
010	110
011	111
100	000
101	001
110	010
111	011 (größte)

Die linke Spalte enthält die positiven Ganzzahlen 0 bis 7 in aufsteigender Reihenfolge. Die rechte Spalte zeigt die vorzeichenbehafteten Ganzzahlen von -4 bis $+3$ im Zweierkomplement. Die Antwort auf die Frage „Ist 011 größer als 100?" hängt davon ab, ob die Zahlen als vorzeichenlos oder vorzeichenbehaftet betrachtet werden. Die meisten ISAs haben Befehle für beide Varianten.

5.5.5 Befehle für Prozeduraufrufe

Eine **Prozedur** ist eine Gruppe von Befehlen, die eine bestimmte Aufgabe ausführen und von mehreren Stellen im Programm aufgerufen werden können. Anstelle von Prozedur sind auch die Begriffe **Unterprogramm** oder **Subroutine** gebräuchlich, vor allem bei Assemblerprogrammen. Die Programmiersprache C bezeichnet Prozeduren als Funktionen, selbst wenn es sich hier nicht unbedingt um Funktionen im mathematischen Sinne handelt. In objektorientierten Sprachen wie Java spricht man von **Methode**. Hat die Prozedur ihre Aufgabe beendet, dann muss sie zu der Anweisung nach dem Aufruf zurückkehren.

Demzufolge ist die Rückkehradresse an die Prozedur zu übertragen oder an anderer Stelle zu speichern, damit sie sich finden lässt, wenn es Zeit für die Rückkehr ist.

Um die Rückkehradresse zu speichern, kommen drei mögliche Stellen infrage: im Speicher, in einem Register oder auf dem Keller. Die bei Weitem schlechteste Lösung ist es, die Rückkehradresse an einer einzelnen festen Speicherstelle abzulegen. Wenn die Prozedur in diesem Schema eine andere Prozedur aufruft, überschreibt der zweite Aufruf die Rückkehradresse der ersten Prozedur, die damit verloren ist.

Geringfügig besser ist die Lösung, die Rückkehradresse vom Prozeduraufrufbefehl im ersten Wort der Prozedur speichern zu lassen, wobei sich der erste ausführbare Befehl im zweiten Wort befindet. Die Prozedur kann dann durch indirektes Verzweigen in Bezug auf das erste Wort zurückkehren oder, falls die Hardware den Opcode für eine Verzweigung zusammen mit der Rückkehradresse in das erste Wort schreibt, direkt dorthin springen. Die Prozedur darf andere Prozeduren aufrufen, weil jede Prozedur Platz für eine Rückkehradresse hat. Ruft die Prozedur sich selbst auf, dann scheitert dieses Schema, weil die erste Rückkehradresse vom zweiten Aufruf zerstört wird. Die als **Rekursion** bezeichnete Fähigkeit einer Prozedur, sich selbst aufzurufen, ist sowohl für Theoretiker als auch Programmierer in der Praxis von außerordentlicher Bedeutung. Allerdings scheitert dieses Schema auch dann, wenn Prozedur *A* die Prozedur *B*, Prozedur *B* die Prozedur *C* und Prozedur *C* wieder die Prozedur *A* aufruft (indirekte oder Daisy-Chain-Rekursion). Dieses Schema für das Speichern der Rückkehradresse im ersten Wort einer Prozedur war im CDC 6600 gebräuchlich, dem weltweit schnellsten Computer in den 1960er Jahren. Auf dem 6600 setzte man vor allem die Sprache FORTRAN ein, die Rekursion verbot, sodass dieses Schema funktionierte. Dennoch war und bleibt es ein fürchterliches Konzept.

Noch besser ist es, wenn der Prozeduraufrufbefehl die Rückkehradresse in ein Register schreibt und es der Prozedur überlässt, die Rückkehradresse innerhalb der Prozedur an einem sicheren Platz abzulegen. Eine rekursive Prozedur muss die Rückkehradresse bei jedem Aufruf an einer anderen Stelle unterbringen.

Die beste Lösung besteht darin, dass der Prozeduraufrufbefehl die Rückkehradresse auf einen Keller legt. Ist die Prozedur fertig abgearbeitet, holt sie die Rückkehradresse vom Keller und schreibt sie in den Programmzähler. Bei dieser Form des Prozeduraufrufs bereitet Rekursion keine Schwierigkeiten. Die Rückkehradresse wird automatisch so gespeichert, dass sie vorherige Rückkehradressen nicht zerstört. Diese Form für die Speicherung der Rückkehradresse haben wir in der IJVM in *Abbildung 4.10* kennengelernt.

5.5.6 Schleifensteuerung

Häufig ist eine Gruppe von Befehlen mehrfach mit einer festgelegten Anzahl von Wiederholungen auszuführen. Zu diesem Zweck stellen die meisten Prozessoren entsprechende Befehle bereit. Sämtliche Schemas verwenden einen Zähler, der bei jedem Schleifendurchlauf um einen konstanten Wert inkrementiert oder dekrementiert wird. Außerdem wird der Zähler nach jedem Schleifendurchlauf getestet. Die Schleife endet, wenn eine bestimmte Bedingung erfüllt ist.

Eine Methode initialisiert einen Zähler außerhalb der Schleife und führt unmittelbar danach den Schleifencode aus. Der letzte Befehl in der Schleife aktualisiert den Zähler und verzweigt zum ersten Befehl der Schleife, falls die Abbruchbedingung noch nicht erfüllt ist. Andernfalls endet die Schleife und das Programm fährt mit dem ersten Befehl nach der Schleife fort. Diese Form der Schleifensteuerung führt den Test am Ende der Schleife durch, wie es ▶Tabelle 5.9a zeigt. (Hier lässt sich Java nicht verwenden, da es keinen `goto`-Befehl besitzt.)

(a)	(b)

<pre>   i = 1;
L1:   erste Anweisung;
        .
        .
        .
        letzte Anweisung;
        i = i + 1;
        if (i < n) goto L1;</pre>
	<pre> i = 1;
	L1: if (i > n) goto L2;
	        erste Anweisung;
	        .
	        .
	        .
	        letzte Anweisung;
	        i = i + 1;
	        goto L1;
	L2:</pre>

Tabelle 5.9: (a) Schleife mit Test am Ende (b) Schleife mit Test am Anfang

Die Schleifensteuerung mit Test am Ende hat die Eigenschaft, dass die Schleife immer mindestens einmal ausgeführt wird, auch wenn n kleiner oder gleich 0 ist. Stellen Sie sich ein Programm vor, das Personaldatensätze einer Firma verwaltet. An einem bestimmten Punkt liest das Programm Informationen über einen bestimmten Mitarbeiter ein. Dabei ruft es die Zahl n ab, die die Anzahl der Kinder des Mitarbeiters angibt, und führt die Schleife n-mal aus, d.h. einmal pro Kind. In der Schleife fragt das Programm Name, Geschlecht und Geburtsdatum des Kindes ab, damit die Firma dem Kind entsprechende Geburtstagsgeschenke als Sozialleistung schicken kann. Hat der Mitarbeiter keine Kinder, dann ist n gleich 0. Die Schleife wird aber trotzdem einmal ausgeführt, sodass irrtümlich Geschenke verschickt und fehlerhafte Ergebnisse ausgegeben werden.

▶Tabelle 5.9b zeigt eine andere Möglichkeit, diesen Test durchzuführen. Hier funktioniert er korrekt, auch wenn n kleiner oder gleich 0 ist. Beachten Sie, dass der Test in den beiden Fällen unterschiedlich aussieht. Wenn also ein einziger ISA-Befehl sowohl den Zähler inkrementieren als auch den Test durchführen soll, müssen sich die Designer für die eine oder die andere Methode entscheiden.

Nehmen Sie als Beispiel den Code, der für die Anweisung

```
for (i = 0; i < n; i++) {Anweisungen}
```

erzeugt werden soll. Wenn der Compiler keine Informationen über n hat, muss er die Methode von Tabelle 5.9b anwenden, um den Fall von $n \leq 0$ richtig zu behandeln. Kann er aber bestimmen, dass $n > 0$ ist, wenn er beispielsweise weiß, wo n zugewiesen wird, so kann er den besseren Code von Tabelle 5.9a generieren. Der FORTRAN-Standard hat ursprünglich verlangt, dass alle Schleifen einmal auszuführen sind, damit sich immer der effizientere Code gemäß Tabelle 5.9a generieren lässt. Diese Schwachstelle wurde 1977 behoben, als sogar die FORTRAN-Gemeinde erkannte, dass eine Schleifenanweisung mit einer fremdartigen Semantik, die manchmal die falsche Antwort liefert, nicht so gut ist, auch wenn sich ein Verzweigungsbefehl je Schleife einsparen lässt. C und Java haben hier immer richtiggelegen.

5.5.7 Ein-/Ausgabe

Kaum eine andere Befehlsgruppe unterscheidet sich von einer Maschine zur nächsten so deutlich wie die Befehle für Eingabe und Ausgabe (kurz: E/A-Befehle). Derzeit sind in Personalcomputern drei verschiedene E/A-Konzepte gebräuchlich:

1. Programmierte Ein-op/Ausgabe mit aktivem Warten
2. Interrupt-gesteuerte Ein-/Ausgabe
3. Ein-/Ausgabe über direkten Speicherzugriff (DMA)

Die einfachste E/A-Methode ist die **programmierte Ein-/Ausgabe**, die vorwiegend bei Mikroprozessoren im unteren Leistungsbereich zum Einsatz kommt, beispielsweise bei eingebetteten Systemen oder Systemen, die schnell auf externe Änderungen reagieren müssen (Echtzeitsysteme). Diese CPUs beinhalten normalerweise je einen Eingabebefehl und einen Ausgabebefehl. Beide Befehle wählen eines der E/A-Geräte und übertragen ein einzelnes Zeichen zwischen einem festen Register im Prozessor und dem ausgewählten E/A-Gerät. Der Prozessor muss eine ganz bestimmte Befehlsfolge für jedes einzelne gelesene oder geschriebene Zeichen ausführen.

Sehen Sie sich als einfaches Beispiel für diese Methode ein Terminal mit vier 1-Byte-Registern an (▶Abbildung 5.19). Zwei Register sind für die Eingabe vorgesehen, die Status und Daten umfasst, und zwei Register dienen der Ausgabe, die ebenfalls aus Status und Daten besteht. Jedem Register ist eine eindeutige Adresse zugeordnet. Bei der E/A-Variante Memory-Mapped gehören die vier Register zum Speicheradressraum des Computers und lassen sich mit normalen Befehlen lesen und schreiben. Es gibt aber auch spezielle Befehle, wie zum Beispiel `IN` und `OUT`, um die Register zu lesen (Eingabe) und zu schreiben (Ausgabe). In beiden Fällen erfolgt die Ein-/Ausgabe, indem die Daten und Statusinformationen zwischen der CPU und diesen Registern übertragen werden.

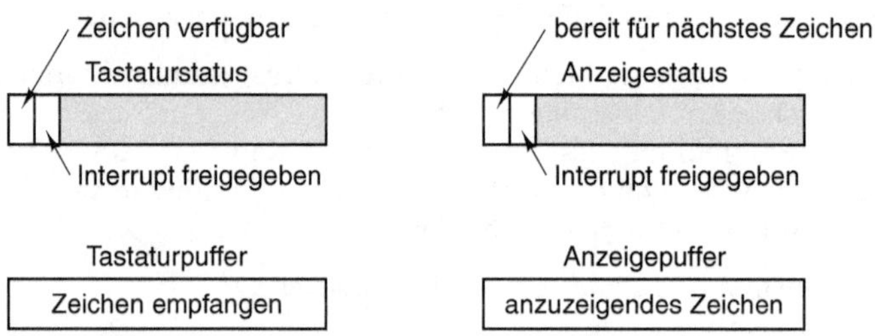

Abbildung 5.19: Geräteregister für ein einfaches Terminal

Das Statusregister der Tastatur verwendet nur 2 Bits, die anderen sind unbenutzt. Die Hardware setzt das am weitesten links stehende Bit – das Bit 7 – auf 1, wenn ein Zeichen eintrifft. Hat die Software zuvor Bit 6 gesetzt, wird ein Interrupt ausgelöst, andernfalls nicht (mehr zu Interrupts erfahren Sie in Kürze). Um bei der programmierten E/A eine Eingabe zu erhalten, liest die CPU normalerweise in einer engen Schleife wiederholt das Statusregister der Tastatur und wartet, bis Bit 7 auf 1 übergeht. In diesem Fall liest die Software das Tastaturpufferregister, um das Zeichen abzuholen. Durch das Lesen des Tastaturdatenregisters wird das Bit `CHARACTER AVAILABLE` (Zeichen verfügbar) wieder auf 0 zurückgesetzt.

Die Ausgabe funktioniert ähnlich. Um ein Zeichen auf den Bildschirm zu schreiben, liest die Software zuerst das Statusregister der Anzeige und stellt fest, ob das Bit `READY` (bereit) auf 1 gesetzt ist. Andernfalls durchläuft die Software eine Schleife, bis das Bit auf 1 übergeht, wenn das Gerät ein Zeichen annehmen kann. Sobald das Terminal bereit ist, schreibt die Software ein Zeichen in das Anzeigepufferregister, dessen Inhalt daraufhin an den Bildschirm übertragen wird, und veranlasst auch das Gerät, das READY-Bit im Anzeigestatusregister zu löschen. Wird nach der Bildschirmausgabe das Terminal für das nächste Zeichen vorbereitet, dann setzt der Controller das READY-Bit automatisch wieder auf 1.

Als Beispiel für eine programmierte Ein-/Ausgabe dient die Java-Prozedur in ▶Listing 5.3. Im Aufruf der Prozedur sind zwei Parameter zu übergeben: das auszugebende Zeichenfeld und die Anzahl der im Feld vorhandenen Zeichen (maximal 1 K). Den Rumpf der Prozedur bildet eine Schleife, die Zeichen einzeln ausgibt. Die CPU muss bei jedem Zeichen zuerst warten, bis das Gerät bereit ist, und gibt dann das Zeichen aus. Die Prozeduren *in* und *out* wären normalerweise Assemblerroutinen, die das im ersten Parameter angegebene Geräteregister in die als zweiten Parameter spezifizierte Variable lesen bzw. von der Variablen in das Register schreiben. Die Verschiebeoperation (implizite Division durch 128) entfernt die niederwertigen 7 Bits, sodass am Ende das READY-Bit in Bit 0 steht.

```
public static void output_buffer(int buf[ ], int count) {

    // Ausgabe eines Datenblocks an das Gerät
    int status, i, ready;

    for (i = 0; i < count; i++) {
        do {
            status = in(display_status_reg); // Hole Status
            ready = (status >> 7) & 0x01;    // Isoliere das READY-Bit
        } while (ready != 1);
        out(display_buffer_reg, buf[i]);
    }
}
```

Listing 5.3: Beispiel für eine programmierte Ein-/Ausgabe

Nachteilig bei der programmierten Ein-/Ausgabe ist vor allem, dass die CPU die meiste Zeit in einer engen Schleife verbringt und darauf wartet, dass das Gerät bereit ist. Diese Methode nennt man **aktives Warten** (Busy Waiting). Hat die CPU nichts anderes zu tun (z.B. die CPU in einer Waschmaschine), ist dies ein annehmbarer Zustand (obwohl auch ein einfacher Controller oft mehrere gleichzeitige Ereignisse überwachen muss). Wenn aber noch mehr zu tun ist, beispielsweise andere Programme auszuführen sind, verschwendet aktives Warten wichtige Ressourcen. Es ist deshalb eine andere Ein-/Ausgabemethode gefragt.

Das aktive Warten lässt sich umgehen, wenn die CPU das E/A-Gerät nur startet und ihm sagt, dass es bei Fertigstellung einen Interrupt auslösen soll. Aus Abbildung 5.19 geht auch hervor, wie das geschieht. Wenn das Bit INTERRUPT ENABLE (Interrupt freigeben) in einem Geräteregister gesetzt wird, kann die Software verlangen, dass die Hardware ein Signal ausgibt, wenn ein E/A-Vorgang abgeschlossen ist. Auf Interrupts kommen wir später in diesem Kapitel beim Thema Ablaufsteuerung ausführlich zu sprechen.

Es sei darauf hingewiesen, dass viele Computer das Interrupt-Signal erzeugen, indem sie das INTERRUPT ENABLE-Bit und das READY-Bit per AND verknüpfen. Wenn die Software zuerst Interrupts freigibt (bevor die Ein-/Ausgabe beginnt), tritt sofort ein Interrupt auf.

Deshalb kann es notwendig sein, zuerst das Gerät zu starten und unmittelbar danach Interrupts freizugeben. Wenn man ein Byte in das Statusregister schreibt, ändert sich das READY-Bit nicht, weil es schreibgeschützt ist.

Die Ein-/Ausgabe kann der Prozessor durch Abfrage von Statusinformation oder basierend auf Interrupts selbst übernehmen. Häufig werden hierzu aber **DMA-Controller** eingesetzt, die die Steuerung selbstständig durchführen und die CPU entlasten.

Obwohl die Interrupt-gesteuerte Ein-/Ausgabe gegenüber der programmierten Ein-/Ausgabe einen großen Fortschritt darstellt, ist sie noch lange nicht die perfekte Methode. Problematisch ist nämlich, dass für jedes gesendete Zeichen ein Interrupt erforderlich ist. Zudem ist es relativ aufwendig, einen Interrupt zu verarbeiten. Deshalb braucht man eine Möglichkeit, einen Großteil der Interrupts loszuwerden.

Die Lösung geht zur programmierten Ein-/Ausgabe zurück, lässt diese aber von jemand anderem erledigen. (Viele Probleme lassen sich dadurch lösen, dass man sie jemand anderem überträgt.) ▶Abbildung 5.20 zeigt, wie diese Anordnung aussieht. Hier ist ein neuer Chip – ein **DMA**-Controller (**Direct Memory Access**) – hinzugekommen, der direkt auf den Bus zugreift.

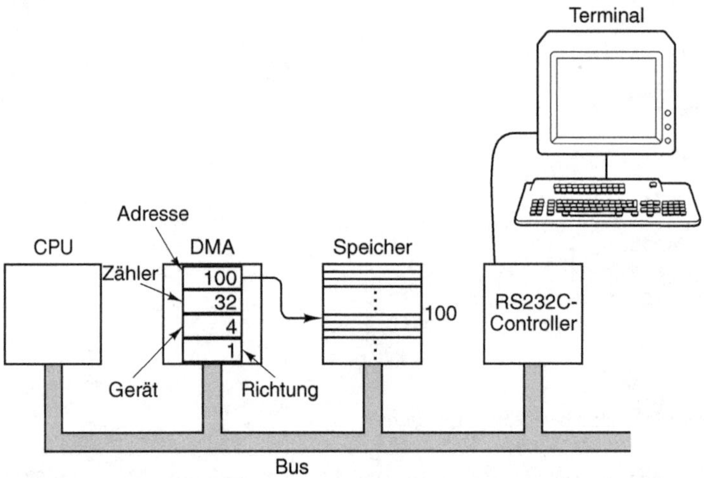

Abbildung 5.20: Ein System mit einem DMA-Controller

Der DMA-Chip besitzt (mindestens) vier Register, die sich per Software von der CPU aus laden lassen. Das erste Register enthält die Speicheradresse für eine Lese- oder Schreiboperation. Im zweiten Register ist verzeichnet, wie viele Bytes (oder Wörter) zu übertragen sind. Das dritte Register spezifiziert die Gerätenummer oder den E/A-Adressraum und somit das gewünschte E/A-Gerät. Das vierte Register gibt an, ob die Daten vom E/A-Gerät gelesen oder dorthin geschrieben werden sollen.

Um einen 32-Byte-Block von der Speicheradresse 100 zu einem Terminal (z.B. Gerät 4) zu übertragen, schreibt die CPU die Zahlen 32, 100 und 4 in die ersten drei DMA-Register und dann den Code für WRITE (z.B. 1) in das vierte (Abbildung 5.20). Nach der Initialisierung dieser Werte fordert der DMA-Controller den Bus an, um Byte 100 vom Speicher zu lesen – genauso wie die CPU aus dem Speicher liest. Hat der DMA-Controller dieses Byte erhalten, führt er eine E/A-Anforderung an Gerät 4 aus, um das Byte dorthin zu schreiben. Nach Abschluss dieser beiden Operationen inkrementiert der DMA-Controller sein Adressregister und dekrementiert sein Zählerregister jeweils um 1. Ist der

Wert im Zählerregister immer noch größer als 0, dann liest der Controller ein weiteres Byte vom Speicher und schickt es an das Gerät.

Wenn der Zähler schließlich 0 erreicht, stoppt der DMA-Controller die Datenübertragung und aktiviert die Interrupt-Leitung zur CPU. Beim DMA muss die CPU lediglich ein paar Register initialisieren. Danach kann sie andere Aufgaben erledigen, bis der Transfer abgeschlossen ist und sie ein Interrupt-Signal vom DMA-Controller erhält. Einige DMA-Controller besitzen zwei, drei oder mehr Registersätze, sodass sie mehrere Übertragungen gleichzeitig steuern können.

DMA entlastet die CPU zwar von der E/A-Arbeit, der Prozess fordert jedoch seinen Tribut. Wird ein Hochgeschwindigkeitsgerät, z.B. eine Festplatte, über DMA gesteuert, sind viele Buszyklen sowohl für Speicherreferenzen als auch für Gerätereferenzen erforderlich. Während dieser Zyklen muss die CPU warten (DMA hat immer eine höhere Buspriorität als die CPU, weil E/A-Geräte häufig keine Verzögerungen zulassen). Den Vorgang, bei dem ein DMA-Controller der CPU Buszyklen entzieht, nennt man **Cycle-Stealing** (Zyklusstehlen). Dennoch gleicht der erreichte Gewinn, dass nicht für jedes übertragene Byte (oder Wort) ein Interrupt zu behandeln ist, bei Weitem den Verlust aus, der durch Cycle-Stealing entsteht.

5.5.8 Befehle des Core i7

Dieser und die beiden nächsten Abschnitte beschäftigen sich mit den Befehlssätzen unserer drei Beispielprozessoren Core i7, OMAP4430-ARM-CPU und ATmega168 AVR. Alle drei besitzen einen Befehlskern, den Compiler normalerweise generieren, und zusätzlich einen Satz von Befehlen, die nur selten oder ausschließlich vom Betriebssystem verwendet werden. Wir konzentrieren uns hier auf die gebräuchlichen Befehle und beginnen mit dem Core i7. Er hat den kompliziertesten Befehlssatz. Danach wird es einfacher.

Der Befehlssatz des Core i7 ist eine Mischung aus Befehlen, die im 32-Bit-Modus sinnvoll sind, und solchen, die aus dem früheren Leben des Prozessors als 8088 stammen. ▶Tabelle 5.10 zeigt eine Auswahl der gebräuchlichen Ganzzahlbefehle, mit denen Compiler und Programmierer heutzutage vor allem tun haben. Diese Liste ist bei Weitem nicht vollständig, da sie keine Gleitkomma-, Steuer- oder die exotischeren Ganzzahlbefehle (z.B. für eine Tabellenübersetzung mit einem 8-Bit-Byte im Register AL) enthält. Dennoch vermittelt sie einen guten Überblick über die Möglichkeiten des Core i7.

Befehlsgruppe und Mnemonik	Beschreibung
Transportbefehle	
MOV DST, SRC	Kopiere SRC nach DST
PUSH SRC	Lege SRC auf den Keller
POP DST	Hole ein Wort vom Keller nach DST
XCHG DS1, DS2	Vertausche DS1 mit DS2
LEA DST, SRC	Lade effektive Adresse von SRC nach DST
CMOVcc DST, SRC	Bedingte Bewegung

Tabelle 5.10: Ausgewählte Ganzzahlbefehle des Core i7

Befehlsgruppe und Mnemonik	Beschreibung
Arithmetikbefehle	
ADD DST, SRC	Addiere SRC zu DST
SUB DST, SRC	Subtrahiere SRC von DST
MUL SRC	Multipliziere EAX mit SRC (vorzeichenlos)
IMUL SRC	Multipliziere EAX mit SRC (vorzeichenbehaftet)
DIV SRC	Dividiere EDX : EAX durch SRC (vorzeichenlos)
IDIV SRC	Dividiere EDX : EAX durch SRC (vorzeichenbehaftet)
ADC DST, SRC	Addiere SRC zu DST mit Übertrag
SBB DST, SRC	Subtrahiere SRC von DST mit Übertrag
INC DST	Addiere 1 zu DST
DEC DST	Subtrahiere 1 von DST
NEG DST	Negiere DST (subtrahiere DST von 0)
Befehle für BCD-Arithmetik	
DAA	Dezimalkorrektur nach Addition
DAS	Dezimalkorrektur nach Subtraktion
AAA	ASCII-Korrektur nach Addition
AAS	ASCII-Korrektur nach Subtraktion
AAM	ASCII-Korrektur nach Multiplikation
AAD	ASCII-Korrektur vor Division
Logikbefehle	
AND DST, SRC	Logisches AND von SRC und DST, Ergebnis in DST
OR DST, SRC	Logisches OR von SRC und DST, Ergebnis in DST
XOR DST, SRC	Logisches XOR von SRC und DST, Ergebnis in DST
NOT DST	Logisches Komplement von DST (Einerkomplement)
Verschiebe- und Rotationsbefehle	
SAL/SAR DST, #	Verschiebe DST arithmetisch um # Bits nach links bzw. rechts
SHL/SHR DST, #	Verschiebe DST logisch um # Bits nach links bzw. rechts
ROL/ROR DST, #	Rotiere DST um # Bits nach links bzw. rechts
RCL/RCR DST, #	Rotiere DST durch das Übertragsflag um # Bits nach links bzw. rechts
Test-/Vergleichsbefehle	
TEST SRC1, SRC2	Logische AND-Verknüpfung der Operanden, setzt Flags
CMP SRC1, SRC2	Setzt Flags je nach Ergebnis von SRC1 – SRC2

Tabelle 5.10: Ausgewählte Ganzzahlbefehle des Core i7 *(Forts.)*

Befehlsgruppe und Mnemonik	Beschreibung
Befehle zur Programmsteuerung	
`JMP ADDR`	Springe nach `ADDR`
`Jxx ADDR`	Bedingte Sprünge nach `ADDR` abhängig von den Flags
`CALL ADDR`	Rufe Unterprogramm bei `ADDR` auf
`RET`	Kehre aus Unterprogramm zurück
`IRET`	Kehre aus Unterbrechungsbehandlung zurück
`LOOPxx`	Führe Schleife aus, bis Bedingung erfüllt ist
`INT n`	Leite einen Software-Interrupt ein
`INTO`	Leite einen Interrupt ein, wenn Überlaufbit gesetzt ist
Zeichenfolgenbefehle	
`LODS`	Lade Zeichenfolge
`STOS`	Speichere Zeichenfolge
`MOVS`	Transportiere Zeichenfolge
`CMPS`	Vergleiche zwei Zeichenfolgen
`SCAS`	Durchsuche Zeichenfolge
Flagbefehle	
`STC`	Setze Übertragsbit im `EFLAGS`-Register
`CLC`	Lösche Übertragsbit im `EFLAGS`-Register
`CMC`	Negiere Übertragsbit im `EFLAGS`-Register
`STD`	Setze Richtungsbit im `EFLAGS`-Register
`CLD`	Lösche Richtungsbit im `EFLAGS`-Register
`STI`	Setze Interrupt-Bit im `EFLAGS`-Register
`CLI`	Lösche Interrupt-Bit im `EFLAGS`-Register
`PUSHFD`	Lege `EFLAGS`-Register auf den Keller
`POPFD`	Hole `EFLAGS`-Register vom Keller
`LAHF`	Lade `AH` aus dem `EFLAGS`-Register
`SAHF`	Speichere `AH` im `EFLAGS`-Register
Verschiedene Befehle	
`SWAP DST`	Ändere die Bytereihenfolge von `DST` (Big Endian ↔ Little Endian)
`CWQ`	Erweitere `EAX` auf `EDX:EAX` für die Division
`CWDE`	Erweitere 16-Bit-Zahl in `AX` auf `EAX`
`ENTER SIZE, LV`	Erzeuge Aktivierungsblock mit `SIZE` Bytes
`LEAVE`	Gib den von `ENTER` erzeugten Aktivierungsblock frei

Tabelle 5.10: Ausgewählte Ganzzahlbefehle des Core i7 *(Forts.)*

Befehlsgruppe und Mnemonik	Beschreibung
NOP	Keine Operation
HLT	Halt
IN AL, PORT	Lies ein Byte vom PORT nach AL
OUT PORT, AL	Gib ein Byte von AL an PORT aus
WAIT	Warte auf Interrupt
SRC = Quelle	
DST = Ziel	
# = Anzahl der Bitstellen bei Verschiebe- und Rotationsbefehlen	
LV = Anzahl der lokalen Variablen	

Tabelle 5.10: Ausgewählte Ganzzahlbefehle des Core i7 *(Forts.)*

Viele Befehle des Core i7 referenzieren einen oder zwei Operanden in Registern oder im Speicher. Zum Beispiel addiert der ADD-Befehl mit zwei Operanden die Quelle zum Ziel und der INC-Befehl mit einem Operanden inkrementiert seinen Operanden (addiert 1 zum Operanden). Einige Befehle sind in mehreren eng verwandten Varianten vorhanden. Zum Beispiel können die Verschiebebefehle den Inhalt entweder nach links oder nach rechts schieben und das Vorzeichenbit berücksichtigen oder nicht. Die meisten Befehle verfügen über viele verschiedene Codierungen, die von der Art der Operanden abhängig sind.

Bei den in Tabelle 5.10 angegebenen Befehlen stellen die SRC-Felder die Informationsquellen dar, die unverändert bleiben. Demgegenüber fungieren die DST-Felder als Ziele, die der Befehl normalerweise verändert. Einige Regeln beschreiben, was als Quelle und als Ziel zulässig ist. Allerdings variieren diese Regeln etwas unregelmäßig von Befehl zu Befehl und wir gehen hier nicht darauf ein. Viele Befehle existieren in drei Varianten für 8-, 16- und 32-Bit-Operanden. Sie unterscheiden sich durch unterschiedliche Opcodes und/oder ein Bit im Befehl. Tabelle 5.10 listet vor allem 32-Bit-Befehle auf.

Der Übersichtlichkeit halber haben wir die Befehle in mehrere Gruppen unterteilt. Die erste Gruppe enthält Befehle, die Daten zwischen Registern, dem Speicher und dem Keller bewegen. Die Befehle der zweiten Gruppe führen vorzeichenbehaftete und vorzeichenlose Arithmetik aus. Bei Multiplikationen und Divisionen wird das Produkt oder der Dividend mit 64 Bit in EAX (niederwertiger Teil) und EDX (höherwertiger Teil) gespeichert.

Manche Befehlssätze unterstützen neben Operationen auf binären Ganzzahlen auch die **BCD-Arithmetik**. Hierbei wird in den ersten und zweiten 4 Bits eines Bytes jeweils eine Dezimalziffer codiert.

Die dritte Gruppe fasst Befehle für binärcodierte Dezimalarithmetik (BCD-Arithmetik) zusammen, die jedes Byte als zwei 4-Bit-**Nibbles** behandeln. Jedes Nibble nimmt eine Dezimalziffer (0 bis 9) auf. Die Bitkombinationen von 1010 bis 1111 werden nicht verwendet. Somit kann eine 16-Bit-Ganzzahl eine Dezimalzahl von 0 bis 9999 darstellen. Diese Speicherform ist zwar ineffizient, vermeidet es aber, Dezimaleingaben in das Binärformat und für die Ausgabe wieder in das Dezimalformat konvertieren zu müssen. Diese Befehle sind für Arithmetik mit BCD-Zahlen vorgesehen. Vor allem COBOL-Programme machen regen Gebrauch davon.

Die Logik- (booleschen) und Verschiebe-/Rotationsbefehle manipulieren die Bits in einem Wort oder Byte. Die Befehle existieren in mehreren Kombinationen.

Die Befehle der beiden nächsten Gruppen führen Tests bzw. Vergleiche aus und springen abhängig von den Ergebnissen. Der Prozessor legt die Ergebnisse von Test- und Vergleichsbefehlen in verschiedenen Bits des `EFLAGS`-Registers ab. `Jxx` steht für einen Satz von bedingten Sprungbefehlen, die abhängig vom Ergebnis des letzten Vergleichs (d.h. den Bits in `EFLAGS`) verzweigen.

Der Core i7 verfügt über mehrere Befehle zum Laden, Speichern, Verschieben, Bewegen und Durchsuchen von Byte- oder Wortketten. Diesen Befehlen kann man ein spezielles Präfixbyte namens `REP` voranstellen. Der jeweilige Befehl führt dann die spezifizierte Operation wiederholt aus, bis eine bestimmte Bedingung erfüllt ist. Da `ECX` bei jeder Iteration dekrementiert wird, lässt sich der Wert 0 als Abbruchbedingung heranziehen. Auf diese Weise kann man beliebige Datenblöcke übertragen, vergleichen usw.

In der nächsten Gruppe sind Befehle für den Umgang mit Bedingungscodes enthalten.

Die letzte Gruppe ist eine Mischung aus Befehlen, die in keine andere Gruppe passen. Dazu zählen Befehle für Konvertierungen, Kellerverwaltung, Anhalten der CPU und Ein-/Ausgabe.

Für den Core i7 sind mehrere **Präfixe** definiert, von denen wir eines (`REP`) bereits erwähnt haben. Jedes dieser Präfixe ist ein spezielles Byte, das man den meisten Befehlen voranstellen kann, vergleichbar mit `WIDE` bei der IJVM. Wie bereits erwähnt, bewirkt das Präfix `REP`, dass der darauffolgende Befehl so lange wiederholt wird, bis `ECX` den Wert 0 erreicht hat. Bei `REPZ` und `REPNZ` wird der nachfolgende Befehl so oft wiederholt, bis das Flagbit `Z` gesetzt bzw. nicht gesetzt ist. Der Befehl `LOCK` reserviert den Bus für den gesamten Befehl, um die Synchronisation in Multiprozessorsystemen zu ermöglichen. Mit weiteren Präfixen lässt sich für einen Befehl festlegen, dass er im 16-Bit- oder 32-Bit-Modus arbeitet, was nicht nur die Länge der Operanden ändert, sondern auch die Adressierungsmodi völlig neu definiert. Schließlich besitzt der Core i7 ein komplexes Segmentierungsschema mit Code-, Daten-, Keller- und Zusatzsegmenten – alles Überreste vom 8088. Mit Präfixen lässt sich auch festlegen, dass Speicherreferenzen bestimmte Segmente verwenden. Doch brauchen wir uns hier (zum Glück) nicht damit zu beschäftigen.

5.5.9 Befehle des OMAP4430

▶Tabelle 5.11 listet nahezu alle ARM-Befehle auf, die ein Compiler für Ganzzahlen im Benutzermodus generieren kann. Die Aufstellung enthält weder Gleitkomma- noch Steuerbefehle (z.B. Cacheverwaltung, Zurücksetzen des Systems), Befehle in Bezug auf Adressräume (mit Ausnahme des Benutzeradressraums) und Befehlserweiterungen wie zum Beispiel Thumb. Der Befehlssatz ist erstaunlich klein: Die OMAP4430-ARM-ISA stellt prinzipiell einen RISC-Prozessor dar.

Befehlsgruppe und Mnemonik	Beschreibung
Ladebefehle	
`LDRSB DST, ADDR`	Lade vorzeichenbehaftetes Byte (8 Bit)
`LDRB DST, ADDR`	Lade vorzeichenloses Byte (8 Bit)
`LDRSH DST, ADDR`	Lade vorzeichenbehaftete Halbwörter (16 Bit)
`LDRH DST, ADDR`	Lade vorzeichenlose Halbwörter (16 Bit)
`LDR DST, ADDR`	Lade Wort (32 Bit)
`LDM S1, REGLIST`	Lade mehrere Wörter
Speicherbefehle	
`STRB DST, SRC`	Speichere Byte (8 Bit)
`STRH DST, SRC`	Speichere Halbwort (16 Bit)
`STR DST, SRC`	Speichere Wort (32 Bit)
`STM SRC, REGLIST`	Speichere mehrere Wörter
Arithmetikbefehle	
`ADD DST, S1, S2IMM`	Addiere
`ADC DST, S1, S2IMM`	Addiere mit Übertrag
`SUB DST, S1, S2IMM`	Subtrahiere
`SBB DST, S1, S2IMM`	Subtrahiere mit Übertrag
`RSB DST, S1, S2IMM`	Subtrahiere in umgekehrter Operandenreihenfolge
`RSC DST, S1, S2IMM`	Subtrahiere in umgekehrter Operandenreihenfolge mit Übertrag
`MUL DST, S1, S2`	Multipliziere
`MLA DST, S1, S2, S3`	Multipliziere und akkumuliere
`UMULL D1, D2, S1, S2`	Multipliziere vorzeichenlos lang
`SMULL D1, D2, S1, S2`	Multipliziere vorzeichenbehaftet lang
`UMLAL D1, D2, S1, S2`	MLA vorzeichenlos lang
`SMLAL D1, D2, S1, S2`	MLA vorzeichenbehaftet lang
`CMP S1, S2IMM`	Vergleiche und setze `PSR`
Verschiebe- und Rotationsbefehle	
`LSL DST, S1, S2IMM`	Verschiebe logisch nach links
`LSR DST, S1, S2IMM`	Verschiebe logisch nach rechts
`ASR DST, S1, S2IMM`	Verschiebe arithmetisch nach rechts
`ROR DST, S1, S2IMM`	Rotiere nach rechts

Tabelle 5.11: Die primären Ganzzahlbefehle der OMAP4430-ARM-CPU

Befehlsgruppe und Mnemonik	Beschreibung
Logikbefehle	
TST DST, S1, S2IMM	Teste Bits
TEQ DST, S1, S2IMM	Teste auf Gleichheit
AND DST, S1, S2IMM	Boolesches AND
EOR DST, S1, S2IMM	Boolesches XOR
ORR DST, S1, S2IMM	Boolesches OR
BIC DST, S1, S2IMM	Lösche Bit
Befehle zur Programmsteuerung	
Bcc IMM	Verzweige zu PC + IMM
BLcc IMM	Verzweige zu PC + IMM und setze Link-Register
BLcc S1	Verzweige zu Registeradresse und setze Link-Register
Verschiedene Befehle	
MOV DST, S1	Bewege Register
MOVT DST, IMM	Bewege unmittelbaren Wert in oberes Halbwort
MVN DST, S1	Führe NOT für Register aus
MRS DST, PSR	Lies PSR
MSR PSR, S1	Schreibe PSR
SWP DST, S1, ADDR	Vertausche Register- mit Speicherwort
SWPB DST, S1, ADDR	Vertausche Register- mit Speicherbyte
SVC IMM	Software-Interrupt
S1 = Quellregister	
S2IMM = Quellregister oder unmittelbarer Operand	
S3 = Quellregister (wenn 3 verwendet werden)	
DST = Zielregister	
D1 = Zielregister (1 von 2)	
D2 = Zielregister (2 von 2)	
ADDR = Speicheradresse	
IMM = unmittelbarer Wert	
REGLIST = Liste von Registern	
PSR = Prozessorstatusregister	
cc = Verzweigungsbedingung	

Tabelle 5.11: Die primären Ganzzahlbefehle der OMAP4430-ARM-CPU *(Forts.)*

Die LDR- und STR-Befehle sind unkompliziert mit Versionen für 1, 2 und 4 Bytes. Lädt man eine Zahl mit weniger als 32 Bits in ein (32-Bit-)Register, so kann man die Zahl entweder mit dem Vorzeichen oder mit Nullen erweitern. Für beide Optionen stehen Befehle zur Verfügung.

Die nächste Gruppe fasst die Arithmetikbefehle zusammen. Diese können optional die Bedingungscodes des Prozessorstatusregisters setzen. Bei CISC-Prozessoren wirken sich die meisten Befehle auf die Bedingungsbits aus. Auf einem RISC-Computer ist dies aber unerwünscht, weil es den Freiraum des Compilers einschränkt, die Befehle zu verschieben, um Verzögerungsschlitze zu füllen. Wenn die ursprüngliche Befehlsfolge A ... B ... C lautet, wobei A die Bedingungsbits setzt und B sie prüft, kann der Compiler C nicht zwischen A und B einfügen, wenn C ebenfalls die Bedingungsbits setzt. Aus diesem Grund existieren viele Befehle in zwei Versionen, von denen der Compiler normalerweise den verwendet, der keine Bedingungsbits setzt, außer wenn er sie später testen möchte. Um das Setzen der Bedingungscodes festzulegen, fügt der Programmierer an den Befehlsnamen ein „S" an, zum Beispiel ADDS. Ein Bit im Befehl zeigt dem Prozessor an, dass die Bedingungscodes zu setzen sind. Multiplikationen mit oder ohne Akkumulation werden ebenfalls unterstützt.

Die Gruppe der Schiebebefehle enthält eine Links- und zwei Rechtsverschiebungen, die auf 32-Bit-Registern arbeiten. Die Rotation nach rechts verschiebt die Bits im Register kreisförmig, wobei das „herausfallende" niederwertige Bit wieder als höchstwertiges Bit im Register erscheint. Schiebebefehle dienen vorwiegend der Bitmanipulation. Rotationsbefehle sind unter anderem für kryptografische Aufgaben und Bildverarbeitung nützlich. Die meisten CISC-Maschinen haben zahlreiche Schiebe- und Rotationsbefehle, die fast alle nutzlos sind. Kaum ein Compiler-Entwickler verbringt schlaflose Nächte damit, den fehlenden Befehlen nachzutrauern.

Die Gruppe der logischen Befehle, die der Arithmetikgruppe entspricht, beinhaltet AND, EOR, ORR, TST, TEQ und BIQ. Der Wert der letzten drei Befehle ist fraglich, doch sie lassen sich in einem Zyklus ausführen und erfordern fast keine zusätzliche Hardware, sodass sie in den Befehlssatz aufgenommen wurden. Selbst Designer von RISC-Maschinen erliegen manchmal gewissen Versuchungen.

Die nächste Gruppe beinhaltet die Befehle zur Ablaufsteuerung. Hierbei repräsentiert Bcc einen Satz von Befehlen, die bei verschiedenen Bedingungen verzweigen. Das Gleiche gilt für BLcc, wobei die Befehle dieser Gruppe zusätzlich die Adresse des nächsten Befehls im Link-Register (R14) ablegen. Dieser Befehl bietet sich für Prozeduraufrufe an. Im Unterschied zu allen anderen RISC-Architekturen gibt es keinen expliziten Befehl, der zu einer Registeradresse verzweigt. Ein derartiger Befehl lässt sich aber leicht aus einem MOV-Befehl, bei dem man das Ziel auf den Programmzähler (R15) setzt, zusammenstellen.

Für den Prozeduraufruf stehen zwei Möglichkeiten zur Verfügung. Der erste BLcc-Befehl verwendet das *Branch*-Format gemäß Abbildung 5.10 mit einem zum Programmzähler relativen 24-Bit-*Wort*-Offset. Dieser Wert reicht aus, um jeden Befehl im Umkreis von 32 MB zum Aufrufer in beide Richtungen zu erreichen. Der zweite BLcc-Befehl springt zu der Adresse im angegebenen Register. Damit lassen sich dynamisch gebundene Prozeduraufrufe (z.B. virtuelle Funktionen in C++) oder Aufrufe über den Bereich von 32 MB hinaus implementieren.

Die letzte Gruppe enthält einige Überbleibsel. MOVT braucht man, weil es keine andere Möglichkeit gibt, einen unmittelbaren 32-Bit-Operanden in ein Register zu holen. Mit MOVT werden zunächst die Bits 16 bis 31 gesetzt und der nächste Befehl liefert dann die restlichen Bits im unmittelbaren Format. Die Befehle MRS und MSR lesen bzw. schreiben das Prozessorstatuswort (PSR). Die SWP-Befehle führen elementare Vertauschungen zwischen einem Register und einem Speicherort durch. Sie implementieren die elementaren Operationen für die Mehrprozessorsynchronisierung, mit der sich *Kapitel 8* befasst. Schließlich leitet der Befehl `SVC` (vormals `SWI` genannt) einen Software-Interrupt ein – eine recht fantasievolle Umschreibung für einen Systemaufruf.

5.5.10 Befehle des ATmega168 AVR

Wie ▶Tabelle 5.12 zeigt, ist der Befehlssatz des ATmega168 recht einfach. Jede Zeile gibt die Mnemonik, eine kurze Beschreibung und ein Pseudocodefragment an, das die Arbeitsweise des Befehls im Detail zeigt. Wie zu erwarten, gibt es eine Vielzahl von `MOV`-Befehlen, die Daten zwischen den Registern übertragen. Andere Befehle legen Daten auf den Keller und holen Daten vom Keller, auf den ein 16-Bit-Kellerzeiger (`SP`) zeigt. Der Zugriff auf den Speicher kann durch eine unmittelbare Adresse und einen indirekten Registerverweis mit oder ohne Verschiebung erfolgen. Um eine Adressierung bis zu 64 KB zu ermöglichen, ist der Ladebefehl mit einer unmittelbaren Adresse 32 Bit lang. Die indirekten Adressierungsmodi arbeiten mit den Registerpaaren `X`, `Y` und `Z`, die einen 16-Bit-Zeiger aus zwei 8-Bit-Registern bilden.

Der ATmega168 verfügt über einfache Arithmetikbefehle für Addition, Subtraktion und Multiplikation, wobei die Multiplikation zwei Register verwendet. Die Operationen Inkrementieren und Dekrementieren sind ebenfalls möglich und werden häufig verwendet. Außerdem gibt es logische (boolesche), Verschiebe- und Rotationsbefehle. Das Ziel von Verzweigungs- und Unterprogrammaufrufen kann eine unmittelbare Adresse, eine Adresse relativ zum `PC` oder eine im Registerpaar Z enthaltene Adresse sein.

Befehl	Beschreibung	Semantik
`ADD DST, SRC`	Addiere	DST ← DST + SRC
`ADC, DST, SRC`	Addiere mit Übertrag	DST ← DST + SRC + C
`ADIW DST, IMM`	Addiere unmittelbaren Wert zu Wort	DST + 1:DST ← DST + 1:DST + IMM
`SUB DST, SRC`	Subtrahiere	DST ← DST - SRC
`SUBI DST, IMM`	Subtrahiere unmittelbaren Wert	DST ← DST - IMM
`SBC DST, SRC`	Subtrahiere mit Übertrag	DST ← DST - SRC - C
`SBCI DST, IMM`	Subtrahiere unmittelbaren Wert mit Übertrag	DST ← DST - IMM - C
`SBIW DST, IMM`	Subtrahiere unmittelbaren Wert von Wort	DST + 1:DST ← DST +1:DST - IMM
`AND DST, SRC`	Logisches AND	DST ← DST AND SRC
`ANDI DST, IMM`	Logisches AND mit unmittelbarem Wert	DST ← DST AND IMM
`OR DST, SRC`	Logisches OR	DST ← DST OR SRC
`ORI DST, IMM`	Logisches OR mit unmittelbarem Wert	DST ← DST OR IMM
`EOR DST, SRC`	Exklusives OR	DST ← DST XOR SRC
`COM DST`	Einerkomplement	DST ← 0xFF - DST
`NEG DST`	Zweierkomplement	DST ← 0x00 - DST

Tabelle 5.12: Der Befehlssatz des ATmega168 AVR

Befehl	Beschreibung	Semantik
`SBR DST, IMM`	Setzte Bit(s) in Register	DST ← DST OR IMM
`CBR DST, IMM`	Lösche Bit(s) in Register	DST ← DST AND (0xFF - IMM)
`INC DST`	Inkrementiere	DST ← DST + 1
`DEC DST`	Dekrementiere	DST ← DST - 1
`TST DST`	Teste auf null oder minus	DST ← DST AND DST
`CLR DST`	Lösche Register	DST ← DST XOR DST
`SER DST`	Setze Register	DST ← 0xFF
`MUL DST, SRC`	Multipliziere vorzeichenlos	R1:R0 ← DST * SRC
`MULS DST, SRC`	Multipliziere vorzeichenbehaftet	R1:R0 ← DST * SRC
`MULSU DST, SRC`	Multipliziere vorzeichenbehafteten Wert mit vorzeichenlosem Wert	R1:R0 ← DST * SRC
`RJMP IMM`	Sprung relativ zu PC	PC ← PC + IMM + 1
`IJMP`	Indirekter Sprung zu Z	PC ← Z (R30:R31)
`JMP IMM`	Sprung	PC ← IMM
`RCALL IMM`	Relativer Unterprogrammaufruf	STACK ← PC +2, PC ← PC + IMM + 1
`ICALL`	Indirekter Aufruf zu (Z)	STACK ← PC + 2, PC ← Z (R30:R31)
`CALL`	Unterprogrammaufruf	STACK ← PC + 2, PC ← IMM
`RET`	Rücksprung von Unterprogramm	PC ← STACK
`CP DST, SRC`	Vergleiche	DST - SRC
`CPC DST, SRC`	Vergleiche mit Übertrag	DST - SRC - C
`CPI DST, IMM`	Vergleiche mit unmittelbarem Wert	DST - IMM
`BRcc IMM`	Verzweige bei Bedingung	wenn cc(true) PC ← PC + IMM + 1
`MOV DST, SRC`	Kopiere Register	DST ← SRC
`MOVW DST, SRC`	Kopiere Registerpaar	DST + 1:DST ← SRC + 1:SRC
`LDI DST, IMM`	Lade unmittelbaren Wert	DST ← IMM
`LDS DST, IMM`	Lade direkt	DST ← MEM[IMM]
`LD DST, XYZ`	Lade indirekt	DST ← MEM[XYZ]
`LDD DST, XYZ+IMM`	Lade indirekt mit Verschiebung	DST ← MEM[XYZ+IMM]
`STS IMM, SRC`	Speichere direkt	MEM[IMM] ← SRC
`ST XYZ, SRC`	Speichere indirekt	MEM[XYZ] ← SRC
`STD XYZ+IMM, SRC`	Speichere indirekt mit Verschiebung	MEM[XYZ + IMM] ← SRC
`PUSH REGLIST`	Lege Register auf Keller	STACK ← REGLIST
`POP REGLIST`	Hole Register von Keller	REGLIST ← STACK
`LSL DST`	Verschiebe logisch um 1 nach links	DST ← DST LSL 1

Tabelle 5.12: Der Befehlssatz des ATmega168 AVR *(Forts.)*

Befehl	Beschreibung	Semantik
`LSR DST`	Verschiebe logisch um 1 nach rechts	DST ← DST LSR 1
`ROL DST`	Rotiere um 1 nach links	DST ← DST ROL 1
`ROR DST`	Rotiere um 1 nach rechts	DST ← DST ROR 1
`ASR DST`	Verschiebe arithmetisch um 1 nach rechts	DST ← DST ASR 1
`SRS` = Quellregister		
`DST` = Zielregister		
`IMM` = unmittelbarer Wert		
`XYZ` = Registerpaar `X`, `Y` oder `Z`		
`MEM[A]` = Speicherzugriff an Adresse A		

Tabelle 5.12: Der Befehlssatz des ATmega168 AVR *(Forts.)*

5.5.11 Befehlssätze im Vergleich

Die Befehlssätze unserer drei Beispielprozessoren unterscheiden sich erheblich. Der Core i7 ist eine klassische 32-Bit-CISC-Zweiadressmaschine mit einer langen Geschichte, eigentümlichen und stark unregelmäßigen Adressierungsmodi sowie vielen Befehlen, die den Speicher referenzieren.

Die OMAP4430-ARM-CPU ist eine moderne 32-Bit-RISC-Dreiadressmaschine mit einer Load/Store-Architektur, nur sehr wenigen Adressierungsmodi und einem kompakten und effizienten Befehlssatz. Die ATmega168-AVR-Architektur verkörpert einen winzigen eingebetteten Prozessor, der dafür ausgelegt ist, alle wichtigen Funktionen auf einem Chip zu vereinen.

Für die einzelnen Konzepte gibt es jeweils gute Gründe. Das Design des Core i7 wurde von drei wichtigen Faktoren bestimmt:

1. Abwärtskompatibilität
2. Abwärtskompatibilität
3. Abwärtskompatibilität

Nach dem heutigen Stand der Technik würde niemand eine derart unregelmäßige Maschine mit so wenigen und zudem unterschiedlichen Registern entwickeln. Compiler sind dafür schwer zu schreiben. Durch den Mangel an Registern ist der Compiler auch gezwungen, ständig Variablen in den Speicher auszulagern und sie erneut zu laden, was auch bei zwei oder drei Cache-Ebenen eine teure Angelegenheit ist. Es zeugt von der Kompetenz der Intel-Ingenieure, dass der Core i7 trotz aller Einschränkungen dieser ISA so schnell ist. Wie aber *Kapitel 4* gezeigt hat, ist die Implementierung überaus komplex.

Der OMAP4430 ARM repräsentiert ein ISA-Design nach dem neuesten Stand der Technik. Er verfügt über eine volle 32-Bit-ISA, viele Register und einen Befehlssatz mit vorwiegend Dreiregister-Operationen und zusätzlich einer kleinen Gruppe von `LOAD`- und `STORE`-Befehlen. Alle Befehle haben dieselbe Größe, obwohl die Anzahl der Formate etwas außer Kontrolle geraten ist. Dennoch erweist sie sich als übersichtliche und effiziente Implementierung. Die meisten neuen Konzepte orientieren sich an der OMAP4430-Architektur, verwenden jedoch weniger Befehlsformate.

Der ATmega168 AVR besitzt einen einfachen und ziemlich regelmäßigen Befehlssatz mit relativ wenigen Befehlen und wenigen Adressierungsmodi. Er zeichnet sich besonders dadurch aus, dass er 32 Register zu je 8 Bit besitzt, einen schnellen Datenzugriff erlaubt, auf Register im Speicherraum zugreifen kann und über erstaunlich leistungsfähige Bitmanipulationsbefehle verfügt. Sein Erfolg kommt auch daher, dass er sich mit einer sehr kleinen Anzahl von Transistoren implementieren lässt, wodurch man bei der Herstellung viele Chips auf einer Siliziumscheibe (Die) unterbringen und so die Kosten je CPU niedrig halten kann.

5.6 Ablaufsteuerung

Die Ablaufsteuerung (Flow Control) bezieht sich auf die Reihenfolge, in der die Befehle dynamisch – d.h. während des laufenden Programms – ausgeführt werden. Wenn Verzweigungen und Prozeduraufrufe nicht vorhanden sind, werden Befehle im Allgemeinen aus aufeinanderfolgenden Speicherstellen abgerufen. Prozeduraufrufe bewirken, dass sich die Ablaufsteuerung ändert: Die momentan ausgeführte Prozedur wird angehalten und das Programm setzt sich bei der aufgerufenen Prozedur fort. Coroutinen sind mit Prozeduren verwandt und verursachen ähnliche Änderungen in der Ablaufsteuerung. Sie sind für die Simulation paralleler Prozesse nützlich. Systemaufrufe (Traps) und Interrupts verändern ebenfalls den Programmablauf, wenn spezielle Bedingungen auftreten. Die folgenden Abschnitte beschäftigen sich ausführlich mit diesen Themen.

5.6.1 Sequenzielle Ablaufsteuerung und Sprünge

Die meisten Befehle ändern die Ablaufsteuerung nicht. Nach Ausführung eines Befehls wird der im Speicher unmittelbar folgende Befehl abgerufen und ausgeführt. Nach jedem Befehl inkrementiert der Prozessor den Programmzähler um die Länge des aktuellen Befehls. Beobachtet man diesen Vorgang über einen bestimmten Zeitraum hinweg, der im Vergleich zur durchschnittlichen Befehlszeit lang ist, so entspricht der Programmzähler in etwa einer linearen Zeitfunktion, die pro durchschnittlicher Befehlszeit um die durchschnittliche Befehlslänge wächst. Anders ausgedrückt entspricht die dynamische Reihenfolge, in der der Prozessor die Befehle tatsächlich ausführt, der Reihenfolge, in der die Befehle im Programmlisting erscheinen, wie es ▶Abbildung 5.21a zeigt. Wenn ein Programm Verzweigungen enthält, gilt diese einfache Beziehung zwischen der Reihenfolge, in der die Befehle im Speicher erscheinen, und der Reihenfolge, in der sie ausgeführt werden, nicht mehr. In diesem Fall ist der Programmzähler keine monoton wachsende Zeitfunktion mehr, wie es in ▶Abbildung 5.21b zu sehen ist. Es wird also schwieriger, sich die Ausführungsfolge der Befehle anhand des Programmlistings vorzustellen.

Kann der Programmierer nur schwer die Sequenz nachvollziehen, in der der Prozessor die Befehle ausführt, dann macht er eher Fehler. Diese Beobachtung veranlasste Dijkstra [Dijkstra, 1968a], den damals viel diskutierten Brief mit dem Titel „GO TO Statement Considered Harmful" zu verfassen, in dem er dazu anregte, auf `goto`-Anweisungen gänzlich zu verzichten. Dieser Brief veranlasste die Revolution der strukturierten Programmierung, zu deren Grundsätzen es gehört, `goto`-Anweisungen durch besser strukturierte Formen der Ablaufsteuerung zu ersetzen, beispielsweise durch `while`-Schleifen. Durch Übersetzung entstehen natürlich Programme auf der Ebene 2, die viele Verzweigungen enthalten können, weil die Implementierung von `if`, `while` und anderen in Hochsprachen formulierten Kontrollstrukturen letztlich durch einzelne Sprünge erfolgen muss.

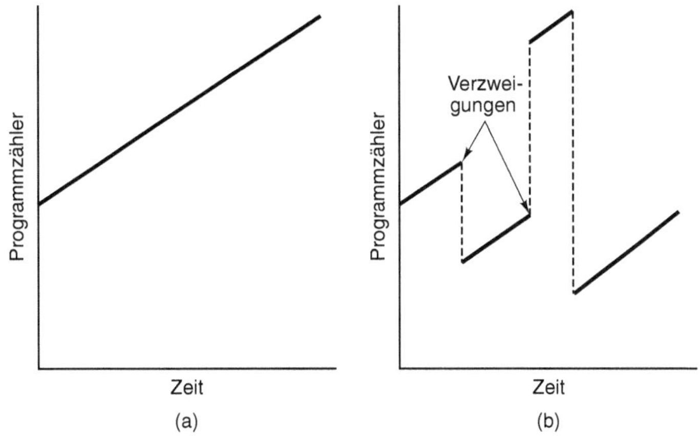

Abbildung 5.21: Programmzähler als Funktion der Zeit (geglättet) (a) ohne Verzweigungen (b) mit Verzweigungen

5.6.2 Prozeduren

Die wichtigste Technik zur Strukturierung von Programmen ist die Prozedur. In gewisser Hinsicht ändert ein Prozeduraufruf die Ablaufsteuerung genauso wie eine Verzweigung. Allerdings gibt eine Prozedur im Unterschied zu einer Verzweigung die Kontrolle an die Anweisung oder den Befehl unmittelbar nach dem Aufruf zurück, wenn sie ihre Arbeit abgeschlossen hat.

Die lineare Programmausführung wird durch Verzweigungen unterbrochen. Bei Prozeduraufrufen wird zu dem Code der **Prozedur** verzweigt, nach der Ausführung wird mit dem nächsten Befehl fortgesetzt. Prozeduren sind somit eine Art abstrakter Befehl.

Aus einem anderen Blickwinkel kann man den Rumpf einer Prozedur auch als Definition eines neuen Befehls auf einer höheren Ebene auffassen. Von diesem Standpunkt aus betrachtet kann man sich einen Prozeduraufruf als einzelnen Befehl vorstellen, selbst wenn die Prozedur an sich ziemlich komplex ist. Um einen Codeabschnitt zu verstehen, der einen Prozeduraufruf enthält, muss man nur wissen, *was* die Prozedur macht, und nicht, *wie* sie das macht.

Eine besonders interessante Prozedurvariante ist die **rekursive Prozedur**, die sich direkt oder indirekt über eine Kette anderer Prozeduren selbst aufruft. Wenn man sich näher mit rekursiven Prozeduren befasst, bekommt man einen umfassenden Einblick, wie Prozeduraufrufe implementiert werden und was lokale Variablen eigentlich sind. Deshalb geben wir jetzt ein Beispiel für eine rekursive Prozedur an.

Das uralte Problem der „Türme von Hanoi" lässt sich mithilfe von Rekursion leicht lösen. Einer Legende nach gibt es in einem Kloster in Hanoi drei goldene Stäbe. Um den ersten Stab lagen 64 konzentrische goldene Scheiben mit einem Loch in der Mitte, damit man sie auf einen Stab stecken kann. Jede Scheibe hat einen etwas kleineren Durchmesser als die Scheibe unmittelbar unter ihr. Der zweite und der dritte Stab waren ursprünglich leer. Die Mönche des Klosters sind eifrig dabei, alle Scheiben einzeln – nicht mehrere gleichzeitig! – auf Stab 3 umzulegen. Dabei darf aber nie eine größere Scheibe auf einer kleineren liegen. Der Legende nach kommt das Ende der Welt, sobald die Mönche mit ihrer Arbeit fertig sind. Eigene Erfahrungen können Sie mit ein paar Plastikscheiben sammeln. Aber wenn Sie das Problem gelöst haben, passiert trotzdem nichts. Denn um den Ende-der-Welt-Effekt auskosten zu können, brauchen Sie 64 Scheiben in Gold. ▶Abbildung 5.22 zeigt die Anfangskonfiguration für $n = 5$ Scheiben.

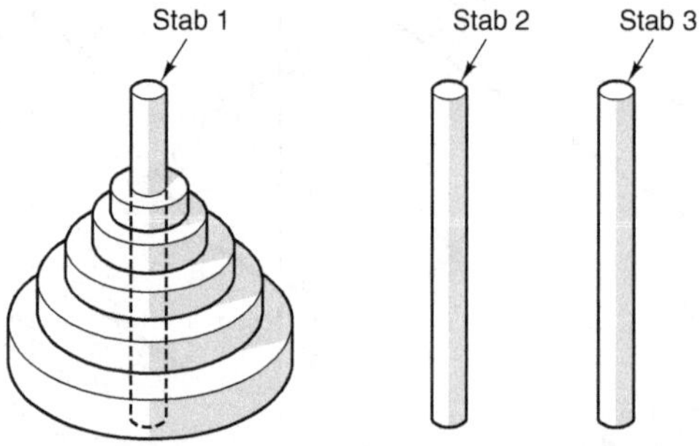

Abbildung 5.22: Anfangskonfiguration für das Problem der „Türme von Hanoi" mit fünf Scheiben

Die Lösung, n Scheiben von Stab 1 auf Stab 3 umzulegen, sieht folgendermaßen aus: Zuerst legt man $n - 1$ Scheiben von Stab 1 auf Stab 2, übernimmt dann eine Scheibe von Stab 1 auf Stab 3 und legt dann $n - 1$ Scheiben von Stab 2 auf Stab 3. ▶Abbildung 5.23 veranschaulicht diese Schritte.

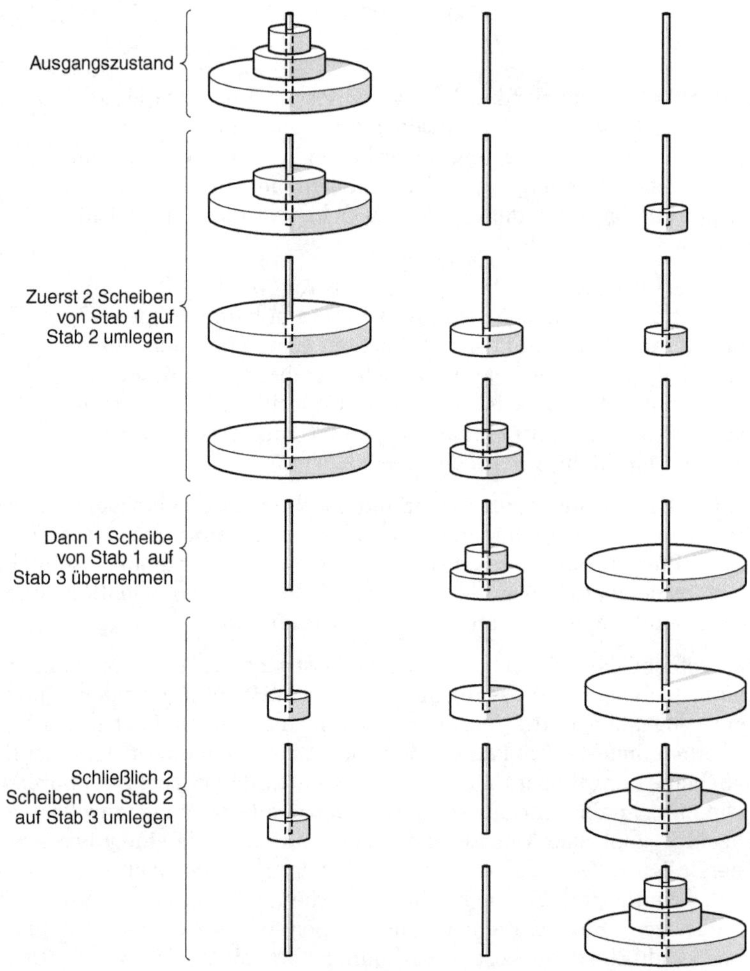

Abbildung 5.23: Die erforderlichen Schritte, um das Problem der „Türme von Hanoi" für drei Scheiben zu lösen

Zur Lösung des Problems brauchen wir eine Prozedur, um *n* Scheiben von Stab *i* auf Stab *j* zu übertragen. Ruft man diese Prozedur mit

```
towers(n, i, j)
```

auf, dann gibt sie die Lösung aus. Die Prozedur prüft zuerst, ob $n = 1$ ist. In diesem Fall ist die Lösung trivial. Man verlagert einfach die eine Scheibe von *i* auf *j*. Ist $n \neq 1$, besteht die Lösung aus den drei oben beschriebenen Teilen, wobei es sich jeweils um einen rekursiven Prozeduraufruf handelt.

▶Listing 5.4 zeigt die vollständige Lösung. Der Aufruf

```
towers(3, 1, 3)
```

zur Lösung des Problems von Abbildung 5.23 erzeugt drei weitere Aufrufe, nämlich

```
towers(2, 1, 2)
towers(1, 1, 3)
towers(2, 2, 3)
```

Aus dem ersten und dritten Aufruf resultieren je drei Aufrufe, was insgesamt sieben Aufrufe ergibt.

```
public void towers(int n, int i, int j) {
  int k

    if (n == 1)
        System.out.println("Lege eine Scheibe von " + i + " auf " + j);
    else {
        k = 6 - i - j;
        towers(n - 1, i, k);
        towers(1, i, j);
        towers(n - 1, k, j);
    }
}
```

Listing 5.4: Eine Prozedur zur Lösung der „Türme von Hanoi"

Rekursive Prozeduren, die sich immer wieder selbst aufrufen, können elegant über den Keller realisiert werden. Für jeden Aufruf wird ein Aktivierungsblock mit den lokalen Variablen erzeugt.

Möchte man Prozeduren rekursiv ausführen, braucht man einen Keller, der die Parameter und lokalen Variablen für jeden Aufruf speichert, genau wie bei der IJVM. Jeder Prozeduraufruf reserviert einen neuen Aktivierungsblock für die Prozedur auf der Spitze des Kellers. Der zuletzt erzeugte Aktivierungsblock ist der aktuelle Rahmen. Ebenfalls wie bei der IJVM wachsen die Keller von kleinen zu großen Speicheradressen nach oben. Der jüngste Rahmen hat also höhere Adressen als alle anderen.

Außer dem Kellerzeiger, der auf die Spitze des Kellers verweist, ist oftmals ein Rahmenzeiger `FP` zweckmäßig, der auf eine feste Stelle im Rahmen zeigt. Er könnte wie bei der IJVM auf den Verknüpfungszeiger verweisen oder auf die erste lokale Variable. Abbildung 5.24 zeigt den Aktivierungsblock für eine Maschine mit einem 32-Bit-Wort. Der ursprüngliche Aufruf von *towers* legt *n*, *i* und *j* auf den Keller und führt dann einen `CALL`-Befehl aus, der die Rückkehradresse an Adresse 1012 auf den Keller legt. Beim Eintritt speichert die aufgerufene Prozedur den alten Wert von `FP` (1000) an 1016 auf dem Keller und setzt dann den Kellerzeiger weiter, um Speicher für die lokalen Variablen zuzuordnen. Bei nur einer lokalen 32-Bit-Variablen (*k*) wird `SP` um 4 auf 1020 inkrementiert. ▶Abbildung 5.24a zeigt die Situation zu diesem Zeitpunkt.

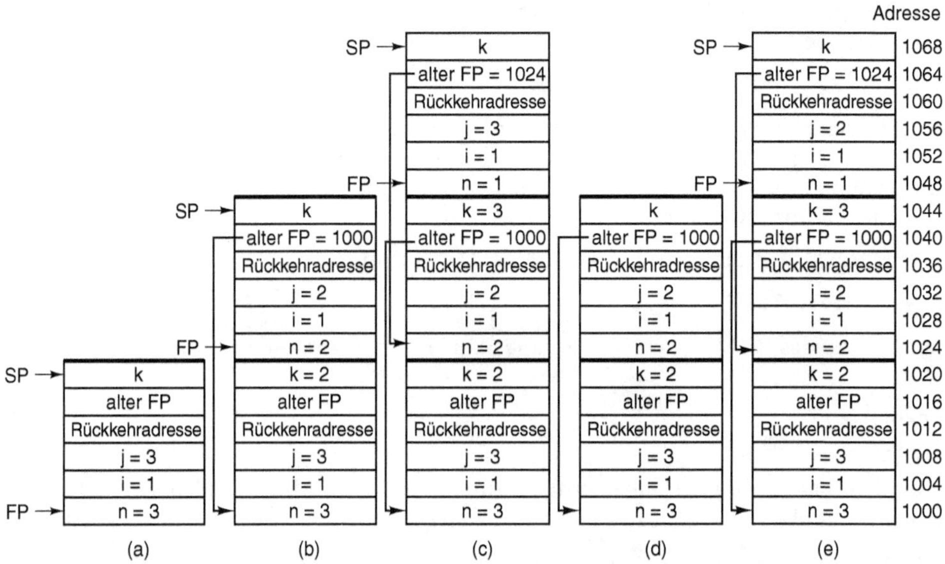

Abbildung 5.24: Der Keller an mehreren Punkten während der Ausführung der Prozedur von Listing 5.4

Wird eine Prozedur aufgerufen, muss sie als Erstes den vorherigen FP speichern (damit er beim Austritt der Prozedur wiederhergestellt werden kann). Dann muss sie SP nach FP kopieren und möglicherweise um ein Wort inkrementieren, je nachdem, worauf FP im neuen Rahmen zeigt. Bei diesem Beispiel zeigt FP auf die erste lokale Variable, in der IJVM hat LV auf den Verknüpfungszeiger gezeigt. Verschiedene Computer gehen mit Rahmenzeigern unterschiedlich um und fügen sie manchmal am unteren Rand, manchmal an der Spitze oder wie in Abbildung 5.24 in der Mitte des Kellers ein. In dieser Hinsicht lohnt sich ein Vergleich von Abbildung 5.24 mit *Abbildung 4.10*, um zwei unterschiedliche Varianten zu sehen, wie der Verknüpfungszeiger verwaltet wird. Daneben gibt es weitere Möglichkeiten. Entscheidend ist in allen Fällen, dass man schließlich aus der Prozedur zurückkehren und den Zustand des Kellers vor dem aktuellen Prozeduraufruf wiederherstellen kann.

Den Code, der den alten Rahmenzeiger speichert, den neuen Rahmenzeiger einrichtet und den Kellerzeiger weitersetzt, um Platz für lokale Variablen zu reservieren, bezeichnet man als **Prozedurprolog**. Beim Austritt der Prozedur muss der Keller wieder aufgeräumt werden, was man als **Prozedurepilog** bezeichnet. Für die Leistung eines Computers ist unter anderem entscheidend, wie kurz und schnell er Prolog und Epilog machen kann. Wenn sie lang und langsam sind, kommen Prozeduraufrufe teuer zu stehen. Programmierer, die den Altar der Effizienz anbeten, vermeiden viele kurze Prozeduren und schreiben stattdessen große, schwerfällige und unstrukturierte Programme. Die Core-i7-Befehle ENTER und LEAVE wurden eigens dafür geschaffen, den Prolog und Epilog einer Prozedur möglichst effizient zu gestalten. Natürlich verlangen diese Befehle ein bestimmtes Modell, wie der Rahmenzeiger zu verwalten ist, und wenn der Compiler mit einem anderen Modell arbeitet, lassen sich diese Befehle nicht nutzen.

Doch zurück zu unserem Beispiel mit den Türmen von Hanoi. Jeder Prozeduraufruf fügt einen neuen Aktivierungsblock in den Keller ein und jede Rückkehr aus der Prozedur entfernt einen Rahmen aus dem Keller. Um die Verwendung eines Kellers bei der Implementierung von rekursiven Prozeduren zu verdeutlichen, wollen wir die Aufrufe beginnend mit

```
towers(3, 1, 3)
```

nachvollziehen. Abbildung 5.24a zeigt den Keller kurz nach diesem Aufruf. Die Prozedur prüft zuerst, ob $n = 1$ ist, stellt fest, dass $n = 3$ ist, trägt k ein und führt den Aufruf

```
towers(2, 1, 2)
```

aus. Nachdem dieser Aufruf abgeschlossen ist, sieht der Keller wie in ▶Abbildung 5.24b aus und die Prozedur beginnt wieder am Anfang (eine aufgerufene Prozedur beginnt immer am Anfang). Auch dieses Mal scheitert der Test auf $n = 1$, die Prozedur trägt erneut k ein und ruft

```
towers(1, 1, 3)
```

auf. ▶Abbildung 5.24c zeigt, wie der Keller jetzt aussieht. Der Programmzähler verweist auf den Prozeduranfang. Jetzt verläuft die Prüfung erfolgreich und die Prozedur gibt eine Zeile aus. Als Nächstes kehrt die Prozedur zurück. Dazu entfernt sie einen Aktivierungsblock und setzt `FP` und `SP` auf den Zustand wie in ▶Abbildung 5.24d zurück. Anschließend fährt sie mit der Ausführung an der Rückkehradresse fort, was den zweiten Aufruf bewirkt:

```
towers(1, 1, 2)
```

Dieser Aufruf fügt einen neuen Rahmen in den Keller ein, wie es in ▶Abbildung 5.24e zu sehen ist, und die Prozedur gibt eine weitere Zeile aus. Nach der Rückkehr wird ein Rahmen aus dem Keller entfernt. Die Prozeduraufrufe setzen sich auf diese Weise fort, bis der ursprüngliche Aufruf fertiggestellt ist und der Rahmen von Abbildung 5.24a vom Keller entfernt wurde. Um einen noch besseren Einblick in die Funktionsweise der Rekursion zu erhalten, empfiehlt es sich, die vollständige Ausführung von

```
towers(3, 1, 3)
```

mit Bleistift und Papier nachzuvollziehen.

5.6.3 Coroutinen

Bei der üblichen Aufrufabfolge wird klar zwischen der aufrufenden und der aufgerufenen Prozedur unterschieden. Nehmen Sie als Beispiel eine Prozedur A, die eine Prozedur B aufruft (▶Abbildung 5.25).

Prozedur B rechnet eine Weile und kehrt dann zu A zurück. Auf den ersten Blick mag man diese Situation als symmetrisch betrachten, weil weder A noch B ein Hauptprogramm darstellen, sondern beides Prozeduren sind. (Prozedur A wurde möglicherweise vom Hauptprogramm aufgerufen, aber das ist irrelevant.) Außerdem geht zuerst die Kontrolle von A auf B über – der Aufruf – und später von B auf A – die Rückkehr.

Die Asymmetrie ergibt sich daraus, dass beim Übergang der Kontrolle von A auf B die Prozedur B am Anfang mit der Ausführung beginnt, und wenn B nach A zurückkehrt, die Ausführung nicht am Anfang von A beginnt, sondern bei der Anweisung, die dem Aufruf folgt. Läuft A eine Weile und ruft dann B erneut auf, beginnt die Ausführung wieder am Anfang von B und nicht an der Anweisung, die auf die vorherige Rückkehr folgt. Sollte im Verlauf der Ausführung A mehrmals B aufrufen, beginnt B jedes Mal wieder am Anfang, während A nie von Neuem beginnt, sondern mit ihrer nächsten Anweisung fortfährt.

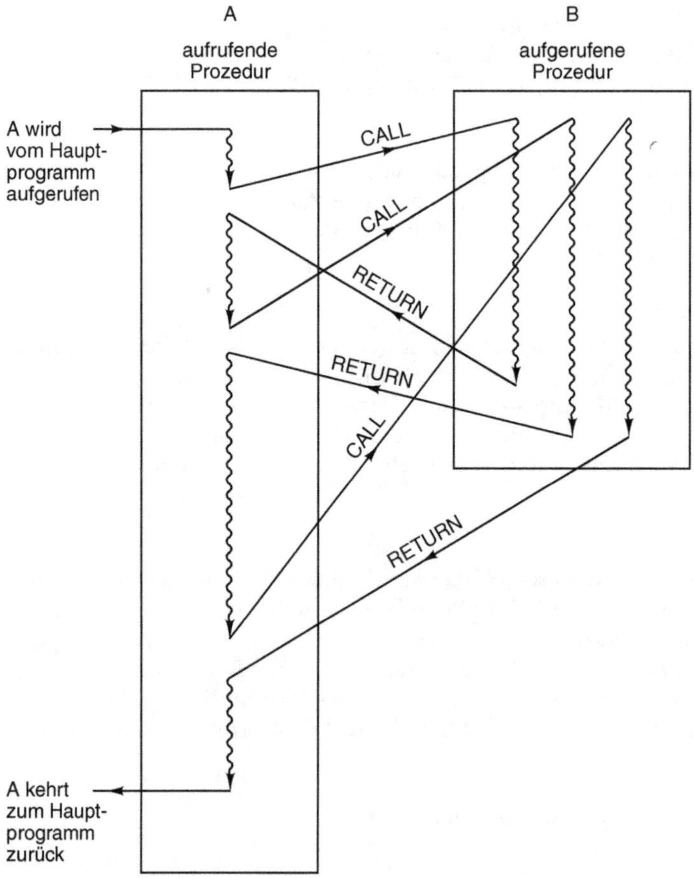

Abbildung 5.25: Wird eine Prozedur aufgerufen, beginnt ihre Ausführung immer an der ersten Anweisung der Prozedur

Dieser Unterschied spiegelt sich in der Methode wider, wie die Kontrolle zwischen *A* und *B* übergeben wird. Wenn Prozedur *A* die Prozedur *B* aufruft, verwendet sie den Prozeduraufrufbefehl, der die Rückkehradresse (d.h. die Adresse der Anweisung, die dem Aufruf folgt) an einem geeigneten Platz ablegt, beispielsweise auf der Spitze des Kellers. Dann übernimmt sie die Adresse von *B* in den Programmzähler, um den Aufruf zu realisieren. Wenn *B* zurückkehrt, benutzt sie nicht den Prozeduraufrufbefehl, sondern den Rückkehrbefehl, der einfach die Rückkehradresse vom Keller holt und in den Programmzähler übernimmt.

Manchmal ist eine Konstruktion nützlich, bei der zwei Prozeduren *A* und *B* sich gegenseitig als Prozeduren aufrufen, wie es ▶Abbildung 5.26 zeigt. Wenn *B* nach *A* zurückkehrt, verzweigt sie wie bisher beschrieben zu der Anweisung, die dem Aufruf von *B* folgt. Gibt *A* die Kontrolle an *B* ab, geht sie nicht an den Anfang (außer beim ersten Mal), sondern zu der Anweisung nach der letzten „Rückkehr“, d.h. dem letzten Aufruf von *A*. Zwei auf diese Weise arbeitende Prozeduren nennt man **Coroutinen**.

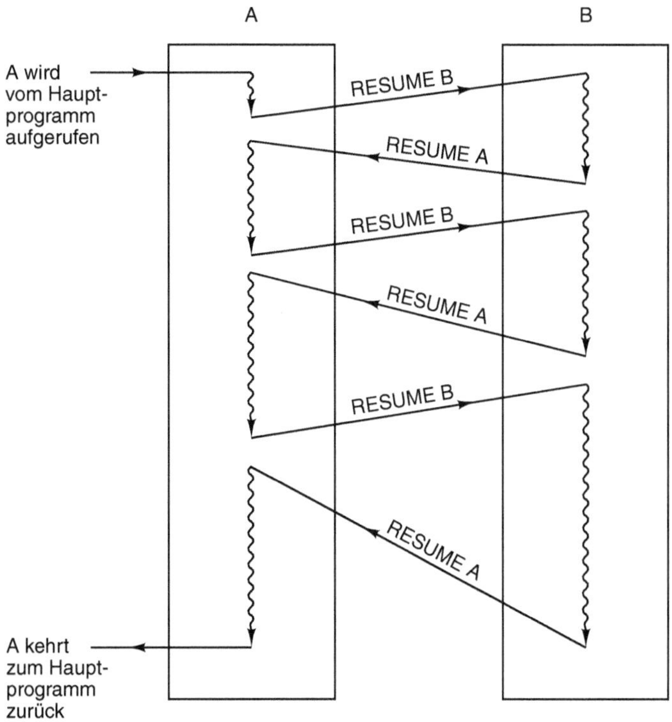

Abbildung 5.26: Wird eine Coroutine wieder aufgenommen, dann beginnt die Ausführung an der Anweisung, an der sie beim letzten Mal angehalten hat, und nicht am Anfang

Bei **Coroutinen** sind zwei Routinen quasi gleichzeitig aktiv. Die Ausführungskontrolle kann zwischen den beiden Routinen dynamisch wechseln. Hierdurch kann eine parallele Abarbeitung simuliert werden.

Coroutinen setzt man häufig ein, um Parallelverarbeitung mit einer einzelnen CPU zu simulieren. Jede Coroutine läuft quasi parallel mit den anderen, als hätte sie eine eigene CPU. Dieser Programmierstil vereinfacht die Programmierung bestimmter Anwendungen. Außerdem ist er nützlich für das Testen von Software, die später auf einem Multiprozessorsystem läuft.

Für den Aufruf von Coroutinen funktionieren die üblichen Befehle `CALL` und `RETURN` nicht. Die Adresse, zu der zu verzweigen ist, kommt zwar wie bei einem Rückkehrbefehl vom Keller, jedoch speichert der Aufruf der Coroutine selbst eine Rückkehradresse für die nächste Rückkehr zu ihr. Hier wäre ein Befehl angebracht, der die Spitze des Kellers mit dem Programmzähler vertauscht. Im Einzelnen würde dieser Befehl zuerst die alte Rückkehradresse vom Keller in ein internes Register holen, dann den Programmzähler auf den Keller legen und schließlich das interne Register in den Programmzähler übernehmen. Da ein Wort vom Keller entfernt und ein Wort auf den Keller gelegt wird, bleibt der Kellerzeiger unverändert. Ein derartiger Befehl ist nur selten realisiert, sodass man ihn meistens durch mehrere Befehle simulieren muss.

5.6.4 Traps

> Tritt eine Ausnahme in einem Programm auf, so wird über einen **Trap** eine Behandlungsroutine automatisch aufgerufen.

Ein **Trap** (Falle) ist eine Art automatischer Prozeduraufruf, der durch eine vom Programm verursachte Bedingung eingeleitet wird. Normalerweise ist das eine wichtige, aber selten vorkommende Bedingung, beispielsweise ein Überlauf. Bei vielen Computern tritt ein Trap auf, wenn das Ergebnis einer arithmetischen Operation die größte darstellbare Zahl überschreitet. Die Ablaufsteuerung wechselt also zu einer festen Speicherstelle, anstatt das Programm weiterhin sequenziell abzuarbeiten. An dieser festen Stelle steht eine Verzweigung zu einer Prozedur, der sogenannten **Trap-Behandlungsroutine**, die eine geeignete Aktion unternimmt, beispielsweise eine Fehlermeldung ausgibt. Wenn das Ergebnis einer Operation innerhalb des zulässigen Bereichs liegt, tritt kein Trap auf.

Wesentliches Merkmal eines Traps ist, dass er durch eine Ausnahmebedingung entsteht, die das Programm selbst verursacht hat und die von der Hardware oder vom Mikroprogramm erkannt wird. Alternativ kann man einen Überlauf auch behandeln, wenn man ein 1-Bit-Register auf 1 setzt, wenn ein Überlauf auftritt. Möchte der Programmierer auf Überlauf prüfen, so muss er nach jeder arithmetischen Operation einen expliziten Befehl wie „Verzweige, falls das Überlaufbit gesetzt ist" vorsehen. Diese Vorgehensweise ist aber nicht nur langsam, sondern vergeudet auch Platz. Im Vergleich zur expliziten, vom Programmierer gesteuerten Prüfung sparen Traps Zeit und Speicherplatz.

Ein Trap lässt sich durch einen expliziten, vom Mikroprogramm (oder von der Hardware) ausgeführten Test implementieren. Bei einem erkannten Überlauf wird die Trap-Adresse in den Programmzähler geladen. Was ein Trap auf der einen Ebene ist, kann auf einer niedrigeren Ebene unter Programmsteuerung ablaufen. Wenn das Mikroprogramm den Test ausführt, spart man im Vergleich zum expliziten Test durch den Programmierer immer noch Zeit, weil sich dies leicht mit einer anderen Aufgabe überlappen lässt. Es spart auch Speicherplatz, weil die Aktion nur an einer Stelle erscheinen muss, z.B. in der Hauptschleife des Mikroprogramms, unabhängig davon, wie viele arithmetische Befehle im Hauptprogramm auftreten.

Zu den üblichen Bedingungen, die Traps auslösen, gehören: Gleitkommaüberlauf, Gleitkommaunterlauf, Ganzzahlüberlauf, Schutzverletzung, undefinierter Opcode, Kellerüberlauf, versuchter Start eines nicht existierenden E/A-Geräts, versuchtes Abrufen eines Wortes von einer ungeraden Adresse und Division durch null.

5.6.5 Interrupts

> Im Gegensatz zu Ausnahmen erfolgen **Unterbrechungen** durch externe Komponenten. Auch Unterbrechungen verzweigen die Ausführung zu einer entsprechenden Behandlungsroutine.

Interrupts (Unterbrechungen) sind Änderungen in der Ablaufsteuerung, die nicht vom laufenden Programm, sondern von etwas anderem – meist im Zusammenhang mit einem E/A-Gerät – verursacht werden. Ein Programm weist z.B. die Festplatte an, mit der Informationsübertragung zu beginnen, und kann die Festplatte so einrichten, dass ein Interrupt erfolgt, sobald die Übertragung beendet ist. Wie ein Trap hält ein Interrupt das laufende Programm an und gibt die Kontrolle an eine Interrupt-Behandlungsroutine ab, die eine bestimmte Aktion durchführt. Nach Beendigung gibt die Interrupt-Behandlungsroutine die Kontrolle wieder an das unterbrochene Programm zurück. Es muss den unterbrochenen Prozess in genau demselben Zustand wieder aufnehmen, in dem er unterbrochen wurde. Das bedeutet, dass alle internen Register auf den Zustand, der vor dem Interrupt herrschte, zurückgesetzt werden müssen.

Der entscheidende Unterschied zwischen Traps und Interrupts ist der, dass *Traps* synchron und *Interrupts* asynchron zum Programm auftreten. Führt man das Programm eine Million Mal mit derselben Eingabe aus, treten Traps immer wieder an derselben Stelle auf, während Interrupts zu völlig unterschiedlichen Zeitpunkten und damit an anderen Stellen stattfinden können, beispielsweise abhängig davon, wann genau ein Benutzer die [↵]-Taste auf seinem Terminal drückt. Dass Traps reproduzierbar und Interrupts nicht reproduzierbar sind, liegt daran, dass Traps direkt und Interrupts höchstens indirekt vom Programm verursacht werden.

Die Funktionsweise von Interrupts wollen wir an einer üblichen Aufgabe veranschaulichen: Ein Computer möchte eine Zeichenzeile auf einem Terminal ausgeben. Die Systemsoftware sammelt zuerst alle auszugebenden Zeichen in einem Puffer, initialisiert eine globale Variable *ptr*, die auf den Pufferanfang zeigt, und setzt eine zweite globale Variable *count*, die der Anzahl der auszugebenden Zeichen entspricht. Dann prüft das Programm, ob das Terminal bereit ist, und gibt in diesem Fall das erste Zeichen aus (z.B. mithilfe von Registern wie in Abbildung 5.19). Nachdem die Ein-/Ausgabe eingeleitet wurde, ist die CPU für die Ausführung eines anderen Programms oder einer anderen Aufgabe frei.

Irgendwann erscheint das Zeichen auf dem Bildschirm. Der Interrupt kann nun beginnen. In vereinfachter Form werden folgende Schritte ausgeführt:

Hardware-Aktionen

1. Der Geräte-Controller aktiviert eine Interrupt-Leitung auf dem Systembus, um die Interrupt-Sequenz zu starten.
2. Sobald die CPU bereit ist, den Interrupt zu verarbeiten, aktiviert sie ein Interrupt-Bestätigungssignal auf dem Bus.
3. Erkennt der Geräte-Controller, dass sein Interrupt-Signal bestätigt wurde, dann legt er eine kleine Ganzzahl – den sogenannten **Interrupt-Vektor** – auf die Datenleitungen, um sich zu identifizieren.
4. Die CPU entfernt den Interrupt-Vektor vom Bus und speichert ihn temporär.
5. Die CPU legt den Programmzähler und das `PSW` (Programmstatuswort) auf den Keller.
6. Die CPU ermittelt einen neuen Programmzähler, indem sie den Interrupt-Vektor als Index auf eine Tabelle im ersten Teil des Speichers verwendet. Umfasst der Programmzähler beispielsweise 4 Bytes, dann entspricht der Interrupt-Vektor n der Adresse $4n$. Dieser neue Programmzähler zeigt auf den Anfang der Interrupt-Service-Routine (ISR) für das Gerät, das den Interrupt ausgelöst hat. Oft wird auch das `PSW` geladen oder modifiziert (z.B. um weitere Interrupts zu unterbinden).

Software-Aktionen

7. Die Interrupt-Service-Routine speichert zunächst alle Register, damit sie sich später wiederherstellen lassen. Die Register können auf dem Keller oder in einer Systemtabelle gespeichert werden.
8. Im Allgemeinen nutzen alle Geräte eines bestimmten Typs einen Interrupt-Vektor gemeinsam, sodass noch nicht bekannt ist, welches Terminal den Interrupt ausgelöst hat. Die Terminal-Nummer lässt sich aus einem bestimmten Geräteregister auslesen.
9. Jetzt können weitere Informationen über den Interrupt, z.B. Statuscodes, eingelesen werden.

10 Falls ein E/A-Fehler aufgetreten ist, kann er jetzt behandelt werden.

11 Die globalen Variablen *ptr* und *count* werden aktualisiert – *ptr* wird inkrementiert, um auf das nächste Byte zu zeigen, und *count* wird dekrementiert, um anzuzeigen, dass 1 Byte weniger auszugeben ist. Ist *count* immer noch größer als 0, sind weitere Zeichen auszugeben. Das Zeichen, auf das *ptr* jetzt verweist, wird in das Ausgabepufferregister kopiert.

12 Falls nötig, wird ein spezieller Code ausgegeben, um dem Gerät bzw. dem Interrupt-Controller mitzuteilen, dass der Interrupt verarbeitet wurde.

13 Alle gespeicherten Register werden wiederhergestellt.

14 Der Befehl `RETURN FROM INTERRUPT` versetzt nun die CPU wieder in den Modus und den Status wie vor dem Auftreten des Interrupts und der Computer fährt mit dem Programm an der Stelle fort, an der er sich vor dem Interrupt befunden hat.

Eng verbunden mit Interrupts ist das Konzept der **Transparenz**. Bei einem Interrupt laufen bestimmte Vorgänge ab und Code wird ausgeführt, nachdem aber die Interrupt-Bearbeitung abgeschlossen ist, sollte der Computer genau in den Zustand zurückkehren, in dem er sich vor Auftreten des Interrupts befunden hat. Eine Interrupt-Routine mit dieser Eigenschaft gilt als „transparent“. Sind alle Interrupts transparent, lassen sie sich natürlich viel besser überblicken.

Wenn ein Computer nur ein E/A-Gerät zu bedienen hat, funktionieren Interrupts genau wie eben beschrieben und es gibt nichts weiter über sie zu sagen. Allerdings kann ein großer Computer mit vielen E/A-Geräten ausgestattet sein, die manchmal auch gleichzeitig und gegebenenfalls für unterschiedliche Benutzer laufen. Die Wahrscheinlichkeit ist dann größer als 0, dass ein zweites E/A-Gerät *seinen* Interrupt generieren möchte, während bereits eine Interrupt-Routine läuft.

Dieses Problem lässt sich auf zweierlei Weise lösen. Bei der ersten Methode deaktiviert jede Interrupt-Routine als erste Aufgabe alle weiteren Interrupts, sogar noch bevor sie die Register sichert. Diese Methode ist sehr einfach, weil alle Interrupts streng der Reihe nach bedient werden. Allerdings ist sie problematisch bei Geräten, die keine oder nur geringe Verzögerungen dulden. Ist das erste Zeichen noch nicht verarbeitet, wenn das zweite eintrifft, können Daten verloren gehen.

Verfügt ein Computer über zeitkritische E/A-Geräte, dann ist der zweite Ansatz wirksamer, der jedem E/A-Gerät eine Priorität zuweist – hoch für sehr kritische und niedrig für weniger kritische Geräte. Ebenso sollte man der CPU Prioritäten zuweisen, normalerweise durch ein Feld im `PSW` festgelegt. Wenn ein Gerät mit der Priorität n einen Interrupt auslöst, sollte die Interrupt-Routine ebenfalls mit der Priorität n ausgeführt werden.

Läuft eine Interrupt-Routine mit Priorität n, so wird jeder Versuch von einem Gerät mit niedrigerer Priorität, das einen Interrupt auslösen möchte, ignoriert, bis die laufende Interrupt-Routine beendet ist und die CPU wieder Code mit einer niedrigen Priorität ausführt. Andererseits sollten Interrupts von Geräten mit hoher Priorität möglichst ohne Verzögerung bedient werden können.

Da Interrupt-Routinen selbst unterbrochen werden können, lassen sie sich am besten verwalten, wenn man alle Interrupts transparent gestaltet. Ein einfaches Beispiel mit mehreren Interrupts soll dies verdeutlichen. Ein Computer besitze drei E/A-Geräte – einen Drucker, eine Festplatte und einen (seriellen) RS232-Anschluss mit den Prioritäten 2, 4 bzw. 5. Anfangs ($t = 0$) läuft ein Anwendungsprogramm. Plötzlich tritt bei $t = 10$

ein Drucker-Interrupt auf. Daraufhin startet die Interrupt-Service-Routine (ISR) des Druckers, wie es ▶Abbildung 5.27 zeigt.

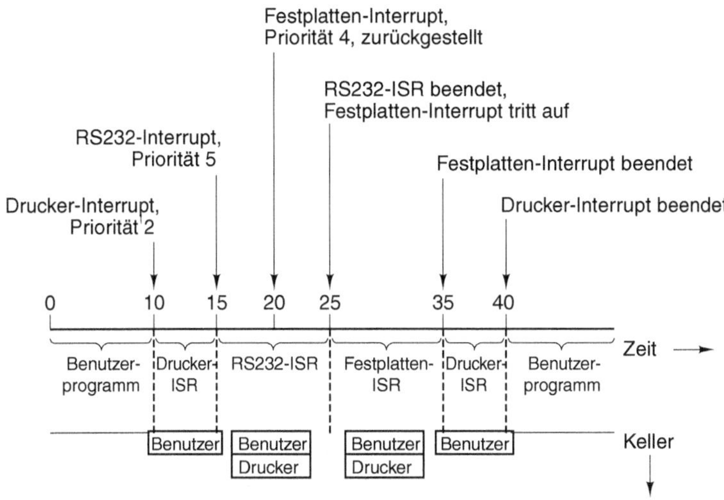

Abbildung 5.27: Beispiel für den zeitlichen Ablauf bei mehreren Interrupts

Bei $t = 15$ meldet sich der RS232-Anschluss und generiert einen Interrupt. Da er eine höhere Priorität (5) als der Drucker (2) hat, kann der Interrupt stattfinden. Der Status der Maschine, die momentan die Interrupt-Service-Routine für den Drucker ausführt, wird auf den Keller gelegt und die Interrupt-Service-Routine für den RS232-Anschluss gestartet.

Ein wenig später, bei $t = 20$, ist die Festplatte fertig und möchte bedient werden. Ihre Priorität (4) ist aber niedriger als die der momentan laufenden Interrupt-Routine (5), sodass die CPU-Hardware dem Verlangen nicht nachkommt und die Anfrage zurückstellt. Bei $t = 25$ ist die RS232-Routine beendet und kehrt in den Zustand zurück, den sie vor ihrem Interrupt innehatte, nämlich die Ausführung der Interrupt-Routine des Druckers mit Priorität 2. Sobald die CPU auf Priorität 2 umschaltet, wird – noch bevor überhaupt ein Befehl der Drucker-Routine ausgeführt werden kann – der Festplatten-Interrupt mit Priorität 4 zugelassen und die Dienstroutine der Festplatte startet. Ist sie fertig, darf die Druckerroutine fortfahren. Schließlich sind bei $t = 40$ alle Interrupt-Routinen fertiggestellt und das Anwendungsprogramm fährt an der Unterbrechungsstelle fort.

Seit dem 8088 besitzen die CPU-Chips von Intel zwei Interrupt-Ebenen (Prioritäten): maskierbar und nicht maskierbar. Nicht maskierbare Interrupts verwendet man im Allgemeinen nur zum Signalisieren von Beinahe-Katastrophen, z.B. bei Speicherparitätsfehlern. Alle E/A-Geräte arbeiten mit maskierbaren Interrupts.

Wenn ein E/A-Gerät einen Interrupt auslöst, indiziert die CPU über den Interrupt-Vektor eine Tabelle mit 256 Einträgen, um die Adresse der Interrupt-Service-Routine zu ermitteln. Die Tabelleneinträge bestehen aus 8-Byte-Segmentdeskriptoren und die Tabelle kann an beliebiger Stelle im Speicher beginnen. Ein globales Register verweist auf ihren Anfang.

Mit nur einer nutzbaren Interrupt-Ebene gibt es für die CPU keine Möglichkeit, einem Gerät mit hoher Priorität zu erlauben, die Interrupt-Service-Routine eines Gerätes mit mittlerer Priorität zu unterbrechen und dabei gleichzeitig die Interrupt-Auslösung für ein Gerät mit niedriger Priorität zu unterbinden. Um diesem Problem zu begegnen, arbeiten die Intel-CPUs normalerweise mit einem externen Interrupt-Controller zusammen (z.B. einem

8259A). Trifft der erste Interrupt – z.B. mit Priorität *n* – ein, dann unterbricht der Controller die CPU. Bei einem darauffolgenden Interrupt mit einer höheren Priorität unterbricht der Controller ein zweites Mal. Wenn der zweite Interrupt eine niedrigere Priorität hat, stellt der Controller ihn zurück, bis der erste Interrupt fertig abgearbeitet ist. Damit dieses Schema funktioniert, muss der Interrupt-Controller wissen, wann die aktuelle Interrupt-Service-Routine beendet ist. Deshalb muss die CPU dem Controller einen Befehl senden, sobald der aktuelle Interrupt vollständig abgearbeitet ist.

5.7 Ausführliches Beispiel: Die Türme von Hanoi

Nachdem wir die ISA-Ebene der drei Beispielprozessoren untersucht haben, setzen wir alle Teile zusammen und sehen uns dasselbe Beispielprogramm für die beiden größeren Prozessoren an. Dafür greifen wir auf das schon geschilderte Beispiel der Türme von Hanoi zurück, für das Listing 5.4 eine Java-Version angegeben hat. Die folgenden Abschnitte zeigen hierfür Assemblerprogramme.

Allerdings schummeln wir ein bisschen. Anstatt die Java-Version für den Core i7 und die OMAP4430-ARM-CPU zu übersetzen, geben wir die Übersetzung einer C-Version an, um Probleme mit der Ein-/Ausgabe von Java zu umgehen. Der einzige Unterschied liegt darin, dass der Java-Aufruf von *println* durch die C-Standardanweisung

```
printf("Lege eine Scheibe von %d auf %d\n", i, j)
```

ersetzt wird. Für unsere Zwecke ist die Syntax der Formatzeichenfolgen von *printf* nicht von Interesse (prinzipiell wird die Zeichenfolge buchstäblich ausgegeben, außer dass *printf* für jedes Vorkommen von `%d` nacheinander die als Argumente angegebenen Ganzzahlen im Dezimalformat ausgibt). Relevant ist hier nur, dass die Prozedur mit drei Parametern aufgerufen wird: einer Formatzeichenfolge und zwei Ganzzahlen.

Die C-Version für den Core i7 und die OMAP4430-ARM-CPU verwenden wir deshalb, weil die Java-E/A-Bibliothek für diese Prozessoren im Unterschied zur C-Bibliothek nicht in nativer Form verfügbar ist. Der Unterschied ist minimal und wirkt sich nur auf die eine Ausgabeanweisung aus.

5.7.1 Türme von Hanoi in der Core-i7-Assemblersprache

Listing 5.5 gibt eine mögliche Übersetzung der C-Version der Türme von Hanoi für den Core i7 an. Das Programm ist größtenteils unkompliziert. Das Register `EBP` dient als Rahmenzeiger. Die beiden ersten Wörter sind für die Verknüpfung vorgesehen, sodass sich der erste Parameter *n* (bzw. hier *N*, da MASM keine Groß-/Kleinschreibung berücksichtigt) an `EBP` + 8 befindet, gefolgt von *i* und *j* an `EBP` + 12 bzw. `EBP` + 16. Die lokale Variable *k* befindet sich an `EBP` + 20.

Die Prozedur richtet zunächst den neuen Rahmen am Ende des alten ein. Dazu kopiert sie `ESP` in den Rahmenzeiger `EBP`. Dann vergleicht sie *n* mit 1 und führt den *else*-Zweig aus, wenn *n* > 1 ist. Der Code im *then*-Zweig legt drei Werte auf den Keller – die Adresse der Formatzeichenfolge, *i* und *j* – und ruft sich selbst auf.

Die Parameter kommen entsprechend den Aufrufkonventionen von C-Programmen in umgekehrter Reihenfolge auf den Keller. Das ist notwendig, um den Zeiger auf die Formatzeichenfolge auf die Spitze des Kellers zu bringen. Da *printf* eine variable Anzahl an Parametern übernimmt, wüsste *printf* nicht, wie tief im Keller sich die Formatzeichenfolge befindet, wenn man die Parameter in der notierten Reihenfolge auf den Keller legen würde.

Nach dem Aufruf addiert das Programm 12 zu `ESP`, um die Parameter vom Keller zu entfernen. Selbstverständlich werden sie nicht wirklich aus dem Speicher gelöscht, sondern die Anpassung von `ESP` bewirkt lediglich, dass die Parameter über normale Kelleroperationen nicht mehr zugänglich sind.

Der bei *L1* beginnende *else*-Zweig ist unkompliziert. Er berechnet zuerst $6 - i - j$ und speichert diesen Wert in k. Für beliebige Werte von i und j ist der dritte Stab immer $6 - i - j$. Speichert man diesen Wert in k, dann muss man ihn nicht ein zweites Mal berechnen.

Als Nächstes ruft die Prozedur sich selbst dreimal auf – jedes Mal mit anderen Parametern. Nach jedem Aufruf wird der Keller aufgeräumt. Das ist schon alles.

Manche Programmierer kommen anfangs mit rekursiven Prozeduren nicht so recht klar. Betrachtet man rekursive Prozeduren aber auf dieser Ebene, sollten sie verständlich sein. Es passiert nichts weiter, als dass die Prozedur die Parameter auf den Keller legt und sich selbst aufruft.

```
        .686                    ;Kompiliere für Core i7-Prozessorklasse
.MODEL FLAT                     ;
PUBLIC _towers                  ;Exportiere 'towers'
EXTERN _printf:NEAR             ;Importiere printf
.CODE                           ;
_towers: PUSH EBP               ;Sichere EBP (Rahmenzeiger) und dekrementiere ESP
         MOV EBP, ESP           ;Setze neuen Rahmenzeiger oberhalb von ESP
         CMP [EBP+8], 1         ;if (n == 1)
         JNE L1                 ;Verzweige, falls n ungleich 1
         MOV EAX, [EBP+16]      ;printf(" ...", i, j);
         PUSH EAX               ;Die Parameter i, j und die Formatzeichenfolge
         MOV EAX, [EBP+12]      ;werden in umgekehrter Reihenfolge auf den Keller
         PUSH EAX               ;gelegt. Das ist die C-Aufrufkonvention
         PUSH OFFSET FLAT:format ;offset flat bedeutet die Adresse von format
         CALL _printf           ;Rufe printf auf
         ADD ESP, 12            ;Entferne Parameter vom Keller
         JMP Done               ;Wir sind fertig
L1:      MOV EAX, 6             ;Beginne k = 6 - i - j
         SUB EAX, [EBP+12]      ;EAX = 6 - i
         SUB EAX, [EBP+16]      ;EAX = 6 - i - j
         MOV [EBP+20], EAX      ;k = EAX
         PUSH EAX               ;Beginne towers(n - 1, i, k)
         MOV EAX, [EBP+12]      ;EAX = i
         PUSH EAX               ;Lege i auf den Keller
         MOV EAX, [EBP+8]       ;EAX = n
         DEC EAX                ;EAX = n - 1
         PUSH EAX               ;Lege n - 1 auf den Keller
         CALL _towers           ;Rufe towers(n - 1, i, 6 - i - j) auf
         ADD ESP, 12            ;Entferne Parameter vom Keller
         MOV EAX, [EBP+16]      ;Beginne towers(1, i, j)
         PUSH EAX               ;Lege j auf den Keller
```

```
        MOV EAX, [EBP+12]       ;EAX = i
        PUSH EAX                ;Lege i auf den Keller
        PUSH 1                  ;Lege 1 auf den Keller
        CALL _towers            ;Rufe towers(1, i, j) auf
        ADD ESP, 12             ;Entferne Parameter vom Keller
        MOV EAX, [EBP+12]       ;Beginne towers(n - 1, 6 - i - j, i)
        PUSH EAX                ;Lege i auf den Keller
        MOV EAX, [EBP+20]       ;EAX = k
        PUSH EAX                ;Lege k auf den Keller
        MOV EAX, [EBP+8]        ;EAX = n
        DEC EAX                 ;EAX = n - 1
        PUSH EAX                ;Lege n - 1 auf den Keller
        CALL _towers            ;Rufe towers(n - 1, 6 - i - j, i) auf
        ADD ESP, 12             ;Berichtige Kellerzeiger
Done:   LEAVE                   ;Bereite für das Beenden vor
        RET 0                   ;Kehre zum Aufrufer zurück
.DATA
format  DB "Lege Scheibe von %d auf %d\n" ; Formatzeichenfolge
END
```

Listing 5.5: Die Türme von Hanoi für den Core i7

5.7.2 Türme von Hanoi in der OMAP4430-ARM-Assemblersprache

Wir versuchen es jetzt erneut; diesmal für den OMAP4430 ARM. ▶Listing 5.6 gibt den Code an. Da der Code für den OMAP4430 ARM selbst als Assemblercode und mit einiger Erfahrung relativ schlecht lesbar ist, waren wir so frei und haben zu Beginn einige Symbole definiert, um ihn etwas verständlicher zu gestalten. Damit das funktioniert, muss man das Programm vor dem Assemblieren durch ein Programm namens *cpp*, d.h. den C-Präprozessor, laufen lassen. Außerdem haben wir hier Kleinbuchstaben verwendet, weil der OMAP4430-ARM-Assembler darauf besteht (für den Fall, dass ein Leser das Programm abtippen und ausführen möchte).

Vom Algorithmus her ist die OMAP4430-ARM-Version mit der für den Core i7 identisch. Beide testen zunächst *n* und führen den `else`-Zweig aus, wenn $n > 1$ ist. Die Komplexität der ARM-Version entsteht größtenteils aufgrund einiger Eigenschaften der ISA.

Zuerst muss der OMAP4430 ARM die Adresse der Formatzeichenfolge an *printf* übergeben. Der Prozessor kann aber die Adresse nicht einfach in das Register übernehmen, in dem sich der Ausgabeparameter befindet, weil es keine Möglichkeit gibt, eine 32-Bit-Konstante mit nur einem Befehl in ein Register zu schreiben. Hierfür sind zwei Befehle erforderlich: `MOVW` und `MOVT`.

Als Nächstes ist zu beachten, dass die `PUSH`- und `POP`-Befehle am Anfang und Ende von Funktionen den Keller automatisch berichtigen. Diese Befehle übernehmen es auch, die Rückkehradresse zu sichern und wiederherzustellen. Dazu speichern sie das `LR`-Register beim Eintritt in die Funktion und stellen beim Austritt den `PC` wieder her.

```
#define Param0                         r0
#define Param1                         r1
#define Param2                         r2
#define FormatPtr                      r0
#define k                              r7
#define n_minus_1                      r5

        .text
towers: push {r3, r4, r5, r6, r7, lr}     @ speichere Rückkehradresse und
                                          @ verwendete Register
        mov r4, Param1
        mov r6, Param2
        cmp Param0, #1                    @ ist (n == 1)?
        bne else                          @ wenn nicht, springe zu else-Codesequenz
        movw FormatPtr, #:lower16:format  @ lade Zeiger für Formatzeichenfolge
        movt FormatPtr, #:upper16:format
        bl printf                         @ gib Zug aus
        pop {r3, r4, r5, r6, r7, pc}

else:   rsb k, r1, #6                     @ k = 6 - i - j
        subs k, k, r2
        add n_minus_1, r0, #-1            @ berechne (n-1) für rekursiven Aufruf
        mov r0, n_minus_1
        mov r2, k
        bl towers                         @ rufe towers(n-1, i, k) auf
        mov r0, #1
        mov r1, r4
        mov r2, r6
        bl towers                         @ rufe towers(1, k, j) auf
        mov r0, n_minus_1
        mov r1, k
        mov r2, r6
        bl towers                         @ rufe towers(n-1, k, j) auf
        pop {r3, r4, r5, r6, r7, pc}      @ stelle verwendete Register wieder her
                                          @ und kehre zu Aufrufer zurück

        .global main
main:   push {lr}                         @ sichere Rückkehradresse des Aufrufers
        mov Param0, #3
        mov Param1, #1
        mov Param2, Param0
        bl towers                         @ rufe towers(3, 1, 3) auf
        pop {pc}                          @ hole Rückkehradresse vom Keller,
                                          @ kehre zu Aufrufer zurück

format: .ascii "Lege eine Scheibe von %d auf %d\n\0"
```

Listing 5.6: Die Türme von Hanoi für den OMAP4430

5.8 Die IA-64-Architektur und der Itanium 2

Um das Jahr 2000 meinten einige Ingenieure bei Intel, die Firma sei bei einem Punkt angelangt, an dem der letzte Tropfen aus der IA-32-Prozessorfamilie herausgequetscht ist. Zwar können neue Modelle immer noch von Fortschritten in der Fertigungstechnik profitieren, was kleinere Transistoren (und damit höhere Taktfrequenzen) bedeutet. Allerdings lassen sich kaum noch neue Möglichkeiten finden, um die Implementierung zu beschleunigen, da sich die von der IA-32-ISA auferlegten Einschränkungen immer mehr auftürmen.

Als einzig brauchbare Lösung schien es ihnen, die IA-32 als Hauptentwicklungslinie aufzugeben und sich einer vollkommen neuen ISA zuzuwenden. Genau das war die Strategie von Intel. Es gab sogar Pläne für zwei neue Architekturen. Die EMT-64 ist eine breitere Version der herkömmlichen Pentium-ISA mit 64-Bit-Registern und einem 64-Bit-Adressraum. Diese neue ISA löst das Adressraumproblem, behält aber alle komplizierten Implementierungsdetails der Vorgänger bei. Man kann sie sich am besten als breiteren Pentium vorstellen.

Die andere neue Architektur, die zusammen mit Hewlett-Packard entwickelt wurde, heißt **IA-64**. Diese Architektur verkörpert von Anfang bis Ende einen echten 64-Bit-Prozessor und nicht nur die Erweiterung eines 32-Bit-Prozessors. Darüber hinaus stellt sie in vielerlei Hinsicht eine radikale Abkehr von der IA-32-Architektur dar. Intel peilte zunächst das Marktsegment für High-End-Server an, hoffte aber, mit dieser Architektur auch auf dem Desktopmarkt Fuß zu fassen. Diese Hoffnung hat sich nicht erfüllt. Die Kunden weigerten sich, die IA-32 aufzugeben, trotz all ihrer Mängel. Nichtsdestoweniger unterscheidet sich die Architektur so grundsätzlich von allem, was wir bisher untersucht haben, dass es sich schon allein aus diesem Grund lohnt, die IA-64 näher unter die Lupe zu nehmen. Die erste Implementierung der IA-64-Architektur ist die Itanium-Familie. Dieser Abschnitt beschäftigt sich eingehend mit der IA-64-Architektur und der Itanium-2-CPU, die sie implementiert.

5.8.1 Das Problem mit der IA-32-ISA

Bevor wir uns in die Details von IA-64 und Itanium 2 vertiefen, ist noch einmal ein Blick auf die Unzulänglichkeiten der IA-32-ISA angebracht, damit klar wird, welche Probleme Intel mit der neuen Architektur zu lösen versuchte. In erster Linie rühren die Probleme daher, dass die IA-32 eine veraltete ISA verkörpert, deren Eigenschaften nicht mehr mit der modernen Technologie harmonieren. Es handelt sich um eine CISC-ISA mit Befehlen unterschiedlicher Länge und einer Fülle verschiedener Formate, die sich nicht auf die Schnelle decodieren lassen. Die jetzt übliche Technologie funktioniert am besten bei RISC-ISAs mit einheitlicher Befehlslänge und einem Opcode fester Länge, der leicht zu decodieren ist. Die IA-32-Befehle lassen sich zwar zur Ausführungszeit in RISC-ähnliche Mikrooperationen zerlegen, was allerdings Hardware (Chipfläche) und Zeit erfordert. Außerdem wird das Design komplizierter. Das ist der erste Schlag.

Die ISA der IA-32 realisiert eine speicherorientierte Zweiadressmaschine. Ein großer Teil der Befehle greift auf den Speicher zu, während die meisten Programmierer und Compiler von Speicherreferenzen nicht viel halten. Moderne Technologien bevorzugen Load/Store-ISAs, die nur auf den Speicher zugreifen, um Operanden in Register zu holen, sonst aber ihre Berechnungen über Dreiadress-Registerbefehle abwickeln. Und da die Taktfrequenzen der CPUs wesentlich schneller als bei Speichern zunehmen, verschlimmert sich die Situation ständig. Das ist der zweite Schlag.

Der Registersatz der IA-32 ist klein und unregelmäßig. Damit tun sich nicht nur Compiler schwer, sondern die geringe Anzahl von allgemeinen Registern (vier oder sechs, je nach Zählweise von ESI und EDI) verlangt, dass Zwischenergebnisse ständig im Speicher abzulegen sind. Das führt zu zusätzlichen Speicherreferenzen, die nach der Programmlogik eigentlich nicht notwendig sind. Das ist der dritte Schlag. Die IA-32 verliert in der ersten Runde.

Auf zur zweiten Runde: Die geringe Anzahl von Registern verursacht viele Abhängigkeiten, vor allem unnötige WAR-Abhängigkeiten, weil die Ergebnisse irgendwo abzulegen sind, aber keine zusätzlichen Register zur Verfügung stehen. Um den Mangel an Registern irgendwie wettzumachen, muss die Implementierung die Register intern in geheime Register des Umordnungspuffers umbenennen – einer der fürchterlichsten Klimmzüge, die es je gegeben hat. Um zu häufige Blockierungen bei Cache-Zugriffsfehlern zu vermeiden, müssen Befehle abweichend von der Programmreihenfolge (Out-of-Order) ausgeführt werden. Die Semantik der IA-32 spezifiziert aber präzise Interrupts, sodass Out-of-Order ausgeführte Befehle zurückgeordnet werden müssen. Das Ganze setzt jede Menge komplexer Hardware voraus. Das ist der vierte Schlag.

Um die Befehle dennoch schnell abarbeiten zu können, ist eine tiefe Pipeline erforderlich. Das bedeutet aber, dass die in die Pipeline eingeschleusten Befehle viele Zyklen bis zur Fertigstellung benötigen. Folglich ist eine sehr genaue Sprungvorhersage entscheidend, damit die richtigen Befehle in die Pipeline kommen. Da der Prozessor bei einer Fehlvoraussage die Pipeline leeren muss, was mit hohen Kosten verbunden ist, kann selbst ein relativ geringer Anteil an Fehlvoraussagen zu einem erheblichen Leistungsabfall führen. Das ist der fünfte Schlag.

Um Probleme aufgrund von Fehlvorhersagen zu mindern, muss der Prozessor zu spekulativer Ausführung übergehen, was weitere Probleme nach sich zieht, vor allem wenn Speicherreferenzen auf dem falschen Pfad eine Ausnahme verursachen. Das ist der sechste Schlag.

Auch ohne das Ende des Wettkampfs abzuwarten, dürfte inzwischen klar sein, dass wir es mit einem schwerwiegenden Problem zu tun haben. Und dabei haben wir noch nicht einmal die Tatsache erwähnt, dass die 32-Bit-Adressen der IA-32 einzelne Programme auf einen Speicher von 4 GB beschränken, was bei Hochleistungsservern zunehmend problematisch wird. Die EMT-64 löst zwar dieses Problem, aber nicht die anderen.

Insgesamt betrachtet, lässt sich die Situation der IA-32 mit dem Zustand der Himmelsmechanik kurz vor Kopernikus vergleichen. Damals herrschte in der Astronomie die Ansicht, dass die Erde fest verankert und bewegungslos im Mittelpunkt des Universums steht und die Planeten auf Epizyklen um die Erde kreisen. Als jedoch die Beobachtungen genauer wurden und sich deutlichere Abweichungen von diesem Modell zeigten, führte man weitere Epizyklen ein, bis das ganze Modell wegen seiner internen Komplexität in sich zusammenstürzte.

Intel befindet sich heute in einer ähnlichen Klemme. Ein großer Teil der Transistoren im Core i7 ist nur damit befasst, CISC-Befehle zu zerlegen, Möglichkeiten der Parallelverarbeitung zu finden, Konflikte aufzulösen, Vorhersagen zu treffen, die Folgen falscher Vorhersagen zu korrigieren und andere Verwaltungsaufgaben zu erledigen. Für die vom Benutzer gestellten Aufgaben bleibt da überraschend wenig übrig. Aus alledem folgt, dass Intel nur einen vernünftigen Schluss aus der ganzen Misere ziehen kann: das ganze Ding (IA-32) entsorgen und einen sauberen Neuanfang (IA-64) machen. Die EMT-64 schafft zwar etwas Platz zum Luftholen, überspielt aber eigentlich nur das Komplexitätsproblem.

5.8.2 Das IA-64-Modell: EPIC

Die IA-64-Architektur unterstützt in der ISA die Spezifikation der parallelen Ausführung von Maschinenbefehlen (**EPIC**). Hierdurch wird die Hardware von der Erkennung der Parallelität auf Maschinenbefehlsebene befreit. Die Itanium-Prozessoren realisieren die IA-64-ISA.

Der IA-64 liegt der Gedanke zugrunde, die Arbeit von der Laufzeit in die Übersetzungszeit zu verschieben. Im Core i7 bringt die CPU die auszuführenden Befehle in eine andere Reihenfolge, benennt Register um, ordnet Funktionseinheiten zu und muss sich ständig darum kümmern, dass alle Hardwareressourcen vollkommen ausgelastet sind. Im IA-64-Modell bestimmt der Compiler alle diese Dinge im Voraus und erzeugt ein Programm, das sich ausführen lässt, wie es ist, ohne dass die Hardware alles während der Ausführung jonglieren muss. Anstatt beispielsweise dem Compiler zu sagen, dass der Prozessor 8 Register hat, obwohl er eigentlich 128 besitzt, und dann zur Laufzeit herauszufinden, wie sich Abhängigkeiten vermeiden lassen, erfährt der Compiler im IA-64-Modell gleich die richtige Registeranzahl und kann so ein Programm erzeugen, das von vornherein jegliche Registerkonflikte vermeidet. In diesem Modell verfolgt auch der Compiler, welche Funktionseinheiten belegt sind, und löst keine Befehle aus, die sich auf nicht verfügbare Funktionseinheiten beziehen. Das Modell, den in der Hardware zugrunde liegenden Parallelismus für den Compiler sichtbar zu machen, heißt **EPIC (Explicitly Parallel Instruction Computing)**. In gewissem Sinne kann man sich EPIC als Nachfolger von RISC vorstellen.

Das IA-64-Modell besitzt eine Reihe von Merkmalen, die sich positiv auf die Leistung auswirken. Dazu gehören die Verringerung der Speicherreferenzen, die Befehlsplanung, das Verringern von bedingten Verzweigungen und die spekulative Ausführung. Diesen Merkmalen wenden wir uns jetzt nacheinander zu und zeigen, wie sie im Itanium 2 implementiert sind.

5.8.3 Verringerung von Speicherreferenzen

Das Speichermodell des Itanium 2 ist einfach. Der Speicher besteht aus bis zu 2^{64} Bytes in einem linearen Speicherraum. Es sind Befehle vorhanden, um auf den Speicher in Einheiten von 1, 2, 4, 8, 16 und 10 Bytes zuzugreifen. Das 10-Byte-Format ist für 80-Bit-Gleitkommazahlen nach dem Standard IEEE 745 vorgesehen. Speicherreferenzen müssen nicht an ihren natürlichen Grenzen ausgerichtet sein, doch ist andernfalls mit einigen Leistungseinbußen zu rechnen. Über ein Bit in einem Register, das vom Betriebssystem geladen werden kann, lässt sich die Bytereihenfolge im Speicher wahlweise auf Big Endian oder Little Endian einstellen.

In allen modernen Computersystemen stellt der Speicherzugriff einen Flaschenhals dar, weil die CPUs wesentlich schneller als der Speicher arbeiten. Speicherreferenzen lassen sich mit einem großen Level-1-Cache auf dem Chip und einem noch größeren Level-2-Cache in unmittelbarer Nähe des CPU-Chips verringern. Alle modernen Designs verfügen über diese beiden Caches. Darüber hinaus beschreitet die IA-64 noch andere Wege, um Speicherreferenzen zu verringern.

Speicherzugriffe lassen sich am besten beschleunigen, wenn man sie von vornherein vermeidet. Die Itanium-2-Implementierung des IA-64-Modells besitzt 128 allgemeine 64-Bit-Register. Die ersten 32 Register arbeiten statisch, aber die restlichen 96 werden als Registerkeller genutzt, was dem Schema des **Registerfensters** in anderen RISC-Prozessoren wie dem UltraSPARC sehr nahe kommt. Im Unterschied zum UltraSPARC ist allerdings ist die Anzahl der Register, die für das Programm sichtbar sind, variabel und kann sich von Prozedur zu Prozedur ändern. Somit hat jede Prozedur Zugriff auf 32 statische Register und eine bestimmte (variable) Anzahl von dynamisch zugeordneten Registern.

Die IA-64-Architektur erlaubt den Zugriff auf eine große Zahl von Registern über kurze Registeradressen durch die Verwendung eines **Registerfensters**.

Der Prozessor setzt beim Aufruf einer Prozedur den Registerkellerzeiger weiter, sodass die Eingabeparameter in Registern sichtbar sind, reserviert aber keine Register für lokale Variablen. Die Prozedur entscheidet selbst, wie viele Register sie benötigt, und setzt den Registerkellerzeiger, um die Register zu reservieren. Die Prozedur muss diese Register weder beim Eintritt sichern noch beim Verlassen wiederherstellen. Wenn sie allerdings ein statisches Register ändert, muss sie es zuvor explizit sichern und später wiederherstellen. Da die Anzahl der verfügbaren Register variabel und auf den Bedarf jeder Prozedur zugeschnitten ist, werden knappe Register nicht verschwendet und Prozeduraufrufe können tiefer verschachtelt sein, bevor sie in den Speicher ausgelagert werden müssen.

Der Itanium 2 besitzt auch 128 Gleitkommaregister im IEEE-745-Format. Sie arbeiten nicht als Registerkeller. Diese große Anzahl von Registern bedeutet, dass viele Gleitkommaberechnungen sämtliche Zwischenergebnisse in Registern halten können und keine temporären Ergebnisse im Speicher ablegen müssen.

Des Weiteren gibt es 64 Prädikatregister mit einer Breite von 1 Bit, 8 Verzweigungsregister und 128 spezielle Anwendungsregister für verschiedene Zwecke, wie zum Beispiel die Übergabe von Parametern zwischen Anwendungsprogrammen und dem Betriebssystem. ▶Abbildung 5.28 gibt einen Überblick über die Register des Itanium 2.

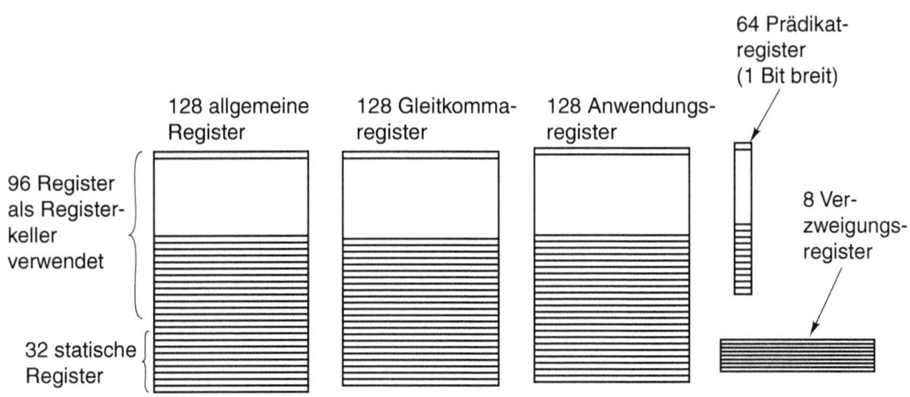

Abbildung 5.28: Die Register des Itanium 2

5.8.4 Befehlsplanung

Zu den hauptsächlichen Problemen des Core i7 gehört die Schwierigkeit, die verschiedenen Befehle für die verschiedenen Funktionseinheiten zu planen und Abhängigkeiten zu vermeiden. Überaus komplizierte Mechanismen sind erforderlich, um diese Fragen zur Laufzeit in den Griff zu bekommen, und ein großer Anteil der Chipfläche wird für solche Verwaltungsaufgaben verbraucht. Die IA-64 und der Itanium 2 kennen all diese Probleme nicht, weil sie dem Compiler die Arbeit überlassen. Prinzipiell besteht ein Programm aus einer Sequenz von **Befehlsgruppen**. Innerhalb bestimmter Grenzen gilt für alle Befehle einer Gruppe, dass sie untereinander nicht kollidieren, nicht mehr Funktionseinheiten und Ressourcen verwenden, als der Prozessor besitzt, keine RAW- und WAW-Abhängigkeiten enthalten und nur bestimmte eingeschränkte WAR-Abhängigkeiten zeigen. Aufeinanderfolgende Befehlsgruppen vermitteln den Eindruck, streng sequenziell ausgeführt zu werden, wobei die zweite Gruppe erst beginnt, wenn die erste abgeschlossen ist. Allerdings kann die CPU die zweite Gruppe (zumindest teilweise) starten, sobald ihr dies sicher zu sein scheint.

Als Folge dieser Regeln kann die CPU die Befehle innerhalb einer Gruppe in jeder beliebigen von ihr gewählten Reihenfolge frei planen, eventuell auch parallel, ohne irgendwelche Konflikte befürchten zu müssen. Wenn die Befehlsgruppe die Regeln verletzt, ist das Programmverhalten undefiniert. Es liegt beim Compiler, den aus dem Quellprogramm generierten Assemblercode so umzuordnen, dass alle diese Anforderungen erfüllt sind. Damit sich ein Programm während der Fehlersuche schnell kompilieren lässt, kann der Compiler jeden Befehl in eine andere Gruppe stellen, was leicht zu bewerkstelligen ist, aber eine schlechte Leistung liefert. Wenn die Zeit gekommen ist, den Produktionscode zu erstellen, kann der Compiler eine ganze Zeit damit zubringen, ihn zu optimieren.

Befehle werden in 128-Bit-**Bündeln** organisiert, wie es im oberen Teil von ▶Abbildung 5.29 zu sehen ist. Jedes Bündel enthält drei 41-Bit-Befehle und eine 5-Bit-Vorlage (Template). Eine Befehlsgruppe muss keine ganzzahlige Anzahl von Bündeln sein; sie kann mitten in einem Bündel beginnen und enden.

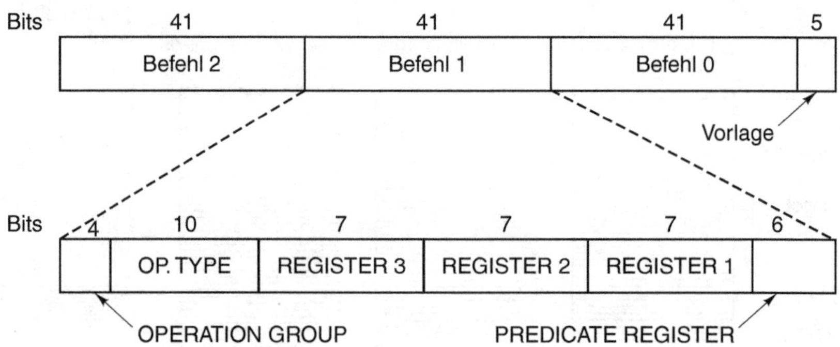

Abbildung 5.29: Ein IA-64-Bündel enthält drei Befehle

Es existieren über 100 Befehlsformate. Abbildung 5.29 zeigt ein typisches Format – in diesem Fall für ALU-Operationen wie ADD, die zwei Register in einem dritten summieren. Das erste Feld OPERATION GROUP ist die Hauptgruppe und gibt vor allem Auskunft über die Klasse des Befehls, wie zum Beispiel eine ganzzahlige ALU-Operation. Als nächstes Feld gibt OPERATION TYPE die angeforderte spezifische Operation an, wie zum

Beispiel `ADD` oder `SUB`. Daran schließen sich drei Registerfelder an. Schließlich folgt das `PREDICATE REGISTER`, auf das wir in Kürze eingehen.

Die Bündelvorlage gibt im Wesentlichen an, welche Funktionseinheiten das Bündel benötigt, und außerdem die Position einer vorhandenen Befehlsgruppengrenze, falls zutreffend. Zu den Hauptfunktionseinheiten gehören die Ganzzahl-ALU, Nicht-ALU-Ganzzahlbefehle, Speicheroperationen, Gleitkommaoperationen, Verzweigungen und andere. Bei sechs Einheiten und drei Befehlen würde eine vollständige Orthogonalität natürlich 216 Kombinationen verlangen. Dazu kämen weitere 216, um die Befehlsgruppenmarkierung nach Befehl 0 anzuzeigen, und weitere 216, um eine Befehlsgruppenmarkierung nach Befehl 1 anzuzeigen, und sogar nochmals 216, um eine Befehlsgruppenmarkierung nach Befehl 2 zu kennzeichnen. Mit nur 5 verfügbaren Bits ist nur eine sehr eingeschränkte Anzahl dieser Kombinationen zulässig. Andererseits funktioniert es nicht, drei Gleitkommabefehle in einem Bündel zu erlauben, nicht einmal, wenn es einen Weg gäbe, um dies zu spezifizieren, da die CPU nicht drei Gleitkommabefehle gleichzeitig starten kann. Die zulässigen Kombinationen sind diejenigen, die tatsächlich ausführbar sind.

5.8.5 Bedingte Verzweigungen verringern: bedingte Befehlsausführung

Ein weiteres wichtiges Merkmal der IA-64 ist die neue Methode, mit der sie mit bedingten Sprüngen umgeht. Gäbe es eine Möglichkeit, alle bedingten Sprünge loszuwerden, könnte man CPUs wesentlich schneller und einfacher gestalten. Auf den ersten Blick scheint es unmöglich zu sein, auf bedingte Verzweigungen zu verzichten, weil Programme voll von `if`-Anweisungen sind. Allerdings verwendet die IA-64 eine Technik, die **bedingte Befehlsausführung** (Prediction), mit der sich die Anzahl der bedingten Sprünge drastisch verringern lässt [August et al., 1998] und [Hwu, 1998].

In herkömmlichen Architekturen sind alle Befehle unbedingt in dem Sinne, dass die CPU den Befehl ausführt, wenn sie ihn erhält. Hier gibt es keine interne Debatte der Form: „Tun oder nicht tun, das ist hier die Frage." Dagegen enthalten die Befehle in einer prädikativen Architektur Bedingungen (Prädikate), die angeben, wann sie ausgeführt werden sollen und wann nicht. Diese Paradigmenverschiebung von unbedingten zu prädikativen Befehlen ermöglicht es, (viele) unbedingte Sprünge loszuwerden. Anstatt zwischen einer Sequenz von unbedingten Befehlen und einer anderen Sequenz von unbedingten Befehlen zu wählen, werden alle Befehle zu einer einzigen Sequenz von prädikativen Befehlen zusammengefasst, wobei verschiedene Prädikate für verschiedene Befehle verwendet werden.

Um zu zeigen, wie die bedingte Befehlsausführung funktioniert, beginnen wir mit dem einfachen Beispiel von Tabelle 5.13, das eine **bedingte Ausführung** als Vorläufer der prädikativen Befehlsausführung darstellt. In ▶Tabelle 5.13a ist eine `if`-Anweisung zu sehen. ▶Tabelle 5.13b zeigt ihre Übersetzung in drei Befehle: einen Vergleich, eine bedingte Verzweigung und einen Transportbefehl.

> Bei der **bedingten Befehlsausführung** werden Befehle mit einem Prädikat versehen, das beim Abschluss des Befehls festlegt, ob das Resultat genutzt oder verworfen wird. Hierdurch können bedingte Sprünge im Programm vermieden werden.

(a)	(b)	(c)
`if (R1 == 0)`	`CMP R1,0`	`CMOVZ R2,R3,R1`
`R2 = R3;`	`BNE L1`	
	`MOV R2,R3`	
	`L1:`	

Tabelle 5.13: (a) Eine if-Anweisung; (b) generischer Assemblercode für (a); (c) ein bedingter Befehl

In ▶Tabelle 5.13c sind wir den bedingten Sprung mit dem neuen Befehl CMOVZ losgeworden. Dieser bedingte Transportbefehl prüft, ob das dritte Register R1 gleich 0 ist. In diesem Fall kopiert er R3 nach R2. Andernfalls unternimmt er gar nichts.

Nachdem wir über einen Befehl verfügen, der Daten kopieren kann, wenn ein bestimmtes Register den Wert 0 enthält, ist es nur ein kleiner Schritt zu einem Befehl, der Daten kopieren kann, wenn ein bestimmtes Register ungleich 0 ist, nennen wir ihn CMOVN. Mit diesen beiden Befehlen ausgerüstet befinden wir uns auf dem Weg zur vollständig bedingten Ausführung. Stellen Sie sich eine if-Anweisung mit mehreren Zuweisungen im then-Zweig und mehreren anderen Zuweisungen im else-Zweig vor. Die gesamte Anweisung lässt sich dann in Code übersetzen, um ein bestimmtes Register auf 0 zu setzen, wenn die Bedingung falsch ist, und auf einen anderen Wert, wenn sie wahr ist. Nachdem das Register eingerichtet ist, lassen sich die Zuweisungen im then-Zweig in eine Sequenz von CMOVN-Befehlen und die Zuweisungen im else-Zweig in eine Sequenz von CMOVZ-Befehlen übersetzen.

Alle diese Teile (die Registereinrichtung, die CMOVN- und die CMOVZ-Befehle) bilden einen einzelnen Basisblock ohne bedingte Verzweigung. Die Befehle lassen sich sogar umordnen, und zwar entweder während der Kompilierung (einschließlich der Verlagerung der Zuweisungen vor den Test) oder während der Ausführung. Der einzige Haken dabei ist, dass die Bedingung bis zu dem Zeitpunkt bekannt sein muss, wenn die bedingten Befehle (gegen Ende der Pipeline) rückgeordnet werden müssen. ▶Tabelle 5.14 zeigt ein einfaches Beispiel mit einem then-Zweig und einem else-Zweig.

(a)	(b)	(c)
`if (R1 == 0) {`	`CMP R1,0`	`CMOVZ R2,R3,R1`
`R2 = R3;`	`BNE L1`	`CMOVZ R4,R5,R1`
`R4 = R5;`	`MOV R2,R3`	`CMOVN R6,R7,R1`
`} else {`	`MOV R4,R5`	`CMOVN R8,R9,R1`
`R6 = R7;`	`BR L2`	
`R8 = R9;`	`L1: MOV R6,R7`	
`}`	`MOV R8,R9`	
	`L2:`	

Tabelle 5.14: (a) Eine if-Anweisung; (b) generischer Assemblercode für (a); (c) eine bedingte Ausführung

Obwohl wir hier nur sehr einfache bedingte Befehle gezeigt haben (die eigentlich von der IA-32-ISA stammen), sind alle IA-64-Befehle prädikativ. Das bedeutet, dass die Ausführung jedes Befehls bedingt sein kann. Das oben erwähnte zusätzliche 6-Bit-Feld wählt eines der 64 1-Bit-Prädikatregister aus. Eine `if`-Anweisung wird folglich in Code kompiliert, der eines der Prädikatregister bei wahrer Bedingung auf 1 und bei falscher Bedingung auf 0 setzt. Gleichzeitig und automatisch setzt er ein weiteres Prädikatregister auf den entgegengesetzten Wert. Die bedingte Befehlsausführung schließt die Maschinenbefehle, die die `then`- und `else`-Zweige bilden, zu einem einzigen Befehlsstrom zusammen, wobei die ersten das Prädikat und die zweiten dessen Umkehrwert verwenden. An dieser Stelle angekommen, führt die Programmsteuerung nur einen Satz von Befehlen aus.

Das Beispiel in ▶Tabelle 5.15 ist zwar einfach, zeigt aber das Grundkonzept, wie sich Verzweigungen mit Prädikaten eliminieren lassen. Der Befehl `CMPEQ` vergleicht zwei Register und setzt das Prädikatregister `P4` auf 1, wenn beide gleich sind, und auf 0, wenn sie sich unterscheiden. Außerdem setzt er ein dazu paariges Register, sagen wir `P5`, auf die Umkehrbedingung. Jetzt können die Befehle für die `then`- und `else`-Zweige unmittelbar nacheinander erscheinen, wobei jeder von einem Prädikatregister (in spitzen Klammern) abhängt. Hier lässt sich beliebiger Code bereitstellen, solange jeder Befehl mit den richtigen Prädikaten versehen ist.

`if (R1 == R2)`		`CMP R1,R2`	`CMPEQ R1,R2,P4`
`    R3 = R4 + R5;`		`BNE L1`	`<P4> ADD R3,R4,R5`
`else`		`MOV R3,R4`	`<P5> SUB R6,R4,R5`
`    R6 = R4 - R5`		`ADD R3,R5`	
		`BR L2`	
	`L1:`	`MOV R6,R4`	
		`SUB R6,R5`	
	`L2:`		
(a)	(b)		(c)

Tabelle 5.15: (a) Eine `if`-Anweisung; (b) generischer Assemblercode für (a); (c) prädikative Ausführung

Die IA-64 setzt dieses Konzept vollständig bis zur letzten Konsequenz um, wobei Vergleichsbefehle zum Setzen der Prädikatregister sowie arithmetische und weitere Befehle verfügbar sind, deren Ausführung von einem Prädikatregister abhängt. Prädikative Befehle können nacheinander in die Pipeline eingespeist werden, ohne dass Stillstände oder irgendwelche Probleme entstehen. Gerade deshalb sind sie so nützlich.

Die bedingte Befehlsausführung funktioniert bei der IA-64 so, dass jeder Befehl tatsächlich ausgeführt wird. Wenn ganz am Ende der Pipeline ein Befehl rückzuordnen ist, erfolgt eine Prüfung, ob das Prädikat wahr ist. In diesem Fall wird der Befehl normal rückgeordnet und seine Ergebnisse werden in das Zielregister geschrieben. Ist das Prädikat falsch, erfolgt kein Zurückschreiben, sodass der Befehl keine Wirkung hat. Die bedingte Befehlsausführung wird ausführlich in [Dulong, 1998] behandelt.

5.8.6 Spekulative Ladeoperationen

Die IA-64 beschleunigt die Befehlsausführung auch durch spekulative LOAD-Operationen. Wenn eine spekulative LOAD-Operation fehlschlägt, löst sie keine Ausnahme aus, sondern stoppt einfach und ein dem zu ladenden Register zugeordnetes Bit wird gesetzt, um das Register als ungültig zu markieren. Das entspricht dem in *Kapitel 4* vorgestellten Poison Bit. Stellt sich heraus, dass das ungültige Register später verwendet wird, so tritt zu diesem Zeitpunkt eine Ausnahme auf; andernfalls wird sie überhaupt nicht ausgelöst.

Normalerweise dient die Spekulation dazu, dass der Compiler LOAD-Operationen an Positionen verschieben kann, bevor die Operationen verwendet werden. Durch den frühzeitigen Start sind sie möglicherweise bereits abgeschlossen, bevor die Ergebnisse benötigt werden. An der Stelle, an der der Compiler den Wert des gerade geladenen Registers erwartet, fügt er einen CHECK-Befehl ein. Ist der Wert vorhanden, dann verhält sich CHECK wie ein NOP-Befehl und die Ausführung setzt sich unverzüglich fort. Wenn der Wert noch nicht bereitsteht, muss der nächste Befehl in einen Wartezustand übergehen. Ist eine Ausnahme aufgetreten und ist das Poison Bit gesetzt, so wird die anhängige Ausnahme zu diesem Zeitpunkt wirksam.

Zusammenfassend lässt sich feststellen, dass ein Prozessor, der die IA-64-Architektur implementiert, seine Geschwindigkeit aus mehreren Quellen gewinnt. Im Kern handelt es sich um eine hochmoderne Dreiadress-RISC-Maschine mit Fließbandverarbeitung und Load/Store-Befehlen. Das allein ist eine große Verbesserung gegenüber der übermäßig komplexen IA-32-Architektur.

Zusätzlich verfügt die IA-64 über ein Modell der expliziten Parallelverarbeitung, das vom Compiler verlangt, die ohne Konflikte gleichzeitig ausführbaren Befehle zu ermitteln und sie in Bündeln zu gruppieren. Auf diese Weise kann die CPU ein Bündel praktisch blind planen, ohne großartig darüber nachdenken zu müssen. Die Arbeit von der Laufzeit in die Kompilierzeit zu verschieben, bedeutet immer einen Gewinn.

> Eine weitere Neuerung der IA-64-Architektur sind **spekulative** LOAD-Operationen. Der eigentliche Speicherzugriff kann so vorgezogen werden. Tritt bis zur Verwendung der Daten ein Schreibzugriff auf die gleiche Adresse auf, wird der Wert erneut geladen.

Weiterhin erlaubt die bedingte Befehlsausführung, dass sich Anweisungen in beiden Zweigen einer if-Anweisung zu einem einzigen Strom zusammenführen lassen. Dadurch entfallen der bedingte Sprung und die Vorhersage, welcher Weg einzuschlagen ist. Schließlich machen es spekulative LOAD-Operationen möglich, Operanden im Voraus abzurufen, ohne dass mit Leistungseinbußen zu rechnen ist, wenn sich später herausstellt, dass sie überhaupt nicht benötigt werden.

Insgesamt stellt die Itanium-Architektur ein eindrucksvolles Design dar, das anscheinend sowohl Architekten als auch Benutzern entgegenkommt. Haben Sie also einen Itanium-Prozessor in Ihrem Computer? Arbeiten wir mit einem? Verwendet Ihre Mutter einen solchen Prozessor? Kennen Sie jemanden, der einen Itanium besitzt? Antwort: Nein, nein, nein und (wahrscheinlich) nein. Mehr als ein Jahrzehnt nach seiner Einführung kann man seine Akzeptanz höflich als matt beschreiben. Doch Intel ist immer noch engagiert, Itanium-basierte Systeme herzustellen, selbst wenn sie auf High-End-Server beschränkt sind.

Kommen wir also auf die ursprünglichen Herausforderungen zurück, die die Motivation für eine IA-64 waren. Das Itanium-Design sollte viele Mängel der IA-32-Architektur beseitigen. Angesichts der mangelnden Akzeptanz stellt sich die Frage, wie Intel diesen Mängeln beigekommen ist. Wie *Kapitel 8* noch zeigt, lag der Schlüssel nicht in einer Umrüstung der ISA, um die IA-32-Linie vorwärtszubekommen, sondern im Übergang zur Parallelverarbeitung durch Mehrprozessordesigns auf einem Chip. Weitere Informationen zum Itanium 2 und seiner Mikroarchitektur finden Sie in [McNairy und Soltis, 2003] und [Rusu et al., 2004].

ZUSAMMENFASSUNG

Die Ebene der **Befehlssatzarchitektur** (ISA-Ebene) ist das, was man sich im Allgemeinen unter „Maschinensprache" vorstellt, obwohl sie auf CISC-Maschinen normalerweise auf einer tieferen Ebene des Mikrocodes aufbaut. Auf dieser Ebene besitzt der Computer einen byte- oder wortorientierten Speicher mit einer Kapazität von Megabyte oder Gigabyte und Befehle wie `MOVE`, `ADD` und `BEQ`.

Bei den meisten modernen Computern ist der **Speicher** als lineare Sequenz von Bytes organisiert, wobei 4 oder 8 Bytes zu Wörtern gruppiert werden. Normalerweise sind zwischen 8 und 32 Register vorhanden, die jeweils ein Wort aufnehmen können. Bei manchen Prozessoren (z.B. dem Core i7) müssen Wörter nicht an ihren natürlichen Grenzen im Speicher ausgerichtet sein, während dies bei anderen Prozessoren (z.B. dem OMAP4430 ARM) vorgeschrieben ist. Doch selbst ohne zwingende Wortausrichtung ist die Leistung besser, wenn die Wörter ausgerichtet sind.

Befehle arbeiten im Allgemeinen mit einem, zwei oder drei **Operanden**, die sich in verschiedenen Modi (unmittelbar, direkt, Register, Index und weitere) adressieren lassen. Es gibt auch Prozessoren mit einer großen Anzahl komplexer Adressierungsmodi. In vielen Fällen sind Compiler aber nicht in der Lage, sie effektiv einzusetzen, sodass sie ungenutzt bleiben. Normalerweise sind Befehle für Datenbewegungen, dyadische und monadische Operationen inklusive arithmetischer und logischer (boolescher) Operationen, Verzweigungen, Prozeduraufrufe und Schleifen sowie manchmal auch für Ein-/Ausgabeoperationen verfügbar. Typische Befehle bewegen ein Wort vom Speicher in ein Register (oder umgekehrt), addieren, subtrahieren, multiplizieren oder dividieren zwei Register oder ein Register und ein Speicherwort oder vergleichen zwei Elemente in Registern oder im Speicher. Das Repertoire eines Computers kann durchaus über 200 Befehle umfassen. CISC-Maschinen haben oftmals noch wesentlich mehr Befehle.

Die **Ablaufsteuerung** ist auf der Ebene 2 mit einfachen Befehlen – unter anderem für Verzweigungen, Prozeduraufrufe, Coroutinenaufrufe, Traps und Interrupts – realisiert. Verzweigungen beenden eine Befehlssequenz und beginnen eine neue an einer (eventuell entfernten) Speicherstelle. Prozeduren dienen als Abstraktionsmechanismus, damit sich ein Teil des Programms als Einheit abgrenzen und von mehreren Stellen aus aufrufen lässt. Die Abstraktion mithilfe von Prozeduren in der einen oder anderen Form bildet die Grundlage aller modernen Programmiersprachen. Ohne Prozeduren oder äquivalente Konstrukte wäre es unmöglich, zeitgemäße Software zu schreiben. Über Coroutinen können zwei Steuer-Threads (zum Thema „Threads" siehe *Kapitel 6*) gleichzeitig arbeiten. Traps signalisieren Ausnahmesituationen, wie zum Beispiel einen arithmetischen Überlauf. Der Interrupt-Mechanismus erlaubt es, dass Ein-/Ausgabeoperationen parallel zum Hauptprogramm laufen. Ein Signal teilt der CPU mit, wann eine Ein-/Ausgabe abgeschlossen ist.

Am Beispiel der Türme von Hanoi haben wir eine Lösung mit rekursiven Prozeduren untersucht. Hierfür sind auch iterative Lösungen bekannt, doch sind sie weit komplizierter und kaum so elegant wie die vorgestellte rekursive Variante.

Zu guter Letzt hat dieses Kapitel die **IA-64-Architektur** behandelt, die auf dem EPIC-Modell basiert, das die parallele Ausführung von Programmen erleichtert. Die IA-64 verwendet Befehlsgruppen, bedingte Befehlsausführung und spekulative `LOAD`-Operationen, um eine hohe Geschwindigkeit zu erreichen. Insgesamt stellt sie im Vergleich zum Core i7 einen großen Fortschritt dar, verlagert aber den Arbeitsaufwand für die Parallelisierung auf den Compiler. Dennoch ist es immer besser, die Arbeiten zur Kompilierzeit als zur Laufzeit auszuführen.

EXTRAS ONLINE
Lösungen

Aufgaben

Die Lösungen zu den Aufgaben finden Sie auf der Website unter *www.pearson-studium.de*.

1 Ein Wort auf einem Little-Endian-Computer mit 32-Bit-Wörtern habe den numerischen Wert 3. Das Wort wird byteweise auf einen Big-Endian-Computer übertragen und dort gespeichert, wobei Byte 0 in Byte 0 abgelegt wird usw. Wie lautet auf dem Big-Endian-Computer der numerische Wert, wenn man ihn als 32-Bit-Ganzzahl liest?

2 Früher haben verschiedene Computer und Betriebssysteme getrennte Befehls- und Datenräume verwendet, die bis zu 2^k Programmadressen und ebenfalls 2^k Datenadressen mit einer k-Bit-Adresse erlaubten. Zum Beispiel konnte ein Programm für $k = 32$ auf 4 GB Befehle und auch 4 GB Daten zugreifen, was einen Adressraum von insgesamt 8 GB ergibt. Bei diesem Schema ist ein Programm nicht in der Lage, sich selbst zu überschreiben. Doch wie kann dann das Betriebssystem Programme in den Speicher laden?

3 Entwerfen Sie eine Opcode-Erweiterung, um

- 15 Befehle mit zwei 12-Bit-Adressen und einer 4-Bit-Registernummer,
- 650 Befehle mit einer 12-Bit-Adresse und einer 4-Bit-Registernummer und
- 80 Befehle ohne Adressen und Register

in einem 32-Bit-Befehl zu codieren.

4 Eine bestimmte Maschine verfügt über 16-Bit-Befehle und 6-Bit-Adressen. Einige Befehle arbeiten mit einer Adresse, andere Befehle mit zwei Adressen. Wie hoch ist die maximale Anzahl von Einadressbefehlen, wenn n Zweiadressbefehle vorhanden sind?

5 Ist es möglich, eine Opcode-Erweiterung zu entwerfen, mit der man

- 4 Befehle mit drei Registern,
- 255 Befehle mit einem Register und
- 16 Befehle ohne Register

in einem 12-Bit-Befehl codieren kann? Ein Register ist 3 Bits breit.

6 Gegeben sei eine Einadressmaschine mit einem Akkumulator und die folgenden Werte:

Wort 20 enthält 40.
Wort 30 enthält 50.
Wort 40 enthält 60.
Wort 50 enthält 70.

Welche Werte laden die Befehle

a. `LOAD IMMEDIATE 20`
b. `LOAD DIRECT 20`
c. `LOAD INDIRECT 20`
d. `LOAD IMMEDIATE 30`
e. `LOAD DIRECT 30`
f. `LOAD INDIRECT 30`

in den Akkumulator?

7 Vergleichen Sie 0-, 1-, 2- und 3-Adressmaschinen. Schreiben Sie dazu Programme, die

```
X = (A + B × C) / (D - E × F)
```

für jede der vier Maschinen berechnen. Die folgende Tabelle gibt die Befehle an, die für jede Maschine verfügbar sind:

0-Adressmaschine	1-Adressmaschine	2-Adressmaschine	3-Adressmaschine
PUSH M	LOAD M	MOV (X = Y)	MOV (X = Y)
POP M	STORE M	ADD (Y = X+Y)	ADD (X = Y+Z)
ADD	ADD M	SUB (X = X-Y)	SUB (X = Y-Z)
SUB	SUB M	MUL (X = X*Y)	MUL (X = Y*Z)
MUL	MUL M	DIV (X = X/Y)	DIV (X = Y/Z)
DIV	DIV M		

M ist eine 16-Bit-Speicheradresse; *X*, *Y* und *Z* sind entweder 16-Bit-Adressen oder 4-Bit-Register. Die 0-Adressmaschine verwendet einen Keller, die 1-Adressmaschine einen Akkumulator und die anderen beiden besitzen 16 Register sowie Befehle für alle Kombinationen von Speicherstellen und Registern. `SUB X,Y` subtrahiert *Y* von *X*; `SUB X,Y,Z` subtrahiert *Z* von *Y* und legt das Ergebnis in *X* ab. Wie viele Bits benötigt jede Maschine, um *X* zu berechnen, wenn die Opcodes 8 Bit breit und die Befehlslängen Vielfache von 4 Bit sind?

8 Entwerfen Sie einen Adressierungsmechanismus, mit dem sich eine beliebige Menge von 64 – nicht unbedingt fortlaufenden – Adressen für einen großen Adressraum in einem 6-Bit-Feld spezifizieren lassen.

9 Geben Sie einen Nachteil des selbstmodifizierenden Codes an, der im Text nicht genannt wurde.

10 Konvertieren Sie die folgenden Formeln von der Infix- in die umgekehrte polnische Notation:

a. A + B + C + D − E
b. (A − B) × (C + D) + E
c. (A × B) + (C × D) − E
d. (A − B) × (((C − D × E) / F) / G) × H

11 Welche der folgenden Paare von Formeln in umgekehrter polnischer Notation sind mathematisch äquivalent?

a. A B + C + und A B C + +
b. A B − C − und A B C − −
c. A B × C + und A B C + ×

12 Konvertieren Sie die folgenden Formeln von der umgekehrten polnischen Notation in die Infix-Notation:

a. A B − C + D ×
b. A B / C D / +
c. A B C D E + × × /
d. A B C D E × F / + G − H / × +

13 Schreiben Sie drei Formeln in umgekehrter polnischer Notation, die sich nicht in die Infix-Notation konvertieren lassen.

14 Konvertieren Sie die folgenden booleschen Ausdrücke von der Infix- in die umgekehrte polnische Notation:

a. (A AND B) OR C

b. (A OR B) AND (A OR C)

c. (A AND B) OR (C AND D)

15 Konvertieren Sie die folgende Formel von der Infix- in die umgekehrte polnische Notation und generieren Sie IJVM-Code, um sie auszuwerten.

$(5 \times 2 + 7) - (4 / 2 + 1)$

16 Wie viele Register hat die Maschine, deren Befehlsformate in ▶Abbildung 5.16 aufgeführt sind?

17 In Abbildung 5.16 dient Bit 23 dazu, die Formate 1 und 2 zu unterscheiden. Für Format 3 ist kein entsprechendes Bit vorgesehen. Woher weiß die Hardware, dass gerade dieses Format zu verwenden ist?

18 Gelegentlich muss ein Programm bestimmen, wo sich eine Variable X relativ zum Intervall A bis B befindet. Wie viele Bedingungsbits müsste dieser Befehl setzen, wenn ein Dreiadressbefehl mit den Operanden A, B und X verfügbar wäre?

19 Beschreiben Sie einen Vorteil und einen Nachteil der Adressierung relativ zum Programmzähler.

20 Der Core i7 zeigt mit einem Bedingungsbit nach einer arithmetischen Operation den Übertrag von Bit 3 an. Wofür ist dieses Bit erforderlich?

21 Einer Ihrer Freunde platzt völlig außer Atem um 3 Uhr morgens in Ihr Zimmer und überrascht Sie mit einer brillanten neuen Idee: ein Befehl mit zwei Opcodes. Sollten Sie Ihren Freund gleich zum Patentamt oder wieder zurück zum Zeichenbrett schicken?

22 Tests der Form

```
if (k == 0) ...
if (a > b) ...
if (k < 5) ...
```

sind in der Programmierung üblich. Entwerfen Sie einen Befehl, der diese Tests effizient ausführt. Welche Felder sind in Ihrem Befehl vorhanden?

23 Zeigen Sie für die 16-Bit-Binärzahl 1001 0101 1100 0011 die Wirkung

a. einer Rechtsverschiebung um 4 Bit mit Auffüllung von Nullen,

b. einer Rechtsverschiebung um 4 Bit mit Vorzeichenerweiterung,

c. einer Linksverschiebung um 4 Bit,

d. einer Linksrotation um 4 Bit und

e. einer Rechtsrotation um 4 Bit.

24 Wie können Sie ein Speicherwort auf einem Computer ohne `CLR`-Befehl löschen?

25 Berechnen Sie den booleschen Ausdruck (A AND B) OR C für

A = 1101 0000 1010 1101

B = 1111 1111 0000 1111

C = 0000 0000 0010 0000

26 Entwerfen Sie ein Verfahren, um zwei Variablen A und B zu vertauschen, ohne eine dritte Variable oder ein Register zu verwenden. *Hinweis:* Ziehen Sie den Befehl `XOR` in Betracht.

27 Auf einem bestimmten Computer ist es möglich, eine Zahl von einem Register in ein anderes zu übertragen, die Register dabei unabhängig voneinander um eine verschiedene Anzahl von Bitpositionen nach links zu verschieben und die Ergebnisse zu addieren, wofür insgesamt weniger Zeit als für eine Multiplikation erforderlich ist. Unter welchen Umständen ist diese Befehlssequenz sinnvoll, um eine Konstante mit einer Variablen zu multiplizieren?

28 Verschiedene Maschinen haben unterschiedliche Befehlsdichten (erforderliche Anzahl von Bytes, um eine bestimmte Berechnung durchzuführen). Übersetzen Sie die folgenden Java-Codefragmente jeweils in die Core-i7-Assemblersprache und in die IJVM-Sprache. Ermitteln Sie dann, wie viele Bytes jeder Ausdruck für die jeweilige Maschine benötigt. Nehmen Sie an, dass i und j lokale Variablen im Speicher sind und dass im Übrigen in allen Fällen optimale Bedingungen gelten.

a. `i = 3;`

b. `i = j;`

c. `i = j - 1;`

29 Dieses Kapitel hat Schleifenbefehle für die `for`-Konstruktion erläutert. Entwerfen Sie einen Befehl, der sich für die gebräuchlichen `while`-Schleifen eignet.

30 Nehmen Sie an, dass die Mönche in Hanoi pro Minute eine Scheibe umlegen (sie haben es nicht eilig damit, weil Stellenangebote für Leute mit dieser speziellen Qualifikation in Hanoi rar sind). Wie lange brauchen sie, um die gesamte Aufgabe mit 64 Platten zu lösen? Geben Sie Ihr Ergebnis in Jahren an.

31 Warum stellen E/A-Geräte den Interrupt-Vektor auf den Bus? Wäre es stattdessen möglich, diese Information in einer Tabelle im Speicher abzulegen?

32 Ein Computer liest seine Festplatte über DMA. Die Platte ist pro Spur in 64 Sektoren mit je 512 Byte aufgeteilt. Die Zeit für eine Umdrehung der Platte beträgt 16 ms. Der Bus ist 16 Bit breit und Bustransfers dauern je 500 ns. Ein durchschnittlicher CPU-Befehl benötigt zwei Buszyklen. Um wie viel wird die CPU durch DMA verlangsamt?

33 Der in Abbildung 5.20 beschriebene DMA-Transfer erfordert 2 Bustransfers, um die Daten zwischen einem E/A-Gerät und dem Speicher zu übertragen. Beschreiben Sie, wie sich die DMA-Leistung mithilfe der Busarchitektur gemäß *Abbildung 3.32* verbessern lässt.

34 Warum haben Interrupt-Service-Routinen Prioritäten, während normalen Prozeduren keine Prioritäten zugeordnet sind?

35 Die IA-64-Architektur umfasst ungewöhnlich viele Register (64). Hat die Entscheidung für eine so große Anzahl etwas mit der bedingten Befehlsausführung zu tun? Falls ja, auf welche Weise? Falls nein, warum sind es dann so viele?

36 Dieses Kapitel hat das Konzept von spekulativen `LOAD`-Befehlen behandelt. Von spekulativen `STORE`-Befehlen war aber nie die Rede. Weshalb nicht? Handelt es sich hier praktisch um das gleiche Konzept wie bei den `LOAD`-Befehlen oder gibt es einen anderen Grund, sie nicht zu erwähnen?

37 Um zwei lokale Netzwerke zu verbinden, installiert man einen als Bridge (Brücke) bezeichneten Computer, an den beide Netze angeschlossen sind. Jedes über das Netzwerk laufende Paket verursacht einen Interrupt auf dem Bridge-Computer, damit dieser feststellen kann, ob das Paket weiterzuleiten ist. Nehmen Sie an, dass es 250 µs je Paket dauert, um den Interrupt zu behandeln und das Paket zu inspizieren, während das Weiterleiten – falls erforderlich – von DMA-Hardware abgewickelt wird, ohne die CPU zu belasten. Wie hoch ist die maximal zulässige Datenübertragungsrate in jedem Netzwerk, ohne dass durch die Bridge Pakete verloren gehen, wenn jedes Paket 1 KB groß ist?

38 In Abbildung 5.24 weist der Rahmenzeiger auf die erste lokale Variable. Welche Informationen benötigt das Programm, um von einer Prozedur zurückzukehren?

39 Schreiben Sie eine Subroutine in Assemblersprache, um eine vorzeichenbehaftete binäre Ganzzahl nach ASCII zu konvertieren.

40 Schreiben Sie eine Subroutine in Assemblersprache, um eine Formel von der Infix-Notation in die umgekehrte polnische Notation zu konvertieren.

41 Die Türme von Hanoi sind nicht das einzige Beispiel, das Informatiker gern für rekursive Prozeduren heranziehen. Ein weiterer Dauerbrenner ist die Fakultätsfunktion $n!$, wobei $n! = n(n-1)!$ mit der einschränkenden Bedingung $0! = 1$ gilt. Schreiben Sie eine Prozedur in der von Ihnen bevorzugten Assemblersprache, um $n!$ zu berechnen.

42 Falls Sie nicht davon überzeugt sind, dass Rekursion zuweilen unabdingbar ist, sollten Sie einmal die Türme von Hanoi ohne Rekursion programmieren. Simulieren Sie die rekursive Lösung auch nicht dadurch, dass Sie einen Keller in einem Datenfeld verwalten. Seien Sie aber gewarnt, dass Sie die Lösung wahrscheinlich nie finden.

Die Ebene der Betriebssystemmaschine

6

ÜBERBLICK

Einleitung

» Dieses Buch befasst sich vor allem damit, dass ein moderner Computer aus einer Reihe von Ebenen besteht, wobei jede Ebene die unter ihr liegende um bestimmte Funktionalität erweitert. Bisher haben wir die Ebene der digitalen Logik, die Mikroarchitekturebene und die ISA-Ebene behandelt. Jetzt ist es an Zeit, auf die nächsthöhere Ebene zu wechseln und in das Reich des Betriebssystems vorzudringen.

Ein **Betriebssystem** (Operating System) ist ein Programm, das aus Sicht des Programmierers eine Vielfalt neuer Befehle und Merkmale oberhalb und jenseits der ISA-Ebene einführt. In der Regel wird das Betriebssystem zum großen Teil in Software implementiert. Theoretisch gibt es aber keinen Grund, warum man es nicht in Hardware implementieren könnte, was ja bei Mikroprogrammen (soweit sie vorhanden sind) der Fall ist. Die Ebene, die das Betriebssystem implementiert, bezeichnen wir als Ebene der **Betriebssystemmaschine** oder **OSM**-Ebene (Operating System Machine). Ihre Einordnung ist in ▶Abbildung 6.1 zu sehen.

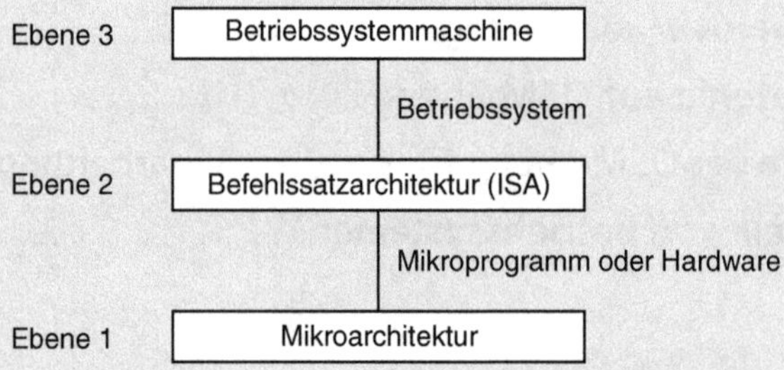

Abbildung 6.1: Einordnung der Ebene der Betriebssystemmaschine

Obwohl die OSM- und die ISA-Ebene abstrakt sind (in dem Sinne, dass sie keine echten Hardwareebenen sind), besteht doch ein wichtiger Unterschied zwischen den beiden. Der Befehlssatz der OSM-Ebene ist der vollständige Satz von Befehlen, die dem Anwendungsprogrammierer zur Verfügung stehen. Er enthält fast die gesamten Befehle der ISA-Ebene sowie den Satz der neuen Befehle, die das Betriebssystem hinzufügt. Diese neuen Befehle nennen wir **Systemaufrufe** (System Calls). Ein Systemaufruf aktiviert einen vordefinierten Betriebssystemdienst – praktisch einen Befehl des Betriebssystems. Ein typischer Systemaufruf liest Daten aus einer Datei. Systemaufrufe schreiben wir in diesem Kapitel mit Kleinbuchstaben in Schreibmaschinenschrift, beispielsweise `down`.

Die OSM-Ebene wird immer interpretiert. Führt ein Benutzerprogramm einen OSM-Befehl aus, beispielsweise das Lesen von Daten aus einer Datei, dann setzt das Betriebssystem diesen Befehl Schritt für Schritt auf die gleiche Weise um, wie ein Mikroprogramm bei einem `ADD`-Befehl. Wenn allerdings ein Programm einen Befehl der ISA-Ebene aufruft, wird er direkt von der zugrunde liegenden Mikroarchitekturebene ohne Mitwirkung des Betriebssystems abgearbeitet.

In diesem Buch können wir nur eine sehr knappe Einführung in einzelne Betriebssysteme geben. Wir konzentrieren uns dabei auf drei wichtige Themen. Das erste ist der virtuelle Speicher, eine von vielen Betriebssystemen realisierte Technik, um der Maschine scheinbar mehr Speicher zu bieten, als physisch vorhanden ist. Das zweite ist die Ein-/Ausgabe von Dateien, ein auf höherer Ebene angesiedeltes Konzept als die E/A-Befehle, die wir im vorherigen Kapitel untersucht haben. Das dritte Thema ist die parallele Verarbeitung, d.h. die Ausführung, Kommunikation und Synchronisierung mehrerer Prozesse. Da das Konzept eines Prozesses äußerst wichtig ist, gehen wir später in diesem Kapitel detailliert darauf ein. Fürs Erste kann man sich einen Prozess als ein laufendes Programm mit all seinen Zustandsinformationen (Speicher, Register, Programmzähler, E/A-Status usw.) vorstellen. Nachdem wir diese Prinzipien in allgemeiner Form behandelt haben, zeigen wir die konkrete Umsetzung für zwei unserer Beispielprozessoren – Core i7 (unter Windows 7) und OMAP4430-ARM-CPU (unter Linux). Da der ATmega168-Mikrocontroller normalerweise für eingebettete Systeme vorgesehen ist, besitzt er kein Betriebssystem. «

6.1 Virtueller Speicher

In den frühen Tagen des Computers waren Speicher klein und teuer. Die IBM 650, Ende der fünfziger Jahre der führende Computer für wissenschaftliche Anwendungen, hatte nur 2000 Speicherwörter. Einer der ersten ALGOL-60-Compiler wurde für einen Computer mit nur 1024 Speicherwörtern geschrieben. Eines der ersten Timesharing-Systeme lief recht gut auf einer PDP-1 mit einer Speichergröße von insgesamt nur 4096 Wörtern zu je 18 Bit für das Betriebssystem und die Anwendungsprogramme zusammen. Zu jener Zeit verbrachte der Programmierer viel Zeit damit, Programme in den winzigen Speicher zu quetschen. Oftmals musste man einen Algorithmus verwenden, der wesentlich langsamer war als ein anderer besserer Algorithmus, weil der bessere Algorithmus einfach zu groß war – d.h., ein Programm, das auf dem besseren Algorithmus aufbaute, ließ sich nicht im Speicher des Computers unterbringen.

Die traditionelle Lösung dieses Problems verwendete einen zweiten Speicher, beispielsweise einen Plattenspeicher. Der Programmierer zerlegte das Programm in mehrere Teile, die sogenannten **Overlays** (Überlagerungsprogramme), die einzeln in den Speicher passten. Um das Programm auszuführen, wurde das erste Overlay in den Speicher gebracht und ausgeführt. War es abgearbeitet, las es das nächste Overlay ein, rief es auf usw. Der Programmierer musste das Programm eigenverantwortlich in Overlays aufteilen, die Lage der einzelnen Overlays im Sekundärspeicher festlegen, die Übertragung der Overlays zwischen Hauptspeicher und Sekundärspeicher organisieren und im Allgemeinen den gesamten Overlay-Vorgang ohne Unterstützung durch den Computer verwalten.

Obwohl diese Technik jahrelang üblich war, bedeutete sie einen hohen Aufwand in Verbindung mit der Overlay-Verwaltung. Im Jahre 1961 schlugen Forscher im britischen Manchester eine Methode vor, um den Overlay-Vorgang zu automatisieren, ohne dass der Programmierer überhaupt etwas davon bemerkte, was hinter den Kulissen ablief [Fotheringham, 1961]. Diese Methode, die man heute als **virtuellen Speicher** (Virtual Memory) bezeichnet, hatte den klaren Vorteil, dass sie den Programmierer von diesen lästigen Verwaltungsaufgaben befreite. Erstmals wurde sie in den 1960er Jahren auf verschiedenen Computern eingesetzt, die vorwiegend mit Forschungsprojekten im Bereich des Computersystementwurfs zu tun hatten. Anfang der 1970er Jahre hatte sich virtueller Speicher auf den meisten Computern etabliert. Heute besitzen sogar Ein-Chip-Computer einschließlich Core i7 und OMAP4430-ARM-CPU ausgereifte virtuelle Speichersysteme. Auf diese Systeme gehen wir später in diesem Kapitel ein.

6.1.1 Seitenauslagerung

Das von der Forschungsgruppe in Manchester erarbeitete Konzept basierte auf der Trennung von Adressraum und Speicherstellen. Ein typischer Computer jener Zeit hatte ein 16-Bit-Adressfeld in seinen Befehlen und 4096 Speicherwörter. Ein Programm auf diesem Computer konnte 65.536 Speicherwörter adressieren, da es genau 65.536 (2^{16}) 16-Bit-Adressen gibt, die jeweils einem anderen Speicherwort entsprechen. Beachten Sie, dass die Anzahl der adressierbaren Wörter nur von der Anzahl der Bits in einer Adresse abhängt und nichts mit der Anzahl der tatsächlich verfügbaren Speicherwörter zu tun hat. Der **Adressraum** (Address Space) besteht bei diesem Computer aus den Zahlen 0, 1, 2, ..., 65.535, weil das der Bereich der möglichen Adressen ist. Allerdings könnte der Computer durchaus auch weniger als 65.536 Speicherwörter aufweisen.

Vor der Erfindung des virtuellen Speichers unterschied man zwischen den Adressen unterhalb von 4096 und denen gleich oder oberhalb von 4096. Obwohl man das nicht weiter ausführte, betrachtete man diese beiden Teile als nützlichen bzw. nutzlosen Adressraum (die Adressen oberhalb von 4095 galten als nutzlos, weil sie keinen tatsächlichen Speicheradressen entsprachen). Man unterschied nicht zwischen Adressraum und Speicheradressen, weil durch die Hardware zwangsläufig eine 1:1-Entsprechung der beiden Bereiche gegeben war.

Das Konzept, den Adressraum und die Speicheradressen zu trennen, besagt, dass sich jederzeit 4096 Speicherwörter direkt adressieren lassen, diese aber nicht den Speicheradressen 0 bis 4095 entsprechen müssen. Wir könnten dem Computer zum Beispiel „sagen", dass er ab jetzt das Speicherwort an Adresse 0 verwenden soll, wenn die Adresse 4096 referenziert wird. Bei einer Referenz auf Adresse 4097 ist das Speicherwort an Adresse 1 zu verwenden, bei einer Referenz auf Adresse 8191 das Speicherwort an Adresse 4095, usw. Anders ausgedrückt: Wir haben eine Abbildung des Adressraums auf die tatsächlichen Speicheradressen definiert, wie es ▶Abbildung 6.2 zeigt.

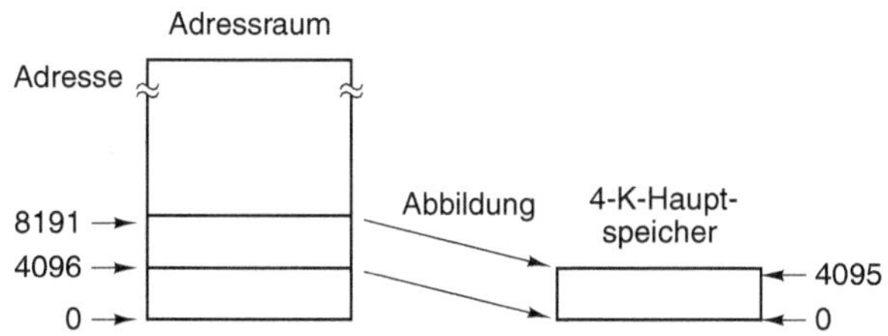

Abbildung 6.2: Eine Speicherzuordnung, die die virtuellen Adressen 4096 bis 8192 auf die Adressen 0 bis 4095 im Hauptspeicher abbildet

Bei dieser Abbildung von Adressen aus dem Adressraum auf die realen Speicherstellen verfügt eine 4-KB-Maschine ohne virtuellen Speicher einfach über eine feste Zuordnung zwischen den Adressen 0 bis 4095 und den 4096 Speicherwörtern. Interessant ist die Frage: „Was passiert, wenn ein Programm zu einer Adresse zwischen 8192 und 12287 verzweigt?" Auf einer Maschine ohne virtuellen Speicher verursacht das Programm einen Fehler, der eine frustrierende Meldung, wie „Referenzierte Speicherstelle nicht vorhanden", ausgibt und das Programm beendet. Auf Maschinen mit einem virtuellen Speicher laufen folgende Schritte ab:

1. Der Inhalt des Hauptspeichers wird auf der Platte gespeichert.
2. Die Wörter 8192 bis 12287 werden auf der Platte gesucht.
3. Die Wörter 8192 bis 12287 werden in den Hauptspeicher geladen.
4. Die Adresszuordnung wird so geändert, dass sie die Adressen 8192 bis 12287 auf die Speicherstellen 0 bis 4095 abbildet.
5. Die Programmausführung wird fortgesetzt, als wäre nichts Ungewöhnliches passiert.

Diese Technik der automatischen Overlays bezeichnet man als **Seitenauslagerung** (Paging) und die von der Festplatte gelesenen Programmblöcke als **Seiten** (Pages).

Virtueller Speicher wird durch die dynamische Abbildung des **virtuellen Adressraums** auf den **physischen Adressraum** realisiert. Hierzu wird der virtuelle Adressraum in Seiten unterteilt, die über die Seitentabelle auf Blöcke im physischen Speicher abgebildet werden.

Es sind aber auch komplexere Abbildungen von Adressen aus dem Adressraum auf die tatsächlichen Speicheradressen möglich. Wir nennen die Adressen, auf die das Programm verweisen kann, den **virtuellen Adressraum** (Virtual Address Space) und die realen, fest verdrahteten Speicheradressen den **physischen Adressraum** (Physical Address Space). Eine **Speicherabbildung** (Memory Map) oder **Seitentabelle** (Page Table) spezifiziert für jede virtuelle Adresse, wie die korrespondierende physische Adresse lautet. Wir setzen voraus, dass genügend Platz auf der Festplatte vorhanden ist, um den gesamten virtuellen Adressraum (oder zumindest den verwendeten Teil) zu speichern.

Programme schreibt man so, als wäre für den gesamten virtuellen Adressraum genügend Hauptspeicher vorhanden, obwohl das nicht der Fall ist. Programme können jedes beliebige Wort vom virtuellen Adressraum laden oder dorthin speichern oder zu jedem Befehl verzweigen, der sich an beliebiger Stelle im virtuellen Adressraum befindet, ohne zu berücksichtigen, dass gar nicht genügend physischer Speicher vorhanden ist. Der Programmierer kann sogar Programme schreiben, ohne überhaupt zu wissen, ob virtueller Speicher vorhanden ist. Der Computer sieht einfach nur so aus, als hätte er einen großen Speicher.

Dieser Punkt ist entscheidend und wird später der Segmentierung gegenübergestellt, bei der der Programmierer die Segmente kennen muss. Es sei noch einmal betont, dass die Seitenauslagerung dem Programmierer die Illusion eines großen, zusammenhängenden linearen Hauptspeichers mit derselben Größe wie der virtuelle Adressraum vermittelt. In Wirklichkeit kann der verfügbare Hauptspeicher kleiner (oder größer) als der virtuelle Adressraum sein. Das Programm kann die Simulation dieses großen Hauptspeichers durch Seitenauslagerung (außer bei Benchmark-Tests) nicht erkennen. Bei jedem Verweis auf eine Adresse scheint der entsprechende Befehl oder das Datenwort vorhanden zu sein. Da der Programmierer so programmieren kann, als gäbe es die Seitenauslagerung nicht, gilt dieser Mechanismus als **transparent**.

Dass ein Programmierer ein nicht vorhandenes Merkmal nutzen kann, ohne sich darum kümmern zu müssen, wie das überhaupt funktioniert, ist letztlich nichts Neues. Der Befehlssatz auf der ISA-Ebene beinhaltet meist einen `MUL`-Befehl, obwohl die zugrunde liegende Mikroarchitektur keine hardwareseitige Multiplikationsschaltung besitzt. Die Illusion, dass die Maschine multiplizieren kann, wird normalerweise vom Mikrocode geschaffen. Auf ähnliche Weise kann die vom Betriebssystem realisierte virtuelle Maschine die Illusion schaffen, dass alle virtuellen Adressen auf echtem Speicher basieren, auch wenn das nicht zutrifft. Nur Betriebssystementwickler (und Studenten) müssen wissen, wie die Illusion unterstützt wird.

6.1.2 Implementierung der Seitenauslagerung

Eine wesentliche Voraussetzung für einen virtuellen Speicher ist eine Festplatte, auf der sich das komplette Programm und alle Daten unterbringen lassen. Die Platte kann eine rotierende Festplatte oder eine Solid-State-Disk sein. Im Buch sprechen wir der Einfachheit halber von „Platte" oder „Festplatte", verstehen darunter aber auch Solid-State-Disks. Konzeptionell ist es einfacher, sich die Kopie des Programms auf der Platte als Original und die hier und da in den Hauptspeicher überführten Teile als Kopien vorzustellen statt umgekehrt. Natürlich ist es wichtig, das Original auf dem neuesten Stand zu halten. Ändert sich die Kopie im Hauptspeicher, dann sollten sich diese Änderungen (letztendlich) auch im Original widerspiegeln.

Der virtuelle Adressraum wird in eine Reihe von Seiten gleicher Größe gegliedert. Die Größen reichen heute von 512 Byte bis 64 KB pro Seite, gelegentlich verwendet man aber auch Seitengrößen bis zu 4 MB. Die Seitengröße ist immer eine Potenz von 2, beispielsweise 2^k, sodass sich alle Adressen in k Bits darstellen lassen. Der physische Adressraum wird ebenso in Teile gegliedert, wobei jeder Teil die gleiche Größe wie eine Seite hat, sodass jeder Teil des Hauptspeichers genau eine Seite aufnehmen kann. Diese Teile des Hauptspeichers, in die die Seiten passen, nennt man **Seitenrahmen** (Page Frames). Der Hauptspeicher in Abbildung 6.2 umfasst nur einen Seitenrahmen. Praktisch realisierte Konzepte enthalten gewöhnlich Tausende Seitenrahmen.

▶Abbildung 6.3a zeigt eine Möglichkeit, die ersten 64 KB eines virtuellen Adressraums in Seiten von je 4 KB aufzuteilen. (Wir sprechen hier von 64-KB- und 4-K-Adressen. Eine Adresse kann ein Byte verkörpern, genauso gut aber ein Wort auf einem Computer, bei dem aufeinanderfolgende Wörter fortlaufende Adressen haben.) Den virtuellen Speicher von Abbildung 6.3 implementiert man mit einer Seitentabelle, die so viele Einträge hat, wie es Seiten im virtuellen Adressraum gibt. Der Einfachheit halber sind nur die ersten 16 Einträge dargestellt. Wenn das Programm versucht, auf ein Wort in den ersten 64 KB seines virtuellen Adressraums zuzugreifen – wobei es keine Rolle spielt, ob es Befehle oder Daten abrufen oder Daten speichern möchte –, so generiert es zuerst eine virtuelle Adresse zwischen 0 und 65.532 (unter der Annahme, dass Wortadressen durch 4 teilbar sein müssen). Diese Adresse lässt sich durch Indizierung, indirekte Adressierung oder jede andere übliche Technik bilden.

Seite	virtuelle Adressen
≈	≈
15	61440 – 65535
14	57344 – 61439
13	53248 – 57343
12	49152 – 53247
11	45056 – 49151
10	40960 – 45055
9	36864 – 40959
8	32768 – 36863
7	28672 – 32767
6	24576 – 28671
5	20480 – 24575
4	16384 – 20479
3	12288 – 16383
2	8192 – 12287
1	4096 – 8191
0	0 – 4095

(a)

untere 32 KB des Hauptspeichers

Seitenrahmen	physische Adressen
7	28672 – 32767
6	24576 – 28671
5	20480 – 24575
4	16384 – 20479
3	12288 – 16383
2	8192 – 12287
1	4096 – 8191
0	0 – 4095

(b)

Abbildung 6.3: (a) Die ersten 64 KB des virtuellen Adressraums, in 16 Seiten von je 4 KB aufgeteilt (b) ein in acht Seitenrahmen von je 4 KB aufgeteilter 32-KB-Hauptspeicher

Der in ▶Abbildung 6.3b dargestellte physische Speicher umfasst acht 4-KB-Seitenrahmen. Dieser Speicher kann auf 32 KB begrenzt sein, weil vielleicht erstens die Maschine nicht über mehr Speicher verfügt (ein in einer Waschmaschine oder in einem Mikrowellenherd eingebauter Prozessor braucht eben nicht mehr) oder zweitens der Rest des Speichers anderen Programmen zugeteilt wurde.

Virtuelle Seiten können auf die Festplatte ausgelagert werden, wenn der physische Speicher vollständig belegt ist. Die Abbildung von virtuellen Adressen auf physische Adressen für eingelagerte Seiten erledigt die **MMU**.

Wie lässt sich nun eine virtuelle 32-Bit-Adresse auf eine Adresse im physischen Hauptspeicher abbilden? Immerhin versteht der Speicher nur Hauptspeicheradressen, aber keine virtuellen Adressen, also muss man ihm genau das anbieten. Jeder Computer mit virtuellem Speicher besitzt ein Gerät, das die Zuordnung von virtuell auf physisch vornimmt. Es handelt sich dabei um die **Speicherverwaltungseinheit** oder **MMU** (Memory Management Unit). Die MMU kann sich auf dem CPU-Chip befinden oder in einem eigenen Chip, der eng mit dem CPU-Chip zusammenarbeitet. Da unsere Beispiel-MMU von einer virtuellen 32-Bit- auf eine physische 15-Bit-Adresse abbildet, braucht sie ein 32-Bit-Eingabe- und ein 15-Bit-Ausgaberegister.

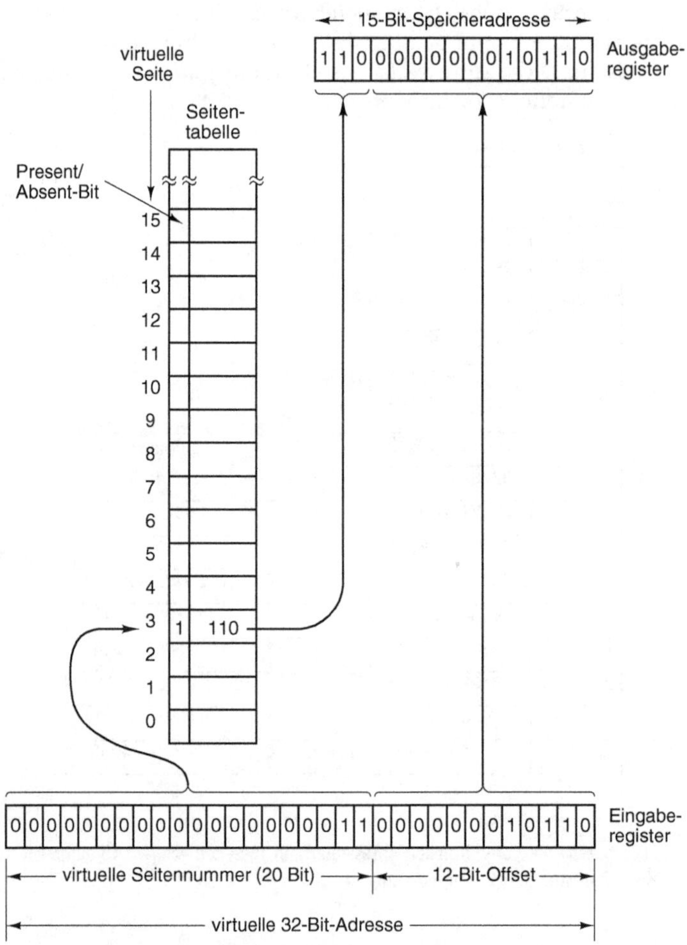

Abbildung 6.4: Bildung einer Hauptspeicheradresse aus einer virtuellen Adresse

Das Beispiel in ▶Abbildung 6.4 soll die Funktionsweise der MMU veranschaulichen. Wenn die MMU eine virtuelle 32-Bit-Adresse erhält, trennt sie die Adresse in eine 20 Bit große virtuelle Seitennummer und einen 12-Bit-Offset innerhalb der Seite (weil die Seiten in unserem Beispiel 4 K groß sind). Die virtuelle Seitennummer dient als Index auf eine Seitentabelle, um den Eintrag für die referenzierte Seite zu bestimmen. In Abbildung 6.4 lautet die virtuelle Seitennummer 3. Deshalb wird Eintrag 3 in der Seitentabelle ausgewählt.

Als Erstes stellt die MMU anhand des Eintrags in der Seitentabelle fest, ob sich die referenzierte Seite momentan im Hauptspeicher befindet. Schließlich können bei 2^{20} virtuellen Seiten und nur 8 Seitenrahmen nicht alle virtuellen Seiten gleichzeitig im Speicher sein. Die MMU prüft dazu das **Present/Absent-Bit** im betreffenden Eintrag der Seitentabelle. Bei unserem Beispiel ist das Bit auf 1 gesetzt, die Seite befindet sich also momentan im Speicher.

Anschließend entnimmt die MMU den Wert des Seitenrahmens aus dem ausgewählten Eintrag (in diesem Fall 6) und kopiert ihn in die oberen 3 Bits des 15-Bit-Ausgaberegisters. Es sind 3 Bits erforderlich, weil es im physischen Speicher 8 Seitenrahmen gibt. Parallel dazu werden die 12 niederwertigen Bits der virtuellen Adresse (das Seitenoffsetfeld) in die 12 niederwertigen Bits des Ausgaberegisters kopiert. Diese 15-Bit-Adresse wird nun zur Suche an den Cache oder den Speicher gesendet.

▶Abbildung 6.5 zeigt eine mögliche Zuordnung zwischen virtuellen Seiten und physischen Seitenrahmen. Die virtuelle Seite 0 befindet sich im Seitenrahmen 1 und die virtuelle Seite 1 im Seitenrahmen 0, während die virtuelle Seite 2 nicht im Hauptspeicher präsent ist. Die virtuelle Seite 3 befindet sich im Seitenrahmen 2. Die virtuelle Seite 4 liegt nicht im Hauptspeicher. Die virtuelle Seite 5 ist im Seitenrahmen 6 enthalten, usw.

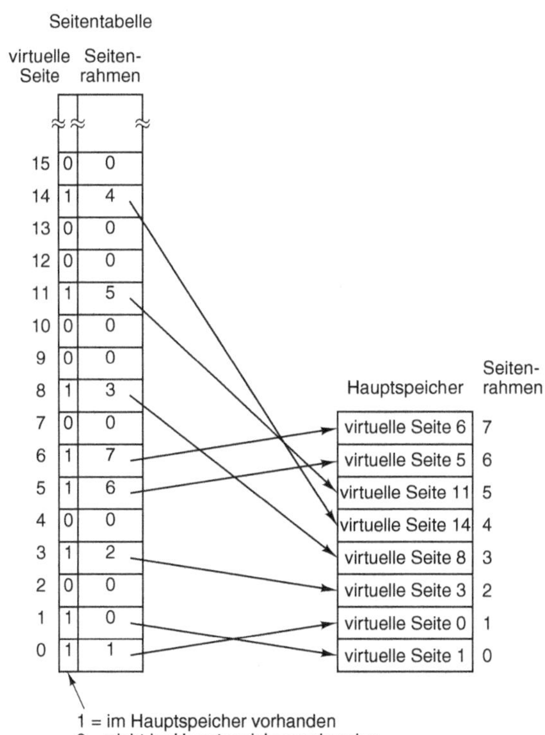

Abbildung 6.5: Eine mögliche Zuordnung der ersten 16 virtuellen Seiten auf einen Hauptspeicher mit 8 Seitenrahmen

6.1.3 Seitenanforderung und Arbeitsbereich

Ist die virtuelle Seite einer angesprochenen Adresse nicht im Hauptspeicher, liegt ein **Seitenfehler** vor. Das Betriebssystem lädt die Seite dann von der Festplatte.

Im vorherigen Abschnitt wurde davon ausgegangen, dass sich die referenzierte virtuelle Seite im Hauptspeicher befindet. Diese Annahme ist aber nicht immer richtig, weil der Hauptspeicher nicht für alle virtuellen Seiten Platz hat. Erfolgt eine Referenz auf eine Adresse einer Seite, die nicht im Hauptspeicher vorhanden ist, dann liegt ein sogenannter **Seitenfehler** (Page Fault) vor. Wenn ein Seitenfehler aufgetreten ist, muss das Betriebssystem die erforderliche Seite von der Festplatte lesen, ihre neue physische Speicherstelle in die Seitentabelle eintragen und dann den Befehl wiederholen, der den Seitenfehler verursacht hat.

Ein Programm, das auf einer Maschine mit einem virtuellen Speicher läuft, kann man starten, ohne dass sich auch nur ein Programmteil im Hauptspeicher befindet. Die Seitentabelle muss lediglich anzeigen, dass sich jede einzelne virtuelle Seite nicht im Haupt-, sondern im Sekundärspeicher befindet. Wenn die CPU den ersten Befehl abrufen möchte, tritt sofort ein Seitenfehler auf, woraufhin die Seite mit dem ersten Befehl in den Hauptspeicher geladen und in die Seitentabelle eingetragen wird. Dann kann der erste Befehl starten. Besitzt der erste Befehl zwei Adressen und befinden sich beide Adressen auf verschiedenen Seiten, die sich beide von der Befehlsseite unterscheiden, dann treten zwei oder mehr Seitenfehler auf und zwei weitere Seiten werden in den Hauptspeicher geholt, bevor die CPU den Befehl schließlich ausführen kann. Beim nächsten Befehl sind weitere Seitenfehler möglich usw.

Diese Betriebsart eines virtuellen Speichers nennt man **Seitenanforderung** (Demand Paging) analog zu dem bestens bekannten Fütterungsalgorithmus für Babys: Das Baby wird gefüttert, wenn es schreit (und nicht zu bestimmten Zeiten). Bei der Seitenanforderung werden Seiten nur in den Speicher gebracht, wenn eine wirkliche Anforderung für eine Seite auftritt, aber nicht im Voraus.

Die Frage, ob Seitenanforderung verwendet werden sollte oder nicht, ist nur beim ersten Start eines Programms relevant. Nachdem das Programm schon eine gewisse Zeit läuft, sind die erforderlichen Seiten bereits im Hauptspeicher versammelt. Wenn jedoch ein Timesharing-Computer die laufenden Prozesse etwa alle 100 ms umschaltet, startet jedes Programm während seiner Ausführung viele Male neu. Da die Speicherzuordnung für jedes Programm eindeutig ist und sich beim Umschalten von Programmen ändert, wird diese Frage beispielsweise in einem Timesharing-System wiederholt akut.

Ein alternativer Ansatz stützt sich auf die Beobachtung, dass die meisten Programme auf ihren Adressraum nicht gleichmäßig zugreifen, sondern sich die Referenzen meist auf eine kleine Anzahl bestimmter Seiten konzentrieren. Dabei handelt es sich um die sogenannte **Lokalitätseigenschaft**. Eine Speicherreferenz kann einen Befehl abrufen, Daten abrufen oder Daten speichern. Zu einem Zeitpunkt t gibt es eine Menge, die aus allen Seiten besteht, auf die sich die k letzten Speicherreferenzen bezogen haben. Denning hat dies als **Arbeitsbereich** (Working Set) bezeichnet [Denning, 1968].

Normalerweise ändert sich der Arbeitsbereich im Programmverlauf nur langsam. Wenn ein Programm nach einem Halt wieder fortgesetzt wird, kann man auf die von ihm bei einem Neustart benötigten Seiten anhand des letzten Arbeitsbereichs vor dem Halt schließen. Es ist dann durchaus vernünftig, die so ermittelten Seiten vor dem Neustart des Programms zu laden (sofern sie in den Hauptspeicher passen).

6.1.4 Seitenersetzung

Im Idealfall lässt sich der Arbeitsbereich – d.h. die aktiv und häufig verwendeten Seiten eines Programms – im Hauptspeicher halten, um Seitenfehler zu verringern. Allerdings weiß der Programmierer nur selten, welche Seiten der Arbeitsbereich umfasst, sodass das Betriebssystem diesen Satz dynamisch ermitteln muss. Wenn das Programm eine Seite anfordert, die sich nicht im Hauptspeicher befindet, muss das Betriebssystem die benötigte Seite von der Festplatte holen. Um allerdings für sie Platz zu schaffen, muss es normalerweise eine andere Seite auf die Platte auslagern. Folglich benötigt man einen Algorithmus, der die zu entfernende Seite bestimmt.

Es ist sicherlich keine gute Idee, die zu entfernende Seite zufällig auszuwählen. Fällt die Wahl gerade auf die Seite mit dem Befehl, der den Seitenfehler verursacht hat, tritt sofort ein anderer Seitenfehler auf, sobald der nächste Befehl abgerufen werden soll. Die meisten Betriebssysteme versuchen vorherzusagen, welche Seite sich aus dem Hauptspeicher mit der geringsten negativen Auswirkung auf das laufende Programm entfernen lässt. Beispielsweise ließe sich für jede Seite eine Vorhersage treffen, wann der nächste Verweis auf die Seite erfolgt, und die Seite entfernen, deren vorausgesagte nächste Referenz am weitesten in der Zukunft liegt. Mit anderen Worten: Anstatt eine in Kürze wieder benötigte Seite zu entfernen, versucht man, eine Seite auszuwählen, die über längere Zeit ungenutzt bleibt.

Ein weit verbreiteter Algorithmus entfernt die Seite, die am längsten nicht verwendet wurde. Denn a priori ist die Wahrscheinlichkeit sehr hoch, dass sich eine solche Seite nicht im momentanen Arbeitsbereich befindet. Dieser Algorithmus heißt dementsprechend **LRU (Least Recently Used)**. Obwohl er normalerweise gute Dienste leistet, treten auch außergewöhnliche Situationen auf, in denen LRU kläglich versagt.

> Lädt das Betriebssystem eine Seite von der Festplatte, muss häufig eine andere Seite ausgelagert werden. Für diese Seitenersetzung kann die **Least-Recently-Used**-Strategie (LRU) verwendet werden, da Programme mit höherer Wahrscheinlichkeit auf kürzlich zugegriffene Seiten wieder zugreifen.

Denken Sie sich ein Programm mit einer großen Schleife, die sich über neun virtuelle Seiten erstreckt, wobei aber der Computer nur über Platz für acht Seiten im physischen Speicher verfügt. Nachdem das Programm bei Seite 7 angekommen ist, sieht der Hauptspeicher wie in ▶Abbildung 6.6a aus. Schließlich folgt ein Versuch, einen Befehl von der virtuellen Seite 8 abzurufen, was einen Seitenfehler verursacht. Jetzt ist eine Entscheidung fällig, welche Seite zu entfernen ist. Der LRU-Algorithmus wählt die virtuelle Seite 0, weil sie am längsten nicht mehr verwendet wurde. Das Betriebssystem entfernt also die virtuelle Seite 0 und setzt an ihre Stelle die virtuelle Seite 8, womit sich die in ▶Abbildung 6.6b dargestellte Situation ergibt.

Nachdem das Programm die Befehle auf der virtuellen Seite 8 ausgeführt hat, verzweigt es zurück zum Schleifenanfang, der sich auf der virtuellen Seite 0 befindet. Dieser Schritt verursacht einen weiteren Seitenfehler. Die eben ausgelagerte Seite 0 muss wieder zurückgeholt werden. Der LRU-Algorithmus wählt nun Seite 1 zum Auslagern aus und es ergibt sich die Situation wie in ▶Abbildung 6.6c. Das Programm arbeitet eine Weile mit Seite 0 und versucht dann, einen Befehl von der virtuellen Seite 1 zu holen, was einen Seitenfehler hervorruft. Seite 1 muss zurück in den Hauptspeicher gebracht werden und Seite 2 wird ausgelagert.

(a)	(b)	(c)
virtuelle Seite 7	virtuelle Seite 7	virtuelle Seite 7
virtuelle Seite 6	virtuelle Seite 6	virtuelle Seite 6
virtuelle Seite 5	virtuelle Seite 5	virtuelle Seite 5
virtuelle Seite 4	virtuelle Seite 4	virtuelle Seite 4
virtuelle Seite 3	virtuelle Seite 3	virtuelle Seite 3
virtuelle Seite 2	virtuelle Seite 2	virtuelle Seite 2
virtuelle Seite 1	virtuelle Seite 1	virtuelle Seite 0
virtuelle Seite 0	virtuelle Seite 8	virtuelle Seite 8

Abbildung 6.6: Versagen des LRU-Algorithmus

Mittlerweile sollte klar sein, dass hier der LRU-Algorithmus ständig die ungünstigste Wahl trifft (andere Algorithmen versagen unter ähnlichen Bedingungen aber auch). Wenn allerdings der verfügbare Hauptspeicher die Größe des Arbeitsbereichs überschreitet, minimiert der LRU tendenziell die Häufigkeit von Seitenfehlern.

Ein weiterer Seitenersetzungsalgorithmus arbeitet nach der **FIFO**-Strategie (**First-In First-Out**). Er entfernt jeweils die erste geladene Seite (deren Ladevorgang am längsten zurückliegt) und zwar unabhängig davon, wann der letzte Zugriff auf die Seite erfolgt ist. Jedem Seitenrahmen ist ein Zähler zugeordnet. Anfangs werden alle Zähler auf 0 gesetzt. Nach der Bearbeitung eines Seitenfehlers wird der Zähler der momentan im Speicher befindlichen Seite um 1 erhöht und der Zähler für die gerade gelesene Seite auf 0 gesetzt. Ist es notwendig, eine Seite zu entfernen, so wird die Seite mit dem höchsten Zählerstand gewählt. Deshalb hat sie auch die höchste Anzahl von Seitenfehlern „miterlebt" und ist folglich geladen worden, bevor irgendeine andere der im Hauptspeicher befindlichen Seiten geladen worden ist. Demzufolge hat sie (hoffentlich) eine große A-priori-Chance, nicht mehr benötigt zu werden.

Ist der Arbeitsbereich größer als die Anzahl der verfügbaren Seitenrahmen, dann erzielt kein Algorithmus gute Ergebnisse und Seitenfehler treten verstärkt auf. Ein Programm, das häufig und fortwährend Seitenfehler erzeugt, führt zu einem Betriebszustand des Computers, den man als **Thrashing** (Dreschen) bezeichnet, da der Computer sozusagen nur leeres Stroh drischt. Es liegt auf der Hand, dass Thrashing ein unerwünschter Vorgang im System ist. Wenn ein Programm einen umfangreichen virtuellen Adressraum verwendet, aber nur einen kleinen, sich langsam ändernden Arbeitsbereich hat, der in den verfügbaren Hauptspeicher passt, gibt es kaum Probleme. Diese Beobachtung trifft auch dann zu, wenn das Programm im Laufe seines Lebens Hunderte Male mehr virtuellen Speicher als real vorhandenen Hauptspeicher verwendet hat.

Hat sich eine gerade auszulagernde Seite seit dem letzten Einlesen nicht geändert (was wahrscheinlich ist, wenn die Seite Programme und keine Daten enthält), so ist es nicht nötig, sie auf die Platte zurückzuschreiben, weil dort bereits eine genaue Kopie vorhanden ist. Wurde die Seite aber geändert, dann stimmt sie nicht mehr mit der Kopie auf der Platte überein und muss neu auf die Platte geschrieben werden.

Wenn sich bestimmen lässt, ob eine Seite seit dem letzten Einlesen unverändert geblieben ist (die Seite ist „clean") oder Speichervorgänge die Seite modifiziert haben (die Seite ist „dirty"), kann das Aktualisieren aller unveränderten Seiten entfallen, was eine ganze Menge Zeit spart. Bei vielen Computern ist in der MMU 1 Bit pro Seite vorgesehen, das beim Laden einer Seite auf 0 gesetzt wird. Das Mikroprogramm oder die Hardware setzt das Bit auf 1, wenn Speichervorgänge auf die Seite erfolgt sind (d.h., die Seite modifiziert ist). Anhand dieses Bits kann das Betriebssystem bestimmen, ob die Seite modifiziert oder unverändert ist, und folglich, ob sie neu geschrieben werden muss oder nicht.

6.1.5 Seitengröße und Fragmentierung

Wenn Programm und Daten des Benutzers gerade ein ganzzahliges Vielfaches der Seitengröße ausmachen, verschwenden sie im Hauptspeicher keinen Platz. Füllen sie dagegen die Seiten nicht genau mit einem ganzzahligen Vielfachen, so bleibt in der letzten Seite etwas ungenutzter Platz. Benötigen Programm und Daten beispielsweise 26.000 Bytes auf einem Computer mit 4096 Bytes pro Seite, dann sind die ersten sechs Seiten vollständig gefüllt, was insgesamt 6 × 4096 = 24.576 Bytes ergibt, während die letzte Seite 26.000 – 24.576 = 1424 Bytes enthält. Da Platz für 4096 Bytes pro Seite verfügbar ist, werden 2672 Bytes vergeudet. Befindet sich die siebente Seite im Speicher, belegen diese Bytes zwar Hauptspeicherplatz, bringen aber keinen Nutzen. Das Problem mit diesen verschwendeten Bytes nennt man **interne Fragmentierung** (Internal Fragmentation), weil die Verschwendung innerhalb bestimmter Seiten auftritt.

Beträgt die Seitengröße n Bytes, dann verschwendet die letzte Seite eines Programms durch die interne Fragmentierung durchschnittlich $n/2$ Bytes. Man könnte daraus ableiten, dass sich die Verschwendung durch geringe Seitengrößen minimieren lässt. Andererseits bedeutet eine kleine Seitengröße aber viele Seiten und damit eine große Seitentabelle. Wenn die Hardware für die Seitentabelle zuständig ist, sind bei einer großen Seitentabelle mehr Register erforderlich, um die Tabelle zu speichern, was die Kosten des Computers nach oben treibt. Außerdem dauert das Laden und Speichern dieser Register länger, wenn ein Programm gestartet oder angehalten wird.

Des Weiteren nutzen kleine Seiten die Plattenbandbreite schlecht aus. Angesichts einer Wartezeit (durch Such- und Drehverzögerungen) von rund 10 ms bis zum Beginn der Übertragung sind große Übertragungen effizienter als kleine. Bei einer Übertragungsrate von 100 MB/s dauert die Übertragung von 8 KB nur rund 70 µs länger als die von 1 KB.

Allerdings haben kleine Seiten auch einen Vorteil: Besteht der Arbeitsbereich aus einer großen Anzahl kleiner, getrennter Bereiche im virtuellen Adressraum, ist das Thrashing bei einer kleinen Seitengröße möglicherweise geringer als bei einer großen. Nehmen wir beispielsweise eine Matrix A mit 10.000 × 10.000 Elementen, die mit $A[1,1]$, $A[2,1]$, $A[3,1]$ usw. in aufeinanderfolgenden 8-Byte-Wörtern abgelegt ist. Diese nach Spalten geordnete Speicherorganisation bedeutet, dass die Elemente von Zeile 1 – $A[1,1]$, $A[1,2]$, $A[1,3]$ usw. – jeweils 80.000 Byte voneinander entfernt liegen. Ein Programm, das auf allen Elementen dieser Zeile umfangreiche Berechnungen durchführt, verwendet 10.000 Bereiche, die jeweils vom nächsten um 79.992 Byte getrennt sind. Beträgt die Seitengröße z.B. 8 KB, dann sind insgesamt 80 MB erforderlich, um alle verwendeten Seiten im Hauptspeicher unterzubringen.

Demgegenüber erfordert eine Seitengröße von 1 KB nur 10 MB RAM, um alle Seiten aufzunehmen. Besitzt ein Computer lediglich 32 MB Hauptspeicher, so muss man bei einer Seitengröße von 8 KB mit Thrashing rechnen, nicht aber bei einer Seitengröße von 1 KB. Betrachtet man alle Faktoren zusammen, geht der Trend jedenfalls in Richtung größerer Seiten. Heutzutage gilt ein Minimum von 4 KB.

6.1.6 Segmentierung

Der eben behandelte virtuelle Speicher ist eindimensional, weil die virtuellen Adressen in einem fortlaufenden Bereich von 0 bis zu einer maximalen Adresse liegen. Bei vielen Aufgabenstellungen können zwei oder mehr getrennte virtuelle Adressräume vorteilhafter sein als nur ein einziger. Beispielsweise legt ein Compiler während der Übersetzung mehrere Tabellen an:

1. Die Symboltabelle mit den Namen und Attributen von Variablen
2. Den für das ausgegebene Listing zu speichernden Quelltext
3. Eine Tabelle mit allen verwendeten Ganzzahl- und Gleitkommakonstanten
4. Den Syntaxbaum (Parse Tree) für die syntaktische Analyse des Programms
5. Den für Prozeduraufrufe innerhalb des Compilers benutzten Keller

Die ersten vier Tabellen wachsen mit fortschreitender Übersetzung ständig an. Für die letzte Tabelle lässt sich nicht vorhersagen, in welchem Maße sie während der Übersetzung wächst und schrumpft. Bei einem eindimensionalen Speicher müsste man diesen fünf Tabellen einen fortlaufenden Bereich im virtuellen Adressraum wie in ▶Abbildung 6.7 zuordnen.

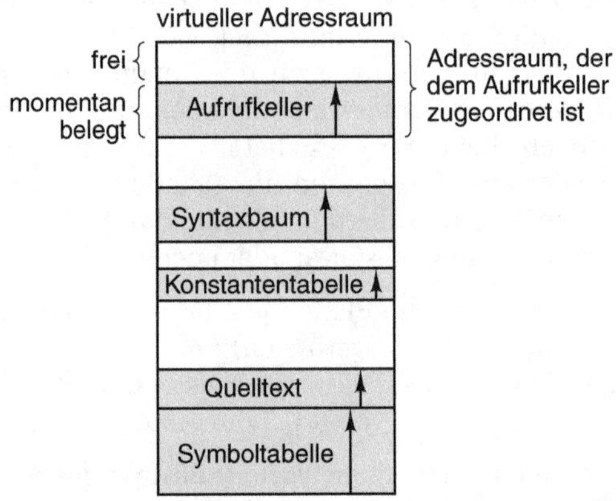

Abbildung 6.7: Bei einem eindimensionalen Adressraum mit wachsenden Tabellen kann eine Tabelle in eine andere übergehen

Was passiert, wenn ein Programm außergewöhnlich viele Variablen definiert? Der für die Symboltabelle im Adressraum zugeteilte Bereich füllt sich möglicherweise, auch wenn in den anderen Tabellen noch genügend Platz vorhanden ist. Der Compiler könnte natürlich einfach eine Meldung ausgeben, dass er die Übersetzung wegen zu vieler Variablen nicht fortsetzen kann. Das wäre angesichts des ungenutzten Platzes in den anderen Tabellen aber recht unfair.

Eine andere Variante lässt den Compiler Robin Hood spielen. Er nimmt sich Platz von den Tabellen, die im Überfluss schwelgen, und gibt ihn den Tabellen, in denen er knapp ist. Diese Umverteilung ist möglich, läuft aber auf die Verwaltung eigener Overlays hinaus – bestenfalls ärgerlich und umständlich, im ungünstigsten Fall den Aufwand nicht wert.

Prinzipiell muss man den Programmierer davon befreien, die wachsenden und schrumpfenden Tabellen zu verwalten, ähnlich wie es durch den virtuellen Speicher überflüssig wird, das Programm in Overlays zu organisieren.

Eine unkomplizierte Lösung stellt viele vollkommen voneinander unabhängige Adressräume – sogenannte **Segmente** – bereit. Jedes Segment besteht aus einer linearen Sequenz von Adressen. Die Länge jedes Segments kann zwischen 0 und dem zulässigen Maximum liegen. Verschiedene Segmente haben meistens unterschiedliche Längen. Außerdem kann sich die Segmentlänge während der Ausführung ändern. Die Länge eines Kellersegments nimmt zu, wenn etwas auf den Keller gelegt wird, und geht zurück, wenn Elemente vom Keller geholt werden.

Da jedes Segment einen getrennten Adressraum darstellt, können verschiedene Segmente unabhängig wachsen und schrumpfen, ohne sich gegenseitig zu beeinflussen. Braucht ein Keller in einem bestimmten Segment mehr Adressraum, kann er ihn bekommen, weil es nichts weiter in seinem Adressraum gibt, das ihn überlappt. Natürlich kann sich ein Segment komplett füllen, doch sind Segmente gewöhnlich sehr groß, sodass dies selten passiert. Um eine Adresse in diesem segmentierten oder zweidimensionalen Speicher zu spezifizieren, muss das Programm eine aus zwei Teilen bestehende Adresse liefern: eine Segmentnummer und eine Adresse innerhalb dieses Segments. ▶Abbildung 6.8 zeigt einen segmentierten Speicher für die oben beschriebenen Compiler-Tabellen.

Segmente sind getrennte lineare Adressräume, die unabhängig voneinander wachsen und schrumpfen können. Sie können für unterschiedliche Zwecke verwendet und der Zugriff kann entsprechend kontrolliert werden.

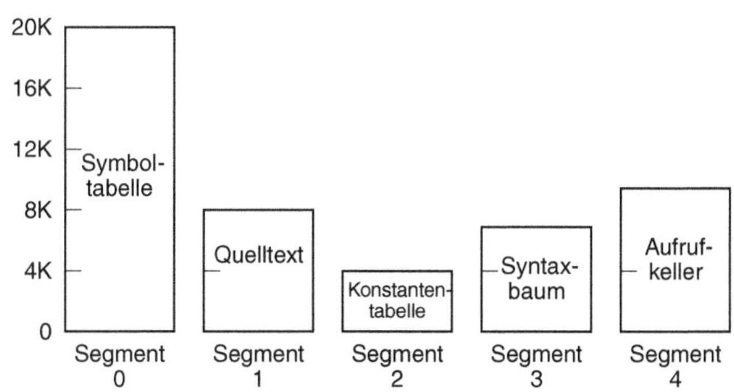

Abbildung 6.8: Bei einem segmentierten Speicher können die Tabellen unabhängig voneinander wachsen und schrumpfen

Es sei betont, dass ein Segment eine *logische* Einheit ist, die der Programmierer kennt und als einzelne logische Einheit verwendet. In einem Segment kann eine Prozedur, ein Datenfeld, ein Keller oder eine Sammlung von Skalarvariablen untergebracht sein, normalerweise enthält es aber keine Mischung unterschiedlicher Typen.

Ein segmentierter Speicher vereinfacht nicht nur den Umgang mit Datenstrukturen, die wachsen oder schrumpfen. Wenn jede Prozedur ein eigenes Segment mit 0 als Anfangsadresse belegt, lassen sich separat kompilierte Prozeduren sehr einfach miteinander binden. Nachdem alle Prozeduren, aus denen ein Programm besteht, kompiliert und gebunden sind, verwendet der Aufruf einer Prozedur in Segment n eine zweiteilige Adresse (n, 0), um das Wort 0 (den Einsprungspunkt) zu adressieren.

Wenn man die Prozedur in Segment n später ändert und neu kompiliert, muss man keine anderen Prozeduren anpassen (weil sich die Anfangsadressen nicht geändert haben), selbst wenn die neue Version größer als die alte ist. Bei einem eindimensionalen Speicher liegen die Prozeduren normalerweise ohne dazwischenliegenden Adressraum eng nebeneinander. Wenn sich die Größe einer Prozedur ändert, kann sich das auf die Anfangsadressen anderer Prozeduren auswirken, die mit der geänderten Prozedur nichts zu tun haben. Das erfordert wiederum die Anpassung aller Prozeduren, die eine der verschobenen Prozeduren aufrufen, um ihre neuen Anfangsadressen zu berücksichtigen. Enthält ein Programm Hunderte von Prozeduren, kann dieser Prozess sehr teuer sein.

Durch die Segmentierung ist es auch einfacher, Prozeduren oder Daten von mehreren Programmen gemeinsam zu nutzen. Laufen auf einem Computer mehrere Programme parallel (ob tatsächlich oder durch simulierte Parallelverarbeitung), die alle auf bestimmte Bibliotheksprozeduren zurückgreifen, dann wird wertvoller Hauptspeicher verschwendet, wenn man jedem Programm seine eigene private Kopie der Bibliotheksprozeduren bereitstellt. Indem man jede Prozedur in einem eigenen Segment unterbringt, lassen sich die Prozeduren ohne Weiteres gemeinsam nutzen und es ist nicht mehr erforderlich, mehrere Kopien der gemeinsam genutzten Prozedur physisch im Hauptspeicher zu halten. Letztlich spart man dadurch Speicherplatz.

Da jedes Segment eine logische Einheit bildet, die der Programmierer kennt, beispielsweise eine Prozedur, ein Datenfeld oder einen Keller, können verschiedene Segmente mit unterschiedlichen Schutzmechanismen versehen werden. Für ein Prozedursegment kann man nur den Modus „Ausführung“ zulassen, sodass es sich weder lesen noch schreiben lässt. Ein Gleitkommadatenfeld spezifiziert man für Lese-/Schreiboperationen, nicht aber für die Ausführung, und alle Versuche, zu diesem Datenfeld zu verzweigen, werden abgefangen. Ein derartiger Schutz ist häufig beim Aufspüren von Programmfehlern hilfreich.

Wieso sind solche Schutzmaßnahmen in einem segmentierten Speicher, aber nicht in einem eindimensionalen (d.h. linearen) Speicher sinnvoll? Bei einem segmentierten Speicher weiß der Benutzer, was sich in den einzelnen Segmenten befindet. Normalerweise enthält ein Segment nicht gleichzeitig eine Prozedur und einen Keller, sondern entweder das eine oder das andere. Da in jedem Segment nur ein Objekttyp vorkommt, lässt sich für das Segment der passende Schutz für den jeweiligen Typ realisieren. ▶Tabelle 6.1 stellt Seitenauslagerung und Segmentierung gegenüber.

Fragen	Seitenauslagerung	Segmentierung
Muss der Programmierer Kenntnis davon haben?	Nein	Ja
Wie viele lineare Adressräume sind vorhanden?	1	Viele
Kann der virtuelle Adressraum die Speichergröße übersteigen?	Ja	Ja
Lassen sich Tabellen mit variabler Größe leicht handhaben?	Nein	Ja
Warum wurde die Technik erfunden?	Zur Simulation großer Speicher	Zur Bereitstellung mehrerer Adressräume

Tabelle 6.1: Seitenauslagerung und Segmentierung im Vergleich

Der Inhalt einer Seite ist mehr oder weniger zufällig. Der Programmierer weiß nicht einmal, dass Seitenauslagerung stattfindet. Man könnte zwar in der Seitentabelle mit einigen Bits die zulässigen Zugriffsarten spezifizieren, doch dann müsste sich der Programmierer auch darum kümmern, wo die Seitengrenzen in seinem Adressraum liegen. Damit kommt man aber genau zu dem Verwaltungsmechanismus zurück, den die Seitenauslagerung abschaffen sollte. Da ein Benutzer des segmentierten Speichers den Eindruck hat, dass sich alle Segmente jederzeit im Hauptspeicher befinden, kann er sie adressieren, ohne sich mit der Verwaltung von Overlays herumschlagen zu müssen.

6.1.7 Implementierung der Segmentierung

Segmentierung lässt sich auf zweierlei Weise implementieren: Swapping und Paging. Beim Swapping befindet sich zu einem gegebenen Zeitpunkt ein bestimmter Segmentsatz im Speicher. Bei einem Verweis auf ein Segment, das sich momentan nicht im Speicher befindet, wird dieses geladen. Ist kein Platz dafür vorhanden, müssen ein oder mehrere Segmente zuerst auf die Platte geschrieben werden (wenn bereits eine unveränderte Kopie auf der Platte existiert, kann man die Speicherkopie einfach verwerfen). In gewissem Sinn ist das Swapping von Segmenten mit dem Demand Paging vergleichbar: Segmente werden nach Bedarf geholt und ausgelagert.

Allerdings unterscheidet sich die Implementierung der Segmentierung von der Seitenauslagerung in einem wichtigen Punkt: Seiten haben eine feste Größe, Segmente nicht. ▶Abbildung 6.9a zeigt als Beispiel einen physischen Speicher, der anfangs fünf Segmente enthält. Nun wird Segment 1 ausgelagert und durch das kleinere Segment 7 ersetzt, was zur Speicherkonfiguration von ▶Abbildung 6.9b führt. Zwischen Segment 7 und Segment 2 liegt ein ungenutzter Bereich – also ein Loch. Dann wird Segment 4 durch Segment 5 gemäß ▶Abbildung 6.9c und Segment 3 durch Segment 6 gemäß ▶Abbildung 6.9d ersetzt. Wenn das System eine Weile läuft, besteht der Speicher aus mehreren Blöcken, die zum Teil Segmente und zum Teil Löcher enthalten. Dieses Phänomen nennt man **externe Fragmentierung** (External Fragmentation), weil der verschwendete Platz außerhalb der Segmente in den Löchern dazwischenliegt. Durch das dabei entstehende schachbrettartige Muster spricht man auch von **Checkerboarding**.

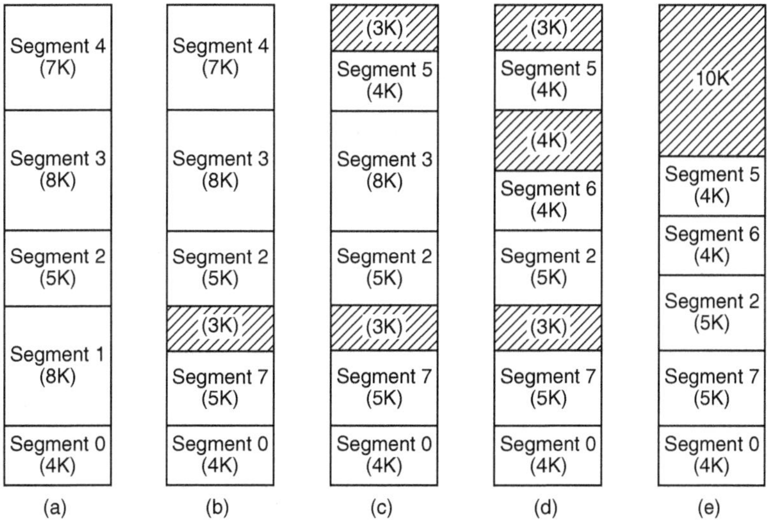

Abbildung 6.9: (a) – (d) Entstehung einer externen Fragmentierung (e) Beseitigen der externen Fragmentierung durch Komprimierung

Wie sieht es nun aus, wenn das Programm gerade dann auf Segment 3 zugreift, wenn der Speicher wie in Abbildung 6.9d stark fragmentiert ist? Die Löcher belegen insgesamt

10 K, was zwar für Segment 3 vollkommen genügt, da aber der Platz in kleine nutzlose Stücke aufgeteilt ist, lässt sich Segment 3 einfach nicht laden. Stattdessen muss zuvor ein anderes Segment entfernt werden.

Das Ein- und Auslagern von Segmenten kann zur Fragmentierung des physischen Speichers führen. Algorithmen zur **Komprimierung** verschieben Segmente, um größere freie Speicherbereiche bereitzustellen.

Externe Fragmentierung lässt sich zum Beispiel wie folgt vermeiden: Jedes Mal, wenn ein Loch erscheint, werden die nach dem Loch liegenden Segmente in Richtung Speicherstelle 0 verschoben, wodurch das Loch verschwindet, aber ein größeres Loch am Ende entsteht. Alternativ kann man warten, bis die externe Fragmentierung gravierende Ausmaße angenommen hat (z.B., wenn mehr als ein bestimmter Prozentsatz des gesamten Speichers in Löchern brachliegt), bevor man den Speicher komprimiert (d.h. die Löcher herausquetscht). ▶Abbildung 6.9e zeigt, wie der Speicher von Abbildung 6.9d nach einer Komprimierung aussieht. Die Speicherkomprimierung soll alle kleinen nutzlosen Löcher zu einem einzigen großen Loch zusammenfassen, in das ein oder mehrere Segmente passen. Nachteilig ist allerdings, dass die Komprimierung auch eine gewisse Zeit benötigt. Normalerweise ist es zu zeitaufwendig, die Komprimierung sofort zu starten, nachdem ein Loch entstanden ist.

Wenn die Zeit für das Komprimieren des Speichers unannehmbar groß ist, benötigt man einen Algorithmus, der ermittelt, welches Loch für ein bestimmtes Segment infrage kommt. Um die Löcher zu verwalten, ist eine Liste der Adressen und Größen aller Löcher zu führen. Der als **Best Fit** bezeichnete Algorithmus wählt das kleinste Loch, in das das benötigte Segment passt. Konzeptionell gleicht er Löcher und Segmente aufeinander ab und vermeidet es, von großen Löchern, die später vielleicht für ein großes Segment nützlich sind, kleinere Teile abzuspalten.

Ein weiterer bekannter Algorithmus namens **First Fit** durchsucht die Lochliste im Ringverfahren ab und wählt das erste Loch, das für ein bestimmtes Segment groß genug ist. Diese Vorgehensweise benötigt zweifellos weniger Zeit als die gesamte Liste wie bei Best Fit zu überprüfen. Überraschenderweise ist First Fit auch hinsichtlich der Gesamtleistung der bessere Algorithmus, da Best Fit eher viele kleine vollkommen unbrauchbare Löcher erzeugt [Knuth, 1997].

Tendenziell verringern beide Algorithmen die Lochgröße. Kommt ein Segment in ein etwas größeres Loch als das Segment selbst, was meistens der Fall ist, da die Größen nur selten exakt übereinstimmen, zerfällt das Loch in zwei Teile. Der eine Teil nimmt das Segment auf, der andere Teil bildet das neue Loch, das immer kleiner als das alte ist. Wenn es keinen Kompensationsmechanismus gibt, der aus kleinen Löchern wieder größere macht, füllen sowohl First Fit als auch Best Fit den Speicher letztendlich mit vielen kleinen nutzlosen Löchern.

Ein möglicher Kompensationsprozess läuft wie folgt ab: Sobald ein Segment aus dem Speicher entfernt wird und einer oder beide Nachbarn keine Segmente, sondern Löcher sind, verschmelzen sie zu einem großen Loch. Entfernt man beispielsweise bei der Aufteilung nach Abbildung 6.9d das Segment 5, so verschmelzen die bisher vom Segment belegten 4 KB und die beiden benachbarten Löcher zu einem 11 KB großen Loch.

Wie dieser Abschnitt eingangs festgestellt hat, lässt sich Segmentierung nach zwei Verfahren implementieren: Swapping und Paging. Bisher haben wir uns auf Swapping konzentriert. Bei diesem Schema werden ganze Segmente zwischen Speicher und Platte auf Anforderung umgelagert. Das andere Implementierungsverfahren teilt jedes Segment in Seiten fester Größe auf und wendet das Demand Paging an. Bei diesem Schema befinden sich möglicherweise einige Seiten eines Segments im Hauptspeicher und einige auf der

Platte. Um ein Segment in Seiten aufzuteilen, ist für jedes Segment eine Seitentabelle erforderlich. Da ein Segment lediglich ein linearer Adressraum ist, lassen sich alle bisher für die Seitenauslagerung behandelten Verfahren auf jedes Segment anwenden. Einzig neu ist hierbei, dass jedes Segment eine eigene Seitentabelle erhält.

Eines der ersten Betriebssysteme, das Segmentierung und Seitenauslagerung kombiniert, war **MULTICS (MULtiplexed Information and Computing Service)**, das gemeinsam von M.I.T., Bell Labs und General Electric entwickelt wurde [Corbató und Vyssotsky, 1965] und [Organick, 1972]. MULTICS-Adressen bestehen aus zwei Teilen: einer Segmentnummer und einer Adresse innerhalb des Segments. Für jeden Prozess gibt es ein Deskriptorsegment mit einem Deskriptor für jedes Segment. Wenn der Hardware eine virtuelle Adresse angeboten wird, dient die Segmentnummer als Index auf das Deskriptorsegment, um den Deskriptor für das adressierte Segment zu suchen (▶Abbildung 6.10). Der Deskriptor verweist auf die Seitentabelle, sodass sich jedes Segment auf die übliche Art und Weise in Seiten unterteilen lässt. Um die Leistung zu verbessern, werden die jeweils zuletzt verwendeten Segment-Seiten-Kombinationen in einem hardwareseitigen **Assoziativspeicher** (Associative Memory) mit 16 Einträgen aufbewahrt, der schnelle Suchoperationen ermöglicht. Obwohl MULTICS inzwischen der Vergangenheit angehört, hat es eine sehr lange aktive Phase hinter sich, vom 1965 bis zum 30. Oktober 2000, als das letzte MULTICS-System heruntergefahren wurde. Kaum ein anderes Betriebssystem hat 35 Jahre überdauert. Darüber hinaus lebt sein Geist noch weiter, weil der virtuelle Speicher aller Intel-CPUs seit dem 386 in enger Anlehnung daran modelliert wurde. Mit der Geschichte und anderen Aspekten von MULTICS beschäftigt sich die Site *www.multicians.org*.

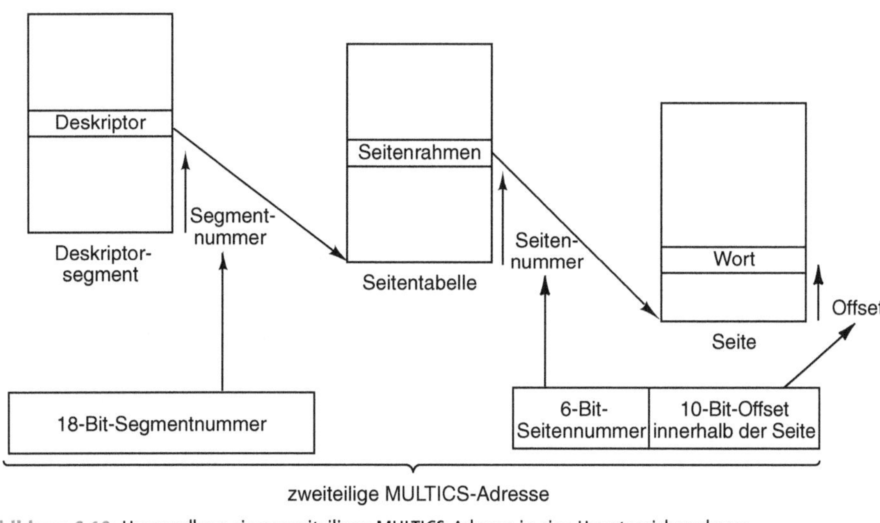

Abbildung 6.10: Umwandlung einer zweiteiligen MULTICS-Adresse in eine Hauptspeicheradresse

6.1.8 Virtueller Speicher im Core i7

Der Core i7 besitzt ein hoch entwickeltes virtuelles Speichersystem, das Demand Paging, reine Segmentierung und Segmentierung mit Paging unterstützt. Das Herzstück des virtuellen Speichers bilden zwei Tabellen: die **LDT (Local Descriptor Table)** und die **GDT (Global Descriptor Table)**. Jedes Programm hat seine eigene LDT, während alle Programme auf dem Computer eine einzelne GDT gemeinsam nutzen. Die LDT beschreibt Segmente, die zu jedem Programm lokal sind (einschließlich Code, Daten, Keller usw.), während die GDT Systemsegmente (einschließlich des Betriebssystems selbst) beschreibt.

Ein Core-i7-Programm lädt zuerst einen Selektor in eines der Segmentregister, um auf ein Segment zuzugreifen. Während der Programmausführung steht in `CS` der Selektor für das Codesegment, in `DS` der Selektor für das Datensegment, usw. Jeder Selektor ist eine 16-Bit-Zahl, die wie in ▶Abbildung 6.11 gezeigt aufgebaut ist.

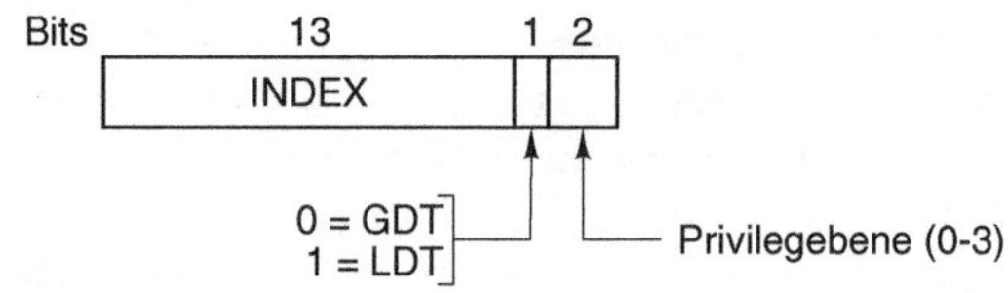

Abbildung 6.11: Ein Core-i7-Selektor

Eines der Selektorbits gibt Auskunft darüber, ob das Segment lokal oder global ist (d.h., ob es sich in der LDT oder in der GDT befindet). Weitere 13 Bits spezifizieren die Eintragsnummer in der LDT bzw. GDT, sodass diese Tabellen maximal 8 KB (2^{13}) Segmentdeskriptoren speichern können. Die restlichen zwei Bits beziehen sich auf Schutzmaßnahmen, worauf wir später eingehen. Deskriptor 0 ist ungültig, weil er einen Trap auslöst. Der Deskriptor lässt sich zwar gefahrlos in ein Segmentregister laden, um anzuzeigen, dass das Segmentregister momentan nicht verfügbar ist, löst bei Benutzung aber einen Trap aus.

Beim Laden eines Selektors in ein Segmentregister wird der entsprechende Deskriptor aus der LDT oder GDT geholt und in internen MMU-Registern gespeichert, damit er schnell zugänglich ist. Ein Deskriptor besteht aus 8 Bytes einschließlich der Basisadresse und Größe des Segments sowie weiterer Informationen (▶Abbildung 6.12).

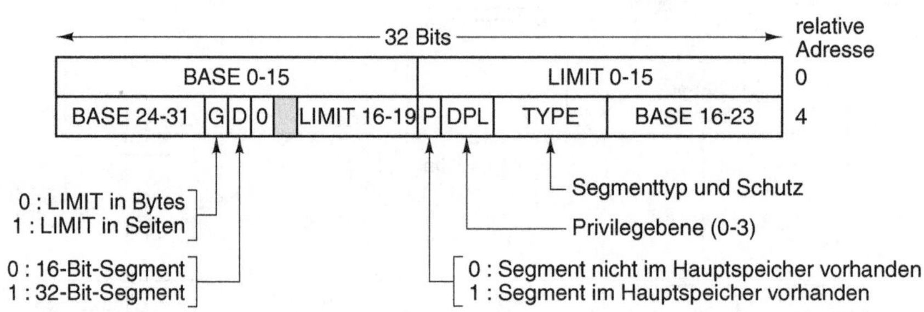

Abbildung 6.12: Deskriptor eines Core-i7-Codesegments. Datensegmente weichen davon geringfügig ab.

Das Format des Selektors ist so gestaltet, dass sich der Deskriptor leicht auffinden lässt. Als Erstes ergibt sich anhand von Bit 2 des Selektors, ob die LDT oder die GDT auszuwählen ist. Dann wird der Selektor in ein MMU-Notizregister kopiert und die drei niederwertigen Bits werden auf 0 gesetzt, was auf eine Multiplikation der 13-Bit-Selektornummer mit 8 hinausläuft. Schließlich wird die Adresse der LDT oder GDT (die in internen MMU-Registern stehen) addiert, was einen direkten Zeiger zum Deskriptor ergibt. Zum Beispiel verweist Selektor 72 auf den Eintrag 9 in der GDT, der sich an der Adresse GDT + 72 befindet.

Wir wollen nun die Schritte nachvollziehen, die ein Selektor-Offset-Paar in eine physische Adresse konvertieren. Sobald die Hardware das verwendete Segmentregister kennt, kann sie den vollständigen Deskriptor, der diesem Selektor entspricht, in ihren internen

Registern suchen. Wenn das Segment nicht existiert (Selektor 0) oder sich momentan nicht im Speicher befindet (P ist 0), tritt ein Trap auf. Beim ersten Fall handelt es sich um einen Programmfehler; beim zweiten muss man das Betriebssystem bemühen, um das Segment zu laden.

Dann prüft die Hardware, ob der Offset über das Ende des Segments hinausgeht. In diesem Fall tritt ebenfalls ein Trap auf. Der Logik nach sollte einfach ein 32-Bit-Feld im Deskriptor die Größe des Segments angeben. Da aber nur 20 Bits verfügbar sind, kommt ein anderes Verfahren zum Einsatz. Ist das Feld G (Granularität) 0, gibt das Feld LIMIT die genaue Segmentgröße an – bis zu maximal 1 MB. Ist es 1, enthält das Feld LIMIT die Segmentgröße in Seiten und nicht in Bytes. Die Seitengröße ist beim Core i7 nie kleiner als 4 KB, sodass 20 Bits für Segmente bis zu 2^{32} Byte ausreichen.

Unter der Annahme, das sich das Segment im Speicher befindet und der Offset innerhalb des definierten Bereichs liegt, addiert der Core i7 das 32-Bit-Feld BASE des Deskriptors zum Offset, um eine sogenannte **lineare Adresse** zu bilden (▶Abbildung 6.13). Das BASE-Feld wird in drei Teile zerlegt und wegen der Abwärtskompatibilität mit dem 80286, bei dem BASE nur über 24 Bits verfügt, über den Deskriptor verteilt. Dem BASE-Feld ist es letztlich zu verdanken, dass jedes Segment an einer beliebigen Stelle innerhalb des linearen 32-Bit-Adressraums beginnen kann.

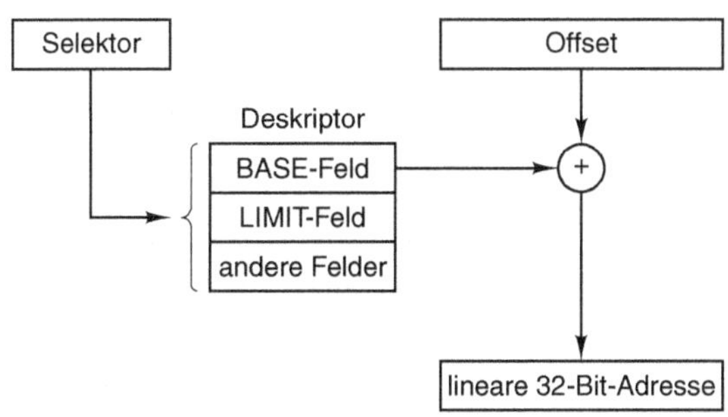

Abbildung 6.13: Umwandlung eines Selektor-Offset-Paars in eine lineare Adresse

Wenn Paging (über ein Bit in einem globalen Steuerregister) deaktiviert ist, wird die lineare Adresse als physische Adresse interpretiert und zum Lesen oder Schreiben an den Speicher geschickt. Somit haben wir bei deaktiviertem Paging ein reines Segmentierungsschema, bei dem die Basisadresse jedes Segments in dessen Deskriptor angegeben ist. Übrigens dürfen sich Segmente überlappen, was wahrscheinlich darauf zurückzuführen ist, dass es zu aufwendig und zeitraubend wäre, zu prüfen, ob sie alle voneinander getrennt sind.

Ist dagegen Paging aktiviert, wird die lineare Adresse als virtuelle Adresse interpretiert und mithilfe von Seitentabellen auf die physische Adresse abgebildet, genauso wie in unseren Beispielen. Kompliziert ist dabei nur, dass ein Segment bei einer 32 Bit großen virtuellen Adresse und einer Seitengröße von 4 KB 1 Million Seiten enthalten kann. Aus diesem Grund reduziert eine zweistufige Abbildung die Größe der Seitentabelle bei kleinen Segmenten.

Für jedes laufende Programm gibt es ein **Seitenverzeichnis** (Page Directory), das 1024 Einträge zu je 32 Bit umfasst. Es befindet sich an einer Adresse, auf die ein globales Register zeigt. Jeder Eintrag in diesem Verzeichnis verweist auf eine Seitentabelle, die ebenfalls 1024 Einträge zu je 32 Bit enthält. Die Einträge der Seitentabelle zeigen auf Seitenrahmen. Dieser Aufbau ist in Abbildung 6.14 dargestellt.

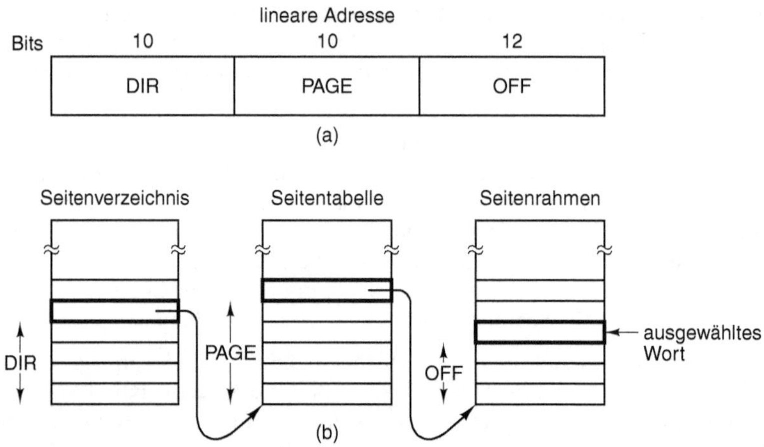

Abbildung 6.14: Abbildung einer linearen auf eine physische Adresse

▶Abbildung 6.14a zeigt eine lineare Adresse, die in drei Felder gegliedert ist: DIR, PAGE und OFF. Als Erstes dient das Feld DIR als Index auf das Seitenverzeichnis, um einen Zeiger auf die richtige Seitentabelle zu finden. Dann wird das Feld PAGE als Index auf die Seitentabelle verwendet, um die physische Adresse des Seitenrahmens zu ermitteln. Schließlich wird OFF zur Adresse des Seitenrahmens addiert, um die physische Adresse des adressierten Bytes oder Wortes zu erhalten.

Die Einträge der Seitentabelle sind je 32 Bit groß; 20 davon enthalten die Nummer eines Seitenrahmens. Die übrigen Bits enthalten Zugriffs- und Dirty-Bits („Schmutzbits"), die die Hardware für das Betriebssystem setzt, sowie Schutzbits und andere Hilfsbits.

Mehrstufige Seitentabellen reduzieren den Speicheraufwand, wenn Teile des Adressraums ungenutzt sind.

Da jede Seitentabelle Einträge für 1024 Seitenrahmen zu je 4 KB enthält, reicht eine Seitentabelle für 4 MB Speicher aus. Ein Segment, das kürzer als 4 MB ist, enthält ein Seitenverzeichnis mit einem einzigen Eintrag, d.h. einem Zeiger zu seiner einzigen Seitentabelle. Auf diese Weise beträgt der Verwaltungsaufwand (Overhead) bei kurzen Segmenten nur zwei Seiten und nicht die Millionen von Seiten, die bei einer einstufigen Seitentabelle erforderlich wären.

Um wiederholte Referenzen auf den Speicher zu vermeiden, besitzt die MMU des Core i7 spezielle Hardwareunterstützung, um schnell die zuletzt verwendeten DIR-PAGE-Kombinationen zu finden und sie auf die physische Adresse des korrespondierenden Seitenrahmens abzubilden. Die in Abbildung 6.14 gezeigten Schritte werden nur ausgeführt, wenn die aktuelle Kombination nicht kürzlich verwendet wurde.

Genau genommen muss bei aktivem Paging das BASE-Feld im Deskriptor gar nicht ungleich 0 sein. Das Feld BASE steuert lediglich einen kleinen Offset bei, um einen Eintrag in der Mitte des Seitenverzeichnisses statt am Anfang zu verwenden. BASE ist in erster Linie deshalb vorhanden, damit eine reine (nicht seitenorientierte) Segmentierung möglich ist und um die Abwärtskompatibilität mit dem alten 80286 sicherzustellen, der Paging nicht unterstützt.

Außerdem sei Folgendes erwähnt: Wenn eine bestimmte Anwendung keine Segmentierung braucht, sondern mit einem einzigen seitenorientierten 32-Bit-Adressraum zufrieden ist, lässt sich das leicht realisieren. In diesem Fall kann man alle Segmentregister mit dem gleichen Selektor einrichten, in dessen Deskriptor BASE = 0 und LIMIT auf Maximum gesetzt sind. Der Befehlsoffset ist dann die lineare Adresse, wobei nur ein Adressraum verwendet wird – es handelt sich hier also um herkömmliches Paging.

Das Thema virtueller Speicher im Core i7 ist damit prinzipiell abgeschlossen. Wir haben nur einen kleinen (aber häufig verwendeten) Teil des virtuellen Speichersystems im Core i7 betrachtet; dem motivierten Leser sei die Dokumentation des Core i7 empfohlen, die auch die virtuellen 64-Bit-Adresserweiterungen und die Unterstützung für virtualisierte physische Adressräume beschreibt. Bevor wir aber dieses Thema verlassen, sind noch ein paar Worte zum Schutz angebracht, da er eng mit dem virtuellen Speicher verbunden ist. Der Core i7 unterstützt vier Schutzebenen, wobei Ebene 0 die meisten und Ebene 3 die wenigsten Privilegien hat (▶Abbildung 6.15). Ein laufendes Programm befindet sich immer auf einer bestimmten Ebene, die durch ein 2-Bit-Feld im **PSW** (**Programmstatuswort**) definiert ist. Dabei handelt es sich um ein Hardwareregister, das Bedingungscodes und verschiedene weitere Statusbits enthält. Außerdem gehört jedes Segment im System zu einer bestimmten Ebene.

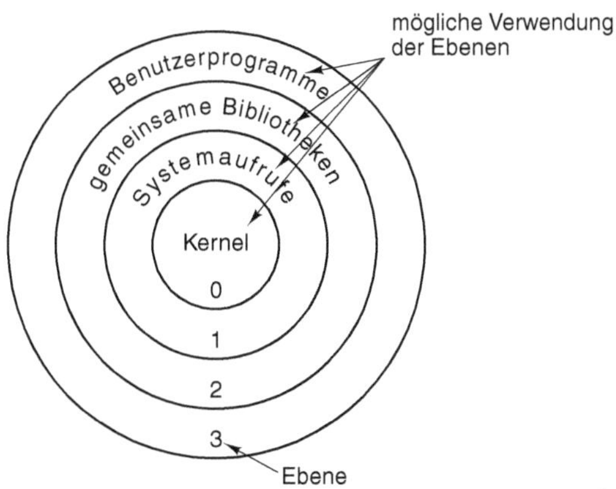

Abbildung 6.15: Schutzebenen des Core i7

Solange sich ein Programm darauf beschränkt, Segmente seiner eigenen Ebene zu verwenden, funktioniert alles bestens. Es ist zulässig, auf Daten einer höheren Ebene zuzugreifen. Dagegen sind Zugriffe auf Daten einer niedrigeren Ebene illegal und verursachen Traps. Aufrufe von Prozeduren auf einer anderen (höheren oder niedrigeren) Ebene sind zulässig, werden aber sorgfältig überwacht. Für einen ebenenübergreifenden Aufruf muss der `CALL`-Befehl einen Selektor anstelle einer Adresse enthalten. Dieser Selektor gibt einen als **Call-Gate** bezeichneten Deskriptor an, der die Adresse der aufzurufenden Prozedur liefert. Somit ist es nicht möglich, in die Mitte eines beliebigen Codesegments auf einer anderen Ebene zu verzweigen. Hierfür können nur offizielle Einsprungspunkte verwendet werden.

Abbildung 6.15 zeigt eine mögliche Verwendung dieses Mechanismus. Der Kernel des Betriebssystems auf Ebene 0 ist für Ein-/Ausgabe, Speicherverwaltung und andere kritische Systemdienste zuständig. Auf Ebene 1 befindet sich die Behandlungsroutine für Systemaufrufe. Benutzerprogramme können hier Prozeduren aufrufen, um Systemaufrufe ausführen zu lassen. Allerdings darf man nur Prozeduren von einer spezifischen und geschützten Liste aufrufen. Ebene 2 enthält Bibliotheksprozeduren, die alle laufenden Programme bei Bedarf gemeinsam nutzen. Benutzerprogramme dürfen diese Prozeduren aufrufen, aber nicht ändern. Schließlich laufen Benutzerprogramme auf Ebene 3, die den geringsten Schutz aufweist. Genau wie das System der Speicherverwaltung ist auch das Sicherheitssystem des Core i7 eng an MULTICS angelehnt.

Traps und Interrupts nutzen einen Mechanismus, der mit Call-Gates vergleichbar ist. Auch sie verweisen auf Deskriptoren statt auf absolute Adressen und diese Deskriptoren zeigen auf spezifische auszuführende Prozeduren. Das in Abbildung 6.12 angegebene Feld TYPE unterscheidet zwischen Codesegmenten, Datensegmenten und den verschiedenen Gate-Typen.

6.1.9 Virtueller Speicher in der OMAP4430 ARM-CPU

Die OMAP4430-ARM-CPU ist ein 32-Bit-Prozessor und unterstützt einen virtuellen Speicher mit Paging auf der Grundlage von virtuellen 32-Bit-Adressen, die in einen physischen 32-Bit-Adressraum übersetzt werden. Somit kann eine ARM-CPU bis zu 2^{32} Bytes (4 GB) physischen Speicher adressieren. Als Seitengrößen werden 4 KB, 64 KB, 1 MB und 16 MB unterstützt. ▶Abbildung 6.16 zeigt Speicherzuordnungen, die sich aus diesen vier Seitengrößen ergeben.

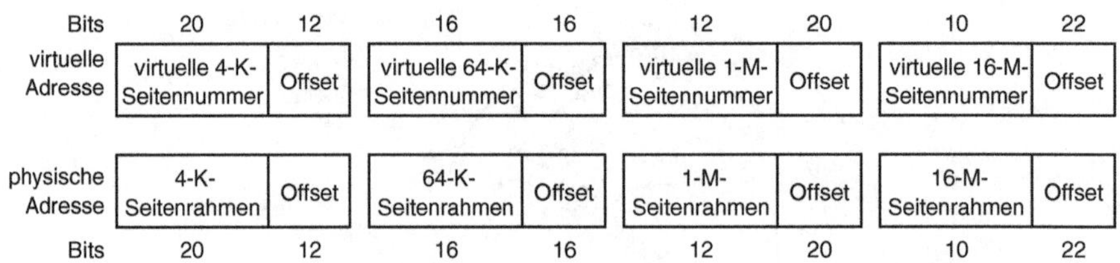

Abbildung 6.16: Abbildungen von virtuellen auf physische Adressen bei der OMAP4430-ARM-CPU

Die OMAP4430-ARM-CPU verwendet eine Seitentabellenstruktur ähnlich der beim Core i7. ▶Abbildung 6.17a zeigt die Seitentabellenzuordnung für eine virtuelle 4-KB-Adressseite. Der Eintrag in der Deskriptortabelle der ersten Ebene liefert die physische Adresse für die Deskriptortabelle der zweiten Ebene. Diese Adresse ergibt zusammen mit den nächsten 8 Bits der virtuellen Adresse die Adresse des Seitendeskriptors. Der Seitendeskriptor enthält die Adresse des physischen Seitenrahmens und Berechtigungsinformationen in Bezug auf Seitenzugriffe.

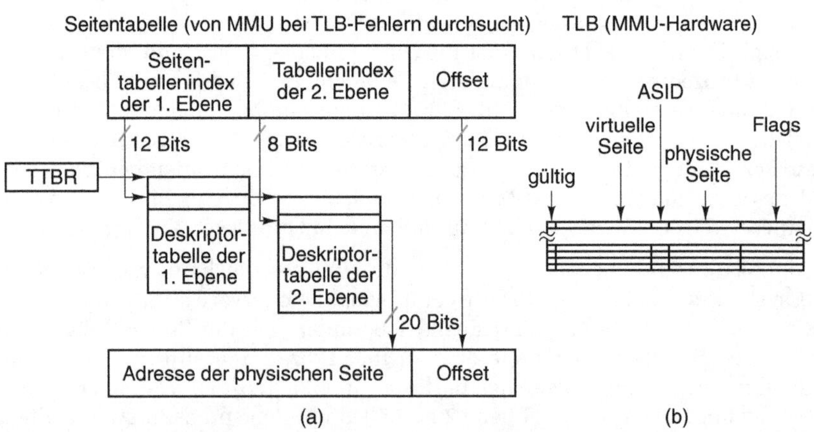

Abbildung 6.17: Datenstrukturen, die die OMAP4430-ARM-CPU bei der Übersetzung von virtuellen Adressen verwendet: (a) Adressübersetzungstabelle (b) TLB

Die virtuelle Speicherzuordnung der OMAP4430-ARM-CPU ist für vier Seitengrößen ausgelegt. Seitengrößen von 1 MB und 16 MB werden mit einem Seitendeskriptor abgebildet, der sich in der Deskriptortabelle der ersten Ebene befindet. In diesem Fall sind Tabellen für eine zweite Ebene nicht erforderlich, da alle Einträge auf dieselbe große physische Seite zeigen. Die 64-KB-Seitendeskriptoren stehen in der Deskriptortabelle der zweiten Ebene. Da jeder Eintrag in der Deskriptortabelle der zweiten Ebene 4 KB der virtuellen Adressseite auf eine physische 4-KB-Adressseite abbildet, sind bei 64-KB-Seiten 16 identische Deskriptoren in der Deskriptortabelle der zweiten Ebene erforderlich. Warum nun sollte ein vernünftiger Betriebssystemprogrammierer eine Seite als 64 KB deklarieren, wenn derselbe Platz genügte, um die Seite auf flexiblere 4-KB-Seiten abzubilden? Weil – wie wir gleich sehen werden – 64-KB-Seiten weniger TLB-Einträge benötigen, die eine entscheidende Ressource für gute Leistung sind.

Nichts bremst ein Programm mehr als ein einengender Speicherflaschenhals. Wenn Sie die Erläuterungen anhand von Abbildung 6.17 mitverfolgt haben, ist Ihnen sicherlich aufgefallen, dass für jeden Speicherzugriff des Programms zwei zusätzliche Speicherzugriffe für die Adressübersetzung anfallen. Dieser 200%ige Overhead beim Speicherzugriff für die Übersetzung virtueller Adressen würde jedes Programm zu einem lahmen Vehikel machen. Um diesen Flaschenhals zu vermeiden, stützt sich die OMAP4430-ARM-CPU auf eine als **TLB** (**Translation Lookaside Buffer**) bezeichnete Hardware-Tabelle, die virtuelle Seitennummern auf Nummern physischer Seitenrahmen abbildet. Für die 4-KB-Seitengröße gibt es 2^{20} virtuelle Seitennummern, d.h. über 1 Million. Natürlich lassen sich nicht alle davon abbilden.

Der **Translation Lookaside Buffer** ist ein Hardware-Cache für die Seitenabbildung. Hierdurch wird die Übersetzung virtueller Adressen von kürzlich verwendeten Seiten erheblich beschleunigt.

Stattdessen enthält der TLB nur die jeweils zuletzt verwendeten virtuellen Seitennummern. Befehls- und Datenseiten werden getrennt protokolliert, wobei der TLB die 128 zuletzt verwendeten virtuellen Seitennummern jeder Kategorie aufnimmt. Jeder TLB-Eintrag beinhaltet eine virtuelle Seitennummer und die Nummer des entsprechenden physischen Seitenrahmens. Erhält die MMU eine Prozessnummer – eine sogenannte **Adressraum-ID** (ASID) – und eine virtuelle Adresse innerhalb dieses Adressraums, dann vergleicht sie mit einer speziellen Schaltung die in ihr enthaltene virtuelle Seitennummer mit allen TLB-Einträgen auf einmal. Bei einem Treffer wird die Seitenrahmennummer dieses TLB-Eintrags mit dem Offset aus der virtuellen Adresse kombiniert, um eine 41 Bit große physische Adresse zu bilden und bestimmte Flags – beispielsweise Schutzbits – zu erzeugen. ▶Abbildung 6.17b zeigt den Aufbau des TLB.

Wird allerdings kein Treffer gefunden, so tritt ein **TLB-Fehler** (TLB Miss) auf, der eine „Hardwarewanderung" durch die Seitentabellen einleitet. Steht der Deskriptoreintrag für die neue physische Seite in der Seitentabelle, wird er daraufhin überprüft, ob sich die Seite im Speicher befindet. In diesem Fall wird seine korrespondierende Adressübersetzung in die TLB geladen. Ist die Seite nicht im Speicher präsent, dann startet eine Standardaktion für Seitenfehler. Da der TLB nur wenige Einträge enthält, ist es ziemlich wahrscheinlich, dass ein im TLB vorhandener Eintrag verdrängt wird. Spätere Zugriffe auf die verdrängte Seite ziehen erneut ein Durchsuchen der Seitentabellen nach sich, um eine Adressabbildung zu erhalten. Werden zu viele Seiten zu schnell aufgerufen, ist mit Thrashing des TLB und einem 200%igen Overhead für die Adressübersetzung bei den meisten Speicherzugriffen zu rechnen.

Es ist interessant, die virtuellen Speichersysteme des Core i7 und der OMAP4430-ARM-CPU zu vergleichen. Der Core i7 unterstützt reine Segmentierung, reines Paging und seitenorientierte Segmente. Die OMAP4430-ARM-CPU kennt ausschließlich Paging. Sowohl der Core i7 als auch der OMAP4430 können auf Hardware zurückgreifen, um die Seitentabelle zu durchsuchen und den TLB bei einem TLB-Fehler neu zu laden. Andere Architekturen wie zum Beispiel SPARC und MIPS geben bei einem TLB-Fehler einfach die Steuerung an das Betriebssystem ab. Diese Architekturen definieren speziell privilegierte Befehle, um den TLB zu manipulieren. Damit kann das Betriebssystem in der Seitentabelle suchen und TLB-Ladevorgänge ausführen, die für eine Adressübersetzung erforderlich sind.

6.1.10 Virtueller Speicher und Caching

Obwohl es auf den ersten Blick den Anschein hat, dass virtueller Speicher (mit Seitenanforderung) und Caching nichts miteinander zu tun haben, sind sich beide Konzepte sehr ähnlich. Beim virtuellen Speicher befindet sich das gesamte Programm auf der Festplatte und wird in Seiten fester Größe zerlegt. Einige Teilmengen dieser Seiten befinden sich im Hauptspeicher. Greift das Programm vorwiegend auf die Seiten im Hauptspeicher zu, so treten wenige Seitenfehler auf und das Programm läuft schnell. Beim Caching steht das gesamte Programm im Hauptspeicher und wird in Cache-Blöcke fester Größe zerlegt. Einige Teilmengen dieser Blöcke befinden sich im Cache. Greift das Programm vorwiegend auf die im Cache befindlichen Blöcke zu, dann gibt es wenige Cache-Fehler und das Programm läuft schnell. Konzeptionell sind beide Methoden identisch, sie arbeiten lediglich auf unterschiedlichen Ebenen in der Hierarchie.

Natürlich weisen virtueller Speicher und Caching einige Unterschiede auf. Erstens ist für Cache-Fehler die Hardware zuständig, während Seitenfehler in den Verantwortungsbereich des Betriebssystems fallen. Zweitens sind Cache-Blöcke normalerweise viel kleiner als Seiten (z.B. 64 Byte gegenüber 8 KB). Drittens unterscheidet sich die Abbildung zwischen virtuellen Seiten und Seitenrahmen. Die Indizes auf Seitentabellen leiten sich aus den höherwertigen Bits der virtuellen Adressen ab, während Cache-Indizes die niederwertigen Bits der Speicheradresse verwenden. Man muss aber berücksichtigen, dass diese Unterschiede die Implementierung betreffen. Das zugrunde liegende Konzept ist sehr ähnlich.

6.2 Hardwarevirtualisierung

Virtualisierung ermöglicht, mehrere virtuelle Server mit eigenem Betriebssystem auf einem physischen Server zu betreiben. Aktuelle Prozessoren unterstützen diese Virtualisierung mit Hardware, um das Konzept effizient realisieren zu können.

Herkömmliche Hardwarearchitekturen sind konzeptionell darauf ausgerichtet, jeweils nur ein Betriebssystem auszuführen. Da sich gemeinsam genutzte Rechenressourcen wie etwa Cloud-Computing-Server immer mehr durchsetzen, ist es von Vorteil, wenn sie mehrere Betriebssysteme auf einmal ausführen können. Zum Beispiel bieten Internet-Hosting-Dienste für zahlende Kunden ein vollständiges System, auf dem Webdienste erstellt werden können. Es wäre unzumutbar teuer, jedes Mal im Serverraum einen neuen Computer zu installieren, wenn sich ein neuer Kunde registriert. Stattdessen bedienen sich die Hosting-Dienste in der Regel der **Virtualisierung**, um auf ein und demselben Server mehrere vollständige Systeme einschließlich des Betriebssystems auszuführen. Nur bei zu starker Auslastung der vorhandenen Server muss der Hosting-Dienst im Serverpool einen neuen physischen Server installieren.

Es gibt zwar reine softwareorientierte Virtualisierungskonzepte, doch bremsen diese normalerweise das virtuelle System. Zudem setzen sie spezifische Betriebssystemanpassungen voraus oder nutzen komplexe Codeanalysatoren, um Programme dynamisch umzuschreiben. Wegen dieser Nachteile sind die Architekten dazu übergegangen, die OSM-Ebene der Architektur zu erweitern und effiziente Virtualisierung direkt per Hardware zu unterstützen.

Die in ▶Abbildung 6.18 dargestellte **Hardwarevirtualisierung** kombiniert Hardware- mit Softwareunterstützung und erlaubt die gleichzeitige Ausführung mehrerer Betriebssysteme auf ein und demselben physischen Computer. Für die einzelnen Benutzer erscheint jede virtuelle Maschine, die auf dem Hostcomputer läuft, wie ein vollständiges, eigenständiges Rechnersystem. Der **Hypervisor** ist eine Softwarekomponente, die dem Kernel eines Betriebssystems ähnelt und dafür zuständig ist, Instanzen von virtuellen Computern einzurichten und zu verwalten. Die Hardware liefert die für die Software sichtbaren Ereignisse, die der Hypervisor benötigt, um Freigaberichtlinien für CPU, Speicher und E/A-Geräte zu implementieren.

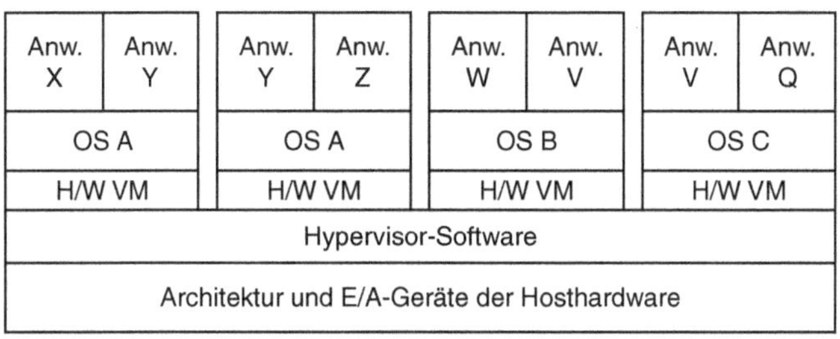

Abbildung 6.18: Durch Hardwarevirtualisierung lassen sich mehrere Betriebssysteme gleichzeitig auf derselben Hosthardware ausführen. Der Hypervisor implementiert die Freigabe von Speicher und E/A-Geräten auf dem Hostsystem.

Sind auf einem Hostcomputer mehrere virtuelle Computer vorhanden, die eventuell unterschiedliche Betriebssysteme ausführen, ergeben sich viele Vorteile. So sind Systemadministratoren für Serversysteme in der Lage, mehrere virtuelle Computer auf demselben physischen Server einzurichten und laufende virtuelle Computer zwischen Servern zu verschieben, um die Gesamtbelastung besser zu verteilen. Zudem haben sie eine feinstufigere Kontrolle über den Zugriff auf E/A-Geräte. Zum Beispiel lässt sich die Bandbreite eines virtualisierten Netzwerkanschlusses abhängig von den Dienstebenen der Benutzer gezielt zuteilen. Der einzelne Benutzer hat durch Virtualisierung die Möglichkeit, mehrere Betriebssysteme gleichzeitig auszuführen.

Um Virtualisierung in Hardware zu realisieren, dürfen alle Befehle in der Architektur nur auf die Ressourcen des aktuellen virtuellen Computers zugreifen. Für die meisten Befehle ist diese Forderung trivial. Zum Beispiel müssen arithmetische Befehle nur auf den Registersatz zugreifen. Dieser lässt sich virtualisieren, indem bei Kontextwechseln die Register des virtuellen Computers in den Registersatz des Hostcomputers kopiert werden. Etwas schwieriger ist es, Befehle für Speicherzugriffe (z.B. Lade- und Speicheroperationen) zu virtualisieren. Denn diese Befehle dürfen nur auf den physischen Speicher zugreifen, der dem momentan ausgeführten virtuellen Computer zugeteilt ist. In der Regel verfügt ein Prozessor, der Hardwarevirtualisierung unterstützt, eine zusätzliche Einrichtung für die Seitenabbildung, die die physischen Speicherseiten des virtuellen Computers auf die physischen Speicherseiten des Hostcomputers abbildet. Schließlich dürfen E/A-Befehle (einschließlich Memory Mapped I/O) nicht direkt auf physische E/A-Geräte zugreifen, da viele Virtualisierungsrichtlinien den Zugriff auf E/A-Geräte partitionieren. Diese feinstufige E/A-Steuerung erfolgt normalerweise mit Interrupts des Hypervisors, wenn ein virtueller Computer versucht, ein E/A-Gerät anzusprechen. Der Hypervisor kann dann die Zugriffsrichtlinien auf E/A-Ressourcen nach eigenem Ermessen implementieren. Die Virtualisierung unterstützt in der Regel einen bestimmten Satz von E/A-Geräten. Von den **Gastbetriebssystemen** (d.h. den Betriebssystemen, die auf den virtuellen Computern laufen) wird erwartet, dass sie diese unterstützten Geräte verwenden.

6.2.1 Hardwarevirtualisierung beim Core i7

Der Core i7 unterstützt Hardwarevirtualisierung über die Virtual Machine Extensions (VMX) – eine Kombination von Befehls-, Speicher- und Interrupt-Erweiterungen, die eine effiziente Verwaltung von virtuellen Computern erlauben. Die Speichervirtualisierung implementiert der Prozessor mit dem **EPT**-System (**Extended Page Table**), das bei Hardwarevirtualisierung aktiviert wird. Die EPT übersetzt physische Seitenadressen des virtuellen Computers in physische Hostadressen. Hierzu verwendet das System eine zusätzliche Seitentabellenstruktur über mehrere Ebenen, die bei einem TLB-Fehler auf einem virtuellen Computer durchlaufen wird. Der Hypervisor verwaltet diese Tabelle und ist somit in der Lage, jede gewünschte Freigaberichtlinie für physischen Speicher zu implementieren.

Die Virtualisierung von E/A-Operationen wird sowohl für Memory Mapped I/O als auch E/A-Befehle über eine erweiterte Interrupt-Unterstützung implementiert, wie sie in der **VMCS** (**Virtual Machine Control Structure**) definiert ist. Bei jedem Zugriff eines virtuellen Computers auf ein E/A-Gerät wird ein Hypervisor-Interrupt ausgelöst. Hat der Hypervisor den Interrupt empfangen, so kann er die E/A-Operation softwareseitig mithilfe der erforderlichen Richtlinien umsetzen, um die gemeinsame Nutzung der E/A-Geräte unter den virtuellen Computern zu ermöglichen.

6.3 E/A-Befehle auf OSM-Ebene

Der Befehlssatz der ISA-Ebene unterscheidet sich völlig vom Befehlssatz der Mikroarchitektur. Sowohl die ausführbaren Operationen als auch die für Befehle verfügbaren Formate sind auf beiden Ebenen gänzlich verschieden. Dass gelegentlich einige Befehle auf beiden Ebenen gleich sind, ist eher dem Zufall zuzuschreiben.

Demgegenüber enthält der Befehlssatz der OSM-Ebene die meisten Befehle der ISA-Ebene, wobei einige neue, aber wichtige Befehle hinzukommen und einige möglicherweise schädliche Befehle wegfallen. Die Ein-/Ausgabe ist einer der Bereiche, in denen sich die beiden Ebenen stark unterscheiden. Dieser Unterschied hat einen einfachen Grund: Wenn ein Benutzer in der Lage ist, E/A-Befehle der ISA-Ebene auszuführen, kann er auch vertrauliche Daten lesen, die irgendwo im System gespeichert sind, auf Terminals anderer Benutzer schreiben und im Allgemeinen sich selbst und anderen Ärger bereiten, da er die Sicherheit des Systems an sich bedroht. Ein rational denkender Programmierer wird von sich aus keine Ein-/Ausgaben auf ISA-Ebene programmieren wollen, weil sie recht mühsam und kompliziert sind. Er müsste Felder und Bits in mehreren Geräteregistern setzen, auf den Abschluss der Operationen warten und das Ergebnis auswerten. Beispielsweise haben Platten in der Regel Geräteregisterbits, um unter anderem folgende Fehler zu erkennen:

1. Fehler beim Positionieren des Kopfträgers
2. Nicht vorhandener Speicher als Puffer spezifiziert
3. Festplatten-Ein-/Ausgabe gestartet, bevor letzte Operation abgeschlossen ist
4. Zeitfehler beim Lesen
5. Nicht vorhandene Festplatte adressiert
6. Nicht vorhandener Zylinder adressiert
7. Nicht vorhandener Sektor adressiert
8. Prüfsummenfehler beim Lesen
9. Prüfsummenfehler nach Schreibvorgang

Tritt einer dieser Fehler auf, so wird das entsprechende Bit in einem Geräteregister gesetzt. Kaum ein Benutzer möchte die Mühe auf sich nehmen, alle diese Fehlerbits und umfangreiche, zusätzliche Statusinformationen auszuwerten.

6.3.1 Dateien

Die virtuelle Ein-/Ausgabe lässt sich mit einer Abstraktion organisieren, die man als **Datei** (File) bezeichnet. In ihrer einfachsten Form besteht eine Datei aus einer Folge von Bytes, die auf ein E/A-Gerät geschrieben werden. Handelt es sich bei dem E/A-Gerät um ein Speichergerät, z.B. eine Festplatte, dann lässt sich die Datei später wieder einlesen. Wenn das Gerät kein Speichergerät ist (z.B. ein Drucker), kann man sie natürlich nicht wieder einlesen. Auf eine Festplatte passen viele Dateien, jede mit einer bestimmten Art von Daten, beispielsweise ein Bild, ein Tabellenblatt oder der Text aus einem Buchkapitel. Dateien unterscheiden sich in ihren Längen und anderen Eigenschaften. Die Abstraktion einer Datei erlaubt es, virtuelle E/A-Operationen auf einfache Weise zu organisieren.

Wie oben beschrieben, ist eine Datei für das Betriebssystem normalerweise lediglich eine Bytefolge. Jede weitere Strukturierung bleibt den Anwendungsprogrammen überlassen. Die Ein-/Ausgabe von Dateien erfolgt über Systemaufrufe, die Dateien öffnen, lesen, schreiben und schließen. Bevor man eine Datei lesen kann, muss man sie zuerst öffnen. Die Vorgänge beim Öffnen einer Datei erlauben es dem Betriebssystem, die Datei auf der Festplatte zu suchen und Informationen in den Speicher zu lesen, die für den Zugriff auf die Datei erforderlich sind.

> Das Betriebssystem stellt Festplatten in Form von **Dateisystemen** den Anwendungen zur Verfügung. Es verwaltet die Dateien, realisiert E/A-Operationen und setzt Zugriffsberechtigungen durch.

Nachdem eine Datei geöffnet ist, kann sie gelesen werden. Der Systemaufruf `read` muss mindestens folgende Parameter haben:

1. Ein Hinweis, welche geöffnete Datei zu lesen ist
2. Ein Zeiger zu einem Puffer im Speicher, in dem die Daten abzustellen sind
3. Die Anzahl der zu lesenden Bytes

Der `read`-Aufruf überträgt die angeforderten Daten in den Puffer. Normalerweise gibt er die Anzahl der tatsächlich gelesenen Bytes aus, die kleiner als die angeforderte Anzahl sein kann (es ist nicht möglich, aus einer 1000 Byte großen Datei 2000 Bytes zu lesen).

Jeder geöffneten Datei ist ein Zeiger zugeordnet, der das nächste zu lesende Byte angibt. Nach einer `read`-Operation wird der Zeiger um die Anzahl der gelesenen Bytes weitergesetzt, sodass aufeinanderfolgende `read`-Operationen aufeinanderfolgende Datenblöcke aus der Datei lesen. Normalerweise lässt sich dieser Zeiger auch auf einen bestimmten Wert setzen, sodass Programme wahlfrei auf jeden beliebigen Teil der Datei zugreifen können. Hat ein Programm das Lesen einer Datei beendet, so kann es die Datei schließen, um das Betriebssystem darüber zu informieren, dass es die Datei nicht mehr verwendet. Damit kann das Betriebssystem den Tabellenplatz, in dem es die Informationen über die Datei gespeichert hat, freigeben.

Großrechner (die insbesondere bei Betreibern großer E-Commerce-Websites im Einsatz sind) laufen zum Teil noch unter herkömmlichen Betriebssystemen (viele aber auch unter Linux), die ein anderes Dateikonzept haben. Es lohnt sich, einen kurzen Blick darauf zu werfen, allein um zu zeigen, dass die Unix-Methode nicht den einzigen Weg darstellt. In diesen herkömmlichen Systemen ist eine Datei eine Folge **logischer Datensätze** (Logical Records), die jeweils eine genau definierte Struktur haben. Ein logischer Datensatz kann z.B. eine aus fünf Elementen bestehende Struktur aufweisen: zwei Zeichenfolgen („Name" und „Abteilungsleiter"), zwei Ganzzahlen („Abteilung" und „Büro") und ein boolescher Wert („GeschlechtIstWeiblich"). Einige Betriebssysteme unterscheiden zwischen Dateien, in denen alle Datensätze die gleiche Struktur aufweisen, und Dateien, die eine Mischung aus verschiedenen Datensatztypen aufweisen.

Der grundlegende virtuelle Eingabebefehl liest den nächsten Datensatz aus der angegebenen Datei und legt ihn im Hauptspeicher beginnend bei einer bestimmten Adresse ab (▶Abbildung 6.19). Um diese Operation auszuführen, muss man im virtuellen Befehl angeben, welche Datei er lesen und wo er den Datensatz im Speicher ablegen soll. Häufig gibt es Optionen, um einen bestimmten Datensatz zu lesen, wobei man entweder seine Position in der Datei oder seinen Schlüssel spezifizieren kann.

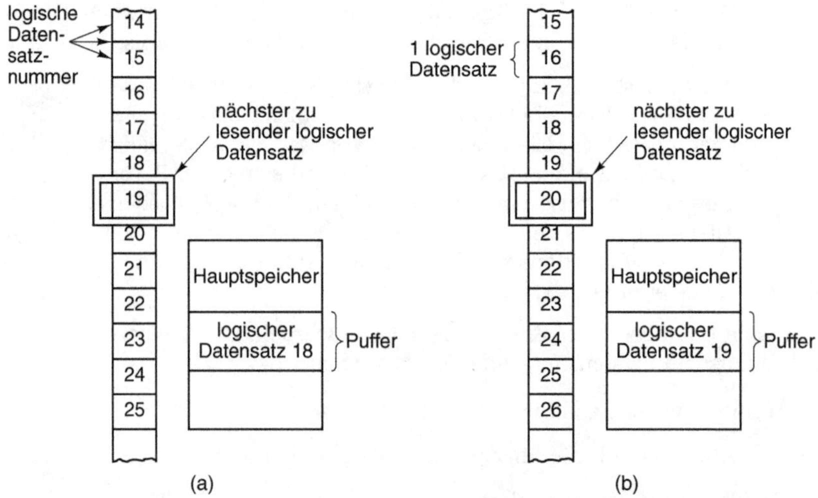

Abbildung 6.19: Lesen einer aus logischen Datensätzen bestehenden Datei: (a) vor dem Lesen von Datensatz 19 (b) nach dem Lesen von Datensatz 19

Der grundlegende virtuelle Ausgabebefehl schreibt einen logischen Datensatz vom Speicher in eine Datei. Aufeinanderfolgende sequenzielle `write`-Befehle produzieren aufeinanderfolgende logische Datensätze in der Datei.

6.3.2 Implementierung von E/A-Befehlen auf OSM-Ebene

Um zu verstehen, wie virtuelle E/A-Befehle implementiert werden, muss man zuerst untersuchen, wie Dateien organisiert und gespeichert werden. Dabei ist bei allen Dateisystemen zunächst die Zuordnung von Speicherplatz zu klären. Die Zuordnungseinheit (manchmal auch Block genannt) kann ein einzelner Plattensektor sein, sie besteht aber meistens aus einem Block aufeinanderfolgender Sektoren.

Als weitere grundlegende Eigenschaft eines Dateisystems ist festzulegen, ob eine Datei in aufeinanderfolgenden Zuordnungseinheiten gespeichert wird oder nicht. Abbildung 6.20 zeigt eine einfache Platte mit einer Oberfläche, die aus fünf Spuren mit je 12 Sektoren besteht. ▶Abbildung 6.20a stellt ein Zuordnungsschema dar, bei dem der Sektor die Basiseinheit der Platzzuordnung bildet und bei dem eine Datei aus fortlaufenden Sektoren besteht. Die fortlaufende Zuordnung von Dateiblöcken ist auf CD-ROMs üblich. Beim Zuordnungsschema in ▶Abbildung 6.20b bildet der Sektor die grundlegende Zuordnungseinheit, wobei jedoch eine Datei nicht unbedingt fortlaufende Sektoren belegen muss. Dies ist auf Festplatten (und natürlich auf Solid-State-Disks) die Norm.

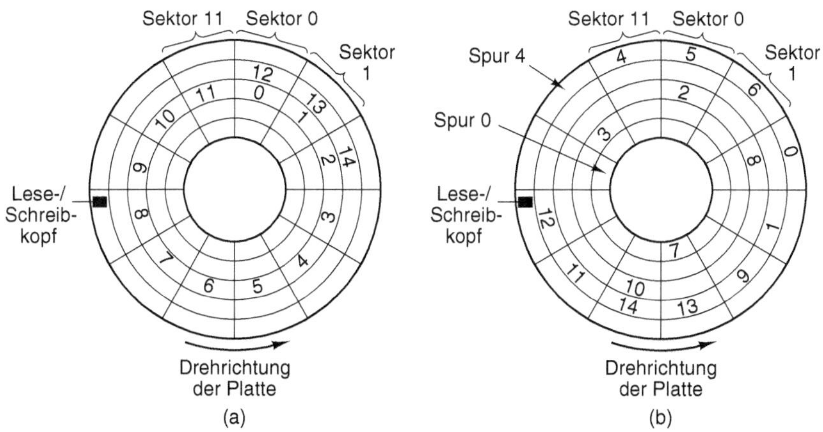

Abbildung 6.20: Strategien für die Zuordnung von Speicherplatz auf Festplatten: (a) eine Datei in aufeinanderfolgenden Sektoren (b) eine Datei in nicht fortlaufenden Sektoren

Anwendungsprogrammierer und Betriebssystem sehen allerdings eine Datei aus unterschiedlichen Blickwinkeln. Der Programmierer betrachtet die Datei als lineare Folge von Bytes oder logischen Datensätzen. Für das Betriebssystem ist die Datei eine geordnete, wenn auch nicht unbedingt fortlaufende Sammlung von Zuordnungseinheiten auf dem Datenträger.

Dateien werden durch eine Menge von Blöcken auf einer Festplatte realisiert. Die Blöcke können auf der Platte verteilt sein. Die Abbildung der Daten der Dateien auf die Blöcke wird vom Betriebssystem verwaltet.

Damit das Betriebssystem das Byte oder den logischen Datensatz *n* einer Datei auf Anfrage liefern kann, muss es die Daten irgendwie finden können. Ist die Datei fortlaufend gespeichert, dann muss das Betriebssystem nur die Stelle des Dateianfangs wissen, um die Position des angeforderten Bytes bzw. des logischen Datensatzes zu berechnen.

Wenn die einzelnen Teile der Datei nicht fortlaufend zugeordnet sind, ist es nicht möglich, die Position eines beliebigen Bytes oder logischen Datensatzes in der Datei allein aus dem Beginn der Datei zu berechnen. Hierfür ist eine Tabelle namens **Dateiindex** (File Index) erforderlich, in der die Zuordnungseinheiten und ihre tatsächlichen Plattenadressen verzeichnet sind. Der Dateiindex kann als Liste mit Adressen von Plattenblöcken (wie unter Unix), als Liste mit Läufen aufeinanderfolgender Blöcke (wie unter Windows 7) oder als Liste mit logischen Datensätzen organisiert sein, wobei jeweils die Plattenadresse und der Offset angegeben ist. Manchmal besitzt jeder logische Datensatz einen **Schlüssel** (Key). Programme können dann auf einen Datensatz nach seinem Schlüssel statt nach seiner logischen Datensatznummer zugreifen. In diesem Fall ist die dritte Organisationsart erforderlich, wobei jeder Eintrag nicht nur die Position des Datensatzes auf der Platte, sondern auch dessen Schlüssel enthält. Diese Organisation ist auf Großrechnern üblich.

Alternativ kann man die Datei als verkettete Liste organisieren, um die Zuordnungseinheiten der Datei aufzufinden. Dabei enthält jede Zuordnungseinheit die Adresse ihres Nachfolgers. Effizient lässt sich dieses Schema implementieren, wenn man die Tabelle mit allen Nachfolgeradressen im Hauptspeicher führt. Für eine Festplatte mit z.B. 64 K Zuordnungseinheiten kann das Betriebssystem im Hauptspeicher eine Tabelle mit 64 K Einträgen anlegen, wobei jeder Eintrag den Index seines Nachfolgers angibt. Belegt eine Datei zum Beispiel die Zuordnungseinheiten 4, 52 und 19, dann steht im Eintrag 4 der Tabelle der Index 52, im Eintrag 52 ist der Index 19 verzeichnet und schließlich enthält Eintrag 19 einen speziellen Code (z.B. 0 oder −1), der das Dateiende markiert. Auf diese Weise funktionieren die Dateisysteme von MS-DOS, Windows 95 und Windows 98. Neuere Windows-Versionen (2000, XP, Vista und 7) unterstützen dieses Dateisystem, besitzen aber auch ihr eigenes natives Dateisystem, das sich mehr an Unix orientiert.

Bisher haben wir zwar davon gesprochen, dass sich Dateien in aufeinanderfolgenden Einheiten oder in nicht aufeinanderfolgenden Einheiten auf einem Datenträger ablegen lassen, aber nicht angegeben, warum man beide Arten verwendet. Bei fortlaufend zugeordneten Dateien ist die Blockverwaltung einfacher. Ist aber die maximale Dateigröße im Voraus nicht bekannt, dann lässt sich dieses Verfahren kaum anwenden. Wenn eine Datei bei Sektor *j* beginnt und in aufeinanderfolgende Sektoren hineinwachsen darf, kollidiert sie möglicherweise mit einer anderen Datei in Sektor *k* und hat keinen Platz mehr, sich auszudehnen. Ist die Datei nicht fortlaufend zugeordnet, so entsteht bei einer solchen Situation kein Problem, weil sich nachfolgende Blöcke an beliebiger Stelle auf der Platte unterbringen lassen. Wenn eine Festplatte mehrere wachsende Dateien unbekannter Größe enthält, wäre es nahezu unmöglich, sie jeweils als fortlaufend zugeordnete Dateien zu speichern. Es ist zwar manchmal möglich, eine vorhandene Datei zu verschieben, doch ist das immer teuer in Bezug auf Zeit und Systemressourcen.

Steht dagegen die maximale Größe aller Dateien im Voraus fest, wie es beispielsweise beim Brennen einer CD-ROM der Fall ist, so kann das Aufzeichnungsprogramm jeder Datei eine Folge von Sektoren zuordnen, die genau der Dateilänge entspricht. Brennt man beispielsweise Dateien mit Längen von 1200, 700, 2000 und 900 Sektoren auf eine CD-ROM, dann kann man sie einfach bei den Sektoren 0, 1200, 1900 bzw. 3900 beginnen lassen (wobei wir hier das Inhaltsverzeichnis ignorieren). Ist der erste Sektor einer Datei bekannt, so lässt sich jeder beliebige Teil der Datei leicht finden.

Um Platz für eine Datei auf der Festplatte zuzuordnen, muss das Betriebssystem Buch darüber führen, welche Blöcke verfügbar und welche bereits von anderen Dateien belegt sind. Bei einer CD-ROM erfolgt diese Berechnung nur einmal und für alle Dateien im Voraus, auf einer Festplatte jedoch herrscht ein ständiges „Kommen und Gehen“ von Dateien. Eine Variante verwaltet in einer sogenannten **Freiliste** alle Lücken, wobei eine Lücke aus einer beliebigen Anzahl fortlaufender Zuordnungseinheiten besteht. ▶Abbildung 6.21a stellt die Freiliste der Festplatte von Abbildung 6.20b mit einem Sektor je Zuordnungseinheit dar.

Spur	Sektor	Anzahl der Sektoren im Loch
0	0	5
0	6	6
1	0	10
1	11	1
2	1	1
2	3	3
2	7	5
3	0	3
3	9	3
4	3	8

(a)

	Sektor											
Spur	0	1	2	3	4	5	6	7	8	9	10	11
0	0	0	0	0	0	1	0	0	0	0	0	0
1	0	0	0	0	0	0	0	0	0	0	1	0
2	1	0	1	0	0	0	1	0	0	0	0	0
3	0	0	0	1	1	1	1	1	1	0	0	0
4	1	1	1	0	0	0	0	0	0	0	0	1

(b)

Abbildung 6.21: Zwei Varianten, um die verfügbaren Sektoren zu verwalten: (a) eine Freiliste (b) eine Bitmap

Eine alternative Variante verwaltet eine Bitmap mit einem Bit pro Zuordnungseinheit, wie in ▶Abbildung 6.21b dargestellt. Ein auf 1 gesetztes Bit kennzeichnet eine bereits belegte Zuordnungseinheit und ein 0-Bit bedeutet, dass die Zuordnungseinheit noch verfügbar ist.

Bei der ersten Methode lässt sich leichter eine Lücke mit einer bestimmten Größe finden. Nachteilig ist aber, dass die Größe der Tabelle variiert. Wenn Dateien erstellt und gelöscht werden, schwankt die Länge der Liste zwangsläufig – eine unerwünschte Eigenschaft. Die Bittabelle hat den Vorteil, dass sie eine konstante Größe besitzt. Darüber hinaus lässt sich der Status einer Zuordnungseinheit leicht von „verfügbar" in „belegt" ändern, wenn das entsprechende Bit gesetzt wird. Die Suche eines Blocks mit einer bestimmten Größe gestaltet sich aber schwierig. Bei beiden Methoden ist es notwendig, die Zuordnungsliste bzw. die Bittabelle zu aktualisieren, wenn Platz für eine Datei auf der Platte zugeordnet oder freigegeben wird.

Bevor wir die Implementierung von Dateisystemen verlassen, ist noch eine Bemerkung zur Größe der Zuordnungseinheiten angebracht. Hier spielen mehrere Faktoren eine Rolle. Erstens werden Festplattenzugriffe vorwiegend von der Suchzeit und der Drehverzögerung beeinflusst. Hat man erst einmal 5 bis 10 ms investiert, um den Anfang einer Zuordnungseinheit zu finden, ist es weit besser, 8 KB (ca. 80 µs) statt 1 KB (ca. 10 µs) zu lesen, weil beim Lesen von 8 KB in Einheiten von je 1 KB insgesamt acht Suchoperationen erforderlich sind. Eine effiziente Übertragung spricht für große Zuordnungseinheiten. Durch den Preisverfall und die zunehmende Verbreitung von Solid-State-Disks ist dieses Argument allerdings gegenstandslos, da derartige Geräte überhaupt keine Suchzeit haben.

Ein weiteres Argument für große Zuordnungseinheiten ist die Tatsache, dass *kleine* Zuordnungseinheiten auch *viele* Zuordnungseinheiten bedeuten. Das zieht große Tabellen mit Dateiindizes oder umfangreiche verkettete Listen im Speicher nach sich. Für die Historiker: MS-DOS verwendete ursprünglich Zuordnungseinheiten von 1 Sektor (512 Bytes) und 16-Bit-Zahlen, um die Sektoren zu identifizieren. Da bei zunehmender Plattengröße bald die 64-K-Grenze für die Anzahl der Sektoren erreicht war, musste man größere Zuordnungseinheiten verwenden, damit die Anzahl der Zuordnungseinheiten nicht über 65536 hinausging und sich weiterhin 16-Bit-Zahlen verwenden ließen, um die Zuordnungseinheiten zu identifizieren. Die erste Ausgabe von Windows 95 hatte das gleiche Problem. Die darauffolgende Ausgabe (OSR 2) verwendete 32-Bit-Zahlen. Windows 98 unterstützte beide Größen.

Andererseits spricht für kleinere Zuordnungseinheiten, dass die Längen von Dateien nur selten ein ganzzahliges Vielfaches von Zuordnungseinheiten betragen. Fast jede Datei verschwendet also in der letzten Zuordnungseinheit Platz. Ist die Datei viel größer als die Zuordnungseinheit, dann beträgt der verschwendete Platz im Durchschnitt die Hälfte einer Zuordnungseinheit. Je größer die Zuordnungseinheit ist, umso größer ist die Platzverschwendung. Wenn die durchschnittliche Dateigröße kleiner als die Zuordnungseinheit ist, bleibt der meiste Festplattenplatz ungenutzt.

Beispielsweise hatten die Zuordnungseinheiten unter MS-DOS oder der ersten Ausgabe von Windows 95 auf einer Festplattenpartition von 2 GB eine Größe von 32 KB, sodass eine 100-Zeichen-Datei 32.668 Bytes an Festplattenplatz verschwendete. Durch den ständigen Preisverfall bei großen Festplatten ist heute eher die Zeiteffizienz (d.h. bessere Performance) maßgebend. Deshalb zeichnet sich eine Tendenz zu größeren Zuordnungseinheiten ab, wobei man den verschwendeten Festplattenplatz einfach akzeptiert.

6.3.3 Befehle für die Verzeichnisverwaltung

In der Anfangzeit der Rechentechnik befanden sich Programme und Daten auf Lochkarten, die in Aktenschränken aufbewahrt wurden. Als Programme und Daten an Größe und Anzahl zunahmen, wurde dies immer unpraktischer. Dies führte schließlich zu der Überlegung, als Alternative zu den Aktenschränken den Sekundärspeicher des Computers (z.B. die Festplatte) als Ablage für Programme und Daten zu verwenden. Informationen, die dem Computer direkt ohne menschlichen Eingriff zugänglich sind, gelten als **online**, im Gegensatz zu Informationen, die **offline** verfügbar sind und Benutzerhandlungen (z.B. eine CD-ROM einlegen, einen USB-Stick anschließen oder eine SD-Karte einstecken) erfordern, bevor der Computer darauf zugreifen kann.

Online-Informationen sind in Dateien gespeichert, die Programmen über die oben beschriebenen E/A-Befehle zugänglich sind. Allerdings sind zusätzliche Befehle notwendig, um die online gespeicherten Informationen zu verwalten, sie in zweckmäßigen Einheiten zu sammeln und vor unberechtigtem Zugriff zu schützen.

Dateien werden üblicherweise über einen Verzeichnisbaum organisiert. Die **Verzeichnisse** speichern Metainformationen, wie z.B. den Namen einer Datei, das Erstellungsdatum und die Zugriffsrechte.

Ein Betriebssystem organisiert Onlinedateien üblicherweise in **Verzeichnissen** (Directories). ▶Abbildung 6.22 zeigt ein Beispiel für eine Verzeichnisorganisation. Systemaufrufe werden mindestens für die folgenden Funktionen bereitgestellt:

1. Erstellen einer Datei und Eintragen in ein Verzeichnis
2. Löschen einer Datei aus einem Verzeichnis
3. Umbenennen einer Datei
4. Ändern des Schutzstatus einer Datei

In allen modernen Betriebssystemen können Benutzer mehrere Dateiverzeichnisse verwalten. Normalerweise ist jedes Verzeichnis selbst eine Datei und lässt sich als solches in einem anderen Verzeichnis auflisten. Auf diese Weise entsteht ein Verzeichnisbaum. Mehrere Verzeichnisse sind besonders für Programmierer nützlich, die an mehreren Projekten arbeiten. So können sie alle Dateien für ein bestimmtes Projekt in einem Verzeichnis zusammenfassen. Während der Arbeit an diesem Projekt treten dann keine Konflikte mit Dateien auf, die nicht dazugehören. Verzeichnisse sind auch für die Teamarbeit zweckmäßig, sodass die Mitglieder des Teams die relevanten Dateien gemeinsam nutzen können.

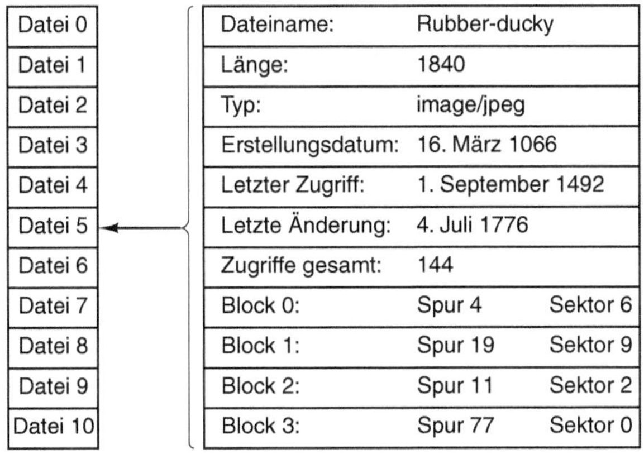

Abbildung 6.22: Ein Verzeichnis für Benutzerdateien und der Inhalt eines typischen Eintrags in einem Dateiverzeichnis

6.4 Befehle der OSM-Ebene für parallele Verarbeitung

Manche Berechnungen lassen sich am zweckmäßigsten für zwei oder mehr kooperierende Prozesse programmieren, die parallel (d.h. gleichzeitig auf verschiedenen Prozessoren) laufen, anstatt sie in einem einzigen Prozess auszuführen. Andere Berechnungen kann man in Teile zerlegen und diese dann parallel ausführen, um die für die Gesamtberechnung notwendige Zeit zu verringern. Damit mehrere Prozesse parallel arbeiten können, sind bestimmte virtuelle Befehle erforderlich, mit denen sich dieser Abschnitt beschäftigt.

Die Gesetze der Physik liefern einen weiteren Grund für das derzeitige Interesse an der parallelen Verarbeitung. Laut Einsteins Relativitätstheorie ist es unmöglich, elektrische Signale schneller als mit Lichtgeschwindigkeit zu übertragen – die Ausbreitungsgeschwindigkeit elektromagnetischer Wellen beträgt im Vakuum etwa 30 cm/ns (300 000 km/s) und liegt in Medien wie Kupferleitungen oder Glasfaserkabeln darunter. Diese Grenze hat wichtige Auswirkungen auf die Organisation von Computern. Braucht eine CPU beispielsweise Daten vom Hauptspeicher, der sich 30 cm entfernt befindet, dann dauert es mindestens 1 ns, bis die Anforderung im Speicher ankommt, und eine weitere Nanosekunde, bis die Antwort bei der CPU eintrifft. Folglich müssen Computer, die in Bruchteilen von Nanosekunden arbeiten, äußerst klein sein. Alternativ lässt sich eine höhere Arbeitsgeschwindigkeit erreichen, wenn man Computer mit vielen CPUs ausstattet. Ein Computer mit tausend 1-ns-CPUs kann (theoretisch) die gleiche Rechenleistung wie eine CPU mit einer Zykluszeit von 0,001 ns erreichen, lässt sich aber viel leichter und billiger konstruieren. Mit der Parallelverarbeitung beschäftigt sich *Kapitel 8* noch ausführlich.

Auf einem Computer mit mehr als einer CPU kann man jedem kooperierenden Prozess eine eigene CPU zuordnen, sodass die verschiedenen Prozesse simultan vorankommen. Ist nur ein Prozessor verfügbar, dann lässt sich die Wirkung der Parallelverarbeitung dadurch simulieren, dass der Prozessor die einzelnen Prozesse nacheinander in jeweils kurzen Intervallen ausführt. Mit anderen Worten teilen sich mehrere Prozesse ein und denselben Prozessor.

▶Abbildung 6.23 zeigt den Unterschied zwischen echter Parallelverarbeitung mit mehr als einem physischen Prozessor und der simulierten Parallelverarbeitung, bei der nur ein physischer Prozessor vorhanden ist. Doch auch die simulierte Parallelverarbeitung ist nützlich, da jeder Prozess über einen eigenen dedizierten virtuellen Prozessor verfügt. Die Kommunikationsprobleme, die bei der echten Parallelverarbeitung entstehen, gibt es auch im simulierten Fall. In beiden Fällen ist eine Fehlersuche und -beseitigung sehr schwierig.

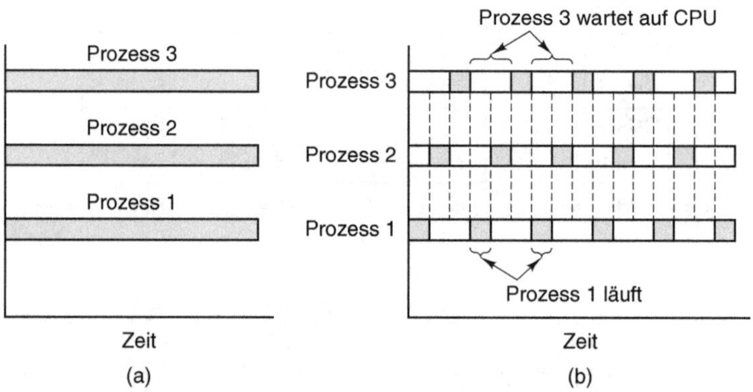

Abbildung 6.23: (a) Echte Parallelverarbeitung mit mehreren CPUs (b) Parallelverarbeitung, die durch Umschalten einer CPU zwischen drei Prozessen simuliert wird

6.4.1 Erstellen von Prozessen

Prozesse führen Programme auf den vorhandenen Prozessoren aus. Sie werden vom Betriebssystem verwaltet und durch ihren Status und ihren Adressraum charakterisiert. Kooperieren mehrere gleichzeitige Prozesse, so spricht man von Parallelverarbeitung.

Wird ein Programm ausgeführt, dann muss es als Teil eines bestimmten Prozesses laufen. Dieser Prozess wird ebenso wie alle anderen Prozesse durch einen Status und einen Adressraum charakterisiert, über den das Programm und die Daten zugänglich sind. Der Status beinhaltet mindestens den Programmzähler, ein Programmstatuswort, einen Kellerzeiger und die allgemeinen Register.

In den meisten modernen Betriebssystemen ist es möglich, Prozesse dynamisch zu erstellen und zu beenden. Um diese Eigenschaft umfassend für die Parallelverarbeitung nutzen zu können, ist ein Systemaufruf zur Erstellung neuer Prozesse erforderlich. Dieser Systemaufruf kann einfach einen Klon des Aufrufers erstellen oder es dem erstellenden Prozess erlauben, den Anfangsstatus des neuen Prozesses, einschließlich Programm, Daten und Anfangsadresse, zu spezifizieren.

In manchen Fällen behält der erstellende (übergeordnete oder Eltern-) Prozess ganz oder teilweise die vollständige Kontrolle über den erstellten (untergeordneten oder Kind-) Prozess. Zu diesem Zweck gibt es virtuelle Befehle, damit ein übergeordneter Prozess seine untergeordneten Prozesse anhalten, erneut starten, prüfen und beenden kann. In anderen Fällen hat ein übergeordneter Prozess weniger Kontrolle über seine untergeordneten Prozesse: Nachdem ein Prozess erstellt wurde, gibt es für den übergeordneten Prozess keine Möglichkeit mehr, ihn zu stoppen, neu zu starten, zu prüfen oder zu beenden. Die beiden Prozesse laufen unabhängig voneinander.

6.4.2 Race Conditions

In vielen Fällen müssen parallele Prozesse miteinander kommunizieren und sich synchronisieren, um ihre Arbeit zu bewältigen. Dieser Abschnitt beschäftigt sich anhand eines detaillierten Beispiels mit der Prozesssynchronisierung und den auftretenden Problemen. Im nächsten Abschnitt lernen Sie eine Lösung für diese Probleme kennen.

Gegeben sei eine Situation mit zwei unabhängigen Prozessen 1 und 2, die über einen gemeinsam genutzten Puffer im Hauptspeicher miteinander kommunizieren. Der Einfachheit halber nennen wir Prozess 1 den **Produzenten** (Producer) und Prozess 2 den **Konsumenten** (Consumer). Der Produzent berechnet Primzahlen und schreibt sie nacheinander in den Puffer. Der Konsument entnimmt sie nacheinander aus dem Puffer und gibt sie aus.

Diese beiden Prozesse laufen parallel mit unterschiedlichen Geschwindigkeiten ab. Stellt der Produzent fest, dass der Puffer voll ist, dann geht er in den Schlafzustand über. Das heißt, er stellt vorübergehend seine Arbeit ein und wartet auf ein Signal vom Konsumenten. Nachdem der Konsument wieder eine Zahl aus dem Puffer entnommen hat, sendet er ein Signal an den Produzenten, um ihn aufzuwecken – d.h., ihn erneut zu starten. Stellt der Konsument umgekehrt fest, dass der Puffer leer ist, so geht er schlafen und wacht erst wieder auf, wenn der Produzent eine Zahl in den leeren Puffer gestellt hat.

Bei diesem Beispiel benutzen wir einen Ringpuffer für die prozessübergreifende Kommunikation. Die Zeiger *in* und *out* werden wie folgt verwendet: *in* zeigt auf das nächste freie Wort (in das der Produzent die nächste Primzahl schreibt) und *out* auf die nächste Zahl, die vom Konsumenten zu entnehmen ist. Wenn *in* = *out* ist, wie ▶Abbildung 6.24a zeigt, ist der Puffer leer. Nachdem der Produzent einige Primzahlen erzeugt hat, liegt eine Situation wie in ▶Abbildung 6.24b vor. ▶Abbildung 6.24c zeigt den Puffer, nachdem der Konsument einige Primzahlen für die Ausgabe entnommen hat. ▶Abbildung 6.24d–f stellt die Wirkung der laufenden Pufferaktivität dar. Kopf und Fuß des Puffers berühren sich logisch, d.h., der Puffer arbeitet zirkulär oder umlaufend. Wenn bei einem plötzlich auftretenden Eingabestrom (Burst) der Zeiger *in* einmal umgelaufen ist und sich nur noch ein Wort hinter *out* befindet (z.B. *in* = 52 und *out* = 53), ist der Puffer voll. Das letzte Wort wird nicht verwendet, da man sonst nicht erkennen kann, ob *in* = *out* einen vollen oder leeren Puffer bedeutet.

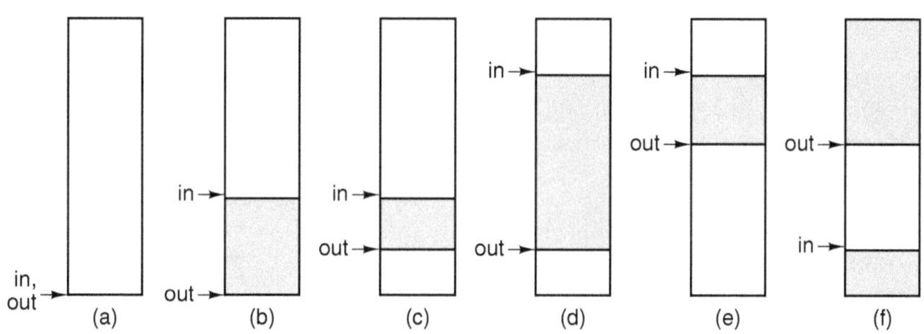

Abbildung 6.24: Verwendung eines Ringpuffers

▶Listing 6.1 zeigt eine einfache Möglichkeit, das Produzenten-Konsumenten-Problem in Java zu implementieren. Diese Lösung verwendet drei Klassen: *m*, *producer* und *consumer*. Die Klasse *m* (main) enthält einige Konstantendefinitionen, die Pufferzeiger *in* und *out* sowie den Puffer selbst, der bei diesem Beispiel 100 Primzahlen aufnimmt und von *buffer[0]* bis *buffer[99]* reicht. Die eigentliche Arbeit findet in den Klassen *producer* und *consumer* statt.

```
public class m {
  final public static int BUF_SIZE = 100;              // Puffer läuft von 0 bis 99
  final public static long MAX_PRIME = 100000000000L; // Hier anhalten
  public static int in = 0, out = 0;                   // Zeiger auf die Daten
  public static long buffer[ ] = new long[BUF_SIZE];   // Primzahlen hier speichern
  public static producer p;                            // Produzent
  public static consumer c;                            // Konsument

  public static void main(String args[ ]) {            // Klasse main
    p = new producer();                                // Produzent erstellen
    c = new consumer();                                // Konsument erstellen
    p.start();                                         // Produzent starten
    c.start();                                         // Konsument starten
  }

  // Hilfsfunktion, die in und out zirkulär inkrementiert
  public static int next(int k) {if (k < BUF_SIZE - 1) return(k+1); else return(0);}
}

class producer extends Thread {                        // Produzentenklasse
  public void run() {                                  // Produzentencode
    long prime = 2;                                    // Notizvariable

    while (prime < m.MAX_PRIME) {
      prime = next_prime(prime);                       // Anweisung P1
      if (m.next(m.in) == m.out) suspend();            // Anweisung P2
      m.buffer[m.in] = prime;                          // Anweisung P3
      m.in = m.next(m.in);                             // Anweisung P4
      if (m.next(m.out) == m.in) m.c.resume();         // Anweisung P5
    }
  }

  private long next_prime(long prime){ ... }           // Funktion, die nächste
Primzahl berechnet
}

class consumer extends Thread {                        // Konsumentenklasse
  public void run() {                                  // Konsumentencode
    long emirp = 2;                                    // Notizvariable
    while (emirp < m.MAX_PRIME) {
      if (m.in == m.out) suspend();                    // Anweisung C1
      emirp = m.buffer[m.out];                         // Anweisung C2
      m.out = m.next(m.out);                           // Anweisung C3
      if (m.out == m.next(m.next(m.in))) m.p.resume();// Anweisung C4
      System.out.println(emirp);                       // Anweisung C5
    }
  }
}
```

Listing 6.1: Parallelverarbeitung mit einer fatalen Race Condition

Diese Lösung simuliert parallele Prozesse mithilfe von Java-Threads. Die Klassen *producer* und *consumer* werden mit den Objektvariablen *p* bzw. *c* instanziiert. Beide Klassen sind von der Basisklasse *Thread* abgeleitet, die über eine Methode *run* verfügt und den

Code für den Thread enthält. Wird die Methode *start* eines von *Thread* abgeleiteten Objekts aufgerufen, so startet ein neuer Thread.

Jeder Thread ähnelt einem Prozess, außer dass alle Threads innerhalb eines einzelnen Java-Programms im selben Adressraum laufen. Dies ist zweckmäßig, weil sie einen Puffer gemeinsam nutzen können. Hat der Computer zwei oder mehrere CPUs, kann jeder Thread für eine andere CPU geplant werden, was echte Parallelität erlaubt. Ist nur eine CPU vorhanden, dann teilen sich alle Threads zeitlich versetzt dieselbe CPU. Wir sprechen im weiteren Verlauf bei Produzent und Konsument von Prozessen (da wir eigentlich an parallelen Prozessen interessiert sind), obwohl Java nur parallele Threads und keine echten parallelen Prozesse unterstützt.

Race Conditions erzeugen Fehler in parallelen Programmen, die abhängig von der Ausführungsgeschwindigkeit nur sporadisch auftreten.

Mit der Hilfsfunktion *next* lassen sich *in* und *out* leicht inkrementieren, ohne dass jedes Mal Code erforderlich ist, um die Bedingung für das „Umschlagen" der Zeiger (von oben nach unten) zu überprüfen. Wenn der an *next* übergebene Parameter 98 oder kleiner ist, gibt die Funktion die nächstgrößere Ganzzahl zurück. Bei 99 ist das Ende des Puffers erreicht und die Funktion gibt 0 zurück.

Wir brauchen eine Möglichkeit, damit sich einer der Prozesse schlafen legt, wenn er nicht fortfahren kann. Die Java-Designer haben diese Notwendigkeit erkannt und die Methoden *suspend* (suspendieren, d.h. schlafen) und *resume* (fortsetzen, d.h. aufwachen) in die Klasse *Thread* gleich ab der ersten Version von Java eingebunden. Der Code in Listing 6.1 greift darauf zurück.

Jetzt kommen wir zum eigentlichen Code für Produzent und Konsument. Zuerst generiert der Produzent in der Anweisung P1 eine neue Primzahl. Beachten Sie hier die Notation *m.MAX_PRIME*. Das Präfix *m* mit dem nachfolgenden Punkt ist erforderlich, um auf *MAX_PRIME* in der Klasse *m* zu verweisen. Aus dem gleichen Grund ist dieses Präfix auch für *in*, *out*, *buffer* und *next* erforderlich.

Dann prüft der Produzent (in P2), ob *in* um 1 hinter *out* liegt. Trifft dies zu (z.B. *in* = 62 und *out* = 63), so ist der Puffer voll und der Produzent geht schlafen, indem er in P2 *suspend* aufruft. Ist der Puffer nicht voll, dann wird die neue Primzahl in den Puffer eingefügt (P3) und *in* inkrementiert (P4). Wenn der Test in P5 ergibt, dass der neue Wert von *in* um 1 höher als der von *out* ist (z.B. *in* = 17 und *out* = 16), müssen *in* und *out* vor dem Inkrementieren von *in* gleich gewesen sein. Der Produzent schließt daraus, dass der Puffer leer gewesen ist und dass der Konsument geschlafen hat und immer noch schläft. Deshalb ruft der Produzent *resume* auf, um den Konsumenten aufzuwecken (P5). Schließlich beginnt der Produzent, sich nach der nächsten Primzahl umzusehen.

Das Programm für den Konsumenten ist von der Struktur her ähnlich. Zunächst testet es, ob der Puffer leer ist (C1). Trifft dies zu, dann gibt es für den Konsumenten nichts zu tun und er geht schlafen. Wenn der Puffer nicht leer ist, holt der Konsument die als Nächstes auszugebende Zahl (C2) und inkrementiert *out* (C3). Steht *out* jetzt zwei Positionen vor *in* (C4), muss er eine Position vor *in* gelegen haben, bevor er inkrementiert wurde. Da *in* = *out* − 1 einen vollen Puffer bedeutet, muss der Produzent gerade schlafen. Deshalb weckt der Konsument den Produzenten mit *resume* auf. Schließlich gibt der Konsument die Zahl aus (C5) und der Zyklus wiederholt sich.

Leider enthält dieses Design einen verhängnisvollen Mangel, den Abbildung 6.25 veranschaulicht. Wir eingangs erwähnt, laufen beide Prozesse asynchron und mit unterschiedlichen – möglicherweise sogar wechselnden – Geschwindigkeiten. Sehen Sie sich nun den Fall an, bei dem nur eine Zahl (in Eintrag 21) im Puffer übrig bleibt und die Zeiger wie in ▶Abbildung 6.25a auf *in* = 22 und *out* = 21 stehen. Der Produzent befindet sich bei Anweisung P1 und sucht nach einer neuen Primzahl, der Konsument ist bei C5 mit der Ausgabe der Zahl in Position 20 beschäftigt. Der Konsument beendet die Ausgabe der Zahl, führt den Test in C1 durch und entnimmt die letzte Zahl in C2 aus dem Puffer. Dann inkrementiert er *out*. Zu diesem Zeitpunkt haben sowohl *in* als auch *out* den Wert 22. Der Konsument gibt die Zahl aus und geht zu C1, wo er *in* und *out* aus dem Speicher holt, um sie zu vergleichen, wie es in ▶Abbildung 6.25b zu sehen ist.

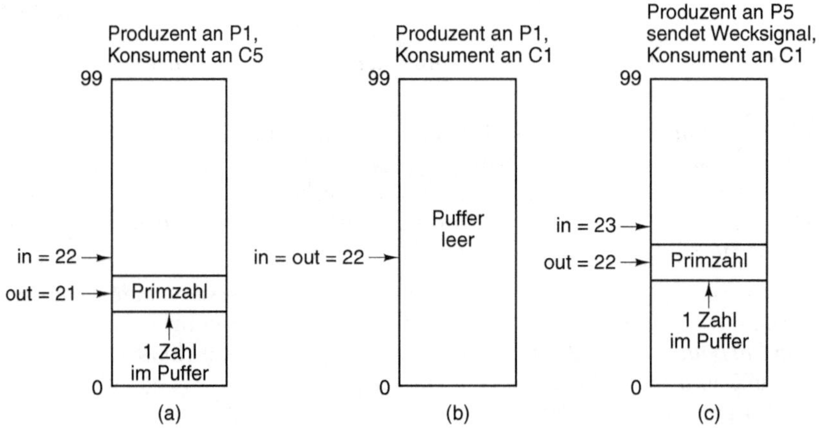

Abbildung 6.25: Der Kommunikationsmechanismus zwischen Produzent und Konsument schlägt fehl

Genau in diesem Augenblick – nachdem der Konsument *in* und *out* abgerufen hat, aber noch bevor er beide vergleicht – findet der Produzent die nächste Primzahl. Er schreibt sie bei P3 in den Puffer und inkrementiert *in* bei P4. Jetzt lauten die Werte *in* = 23 und *out* = 22. An P5 entdeckt der Produzent, dass *in* = *next(out)* ist. Mit anderen Worten ist *in* um 1 höher als *out*, was besagt, dass sich jetzt ein Element im Puffer befindet. Der Produzent schließt (irrtümlich) daraus, dass der Konsument schlafen muss. Deshalb sendet er ein Wecksignal (d.h., er ruft *resume* auf), wie in ▶Abbildung 6.25c dargestellt. Natürlich ist der Konsument noch wach und das Wecksignal geht verloren. Der Produzent sucht nun nach der nächsten Primzahl.

Zu diesem Zeitpunkt fährt der Konsument fort. Er hat *in* und *out* bereits aus dem Speicher abgerufen, bevor der Produzent die letzte Zahl in den Puffer geschrieben hat. Da beide den Wert 22 haben, legt sich der Konsument schlafen. Nun findet der Produzent eine weitere Primzahl. Er prüft die Zeiger und findet *in* = 24 und *out* = 22. Deshalb nimmt er an, dass sich im Puffer zwei Zahlen befinden (wahr) und der Konsument wach ist (falsch). Der Produzent setzt seine Schleife fort. Schließlich füllt er den Puffer und geht schlafen. Nun schlafen beide Prozesse und wachen wahrscheinlich nie mehr auf.

Das Problem liegt hier darin, dass zwischen dem Zeitpunkt, zu dem der Konsument *in* und *out* abgerufen, und dem Zeitpunkt, als er sich schlafen gelegt hat, der Produzent auf den Plan getreten ist, festgestellt hat, dass *in* = *out* + 1 ist, folglich davon ausgehen musste, dass der Konsument schläft (was aber noch nicht zutraf) und ein Wecksignal gesendet hat, das verloren gegangen ist, weil der Konsument noch wach war. Der Informatiker bezeichnet diesen Zustand als **Race Condition** (Wettlaufsituation), weil der Erfolg der Methode davon abhängt, wer das Rennen gewinnt, um *in* und *out* zu testen, nachdem *out* inkrementiert wurde.

Das Problem der Race Conditions ist bestens bekannt. Es ist sogar so schwerwiegend, dass Sun mehrere Jahre nach der Einführung von Java die Klasse *Thread* geändert und die Aufrufe *suspend* und *resume* verworfen hat, weil sie zu oft zu solchen Bedingungen geführt haben. Als Alternative wurde eine sprachbasierte Lösung angeboten. Da wir hier aber Betriebssysteme untersuchen, wenden wir uns einer anderen Lösung zu, die von vielen Betriebssystemen – einschließlich Unix und Windows 7 – unterstützt wird.

6.4.3 Semaphore zur Synchronisierung von Prozessen

Die Race Condition lässt sich auf mindestens zwei Arten lösen. Eine Lösung besteht darin, jeden Prozess mit einem „Wecken-erwarten-Bit" auszustatten. Gelangt ein Wecksignal zu einem noch laufenden Prozess, wird sein Wecken-erwarten-Bit gesetzt. Geht ein Prozess in den Schlafzustand, wenn das Wecken-erwarten-Bit gesetzt ist, dann wird er sofort wieder gestartet und das Wecken-erwarten-Bit gelöscht. Das Wecken-erwarten-Bit speichert das überflüssige Wecksignal zur späteren Verwendung.

Diese Methode löst zwar die Race Condition, wenn nur zwei Prozesse existieren, versagt aber im allgemeinen Fall von n kommunizierenden Prozessen, weil möglicherweise bis zu $n - 1$ Wecksignale gespeichert werden müssen. Selbstverständlich könnte man jeden Prozess mit $n - 1$ Wecken-erwarten-Bits ausstatten, damit jeder im unären System bis zu $n - 1$ zählen kann. Diese Lösung ist aber recht umständlich.

Race Conditions können durch eine geeignete Synchronisierung der Prozesse verhindert werden. Diese kann über **Semaphore** erfolgen, bei denen das Betriebssystem garantiert, dass immer nur ein Prozess gerade eine Operation des Semaphors ausführen kann.

Dijkstra schlug eine allgemeinere Lösung für die Synchronisierung paralleler Prozesse vor [Dijkstra, 1968b]. An beliebiger Stelle im Speicher befinden sich zwei nichtnegative ganzzahlige Variablen, die man **Semaphore** nennt. Das Betriebssystem stellt mit `up` und `down` zwei Systemaufrufe bereit, die mit Semaphoren arbeiten. Der Aufruf `up` addiert 1 zu einem Semaphor und `down` subtrahiert 1 von einem Semaphor.

Wird eine `down`-Operation auf einem Semaphor ausgeführt, das momentan größer als 0 ist, dann wird das Semaphor um 1 dekrementiert und der Prozess, der die `down`-Operation ausführt, fährt fort. Ist das Semaphor aber 0, dann lässt sich `down` nicht fertigstellen. Der Prozess, der die `down`-Operation ausführt, wird schlafen gelegt und verbleibt im Schlafzustand, bis der andere Prozess eine `up`-Operation auf diesem Semaphor ausführt. Üblicherweise sind schlafende Prozesse in einer Warteschlange aufgereiht, um sie zu verfolgen.

Der `up`-Befehl prüft, ob das Semaphor 0 ist. Trifft dies zu und schläft der andere Prozess, so wird das Semaphor um 1 inkrementiert. Der schlafende Prozess kann die unterbrochene `down`-Operation abschließen, wodurch das Semaphor auf 0 zurückgesetzt wird, sodass beide Prozesse fortfahren können. Ein `up`-Befehl auf ein Semaphor, das ungleich null ist, erhöht das Semaphor um 1. Im Wesentlichen realisiert ein Semaphor einen Zähler, der Wecksignale für die spätere Verwendung speichert, damit sie nicht verloren gehen. Semaphor-Befehle haben die wichtige Eigenschaft, dass kein anderer Prozess auf das Semaphor zugreifen kann, nachdem ein Prozess einen Befehl auf einem Semaphor eingeleitet hat, bis der erste Prozess entweder seinen Befehl abgeschlossen hat oder beim Versuch, eine `down`-Operation auf einem 0-Semaphor auszuführen, schlafen gelegt wurde. ▶Tabelle 6.2 fasst die wesentlichen Eigenschaften der Systemaufrufe `up` und `down` zusammen.

Befehl	Semaphor = 0	Semaphor > 0
up	Semaphor = Semaphor + 1; Falls der andere Prozess beim Versuch angehalten wurde, einen down-Befehl mit diesem Semaphor abzuschließen, kann er down jetzt fertigstellen und fortfahren.	Semaphor = Semaphor + 1
down	Der Prozess wird so lange angehalten, bis der andere Prozess eine up-Operation auf diesem Semaphor ausführt.	Semaphor = Semaphor − 1

Tabelle 6.2: Die Wirkung einer Semaphor-Operation

Wie bereits erwähnt, verfügt Java über eine sprachbasierte Lösung für Race Conditions, während wir jetzt aber Betriebssysteme behandeln. Deshalb suchen wir nach einer Möglichkeit, die Semaphor-Verwendung in Java auszudrücken, auch wenn dies nicht in der Sprache oder in den Standardklassen enthalten ist. Dazu nehmen wir zwei native Methoden *up* und *down* an, die die Systemaufrufe up und down ausführen. Wenn wir diese mit normalen Ganzzahlen als Parameter aufrufen, können wir Semaphore in Java-Programmen ausdrücken.

▶Listing 6.2 zeigt, wie sich die Race Condition mithilfe von Semaphoren beseitigen lässt. Der Klasse *m* wurden zwei Semaphore hinzugefügt: *available*, das anfangs 100 ist (die Puffergröße), und *filled* mit dem Anfangswert 0. In Listing 6.2 beginnt der Produzent mit der Ausführung an P1 und der Konsument mit der Ausführung an C1, genau wie zuvor. Der *down*-Aufruf auf *filled* hält den Konsumenten sofort an. Hat der Produzent die erste Primzahl gefunden, so ruft er *down* mit *available* als Parameter auf, was *available* auf 99 setzt. An P5 ruft er *up* mit *filled* als Parameter auf, sodass *filled* zu 1 wird. Diese Aktion gibt den Konsumenten frei, der jetzt seinen suspendierten *down*-Aufruf fertigstellen kann. Jetzt ist *filled* = 0 und beide Prozesse laufen.

```
public class m {
  final public static int BUF_SIZE = 100;              // Puffer läuft von 0 bis 99
  final public static long MAX_PRIME = 100000000000L;  // Hier anhalten
  public static int in = 0, out = 0;                   // Zeiger auf die Daten
  public static long buffer[ ] = new long[BUF_SIZE];   // Primzahlen hier speichern
  public static producer p;                            // Produzent
  public static consumer c;                            // Konsument
  public static int filled = 0, available = 100;       // Semaphore

  public static void main(String args[ ]) {            // Klasse main
    p = new producer();                                // Produzent erstellen
    c = new consumer();                                // Konsument erstellen
    p.start();                                         // Produzent starten
    c.start();                                         // Konsument starten
  }

  // Hilfsfunktion, die in und out zirkulär inkrementiert
  public static int next(int k) {if (k < BUF_SIZE - 1) return(k+1); else
return(0);}
}

class producer extends Thread {                        // Produzentenklasse
  native void up(int s); native void down(int s);      // Methoden für Semaphore
  public void run() {                                  // Produzentencode
    long prime = 2;                                    // Notizvariable
```

```
    while (prime < m.MAX_PRIME) {
      prime = next_prime(prime);                 // Anweisung P1
      down(m.available);                         // Anweisung P2
      m.buffer[m.in] = prime;                    // Anweisung P3
      m.in = m.next(m.in);                       // Anweisung P4
      up(m.filled);                              // Anweisung P5
    }
  }

  private long next_prime(long prime){ ... }     // Funktion, die die
                                                 // nächste Primzahl
                                                 // berechnet
}

class consumer extends Thread {                  // Konsumentenklasse
  native void up(int s); native void down(int s); // Methoden auf Semaphoren
  public void run() {                            // Konsumentencode
    long emirp = 2;                              // Notizvariable

    while (emirp < m.MAX_PRIME) {
      down(m.filled);                            // Anweisung C1
      emirp = m.buffer[m.out];                   // Anweisung C2
      m.out = m.next(m.out);                     // Anweisung C3
      up(m.available);                           // Anweisung C4
      System.out.println(emirp);                 // Anweisung C5
    }
  }
}
```

Listing 6.2: Parallele Verarbeitung mithilfe von Semaphoren

Kommen wir noch einmal zur Race Condition zurück. Zu einem bestimmten Zeitpunkt, wenn *in* = 22 und *out* = 21 ist, befindet sich der Produzent an P1 und der Konsument an C5. Der Konsument beendet seine Arbeit und gelangt zu C1, wo er *down* auf *filled* aufruft, das vor dem Aufruf den Wert 1 und danach den Wert 0 hat. Der Konsument nimmt dann die letzte Zahl aus dem Puffer und erhöht *available*, was damit zu 100 wird. Der Konsument gibt die Zahl aus und geht zu C1. Kurz bevor der Konsument *down* aufrufen kann, findet der Produzent die nächste Primzahl und führt in schneller Folge die Anweisungen P2, P3 und P4 aus.

An diesem Punkt hat *filled* den Wert 0. Der Produzent ist gerade dabei, diesen Wert zu inkrementieren, und der Konsument ist im Begriff, *down* aufzurufen. Wenn der Konsument seinen Befehl zuerst ausführt, so wird er suspendiert, bis der Produzent ihn (durch Aufrufen von *up*) freigibt. Kommt dagegen der Produzent zuerst zum Zuge, dann wird das Semaphor auf 1 gesetzt und der Konsument überhaupt nicht suspendiert. In beiden Fällen geht kein Wecksignal verloren. Das war natürlich der Grund, warum wir überhaupt erst Semaphore eingeführt haben.

Eine wichtige Eigenschaft der Semaphor-Operationen ist, dass sie unteilbar sind. Nachdem eine Semaphor-Operation eingeleitet ist, kann kein anderer Prozess das Semaphor verwenden, bis der erste Prozess entweder die Operation fertiggestellt hat oder beim entsprechenden Versuch suspendiert wurde. Außerdem gehen mit Semaphoren keine Wecksignale verloren. Demgegenüber sind die `if`-Anweisungen in Listing 6.1 nicht unteilbar. Zwischen der Auswertung der Bedingung und der Ausführung der ausgewählten Anweisung kann ein anderer Prozess ein Wecksignal senden.

Praktisch wurde das Problem der Prozesssynchronisierung dadurch beseitigt, dass die von *up* und *down* ausgeführten Systemaufrufe `up` und `down` als unteilbar deklariert wurden. Damit diese Operationen unteilbar sind, muss das Betriebssystem zwei oder mehr Prozesse an der gleichzeitigen Verwendung desselben Semaphors hindern. Zumindest darf kein anderer Benutzercode laufen, nachdem ein `up`- oder `down`-Systemaufruf ausgegeben wurde, bis der Aufruf beendet ist. Auf Einprozessorsystemen implementiert man Semaphore häufig dadurch, dass man Interrupts während der Semaphor-Operationen deaktiviert. Auf Multiprozessorsystemen funktioniert das nicht.

Synchronisierung mithilfe von Semaphoren ist eine Technik, die sich auf beliebig viele Prozesse anwenden lässt. Mehrere Prozesse können schlafen, um zu versuchen, einen `down`-Systemaufruf auf demselben Semaphor fertigzustellen. Führt ein anderer Prozess schließlich einen `up`-Aufruf auf diesem Semaphor aus, erhält einer der wartenden Prozesse die Möglichkeit, seinen `down`-Aufruf abzuschließen und fortzufahren. Der Wert des Semaphors bleibt 0 und die anderen Prozesse warten weiter.

Eine Analogie soll die Verwendung von Semaphoren verdeutlichen: Stellen Sie sich eine Sportveranstaltung mit 20 Volleyball-Teams vor, aufgeteilt in 10 Spiele (Prozesse), die jeweils auf einem eigenen Spielfeld stattfinden, und einen großen Korb (das Semaphor) für die Volleybälle. Leider gibt es nur sieben Volleybälle. Zu jedem Zeitpunkt befinden sich zwischen null und sieben Volleybälle im Korb (das Semaphor hat einen Wert zwischen 0 und 7). Das Einwerfen eines Balls in den Korb entspricht einem `up`, weil es den Wert des Semaphors erhöht. Das Herausnehmen eines Balls aus dem Korb entspricht einem `down`, weil es den Wert des Semaphors verringert.

Zu Beginn des Wettkampfs wird von jedem Spielfeld ein Spieler zum Korb geschickt, um einen Volleyball zu holen. Sieben sind dabei erfolgreich (schließen `down` ab); drei müssen auf einen Volleyball warten (sie können `down` nicht fertigstellen). Ihre Spiele werden vorübergehend suspendiert. Schließlich wird eines der anderen Spiele beendet und ein Ball in den Korb geworfen (ein `up` ausgeführt). Durch diese Operation kann einer der drei wartenden Spieler an einen Ball kommen (einen unterbrochenen `down` abschließen), sodass ein Spiel fortgesetzt werden kann. Die anderen beiden Spiele bleiben so lange suspendiert, bis zwei weitere Bälle in den Korb gelangen. Kommen zwei weitere Bälle zurück (zwei weitere `up`-Aufrufe werden ausgeführt), lassen sich die beiden letzten Spiele fortsetzen.

6.5 Beispiele von Betriebssystemen

In diesem Abschnitt fahren wir mit unseren Beispielsystemen, dem Core i7 und der OMAP4430-ARM-CPU, fort und sehen uns jeweils ein Betriebssystem an, das auf diesem Prozessor läuft. Für den Core i7 wählen wir Windows und für die OMAP4430-ARM-CPU das Betriebssystem Unix. Wir beginnen mit Unix, da es einfacher und in vielerlei Hinsicht eleganter ist. Außerdem wurde Unix zuerst entwickelt und implementiert, sodass es Windows 7 entscheidend beeinflusst hat. Deshalb ist unsere Reihenfolge auch unter diesem Aspekt sinnvoller.

6.5.1 Einführung

Dieser Abschnitt bringt eine kurze Einführung in unsere beiden Beispielbetriebssysteme Unix und Windows 7, wobei wir uns auf die Geschichte, die Struktur und die Systemaufrufe konzentrieren.

Unix

Unix wurde Anfang der 1970er Jahre an den Bell Laboratories entwickelt. Die erste Version hat Ken Thompson für den Minicomputer PDP-7 in Assembler geschrieben. Bald darauf folgte für die PDP-11 eine Version, die Dennis Ritchie in der von ihm neu entwickelten Sprache C geschrieben und implementiert hat. Ritchie und sein Kollege Ken Thompson veröffentlichten 1974 einen wegweisenden Artikel über Unix [Ritchie und Thompson, 1974]. Für die hier beschriebene Arbeit erhielten sie später den begehrten „ACM Turing Award" [Ritchie, 1984] und [Thompson, 1984]. Die Veröffentlichung dieses Artikels veranlasste viele Universitäten, die Bell Laboratories um eine Kopie von Unix zu bitten. Da AT&T als Mutter der Bell Laboratories zu jener Zeit kartellrechtlich eingeschränkt und für das Computergeschäft nicht zugelassen war, hatte man keine Einwände gegen die Lizenzvergabe von Unix an Universitäten gegen Zahlung einer bescheidenen Gebühr.

Durch einen jener Zufälle, die wie sooft die Geschichte prägen, wurde die PDP-11 der bevorzugte Computer an den Informatikfakultäten fast aller Universitäten und die mit der PDP-11 ausgelieferten Betriebssysteme galten unter Dozenten und Studenten gleichermaßen als fürchterlich. Unix füllte die Lücke in kurzer Zeit, nicht zuletzt deshalb, weil es mit dem kompletten Quellcode geliefert wurde, sodass man endlos damit herumspielen konnte, was auch passierte.

Zu den vielen Universitäten, die Unix früh anschafften, zählte auch die Universität von Kalifornien in Berkeley. Da der komplette Quellcode verfügbar war, konnte Berkeley das System umfassend modifizieren. Die Änderungen umfassten vor allem die Portierung auf den VAX-Minicomputer und den Ausbau mit einem seitenorientierten virtuellen Speicher, die Erweiterung von Dateinamen von 14 auf 255 Zeichen und die Einbindung des Netzwerkprotokolls TCP/IP, das heute im Internet verwendet wird (vor allem aufgrund der Tatsache, dass es auf Berkeley Unix basiert).

Während Berkeley alle diese Änderungen durchführte, fuhr AT&T selbst mit der Weiterentwicklung von Unix fort, was 1982 zu System III und dann 1984 zu System V führte. Ende der 1980er Jahre waren zwei verschiedene, nicht kompatible Versionen von Unix im Umlauf: Berkeley Unix und System V. Dies teilte die Unix-Welt in zwei Lager. Dass es keine Standards für binäre Programmformate gab, schränkte den kommerziellen Erfolg von Unix stark ein, weil es für Softwareanbieter unmöglich war, Unix-Programme in der Erwartung zu schreiben, dass sie auf jedem Unix-System laufen würden (wie es routinemäßig bei MS-DOS der Fall war). Nach langem Hin und Her wurde schließlich ein Standard namens **POSIX** (**Portable Operating System-IX**) vom IEEE-Normenausschuss geschaffen. POSIX ist auch unter der IEEE-Standardnummer P1003 bekannt. Später setzte es sich als internationaler Standard durch.

Der POSIX-Standard ist in viele Teile gegliedert, die jeweils einen anderen Bereich von Unix abdecken. Der erste Teil – P1003.1 – definiert die Systemaufrufe. Im zweiten Teil – P1003.2 – sind die grundlegenden Dienstprogramme festgeschrieben usw. Der Standard P1003.1 definiert etwa 60 Systemaufrufe, die alle konformen Systeme unterstützen müssen. Das sind die Basisaufrufe zum Lesen und Schreiben von Dateien, Erzeugen neuer Prozesse usw. Heute unterstützen fast alle Unix-Systeme die P1003.1-Systemaufrufe. Viele Unix-Systeme unterstützen daneben aber auch zusätzliche Systemaufrufe, insbesondere die, die für System V und/oder Berkeley Unix definiert wurden. In der Regel kommen dadurch noch rund 200 Systemaufrufe hinzu.

Im Jahre 1987 hat der Autor dieses Buchs den Quellcode für eine kleine Version von Unix, genannt MINIX, für die Nutzung an Universitäten veröffentlicht [Tanenbaum, 1987]. Einer der Studenten, die sich mit MINIX an der Universität in Helsinki befassten und es auf dem heimischen PC einsetzten, war Linus Torvalds. Nachdem er durch und durch mit MINIX vertraut war, entschied er sich, seinen eigenen Klon von MINIX zu schreiben, der inzwischen unter dem Namen Linux weit verbreitet ist.

Viele der heute auf ARM-Plattformen laufenden Betriebssysteme basieren auf Linux. Sowohl MINIX als auch Linux sind POSIX-konform und nahezu alles, was dieses Kapitel zu Unix erläutert, gilt auch für MINIX-/Linux-Systeme, sofern nichts Abweichendes erwähnt wird.

Linux ist ein auf **Unix** basierendes Betriebssystem, das weitgehend mit dem POSIX-Standard kompatibel ist. Es wird auf so gut wie allen Hardwareplattformen unterstützt.

▶Tabelle 6.3 enthält eine grobe Gliederung der Unix/Linux-Systemaufrufe nach Kategorien. Die Aufrufe für die Datei- und Verzeichnisverwaltung bilden die größten und wichtigsten Kategorien. Linux ist größtenteils POSIX-P1003.1-kompatibel, wenn auch die Entwickler in manchen Bereichen von der Spezifikation abgewichen sind. Im Allgemeinen ist es aber nicht schwierig, POSIX-kompatible Programme unter Linux zu erstellen und auszuführen.

Kategorie	Beispiele
Dateiverwaltung	Dateien öffnen, lesen, schreiben, schließen und sperren
Verzeichnisverwaltung	Verzeichnisse erstellen und löschen; Dateien verschieben
Prozessverwaltung	Prozesse hervorbringen, beenden, verfolgen und signalisieren
Speicherverwaltung	Speicher unter Prozessen gemeinsam nutzen; Seiten schützen
Parameter abrufen/festlegen	Benutzer-, Gruppen- und Prozesskennungen abrufen; Prioritäten festlegen
Datum und Uhrzeit	Dateizugriffszeiten festlegen; Intervall-Timer verwenden; Profile ausführen
Vernetzung	Verbindungen einrichten/annehmen; Nachrichten senden/empfangen
Verschiedenes	Abrechnung ermöglichen; Festplattenkontingente manipulieren; System neu starten

Tabelle 6.3: Grobe Gliederung der Unix/Linux-Systemaufrufe

Die Vernetzung ist ein Bereich, der mehr auf Berkeley Unix als auf System V zurückgeht. Berkeley hat das Konzept eines **Sockets** eingeführt, der den Endpunkt einer Netzwerkverbindung bildet. Dabei diente die gewöhnliche Telefondose in der Wand als Vorbild. Ein Unix-Prozess kann einen Socket erstellen, sich daran anhängen und eine Verbindung zu einem Socket auf einem entfernten Computer einrichten. Über diese Verbindung kann er dann Daten in beiden Richtungen austauschen, was normalerweise über das TCP/IP-Protokoll geschieht. Da die Vernetzungstechnik unter Unix seit Jahrzehnten eingesetzt wird, ist sie stabil und ausgereift. Sie bildet einen wichtigen Teil der Server im Internet, die unter Unix laufen.

Angesichts der zahlreichen Implementierungen von Unix kann man nicht allzu viel über den Aufbau des Betriebssystems sagen, da sich alle in gewisser Weise unterscheiden. Allgemein gilt für die meisten die in ▶Abbildung 6.26 dargestellte Struktur. Unten befindet sich eine Schicht der Gerätetreiber, die das Dateisystem von der reinen Hardware abschirmen. Ursprünglich wurde jeder Gerätetreiber als unabhängige Einheit getrennt von allen anderen geschrieben. Das führte jedoch vielfach zu doppeltem Aufwand, da sich viele Treiber mit Ablaufsteuerung, Fehlerbehandlung, Prioritäten, Trennung von

Daten und Steuerung usw. befassen mussten. Diese Beobachtung veranlasste Dennis Ritchie, ein **Streams** genanntes Framework (Gerüst) zu schaffen, mit dem sich Treiber modular entwickeln lassen. Mit einem Stream (Strom) ist es möglich, eine bidirektionale Verbindung von einem Benutzerprozess zu einem Hardwaregerät einzurichten und entlang des Pfades ein oder mehrere Module einzufügen. Der Benutzerprozess speist Daten in den Stream ein, die dann jedes Modul verarbeitet oder umwandelt, bis sie bei der Hardware ankommen. Für eintreffende Daten läuft die Verarbeitung umgekehrt ab.

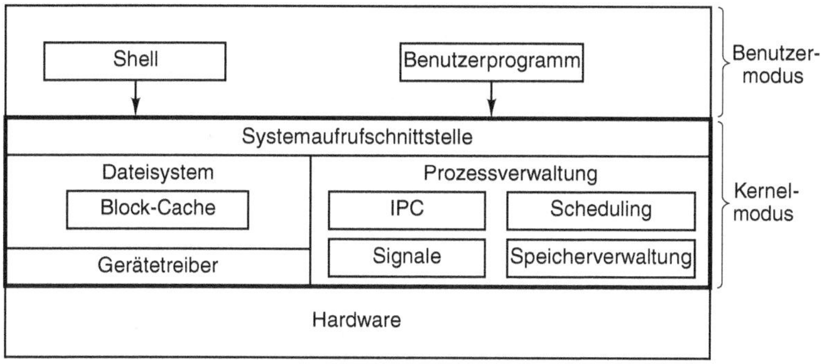

Abbildung 6.26: Struktur eines typischen Unix-Systems

Oberhalb der Gerätetreiber liegt das Dateisystem. Es verwaltet Dateinamen, Verzeichnisse, die Zuordnung von Plattenblöcken, Schutzmechanismen und vieles mehr. Teil des Dateisystems ist ein **Block-Cache**, der die zuletzt von der Platte gelesenen Blöcke aufnimmt, für den Fall, dass sie bald wieder benötigt werden. Im Laufe der Jahre hat man die verschiedensten Dateisysteme eingesetzt, darunter das Berkeley Fast File System [McKusick et al., 1984] und „Log-Structured" (d.h. protokollorientierte) Dateisysteme [Rosenblum und Ousterhout, 1991] und [Seltzer et al., 1993].

Der andere Teil des Unix-Kernels ist die Prozessverwaltung. Zu ihren zahlreichen Funktionen gehört auch die Interprozesskommunikation (Inter-Process Communication, IPC), die es Prozessen erlaubt, untereinander zu kommunizieren und sich zu synchronisieren, um Race Conditions zu vermeiden. Dafür stehen zahlreiche Mechanismen zur Verfügung. Der Prozessverwaltungscode übernimmt die Prozessplanung (Process Scheduling), die auf Prioritäten basiert, verwaltet Signale, die eine Form von (asynchronen) Software-Interrupts darstellen, und realisiert schließlich auch die Speicherverwaltung. Die meisten Unix-Systeme unterstützen virtuellen Speicher mit Demand-Paging und manchmal einige Zusatzfunktionen, beispielsweise die Möglichkeit, dass mehrere Prozesse bestimmte Bereiche des Adressraums gemeinsam nutzen können.

Von Anfang an hat man mit Unix versucht, ein kleines System zu schaffen, um Zuverlässigkeit und Leistung zu steigern. Die ersten Versionen von Unix haben ausschließlich textorientiert gearbeitet und Terminals verwendet, die 24 oder 25 Zeilen zu je 80 ASCII-Zeichen darstellen konnten. Die Benutzeroberfläche wurde von einem Programm auf Benutzerebene namens **Shell** mit einer Befehlszeilenoberfläche realisiert. Da die Shell nicht zum Kernel gehörte, ließ sich Unix leicht um neue Shells erweitern und im Laufe der Zeit sind immer anspruchsvollere Shells herausgekommen.

Als später Grafikterminals aufkamen, wurde am M.I.T. ein Fenstersystem für Unix unter dem Namen **X Windows** entwickelt. Und noch später entstand eine vollwertige **grafische Benutzeroberfläche (Graphical User Interface, GUI)** namens **Motif**, die auf X Windows aufsetzte. Aus diesen grafischen Benutzeroberflächen sind schließlich ausgewachsene Desktopumgebungen geworden mit wunderschön gerenderter Fensterwaltung, Produktivitätstools und Hilfsprogrammen. Beispiele für diese Desktopumgebungen sind GNOME und KDE. Gemäß der Unix-Philosophie, den Kernel klein zu halten, läuft fast der gesamte Code von X Windows und der dazugehörenden GUIs außerhalb des Kernels im Benutzermodus.

Windows 7

Der erste, 1981 eingeführte IBM-PC war mit dem Betriebssystem MS-DOS 1.0 ausgestattet, das im 16-Bit-Real-Modus als Einzelbenutzersystem arbeitete und befehlszeilenorientiert war. Dieses Betriebssystem umfasste 8 KB speicherresidenten Code. Zwei Jahre danach wurde das leistungsstärkere MS-DOS 2.0 mit einem Umfang von 24 KB eingeführt. Es umfasste einen Befehlszeilenprozessor (Shell) mit einer Reihe Funktionen, die an Unix angelehnt waren. Der 286-basierte PC/AT von IBM aus dem Jahre 1984 lief unter MS-DOS 3.0, das mittlerweile auf 36 KB angewachsen war. MS-DOS erhielt im Laufe der Jahre ständig neue Funktionen, blieb dabei aber befehlszeilenorientiert.

> Im Gegensatz zu Linux ist **Windows** ein proprietäres Betriebssystem, das von Microsoft für Rechner mit Intel-Prozessoren entwickelt wird. Neben Desktop- und Servervarianten werden auch Versionen für mobile Geräte angeboten.

Vom Erfolg des Apple Macintosh inspiriert, entschloss sich Microsoft, MS-DOS mit einer grafischen Benutzeroberfläche namens **Windows** auszustatten. Die ersten drei Versionen von Windows, die in Windows 3.x gipfelten, waren keine echten Betriebssysteme, sondern grafische Benutzeroberflächen, die auf MS-DOS aufsetzten, das nach wie vor den Computer steuerte. Alle Programme liefen im selben Adressraum und ein fehlerhaftes Programm konnte das gesamte System zum Absturz bringen.

Auch das 1995 eingeführte Windows 95 konnte noch nicht auf MS-DOS – jetzt als Version 7.0 – verzichten. Das Gespann Windows 95 und MS-DOS 7.0 brachte die meisten Merkmale eines ausgewachsenen Betriebssystems mit, darunter virtueller Speicher, Prozessverwaltung und Mehrprogrammbetrieb. Windows 95 war aber kein komplettes 32-Bit-Programm. Es schleppte einen großen Teil des alten 16-Bit-Codes (und einigen 32-Bit-Code) mit und stützte sich nach wie vor auf das MS-DOS-Dateisystem mit fast allen seinen Einschränkungen. Die einzigen größeren Änderungen am Dateisystem sind die Unterstützung langer Dateinamen – anstelle der unter MS-DOS zulässigen Dateinamen aus maximal 8 + 3 Zeichen – und die Möglichkeit, mehr als 65.536 Blöcke auf einer Festplatte anzusprechen.

Sogar im 1998 eingeführten Windows 98 ist MS-DOS (nun Version 7.1 genannt) noch enthalten und führt 16-Bit-Code aus. Obwohl inzwischen etwas mehr Funktionalität vom MS-DOS-Teil in den Windows-Teil gewandert ist und auch ein für größere Festplatten geeignetes Layout zum Standard gehört, sind sich Windows 98 und Windows 95 recht ähnlich. Der wesentliche Unterschied ist die Benutzeroberfläche, die den Desktop, das Internet und das Fernsehen enger integriert. Genau diese Integration erregte die Aufmerksamkeit des amerikanischen Justizministeriums, was zu einem Verfahren gegen Microsoft wegen unlauterer Ausnutzung einer monopolistischen Marktposition führte. Auf Windows 98 folgte die kurzlebige Windows Millennium Edition (ME) – praktisch ein leicht verbessertes Windows 98.

Neben allen diesen Entwicklungen beschäftigte sich Microsoft auch mit einem von Grund auf neu geschriebenen 32-Bit-Betriebssystem, das unter dem Namen **Windows New Technology** bzw. **Windows NT** alle anderen Betriebssysteme für Intel-PCs (sowie die MIPS PowerPC-Chips) ablösen sollte. Es konnte aber nur schwer Fuß fassen, wurde später im Marktsegment für den oberen Leistungsbereich platziert und hat dort eine Nische gefunden. Der Nachfolger von NT mit Namen **Windows 2000** wurde zur richtungsweisenden Version und konnte sich auch im Desktopmarkt etablieren. Das auf Windows 2000 aufbauende **Windows XP** weist relative geringe Änderungen auf und stellt im Wesentlichen eine leicht verbesserte Version von Windows 2000 dar. Das 2007 herausgebrachte Folgesystem Windows Vista implementierte gegenüber Windows XP viele grafische Erweiterungen und brachte neue Benutzeranwendungen mit, beispielsweise ein Mediencenter. Aufgrund seiner schlechten Performance und des hohen Ressourcenbedarfs war die Akzeptanz von Vista gering. Nur zwei Jahre später erschien Windows 7, das in jeder Hinsicht eine optimierte Version von Windows Vista ist. Windows 7 läuft auch auf älterer Hardware wesentlich besser und benötigt erheblich weniger Hardwareressourcen.

Windows 7 wird in sechs Versionen angeboten. Drei sind für Privatnutzer in verschiedenen Ländern gedacht, zwei richten sich an geschäftliche Benutzer und eine Version kombiniert sämtliche Features aller Versionen. Die einzelnen Versionen sind nahezu identisch und unterscheiden sich hauptsächlich in Schwerpunkt, erweiterten Features und vorgenommenen Optimierungen. Wir konzentrieren uns hier auf die Kernfeatures und treffen keine weitere Unterscheidung zwischen diesen Versionen.

Bevor wir uns mit der Schnittstelle beschäftigen, die Windows 7 dem Programmierer präsentiert, werfen wir einen kurzen Blick auf die interne Struktur des Betriebssystems, die in ▶Abbildung 6.27 dargestellt ist. Mehrere Module sind in Schichten angeordnet und wirken zusammen, um das Betriebssystem zu implementieren. Jedes Modul besitzt eine bestimmte Funktion und eine definierte Schnittstelle zu den anderen Modulen. Fast alle Module sind in C geschrieben, einige Teile der Grafikgeräteschnittstelle (GDI) in C++ und ein winziger Teil der untersten Schichten in Assemblersprache.

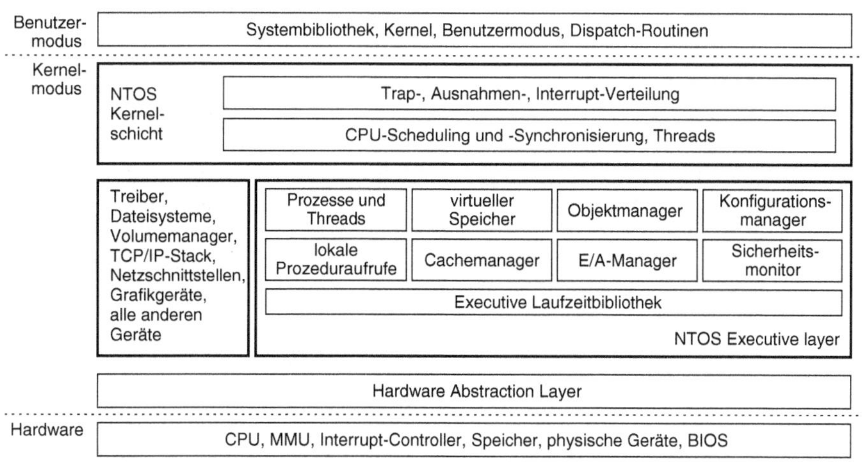

Abbildung 6.27: Die Struktur von Windows 7

Ganz unten befindet sich eine dünne Schicht namens **Hardware Abstraction Layer** (Hardware-Abstraktionsschicht). Ihre Aufgabe ist es, dem Rest des Betriebssystems abstrakte Hardwaregeräte zu präsentieren, die frei von den vielen Ecken und Kanten der echten Hardware sind. Zu den modellierten Geräten gehören chipexterne Caches, Timer, E/A-Busse, Interrupt- und DMA-Controller. Indem diese dem übrigen Betriebssystem in idealisierter Form zur Verfügung stehen, lässt sich Windows 7 leichter auf andere Hardwareplattformen portieren, da sich der größte Teil der erforderlichen Modifikationen an einem zentralen Platz befindet.

Oberhalb der HAL gliedert sich der Code in die beiden Hauptteile **NTOS-Executive** und die **Windows-Treiber** mit dem Code für die Dateisysteme, das Netzwerk und die Grafik.

Auf dieser Schicht setzt der Kernel auf. Der gesamte Code des Kernels läuft im geschützten Kernel-Modus.

Die Executive verwaltet die grundlegenden Abstraktionen, die Windows 7 verwendet – Threads, Prozesse, virtueller Speicher, Kernel-Objekte und Konfigurationen. Hier befinden sich auch die Manager für lokale Prozeduraufrufe, den Dateicache, die Ein-/Ausgabe und die Sicherheit.

Die Kernelschicht ist für die Behandlung von Traps und Ausnahmen sowie Prozessplanung und Synchronisierung zuständig.

Windows bietet eine umfassende **API** über eine Systembibliothek zur Nutzung von Betriebssystemfunktionalität an. Im Gegensatz zu Unix mit einer minimalen Schnittstelle von Systemaufrufen, ist die Windows-API als eine möglichst umfassende und komfortable Schnittstelle entworfen.

Außerhalb des Kernels sind die Benutzerprogramme und die Systembibliothek für die Kommunikation mit dem Betriebssystem angesiedelt. Im Unterschied zu Unix-Systemen führen Benutzerprogramme Systemaufrufe nicht direkt aus, sondern rufen Prozeduren der Systembibliothek auf. Um eine Standardisierung über verschiedene Versionen von Windows zu schaffen (z.B. XP, Vista und Windows 7), hat Microsoft einen Satz von Aufrufen definiert – die sogenannte **Win32-API** (**Application Programming Interface**). Diese Bibliotheksprozeduren führen entweder Systemaufrufe aus, um die geforderten Arbeiten erledigen zu lassen, oder wickeln die Aufgaben in der Bibliotheksprozedur im Benutzermodus direkt ab. Obwohl seit der Definition von Win32 viele Windows 7-Bibliothekaufrufe dazugekommen sind, sind dies die wichtigsten Aufrufe, auf die wir uns hier auch konzentrieren. Als Windows auf 64-Bit-Computer portiert wurde, hat Microsoft den Namen von Win32 geändert, um sowohl die 32-Bit- als auch die 64-Bit-Versionen abzudecken, für unsere Zwecke genügt es aber, sich die 32-Bit-Versionen anzusehen.

Die Win32-API-Philosophie unterscheidet sich völlig von der Unix-Philosophie. Bei Unix sind alle Systemaufrufe öffentlich bekannt und bilden eine minimale Schnittstelle: Entfernt man auch nur einen Aufruf, würde sich die Funktionalität des Betriebssystems verringern. Die Win32-Philosophie besteht darin, eine sehr umfassende Schnittstelle bereitzustellen – wobei sich dieselbe Aufgabe oftmals auf drei oder vier Arten realisieren lässt – und viele Funktionen einzubinden, die zweifellos keine Systemaufrufe sein sollen (und auch nicht sind), wie zum Beispiel ein API-Aufruf zum Kopieren einer ganzen Datei.

Viele Win32-API-Aufrufe erzeugen Kernel-Objekte unterschiedlicher Art, einschließlich Dateien, Prozesse, Threads, Pipes usw. Jeder derartige Aufruf gibt als Ergebnis ein sogenanntes **Handle** an den Aufrufer zurück. Dieses Handle kann man anschließend verwenden, um Operationen auf dem Objekt auszuführen. Handles sind spezifisch für den Prozess, der das Objekt erzeugt hat, auf das das Handle verweist. Man kann sie nicht direkt an einen anderen Prozess übergeben und dort verwenden (so wie sich Unix-Dateideskriptoren nicht an andere Prozesse übergeben und dort verwenden lassen). Allerdings ist es unter bestimmten Umständen möglich, ein Handle zu duplizieren und es in geschützter Form an andere Prozesse zu übergeben, wodurch sie kontrollierten Zugriff auf Objekte erhalten, die zu anderen Prozessen gehören. Jedem Objekt kann ein Sicherheitsdeskriptor zugeordnet sein, der genau angibt, wer welche Arten von Operationen auf dem Objekt ausführen darf.

Manchmal bezeichnet man Windows 7 als objektorientiert, weil man Kernel-Objekte nur über den Aufruf von Methoden (API-Funktionen) auf ihren Handles, die beim Erstellen der Objekte zurückgegeben werden, manipulieren kann. Andererseits fehlen die meisten grundlegenden Eigenschaften objektorientierter Systeme, wie zum Beispiel Vererbung und Polymorphismus.

6.5.2 Beispiele für virtuellen Speicher

Dieser Abschnitt beschäftigt sich mit virtuellem Speicher sowohl in Unix als auch in Windows 7. Vom Standpunkt des Programmierers aus gesehen sind sie sich ziemlich ähnlich.

Virtueller Speicher unter Unix

Das Unix-Speichermodell ist recht einfach. Jeder Prozess hat drei Segmente: Code, Daten und Keller (▶Abbildung 6.28). Bei einem Computer mit einem einzigen linearen Adressraum befindet sich der Code im Allgemeinen am unteren Ende des Speichers. Daran schließen sich die Daten an. Der Keller liegt am oberen Ende des Speichers. Der Code hat eine feste Größe, während Daten und Keller – in entgegengesetzte Richtungen – wachsen können. Dieses Modell lässt sich auf fast jedem Computer leicht implementieren und es ist das Modell, das Linux-Varianten verwenden, die auf OMAP4430-ARM-CPUs laufen.

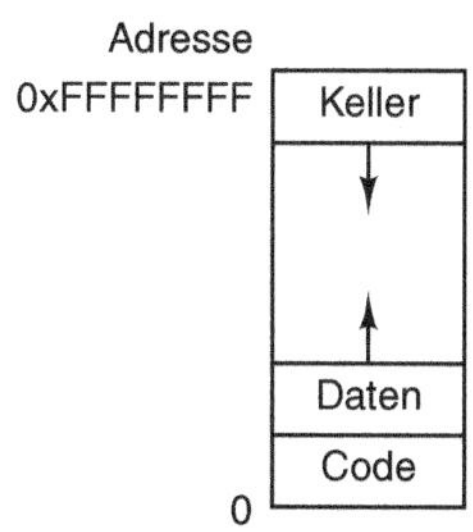

Abbildung 6.28: Der Adressraum eines einzelnen Unix-Prozesses

Unix-Prozesse verwenden einen **linearen virtuellen Adressraum** mit Bereichen für Code, Daten und Keller. Bereiche des Adressraums können auch mithilfe von Systemaufrufen Dateien zugeordnet werden. Dies ermöglicht den Zugriff ohne den Umweg über das Betriebssystem.

Wenn der Computer darüber hinaus Paging unterstützt, kann der gesamte Adressraum seitenorientiert sein, ohne dass Benutzerprogramme davon etwas merken. Sie stellen höchstens fest, dass Programme größer als der physische Speicher der Maschine sein dürfen. Unix-Systeme, die Paging nicht unterstützen, lagern im Allgemeinen ganze Prozesse zwischen Speicher und Platte um, sodass Timesharing beliebig vieler Prozesse möglich ist.

Für Berkeley Unix ist die Angelegenheit mit der obigen Beschreibung (virtueller Speicher mit Demand-Paging) bereits erledigt. System V (und auch Linux) beinhalten darüber hinaus weitere Funktionen, mit denen Benutzer ihren virtuellen Speicher differenzierter verwalten können. Vor allem besteht für einen Prozess die Möglichkeit, eine Datei ganz oder teilweise auf einen Teil seines Adressraums abzubilden. Wenn beispielsweise eine 12-KB-Datei auf die virtuelle Adresse 144 K abgebildet wird, holt eine Leseoperation für das Wort an Adresse 144 K das erste Wort der Datei. Auf diese Weise ist Ein-/Ausgabe für Dateien ohne Systemaufrufe möglich. Da einige Dateien möglicherweise den virtuellen Adressraum überschreiten, ist es auch möglich, eine Datei nur zum Teil statt ganz abzubilden. Dazu wird zuerst die Datei geöffnet und ein Dateideskriptor *fd* zurückgegeben, mit dem sich dann die abzubildende Datei identifizieren lässt. Dann führt der Prozess den Aufruf

```
paddr = mmap(virtual_address, length, protection, flags, fd, file_offset)
```

aus, wobei die in *length* angegebene Anzahl von Bytes ab *file_offset* in der Datei auf den virtuellen Adressraum ab *virtual_address* abgebildet wird. Alternativ kann man den

Parameter *flags* spezifizieren, um vom System eine virtuelle Adresse auswählen zu lassen, die es dann als *paddr* zurückgibt. Der abgebildete Bereich muss ganze Seiten umfassen und an einer Seitengrenze ausgerichtet sein. Der Parameter *protection* kann eine beliebige Kombination aus Lese-, Schreib- oder Ausführungsberechtigungen festlegen. Die Abbildung lässt sich später mit `unmap` wieder entfernen.

Mehrere Prozesse können gleichzeitig dieselbe Datei in ihren Adressraum abbilden. Für die gemeinsame Nutzung gibt es zwei Optionen. Bei der ersten werden alle Seiten gemeinsam genutzt, sodass die von einem Prozess durchgeführten Schreiboperationen für alle übrigen Prozesse sichtbar sind. Diese Option bietet einen Kommunikationspfad mit hoher Bandbreite zwischen den Prozessen. Die zweite Option gibt die Seiten frei, solange kein Prozess sie modifiziert. Sobald jedoch ein Prozess auf eine Seite zu schreiben versucht, erhält er einen Schutzfehler. Das Betriebssystem gibt dem Prozess daraufhin eine private Kopie der Seite, auf die er dann schreiben kann. Dieses als **Copy on Write** (Kopieren beim Schreiben) bezeichnete Schema wird verwendet, wenn jeder von mehreren Prozessen den Eindruck bekommen soll, dass er der einzige ist, der auf die Datei zugreift. In diesem Modell ist die Freigabe (gemeinsame Nutzung) eine Optimierung und nicht Teil der Semantik.

Virtueller Speicher unter Windows 7

Der virtuelle Adressraum der Benutzerprozesse in Windows wird über Demand-Paging realisiert. Alle zugesicherten Seiten haben eine Schattenseite in einer **Paging-Datei**, die die Seite aufnimmt, wenn sie nicht im Hauptspeicher eingelagert ist.

Unter Windows 7 besitzt jeder Benutzerprozess seinen eigenen virtuellen Adressraum. In der 32-Bit-Version von Windows 7 sind virtuelle Adressen 32 Bit lang, sodass jeder Prozess einen virtuellen Adressraum von 4 GB zur Verfügung hat. Die unteren 2 GB sind für den Code und die Daten des Prozesses vorgesehen, während die oberen 2 GB (begrenzten) Zugriff auf den Kernelspeicher bieten. Dies gilt nicht für die Serverversionen von Windows, bei denen eine Aufteilung von 3 GB für den Benutzer und 1 GB für den Kernel möglich ist. Der virtuelle Adressraum basiert auf dem Demand-Paging mit fester Seitengröße (4 KB auf dem Core i7). Der Adressraum für die 64-Bit-Version von Windows 7 ist ähnlich aufgebaut, wobei aber für Code und Daten die unteren 8 TB des virtuellen Adressraums vorgesehen sind.

Jede virtuelle Seite kann sich in einem von drei Zuständen befinden: frei, reserviert oder zugesichert. Eine **freie Seite** ist derzeit nicht in Gebrauch und eine Referenz darauf löst einen Seitenfehler aus. Wird ein Prozess gestartet, dann befinden sich alle seine Seiten im freien Zustand, bis das Programm und die Anfangsdaten auf seinen Adressraum abgebildet werden. Nachdem Code oder Daten auf eine Seite abgebildet wurden, gilt die Seite als **zugesichert**. Eine Referenz auf eine zugesicherte Seite wird mithilfe der virtuellen Speicherhardware abgebildet und ist erfolgreich, wenn sich die Seite im Hauptspeicher befindet. Andernfalls tritt ein Seitenfehler auf und das Betriebssystem sucht und holt die Seite von der Festplatte. Eine virtuelle Seite kann sich auch im **reservierten** Zustand befinden, was bedeutet, dass sie nicht zur Abbildung verfügbar ist, bis die Reservierung ausdrücklich aufgehoben wird. Reservierte Seiten werden verwendet, wenn voraussichtlich ein Block von aufeinanderfolgenden Seiten benötigt wird, beispielsweise für den Keller. Neben den drei Attributen frei, reserviert und zugesichert können Seiten auch noch andere Attribute haben, wie zum Beispiel lesbar, beschreibbar und ausführbar. Die obersten 64 KB und die untersten 64 KB des Speichers sind immer frei, um Zeigerfehler aufzufangen (nicht initialisierte Zeiger sind oft 0 oder −1).

Jede zugesicherte Seite hat eine Schattenseite (Shadow Page) auf der Festplatte, wo sie aufbewahrt wird, wenn sie sich nicht im Hauptspeicher befindet. Freie und reservierte Seiten haben keine Schattenseiten, sodass Referenzen darauf zu Seitenfehlern führen (das System kann keine Seite von der Platte holen, wenn sich keine Seite auf der Platte befindet). Die Schattenseiten auf der Platte sind in einer oder mehreren Paging-Dateien angeordnet. Das Betriebssystem führt darüber Buch, welche virtuelle Seite auf welchen Teil welcher Paging-Datei abgebildet ist. Für Programmtext (der nur ausführbar ist) enthält die ausführbare Binärdatei die Schattenseiten. Bei Datenseiten werden spezielle Paging-Dateien verwendet.

Wie System V erlaubt auch Windows 7 die direkte Abbildung von Dateien auf Bereiche des virtuellen Adressraums (d.h. Läufe von Seiten). Nachdem eine Datei auf den Adressraum abgebildet wurde, kann sie über die üblichen Speicherreferenzen gelesen oder beschrieben werden.

Memory-Mapped-Dateien werden in der gleichen Weise wie andere zugesicherte Seiten implementiert, lediglich die Schattenseiten können sich in der Festplattendatei statt in der Paging-Datei befinden. Wenn also eine Datei abgebildet ist, muss die im Speicher befindliche Version nicht mit der Version auf der Platte identisch sein (zum Beispiel aufgrund kürzlich ausgeführter Schreiboperationen auf den virtuellen Adressraum). Hebt man jedoch die Abbildung einer Datei auf oder leert explizit den Speicher, dann wird die Festplattenversion mit dem Speicherinhalt aktualisiert.

In Windows 7 ist es ausdrücklich erlaubt, dass zwei oder mehr Prozesse gleichzeitig eine Datei abbilden, möglicherweise sogar an unterschiedlichen virtuellen Adressen. Durch Lesen und Schreiben von Speicherwörtern können die Prozesse nun untereinander kommunizieren und Daten mit sehr großer Bandbreite in beiden Richtungen übergeben, da kein Kopieren erforderlich ist. Unterschiedliche Prozesse können unterschiedliche Zugriffsrechte besitzen. Da alle Prozesse, die eine abgebildete Datei verwenden, dieselben Seiten gemeinsam nutzen, sind alle von einem dieser Prozesse vorgenommenen Änderungen sofort für alle anderen sichtbar, selbst wenn die Festplattendatei noch nicht aktualisiert wurde.

Windows unterstützt genau wie Linux auch die **Abbildung von Dateien** in den virtuellen Adressraum. Mehrere Prozesse können so direkt über den Hauptspeicher kommunizieren.

Die Win32-API enthält eine Reihe von Funktionen, mit denen ein Prozess seinen virtuellen Speicher explizit verwalten kann. Die wichtigsten dieser Funktionen sind in ▶Tabelle 6.4 aufgeführt. Alle arbeiten in einem Bereich, der entweder aus einer einzigen Seite besteht oder aus einer Folge von zwei oder mehreren Seiten, die im virtuellen Adressraum aufeinanderfolgen.

Die ersten vier API-Funktionen sind selbsterklärend. Die nächsten beiden ermöglichen es einem Prozess, eine bestimmte Anzahl von Seiten im Speicher zu fixieren, sodass sie nicht ausgelagert werden, und diese Eigenschaft rückgängig zu machen. Diese Fähigkeit benötigt zum Beispiel ein Echtzeitprogramm. Nur Programme, die im Namen des Systemadministrators laufen, können Seiten im Speicher fixieren. Aber auch für diese Programme legt das Betriebssystem eine obere Grenze fest, damit sie nicht zu „gierig“ werden. Obwohl nicht in Tabelle 6.4 angegeben, besitzt Windows 7 weitere API-Funktionen, die es einem Prozess ermöglichen, auf den virtuellen Speicher eines anderen Prozesses zuzugreifen, für den ihm die Kontrolle zugeteilt wurde (d.h., für den er ein Handle besitzt).

API-Funktion	Bedeutung
VirtualAlloc	Reserviert einen Bereich oder sichert ihn zu
VirtualFree	Gibt einen Bereich frei oder hebt die Zusicherung auf
VirtualProtect	Ändert den Lese-/Schreib-/Ausführungsschutz eines Bereichs
VirtualQuery	Fragt den Status eines Bereichs ab
VirtualLock	Macht einen Bereich speicherresident (d.h., deaktiviert das Paging für ihn)
VirtualUnlock	Lässt das übliche Paging auf einen Bereich zu
CreateFileMapping	Erzeugt ein Dateizuordnungsobjekt und weist ihm (optional) einen Namen zu
MapViewOfFile	Bildet eine Datei (teilweise) auf den Adressraum ab
UnmapViewOfFile	Entfernt eine abgebildete Datei aus dem Adressraum
OpenFileMapping	Öffnet ein zuvor erzeugtes Dateizuordnungsobjekt

Tabelle 6.4: Die wichtigen API-Funktionen zur Verwaltung des virtuellen Speichers in Windows 7

Die letzten vier aufgelisteten API-Funktionen sind für die Verwaltung von Memory-Mapped-Dateien vorgesehen. Um eine Datei abzubilden, ist zuerst mit `CreateFileMapping` ein Dateizuordnungsobjekt zu erstellen. Diese Funktion gibt ein Handle auf das Dateizuordnungsobjekt zurück und trägt optional einen Namen dafür in das Dateisystem ein, sodass ein anderer Prozess es verwenden kann. Die beiden nächsten Funktionen bilden Dateien ab bzw. heben die Abbildung von Dateien auf. Eine abgebildete Datei ist (Teil einer) Festplattendatei, die sich lesen oder schreiben lässt, indem ohne explizite Ein-/Ausgabe einfach auf den virtuellen Adressraum zugegriffen wird. Mit der letzten Funktion kann ein Prozess eine abgebildete Datei öffnen, die momentan auch von einem anderen Prozess abgebildet wurde. Auf diese Weise können zwei oder mehrere Prozesse Bereiche ihrer Adressräume gemeinsam nutzen.

Das sind die grundlegenden API-Funktionen, auf denen der Rest des Speicherverwaltungssystems aufbaut. Beispielsweise gibt es API-Funktionen, um Datenstrukturen auf einem oder mehreren Heaps zuzuordnen oder freizugeben. Auf Heaps speichert man Datenstrukturen, die dynamisch erzeugt und zerstört werden. Die Heaps unterliegen nicht der Garbage Collection (Speicherbereinigung) des Betriebssystems, sodass die Benutzerprogramme dafür zuständig sind, nicht mehr verwendete Blöcke von virtuellem Speicher freizugeben. (Garbage Collection bedeutet die automatische Entfernung nicht mehr verwendeter Datenstrukturen.) Die Heap-Verwendung ist in Windows 7 mit der *malloc*-Funktion in Unix-Systemen vergleichbar, außer dass es dort mehrere unabhängig voneinander verwaltete Heaps geben kann.

6.5.3 Beispiele für Ein-/Ausgabe auf Betriebssystemebene

Der Kern jedes Betriebssystems stellt Dienste für Benutzerprogramme bereit – vor allem Ein-/Ausgabedienste, wie zum Beispiel Lesen und Schreiben von Dateien. Unix und Windows 7 bieten zahlreiche E/A-Dienste für Benutzerprogramme. Für die meisten Unix-Systemaufrufe hat Windows 7 äquivalente Aufrufe, was im umgekehrten Fall nicht gilt, weil Windows 7 über weit mehr Aufrufe verfügt, die allesamt viel komplexer als die Gegenstücke unter Unix sind.

Ein-/Ausgabe unter Unix

Die Popularität des Unix-Betriebssystems ist vor allem auf seine Einfachheit zurückzuführen, die sich wiederum direkt aus der Organisation des Dateisystems ergibt. Eine normale Datei ist eine lineare Folge von 8-Bit-Bytes, die bei 0 beginnen und bis zu einem Maximum von $2^{64} - 1$ Bytes reichen. Das Betriebssystem selbst verlangt keine bestimmte Datensatzstruktur bei Dateien, obwohl viele Benutzerprogramme ASCII-Textdateien als Folge von Zeilen betrachten, die jeweils mit einem Zeilenvorschubzeichen (Line Feed) abgeschlossen sind.

Zu jeder geöffneten Datei gehört ein Zeiger, der auf das nächste zu lesende oder zu schreibende Byte verweist. Die Systemaufrufe `read` und `write` lesen bzw. schreiben Daten ab der Dateiposition, die der Zeiger angibt. Beide Aufrufe setzen den Zeiger nach der Operation um einen Betrag weiter, der der Anzahl der übertragenen Bytes entspricht. Allerdings ist auch der wahlfreie Zugriff auf Dateien möglich, indem man den Dateizeiger auf einen bestimmten Wert setzt.

Zusätzlich zu normalen Dateien unterstützt das Unix-System auch spezielle Dateien, die dem Zugriff auf E/A-Geräte dienen. Jedem E/A-Gerät sind normalerweise eine oder mehrere spezielle Dateien zugeordnet. Durch Lesen und Schreiben der zugeordneten speziellen Datei kann ein Programm vom E/A-Gerät lesen oder darauf schreiben. Festplatten, Drucker, Terminals und viele andere Geräte werden auf diese Weise behandelt.

▶Tabelle 6.5 listet die wichtigsten Aufrufe des Unix-Dateisystems auf. Mit dem Aufruf `creat` (ohne *e* am Ende) lässt sich eine neue Datei erstellen. Streng genommen ist dieser Aufruf nicht mehr erforderlich, da jetzt auch `open` eine neue Datei anlegen kann. Der Aufruf `unlink` entfernt eine Datei unter der Annahme, dass sich die Datei in nur einem Verzeichnis befindet.

Systemaufruf	Bedeutung
`creat(name, mode)`	Erzeugt eine Datei; *mode* legt den Schutzmodus fest
`unlink(name)`	Löscht eine Datei (unter der Annahme, dass es nur einen Verweis darauf gibt)
`open(name, mode)`	Öffnet bzw. erzeugt eine Datei und gibt einen Dateideskriptor zurück
`close(fd)`	Schließt eine Datei
`read(fd, buffer, count)`	Liest *count* Bytes in den Puffer (*buffer*)
`write(fd, buffer, count`	Schreibt *count* Bytes aus dem Puffer (*buffer*)
`lseek(fd, offset, w)`	Verschiebt den Dateizeiger, wie von *offset* und *w* vorgegeben
`stat(name, buffer)`	Gibt Informationen über die Datei zurück
`chmod(name, mode)`	Ändert den Schutzmodus einer Datei
`fcntl(fd, cmd, ...)`	Führt verschiedene Steueroperationen aus, z.B. (teilweises) Sperren einer Datei

Tabelle 6.5: Die wichtigsten Aufrufe des Unix-Dateisystems

Der Aufruf `open` öffnet vorhandene (und erzeugt neue) Dateien. Das Flag `mode` gibt an, wie eine Datei zu öffnen ist (zum Lesen, Schreiben usw.). Der Aufruf gibt in Form einer kleinen Ganzzahl einen sogenannten **Dateideskriptor** (File Descriptor) zurück, der die Datei in nachfolgenden Aufrufen identifiziert. Wenn man eine Datei nicht mehr benötigt, ruft man `close` auf, um den Dateideskriptor freizugeben.

Die eigentliche Ein-/Ausgabe erfolgt mit `read` und `write`, die jeweils drei Parameter haben: einen Dateideskriptor, der die gewünschte Datei festlegt, einen Puffer als Ziel oder Quelle der Daten und die Anzahl der zu übertragenden Bytes. Mit `lseek` lässt sich der Dateizeiger positionieren, sodass wahlfreier Zugriff auf Dateien möglich ist.

Der Aufruf `stat` gibt Informationen über eine Datei zurück, u.a. ihre Größe, das Datum des letzten Zugriffs, den Besitzer usw. Mit `chmod` lässt sich der Schutzmodus einer Datei ändern, um beispielsweise anderen Benutzern das Lesen einer Datei zu gestatten oder sie daran zu hindern. Schließlich führt `fcntl` verschiedene Operationen auf einer Datei aus, beispielsweise die Datei sperren oder eine gesetzte Sperre aufheben.

▶Listing 6.3 zeigt, wie die wichtigsten Aufrufe für die Datei-E/A funktionieren. Dieser Code stellt eine Minimalvariante dar und verzichtet auf die erforderliche Fehlerprüfung. Bevor das Programm in die Schleife eintritt, öffnet es eine existierende Datei *data* und erstellt eine neue Datei *newf*. Jeder Aufruf gibt einen Dateideskriptor – *infd* bzw. *outfd* – zurück. Die zweiten Parameter in den beiden Aufrufen sind Schutzbits, die festlegen, dass die Dateien zum Lesen bzw. Schreiben zu öffnen sind. Beide Aufrufe geben einen Dateideskriptor zurück. Fehlgeschlagene Aufrufe von `open` oder `creat` geben einen negativen Dateideskriptor zurück, der über den Fehler informiert.

```
/* Die Dateideskriptoren öffnen */
infd = open("data", 0);
outfd = creat("newf", ProtectionBits);

/* Kopierschleife */
do {
  count = read(infd, buffer, bytes);
  if (count > 0) write(outfd, buffer, count);
} while (count > 0);

/* Dateien schließen */
close(infd);
close(outfd);
```

Listing 6.3: Ein Programmfragment, das eine Datei mithilfe von Unix-Systemaufrufen kopiert. Dieses Fragment ist in C geschrieben, weil Java die Systemaufrufe der unteren Ebene verbirgt, wir sie aber offenlegen wollen.

Der Aufruf `read` hat drei Parameter: einen Dateideskriptor, einen Puffer und einen Bytezähler. Er versucht, die gewünschte Anzahl von Bytes von der angegebenen Datei in den Puffer zu lesen, und gibt die tatsächlich gelesene Byteanzahl in *count* zurück. Ist die Datei zu kurz, dann ist der Wert in *count* kleiner als der übergebene *bytes*-Wert. Der Aufruf `write` legt die neu gelesenen Bytes in der Ausgabedatei ab. Die Schleife fährt fort, bis die Eingabedatei vollständig gelesen wurde. Dann endet die Schleife und das Programm schließt beide Dateien.

Dateideskriptoren sind in Unix kleine Ganzzahlen (normalerweise unter 20). Die speziellen Dateideskriptoren 0, 1 und 2 entsprechen der **Standardeingabe**, **Standardausgabe** und **Standardfehlerausgabe**. Normalerweise bezieht sich die Standardeingabe auf die Tastatur, während Standardausgabe und Standardfehlerausgabe der Anzeige zugeordnet sind, die aber der Benutzer in Dateien umleiten kann. Viele Unix-Programme erhalten ihre Eingabe von der Standardeingabe und schreiben die verarbeitete Ausgabe in die Standardausgabe. Derartige Programme nennt man auch **Filter**.

Mit dem Dateisystem eng verbunden ist das Verzeichnissystem. Jeder Benutzer kann über mehrere Verzeichnisse verfügen, wobei jedes Verzeichnis sowohl Dateien als auch Unterverzeichnisse enthält. Unix-Systeme werden normalerweise mit einem Hauptverzeichnis, dem **Root-Verzeichnis** (Wurzelverzeichnis), konfiguriert, das die Unterverzeichnisse *bin* (für häufig ausgeführte Programme), *dev* (für die speziellen E/A-Gerätedateien), *lib* (für Bibliotheken) und *usr* (für Benutzerverzeichnisse) enthält. Das Beispiel von ▶Abbildung 6.29 zeigt ein Verzeichnis *usr* mit den Unterverzeichnissen *ast* und *jim*. Im Verzeichnis *ast* sind die beiden Dateien *data* und *foo.c* sowie ein Unterverzeichnis *bin* mit vier Spielen enthalten.

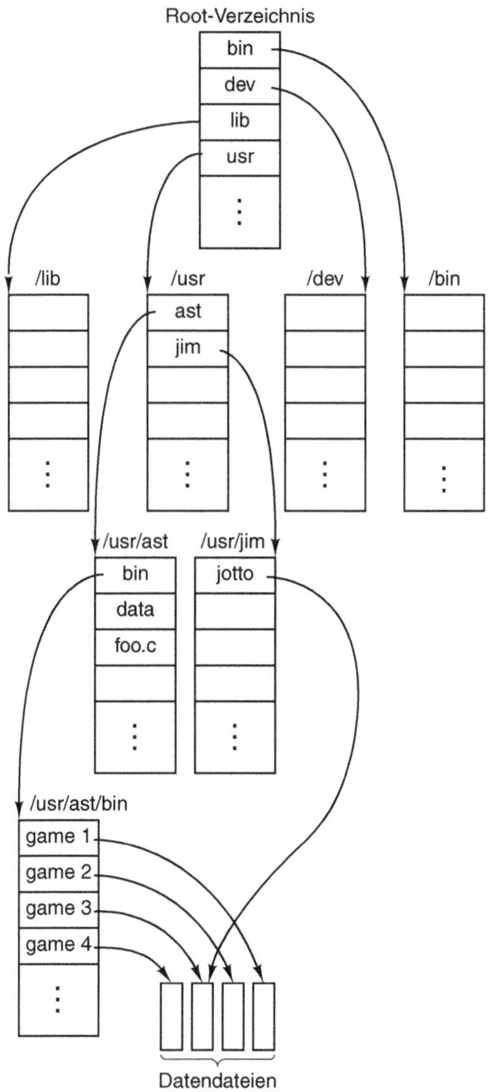

Abbildung 6.29: Teil eines typischen Unix-Verzeichnissystems

Um eine Datei zu bezeichnen, kann man ihren **Pfad** vom Root-Verzeichnis aus angeben. Ein Pfad enthält eine Liste aller Verzeichnisse, die auf dem Weg vom Root-Verzeichnis bis zur Datei liegen, wobei die Verzeichnisnamen durch Schrägstriche zu trennen sind.

Der absolute Pfadname von *game2* lautet beispielsweise */urs/ast/bin/game2*. Ein Pfad, der beim Root-Verzeichnis beginnt, ist ein **absoluter Pfad** (Absolute Path).

Ein laufendes Programm hat stets ein **Arbeitsverzeichnis** (Working Directory). Pfadnamen können sich auch auf das Arbeitsverzeichnis beziehen. In diesem Fall beginnen sie nicht mit einem Schrägstrich, um sie von absoluten Pfadnamen zu unterscheiden. Solche Pfade nennt man **relative Pfade** (Relative Paths). Wenn */usr/ast* das Arbeitsverzeichnis ist, kann man auf *game3* mit dem Pfad *bin/game3* zugreifen. Mit dem Systemaufruf `link` kann ein Benutzer einen **Verweis (Link)** zu einer Datei eines anderen Benutzers erstellen. Im obigen Beispiel haben z.B. */usr/ast/bin/game3* und */usr/jim/jotto* Zugang zur selben Datei. Um Zyklen im Verzeichnissystem zu verhindern, sind Verweise auf Verzeichnisse nicht zulässig. Die Aufrufe `open` und `creat` übernehmen entweder absolute oder relative Pfadnamen als Argumente.

▶Tabelle 6.6 zeigt die wichtigsten Systemaufrufe der Unix-Verzeichnisverwaltung. Der Aufruf `mkdir` legt ein neues Verzeichnis an und `rmdir` löscht ein vorhandenes (leeres) Verzeichnis. Die nächsten drei Aufrufe werden zum Lesen von Verzeichniseinträgen verwendet. Der erste öffnet das Verzeichnis, der zweite liest Einträge daraus und der dritte schließt es. Mit `chdir` wechselt man das Arbeitsverzeichnis.

Systemaufruf	**Bedeutung**
`mkdir(name, mode)`	Erzeugt ein neues Verzeichnis
`rmdir(name)`	Löscht ein leeres Verzeichnis
`opendir(name)`	Öffnet ein Verzeichnis zum Lesen
`readdir(dirpointer)`	Liest den nächsten Eintrag in einem Verzeichnis
`closedir(dirpointer)`	Schließt ein Verzeichnis
`chdir(dirname)`	Ändert das Arbeitsverzeichnis in *dirname*
`link(name1, name2)`	Erzeugt einen Verzeichniseintrag *name2*, der auf *name1* zeigt
`unlink(name)`	Entfernt *name* aus seinem Verzeichnis

Tabelle 6.6: Die grundlegenden Aufrufe der Unix-Verzeichnisverwaltung

Der Aufruf `link` erzeugt einen neuen Verzeichniseintrag, der auf eine existierende Datei zeigt. Zum Beispiel lässt sich der Eintrag */usr/jim/jotto* mit dem Aufruf

```
link("/usr/ast/bin/game3","/usr/jim/jotto")
```

oder einem äquivalenten Aufruf mithilfe von relativen Pfadnamen erzeugen, je nach dem Arbeitsverzeichnis des Programms, das den Aufruf ausführt. Der Aufruf `unlink` entfernt einen Verzeichniseintrag. Wenn die Datei nur einen Verweis hat, wird sie gelöscht. Besitzt sie mehrere Verweise, dann wird sie beibehalten. Es spielt keine Rolle, ob ein entfernter Verweis das Original oder eine später erstellte Kopie ist. Nachdem der Verweis einmal erstellt wurde, gilt er als „erstklassiges Exemplar“, das sich nicht vom Original unterscheidet. Der Aufruf

```
unlink("/usr/ast/bin/game3")
```

bewirkt, dass *game3* von nun an nur über den Pfad */usr/jim/jotto* zugänglich ist. Mit den Aufrufen `link` und `unlink` kann man auf diese Weise Dateien zwischen Verzeichnissen „verschieben“.

Dateien werden in Linux über ihren Pfad im Verzeichnisbaum angesprochen. Dieser Pfad kann absolut oder relativ zu dem aktuellen Verzeichnis eines Prozesses sein. Die Zugriffsrechte (Read/Write/Execute) werden über eine Bitmap für den Besitzer, die Gruppe und andere Nutzer festgelegt. Die Verwaltung von Dateien und Verzeichnissen auf Festplatten erfolgt über I-Nodes.

Jeder Datei (Verzeichnisse eingeschlossen, da sie ja ebenfalls Dateien sind) ist eine Bitmap zugeordnet, die die Zugriffsrechte für die Datei angibt. Drei RWX-Felder (Read, Write, eXecute) in dieser Bitmap steuern Lese-, Schreib- und Ausführungsberechtigungen, das erste für den Besitzer, das zweite für andere Mitglieder in der Gruppe des Besitzers und das dritte für alle anderen Benutzer. Beispielsweise bedeutet `RWX R-X --X`, dass der Besitzer die Datei lesen, schreiben und ausführen kann (natürlich handelt es sich um ein ausführbares Programm, sonst wäre eXecute ausgeschaltet), während andere Mitglieder seiner Gruppe die Datei lesen oder ausführen und Fremde sie nur ausführen können. Mit diesen Berechtigungen können Fremde das Programm zwar verwenden, aber nicht stehlen (kopieren), weil sie keine Leseberechtigung haben. Für die Zuweisung von Benutzern zu Gruppen ist der Systemadministrator – normalerweise als **Superuser** bezeichnet – zuständig. Der Superuser hat auch die „Macht", den Schutzmechanismus außer Kraft zu setzen und jede beliebige Datei zu lesen, zu schreiben und auszuführen.

Wir sehen uns nun kurz an, wie Dateien und Verzeichnisse unter Unix implementiert werden. Eine umfassende Beschreibung finden Sie in [Vahalia, 1996]. Jeder Datei (und jedem Verzeichnis) ist ein 64-Byte-Block mit Informationen zugeordnet, den man **I-Node** (Indexknoten) nennt. Ein I-Node gibt unter anderem an, wer die Datei besitzt, welche Zugriffsrechte bestehen und wo die Daten zu finden sind. Die I-Nodes für die auf jeder Festplatte vorhandenen Dateien befinden sich entweder in numerischer Reihenfolge am Anfang der Platte oder bei Festplatten, die in Gruppen von Zylindern aufgeteilt sind, am Anfang einer Zylindergruppe. Somit kann das Unix-System den I-Node für eine gegebene I-Node-Nummer finden, indem es einfach seine Festplattenadresse berechnet.

Ein Verzeichniseintrag besteht aus zwei Teilen: einem Dateinamen und einer I-Node-Nummer. Führt ein Programm

```
open("foo.c",0)
```

aus, dann sucht das System das Arbeitsverzeichnis für den Dateinamen *foo.c*, um die I-Node-Nummer dieser Datei zu lokalisieren. Anhand der gefundenen I-Node-Nummer kann es dann den I-Node lesen, der Auskunft über die Datei gibt.

Ist ein längerer Pfadname angegeben, so wiederholen sich die eben beschriebenen grundlegenden Schritte mehrere Male, bis der vollständige Pfadname analysiert ist. Um beispielsweise die I-Node-Nummer für */usr/ast/data* zu finden, durchsucht das System zuerst das Root-Verzeichnis nach einem Eintrag *usr*. Mit dem gefundenen I-Node für *usr* kann es diese Datei lesen (ein Verzeichnis ist in Unix eine Datei). In dieser Datei sucht es nach dem Eintrag *ast* und lokalisiert somit die I-Node-Nummer für die Datei */usr/ast*. Das System liest */usr/ast* und kann dann den Eintrag für *data* und somit die I-Node-Nummer für */usr/ast/data* ermitteln. Mit der I-Node-Nummer für die Datei kann das System dann alles über die Datei herausfinden.

Format, Inhalt und Aufbau eines I-Nodes variieren etwas von System zu System (insbesondere bei vernetzten Systemen). Normalerweise sind aber die folgenden Elemente in jedem I-Node vorhanden:

1. Dateityp, 9 RWX-Schutzbits und einige andere Bits
2. Anzahl der Verweise auf die Datei (Anzahl der Verzeichniseinträge für die Datei)
3. Identität des Besitzers
4. Gruppe des Besitzers
5. Dateilänge in Bytes
6. 13 Plattenadressen
7. Zeitpunkt, wann die Datei zuletzt gelesen wurde
8. Zeitpunkt, wann die Datei zuletzt geschrieben wurde
9. Zeitpunkt, wann der I-Node zuletzt geändert wurde

Der Dateityp unterscheidet normale Dateien, Verzeichnisse und zwei spezielle Dateiarten für blockstrukturierte und unstrukturierte E/A-Geräte. Die Anzahl der Verweise und die Identifizierung des Besitzers wurden bereits beschrieben. Die Dateilänge ist eine 32-Bit-Ganzzahl, die für das höchste mit einem Wert belegte Byte steht. Es ist durchaus zulässig, eine Datei zu erstellen, einen `lseek`-Aufruf an Position 1.000.000 auszuführen und 1 Byte zu schreiben, was eine Dateilänge von 1.000.001 ergibt. Allerdings verlangt die Datei *nicht*, alle „fehlenden" Bytes zu speichern.

Die ersten zehn Plattenadressen zeigen auf Datenblöcke. Bei einer Blockgröße von 1024 Byte lassen sich auf diese Weise Dateien mit bis zu 10.240 Bytes verwalten. Adresse 11 zeigt auf einen sogenannten **Indirektionsblock**, der 256 Plattenadressen enthält. Damit kann man Dateien mit bis zu 10.240 + 256 × 1024 = 272.384 Bytes verwalten. Für noch größere Dateien zeigt Adresse 12 auf einen Block, der die Adressen von 256 Indirektionsblöcken enthält, was Dateien mit bis zu 272.384 + 256 × 256 × 1024 = 67.381.248 Bytes ermöglicht. Ist dieses Schema mit einem **doppelten Indirektionsblock** immer noch zu klein, so zeigt Plattenadresse 13 auf einen **dreifachen Indirektionsblock** mit Adressen von 256 doppelten Indirektionsblöcken. Mit direkten sowie einfach, doppelt und dreifach indirekten Adressen lassen sich bis zu 16.843.018 Blöcke adressieren, was theoretisch eine maximale Dateigröße von 17.247.250.432 Byte ergibt. Mit Festplattenadressen von 64 statt 32 Bits und Blockgrößen von 4 KB sind wirklich sehr, sehr große Dateien möglich. Das Dateisystem zeichnet freie Plattenblöcke in verketteten Listen auf. Wird ein neuer Block benötigt, dann entnimmt es den nächsten Block aus dieser Liste. Das hat zur Folge, dass die Blöcke jeder Datei zufällig über die ganze Platte verteilt sind.

Um die Festplatten-Ein-/Ausgabe effizienter zu gestalten, wird der I-Node beim Öffnen einer Datei in eine Hauptspeichertabelle kopiert und verbleibt hier als komfortable Referenz, solange die Datei geöffnet ist. Außerdem werden mehrere der zuletzt referenzierten Festplattenblöcke im Speicher gehalten. Da die meisten Dateien sequenziell gelesen werden, kommt es oft vor, dass eine Dateireferenz denselben Plattenblock wie eine vorherige Referenz betrifft. Um diese Wirkung zu verstärken, versucht das System auch, den *nächsten* Block in einer Datei zu lesen, bevor er referenziert wird, um die Verarbeitung zu beschleunigen. Diese Optimierungen bleiben dem Benutzer verborgen. Wenn er einen `read`-Aufruf auslöst, wird das Programm suspendiert, bis die angeforderten Daten im Puffer verfügbar sind.

Aufbauend auf diesen Hintergrundinformationen können wir uns jetzt ansehen, wie die Ein-/Ausgabe bei Dateien funktioniert. Der Aufruf `open` veranlasst das System, die Verzeichnisse des angegebenen Pfades zu durchsuchen. Bei erfolgreicher Suche liest es den I-Node in eine interne Tabelle. Bei `read`- und `write`-Aufrufen muss das System die Blocknummer aus der aktuellen Dateiposition berechnen. Die Plattenadressen der ersten 10 Blöcke befinden sich immer im Hauptspeicher (im I-Node). Blöcke mit höheren Nummern setzen das vorherige Lesen eines oder mehrerer Indirektionsblöcke voraus. Der Aufruf `lseek` ändert lediglich den aktuellen Dateizeiger und führt keine Ein-/Ausgabe aus.

Die Aufrufe `link` und `unlink` sind jetzt ebenso leicht verständlich. Der Aufruf `link` sucht bei seinem ersten Argument, um die I-Node-Nummer zu finden. Dann erzeugt er einen Verzeichniseintrag für das zweite Argument und schreibt die I-Node-Nummer der ersten Datei in diesen Eintrag. Schließlich inkrementiert er den Verweiszähler im I-Node um eins. Der Aufruf `unlink` entfernt einen Verzeichniseintrag und dekrementiert den Verweiszähler im I-Node. Wenn der Zähler 0 erreicht hat, entfernt das System die Datei und setzt alle Blöcke auf die Freiliste zurück.

Ein-/Ausgabe unter Windows 7

Windows 7 unterstützt mehrere Dateisysteme, wobei **NTFS** (**NT File System**) und das **FAT**-Dateisystem (**File Allocation Table**) die wichtigsten sind. NTFS ist ein neues Dateisystem, das speziell für Windows NT entwickelt wurde, während das FAT-Dateisystem dem alten MS-DOS-Dateisystem entspricht und auch unter Windows 95/98 (wenn auch mit Unterstützung langer Dateinamen) verwendet wurde. Da das FAT-Dateisystem im Grunde überholt ist und außer bei USB-Sticks und Speicherkarten für Kameras kaum noch verwendet wird, konzentrieren wir uns hier auf NTFS.

In NTFS können Dateinamen bis zu 255 Zeichen lang sein. Die Dateinamen bestehen aus Unicode-Zeichen, sodass man in Ländern, die nicht das lateinische Alphabet verwenden (z.B. Japan, Indien, Israel), Dateinamen in der jeweiligen Landessprache schreiben kann. (Windows 7 arbeitet intern durchgängig mit Unicode; die Versionen ab Windows 2000 bestehen aus dem gleichen Programm, das für alle Länder geeignet ist und dennoch die lokalen Einstellungen berücksichtigt, weil alle Menüs, Fehlermeldungen usw. in landesspezifischen Konfigurationsdateien verzeichnet sind.) NTFS unterstützt überall die Groß-/Kleinschreibung (d.h., *foo* ist etwas anderes als *FOO*). Leider unterstützt die Win32-API die Groß-/Kleinschreibung für Dateinamen nur eingeschränkt und für Verzeichnisnamen überhaupt nicht, sodass man bei Programmen, die unter Win32 laufen, auf die Vorteile einer differenzierenden Groß-/Kleinschreibung verzichten muss.

Wie bei Unix ist eine Datei lediglich eine lineare Bytefolge, allerdings bis zu einem Maximum von $2^{64} - 1$. Ebenfalls gibt es Dateizeiger, die aber wegen der maximalen Dateilänge nicht 32, sondern 64 Bit breit sind. Die Funktionsaufrufe der Win32-API für die Datei- und Verzeichnismanipulation ähneln ihren Entsprechungen in Unix, außer dass die meisten Funktionen mehr Parameter übernehmen und sich das Sicherheitsmodell unterscheidet. Beim Öffnen einer Datei gibt das Betriebssystem ein Handle zurück, das dann zum Lesen und Schreiben der Datei verwendet wird. Im Gegensatz zu Unix sind Handles aber keine kleinen Ganzzahlen, denn Windows identifiziert damit sämtliche Kernel-Objekte, deren Anzahl leicht in die Millionen gehen kann. ▶Tabelle 6.7 listet die grundlegenden Funktionen der Win32-API für die Dateiverwaltung auf.

API-Funktion	Unix	Bedeutung
`CreateFile`	`open`	Erzeugt eine Datei oder öffnet eine vorhandene Datei; gibt ein Handle zurück
`DeleteFile`	`unlink`	Löscht eine vorhandene Datei
`CloseHandle`	`close`	Schließt eine Datei
`ReadFile`	`read`	Liest Daten aus einer Datei
`WriteFile`	`write`	Schreibt Daten in eine Datei
`SetFilePointer`	`lseek`	Setzt den Dateizeiger auf eine bestimmte Stelle in der Datei
`GetFileAttributes`	`stat`	Gibt die Dateieigenschaften zurück
`LockFile`	`fcntl`	Sperrt einen Bereich der Datei, um gegenseitigen Ausschluss zu realisieren
`UnlockFile`	`fcntl`	Hebt die Sperre eines zuvor gesperrten Bereichs der Datei auf

Tabelle 6.7: Die wichtigsten Win32-API-Funktionen für die Datei-E/A. Die zweite Spalte enthält die Unix-Entsprechungen, die den API-Funktionen am nächsten kommen.

Sehen wir uns diese Aufrufe nun kurz an. Die Funktion `CreateFile` legt eine neue Datei an und gibt ein Handle darauf zurück. Diese API-Funktion ruft man auch auf, um eine vorhandene Datei zu öffnen, da es keine API-Funktion `open` gibt. Die Parameter für die Windows 7-API-Funktionen sind in Tabelle 6.7 nicht angegeben, da sie recht umfangreich sind. Beispielsweise übernimmt `CreateFile` die folgenden sieben Parameter:

1. Einen Zeiger auf den Namen der zu erstellenden oder zu öffnenden Datei
2. Flags, die angeben, ob die Datei zum Lesen und/oder Schreiben zu öffnen ist
3. Flags, die angeben, ob mehrere Prozesse die Datei gleichzeitig öffnen können
4. Ein Zeiger auf den Sicherheitsdeskriptor, der angibt, wer auf die Datei zugreifen darf
5. Flags, die angeben, was zu tun ist, wenn die Datei existiert bzw. nicht existiert
6. Flags, die sich auf Attribute wie Archivieren, Komprimieren usw. beziehen
7. Das Handle einer Datei, deren Attribute für die neue Datei geklont werden sollen

Die nächsten sechs in Tabelle 6.7 aufgeführten API-Funktionen ähneln den entsprechenden Unix-Systemaufrufen. Allerdings arbeitet die Ein-/Ausgabe unter Windows 7 prinzipiell asynchron, auch wenn ein Prozess auf die Fertigstellung warten kann. Mit den beiden letzten Funktionen lässt sich ein Bereich einer Datei sperren und freigeben, um den wechselseitigen Ausschluss von Prozessen sicherzustellen.

Mit diesen API-Funktionen kann man eine Prozedur analog zur Unix-Version von Tabelle 6.3 schreiben, um eine Datei zu kopieren. Tabelle 6.4 zeigt eine derartige Prozedur (ohne jegliche Fehlerprüfung), die die Struktur von Listing 6.3 nachbildet. In der Praxis kann man sich den Aufwand sparen, ein Dateikopierprogramm zu schreiben, da `CopyFile` als API-Funktion vorhanden ist (die etwa die gleiche Funktionalität wie das hier gezeigte Programm als Bibliotheksfunktion ausführt).

```
/* Dateien für Ein- und Ausgabe öffnen */
inhandle = CreateFile("data", GENERIC_READ, 0, NULL, OPEN_EXISTING, 0, NULL);
outhandle = CreateFile("newf", GENERIC_WRITE, 0, NULL, CREATE_ALWAYS,
        FILE_ATTRIBUTE_NORMAL, NULL);

/* Datei kopieren */
do {
  s = ReadFile(inhandle, buffer, BUF_SIZE, &count, NULL);
  if (s > 0 && count > 0) WriteFile(outhandle, buffer, count, &ocnt, NULL);
} while (s > 0 && count > 0);

/* Dateien schließen */
CloseHandle(inhandle);
CloseHandle(outhandle);
```

Listing 6.4: Ein Programmfragment, das eine Datei mithilfe der API-Funktionen von Windows 7 kopiert. Dieses Fragment ist in C geschrieben, weil Java die Systemaufrufe der unteren Ebene verbirgt, wir sie aber offenlegen wollen.

Windows 7 unterstützt ein hierarchisches Dateisystem, das dem Unix-Dateisystem ähnelt. Als Trennzeichen zwischen den Namensbestandteilen dient allerdings nicht der Schrägstrich (/), sondern der von MS-DOS geerbte Backslash (\). Es gibt ebenfalls das Konzept eines aktuellen Arbeitsverzeichnisses und Pfadnamen, die relativ oder absolut sein können. Allerdings erlaubt es Unix, die Dateisysteme auf unterschiedlichen Datenträgern und Computern in einem einzelnen Verzeichnisbaum bereitzustellen (zu „mounten“), was die Datenträgerstruktur gegenüber der Software verbirgt. Frühe Versionen von Windows (vor Windows 2000) wiesen diese Eigenschaft nicht auf. Deshalb mussten absolute Dateinamen mit einem Laufwerksbuchstaben beginnen, der das logische Laufwerk wie in *C:\windows\system\foo.dll* bezeichnet. Seit Windows 2000 wird aber auch das Bereitstellen von Dateisystemen im Unix-Stil unterstützt.

▶Tabelle 6.8 zeigt die wichtigsten API-Funktionen für die Verzeichnisverwaltung, auch hier wieder mit den vergleichbaren Unix-Gegenstücken. Die Funktionen dürften selbsterklärend sein.

API-Funktion	Unix	Bedeutung
CreateDirectory	mkdir	Legt ein neues Verzeichnis an
RemoveDirectory	rmdir	Entfernt ein leeres Verzeichnis
FindFirstFile	opendir	Initialisiert das Lesen der Einträge in einem Verzeichnis
FindNextFile	readdir	Liest den nächsten Verzeichniseintrag
MoveFile		Verschiebt eine Datei von einem Verzeichnis in ein anderes
SetCurrentDirectory	chdir	Ändert das aktuelle Arbeitsverzeichnis

Tabelle 6.8: Die wichtigsten Win32-API-Funktionen für die Verzeichnisverwaltung. Die zweite Spalte enthält die Unix-Entsprechungen (soweit vorhanden), die den API-Funktionen am nächsten kommen.

Das Dateisystem NTFS von Windows ist vergleichbar mit dem von Unix. Es verfügt aber über einen flexibleren **Sicherheitsmechanismus**. Für Dateien können über Access Control Lists individuelle Rechte für einzelne Benutzer festgelegt werden.

Der Sicherheitsmechanismus von Windows 7 ist wesentlich aufwendiger als bei den meisten Unix-Systemen. Obwohl es Hunderte von API-Funktionen für die Sicherheit gibt, sollen die folgenden kurzen Ausführungen genügen, um das Grundkonzept zu vermitteln. Wenn sich ein Benutzer anmeldet, erhält sein Initialisierungsprozess vom Betriebssystem ein **Zugriffstoken** (Access Token). Das Zugriffstoken enthält die **Sicherheits-ID** (Security ID, SID), d.h. eine Liste der Sicherheitsgruppen, zu denen der Benutzer gehört, alle verfügbaren speziellen Berechtigungen und einige andere Elemente. In erster Linie soll das Zugriffstoken sämtliche Sicherheitsinformationen an einer leicht auffindbaren Stelle konzentrieren. Alle von diesem Prozess erzeugten Prozesse erben dasselbe Zugriffstoken.

Ein **Sicherheitsdeskriptor** (Security Descriptor) ist einer der Parameter, die man beim Erstellen eines Objekts übergeben kann. Er enthält eine Liste von Einträgen, die sogenannte **Zugriffssteuerungsliste (Access Control List, ACL)**. Jeder Eintrag in dieser Liste erlaubt oder verbietet bestimmte Operationen auf das Objekt durch eine SID oder Gruppe. Beispielsweise kann der Sicherheitsdeskriptor einer Datei bestimmen, dass Elinor überhaupt keinen Zugriff auf die Datei erhält, Ken die Datei lesen, Linda die Datei lesen und schreiben kann und alle Mitglieder der Gruppe XYZ die Länge der Datei lesen und sonst nichts damit tun dürfen. Es lassen sich auch Standardeinstellungen festlegen, um den Zugriff für jeden zu verweigern, der nicht ausdrücklich aufgelistet ist.

Versucht ein Prozess, eine Operation auf ein Objekt mithilfe seines Handles auszuführen, holt der Sicherheitsmanager das Zugriffstoken des Prozesses und vergleicht zuerst die Integritätsebene im Sicherheistdeskriptor des Objekts mit der Integritätsebene im Token. Ein Prozess kann kein Handle mit Schreibberechtigung für ein Objekt mit einer höherer Integritätsebene erhalten. Integritätsebenen schränken vor allem ein, was der von Webbrowsern geladene Code tun darf, um das System zu modifizieren. Nach der Überprüfung der Integritätsebene sieht der Sicherheitsmanager die Einträge der ACL der Reihe nach durch. Sobald er einen Eintrag findet, der mit der SID des Aufrufers oder einer Gruppe des Aufrufers übereinstimmt, wird der dort vorgefundene Zugriff als maßgebend angenommen. Aus diesem Grund schreibt man in die ACL die Einträge, die den Zugriff verweigern, vor die Einträge, die den Zugriff gestatten. Somit kann sich ein Benutzer, dem gemäß dieser Definition der Zugriff verwehrt ist, nicht durch die Hintertür als Mitglied einer legitimen Gruppe den Zugriff erschleichen. Der Sicherheitsdeskriptor enthält auch Informationen, die der Überwachung des Objektzugriffs dienen.

Als Nächstes sehen wir uns kurz an, wie Dateien und Verzeichnisse in Windows 7 implementiert sind. Jede Festplatte ist statisch in eigenständige Datenträger (Volumes) aufgeteilt, die den Festplattenpartitionen in Unix entsprechen. Jeder Datenträger enthält Bitmaps, Dateien, Verzeichnisse und andere Datenstrukturen, um seine Informationen zu verwalten. Ein Datenträger ist als lineare Sequenz von **Clustern** mit der gleichen Größe organisiert, wobei die Größe je nach Größe des Datenträgers im Bereich von 512 Byte bis 64 KB liegt. Cluster werden durch ihre Distanz vom Anfang des Datenträgers mithilfe von 64-Bit-Zahlen referenziert.

Die wichtigste Datenstruktur in jedem Datenträger ist die **Master File Table** oder **MFT**, die für jede Datei und jedes Verzeichnis eines Datenträgers einen Eintrag enthält. Diese Einträge entsprechen den I-Nodes in Unix. Die MFT selbst ist eine Datei und kann als solche an jeder beliebigen Stelle innerhalb des Datenträgers platziert werden. Diese Eigenschaft ist insbesondere nützlich, wenn der Datenträger am Anfang defekte Festplattenblöcke aufweist, wo die MFT normalerweise untergebracht würde. Unix-Systeme speichern in der Regel bestimmte Schlüsselinformationen am Anfang jedes Volumes und im (äußerst unwahrscheinlichen) Fall, dass einer dieser Blöcke irreparabel beschädigt ist, muss das gesamte Volume neu positioniert werden.

▶Abbildung 6.30 zeigt den Aufbau einer MFT. Sie beginnt mit einem Header, der Informationen über den Datenträger enthält, zum Beispiel (Zeiger auf) das Stammverzeichnis, die Boot-Datei, die Datei mit fehlerhaften Blöcken, die Freilistenverwaltung usw. Danach folgt ein Eintrag je Datei oder Verzeichnis mit 1 KB, außer wenn die Cluster-Größe 2 KB oder mehr beträgt. Jeder Eintrag enthält alle Metadaten (Verwaltungsinformationen) über die Datei bzw. das Verzeichnis. Es sind mehrere Formate zulässig, Abbildung 6.30 zeigt eines davon.

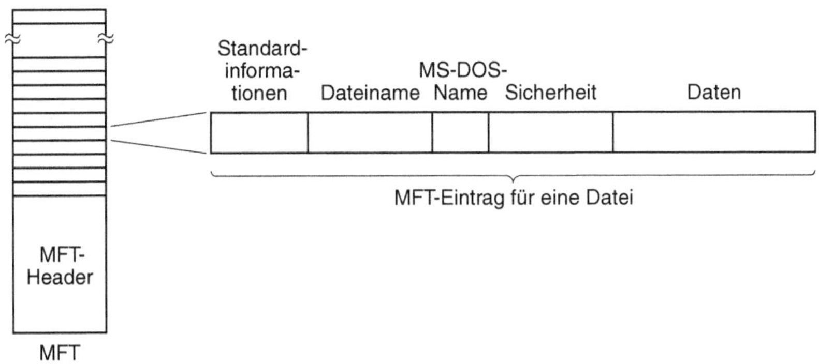

Abbildung 6.30: Die Master File Table (MFT) von Windows 7

Das Feld für Standardinformationen enthält Angaben wie zum Beispiel die von POSIX benötigten Zeitstempel, der Hard-Link-Count (Zähler, wie viele Verzeichnisse auf eine Datei zeigen), die Attributbits *schreibgeschützt* und *Archiv* usw. Dieses Feld hat eine feste Länge und ist immer vorhanden. Die Länge des Dateinamens ist variabel und kann bis zu 255 Unicode-Zeichen betragen. Damit solche Dateien auch für alte 16-Bit-Programme zugänglich sind, können Dateien auch einen MS-DOS-Namen besitzen, der aus acht alphanumerischen Zeichen besteht, denen optional ein Punkt und eine aus drei Zeichen bestehende Erweiterung folgt. Entspricht der tatsächliche Dateiname der 8+3-Namensregel von MS-DOS, so wird kein zweiter MS-DOS-Name verwendet.

Anschließend folgen die Sicherheitsinformationen. In den Versionen bis einschließlich NT 4.0 enthielt das Sicherheitsfeld den eigentlichen Sicherheitsdeskriptor. Seit Windows 2000 befinden sich alle Sicherheitsinformationen in einer zentralen Datei, sodass dieses Feld jetzt einfach auf den relevanten Teil dieser Datei zeigt.

Bei kleinen Dateien sind die Dateidaten selbst im MFT-Eintrag enthalten, wodurch man einen Festplattenzugriff spart, um die Daten abzurufen. Dieses Konzept heißt **Direktdatei** (Immediate File) [Mullender und Tanenbaum, 1984]. Bei etwas größeren Dateien enthält dieses Feld Zeiger auf die Cluster, in denen die Daten enthalten sind, oder – was häufiger vorkommt – auf Läufe von aufeinanderfolgenden Clustern, sodass sich mit einer einzigen Cluster-Nummer und einer Länge ein beliebiger Umfang von Dateidaten darstellen lässt. Ist ein einzelner MFT-Eintrag für die aufzunehmenden Informationen nicht ausreichend, dann können weitere Einträge mit ihm verkettet werden.

Die maximale Dateigröße beträgt 2^{64} Byte. Um die Größe einer 2^{64}-Byte-Datei (d.h. einer 2^{67}-Bit-Datei) zu veranschaulichen, stellen Sie sich die Datei in binärer Form ausgeschrieben vor, wobei jede 0 oder 1 einen Platz von 1 mm beanspruchen soll. Das 2^{67}-mm-Listing wäre mehr als 15 Lichtjahre lang und würde weit über das Sonnensystem hinausreichen – fast zweimal bis Alpha Centauri und zurück.

Das NTFS-Dateisystem verfügt über viele weitere interessante Eigenschaften, darunter Unterstützung mehrerer Datenstreams für jede Datei, Verschlüsselung, Datenkompression und Fehlertoleranz mithilfe atomarer Transaktionen. Ausführliche Informationen darüber findet der Leser in [Russonovich und Solomon, 2005].

6.5.4 Beispiele der Prozessverwaltung

Sowohl unter Unix als auch unter Windows 7 lässt sich ein Job in mehrere Prozesse aufteilen, die (quasi) parallel laufen und miteinander wie das an früherer Stelle beschriebene Produzenten-Konsumenten-Beispiel kommunizieren können. Dieser Abschnitt beschreibt, wie Prozesse in beiden Systemen verwaltet werden. Beide Systeme unterstützen außerdem Parallelität innerhalb eines Prozesses mithilfe von Threads, sodass wir auch darauf eingehen.

Prozessverwaltung unter Unix

Unix-Prozesse können mit `fork` einen Kindprozess erzeugen, der mit `exec` ein neues Programm ausführen kann. Zur Kommunikation zwischen Prozessen stehen Pipes, Message Queues und gemeinsam genutzte Speicherbereiche zur Verfügung.

Ein Unix-Prozess kann jederzeit einen Teilprozess (Subprocess) erstellen, der eine genaue Kopie von sich selbst ist, indem er den Systemaufruf `fork` ausführt. Dabei wird der ursprüngliche Prozess **Elternprozess** (Parent Process) oder übergeordneter Prozess und der neue **Kindprozess** (Child Process) oder untergeordneter Prozess genannt. Unmittelbar nach `fork` sind die beiden Prozesse identisch und nutzen sogar dieselben Dateideskriptoren gemeinsam. Von da an geht jeder seiner Wege und macht unabhängig vom anderen, was er möchte.

In vielen Fällen jongliert der Kindprozess mit den Dateideskriptoren auf bestimmte Art und führt dann den Systemaufruf `exec` aus, der sein Programm und seine Daten durch das Programm und die Daten ersetzt, die in einer als Parameter an den `exec`-Aufruf übergebenen Datei zu finden sind. Wenn zum Beispiel ein Benutzer an einem Terminal den Befehl *xyz* eingibt, führt der Kommandointerpreter (Shell) `fork` aus, um einen Kindprozess zu erzeugen. Dieser Kindprozess ruft dann `exec` auf, um das Programm *xyz* auszuführen.

Die beiden Prozesse laufen parallel (mit oder ohne `exec`), es sei denn, der Elternprozess wartet, bis der Kindprozess fertig ist, bevor er fortfährt. Möchte der Elternprozess warten, dann führt er entweder den Systemaufruf `wait` oder `waitpid` aus, wodurch er so lange suspendiert wird, bis der untergeordnete Prozess `exit` ausführt und damit beendet ist. Anschließend fährt der Elternprozess fort.

Prozesse können `fork` beliebig oft ausführen, sodass ein Baum (Tree) mit Prozessen entsteht. Zum Beispiel hat in ▶Abbildung 6.31 Prozess *A* zweimal `fork` ausgeführt, womit er die beiden untergeordneten Prozesse *B* und *C* erzeugt hat. Dann hat auch *B* zweimal und *C* einmal `fork` ausgeführt, sodass letztendlich ein Baum mit sechs Prozessen entstanden ist.

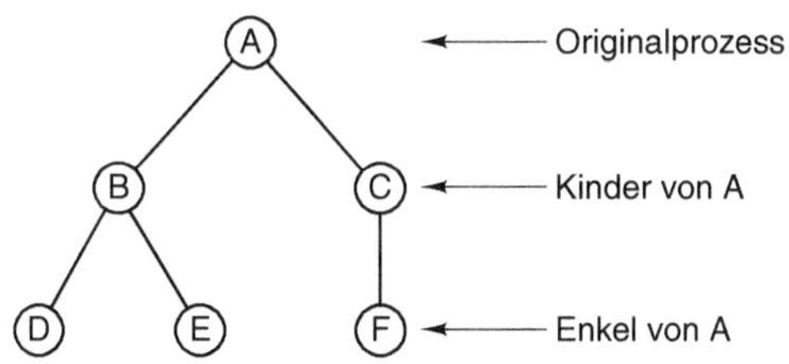

Abbildung 6.31: Ein Prozessbaum unter Unix

Prozesse können unter Unix über eine **Pipe** genannte Struktur miteinander kommunizieren. Eine Pipe ist eine Art Puffer, in den ein Prozess einen Datenstrom schreiben bzw. aus dem er einen anderen entnehmen kann. Bytes werden aus einer Pipe immer in der Reihenfolge geholt, in der sie geschrieben wurden. Hier ist kein wahlfreier Zugriff möglich. Pipes bewahren keine Nachrichtengrenzen. Wenn also zum Beispiel ein Prozess vier 128-Byte-Schreiboperationen und der andere eine 512-Byte-Leseoperation durchführt, erhält der Reader alle Daten auf einmal, ohne Hinweis darauf, dass sie in mehreren Operationen geschrieben wurden.

In System V und Linux haben Prozesse eine andere Möglichkeit: Sie kommunizieren über **Nachrichtenwarteschlangen** (Message Queues). Ein Prozess kann mit `msgget` eine neue Nachrichtenwarteschlange erstellen oder eine existierende öffnen. Über eine Nachrichtenwarteschlange kann ein Prozess Nachrichten mit `msgsnd` senden und mit `msgrecv` empfangen. Die auf diese Weise gesendeten Nachrichten unterscheiden sich ganz erheblich von den Daten, die über eine Pipe übertragen werden. Erstens werden Nachrichtengrenzen eingehalten, während eine Pipe lediglich ein Bytestrom ist. Zweitens haben Nachrichten Prioritäten, sodass wichtige Nachrichten weniger wichtige überspringen können. Drittens sind sie typisiert und `msgrecv` kann bei Bedarf einen bestimmten Typ spezifizieren.

Bei einem weiteren Kommunikationsmechanismus nutzen zwei oder mehrere Prozesse einen Bereich ihres jeweiligen Adressraums gemeinsam. Unix realisiert diesen gemeinsam genutzten Speicher, indem dieselben Seiten in den virtuellen Adressraum aller beteiligten Prozesse abgebildet werden. Daraus ergibt sich, dass eine Schreiboperation durch einen Prozess in den gemeinsam genutzten Bereich sofort für die übrigen Prozesse sichtbar ist. Dieser Mechanismus bietet einen Kommunikationspfad mit sehr hoher Bandbreite zwischen den Prozessen. Die hierfür relevanten Systemaufrufe haben Namen wie `shmat` und `shmop`.

Ein weiteres Merkmal von System V und Linux ist die Unterstützung von Semaphoren. Sie funktionieren im Wesentlichen so, wie es das Produzenten-Konsumenten-Beispiel weiter vorn beschrieben hat.

Alle POSIX-konformen Unix-Systeme bieten darüber hinaus die Möglichkeit, mehrere Ausführungsfäden innerhalb eines Prozesses zu verwenden. Diese Ausführungsfäden, die man normalerweise **Threads** nennt, sind schlanke Prozesse, die einen Adressraum und alle damit verbundenen Elemente gemeinsam nutzen, beispielsweise Dateideskriptoren, Umgebungsvariablen und Timer. Allerdings hat jeder Thread seinen eigenen Programmzähler, eigene Register und einen eigenen Keller. Wenn ein Thread blockiert (d.h. vorübergehend stoppen muss, bis eine laufende Ein-/Ausgabe abgeschlossen ist oder ein anderes Ereignis eintritt), können die übrigen Threads desselben Prozesses dennoch weiterlaufen.

Prozesse können mehrere **Ausführungsfäden** haben (**Threads**), die den gleichen Adressraum benutzen. Sie können zur Parallelverarbeitung eingesetzt werden.

Zwei Threads im selben Prozess, die als Produzent und Konsument arbeiten, ähneln den beiden Einzel-Thread-Prozessen, die ein Speichersegment mit einem Puffer gemeinsam nutzen, sind aber mit diesen nicht identisch. Die Unterschiede haben damit zu tun, dass im zweiten Fall jeder Prozess über seine eigenen Dateideskriptoren usw. verfügt, während diese Elemente im ersten Fall gemeinsam genutzt werden. Das Produzenten-Konsumenten-Beispiel weiter vorn in diesem Kapitel hat die Verwendung von Java-Threads gezeigt. Oftmals verwendet das Java-Laufzeitsystem einen Betriebssystem-Thread für jeden seiner Threads, was aber nicht unbedingt erforderlich ist.

Threads können beispielsweise für einen WWW-Server nützlich sein. Ein derartiger Server führt möglicherweise einen Cache mit häufig besuchten Webseiten im Hauptspeicher. Kommt eine Anforderung für eine Seite, die sich im Cache befindet, dann wird die Webseite sofort zurückgegeben und andernfalls von der Platte abgerufen. Leider dauert das Warten auf die Festplatte eine geraume Zeit (normalerweise 20 ms). Der Prozess blockiert so lange und kann neu ankommende Anforderungen nicht bedienen – auch nicht für die Webseiten, die sich im Cache befinden.

Dieses Problem kann man mit mehreren Threads innerhalb des Serverprozesses lösen, die alle den Webseiten-Cache gemeinsam nutzen. Wenn ein Thread blockiert, können andere Threads neue Anforderungen bearbeiten. Um eine Blockierung ohne Threads zu verhindern, könnte man mehrere Serverprozesse laufen lassen. Allerdings verlangt dies gegebenenfalls eine Replikation des Caches, was wertvollen Speicherplatz verschwendet.

Der mit **pthreads** bezeichnete Unix-Standard ist in POSIX (P1003.1C) definiert. Er umfasst Aufrufe zur Verwaltung und Synchronisierung von Threads. Es ist nicht definiert, ob Threads durch den Kernel oder gänzlich im Benutzerraum verwaltet werden. Die gebräuchlichsten Thread-Aufrufe sind in ▶Tabelle 6.9 aufgeführt.

Thread-Aufruf	Bedeutung
pthread_create	Neuen Thread im Adressraum des Aufrufers erzeugen
pthread_exit	Aufrufenden Thread beenden
pthread_join	Auf Beendigung eines Threads warten
pthread_mutex_init	Neuen Mutex erzeugen
pthread_mutex_destroy	Mutex zerstören
pthread_mutex_lock	Mutex sperren
pthread_mutex_unlock	Sperre eines Mutex aufheben
pthread_cond_init	Bedingungsvariable erzeugen
pthread_cond_destroy	Bedingungsvariable zerstören
pthread_cond_wait	Auf eine Bedingungsvariable warten
pthread_cond_signal	Einen Thread freigeben, der auf eine Bedingungsvariable wartet

Tabelle 6.9: Die wichtigsten Thread-Aufrufe der POSIX-Definition

Der erste in Tabelle 6.9 genannte Thread-Aufruf `pthread_create` erzeugt einen neuen Thread. Nach der erfolgreichen Fertigstellung läuft ein Thread mehr im Adressraum des Aufrufers als vor dem Aufruf. Ein Thread, der seine Arbeit getan hat und terminieren möchte, ruft `pthread_exit` auf. Ein Thread kann `pthread_join` aufrufen, um zu warten, bis ein anderer Thread beendet ist. Wenn der Thread, auf den gewartet wird, bereits beendet ist, kehrt pthread_join sofort zurück und blockiert andernfalls.

Threads können sich mithilfe von Sperren, die man als **Mutexe** bezeichnet, synchronisieren. Ein Mutex wacht über eine Ressource, z.B. einen von zwei Threads gemeinsam genutzten Puffer. Um sicherzustellen, dass jeweils nur ein Thread auf die gemeinsame Ressource zugreift, wird von Threads erwartet, dass sie den Mutex sperren, bevor sie die Ressource beanspruchen, und ihn wieder entsperren, sobald sie fertig sind. Solange sich alle Threads an dieses Protokoll halten, lassen sich Race Conditions vermeiden. Mutexe sind wie binäre Semaphore, d.h., sie können nur die Werte 0 und 1 annehmen. Die Bezeichnung „Mutex" ist eine Verschmelzung der Wörter „mutual exclusion" (wechselseitiger Ausschluss), weil sie den gegenseitigen Ausschluss auf einer bestimmten Ressource sicherstellen.

Der Pthreads-Standard definiert neben den Operationen zum Erzeugen und Löschen von Threads auch **Sperren** und andere Synchronisationskonstrukte, die zur Vermeidung von Race Conditions eingesetzt werden.

Mutexe lassen sich mit den Aufrufen pthread_mutex_init und pthread_mutex_destroy erzeugen bzw. zerstören. Ein Mutex kann sich in einem von zwei Zuständen befinden: gesperrt oder entsperrt. Wenn ein Thread eine Sperre auf einem entsperrten Mutex (mit pthread_mutex_lock) setzen muss, wird die Sperre gesetzt und der Thread fährt fort. Versucht er aber, einen bereits gesperrten Mutex zu sperren, dann blockiert er. Wenn der sperrende Thread die Arbeit mit der gemeinsam genutzten Ressource abgeschlossen hat, muss er durch Aufruf von pthread_mutex_unlock den entsprechenden Mutex entsperren.

Mutexe sind für kurzzeitiges Sperren vorgesehen, beispielsweise um eine gemeinsam genutzte Variable zu schützen. Für längerfristige Synchronisierung – beispielsweise um zu warten, dass ein Bandlaufwerk frei wird – sind sie nicht geeignet. Hierfür stehen **Bedingungsvariablen** (Condition Variables) zur Verfügung, die sich mit den Aufrufen pthread_cond_init und pthread_cond_destroy erzeugen bzw. zerstören lassen.

Bedingungsvariablen verwendet man, um einen Thread auf eine Bedingung warten zu lassen, bis diese von einem anderen signalisiert wird. Hat ein Thread beispielsweise festgestellt, dass das von ihm benötigte Bandlaufwerk besetzt ist, dann ruft er pthread_cond_wait auf einer Bedingungsvariablen auf, die alle Threads in Zusammenhang mit dem Bandlaufwerk vereinbart haben. Ist der Thread, der das Bandlaufwerk gerade benutzt, (möglicherweise Stunden später) mit seiner Arbeit fertig, so gibt er mit pthread_cond_signal genau einen Thread frei, der auf diese Bedingungsvariable (wenn überhaupt vorhanden) wartet. Falls kein Thread wartet, geht das Signal verloren. Im Unterschied zu Semaphoren zählen Bedingungsvariablen nicht. Darüber hinaus sind weitere Operationen für Threads, Mutexe und Bedingungsvariablen definiert.

Prozessverwaltung unter Windows 7

Windows 7 unterstützt mehrere Prozesse, die untereinander kommunizieren und sich synchronisieren können. Jeder Prozess enthält mindestens einen Thread. Zusammen bieten Prozesse und Threads (die vom Prozess selbst geplant werden können) ein sehr allgemeines Instrumentarium, um sowohl auf Einzelprozessor- als auch Multiprozessorsystemen Parallelität zu verwalten,

Neue Prozesse werden mit der API-Funktion CreateProcess erzeugt. Diese Funktion hat zehn Parameter mit jeweils zahlreichen Optionen. Dieses Design ist deutlich komplizierter als das Unix-Schema, bei dem fork keine und exec lediglich drei Parameter hat: Zeiger auf den Namen der auszuführenden Datei, das Datenfeld mit den (geparsten)

Befehlszeilenparametern und die Umgebungszeichenfolgen. Die zehn Parameter für `CreateProcess` haben ungefähr folgende Bedeutung:

1. Ein Zeiger auf den Namen der ausführbaren Datei
2. Die Befehlszeile selbst (vor dem Parsing)
3. Ein Zeiger auf einen Sicherheitsdeskriptor für den Prozess
4. Ein Zeiger auf einen Sicherheitsdeskriptor für den Initialisierungs-Thread
5. Ein Bit, das aussagt, ob der neue Prozess die Handles vom aufrufenden Prozess erbt
6. Verschiedene Flags (z.B. Fehlermodus, Priorität, Debugging, Konsolen)
7. Ein Zeiger auf die Umgebungszeichenfolgen
8. Ein Zeiger auf den Namen des aktuellen Arbeitsverzeichnisses für den neuen Prozess
9. Ein Zeiger auf eine Struktur, die das anfängliche Bildschirmfenster beschreibt
10. Ein Zeiger auf eine Struktur, die 18 Werte an den Aufrufer zurückgibt

Windows 7 erzwingt keine Eltern-Kind-Beziehung oder eine andere Hierarchie. Alle Prozesse werden gleichrangig erzeugt. Da aber einer von den 18 Parametern, die dem erzeugenden Prozess zurückgegeben werden, ein Handle auf den neuen Prozess ist (was umfassende Kontrolle über den neuen Prozess gibt), besteht eine implizite Hierarchie dahingehend, wer ein Handle auf wen besitzt. Diese Handles lassen sich zwar nicht direkt an andere Prozesse übergeben, es gibt aber für einen Prozess die Möglichkeit, ein Handle für einen anderen Prozess anzupassen und ihm dann das Handle zu übergeben, sodass die implizite Prozesshierarchie meist nicht lange besteht.

Jeder Prozess wird in Windows 7 mit einem einzelnen Thread erzeugt. Ein Prozess kann aber später weitere Threads erzeugen. Es ist einfacher, Threads zu erzeugen als Prozesse. `CreateThread` übernimmt nur sechs statt zehn Parameter: den Sicherheitsdeskriptor, die Kellergröße, die Anfangsadresse, einen benutzerdefinierten Parameter, den Anfangszustand des Threads (bereit oder blockiert) und die Kennung (ID) des Threads. Der Kernel ist dafür zuständig, einen Thread zu erzeugen, und ist dadurch mit Threads vertraut (d.h. sie werden nicht ausschließlich im Benutzerraum implementiert, wie das bei anderen Systemen der Fall ist).

Der Prozessor wird vom Betriebssystem auf der Basis der jeweils ausführbaren Threads den Programmen zugeteilt.

Wenn der Kernel die CPU Programmen zuteilt (Scheduling), wählt er den nächsten ausführbaren Thread aus und berücksichtigt nicht den zugehörigen Prozess. Der Kernel weiß also immer, welche Threads bereit und welche blockiert sind. Threads sind Kernel-Objekte und verfügen deshalb über Sicherheitsdeskriptoren und Handles. Da sich ein Handle für einen Thread an einen anderen Prozess übergeben lässt, kann man mit einem Prozess in einem anderen Prozess Threads steuern (oder sogar erzeugen). Dies ist beispielsweise bei der Fehlersuche nützlich.

Prozesse können auf vielerlei Art kommunizieren, darunter mit Pipes, benannten Pipes, Sockets, Remote Procedure Calls und gemeinsam genutzten Dateien. Pipes können im Byte- oder im Nachrichtenmodus arbeiten, wobei der Modus zum Erstellungszeitpunkt ausgewählt wird. Pipes im Bytemodus funktionieren in der gleichen Weise wie unter Unix. Pipes im Nachrichtenmodus sind ähnlich, bewahren aber Nachrichtengrenzen, sodass vier Schreiboperationen von 128 Byte als vier 128-Byte-Nachrichten und nicht als eine 512-Byte-Nachricht gelesen werden, wie das bei Pipes im Bytemodus der Fall ist. Benannte Pipes arbeiten in den gleichen Modi wie reguläre Pipes und können im Gegensatz zu normalen Pipes auch über ein Netzwerk verwendet werden.

Sockets ähneln Pipes, außer dass sie normalerweise Prozesse auf unterschiedlichen Computern verbinden. Allerdings kann man sie auch einsetzen, um Prozesse auf demselben Computer zu verbinden. Im Allgemeinen bringt es kaum Vorteile, eine Socket-Verbindung über eine Pipe oder eine benannte Pipe für die Kommunikation auf demselben Computer zu verwenden.

Durch entfernte Prozeduraufrufe (Remote Procedure Calls) kann beispielsweise Prozess *A* veranlassen, dass Prozess *B* eine Prozedur im Adressraum von *B* im Namen von *A* aufruft und das Ergebnis an *A* zurückgibt. Hierbei gelten für die Parameter verschiedene Einschränkungen. Unter anderem ist es sinnlos, einen Zeiger an einen anderen Prozess weiterzugeben. Stattdessen sind die Objekte, auf die gezeigt wird, zu verpacken und an den Zielprozess zu senden.

Schließlich können Prozesse Speicher gemeinsam nutzen, indem sie ihn gleichzeitig auf dieselbe Datei abbilden. Alle von einem Prozess ausgeführten Schreiboperationen erscheinen dann im Adressraum des anderen Prozesses. Nach diesem Mechanismus lässt sich der gemeinsam genutzte Puffer unseres Produzenten-Konsumenten-Beispiels leicht implementieren.

So wie Windows 7 zahlreiche Mechanismen für die Interprozesskommunikation bietet, stellt es auch zahlreiche Synchronisationsmechanismen bereit, einschließlich Semaphore, Mutexe, kritische Abschnitte und Ereignisse. Alle genannten Mechanismen arbeiten auf Threads und nicht auf Prozessen. Wenn also ein Thread auf einem Semaphor blockiert, wirkt sich dies nicht auf andere Threads in diesem Prozess (soweit vorhanden) aus, sodass sie mit der Ausführung fortfahren können.

Ein Semaphor wird mit der API-Funktion `CreateSemaphore` erzeugt, die es auf einen bestimmten Wert initialisieren und auch einen Höchstwert definieren kann. Semaphore sind Kernel-Objekte und verfügen somit über Sicherheitsdeskriptoren und Handles. Das Handle für ein Semaphor kann mit `DuplicateHandle` dupliziert und an einen anderen Prozess weitergegeben werden, sodass sich mehrere Prozesse auf demselben Semaphor synchronisieren können. Aufrufe für `up` und `down` sind vorhanden, haben allerdings etwas eigenwillige Namen – `ReleaseSemaphore` (d.h. `up`) und `WaitForSingleObject` (d.h. `down`). Außerdem ist es möglich, für `WaitForSingleObject` eine Zeitüberschreitung festzulegen, sodass der aufrufende Thread letztendlich freigegeben werden kann, auch wenn das Semaphor auf 0 bleibt (obwohl Timer wieder zu Race Conditions führen können).

Mutexe sind ebenfalls Kernel-Objekte für die Synchronisierung, allerdings einfacher als Semaphore, weil sie keine Zähler haben. Im Wesentlichen stellen sie Sperren dar, wobei die API-Funktion `WaitForSingleObject` die Sperre einrichtet und `ReleaseMutex` die Sperre aufhebt. Analog zu Semaphor-Handles können auch Mutex-Handles dupliziert und zwischen Prozessen übergeben werden, sodass Threads in unterschiedlichen Prozessen auf denselben Mutex zugreifen können.

Der dritte Synchronisierungsmechanismus basiert auf **kritischen Abschnitten** (Critical Sections), die Mutexen ähneln, jedoch lokal zum Adressraum des erzeugenden Threads sind. Kritische Bereiche sind keine Kernel-Objekte und besitzen weder Handles noch Sicherheitsdeskriptoren, sodass sie nicht zwischen Prozessen übergeben werden können. Das Sperren und Entsperren geschieht mit den API-Funktionen `EnterCriticalSection` und `LeaveCriticalSection`. Da diese API-Funktionen direkt im Benutzerraum ausgeführt werden, sind sie wesentlich schneller als Mutexe.

Als letzter Synchronisierungsmechanismus seien hier noch die **Ereignisse** (Events) erwähnt, die ebenfalls Kernel-Objekte verwenden. Ein Thread kann mit `WaitForSingleObject` auf ein Ereignis warten, mit `SetEvent` einen einzelnen Thread, der auf ein Ereignis wartet, freigeben und mit `PulseEvent` alle Threads, die auf ein Ereignis warten, freigeben. Ereignisse gibt es in verschiedenen Varianten mit unterschiedlichen Optionen. Windows verwendet Ereignisse unter anderem, um die Fertigstellung von asynchronen E/A-Operationen zu synchronisieren.

Ereignisse, Mutexe und Semaphore kann man auch benennen und wie benannte Pipes im Dateisystem speichern. Zwei oder mehrere Prozesse können sich synchronisieren, wenn sie dasselbe Ereignis, denselben Mutex oder dasselbe Semaphor öffnen, anstatt einen der Prozesse das Objekt erzeugen zu lassen und dann Handles für die anderen zu duplizieren, obwohl dieser Ansatz sicherlich auch eine Option ist.

ZUSAMMENFASSUNG

Das **Betriebssystem** kann man als Interpreter für bestimmte Architekturmerkmale betrachten, die auf der ISA-Ebene nicht vorhanden sind. Dazu zählen vor allem virtueller Speicher, virtuelle E/A-Befehle und Einrichtungen für die parallele Verarbeitung.

Virtueller Speicher stellt Programmen mehr Adressraum bereit, als physischer Speicher im Computer installiert ist. Außerdem bietet dieses Architekturmerkmal einen einheitlichen und flexiblen Mechanismus für den Schutz und die gemeinsame Nutzung von Speicher. Implementieren lässt sich virtueller Speicher als reines Paging, reine Segmentierung oder als Kombination von beidem. Reines Paging teilt den Adressraum in gleich große virtuelle Seiten auf. Einige dieser Seiten werden auf physische Seitenrahmen abgebildet, andere nicht. Die MMU (Speicherverwaltungseinheit) übersetzt eine Referenz auf eine abgebildete Seite in die korrekte physische Adresse. Eine Referenz auf eine nicht abgebildete Seite löst einen Seitenfehler aus. Sowohl der Core i7 als auch die OMAP4430-ARM-CPU verfügen über MMUs, die virtuellen Speicher und Paging unterstützen.

Die **Datei** ist die wichtigste E/A-Abstraktion auf dieser Ebene. Eine Datei besteht aus einer Folge von Bytes oder logischen Datensätzen, die gelesen und geschrieben werden können, ohne etwas über die Funktionsweise von Festplatten, Bandlaufwerken oder anderen E/A-Geräten wissen zu müssen. Auf Dateien kann man sequenziell, wahlfrei nach der Datensatznummer oder wahlfrei über einen Schlüssel zugreifen. Dateien lassen sich in Verzeichnissen gruppieren. Auf einer Festplatte können Dateien in aufeinanderfolgenden Sektoren oder verteilt gespeichert werden, wobei das zweite Verfahren üblich ist, aber Datenstrukturen verlangt, um alle Blöcke einer Datei lokalisieren zu können. Der freie Speicherplatz auf der Festplatte lässt sich mit einer Liste oder einer Bitmap verwalten.

Die von vielen Systemen unterstützte **Parallelverarbeitung** lässt sich implementieren, indem man mehrere Prozessoren durch zeitlich geteilte Nutzung einer einzelnen CPU simuliert. Wenn Prozesse unkontrolliert miteinander in Wechselwirkung treten, kann es zu Race Conditions kommen. Um dieses Problem zu lösen, hat man Synchronisierungsprimitive eingeführt, für die Semaphore ein einfaches Beispiel darstellen. Mit Semaphoren kann man Produzenten-Konsumenten-Probleme einfach und elegant auflösen.

Unix und **Windows 7** sind zwei Beispiele für hoch entwickelte Betriebssysteme. Beide unterstützen Paging, Memory-Mapped-Dateien und hierarchische Dateisysteme, wobei Dateien aus Bytesequenzen bestehen. Schließlich sind in beiden Betriebssystemen Mechanismen für Prozesse und Threads mit den entsprechenden Synchronisierungsmöglichkeiten vorhanden.

Aufgaben

EXTRAS ONLINE Lösungen

Die Lösungen zu den Aufgaben finden Sie auf der Website unter *www.pearson-studium.de*.

1 Warum interpretiert ein Betriebssystem nur einige Befehle der Ebene 3, während ein Mikroprogramm alle Befehle der ISA-Ebene interpretiert?

2 Ein Computer besitzt einen virtuellen Adressraum, der mit 32-Bit-Adressen byteadressierbar ist. Die Seitengröße beträgt 4 KB. Wie viele Seiten gibt es in diesem virtuellen Adressraum?

3 Ist es erforderlich, dass Seitengrößen Potenzen von 2 sind? Könnte man theoretisch eine Seitengröße von beispielsweise 4000 Byte implementieren? Wenn ja, wäre das praktisch?

4 Ein virtueller Speicher hat eine Seitengröße von 1024 Wörtern, 8 virtuellen Seiten und 4 physischen Seitenrahmen. Die Seitentabelle sieht wie folgt aus:

Virtuelle Seite	Seitenrahmen
0	3
1	1
2	nicht im Hauptspeicher
3	nicht im Hauptspeicher
4	2
5	nicht im Hauptspeicher
6	0
7	nicht im Hauptspeicher

a. Erstellen Sie eine Liste mit allen virtuellen Adressen, die zu Seitenfehlern führen.

b. Wie lauten die physischen Adressen für 0, 3728, 1023, 1024, 1025, 7800 und 4096?

5 Ein Computer hat einen virtuellen Adressraum von 16 Seiten, aber nur 4 Seitenrahmen. Anfangs ist der Speicher leer. Ein Programm referenziert die virtuellen Seiten in folgender Reihenfolge:

```
0, 7, 2, 7, 5, 8, 9, 2, 4
```

a. Welche Referenzen verursachen einen Seitenfehler bei LRU?

b. Welche Referenzen verursachen einen Seitenfehler bei FIFO?

6 Abschnitt 6.1.4 hat einen Algorithmus zur Implementierung der FIFO-Seitenersetzung vorgestellt. Erarbeiten Sie eine effizientere Strategie. *Hinweis:* Man kann den Zähler in der neu geladenen Seite aktualisieren und alle anderen unverändert lassen.

7 Bei den im Kapitel behandelten Paging-Systemen ist die Behandlungsroutine für Seitenfehler Teil der ISA-Ebene und somit nicht im Adressraum eines Programms der OSM-Ebene vorhanden. In Wirklichkeit belegt diese Behandlungsroutine aber auch Seiten und kann unter gewissen Umständen (z.B. bei der FIFO-Seitenersetzung) selbst entfernt werden. Was passiert, wenn ein Seitenfehler auftritt und die Behandlungsroutine für Seitenfehler nicht präsent ist? Wie lässt sich das beheben?

8 Nicht alle Computer besitzen ein Hardware-Bit, das sie automatisch setzen, wenn auf eine Seite geschrieben wird. Dennoch ist es sinnvoll, geänderte Seiten zu verfolgen, damit man nicht vom ungünstigsten Fall ausgehen und alle Seiten nach ihrer Verwendung auf die Festplatte zurückschreiben muss. Nehmen Sie an, dass jede Seite über Hardware-Bits verfügt, mit denen sich der Zugriff getrennt für Lesen, Schreiben und Ausführen aktivieren lässt. Wie kann dann das Betriebssystem verfolgen, welche Seiten „unverändert“ und welche „modifiziert“ sind?

9 Ein segmentierter Speicher hat seitenorientierte Segmente. Jede virtuelle Adresse umfasst eine 2 Bit große Segmentnummer, eine 2 Bit große Seitennummer und einen 11-Bit-Offset innerhalb der Seite. Der Hauptspeicher enthält 32 KB, die in 2-KB-Seiten aufgeteilt sind. Für jedes Segment lassen sich die Attribute schreibgeschützt (nur lesbar), lesen/ausführen, lesen/schreiben oder lesen/schreiben/ausführen einstellen. Die Seitentabellen und Zugriffsrechte sehen wie folgt aus:

Segment 0		**Segment 1**		**Segment 2**	**Segment 3**	
schreibgeschützt		**lesen/ausführen**		**lesen/ schreiben/ ausführen**	**lesen/schreiben**	
Virtuelle Seite	**Seitenrahmen**	**Virtuelle Seite**	**Seitenrahmen**		**Virtuelle Seite**	**Seitenrahmen**
0	9	0	auf Festplatte	Seitentabelle nicht im Hauptspeicher	0	14
1	3	1	0		1	1
2	auf Festplatte	2	15		2	6
3	12	3	8		3	auf Festplatte

Geben Sie für jeden der folgenden Zugriffe auf den virtuellen Speicher an, welche physische Adresse berechnet wird. Nennen Sie die Art des Fehlers, falls ein Fehler auftritt.

Zugriff	Segment	Seite	Offset innerhalb der Seite
1. Daten abrufen	0	1	1
2. Daten abrufen	1	1	10
3. Daten abrufen	3	3	2047
4. Daten speichern	0	1	4
5. Daten speichern	3	1	2
6. Daten speichern	3	0	14
7. Dorthin verzweigen	1	3	100
8. Daten abrufen	0	2	50
9. Daten abrufen	2	0	5
10. Dorthin verzweigen	3	0	60

10 Einige Computer erlauben Ein-/Ausgaben direkt in den Benutzeradressraum. Zum Beispiel kann ein Programm einen Plattentransfer zu einem Puffer starten, der sich in einem Benutzerprozess befindet. Führt dies zu Problemen, wenn man virtuellen Speicher mit Komprimierung implementiert? Begründen Sie Ihre Antwort.

11 Betriebssysteme, die Memory-Mapped-Dateien erlauben, verlangen immer, dass Dateien auf Seitengrenzen abgebildet werden. Zum Beispiel kann eine Datei bei 4-KB-Seiten ab der virtuellen Adresse 4096, aber nicht ab 5000 abgebildet werden. Warum?

12 Wenn man auf dem Core i7 ein Segmentregister lädt, wird der korrespondierende Deskriptor abgerufen und in einen unsichtbaren Teil des Segmentregisters geladen. Warum haben sich Ihrer Meinung nach die Intel-Designer dafür entschieden?

13 Ein Programm auf dem Core i7 verweist auf das lokale Segment 10 mit dem Offset 8000. Das Feld `BASE` der LDT für Segment 10 enthält den Wert 10 000. Welchen Eintrag im Seitenverzeichnis verwendet der Core i7? Wie lautet die Seitennummer? Welchen Wert hat der Offset?

14 Erläutern Sie einige mögliche Algorithmen, um Segmente in einem nicht seitenorientierten segmentierten Speicher zu entfernen.

15 Vergleichen Sie interne und externe Fragmentierung. Wie lassen sich beide mildern?

16 Supermärkte haben ständig mit einem Problem zu kämpfen, das mit der Seitenersetzung in virtuellen Speichersystemen vergleichbar ist. Es steht nur eine festgelegte Regalkapazität bereit, um eine ständig wachsende Anzahl von Artikeln zu präsentieren. Kommt ein wichtiges neues Produkt hinzu, beispielsweise ein Hundefutter mit großem Absatzpotenzial, dann ist ein vorhandenes Produkt aus dem Bestand zu entfernen, um Platz für das neue zu schaffen. Offensichtlich kommen LRU und FIFO als Ersetzungsalgorithmen infrage. Welchen Algorithmus ziehen Sie hier vor?

17 In gewisser Hinsicht sind sich Caching und Paging sehr ähnlich. In beiden Fällen gibt es zwei Speicherebenen (Cache und Hauptspeicher im ersten Fall, Hauptspeicher und Festplatte im zweiten). Dieses Kapitel hat einige Argumente zugunsten großer und kleiner Festplattenseiten angeführt. Gelten die gleichen Argumente auch für die Größen von Cachezeilen?

18 Warum verlangen viele Dateisysteme, dass eine Datei explizit mit einem `open`-Systemaufruf zu öffnen ist, bevor sie gelesen wird?

19 Vergleichen Sie die Bitmap- und Freilisten-Methoden, um den freien Platz auf einer Festplatte mit 800 Zylindern zu je 5 Spuren mit 32 Sektoren zu verwalten. Wie viele Löcher müssen entstehen, bevor die Freiliste größer als die Bitmap wird? Nehmen Sie an, dass die Zuordnungseinheit der Sektor ist und dass ein Loch einen 32-Bit-Tabelleneintrag beansprucht.

20 Neben Best Fit und First Fit gibt es mit Worst Fit ein drittes Schema, um ungenutzte Löcher zuzuweisen. Bei diesem Schema erhält ein Prozess Platz aus dem größten verbliebenen Loch. Welchen Vorteil bietet der Worst-Fit-Algorithmus?

21 Beschreiben Sie einen Grund für den `open`-Systemaufruf zum Öffnen einer Datei, den der Text nicht erwähnt hat.

22 Um die Plattenleistung abschätzen zu können, ist ein Modell zur Speicherzuordnung hilfreich. Wir betrachten die Platte als linearen Adressraum mit $N >> 1$ Sektoren, die aus einer Reihe von Datenblöcken, dann einem Loch, dann einer weiteren Reihe von Datenblöcken usw. bestehen. Wie groß ist die zu erwartende Anzahl von Löchern auf der Platte, wenn empirische Messungen ergeben, dass die Wahrscheinlichkeitsverteilungen der Daten- und Lochlängen gleich groß sind und die Wahrscheinlichkeit für eine Länge von i Sektoren gleich 2^{-i} beträgt?

23 Auf einem bestimmten Computer kann ein Programm so viele Dateien wie nötig erzeugen und alle Dateien können während der Ausführung dynamisch wachsen, ohne dass man dem Betriebssystem vorab irgendwelche Informationen über die endgültige Größe liefern muss. Halten Sie es für möglich, dass Dateien in fortlaufenden Sektoren gespeichert werden? Begründen Sie Ihre Antwort.

24 Untersuchungen unterschiedlicher Dateisysteme haben gezeigt, dass mehr als die Hälfte der Dateien nur einige KB oder weniger groß sind, wobei die Mehrheit der Dateien etwas unterhalb von 8 KB liegt. Andererseits nehmen die größten 10 Prozent aller Dateien gewöhnlich rund 95 Prozent des gesamten verwendeten Festplattenplatzes ein. Welche Schlussfolgerungen können Sie anhand dieser Daten für die Blockgröße der Festplatte ziehen?

25 Betrachten Sie das folgende Verfahren, nach dem ein Betriebssystem Semaphor-Befehle implementieren kann: Wenn die CPU gerade einen `up`- oder `down`-Aufruf auf einem Semaphor (einer ganzzahligen Variablen im Speicher) ausführt, setzt es zuerst die Prioritäts- oder Maskenbits der CPU so, dass alle Interrupts deaktiviert sind. Dann ruft es das Semaphor ab, modifiziert es und verzweigt entsprechend. Schließlich aktiviert es alle Interrupts wieder. Funktioniert dieses Verfahren, wenn

a. es nur eine CPU gibt, die alle 100 ms zwischen den Prozessen umschaltet?
b. zwei CPUs einen Speicher gemeinsam nutzen, in dem sich das Semaphor befindet?

26 Abschnitt 6.3.3 stellt in Bezug auf Semaphore fest: „Üblicherweise sind schlafende Prozesse in einer Warteschlange aufgereiht, um sie zu verfolgen." Welchen Vorteil bietet es, eine Warteschlange für wartende Prozesse zu verwenden, anstatt zufällig einen der schlafenden Prozesse zu wecken, wenn ein `up`-Aufruf ausgeführt wird?

27 Die Firma Nevercrash Operating System hat von einigen ihrer Kunden Beschwerden über das letzte Release erhalten, das mit Semaphor-Operationen hantiert. Die Kunden halten es für inakzeptabel, dass Prozesse blockieren (sie nennen es „bei der Arbeit schlafen"). Da die Prämisse der Firma absolute Kundenzufriedenheit ist, hat sie eine Lösung ausgearbeitet, die `up` und `down` durch eine dritte Operation `peek` ergänzt. Der Aufruf `peek` untersucht einfach das Semaphor, ohne es zu ändern oder den Prozess zu blockieren. Auf diese Weise können Programme, die ein Blockieren unangemessen finden, zuerst das Semaphor inspizieren, ob sich ein `down`-Aufruf sicher ausführen lässt. Funktioniert diese Lösung, wenn drei oder mehr Prozesse das Semaphor verwenden? Und wie sieht es aus, wenn zwei Prozesse auf das Semaphor zugreifen?

28 Stellen Sie in einer Tabelle für drei Prozesse P1, P2 und P3 als Funktion der Zeit 0 bis 1000 ms dar, welche Prozesse laufen und welche blockieren. Alle drei Prozesse führen `up`- und `down`-Befehle auf demselben Semaphor aus. Wenn zwei Prozesse blockiert sind und ein `up`-Befehl ausgeführt wird, startet der Prozess mit der niedrigeren Nummer erneut, P1 hat also Vorrang vor P2 und P3 usw. Anfangs laufen alle drei Prozesse und das Semaphor ist 1.

Bei $t = 100$ führt P1 ein `down` aus.
Bei $t = 200$ führt P1 ein `down` aus.
Bei $t = 300$ führt P2 ein `up` aus.
Bei $t = 400$ führt P3 ein `down` aus.
Bei $t = 500$ führt P1 ein `down` aus.
Bei $t = 600$ führt P2 ein `up` aus.
Bei $t = 700$ führt P2 ein `down` aus.
Bei $t = 800$ führt P1 ein `up` aus.
Bei $t = 900$ führt P1 ein `up` aus.

29 Bei einem Flugreservierungssystem muss sichergestellt sein, dass auf eine Datei, mit der ein Prozess gerade arbeitet, kein anderer Prozess zugreifen kann. Andernfalls könnten zwei verschiedene Prozesse, die für zwei verschiedene Reisebüros arbeiten, versehentlich den letzten Platz eines Fluges gleichzeitig buchen. Entwerfen Sie eine Synchronisierungsmethode mithilfe von Semaphoren, die sicherstellt, dass nur jeweils ein Prozess auf eine Datei zugreifen kann (unter der Annahme, dass sich die Prozesse an die Regeln halten).

30 Um auf einem Computer mit mehreren CPUs, die auf einen gemeinsam genutzten Speicher zugreifen, die Implementierung von Semaphoren zu ermöglichen, stellen Computerarchitekten oftmals einen Befehl zum Testen und Setzen von Sperren (Test and Set Lock, `TSL`) bereit. Der Befehl `TSL X` testet die Position `X`. Wenn der Inhalt null ist, wird er in einem einzigen unteilbaren Speicherzyklus auf 1 gesetzt und der nächste Befehl wird übersprungen. Ist der Inhalt nicht null, wirkt `TSL` wie ein `NOP`-Befehl. Man kann dann die Prozeduren *lock* (Sperren) und *unlock* (Entsperren) mit den folgenden Eigenschaften schreiben: Die Prozedur *lock(x)* prüft, ob *x* gesperrt ist.

Trifft dies nicht zu, sperrt sie *x* und gibt die Kontrolle zurück. Ist *x* bereits gesperrt, wartet sie, bis die Sperre aufgehoben wird. Dann sperrt sie *x* und gibt die Kontrolle zurück. Die Prozedur *unlock* hebt eine vorhandene Sperre auf. Falls alle Prozesse die Semaphor-Tabelle vor deren Verwendung sperren, kann nur jeweils ein Prozess an den Variablen und Zeigern manipulieren, sodass Race Conditions vermieden werden. Schreiben Sie *lock* und *unlock* in Assemblersprache. (Treffen Sie alle zweckmäßigen Annahmen, die Sie benötigen.)

31 Geben Sie die Werte von *in* und *out* für einen Ringpuffer mit einer Länge von 65 Wörtern nach jeder der folgenden Operationen an. Beide beginnen bei 0.

a. 22 Wörter werden eingefügt.

b. 9 Wörter werden entfernt.

c. 40 Wörter werden eingefügt.

d. 17 Wörter werden entfernt.

e. 12 Wörter werden eingefügt.

f. 45 Wörter werden entfernt.

g. 8 Wörter werden eingefügt.

h. 11 Wörter werden entfernt.

32 Nehmen Sie an, eine Unix-Version verwendet 2-KB-Plattenblöcke und speichert 512 Plattenadressen pro Indirektionsblock (einzeln, doppelt und dreifach). Wie hoch wäre die maximale Dateigröße? (Gehen Sie davon aus, dass die Dateizeiger 64 Bit breit sind.)

33 Nehmen Sie an, dass der Unix-Systemaufruf

```
unlink("/usr/ast/bin/game3")
```

im Kontext von Abbildung 6.29 ausgeführt wird. Beschreiben Sie genau, welche Änderungen er im Verzeichnissystem bewirkt.

34 Stellen Sie sich vor, Sie müssten das Unix-System auf einem Mikrocomputer mit knappem Hauptspeicher implementieren. Nachdem Sie schon an allen Ecken und Enden gekürzt haben, passt das System immer noch nicht. Deshalb greifen Sie zufällig einen Systemaufruf heraus, um ihn zum Nutzen der Allgemeinheit zu opfern. Die Wahl ist auf `pipe` gefallen, der die Pipes erzeugt, über die sich Byteströme von einem Prozess zu einem anderen schicken lassen. Ist es trotzdem noch möglich, irgendwie eine E/A-Umleitung zu implementieren? Wie sieht es mit Pipelines aus? Erörtern Sie das Problem und mögliche Lösungen.

35 Das Komitee für die faire Verwendung von Dateideskriptoren organisiert eine Kampagne gegen das Unix-System, weil dieses jedes Mal den Dateideskriptor mit der niedrigsten momentan nicht verwendeten Nummer zurückgibt. Folglich kommen Dateideskriptoren mit höheren Nummern kaum zum Zuge. Das Komitee plant, stattdessen die kleinste Nummer zurückzugeben, die das Programm noch nicht verwendet hat, und nicht die kleinste momentan nicht verwendete Nummer. Man behauptet, dies ließe sich leicht implementieren, würde sich nicht auf vorhandene Programme auswirken und wäre fairer. Was meinen Sie?

36 In Windows 7 lässt sich eine ACL so einrichten, dass Roberta überhaupt keinen Zugriff auf eine Datei erhält, während alle anderen uneingeschränkt auf die Datei zugreifen dürfen. Wie wird das Ihrer Meinung nach implementiert?

37 Beschreiben Sie zwei unterschiedliche Arten, um Produzenten-Konsumenten-Probleme mithilfe gemeinsam genutzter Puffer und Semaphoren in Windows 7 zu programmieren. Überlegen Sie, wie der gemeinsam genutzte Puffer in beiden Fällen zu implementierten ist.

38 Es ist üblich, Seitenersetzungsalgorithmen durch Simulationen zu testen. Schreiben Sie zu diesem Zweck einen Simulator für einen seitenorientierten virtuellen Speicher für einen Computer mit 64 Seiten zu je 1 KB. Der Simulator soll eine einzige Tabelle mit 64 Einträgen – also einem Eintrag pro Seite – mit der physischen Seitennummer, die der jeweiligen virtuellen Seite entspricht, verwalten und eine Datei einlesen, die je Zeile eine virtuelle Adresse in Dezimalschreibweise enthält. Falls sich die entsprechende Seite im Speicher befindet, protokollieren Sie lediglich einen Seitentreffer. Falls sie nicht im Speicher ist, rufen Sie eine Seitenersetzungsprozedur auf, um die zu entfernende Seite auszuwählen (d.h., einen Eintrag in der Tabelle zu überschreiben) und einen Seitenfehler (Page Miss) aufzuzeichnen. Physisch findet kein Seitentransport statt. Erzeugen Sie eine Datei, die aus zufälligen Adressen besteht, und testen Sie die Leistung sowohl mit LRU als auch mit FIFO. Anschließend generieren Sie eine Adressdatei, in der *x* Prozent der Adressen vier Byte höher sind als die vorherigen (um die Lokalitätseigenschaft zu simulieren). Führen Sie Tests mit verschiedenen Werten von *x* durch und erörtern Sie Ihre Ergebnisse.

39 Das Programm von Listing 6.1 weist eine verhängnisvolle Race Condition auf, weil zwei Threads auf gemeinsam genutzte Variablen in unkontrollierter Weise zugreifen, ohne Semaphore oder eine andere Technik des wechselseitigen Ausschlusses zu verwenden. Führen Sie dieses Programm aus und stellen Sie fest, wie lange es dauert, bis es sich „aufhängt". Sollte dieser Fall gar nicht eintreten, modifizieren Sie das Programm, um das Fenster der Verwundbarkeit zu vergrößern, indem Sie einige Berechnungen zwischen der Anpassung von *m.in* und *m.out* und dem Test einfügen. Wie viele zusätzliche Anweisungen sind erforderlich, bevor sich das Programm beispielsweise einmal je Stunde aufhängt?

40 Schreiben Sie ein Programm für Unix oder Windows 7, das einen Verzeichnisnamen als Eingabe übernimmt. Das Programm soll die im Verzeichnis enthaltenen Dateien zeilenweise mit Dateiname und Dateigröße auflisten. Geben Sie die Dateinamen in der Reihenfolge aus, in der sie im Verzeichnis erscheinen. Nicht verwendete Schlitze im Verzeichnis sollten ebenfalls (als unbenutzt) in der Liste erscheinen.

Die Ebene der Assemblersprache

7

ÜBERBLICK

Einleitung

» Die *Kapitel 4, 5 und 6* haben drei verschiedene Ebenen behandelt, die bei den meisten modernen Computern vorhanden sind. Dieses Kapitel beschäftigt sich in erster Linie mit einer weiteren Ebene, die ebenfalls bei allen modernen Computern existiert – mit der Ebene der Assemblersprache. Von den Ebenen der Mikroarchitektur, der ISA und des Betriebssystems unterscheidet sich die Ebene der Assemblersprache in einem wichtigen Punkt: Sie wird durch Übersetzung und nicht durch Interpretation implementiert.

Übersetzer sind Programme, die das in einer bestimmten Sprache geschriebene Benutzerprogramm in eine andere Sprache konvertieren. Die Sprache, in der das Programm geschrieben wurde, ist die **Quellsprache** (Source Language), und diejenige, in die es konvertiert wird, die **Zielsprache** (Target Language). Beide Sprachen definieren bestimmte Ebenen. Ist ein Prozessor verfügbar, der Programme direkt in der Quellsprache ausführen kann, dann besteht keine Notwendigkeit, das Quellprogramm in die Zielsprache zu übersetzen.

Die Übersetzung ist nötig, wenn ein Prozessor (in Form von Hardware oder als Interpreter) für die Zielsprache, nicht aber für die Quellsprache verfügbar ist. Wurde die Übersetzung korrekt durchgeführt, so produziert die Ausführung des übersetzten Programms genau das gleiche Ergebnis, wie es die Ausführung des Quellprogramms ergeben würde, wenn ein Prozessor dafür vorhanden wäre. Folglich ist es möglich, eine neue Ebene, für die es keinen Prozessor gibt, zu implementieren, indem man zuerst die für diese Ebene geschriebenen Programme in eine Zielebene übersetzt und dann die für diese Zielebene resultierenden Programme ausführt.

Beachten Sie den Unterschied zwischen Übersetzung und Interpretation. Bei der Übersetzung wird das ursprüngliche Programm in seiner Quellsprache nicht direkt ausgeführt. Der Übersetzer konvertiert es zuvor in ein äquivalentes **Objektprogramm** (Object Program) oder in ein **ausführbares Binärprogramm** (Executable Binary Program), das erst nach Abschluss des Übersetzungsvorgangs ausgeführt wird. Bei der Übersetzung sind zwei Schritte zu unterscheiden:

1. Generieren eines äquivalenten Programms in der Zielsprache
2. Ausführen des neu erzeugten Programms

Diese beiden Schritte finden nicht gleichzeitig statt. Der zweite Schritt kann erst beginnen, wenn der erste vollständig abgeschlossen ist. Bei der Interpretation gibt es nur einen einzigen Schritt: die Ausführung des ursprünglichen Quellprogramms. Hier ist es nicht erforderlich, zuvor ein äquivalentes Programm zu generieren, obwohl manchmal das Quellprogramm in eine Zwischenform (z.B. Java-Bytecode) umgewandelt wird, damit es sich leichter interpretieren lässt.

Bei der Ausführung des Objektprogramms treten nur drei Ebenen in Erscheinung: die Mikroarchitekturebene, die ISA-Ebene und die Ebene der Betriebssystemmaschine. Folglich befinden sich zur Laufzeit im Speicher des Computers drei Programme: das Objektprogramm des Benutzers, das Betriebssystem und das Mikroprogramm (sofern vorhanden). Alle Spuren des ursprünglichen Quellprogramms sind verschwunden. Die Anzahl der zur Ausführungszeit vorhandenen Ebenen kann sich folglich von der Anzahl der Ebenen unterscheiden, die vor der Übersetzung vorhanden waren. Wir definieren hier eine Ebene durch die Befehle und sprachlichen Konstrukte, die den Programmierern zur Verfügung stehen (und nicht durch die Implementierungstechnik). Andere Autoren differenzieren stärker zwischen Ebenen, die von Interpretern zur Ausführungszeit, und Ebenen, die durch Übersetzung implementiert werden. «

7.1 Einführung in die Assemblersprache

Übersetzer lassen sich je nach der Beziehung zwischen Quell- und Zielsprache grob in zwei Gruppen unterteilen. Ist die Quellsprache im Wesentlichen die symbolische Darstellung einer Maschinensprache, dann nennt man den Übersetzer **Assemblierer** und die Quellsprache **Assemblersprache** (Assembly Language). Handelt es sich bei der Quellsprache um eine Hochsprache, z.B. Java oder C, und bei der Zielsprache entweder um eine Maschinensprache oder die symbolische Darstellung einer solchen, dann wird der Übersetzer als **Compiler** bezeichnet.

Übersetzer lesen ein gegebenes Quellprogramm ein und erzeugen ein Zielprogramm in einer anderen Programmiersprache. Häufig ist die Zielsprache die Maschinensprache des Systems, sodass das Zielprogramm direkt ausgeführt werden kann.

7.1.1 Was ist eine Assemblersprache?

Eine reine Assemblersprache ist eine Sprache, in der jede Anweisung genau einen Maschinenbefehl erzeugt. Mit anderen Worten gibt es eine 1:1-Korrespondenz zwischen Maschinenbefehlen und Anweisungen im Assemblerprogramm. Wenn jede Zeile im Assemblerprogramm genau eine Anweisung enthält und jedes Maschinenwort genau einen Maschinenbefehl aufnimmt, dann produziert ein Assemblerprogramm mit n-Zeilen ein Maschinensprachenprogramm mit n Wörtern.

Dass man im Gegensatz zur Programmierung in (binärer oder hexadezimaler) Maschinensprache eine Assemblersprache benutzt, liegt daran, dass es sich in Assemblersprache viel leichter programmieren lässt. Die Verwendung von symbolischen Namen und Adressen anstelle von binären oder hexadezimalen Werten macht einen riesigen Unterschied aus. Die meisten Programmierer können sich Abkürzungen wie `ADD`, `SUB`, `MUL` und `DIV` für Addition, Subtraktion, Multiplikation bzw. Division merken, aber nur die wenigsten haben die korrespondierenden numerischen Werte der Befehle im Kopf. Der Assemblerprogrammierer muss sich nur die symbolischen Namen merken, weil der Assemblierer sie in die Maschinenbefehle übersetzt.

Das gleiche Prinzip gilt für Adressen. Der Assemblerprogrammierer kann symbolische Namen für Speicherstellen angeben und es dem Assemblierer überlassen, die richtigen Werte dafür einzusetzen. Der Maschinensprachenprogrammierer muss immer mit den numerischen Werten der Adressen arbeiten. Aus diesen Gründen programmiert heute niemand mehr in Maschinensprache, wie noch vor Jahrzehnten, als es noch keine Assemblierer gab.

Der Assembler ist eine abstrakte Version der Maschinensprache. Der **Assemblierer** übersetzt diese in die binäre Maschinensprache.

Neben der 1:1-Abbildung der in Assemblersprache geschriebenen Anweisungen auf Maschinenbefehle haben Assemblersprachen noch ein Merkmal, das sie von den Hochsprachen unterscheidet. Der Assemblerprogrammierer hat Zugriff auf alle Merkmale und Befehle, die auf der Zielmaschine verfügbar sind. Auf den Hochsprachenprogrammierer trifft das nicht zu. Besitzt die Zielmaschine beispielsweise ein Überlaufbit, dann lässt sich dieses mit einem Assemblerprogramm ohne Weiteres testen, während das mit einem Java-Programm nicht direkt möglich ist. Ein Assemblerprogramm kann jeden Befehl aus dem Befehlssatz der Zielmaschine ausführen, ein Hochsprachenprogramm dagegen nicht. Kurz gesagt kann man alles, was sich in Maschinensprache ausführen lässt, auch in Assemblersprache realisieren, während für die Hochsprachenprogrammierer viele Befehle, Register und ähnliche Merkmale nicht zugänglich sind. Sprachen zur Systemprogrammierung, wie zum Beispiel C, sind oftmals eine Kreuzung dieser Typen – mit der Syntax einer Hochsprache einerseits und fast allen Zugriffsmöglichkeiten einer Assemblersprache andererseits.

Als letzter Unterschied wäre hervorzuheben, dass ein Assemblerprogramm nur auf *einer* Maschinenfamilie laufen kann, während ein Programm, das in einer Hochsprache geschrieben ist, potenziell auf *vielen* Maschinen lauffähig ist. Für viele Anwendungen ist die Fähigkeit, Software von einer Maschine auf eine andere zu portieren, von großer praktischer Bedeutung.

7.1.2 Wofür braucht man eine Assemblersprache?

Es ist nicht ganz einfach, in Assemblersprache zu programmieren. Darüber sollte man sich im Klaren sein. Diese Sprache ist nichts für Leute mit schwachen Nerven. Außerdem dauert das Schreiben eines Programms in Assemblersprache viel länger als in einer Hochsprache. Auch die Fehlersuche ist aufwendiger und das Programm lässt sich schwerer warten.

Warum sollte also jemand unter diesen Bedingungen überhaupt in Assemblersprache programmieren? Dafür gibt es zwei Gründe: Leistung und Zugriff auf die Maschine. Erstens kann ein versierter Assemblerprogrammierer oft viel kompakteren und schnelleren Code produzieren, als das einem Hochsprachenprogrammierer gelingt. Bei einigen Anwendungen sind Geschwindigkeit und Größe von eminenter Bedeutung. In diese Kategorie fallen viele eingebettete Anwendungen, wie zum Beispiel der Code für eine Smartcard oder einen RFID-Chip, Gerätetreiber, Bibliotheken zur Zeichenfolgenverarbeitung, BIOS-Routinen oder innere Schleifen von leistungskritischen Echtzeitanwendungen.

Zweitens brauchen bestimmte Prozeduren uneingeschränkten Zugriff auf die Hardware, was Hochsprachen kaum leisten können. Hier sind zum Beispiel die Behandlungsroutinen für Interrupts und Traps auf der unteren Ebene in einem Betriebssystem und die Geräte-Controller in eingebetteten Echtzeitsystemen zu nennen.

Neben diesen Gründen für die Programmierung in Assemblersprache gibt es noch zwei Gründe, sich diese Sprache anzueignen. Erstens muss ein Compiler entweder eine Ausgabe produzieren, mit der ein Assemblierer arbeiten kann, oder die Assemblierung selbst vornehmen. Deshalb ist es wichtig, die Assemblersprache zu beherrschen, um die Funktionsweise von Compilern zu verstehen. Immerhin muss ja jemand den Compiler (und seinen Assemblierer) schreiben.

Zweitens erweitert das Studium der Assemblersprache den Blick auf die echte Maschine. Für Studenten der Computerarchitektur ist das Schreiben von Assemblercode der einzige Weg, ein Gefühl dafür zu bekommen, wie sich Maschinen auf der architektonischen Ebene wirklich darstellen.

7.1.3 Format einer Anweisung in Assemblersprache

Obwohl die Struktur einer Anweisung in Assemblersprache die Struktur des von ihr dargestellten Maschinenbefehls gut widerspiegelt, ähneln sich Assemblersprachen für verschiedene Maschinen und verschiedene Ebenen sehr. Dadurch ist es möglich, eine Assemblersprache in allgemeiner Form zu beschreiben. ▶Tabelle 7.1 zeigt Fragmente eines in Assemblersprache geschriebenen Programms für x86-Prozessoren, das den Ausdruck $N = I + J$ berechnet. Die Anweisungen unter der Leerzeile sind Kommandos an den Assemblierer, um Speicher für die Variablen I, J und N zu reservieren, und keine symbolischen Darstellungen von Maschinenbefehlen.

Marke	Opcode	Operanden	Kommentare
FORMULA:	MOV	EAX, I	; Register EAX = I
	ADD	EAX, J	; Register EAX = I + J
	MOV	N, EAX	; N = I + J
I	DD	3	; 4 Bytes reservieren und mit 3 initialisieren
J	DD	4	; 4 Bytes reservieren und mit 4 initialisieren
N	DD	0	; 4 Bytes reservieren und mit 0 initialisieren

Listing 7.1: Berechnung von $N = I + J$ auf dem x86

Für die Intel-Familie (sprich x86) gibt es mehrere Assemblierer mit jeweils einer anderen Syntax. In diesem Kapitel verwenden wir für die Beispiele die Assemblersprache des Microsoft-Assemblierers MASM. Ebenso gibt es für den ARM verschiedene Assemblierer, doch ist die Syntax mit dem x86-Assemblierer vergleichbar, sodass ein Beispiel genügen dürfte.

Assemblerbefehle verwenden **symbolische Namen** für den Opcode, Register und Speicheradressen.

Anweisungen in Assemblersprache bestehen aus vier Teilen: Markenfeld, Operationsfeld (Opcode), Operandenfeld und Kommentarfeld. Keines dieser Felder ist obligatorisch. Marken, die symbolische Namen für Speicheradressen angeben, sind vor ausführbaren Anweisungen erforderlich, um sie als Ziel in Verzweigungsanweisungen spezifizieren zu können. Außerdem benötigt man sie für Datenwörter, um auf die dort gespeicherten Daten über einen symbolischen Namen zugreifen zu können. Ist eine Anweisung mit einer Marke versehen, dann steht die Marke (normalerweise) in der ersten Spalte.

Das Beispiel in Tabelle 7.1 enthält vier Marken: *FORMULA*, *I*, *J* und *N*. MASM verlangt Doppelpunkte bei Codemarken, aber nicht bei Datenmarken. Dieser Unterschied hat aber keine grundlegende Bedeutung. Andere Assembler haben andere Vorschriften. Die zugrunde liegende Architektur liefert keinerlei Anhaltspunkte, dass eine Option besser als die andere wäre. Die Notation mit Doppelpunkt hat den Vorteil, dass eine Marke allein in einer Zeile stehen darf, wobei der Opcode in Spalte 1 der nächsten Zeile erscheint. Dieser Stil ist manchmal für Compiler zweckmäßig. Ohne den Doppelpunkt lässt sich eine auf der Zeile allein stehende Marke nicht immer von einem allein stehenden Opcode unterscheiden. Der Doppelpunkt beseitigt diese Mehrdeutigkeit.

Ein ungünstiges Merkmal bei einigen Assemblierern ist die Begrenzung der Marken auf sechs oder acht Zeichen. Demgegenüber erlauben die meisten Hochsprachen beliebig lange Namen. Durch aussagekräftige (und dadurch meistens längere) Namen sind Programme für andere Programmierer übersichtlicher und verständlicher.

Jeder Prozessor besitzt einige Register, die Namen benötigen. Die x86-Register heißen `EAX`, `EBX`, `ECX` usw.

Das Opcode-Feld enthält entweder eine symbolische Abkürzung für den Opcode – falls die Anweisung eine symbolische Darstellung für einen Maschinenbefehl ist – oder ein Kommando an den Assemblierer selbst. Die Wahl eines passenden Namens ist Ansichtssache und Designer von Assemblersprachen treffen oft unterschiedliche Entscheidungen. Die Designer des MASM-Assemblierers haben sich für `MOV` sowohl zum Laden eines Registers vom Speicher als auch zum Ablegen eines Registers im Speicher entschieden, hätten dafür aber auch `MOVE` oder `LOAD` und `STORE` verwenden können.

Assemblerprogramme müssen in der Regel auch Platz für Variablen reservieren. Die Designer der MASM-Assemblersprache haben `DD` (Define Double) gewählt, da ein Wort beim 8088 eine Breite von 16 Bit hatte.

Das Operandenfeld einer Assembleranweisung spezifiziert die Adressen und Register, die der Maschinenbefehl als Operanden verwendet. Das Operandenfeld einer Ganzzahladdition gibt an, welche Elemente zu addieren sind. Das Operandenfeld eines Sprungbefehls gibt Auskunft darüber, wohin zu verzweigen ist. Als Operanden kommen Register, Konstanten, Speicherstellen usw. infrage.

Das Kommentarfeld bietet Platz für Erläuterungen zum Programm, die für andere Programmierer, die das Programm eventuell später verwenden oder ändern müssen, interessant sein können (aber auch für den ursprünglichen Programmierer ein Jahr später nützlich sind). Ein Assemblerprogramm ohne eine derartige Dokumentation ist für jeden Programmierer und oft auch für den Autor selbst fast unverständlich. Das Kommentarfeld ist ausschließlich für den Menschen gedacht. Auf den Assemblerprozess oder das generierte Programm hat es keinerlei Wirkung.

7.1.4 Pseudobefehle

Assemblierer bieten **Pseudobefehle**, zum Beispiel zum Markieren von Segmentgrenzen oder zur Definition und Nutzung von Makros.

Zusätzlich zur Spezifikation, welche Maschinenbefehle auszuführen sind, kann ein Assemblerprogramm auch Kommandos an den Assemblierer selbst beinhalten, zum Beispiel die Aufforderung, Speicherplatz zuzuordnen oder eine neue Listingseite zu beginnen. Kommandos an den Assemblierer nennt man **Pseudobefehle** oder **Assemblerdirektiven**. Mit `DD` in ▶Tabelle 7.1a haben Sie bereits einen typischen Pseudobefehl kennengelernt. Tabelle 7.1 führt weitere Pseudobefehle auf, die aus dem MASM-Assemblierer von Microsoft für die x86-Familie stammen.

Der Pseudobefehl `SEGMENT` beginnt ein neues Segment, das mit `ENDS` abgeschlossen wird. Es ist zulässig, ein Textsegment mit Code zu beginnen, dann ein Datensegment zu beginnen, dann zum Textsegment zurückzukehren usw.

`ALIGN` verlangt, dass die nächste Zeile – normalerweise Daten – an einer Adresse ausgerichtet wird, die ein Vielfaches des Arguments ist. Wenn beispielsweise im aktuellen Segment bereits 61 Bytes Daten enthalten sind, wird nach `ALIGN 4` als nächste Adresse 64 zugeordnet.

Mit `EQU` lässt sich einem Ausdruck ein symbolischer Name zuweisen. Zum Beispiel kann man nach dem Pseudobefehl

```
BASE EQU 1000
```

das Symbol `BASE` überall anstelle von 1000 verwenden. Der auf `EQU` folgende Ausdruck kann mehrere definierte Symbole umfassen, die mit arithmetischen und anderen Operationen verknüpft sind, wie zum Beispiel

```
LIMIT EQU 4 * BASE + 2000
```

Die meisten Assemblierer, einschließlich MASM, verlangen, dass ein Symbol definiert ist, bevor man es in einem Ausdruck wie diesem verwenden darf.

Die nächsten vier Pseudobefehle `DB`, `DW`, `DD` und `DQ` ordnen Speicher für eine oder mehrere Variablen der Größe 1, 2, 4 oder 8 Bytes zu. Zum Beispiel reserviert

```
TABLE DB 11, 23, 49
```

Pseudobefehl	Bedeutung
`SEGMENT`	Beginnt ein neues Segment (Text, Daten usw.) mit bestimmten Attributen
`ENDS`	Beendet das aktuelle Segment
`ALIGN`	Steuert die Ausrichtung des nächsten Befehls bzw. der nächsten Daten
`EQU`	Legt ein neues Symbol fest, das gleich dem angegebenen Ausdruck ist
`DB`	Weist einem oder mehreren (initialisierten) Bytes Speicherplatz zu
`DW`	Weist einem oder mehreren (initialisierten) 16-Bit-Datenelementen (Wörtern) Speicherplatz zu
`DD`	Weist einem oder mehreren (initialisierten) 32-Bit-Datenelementen (Doppelwörtern) Speicherplatz zu
`DQ`	Weist einem oder mehreren (initialisierten) 64-Bit-Datenelementen (Vierfachwörtern) Speicherplatz zu
`PROC`	Beginnt eine Prozedur
`ENDP`	Beendet eine Prozedur
`MACRO`	Beginnt eine Makrodefinition
`ENDM`	Beendet eine Makrodefinition
`PUBLIC`	Exportiert einen in diesem Modul definierten Namen
`EXTERN`	Importiert einen Namen aus einem anderen Modul
`INCLUDE`	Bindet eine andere Datei ein
`IF`	Beginnt eine bedingte Assemblierung basierend auf einem angegebenen Ausdruck
`ELSE`	Beginnt eine bedingte Assemblierung, wenn die obige `IF`-Bedingung falsch war
`ENDIF`	Beendet eine bedingte Assemblierung
`COMMENT`	Legt ein neues Zeichen für den Kommentarbeginn fest
`PAGE`	Erzeugt einen Seitenumbruch im Listing
`END`	Beendet das Assemblerprogramm

Tabelle 7.1: Einige im MASM-Assemblierer verfügbare Pseudobefehle

Platz für 3 Bytes und initialisiert sie mit den Werten 11, 23 und 49. Außerdem definiert dieser Pseudobefehl das Symbol *TABLE* und setzt es der Adresse gleich, an der 11 gespeichert ist.

Die Pseudobefehle `PROC` und `ENDP` definieren den Anfang bzw. das Ende von Assemblerprozeduren. Prozeduren in Assemblersprache haben die gleiche Funktion wie Prozeduren in anderen Programmiersprachen. Analog begrenzen `MACRO` und `ENDM` eine Makrodefinition. Auf Makros geht dieses Kapitel später ein.

Die nächsten beiden Pseudobefehle `PUBLIC` und `EXTERN` steuern die Sichtbarkeit von Symbolen. Es ist üblich, Programme als Sammlung von Dateien zu schreiben. Häufig muss eine Prozedur in der einen Datei eine Prozedur aufrufen oder auf ein Datenwort zugreifen, die bzw. das in einer anderen Datei definiert ist. Um solche dateiübergreifenden Referenzen zu ermöglichen, exportiert man mit `PUBLIC` ein Symbol, das für andere Dateien verfügbar sein soll. Um den Assemblierer daran zu hindern, sich über die Verwendung eines Symbols zu beschweren, das in der aktuellen Datei nicht definiert ist, kann man das Symbol als `EXTERN` deklarieren. Dadurch teilt man dem Assemblierer mit, dass das Symbol in einer anderen Datei definiert ist. Der Gültigkeitsbereich von Symbolen, die mit keinem dieser Pseudobefehle deklariert sind, bleibt auf die lokale Datei beschränkt. Diese Standardeinstellung bedeutet, dass man beispielsweise den Bezeichner *FOO* in mehreren Dateien verwenden kann, ohne dass Konflikte auftreten, weil jede Definition lokal zu ihrer eigenen Datei ist.

Der Pseudobefehl `INCLUDE` veranlasst den Assemblierer, eine andere Datei zu laden und komplett in die aktuelle Datei einzubinden. Derartige Include-Dateien enthalten oft Definitionen, Makros und andere Elemente, die in mehreren Dateien gebraucht werden.

Viele Assemblierer unterstützen bedingtes Assemblieren. Zum Beispiel spezifiziert der Code

```
WORDSIZE EQU 32
IF WORDSIZE GT 32
WSIZE: DD 64
ELSE
WSIZE: DD 32
ENDIF
```

ein einzelnes 32-Bit-Wort und benennt dessen Adresse mit *WSIZE*. Das Wort wird je nach dem Wert von *WORDSIZE* entweder mit 64 oder 32 initialisiert, im Beispiel mit 32. Eine derartige Konstruktion verwendet man zum Beispiel, um ein Programm zu schreiben, das sich entweder für den 32-Bit- oder 64-Bit-Modus assemblieren lässt. Klammert man den ganzen maschinenabhängigen Code in `IF` und `ENDIF` ein, so muss man lediglich eine einzige Definition – nämlich *WORDSIZE* – ändern, damit das Programm automatisch für die richtige Wortgröße assembliert wird. Mit dieser Methode kann man ein Quellprogramm für mehrere (unterschiedliche) Zielmaschinen verwalten, was die Entwicklung und Pflege von Software vereinfacht. Oftmals fasst man alle maschinenabhängigen Definitionen, wie zum Beispiel *WORDSIZE*, in einer einzigen Datei zusammen und legt verschiedene Versionen für unterschiedliche Maschinen an. Dann muss man nur noch die richtige Definitionsdatei in ein Quellprogramm einbinden, um es für andere Maschinen neu zu kompilieren.

Mit dem Pseudobefehl `COMMENT` kann der Benutzer das Semikolon, das standardmäßig als Begrenzerzeichen für Kommentare festgelegt ist, durch ein anderes Zeichen ersetzen. `PAGE` steuert die Ausgabe des Listings, das der Assemblierer auf Anforderung generieren kann. Schließlich markiert `END` das Ende des Programms.

Daneben gibt es in MASM viele weitere Pseudobefehle. Andere x86-Assemblierer definieren einen anderen Satz von Pseudobefehlen. Auch hier zeigt sich, dass die Pseudobefehle nicht von der zugrunde liegenden Architektur abhängen, sondern von den Vorlieben des Assemblierer-Entwicklers bestimmt werden.

7.2 Makros

Assemblerprogrammierer müssen häufig Befehlsfolgen innerhalb eines Programms mehrmals wiederholen. Es liegt nahe, die Befehle einfach überall dort zu schreiben, wo sie benötigt werden. Wenn allerdings eine Sequenz lang ist oder sehr häufig vorkommt, ist dieses Verfahren recht mühselig.

Makros sind häufig benutzte Befehlsfolgen, die das Schreiben von Assemblerprogrammen vereinfachen. Benutzungen von Makros werden durch den Makrotext ersetzt.

Als Alternative kann man die Befehlssequenz in eine Prozedur umwandeln und je nach Bedarf aufrufen. Dieses Verfahren hat den Nachteil, dass an allen Stellen, an denen die Sequenz vorkommt, ein Prozeduraufruf mit dem dazugehörigen Rückkehrbefehl erforderlich ist. Wenn die Sequenzen kurz sind – beispielsweise nur aus zwei Befehlen bestehen –, aber häufig benötigt werden, kann der Overhead des Prozeduraufrufs das Programm merklich bremsen. Makros bieten eine einfache, effiziente Möglichkeit, um dieselben oder nahezu dieselben Befehlssequenzen wiederholt auszuführen.

7.2.1 Definition, Aufruf und Erweiterung eines Makros

Eine **Makrodefinition** ist eine Möglichkeit, einen Textabschnitt mit einem Namen zu versehen. Nachdem der Programmierer das Makro definiert hat, kann er den Makronamen anstelle des betreffenden Programmstückes schreiben. Ein Makro ist praktisch eine Abkürzung für ein Stück Programmtext. ▶Listing 7.2a zeigt ein Assemblerprogramm für den x86, das den Inhalt der Variablen *p* und *q* zweimal vertauscht. Diese Sequenzen lassen sich als Makros definieren, wie es in ▶Listing 7.2b zu sehen ist. Nach der Definition von *SWAP* wird jedes Vorkommen dieses Makros durch die vier Zeilen

```
MOV EAX,P
MOV EBX,Q
MOV Q,EAX;
MOV P,EBX
```

ersetzt. Der Programmierer hat *SWAP* als Abkürzung für die vier obigen Anweisungen definiert.

```
MOV     EAX,P
MOV     EBX,Q
MOV     Q,EAX
MOV     P,EBX

MOV     EAX,P
MOV     EBX,Q
MOV     Q,EAX
MOV     P,EBX
```

(a)

```
SWAP    MACRO
        MOV EAX,P
        MOV EBX,Q
        MOV Q,EAX
        MOV P,EBX
        ENDM

        SWAP

        SWAP
```

(b)

Listing 7.2: Assemblercode, der *P* und *Q* zweimal vertauscht (a) ohne Makro (b) mit Makro

Auch wenn sich die Notationen der Makrodefinition bei verschiedenen Assemblierern leicht unterscheiden können, verlangen sie alle die gleichen grundlegenden Teile in einer Makrodefinition:

1. einen Makro-Header, der den Namen des zu definierenden Makros angibt,
2. den Ersetzungstext, der den Rumpf des Makros bildet, und
3. einen Pseudobefehl, der das Ende der Definition kennzeichnet (z.B. `ENDM`).

Trifft der Assemblierer auf eine Makrodefinition, so speichert er sie in einer Makrodefinitionstabelle, um später darauf zurückzugreifen. Wenn von jetzt an der Name des Makros (*SWAP* im Beispiel von Listing 7.2) als Opcode erscheint, ersetzt der Assemblierer ihn durch den Text, der im Makrorumpf enthalten ist. Die Verwendung eines Makronamens als Opcode wird **Makroaufruf** (Macro Call) und die Ersetzung durch den im Makrorumpf enthaltenen Text **Makroerweiterung** (Macro Expansion) genannt.

Wichtig ist, dass die Makroerweiterung bereits bei der Assemblierung und nicht erst während der Programmausführung erfolgt. Die Programme in Listing 7.2a und b produzieren genau den gleichen Maschinencode. Anhand des Maschinencodes lässt sich nicht feststellen, ob an der Codegenerierung irgendwelche Makros beteiligt waren. Der Assemblierer verwirft nämlich die Makrodefinitionen, sobald die Makroerweiterung abgeschlossen ist. Im generierten Programm ist keine Spur mehr davon zu finden.

Makroaufrufe darf man nicht mit Prozeduraufrufen verwechseln. Der wesentliche Unterschied besteht darin, dass ein Makroaufruf ein Befehl an den Assemblierer ist, den Makronamen durch den Makrorumpf zu ersetzen. Der Aufruf einer Prozedur ist ein Maschinenbefehl, der in das Objektprogramm eingefügt und zur Laufzeit des Programms ausgeführt wird, um die Prozedur aufzurufen. Tabelle 7.2 stellt Makro- und Prozeduraufrufe vergleichend gegenüber.

Kriterium	Makroaufruf	Prozeduraufruf
Wann erfolgt der Aufruf?	Bei Assemblierung	Bei Programmausführung
Wird der Rumpf an jeder Aufrufstelle in das Objektprogramm eingefügt?	Ja	Nein
Wird ein Prozeduraufrufbefehl in das Objektprogramm eingefügt und später ausgeführt?	Nein	Ja
Muss nach dem Aufruf ein Rückgabebefehl verwendet werden?	Nein	Ja
Wie viele Kopien des Rumpfes erscheinen im Objektprogramm?	Eine pro Makroaufruf	1

Tabelle 7.2: Makro- und Prozeduraufrufe im Vergleich

Konzeptionell lässt sich der Assembliervorgang am besten als Zweiphasenprozess darstellen. Der erste Durchlauf speichert alle Makrodefinitionen und erweitert die Makroaufrufe. Im zweiten Durchlauf wird der resultierende Text so verarbeitet, als wäre er das Originalprogramm. Das heißt, das Quellprogramm wird eingelesen und dann in ein anderes Programm umgewandelt, in dem keine Makrodefinitionen mehr vorhanden sind und alle Makroaufrufe durch den jeweiligen Rumpftext ersetzt wurden. Die daraus resultierende Ausgabe – ein Assemblerprogramm, das überhaupt keine Makros enthält – wird in den Assemblierer eingespeist.

Denken Sie immer daran, dass der Quelltext eines Programms eine Zeichenfolge mit Buchstaben, Ziffern, Leerzeichen, Satzzeichen und „Wagenrücklaufzeichen“ (Carriage Return; Beginn einer neuen Zeile) verkörpert. Die Makroerweiterung ersetzt bestimmte Teilzeichenfolgen dieser Zeichenfolge durch andere Zeichenfolgen. Ein Makro ist also eine Technik, die Zeichenfolgen ungeachtet ihrer Bedeutung manipuliert.

7.2.2 Makros mit Parametern

Mit der im letzten Abschnitt beschriebenen Makrotechnik kann man Programme, in denen genau die gleiche Sequenz von Befehlen wiederholt auftritt, kürzer gestalten. Häufig enthält ein Programm aber mehrere Befehlsfolgen, die fast, aber nicht ganz identisch sind, wie die Beispiele in Listing 7.3 zeigen. Die erste Sequenz vertauscht die Variablen *P* und *Q*, die zweite Sequenz die Variablen *R* und *S*.

```
MOV     EAX,P
MOV     EBX,Q
MOV     Q,EAX
MOV     P,EBX

MOV     EAX,R
MOV     EBX,S
MOV     S,EAX
MOV     R,EBX
```

(a)

```
CHANGE  MACRO P1, P2
        MOV EAX,P1
        MOV EBX,P2
        MOV P2,EAX
        MOV P1,EBX
        ENDM

        CHANGE P, Q

        CHANGE R, S
```

(b)

Listing 7.3: Fast identische Anweisungsfolgen (a) ohne Makro (b) mit Makro

Über **Parameter** können Makros an spezielle Anforderungen beim Aufruf angepasst werden.

Für nahezu identische Sequenzen ist es bei Makroassemblierern möglich, in den Makrodefinitionen **formale Parameter** (Formal Parameters) bereitzustellen und in den Makroaufrufen **aktuelle Parameter** (Actual Parameters) zu übergeben. Bei der Erweiterung eines Makros wird jeder formale Parameter, der im Makrorumpf erscheint, durch den entsprechenden aktuellen Parameter ersetzt. Die aktuellen Parameter schreibt man in das Operandenfeld des Makroaufrufs. ▶Listing 7.3b zeigt das Programm von ▶Listing 7.3a, das jetzt ein Makro mit zwei Parametern verwendet. Die Symbole *P1* und *P2* sind die formalen Parameter. Jedes Vorkommen von *P1* in einem Makrorumpf wird durch den ersten aktuellen Parameter ersetzt, wenn das Makro erweitert wird. Ebenso wird *P2* durch den zweiten aktuellen Parameter ersetzt. Im Makroaufruf

```
CHANGE P, Q
```

ist *P* der erste und *Q* der zweite aktuelle Parameter. Somit sind die von beiden Teilen in Listing 7.3 erzeugten ausführbaren Programme identisch; sie enthalten genau die gleichen Befehle mit den gleichen Operanden.

7.2.3 Weitere Eigenschaften

Die meisten Makroprozessoren verfügen über eine Reihe weiterer Eigenschaften, um dem Assemblerprogrammierer das Leben zu erleichtern. Dieser Abschnitt stellt ausgewählte weitere Eigenschaften von MASM vor. Bei allen Assemblierern, die Makros unterstützen, tritt das Problem doppelter Marken auf. Angenommen, ein Makro enthält einen bedingten Verzweigungsbefehl und eine Marke, zu der verzweigt wird. Wenn der Makroaufruf zweimal oder mehrmals im Programm erscheint, wird auch die Marke entsprechend oft dupliziert, was zu einem Assemblierungsfehler führt. Eine Lösung besteht darin, den Programmierer bei jedem Aufruf des Makros eine andere Marke als Parameter übergeben zu lassen. Als alternative Lösung erlaubt MASM, eine Marke als `LOCAL` zu deklarieren, wobei der Assemblierer automatisch bei jeder Erweiterung des Makros eine andere Marke erzeugt. Bei einigen Assemblierern gilt die Regel, dass numerische Marken automatisch lokal sind.

MASM und die meisten anderen Assemblierer erlauben die Definition von Makros innerhalb anderer Makros. Dieses Merkmal ist vor allem in Verbindung mit bedingter Assemblierung nützlich. Normalerweise wird das gleiche Makro in beiden Teilen einer `IF`-Anweisung definiert, wie zum Beispiel:

```
M1  MACRO
    IF WORDSIZE GT 16
M2    MACRO
      ...
      ENDM
    ELSE
M2    MACRO
    ....
      ENDM
    ENDIF
      ENDM
```

Das Makro *M2* wird so oder so definiert, allerdings abhängig davon, ob das für eine 16-Bit- oder eine 32-Bit-Maschine geschieht. Und wird *M1* nicht aufgerufen, wird *M2* überhaupt nicht definiert.

Schließlich können Makros andere Makros aufrufen, einschließlich sich selbst. Ein rekursives Makro (das sich selbst aufruft) muss an sich selbst einen Parameter übergeben, der sich bei jeder Erweiterung ändert, und das Makro muss den Parameter testen und die Rekursion abbrechen, wenn ein bestimmter Wert erreicht ist. Andernfalls kann der Assemblierer in eine Endlosschleife geraten. Falls das passiert, muss der Benutzer den Assemblierer „auf die harte Tour“ abbrechen.

7.2.4 Makrotechnik in einem Assemblierer implementieren

Um eine Makrotechnik zu implementieren, muss ein Assemblierer zwei Funktionen ausführen können: Makrodefinitionen speichern und Makroaufrufe erweitern. Diese beiden Funktionen untersuchen wir jetzt.

Der Assemblierer muss eine Tabelle mit allen Makronamen verwalten und zusammen mit jedem Namen einen Zeiger auf seine gespeicherte Definition, damit sie sich bei Bedarf abrufen lässt. Einige Assemblierer verfügen über eine getrennte Tabelle für Makronamen und andere über eine kombinierte Opcode-Tabelle, in der sich alle Maschinenbefehle, Pseudobefehle und Makronamen befinden.

Wenn der Assemblierer auf eine Makrodefinition trifft, erzeugt er einen Tabelleneintrag mit dem Namen des Makros, der Anzahl der formalen Parameter und einem Zeiger zu einer anderen Tabelle – der Makrodefinitionstabelle –, in der sich der Makrorumpf befindet. Zu diesem Zeitpunkt stellt er auch eine Liste mit den formalen Parametern zusammen und verwendet sie später, um die Definition zu verarbeiten. Dann liest der Assemblierer den Makrorumpf ein und speichert ihn in der Makrodefinitionstabelle. Formale Parameter, die sich innerhalb des Makrorumpfes befinden, kennzeichnet er mit einem speziellen Symbol. Beispielsweise sieht die interne Darstellung der Makrodefinition von *CHANGE* mit Semikolon als „Wagenrücklauf“ und dem Et-Zeichen (&) als Symbol für den formalen Parameter wie folgt aus:

```
MOV EAX,&P1; MOV EBX,&P2; MOV &P2,EAX; MOV &P1,EBX;
```

In der Makrodefinitionstabelle ist der Makrorumpf eine einfache Zeichenfolge.

Der erste Assemblierungslauf sucht die Opcodes heraus und erweitert die Makros. Sobald eine Makrodefinition vorkommt, wird sie in der Makrotabelle gespeichert. Bei einem Makroaufruf bricht der Assemblierer vorübergehend das Einlesen vom Eingabegerät ab und beginnt stattdessen, den gespeicherten Makrorumpf zu lesen. Die aus dem gespeicherten Makrorumpf extrahierten formalen Parameter ersetzt er durch die aktuellen Parameter, die im Aufruf bereitgestellt werden. Formale Parameter kann der Assemblierer leicht am vorangestellten Et-Zeichen erkennen.

7.3 Der Assemblierungsprozess

Die folgenden Abschnitte beschreiben kurz die Funktionsweise eines Assemblierers. Obwohl jede Maschine eine andere Assemblersprache hat, ähnelt sich der Assemblierungsprozess mehr oder weniger auf allen Maschinen, sodass es möglich ist, ihn in allgemeiner Form darzustellen.

7.3.1 Zwei-Pass-Assemblierer

Da ein Assemblerprogramm aus einer Reihe von einzeiligen Anweisungen besteht, scheint es auf der Hand zu liegen, den Assemblierer eine Anweisung lesen, in die Maschinensprache übersetzen und schließlich die erzeugte Maschinensprache in eine Datei ausgeben zu lassen, wobei gegebenenfalls der entsprechende Listingabschnitt in eine andere Datei ausgegeben wird. Dieser Prozess wiederholt sich dann so oft, bis das gesamte Programm übersetzt ist. Doch leider funktioniert diese Strategie nicht.

Nehmen wir eine Situation an, in der die erste Anweisung eine Verzweigung zu *L* ist. Der Assemblierer kann diese Anweisung erst assemblieren, wenn er die Adresse von Anweisung *L* kennt. Anweisung *L* kann sich aber durchaus erst gegen Ende des Programms befinden, sodass der Assemblierer die Adresse nur ermitteln kann, wenn er zuerst fast das gesamte Programm liest. Wir haben es hier mit dem Problem der **Vorwärtsreferenz** (Forward Reference) zu tun, weil ein Symbol – *L* – vor seiner Definition verwendet wird. Die Verzweigung referenziert also ein Symbol, dessen Definition erst später stattfindet.

Da Assemblerprogramme **Referenzen** auf Marken enthalten können, die zuerst verwendet und erst später definiert werden, basieren Assemblierer auf zwei Läufen. Der erste liest alle Definitionen und der zweite ersetzt die Benutzungen.

Vorwärtsreferenzen lassen sich auf zweierlei Weise auflösen. Erstens kann der Assemblierer das Quellprogramm tatsächlich zweimal lesen. Jedes Lesen des Quellprogramms nennt man einen **Lauf** (**Pass**) und einen Übersetzer, der das Eingabeprogramm zweimal liest, **Zwei-Pass-Übersetzer**. Der erste Lauf eines Zwei-Pass-Assemblierers sammelt die Definitionen von Symbolen einschließlich der Anweisungsmarken und speichert sie in einer Tabelle. Bevor der zweite Lauf beginnt, sind die Werte aller Symbole bekannt. Auf diese Weise bleibt keine Vorwärtsreferenz übrig und jede Anweisung lässt sich lesen, assemblieren und ausgeben. Obwohl dieser Ansatz einen zusätzlichen Lauf über die Eingabedatei erfordert, ist er konzeptionell einfach.

Die zweite Methode liest das Assemblerprogramm einmal, konvertiert es in eine Zwischenform und legt diese Zwischenform in einer Tabelle im Speicher ab. Der zweite Lauf wird dann nur über die Tabelle und nicht über das gesamte Quellprogramm ausgeführt. Ist genügend Speicher (oder virtueller Speicher) vorhanden, dann spart dieses Vorgehen E/A-Zeit. Wird ein Listing verlangt, so muss die gesamte Quellanweisung einschließlich aller Kommentare gespeichert werden. Andernfalls lässt sich die Zwischenform auf das unbedingt Notwendige reduzieren.

Bei beiden Methoden hat der erste Lauf zudem die Aufgabe, alle Makrodefinitionen zu speichern und die Aufrufe jeweils bei ihrem Vorkommen zu erweitern. Folglich werden die Definition der Symbole und die Erweiterung der Makros im Allgemeinen in einem Lauf kombiniert.

7.3.2 Erster Lauf

Die Hauptfunktion des ersten Laufs besteht darin, die sogenannte **Symboltabelle** zu erstellen, in der die Werte aller Symbole enthalten sind. Ein Symbol ist entweder eine Marke oder ein Wert, dem ein symbolischer Name mithilfe eines Pseudobefehls zugewiesen wird, wie zum Beispiel

```
BUFSIZ EQU 8192
```

Bei der Zuweisung eines Wertes zu einem Symbol im Markenfeld eines Befehls muss der Assemblierer die Adresse kennen, die dieser Befehl während der Ausführung des Programms hat. Um die Adressen der zu assemblierenden Befehle zur Ausführungszeit zu verwalten, aktualisiert der Assemblierer beim Assemblieren eine Variable, die man als **Instruction Location Counter** (**ILC**) bezeichnet. Der Assemblierer setzt diese Variable am Anfang des ersten Laufs auf 0 und inkrementiert sie um die Befehlslänge für jeden verarbeiteten Befehl, wie es das Beispiel für den x86 in ▶Tabelle 7.4 zeigt.

Marke	Opcode	Operanden	Kommentare	Länge	ILC
MARIA:	MOV	EAX, I	EAX = I	5	100
	MOV	EBX, J	EBX = J	6	105
ROBERTA:	MOV	ECX, K	ECX = K	6	111
	IMUL	EAX, EAX	EAX = I * I	2	117
	IMUL	EBX, EBX	EBX = J * J	3	119
	IMUL	ECX, ECX	ECX = K * K	3	122
MARILYN:	ADD	EAX, EBX	EAX = I * I + J * J	2	125
	ADD	EAX, ECX	EAX = I * I + J * J + K * K	2	127
STEPHANY:	JMP	DONE	Verzweige zu DONE	5	129

Listing 7.4: Der ILC verfolgt die Adressen, an denen die Befehle in den Speicher geladen werden. In diesem Beispiel belegen die Anweisungen vor der Marke *MARIA* 100 Bytes.

Die meisten Assemblierer verwenden im ersten Lauf mindestens drei Tabellen: die Symboltabelle, die Pseudobefehlstabelle und die Opcode-Tabelle. Bei Bedarf lassen sich Literale in einer weiteren Tabelle speichern. Die Symboltabelle enthält einen Eintrag pro Symbol (Tabelle 7.3). Symbole lassen sich definieren, indem man sie entweder als Marken verwendet oder explizit definiert (z.B. mit EQU). Jeder Eintrag in der Symboltabelle enthält das Symbol selbst (oder einen Zeiger darauf) und seinen numerischen Wert. Manchmal können auch zusätzliche Informationen wie die folgenden verzeichnet sein:

1. Die Länge des Datenfeldes, das dem Symbol zugeordnet ist.
2. Die Relokationsbits. (Ändert das Symbol seinen Wert, wenn das Programm an eine andere Adresse als vom Assemblierer angenommen geladen wird?)
3. Informationen darüber, ob das Symbol außerhalb der Prozedur zugänglich sein soll oder nicht.

Symbol	Wert	Andere Informationen
MARIA	100	
ROBERTA	111	
MARILYN	125	
STEPHANY	129	

Tabelle 7.3: Eine Symboltabelle für das Programm von Listing 7.4

Die Opcode-Tabelle enthält mindestens einen Eintrag für jeden symbolischen Opcode (Mnemonik) in der Assemblersprache. Tabelle 7.4 zeigt einen Teil einer Opcode-Tabelle. Jeder Eintrag enthält den symbolischen Opcode, zwei Operanden, den numerischen Wert des Opcodes, die Befehlslänge und eine Typnummer, die die Opcodes je nach der Anzahl und der Art der Operanden in Gruppen einteilt.

Opcode	Erster Operand	Zweiter Operand	Opcode (hexadezimal)	Befehlslänge	Befehlsklasse
AAA	–	–	37	1	6
ADD	EAX	immed32	05	5	4
ADD	reg	reg	01	2	19
AND	EAX	immed32	25	5	4
AND	reg	reg	21	2	19

Tabelle 7.4: Auszug aus der Opcode-Tabelle für einen x86-Assemblierer

Sehen Sie sich als Beispiel den Opcode ADD an. Wenn ein ADD-Befehl das Register EAX als ersten Operanden und eine 32-Bit-Konstante (immed32) als zweiten Operanden enthält, gilt der Opcode 0x05 und die Befehlslänge beträgt 5 Bytes. (Nicht gezeigt sind Konstanten, die in 8 oder 16 Bit ausgedrückt werden können und andere Opcodes verwenden.) Wenn der Befehl ADD zwei Registeroperanden enthält, ist der Befehl 2 Byte lang und der Opcode lautet 0x01. Die (willkürliche) Befehlsklasse 19 ordnet man allen Opcode-Operanden-Kombinationen zu, die auf den gleichen Regeln basieren und auf die gleiche

Weise wie ADD mit zwei Registeroperanden auszuführen sind. Die Befehlsklasse kennzeichnet praktisch eine Prozedur, die der Assemblierer intern aufruft, um alle Befehle eines bestimmten Typs zu verarbeiten.

Bei einigen Assemblierern können Programmierer Befehle mit unmittelbarer Adressierung schreiben, selbst wenn kein entsprechender Befehl in der Zielsprache vorhanden ist. Solche „pseudo-unmittelbaren" Befehle werden wie folgt verarbeitet: Der Assemblierer weist für den unmittelbaren Operanden am Ende des Programms Speicher zu und erzeugt einen Befehl, der darauf verweist. Beispielsweise besitzt der IBM-Großrechner 360 keine unmittelbaren Befehle. Dennoch kann der Programmierer

```
L 14,=F'5'
```

schreiben, um Register 14 mit einer vollen Wortkonstanten 5 zu laden. Auf diese Weise muss der Programmierer keinen expliziten Pseudobefehl schreiben, um ein mit 5 initialisiertes Wort zuzuordnen, es mit einer Marke zu versehen und diese Marke dann im L-Befehl zu verwenden. Konstanten, für die der Assemblierer automatisch Speicher reserviert, nennt man **Literale**. Abgesehen davon, dass sich der Programmierer etwas Schreibarbeit erspart, verbessern Literale die Lesbarkeit eines Programms, da der Wert der Konstanten in der Quellcodeanweisung sichtbar ist. Der Assemblierer muss im ersten Lauf eine Tabelle aller im Programm verwendeten Literale erstellen. Alle drei von uns verwendeten Beispielprozessoren verfügen von vornherein über unmittelbare Befehle, sodass deren Assemblierer keine Literale verarbeiten. Unmittelbare Befehle sind heute im Gegensatz zu früher allgemein üblich. Möglicherweise hat der reichliche Gebrauch von Literalen den Maschinen-Designern deutlich gemacht, dass die unmittelbare Adressierung eine gute Idee war. Wenn Literale erforderlich sind, legt der Assemblierer beim Assemblieren eine Literal-Tabelle an, die bei jedem Vorkommen eines Literals einen neuen Eintrag erhält. Nach dem ersten Lauf sortiert der Assemblierer diese Tabelle und entfernt Duplikate.

▶Listing 7.5 zeigt eine Prozedur, die als Basis für den ersten Lauf eines Assemblierers dienen könnte. Allein der Programmierstil ist bemerkenswert. Die Prozedurnamen sind so gewählt, dass sie die Aufgabe der Prozedur hinreichend beschreiben. Vor allem aber stellt ▶Listing 7.5 das Gerüst für einen ersten Lauf dar, das zwar noch nicht vollständig ist, aber einen guten Ausgangspunkt bietet. Der relativ kurze Code dürfte ohne Weiteres verständlich sein und klarmachen, worin der nächste Schritt bestehen muss – nämlich darin, die im Programm verwendeten Prozeduren zu schreiben.

```
public static void pass_one( ) {
  // Diese Prozedur ist ein Gerüst des ersten Laufes eines einfachen Assemblierers.
  boolean more_input = true;                  //Flag, das den ersten Lauf stoppt
  String line, symbol, literal, opcode;       //Felder des Befehls
  int location_counter, length, value, type;//Verschiedene Variablen
  final int END_STATEMENT = -2;               //Signalisiert Ende der Eingabe

  location_counter = 0;                       //Ersten Befehl bei 0 assemblieren
  initialize_tables( );                       //Allgemeine Initialisierung

  while (more_input) {                        //more_input von END auf false gesetzt
    line = read_next_line( );                 //Eine Eingabezeile lesen
    length = 0;                               //Anzahl der Bytes im Befehl
    type = 0;                                 //Befehlstyp (Format) des Befehls

    if (line_is_not_comment(line)) {
      symbol = check_for_symbol(line);        //Hat diese Zeile eine Marke?
```

```
      if (symbol != null)               //Falls ja, Symbol u. Wert aufzeichnen
        enter_new_symbol(symbol, location_counter);
      literal = check_for_literal(line);   //Enthält diese Zeile ein Literal?
      if (literal != null)              //Falls ja, in Tabelle eintragen
        enter_new_literal(literal);

      // Jetzt Opcode-Typ bestimmen. -1 bedeutet illegalen Opcode.
      opcode = extract_opcode(line);        //Suche Opcode-Mnemonik
      type = search_opcode_table(opcode);   //Suche Format, z.B. OP REG1,REG2
      if (type < 0)                         //Wenn kein Opcode, dann ein
                                            //  Pseudobefehl?
        type = search_pseudo_table(opcode);
      switch(type) {                        //Länge dieses Befehls bestimmen
        case 1: length = get_length_of_type1(line);  break;
        case 2: length = get_length_of_type2(line);  break;
        // hier stehen weitere Fälle
      }
    }

    write_temp_file(type, opcode, length, line); //Nützliche Info für zweiten Lauf
    location_counter = location_counter + length; //loc_ctr aktualisieren
    if (type == END_STATEMENT) {            //Eingabe beendet?
      more_input = false;                   //Falls ja, Aufräumarbeiten ausführen,
      rewind_temp_for_pass_two( );          //z.B. zurück an Anfang der temporären
                                            //  Datei,
      sort_literal_table( );                //Sortieren der Literal-Tabelle
      remove_redundant_literals( );         //und Entfernen von Duplikaten aus
                                            //  der Tabelle
    }
  }
}
```

Listing 7.5: Prozedur für den ersten Lauf eines einfachen Assemblierers

Einige dieser Prozeduren werden relativ kurz ausfallen, wie zum Beispiel *check_for_symbol*, die lediglich das Symbol als Zeichenfolge zurückgibt, falls es existiert, und andernfalls `null` liefert. Andere Prozeduren, wie *get_length_of_type1* und *get_length_of_type2* können länger sein und vielleicht auch andere Prozeduren aufrufen. Im Allgemeinen ist die Anzahl der Typen selbstverständlich nicht auf zwei beschränkt, sondern hängt von der Sprache ab, die assembliert wird, und davon, wie viele Befehlstypen sie hat.

Diese Art der Strukturierung von Programmen bietet außer der einfacheren Programmierung weitere Vorteile. Wenn ein Team am Assemblierer arbeitet, lassen sich die verschiedenen Prozeduren unter den Programmierern aufteilen. Alle (nun einmal notwendigen) Details, die Eingabe zu lesen, sind in *read_next_line* versteckt. Falls sich hier etwas ändern sollte – beispielsweise durch einen Wechsel des Betriebssystems –, wirkt sich das nur auf eine Hilfsprozedur aus und an der Prozedur *pass_one* selbst sind keine Änderungen erforderlich.

Wenn der Assemblierer das Programm liest, muss er im ersten Lauf jede Zeile parsen (d.h. analysieren), um den Opcode zu finden (z.B. `ADD`), seinen Typ (im Grunde das Muster der Operanden) zu ermitteln und die Befehlslänge zu berechnen. Diese Informationen sind auch im zweiten Lauf erforderlich, sodass man sie explizit ausgeben kann, um die Zeile beim nächsten Mal nicht erneut von Anfang an parsen zu müssen. Allerdings bedeutet das Neuschreiben der Eingabedatei zusätzliche Ein-/Ausgaben. Ob es nun besser ist, das Parsen zu umgehen und zusätzliche Ein-/Ausgaben in Kauf zu nehmen oder mehr Aufwand in das Parsen zu stecken, um weitere Ein-/Ausgaben zu vermeiden, hängt von der relativen Geschwindigkeit der CPU und der Festplatte, der Effizienz des Dateisystems und weiteren Faktoren ab. In unserem Beispiel legen wir eine temporäre Datei an, die den Typ, den Opcode, die Länge und die eigentliche Eingabezeile enthält. Lauf zwei liest dann diese Datei und nicht die unbearbeitete Eingabedatei.

Der erste Lauf ist beendet, nachdem der Assemblierer den Pseudobefehl `END` gelesen hat. Jetzt kann er bei Bedarf die Symboltabelle und die Literal-Tabelle sortieren, die Literal-Tabelle auf doppelte Einträge prüfen und Duplikate entfernen.

7.3.3 Zweiter Lauf

Im zweiten Lauf erzeugt der Assemblierer das Objektprogramm und gibt – falls gewünscht – das Assemblerlisting aus. Darüber hinaus muss der zweite Lauf bestimmte Informationen für den Linker ausgeben. Diese sind erforderlich, damit der Linker mehrere Prozeduren, die zu verschiedenen Zeiten assembliert wurden, zu einer einzigen ausführbaren Datei binden kann. ▶Listing 7.6 skizziert eine Prozedur für den zweiten Lauf.

```
public static void pass_two( ) {
  // Diese Prozedur ist ein Gerüst des zweiten Laufes eines einfachen Assemblierers.
  boolean more_input = true;                 //Flag, das den zweiten Lauf stoppt
  String line, opcode;                       //Felder des Befehls
  int location_counter, length, type;        //Verschiedene Variablen
  final int END_STATEMENT = -2;              //Signalisiert das Ende der Eingabe
  final int MAX_CODE = 16;                   //Maximale Codebytes pro Befehl
  byte code[ ] = new byte[MAX_CODE];         //Nimmt generierten Code je Befehl auf

  location_counter = 0;                      //Ersten Befehl bei 0 assemblieren

  while (more_input) {                       //more_input von END auf false gesetzt
    type = read_type( );                     //Typenfeld der nächsten Zeile lesen
    opcode = read_opcode( );                 //Opcode-Feld der nächsten Zeile lesen
    length = read_length( );                 //Längenfeld der nächsten Zeile lesen
    line = read_line( );                     //Eigentliche Eingabezeile lesen

    if (type != 0) {                         //Typ 0 gilt für Kommentarzeilen
      switch(type) {                         //Ausgabecode erzeugen
        case 1: eval_type1(opcode, length, line, code);  break;
        case 2: eval_type2(opcode, length, line, code);  break;
        // hier stehen weitere Fälle
      }
    }

    write_output(code);                      //Binärcode schreiben
    write_listing(code, line);               //Eine Listingzeile ausgeben
    location_counter = location_counter + length; //loc_ctr aktualisieren
    if (type == END_STATEMENT) {             //Eingabe beendet?
      more_input = false;                    //Falls ja, Aufräumarbeiten ausführen
      finish_up( );                          //Andere Kleinigkeiten erledigen
    }
  }
}
```

Listing 7.6: Prozedur für den zweiten Lauf eines einfachen Assemblierers

Die Arbeitsweise des zweiten Laufs ähnelt mehr oder weniger der des ersten Laufs: Der Assemblierer liest die Zeilen nacheinander ein und verarbeitet sie nacheinander. Da wir den Typ, den Opcode und die Länge am Beginn jeder Zeile (in der temporären Datei) verzeichnet haben, lesen wir diese Elemente ein, um etwas Aufwand beim Parsen zu sparen. Die Prozeduren *eval_type1*, *eval_type2* usw. übernehmen die Hauptarbeit bei der Codeerstellung. Jede Prozedur verarbeitet ein bestimmtes Muster, beispielsweise einen Opcode mit zwei Registeroperanden, generiert den Binärcode für den Befehl und gibt ihn in *code* zurück. Diesen Teil gibt der Assemblierer aus. Normalerweise puffert die Prozedur *write_code* den generierten Binärcode und schreibt ihn dann in größeren Blöcken in die Zieldatei, um den Plattenverkehr zu verringern.

Die ursprüngliche Quellanweisung und der daraus erzeugte Objektcode (in hexadezimalem Format) lassen sich dann ausgeben oder in einen Puffer übernehmen, um den Inhalt später auszugeben. Der Assemblierer passt nun den ILC an und ruft die nächste Anweisung ab.

Bis jetzt haben wir stillschweigend vorausgesetzt, dass das Quellprogramm keine Fehler enthält. Jeder, der schon einmal ein Programm – in welcher Sprache auch immer – geschrieben hat, weiß, wie realistisch diese Annahme ist. Häufig treten folgende Fehler auf:

1. Ein nicht definiertes Symbol wurde verwendet.
2. Ein Symbol wurde mehr als einmal definiert.
3. Der Name im Opcode-Feld ist kein zulässiger Opcode.
4. Für den Opcode wurden nicht genügend Operanden bereitgestellt.
5. Für den Opcode wurden zu viele Operanden bereitgestellt.
6. Eine Zahl enthält ein ungültiges Zeichen wie zum Beispiel 143G6.
7. Ein Register wurde falsch verwendet (z.B. ein Sprung zu einem Register).
8. Die END-Anweisung fehlt.

Wenn es um neue Fehlerarten geht, sind Programmierer sehr erfinderisch. Fehler durch undefinierte Symbole sind häufig auf Tippfehler zurückzuführen. Deshalb sollte ein intelligenter Assemblierer herausfinden können, welche der definierten Symbole den undefinierten am nächsten kommen und stattdessen diese verwenden. Die meisten anderen Fehler lassen sich kaum korrigieren. Es ist dann wohl am besten, wenn der Assemblierer eine fehlerhafte Anweisung mit einer entsprechenden Meldung kommentiert und dann mit der Assemblierung fortfährt.

7.3.4 Die Symboltabelle

Im ersten Lauf der Assemblierung trägt der Assemblierer Informationen über Symbole und ihre Werte zusammen, die er in der Symboltabelle speichern muss, damit der zweite Lauf darauf zurückgreifen kann. Die Symboltabelle lässt sich nach verschiedenen Methoden organisieren. Mit einigen davon beschäftigen wir uns jetzt. Alle versuchen, einen **Assoziativspeicher** (Associative Memory) zu simulieren, der konzeptionell eine Menge von Symbol-Wert-Paaren darstellt. Für ein gegebenes Symbol muss der Assoziativspeicher den relevanten Wert liefern.

Es ist wohl am einfachsten, die Symboltabelle als Datenfeld mit Elementpaaren zu implementieren, wobei das erste Element das Symbol (oder ein Zeiger auf das Symbol) und das zweite Element den Wert (oder einen Zeiger auf den Wert) darstellt. Für ein gegebenes Symbol durchsucht die zuständige Routine die Symboltabelle einfach linear, bis sie eine Übereinstimmung findet. Diese Methode lässt sich leicht programmieren, ist aber langsam, weil sie im statistischen Mittel jeweils die Hälfte der Tabelle durchsuchen muss.

Man kann die Symboltabelle auch nach den Symbolen sortieren und ein Symbol durch **binäre Suche** ermitteln. Dieser Algorithmus vergleicht zunächst den mittleren Eintrag in der Tabelle mit dem Symbol. Wenn das gesuchte Symbol in alphabetischer Reihenfolge vor dem mittleren Eintrag eingeordnet ist, muss es in der ersten Hälfte der Symboltabelle stehen. Kommt das Symbol nach dem mittleren Eintrag, dann muss es sich in der zweiten Hälfte der Tabelle befinden. Ist das Symbol gleich dem mittleren Eintrag, ist die Suche bereits beendet.

Handelt es sich beim mittleren Eintrag nicht um das gesuchte Symbol, so wissen wir zumindest, in welcher Hälfte der Tabelle weiterzusuchen ist. Die binäre Suche fährt jetzt mit dieser Tabellenhälfte fort, was entweder eine Übereinstimmung liefert oder das infrage kommende Viertel der Tabelle ergibt. Wendet man diesen Algorithmus rekursiv an, sind maximal $\log_2 n$ Versuche erforderlich, um eine Tabelle mit n Einträgen zu durchsuchen. Offensichtlich arbeitet diese Methode viel schneller als die lineare Suche, verlangt aber, dass die Tabelle in sortierter Reihenfolge vorliegt.

In der Symboltabelle sammelt der Assemblierer Informationen zu den Symbolen des Programms. Sie ist häufig als **Hashtabelle** organisiert, die einen schnellen Zugriff über den Symbolnamen ermöglicht.

Ein ganz anderer Ansatz simuliert einen Assoziativspeicher mit einer Technik, die man als **Hashing** bezeichnet. Hierfür ist eine Hashfunktion erforderlich, die Symbole auf Ganzzahlen im Bereich von 0 bis $k - 1$ abbildet. Eine mögliche Hashfunktion multipliziert alle ASCII-Werte der Zeichen eines Symbols, ignoriert dabei einen Überlauf und nimmt das Ergebnis modulo k bzw. dividiert es durch eine Primzahl. Praktisch eignen sich alle Funktionen, die für die relevanten Eingabewerte gleichförmig verteilte Hashwerte liefern. Um die Symbole zu speichern, erstellt man eine Tabelle mit k sogenannten **Buckets** (Eimern), die von 0 bis $k - 1$ nummeriert sind. Alle Symbol-Wert-Paare, für deren Symbole die Hashfunktion das Ergebnis i liefert, speichert man in einer verketteten Liste, auf die ein Zeiger im Eintrag i der Hashtabelle verweist. Bei n Symbolen und k Einträgen in der Hashtabelle beträgt die durchschnittliche Länge der verketteten Listen n/k. Wählt man k ungefähr gleich n, so genügt meistens ein Suchschritt, um die Symbole zu finden. Durch Anpassung von k kann man die Tabellengröße verringern, was aber zu längeren Suchoperationen in den verketteten Listen führt. ▶Abbildung 7.1 veranschaulicht das Hashing einer Symboltabelle.

Andy	14025	0
Anton	31253	4
Cathy	65254	5
Dick	54185	0
Erik	47357	6
Frances	56445	3
Frank	14332	3
Gerrit	32334	4
Hans	44546	4
Henri	75544	2
Jan	17097	5
Jaco	64533	6
Maarten	23267	0
Reind	63453	1
Roel	76764	7
Willem	34544	6
Wiebren	34344	1

(a)

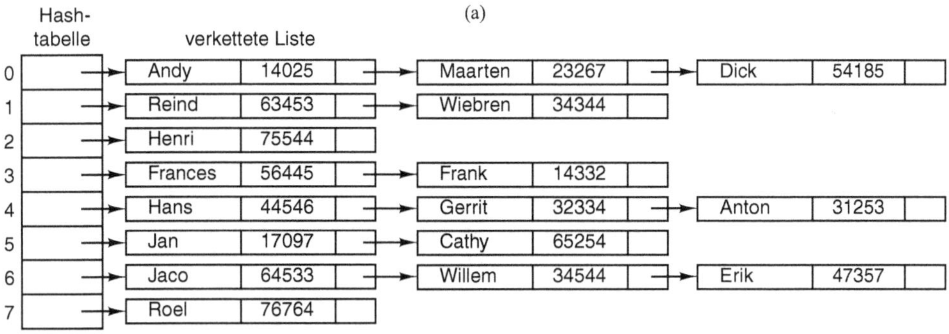

(b)

Abbildung 7.1: Hashing (a) Symbole, Werte und die aus den Symbolen abgeleiteten Hashcodes (b) Hashtabelle mit acht Einträgen, die auf verkettete Listen mit Symbolen und Werten zeigen

7.4 Binden und Laden

Die meisten Programme bestehen aus mehr als einer Prozedur. Compiler und Assemblierer übersetzen im Allgemeinen jede Prozedur einzeln nacheinander und schreiben die übersetzte Ausgabe auf die Festplatte. Bevor sich das Programm ausführen lässt, müssen alle übersetzten Prozeduren gesucht und in der richtigen Weise verbunden werden. Steht kein virtueller Speicher zur Verfügung, so ist zudem das gebundene Programm explizit in den Hauptspeicher zu laden. Programme, die diese Funktionen ausführen, bezeichnet man als **Linker** (**Binder**), aber auch als **Lader**, **Linking Loader** oder **Linkage Editor**. Wie ▶Abbildung 7.2 zeigt, sind für die vollständige Übersetzung eines Quellprogramms zwei Schritte erforderlich:

1. Kompilieren bzw. Assemblieren der Quelldateien
2. Binden der Objektmodule

Der erste Schritt wird vom Compiler oder Assemblierer, der zweite vom Linker durchgeführt.

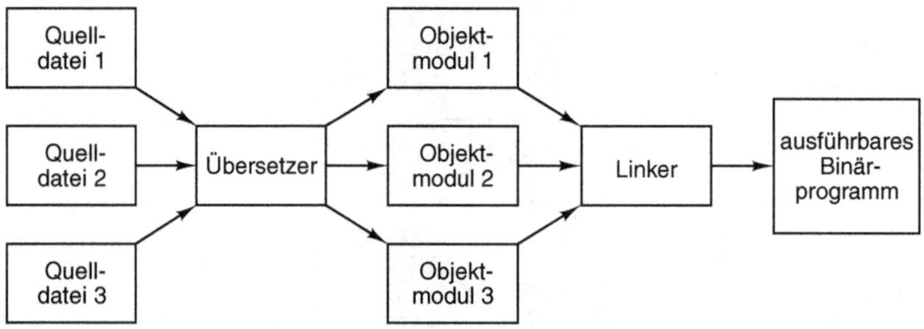

Abbildung 7.2: Das Erstellen eines ausführbaren Binärprogramms aus einer Sammlung unabhängig übersetzter Quellprozeduren erfordert einen Linker

Die übersetzten Prozeduren werden durch den Linker in einem **ausführbaren Binärprogramm** kombiniert. Hierbei werden externe Referenzen auf andere Prozeduren aufgelöst.

Die Übersetzung von der Quellprozedur in ein Objektmodul stellt eine Änderung der Ebene dar, weil die Quell- und die Zielsprache unterschiedliche Befehle und eine andere Notation haben. Beim Binden ändert sich die Ebene dagegen nicht, weil sowohl die Eingabe des Linkers als auch dessen Ausgabe Programme für dieselbe virtuelle Maschine sind. Der Linker hat die Aufgabe, die getrennt übersetzten Prozeduren zusammenzutragen und zu binden, damit sie sich als Einheit – als **ausführbares Binärprogramm** (Executable Binary Program) – ausführen lassen. Auf Windows-Systemen sind die Objektmodule mit der Dateierweiterung *.obj* und die ausführbaren Binärprogramme mit der Erweiterung *.exe* gekennzeichnet. Unter Unix erhalten die Objektmodule die Erweiterung *.o*, während ausführbare Binärprogramme keine Erweiterung aufweisen.

Compiler und Assemblierer übersetzen die Quellprozeduren aus gutem Grund in Form getrennter Einheiten. Würde ein Compiler oder Assemblierer eine Reihe von Quellprozeduren lesen und direkt ein lauffähiges Maschinenprogramm erzeugen, dann müsste er sämtliche Quellprozeduren neu übersetzen, wenn man nur eine Anweisung in einer Quellprozedur ändert.

Wendet man die in Abbildung 7.2 dargestellte Technik mit separaten Objektmodulen an, so ist es lediglich erforderlich, die modifizierte Prozedur neu zu übersetzen, auch wenn alle Objektmodule neu gebunden werden müssen. Allerdings läuft das Binden normalerweise wesentlich schneller ab als das Übersetzen. Somit kann der aus zwei Schritten bestehende Prozess (Übersetzen und Binden) bei der Entwicklung eines Programms viel Zeit sparen. Dieser Gewinn ist vor allem bei Programmen mit Hunderten oder gar Tausenden von Modulen wichtig.

7.4.1 Aufgaben des Linkers

Die Assemblierung setzt zu Beginn des ersten Laufes den ILC auf 0. Dieser Schritt ist gleichbedeutend mit der Annahme, dass sich das Objektmodul während der Ausführung an der (virtuellen) Adresse 0 befindet. ▶Abbildung 7.3 zeigt vier Objektmodule für eine generische Maschine. In diesem Beispiel beginnt jedes Modul mit einem `BRANCH`-Befehl zu einem `MOVE`-Befehl im selben Modul.

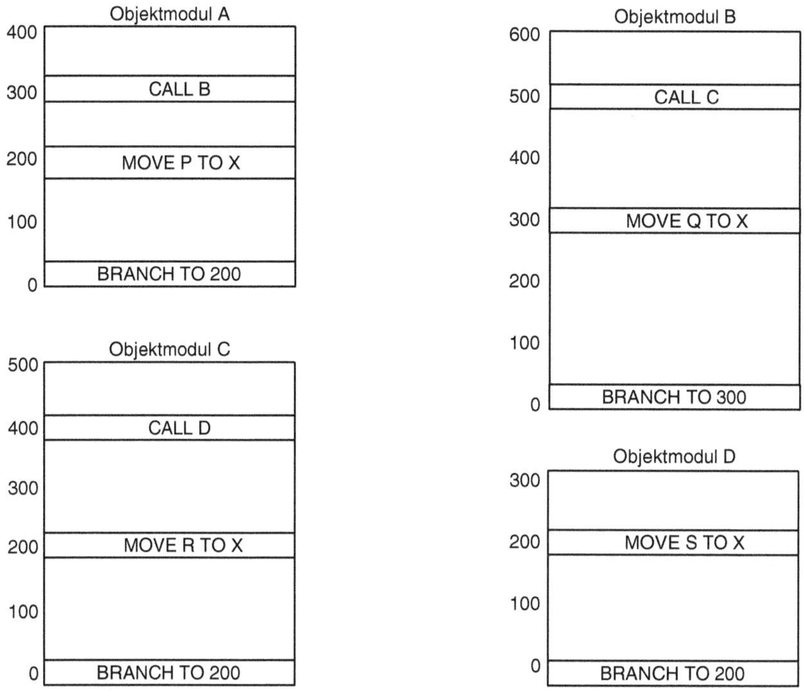

Abbildung 7.3: Jedes Modul hat seinen eigenen Adressraum, der jeweils bei 0 beginnt

Um das Programm ausführen zu können, bringt der Linker die Objektmodule in den Hauptspeicher, wie es ▶Abbildung 7.4a zeigt. Der Linker erstellt damit intern ein genaues Abbild des virtuellen Adressraums des ausführbaren Programms und bringt alle Objektmodule an ihre richtigen Positionen. Ist nicht genügend (virtueller) Speicher vorhanden, um das gesamte Abbild zu erzeugen, so kann der Linker auch auf eine Festplattendatei ausweichen. Im Hauptspeicher ist normalerweise ein kleiner Bereich ab Adresse 0 für Interrupt-Vektoren, die Kommunikation mit dem Betriebssystem, das Abfangen nicht initialisierter Zeiger und andere Zwecke reserviert, sodass die eigentlichen Programme oftmals erst oberhalb von Adresse 0 beginnen. Als Startadresse für Programme ist in Abbildung 7.4 die (willkürlich gewählte) Adresse 100 angegeben.

Das Programm von Abbildung 7.4a wurde zwar in das Abbild der ausführbaren Binärdatei geladen, ist aber noch nicht lauffähig. Denn wenn man die Ausführung mit dem Befehl am Anfang von Modul *A* beginnt, verzweigt das Programm nicht wie gewünscht zum `MOVE`-Befehl, weil dieser sich jetzt an Adresse 300 befindet. Aus dem gleichen Grund schlagen alle Befehle mit Speicherverweisen fehl. Es ist also noch etwas Arbeit erforderlich.

Das sogenannte **Relokationsproblem** (Relocation Problem) tritt auf, weil jedes Objektmodul in Abbildung 7.3 einen separaten Adressraum verkörpert. Bei einem Prozessor mit segmentiertem Adressraum, z.B. x86, kann jedes Objektmodul theoretisch seinen eigenen Adressraum erhalten, indem man es in seinem eigenen Segment unterbringt. Allerdings war OS/2 das einzige Betriebssystem für den x86, das dieses Konzept unterstützte. Alle Versionen von Windows und Unix unterstützen nur einen linearen Adressraum, sodass alle Objektmodule in einem einzigen Adressraum zusammengebracht werden müssen.

Unter **Relokation** versteht man das Verschieben von Objektmodulen im Adressraum. Hierbei müssen die Adressen entsprechend angepasst werden.

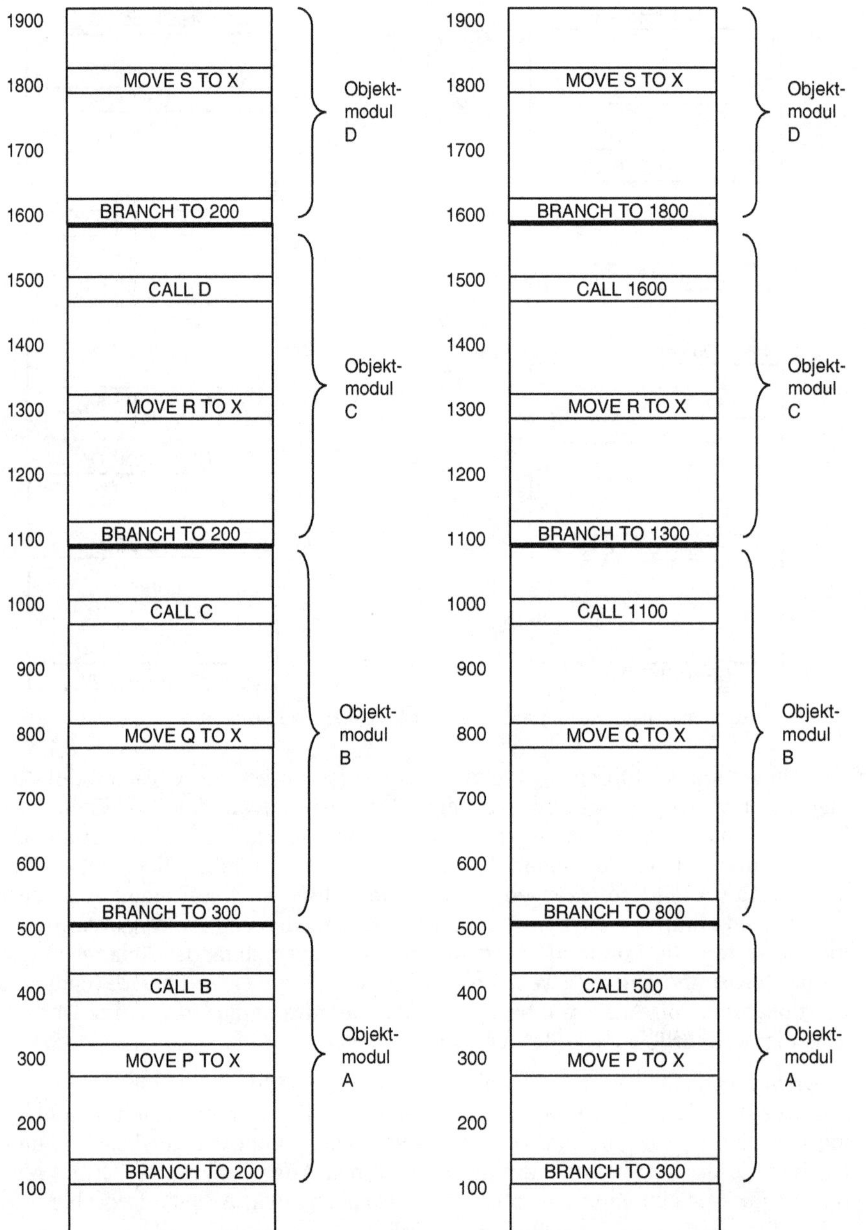

Abbildung 7.4: (a) Die Objektmodule von Abbildung 7.3, nachdem der Linker sie im binären Abbild positioniert, aber noch bevor er sie umgeordnet und gebunden hat. (b) Die gleichen Objektmodule nach dem Binden und der Relokation

Beim Programm in Abbildung 7.4a funktionieren außerdem die Befehle für Prozeduraufrufe nicht. An Adresse 400 hat der Programmierer vorgesehen, das Objektmodul *B* aufzurufen. Da aber jede Prozedur eigenständig übersetzt wird, kann der Assemblierer gar nicht wissen, welche Adresse in den Befehl `CALL B` einzutragen ist. Die Adresse von

Objektmodul *B* steht erst zur Bindezeit fest. Das ist das **Problem der externen Referenz** (External Reference). Der Linker kann beide Probleme in einfacher Weise auflösen.

Der Linker bringt die separaten Adressräume der Objektmodule in folgenden Schritten zu einem einzigen linearen Adressraum zusammen:

1. Er erstellt eine Tabelle mit allen Objektmodulen und ihren Längen.
2. Auf der Grundlage dieser Tabelle weist er jedem Objektmodul eine Anfangsadresse zu.
3. Er sucht alle Befehle für Speicherreferenzen zusammen und addiert zu jeder eine **Relokationskonstante** (Relocation Constant), die der Anfangsadresse des betreffenden Moduls entspricht.
4. Er sucht alle Befehle heraus, die andere Prozeduren referenzieren, und fügt die Adresse dieser Prozeduren an der entsprechenden Stelle ein.

Die in Schritt 1 erstellte Objektmodultabelle sieht für die Module von Abbildung 7.4 wie folgt aus:

Modul	Länge	Anfangsadresse
A	400	100
B	600	500
C	500	1100
D	300	1600

Die Tabelle gibt den Namen, die Länge und die Anfangsadresse eines jeden Moduls an. ▶Abbildung 7.4b zeigt den Adressraum von Abbildung 7.4a, nachdem der Linker diese Schritte ausgeführt hat.

7.4.2 Struktur eines Objektmoduls

Wie ▶Abbildung 7.5 zeigt, umfassen Objektmodule oftmals sechs Teile. Der erste Teil (Identifikation) enthält den Namen des Moduls, bestimmte Informationen für den Linker – beispielsweise die Längen der verschiedenen Teile des Moduls – und manchmal das Assemblierungsdatum.

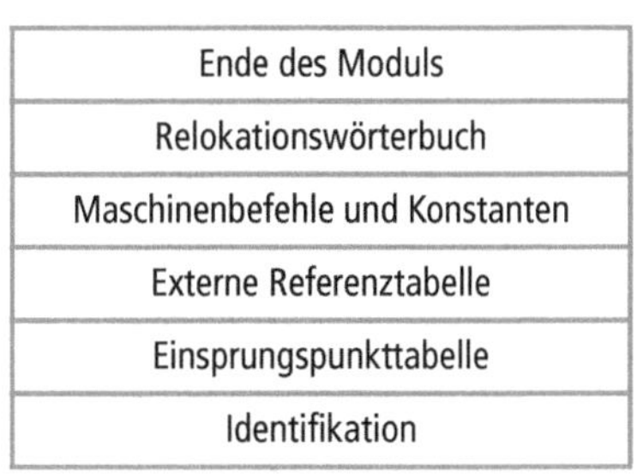

Abbildung 7.5: Die interne Struktur eines von einem Übersetzer produzierten Objektmoduls. Das Feld *Identifikation* erscheint zuerst.

Den zweiten Teil des Objektmoduls bildet eine Liste der im Modul definierten Symbole, auf die andere Module verweisen können, sowie ihrer Werte. Besteht das Modul beispielsweise aus einer Prozedur namens *bigbug*, dann enthält die Einsprungspunkttabelle die Zeichenfolge „bigbug“ gefolgt von der entsprechenden Adresse. Der Assemblerprogrammierer legt mit Pseudobefehlen – wie zum Beispiel `PUBLIC` in Tabelle 7.1 – fest, welche Symbole als **Einsprungspunkte** (Entry Points) deklariert werden sollen.

Der dritte Teil des Objektmoduls besteht aus einer Liste mit Symbolen, die im Modul vorkommen, jedoch in anderen Modulen definiert sind. Außerdem enthält dieser Teil eine Liste, die angibt, welche Maschinenbefehle welche Symbole verwenden. Anhand dieser Liste kann der Linker die richtigen Adressen in die Befehle einfügen, die auf externe Symbole zurückgreifen. Eine Prozedur kann andere, unabhängig übersetzte Prozeduren aufrufen, wenn sie die Namen der aufzurufenden Prozeduren als extern deklariert. Der Assemblerprogrammierer gibt mit einem Pseudobefehl – wie zum Beispiel `EXTERN` in Tabelle 7.1 – an, welche Symbole als **externe Symbole** deklariert werden sollen. Bei manchen Computern sind Einsprungspunkte und externe Referenzen in einer Tabelle zusammengefasst.

Der vierte Teil des Objektmoduls umfasst den assemblierten Code und die Konstanten. Das ist der einzige Teil des Objektmoduls, der in den Speicher geladen und ausgeführt wird. Die anderen fünf Teile unterstützen lediglich den Linker und werden vor Beginn der Ausführung verworfen.

Der fünfte Teil des Objektmoduls ist das Relokationswörterbuch (Relocation Dictionary). Wie aus Abbildung 7.4 hervorgeht, ist zu Befehlen mit Speicheradressen eine Relokationskonstante zu addieren. Da der Linker nicht ohne Weiteres feststellen kann, welche Datenwörter in Teil 4 des Moduls Maschinenbefehle und welche Konstanten enthalten, werden in dieser Tabelle Informationen über die anzupassenden Adressen bereitgestellt. Diese Informationen können in Form einer Bittabelle mit je einem Bit pro anzupassender Adresse oder als explizite Liste der anzupassenden Adressen angegeben sein.

Der sechste Teil markiert das Ende des Moduls. Es enthält manchmal eine Prüfsumme, um beim Lesen des Moduls auftretende Fehler zu erkennen, und die Adresse, an der die Ausführung beginnen soll.

Die meisten Linker erfordern zwei Läufe. Im ersten Lauf liest der Linker alle Objektmodule und erstellt eine Tabelle mit den Namen und der Länge der Module sowie eine globale Symboltabelle, die alle Einsprungspunkte und externen Referenzen enthält. Im zweiten Lauf werden alle Objektmodule nacheinander gelesen, angepasst und gebunden.

7.4.3 Bindezeit und dynamische Relokation

Bei einem Multiprogrammsystem kann ein Programm in den Hauptspeicher eingelesen, eine Weile ausgeführt, auf Festplatte geschrieben und dann wieder in den Hauptspeicher geholt und erneut ausgeführt werden. Bei einem großen System mit zahlreichen Programmen lässt sich nicht so leicht sicherstellen, dass ein Programm jedes Mal wieder an dieselben Speicherstellen eingelesen wird.

▶Abbildung 7.6 zeigt, was passieren kann, wenn das bereits fertige Programm von Abbildung 7.4b erneut geladen wird, diesmal aber an Adresse 400 und nicht an Adresse 100, an der es der Linker ursprünglich abgelegt hat. Alle Speicheradressen sind jetzt falsch und darüber hinaus wurden die Relokationsinformationen längst verworfen. Doch selbst wenn sie noch greifbar wären, sind die Kosten viel zu hoch, um alle Adressen bei jeder Programmumschaltung neu anzupassen.

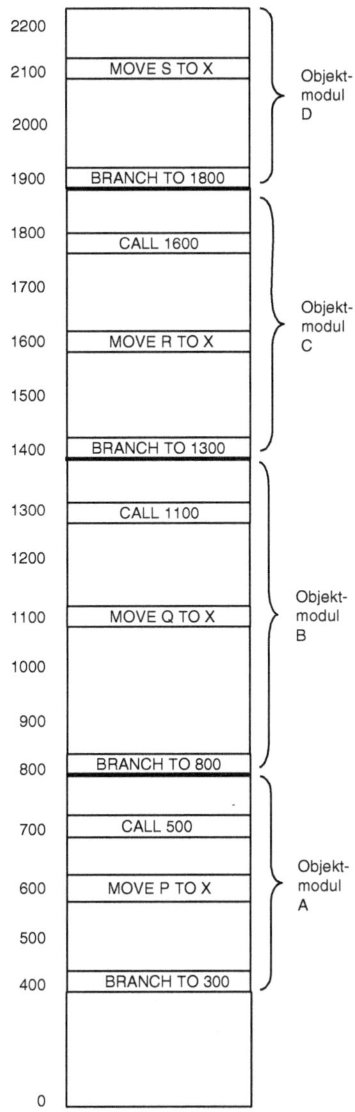

Abbildung 7.6: Das Binärprogramm von Abbildung 7.4b wurde um 300 Adressen nach oben geschoben. Viele Befehle verweisen jetzt auf falsche Speicheradressen.

Das Problem, bereits gebundene Programme zu verschieben, hängt eng mit dem Zeitpunkt zusammen, zu dem die endgültige Bindung der symbolischen Namen an absolute physische Speicheradressen abgeschlossen ist. Wenn man ein Programm schreibt, enthält es die symbolischen Namen für Speicheradressen, beispielsweise `BR L`. Als **Bindungszeit** (Binding Time) bezeichnet man den Zeitpunkt, zu dem die eigentliche Speicheradresse, die *L* entspricht, bestimmt wird. Für die Bindungszeit gibt es mindestens sechs Möglichkeiten:

Die **Bindung** von symbolischen Namen an physische Adressen kann zu ganz verschiedenen Zeitpunkten erfolgen, nach der Übersetzung, beim Laden oder erst während der Programmausführung.

1. wenn das Programm geschrieben wird
2. wenn das Programm übersetzt wird
3. wenn das Programm gebunden, aber noch bevor es geladen wird
4. wenn das Programm geladen wird
5. wenn ein Basisregister für die Adressierung geladen wird
6. wenn der Befehl, der die Adresse enthält, ausgeführt wird

Wenn sich ein Befehl, der eine Speicheradresse enthält, nach dem Binden verschiebt, ist er schlichtweg falsch (unter der Annahme, dass das referenzierte Objekt ebenfalls verschoben wurde). Erzeugt der Übersetzer als Ausgabe ein ausführbares Binärprogramm, dann hat die Bindung zum Zeitpunkt der Übersetzung stattgefunden und das Programm muss an der Adresse ausgeführt werden, die der Übersetzer erwartet. Die im vorherigen Abschnitt beschriebene Bindemethode bindet symbolische Namen an absolute Adressen; deshalb schlägt das Verschieben von Programmen nach dem Binden fehl, wie es aus Abbildung 7.6 hervorgeht.

In unmittelbarem Zusammenhang damit stehen zwei weitere Faktoren: zum einen der Zeitpunkt, zu dem symbolische Namen an virtuelle Adressen gebunden werden, und zum anderen der Zeitpunkt, zu dem virtuelle Adressen an physische Adressen gebunden werden. Das Binden ist erst nach beiden Operationen vollständig. Wenn der Linker die getrennten Adressräume der Objektmodule zu einem einzelnen linearen Adressraum zusammenführt, erzeugt er letztlich einen virtuellen Adressraum. Relokation und Binden dienen dazu, symbolische Namen an spezifische virtuelle Adressen zu binden. Das gilt unabhängig davon, ob virtueller Speicher verwendet wird oder nicht.

Nehmen wir an, dass der Adressraum von Abbildung 7.4b seitenorientiert konzipiert ist. Es ist klar, dass die virtuellen Adressen, die den symbolischen Namen *A*, *B*, *C* und *D* entsprechen, bereits ermittelt wurden, auch wenn ihre physischen Adressen im Hauptspeicher vom Inhalt der Seitentabelle zum Zeitpunkt ihrer Verwendung abhängen. Ein ausführbares Binärprogramm ist eigentlich eine Bindung von symbolischen Namen an virtuelle Adressen.

Jeder Mechanismus, der das Abbilden von virtuellen Adressen auf physische Adressen im Hauptspeicher erlaubt, vereinfacht das Verschieben von Programmen im Hauptspeicher, auch nachdem sie an einen virtuellen Adressraum gebunden wurden. Einer dieser Mechanismen ist Paging. Nachdem ein Programm im Hauptspeicher verschoben wurde, ist lediglich seine Seitentabelle zu ändern und nicht das Programm selbst.

Ein zweiter Mechanismus verwendet ein Relokationsregister zur Laufzeit. Die CDC 6600 und ihre Nachfolger hatten ein derartiges Register. Bei Maschinen, die dieses Relokationsverfahren anwenden, zeigt das Register immer auf die physische Startadresse des aktuellen Programms. Die Hardware addiert das Relokationsregister zu allen Speicheradressen, bevor sie an den Speicher gehen. Für die Benutzerprogramme ist der gesamte Relokationsprozess transparent. Die Programme wissen nicht einmal, dass er stattfindet. Wird ein Programm verschoben, so muss das Betriebssystem das Relokationsregister aktualisieren. Dieser Mechanismus ist nicht so allgemeingültig wie Paging, weil das gesamte Programm als Einheit verschoben werden muss (es sei denn, es gibt getrennte Relokationsregister für Code und Daten, wie beim Intel 8088, sodass das Programm in zwei Einheiten zu verschieben ist).

Ein dritter Mechanismus ist bei Prozessoren möglich, die auf den Speicher relativ zum Programmzähler verweisen können. Viele Verzweigungsbefehle arbeiten ohnehin relativ zum Programmzähler. Wird ein Programm im Hauptspeicher verschoben, dann muss nur der Programmzähler aktualisiert werden. Bei einem **positionsunabhängigen** Programm sind alle Speicherreferenzen entweder relativ zum Programmzähler oder absolut (z.B. zu E/A-Geräteregistern an absoluten Adressen). Eine positionsunabhängige Prozedur lässt sich an beliebiger Stelle innerhalb des virtuellen Adressraums platzieren, ohne dass Relokation erforderlich ist.

7.4.4 Dynamisches Binden

Die in Abschnitt 7.4.1 beschriebene Bindestrategie hat die Eigenschaft, dass alle Prozeduren, die ein Programm aufrufen kann, gebunden werden müssen; erst dann kann die Ausführung des Programms beginnen. Auf einem Computer mit virtuellem Speicher nutzt die Fertigstellung aller Bindungen vor dem Beginn der Ausführung nicht sämtliche Fähigkeiten des virtuellen Speichers. Viele Programme verfügen über Prozeduren, die nur unter ungewöhnlichen Bedingungen aufgerufen werden. Compiler haben beispielsweise Prozeduren zum Kompilieren selten benutzter Anweisungen oder zur Behandlung seltener Fehlerbedingungen.

Eine flexiblere Methode, getrennt kompilierte Prozeduren zu binden, ist das Binden jeder Prozedur zum Zeitpunkt ihres ersten Aufrufs. Dieser Prozess heißt **dynamisches Binden** (Dynamic Linking). Er wurde erstmals in MULTICS eingesetzt, dessen Implementierung in gewisser Weise immer noch unübertroffen ist. Die nächsten Abschnitte erläutern dynamisches Binden am Beispiel mehrerer Systeme.

Dynamisches Binden in MULTICS

Beim dynamischen Binden unter MULTICS ist jedem Programm ein sogenanntes **Linkage Segment** zugeordnet, das einen Informationsblock für jede Prozedur enthält, die aufgerufen werden kann. Der Informationsblock beginnt mit einem Wort, das für die virtuelle Adresse der Prozedur reserviert ist, gefolgt von dem als Zeichenfolge gespeicherten Prozedurnamen.

Bei dynamischem Binden werden Prozeduraufrufe in der Quellsprache in Befehle übersetzt, die indirekt das erste Wort des entsprechenden Bindungsblocks adressieren, wie es ▶Abbildung 7.7a zeigt. Der Compiler füllt dieses Wort entweder mit einer ungültigen Adresse oder mit einem speziellen Bitmuster, das einen Trap erzwingt.

Wird eine Prozedur in einem anderen Segment aufgerufen, dann verursacht der Versuch, das ungültige Wort indirekt zu adressieren, einen Trap zum dynamischen Linker. Der Linker sucht dann die Zeichenfolge in dem Wort, das auf die ungültige Adresse folgt, und durchsucht das Dateiverzeichnis des Benutzers nach einer kompilierten Prozedur mit diesem Namen. Dieser Prozedur wird dann eine virtuelle Adresse zugewiesen, die normalerweise in ihrem eigenen privaten Segment liegt. Diese virtuelle Adresse überschreibt die ungültige Adresse im Linkage Segment, wie es in ▶Abbildung 7.7b zu sehen ist. Als Nächstes wird der Befehl, der den Bindungsfehler verursacht hat, erneut ausgeführt, damit das Programm dort fortfahren kann, wo es durch den Trap unterbrochen wurde.

Alle darauffolgenden Verweise auf diese Prozedur werden ausgeführt, ohne dass ein Bindungsfehler auftritt, da das indirekte Wort jetzt eine gültige virtuelle Adresse enthält. Folglich wird der dynamische Linker nur beim erstmaligen Aufruf der Prozedur aktiviert und danach nicht mehr.

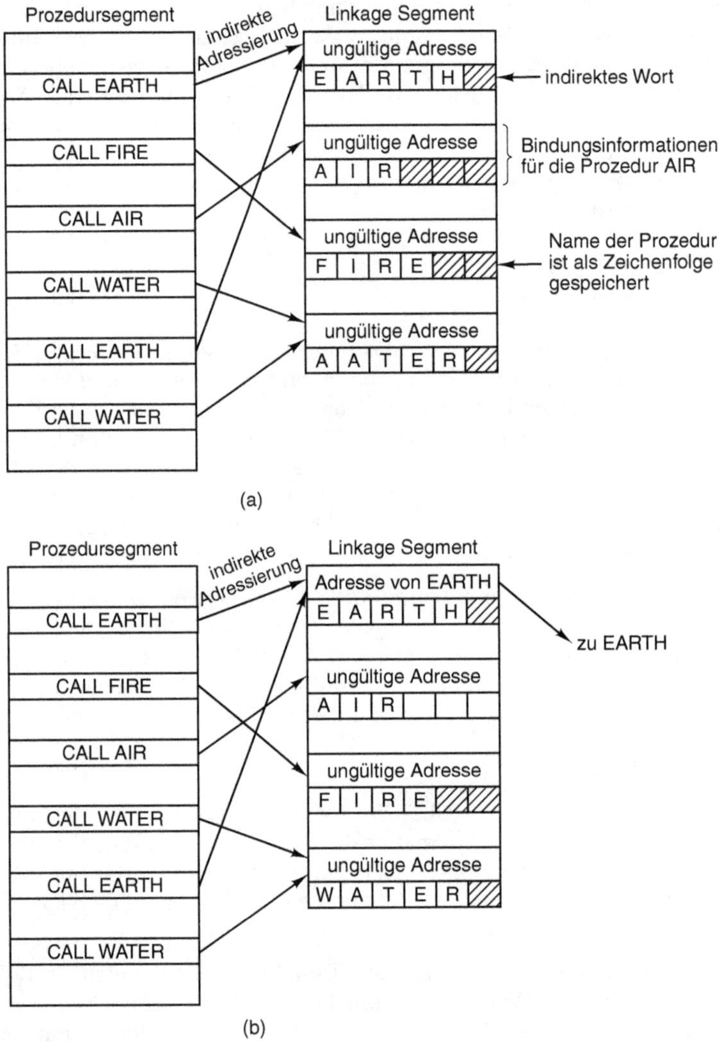

Abbildung 7.7: Dynamisches Binden (a) bevor EARTH aufgerufen wurde (b) nachdem EARTH aufgerufen und gebunden wurde

Dynamisches Binden unter Windows

Das **dynamische Binden** zum Zeitpunkt des Prozeduraufrufes ermöglicht die gemeinsame Benutzung von Bibliotheken durch mehrere Programme. Die Bibliothek wird dabei nur einmal in den Hauptspeicher geladen.

Alle Versionen des Windows-Betriebssystems unterstützen dynamisches Binden und machen regen Gebrauch davon. Dynamisches Binden verwendet ein spezielles Dateiformat – eine sogenannte **DLL** (**Dynamic Link Library**). DLLs können Prozeduren und/oder Daten enthalten. Häufig setzt man sie ein, um zwei oder mehreren Prozessen zu ermöglichen, Bibliotheksprozeduren oder Daten gemeinsam zu nutzen. Viele DLLs haben die Dateierweiterung *.dll*. Daneben gibt es aber auch andere Erweiterungen, wie zum Beispiel *.drv* (für Treiberbibliotheken) und *.fon* (für Schriftbibliotheken).

In der gebräuchlichsten Form ist eine DLL eine Bibliothek mit einer Sammlung von Prozeduren, die sich in den Speicher laden und von mehreren Prozessen gleichzeitig nutzen lassen. ▶Abbildung 7.8 zeigt zwei Prozesse, die eine aus vier Prozeduren *A*, *B*, *C* und *D* bestehende DLL gemeinsam nutzen. Im Beispiel greift zwar Prozess 1 nur auf Prozedur *A* und Prozess 2 nur auf Prozedur *C* zu, doch könnten sie ohne Weiteres auch dieselben Prozeduren verwenden.

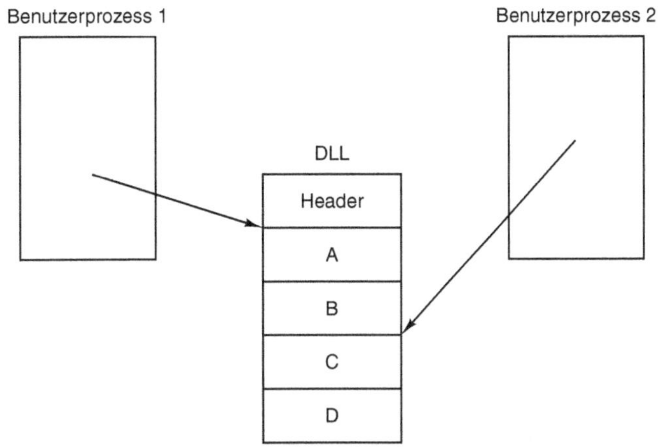

Abbildung 7.8: Zwei Prozesse nutzen eine DLL gemeinsam

Der Linker erstellt eine DLL aus einer Sammlung von Eingabedateien. Praktisch läuft das Erstellen einer DLL-Datei fast genauso ab wie das Erstellen eines ausführbaren Programms, außer dass dem Linker ein spezielles Flag sagt, dass er eine DLL erzeugen soll. In DLLs fasst man häufig Bibliotheksprozeduren zusammen, auf die voraussichtlich mehrere Prozesse zugreifen. Bekannte Beispiele sind die Schnittstellenprozeduren für die Bibliothek der Windows-Systemaufrufe und große Grafikbibliotheken. DLLs bieten den Vorteil, dass sie Platz im Hauptspeicher und auf der Festplatte sparen. Wenn man eine allgemeine Bibliothek statisch an jedes Programm bindet, das darauf zugreift, taucht sie in vielen ausführbaren Binärdateien auf der Festplatte und im Hauptspeicher auf, was Platz vergeudet. Mit DLLs erscheint jede Bibliothek nur einmal auf der Festplatte und einmal im Hauptspeicher.

Neben der Platzersparnis erleichtert es dieses Konzept, Bibliotheksprozeduren auf den neuesten Stand zu bringen, selbst nachdem die Programme, die auf diese Prozeduren zurückgreifen, kompiliert und gebunden wurden. Bei kommerziellen Softwarepaketen, für die der Benutzer kaum den Quellcode besitzt, bedeutet die Verwendung von DLLs, dass der Softwareanbieter Fehler in den Bibliotheken beheben kann, indem er einfach neue DLL-Dateien über das Internet verteilt, ohne den Binärcode des Programms ändern zu müssen.

Der wesentliche Unterschied zwischen einer DLL und einem ausführbaren Binärprogramm ist der, dass sich eine DLL nicht eigenständig starten und ausführen lässt (weil sie kein Hauptprogramm besitzt). Außerdem stehen in ihrem Header andere Informationen. Darüber hinaus besitzt eine DLL im Ganzen gesehen mehrere zusätzliche Prozeduren, die nicht mit den in der Bibliothek befindlichen Prozeduren in Zusammenhang stehen. Beispielsweise gibt es eine Prozedur, die automatisch aufgerufen wird, sobald ein neuer Prozess mit der DLL gebunden wird, und eine andere Prozedur, die automatisch aufgerufen wird, sobald die Bindung eines Prozesses aufgehoben wird. Diese Prozeduren können Speicher zuordnen und die Zuordnung aufheben oder andere von der DLL benötigte Ressourcen verwalten.

Ein Programm lässt sich nach zwei Verfahren mit einer DLL binden. Beim **impliziten Binden** (Implicit Linking) wird ein Benutzerprogramm statisch mit einer speziellen Datei – der sogenannten **Importbibliothek** (Import Library) – gebunden. Die Importbibliothek erstellt man mit einem Dienstprogramm, das bestimmte Informationen aus der DLL herauszieht. Sie stellt die Verbindungen her, damit das Benutzerprogramm auf die DLL zugreifen kann. Ein Benutzerprogramm lässt sich mit mehreren Importbibliotheken binden. Wird ein Programm, das implizites Binden verwendet, zur Ausführung in den Hauptspeicher geladen, dann stellt Windows fest, welche DLLs es benötigt und ob sich alle DLLs bereits im Speicher befinden. Die noch nicht im Speicher präsenten DLLs werden unverzüglich geladen (aufgrund von Paging nicht unbedingt in ihrer Gesamtheit). Anschließend finden einige Änderungen an den Datenstrukturen in den Importbibliotheken statt, damit sich die aufgerufenen Prozeduren lokalisieren lassen, was etwa mit Abbildung 7.7 vergleichbar ist. Außerdem müssen sie auf den virtuellen Adressraum des Programms abgebildet werden. Nun ist das Benutzerprogramm lauffähig und kann die Prozeduren in den DLLs aufrufen, als wären sie statisch mit ihm gebunden.

Das **explizite Binden** (Explicit Linking) setzt dagegen keine Importbibliotheken voraus und bewirkt auch nicht, dass die DLLs gleichzeitig mit dem Benutzerprogramm geladen werden. Stattdessen führt das Benutzerprogramm zur Laufzeit einen expliziten Aufruf aus, um eine DLL zu binden, und danach weitere Aufrufe, um die Adressen der benötigten Prozeduren zu erhalten. Nachdem ihm diese Adressen bekannt sind, kann es die Prozeduren aufrufen. Wenn das Programm die DLL nicht mehr benötigt, führt es einen letzten Aufruf zur DLL aus, um die Bindung aufzuheben. Sobald der letzte Prozess die Bindung zu einer DLL aufgehoben hat, kann die DLL aus dem Speicher entfernt werden.

Wichtig ist hier, dass eine Prozedur in einer DLL keine eigene Identität hat (wie etwa ein Thread oder ein Prozess). Sie läuft im Thread des Aufrufers und benutzt den Keller des Aufrufers für ihre lokalen Variablen. Sie kann prozessspezifische, statische Daten (sowie gemeinsam genutzte Daten) besitzen und verhält sich im Übrigen wie eine statisch gebundene Prozedur. Der einzige wesentliche Unterschied besteht darin, auf welche Weise das Binden erfolgt.

7.4.5 Dynamisches Binden unter Unix

Das Unix-System basiert auf einem Mechanismus, der im Wesentlichen mit den DLLs unter Windows identisch ist und als **gemeinsam genutzte Bibliothek** (Shared Library) bezeichnet wird. Wie bei einer DLL-Datei handelt es sich dabei um eine Archivdatei mit mehreren Prozeduren oder Datenmodulen, die zur Laufzeit im Speicher vorhanden sind und mit mehreren Prozessen gleichzeitig gebunden werden können. Die C-Standardbibliothek und ein Großteil des Netzwerkcodes sind gemeinsam genutzte Bibliotheken.

Unix unterstützt nur das implizite Binden, sodass eine gemeinsam genutzte Bibliothek aus zwei Teilen besteht: einer **Host-Bibliothek** (Host Library), die statisch mit der ausführbaren Datei gebunden ist, und einer **Zielbibliothek** (Target Library), die zur Laufzeit aufgerufen wird. Auch wenn die Details etwas abweichen, sind die Konzepte im Wesentlichen die gleichen wie bei DLLs.

ZUSAMMENFASSUNG

Obwohl man die meisten Programme in einer Hochsprache schreiben kann und sollte, gibt es gelegentlich Fälle, in denen – zumindest teilweise – eine **Assemblersprache** erforderlich ist. Potenzielle Kandidaten sind Programme für portable Computer mit knappen Ressourcen, wie zum Beispiel Smartcards und eingebettete Prozessoren in kleinen Endgeräten wie etwa Uhrenradios. Ein Assemblerprogramm ist die symbolische Darstellung eines Maschinenprogramms. Es wird von einem Assemblierer in die Maschinensprache übersetzt.

Hängt der Erfolg einer Anwendung davon ab, dass sie äußerst schnell läuft, so ist es nicht gleich notwendig, alles in Assemblersprache zu schreiben: Man erstellt besser das gesamte Programm zunächst in einer Hochsprache, misst dann, womit das Programm die meiste Zeit zubringt, und schreibt schließlich nur die Teile des Programms neu, die stark genutzt werden. In der Praxis ist normalerweise nur ein kleiner Teil des Codes für einen großen Teil der Ausführungszeit verantwortlich.

Viele **Assemblierer** verfügen über eine Makrounterstützung. Damit kann der Programmierer häufig verwendete Codesequenzen mit symbolischen Namen versehen. Normalerweise lassen sich diese Makros auch relativ leicht parametrisieren. Makros werden durch eine Art Algorithmus zur Verarbeitung von literalen Zeichenfolgen implementiert.

Die meisten Assemblierer arbeiten mit zwei Läufen. Der erste Lauf legt eine Symboltabelle für Marken, Literale und explizit deklarierte Bezeichner an. Der Assemblierer kann die Symboltabelle unsortiert lassen und später linear durchsuchen, zuerst sortieren und einen binären Suchalgorithmus anwenden oder mit Hashing und verketteten Listen organisieren. Wenn Symbole im ersten Lauf nicht gelöscht werden müssen, ist Hashing normalerweise die beste Methode. Im zweiten Lauf erzeugt der Assemblierer den Code. Zudem gibt es verschiedene Pseudobefehle, die der Assemblierer vor allem im ersten Lauf, einige aber auch im zweiten Lauf ausführt.

Ein **Linker** verbindet unabhängig assemblierte Programme zu einem ausführbaren binären Programm. Die Aufgaben des Linkers beziehen sich vor allem auf die Relokation und das Binden von Namen. Dynamisches Binden ist eine Technik, die bestimmte Prozeduren erst bindet, wenn sie tatsächlich aufgerufen werden. Unter Windows sind DDLs und unter Unix gemeinsam genutzte Bibliotheken für dynamisches Binden ausgelegt.

EXTRAS ONLINE
Lösungen

Aufgaben

Die Lösungen zu den Aufgaben finden Sie auf der Website unter *www.pearson-studium.de*.

1 Bei einem bestimmten Programm sind 2% des Codes für 50% der Ausführungszeit verantwortlich. Vergleichen Sie die folgenden drei Strategien hinsichtlich Programmier- und Ausführungszeit. Gehen Sie davon aus, dass es 100 Mann-Monate dauert, um das Programm in C zu schreiben, während Assemblercode die 10-fache Zeit benötigt und viermal effizienter ist.

a. Gesamtes Programm in C schreiben.

b. Gesamtes Programm in Assemblersprache schreiben.

c. Zuerst alles in C schreiben, dann die wichtigsten 2 % in Assemblersprache neu schreiben.

2 Gelten die Betrachtungen, die auf Assemblierer mit zwei Läufen zutreffen, auch für Compiler?

a. Nehmen Sie an, dass die Compiler Objektmodule und keinen Assemblercode produzieren.

b. Nehmen Sie an, dass die Compiler symbolische Assemblersprache produzieren.

3 Bei den meisten Assemblierern für den x86 bezeichnet der erste Operand die Zieladresse und der zweite Operand die Quelladresse. Welche Probleme müsste man im umgekehrten Fall lösen?

4 Lässt sich das folgende Programm in zwei Läufen assemblieren? Der Pseudobefehl `EQU` setzt die Marke gleich dem Ausdruck im Operandenfeld.

```
A EQU B
B EQU C
C EQU D
D EQU 4
```

5 Die Firma Dirtcheap Software Co. plant die Produktion eines Assemblierers für einen Computer mit einem 48-Bit-Wort. Um die Kosten in Grenzen zu halten, hat sich der Projektleiter, Dr. Scrooge, dazu entschlossen, die Länge der zulässigen Symbole einzugrenzen, sodass sich jedes Symbol in einem einzigen Wort speichern lässt. Um den Kunden der Firma zu demonstrieren, wie ernst man es mit der Effizienz nimmt, hat Scrooge festgelegt, dass Symbole nur aus Buchstaben bestehen dürfen, wobei aber der Buchstabe Q nicht erlaubt ist. Welche maximale Länge hat ein Symbol? Beschreiben Sie Ihr Codierungsschema.

6 Welcher Unterschied besteht zwischen einem Befehl und einem Pseudobefehl?

7 Gibt es einen Unterschied zwischen dem ILC und dem Programmzähler (`PC`), die ja beide den nächsten Befehl eines Programms verfolgen? Wenn ja, welchen?

8 Geben Sie die Symboltabelle an, nachdem der Assemblierer die folgenden x86-Anweisungen verarbeitet hat. Als Startadresse für die erste Anweisung wird 1000 festgelegt.

```
EVEREST:     POP BX        (1 BYTE)
KIAS D2:     PUSH BP       (1 BYTE)
WHITNEY:     MOV BP,SP     (2 BYTES)
MCKINLEY:    PUSH X        (3 BYTES)
FUJI:        PUSH SI       (1 BYTE)
KIBO:        SUB SI,300    (3 BYTES)
```

9 Können Sie sich Umstände vorstellen, in denen es eine Assemblersprache erlaubt, dass eine Marke mit einem Opcode identisch ist (z.B. `MOV` als Marke)? Erläutern Sie Ihre Antwort.

10 Geben Sie die erforderlichen Schritte an, um „Ann Arbor" mit binärer Suche in der folgenden Liste zu finden: Ann Arbor, Berkeley, Cambridge, Eugene, Madison, New Haven, Palo Alto, Pasadena, Santa Cruz, Stony Brook, Westwood und Yellow Springs. Wenn das mittlere Element einer Liste mit einer geraden Anzahl von Elementen zu bestimmen ist, nehmen Sie das Element, das unmittelbar auf den (theoretischen) mittleren Index folgt.

11 Ist es möglich, eine binäre Suche auf eine Tabelle anzuwenden, deren Größe eine Primzahl ist?

12 Berechnen Sie den Hashcode für die folgenden Symbole. Addieren Sie jeweils die Buchstaben (A = 1, B = 2 usw.) und nehmen Sie das Ergebnis modulo der Größe der Hashtabelle als Hashcode. Die Hashtabelle hat 19 Einträge, die von 0 bis 18 nummeriert sind.

els, jan, jelle, maaike

Erzeugt jedes Symbol einen eindeutigen Hashwert? Wie lässt sich andernfalls das Kollisionsproblem beheben?

13 Das in diesem Kapitel beschriebene Hashing-Verfahren verknüpft alle Einträge mit dem gleichen Hashcode zu einer verketteten Liste. Bei einer anderen Methode gibt es nur eine einzige Tabelle mit n Einträgen, wobei jeder Eintrag Platz für einen Schlüssel und seinen Wert (oder Zeiger, die auf die Schlüssel bzw. Werte verweisen) bietet. Wenn der Hashing-Algorithmus zu einem bereits gefüllten Eintrag gelangt, wird mit einem zweiten Hashing-Algorithmus ein weiterer Versuch unternommen. Führt dieser ebenfalls zu einem gefüllten Eintrag, so folgt ein weiterer Versuch usw., bis ein leerer Eintrag erreicht ist. Wie viele Versuche sind durchschnittlich nötig, um ein neues Symbol einzugeben, falls der Anteil der gefüllten Einträge R ist?

14 Im Zuge technologischer Weiterentwicklungen könnte es eines Tages möglich sein, Tausende identischer CPUs auf einem Chip unterzubringen, wobei jede CPU einige Wörter als lokalen Speicher erhält. Wenn alle CPUs drei gemeinsam genutzte Register lesen und schreiben können, wie lässt sich dann ein Assoziativspeicher implementieren?

15 Der x86 hat eine segmentierte Architektur mit mehreren unabhängigen Segmenten. Ein Assemblierer kann für diesen Prozessor einen Pseudobefehl `SEG N` bereitstellen, der bewirkt, dass Code und Daten ab diesem Befehl in Segment *N* abgelegt werden. Hat dieses Schema irgendeinen Einfluss auf den ILC?

16 Programme sind oft an mehrere DLLs gebunden. Wäre es nicht effizienter, alle Prozeduren einfach in eine große DLL zu stellen und die Programme dann mit ihr zu binden?

17 Kann eine DLL auf die virtuellen Adressräume zweier Prozesse an unterschiedlichen virtuellen Adressen abgebildet werden? Welche Probleme entstehen, falls dies möglich ist? Lassen sie sich lösen? Was kann man andernfalls unternehmen, um sie zu vermeiden?

18 Zum (statischen) Binden gibt es unter anderem die folgende Möglichkeit: Vor dem Durchsuchen der Bibliothek stellt der Linker eine Liste mit den erforderlichen Prozeduren zusammen, d.h. mit den Namen, die in den zu bindenden Modulen als `EXTERN` definiert sind. Dann geht der Linker die Bibliothek linear durch und entnimmt jede Prozedur, die in der Namensliste vorkommt. Funktioniert dieses Schema? Wenn nicht, warum nicht und wie lässt sich hier Abhilfe schaffen?

19 Kann man ein Register als aktuellen Parameter in einem Makroaufruf verwenden? Was ist mit einer Konstanten? Erörtern Sie beide Fälle.

20 Sie implementieren gerade einen Makroassemblierer. Aus ästhetischen Gründen hat Ihr Chef angeordnet, dass Makrodefinitionen nicht unbedingt vor den entsprechenden Makroaufrufen erscheinen müssen. Welche Auswirkungen hat diese Entscheidung auf die Implementierung?

21 Denken Sie sich eine Möglichkeit aus, um einen Makroassemblierer in eine Endlosschleife zu bringen.

22 Ein Linker liest fünf Module mit Längen von 200, 800, 600, 500 und 700 Wörtern. Wie lauten die Relokationskonstanten, wenn man die Module in dieser Reihenfolge lädt?

23 Schreiben Sie ein Symboltabellenpaket, das aus zwei Routinen besteht: *enter(symbol, wert)* und *lookup(symbol, wert)*. Die erste Routine fügt neue Symbole in die Tabelle ein und die zweite sucht sie heraus. Verwenden Sie eine Hashing-Variante.

24 Wiederholen Sie die vorherige Aufgabe, verwenden Sie dieses Mal aber kein Hashing, sondern sortieren Sie die Tabelle, nachdem das letzte Symbol eingefügt wurde, und suchen Sie Symbole nach einem Algorithmus für binäre Suche.

25 Schreiben Sie einen einfachen Assemblierer für den Mic-1-Computer aus *Kapitel 4*. Der Assemblierer soll nicht nur Maschinenbefehle generieren können, sondern auch in der Lage sein, zur Assemblierungszeit Konstanten an Symbole zuzuweisen und eine Konstante in ein Maschinenwort zu assemblieren.

26 Erweitern Sie den Assemblierer der vorherigen Aufgabe um eine einfache Makroeinrichtung.

Parallele Rechnerarchitekturen

8

ÜBERBLICK

Einleitung

» Computer werden zwar immer schneller, die an sie gestellten Anforderungen nehmen aber auch mindestens im gleichen Maße zu. Astronomen wollen die gesamte Geschichte des Universums vom Urknall bis zum Untergang simulieren. Die Pharmazie möchte Medikamente für bestimmte Krankheiten auf ihren Computern entwickeln und testen, anstatt Legionen von Ratten dafür zu opfern. In der Flugzeugindustrie könnte man auf den Bau von Prototypen für Windkanalversuche verzichten, wenn sich treibstoffsparende Konstruktionen durchgängig auf dem Computer optimieren ließen. Kurz gesagt – es ist fast egal, wie viel Leistung auf dem Computer verfügbar ist – für viele Benutzer reicht sie niemals aus, was vor allem für Wissenschaft, Technik und Industrie gilt.

Obwohl die Taktraten ständig steigen, lässt sich die Geschwindigkeit der Schaltungen nicht unendlich erhöhen. Die mit der Lichtgeschwindigkeit zusammenhängenden endlichen Laufzeiten sind für Designer von Hochleistungsrechnern problematisch und es besteht kaum Hoffnung, dass sich Elektronen und Photonen irgendwann schneller bewegen werden. Die Wärmeentwicklung macht aus Supercomputern moderne Klimaanlagen. Und selbst wenn die Abmessungen der Transistoren immer mehr schrumpfen, besteht schließlich jeder Transistor nur noch aus wenigen Atomen, sodass quantenmechanische Effekte (z.B. die Heisenberg'sche Unschärferelation) zu einem Hauptproblem avancieren.

Um also ständig höhere Anforderungen bewältigen zu können, wenden sich Computerarchitekten vermehrt den Parallelrechnern zu. Während es wahrscheinlich unmöglich ist, einen Computer mit einer CPU und einer Zykluszeit von 0,001 ns zu bauen, ist es durchaus denkbar, einen Computer mit 1000 CPUs und einer Zykluszeit von jeweils 1 ns zu konstruieren. Dabei sind die CPUs zwar langsamer als im ersten Beispiel, die gesamte Rechenleistung ist theoretisch aber die gleiche. Hier liegt die Hoffnung für die Zukunft.

Computer nutzen **Parallelität** auf ganz unterschiedlichen Ebenen, um ihre Leistungsfähigkeit zu erhöhen. Das Spektrum reicht von einzelnen Chips bis zu lose gekoppelten Systemen.

Parallelität kann man auf verschiedenen Ebenen einführen. Auf der untersten Ebene kann man sie im CPU-Chip durch Fließbandverarbeitung und superskalare Konzepte mit mehreren Funktionseinheiten realisieren. Es sind auch sehr lange Befehlswörter mit impliziter Parallelität möglich. Durch spezielle Merkmale in der CPU lassen sich mehrere Threads gleichzeitig verarbeiten. Schließlich ist es möglich, mehrere CPUs gemeinsam auf demselben Chip zu integrieren. Insgesamt bringen diese Optionen einen Leistungsgewinn etwa um den Faktor 10 gegenüber rein sequenziellen Designs.

Auf der nächsten Ebene kann man weitere CPU-Karten mit zusätzlicher Verarbeitungsleistung in das System einbauen. Normalerweise sind diese Plugin-CPUs für einen bestimmten Funktionsbereich optimiert, wie zum Beispiel Netzwerkpaketverarbeitung, Multimediaverarbeitung oder Kryptografie. Spezialisierte Anwendungen laufen damit rund 5- bis 10-mal schneller.

Um jedoch Gewinnfaktoren von hundert, tausend oder gar einer Million zu erreichen, muss man komplette CPUs replizieren und ihre effiziente Zusammenarbeit gewährleisten. Dieser Gedanke führt zu großen Multiprozessor- und Multicomputersystemen (Cluster-Computern). Es liegt wohl auf der Hand, dass die Kopplung von Tausenden Prozessoren zu einem großen System eigene Probleme aufwirft, die gelöst werden müssen.

Schließlich ist es nun auch möglich, ganze Organisationen über das Internet zu sehr lose gekoppelten Compute Grids zu verbinden. Diese Systeme bilden sich gerade erst heraus und weisen ein interessantes Potenzial für die Zukunft auf.

Wenn zwei CPUs oder Verarbeitungselemente, die Daten mit hoher Bandbreite und geringen Verzögerungen untereinander austauschen, bezeichnet man sie als **eng gekoppelt**. Liegen sie dagegen weit entfernt voneinander, weisen eine geringe Bandbreite und hohe Verzögerungen bei der Übertragung auf, dann spricht man von **lose gekoppelt**. Dieses Kapitel beschäftigt sich mit den Entwurfsprinzipien für die verschiedenen Formen der Parallelität und stellt zahlreiche Beispiele vor. Wir beginnen mit eng gekoppelten Systemen, die Parallelität auf Chipebene verwenden, gehen dann allmählich zu lose gekoppelten Systemen über und kommen schließlich bei Grids an. ▶Abbildung 8.1 veranschaulicht grob dieses Spektrum.

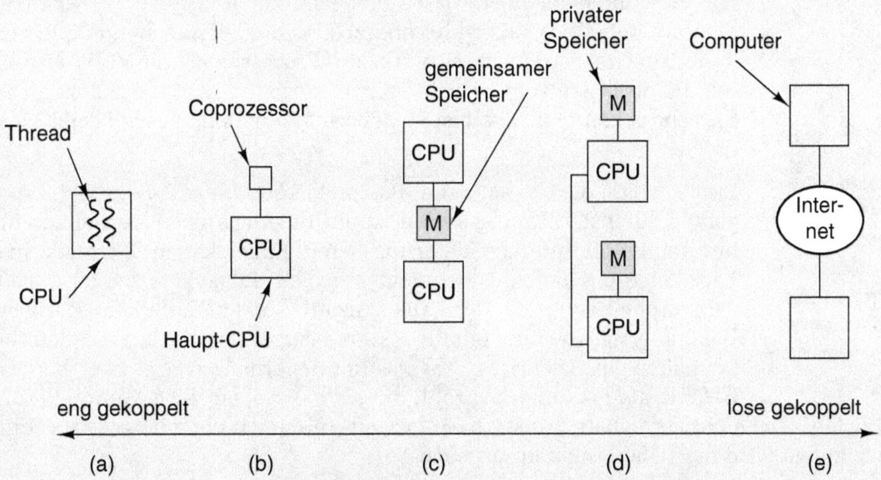

Abbildung 8.1: (a) On-Chip-Parallelität (b) ein Coprozessor (c) ein Multiprozessor (d) ein Multicomputer (e) ein Grid

Die Nutzung von Parallelität – von einem Ende des Spektrums bis zum anderen – ist ein ganz aktuelles Forschungsgebiet. Dementsprechend sind für dieses Kapitel viele Verweise angegeben, die sich vor allem auf neuere Artikel beziehen. Viele Konferenzen und Fachzeitschriften veröffentlichen Artikel zu diesem Thema und auch das Literaturangebot wird immer umfangreicher. «

8.1 Parallelität auf demselben Chip

Der Durchsatz eines Chips lässt sich zum Beispiel erhöhen, wenn man ihn mehrere Dinge gleichzeitig tun lässt. Dieser Abschnitt stellt einige Möglichkeiten vor, eine Beschleunigung durch Parallelität auf der Chipebene zu erreichen, einschließlich der Parallelität auf Befehlsebene, Multithreading und der Realisierung mehrerer CPUs auf demselben Chip. Obwohl diese Verfahren recht unterschiedlich sind, erfüllen sie jedes auf seine Weise den angestrebten Zweck. Die Idee besteht in allen Fällen darin, mehr Aktivität in derselben Zeit auszuführen.

8.1.1 Parallelität auf Befehlsebene

Innerhalb einer CPU können mehrere Funktionseinheiten zur parallelen Ausführung von Befehlen eingesetzt werden. Während in **superskalaren Prozessoren** die Hardware die Befehle verteilt, wird dies in **VLIW-Prozessoren** durch den Compiler bestimmt.

Auf der untersten Ebene lässt sich Parallelität realisieren, wenn man mehrere Befehle je Taktzyklus ausgeben kann. Entsprechende CPUs existieren in zwei Varianten: superskalare Prozessoren und VLIW-Prozessoren. Beide Typen sind zwar in den vergangenen Kapiteln schon kurz zur Sprache gekommen, doch ist es sicherlich nützlich, dieses Thema zu vertiefen.

Superskalare CPUs hat zum Beispiel *Abbildung 2.4* gezeigt. In der gebräuchlichsten Konfiguration ist ein Befehl in der Pipeline zu einem bestimmten Zeitpunkt ausführungsbereit. Superskalare CPUs sind in der Lage, mehrere Befehle in einem einzigen Taktzyklus an die Ausführungseinheiten zu senden. Die Anzahl der tatsächlich ausgegebenen Befehle hängt sowohl vom Prozessordesign als auch von aktuellen Gegebenheiten ab. Die Hardware bestimmt normalerweise zwei bis sechs Befehle als maximale Anzahl, die sich ausgeben lässt. Wenn allerdings ein Befehl eine nicht verfügbare Funktionseinheit oder ein noch nicht berechnetes Ergebnis benötigt, wird der Befehl nicht ausgegeben.

Die andere Form der Parallelität auf Befehlsebene findet man in **VLIW**-Prozessoren (**Very Long Instruction Word**). In der ursprünglichen Form hatten VLIW-Maschinen tatsächlich lange Wörter mit Befehlen, die mehrere Funktionseinheiten verwendet haben. Sehen Sie sich als Beispiel die Pipeline in ▶Abbildung 8.2a an. Hier besitzt die Maschine fünf Funktionseinheiten und kann zwei Ganzzahloperationen, eine Gleitkommaoperation, eine Ladeoperation und eine Speicheroperation gleichzeitig ausführen. Ein VLIW-Befehl für diese Maschine würde fünf Opcodes und fünf Operandenpaare enthalten, d.h. einen Opcode und ein Operandenpaar je Funktionseinheit. Mit 6 Bits pro Opcode, 5 Bits pro Register und 32 Bits pro Speicheradresse kann ein VLIW-Befehl 134 Bits umfassen – was tatsächlich sehr lang ist.

Allerdings hat sich dieses Konzept als zu starr erwiesen, weil nicht jeder Befehl jede Funktionseinheit nutzen kann. Dadurch sind viele `NOP`-Befehle als Füller erforderlich, wie es ▶Abbildung 8.2b zeigt. Deshalb können moderne VLIW-Maschinen ein Befehlsbündel als zusammengehörend markieren, beispielsweise mit einem „Bündel-Ende-Bit“ wie in ▶Abbildung 8.2c dargestellt. Der Prozessor ruft dann das gesamte Bündel ab und startet es auf einmal. Es ist Sache des Compilers, kompatible Befehle als Bündel vorzubereiten.

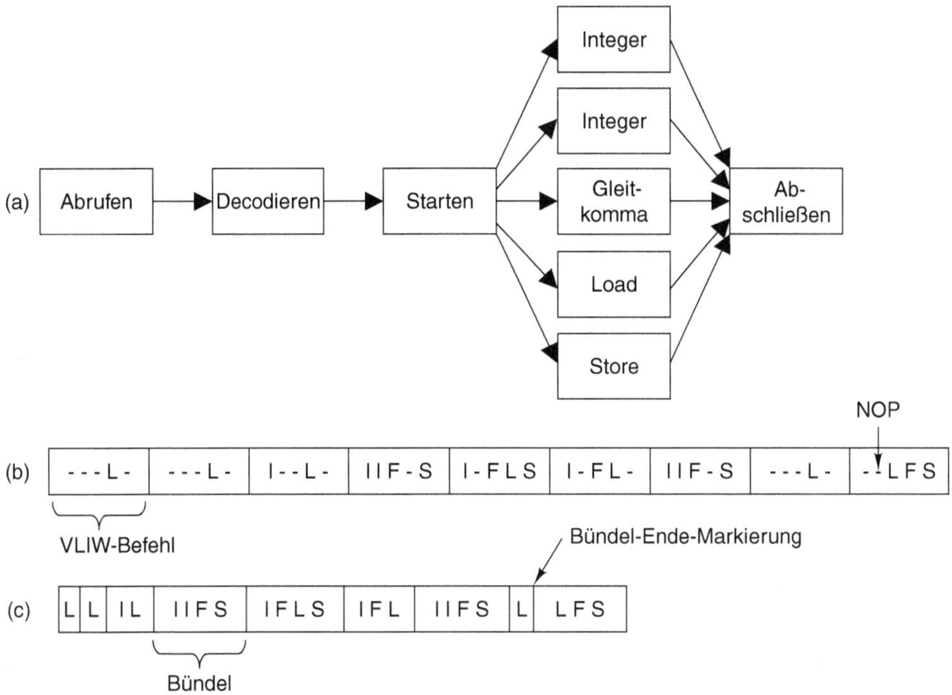

Abbildung 8.2: (a) Eine CPU-Pipeline (b) eine Sequenz von VLIW-Befehlen (c) ein Befehlsstrom, in dem die Bündel markiert sind

Damit verlagern VLIW-Befehle die Entscheidung, welche Befehle sich zusammen ausgeben lassen, von der Laufzeit in die Übersetzungszeit. Dadurch wird nicht nur die Hardware einfacher und schneller. Ein optimierender Compiler hat bei Bedarf mehr Zeit und kann deshalb auch bessere Bündel zusammenstellen, als es der Hardware zur Laufzeit möglich ist. Natürlich ist eine derartig radikale Änderung in der CPU-Architektur relativ schwer einzuführen, wie es die schleppende Akzeptanz des Itanium-Prozessors demonstriert, von Nischenanwendungen abgesehen.

Es sei darauf hingewiesen, dass die Parallelität auf Befehlsebene nicht die einzige Form der Parallelität auf unterster Ebene ist. Eine weitere Möglichkeit stellt die Parallelität auf Speicherebene dar, bei der mehrere Speicheroperationen gleichzeitig verarbeitet werden [Chou et al., 2004].

Die VLIW-CPU TriMedia

Kapitel 5 hat als Beispiel für eine VLIW-CPU den Itanium-2 vorgestellt. Jetzt wenden wir uns einem vollkommen anderen VLIW-Prozessor zu, dem **TriMedia** von der niederländischen Elektronikfirma Philips, von der auch die Audio-CD und die CD-ROM stammen. Der TriMedia ist als eingebetteter Prozessor in Anwendungen mit intensiver Verarbeitung von Audio- und Videodaten vorgesehen, wie zum Beispiel bei CD-, DVD- und MP3-Playern, CD- und DVD-Rekordern, interaktiven TV-Geräten, Digitalkameras, Camcordern usw. Angesichts dieser Anwendungsbereiche überrascht es nicht, dass sich der Prozessor beträchtlich vom Itanium-2 unterscheidet, welcher als universelle CPU für High-End-Server konzipiert ist.

Der TriMedia ist ein echter VLIW-Prozessor, bei dem jeder Befehl bis zu fünf **Operationen** aufnehmen kann. Unter optimalen Bedingungen startet der Prozessor in jedem Taktzyklus die fünf Operationen eines Befehls. Seine Taktfrequenz beträgt zwar nur 266 oder 300 MHz, da er aber fünf Operationen je Taktzyklus starten kann, liegt die effektive Taktrate rund fünfmal höher. Wir konzentrieren uns hier auf die TM3260-Implementierung des TriMedia; andere Versionen weichen nur geringfügig davon ab.

▶Abbildung 8.3 zeigt einen typischen Befehl. Die Befehlspalette reicht von standardmäßigen 8-, 16- und 32-Bit-Ganzzahlbefehlen über Gleitkommabefehle nach IEEE 754 bis hin zu parallelen Multimediabefehlen. Da sich fünf Operationen je Zyklus starten und Multimediabefehle parallel ausführen lassen, ist der TriMedia ausreichend schnell, um einen kontinuierlichen Videostrom von einem Camcorder bei voller Bildgröße und Bildrate per Software zu decodieren.

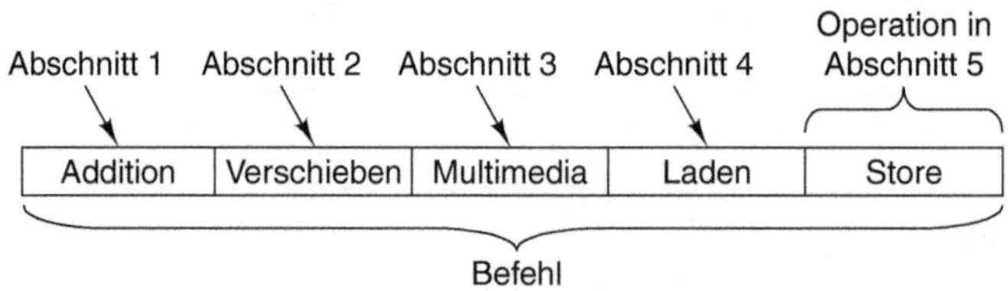

Abbildung 8.3: Ein typischer TriMedia-Befehl mit fünf möglichen Operationen

Der TriMedia besitzt einen byteorientierten Speicher, wobei die Ein-/Ausgaberegister auf den Speicherraum abgebildet werden. Halbwörter (16 Bit) und ganze Wörter (32 Bit) müssen an ihren natürlichen Grenzen ausgerichtet sein. Das Betriebssystem kann die Bytereihenfolge (Little Endian oder Big Endian) über ein Bit im Programmstatuswort (PSW) konfigurieren. Dieses Bit wirkt sich nur darauf aus, wie Lade- und Speicheroperationen die Daten zwischen Speicher und Registern transportieren. Die CPU enthält einen geteilten 8-fach assoziativen Cache, dessen Zeilengröße sowohl für Befehls- als auch Datencache 64 Byte beträgt. Der Befehlscache umfasst 64 KB, der Datencache 16 KB.

Es gibt 128 allgemeine Register mit einer Breite von 32 Bit. Register `R0` ist fest mit 0 und Register `R1` fest mit 1 verdrahtet. Versucht man, eines dieser Register zu ändern, dann erleidet die CPU einen Infarkt. Die verbleibenden 126 Register sind funktionell äquivalent und lassen sich für beliebige Zwecke nutzen. Außerdem existieren vier 32-Bit-Spezialregister: Programmzähler, Programmstatuswort und zwei Register für Interrupts. Schließlich zählt ein 64-Bit-Register die Anzahl der CPU-Zyklen seit dem letzten Zurücksetzen der CPU. Bei 300 MHz dauert es nahezu 2000 Jahre, bis der Zähler wieder vorn beginnt.

Für arithmetische, logische und Ablaufsteuerungsoperationen verfügt der TriMedia TM3260 über 11 verschiedene Funktionseinheiten (sowie eine hier nicht behandelte Einheit für die Cache-Steuerung), die in ▶Tabelle 8.1 aufgeführt sind. Die beiden ersten Spalten in Tabelle 8.1 geben den Namen und eine kurze Beschreibung der Einheit an. In der dritten Spalte steht, wie viele Hardware-Kopien der Einheit vorhanden sind. Der Wert für die Latenz in der vierten Spalte bedeutet, wie viele Taktzyklen für die Fertigstellung erforderlich sind. In diesem Zusammenhang sei darauf hingewiesen, dass alle Funktionseinheiten mit Ausnahme der Einheit für Quadratwurzel und Division von Gleitkommazahlen für Fließbandverarbeitung ausgelegt sind. Die in der Tabelle genannte Latenz besagt, wie lange es dauert, bis das Ergebnis verfügbar ist, wobei aber in jedem Taktzyklus ein neuer Befehl gestartet werden kann. So ist beispielsweise jeder von drei aufeinanderfolgenden Befehlen in der Lage, zwei Ladeoperationen aufzunehmen, sodass also sechs Ladevorgänge in verschiedenen Ausführungsstufen gleichzeitig laufen.

Einheit	Beschreibung	#	Lat.	1	2	3	4	5
Constant	Unmittelbare Operationen	5	1	×	×	×	×	×
Integer ALU	32-Bit-Arithmetik, boolesche Operationen	5	1	×	×	×	×	×
Shifter	Mehrfachbit-Schiebeoperationen	2	1	×	×	×	×	×
Load/Store	Speicheroperationen	2	3				×	×
Int/FP MUL	32-Bit-Ganzzahl- und Gleitkommamultiplikationen	2	3		×	×		
FP ALU	Gleitkommaarithmetik	2	3	×			×	
FP compare	Gleitkommavergleiche	1	1			×		
FP sqrt/div	Division und Quadratwurzel für Gleitkommazahlen	1	17		×			
Branch	Ablaufsteuerung	3	3		×	×	×	
DSP ALU	Duale 16-Bit-, vierfache 8-Bit-Multimedia-Arithmetik	2	3	×		×		×
DSP MUL	Duale 16-Bit-, vierfache 8-Bit-Multimedia-Multiplikationen	2	3		×	×		

Tabelle 8.1: Die Funktionseinheiten des TM3260 mit Menge, Latenz und nutzbaren Befehlsabschnitten

Schließlich zeigen die letzten fünf Spalten, welche Befehlsabschnitte für welche Funktionseinheiten verwendet werden können. Beispielsweise dürfen Vergleichsoperationen für Gleitkommazahlen nur im dritten Abschnitt eines Befehls erscheinen.

Die Konstanteneinheit (Constant) ist für unmittelbare Operationen vorgesehen, beispielsweise das Laden einer Zahl, die in der Operation selbst gespeichert ist, in ein Register. Die Ganzzahl-ALU (Integer ALU) führt Addition, Subtraktion, die üblichen booleschen Operationen und Operationen zum Packen/Entpacken aus. Die Schiebeeinheit (Shifter) kann den Inhalt eines Registers in beide Richtungen um die angegebene Anzahl von Bits verschieben.

Die Load/Store-Einheit lädt Speicherwörter in Register und schreibt sie zurück. Prinzipiell ist der TriMedia eine „angereicherte“ RISC-CPU, sodass normale Operationen mit Registern arbeiten und die Speicherzugriffe über die Load/Store-Einheit erfolgen. Datenübertragungen können mit 8, 16 oder 32 Bit Breite erfolgen. Arithmetische und logische Befehle greifen nicht auf den Speicher zu.

Die Multipliziereinheit (Int/FP MUL) führt sowohl Ganzzahl- als auch Gleitkommamultiplikationen aus. Die nächsten drei Einheiten realisieren Addition/Subtraktion (FP ALU), Vergleiche (FP compare) und Quadratwurzel/Division (FP sqrt/div) für Gleitkommazahlen.

Die Verzweigungseinheit (Branch) führt Verzweigungsoperationen mit einer festen Verzögerung von 3 Zyklen nach jeder Verzweigung aus, sodass die drei Befehle (bis zu 15 Operationen), die auf eine Verzweigung folgen, immer – auch bei unbedingten Verzweigungen – ausgeführt werden.

Schließlich kommen wir zu den beiden Multimedia-Einheiten für die speziellen Multimedia-Operationen. Das DSP im Namen der Funktionseinheit steht für **Digital Signal Processor**, den die Multimedia-Operationen praktisch ersetzen. Auf die Multimedia-Operationen gehen wir später noch kurz ein. Bemerkenswert ist, dass sie alle **Saturated Arithmetic** anstelle der bei Ganzzahloperationen üblichen Zweierkomplementarithmetik verwenden. Wenn eine Operation ein Ergebnis produziert, das sich infolge Überlaufs nicht ausdrücken lässt, wird die nächste gültige Zahl verwendet, anstatt eine Ausnahme zu generieren oder ein undefiniertes Ergebnis zurückzugeben. Beispielsweise liefert die Addition von 130 und 130 mit vorzeichenlosen 8-Bit-Zahlen das Ergebnis 255.

Da nicht jede Operation in jedem Abschnitt erscheinen kann, enthält ein Befehl häufig nicht alle fünf möglichen Operationen. Bei einem nicht verwendeten Abschnitt wird der Befehl komprimiert, um möglichst wenig Platz zu verschwenden. Vorhandene Operationen nehmen 26, 34 oder 42 Bits ein. Abhängig von der Anzahl der tatsächlich vorhandenen Operationen variieren TriMedia-Befehle von 2 bis 28 Bytes einschließlich eines festen Overheads.

Der TriMedia führt keine Laufzeitprüfungen durch, um festzustellen, ob die Operationen in einem Befehl kompatibel sind. Wenn sie nicht kompatibel sind, führt er sie doch irgendwie aus und liefert das falsche Ergebnis. Auf eine derartige Prüfung hat man absichtlich verzichtet, um Zeit und Transistoren zu sparen. Der Core i7 stellt durch Laufzeitprüfungen sicher, dass alle superskalaren Operationen kompatibel sind, was aber mit hoher Komplexität, längerer Ausführungszeit und mehr Transistoren erkauft wird. Der TriMedia vermeidet diese Kosten, indem er die Befehlsplanung dem Compiler aufbürdet, der alle Zeit der Welt hat, um die Anordnung der Operationen in den Befehlswörtern sorgfältig zu optimieren. Wenn andererseits eine Operation eine nicht verfügbare Funktionseinheit benötigt, hält der Befehl an, bis die Einheit verfügbar wird.

Wie beim Itanium-2 werden TriMedia-Operationen mit Prädikaten versehen. Jede Operation (von zwei kleineren Ausnahmen abgesehen) spezifiziert ein Register, das vor Ausführung der Operation getestet wird. Wenn das niederwertige Bit des Registers gesetzt ist, führt der Prozessor die Operation aus, andernfalls überspringt er sie. Jede der (bis zu) fünf Operationen wird einzeln mit einem Prädikat versehen. Zum Beispiel testet die Prädikatoperation

```
IF R2 IADD R4, R5->R8
```

das Register `R2`, addiert `R4` zu `R5`, wenn das niederwertige Bit auf 1 gesetzt ist, und speichert das Ergebnis in `R8`. Um eine Operation immer auszuführen, kann man `R1` (das immer 1 ist) als Prädikatregister verwenden. Mit dem Prädikatregister `R0` (das immer 0 ist) wird eine Operation zu einem `NOP`-Befehl.

Die Multimedia-Operationen des TriMedia lassen sich in 15 Gruppen einteilen, die in ▶Tabelle 8.2 aufgeführt sind. Viele dieser Operationen arbeiten mit Wertebereichsbegrenzung (Clipping). Dieser Algorithmus bringt den Operanden in einen spezifizierten Bereich, wobei der kleinste oder größte Wert für den aus dem Bereich herausfallenden Operanden verwendet wird. Die Wertebereichsbegrenzung ist für 8-, 16- oder 32-Bit-Operanden möglich. Zum Beispiel liefert die Begrenzung auf den Bereich 0 bis 255 für die Werte 40 und 340 die Ergebnisse 40 und 255. Die Clip-Gruppe führt Operationen zur Wertebereichsbegrenzung aus.

Gruppe	Beschreibung
Clip	Begrenzt den Wertebereich für 4 Bytes oder 2 Halbwörter
DSP absolute value	Vorzeichenbehafteter Absolutwert mit Bereichsbegrenzung
DSP add	Vorzeichenbehaftete Addition mit Bereichsbegrenzung
DSP subtract	Vorzeichenbehaftete Subtraktion mit Bereichsbegrenzung
DSP multiply	Vorzeichenbehaftete Multiplikation mit Bereichsbegrenzung
Min, max	Liefert Minimum oder Maximum von vier Bytepaaren
Compare	Byteweiser Vergleich von zwei Registern
Shift	Verschiebt ein Paar von 16-Bit-Operanden
Sum of products	Vorzeichenbehaftete Summe von 8- oder 16-Bit-Produkten
Merge, pack, swap	Byte- und Halbwort-Manipulation
Byte quad averages	Vorzeichenloser byteweiser Mittelwert von Vierfachwörtern
Byte averages	Vorzeichenloser byteweiser Mittelwert von vier Elementen
Byte multiplies	Vorzeichenlose 8-Bit-Multiplikation
Motion estimation	Vorzeichenlose Summe der Absolutwerte von 8-Bit-Differenzen
Miscellaneous	Andere arithmetische Operationen

Tabelle 8.2: Die Hauptgruppen der benutzerdefinierten TriMedia-Operationen

Die nächsten vier Gruppen in Tabelle 8.2 führen die angegebenen Operationen auf Operanden verschiedener Größen aus und begrenzen die Ergebnisse auf den festgelegten Bereich. Die Gruppe für Minimal- und Maximalwerte untersucht zwei Register und sucht für jedes Byte den kleinsten oder größten Wert. Analog betrachtet die Compare-Gruppe zwei Register als vier Bytepaare und vergleicht jedes Paar.

Multimedia-Operationen finden nur selten mit 32-Bit-Ganzzahlen statt, weil die meisten Bilder aus RGB-Pixeln mit 8-Bit-Werten für die Farben Rot, Grün und Blau zusammengesetzt sind. Ein zu verarbeitendes (z.B. zu komprimierendes) Bild wird normalerweise durch drei Komponenten – eine für jede Farbe (RGB-Farbraum) oder eine logisch äquivalente Form (YUV-Farbraum, auf den dieses Kapitel später eingeht) – dargestellt. In jedem Fall entsteht ein hoher Rechenaufwand mit rechteckigen Datenfeldern, die vorzeichenbehaftete 8-Bit-Ganzzahlen enthalten.

Der TriMedia verfügt über viele Operationen, die Datenfelder mit vorzeichenlosen 8-Bit-Ganzzahlen effizient verarbeiten. Als einfaches Beispiel betrachten wir die linke obere Ecke eines Datenfeldes mit 8-Bit-Werten, die (in der Bytereihenfolge Big Endian) im Speicher abgelegt sind, wie es ▶Abbildung 8.4a zeigt. Der 4×4-Block in der Ecke enthält sechzehn 8-Bit-Werte, die mit *A* bis *P* gekennzeichnet sind. Wir nehmen nun an, dass das Bild transponiert werden soll, um das in ▶Abbildung 8.4b dargestellte Ergebnis zu erhalten. Wie lässt sich diese Aufgabe bewerkstelligen?

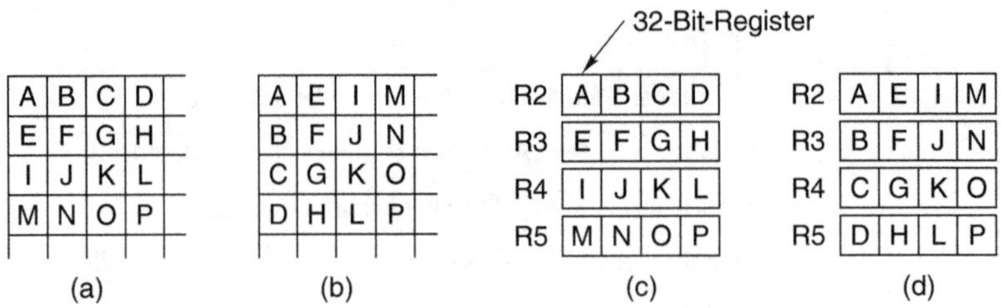

Abbildung 8.4: (a) Ein Datenfeld mit 8-Bit-Elementen (b) das transponierte Datenfeld (c) das in vier Register geladene ursprüngliche Datenfeld (d) das in vier Registern transponierte Datenfeld

Um die Matrix zu transponieren, kann man mit 12 Operationen jeweils ein Byte in ein anderes Register laden und mit weiteren 12 Operationen jeweils ein Byte an seiner korrekten Position speichern. (*Hinweis:* Die vier Bytes in der Diagonalen bleiben beim Transponieren an ihrem Platz.) Bei diesem Verfahren sind allerdings 24 (lange und langsame) Operationen notwendig, die den Speicher referenzieren.

Alternativ kann man zunächst mit vier Operationen jeweils ein Wort in die vier Register R2 bis R5 laden, wie es ▶Abbildung 8.4c zeigt. Dann setzt man die vier Ausgabewörter mithilfe von Maskierungs- und Verschiebeoperationen zusammen, um die gewünschte Ausgabe wie in ▶Abbildung 8.4d zu erreichen. Schließlich legt man diese Wörter im Speicher ab. Zwar reduziert sich bei dieser Vorgehensweise die Anzahl der Speicherreferenzen von 24 auf 8, doch schlagen die Maskierungs- und Verschiebeoperationen deutlich zu Buche, weil viele Operationen erforderlich sind, um jedes Byte zu extrahieren und an seine korrekte Position zu bringen.

Der TriMedia bietet eine bessere Lösung als die beiden hier beschriebenen. Zunächst ruft er die vier Wörter in Register ab. Anstatt aber die Ausgabe durch Maskieren und Verschieben aufzubauen, verwendet er spezielle Operationen, die Bytes innerhalb der Register extrahieren und einfügen. Im Ergebnis kann man die Matrix mit acht Speicherreferenzen und acht dieser speziellen Multimedia-Operationen transponieren. Der Code enthält zuerst einen Befehl mit zwei Ladeoperationen in den Abschnitten 4 und 5, um Wörter in die Register R2 und R3 zu laden, gefolgt von einer weiteren derartigen Operation, um die Register R4 und R5 zu laden.

Die Befehle, die diese Operationen enthalten, können die Abschnitte 1, 2 und 3 für andere Aufgaben nutzen. Nachdem alle Wörter geladen sind, kann man die acht speziellen Multimedia-Operationen in zwei Befehlen verpacken, um die Ausgabe zu erstellen. Daran schließen sich noch zwei Operationen an, um die Ausgabe zu speichern. Insgesamt sind nur sechs Befehle erforderlich und 14 der 30 Abschnitte in diesen Befehlen stehen für andere Operationen zur Verfügung. Letztlich lässt sich die gesamte Aufgabe mit dem effektiven Äquivalent von rund drei Befehlen bewerkstelligen. Andere Multimedia-Operationen sind gleichermaßen effizient. Zwischen diesen leistungsfähigen Operationen und den fünf Ausführungsabschnitten je Befehl ist der TriMedia höchst effizient, derartige Berechnungen für Multimedia-Verarbeitung durchzuführen.

8.1.2 On-Chip-Multithreading

Alle modernen CPUs mit Fließbandverarbeitung leiden an einem inhärenten Problem: Wenn eine Speicherreferenz weder im L1- noch im L2-Cache einen Treffer landen konnte, entsteht eine lange Wartezeit, bis das angeforderte Wort (und dessen zugehörige Cachezeile) in den Cache geladen ist – die Pipeline hält an. In dieser Situation kann man mit **On-Chip-Multithreading** der CPU erlauben, mehrere Threads gleichzeitig zu verwalten und damit zu versuchen, diesen Stillstand zu kaschieren. Kurz gesagt: Wenn Thread 1 blockiert, kann die CPU immer noch Thread 2 ausführen, damit die Hardware voll ausgelastet bleibt.

> Prozessoren mit **On-Chip-Multithreading** unterstützen mit Hardware mehrere Threads. Durch den gezielten Wechsel zwischen den Threads können Leerzyklen der Pipeline vermieden und die Auslastung der Hardware kann verbessert werden.

Obwohl die grundlegende Idee recht einfach ist, existieren mehrere Varianten, die wir nun untersuchen. Abbildung 8.5 veranschaulicht als erstes Konzept das **feinkörnige Multithreading** für eine CPU, die einen Befehl je Taktzyklus starten kann. In ▶Abbildung 8.5a–c sind drei Threads *A*, *B* und *C* für 12 Maschinenzyklen zu sehen. Im ersten Zyklus führt Thread *A* den Befehl *A1* aus. Dieser Befehl ist in einem Zyklus fertiggestellt, sodass im zweiten Zyklus Befehl *A2* gestartet wird. Leider tritt bei diesem Befehl ein Cache-Fehler auf und es werden zwei Zyklen verschwendet, in denen das benötigte Wort aus dem L2-Cache abgerufen wird. Der Thread fährt in Zyklus 5 fort. In ähnlicher Weise halten die Threads *B* und *C* ebenfalls gelegentlich an, wie es aus der Abbildung hervorgeht. Wenn in diesem Modell ein Befehl anhält, können darauffolgende Befehle nicht gestartet werden. Natürlich lassen sich mit einem komplexeren Scoreboard manchmal trotzdem noch neue Befehle starten, doch wir übergehen diese Möglichkeit in dieser Diskussion.

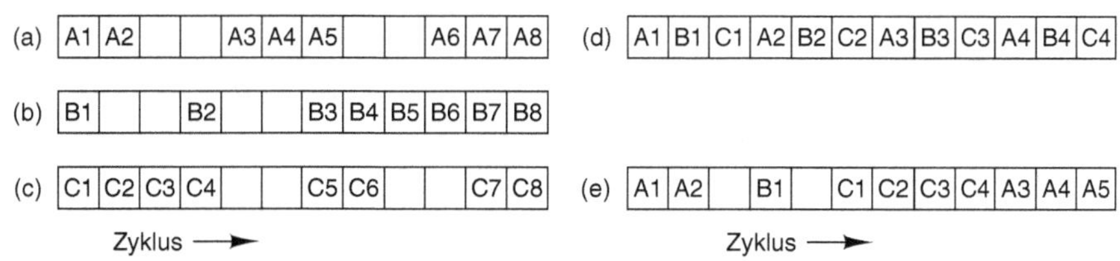

Abbildung 8.5: (a) bis (c) Drei Threads. Die leeren Kästchen zeigen an, dass der Thread mehrere Zyklen auf den Speicher wartet. (d) Feinkörniges Multithreading (e) grobkörniges Multithreading

Feinkörniges Multithreading kaschiert die Wartezyklen, indem es Threads im Round-Robin-Verfahren mit jeweils einem anderen Thread in aufeinanderfolgenden Zyklen ausführt, wie es aus ▶Abbildung 8.5d hervorgeht. Mit Erreichen des vierten Zyklus ist auch die in *A1* eingeleitete Speicheroperation fertiggestellt, sodass Befehl *A2* ausgeführt werden kann, selbst wenn er das Ergebnis von *A1* benötigt. In diesem Fall sind zwei Wartezyklen erforderlich, sodass mit drei Threads die angehaltene Operation immer rechtzeitig fertiggestellt ist. Wenn ein Speicherzugriff vier Zyklen dauern würde, bräuchte man vier Threads, um die unterbrechungsfreie Arbeitsweise sicherzustellen, usw.

Da unterschiedliche Threads nichts miteinander zu tun haben, benötigt jeder seinen eigenen Registersatz. Ein Befehl muss beim Starten einen Zeiger auf seinen Registersatz enthalten, damit bei einem Verweis auf ein Register die Hardware weiß, welcher Registersatz zu verwenden ist. Folglich wird die Anzahl der maximal ausführbaren Threads bereits beim Chipdesign festgelegt.

Speicheroperationen sind nicht der einzige Grund für Stillstände. Manchmal benötigt ein Befehl das Ergebnis von einem vorherigen Befehl, der aber noch nicht fertiggestellt ist. Es kommt auch vor, dass ein Befehl nicht starten kann, weil er auf eine bedingte Verzweigung folgt, deren Richtung noch nicht bekannt ist. Allgemein gilt: Wenn eine Pipeline aus *k* Stufen besteht und sich mindestens *k* Threads im Round-Robin-Verfahren ausführen lassen, steht zu keinem Zeitpunkt mehr als ein Befehl je Thread in der Pipeline, sodass keine Konflikte auftreten. In dieser Situation kann die CPU mit voller Geschwindigkeit laufen und es treten keine Stillstände auf.

Der Thread-Wechsel erfolgt beim feinkörnigen **Multithreading** bei jedem Befehl, beim grobkörnigen nur bei Befehlen, die zu Leerzyklen der Pipeline führen können.

Natürlich stehen nicht immer so viele Threads zur Verfügung, wie es Pipeline-Stufen gibt, sodass manche Designer einen anderen Ansatz vorziehen – das sogenannte **grobkörnige Multithreading**, das in ▶Abbildung 8.5e dargestellt ist. Hier startet Thread *A* und gibt fortlaufend Befehle aus, bis er warten muss (was einen Zyklus verschwendet). Jetzt findet ein Wechsel statt und *B1* wird ausgeführt. Da der erste Befehl von Thread *B* anhält, wird in Zyklus 6 zu *C1* gewechselt. Durch die Wechsel beim Stillstand eines Befehls ist grobkörniges Multithreading möglicherweise nicht so effizient wie feinkörniges Multithreading, es hat aber den großen Vorteil, dass wesentlich weniger Threads erforderlich sind, um die CPU auszulasten. Grobkörniges Multithreading funktioniert besser, wenn bei einer geringen Anzahl von aktiven Threads sicherzustellen ist, dass es einen lauffähigen Thread gibt.

Bei grobkörnigem Multithreading ist der Thread-Wechsel bei Stillstand nicht die einzige Option. Man kann auch sofort bei jedem Befehl wechseln, der möglicherweise zu einem Stillstand führt, beispielsweise bei Befehlen zum Laden, Speichern und Verzweigen, bevor feststeht, ob der Befehl tatsächlich einen Stillstand verursacht. Dadurch kann der Wechsel früher stattfinden (sobald der Befehl decodiert ist) und es lassen sich möglicherweise ungenutzte Zyklen vermeiden. Praktisch heißt das: „Führe Befehle aus, bis ein Problem auftreten könnte, und wechsle dann vorsichtshalber." Auf diese Weise kommt grobkörniges Multithreading etwas näher an feinkörniges Multithreading mit seinen häufigen Wechseln heran.

Unabhängig davon, welche Art des Multithreading gewählt wird, muss man verfolgen können, welche Operation zu welchen Thread gehört. Beim feinkörnigen Multithreading kommt als ernsthafte Lösung nur infrage, jeder Operation einen Thread-Bezeichner zuzuordnen, damit seine Identität beim Durchlaufen der Pipeline klar ist. Für das grobkörnige Multithreading gibt es noch eine andere Möglichkeit: Beim Thread-Wechsel lässt man die Pipeline leeren und startet erst dann den nächsten Thread. Auf diese Weise befindet sich zu jedem Zeitpunkt nur ein einziger Thread in der Pipeline und es bestehen niemals Zweifel über seine Identität. Natürlich ist es nur dann sinnvoll, die Pipeline bei einem Thread-Wechsel „trocken laufen" zu lassen, wenn die Intervalle zwischen den Thread-Wechseln wesentlich größer sind als die für das Leeren der Pipeline erforderliche Zeit.

Bisher sind wir davon ausgegangen, dass die CPU nur einen Befehl je Zyklus starten kann. Wie aber bereits gezeigt, sind moderne CPUs in der Lage, mehrere Befehle pro Zyklus zu starten. Das Beispiel in Abbildung 8.6 nimmt an, dass die CPU zwei Befehle je Taktzyklus starten kann, wobei wir aber bei der Regel bleiben, dass sich bei einem Befehlsstillstand keine nachfolgenden Befehle starten lassen. ▶Abbildung 8.6a zeigt, wie feinkörniges Multithreading bei einer superskalaren CPU, die zwei Befehle starten kann, funktioniert. Für Thread *A* können die beiden ersten Befehle im ersten Zyklus gestartet werden, aber bei Thread *B* tritt sofort ein Problem im nächsten Zyklus auf, sodass sich nur ein Befehl starten lässt, usw.

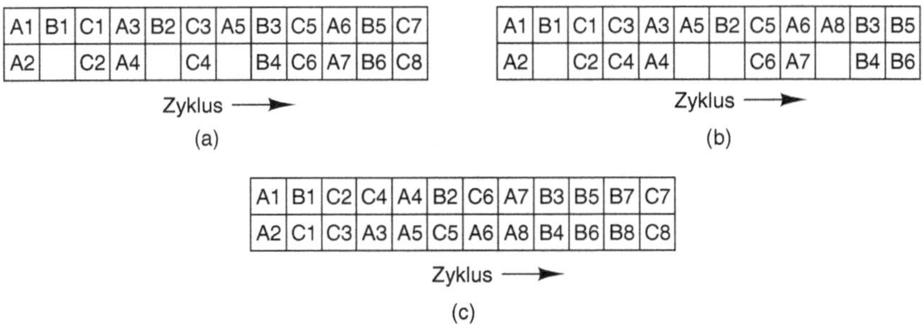

Abbildung 8.6: Multithreading bei einer superskalaren CPU, die zwei Befehle starten kann (a) Feinkörniges Multithreading (b) grobkörniges Multithreading (c) simultanes Multithreading

▶Abbildung 8.6b zeigt die Arbeitsweise von grobkörnigem Multithreading mit einer CPU, die zwei Befehle starten kann, jetzt aber mit einem statischen Befehlsplaner, der keinen ungenutzten Zyklus nach einem Befehlsstillstand einfügt. Grundsätzlich laufen die Threads nacheinander, wobei die CPU zwei Befehle je Thread startet, bis ein Befehl auftritt, der anhalten muss. Zu diesem Zeitpunkt findet ein Wechsel zum nächsten Thread beim Start des nächsten Zyklus statt.

Bei superskalaren CPUs lässt sich Multithreading noch nach einem dritten Verfahren namens **simultanes Multithreading** realisieren, wie in ▶Abbildung 8.6c dargestellt. Diese Lösung kann man als Verfeinerung des grobkörnigen Multithreading betrachten, wobei ein einzelner Thread zwei Befehle je Zyklus ausführt, solange er dies kann. Sobald er aber zum Stillstand kommt, werden sofort Befehle vom nächsten Thread in der Folge ausgeführt, um die CPU voll auszulasten. Simultanes Multithreading hilft auch dabei, alle Funktionseinheiten zu beschäftigen. Wenn sich ein Befehl nicht starten lässt, weil eine benötigte Funktionseinheit belegt ist, kann man stattdessen einen Befehl von einem anderen Thread auswählen. Das Beispiel in Abbildung 8.6c nimmt an, dass *B8* in Zyklus 11 zum Stillstand kommt, sodass *C7* in Zyklus 12 startet.

Weitere Informationen zum Multithreading finden Sie in [Gebhart et al., 2011] und [Wing-kei et al., 2011].

Hyperthreading im Core i7

Nach diesen abstrakten Betrachtungen kommen wir nun zu einem praktischen Beispiel für das Multithreading: dem Core i7. Anfang der 2000er Jahre brachten Prozessoren wie der Pentium 4 nicht den Leistungsschub, den Intel für steigende Umsätze benötigte. Nachdem die Produktion des Pentium 4 bereits angelaufen war, haben sich die Intel-Architekten nach verschiedenen Möglichkeiten umgesehen, um den Prozessor zu beschleunigen, ohne die Schnittstelle zum Programmierer hin zu ändern, was wohl niemand akzeptiert hätte. Dabei kam man schnell auf fünf Realisierungsmöglichkeiten:

1. Taktfrequenz erhöhen
2. Zwei CPUs auf einem Chip integrieren
3. Mehr Funktionseinheiten einbauen
4. Die Pipeline verlängern
5. Multithreading verwenden

Es liegt zweifellos nahe, die Leistung durch eine höhere Taktfrequenz zu steigern, ohne sonst etwas zu ändern. Diese unkomplizierte Lösung beherrscht man recht gut, sodass jeder neu herausgebrachte Chip im Allgemeinen etwas schneller als sein Vorgänger ist. Leider weist eine höhere Taktfrequenz zwei gravierende Nachteile auf, die den tolerierbaren Geschwindigkeitszuwachs begrenzen: Erstens nimmt der Prozessor bei höherer Taktfrequenz mehr Leistung auf, was gerade bei Notebooks und anderen batteriebetriebenen Geräten ein ernsthaftes Problem ist. Zweitens bedeutet die zusätzliche Leistungsaufnahme, dass der Chip mehr Wärme entwickelt, die natürlich abgeführt werden muss.

Zwei CPUs auf demselben Chip zu integrieren, ist prinzipiell ebenso einfach, doch läuft das auf eine Verdoppelung der Chipfläche hinaus, wenn jede CPU ihren eigenen Cache besitzt. Dadurch geht die Anzahl der Chips pro Wafer auf die Hälfte zurück, was die Herstellungskosten nahezu verdoppelt. Wenn die beiden Chips einen Cache in der Größe des ursprünglichen Caches gemeinsam nutzen, verdoppelt sich zwar die Chipfläche nicht, aber die Cache-Größe pro CPU wird halbiert – und das beschneidet wiederum die Leistung. Zudem kommt hinzu, dass zwar Anwendungen bei High-End-Servern mehrere CPUs wirklich nutzen können, aber nicht alle Desktopanwendungen so auf Parallelität ausgerichtet sind, dass zwei komplette CPUs gerechtfertigt sind.

Auch zusätzliche Funktionseinheiten lassen sich ziemlich einfach einbauen, wobei es hier aber darauf ankommt, das richtige Gleichgewicht zu finden. Zehn ALUs bringen so gut wie nichts, wenn der Chip die Befehle nicht schnell genug in die Pipeline einspeisen kann, um alle ALUs auszulasten.

Eine längere Pipeline mit mehr Stufen, die jeweils einen kleineren Abschnitt der Arbeit in einer kürzeren Zeiteinheit übernehmen, verbessert zwar auch die Leistung, verstärkt aber die negativen Effekte von falschen Sprungvorhersagen, Cache-Fehlzugriffen, Interrupts und anderen Faktoren, die den normalen Ablauf einer Fließbandverarbeitung unterbrechen. Und damit die Vorteile einer längeren Pipeline voll zum Tragen kommen, muss man auch die Taktfrequenz erhöhen, was wiederum zu höherem Energieverbrauch und mehr Wärmeentwicklung führt.

Schließlich lässt sich der Prozessor durch Multithreading erweitern. Der Sinn dieser Lösung besteht darin, dass ein zweiter Thread Hardware nutzen kann, die anderweitig brachliegt. Nach einigen Experimenten wurde klar, dass eine 5%ige Vergrößerung der Chipfläche für die Unterstützung des Multithreading bei vielen Anwendungen einen 25%igen Leistungsgewinn ergab und diese Lösung somit eine gute Wahl darstellte. Als erste CPU mit Multithreading hat Intel im Jahre 2002 den Xeon herausgebracht, aber später den Pentium 4 mit Multithreading erweitert – zunächst in einer 3,06-GHz-Version und später mit schnelleren Versionen des Pentium-Prozessors einschließlich des Core i7. Intel bezeichnet die Implementierung des Multithreading in seinen Prozessoren als **Hyperthreading**.

Der Grundgedanke besteht darin, zwei Threads (oder möglicherweise Prozesse, da die CPU nicht unterscheiden kann, was ein Thread und was ein Prozess ist) die gleichzeitige Ausführung zu ermöglichen. Für das Betriebssystem sieht ein Core-i7-Chip mit Hyperthreading wie ein Dual-Prozessor aus, in dem beide CPUs einen allgemeinen Cache und einen Hauptspeicher gemeinsam nutzen. Das Betriebssystem plant die Threads unabhängig voneinander. Laufen zwei Anwendungen zur selben Zeit, so kann das Betriebssystem beide zur selben Zeit ausführen. Wenn beispielsweise ein Mail-Dämon E-Mail im Hintergrund sendet oder empfängt, während ein Benutzer mit einem Programm im Vordergrund interagiert, können der Dämon und das Benutzerprogramm parallel laufen, so als wären zwei CPUs verfügbar.

Sind Anwendungsprogramme für mehrere Threads konzipiert, dann können sie die beiden virtuellen CPUs nutzen. Zum Beispiel kann der Benutzer bei Programmen zur Videobearbeitung bestimmte Filter spezifizieren, die auf jeden Frame in einem bestimmten Bereich anzuwenden sind. Diese Filter können die Helligkeit, den Kontrast, die Farbabstimmung und andere Eigenschaften jedes Frames modifizieren. Das Programm kann dann der einen CPU die Verarbeitung der geradzahligen Frames und der anderen CPU die Verarbeitung der ungeradzahligen Frames zuweisen und beide können vollkommen unabhängig voneinander laufen.

Da die beiden Threads alle Hardwareressourcen gemeinsam nutzen, ist eine Strategie notwendig, die die gemeinsame Nutzung regelt. Intel hat vier Strategien für die gemeinsame Ressourcennutzung in Verbindung mit Hyperthreading herausgearbeitet: Ressourcenverdoppelung, Ressourcen-Partitionierung, gemeinsame Nutzung und begrenzte gemeinsame Nutzung. Darauf gehen wir jetzt im Detail ein.

Beim simultanen Multithreading oder **Hyperthreading** in Intels Terminologie können Befehle verschiedener Threads in der gleichen Pipeline-Stufe gleichzeitig aktiv sein.

Zunächst einmal sind einige Ressourcen allein für das Threading doppelt vorzusehen. Da zum Beispiel jeder Thread seine eigene Ablaufsteuerung besitzt, ist ein zweiter Programmzähler erforderlich. Zusätzlich muss die Tabelle, die die Registerarchitektur (`EAX`, `EBX` usw.) auf die physischen Register abbildet, ebenfalls dupliziert werden, genau wie der Interrupt-Controller, da die Threads unabhängig voneinander unterbrochen werden können.

Als Nächstes haben wir die **Ressourcen-Partitionierung**, die die Hardwareressourcen strikt zwischen den Threads aufteilt. Wenn beispielsweise die CPU eine Warteschlange zwischen zwei funktionellen Pipeline-Stufen besitzt, kann man Thread 1 die Hälfte der Einträge fest zuordnen und Thread 2 die andere Hälfte. Partitionierung ist leicht zu realisieren, weist keinen Overhead auf und hält die Threads voneinander fern. Sind alle Ressourcen partitioniert, dann hat man es praktisch mit zwei getrennten CPUs zu tun. Nachteilig ist, dass es leicht passieren kann, dass zu einem bestimmten Zeitpunkt der eine Thread einige seiner Ressourcen nicht nutzt, die der andere gebrauchen könnte, aber nicht darauf zugreifen darf. Als Konsequenz liegen Ressourcen brach, die produktiv genutzt werden könnten.

Das Gegenteil der Ressourcen-Partitionierung ist die **gemeinsame Ressourcennutzung**. In diesem Schema kann jeder Thread jede von ihm benötigte Ressource anfordern, wobei die Regel gilt: Wer zuerst kommt, mahlt zuerst (d.h. wird zuerst bedient). Stellen Sie sich aber einen schnellen Thread vor, der hauptsächlich addiert und subtrahiert, und einen langsamen Thread, der vorwiegend Multiplikationen und Divisionen ausführt. Wenn Befehle vom Hauptspeicher schneller abgerufen werden, als sich Multiplikationen und Divisionen ausführen lassen, wächst der Rückstand der Befehle, die für den langsamen Thread abgerufen und in die Warteschlange gestellt, aber nicht in die Pipeline eingespeist werden mit der Zeit an.

Schließlich belegt dieser Rückstand die gesamte Befehlswarteschlange, was den schnellen Thread zum Stillstand bringt, weil kein Platz mehr in der Befehlswarteschlange vorhanden ist. Die gemeinsame Ressourcennutzung löst das Problem der brachliegenden Ressourcen, während ein anderer Thread darauf wartet, schafft aber als neues Problem, dass ein Thread möglicherweise so viele Ressourcen verschlingt, dass er den anderen Thread bremst oder sogar gänzlich stoppt.

Die **begrenzte gemeinsame Nutzung** (Threshold Sharing) ist ein Zwischenschema, bei dem ein Thread Ressourcen dynamisch (ohne feste Partitionierung) anfordern kann, aber nur bis zu einem bestimmten Maximum. Für replizierte Ressourcen bietet dieser

Ansatz mehr Flexibilität, ohne Gefahr zu laufen, dass ein Thread „verhungert", weil er keine Ressourcen erhält. Kann beispielsweise kein Thread mehr als 3/4 der Befehlswarteschlange belegen, so kann der schnelle Thread immer ausgeführt werden, unabhängig davon, was der langsame Thread tut. Das Hyperthreading des Core i7 arbeitet für unterschiedliche Ressourcen mit verschiedenen Strategien und versucht damit, die oben erläuterten Probleme aus dem Weg zu räumen. Doppelt vorgesehen sind Ressourcen, die jeder Thread jederzeit benötigt, wie zum Beispiel Programmzähler, Registerzuordnung und Interrupt-Controller. Mit der um 5% vergrößerten Chipfläche muss man nur einen moderaten Preis für das Multithreading zahlen. Im Überfluss vorhandene Ressourcen, bei denen keine Gefahr besteht, dass sie ein einziger Thread komplett belegt, werden mit dynamischer Zuteilung vollständig gemeinsam genutzt. Dagegen werden andere Ressourcen partitioniert, die die Arbeitsweise der Pipeline steuern (beispielsweise die verschiedenen Warteschlangen innerhalb der Pipeline), wobei jeder Thread die Hälfte der Einträge erhält. ▶Abbildung 8.7 zeigt die Haupt-Pipeline der im Core i7 verwendeten Sandy-Bridge-Mikroarchitektur, wobei die weißen und grauen Kästchen anzeigen, wie die Ressourcen zwischen den weißen und grauen Threads zugeordnet sind.

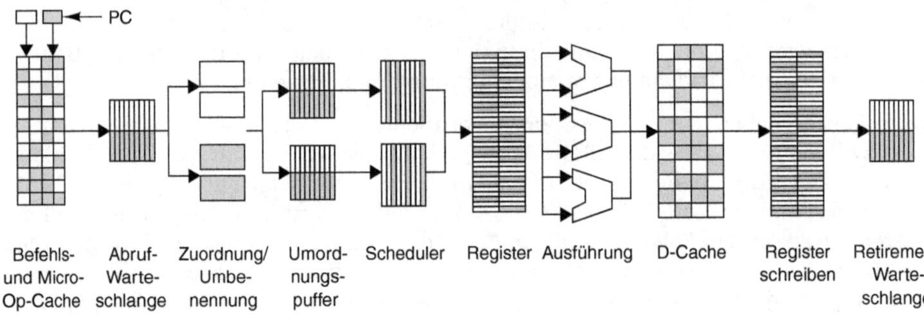

Abbildung 8.7: Gemeinsame Ressourcennutzung zwischen Threads in der Core-i7-Mikroarchitektur

Wie aus Abbildung 8.7 hervorgeht, sind alle Warteschlangen partitioniert, wobei für jeden Thread die Hälfte der Einträge reserviert ist. Hierbei kann kein Thread den anderen „abwürgen". Die Zuordnungs- und Umbenennungseinheit für Register ist ebenfalls partitioniert. Der Befehlsplaner wird dynamisch mit einem Schwellwert (Threshold) zugeordnet, um zu verhindern, dass ein Thread alle Einträge an sich bringt. Die übrigen Pipeline-Stufen werden gemeinsam genutzt.

Allerdings ist mit Multithreading auch nicht alles eitel Sonnenschein. Die Partitionierung ist zwar billig, verlangt aber zur Laufzeit eine aufwendige Buchführung, um die Ressourcen dynamisch zuzuordnen und insbesondere das jedem Thread zugestandene Limit einzuhalten. Außerdem können Situationen entstehen, in denen Programme mit Multithreading schlechter als ohne arbeiten. Stellen Sie sich beispielsweise zwei Threads vor, die jeweils 3/4 des Cache benötigen, um flüssig voranzukommen. Einzeln läuft jeder Thread hervorragend und weist nur wenige (teure) Cache-Fehler auf. Werden die Threads zusammen ausgeführt, hat jeder Thread mit einer großen Anzahl von Cache-Fehlern zu kämpfen und das Ergebnis fällt letztlich weit schlechter aus als ohne Multithreading.

Weitere Informationen zum Multithreading und seiner Implementierung in Intel-Prozessoren finden Sie in [Gerber und Binstock, 2004] und [Gepner et al., 2011].

8.1.3 Ein-Chip-Multiprozessoren

Während mit Multithreading beträchtliche Leistungssteigerungen bei moderaten Kosten zu verzeichnen sind, benötigen bestimmte Anwendungen wesentlich größere Leistungsgewinne. Zu diesem Zweck hat man Multiprozessorchips entwickelt. Interessant sind diese Chips, die zwei oder mehr CPUs enthalten, vor allem in High-End-Servern und in der Unterhaltungselektronik. Darauf gehen wir jetzt kurz ein.

Homogene Multiprozessoren auf einem Chip

Mit den Fortschritten in der VLSI-Technologie ist es heute möglich, zwei oder mehr leistungsfähige CPUs auf einem einzigen Chip zu vereinen. Da diese CPUs oftmals den Level-2-Cache und den Hauptspeicher gemeinsam nutzen, qualifizieren sie sich zum Multiprozessor, wie ihn *Kapitel 2* beschrieben hat. Ein typischer Anwendungsbereich ist eine große Webserverfarm, die aus vielen Servern besteht. Indem man zwei CPUs im selben Gehäuse unterbringt, sie nicht nur den Speicher, sondern auch die Festplatten und Netzwerkschnittstellen gemeinsam nutzen, lässt sich oftmals die Leistung des Servers verdoppeln, ohne die Kosten zu verdoppeln (weil der CPU-Chip selbst beim doppelten Preis nur einen Bruchteil der Gesamtsystemkosten ausmacht).

Bei Ein-Chip-Multiprozessoren mit wenigen Kernen herrschen zwei Designs vor. ▶Abbildung 8.8a zeigt das erste, das tatsächlich nur einen Kern umfasst, aber eine zweite Pipeline besitzt, die möglicherweise die Befehlsausführungsrate verdoppeln kann. Das in ▶Abbildung 8.8b dargestellte zweite Design verwendet auf einem Chip zwei getrennte Kerne mit jeweils einer vollständigen CPU. Ein **Kern** (Core) ist eine umfangreiche Schaltung (wie zum Beispiel eine CPU, ein E/A-Controller oder ein Cache), die sich auf einem Chip in modularer Form platzieren lässt, gewöhnlich neben anderen Kernen.

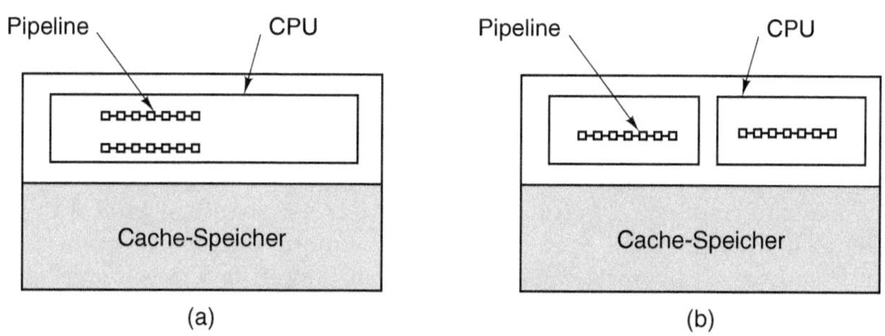

Abbildung 8.8: Ein-Chip-Multiprozessoren (a) ein Dual-Pipeline-Chip (b) ein Chip mit zwei Kernen

Beim ersten Design lassen sich Ressourcen, wie zum Beispiel Funktionseinheiten, zwischen den Prozessoren gemeinsam nutzen, wodurch die eine CPU auf Ressourcen zugreifen kann, die die andere gerade nicht benötigt. Dieses Konzept erfordert andererseits, dass der Chip neu zu entwerfen ist, und es lässt sich kaum für mehr als zwei CPUs skalieren. Dagegen ist es relativ einfach, zwei oder mehr CPU-Kerne auf demselben Chip zu integrieren.

Auf Multiprozessorsysteme gehen wir später in diesem Kapitel ein. Auch wenn es dabei hauptsächlich um Multiprozessoren geht, die aus Einzel-CPU-Chips aufgebaut sind, gilt das Gesagte größtenteils auch für Multi-CPU-Chips.

Der Core-i7-Ein-Chip-Multiprozessor

Ein-Chip-Multiprozessoren bestehen aus mehreren Rechenkernen, die vollständige CPUs mit eigenem Cache sind. Vielfach wird der L3-Cache von allen Kernen gemeinsam genutzt.

Die Core-i7-CPU ist ein Ein-Chip-Multiprozessor mit vier oder mehr Kernen auf einem einzelnen Silizium-Die. ▶Abbildung 8.9 zeigt die Organisation eines Core-i7-Prozessors im Überblick.

Jeder Prozessor im Core i7 besitzt eigene private L1-Befehls- und Datencaches sowie einen eigenen privaten einheitlichen (unified) L2-Cache. Mit den privaten Caches kommunizieren die Prozessoren über dedizierte Punkt-zu-Punkt-Verbindungen. Die nächste Ebene der Speicherhierarchie bildet der gemeinsam genutzte und einheitliche L3-Datencache.

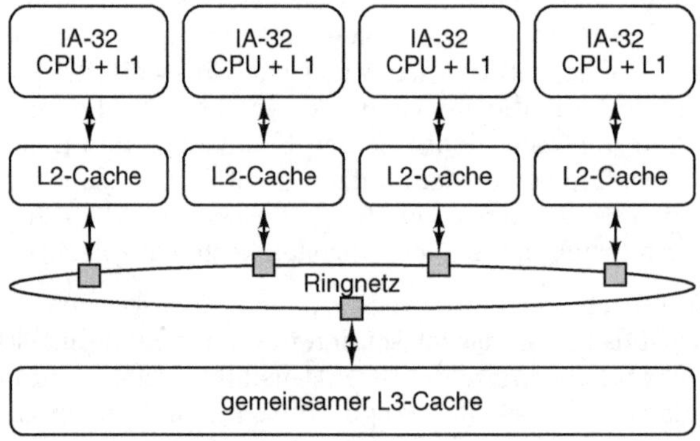

Abbildung 8.9: Ein-Chip-Multiprozessorarchitektur des Core i7

Die L2-Caches sind mit dem gemeinsamen L3-Cache über ein **Ringnetz** verbunden. Wenn eine Kommunikationsanforderung im Ringnetz einläuft, leitet es sie an den nächsten Knoten im Netzwerk weiter. Dieser überprüft die Anforderung daraufhin, ob sie ihren Zielknoten erreicht hat. Dieser Vorgang setzt sich von Knoten zu Knoten im Ring fort, bis der Zielknoten gefunden ist oder die Anforderung wieder an der Quelle ankommt (der Zielknoten demnach nicht existiert). Mit dem Ringnetz lässt sich günstig eine hohe Bandbreite erzielen, allerdings auf Kosten erhöhter Latenz, da die Anforderungen von Knoten zu Knoten wandern. Das Ringnetz des Core i7 hat vor allem zwei Aufgaben. Erstens bietet es die Möglichkeit, Speicher- und E/A-Anforderungen zwischen den Caches und dem Prozessor zu übertragen. Zweitens implementiert es die erforderlichen Überprüfungen, um für jeden Prozessor immer eine kohärente Ansicht des Speichers zu gewährleisten. Später geht dieses Kapitel noch näher auf diese Kohärenzprüfungen ein.

Heterogene Multiprozessoren auf einem Chip

Gänzlich andere Anwendungsgebiete, die nach Ein-Chip-Multiprozessoren verlangen, sind eingebettete Systeme, insbesondere in audio-visueller Unterhaltungselektronik, wie zum Beispiel Fernsehgeräten, DVD-Playern, Camcordern, Spielkonsolen, Mobiltelefonen usw. Diese Systeme haben strenge Leistungsanforderungen und enge Beschränkungen. Obwohl die Geräte alle unterschiedlich aussehen, sind immer mehr von ihnen in Wirklichkeit einfach kleine Computer mit einer oder mehreren CPUs, Speichern, E/A-Controllern und einigen kundenspezifischen E/A-Geräten. Zum Beispiel ist ein Mobiltelefon lediglich ein PC mit einer CPU, Speicher, Minitastatur, Mikrofon, Lautsprecher und einer drahtlosen Netzwerkverbindung in einem kleinen Gehäuse.

Ober nehmen wir als Beispiel einen tragbaren DVD-Player. Sein eingebetteter Computer muss die folgenden Funktionen realisieren:

1. Steuerung eines billigen, unzuverlässigen Servomechanismus für den Kopftransport
2. Analog-Digital-Umwandlung
3. Fehlerkorrektur
4. Decodierung und digitale Rechteverwaltung
5. MPEG-2-Videodekomprimierung
6. Audiodekomprimierung
7. Codierung der Ausgabe für NTSC-, PAL- oder SECAM-Fernsehgeräte

Diese Aufgaben unterliegen strengen Anforderungen hinsichtlich Echtzeitbetrieb, Betriebsgüte, Leistungsaufnahme, Wärmeentwicklung, Größe, Gewicht und Preis.

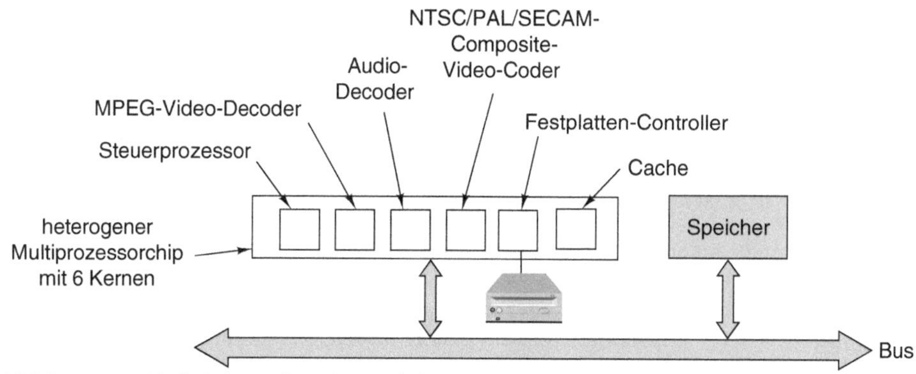

Abbildung 8.10: Die logische Struktur eines einfachen DVD-Players enthält einen heterogenen Multiprozessor mit mehreren Kernen für unterschiedliche Funktionen

Die Informationen auf CD-, DVD- und Blu-ray-Scheiben sind in einer langen Spirale angeordnet, genauso wie es *Abbildung 2.20* für eine CD gezeigt hat. Dieser Abschnitt beschäftigt sich mit DVDs, da sie immer noch gebräuchlicher sind als Blu-ray-Datenträger und Blu-rays ohnehin viele Gemeinsamkeiten mit DVDs aufweisen, außer dass sie MPEG-4 anstelle MPEG-2 für die Codierung verwenden. Bei allen optischen Medien muss der Lesekopf exakt der Spirale folgen, während sich die Scheibe dreht. Der Preis hierfür lässt sich niedrig halten, wenn man einen relativ einfachen mechanischen Aufbau verwendet und die präzise Steuerung der Kopfposition per Software vornimmt. Das vom Lesekopf gelieferte Analogsignal ist zur Weiterverarbeitung in eine digitale Form zu bringen. Das digitalisierte Signal muss man anschließend einer Fehlerkorrektur unterziehen, weil DVDs gepresst sind und die vielen daraus resultierenden Fehler per Software herausgerechnet werden müssen. Videodaten werden nach dem MPEG-2-Standard komprimiert, der relativ komplexe Berechnungen für die Dekomprimierung benötigt (in der Art von Fouriertransformationen). Die Audiokomprimierung erfolgt mit einem psychoakustischen Modell, das ebenfalls komplexe Berechnungen für die Dekomprimierung verlangt. Schließlich müssen Audio und Video in einer geeigneten Form für die Ausgabe auf NTSC-, PAL- oder SECAM-Fernsehgeräte aufbereitet werden, je nach dem Land, in dem der DVD-Player verkauft wird. Es dürfte kaum überraschen, dass sich die gesamte Arbeit per Software in Echtzeit wohl kaum mit einer billigen Universal-CPU realisieren lässt. Man braucht einen heterogenen Mehrfachprozessor mit mehreren Kernen, die jeweils für eine bestimmte Aufgabe spezialisiert sind. ▶Abbildung 8.10 zeigt ein Beispiel für einen DVD-Player.

Heterogene Multiprozessorchips umfassen verschiedene Kerne, die für jeweils bestimmte Berechnungen optimiert sind. Dies führt zu geringerem Stromverbrauch und höherer Leistung.

Die Funktionen der Kerne in Abbildung 8.10 unterscheiden sich alle voneinander, wobei jeder Kern dahingehend konzipiert wird, dass er seine spezielle Aufgabe bei einem möglichst niedrigen Preis äußerst gut erfüllt. Zum Beispiel wird DVD-Video mit dem Verfahren **MPEG-2** komprimiert (benannt nach der **Motion Picture Experts Group**, die das Verfahren erfunden hat). Es unterteilt jeden Frame in Pixelblöcke und führt auf jedem einzelnen Block komplexe Transformationen aus. Ein Frame kann vollkommen aus transformierten Blöcken bestehen oder spezifizieren, dass ein bestimmter Block gleich dem ist, der im vorherigen Frame zu finden ist, allerdings an einem bestimmten Offset (Δx, Δy) von seiner aktuellen Position und mit einigen geänderten Pixeln. Diese Berechnung ist per Software äußerst langsam, doch kann man ein MPEG-2-Decodermodul bauen, das das Ganze ziemlich schnell in Hardware bewerkstelligt. Auch die Audiocodierung und die Zusammensetzung des Audio/Video-Composite-Signals zu einem standardgerechten Signal entsprechend der verschiedenen Fernsehnormen lassen sich ebenfalls durch dedizierte Hardware besser realisieren. Diese Betrachtungen führten schnell zu heterogenen Multiprozessorchips mit mehreren Kernen, die speziell für audio-visuelle Anwendungen konzipiert sind. Da allerdings der Steuerungsprozessor eine programmierbare Allzweck-CPU ist, lässt sich der Multiprozessorchip auch in anderen ähnlichen Anwendungen einsetzen, beispielsweise als DVD-Rekorder.

Auch in modernen Mobiltelefonen sind heterogene Multiprozessoren gefragt. Die aktuellen Geräte integrieren Kameras (für Einzel- und Bewegtbilder), Spielfunktionen, Webbrowser, E-Mail-Reader und Empfänger für digitales Satellitenradio (DSR). Für die Übertragung wird die Mobilfunktechnologie (CDMA oder GSM) oder der drahtlose Internetzugang (IEEE 802.11, auch als WiFi bezeichnet) verwendet. Zukünftige Geräte dürften alle Funktionen beinhalten. Da die Funktionalität der Geräte ständig wächst – z.B. GPS-gestützte Karten in Armbanduhren und Radios in Brillen integriert sind –, nimmt der Bedarf an heterogenen Multiprozessoren ebenfalls zu.

Große Chips dürften recht bald mehrere zehn Milliarden Transistoren enthalten. Solche Chips lassen sich aufgrund ihrer Größe nicht auf Gatterebene entwerfen. Der zeitliche Aufwand würde dazu führen, dass der Chip bei seiner Fertigstellung bereits veraltet ist. Der einzig gangbare Weg ist es, Kerne (mit Bibliotheken vergleichbar) einzusetzen, die recht große Teilmodule enthalten, und diese dann je nach Bedarf auf dem Chip zu platzieren und untereinander zu verbinden. Der Entwickler muss dann bestimmen, welcher CPU-Kern für den Steuerungsprozessor infrage kommt und welche Spezialprozessoren einzubinden sind. Verlagert man die Arbeitslast mehr auf die Software, die auf dem Steuerungsprozessor läuft, so wird das System zwar langsamer, ergibt aber einen kleineren (und billigeren) Chip. Sieht man auf der Chipfläche mehr Spezialprozessoren für Audio- und Videoverarbeitung vor, dann steigen zwar die Kosten, doch erhält man eine höhere Leistung bei geringerer Taktfrequenz, was wiederum niedrigeren Energieverbrauch und weniger Wärmeentwicklung bedeutet. Somit haben die Chipdesigner zunehmend mit diesen makroskopischen Kompromissen zu tun, als sich darum kümmern zu müssen, wo jeder Transistor zu platzieren ist.

Audio-visuelle Anwendungen sind sehr datenintensiv. Riesige Mengen von Daten müssen schnell verarbeitet werden, sodass typischerweise 50% bis 75% der Chipfläche für Speicher in der einen oder anderen Form reserviert ist, wobei der Anteil noch steigt. In diesem Zusammenhang sind zahlreiche Entwurfsfragen zu beantworten. Wie viele Cache-Ebenen sind notwendig? Verwendet man geteilte oder einheitliche Caches? Welche Größe soll jeder Cache besitzen? Wie schnell muss jeder Cache sein? Soll der Chip auch einen Teil des Hauptspeichers aufnehmen? Setzt man SRAM oder SDRAM ein? Die

Antworten auf jede dieser Fragen wirken sich in starkem Maße auf die Leistung, den Energieverbrauch und die Wärmeentwicklung des Chips aus.

Für die Kommunikation der Kerne untereinander werden bei hoher Kernzahl mehrere Busse, Ringbusse oder Punkt-zu-Punkt-Netzwerke eingesetzt.

Neben dem Entwurf der Prozessoren und des Speichersystems spielt die Frage des Kommunikationssystems eine wesentliche Rolle: Wie kommunizieren alle Kernkomponenten untereinander? Für kleine Systeme tut es gewöhnlich ein einzelner Bus, doch für größere Systeme wird dieser schnell zum Flaschenhals. Oftmals lässt sich das Problem dadurch lösen, indem man auf mehrere Busse übergeht oder einen Ringbus von Kern zu Kern bildet. Bei einem Ringbus erfolgt die Arbitration durch Weitergabe eines kleinen Paketes namens **Token** auf dem Ring. Zum Senden muss ein Kern zuerst den Token in seinen Besitz bringen. Ist die Übertragung beendet, legt er den Token zurück auf den Ring, damit er weiter kreisen kann. Dieses Protokoll verhindert Kollisionen auf dem Ring.

Sehen Sie sich den **CoreConnect** von IBM als Beispiel für eine On-Chip-Verbindung an. Dabei handelt es sich um eine Architektur, die Kerne auf einem heterogenen Ein-Chip-Multiprozessor verbindet, insbesondere bei vollständigen Systemen auf einem Chip. In gewissem Sinne ist CoreConnect für die Ein-Chip-Multiprozessoren das, was der PCI-Bus für den Pentium-Prozessor ist – das Verbindungselement, das alle Teile zusammenhält. Allerdings wurde CoreConnect im Gegensatz zum PCI-Bus ohne irgendwelche Anforderungen an die Abwärtskompatibilität zu älteren Einrichtungen oder Protokollen entwickelt und kennt auch keine Einschränkungen von Bussen auf Platinenebene, wie zum Beispiel die maximale Anzahl von Pins, die ein direkter Steckverbinder einer Steckkarte haben darf.

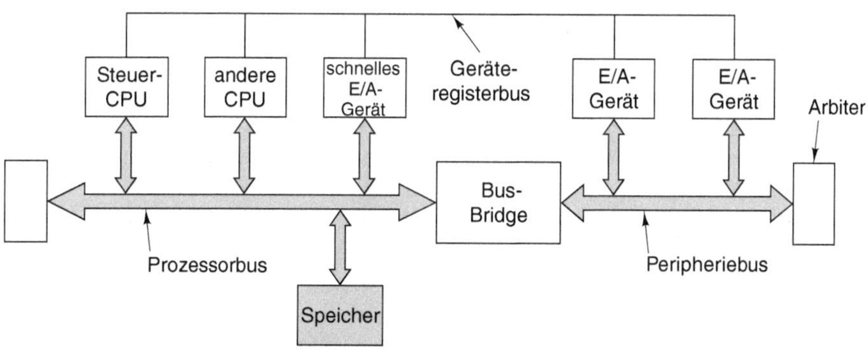

Abbildung 8.11: Ein Beispiel der IBM-CoreConnect-Architektur

CoreConnect besteht aus drei Bussen. Der **Prozessorbus** ist ein synchroner Hochgeschwindigkeitsbus nach dem Pipeline-Prinzip mit 32, 64 oder 128 Datenleitungen und einer Taktfrequenz von 66, 133 oder 183 MHz. Der maximale Durchsatz beträgt somit 23,4 Gbit/s (gegenüber 4,2 Gbit/s beim PCI-Bus). Durch das Pipeline-Prinzip können Kerne den Bus anfordern, während eine Übertragung läuft, und verschiedene Kerne können unterschiedliche Leitungen zur selben Zeit nutzen, ähnlich wie es beim PCI-Bus der Fall ist. Der Prozessorbus ist für kürzere Blockübertragungen optimiert und soll schnelle Kerne verbinden, wie zum Beispiel CPUs, MPEG-2-Decoder, Hochgeschwindigkeitsnetzwerke und ähnliche Elemente.

Ein Prozessorbus, der sich über den gesamten Chip erstreckt, könnte seine maximale Leistung nicht entfalten. Deshalb gibt es einen zweiten Bus für langsamere E/A-Geräte, wie zum Beispiel UART, Timer, USB-Controller, serielle Anschlüsse usw. Dieser **Peripheriebus** wurde mit dem Ziel konzipiert, 8-, 16- und 32-Bit-Peripherieeinrichtungen möglichst einfach anschließen zu können und dabei nicht mehr als ein paar Hundert Gatter zu verwenden. Es handelt sich ebenfalls um einen synchronen Bus mit einem maximalen Durchsatz von 300 Mbit/s. Die beiden Busse sind über eine Bridge miteinander verbunden, die eine gewisse Ähnlichkeit mit den Bridges hat, die in PCs die PCI- und ISA-Busse verbunden haben, bis der ISA-Bus vor einigen Jahren allmählich verschwunden ist.

Als dritter Bus erlaubt der sehr langsame, asynchrone und mit Handshaking arbeitende **Geräteregisterbus** den Prozessoren, auf Geräteregister aller Peripherieeinrichtungen zuzugreifen, um die entsprechenden Geräte zu steuern. Er ist für nicht allzu häufig vorkommende Übertragungen weniger Bytes auf einmal vorgesehen.

Mit diesen standardisierten On-Chip-Komponenten für Bus, Schnittstelle und Framework hofft IBM, eine Miniaturversion der PCI-Welt zu schaffen. Viele Hersteller können Prozessoren und Controller produzieren und diese dann problemlos miteinander verbinden. Allerdings gibt es einen wesentlichen Unterschied: In der PCI-Welt produzieren die Hersteller reale Leiterkarten, die von PC-Anbietern und Endbenutzern gekauft werden. In der CoreConnect-Welt entwerfen Dritthersteller Kerne, produzieren sie aber nicht selbst. Stattdessen werden sie als geistiges Eigentum in Form von Lizenzen an Firmen der Unterhaltungselektronik und andere Firmen vergeben, die dann kundenspezifische heterogene Multiprozessorchips basierend auf ihren eigenen und lizenzierten Drittherstellerkernen entwerfen. Da die Fertigung derartig großer und komplexer Chips umfangreiche Investitionen in Produktionsanlagen verlangt, stellen die Firmen der Unterhaltungselektronik meistens nur den Entwurf bereit und vergeben die eigentliche Chipherstellung als Unterauftrag an einen Halbleiterproduzenten. Es gibt Kerne für zahlreiche CPUs (ARM, MIPS, PowerPC etc.) sowie für MPEG-Decoder, digitale Signalprozessoren und die große Palette der Standard-E/A-Controller.

Der CoreConnect von IBM ist nicht der einzige bekannte On-Chip-Bus auf dem Markt. Ebenso weit verbreitet ist der **AMBA**-Bus (**Advanced Microcontroller Bus Architecture**) von ARM [Flynn, 1997]. Nicht ganz so bekannt sind die On-Chip-Busse **VCI** (**Virtual Component Interconnect**) und **OCP-IP** (**Open Core Protocol-International Partnership**), die ebenfalls um einen Marktanteil kämpfen [Bhakthavatchalu et al., 2010]. On-Chip-Busse sind nur der Anfang. Man denkt sogar über vollständige Netzwerke auf einem Chip nach [Ahmadinia und Shahrabi, 2011].

Da es für die Chiphersteller aufgrund der Probleme mit der Wärmeableitung immer schwieriger wird, die Taktfrequenz zu erhöhen, sind die Ein-Chip-Multiprozessorsysteme im wahrsten Sinne des Wortes ein heißes Thema. Weitere Informationen hierzu finden Sie in [Gupta et al., 2010], [Herrero et al., 2010] und [Mishra et al., 2011].

8.2 Coprozessoren

Nachdem wir einige Möglichkeiten für On-Chip-Parallelität untersucht haben, gehen wir nun eine Stufe nach oben und sehen uns an, wie sich der Computer mit einem zweiten, spezialisierten Prozessor beschleunigen lässt. Diese **Coprozessoren** gibt es in vielen Varianten und Größen. Auf den IBM-360-Mainframes und allen Nachfolgern existieren unabhängige E/A-Kanäle für die Abwicklung der Ein-/Ausgabe. Der CDC 6600 verwendet für die Ein-/Ausgabe 10 unabhängige Prozessoren. Grafik- und Gleitkommaarithmetik sind andere Bereiche, in denen Coprozessoren zu finden sind. Selbst einen DMA-Chip kann man als Coprozessor auffassen. In manchen Fällen übergibt die CPU dem Coprozessor einen Befehl oder einen Satz von Befehlen zur Ausführung. In anderen Fällen ist der Coprozessor eher unabhängig von der CPU und läuft praktisch eigenständig.

Von den räumlichen Ausdehnungen her gesehen können Coprozessoren einen ganzen Schrank einnehmen (E/A-Kanäle des 360), auf einer Einsteckkarte untergebracht sein (Netzwerkprozessoren) oder sich auf dem Hauptchip befinden (Gleitkomma-Coprozessoren). In allen Fällen zeichnen sie sich dadurch aus, dass sie einen anderen Prozessor – der als Hauptprozessor fungiert – unterstützen. Wir untersuchen nun drei Bereiche, in denen Geschwindigkeitssteigerungen möglich sind: Netzwerkverarbeitung, Multimedia und Kryptografie.

Coprozessoren sind spezialisierte Prozessoren, die den Hauptprozessor bei seinen Aufgaben unterstützen. Sie werden häufig wegen ihrer hohen Leistung und dem geringen Energieverbrauch eingesetzt.

8.2.1 Netzwerkprozessoren

Die meisten Computer sind heute an ein Netzwerk oder das Internet angeschlossen. Im Ergebnis des technischen Fortschritts bei der Netzwerk-Hardware sind Netzwerke heute so schnell, dass sich alle eingehenden und ausgehenden Daten kaum noch per Software allein verarbeiten lassen. Deshalb hat man spezielle Netzwerkprozessoren entwickelt, die den Netzwerkverkehr übernehmen, und viele High-End-Computer verfügen heute über einen dieser Prozessoren. Dieser Abschnitt gibt zunächst eine kurze Einführung zu Netzwerken und beschäftigt sich dann mit der Arbeitsweise von Netzwerkprozessoren.

Einführung in Netzwerke

Bei Computernetzen unterscheidet man zwei allgemeine Typen: **Lokale Netzwerke** oder **LAN**s (Local-Area Networks), die mehrere Computer innerhalb eines Gebäudes oder Geländes verbinden, und **Weitbereichsnetzwerke** oder **WAN**s (Wide-Area Networks), die sich über einen größeren geografischen Bereich erstrecken. Das bekannteste LAN ist das sogenannte **Ethernet**. Das ursprüngliche Ethernet bestand aus einem dicken (gelben) Kabel, von dem über eine sogenannte **Vampir-Kralle** (Vampire Tap) eine Leitung zu jedem Computer abgegriffen wurde. In modernen Ethernet-Netzwerken sind die Computer an einen zentralen Switch angeschlossen, wie es im rechten Teil von ▶Abbildung 8.12 zu sehen ist. Während die Daten im ursprünglichen Ethernet mit 3 Mbit/s „dahinkrochen", konnte die erste kommerzielle Version schon mit 10 Mbit/s aufwarten. Diese wurde später durch Ethernet mit 100 Mbit/s und schließlich mit 1 Gbit/s ersetzt. Inzwischen ist eine Ethernet-Version mit 10 Gbit/s auf dem Markt und eine 40-Gbit/s-Version steht in den Startlöchern.

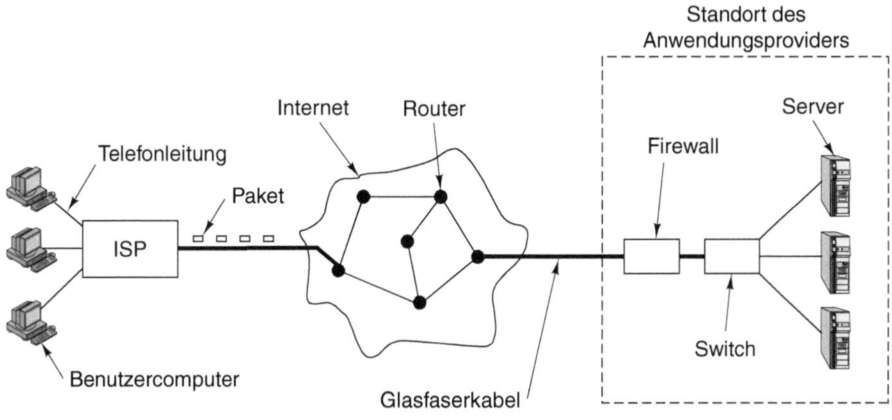

Abbildung 8.12: Wie Benutzer mit Servern im Internet verbunden sind

Rechnernetze transportieren Nachrichten in Form von **Paketen**. Hierbei wird eine Hierarchie von Protokollen eingesetzt. Diese regeln den Informationsaustausch von der Übertragung über eine Leitung bis hinauf zur Kommunikation zwischen Benutzerprozessen.

WANs sind anders organisiert. Sie bestehen aus spezialisierten Computern, den sogenannten **Routern**, die über (Kupfer- oder Glasfaser-)Kabel miteinander verbunden sind, wie es der mittlere Teil von Abbildung 8.12 zeigt. Die Daten werden in Blöcken – den sogenannten **Paketen** – vom Quellcomputer über einen oder mehrere Router übertragen, bis sie ihr Ziel erreichen. Bei jeder Etappe (Hop) wird ein Paket im Speicher des Routers abgelegt und dann zum nächsten Router auf dem Pfad weitergeleitet, sobald die benötigte Übertragungsleitung verfügbar ist. Diese Technik bezeichnet man als **Store-and-Forward Packet Switching** (Paketvermittlung mit Speichern und Weiterleiten).

Auch wenn man sich das Internet oftmals als einzelnes WAN vorstellt, ist es aus technischer Sicht eine Sammlung von vielen WANs, die miteinander verbunden sind. Für unsere Zwecke ist diese Unterscheidung aber nicht wesentlich. Abbildung 8.12 stellt einen Blick auf das Internet aus der Vogelperspektive dar. Der Computer des Benutzers ist normalerweise an einen Webserver über die Telefonleitung per ADSL (siehe *Kapitel 2*) angeschlossen. (Alternativ lässt sich auch ein Kabelfernsehanschluss nutzen, wobei dann der linke Teil von Abbildung 8.12 etwas anders aussieht und als ISP der Kabelnetzbetreiber fungiert.) Der Computer des Benutzers teilt die an den Server zu sendenden Daten in Pakete auf und sendet diese an den **ISP** (**Internet Service Provider**) des Benutzers. Der ISP ist ein Unternehmen, das seinen Kunden den Internetzugang ermöglicht. Er ist durch eine Hochgeschwindigkeitsverbindung (normalerweise über Glasfaserkabel) mit einem der regionalen oder Backbone-Netzwerke verbunden, die das Internet ausmachen. Die Pakete des Benutzers werden etappenweise (von Hop zu Hop) über das Internet weitergeleitet, bis sie beim Webserver ankommen.

Die meisten Firmen, die Webdienste anbieten, sind mit einem spezialisierten Computer namens **Firewall** („Brandschutzmauer“) ausgerüstet, der den gesamten eingehenden Datenverkehr filtert, um unerwünschte Pakete zu unterdrücken (z.B. von Hackern, die in das System eindringen möchten). Die Firewall ist mit dem lokalen Netzwerk (LAN) verbunden, was normalerweise über einen Ethernet-Switch geschieht, der die Pakete zum gewünschten Server weiterleitet. Natürlich sieht die Realität etwas komplizierter aus als hier gezeigt, doch das Grundkonzept gemäß Abbildung 8.12 ist in jedem Fall gültig.

Netzwerksoftware besteht aus mehreren **Protokollen**, die jeweils einen Satz von Formaten, Austauschsequenzen und Regeln über die Bedeutung der Pakete verkörpern. Wenn zum Beispiel ein Benutzer eine Webseite von einem Server abrufen möchte, sendet der Browser des Benutzers ein Paket mit der *GET PAGE*-Anforderung mithilfe des Protokolls **HTTP** (**HyperText Transfer Protocol**) an den Server, der solche Pakete verarbeiten kann. Es existieren viele Protokolle, die oftmals auch kombiniert verwendet werden. In den meisten Fällen sind Protokolle als Folge von Ebenen strukturiert, wobei die oberen Ebenen die Pakete an die niederen Ebenen zur Verarbeitung übergeben. Auf der untersten Ebene findet dann die eigentliche Übertragung statt. Auf der Empfängerseite nehmen die Pakete den umgekehrten Weg durch die einzelnen Protokollebenen nach oben.

Da sich Netzwerkprozessoren ihren Lebensunterhalt mit der Protokollverarbeitung verdienen, müssen wir uns zunächst etwas näher mit Protokollen beschäftigen, bevor wir zu den Netzwerkprozessoren selbst kommen. Betrachten wir noch einmal die *GET PAGE*-Anforderung. Wie wird sie an den Webserver gesendet? Zunächst richtet der Browser eine Verbindung zum Webserver mithilfe des Protokolls **TCP** (**Transmission Control Protocol**) ein. Die Software, die dieses Protokoll implementiert, prüft, ob alle Pakete fehlerfrei und in der richtigen Reihenfolge empfangen wurden. Geht ein Paket verloren, dann fordert die TCP-Software es so oft wie nötig erneut an, bis es ordnungsgemäß eintrifft.

Der Webbrowser formatiert die *GET PAGE*-Anforderung als korrekte HTTP-Nachricht und übergibt sie dann der TCP-Software, um sie über die Verbindung zu übertragen. Die TCP-Software fügt einen Header mit einer Sequenznummer und anderen Informationen vor der Nachricht ein. Diesen Header bezeichnet man natürlich als **TCP-Header**.

Nachdem das geschehen ist, nimmt die TCP-Software den TCP-Header und die Nutzdaten (die die *GET PAGE*-Anforderung enthalten) und übergibt sie an einen anderen Teil der Software, die das **Internet Protocol** – kurz **IP** – implementiert. Diese Software stellt vor die bisherige Nachricht einen **IP-Header** mit der Quelladresse (der Computer, von dem das Paket kommt), der Zieladresse (der Computer, an den das Paket gerichtet ist), der Anzahl der Hops, die das Paket überleben darf (um zu verhindern, dass verlorene Pakete ewig leben), einer Prüfsumme (um Übertragungs- und Speicherfehler zu erkennen) sowie anderen Feldern.

Das resultierende Paket (das jetzt aus IP-Header, TCP-Header und *GET PAGE*-Anforderung besteht) wird jetzt nach unten an die Sicherungsschicht (Data Link Layer) weitergereicht, die einen Datenverbindungs-Header vor die eigentliche Übertragung setzt. Die Sicherungsschicht hängt außerdem am Ende eine Prüfsumme an, eine sogenannte **CRC** (**Cyclic Redundancy Code**), mit der sich Übertragungsfehler erkennen lassen. Die Prüfsummen in der Sicherungsschicht und der IP-Schicht scheinen zwar redundant zu sein, sie verbessern aber die Zuverlässigkeit. Jeder Hop prüft die CRC. Außerdem entfernt er Header und CRC, um sie in einem neuen Format zu generieren, das für die ausgehende Verbindung geeignet ist. ▶Abbildung 8.13 zeigt den Aufbau des Paketes, wenn es über Ethernet übertragen wird. Der Aufbau bei der Übertragung über eine Telefonleitung (für ADSL) ist ähnlich, außer dass ein „Telefonleitungs-Header" an die Stelle des Ethernet-Headers tritt. Die Header-Verwaltung ist wichtig und gehört zu den Dingen, die ein Netzwerkprozessor übernehmen kann. Es dürfte klar sein, dass wir hier das Thema der Computernetze nur an der Oberfläche gestreift haben. Mehr dazu erfahren Sie beispielsweise in [Tanenbaum und Wetherall, 2011].

Ethernet-Header	IP-Header	TCP-Header	Nutzdaten	CRC

Abbildung 8.13: Der Aufbau eines Paketes bei Übertragung über Ethernet

Einführung in Netzwerkprozessoren

An Netzwerke sind viele Arten von Geräten angeschlossen. Beim Endbenutzer ist das natürlich der Personalcomputer (Desktop bzw. Notebook), doch zunehmend findet man auch Spielkonsolen, PDAs (Palmtops) und Mobiltelefone im Netzwerk. Firmen setzen PCs und Server als Endsysteme ein. Allerdings verfügen sie auch über zahlreiche Geräte, die als Zwischensysteme in Netzwerken arbeiten, einschließlich Router, Switches, Firewalls, Webproxys und Systeme für den Lastenausgleich. Interessanterweise sind es gerade die Zwischensysteme, die am meisten belastet werden, da sie die größte Anzahl von Paketen je Sekunde übertragen müssen. Server sind in dieser Hinsicht ebenfalls anspruchsvoll, Benutzercomputer jedoch nicht.

Je nach dem Netzwerk und dem Paket selbst ist ein eintreffendes Paket verschiedenen Verarbeitungsprozeduren zu unterziehen, bevor es entweder zur Ausgabeleitung oder an das Anwendungsprogramm weitergeleitet wird. So ist zu entscheiden, wohin das Paket zu senden ist, ob es fragmentiert wird oder ob seine Teile neu zusammenzusetzen sind, wie seine Dienstqualität zu beeinflussen ist (insbesondere bei Audio- und Video-Streams), welche Sicherheitsmaßnahmen durchzuführen sind (z.B. Verschlüsselung oder Entschlüsselung), ob Komprimierung/Dekomprimierung erforderlich ist usw.

Zur Bearbeitung der Protokolle in immer schneller werdenden Netzen werden spezialisierte **Netzwerkprozessoren** eingesetzt.

Bei LAN-Geschwindigkeiten nahe 40 Gbit/s und Paketgrößen von 1 KB muss ein am Netzwerk angeschlossener Computer fast 5 Millionen Pakete je Sekunde verarbeiten. Bei 64-Byte-Paketen steigt die Anzahl der Pakete, die je Sekunde zu verarbeiten sind, auf nahezu 80 Millionen. Um die verschiedenen oben erwähnten Funktionen in 12–200 ns auszuführen (neben den mehrfachen Kopien des Paketes, die beständig erforderlich sind), genügt eine reine Softwarelösung nicht mehr. Hardwareunterstützung ist unabdingbar.

Als Hardwarelösung für schnelle Paketverarbeitung kommt beispielsweise ein kundenspezifischer **ASIC**-Chip (**Application-Specific Integrated Circuit**) infrage. Ein derartiger Chip verhält sich wie ein fest verdrahtetes Programm, das genau die vorgesehene Menge von Verarbeitungsfunktionen abarbeitet. In vielen Routern sind ASIC-Chips eingebaut. Allerdings weisen ASIC-Chips viele Probleme auf. Erstens dauert sowohl ihre Entwicklung als auch ihre Herstellung recht lange. Zweitens sind sie starr. Braucht man neue Funktionalität, dann muss man einen neuen Chip entwerfen und produzieren. Darüber hinaus ist die Fehlerbeseitigung ein Albtraum, da man immer neue Chips entwerfen, herstellen, ausliefern und installieren muss. Schließlich sind ASIC-Chips recht teuer, außer wenn die Menge so groß ist, dass sich der Entwicklungsaufwand über eine beträchtliche Anzahl von Chips amortisiert.

Als zweite Lösung könnte man ein **FPGA** (**Field Programmable Gate Array**) einsetzen. Dabei handelt es sich um eine Anordnung von Gattern, die sich zu einer gewünschten Schaltung konfigurieren lassen, indem man sie vor Ort neu verdrahtet. Dazu muss man sie nur aus dem System entfernen und mit einem speziellen Programmiergerät neu beschreiben. Bei diesen Chips ist die Zeit bis zur Markteinführung wesentlich geringer als bei ASICs. Andererseits sind sie komplex, langsam und teuer, was sie außer für Nischenanwendungen unattraktiv macht.

Schließlich sind **Netzwerkprozessoren** programmierbare Bauelemente, die eintreffende und ausgehende Pakete mit Leitungsgeschwindigkeit (d.h. in Echtzeit) verarbeiten können. Üblich sind Einsteckkarten, die einen Netzwerkprozessor auf einem Chip zusammen mit Speicher und Unterstützungslogik enthalten. An die Karte sind eine oder mehrere Netzwerkleitungen angeschlossen, die zum Netzwerkprozessor führen. Dort werden die Pakete extrahiert, verarbeitet und entweder an eine andere Netzwerkleitung gesendet (z.B. bei einem Router) oder auf den Hauptsystembus (z.B. den PCI-Bus) gelegt, wenn es sich um ein Endbenutzergerät (etwa einen PC) handelt. ▶Abbildung 8.14 zeigt eine typische Einsteckkarte mit einem Netzwerkprozessorchip.

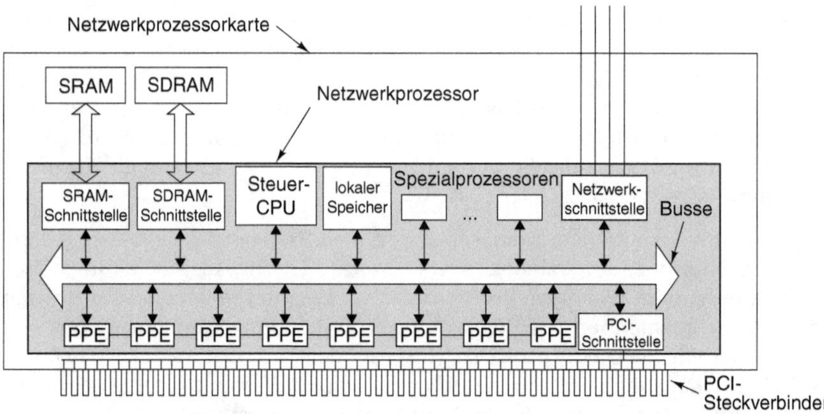

Abbildung 8.14: Typisches Beispiel für Platine und Chip eines Netzwerkprozessors

Auf der Karte findet man sowohl SRAM als auch SDRAM, die in der Regel unterschiedlichen Aufgaben dienen. SRAM ist nur recht wenig vorhanden, da dieser Typ zwar schneller, aber auch teurer als SDRAM ist. Im SRAM werden Routing-Tabellen und andere wichtige Datenstrukturen abgelegt, während SDRAM die eigentlichen Pakete aufnimmt, die zu verarbeiten sind. Da SRAM und SDRAM vom eigentlichen Netzwerkprozessorchip getrennt sind, ist der Kartendesigner flexibler, um den erforderlichen Umfang jedes Speichertyps festzulegen. Auf diese Weise kommen Karten im unteren Leistungsbereich (z.B. für einen PC oder Server mit nur einem Netzwerkanschluss) mit wenig Speicher aus, während Karten im oberen Leistungsbereich für einen großen Router wesentlich mehr Speicher erhalten können.

Netzwerkprozessorchips sind für die schnelle Verarbeitung großer Mengen eingehender und ausgehender Pakete optimiert. Das bedeutet Millionen von Paketen je Sekunde pro Netzwerkleitung – und an einem Router können ohne Weiteres ein halbes Dutzend Leitungen angeschlossen sein. Eine derartige Verarbeitungsrate lässt sich nur mit Netzwerkprozessoren erreichen, die intern stark parallelorientiert arbeiten. Und in der Tat bestehen alle Netzwerkprozessoren aus mehreren **PPEs**, die man verschiedentlich als **Protocol/Programmable/Packet Processing Engines** – d.h. Protokoll/Programmierbare/Paket-Verarbeitungsmodule – bezeichnet. Jedes Modul umfasst einen (gegebenenfalls modifizierten) RISC-Kern sowie einen kleinen internen Speicher für das Programm und bestimmte Variablen.

Netzwerkprozessoren verwenden spezialisierte Kerne (**PPEs**), um einen hohen Durchsatz an Paketen zu erreichen. Diese können in einer Pipeline spezialisierte Operationen übernehmen oder sie führen datenparallel alle Schritte für einzelne Netzwerkpakete aus.

Die PPEs lassen sich in zwei unterschiedlichen Arten organisieren. Bei der einfachsten Organisation verwendet man nur identische PPEs. Trifft ein – entweder von einer Netzwerkleitung eingehendes oder vom Bus ausgehendes – Paket am Netzwerkprozessor ein, wird es an ein unbeschäftigtes PPE-Modul zur Verarbeitung übergeben. Wenn kein PPE frei ist, wird das Paket in eine Warteschlange eingereiht, die im SDRAM auf der Platine realisiert ist, bis eine PPE frei wird. Bei dieser Organisationsform entfallen die in Abbildung 8.14 eingezeichneten waagerechten Verbindungen zwischen den PPEs, weil die PPEs untereinander nicht kommunizieren müssen.

Die Fließbandverarbeitung ist die andere PPE-Organisation. Hierbei führt jede PPE einen Verarbeitungsschritt aus und übergibt dann einen Zeiger auf ihr Ausgabepaket an die nächste PPE in der Pipeline. Somit verhält sich die PPE-Pipeline fast genauso wie die CPU-Pipelines, mit denen sich *Kapitel 2* beschäftigt hat. In beiden Organisationsformen sind die PPEs vollständig programmierbar.

In weiterentwickelten Entwürfen arbeiten die PPEs mit Multithreading, verfügen also über mehrere Registersätze und ein Hardwareregister, das den momentan aktiven Registersatz kennzeichnet. Dadurch lassen sich mehrere Programme gleichzeitig ausführen, wobei ein Programmwechsel (d.h. Thread-Wechsel) möglich ist, indem einfach die Variable für den „aktuellen Registersatz" geändert wird. Kommt eine PPE beispielsweise beim Zugriff auf das SDRAM (was mehrere Taktzyklen dauern kann) zum Stillstand, dann kann sie sofort zu einem lauffähigen Thread wechseln. Auf diese Weise erreicht eine PPE einen hohen Nutzungsgrad, selbst wenn sie durch häufige Zugriffe auf den SDRAM oder andere langsame externe Operationen blockiert wird.

Neben den PPEs enthalten alle Netzwerkprozessoren einen Steuerungsprozessor (normalerweise eine Standard-RISC-CPU) für alle Aufgaben, die nicht mit der Paketverarbeitung zusammenhängen, beispielsweise die Aktualisierung der Routing-Tabellen. Das Programm und die Daten dieses Prozessors befinden sich im lokalen On-Chip-Speicher.

Darüber hinaus enthalten viele Netzwerkprozessoren auch einen oder mehrere spezialisierte Prozessoren für Mustervergleiche oder andere kritische Operationen. Diese Prozessoren sind in der Regel kleine ASIC-Chips, die für einzelne einfache Operationen – beispielsweise das Suchen einer Zieladresse in der Routing-Tabelle – durchaus geeignet sind. Alle Komponenten im Netzwerkprozessor kommunizieren über einen oder mehrere parallele On-Chip-Busse, die mit Geschwindigkeiten von mehreren Gigabit pro Sekunde arbeiten.

Paketverarbeitung

Wenn ein Paket eintrifft, durchläuft es eine Reihe von Verarbeitungsstufen, unabhängig davon, ob der Netzwerkprozessor für Parallel- oder Fließbandverarbeitung organisiert ist. Manche Netzwerkprozessoren gliedern diese Schritte in eine **Eingangsverarbeitung** (Ingress Processing) – d.h. Operationen, die auf den (entweder von einem Netzwerkanschluss oder vom Systembus) eintreffenden Paketen ausgeführt werden – und eine **Ausgangsverarbeitung** (Egress Processing) – d.h. Operationen auf ausgehenden Paketen. Wird diese Unterscheidung getroffen, so durchläuft jedes Paket zuerst die Eingangsverarbeitung und dann die Ausgangsverarbeitung. Die Grenze zwischen Eingangs- und Ausgangsverarbeitung ist flexibel, weil einige Schritte in dem einen oder dem anderen Teil möglich sind (z.B. das Sammeln von Verkehrsstatistiken).

Die folgende Übersicht gibt eine mögliche Reihenfolge der verschiedenen Schritte an, wobei aber nicht alle Pakete alle Schritte durchlaufen müssen und es auch andere Reihenfolgen gibt, die gleichermaßen gültig sind.

1. **Prüfsummenverifizierung:** Wenn das eintreffende Paket vom Ethernet kommt, wird die CRC neu berechnet, um sie mit der Prüfsumme im Paket zu vergleichen und sicherzustellen, dass keine Übertragungsfehler aufgetreten sind. Ist die Ethernet-CRC korrekt oder nicht vorhanden, dann wird die IP-Prüfsumme berechnet und mit derjenigen im Paket verglichen, um sicherzustellen, dass sich das IP-Paket nicht durch ein fehlerhaftes Bit im Speicher des Senders geändert hat, nachdem die IP-Prüfsumme auf der Senderseite berechnet wurde. Sind alle Prüfsummen korrekt, dann akzeptiert der Prozessor das Paket zur weiteren Verarbeitung, andernfalls verwirft er es.

2. **Feldextraktion:** Der Prozessor parst den relevanten Header und bestimmt die Schlüsselfelder. Ein Ethernet-Switch untersucht nur den Ethernet-Header, während ein IP-Router den IP-Header inspiziert. Die Schlüsselfelder werden in Registern (bei paralleler PPE-Organisation) oder im SRAM (bei Fließbandorganisation) gespeichert.

3. **Paketklassifizierung:** Auf das Paket wird eine Reihe von programmierbaren Regeln angewandt. Die einfachste Klassifizierung unterscheidet lediglich Datenpakete von Steuerungspaketen, doch findet normalerweise eine feinere Untergliederung statt.

4. **Pfadauswahl:** Die meisten Netzwerkprozessoren besitzen einen speziellen schnellen Pfad, der für die Verarbeitung von „Feld-Wald-und-Wiesen-Paketen" optimiert ist, während alle anderen Pakete unterschiedlich – oftmals durch den Steuerungsprozessor – behandelt werden. Folglich muss der Prozessor entweder den schnellen oder den langsamen Pfad auswählen.

5. **Zielnetzbestimmung:** IP-Pakete enthalten eine 32-Bit-Zieladresse. Es ist weder möglich noch sinnvoll, in einer Tabelle mit 2^{32} Einträgen das Ziel für jedes IP-Paket nachzuschlagen. Deshalb gibt der linke Teil jeder IP-Adresse die Netzwerknummer an und der Rest spezifiziert einen Computer in diesem Netzwerk. Da Netzwerknummern unterschiedlich lang sein können, ist die Bestimmung der Zielnetzwerk-

nummer nicht trivial und wird noch durch die Tatsache erschwert, dass mehrere Übereinstimmungen möglich sind, wobei die jeweils längste zählt. Diesen Schritt übernimmt oftmals ein kundenspezifischer ASIC.

6 **Routensuche:** Nachdem die Nummer des Zielnetzwerks bekannt ist, kann die Ausgangsleitung in einer Tabelle im SRAM gesucht werden. Auch für diesen Schritt kommt ein kundenspezifischer ASIC infrage.

7 **Fragmentierung und Neuzusammensetzung:** Programme übergeben an die TCP-Schicht gern umfangreiche Nutzdaten, um die Anzahl der erforderlichen Systemaufrufe niedrig zu halten. TCP, IP und Ethernet können nur mit Paketen umgehen, die bestimmte Größen nicht überschreiten. Aufgrund dieser Einschränkungen müssen die Nutzdaten gegebenenfalls auf der Senderseite aufgeteilt und auf der Empfängerseite wieder zusammengesetzt werden. Das sind Aufgaben, die dem Netzwerkprozessor zufallen.

8 **Berechnungen:** Mit den Nutzdaten sind manchmal umfangreiche Berechnungen anzustellen, beispielsweise um die Daten zu komprimieren bzw. zu dekomprimieren. Diese Aufgaben kann ein Netzwerkprozessor übernehmen.

9 **Header-Verarbeitung:** Manchmal müssen Header hinzugefügt, entfernt oder geändert werden. Zum Beispiel besitzt der IP-Header ein Feld, das die Anzahl der Hops zählt, die ein Paket noch zurücklegen darf, bevor es verworfen wird. Bei jeder Neuübertragung ist der Wert in diesem Feld zu dekrementieren. Auch dies kann der Netzwerkprozessor erledigen.

10 **Warteschlangenverwaltung:** Eingehende und ausgehende Pakete müssen oftmals in eine Warteschlange gestellt werden, um sie nacheinander verarbeiten zu können. Multimedia-Anwendungen benötigen manchmal einen bestimmten Zeitraum zwischen zwei Paketen, um Jitter-Effekte zu vermeiden. Eine Firewall oder ein Router müssen gegebenenfalls die eintreffenden Daten auf mehrere ausgehende Leitungen nach bestimmten Regeln verteilen. Alle diese Aufgaben lassen sich mit einem Netzwerkprozessor bewältigen.

11 **Prüfsummengenerierung:** An ausgehende Pakete ist eine Prüfsumme anzuhängen. Die IP-Prüfsumme lässt sich vom Netzwerkprozessor generieren, die Ethernet-CRC wird aber im Allgemeinen von der Hardware erzeugt.

12 **Buchführung:** In manchen Fällen ist eine Buchführung für den Paketverkehr erforderlich, insbesondere wenn ein Netzwerk den Verkehr für andere Netzwerke als kommerzielle Dienstleistung weiterleitet. Der Netzwerkprozessor kann die Buchführung übernehmen.

13 **Statistikermittlung:** Schließlich sind viele Organisationen daran interessiert, statistische Kennwerte für ihren Verkehr zu erfassen. Auch für diesen Zweck ist der Netzwerkprozessor gut geeignet.

Leistungsverbesserung

Leistung ist das Zauberwort für Netzwerkprozessoren. Was lässt sich tun, um die Leistung zu verbessern? Zunächst einmal muss man definieren, was das überhaupt bedeutet. Ein Maß ist die Anzahl der Pakete, die pro Sekunde weitergeleitet werden. Ein zweites Maß ist die Anzahl der pro Sekunde weitergeleiteten Bytes. Diese beiden Maße unterscheiden sich – und ein Schema, das mit kleinen Paketen gut funktioniert, muss bei großen Paketen nicht genauso zufriedenstellend arbeiten. Insbesondere kann es bei kleinen

Paketen hilfreich sein, wenn man die Anzahl der Zielsuchoperationen je Sekunde verbessert, während das bei großen Paketen wahrscheinlich nicht viel bringt.

Am einfachsten lässt sich die Leistung verbessern, wenn man die Taktfrequenz des Netzwerkprozessors erhöht. Natürlich steigt die Leistung nicht linear mit der Taktfrequenz, da auch noch die Speicherzykluszeit und andere Faktoren eine Rolle spielen. Außerdem bedeutet eine höhere Taktfrequenz, dass mehr Wärme entsteht und abgeführt werden muss.

Ein Leistungsgewinn lässt sich oftmals mit zusätzlichen PPEs und Parallelität erzielen, vor allem bei einer Organisation, die aus parallelen PPEs besteht. Eine tiefere Pipeline kann ebenso helfen, allerdings nur, wenn sich die Aufgaben zur Paketverarbeitung wirklich in kleinere Stücke aufteilen lassen.

Zusätzliche Spezialprozessoren oder ASIC-Chips eignen sich für spezielle zeitaufwendige Operationen, die ständig wiederkehren und schneller durch Hardware als durch Software realisiert werden können. Das trifft unter anderem auf Nachschlageoperationen, Prüfsummenberechnungen und Verschlüsselungstechniken zu.

Geschwindigkeitsgewinne lassen sich auch erzielen, wenn man zusätzliche interne Busse vorsieht und vorhandene Busse verbreitert, weil die Pakete dann schneller durch das System laufen können. Schließlich kann man auch das Ersetzen von SDRAM durch SRAM zur Leistungsverbesserung in Betracht ziehen, was allerdings auch seinen Preis hat.

Zum Thema Netzwerkprozessoren gibt es natürlich noch viel mehr zu sagen. Näheres finden Sie beispielsweise in [Freitas et al., 2009], [Lin et al., 2010] und [Yamamoto und Nakao, 2011].

8.2.2 Grafikprozessoren

Ein zweiter Bereich, in dem Coprozessoren eingesetzt werden, ist die Bearbeitung von hochauflösenden Grafiken, beispielsweise 3-D-Rendering. Normale CPUs eignen sich nicht besonders gut für die massiven Berechnungen, die bei der Bearbeitung der in diesen Anwendungen anfallenden großen Datenmengen anfallen. Deshalb sind die meisten PCs mit Grafikprozessoren (Graphics Processing Units, GPUs) ausgestattet, auf die sich große Teile der Arbeit abladen lassen (bei zukünftigen Prozessoren dürften diese Coprozessoren zum Standard gehören).

Die Fermi-GPU von NVIDIA

Grafikprozessoren sind hochparallele Systeme, die den hohen Grad an Datenparallelität bei der Grafikbearbeitung ausnutzen.

Dieses zunehmend wichtiger werdende Gebiet untersuchen wir anhand eines Beispiels: der **Fermi-GPU** von NVIDIA. ►Abbildung 8.15 zeigt die Architektur der Fermi-GPU, die in einer ganzen Familie von Grafikprozessoren – für verschiedene Geschwindigkeiten und Größen – zu finden ist. Organisiert ist der Prozessor in 16 **SMs** (**Streaming Multiprocessors**), die jeweils über einen eigenen privaten L1-Cache mit hoher Bandbreite verfügen. Die einzelnen Multiprozessoren enthalten 32 CUDA-Kerne, d.h. insgesamt 512 CUDA-Kerne pro Fermi-GPU. Bei einem **CUDA**-Kern (**Compute Unified Device Architecture**) handelt es sich um einen einfachen Prozessor, der Ganzzahl- und Gleitkommaberechnungen einfacher Genauigkeit unterstützt. *Abbildung 2.7* zeigt einen SM mit 32 CUDA-Kernen. Die 16 SMs greifen auf einen einzelnen einheitlichen (unified) 678-KB-L2-Cache zu, der über eine DRAM-Schnittstelle mit mehreren Ports angeschlossen ist. Die Schnittstelle des Hostprozessors realisiert einen Kommunikationspfad zwischen dem Hostsystem und der GPU über eine gemeinsame DRAM-Busschnittstelle – normalerweise über eine PCI-Express-Schnittstelle.

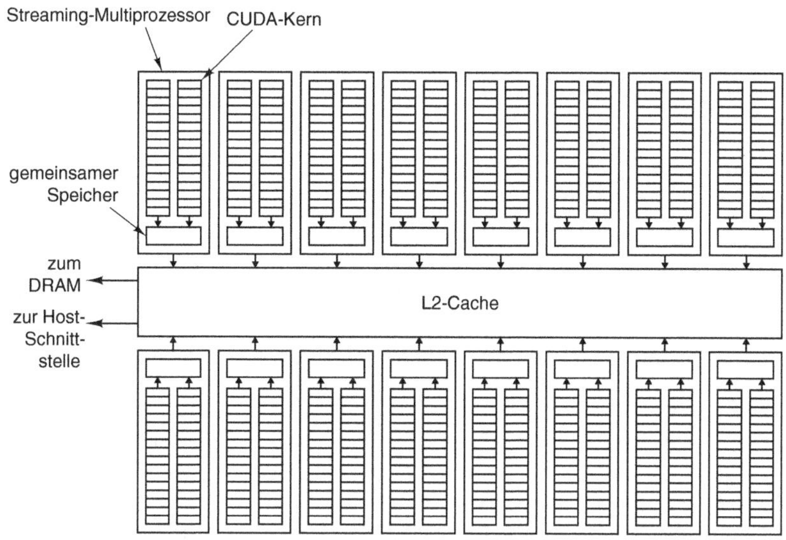

Abbildung 8.15: Die Architektur der Fermi-GPU

Die Fermi-Architektur ist darauf ausgelegt, Code für die Grafik-, Video- und Bildverarbeitung effizient auszuführen. Bei diesen Aufgaben fallen in der Regel viele redundante Berechnungen verteilt über viele Pixel an. Die Streaming-Prozessoren können 32 Operationen auf einmal ausführen, doch ist es wegen dieser Redundanz erforderlich, dass alle in einem einzelnen Zyklus ausgeführten Operationen identisch sind. Diese Art der Verarbeitung, die sogenannte **SIMD**-Technik (**Single-Instruction Multiple Data**), besitzt den wichtigen Vorteil, dass jeder SM in jedem Zyklus nur einen einzigen Befehl abruft und decodiert. NVIDIA kann nur deshalb 512 Kerne auf einen einzigen Silizium-Die packen, weil die Befehlsverarbeitung über alle Kerne in einem SM gemeinsam erfolgt. Wenn Programmierer sämtliche Rechenressourcen nutzen können (wobei die Betonung auf „Wenn" liegt), bietet das System erhebliche rechentechnische Vorteile gegenüber herkömmlichen Skalararchitekturen wie beim Core i7 oder OMAP4430.

Aktuelle Grafikprozessoren von NVIDIA können mittels **CUDA** auch für die Bearbeitung numerischer Algorithmen eingesetzt werden. Supercomputer verwenden diese Prozessoren als Beschleuniger.

Aus den Anforderungen der SIMD-Verarbeitung in den SMs ergeben sich bestimmte Bedingungen für die Art des Codes, die der Programmierer auf diesen Einheiten ausführen kann. Praktisch muss jeder CUDA-Kern denselben Code im Gleichschritt ausführen, um 32 Operationen gleichzeitig zu erreichen. Um dem Programmierer die Arbeit zu erleichtern, hat NVIDIA die CUDA-Programmiersprache entwickelt. Die CUDA-Sprache spezifiziert die Programmparallelität mithilfe von Threads. Die Threads werden dann in Blöcke gruppiert und den Streaming-Prozessoren zugeordnet. Solange jeder Thread in einem Block genau die gleiche Codesequenz ausführt (bei allen Verzweigungen also die gleiche Entscheidung fällt), lassen sich bis zu 32 Operationen gleichzeitig ausführen (sofern es 32 ausführungsbereite Threads gibt). Wenn Threads auf einem SM abweichende Verzweigungsentscheidungen treffen, tritt durch die sogenannte Verzweigungsdivergenz ein leistungsmindernder Effekt auf, der eine serielle Ausführung von Threads mit abweichenden Codepfaden auf dem SM erzwingt. Verzweigungsdivergenz verringert die Parallelität und bremst die GPU-Verarbeitung. Erfreulicherweise gibt es ein breites Spektrum von Aktivitäten in der Grafik- und Bildverarbeitung, die Verzweigungsdivergenz vermeiden und gute Beschleunigungswerte erzielen können.

Es hat sich auch gezeigt, dass viele andere Codes von der SIMD-artigen Architektur auf Grafikprozessoren profitieren können, beispielsweise in der Medizin, beim Lösen von Beweisen, für Vorhersagen im Finanzwesen und bei grafischen Analysen. Diese Auffächerung potenzieller Anwendungen für GPUs hat ihnen den neuen Beinamen **GPGPUs** (**General-Purpose Graphics Processing Units**) eingebracht.

Ohne ausreichende Speicherbandbreite würde die Fermi-GPU mit 512 CUDA-Kernen steckenbleiben. Um diese Bandbreite bereitzustellen, implementiert die Fermi-GPU eine moderne Speicherhierarchie, wie sie ▶Abbildung 8.16 zeigt. Jeder SM besitzt sowohl einen dedizierten gemeinsamen Speicher als auch einen privaten L1-Datencache. Den dedizierten gemeinsamen Speicher adressieren die CUDA-Kerne direkt. Zudem erlaubt dieser Speicher eine schnelle gemeinsame Datennutzung unter den Threads in einem einzelnen SM. Der L1-Cache beschleunigt die Zugriffe auf DRAM-Daten. Um den unterschiedlichsten Ansprüchen an die Nutzung der Programmdaten zu entsprechen, lassen sich die SMs mit einem Shared Memory (gemeinsamen Speicher) von 16 KB und einem L1-Cache von 48 KB oder einem Shared Memory von 48 KB und einem L1-Cache von 16 KB konfigurieren. Alle SMs nutzen einen einzelnen einheitlichen L2-Cache von 768 KB gemeinsam. Der L2-Cache erlaubt schnelleren Zugriff auf DRAM-Daten, die nicht in die L1-Caches passen. Außerdem bietet der L2-Cache eine gemeinsame Nutzung der Daten zwischen den SMs, obwohl dieser Nutzungsmodus wesentlich langsamer ist als die SM-interne gemeinsame Nutzung im Shared Memory eines SM. Auf den L2-Cache folgt der DRAM, der die übrigen Daten, Bildelemente und Texturen aufnimmt, mit denen die Programme für die Fermi-GPU arbeiten. Effiziente Programme versuchen, DRAM-Zugriffe um jeden Preis zu vermeiden, da schon ein einzelner Zugriff Hunderte von Zyklen dauern kann.

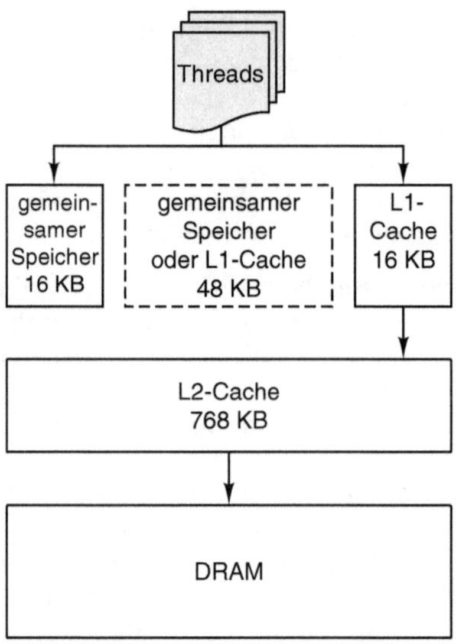

Abbildung 8.16: Die Speicherhierarchie der Fermi-GPU

Für einen cleveren Programmierer stellt die Fermi-GPU eine der leistungsfähigsten Rechnerplattformen dar, die je geschaffen wurden. Eine einzige Fermi-basierte GTX 580-GPU, die bei 772 MHz mit 512 CUDA-Kernen läuft, erreicht eine durchgehende Rechengeschwindigkeit von 1,5 Teraflops und verbraucht dabei eine Leistung von 250 W. Diese Kenngrößen sind umso eindrucksvoller angesichts des Straßenpreises einer GTX 580-

GPU von weniger als 600 US-Dollar. Zum Vergleich: 1990 hatte der weltweit schnellste Computer, die Cray-2, eine Rechenleistung von 0,002 Teraflops und einen (inflationsbereinigten) Preis von 30 Millionen US-Dollar. Dieser Computer war in einem Raum mittlerer Größe untergebracht und besaß ein eigenes Flüssigkeitskühlsystem, um die Wärme bei einer umgesetzten Leistung von 150 kW abzuführen. Der GTX 580 weist eine 750-fach höhere Rechenleistung für 1/50000 des Preises auf und verbraucht dabei nur 1/600 der Energie. Nicht schlecht!

8.2.3 Kryptoprozessoren

Coprozessoren sind auch im Bereich der Sicherheit verbreitet, was vor allem die Netzwerksicherheit betrifft. Wenn Client und Server eine Verbindung einrichten, müssen sich beide in den meisten Fällen gegeneinander authentifizieren. Dann ist eine sichere verschlüsselte Verbindung zwischen ihnen herzustellen, damit sich Daten auf sicherem Weg übertragen lassen und unberechtigte Dritte, die sich eventuell in den Übertragungsweg einklinken können, keinen Zugriff auf die Daten erhalten.

Problematisch dabei ist, dass sich die Sicherheit nur über Kryptografie erreichen lässt und Kryptografie sehr rechenintensiv ist. Bei kryptografischen Verfahren unterscheidet man zwei allgemeine Kategorien: **Kryptografie mit symmetrischem Schlüssel** und **Kryptografie mit öffentlichem Schlüssel**. Die erste Form basiert darauf, die Bits gründlich durcheinander zu bringen, so als würde man eine Nachricht in einen Mixer stecken. Die zweite Form basiert auf der Multiplikation und Potenzierung großer Zahlen (z.B. 1024 Bit lang) und ist äußerst zeitaufwendig.

Für die erforderlichen Berechnungen, Daten sicher für die Übertragung oder Speicherung zu verschlüsseln und sie dann später wieder zu entschlüsseln, bieten verschiedene Firmen Kryptocoprozessoren an, die manchmal als Einsteckkarten für den PCI-Bus erhältlich sind. Diese ìCoprozessoren besitzen spezielle Hardware, die die notwendigen Verschlüsselungen wesentlich schneller als eine normale CPU durchführen kann. Um allerdings die Funktionsweise derartiger Kryptoprozessoren verstehen zu können, sind Kenntnisse zur Kryptografie selbst erforderlich, was aber über das Ziel dieses Buchs hinausginge. Weitere Informationen zu Kryptoprozessoren finden Sie in [Gaspar et al., 2010], [Haghighizadeh et al., 2010] und [Shoufan et al., 2011].

8.3 Multiprozessoren mit gemeinsamem Speicher

Dieses Kapitel hat bisher schon gezeigt, wie sich Parallelität in Ein-Chip-Prozessoren und individuellen Systemen mithilfe von Coprozessoren realisieren lässt. Im nächsten Schritt ist zu untersuchen, wie mehrere voll ausgestattete CPUs zu größeren Systemen kombiniert werden. Systeme mit mehreren CPUs kann man in Multiprozessoren und Multicomputer gliedern. Wir sehen uns nun zuerst an, was diese Begriffe im Einzelnen bedeuten, und gehen dann auf Multiprozessoren und Multicomputer näher ein.

8.3.1 Multiprozessoren und Multicomputer

Bei jedem Parallelrechnersystem müssen CPUs, die an unterschiedlichen Teilen derselben Aufgabe arbeiten, miteinander kommunizieren, um Informationen auszutauschen. Wie das genau geschehen soll, ist im Bereich der Rechnerarchitekturen höchst umstritten. Mit Multiprozessoren und Multicomputern hat man zwei sich deutlich voneinander unterscheidende Designs vorgeschlagen und implementiert. Der wesentliche Unterschied zwischen beiden besteht darin, ob gemeinsam genutzter Speicher (Shared Memory) vorhanden bzw. nicht vorhanden ist. Das wirkt sich wiederum darauf aus, wie die Systeme konzipiert, gebaut und programmiert werden und bestimmt nicht zuletzt auch ihren Einsatzbereich und Preis.

Multiprozessoren

In einem **Multiprozessor** greifen mehrere Prozessoren auf den gleichen Speicher zu. Über LOAD/STORE-Operationen können sie kommunizieren.

Einen parallelen Computer, in dem alle CPUs einen Speicher gemeinsam nutzen, bezeichnet man als **Multiprozessor**, wie ihn ▶Abbildung 8.17 symbolisch skizziert. Alle Prozesse, die in einem Multiprozessor zusammenarbeiten, können einen virtuellen Adressraum, der auf einen gemeinsamen Speicher abgebildet wird, gemeinsam nutzen. Jeder Prozess kann ein Speicherwort lesen oder schreiben, indem er einfach einen LOAD- oder STORE-Befehl ausführt. Mehr ist nicht nötig. Die Hardware erledigt den Rest. Zwei Prozesse können miteinander kommunizieren, indem der eine Prozess Daten in den Speicher schreibt und der andere Prozess diese Daten liest.

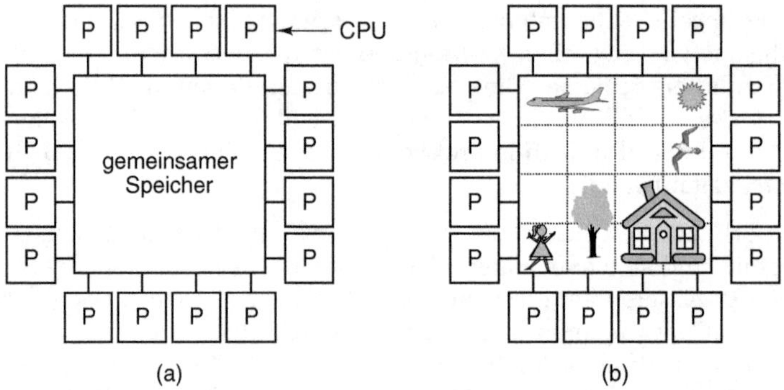

Abbildung 8.17: (a) Ein Multiprozessor mit 16 CPUs, die einen Speicher gemeinsam nutzen (b) ein Bild mit 16 Bereichen, die jeweils von einer anderen CPU analysiert werden

Die Möglichkeit der Kommunikation von zwei (oder mehr) Prozessen durch einfaches Lesen und Schreiben aus dem bzw. in den Speicher ist der Grund, warum Multiprozessoren so verbreitet sind. Dieses Modell ist für Programmierer leicht verständlich und lässt sich auf zahlreiche Probleme anwenden. Sehen Sie sich beispielsweise ein Programm an, das ein Bitmap-Bild untersucht und alle darin befindlichen Objekte auflistet. Eine Kopie des Bildes bleibt im Hauptspeicher, wie in ▶Abbildung 8.17b dargestellt. Jede der 16 CPUs führt einen einzigen Prozess aus, dem einer der 16 Bereiche für die Analyse zugewiesen wurde. Dennoch hat jeder Prozess Zugriff auf das ganze Bild, was wichtig ist, weil einige Objekte mehrere Bereiche belegen. Stellt ein Prozess fest, dass sich eines seiner Objekte über eine Bereichsgrenze hinaus erstreckt, dann folgt er dem Objekt in den nächsten Bereich, indem er die Wörter dieses Bereichs liest. In diesem Beispiel werden einige Objekte von mehreren Prozessen erkannt, sodass am Ende eine gewisse Koordination nötig ist, um festzustellen, wie viele Häuser, Bäume und Flugzeuge vorhanden sind.

Da alle CPUs in einem Multiprozessor dasselbe Speicherbild sehen, existiert nur eine einzige Kopie des Betriebssystems. Folglich gibt es nur eine einzige Seitentabelle und eine Prozesstabelle. Wenn ein Prozess blockiert, sichert seine CPU seinen Zustand in den

Betriebssystemtabellen und sucht dann in diesen Tabellen nach einem anderen Prozess, der ausführbar ist. Durch dieses Einzelsystemmerkmal unterscheidet sich ein Multiprozessor von einem Multicomputer, bei dem jeder Computer seine eigene Kopie des Betriebssystems besitzt.

Ein Multiprozessor braucht wie alle Computer E/A-Geräte, beispielsweise Festplatten, Netzwerkadapter und andere Geräte. In bestimmten Multiprozessoren können nur bestimmte CPUs auf die E/A-Geräte zugreifen und übernehmen somit eine spezielle E/A-Funktion. In anderen Systemen hat jede CPU gleichrangigen Zugriff auf jedes E/A-Gerät. Wenn jede CPU gleichberechtigt auf alle Speichermodule und E/A-Geräte zugreifen kann und das Betriebssystem diese CPU als austauschbar mit anderen CPUs betrachtet, spricht man von einem **symmetrischen Multiprozessor** oder **SMP** (**Symmetric MultiProcessor**).

Multicomputer

Beim zweiten möglichen Design für eine parallele Architektur erhält jede CPU ihren eigenen privaten Speicher, auf den nur sie selbst und keine andere CPU zugreifen kann. ▶Abbildung 8.18a zeigt ein derartiges Design, das man **Multicomputer** oder manchmal auch **System mit verteiltem Speicher** (**Distributed Memory System**) nennt. Dieses System unterscheidet sich vom Multiprozessor vor allem darin, dass jede CPU einen privaten, lokalen Speicher besitzt, auf den sie mit `LOAD`- und `STORE`-Befehlen zugreifen kann, der aber keiner anderen CPU über diese Befehle zugänglich ist. Somit haben Multiprozessoren einen einzelnen physischen Adressraum, den alle CPUs gemeinsam nutzen, während in Multicomputern je ein physischer Adressraum pro CPU vorhanden ist.

In einem **Multicomputer** hat jede CPU ihren privaten Speicher. Prozessoren kommunizieren durch Nachrichtenaustausch.

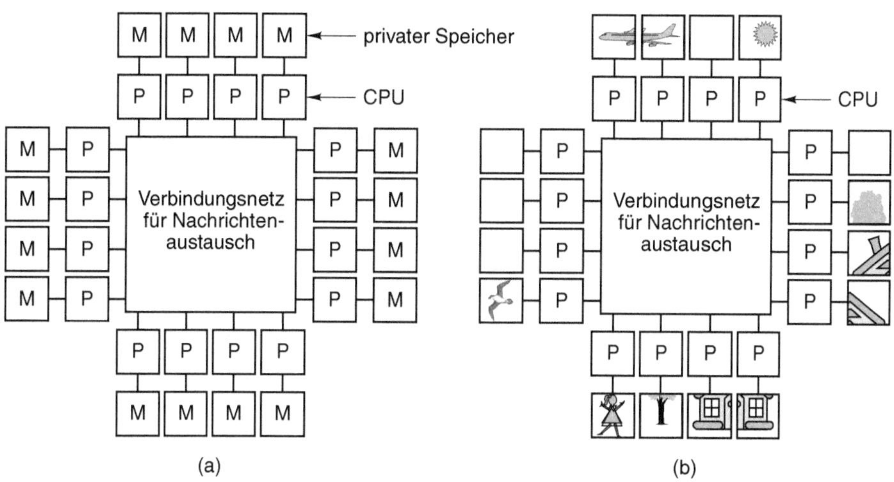

Abbildung 8.18: (a) Ein Multicomputer mit 16 CPUs, die jeweils einen privaten Speicher besitzen (b) das auf die 16 Speicher aufgeteilte Bitmap-Bild von Abbildung 8.17

Da die einzelnen CPUs eines Multicomputers nicht einfach durch Lesen und Schreiben eines gemeinsamen Speichers miteinander kommunizieren können, ist ein anderer Kommunikationsmechanismus erforderlich. Die CPUs tauschen miteinander Nachrichten über das Verbindungsnetz aus. Beispiele für Multicomputer sind IBM BlueGene/L, Red Storm und der Google-Cluster.

Das Fehlen eines gemeinsamen Hardwarespeichers bei einem Multicomputer hat erhebliche Auswirkungen auf die Softwarestruktur. Es ist bei einem Multicomputer nicht möglich, einen einzigen virtuellen Adressraum zu realisieren, den sämtliche Prozesse mithilfe einfacher `LOAD`- und `STORE`-Befehle lesen bzw. schreiben können. Stellt beispielsweise CPU 0 (in der linken oberen Ecke) von Abbildung 8.17b fest, dass sich Teile ihres Objekts auf den Bereich erstrecken, der CPU 1 zugeteilt ist, kann sie dennoch im Speicher weiterlesen, um das Heck des Flugzeugs zu erreichen. Macht andererseits CPU 0 in ▶Abbildung 8.18b die gleiche Feststellung, kann sie nicht einfach den Speicher von CPU 1 lesen. Um die benötigten Daten zu erhalten, muss sie gänzlich anders vorgehen.

Insbesondere muss sie (irgendwie) feststellen, welche CPU die von ihr benötigten Daten hat, und dieser eine Nachricht senden, um eine Kopie der Daten anzufordern. Normalerweise blockiert sie dann, bis die Anforderung beantwortet ist. Kommt die Nachricht bei CPU 1 an, muss die Software dieser CPU die Nachricht analysieren und die benötigten Daten zurücksenden. Wenn die Antwortnachricht bei CPU 0 eintrifft, wird die Software wieder freigegeben und kann fortfahren.

Bei einem Multicomputer kommunizieren die Prozesse oftmals über Software-Primitive wie `send` und `receive`. Dadurch erhält die Software eine andere und bei Weitem kompliziertere Struktur als bei einem Multiprozessor. Es bedeutet auch, dass die richtige Aufteilung und Bereitstellung der Daten an den optimalen Stellen bei einem Multicomputer ein entscheidender Faktor ist. Dieser Aspekt spielt bei einem Multiprozessor keine so große Rolle, weil die Platzierung weder die Korrektheit noch die Programmierbarkeit beeinflusst, auch wenn sie sich auf die Leistung auswirken kann. Kurz gesagt ist die Programmierung eines Multicomputers viel schwieriger als die eines Multiprozessors.

Unter diesen Bedingungen stellt sich die Frage, warum man Multicomputer baut, obwohl sich Multiprozessoren leichter programmieren lassen. Die Antwort ist einfach: Große Multicomputer lassen sich bei gleicher CPU-Anzahl einfacher und billiger als Multiprozessoren bauen. Schon für wenige Hundert CPUs einen gemeinsamen Speicher zu implementieren, ist ein ziemlich komplexes Unterfangen, während sich ein Multicomputer mit zehntausend CPUs oder mehr relativ einfach konstruieren lässt. Später in diesem Kapitel lernen Sie einen Multicomputer mit mehr als 50.000 CPUs kennen.

Wir haben also ein Dilemma: Multiprozessoren sind schwieriger zu bauen, aber leichter zu programmieren, bei Multicomputern ist es umgekehrt. Deshalb arbeitet man an Hybridsystemen, die sich sowohl leicht bauen als auch leicht programmieren lassen. Man hat dabei erkannt, dass gemeinsame Speicher unterschiedlich implementiert werden können, was jeweils bestimmte Vor- und Nachteile nach sich zieht. Ein Großteil der Forschungsarbeiten im Bereich der Parallelrechnerarchitekturen bezieht sich heute auf die Verschmelzung von Multiprozessor- und Multicomputerarchitekturen zu hybriden Formen, die die Stärken beider Welten aufweisen. Dabei sind vor allem **skalierbare** Systeme interessant, die gleichermaßen gut funktionieren, wenn weitere CPUs hinzukommen.

Die Entwicklung derartiger Hybridsysteme stützt sich auf die Tatsache, dass moderne Computersysteme nicht „aus einem Guss“, sondern aus Schichten bzw. Ebenen bestehen – genau das Thema dieses Buchs. Daraus ergibt sich die Möglichkeit, den gemeinsamen Speicher auf einer beliebigen Schicht zu implementieren, wie es Abbildung 8.19 verdeutlicht. ▶Abbildung 8.19a zeigt einen gemeinsamen Speicher, der hardwareseitig als echter Multiprozessor implementiert ist. In diesem Konzept gibt es nur eine einzige Kopie des Betriebssystems und einen einzigen Satz von Tabellen, was insbesondere die Speicherzuordnungstabelle betrifft. Braucht ein Prozess mehr Speicher, fordert er ihn durch einen Trap beim Betriebssystem an, das in seiner Tabelle nach einer freien Seite sucht und diese dann auf den Adressraum des Aufrufers abbildet. Für das Betriebssystem gibt es einen einzigen Speicher und es verwaltet softwareseitig, welcher Prozess welche Seite besitzt. Es gibt verschiedene Möglichkeiten, gemeinsamen Speicher hardwareseitig zu implementieren – mehr dazu später.

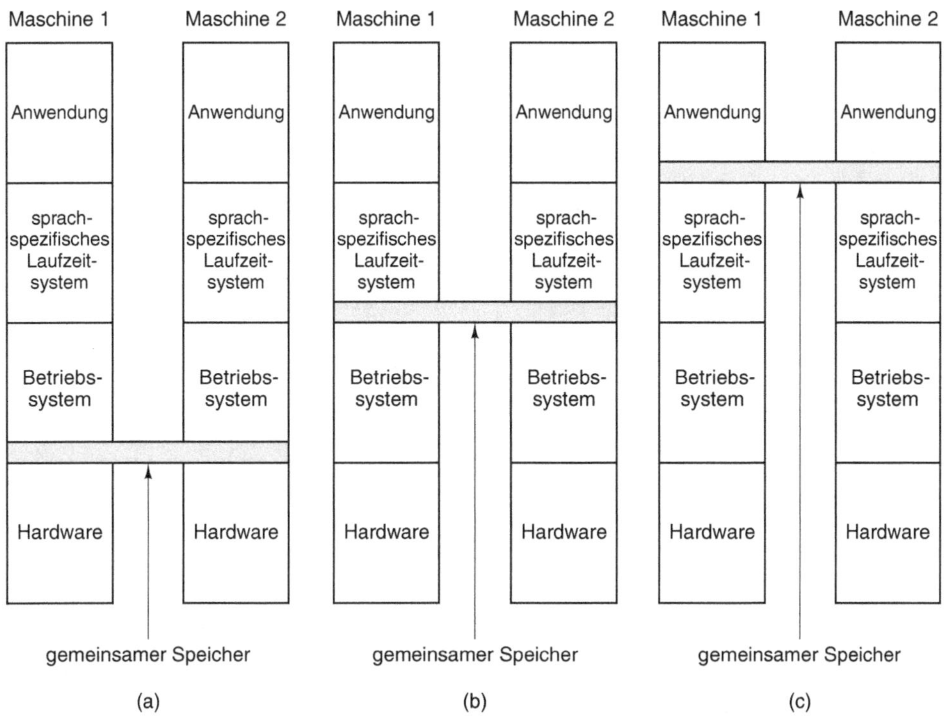

Abbildung 8.19: Gemeinsamer Speicher lässt sich in verschiedenen Ebenen implementieren: (a) Hardware (b) Betriebssystem (c) sprachspezifisches Laufzeitsystem

> Ein **gemeinsamer Speicher** lässt sich bei einem Multicomputer auch in Software simulieren. Dies kann mithilfe der virtuellen Speicherverwaltung im Betriebssystem erfolgen oder im Laufzeitsystem der Programmiersprache.

Ein zweites Konzept stützt sich auf die Hardware eines Multicomputers und lässt das Betriebssystem gemeinsamen Speicher simulieren, indem ein systemweiter seitenorientierter virtueller Adressraum zur gemeinsamen Nutzung bereitgestellt wird. Bei diesem **DSM** (**Distributed Shared Memory** – verteilter Speicher) genannten Ansatz befindet sich jede Seite in einem der in Abbildung 8.18a dargestellten Speicher [Li und Hudak, 1989]. Jede Maschine hat ihren eigenen virtuellen Speicher und eigene Seitentabellen. Führt eine CPU eine `LOAD`- oder `STORE`-Operation auf eine Seite aus, die sie nicht hat, dann wird ein Trap zum Betriebssystem ausgelöst. Das Betriebssystem sucht die Seite und fordert die CPU, die die Seite momentan besitzt, auf, die Seite freizugeben (d.h., die Abbildung aufzuheben) und über das Verbindungsnetz zu senden. Wenn die Seite eintrifft, wird die Abbildung wiederhergestellt und der gescheiterte Befehl neu gestartet. Praktisch bedient das Betriebssystem die Seitenfehler aus dem Remotespeicher statt von der Festplatte. Für den Benutzer stellt sich das System so dar, als verfüge es über gemeinsamen Speicher. Auf DSM gehen wir später in diesem Kapitel noch näher ein.

Drittens kann man ein (möglicherweise sprachspezifisches) Laufzeitsystem auf Benutzerebene eine Form von gemeinsamem Speicher implementieren lassen. Bei diesem Ansatz bietet die Programmiersprache eine gewisse Abstraktion des gemeinsamen Speichers, der vom Compiler und vom Laufzeitsystem implementiert wird. Zum Beispiel basiert das Linda-Modell auf der Abstraktion eines gemeinsamen Tupelraumes (Datensätze mit einer Sammlung von Feldern). Prozesse auf einer beliebigen Maschine können ein Tupel aus einem gemeinsamen Tupelraum lesen oder ein Tupel in den gemeinsamen Tupelraum schreiben. Da der Zugriff auf den Tupelraum vollständig in der Software (durch das Linda-Laufzeitsystem) überwacht wird, ist keine Unterstützung durch spezielle Hardware oder das Betriebssystem erforderlich.

Ein weiteres Beispiel für ein sprachspezifisches Modell eines gemeinsamen Speichers, der durch das Laufzeitsystem implementiert wird, ist das Orca-Modell mit gemeinsamen Datenobjekten. Beim Orca-System teilen sich Prozesse generische Objekte statt lediglich Tupel und können objektspezifische Methoden auf ihnen ausführen. Ändert eine Methode den internen Zustand eines Objekts, dann muss das Laufzeitsystem sicherstellen, dass alle Kopien des Objekts auf allen Maschinen gleichzeitig aktualisiert werden. Da Objekte ein reines Softwarekonzept darstellen, lässt sich die Implementierung durch das Laufzeitsystem ohne Hilfe durch das Betriebssystem oder die Hardware realisieren. Linda und Orca werden später in diesem Kapitel ausführlich beschrieben.

Klassifizierung von Parallelrechnern

Wenden wir uns nun wieder unserem Hauptthema zu – der Architektur von Parallelrechnern. Im Lauf der Jahre wurden viele Varianten von Parallelrechnern vorgeschlagen und gebaut, sodass die Frage nach einer Klassifizierung ganz natürlich ist. Viele Forscher haben sich mit mehr oder weniger Erfolg an einer Klassifizierung versucht [Flynn, 1972] und [Treleaven, 1985]. Leider muss der Carl von Linné[1] der Parallelrechner erst noch geboren werden. Lediglich das Schema von Flynn wird häufig angewandt und selbst dieses ist bestenfalls eine grobe Näherung (▶Tabelle 8.3).

Befehlsströme	Datenströme	Name	Beispiele
1	1	SISD	Klassische Von-Neumann-Maschine
1	Mehrere	SIMD	Vektor-Supercomputer, Feldprozessoren
Mehrere	1	MISD	Nicht bekannt
Mehrere	Mehrere	MIMD	Multiprozessor, Multicomputer

Tabelle 8.3: Klassifizierung von Parallelrechnern nach Flynn

Flynns Klassifizierung basiert auf zwei Konzepten: Befehlsströme und Datenströme. Ein Befehlsstrom entspricht einem Programmzähler. Ein System mit n CPUs besitzt n Programmzähler und somit n Befehlsströme.

Ein Datenstrom besteht aus einer Operandenmenge. Zum Beispiel können in einem Wettervorhersagesystem viele Sensoren in regelmäßigen Abständen Ströme von Temperaturwerten senden.

Die Befehls- und Datenströme sind bis zu einem gewissen Maß unabhängig, sodass vier Kombinationen existieren, die in Tabelle 8.3 aufgelistet sind. SISD ist lediglich der klas-

1 Carl von Linné (1707–1778) war ein schwedischer Biologe, der das heute zur Klassifizierung aller Pflanzen und Tiere in Reich, Stamm, Klasse, Ordnung, Familie, Gattung und Spezies benutzte System entwickelt hat.

sische sequenzielle Von-Neumann-Computer, der einen Befehlsstrom und einen Datenstrom hat und jeweils nur eine Aktion ausführt. SIMD-Maschinen besitzen eine einzige Steuereinheit, die je einen Befehl ausgibt, aber mehrere ALUs, um jeden Befehl mit mehreren Datenmengen gleichzeitig auszuführen. Der ILLIAC IV (siehe *Abbildung 2.6*) ist der Prototyp der SIMD-Maschinen. Ausgewachsene SIMD-Maschinen sind immer seltener anzutreffen, doch konventionelle Computer verfügen manchmal über bestimmte SIMD-Befehle für die Verarbeitung von Audio-/Video-Material. Das trifft zum Beispiel auf die SSE-Befehle des Core i7 zu. Dennoch gibt es einen neuen Bereich, in dem einige Ideen aus der SIMD-Welt eine Rolle spielen: Stream-Prozessoren. Diese Maschinen sind speziell darauf ausgelegt, den hohen Anforderungen der Multimedia-Wiedergabe zu entsprechen, und könnten in Zukunft wichtiger werden [Kapasi et al., 2003].

MISD-Maschinen sind eine etwas seltsame Kategorie, bei der mehrere Befehle am selben Datenelement arbeiten. Es ist nicht klar, ob es solche Maschinen gibt, obwohl man gelegentlich Maschinen mit Fließbandverarbeitung als MISD betrachtet.

Schließlich haben wir die MIMD-Maschinen, bei denen es sich lediglich um mehrere unabhängige CPUs handelt, die als Teil eines größeren Systems arbeiten. Die meisten parallelen Prozessoren fallen in diese Kategorie. Sowohl Multiprozessoren als auch Multicomputer sind MIMD-Maschinen.

Flynns Klassifizierung hört an dieser Stelle auf, wir haben sie aber in ▶Abbildung 8.20 erweitert. SIMD wurde in zwei Untergruppen aufgeteilt. In die erste fallen numerische Supercomputer und andere Maschinen, die mit Vektoren arbeiten und auf jedem Vektorelement die gleiche Operation ausführen. Die zweite Untergruppe betrifft parallele Typen, wie den ILLIAC IV, bei denen eine Master-Steuereinheit Befehle an viele unabhängige ALUs sendet (Broadcasting).

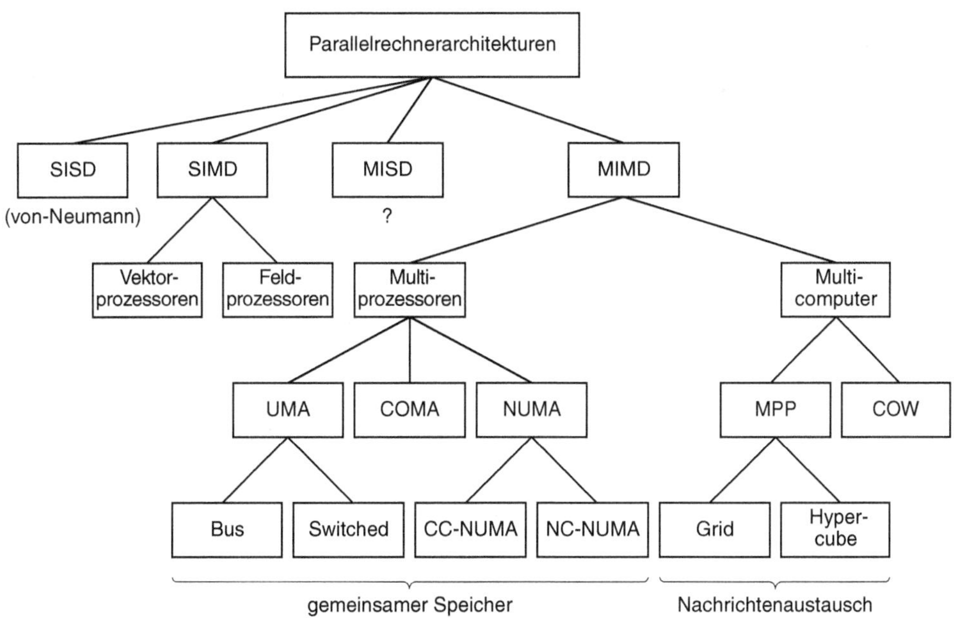

Abbildung 8.20: Eine Klassifizierung von Parallelrechnern

In unserer Klassifizierung ist die MIMD-Kategorie in Multiprozessoren (Maschinen mit gemeinsamem Speicher) und Multicomputer (Rechner mit Nachrichtenübergabe) aufgeteilt. Abhängig von der Implementierung des gemeinsamen Speichers unterscheiden wir drei Arten von Multiprozessoren: **UMA (Uniform Memory Access)**, **NUMA (NonUniform Memory Access)** und **COMA (Cache Only Memory Access)**. Diese Kategorien ergeben sich, weil der Speicher bei großen Multiprozessoren normalerweise in mehrere Module unterteilt ist. UMA-Maschinen haben die Eigenschaft, dass jede CPU die gleiche Zugriffszeit auf jedes Speichermodul hat. Mit anderen Worten lässt sich ein Speicherwort genauso schnell wie jedes andere Speicherwort lesen. Falls das technisch nicht möglich ist, werden die schnellsten Referenzen an die langsamsten angepasst, sodass der Programmierer keinen Unterschied sieht. Hierin liegt auch die Wortbedeutung von „uniform" in der Bezeichnung. Durch diese Einheitlichkeit ist die Leistung vorhersagbar – ein wichtiger Faktor, um effizienten Code schreiben zu können.

NUMA-Multiprozessoren haben unterschiedliche Latenzzeiten für lokale und entfernte Speicher. Selbst Ein-Chip-Multiprozessoren gehören heute zu dieser Kategorie, da der gemeinsame L3-Cache über die Kerne verteilt sein kann.

Für einen NUMA-Multiprozessor gilt diese Eigenschaft dagegen nicht. Oftmals gehört zu jeder CPU ein Speichermodul in unmittelbarer Nähe, auf das die CPU wesentlich schneller zugreifen kann als auf entfernte Module. Aus Leistungsgründen ist es deshalb wichtig, wo Code und Daten platziert werden. COMA-Maschinen sind ebenfalls nicht uniform, allerdings unter anderen Aspekten. Auf diese Typen und ihre Unterkategorien gehen wir später ausführlich ein.

Die andere Hauptkategorie der MIMD-Maschinen besteht aus den Multicomputern, die im Gegensatz zu den Multiprozessoren keinen gemeinsamen Primärspeicher auf der Architekturebene besitzen. Mit anderen Worten kann das Betriebssystem auf einer CPU eines Multicomputers nicht einfach über einen `LOAD`-Befehl auf Speicher zugreifen, der einer anderen CPU zugeordnet ist, sondern muss explizit eine Nachricht senden und auf eine Antwort warten. Genau diese Fähigkeit des Betriebssystems, ein entferntes Wort allein mithilfe eines `LOAD`-Befehls zu lesen, unterscheidet Multiprozessoren von Multicomputern. Wie bereits erwähnt, ist es aber selbst auf einem Multicomputer möglich, dass Benutzerprogramme mit `LOAD`- und `STORE`-Befehlen auf entfernten Speicher zugreifen, doch wird diese Illusion vom Betriebssystem und nicht von der Hardware unterstützt. Dieser Unterschied ist subtil, aber äußerst wichtig. Da Multicomputer keinen direkten Zugriff auf entfernten Speicher haben, werden sie manchmal auch als **NORMA**-Maschinen (**NO Remote Memory Access**) bezeichnet.

Multicomputer lassen sich grob in zwei Kategorien gliedern. Zur ersten Kategorie gehören die **MPPs (Massively Parallel Processors)** – teure Supercomputer mit vielen CPUs, die über ein proprietäres Hochgeschwindigkeitsnetz eng gekoppelt sind. Ein bekanntes kommerzielles Beispiel hierfür ist die IBM SP/3.

Zur anderen Kategorie gehören die normalen PCs, Arbeitsstationen oder Server, die gegebenenfalls in Gestellrahmen montiert und über handelsübliche Zwischenverbindungen zusammengeschlossen sind. Logisch besteht kein großer Unterschied, abgesehen davon, dass riesige Supercomputer mehrere Millionen Dollar kosten und anders als vernetzte PCs eingesetzt werden, die der Benutzer für einen Bruchteil des Preises eines MPPs selbst zusammenbauen kann. Für diese mehr oder weniger „handgestrickten" Maschinen gibt es verschiedene Namen, darunter **NOW (Network of Workstations)** und **COW (Cluster of Workstations)** oder einfach **Cluster**.

8.3.2 Speichersemantik

Obwohl alle Multiprozessoren den CPUs das Bild eines einzigen, gemeinsam genutzten Adressraums vermitteln, gibt es oftmals viele Speichermodule, die jeweils einen Teil des physischen Speichers realisieren. Meistens sind CPUs und Speicher durch ein komplexes Netzwerk von Zwischenverbindungen zusammengeschaltet, wie *Abschnitt 8.1.2* erläutert hat. Mehrere CPUs können versuchen, ein Speicherwort zu lesen, während gleichzeitig mehrere andere CPUs dasselbe Wort schreiben wollen. Dabei können sich einige Anforderungsnachrichten während der Übertragung überholen und in einer anderen als der Ausgabereihenfolge zugestellt werden. Dazu kommt noch, dass mehrere Kopien derselben Speicherblöcke (z.B. in Caches) existieren. Alles in allem kann es schnell zum Chaos kommen, sofern man keine strengen Maßnahmen ergreift, um dies zu verhindern. Dieser Abschnitt erläutert, was gemeinsamer Speicher wirklich bedeutet und wie Speichermodule unter den genannten Umständen vernünftig reagieren können.

Die Speichersemantik lässt sich beispielsweise als Vertrag zwischen der Software und der Speicherhardware betrachten [Adve und Hill, 1990]. Wenn sich die Software an bestimmte Regeln hält, liefert der Speicher bestimmte Ergebnisse. Man muss also klären, wie diese Regeln, die man als **Konsistenzmodelle** bezeichnet, aussehen. Viele dieser Modelle wurden bereits vorgeschlagen und implementiert [Sorin et al., 2011].

Das **Konsistenzmodell** des gemeinsamen Speichers definiert, wann Schreiboperationen für andere CPUs sichtbar werden. Es hat entscheidenden Einfluss auf die Semantik paralleler Programme.

Um das Problem zu veranschaulichen, nehmen wir an, dass CPU 0 den Wert 1 in ein bestimmtes Speicherwort einträgt und wenig später CPU 1 den Wert 2 in dasselbe Speicherwort schreibt. Jetzt liest CPU 2 das Wort und erhält den Wert 1. Soll der Besitzer seinen Rechner zur Reparatur bringen? Das hängt davon ab, was der Speicher zugesagt hat (wie also sein Vertrag lautet).

Strikte Konsistenz

Das einfachste Modell ist die **strikte Konsistenz** (Strict Consistency). Hier gibt jede Leseoperation an einer Stelle x immer den Wert zurück, der zuletzt in x geschrieben wurde. Dieses Modell wird zwar vom Programmierer bevorzugt, lässt sich aber praktisch nur als einzelnes Speichermodul implementieren, das schlichtweg alle Anfragen nach dem Prinzip „wer zuerst kommt, wird zuerst bedient" ohne Caching und ohne Datenreplikation abfertigt. Bei einer derartigen Implementierung bildet der Speicher einen enormen Engpass, sodass dieses Modell leider nicht infrage kommt.

Sequenzielle Konsistenz

Das nächstbessere Modell nennt man **sequenzielle Konsistenz** (Sequential Consistency) [Lamport, 1979]. Es basiert auf dem Konzept, dass die Hardware bei mehreren Lese- und Schreibanfragen eine (nicht deterministische) Verschachtelung (Interlevaing) aller Anfragen wählt, aber alle CPUs dieselbe Reihenfolge sehen.

Ein Beispiel soll dieses Konzept veranschaulichen. Wir nehmen an, dass CPU 1 den Wert 100 in Wort x schreibt und 1 ns später CPU 2 den Wert 200 in Wort x ablegt. Nun sollen 1 ns nach der Ausgabe der zweiten Schreiboperation (die nicht unbedingt schon beendet sein muss) zwei weitere CPUs (3 und 4) das Wort x jeweils zweimal kurz nacheinander lesen. ▶Abbildung 8.21a zeigt diese Abläufe. In ▶Abbildung 8.21b–d sind drei mögliche Reihenfolgen der sechs Ereignisse (zwei Schreib- und vier Leseoperationen) angegeben. In Abbildung 8.21b erhält CPU 3 die Werte (200, 200) und CPU 4 die Werte (200, 200), in Abbildung 8.21c die Werte (100, 200) bzw. (200, 200) und in Abbildung 8.21d die Werte

(100, 100) bzw. (200, 100). Alle genannten und weitere, nicht dargestellte Möglichkeiten sind zulässig. Es gibt keinen einzelnen „korrekten“ Wert.

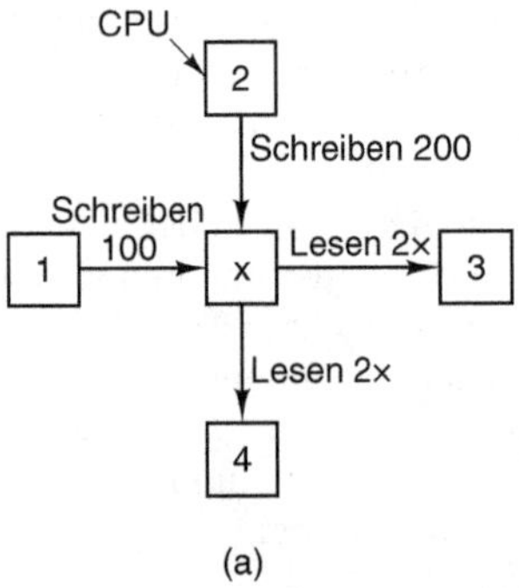

(b)	(c)	(d)
W100	W100	W200
W200	R3 = 100	R4 = 200
R3 = 200	W200	W100
R3 = 200	R4 = 200	R3 = 100
R4 = 200	R3 = 200	R4 = 100
R4 = 200	R4 = 200	R3 = 100

Abbildung 8.21: (a) Zwei CPUs schreiben und zwei CPUs lesen dasselbe Wort im gemeinsamen Speicher. (b) bis (d) Drei Möglichkeiten, wie die zwei Schreib- und vier Leseoperationen zeitlich verschachtelt sein können

Allerdings – und das ist das Wesen der sequenziellen Konsistenz – erlaubt es ein sequenziell konsistenter Speicher nicht, dass CPU 3 die Werte (100, 200) bekommt, während CPU 4 die Werte (200, 100) erhält. Das würde zum einen bedeuten, dass gemäß CPU 3 das Schreiben von 100 durch CPU 1 nach dem Schreiben von 200 durch CPU 2 fertiggestellt wird, was durchaus in Ordnung ist. Doch es bedeutet zum anderen auch, dass entsprechend CPU 4 das Schreiben von 200 durch CPU 2 vor dem Schreiben von 100 durch CPU 1 fertiggestellt wird. Für sich genommen ist auch dieses Ergebnis möglich. Problematisch ist, dass die sequenzielle Konsistenz eine einzige, globale, für alle CPUs sichtbare Reihenfolge aller Schreiboperationen gewährleistet. Stellt CPU 3 fest, dass 100 zuerst geschrieben wurde, muss auch CPU 4 diese Reihenfolge sehen.

Auch wenn die sequenzielle Konsistenz keine so mächtige Regel verkörpert wie die strikte Konsistenz, ist sie dennoch nützlich. Praktisch besagt sie, dass es für gleichzeitig eintretende Ereignisse eine reale Reihenfolge gibt, die zwar durch den zeitlichen Ablauf und den Zufall bestimmt wird, dass jedoch immer eine reale Reihenfolge existiert und alle Prozessoren genau diese und keine andere Reihenfolge beobachten. Obwohl diese Aussage selbstverständlich klingen mag, kommen wir noch zu Konsistenzmodellen, die nicht einmal das garantieren.

Prozessorkonsistenz

Die **Prozessorkonsistenz** (Processor Consistency) ist ein nicht so strenges Konsistenzmodell, das sich aber auf großen Multiprozessoren leichter implementieren lässt [Goodman, 1989]. Es weist die beiden folgenden Eigenschaften auf:

1. Die von den einzelnen CPUs ausgeführten Schreiboperationen werden von allen anderen CPUs in der Reihenfolge gesehen, in der die Operationen ausgegeben wurden.
2. Für jedes einzelne Speicherwort sehen alle CPUs alle Schreiboperationen in derselben Reihenfolge.

Beide Punkte sind wichtig. Der erste Punkt besagt, wenn die CPU 1 nacheinander drei Schreiboperationen mit den Werten 1A, 1B und 1C auf eine Speicherstelle ausgibt, dann sehen alle anderen Prozessoren diese Operationen auch in dieser Reihenfolge. Mit anderen Worten: Ein Prozessor, der in einer engen Schleife die Werte 1A, 1B und 1C verfolgt, indem er die geschriebenen Wörter liest, wird niemals zuerst den Wert 1B und dann den Wert 1A sehen usw. Der zweite Punkt ist erforderlich, um zu verlangen, dass jedes Speicherwort einen eindeutigen Wert enthält, nachdem mehrere CPUs darauf geschrieben haben und schließlich stoppen. Alle müssen sich einig sein, wer den letzten Zugriff ausgeführt hat.

Sogar mit diesen Einschränkungen bleibt für den Designer noch genügend Flexibilität. Nehmen Sie nur einmal den Fall an, dass CPU 2 die Schreiboperationen 2A, 2B und 2C gleichzeitig mit den drei Schreiboperationen von CPU 1 ausgibt. Andere CPUs, die unablässig den Speicher lesen, stellen eine gewisse Verschachtelung der sechs Schreiboperationen fest, zum Beispiel 1A, 1B, 2A, 2B, 1C, 2C oder 2A, 1A, 2B, 2C, 1B, 1C oder viele andere. Die Prozessorkonsistenz gewährleistet *nicht*, dass jede CPU die gleiche Reihenfolge sieht (anders als bei der sequenziellen Konsistenz, bei der dies sichergestellt ist). Folglich darf sich die Hardware durchaus so verhalten, dass einige CPUs die erste der oben genannten Reihenfolgen sehen, einige die zweite und einige wieder andere. Garantiert *wird*, dass keine CPU eine Folge sieht, bei der 1B vor 1A usw. kommt. Die Reihenfolge, in der jede CPU ihre Schreiboperationen ausführt, wird von überall aus beobachtet.

Es sei darauf hingewiesen, dass einige Autoren Prozessorkonsistenz anders definieren und die zweite Bedingung nicht verlangen.

Schwache Konsistenz

Das nächste Modell, die **schwache Konsistenz** (Weak Consistency), bietet nicht einmal die Gewähr, dass die Schreiboperationen ein und derselben CPU in der Ausgabereihenfolge zu sehen sind [Dubois et al., 1986]. Bei einem auf der schwachen Konsistenz basierten Speicher sieht eine CPU möglicherweise 1A vor 1B und eine andere CPU sieht 1A nach 1B. Um allerdings das Chaos etwas in den Griff zu bekommen, verfügen schwach konsistente Speicher über Synchronisationsvariablen oder eine Synchronisationsoperation. Bei einer Synchronisierung werden alle anhängigen Schreiboperationen abgeschlossen und keine neuen gestartet, bis alle alten fertig sind und die Synchronisierung selbst beendet ist. Praktisch heißt das, dass die Synchronisierung „die Pipeline leert“ und den Speicher in einen stabilen Zustand ohne anhängige Operationen bringt. Synchronisationsoperationen sind zu sich selbst sequenziell konsistent. Wenn also mehrere CPUs sie ausgeben, wird eine bestimmte Reihenfolge gewählt, wobei aber alle CPUs dieselbe Reihenfolge sehen.

Bei schwacher Konsistenz wird die Zeit in genau definierte Epochen eingeteilt, die durch die (sequenziell konsistenten) Synchronisierungen begrenzt sind, wie es ▶Abbildung 8.22 zeigt. Für 1A und 1B wird keine relative Reihenfolge garantiert und verschiedene CPUs sehen die beiden Schreiboperationen möglicherweise in unterschiedlicher Reihenfolge, d.h., eine CPU sieht vielleicht 1A und dann 1B und eine andere 1B und dann 1A. Diese Situation ist erlaubt. Allerdings sehen alle CPUs 1B vor 1C, weil die erste Synchronisierungsoperation durchsetzt, dass 1A, 1B und 2A abgeschlossen sind, bevor 1C, 2B, 3A oder 3B starten dürfen. Die Software kann demnach mit bestimmten Synchronisierungsoperationen eine bestimmte Reihenfolge von Ereignissen erzwingen, was allerdings nicht kostenlos zu haben ist, weil das Leeren der Speicher-Pipeline einige Zeit erfordert. Tritt dies zu oft auf, ist das Ganze problematisch.

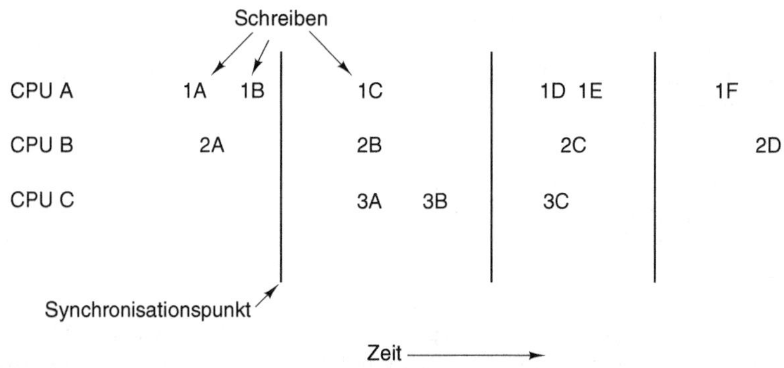

Abbildung 8.22: Ein auf schwacher Konsistenz basierter Speicher teilt die Zeit mithilfe von Synchronisierungsoperationen in sequenzielle Epochen ein

Freigabekonsistenz

Schwache Konsistenz ist recht ineffizient, weil sie alle anhängigen Speicheroperationen fertigstellen und dabei alle neuen zurückhalten muss. Dies lässt sich mit der **Freigabekonsistenz** (Release Consistency) verbessern, die sich an kritischen Abschnitten anlehnt [Gharachorloo et al., 1990]. Dieses Konzept basiert auf folgendem Modell: Wenn ein Prozess einen kritischen Abschnitt verlässt, ist es nicht unbedingt erforderlich, alle Schreiboperationen sofort abzuschließen. Es ist lediglich sicherzustellen, dass sie beendet sind, bevor ein Prozess erneut in diesen kritischen Abschnitt eintritt.

Dieses Modell zerlegt die von der schwachen Konsistenz gebotene Synchronisierungsoperation in zwei Operationen. Zum Lesen oder Schreiben einer gemeinsamen Datenvariablen muss eine CPU (d.h. ihre Software) zuerst eine `acquire`-Operation auf die Synchronisationsvariable ausführen, um exklusiven Zugriff auf die gemeinsamen Daten zu erhalten. Dann kann die CPU diese Daten nach Belieben lesen und schreiben. Wenn die CPU die Arbeit auf diesen Daten abgeschlossen hat, führt sie eine `release`-Operation auf der Synchronisationsvariablen aus, um anzuzeigen, dass sie fertig ist. Die `release`-Operation erzwingt nicht, dass anhängige Schreiboperationen abzuschließen sind, terminiert aber selbst erst dann, wenn alle vorher gestarteten Schreiboperationen fertiggestellt sind. Darüber hinaus werden neue Speicheroperationen nicht am sofortigen Start gehindert.

Bei Ausgabe der nächsten `acquire`-Operation wird geprüft, ob alle vorherigen `release`-Operationen abgeschlossen sind. Ist das nicht der Fall, wird die `acquire`-Operation aufgeschoben, bis alle Operationen fertiggestellt sind (und somit alle vor ihnen ausgeführten Schreiboperationen beendet sind). Wenn also die nächste `acquire`-Operation genügend lange nach der zuletzt ausgeführten `release`-Operation auftritt, muss sie nicht auf ihre Startfreigabe warten und kann ohne Verzögerung in den kritischen Abschnitt eintreten. Findet sie zu früh nach einer `release`-Operation statt, dann wird die `acquire`-Operation (und alle darauffolgenden Befehle) so lange verzögert, bis alle anhängigen `release`-Operationen beendet sind. Damit ist gewährleistet, dass die Variablen im kritischen Abschnitt aktualisiert wurden. Diese Methode ist etwas komplizierter als die schwache Konsistenz, bietet aber den großen Vorteil, dass Befehle nicht allzu oft verzögert werden müssen, um die Konsistenz zu wahren.

Die Untersuchung der Speicherkonsistenz ist immer noch ein aktuelles Forschungsgebiet. Immer wieder schlagen Forscher neue Modelle vor [Naeem et al., 2011], [Sorin et al, 2011] und [Tu et al., 2010].

8.3.3 Symmetrische UMA-Multiprozessorarchitekturen

Die einfachsten Multiprozessorsysteme basieren wie in ▶Abbildung 8.23a gezeigt auf einem einzigen Bus. Zwei oder mehr CPUs und ein oder mehrere Speichermodule kommunizieren über denselben Bus. Möchte eine CPU ein Speicherwort lesen, so prüft sie zuerst, ob der Bus besetzt ist. Wenn der Bus frei ist, legt die CPU die Adresse des gewünschten Wortes auf den Bus, aktiviert einige Steuersignale und wartet, bis der Speicher das gewünschte Wort auf den Bus stellt.

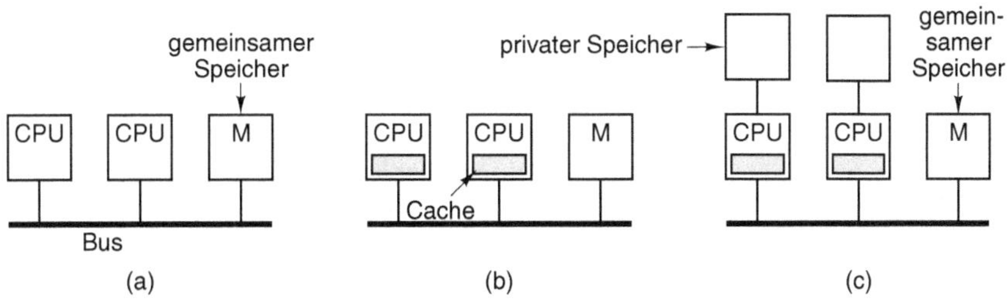

Abbildung 8.23: Drei busbasierte Multiprozessoren: (a) ohne Caching (b) mit Caching (c) mit Caching und privaten Speichern

Ist der Bus belegt, wenn eine CPU den Speicher lesen oder schreiben möchte, dann wartet sie einfach, bis der Bus frei wird. Genau das ist bei diesem Design problematisch. Mit zwei oder drei CPUs lässt sich der Konkurrenzbetrieb um den Bus noch bewältigen. Bei 32 oder 64 CPUs ist dies nicht mehr tragbar. Das gesamte System wäre vollkommen durch die Bandbreite des Busses beschränkt und die meisten CPUs würden die meiste Zeit im Leerlauf arbeiten.

Als Lösung für dieses Problem kann man jeder CPU wie in ▶Abbildung 8.23b gezeigt einen Cache spendieren. Der Cache kann sich auf dem CPU-Chip, neben dem CPU-Chip und/oder auf der Prozessorkarte befinden. Da sich jetzt viele Leseoperationen aus dem lokalen Cache bedienen lassen, ist der Datenverkehr auf dem Bus wesentlich geringer und das System kann mehr CPUs unterstützen. Caching ist demnach ein großer Gewinn. Wie wir allerdings gleich sehen werden, ist es nicht trivial, die Caches untereinander konsistent zu halten.

Eine weitere Möglichkeit zeigt das Design in ▶Abbildung 8.23c, bei dem jede CPU nicht nur einen Cache, sondern auch einen lokalen privaten Speicher besitzt, auf den sie über einen dedizierten (privaten) Bus zugreift. Um diese Konfiguration optimal zu nutzen, sollte der Compiler alle Programmtexte, Zeichenfolgen, Konstanten und andere schreibgeschützte Daten, Keller und lokale Variablen in den privaten Speichern anlegen. Der gemeinsame Speicher wird dann nur für schreibbare gemeinsame Variablen verwendet. In den meisten Fällen lässt sich durch diese gezielte Platzierung der Busverkehr erheblich reduzieren, allerdings muss der Compiler aktiv mitwirken.

Snooping-Caches

Auch wenn die oben angegebenen Leistungsargumente sicherlich zutreffen, sind wir bisher zu schnell über ein grundsätzliches Problem hinweggegangen. Nehmen wir einmal an, dass der Speicher sequenziell konsistent ist. Was passiert, wenn CPU 1 eine Zeile in ihren Cache übernommen hat und CPU 2 dann versucht, ein Wort aus derselben Cachezeile zu lesen? Ohne spezielle Regeln würde sie ebenfalls eine Kopie in ihren Cache abrufen. Prinzipiell ist es akzeptabel, dass dieselbe Zeile in mehreren Caches erscheint. Jetzt nehmen wir an, dass CPU 1 die Zeile modifiziert und CPU 2 unmittelbar danach die Kopie der Zeile aus ihrem Cache liest. CPU 2 erhält **veraltete Daten** (Stale Data) und verletzt somit die Vereinbarung zwischen Software und Speicher. Für das auf CPU 2 laufende Programm ist das sicherlich kein wünschenswerter Zustand.

In Multiprozessoren werden CPUs mit Caches verwendet. Dabei kann es vorkommen, dass mehrere Kopien einer Cachezeile existieren, die aktuell sein müssen. Hierzu werden **Kohärenzprotokolle** eingesetzt. In busbasierten Systemen beruhen diese Protokolle auf Bus-**Snooping**.

Es handelt sich hier um ein schwerwiegendes Problem, das man in der Literatur als **Cache-Kohärenz** (Cache Coherence) oder **Cache-Konsistenz** (Cache Consistency) bezeichnet. Wird es nicht gelöst, dann lässt sich kein Caching einsetzen und busorientierte Multiprozessoren sind auf zwei oder drei CPUs beschränkt. Wegen der großen Bedeutung dieses Problems sind im Lauf der Jahre viele Lösungen entstanden, wie beispielsweise in [Goodman, 1983] und [Papamarcos und Patel, 1984] beschrieben. Diese als **Cache-Kohärenzprotokolle** (Cache Coherence Protocols) bezeichneten Caching-Algorithmen unterscheiden sich zwar geringfügig, sie verhindern aber alle, dass verschiedene Versionen derselben Cachezeile gleichzeitig in zwei oder mehr Caches erscheinen.

Bei allen Lösungen wird der Cache-Controller so konzipiert, dass er den Bus belauschen, alle Busanfragen von anderen CPUs und Caches überwachen und in bestimmten Fällen Maßnahmen ergreifen kann. Diese Caches nennt man **Snooping-Caches** (oder **Snoopy Caches**), weil sie den Bus „beschnüffeln". Die von den Caches, CPUs und Speichern implementierten Regeln, die verhindern sollen, dass verschiedene Datenversionen in mehreren Caches auftauchen, bilden das Cache-Kohärenzprotokoll. Als Transfer- und Speichereinheit für den Cache dient eine **Cachezeile** (Cache Line) mit normalerweise 32 oder 64 Byte.

Das einfachste Cache-Kohärenzprotokoll bezeichnet man als **Write-Through** (Durchschreiben). Seine Funktionsweise lässt sich am besten erläutern, wenn man die vier in ▶Tabelle 8.4 dargestellten Fälle unterscheidet. Liest die CPU ein Wort, das noch nicht in ihrem Cache steht (d.h. Lesefehler), so lädt ihr Cache-Controller die Zeile, die dieses Wort enthält, in den Cache. Diese Zeile kommt aus dem Speicher, der sich bei diesem Protokoll immer auf dem aktuellen Stand befindet. Darauffolgende Leseoperationen (d.h. Lesetreffer) können aus dem Cache bedient werden.

Aktion	Lokale Anfrage	Entfernte Anfrage
Lesefehler	Daten aus dem Speicher abrufen	
Lesetreffer	Daten aus dem lokalen Cache verwenden	
Schreibfehler	Daten im Speicher aktualisieren	
Schreibtreffer	Cache und Speicher aktualisieren	Cache-Eintrag ungültig machen

Tabelle 8.4: Das „Write-Through" genannte Cache-Kohärenzprotokoll. Die leeren Felder bedeuten, dass keine Aktion stattfindet.

Bei einem Schreibfehler wird das geänderte Wort in den Hauptspeicher geschrieben. Die Zeile mit dem referenzierten Wort wird *nicht* in den Cache geladen. Bei einem Schreibtreffer wird der Cache aktualisiert und das Wort außerdem in den Hauptspeicher durchgeschrieben. Dieses Protokoll bewirkt im Wesentlichen, dass alle Schreibvorgänge auf den Speicher „durchgreifen", damit dieser jederzeit aktualisiert ist.

Jetzt sehen wir uns diese Aktionen noch einmal an, dieses Mal aber aus Sicht des „Schnüfflers", wie es die rechte Spalte von Tabelle 8.4 angibt. Wir bezeichnen den Cache, der die Aktionen ausführt, als Cache 1 und den Snooping-Cache als Cache 2. Bei einem Lesefehler fordert Cache 1 den Bus an, um eine Zeile aus dem Speicher abzurufen. Cache 2 nimmt davon Notiz, unternimmt aber nichts. Bei einem Lesetreffer in Cache 1 lässt sich die Anfrage lokal bedienen und es tritt keine Busanforderung auf, sodass Cache 2 nichts von den Lesetreffern in Cache 1 merkt.

Schreiboperationen sind interessanter. Bei einer Schreiboperation durch CPU 1 legt Cache 1 sowohl bei Fehlern als auch bei Treffern eine Schreibanforderung auf den Bus. Bei allen Schreiboperationen prüft Cache 2, ob er das zu schreibende Wort enthält. Wenn nicht, handelt es sich aus seiner Sicht um einen Schreibfehler bei einer entfernten Anfrage und er unternimmt nichts. (Um diesen subtilen Punkt klar zu machen, beachten Sie, dass in Tabelle 8.4 ein entfernter Fehlzugriff bedeutet, dass das Wort nicht im Snooping-Cache vorhanden ist. Es spielt keine Rolle, ob es sich im Cache des Urhebers befand oder nicht. Somit kann eine einzelne Anfrage lokal ein Treffer und beim Schnüffeln ein Fehlschlag sein und umgekehrt.)

Nehmen wir weiter an, dass Cache 1 ein Wort schreibt, das in Cache 2 vorhanden ist (Schreibtreffer bei entfernter Anfrage). Wenn Cache 2 nichts unternimmt, sind seine Daten veraltet. Deshalb markiert er den Eintrag, der das neu modifizierte Wort enthält, als ungültig und entfernt damit praktisch das Element aus dem Cache. Da alle Caches sämtliche Busanfragen verfolgen („schnüffeln"), wird letztlich ein geschriebenes Wort im Cache des Urhebers und im Speicher aktualisiert, während es aus allen anderen Caches entfernt wird. Auf diese Weise lassen sich inkonsistente Versionen vermeiden.

Natürlich kann die CPU von Cache 2 ohne Weiteres im nächsten Zyklus dasselbe Wort lesen. In diesem Fall holt Cache 2 das mittlerweile aktualisierte Wort aus dem Speicher. Jetzt stehen in Cache 1, Cache 2 und im Speicher identische Kopien des Wortes. Wenn jetzt eine dieser CPUs schreibt, wird der Cache der anderen geleert und der Speicher aktualisiert.

Dieses grundlegende Protokoll erlaubt mehrere Varianten. Zum Beispiel macht der Snooping-Cache bei einem Schreibtreffer normalerweise seinen Eintrag, der das geschriebene Wort enthält, ungültig. Alternativ könnte er den neuen Wert akzeptieren und seinen Cache aktualisieren, anstatt ihn als ungültig zu markieren. Konzeptionell läuft es auf das Gleiche hinaus, den Cache zu aktualisieren oder das Wort als ungültig zu markieren und es gleich darauf aus dem Speicher zu lesen. Bei allen Cache-Protokollen muss man zwischen den Strategien **Aktualisieren** (Update Strategy) und **Invalidieren** (Invalidate Strategy) wählen. Diese Protokolle sind unter verschiedenen Belastungen unterschiedlich leistungsfähig. Aktualisierungsnachrichten befördern Nutzdaten und sind daher umfangreicher als Nachrichten zur Invalidierung, können aber künftige Cache-Fehler verhindern.

Eine andere Variante lädt den Snooping-Cache bei Schreibfehlern. Dies wirkt sich nicht auf die Korrektheit des Algorithmus, sondern nur auf die Leistung aus. Die Frage lautet hier: „Wie groß ist die Wahrscheinlichkeit, dass ein gerade geschriebenes Wort bald wieder geschrieben wird?" Wenn sie groß ist, muss es eine Vorschrift geben, die sich auf das Laden des Cache bei Schreibfehlern bezieht – das ist die sogenannte **Write-Allocate-**

Richtlinie (Write-Allocate Policy). Sollte die Wahrscheinlichkeit nur gering sein, ist es besser, bei Schreibfehlern nicht zu aktualisieren. Wenn nämlich die CPU das Wort bald *liest*, wird es durch den Lesefehler ohnehin geladen. Es bringt nicht viel, das Wort beim Schreibfehler zu laden.

Wie viele einfache Lösungen ist auch diese nicht effizient. Jede Schreiboperation geht über den Bus zum Speicher, sodass der Bus auch bei einer mittleren Anzahl von CPUs zum Engpass wird. Um den Busverkehr in Grenzen zu halten, hat man andere Cache-Protokolle entwickelt. Diese haben alle die Eigenschaft, dass nicht sämtliche Schreiboperationen direkt auf den Speicher durchgreifen. Stattdessen wird beim Modifizieren einer Cachezeile im Cache ein Bit gesetzt, das darauf hinweist, dass die Cachezeile, nicht aber der Speicher korrekt ist. Zwar muss eine solche modifizierte Zeile letztlich in den Speicher zurückgeschrieben werden, doch kann das gegebenenfalls erst dann geschehen, nachdem viele Schreiboperationen auf diese Zeile stattgefunden haben. Man bezeichnet diesen Protokolltyp als **Write-Back** (Zurückschreiben).

Das Cache-Kohärenzprotokoll MESI

Das **MESI**-Protokoll wird in Systemen mit Write-Back-Caches eingesetzt. Es invalidiert einen Cache-Eintrag, wenn ein anderer Prozessor seine Kopie schreibt.

Ein bekanntes Cache-Kohärenzprotokoll nach dem Write-Back-Schema ist **MESI**, das nach den Anfangsbuchstaben der vier verwendeten Zustände (Modified, Exclusive, Shared und Invalid) benannt ist [Papamarcos und Patel, 1984]. Es basiert auf dem älteren **Write-Once-Protokoll** [Goodman, 1983]. Das MESI-Protokoll wird im Core i7 und in vielen anderen CPUs für das Bus-Snooping verwendet. Jeder Cache-Eintrag kann einen der folgenden vier Zustände annehmen:

1. Ungültig (Invalid) – der Cache-Eintrag enthält keine gültigen Daten.
2. Gemeinsam (Shared) – die Zeile kann sich in mehreren Caches befinden; der Speicher ist auf dem neuesten Stand.
3. Exklusiv (Exclusive) – die Zeile befindet sich in keinem anderen Cache; der Speicher ist auf dem neuesten Stand.
4. Modifiziert (Modified) – der Eintrag ist gültig; der Speicher ist ungültig; es gibt keine Kopien.

Beim anfänglichen Booten der CPU werden alle Cache-Einträge als ungültig markiert. Beim ersten Lesen des Speichers wird die referenzierte Zeile in den Cache der CPU geholt, die den Speicher liest, und mit dem Zustand E (Exclusive) markiert, da sie die einzige Kopie in einem Cache ist. ▶Abbildung 8.24a zeigt diesen Zustand für den Fall, dass CPU 1 Zeile A liest. Darauffolgende Leseoperationen durch diese CPU verwenden den Cache-Eintrag und gehen nicht über den Bus. Eine andere CPU kann dieselbe Zeile ebenfalls abrufen und im Cache speichern. Durch Snooping stellt aber der ursprüngliche Inhaber (CPU 1) fest, dass er nicht mehr allein ist, und kündigt auf dem Bus an, dass er ebenfalls über eine Kopie verfügt. Beide Kopien werden mit dem Zustand S (Shared) gekennzeichnet, wie es ▶Abbildung 8.24b zeigt. Mit anderen Worten bedeutet der Zustand S, dass sich die Zeile in einem oder mehreren Caches zum Lesen befindet und der Speicher aktuell ist. Liest anschließend eine CPU eine Zeile, die sich im S-Zustand befindet und in ihrem Cache steht, wird der Bus nicht benutzt und es erfolgt keine Zustandsänderung.

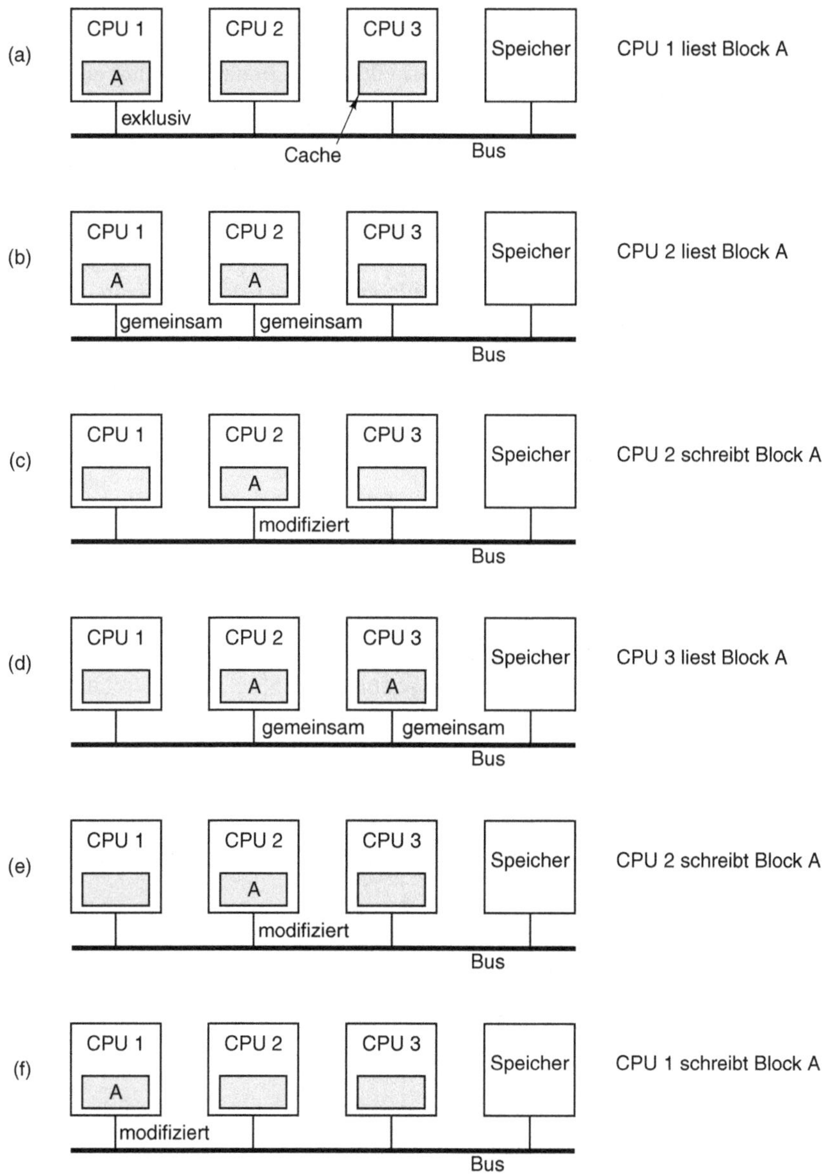

Abbildung 8.24: Das Cache-Kohärenzprotokoll MESI

Sehen Sie sich nun an, was passiert, wenn CPU 2 in ihre Cachezeile schreibt, die sich im Zustand S befindet. Mit einem I-Signal (Invalid), das sie auf den Bus legt, weist sie alle anderen CPUs an, ihre Kopien zu verwerfen. Die im Cache befindliche Kopie geht nun in den Zustand M (Modified) über, wie es ▶Abbildung 8.24c zeigt. Die Zeile wird aber nicht in den Speicher geschrieben. Beachten Sie, dass kein Bussignal erforderlich ist, um die anderen Caches ungültig zu machen, wenn eine im Zustand E befindliche Zeile geschrieben wird, weil bekannt ist, dass keine weiteren Kopien vorliegen.

Als Nächstes betrachten wir den Fall, wenn CPU 3 die Zeile liest. CPU 2, die jetzt die Zeile besitzt, weiß, dass die Kopie im Speicher nicht gültig ist. Deshalb aktiviert sie ein Bussignal, um CPU 3 zum Warten anzuweisen, bis sie ihre Zeile in den Speicher zurückgeschrieben hat. Wenn CPU 2 fertig ist, ruft CPU 3 eine Kopie ab und die Zeile wird in beiden Caches in den S-Zustand versetzt, wie es in ▶Abbildung 8.24d zu sehen ist. Danach beschreibt CPU 2 erneut die Zeile, wodurch die Kopie im Cache von CPU 3 in den Zustand I geht, wie es ▶Abbildung 8.24e zeigt.

Schließlich schreibt CPU 1 ein Wort in die Zeile. CPU 2 sieht, dass ein Schreibversuch gestartet wurde, und aktiviert ein Bussignal, damit CPU 1 wartet, während CPU 2 ihre Zeile in den Speicher zurückschreibt. Danach setzt sie ihre eigene Kopie in den I-Zustand, da sie weiß, dass eine andere CPU sie gerade modifiziert. Nun liegt der Fall vor, dass eine CPU in eine nicht im Cache befindliche Zeile schreibt. Ist die Write-Allocate-Richtlinie wirksam, dann wird die Zeile in den Cache geladen und in den Zustand M gesetzt, wie in ▶Abbildung 8.24f dargestellt. Ohne Write-Allocate-Richtlinie wird direkt in den Speicher geschrieben und die Zeile nirgends in einen Cache übernommen.

UMA-Multiprozessoren mit Kreuzschienenverteilern

Auch wenn man alle Optimierungsmöglichkeiten ausschöpft, begrenzt ein einzelner Bus die Größe eines UMA-Multiprozessorsystems auf 16 oder 32 CPUs. Um über diese Zahl hinauszukommen, ist eine andere Art von Verbindungsnetz erforderlich. Als einfachste Technik für den Anschluss von n CPUs an k Speicher bietet sich der in Abbildung 8.25 dargestellte **Kreuzschienenverteiler** (Crossbar Switch) an. Kreuzschienenverteiler (oder Koordinatenschalter) setzt man schon seit Jahrzehnten in Telefonnetzen ein, um eine Gruppe ankommender Leitungen in beliebiger Weise auf eine Gruppe abgehender Leitungen durchzuschalten.

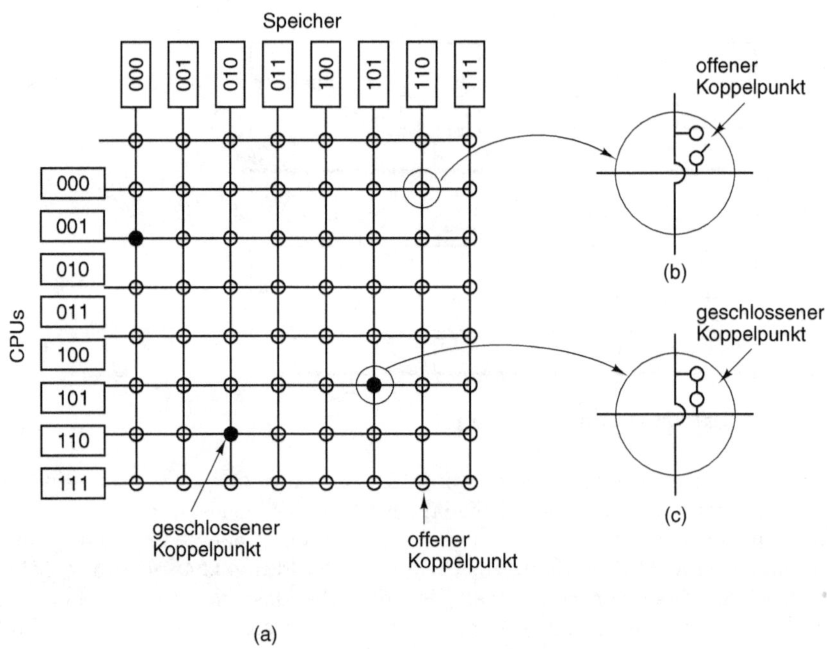

Abbildung 8.25: (a) Ein 8×8-Kreuzschienenverteiler (b) ein offener Koppelpunkt (c) ein geschlossener Koppelpunkt

An jeder Kreuzung einer horizontalen (ankommenden) und vertikalen (abgehenden) Leitung befindet sich ein **Koppelpunkt** (Crosspoint). Ein Koppelpunkt ist ein kleiner Schalter, der elektrisch geöffnet oder geschlossen werden kann, je nachdem, ob die horizontalen und vertikalen Leitungen zu verbinden sind. ▶Abbildung 8.25a zeigt drei gleichzeitig geschlossene Koppelpunkte, d.h. Verbindungen zwischen den CPU-Speicher-Paaren (001, 000), (101, 101) und (110, 010). Hier wären viele andere Kombinationen möglich. Praktisch ist die Anzahl der Kombinationen gleich der Anzahl der Möglichkeiten, wie sich acht Türme auf dem Schachbrett platzieren lassen, ohne dass sie sich gegenseitig schlagen können.

Zu den angenehmsten Eigenschaften eines Kreuzschienenverteilers gehört, dass er ein **nichtblockierendes Netzwerk** (Nonblocking Network) darstellt, d.h. keiner CPU die benötigte Verbindung verwehrt, weil ein Koppelpunkt bzw. eine Leitung bereits belegt ist (unter der Annahme, dass das Speichermodul selbst verfügbar ist). Außerdem ist keine Planung im Voraus nötig. Selbst wenn sieben Verbindungen bestehen, ist es immer möglich, die verbleibende CPU mit dem übrigen Speicher zu verbinden. Später kommen wir zu Verbindungsschemas, die diese Eigenschaften nicht besitzen.

Eine der unangenehmsten Eigenschaften des Kreuzschienenverteilers ist die Tatsache, dass die Anzahl der Koppelpunkte mit n^2 steigt. Bei mittelgroßen Systemen ist ein Design mit Kreuzschienenverteiler noch geeignet. Später in diesem Kapitel stellen wir mit der Sun Fire E25K ein derartiges Design vor. Allerdings braucht man mit 1000 CPUs und 1000 Speichermodulen eine Million Koppelpunkte. Ein derart großer Kreuzschienenverteiler ist konstruktiv nicht zu beherrschen. Es ist eine gänzlich andere Lösung gefragt.

UMA-Multiprozessoren mit mehrstufigen Netzwerken

Diese „gänzlich andere Lösung" kann auf dem bescheidenen 2×2-Schalter gemäß ▶Abbildung 8.26a basieren. Dieser Schalter verfügt über zwei Ein- und zwei Ausgänge. Auf einer beliebigen Eingangsleitung ankommende Nachrichten können auf eine der Ausgangsleitungen durchgeschaltet werden. Für unsere Zwecke enthalten Nachrichten bis zu vier Teile, wie ▶Abbildung 8.26b zeigt. Das Feld *Modul* bezeichnet den zu verwendenden Speicher. Das Feld *Adresse* spezifiziert eine Adresse in einem Modul. Das Feld *Opcode* bezeichnet die Operation, wie zum Beispiel `READ` oder `WRITE`. Das optionale Feld *Wert* kann einen Operanden enthalten, beispielsweise ein 32-Bit-Wort, das bei einer `WRITE`-Operation zu schreiben ist. Der Schalter ermittelt anhand des *Modul*-Feldes, ob die Nachricht an *X* oder *Y* zu senden ist.

UMA-Multiprozessoren haben die gleiche Latenzzeit zum gemeinsamen Speicher. Skalierbare Systeme verwenden anstelle eines Busses mehrstufige **Verbindungsnetzwerke**.

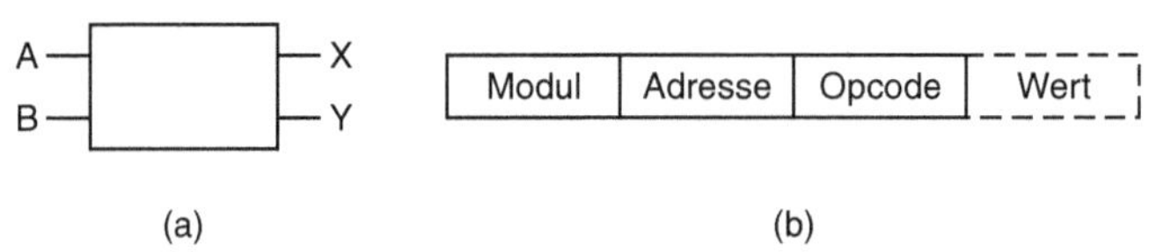

Abbildung 8.26: (a) Ein 2×2-Schalter (b) ein Nachrichtenformat

Unsere 2×2-Schalter lassen sich auf verschiedene Weise anordnen, um größere **mehrstufige Netzwerke** (Multistage Switching Networks) aufzubauen. Eine Möglichkeit ist das schnörkellose und sparsame **Omega-Netz**, das in ▶Abbildung 8.27 dargestellt ist. Hier sind 8 CPUs über 12 Schalter mit 8 Speichern verbunden. Allgemein ausgedrückt sind für n CPUs und n Speicher $\log_2 n$ Stufen mit $n/2$ Schaltern pro Stufe erforderlich. Das ergibt insgesamt $(n/2)\log_2 n$ Schalter – also eine wesentlich niedrigere Anzahl als die n^2 Koppelpunkte bei einem Kreuzschienenverteiler, was insbesondere bei größeren Werten von n gilt.

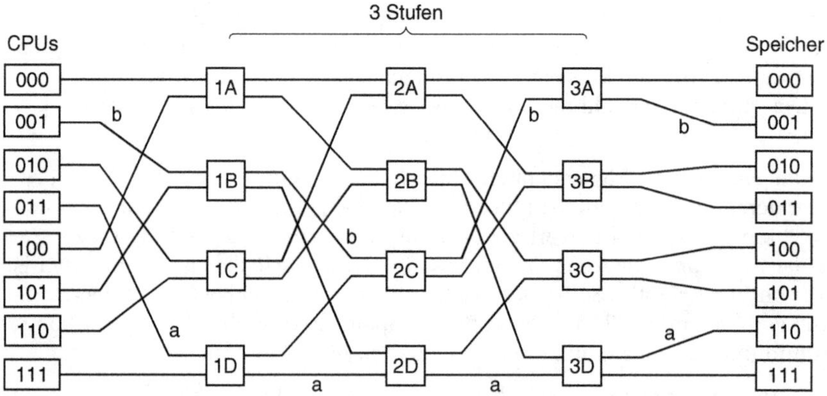

Abbildung 8.27: Ein Omega-Netzwerk

Das Verdrahtungsmuster des Omega-Netzes wird auch als **Perfect Shuffle** (**Perfekte Mischung**) bezeichnet, weil die Mischung der Signale in jeder Stufe einem Kartenspiel ähnelt, das in zwei Hälften geteilt und dann Karte für Karte gemischt wird. Um zu sehen, wie ein Omega-Netz funktioniert, nehmen wir an, dass CPU 011 ein Wort aus Speichermodul 110 lesen will. Die CPU sendet eine READ-Nachricht an Schalter 1D mit dem Wert 110 im Feld *Modul*. Der Schalter verwendet das erste (am weitesten links stehende) Bit von 110 für das Routing. Bei einer 0 schaltet er den oberen und bei einer 1 den unteren Ausgang durch. Im Beispiel ist dieses Bit 1. Daher wird die Nachricht über den unteren Ausgang zu 2D geleitet.

Alle Schalter der zweiten Stufe (einschließlich 2D) verwenden das zweite Bit zum Routing. Im Beispiel ist es wieder 1, sodass die Nachricht über den unteren Ausgang zu 3D gelangt. Hier wird das dritte Bit getestet, das 0 ist. Folglich wird die Nachricht über den oberen Ausgang durchgeschaltet und kommt wie gewünscht bei Speicher 110 an. Der von dieser Nachricht zurückgelegte Pfad ist in Abbildung 8.27 mit dem Buchstaben *a* gekennzeichnet.

Auf dem Weg der Nachricht durch das mehrstufige Netzwerk wird das jeweils ausgewertete Bit am linken Ende der Modulnummer nicht mehr benötigt. Man kann diese Bits einem guten Zweck zuführen und hier die jeweils ankommende Leitungsnummer verzeichnen, sodass die Antwort den Rückweg findet. Für den Pfad *a* sind das die Eingangsleitungen 0 (der obere Eingang zu 1D), 1 (der obere Eingang zu 2D) und 1 (der untere Eingang zu 3D). Das Netz leitet die Antwort mit der Modulnummer 011 – die jetzt von rechts nach links gelesen wird – zurück.

Zur selben Zeit möchte CPU 001 ein Wort in Speichermodul 001 schreiben. Hier laufen die gleichen Vorgänge ab. Die Nachricht wird über den oberen, den oberen und den unteren Ausgang weitergeleitet. Diese Strecke ist in Abbildung 8.27 mit dem Buchstaben *b* gekennzeichnet. Wenn die Nachricht am Ziel eintrifft, steht in ihrem *Modul*-Feld der Wert 001, der den zurückgelegten Pfad angibt. Da die beiden beschriebenen Anfragen nicht die gleichen Schalter, Leitungen und Speichermodule verwenden, können sie parallel ablaufen.

Betrachten wir jetzt den Fall, dass CPU 000 ebenfalls auf Speichermodul 000 zugreifen möchte. Diese Anfrage kollidiert mit der Anfrage von CPU 001 bei Schalter 3A. Eine von den beiden Abfragen muss warten. Im Gegensatz zum Kreuzschienenverteiler ist das Omega-Netz ein **blockierendes Netz** (Blocking Network), das nicht jeden Satz von Anfragen gleichzeitig verarbeiten kann. Konflikte können bei der Verwendung einer Leitung oder eines Schalters sowie zwischen Anfragen *zum* Speicher und Antworten *vom* Speicher auftreten.

Zweifellos ist es hier wünschenswert, die Speicherreferenzen gleichmäßig über die Module zu verteilen. Häufig verwendet man zu diesem Zweck die niederwertigen Bits als Modulnummer. Nehmen Sie beispielsweise einen byteorientierten Adressraum für einen Computer an, der vorwiegend auf 32-Bit-Wörter zugreift. Die zwei niederwertigen Bits sind normalerweise 00, während die Werte der nächsten drei Bits eine Gleichverteilung aufweisen. Wenn man diese drei Bits als Modulnummer verwendet, befinden sich fortlaufend adressierte Wörter in aufeinanderfolgenden Modulen. Ein Speichersystem, bei dem sich fortlaufende Wörter nicht in aufeinanderfolgenden Modulen befinden, gilt als **verschränkt** (interleaved). Mit verschränkten Speichern erreicht man die höchste Parallelität, weil sich die meisten Speicherreferenzen auf fortlaufende Adressen beziehen. Außerdem ist es möglich, nicht blockierende mehrstufige Netzwerke zu entwickeln, die mehrere Strecken von jeder CPU zu jedem Speichermodul bieten, sodass sich der Verkehr besser verteilt.

8.3.4 NUMA-Multiprozessoren

Inzwischen dürfte klar sein, dass UMA-Multiprozessoren mit nur einem Bus im Allgemeinen auf einige Dutzend CPUs begrenzt sind und Multiprozessoren mit Kreuzschienenverteilern oder mehrstufigen Netzwerken eine Menge (teurer) Hardware benötigen, ohne viel an Größe dazuzugewinnen. Um mehr als 100 CPUs anschließen zu können, muss man auf etwas verzichten – normalerweise darauf, dass alle Speichermodule die gleiche Zugriffszeit haben müssen. Dieses Zugeständnis führt zum Konzept der **NUMA**-Multiprozessoren (**NonUniform Memory Access**). Wie ihre UMA-Verwandten stellen sie über alle CPUs hinweg einen einzigen Adressraum bereit, wobei aber im Unterschied zu UMA-Maschinen der Zugriff auf lokale Speichermodule viel schneller als auf entfernte erfolgt. Folglich laufen alle UMA-Programme unverändert auf NUMA-Maschinen. Allerdings ist die Leistung bei gleicher Taktfrequenz gegenüber UMA-Maschinen schlechter.

Alle NUMA-Maschinen weisen drei Schlüsselmerkmale auf, die zusammen den Unterschied zu anderen Multiprozessoren ausmachen:

1. Es gibt einen einzigen Adressraum, der für alle CPUs sichtbar ist.
2. Der Zugriff auf entfernten Speicher erfolgt mithilfe von `LOAD`- und `STORE`-Befehlen.
3. Der Zugriff auf entfernten Speicher ist langsamer als auf lokalen Speicher.

Wenn die Zugriffszeit auf einen entfernten Speicher nicht verborgen ist (weil es kein Caching gibt), nennt man das System **NC-NUMA**. Sind kohärente Caches vorhanden, dann spricht man (zumindest in der Hardwarewelt) von **CC-NUMA**. Softwareentwickler nennen dieses System meistens **Hardware-DSM**, weil es im Grunde einem mittels Software verteilten, gemeinsamen Speicher entspricht, der jedoch per Hardware mit kleiner Seitengröße implementiert wird.

Eine der ersten NC-NUMA-Maschinen (obwohl es die Bezeichnung damals noch nicht gab) war die Carnegie-Mellon Cm*, die ▶Abbildung 8.28 in stark vereinfachter Form zeigt [Swan et al., 1977]. Sie bestand aus einer Sammlung von LSI-11-CPUs mit je einem Speicher, der über einen lokalen Bus adressiert wurde. (Die LSI-11 war eine Ein-Chip-Version der PDP-11 von DEC, ein in den 1970er Jahren verbreiteter Minicomputer). Außerdem waren die LSI-11-Systeme über einen Systembus verbunden. Wenn eine Speicheranfrage bei der (speziell modifizierten) MMU ankam, wurde geprüft, ob sich das angeforderte Wort im lokalen Speicher befand. War es vorhanden, wurde eine Anfrage über den lokalen Bus gesendet, um das Wort zu holen. Andernfalls wurde die Anfrage über den Systembus zu dem System weitergeleitet, in dem sich das Wort befand, das dann antwortete. Selbstverständlich dauerte es im zweiten Fall länger als im ersten. Ein Programm konnte zwar aus einem entfernten Speicher heraus ausgeführt werden, aber es dauerte zehnmal länger, als wenn das gleiche Programm aus dem lokalen Speicher ausgeführt wurde.

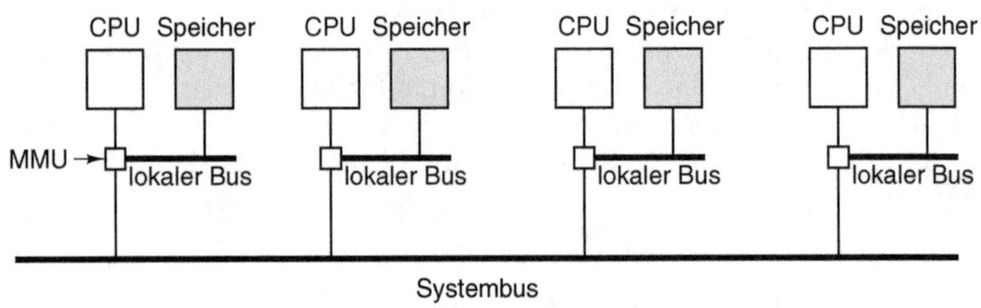

Abbildung 8.28: Eine NUMA-Maschine mit zwei Busebenen. Die Cm* war der erste Multiprozessor nach diesem Konzept.

Die Speicherkohärenz ist bei einer NC-NUMA-Maschine gewährleistet, weil es kein Caching gibt. Jedes Speicherwort existiert an nur genau einer Stelle und es besteht keine Gefahr, dass eine Kopie veraltete Daten enthält – es gibt einfach keine Kopien. Selbstverständlich spielt es jetzt eine große Rolle, welche Seite sich in welchem Speicher befindet, weil die Leistungseinbuße durch eine falsche Platzierung recht hoch ist. Deshalb verschieben NC-NUMA-Maschinen mithilfe aufwendiger Software die Seiten, um eine maximale Leistung zu erreichen.

In der Regel existiert ein sogenannter **Seitenscanner** (Page Scanner), der als Hintergrundprogramm (Dämon) in Intervallen von wenigen Sekunden die Nutzungsstatistik prüft und Seiten verschiebt, um die Leistung zu verbessern. Erscheint eine Seite am falschen Platz, dann hebt der Seitenscanner ihre Abbildung auf, sodass die nächste Referenz darauf zu einem Seitenfehler führt. In diesem Fall wird entschieden, wo die Seite zu platzieren ist – möglicherweise in einem anderen Speicher als vorher. Um Thrashing zu vermeiden, wendet man die Regel an, dass eine Seite für die Dauer ΔT an ihrem aktuellen Platz „eingefroren“ wird. Für diesen Fall wurden verschiedene Algorithmen untersucht. Dabei hat sich gezeigt, dass kein Algorithmus unter allen Bedingungen zu optimaler Leistung führt [LaRowe und Ellis, 1991].

Cachekohärente NUMA-Multiprozessoren

Multiprozessordesigns wie das in Abbildung 8.28 lassen sich nicht gut skalieren, weil sie kein Caching bieten. Dass man bei einem Zugriff auf ein nichtlokales Speicherwort jedes Mal auf einen entfernten Speicher zugreifen muss, ist der Leistung abträglich. Wenn man allerdings Caching einbaut, muss man auch für Cache-Kohärenz sorgen. Das lässt sich beispielsweise durch Snooping auf dem Systembus realisieren, was technisch nicht schwierig ist. Allerdings ist diese Lösung oberhalb einer bestimmten Anzahl von CPUs nicht mehr brauchbar. Um wirklich große Multiprozessorsysteme zu bauen, ist ein gänzlich anderer Ansatz erforderlich.

Der verbreitetste Ansatz für den Aufbau großer **CC-NUMA**-Multiprozessoren (**Cache Coherent NUMA**) ist derzeit der **verzeichnisbasierte Multiprozessor** (Directory-based Multiprocessor). Hier gibt eine Datenbank darüber Auskunft, wo und in welchem Zustand sich die einzelnen Cachezeilen befinden. Bei einer Referenz auf eine Cachezeile wird die Datenbank abgefragt, um die Cachezeile zu finden und festzustellen, ob sie modifiziert ist. Da diese Datenbank bei jedem Befehl, der den Speicher referenziert, abzufragen ist, muss man sie in extrem schneller Spezialhardware unterbringen, die in einem Bruchteil eines Buszyklus reagieren kann.

In NUMA-Systemen wird der Speicherzugriff durch die Verwendung von Caches beschleunigt. Die Kohärenz wird hier durch **verzeichnisbasierte Algorithmen** garantiert.

Um dieses Konzept eines verzeichnisbasierten Multiprozessors etwas konkreter darzustellen, betrachten wir als einfaches (hypothetisches) Beispiel ein System mit 256 Knoten, die jeweils aus einer CPU und einem 16-MB-RAM bestehen, wobei der RAM über einen lokalen Bus mit der CPU verbunden ist. Der gesamte Speicher hat einen Umfang von 2^{32} Bytes und ist in 2^{26} Cachezeilen mit jeweils 64 Bytes aufgeteilt. Der Speicher ist den Knoten statisch zugeordnet, wobei die Adressen 0 bis 16 M zu Knoten 0, die Adressen 16 M bis 32 M zu Knoten 1 gehören usw. Die Knoten sind entsprechend ▶Abbildung 8.29 über ein Verbindungsnetz verbunden. Das Verbindungsnetz könnte ein Gitter, ein Hyperwürfel oder eine andere Topologie sein. Jeder Knoten enthält außerdem die Verzeichniseinträge für die 2^{18} Cachezeilen zu je 64 Byte, was eine Speicherkapazität von 2^{24} Byte ergibt. Fürs Erste gehen wir davon aus, dass eine Zeile in höchstens einem Cache aufgenommen werden kann.

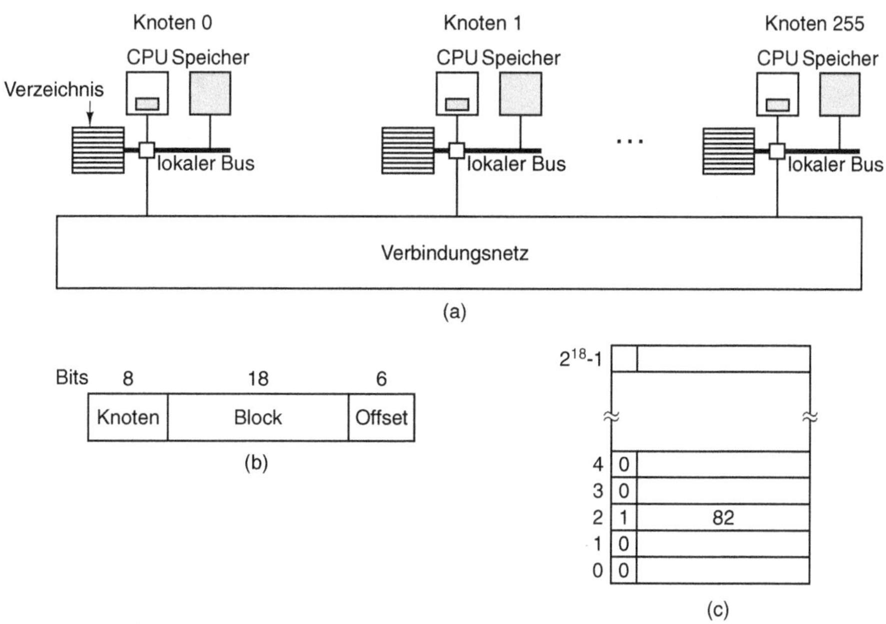

Abbildung 8.29: Ein verzeichnisbasierter Multiprozessor mit 256 Knoten (b) Aufteilung einer 32-Bit-Speicheradresse in Felder (c) das Verzeichnis bei Knoten 36

Um die Funktionsweise des Verzeichnisses zu zeigen, verfolgen wir einen `LOAD`-Befehl von CPU 20, der eine Cachezeile referenziert. Zuerst gibt die CPU den Befehl an ihre MMU aus, die ihn in eine physische Adresse übersetzt, z.B. 0x24000108. Die MMU teilt diese Adresse in drei Teile gemäß Abbildung 8.29 auf. Die drei Teile lauten in Dezimaldarstellung Knoten 36, Zeile 4 und Offset 8. Die MMU sieht, dass das Speicherwort von Knoten 36 und nicht von Knoten 20 angefordert wird, sendet eine Anfragenachricht durch das Verbindungsnetz zum Heimatknoten der Zeile (d.h. 36) und fragt, ob sich die Zeile 4 in einem Cache befindet und falls ja, in welchem.

Kommt die Anfrage bei Knoten 36 über das Verbindungsnetz an, so wird sie an die Verzeichnis-Hardware weitergeleitet. Die Hardware indiziert ihre Tabelle mit 2^{18} Einträgen, einen pro Cachezeile, und extrahiert Eintrag 4. ▶Abbildung 8.29c zeigt, dass sich die Zeile nicht im Cache befindet. Deshalb ruft die Hardware Zeile 4 vom lokalen RAM ab, sendet sie an Knoten 20 zurück und aktualisiert den Verzeichniseintrag 4, um anzuzeigen, dass sich die Zeile jetzt im Cache von Knoten 20 befindet.

Sehen wir uns nun eine zweite Anfrage an, die Zeile 2 von Knoten 36 anfordert. In Abbildung 8.29c ist zu sehen, dass diese Zeile im Cache von Knoten 82 steht. Jetzt könnte die Hardware den Verzeichniseintrag 2 aktualisieren, um als Ort für diese Zeile den Knoten 20 einzutragen, und dann eine Nachricht an Knoten 82 senden, dass dieser Knoten die Zeile an Knoten 20 übergeben und seinen Cache ungültig machen soll. Beachten Sie, dass selbst bei einem sogenannten „Multiprozessor mit gemeinsamem Speicher" hinter den Kulissen ein umfangreicher Nachrichtenaustausch stattfindet.

Nebenbei wollen wir an dieser Stelle schnell berechnen, wie viel Speicher die Verzeichnisse belegen. Jeder Knoten umfasst 16 MB RAM und 2^{18} Einträge zu je 9 Bit, um diesen RAM zu verwalten. Der Verzeichnis-Overhead beträgt also etwa 9×2^{18} Bit geteilt durch 16 MB bzw. circa 1,76%, was im Allgemeinen akzeptabel ist (allerdings muss es ein Hochgeschwindigkeitsspeicher sein, wodurch sich die Kosten erhöhen). Selbst bei 32-Byte-Cachezeilen beträgt der Overhead nur 4% und bei 128-Byte-Cachezeilen sinkt er unter 1%.

Beschränkt ist dieses Design offensichtlich dadurch, dass sich eine Zeile nur in den Cache eines einzigen Knotens übernehmen lässt. Damit Zeilen in die Caches mehrerer Knoten übernommen werden können, braucht man eine Möglichkeit, sie alle lokalisieren zu können, um sie beispielsweise bei einem Schreibvorgang ungültig zu machen oder zu aktualisieren. Es sind verschiedene Optionen möglich, um Caching an mehreren Knoten gleichzeitig zu erlauben.

Man kann zum Beispiel jeden Verzeichniseintrag mit k Feldern versehen, um andere Knoten zu spezifizieren, sodass sich jede Zeile in bis zu k Knoten im Cache ablegen lässt. Zweitens kann man die Knotennummer in unserem einfachen Design durch eine Bitmap mit einem Bit je Knoten ersetzen. Bei dieser Option ist die Anzahl der Kopien prinzipiell nicht begrenzt, jedoch steigt der Overhead beträchtlich an. Bei einem Verzeichnis mit 256 Bit für jede 64 Byte (512 Bit) große Cachezeile ergibt sich ein Overhead von über 50%. Bei einer dritten Möglichkeit wird ein 8-Bit-Feld in jedem Verzeichniseintrag beibehalten und als Kopf einer verketteten Liste verwendet, die alle Kopien der Cachezeile verzeichnet. Diese Strategie setzt zusätzlichen Speicher in jedem Knoten für die Zeiger der verketteten Liste voraus und außerdem muss man den Verweisen in einer verketteten Liste folgen, um bei Bedarf alle Kopien zu finden. Jede Option hat bestimmte Vor- und Nachteile und alle drei Optionen findet man in realen Systemen.

Um das Verzeichnisdesign weiter zu verbessern, kann man verfolgen, ob die Cachezeile unverändert (Heimatspeicher ist aktuell) oder modifiziert ist (das Heimatverzeichnis ist nicht aktuell). Trifft eine Leseanfrage für eine unveränderte Cachezeile ein, so kann der Heimatknoten die Anfrage aus dem Speicher bedienen, ohne sie an einen Cache weiterreichen zu müssen. Eine Leseanfrage für eine modifizierte Cachezeile muss jedoch an den Knoten weitergeleitet werden, in dem sich die Cachezeile befindet, weil nur er eine gültige Kopie besitzt. Ist wie in Abbildung 8.29 nur eine Cache-Kopie zulässig, bietet diese Methode keinen Vorteil, weil für jede neue Anfrage eine Nachricht an die existierende Kopie gesendet werden muss, um sie ungültig zu machen.

Protokolliert man den Zustand (unverändert/modifiziert) einer Cachezeile, so ist implizit klar, dass beim Modifizieren einer Cachezeile der Heimatknoten zu benachrichtigen ist, selbst wenn nur eine Cache-Kopie existiert. Existieren mehrere Kopien und wird eine von ihnen modifiziert, dann sind alle übrigen Kopien ungültig zu machen. Deshalb ist ein Protokoll erforderlich, um Race Conditions zu vermeiden. Um beispielsweise eine gemeinsam genutzte Cachezeile zu modifizieren, muss einer der Inhaber möglicherweise den exklusiven Zugriff anfordern, *bevor* er sie modifiziert. Bei einer derartigen Anfrage wären alle übrigen Kopien ungültig zu machen, bevor die Berechtigung gewährt werden kann. Weitere Leistungsoptimierungen für CC-NUMA-Maschinen stellen [Cheng und Carter, 2008] vor.

Der NUMA-Multiprozessor Sun Fire E25K

Als Beispiel für einen NUMA-Multiprozessor mit gemeinsamem Speicher sehen wir uns nun die Sun-Fire-Familie von Sun Microsystems an. Obwohl diese Familie verschiedene Modelle umfasst, konzentrieren wir uns hier auf die E25K, die 72 UltraSPARC-IV-CPU-Chips enthält. Ein UltraSPARC IV verkörpert ein Paar UltraSPARC-III-Cu-Prozessoren, die sich einen Cache und einen Speicher teilen. Die E15K ist praktisch das gleiche System, außer dass es mit Einfachprozessor- anstelle von Dual-Prozessor-CPU-Chips ausgestattet ist. Es gibt auch kleinere Mitglieder, doch interessiert uns hier vor allem, wie die Variante mit den meisten CPUs arbeitet.

Das E25K-System besteht aus bis zu 18 Board Sets, wobei jedes Board Set eine CPU-/Speicherplatine, eine E/A-Karte mit vier PCI-Slots und eine Expander-Platine enthält, die die CPU-/Speicherplatine mit der E/A-Platine koppelt und dieses Paar mit der zentralen Platine verbindet, die ihrerseits die Platinen aufnimmt und die Umschaltlogik enthält. Jede CPU-/Speicherplatine enthält vier CPU-Chips und vier 8-GB-RAM-Module. Folglich umfasst jede CPU-/Speicherplatine auf der E25K acht CPUs und 32 GB RAM (vier CPUs und vier 32 GB RAM auf der E15K). Eine vollständige E25K besteht somit aus 144 CPUs, 576 GB RAM und 72 PCI-Slots (▶Abbildung 8.30). Interessant ist, dass die Zahl 18 aufgrund von Gehäusebeschränkungen gewählt wurde: Ein System mit 18 Board Sets war das größte, das in einem Stück durch eine Türöffnung passt. Während der Programmierer mit Nullen und Einsen zu tun hat, muss sich der Techniker eben auch darum kümmern, wie der Kunde das Produkt durch die Tür und in das Gebäude bringt.

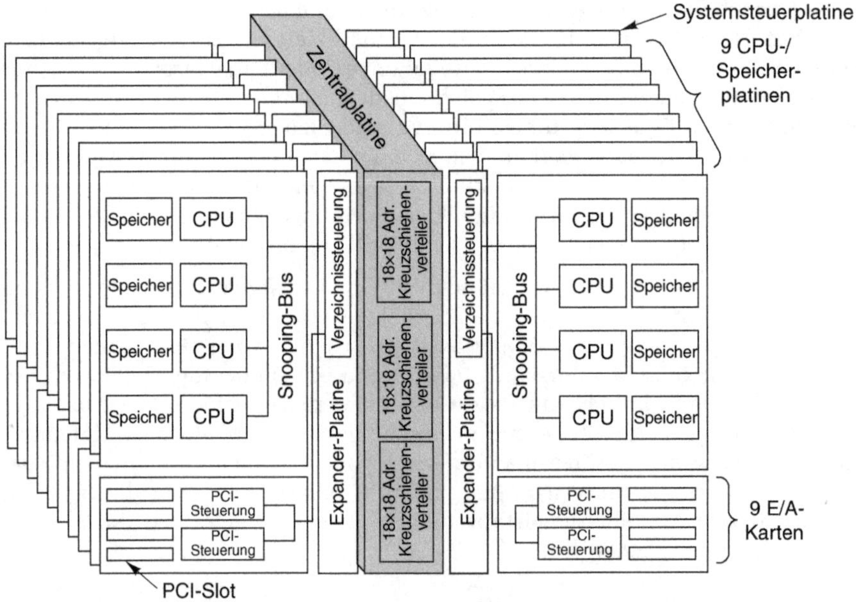

Abbildung 8.30: Der E25K-Multiprozessor von Sun Microsystems

Die Zentralplatine besteht aus einer Gruppe von 18×18-Kreuzschienenverteilern für die Verbindung der 18 Board Sets. Ein Kreuzschienenverteiler ist für die Adressleitungen vorgesehen, einer für die Antworten und einer für die Datenübertragung. Neben den 18 Expander-Platinen ist in die Zentralplatine auch ein Board Set zur Systemsteuerung eingesteckt. Dieses Board Set enthält eine einzelne CPU, besitzt aber auch Schnittstellen zu CD-ROM- und Bandlaufwerken, seriellen Anschlüssen und anderen Peripheriegeräten, die für das Booten, die Wartung und die Steuerung des Systems erforderlich sind.

Das Herz eines jeden Multiprozessors ist das Speichersubsystem. Wie verbindet man 144 CPUs mit einem bestimmten Speicher? Die einfachen Lösungen – ein großer gemeinsamer Snooping-Bus oder ein 144×72-Kreuzschienenverteiler – sind nicht geeignet. Bei der ersten Variante würde der Bus einen Engpass bilden und bei der zweiten ist es viel zu schwierig und zu teuer, die Schalter aufzubauen. Somit ist man bei großen Multiprozessoren wie der E25K gezwungen, auf ein komplexeres Speichersubsystem auszuweichen.

Auf der Board-Set-Ebene können alle lokalen CPUs mittels Snooping-Logik alle vom Board Set kommenden Speicheranforderungen überprüfen, ob sich Referenzen auf derzeit im Cache abgelegte Blöcke beziehen. Wenn dann eine CPU ein Wort aus dem Speicher benötigt, konvertiert sie zuerst die virtuelle Adresse in eine physische Adresse und überprüft ihren Cache. (Physische Adressen sind 43 Bit lang, Gehäusebeschränkungen lassen aber nur 576 GB Speicher zu.) Befindet sich der benötigte Cache-Block in seinem eigenen Cache, dann wird das Wort zurückgegeben. Andernfalls prüft die Snooping-Logik, ob eine Kopie dieses Wortes an einer anderen Stelle des Board Set verfügbar ist. Die Anforderung wird in diesem Fall erfüllt und sonst über den 18×18-Kreuzschienenverteiler für Adressen wie unten beschrieben weitergegeben. Die Snooping-Logik kann eine Snoop-Aktion je Taktzyklus ausführen. Da der Systemtakt 150 MHz beträgt, lassen sich 150 Millionen Snoop-Aktionen pro Sekunde und Board Set oder 2,7 Milliarden Snoop-Aktionen pro Sekunde systemweit durchführen.

Obwohl die Snooping-Logik wie in Abbildung 8.30 skizziert vom logischen Standpunkt her einen Bus darstellt, ist sie physisch als Gerätebaum realisiert, wobei Befehle im Baum nach oben und unten weitergeleitet werden. Gibt eine CPU oder eine PCI-Platine eine Adresse aus, dann gelangt sie über eine Punkt-zu-Punkt-Verbindung zu einem Adressen-Repeater, wie es ▶Abbildung 8.31 zeigt. Die beiden Adressen-Repeater laufen auf der Expander-Platine zusammen, wo die Adressen den Baum abwärts gesendet werden, damit jedes Gerät auf Treffer prüfen kann. Durch diese Anordnung kann man auf einen Bus verzichten, der sich über drei Platinen erstrecken müsste.

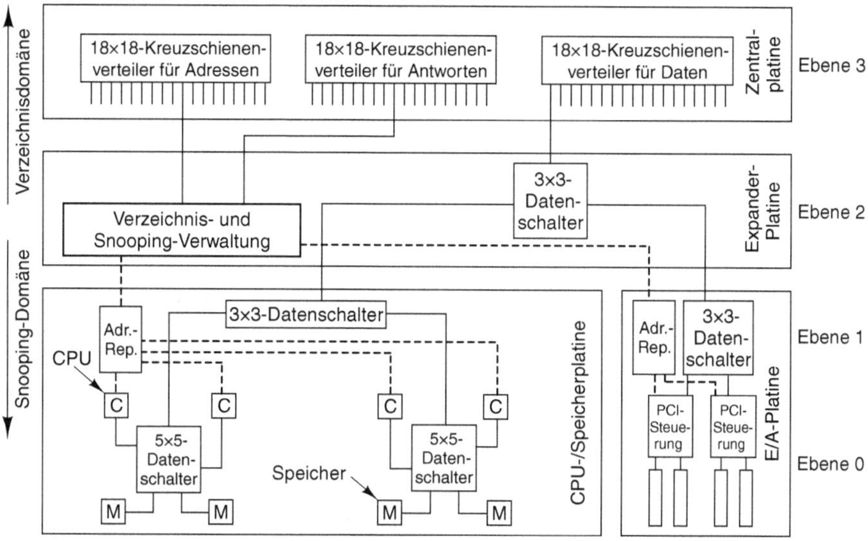

Abbildung 8.31: Die Sun Fire E25K verwendet ein Verbindungsnetz mit vier Ebenen. Die gestrichelten Linien stellen Adresspfade dar. Durchgezogene Linien sind Datenpfade.

Datenübertragungen verwenden ein Verbindungsnetz mit vier Ebenen, wie es in Abbildung 8.31 dargestellt ist. Dieses Design wurde im Hinblick auf hohe Leistung gewählt. Auf Ebene 0 sind Paare aus CPU-Chips und Speichern durch einen kleinen Kreuzschienenverteiler verbunden, der ebenfalls eine Verbindung zu Ebene 1 besitzt. Die beiden Gruppen von CPU-/Speicherpaaren sind durch einen zweiten Kreuzschienenverteiler auf Ebene 1 verbunden. Die Kreuzschienenverteiler sind als kundenspezifische ASICs realisiert. Bei allen sind sämtliche Eingänge sowohl in den Zeilen als auch in den Spalten verfügbar, obwohl nicht alle Kombinationen verwendet werden (oder gar nicht sinnvoll sind). Die gesamte Schalterlogik auf den Platinen ist aus 3x3-Kreuzschienenverteilern aufgebaut.

Jedes Board Set besteht aus drei Platinen: der CPU-/Speicherplatine, der E/A-Platine und der Expander-Platine, die die beiden anderen verbindet. Das Verbindungsnetz der Ebene 2 besteht aus einem weiteren 3x3-Kreuzschienenverteiler (auf der Expander-Platine), der den eigentlichen Speicher mit den E/A-Ports (auf allen UltraSPARC-Rechnern speicheradressiert) verbindet. Der gesamte Datentransfer zum oder vom Board Set – egal, ob zum Speicher oder zu einem E/A-Port – läuft über den Schalter der Ebene 2. Schließlich durchlaufen Daten, die zu oder von einer entfernten Platine übertragen werden müssen, einen 18×18-Kreuzschienenverteiler auf Ebene 3. Datenübertragungen finden mit einer Breite von 32 Byte statt, sodass zwei Taktzyklen für die übliche Übertragungseinheit von 64 Byte erforderlich sind.

Nachdem Sie die Anordnung der Komponenten kennen, kommen wir nun zur Arbeitsweise des gemeinsam genutzten Speichers. Auf der untersten Ebene sind die 576 GB Speicher in 2^{29} Blöcke von je 64 Byte aufgeteilt. Diese Blöcke stellen die atomaren Einheiten des Speichersystems dar. Jeder Block residiert auf seiner Heimatplatine, wenn er sonst nirgendwo in Verwendung ist. Die meisten Blöcke befinden sich die meiste Zeit über auf ihrer Heimatplatine. Wenn allerdings eine CPU einen Speicherblock benötigt – und zwar entweder von ihrer eigenen Platine oder von einer der 17 entfernten Platinen –, fordert sie zuerst eine Kopie für ihren eigenen Cache an und greift dann auf die im Cache befindliche Kopie zu. Obwohl jeder CPU-Chip auf der E25K zwei CPUs enthält, nutzen sie einen einzigen physischen Cache gemeinsam und demzufolge auch alle darin enthaltenen Blöcke.

Jeder Speicherblock und jede Cachezeile eines jeden CPU-Chips kann sich in einem von drei Zuständen befinden:

1. Exklusiver Zugriff (zum Schreiben)
2. Gemeinsamer Zugriff (zum Lesen)
3. Ungültig (d.h. leer)

Wenn eine CPU ein Speicherwort lesen oder schreiben muss, prüft sie zuerst ihren eigenen Cache. Kann sie das Wort hier nicht finden, dann löst sie eine lokale Anforderung nach der physischen Adresse aus, die nur auf ihrem eigenen Board Set als Rundruf verteilt wird. Enthält ein Cache auf dem Board Set die benötigte Zeile, so erkennt die Snooping-Logik den Treffer und antwortet auf die Anforderung.

Wenn die Snooping-Logik die Cachezeile nicht finden kann oder die Zeile zwar vorhanden ist, aber derzeit verwendet wird, sendet sie eine Anforderung über die Zentralplatine zur Heimatplatine mit der Frage, wo sich der Speicherblock befindet. Der Zustand jedes Speicherblocks ist in den ECC-Bits des Blocks verzeichnet, sodass die Heimatplatine sofort seinen Zustand bestimmen kann. Wird der Block entweder nicht verwendet oder von einer oder mehreren entfernten Platinen, dann befindet sich der Heimatspeicher auf dem neuesten Stand und die Anforderung lässt sich aus dem Speicher der Heimatplatine bedienen. In diesem Fall wird eine Kopie der Cachezeile über den Kreuzschienenverteiler für Daten in zwei Taktzyklen übertragen, die schließlich bei der anfordernden CPU eintreffen.

Bei einer Leseanforderung wird ein Eintrag im Verzeichnis auf der Heimatplatine vorgenommen, der besagt, dass ein neuer Kunde die Cachezeile ebenfalls nutzt und die Transaktion abgeschlossen ist. Bei einer Schreibanforderung muss jedoch eine Nachricht zum Invalidieren an alle anderen Platinen mit einer Kopie der Zeile (falls vorhanden) gesendet werden. Auf diese Weise besitzt die Platine, die die Schreibanforderung ausgelöst hat, letztlich die einzige Kopie.

Sehen Sie sich nun den Fall an, in dem sich der angeforderte Block im exklusiven Zustand auf einer anderen Platine befindet. Wenn die Heimatplatine die Anforderung erhält, sucht sie nach dem Standort der entfernten Platine im Verzeichnis und sendet dem Anfordernden eine Nachricht mit dem Ort der Cachezeile. Der Anfordernde sendet nun die Anfrage an das richtige Board Set. Trifft die Anfrage ein, dann sendet die Platine die Cachezeile zurück. Wenn es eine Leseanfrage war, wird die Zeile als gemeinsam genutzt markiert und eine Kopie an die Heimatplatine zurückgesendet. War es eine Schreibanfrage, dann macht der Antwortende seine Kopie ungültig, sodass der neue Anfordernde eine exklusive Kopie besitzt.

Da es auf jeder Platine 2^{29} Speicherblöcke gibt, wäre im ungünstigsten Fall ein Verzeichnis mit 2^{29} Einträgen erforderlich, um alle Speicherblöcke zu verfolgen. Das Verzeichnis ist aber wesentlich kleiner als 2^{29} und es kann deshalb durchaus passieren, dass für einige Einträge kein Platz im Verzeichnis (das assoziativ durchsucht wird) vorhanden ist. In diesem Fall muss das Heimatverzeichnis den Block suchen, indem es ihn mit einem Rundruf an alle anderen 17 Platinen anfordert. Der Kreuzschienenverteiler für Antworten ist wichtig für das Protokoll der Verzeichniskohärenz und Aktualisierung, weil er einen großen Teil des Antwortverkehrs zurück zum Sender abwickelt. Indem der Protokollverkehr auf zwei Busse (Adressen und Antworten) aufgeteilt wird und die Daten über einen dritten Bus laufen, erhöht sich der Durchsatz des Systems.

Die Sun Fire E25K verteilt die Last auf mehrere Geräte auf verschiedenen Platinen und kann somit eine sehr hohe Leistung erreichen. Neben den oben erwähnten 2,7 Milliarden Snooping-Aktionen je Sekunde kann die Zentralplatine bis zu neun Transfers gleichzeitig behandeln, wobei neun Platinen senden und neun Platinen empfangen. Da der Kreuzschienenverteiler für Daten eine Breite von 32 Bit hat, lassen sich in jedem Taktzyklus 288 Bytes durch die Zentralplatine schleusen. Bei einer Taktfrequenz von 150 MHz ergibt das eine Spitzengesamtbandbreite von 40 GB/s, wenn alle Zugriffe entfernt erfolgen. Kann die Software Seiten so anordnen, dass die meisten Zugriffe lokal sind, dann wird die Systembandbreite spürbar höher als 40 GB/s sein.

Weiterführende technische Informationen zur Sun Fire finden Sie in [Charlesworth, 2002] und [Charlesworth, 2001].

Oracle hat 2009 Sun Microsystems gekauft und die Entwicklung der SPARC-basierten Server fortgeführt. Der Nachfolger der E25K ist der SPARC Enterprise M9000. Er verfügt über schnellere Quad-Core-SPARC-Prozessoren sowie zusätzlichen Speicher und weitere PCIe-Slots. Ein voll aufgerüsteter M9000-Server enthält 256 SPARC-Prozessoren, 4 TB DRAM und 128 PCIe-E/A-Schnittstellen.

8.3.5 COMA-Multiprozessorsysteme

NUMA- und CC-NUMA-Maschinen haben den Nachteil, dass Referenzen auf entfernten Speicher viel langsamer sind als auf lokalen Speicher. Bei CC-NUMA wird dieser Leistungsunterschied bis zu einem gewissen Grad durch Caching verborgen. Trotzdem treten ständig Cache-Fehler auf und die Leistung ist entsprechend schlecht, wenn der Umfang der benötigten entfernten Daten die Cache-Kapazität übersteigt.

Die Lage sieht demnach so aus, dass UMA-Maschinen eine ausgezeichnete Leistung aufweisen, aber in der Größe beschränkt und ziemlich teuer sind. NC-NUMA-Maschinen lassen sich auf etwas größere Konfigurationen skalieren, erfordern aber die manuelle oder halbautomatische Anordnung von Seiten, wobei die Ergebnisse oftmals nicht überzeugend sind. Man kann eben nur schwer voraussagen, welche Seiten wo benötigt werden. Und in jedem Fall sind Seiten oft zu groß, um sie als Einheit verschieben zu können. CC-NUMA-Maschinen, wie zum Beispiel die Sun Fire E25K, legen eine schwache Leistung an den Tag, wenn viele CPUs auf eine Menge entfernter Daten zugreifen. Insgesamt betrachtet weisen diese Designs schwerwiegende Beschränkungen auf.

COMA-Maschinen verwenden den Hauptspeicher wie einen großen Cache. Daten können so automatisch in den Speicher migrieren, dessen CPU am häufigsten darauf zugreift.

Eine alternative Form von Multiprozessoren versucht, alle diese Probleme zu überwinden, indem man den Hauptspeicher jeder CPU als Cache nutzt. Bei diesem als **COMA** (**Cache Only Memory Access**) bezeichneten Design haben die Seiten wie bei den NUMA- und CC-NUMA-Maschinen keine festen Heimatmaschinen. In der Tat haben Seiten überhaupt keine Bedeutung.

Stattdessen teilt man den physischen Adressraum in Cachezeilen auf, die auf Anforderung im System umherwandern. Blöcke haben keine Heimatmaschinen. Wie Nomaden in manchen Ländern der Dritten Welt ist für sie die Heimat dort, wo sie sich gerade aufhalten. Einen Speicher, der nur die gerade benötigten Zeilen an sich zieht, nennt man **Attraction Memory**. Indem man den Hauptspeicher als großen Cache nutzt, erhöht sich die Trefferrate und folglich auch die Leistung.

Wie immer hat auch diese Medaille eine Kehrseite. COMA-Systeme stellen uns vor zwei neue Probleme:

1. Wie kann man Cachezeilen finden?
2. Was passiert, wenn eine Zeile aus dem Speicher gelöscht werden soll und dies die letzte Kopie ist?

Das erste Problem bezieht sich auf folgenden Fall: Nachdem die MMU eine virtuelle in eine physische Adresse übersetzt hat und die Zeile nicht im echten Hardware-Cache steht, lässt sich nur schwer feststellen, ob sich die Zeile überhaupt im Hauptspeicher befindet. Die Paging-Hardware hilft hier nicht weiter, weil jede Seite aus vielen einzelnen Cachezeilen besteht, die unabhängig voneinander umherwandern. Aber auch wenn bekannt wäre, dass sich eine Zeile nicht im Hauptspeicher befindet, wo ist sie dann? Es ist nicht möglich, einfach die Heimatmaschine zu fragen, weil es nämlich keine gibt.

Für dieses Problem hat man viele Lösungen vorgeschlagen. Ob eine Cachezeile im Hauptspeicher steht, lässt sich mit spezieller Hardware feststellen, die das Tag (Kennzeichen) für jede im Cache befindliche Zeile verwaltet. Die MMU könnte dann das Tag der benötigten Zeile mit den Tags für alle Cachezeilen im Speicher vergleichen, um nach einem Treffer zu suchen. Bei dieser Lösung ist also zusätzliche Hardware erforderlich.

Eine andere Lösung bildet vollständige Seiten ab, verlangt aber nicht, dass alle Cachezeilen vorhanden sind. Bei dieser Lösung benötigt die Hardware eine Bitmap pro Seite, wobei man jeder Cachezeile ein Bit zuordnet, das die An- oder Abwesenheit der Zeile anzeigt. Wenn bei diesem als **Simple COMA** bezeichneten Design eine Cachezeile vorhanden ist, muss sie sich an der richtigen Position in ihrer Seite befinden. Ist sie jedoch nicht vorhanden, so führt jeder Zugriffsversuch zu einem Trap, damit die Software die Zeile suchen und abrufen kann.

Dies führt uns dazu, Zeilen zu suchen, die tatsächlich entfernt sind. Beispielsweise kann man für jede Seite eine Heimatmaschine spezifizieren, indem man den Ort ihres Verzeichniseintrags, nicht aber ihrer Daten angibt. Dann kann man eine Nachricht an die Heimatmaschine senden, um zumindest die Cachezeile zu finden. Es ist auch möglich, den Speicher als Baum zu organisieren und die Suche von unten nach oben durchzuführen, bis die Zeile gefunden wird.

Das oben genannte zweite Problem hat damit zu tun, dass die letzte Kopie nicht gelöscht wird. Wie in CC-NUMA kann sich eine Cachezeile in mehreren Knoten gleichzeitig befinden. Bei einem Cache-Fehler ist eine Zeile abzurufen, was normalerweise bedeutet, dass eine andere Zeile entfernt werden muss. Was passiert, wenn gerade diese Zeile die letzte Kopie ist? In diesem Fall kann sie nicht entfernt werden.

Eine Lösung besteht darin, zum Verzeichnis zurückzugehen und nachzusehen, ob weitere Kopien vorhanden sind. Ist das der Fall, so kann man die Zeile problemlos verwerfen. Andernfalls muss sie an einen anderen Ort gebracht werden. Eine andere Lösung markiert eine Kopie jeder Cachezeile als Master-Kopie, die nie verworfen wird. Bei dieser Lösung muss man das Verzeichnis nicht prüfen. Insgesamt gesehen verspricht COMA im Vergleich zu CC-NUMA eine bessere Leistung. Andererseits wurden erst wenige COMA-Maschinen entwickelt, sodass mehr Erfahrung nötig ist. Die ersten beiden COMA-Maschinen sind die KSR-1 [Burkhardt et al., 1992] und die Data Diffusion Machine [Hagersten et al., 1992]. Neuere Veröffentlichungen zu COMA kommen von [Vu et al., 2008] und [Zhang und Jesshope, 2008].

8.4 Multicomputer mit Nachrichtenaustausch

Wie aus Abbildung 8.20 hervorgeht, gliedern sich MIMD-Parallelprozessoren in Multiprozessoren und Multicomputer. Der letzte Abschnitt hat sich mit Multiprozessoren beschäftigt und erläutert, dass Multiprozessoren dem Betriebssystem so erscheinen, als hätten sie einen gemeinsamen Speicher, der mithilfe normaler `LOAD`- und `STORE`-Befehle zugänglich ist. Dieser gemeinsame Speicher lässt sich unterschiedlich implementieren, darunter Snooping-Busse, Kreuzschienenverteiler, mehrstufige Netzwerke und verschiedene verzeichnisbasierte Schemas. Dennoch können die für einen Multiprozessor geschriebenen Programme auf jede beliebige Stelle im Speicher zugreifen, ohne auch nur das Geringste über die interne Topologie oder das Implementierungsschema zu wissen. Diese Illusion macht Multiprozessoren so attraktiv und ist der Grund, warum Programmierer dieses Programmiermodell mögen.

Andererseits haben Multiprozessoren auch ihre Grenzen und daraus leitet sich ab, warum Multicomputer ebenfalls wichtig sind. Zuallererst lassen sich Multiprozessoren nicht auf große Konfigurationen skalieren. Weiter vorn in diesem Kapitel haben Sie die enorme Menge an Hardware gesehen, die Sun bei der E25K einsetzen musste, um 72 CPUs zu unterstützen. Im Unterschied dazu untersuchen wir gleich einen Multicomputer, der 65.536 CPUs umfasst. Es dürfte noch Jahre dauern, bis es einen kommerziellen Multiprozessor mit 65.536 Knoten gibt. Bis dahin wird man schon auf Multicomputern mit einer Million Knoten arbeiten.

Darüber hinaus kann sich die Konkurrenz bei den Speicherzugriffen in einem Multiprozessor stark auf die Leistung auswirken. Wenn 100 CPUs ständig gleichzeitig versuchen, dieselben Variablen zu lesen und zu schreiben, kann der Kampf um die verschiedenen Speicher, Busse und Verzeichnisse zu einer erheblichen Leistungseinbuße führen.

Als Folge dieser und weiterer Faktoren ist man sehr daran interessiert, Parallelrechner zu bauen und einzusetzen, bei denen jede CPU ihren eigenen privaten Speicher hat, der für die übrigen CPUs nicht direkt zugänglich ist – das sind die Multicomputer. Die auf den CPUs eines Multicomputers laufenden Programme interagieren mithilfe von Operationen wie `send` und `receive`, um Nachrichten explizit weiterzuleiten, weil sie nicht mit `LOAD`- und `STORE`-Befehlen gegenseitig auf ihre Speicher zugreifen können. Dieser Unterschied ändert das Programmiermodell von Grund auf.

Multicomputer bestehen aus Knoten mit CPU, Speicher und Netzwerkschnittstelle. Die Knoten kommunizieren durch expliziten **Nachrichtenaustausch**.

Jeder Knoten in einem Multicomputer besteht aus einer oder wenigen CPUs, einem RAM (den nur die CPUs auf diesem Knoten gemeinsam nutzen), einer Festplatte und/

oder weiteren E/A-Geräten sowie einem Kommunikationsprozessor. Die Kommunikationsprozessoren sind über ein Hochgeschwindigkeitsnetz verbunden, wie es Abschnitt 8.3.3 beschrieben hat. Es sind viele unterschiedliche Topologien, Verbindungsschemas und Routing-Algorithmen gebräuchlich. Allen Multicomputern ist aber gemeinsam, dass der Kommunikationsprozessor eine Nachricht erhält und einen Block von Benutzerdaten an die Zielmaschine überträgt (wobei er gegebenenfalls vorher eine Berechtigung anfordert und erhält), wenn ein Anwendungsprogramm die send-Operation ausführt. ▶Abbildung 8.32 zeigt einen generischen Multicomputer.

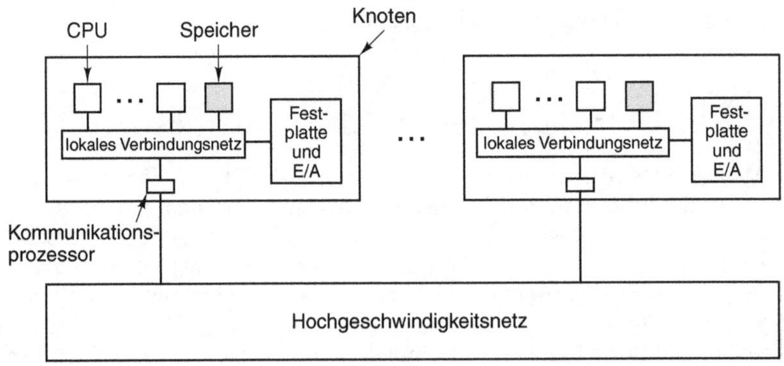

Abbildung 8.32: Ein generischer Multicomputer

8.4.1 Verbindungsnetze

Wie Abbildung 8.32 gezeigt hat, werden Multicomputer durch ein Verbindungsnetz „zusammengehalten". Es ist nun an der Zeit, sich näher mit diesen Verbindungsnetzen zu beschäftigen. Interessant ist, dass sich Multiprozessoren und Multicomputer in dieser Hinsicht überraschend ähnlich sind, weil Multiprozessoren oftmals mehrere Speichermodule besitzen, die ebenfalls untereinander und mit den CPUs zu verbinden sind. Somit gelten die Feststellungen in diesem Abschnitt häufig für beide Arten von Systemen.

Die Ähnlichkeit von Multiprozessor- und Multicomputer-Verbindungsnetzen kommt daher, dass beide auf der untersten Ebene mit Nachrichtenaustausch arbeiten. Selbst bei einem Computer mit einer einzigen CPU aktiviert der Prozessor bestimmte Leitungen auf dem Bus, wenn er ein Wort lesen oder schreiben möchte, und wartet auf eine Antwort. Prinzipiell entspricht das einem Nachrichtenaustausch: Der Initiator sendet eine Anfrage und wartet auf eine Antwort. Bei großen Multiprozessoren besteht die Kommunikation zwischen CPUs und entferntem Speicher fast immer darin, dass die CPU eine Nachricht – ein sogenanntes **Paket** – an den Speicher sendet, um Daten anzufordern, und der Speicher ein Antwortpaket zurückschickt.

Topologie

Die Topologie eines Verbindungsnetzes bestimmt, wie die Verbindungen und Schalter angeordnet werden, beispielsweise als Ring oder als Gitter. Topologien lassen sich mit Graphen modellieren, wobei die Verbindungen als Kanten und die Schalter als Knoten dargestellt werden (▶Abbildung 8.33). Jeder Knoten in einem Verbindungsnetz (bzw. seinem Graphen) verfügt über eine bestimmte Anzahl von Verbindungen. Die Anzahl der Verbindungen bezeichnet man als **Grad** (Degree) oder **Verzweigungsgrad** (Fanout) des Knotens. Im Allgemeinen gilt die Regel: Je größer der Verzweigungsgrad, umso mehr Routing-Optionen sind vorhanden und umso größer ist die Fehlertoleranz, d.h. die Fähigkeit, den Betrieb auch bei Ausfall einer Verbindung durch Umleitung fortzusetzen. Wenn jeder Knoten über k Kanten verfügt und die Verdrahtung korrekt ist, lässt sich das Netzwerk so gestalten, dass es voll verbunden bleibt, selbst wenn $k - 1$ Verbindungen ausfallen.

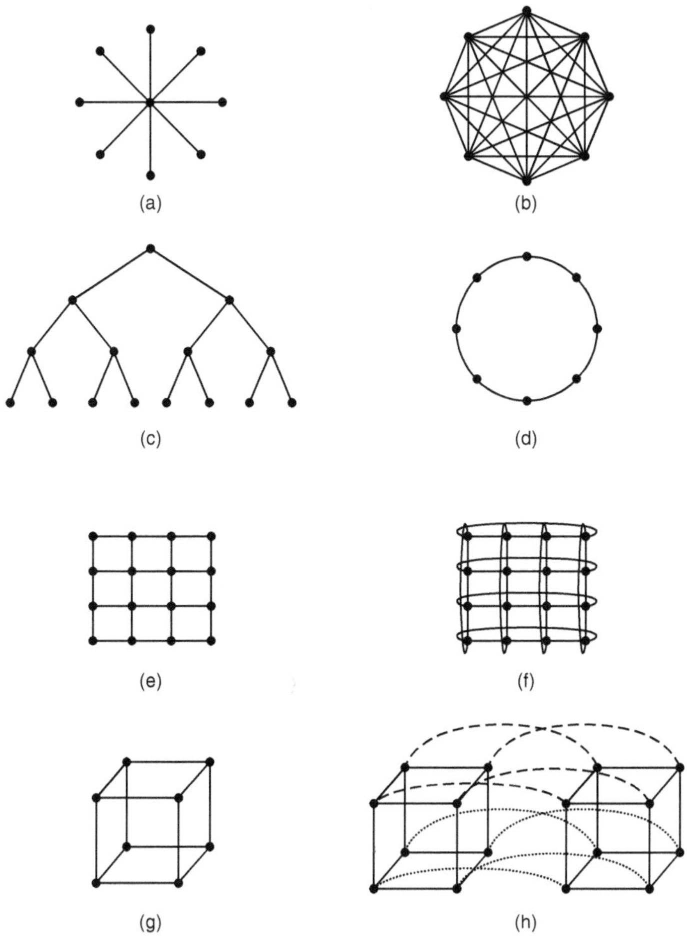

Abbildung 8.33: Verschiedene Topologien. Die dicken Punkte symbolisieren Schalter. CPUs und Speicher sind nicht dargestellt. (a) Stern (b) vollständige Vernetzung (c) Baum (d) Ring (e) Gitter (f) doppelter Torus (g) Würfel (Cube) (h) 4-D-Hypercube

Eine weitere Eigenschaft eines Verbindungsnetzes (bzw. seines Graphen) ist der **Durchmesser** (Diameter). Messen wir die Entfernung zwischen zwei Knoten anhand der Anzahl von Kanten, die überquert werden müssen, um von einem zum nächsten zu gelangen, dann ist der Durchmesser eines Graphen die Entfernung zwischen den beiden Knoten, die am weitesten auseinanderliegen. Der Durchmesser eines Verbindungsnetzes hängt mit der Verzögerung zusammen, die im ungünstigsten Fall auftritt, wenn Pakete von CPU zu CPU oder von einer CPU zum Speicher gesendet werden, weil es eine endliche Zeit dauert, den Weg über jeden Verbindungsabschnitt (Hop) zurückzulegen. Je geringer der Durchmesser, umso besser ist die Leistung für den ungünstigsten Fall. Auch die durchschnittliche Entfernung zwischen zwei Knoten spielt eine nicht unwesentliche Rolle, da sie sich auf die durchschnittliche Transitzeit eines Paketes bezieht.

Das Verbindungsnetzwerk eines Multicomputers muss sehr leistungsfähig sein. Die **Bisektionsbandbreite** bestimmt die minimale Kommunikationsleistung zwischen zwei gleich großen Teilen des Systems.

Die Übertragungskapazität eines Verbindungsnetzes ist eine weitere wichtige Eigenschaft, die angibt, wie viele Daten das Netz pro Sekunde transportieren kann. Ein nützliches Maß dieser Kapazität ist die **Bisektionsbandbreite** (Bisection Bandwidth). Um diese Größe zu berechnen, ist das Netz zuerst (konzeptionell) in zwei gleich große (bezogen auf die Anzahl der Knoten), aber unverbundene Hälften aufzuteilen, indem man einen Satz von Kanten aus seinem Graphen entfernt. Dann berechnet man die Gesamtbandbreite der entfernten Kanten. Es gibt viele verschiedene Möglichkeiten, das Netz in zwei gleiche Hälften zu teilen. Die Bisektionsbandbreite ist das Minimum aller möglichen Aufteilungen. Diese Zahl sagt Folgendes aus: Beträgt die Bisektionsbandbreite zum Beispiel 800 Bit/s und ist die Kommunikation zwischen beiden Teilnetzen sehr stark, so kann der gesamte Durchsatz im ungünstigsten Fall auf nur 800 Bit/s zurückgehen. Viele Designer halten die Bisektionsbandbreite für die wichtigste Kenngröße eines Verbindungsnetzes. Oftmals werden Verbindungsnetze mit dem Ziel konzipiert, die Bisektionsbandbreite zu maximieren.

Verbindungsnetze lassen sich durch ihre **Dimensionalität** (Dimensionality) charakterisieren. Für unsere Zwecke ergibt sich die Dimensionalität aus der Anzahl der möglichen Wege von der Quelle zum Ziel. Besteht überhaupt keine Entscheidungsmöglichkeit (d.h., es gibt nur einen Pfad von jeder Quelle zu jedem Ziel), dann ist das Netzwerk nulldimensional. Gibt es eine Dimension, in der sich eine Entscheidung treffen lässt, wie zum Beispiel „gehe nach Osten“ oder „gehe nach Westen“, dann ist das Netzwerk eindimensional. Sind zwei Achsen vorhanden, sodass ein Paket nach Osten bzw. Westen oder alternativ nach Norden bzw. Süden gehen kann, so ist das Netzwerk zweidimensional usw. Abbildung 8.33 zeigt mehrere Topologien. Hier sind nur die Verbindungen (Linien) und Schalter (Punkte) dargestellt. Die Speicher und CPUs (hier nicht dargestellt) verbindet man normalerweise über Schnittstellen mit den Schaltern. In ▶Abbildung 8.33a ist eine nulldimensionale **Stern**konfiguration zu sehen, bei der die CPUs und der Speicher an die äußeren Knoten angeschlossen sind, während der zentrale Knoten die Vermittlung übernimmt. Dieses Design ist zwar einfach, doch stellt der zentrale Schalter bei großen Systemen höchstwahrscheinlich einen Engpass dar. Unter dem Aspekt der Fehlertoleranz ist dieses Design zudem unbefriedigend, weil bei einem Ausfall am zentralen Schalter das gesamte System zusammenbrechen würde.

▶Abbildung 8.33b zeigt ein weiteres nulldimensionales Design, das jedoch als **vollständige Vernetzung** (Full Interconnect) am anderen Ende des Spektrums angesiedelt ist. Hier ist jeder Knoten direkt mit jedem anderen Knoten verbunden. Dieses Design maximiert die Bisektionsbandbreite, minimiert den Durchmesser und weist eine überragende Fehlertoleranz auf (es kann sechs beliebige Verbindungen verlieren und bleibt dennoch voll verbunden). Leider sind für k Knoten $k(k-1)/2$ Verbindungen erforderlich, sodass die Konfiguration bei großen k leicht außer Kontrolle gerät.

Eine andere Topologie ist der in ▶Abbildung 8.33c dargestellte **Baum** (Tree). Problematisch ist bei diesem Design, dass die Bisektionsbandbreite gleich der Bandbreite einer einzelnen Verbindung ist. Da das Verkehrsaufkommen nahe der Baumspitze normalerweise hoch ist, können sich die oberen Knoten als Engpässe erweisen. Die Bisektionsbandbreite lässt sich erhöhen, wenn man den oberen Verbindungen mehr Bandbreite zugesteht. Zum Beispiel könnten die Verbindungen der untersten Ebene eine Kapazität b, die der nächsten Ebene eine Kapazität $2b$ und die Verbindungen der höchsten Ebene jeweils $4b$ Kapazität haben. Ein derartiges Design bezeichnet man als **fetten Baum** (Fat Tree). Es wird in kommerziellen Multicomputern angewandt, z.B. beim (inzwischen stillgelegten) CM-5 von Thinking Machines.

Der **Ring** in ▶Abbildung 8.33d ist nach unserer Definition eine eindimensionale Topologie, weil jedes verschickte Paket die Wahl hat, nach links oder rechts zu gehen. Das **Gitter** oder **Netz** (Grid oder Mesh) in ▶Abbildung 8.33e weist ein zweidimensionales Design auf, das in vielen kommerziellen Systemen eingesetzt wird. Es ist höchst regelmäßig, lässt sich leicht auf beträchtliche Größen skalieren und hat einen Durchmesser, der sich lediglich mit der Quadratwurzel der Knotenanzahl erhöht. Eine Variante des Maschennetzes ist der **doppelte (zweidimensionale) Torus** in ▶Abbildung 8.33f. Hierbei handelt es sich um ein Gitter mit verbundenen Kanten. Es ist nicht nur fehlertoleranter als das einfache Gitter, sondern hat auch einen geringeren Durchmesser, weil die entgegengesetzten Ecken hier in nur zwei Schritten (Hops) miteinander kommunizieren können.

Eine andere verbreitete Topologie ist der dreidimensionale Torus. Er besteht aus einer 3-D-Struktur mit Knoten an den Punkten (i, j, k), wobei alle Koordinaten Ganzzahlen im Bereich von (1, 1, 1) bis (l, m, n) sind. Jeder Knoten besitzt sechs Nachbarn, zwei entlang jeder Achse. Die Verbindungen der Knoten an den Kanten führen wie beim 2-D-Torus zur jeweils gegenüberliegenden Kante.

Der **Würfel (Cube)** in ▶Abbildung 8.33g ist eine regelmäßige dreidimensionale Topologie. Die Abbildung zeigt lediglich einen 2×2×2-Würfel, allgemein kann es aber ein $k \times k \times k$-Würfel sein. ▶Abbildung 8.33h stellt einen vierdimensionalen Würfel dar, der sich aus zwei dreidimensionalen Würfeln aufbaut, wobei die korrespondierenden Knoten verbunden sind. Wenn man die Struktur von Abbildung 8.33h klont und die korrespondierenden Knoten zu einem Block von vier Würfeln verbindet, erhält man einen fünfdimensionalen Würfel. Um auf sechs Dimensionen überzugehen, kann man den Block mit vier Würfeln replizieren, die korrespondierenden Knoten verbinden usw. Einen auf diese Weise gebildeten n-dimensionalen Würfel bezeichnet man als **Hypercube**. Viele Parallelrechner basieren auf dieser Topologie, weil der Durchmesser linear mit der Dimensionalität zunimmt. Anders ausgedrückt ist der Durchmesser der Zweierlogarithmus der Knotenanzahl, sodass z.B. ein zehndimensionaler Hypercube aus 1024 Knoten besteht, aber nur einen Durchmesser von 10 hat, was hervorragende Verzögerungseigenschaften ergibt. Demgegenüber haben 1024 Knoten, die in einem 32×32-Gitter angeordnet sind, einen Durchmesser von 62 – das ist sechsmal schlechter als der Hypercube. Der Preis für den kleineren Durchmesser besteht darin, dass der Verzweigungsgrad und somit die Anzahl der Verbindungen (und die Kosten) beim Hypercube wesentlich größer sind. Trotzdem wählt man den Hypercube häufig für Hochleistungssysteme.

Multicomputer gibt es in allen möglichen Formen und Größen, sodass sich keine allgemeingültige Klassifizierung aufstellen lässt. Dennoch ragen zwei allgemeine „Stile" heraus: MPPs und Cluster. Die folgenden Abschnitte gehen näher darauf ein.

8.4.2 MPPs – Massiv parallele Prozessorsysteme

Zur ersten Kategorie gehören die **massiv parallelen Prozessorsysteme (MPP – Massively Parallel Processors)** – riesige Supercomputer, die Millionen US-Dollar kosten. Man nutzt sie in der Wissenschaft, in der Technik und in der Industrie für sehr umfangreiche Berechnungen, um riesige Mengen von Transaktionen je Sekunde zu bewältigen oder für das Data Warehousing (Speichern und Verwalten riesiger Datenbanken). Anfangs wurden MPPs vorwiegend im wissenschaftlichen Bereich eingesetzt, doch findet man sie heute auch in kommerziellen Umgebungen. In gewissem Sinne sind diese Maschinen die Nachfolger der mächtigen Großrechner (Mainframes) der 1960er Jahre. (Der Vergleich hinkt aber und entspricht der Behauptung eines Paläontologen, ein Spatzenschwarm wäre der Nachfolger des

Tyrannosaurus Rex.) MPPs haben größtenteils die SIMD-Maschinen, Vektor-Supercomputer und Feldprozessoren am oberen Ende der digitalen Nahrungskette abgelöst.

Die meisten dieser Maschinen setzen Standard-CPUs als Prozessoren ein. Auf der Beliebtheitsskala ganz oben stehen die Intel-Prozessoren, der Sun UltraSPARC und der IBM PowerPC. MPPs zeichnen sich vor allem dadurch aus, dass sie ein proprietäres Hochleistungsverbindungsnetz nutzen, um Nachrichten mit niedriger Latenz und hoher Bandbreite auszutauschen. Beides ist wichtig, weil die meisten Nachrichten klein sind (deutlich weniger als 256 Byte), große Nachrichten (mehr als 8 KB) aber das größte Verkehrsaufkommen ausmachen. Außerdem werden MPPs mit umfangreicher proprietärer Software und Bibliotheken geliefert.

Ein weiteres Charakteristikum von MPPs ist ihre enorme E/A-Kapazität. Bei allen Problemen, für die sich der Einsatz von MPPs lohnt, sind riesige Datenmengen zu verarbeiten, die sich oft im Terabyte-Bereich bewegen. Diese Daten müssen auf viele Platten verteilt und in großer Geschwindigkeit im Computer verschoben werden.

Schließlich ist bei MPPs besondere Aufmerksamkeit auf die Fehlertoleranz zu richten. Bei Tausenden von CPUs sind mehrere Ausfälle pro Woche unvermeidbar. Allerdings ist es nicht akzeptabel, wenn ein Programm nach 18 Stunden Laufzeit nur wegen einer ausgefallenen CPU abstürzt. Deshalb müssen große MPPs immer mit spezieller Hard- und Software das System überwachen, Ausfälle erkennen und sie möglichst sanft beheben können.

Es wäre zwar jetzt angebracht, die allgemeinen Prinzipien des MPP-Designs zu untersuchen, doch gibt es in Wahrheit gar nicht so viele Prinzipien. Letztlich ist ein MPP eine Sammlung aus mehr oder weniger standardisierten Rechenknoten, die über eine sehr schnelle Zwischenverbindung der bereits untersuchten Arten miteinander gekoppelt sind. Stattdessen sehen wir uns zwei konkrete Beispiele für MPPs an: BlueGene/P und Red Storm.

BlueGene

Massiv parallele Supercomputer bestehen aus Hunderttausenden von Knoten und stellen eine enorm hohe Rechen- und E/A-Leistung zur Verfügung. IBM stellt mit der BlueGene-Serie seit Jahren mit die größten und energieeffizientesten Systeme her.

Als erstes Beispiel für einen massiv parallelen Prozessor untersuchen wir das BlueGene-System von IBM. Dieses Projekt hat IBM im Jahre 1999 als massiv parallelen Supercomputer für die Lösung berechnungsintensiver Probleme in der Biologie und anderen Gebieten konzipiert. Beispielsweise gehen die Biologen davon aus, dass die dreidimensionale Struktur eines Proteins seine Funktionalität bestimmt, doch dauerte die Berechnung der 3-D-Struktur eines kleinen Proteins nach den Gesetzen der Physik auf Supercomputern zu jener Zeit noch mehrere Jahre. Die Anzahl der beim Menschen gefundenen Proteine beträgt über eine halbe Million. Viele dieser Proteine sind zudem sehr groß und es ist bekannt, dass ihre Faltungsfehler für bestimmte Krankheiten (z.B. zystische Fibrose) verantwortlich sind. Zweifellos würde es die gesamte Rechenleistung der Welt um mehrere Größenordnungen übersteigen, wenn man die 3-D-Struktur aller menschlichen Proteine bestimmen wollte, und die Modellierung der Proteinfaltung ist nur ein Problem, für das BlueGene entworfen wurde. Gleichermaßen komplexe Herausforderungen in der molekularen Dynamik, der Klimamodellierung, der Astronomie und selbst im Finanzwesen verlangen ebenfalls nach Verbesserungen der Supercomputer um mehrere Größenordnungen.

Da IBM von einem Marktbedarf für massives Supercomputing ausgeht, wurden 100 Millionen US-Dollar investiert, um BlueGene zu entwerfen und zu bauen. Im November 2001 hat das vom US-Energieministerium finanzierte Livermore National Laboratory als Partner und erster Kunde einen Auftrag für die erste Version der BlueGene-Familie namens **BlueGene/L** unterzeichnet. In 2007 hat IBM die zweite Generation der BlueGene-Supercomputer namens **BlueGene/P** aufgelegt, mit der wir uns hier beschäftigen.

Das Ziel des BlueGene-Projekts besteht nicht nur darin, den weltweit schnellsten MPP zu produzieren, sondern auch den effizientesten in Bezug auf Teraflops/Dollar, Teraflops/Watt und Teraflops/m^3. Aus diesem Grund hat IBM die Philosophie früherer MPPs verworfen, die schnellsten Komponenten einzusetzen, wobei Geld keine Rolle spielte. Stattdessen hat man sich für eine kundenspezifische Komponente als Komplettsystem auf einem Chip entschieden, die bei mittlerer Geschwindigkeit und niedriger Leistungsaufnahme läuft, um eine sehr große Maschine mit einer hohen Packungsdichte aufzubauen. Der erste BlueGene/P wurde im November 2007 an eine deutsche Universität ausgeliefert. Das System enthält 65.536 Prozessoren und kann 167 Teraflops/s leisten. Zu dieser Zeit war es der schnellste Computer in Europa und der sechstschnellste Computer weltweit. Außerdem gilt das System als energieeffizientester Supercomputer in der Welt mit 371 Megaflops/W, womit es fast zweimal energieeffizienter als sein Vorgänger der BlueGene/L ist. Die erste BlueGene/P-Bereitstellung wurde 2009 aktualisiert und enthält seitdem 294.912 Prozessoren, was eine Rechenleistung von 1 Petaflops/s ergibt.

Das Herz des BlueGene/P-Systems ist der kundenspezifische Knotenchip, den ▶Abbildung 8.34 zeigt. Er besteht aus vier PowerPC-450-Kernen, die mit 850 MHz laufen. Der PowerPC 450 ist ein superskalarer Doppelprozessor mit Fließbandverarbeitung, der in eingebetteten Systemen verbreitet ist. Jeder Kern besitzt ein Paar Gleitkommaeinheiten für je zwei Befehle, die zusammen vier Gleitkommabefehle je Taktzyklus abarbeiten können. Die Gleitkommaeinheiten wurden mit einer Reihe von SIMD-artigen Befehlen aufgerüstet, die gelegentlich in wissenschaftlichen Berechnungen auf Datenfeldern nützlich sind. Auch wenn die Leistung nicht allzu schlecht ist, gehört dieser Chip zweifellos nicht zu den Multiprozessoren der Spitzengruppe.

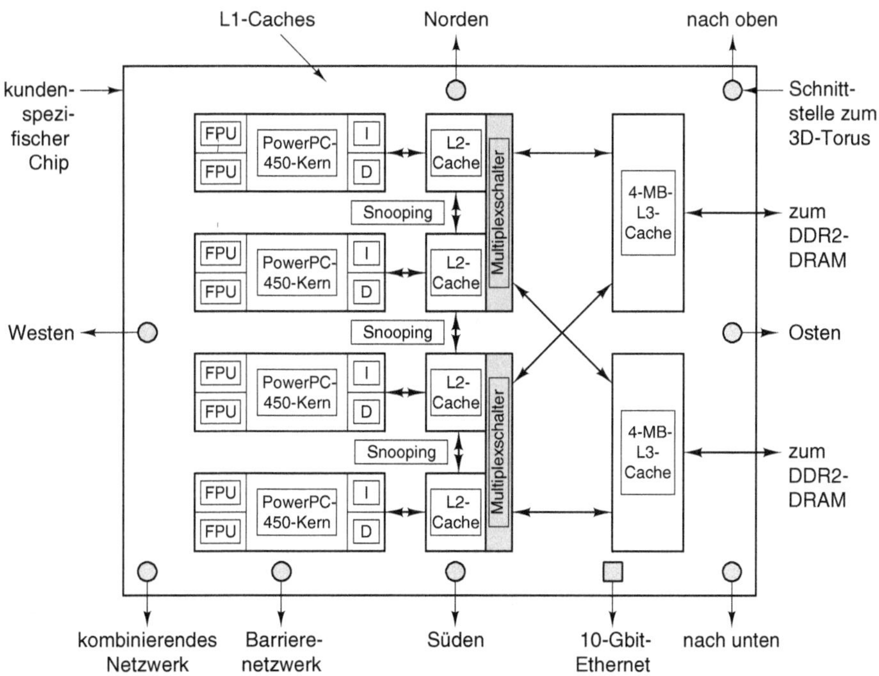

Abbildung 8.34: Der kundenspezifische Prozessorchip BlueGene/P

Auf dem Chip sind drei Cache-Ebenen realisiert. Die erste Ebene besteht aus einem geteilten L1-Cache mit 32 KB für Befehle und 32 KB für Daten. Die zweite Ebene ist ein allgemeiner Cache, der aus einem gemeinsamen 2-KB-Cache besteht. Die L2-Caches sind eigentlich Prefetch-Puffer und keine wahren Caches. Sie „beschnüffeln" sich einander und sind Cache-konsistent. Die dritte Ebene ist ein allgemeiner 4 MB großer gemeinsamer Cache, der Daten in die L2-Caches speist. Die vier Prozessoren greifen auf zwei 4-MB-L3-Cache-Module gemeinsam zu. Zwischen den L1-Caches auf den vier CPUs besteht Cache-Kohärenz. Wenn also ein gemeinsam genutzter Teil des Speichers in mehr als einem Cache vorhanden ist, sind die Zugriffe auf diesen Speicher durch den einen Prozessor unmittelbar für die anderen drei Prozessoren sichtbar. Eine Speicherreferenz, die im L1-Cache zu einem Fehler führt, aber im L2-Cache einen Treffer hat, benötigt rund 11 Taktzyklen. Ein Fehler im L2-Cache, der einen Treffer im L3-Cache bringt, braucht rund 28 Zyklen. Schließlich dauert ein L3-Fehlzugriff, der einen Zugriff auf das Haupt-DRAM nach sich zieht, rund 75 Zyklen.

Der **BlueGene**-Prozessor kombiniert die Rechenkerne mit ihren Caches, die Speicherschnittstelle und die Schnittstellen für die Netzwerke für einen Knoten auf einem einzigen Chip.

Die vier CPUs sind über einen Bus hoher Bandbreite mit einem 3-D-Torus-Netzwerk verbunden. Hierfür sind 6 Verbindungen erforderlich: Nach oben, unten, Norden, Süden, Osten und Westen. Außerdem ist jeder Prozessor an eine „Sammelschiene" angeschlossen – d.h. ein Netzwerk für Daten-Broadcasts zu allen Prozessoren. Der Barrierenanschluss gibt jedem Prozessor schnellen Zugriff auf ein spezialisiertes Synchronisierungsnetzwerk, um Synchronisierungsoperationen zu beschleunigen.

Eine Ebene höher hat IBM eine kundenspezifische Karte entworfen, die einen der in Abbildung 8.34 gezeigten Chips zusammen mit einem DDR2-DRAM von 2 GB aufnimmt. Der Chip und die Karte sind in ▶Abbildung 8.35a bzw. b dargestellt.

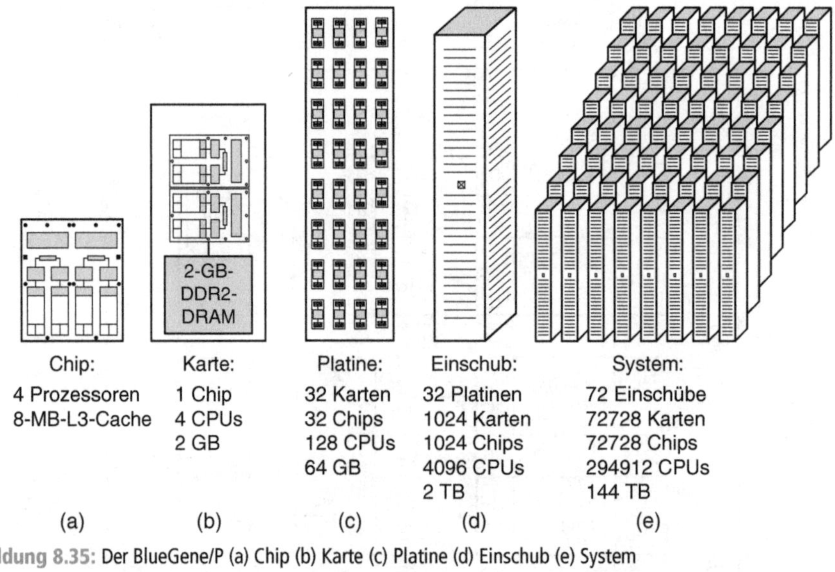

Abbildung 8.35: Der BlueGene/P (a) Chip (b) Karte (c) Platine (d) Einschub (e) System

Jeweils 32 Karten sind auf einer Einsteckplatine montiert, was insgesamt 32 Chips (und somit 128 CPUs) pro Platine ergibt. Da jede Karte 2 GB DRAM enthält, sind je Platine 64 GB vorhanden. ▶Abbildung 8.35c zeigt eine Platine. Auf der nächsten Ebene sind 32 dieser Platinen in einem Einschub untergebracht. Ein einzelner Einschub enthält also 4096 CPUs. Ein solcher Einschub ist in ▶Abbildung 8.35d zu sehen.

Schließlich zeigt ▶Abbildung 8.35e ein vollständiges System, das aus 72 Einschüben mit 294.912 CPUs besteht. Ein PowerPC 450 kann bis zu 6 Befehle/Zyklus ausgeben, sodass ein voll ausgestattetes BlueGene/P-System in der Lage sein sollte, bis zu 1.769.472 Befehle je Zyklus zu starten. Bei 850 MHz wäre damit für das System eine Leistung von 1,504 Petaflops/s möglich. Da jedoch Datenkonstellationen, Speicherlatenz und fehlende Parallelität zusammenwirken, ist der tatsächliche Durchsatz des Systems wesentlich geringer. Reale Programme, die auf dem BlueGene/P laufen, haben Werte bis zu 1 Petaflops/s erreicht.

Das System ist ein Multicomputer in dem Sinne, dass keine CPU direkten Zugriff auf irgendeinen Speicher außer den 2 GB auf ihrer eigenen Karte hat. Zwar besitzen die CPUs auf einem Prozessorchip gemeinsamen Speicher, doch nutzen Prozessoren auf Karten-, Gestell- und Systemebene nicht denselben Speicher. Außerdem gibt es kein Demand Paging, weil keine lokalen Festplatten existieren, auf die Seiten auszulagern wären. Stattdessen besitzt das System 1152 E/A-Knoten, die mit Festplatten und den anderen Peripheriegeräten verbunden sind.

Alles in allem ist das System zwar äußerst groß, aber auch relativ unkompliziert mit nur wenig neuer Technologie, ausgenommen der Bereich der hohen Packungsdichte. Die Entscheidung, das System einfach zu halten, war durchaus richtig, da man vor allem hohe Zuverlässigkeit und Verfügbarkeit angestrebt hat. Folglich hat man besonderes Augenmerk auf die Stromversorgung, die Lüfter, das Kühlsystem und die Verkablung gerichtet, um eine MTTF (Mean Time To Failure – mittlere Zeit bis zum Ausfall) von mindestens 10 Tagen zu erreichen.

Um alle Chips zu verbinden, ist ein skalierbares Hochgeschwindigkeitsnetz erforderlich. Das verwendete Design ist ein dreidimensionaler Torus der Größe 72 × 32 × 32. Folglich benötigt jede CPU lediglich sechs Verbindungen zum Torus-Netz – zwei zu anderen logisch darüber- und darunterliegenden CPUs sowie Verbindungen zu den nördlichen, südlichen, östlichen und westlichen Nachbarn. Diese sechs Verbindungen sind in Abbildung 8.34 mit *Osten*, *Westen*, *Norden*, *Süden*, *nach oben* und *nach unten* beschriftet. Physisch bildet jeder 1024-Knoten-Einschub einen 8×8×16-Torus. Paare von benachbarten Einschüben ergeben einen 8×8×32-Torus, vier Paare von Einschüben in derselben Reihe bilden einen 8×32×32-Torus und schließlich ergeben alle 9 Reihen einen 72×32×32-Torus.

Sämtliche Verbindungen sind somit Punkt-zu-Punkt-Verbindungen und arbeiten mit 3,4 Gbit/s. Da jeder der 73.728 Knoten drei Verbindungen zu „höher“ nummerierten Knoten – in jeder Dimension einer – besitzt, beträgt die Gesamtbrandbreite des Systems 752 Tbit/s. Der Informationsgehalt dieses Buchs liegt bei rund 300 Millionen Bits, einschließlich aller Abbildungen im EPS-Format, sodass BlueGene/P rund 2,5 Millionen Kopien dieses Buchs je Sekunde verschieben könnte. Wohin sie gehen und wer sie möchte, bleibt als Übung für den Leser.

Die Kommunikation auf dem 3-D-Torus erfolgt in Form des **Virtual-Cut-Through-Routings**. Diese Technik ähnelt dem Store-and-Forward Packet Switching, außer dass die Pakete vor dem Weiterleiten nicht komplett zwischengespeichert werden. Sobald ein Byte an einem Knoten eingetroffen ist, kann es sofort zum nächsten Knoten weitergeleitet werden, selbst bevor das gesamte Paket angekommen ist. Es sind sowohl dynamische (adaptive) als auch deterministische (feste) Routing-Modi möglich. Um das Virtual-Cut-Through-Routing zu implementieren, ist etwas Spezialhardware auf dem Chip erforderlich.

Neben dem für den Datentransport verwendeten 3-D-Haupttorus sind vier andere Kommunikationsnetzwerke vorhanden. Das zweite ist das kombinierende Netzwerk (Sammelnetz) in der Form eines Baums. Viele Operationen, die auf stark parallelen Systemen wie dem BlueGene/P ausgeführt werden, verlangen die Mitwirkung aller Knoten. Nehmen Sie als Beispiel eine Operation, die das Minimum aus einem Satz von 65.536 Werten suchen soll, wobei jeder Wert in einem Knoten steht. Das kombinierende Netzwerk verknüpft alle Knoten in einem Baum und wenn zwei Knoten ihre jeweiligen Werte zu einem Knoten auf höherer Ebene senden, wählt dieser den kleineren der beiden Knoten aus und leitet ihn nach oben weiter. Auf diese Weise gelangt viel weniger Verkehr bis zur Wurzel, als wenn alle 65.536 Knoten eine Nachricht dorthin senden würden.

Das dritte Netzwerk ist für globale Barrieren und Interrupts vorgesehen. Bestimmte Algorithmen arbeiten in Phasen mit jedem erforderlichen Knoten, um zu warten, bis alle anderen die Phase abgeschlossen haben, bevor sie die nächste Phase starten. Das Barrierenetzwerk erlaubt der Software, diese Phasen zu definieren und einen Weg bereitzustellen, um alle Rechen-CPUs zu suspendieren, die das Ende einer Phase erreicht haben, bis alle von ihnen das Ende erreicht haben und dann freigegeben werden. Interrupts verwenden ebenfalls dieses Netzwerk.

Die Netzwerke Nummer vier und fünf verwenden 10-Gbit-Ethernet. Eines dieser Netzwerke verbindet die E/A-Knoten mit den Dateiservern, die an BlueGene/P extern angeschlossen sind, und darüber hinaus zum Internet. Das andere Netzwerk ist für die Fehlersuche im System gedacht.

Jeder CPU-Knoten führt einen kleinen, speziell entwickelten, schlanken Kernel aus, der einen einzigen Benutzer und einen einzigen Prozess unterstützt. Dieser Prozess besitzt höchstens vier Threads, wobei immer einer auf der jeweiligen CPU im Knoten läuft. Diese einfache Struktur wurde auf hohe Leistung und Zuverlässigkeit ausgelegt.

Um die Zuverlässigkeit noch zu erhöhen, kann die Anwendungssoftware eine Bibliotheksprozedur aufrufen, um einen Checkpoint zu setzen. Nachdem alle ausstehenden Nachrichten aus dem Netzwerk entfernt wurden, lässt sich ein globaler Checkpoint festlegen und speichern, sodass der Job bei einem Systemausfall vom Checkpoint neu gestartet werden kann statt von Anfang an. Die E/A-Knoten führen ein herkömmliches Linux-Betriebssystem aus und unterstützen mehrere Prozesse.

IBM hat die Entwicklungsarbeiten am BlueGene-System fortgesetzt und 2012 die nächste Generation namens BlueGene/Q („Mira") am Argonne National Laboratory installiert. Das System erreicht Geschwindigkeiten von 10 Petaflops/s. Weitere Informationen über BlueGene finden Sie in [Adiga et al., 2002], [Alam et al., 2008], [Almasi et al., 2003a, 2003b], [Blumrich et al., 2005] und [IBM, 2008].

Red Storm

Als zweites Beispiel eines MPP betrachten wir die Red-Storm-Rechner (mit dem Beinamen Thor's Hammer) am Sandia National Laboratory. Sandia wird von Lockheed Martin betrieben und führt klassifizierte (d.h. geheime) und nicht klassifizierte Arbeiten für das US-Energieministerium durch. Zu den klassifizierten Arbeiten gehören das Design und die Simulation von Nuklearwaffen, was sehr rechenintensiv ist.

Sandia ist schon seit längerer Zeit auf diesem Geschäftfeld tätig und hat im Lauf der Jahre viele Supercomputer der Spitzenklasse angeschafft. Seit Jahrzehnten hat Sandia

Vektor-Supercomputer favorisiert, aber schließlich haben Technologie und Wirtschaft MPPs kostengünstiger gemacht. Im Jahre 2002 war der damals aktuelle MPP namens ASCI Red schon recht weit vom Stand der Technik entfernt. Trotz seiner 9460 Knoten kam er insgesamt nur auf 1,2 TB RAM und 12,5 TB Festplattenkapazität und das System brachte es auf kaum mehr als 3 Teraflops pro Sekunde. So entschied sich Sandia im Sommer 2002 für die Firma Cray Research als langjährigen Anbieter von Supercomputern, um einen Ersatz für ASCI Red bauen zu lassen.

Dieser Computer wurde im August 2004 nach einem für eine derartig große Maschine beachtenswert kurzen Entwicklungs- und Implementierungszyklus geliefert. Der Grund dafür, dass er sich so schnell entwerfen und liefern ließ, bestand darin, dass man bei Red Storm fast ausschließlich auf Standardkomponenten zurückgegriffen hatte, mit Ausnahme eines benutzerdefinierten Chips für das Routing. In 2006 wurde das System mit neuen Prozessoren ausgestattet. Auf diese aktualisierte Version von Red Storm gehen wir nun im Detail ein.

Als CPU für den Red Storm wurde der 2,4-GHz-Dual-Core-Prozessor Opteron von AMD gewählt. Der Opteron besitzt mehrere Schlüsselmerkmale, die ihn zur bevorzugten Wahl machen. Erstens bietet er drei Betriebsarten. Im Legacy-Modus führt er unveränderte Standard-Pentium-Binärprogramme aus. Im Kompatibilitätsmodus läuft das Betriebssystem im 64-Bit-Modus und kann 2^{64} Bytes Speicher adressieren, die Anwendungsprogramme laufen aber im 32-Bit-Modus. Schließlich ist der gesamte Prozessor im 64-Bit-Modus komplett auf 64 Bit ausgerichtet und alle Programme können den vollen 64-Bit-Adressraum nutzen. Im 64-Bit-Modus ist es möglich, Software zu mischen und gemeinsam zu betreiben: Sowohl 32-Bit- als auch 64-Bit-Programme können gleichzeitig laufen, was einen einfachen Upgrade-Weg erlaubt.

Zweitens bietet der Opteron spezielle Unterstützung zur Lösung des Bandbreitenproblems beim Zugriff auf den Speicher. In den letzten Jahren sind CPUs schneller und schneller geworden, während der Speicher nicht Schritt gehalten hat, was zu einer massiven Bestrafung führt, wenn es einen Level-2-Cache-Fehler gibt. AMD hat den Speichercontroller in den Opteron integriert, sodass er mit der Geschwindigkeit des Prozessors laufen kann und nicht mit der des Speicherbusses, wodurch sich die Speicherleistung verbessert. Der Controller ist für acht DIMMs von je 4 GB ausgelegt, was einen Gesamtspeicher von 32 GB pro Opteron ausmacht. Im Red-Storm-System verfügt jeder Opteron nur über 2 bis 4 GB. Zweifellos wird man in Zukunft bei sinkenden Speicherpreisen mehr Speicher einbauen. Außerdem konnte das System durch Einsatz von Dual-Core-Opterons die reine Rechenleistung verdoppeln.

Zu jedem Opteron gehört ein eigener dedizierter Netzwerkprozessor namens **Seastar**, den IBM herstellt. Der Seastar ist eine kritische Komponente, da nahezu der gesamte Verkehr zwischen den Prozessoren über das Seastar-Netzwerk läuft. Ohne die extreme Hochgeschwindigkeitsverbindung, die diese kundenspezifischen Chips bieten, würde das System schnell im Datenschlamm versinken.

Obwohl die Opteron-Prozessoren als kommerzielle Standardkomponenten verfügbar sind, ist das Red-Storm-Gehäuse kundenspezifisch. Jede Red-Storm-Platine enthält vier Opteron-Prozessoren, 4 GB RAM, vier Seastar-Prozessoren, einen RAS-Prozessor (Reliability, Availability, Service) und einen 100-Mbit/s-Ethernet-Chip, wie es ▶Abbildung 8.36 zeigt.

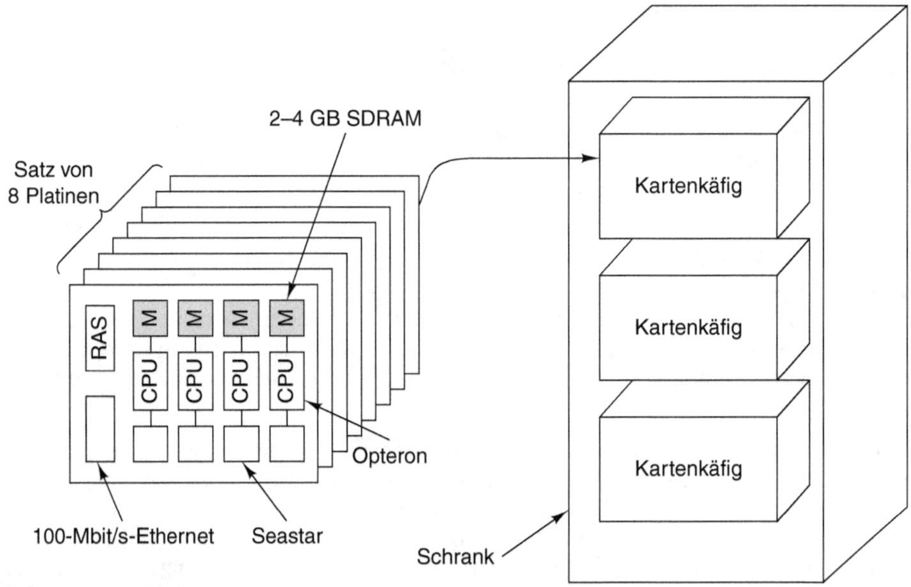

Abbildung 8.36: Anordnung der Red-Storm-Komponenten im Gehäusesystem

Eine Gruppe von acht Platinen wird in eine Rückverdrahtung gesteckt und in einen Kartenkäfig eingeschoben. Jeder Schrank nimmt drei Kartenkäfige mit insgesamt 96 Opteron-Prozessoren und die notwendigen Stromversorgungen und Lüfter auf. Das vollständige System besteht aus 108 Schränken für Rechenknoten, was insgesamt 10.368 Opterons (20.736 Prozessoren) mit 10 TB SDRAM ergibt. Jede CPU hat nur Zugriff auf ihren eigenen SDRAM. Es gibt keinen gemeinsamen Speicher. Die theoretische Rechenleistung des Systems beträgt 41 Teraflops pro Sekunde.

Die Verbindung zwischen den Opteron-CPUs erfolgt durch die speziellen Seastar-Router mit einem Router je Opteron-CPU. Sie sind in einem 3-D-Torus der Größe 27 × 16 × 24 mit einem Seastar an jedem Gitterpunkt zusammengeschlossen. Jeder Seastar besitzt sieben bidirektionale 24-Gbit/s-Verbindungen, die nach Norden, Osten, Süden, Westen, oben, unten und zum Opteron gehen. Die Transitzeit zwischen zwei benachbarten Gitterpunkten beträgt 2 μs. Über die gesamte Menge der Rechenknoten liegt sie nur bei 5 μs. Ein zweites Netzwerk mit 100-Mbit/s-Ethernet wird für Service und Wartung verwendet.

Neben den 108 Rechenschränken enthält das System auch 16 Schränke für E/A- und Service-Prozessoren. Jeder dieser Schränke nimmt 32 Opteron-Prozessoren auf. Diese 512 CPUs sind geteilt: 256 für die Ein-/Ausgabe und 256 für den Service. Der übrige Platz ist mit Festplatten belegt, die als RAID 3 und RAID 5 – jeweils mit einem Paritätslaufwerk und einem Reservelaufwerk (Hot Spare) – organisiert sind. Die gesamte Festplattenkapazität beträgt 240 TB. Die kombinierte Festplattenbandbreite beläuft sich auf 50 GB/s.

Das System ist in klassifizierte und nicht klassifizierte Abschnitte partitioniert, wobei Schalter zwischen den Teilen vorhanden sind, sodass sie sich mechanisch koppeln oder entkoppeln lassen. Insgesamt sind 2688 Opterons immer dem klassifizierten Abschnitt und weitere 2688 Opterons immer dem nicht klassifizierten Abschnitt zugeteilt. Die übrigen 4992 Opterons lassen sich in jeden Abschnitt einschalten, wie es aus Abbildung

8.37 hervorgeht. Die 2688 klassifizierten Opterons verfügen jeweils über 4 GB RAM, alle anderen jeweils über 2 GB. Offenbar sind die klassifizierten Arbeiten speicherintensiv. Die Ein-/Ausgabe- und Service-Prozessoren sind auf beide Teile aufgeteilt.

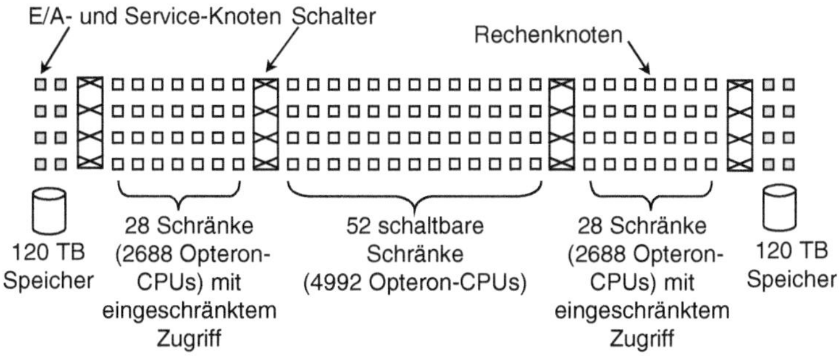

Abbildung 8.37: Das Red-Storm-System von oben gesehen

Alles ist in einem eigenen Gebäude mit einer Fläche von 2000 m^2 untergebracht. Das Gebäude und der Standort wurden so konzipiert, dass sich das System bei Bedarf später auf bis zu 30.000 CPUs upgraden lässt. Die Rechenknoten verbrauchen 1,6 MW, die Festplattenlaufwerke ein weiteres Megawatt. Rechnet man die Lüfter und die Klimaanlage hinzu, so kommt das Gesamtsystem auf 3,5 MW.

Hardware und Software des Computers kosten 90 Millionen US-Dollar. Das Gebäude und die Kühlung schlagen mit weiteren 9 Millionen zu Buche, sodass die Gesamtkosten knapp unter 100 Millionen US-Dollar bleiben, obwohl ein Teil davon einmalige Technikkosten sind. Wenn Sie einen genauen Klon bestellen wollen, sollten Sie rund 60 Millionen US-Dollar veranschlagen. Cray plant, kleinere Versionen des Systems unter dem Namen X3T an andere staatliche und kommerzielle Kunden zu verkaufen.

Die Rechenknoten führen einen schlanken Kernel namens **Catamount** aus. Auf den E/A- und Service-Knoten läuft ein ganz normales Linux mit etwas zusätzlicher Unterstützung von MPI (mehr dazu später in diesem Kapitel). Die RAS-Knoten führen ein abgespecktes Linux aus. Von ASCI Red ist umfangreiche Software verfügbar, die sich auf Red Storm einsetzen lässt, u.a. CPU-Allocator, Scheduler, MPI-Bibliotheken, mathematische Bibliotheken und Anwendungsprogramme.

Bei einem derartig großen System ist hohe Zuverlässigkeit entscheidend. Jedes Board besitzt einen RAS-Prozessor, der für die Systemwartung zuständig ist, sowie spezielle Hardwareeinrichtungen. Das Ziel ist eine MTBF (Mean Time Between Failures – mittlere Zeit zwischen zwei Ausfällen) von 50 Stunden. ASCI Red hatte zwar eine Hardware-MTBF von 900 Stunden, wurde aber alle 40 Stunden von einem Betriebssystemabsturz heimgesucht. Obwohl die neue Hardware wesentlich zuverlässiger als die alte Hardware ist, bleibt die Software der Schwachpunkt.

Weitere Informationen zu Red Storm finden Sie in [Brightwell et al., 2005, 2010].

BlueGene/P und Red Storm im Vergleich

Red Storm und BlueGene/L sind in bestimmter Hinsicht vergleichbar, in anderen Punkten dagegen nicht, sodass es interessant ist, einige Schlüsselparameter nebeneinander zu stellen, wie sie in ▶Tabelle 8.5 aufgeführt sind.

Element	BlueGene/P	Red Storm
CPU	32-Bit-PowerPC	64-Bit-Opteron
Takt	850 MHz	2 GHz
Rechen-CPUs	294.912	20.736
CPUs/Platine	128	8
CPUs/Einschub bzw. Schrank	4096	192
Recheneinschübe bzw. -schränke	72	108
Teraflops/s	1000	124
Speicher/CPU	512 MB	2 bis 4 GB
Gesamtspeicher	144 TB	10 TB
Router	PowerPC	Seastar
Anzahl von Routern	73.728	10.368
Verbindungsnetz	3-D-Torus 72 × 32 × 32	3-D-Torus 27 × 16 × 24
Andere Netzwerke	Gigabit-Ethernet	Fast Ethernet
Partitionierbar	Nein	Ja
Betriebssystem der Rechenknoten	Kundenspezifisch	Kundenspezifisch
Betriebssystem der E/A-Knoten	Linux	Linux
Anbieter	IBM	Cray Research
Teuer	Ja	Ja

Tabelle 8.5: Ein Vergleich von BlueGene/P und Red Storm

Die beiden Maschinen sind im gleichen Zeitrahmen entstanden, sodass ihre Unterschiede nicht auf die Technologie zurückgehen, sondern von unterschiedlichen Visionen der Entwickler bestimmt werden und in gewissem Maße auch von den Herstellern IBM und Cray abhängig sind. BlueGene/P wurde von Anfang an als kommerzielle Maschine konzipiert, von der sich IBM große Verkaufszahlen unter anderem an Firmen der Biotechnologie oder Pharmazie verspricht. Red Storm ist dagegen aufgrund eines besonderen Vertrags mit Sandia entstanden, selbst wenn Cray plant, kleinere Versionen ebenfalls zum Kauf anzubieten.

Die Vision von IBM ist klar: vorhandene Kerne kombinieren, um einen speziellen Chip zu erzeugen, der sich billig in Massen produzieren lässt, ihn bei niedriger Geschwindigkeit betreiben und eine sehr große Anzahl dieser Chips über ein Kommunikationsnetzwerk mittlerer Geschwindigkeit zusammenschließen. Auch die Vision von Sandia ist klar, wenn auch anders: Eine leistungsfähige 64-Bit-Standard-CPU verwenden, einen sehr schnellen speziellen Router-Chip entwickeln und jede Menge Speicher vorsehen, um zu einem wesentlich leistungsfähigeren Knoten als BlueGene/P zu kommen, sodass weniger davon erforderlich sind und die Kommunikation zwischen ihnen schneller abläuft.

Die Konsequenzen dieser Entscheidungen wirken sich auch auf die Gehäusegestaltung aus. Mit dem von IBM gebauten speziellen Chip, der den Prozessor und den Router kombiniert, lässt sich eine höhere Packungsdichte erreichen: 4096 CPUs/Schrank. Da Sandia auf einen unveränderten Standard-CPU-Chip und 2 bis 4 GB RAM pro Knoten gesetzt hat, konnten nur 192 Rechenprozessoren in einem Schrank untergebracht werden. Im Ergebnis beansprucht Red Storm mehr Stellfläche und verbraucht mehr Leistung als BlueGene/P.

In der exotischen Welt der staatlichen Forschungseinrichtungen zählt unterm Strich nur die Rechenleistung. In dieser Hinsicht gewinnt BlueGene/P mit 1000 Teraflops/s gegenüber Red Storm mit 124 Teraflops/s, doch Red Storm wurde erweiterbar konzipiert, sodass Sandia in der Lage wäre, mit weiteren Opterons für ein bestimmtes Problem die Leistung erheblich zu steigern. IBM könnte darauf mit einer etwas höheren Taktgeschwindigkeit reagieren (mit 850 MHz ist der Stand der Technik noch nicht wirklich ausgereizt). Kurz gesagt sind MPP-Supercomputer den physikalischen Grenzen noch nicht einmal nahe gekommen und werden in den nächsten Jahren sicherlich noch wachsen.

8.4.3 Cluster-Rechner

Die zweite Art der Multicomputer ist der **Cluster-Computer** [Anderson et al., 1995] und [Martin et al., 1997]. Normalerweise besteht ein Cluster aus Hunderten oder Tausenden von PCs oder Workstations, die über handelsübliche Netzwerkkarten verbunden sind. Der Unterschied zwischen einem MPP und einem Cluster ist analog dem Unterschied zwischen einem Großrechner (Mainframe) und einem PC. Beide besitzen eine CPU, einen RAM, Festplatten, ein Betriebssystem usw. Auf dem Großrechner läuft alles lediglich viel schneller ab (wenn man vom Betriebssystem einmal absieht). Allerdings gibt es erhebliche Unterschiede sowohl in Bezug auf Qualität als auch hinsichtlich Einsatz und Verwaltung. Das Gleiche gilt für MPPs und Cluster.

Ursprünglich hat sich ein MPP vor allem durch seine Hochgeschwindigkeitsverbindungen ausgezeichnet. Diese Lücke zu normalen Rechnern schließt sich aber immer mehr, da inzwischen Hochgeschwindigkeitskomponenten in Form von Standardbaugruppen kommerziell verfügbar sind. Alles in allem sind Cluster auf dem besten Wege, MPPs in immer winzigere Nischen abzudrängen, genauso wie PCs aus Großrechnern eine esoterische Spezialität gemacht haben. MPPs findet man vor allem in den Bereichen mit großzügigen Budgets für Supercomputer, wo allein die Spitzenleistung zählt und wo Sie den Gedanken an einen eigenen Rechner sofort wieder vergessen, wenn Sie nach dem Preis gefragt haben.

> **Cluster** sind Multicomputer, die aus Standardsystemen aufgebaut werden. Aufgrund des guten Preis-Leistungs-Verhältnisses sind sie inzwischen weit verbreitet.

Unter den vielen Arten von Clustern ragen zwei heraus: zentralisierte und dezentralisierte. Ein zentralisierter Cluster besteht aus Workstation-PCs, die in großen Gestellrahmen montiert und in einem einzelnen Raum untergebracht sind. Manchmal ist die Bauweise auch kompakter als üblich, um die räumlichen Abmessungen und die Kabellängen zu reduzieren. Typischerweise sind die Computer einheitlich aufgebaut und besitzen außer Netzwerkkarten und gegebenenfalls Festplatten keine anderen Peripheriegeräte. Gordon Bell, der die PDP-11 und die VAX entwickelt hat, nannte solche Maschinen **kopflose Workstations** (Headless Workstations), weil sie keine Besitzer haben.

Dezentralisierte Cluster bestehen aus Workstations oder PCs, die beliebig in einem Gebäude oder über das Firmengelände verteilt sind. Die meisten von ihnen arbeiten viele Stunden täglich im Leerlauf, was vor allem auf die Nachtstunden zutrifft. Diese Rechner sind normalerweise über ein LAN verbunden, meistens heterogen aufgebaut und verfügen über eine volle Palette an Peripheriegeräten, auch wenn ein Cluster mit 1024 Mäusen nicht viel besser als ein Cluster ohne Maus ist. Vor allem aber haben viele von ihnen einen Besitzer, der emotional mit seinem Rechner verbunden ist und jeden

Astronomen davon abhalten wird, auf seinem Rechner den Urknall zu simulieren. Wenn man aus untätigen Workstations einen Cluster bilden möchte, bedeutet das stets, dass Jobs zu verlagern sind, wenn der eigentliche Besitzer seinen Rechner für sich reklamiert. Die Job-Verlagerung ist zwar möglich, benötigt aber kompliziertere Software.

Cluster sind oftmals recht kleine Systeme, die von einigen Dutzend bis zu vielleicht 500 PCs reichen. Allerdings ist es auch möglich, sehr große Cluster mit Standard-PCs aufzubauen. Google hat das in einer interessanten Form realisiert, die wir uns jetzt ansehen.

Google

Google ist eine beliebte Suchmaschine für Informationen im Internet. Während ihre Popularität u.a. auf ihre einfache Oberfläche und schnelle Reaktionszeit zurückgeht, ist ihr Design alles andere als einfach. Aus Sicht von Google besteht die Herausforderung darin, das gesamte World Wide Web (mit geschätzten 40 Milliarden Seiten) zu sichten, zu indizieren und zu speichern, die gesamte Informationsmenge in weniger als 0,5 s zu durchsuchen und Zehntausende von Anfragen pro Sekunde, die rund um die Uhr aus allen Teilen der Welt eintreffen, zu verarbeiten. Dabei darf das System niemals aussteigen, nicht einmal angesichts von Erdbeben, Stromausfällen, Telekommunikationsstörungen, Hardwareausfällen und Softwarefehlern. Und selbstverständlich muss es das alles so billig wie möglich tun. Der Aufbau eines Google-Klons ist zweifellos keine Übung für den Leser.

Wie bewältigt Google das? Zunächst einmal betreibt Google weltweit mehrere Datenzentren. Dadurch stehen nicht nur die Datensicherungen für den Fall bereit, dass ein System von einem Erdbeben geschluckt wurde, sondern es lassen sich auch die Wege kurz halten. Denn wenn jemand die Site *www.google.com* aufruft, wird die IP-Adresse des Absenders inspiziert und die Adresse des nächsten Datenzentrums bereitgestellt. Der Browser sendet dann die Abfrage dorthin.

Jedes Datenzentrum hat mindestens eine OC-48-Glasfaserverbindung (mit 2,488 Gbit/s) zum Internet, über die es Anfragen erhält und Antworten sendet, sowie eine OC-12-Sicherungsverbindung (mit 622 Mbit/s) von einem anderen Telekommunikationsanbieter für den Fall, dass die Hauptverbindung ausfällt. Unterbrechungsfreie Stromversorgungen und Notstromaggregate mit Dieselmotoren sind in allen Datenzentren verfügbar, um den Betrieb bei Störungen des Stromnetzes aufrechtzuerhalten. Folglich leidet zwar die Leistung bei einer Naturkatastrophe, aber das Google-System läuft weiter.

Die Gründe für die von Google gewählte Architektur lassen sich am besten verstehen, wenn man die Verarbeitung einer Abfrage erläutert. Nachdem die Abfrage bei ihrem vorgesehenen Datenzentrum eingetroffen ist (Schritt 1 in Abbildung 8.38), leitet der Lastenausgleich die Abfrage zu einem der vielen Abfragebearbeiter (2) und parallel zur Rechtschreibprüfung (3) und zum Werbungsserver (4) weiter. Dann werden die Suchbegriffe parallel in den Indexservern (5) gesucht. Diese Server enthalten einen Eintrag für jedes Wort im Web. Jeder Eintrag listet alle Dokumente (Webseiten, PDF-Dateien, PowerPoint-Präsentationen usw.), die das Wort enthalten und sortiert nach der Rangfolge der Seite. Der Rang der Seite berechnet sich aus einer komplizierten (und geheimen) Formel, wobei aber die Anzahl der Links zu einer Seite und deren eigene Ränge eine große Rolle spielen.

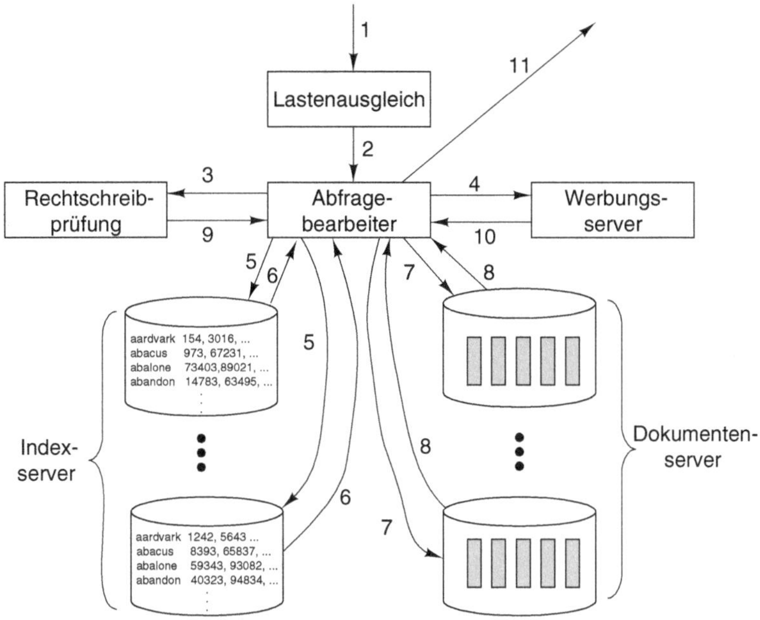

Abbildung 8.38: Verarbeitung einer Google-Anfrage

Um höhere Leistung zu erreichen, wird der Index in viele kleine Teile zerlegt – im Firmenjargon als **Shards** (Scherben) bezeichnet –, die parallel durchsucht werden können. Konzeptionell enthält zumindest Shard 1 alle Wörter im Index, wobei jedem die IDs der *n* Dokumente mit den höchsten Rängen folgen, die dieses Wort enthalten. Shard 2 enthält alle Wörter und die IDs der *n* rangnächsten Dokumente usw. Wenn das Web wächst, kann jede dieser Shards später aufgeteilt werden, wobei die ersten *k* Wörter in einen Satz von Shards kommen, die nächsten *k* Wörter in einen zweiten Satz usw., um noch mehr Suchparallelität zu erreichen.

Die Indexserver geben einen Satz von Dokumentkennzeichnern zurück (6), die dann gemäß der booleschen Eigenschaften der Abfrage kombiniert werden. Wenn zum Beispiel die Suchanfrage „+digital +capybara +dance" lautet, verarbeitet der nächste Schritt nur Dokumentkennzeichner, die in allen drei Mengen erscheinen. Dieser Schritt (7) referenziert die eigentlichen Dokumente und zieht ihre Titel, URLs und Textausschnitte in der Nähe der Suchbegriffe heraus. Die Dokumentserver enthalten viele Kopien des gesamten Web bei jedem Datenzentrum, was gegenwärtig Hunderte von Terabytes ausmacht. Die Dokumente sind ebenfalls in Shards aufgeteilt, um die parallele Suche zu erweitern. Während die Verarbeitung einer Abfrage nicht verlangt, das gesamte Web (oder zig Terabytes auf den Indexservern) zu lesen, ist es durchaus normal, dass 100 MB pro Abfrage zu verarbeiten sind.

Wenn der Abfragebearbeiter die Ergebnisse erhält (8), werden die gefundenen Seiten in der Rangordnung der Seiten zusammengetragen. Werden mögliche Rechtschreibfehler erkannt (9), so werden sie angekündigt und relevante Werbungen hinzugefügt (10). Die Anzeige von Werbungen für Inserenten, die am Kauf bestimmter Suchbegriffe interessiert sind (z.B. „Hotel" oder „Camcorder") ist die Haupteinnahmequelle von Google. Schließlich werden die Ergebnisse in HTML (HyperText Markup Language) formatiert und als Webseite an den Benutzer geschickt.

Google verwendet in seinen Datenzentren riesige Cluster, um extrem viele Suchanfragen in kürzester Zeit verarbeiten zu können.

Mit diesem Hintergrundwissen können wir uns nun der Google-Architektur zuwenden. Die meisten Firmen würden die größte, schnellste und zuverlässigste Ausrüstung auf dem Markt kaufen, wenn sie mit einer riesigen Datenbank, einer massiven Transaktionsrate und der Forderung nach hoher Zuverlässigkeit konfrontiert wären. Google hat das Gegenteil getan und preiswerte PCs mit mittlerer Leistung angeschafft, allerdings in Massen. Und damit hat Google den weltweit größten Cluster mit Standardkomponenten aufgebaut. Das treibende Prinzip hinter dieser Entscheidung war einfach: das Preis-Leistungs-Verhältnis optimieren.

Die Logik hinter dieser Entscheidung ist wirtschaftlicher Natur: PCs als Massenware sind sehr billig. High-End-Server dagegen nicht und große Multiprozessoren ebenso wenig. Während also ein High-End-Server zwei- oder dreimal die Leistung eines Desktop-PCs im mittleren Leistungsbereich aufweist, ist er normalerweise 5- bis 10-mal teurer, was nicht kosteneffizient ist.

Natürlich fallen billige PCs häufiger aus als Spitzenserver. Doch auch Spitzenserver fallen aus. Die Google-Software ist nun so konzipiert, dass sie mit ausfallender Hardware umgehen kann, wobei es keine Rolle spielt, welche Art Technik eingesetzt wird. Nachdem die fehlertolerante Software geschrieben war, kam es überhaupt nicht mehr darauf an, ob die Ausfallrate bei 0,5% oder 2% im Jahr liegt. Ausfälle muss man nur beherrschen können. Nach der Erfahrung von Google fallen rund 2% der PCs jedes Jahr aus. Mehr als die Hälfte der Ausfälle geht auf fehlerhafte Festplatten zurück, gefolgt von der Stromversorgung und den RAM-Chips. Nach dem Burn-In fallen CPUs überhaupt nicht mehr aus. Tatsächlich ist in erster Linie nicht die Hardware für Abstürze verantwortlich, sondern die Software. Als erste Reaktion auf einen Absturz kann man den Rechner einfach neu booten, womit das Problem oftmals schon gelöst ist (der „Elektronendoktor" würde sagen: „Zwei Aspirin und ab ins Bett.").

Ein typischer moderner Google-PC besteht aus einem 2-GHz-Intel-Prozessor, 4 GB RAM und einer Festplatte von etwa 2 TB – etwas in der Art, was eine Großmutter für das gelegentliche Abholen ihrer E-Mails kaufen würde. Das einzige Spezialbauelement ist ein Ethernet-Chip. Er stellt nicht gerade den Stand der Technik dar, ist aber sehr billig. Die PCs befinden sich in Gehäusen von einer Höheneinheit (ungefähr 5 cm dick), sind zu 40 Stück in 19-Zoll-Einschüben mit einem Einschub vorn und einem hinten übereinandergestapelt, was insgesamt 80 PCs pro Gestellrahmen ergibt. Die PCs in einem Gestellrahmen sind durch Switched Ethernet miteinander verbunden, wobei sich der Switch im Gestellrahmen befindet. Die Gestellrahmen in einem Datenzentrum sind ebenfalls über Switched Ethernet verbunden, wobei je Datenzentrum zwei redundante Switches verwendet werden, um Switch-Ausfälle zu überstehen.

▶Abbildung 8.39 zeigt das Layout eines typischen Google-Datenzentrums. Das ankommende OC-48-Glasfaserkabel mit hoher Bandbreite wird auf jeden der beiden 128-Port-Ethernet-Switches weitergeführt. Das Gleiche gilt für das OC-12-Sicherungsglasfaserkabel. Die ankommenden Glasfaserkabel verwenden spezielle Eingangskarten und belegen keinen der 128 Ethernet-Ports.

Jeden Gestellrahmen verlassen vier Ethernet-Verbindungen: zwei zum linken Switch und zwei zum rechten Switch. In dieser Konfiguration kann das System den Ausfall eines der beiden Switches überstehen. Da jeder Gestellrahmen vier Verbindungen zum Switch besitzt (zwei von den vorderen 40 PCs und zwei von den hinteren 40 PCs), müssten vier Verbindungen oder zwei Verbindungen und ein Switch ausfallen, um einen Gestellrahmen betriebsunfähig zu machen. Mit einem Paar von 128-Port-Switches und vier Verbindungen von jedem Gestellrahmen können bis zu 64 Gestellrahmen unterstützt werden. Mit 80 PCs je Gestellrahmen kann ein Datenzentrum bis zu 5120 PCs umfassen. Natürlich müssen nicht alle Gestellrahmen genau 80 PCs enthalten und die Switches können größer oder kleiner als 128 Ports sein; die angegebenen Werte gelten für einen typischen Google-Cluster.

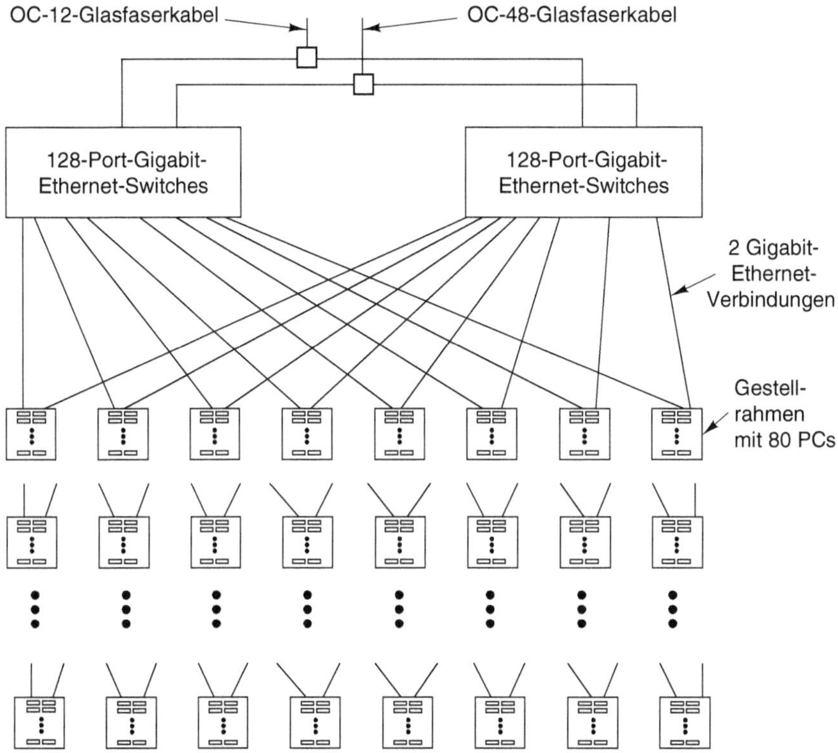

Abbildung 8.39: Ein typischer Google-Cluster

Die Energiedichte ist ebenfalls ein wichtiger Punkt. Ein typischer PC verbraucht etwa 120 W, was rund 10 kW pro Gestellrahmen bedeutet. Ein Gestellrahmen beansprucht eine Stellfläche von 3 m^2, sodass das Wartungspersonal PCs installieren und entfernen kann und außerdem genügend Platz für die Lüftung bleibt. Diese Parameter ergeben eine Energiedichte von über 3000 W/m^2. Die meisten Datenzentren sind für 600 bis 1200 W/m^2 ausgelegt, sodass spezielle Maßnahmen erforderlich sind, um die Gestellrahmen zu kühlen.

Google hat beim Betrieb massiver Webserver vor allem drei Dinge gelernt, an die man immer wieder denken sollte:

1. Von vornherein einplanen, dass Komponenten ausfallen
2. Alles replizieren, um Durchsatz und Verfügbarkeit zu gewährleisten
3. Preis-Leistungs-Verhältnis optimieren

Der erste Punkt besagt, dass fehlertolerante Software erforderlich ist. Durch die riesige Anzahl von Komponenten fällt selbst bei hochqualitativer Ausstattung irgendwann eine

Komponente oder ein Gerät vollständig aus und die Software muss damit umgehen können. Dabei ist es egal, ob nur ein einziger Ausfall je Woche oder zwei Ausfälle in der Woche auftreten. Die Software muss Ausfälle bei Systemen dieser Größenordnung behandeln können.

Der zweite Punkt weist darauf hin, dass sowohl Hardware als auch Software äußerst redundant ausgelegt sein müssen. Das verbessert nicht nur die Fehlertoleranzeigenschaften, sondern auch den Durchsatz. Im Fall von Google sind die PCs, Festplatten, Kabel und Switches viele Male repliziert vorhanden. Darüber hinaus sind der Index und die Dokumente in Shards aufgeteilt, die extrem oft in jedem Datenzentrum wiederholt vorkommen, und die Datenzentren selbst werden repliziert.

Der dritte Punkt ist eine Konsequenz aus den beiden ersten. Wenn das System geeignet entworfen wurde, um mit Ausfällen zurechtzukommen, wäre es falsch, teure Komponenten wie zum Beispiel RAID-Konfigurationen mit SCSI-Laufwerken anzuschaffen. Da selbst diese ausfallen, empfiehlt es sich nicht, rund 10-mal so viel aufzuwenden, um die Fehlerrate auf die Hälfte zu drücken. Es ist besser, 10-mal so viel Hardware anzuschaffen und mit auftretenden Ausfällen zu leben. Zumindest ergibt sich durch mehr Hardware eine höhere Leistung, wenn alles korrekt funktioniert.

Weitere Informationen zu Google finden Sie in [Barroso et al., 2003] und [Ghemawat et al., 2003].

8.4.4 Kommunikationssoftware für Multicomputer

Die Programmierung eines Multicomputers erfordert spezielle Software, die normalerweise in Form von Bibliotheken vorliegt, um die Interprozesskommunikation und die Synchronisierung zu realisieren. Dieser Abschnitt geht auf einige Aspekte dieser Software ein. Größtenteils laufen die gleichen Softwarepakete auf MPPs und Clustern, sodass sich Anwendungen leicht zwischen den Plattformen portieren lassen.

Schnittstellen zum Nachrichtenaustausch bieten verschiedene Routinen mit unterschiedlichem Synchronisationsverhalten zum Senden und Empfangen von Nachrichten.

Auf Systemen mit Nachrichtenaustausch laufen zwei oder mehr Prozesse unabhängig voneinander. Beispielsweise produziert der eine Prozess bestimmte Daten, die ein oder mehrere andere Prozesse konsumieren. Wenn der Sender mehr Daten anbietet, ist nicht garantiert, dass der/die Empfänger bereit ist/sind, diese Daten zu verarbeiten, da der Sender und alle Empfänger ihre eigenen Programme ausführen.

Die meisten Schnittstellen zum Nachrichtenaustausch bieten mit `send` und `receive` zwei Operationen (normalerweise Bibliotheksaufrufe), wobei aber noch mehrere Arten der Semantik möglich sind. Die drei Hauptvarianten sind:

1. Synchroner Nachrichtenaustausch
2. Gepufferter Nachrichtenaustausch
3. Nicht blockierender Nachrichtenaustausch

Falls der Sender beim **synchronen Nachrichtenaustausch** (Synchronous Message Passing) einen `send`-Befehl ausführt, der Empfänger aber noch keinen `receive`-Befehl ausgeführt hat, blockiert der Sender (wird suspendiert), bis der Empfänger einen `receive`-Befehl ausführt und die Nachricht zu diesem Zeitpunkt kopiert wird. Erhält der Sender die Kontrolle nach dem Aufruf zurück, weiß er, dass die Nachricht gesendet und korrekt empfangen wurde. Diese Methode basiert auf der einfachsten Semantik und setzt keine Pufferung voraus. Sie hat aber den entscheidenden Nachteil, dass der Sender so lange blockiert, bis der Empfänger die Nachricht erhalten und bestätigt hat.

Wird beim **gepufferten Nachrichtenaustausch** (Buffered Message Passing) eine Nachricht gesendet, bevor der Empfänger bereit ist, dann wird die Nachricht irgendwo – beispielsweise in einer Mailbox – zwischengespeichert, bis der Empfänger sie entnimmt. Hier kann der Sender nach einem `send` fortfahren, auch wenn der Empfänger mit etwas anderem beschäftigt ist. Da die Nachricht tatsächlich gesendet wurde, kann der Sender den Nachrichtenpuffer sofort wieder verwenden. Dieses Schema reduziert die Wartezeit auf der Senderseite. Grundsätzlich kann der Sender mit seiner Arbeit fortfahren, sobald das System die Nachricht gesendet hat. Allerdings hat der Sender nun keine Gewähr, dass die Nachricht korrekt empfangen wurde. Auch bei zuverlässiger Kommunikation könnte der Empfänger abgestürzt sein, bevor er die Nachricht entgegengenommen hat.

Beim **nicht blockierenden Nachrichtenaustausch** (Nonblocking Message Passing) kann der Sender sofort nach dem Aufruf fortfahren. Die Bibliothek weist lediglich das Betriebssystem an, den Aufruf später auszuführen, wenn es Zeit hat. Als Folge davon wird der Sender so gut wie gar nicht blockiert. Diese Methode hat den Nachteil, dass der Sender nach dem `send`-Befehl zwar fortfahren kann, aber den Nachrichtenpuffer noch nicht wieder verwenden darf, da die Nachricht eventuell noch nicht gesendet wurde. Der Sender muss herausfinden, wann ihm der Puffer wieder zur Verfügung steht. Das ist beispielsweise durch zyklische Abfrage des Systems oder mit Interrupts realisierbar. Beide Lösungen tragen aber nicht gerade zur Vereinfachung der Software bei.

Wir gehen nun kurz auf eine verbreitete Schnittstelle zum Nachrichtenaustausch ein, die auf vielen Multicomputern verfügbar ist: MPI.

MPI – Message-Passing Interface

MPI ist die Standardschnittstelle zur Kommunikation in Multicomputern. Es existieren quelloffene, aber auch proprietäre Implementierungen.

Noch vor einigen Jahren war **PVM** (**Parallel Virtual Machine**) das verbreitetste Kommunikationspaket [Geist et al., 1994] und [Sunderram, 1990]. In den letzten Jahren wurde es allerdings größtenteils durch **MPI** (**Message-Passing Interface**) verdrängt. MPI bietet mehr Funktionalität und ist komplexer als PVM, enthält wesentlich mehr Bibliotheksaufrufe, viele weitere Optionen und wesentlich mehr Parameter je Aufruf. Die ursprüngliche Version von MPI (jetzt MPI-1 genannt) wurde 1997 durch MPI-2 erweitert. Nachfolgend geben wir eine recht kurze Einführung in MPI-1 (die alle Grundlagen enthält) und gehen dann darauf ein, was in MPI-2 hinzugekommen ist. Ausführliche Informationen über MPI findet der Leser in [Gropp et al., 1994] und [Snir et al., 1996].

Im Gegensatz zu PVM befasst sich MPI-1 nicht mit dem Erstellen oder Verwalten von Prozessen. Es bleibt dem Benutzer überlassen, Prozesse mit den lokalen Systemaufrufen zu erzeugen. Nachdem die Prozesse erzeugt sind, werden sie in statischen unveränderlichen Prozessgruppen angeordnet. Und mit diesen Gruppen arbeitet MPI.

MPI basiert hauptsächlich auf vier Konzepten: Kommunikatoren, Nachrichtendatentypen, Kommunikationsoperationen und virtuellen Topologien. Ein **Kommunikator** ist eine Prozessgruppe mit einem Kontext. Ein Kontext ist ein Label, das etwas identifiziert, z.B. eine Ausführungsphase. Beim Senden und Empfangen von Nachrichten lassen sich anhand des Kontextes Störungen zwischen nicht zusammengehörenden Nachrichten vermeiden.

Die Nachrichten sind typisiert und es werden viele Datentypen unterstützt, einschließlich Zeichen, kurze, normale und lange Ganzzahlen, Gleitkommazahlen mit einfacher und doppelter Genauigkeit usw. Außerdem ist es möglich, andere Typen zu konstruieren, die aus den vordefinierten Typen abgeleitet sind.

MPI unterstützt zahlreiche Kommunikationsoperationen. Die wichtigste Operation dient zum Senden von Nachrichten wie folgt:

```
MPI_Send(Puffer, Anzahl, Datentyp, Ziel, Tag, Kommunikator)
```

Dieser Aufruf sendet einen *Puffer* mit der festgelegten *Anzahl* von Elementen des angegebenen *Datentyps* an das *Ziel*. Das Feld *Tag* markiert die Nachricht, damit der Empfänger sagen kann, dass er nur eine Nachricht mit diesem Tag empfangen möchte. Das letzte Feld bezeichnet die Prozessgruppe, in der sich das Ziel befindet (das *Ziel*-Feld ist lediglich ein Index auf eine Liste von Prozessen für die angegebene Gruppe). Der korrespondierende Aufruf für den Empfang einer Nachricht lautet:

```
MPI_Recv(&Puffer, Anzahl, Datentyp, Quelle, Tag, Kommunikator, &Status)
```

Dieser Aufruf kündigt an, dass der Empfänger nach einer Nachricht eines bestimmten Typs von einer bestimmten Quelle mit einem bestimmten Tag sucht.

MPI unterstützt vier grundlegende Kommunikationsmodi. Im Modus 1 (*synchron*) kann der Sender erst mit dem Senden beginnen, wenn der Empfänger `MPI_Recv` aufgerufen hat. Im Modus 2 (*gepuffert*) gilt diese Einschränkung nicht. Der standardmäßige Modus 3 ist von der Implementierung abhängig und kann entweder *synchron* oder *gepuffert* sein. Beim Modus 4 (*bereit*) setzt der Sender voraus, dass der Empfänger verfügbar ist (wie im synchronen Modus), aber keine Prüfung durchführt. Diese Operationen gibt es jeweils in einer blockierenden und in einer nicht blockierenden Version, was insgesamt acht Operationen ergibt. Für den Empfang gibt es nur zwei Varianten: blockierend und nicht blockierend.

MPI unterstützt Gruppenkommunikation (Broadcast, Scatter/Gather, Total Exchange, Aggregation und Barrier). Bei allen diesen Varianten müssen alle Prozesse in einer Gruppe den Aufruf mit kompatiblen Argumenten ausgeben. Andernfalls wird ein Fehler gemeldet. Bei einer typischen Form der Gruppenkommunikation sind Prozesse in einem Baum organisiert, in dem Werte sich von den Blättern bis zur Wurzel fortpflanzen. Dabei findet in jedem Schritt eine bestimmte Verarbeitung statt, beispielsweise das Summieren von Werten oder die Bestimmung des Maximums.

Das vierte Grundkonzept von MPI ist die **virtuelle Topologie** (Virtual Topology). Dabei können Prozesse als Baum, Ring, Gitter, Torus oder in einer anderen Topologie angeordnet werden. Dies bietet die Möglichkeit, Kommunikationspfade zu benennen, und erleichtert die Kommunikation.

Zusätzlich zu diesen Merkmalen bietet MPI-2 dynamische Prozesse, entfernten Speicherzugriff, nicht blockierende Gruppenkommunikation, skalierbare E/A-Unterstützung, Echtzeitverarbeitung und viele neue Funktionen, deren Behandlung aber über den Rahmen dieses Buchs hinausgehen würde. In der Wissenschaftsgemeinde herrscht seit Jahren ein Kampf zwischen dem MPI- und dem PVM-Lager. Die PVM-Seite konstatiert, PVM sei leichter zu lernen und einfacher zu verwenden. Die MPI-Seite führt an, dass MPI mehr bringt, und hebt hervor, dass MPI ein formaler Standard mit einem Standardisierungskomitee und einem offiziellen definierenden Dokument ist. Zwar stimmt die PVM-Seite dem zu, reklamiert aber für sich, dass das Fehlen einer voll ausgewachsenen Standardisierungsbürokratie nicht unbedingt ein Nachteil ist. In Anbetracht aller aufgeführten Argumente und bestehender Tatsachen scheint es, dass MPI gewonnen hat.

8.4.5 Scheduling

MPI-Programmierer können ohne Weiteres Jobs erzeugen, die mehrere CPUs anfordern und über ausgedehnte Zeiträume laufen. Wenn viele unabhängige Anforderungen von unterschiedlichen Benutzern vorhanden sind, die jeweils eine andere Anzahl von CPUs für unterschiedliche Zeiträume benötigen, brauchen die Cluster einen Scheduler, der die zeitliche Ausführung von Jobs festlegt.

Beim einfachsten Modell verlangt der Job-Scheduler, dass jeder Job spezifiziert, wie viele CPUs er benötigt. Die Jobs werden dann (wie in ▶Abbildung 8.40 gezeigt) streng in FIFO-Reihenfolge ausgeführt. In diesem Modell wird nach Beginn eines Jobs geprüft, ob genügend CPUs verfügbar sind, um den nächsten Job, der in der Eingangswarteschlange steht, zu starten. Ist diese Bedingung erfüllt, dann wird der Job gestartet, usw. Andernfalls wartet das System, bis weitere CPUs freiwerden. Auch wenn der Cluster in Abbildung 8.40 lediglich mit 8 CPUs dargestellt ist, sind genauso gut 128 CPUs vorstellbar, die in Einheiten von 16 (was acht CPU-Gruppen ergibt) oder in jeder anderen Kombination zugeteilt werden.

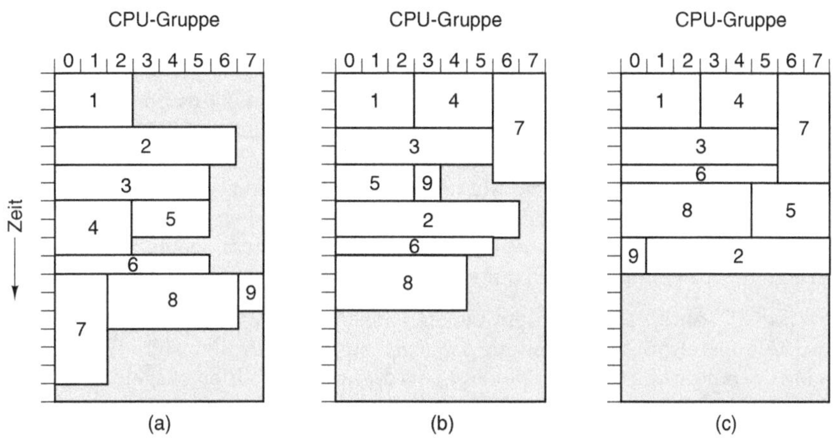

Abbildung 8.40: Scheduling eines Clusters: (a) FIFO (b) ohne Head-of-Line-Blocking (c) Tiling. Die schattierten Bereiche kennzeichnen CPUs im Leerlauf.

Ein besserer Scheduling-Algorithmus vermeidet Head-of-Line-Blocking (Warteschlangenblockierung), indem er nicht passende Jobs überspringt und den ersten herausgreift, der passt. Wenn ein Job abgeschlossen ist, wird die Warteschlange der restlichen Jobs in FIFO-Reihenfolge durchgesehen. Dieser Algorithmus führt zu dem Ergebnis von ▶Abbildung 8.40b.

Ein noch ausgefeilterer Scheduling-Algorithmus verlangt, dass jeder geplante Job sein Profil – d.h., wie viele CPUs für wie viele Minuten er benötigt – spezifiziert. Mit diesen Informationen kann der Job-Scheduler versuchen, das CPU-Zeitrechteck möglichst gut abzudecken. Dieses „Tiling" (Kacheln) ist besonders wirksam, wenn Jobs tagsüber abgegeben werden, aber nachts auszuführen sind. Auf diese Weise sammelt der Job-Scheduler alle Informationen über alle Jobs im Voraus und kann sie in der optimalen Reihenfolge ausführen, wie es ▶Abbildung 8.40c darstellt.

8.4.6 Gemeinsamer Speicher auf Anwendungsebene

Wie unsere Beispiele gezeigt haben, lassen sich Multicomputer auf größere Konfigurationen skalieren als Multiprozessoren. Diese Tatsache hat zur Entwicklung von Systemen mit Nachrichtenaustausch wie MPI geführt. Viele Programmierer sind von diesem Modell nicht begeistert und wünschen sich die Illusion eines gemeinsamen Speichers (Shared Memory), selbst wenn er in der Realität nicht vorhanden ist. Ließe sich dieses Ziel erreichen, dann hätte man das Beste aus beiden Welten: große und preiswerte Hardware (zumindest pro Knoten) plus einfache Programmierung. Das ist der heilige Gral des parallelen Rechnens.

Viele Wissenschaftler sind zu dem Schluss gelangt, dass gemeinsamer Speicher auf der Architekturebene zwar nicht gut skalierbar ist, dass man dieses Ziel aber auf andere Art erreichen kann. Wie aus Abbildung 8.19 hervorgeht, gibt es weitere Ebenen, auf denen sich gemeinsamer Speicher einführen lässt. Die folgenden Abschnitte stellen einige Möglichkeiten vor, um gemeinsamen Speicher in das Programmiermodell auf einem Multicomputer einzuführen, ohne dass er auf der Hardwareebene vorhanden ist.

DSM – Distributed Shared Memory

DSM-Systeme realisieren einen gemeinsamen Adressraum in Software.

Eine Klasse gemeinsamer Speichersysteme auf Anwendungsebene ist das seitenbasierte System, das unter der Bezeichnung **DSM (Distributed Shared Memory)** bekannt ist. Es basiert auf einem einfachen Konzept: Eine Gruppe von CPUs in einem Multicomputer nutzt einen seitenbasierten, virtuellen Adressraum gemeinsam. In der einfachsten Version ist jede Seite im RAM genau einer CPU zugeordnet. ▶Abbildung 8.41a zeigt einen gemeinsamen virtuellen Adressraum mit 16 Seiten, die sich auf vier CPUs verteilen.

Wenn eine CPU eine Seite in ihrem eigenen lokalen RAM referenziert, läuft die Lese- oder Schreiboperation ohne weitere Verzögerung ab. Befindet sich die referenzierte Seite aber in einem entfernten Speicher, wird ein Seitenfehler ausgelöst. Anstatt aber die fehlende Seite von der Festplatte zu holen, sendet das Laufzeitsystem oder Betriebssystem eine Nachricht an den Knoten, der die Seite besitzt, damit dieser die Abbildung der Seite aufhebt und sie an den anfordernden Knoten schickt. Nachdem die Seite eingetroffen ist, wird sie abgebildet und der Befehl neu gestartet, genau wie bei einem normalen Seitenfehler. ▶Abbildung 8.41b zeigt die Situation, nachdem CPU 0 einen Seitenfehler wegen Seite 10 erhalten hat: Die Seite wird von CPU 1 zu CPU 0 übertragen.

Dieses Grundkonzept wurde erstmals in IVY [Li und Hudak, 1989] implementiert. Es bietet auf einem Multicomputer einen sequenziell konsistenten Speicher, der uneingeschränkt gemeinsam nutzbar ist. Allerdings sind viele Optimierungen möglich, um die Leistung zu verbessern. Die erste in IVY realisierte Optimierung erlaubt es, dass als schreibgeschützt markierte Seiten gleichzeitig auf mehreren Knoten präsent sein dürfen. Tritt also ein Seitenfehler auf, dann wird eine Kopie der Seite an die Maschine gesendet, die den Fehler ausgelöst hat, das Original bleibt aber, wo es ist, weil keine Gefahr eines Konflikts besteht. ▶Abbildung 8.41c zeigt die Situation, bei der zwei CPUs eine schreibgeschützte Seite (10) gemeinsam nutzen.

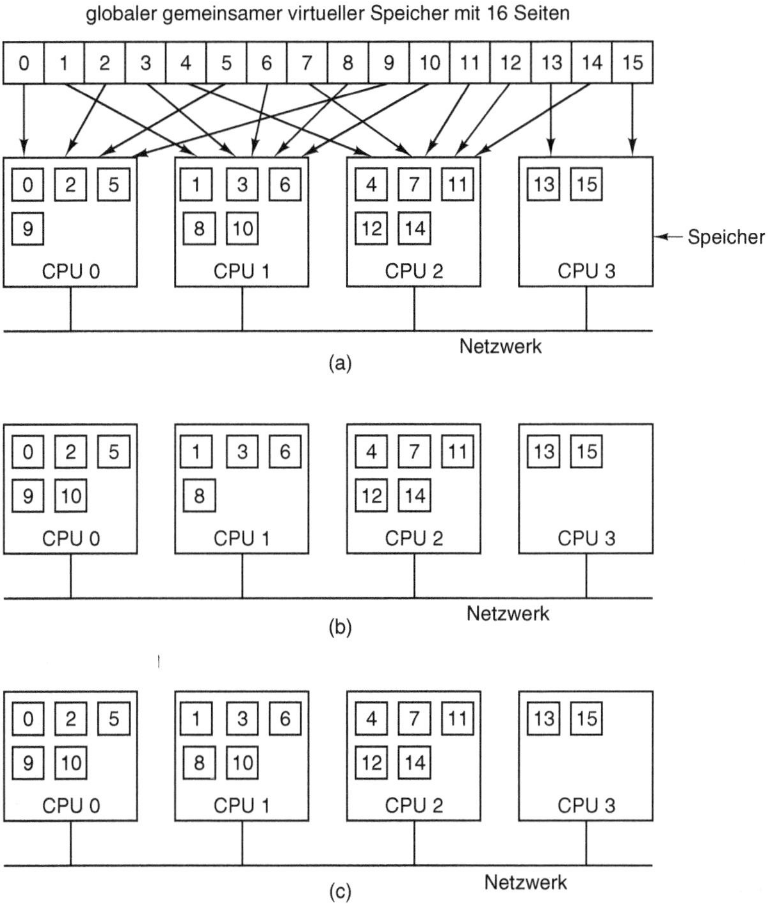

Abbildung 8.41: Ein virtueller Adressraum, in dem 16 Seiten auf vier Knoten eines Multicomputers verteilt sind (a) Ausgangssituation (b) nachdem CPU 0 Seite 10 angefordert hat (c) nachdem CPU 1 Seite 10 angefordert hat, hier aber unter der Annahme, dass die Seite schreibgeschützt ist

Trotz dieser Optimierung ist die Leistung oftmals nicht akzeptabel, insbesondere wenn ein Prozess einige Wörter am Beginn einer bestimmten Seite schreibt und ein anderer Prozess auf einer anderen CPU einige Wörter am Ende der Seite ändert. Da nur eine Kopie der Seite existiert, muss sie ständig hin- und hergeschoben werden, was man als **False Sharing** bezeichnet.

False Sharing tritt nicht nur in DSM-Systemen, sondern in allen Systemen mit gemeinsamem Speicher auf. In hardwarebasierten Systemen ist der zusätzliche Aufwand deutlich geringer als in DSM-Systemen.

Das Problem des False Sharing lässt sich auf unterschiedliche Weise in den Griff bekommen. Beim Treadmarks-System wurde beispielsweise auf einen sequenziell konsistenten Speicher zugunsten der Freigabekonsistenz verzichtet [Amza, 1996]. Potenziell beschreibbare Seiten können gleichzeitig auf mehreren Knoten präsent sein. Vor einer Schreiboperation muss aber ein Prozess erst eine `acquire`-Operation ausführen, um seine Absicht zu signalisieren. Zu diesem Zeitpunkt werden alle Kopien außer der letzten ungültig gemacht. Es werden keine weiteren Kopien angelegt, bis sich nach der korrespondierenden `release`-Operation die Seite wieder gemeinsam nutzen lässt.

Als zweite Optimierung wird im Treadmarks-System zunächst jede beschreibbare Seite in den schreibgeschützten Modus versetzt. Beim ersten Schreibversuch auf die Seite tritt ein Schutzfehler auf und das System erzeugt eine Kopie der Seite, die man **Twin** (Zwilling) nennt. Dann wird die Originalseite in den Lesen/Schreiben-Modus versetzt, sodass darauffolgende Schreibvorgänge mit voller Geschwindigkeit erfolgen können. Tritt später ein entfernter Seitenfehler auf und muss die Seite dorthin übermittelt werden, erfolgt ein wortweiser Vergleich zwischen der aktuellen Seite und der Zwillingskopie. Dann werden nur die geänderten Wörter gesendet, sodass sich die Nachrichtengröße reduziert.

Tritt ein Seitenfehler auf, ist die fehlende Seite zu lokalisieren. Hierfür sind verschiedene Lösungen möglich, einschließlich der in NUMA- und COMA-Maschinen verwendeten, wie zum Beispiel (heimatbasierte) Verzeichnisse. Im Grunde sind viele der in DSM verwendeten Lösungen auch auf NUMA und COMA anwendbar, weil DSM eigentlich nur eine Software-Implementierung von NUMA oder COMA ist, die jede Seite wie eine Cachezeile behandelt.

DSM ist ein brandheißes Forschungsthema. Zu den interessanten Systemen gehören CASHMERE [Kontothanassis et al., 1997] und [Stets et al., 1997], CRL [Johnson et al., 1995], Shasta [Scales et al., 1996] und Treadmarks [Amza, 1996] und [Lu et al., 1997].

Linda

Seitenbasierte DSM-Systeme wie IVY und Treadmarks nutzen die MMU-Hardware, um Zugriffe auf fehlende Seiten abzufangen (Trap-Befehle). Auch wenn es hilft, dass nur Differenzen anstelle ganzer Seiten erstellt und gesendet werden, ändert sich nichts daran, dass Seiten eine unhandliche Größe für die gemeinsame Nutzung sind, sodass man andere Ansätze ausprobiert hat.

Ein derartige Methode verfolgt Linda, die Prozessen auf mehreren Maschinen einen stark strukturierten verteilten Speicher zur gemeinsamen Nutzung bietet [Carriero und Gelernter, 1989]. Die Zugriffe auf diesen Speicher finden über einen kleinen Satz von einfachen Operationen statt, die sich in bestehende Sprachen – beispielsweise C und FORTRAN – integrieren lassen, um parallele Sprachen zu bilden – in diesem Fall C-Linda bzw. FORTRAN-Linda.

Das gemeinsame Konzept hinter Linda ist ein abstrakter **Tupelraum** (Tuple Space), der über das gesamte System hinweg global für alle Prozesse zugänglich ist. Ein Tupelraum verhält sich wie ein globaler gemeinsamer Speicher, nur mit einer bestimmten vordefinierten Struktur. Der Tupelraum enthält eine bestimmte Anzahl von **Tupeln**, die sich jeweils aus einem oder mehreren Feldern zusammensetzen. Bei C-Linda sind u.a. Feldtypen für Ganzzahlen, lange Ganzzahlen und Gleitkommazahlen sowie zusammengesetzte Typen, wie zum Beispiel Datenfelder (einschließlich Zeichenfolgen) und Strukturen (aber keine anderen Tupel) vorhanden. ▶Listing 8.1 zeigt drei Beispiele für Linda-Tupel.

```
("abc", 2, 5)
("matrix-1", 1, 6, 3.14)
("Familie", "ist Schwester", Carolyn, Elinor)
```

Listing 8.1: Drei Linda-Tupel

Es stehen vier Operationen auf Tupeln zur Verfügung. Die Operation `out` fügt ein Tupel in den Tupelraum ein. Zum Beispiel legt

```
out("abc", 2, 5);
```

das Tupel (`"abc"`, 2, 5) im Tupelraum ab. Die Felder von `out` sind normalerweise Konstanten, Variablen oder Ausdrücke. So gibt

```
out("matrix-1", i, j, 3.14);
```

ein Tupel mit vier Feldern aus, von denen das zweite und dritte durch die aktuellen Werte der Variablen *i* und *j* bestimmt wird.

Mit der `in`-Operation ruft man Tupel aus dem Tupelraum ab. Tupel werden nicht nach dem Namen oder der Adresse, sondern nach dem Inhalt adressiert. Die Felder von `in` können Ausdrücke oder formale Parameter sein. Zum Beispiel „durchsucht" die Operation

```
in("abc", 2, ? i);
```

den Tupelraum nach einem Tupel, das die Zeichenfolge `"abc"`, die Ganzzahl 2 und ein drittes Feld enthält, in dem eine Ganzzahl steht (unter der Annahme, dass *i* eine Ganzzahl ist). Wenn die Operation ein derartiges Tupel findet, entfernt sie es aus dem Tupelraum und weist der Variablen *i* den Wert des dritten Feldes zu. Der Vergleich und das Entfernen sind atomar. Wenn also zwei Prozesse gleichzeitig dieselbe `in`-Operation ausführen, ist nur einer erfolgreich, sofern nicht zwei oder mehr übereinstimmende Tupel vorhanden sind. Der Tupelraum kann sogar mehrere Kopien desselben Tupels enthalten.

Der von `in` angewandte Vergleichsalgorithmus ist einfach. Die Felder der `in`-Operation, die man zusammen als **Template** bezeichnet, werden (konzeptionell) mit den entsprechenden Feldern jedes Tupels im Tupelraum verglichen. Eine Übereinstimmung tritt auf, wenn alle drei folgenden Bedingungen erfüllt sind:

1. Das Template und das Tupel haben dieselbe Anzahl von Feldern.
2. Die Typen der korrespondierenden Felder sind gleich.
3. Jede Konstante oder Variable im Template stimmt mit ihrem Feld im Tupel überein.

Formale Parameter, die durch ein Fragezeichen gefolgt von einem Variablennamen oder einem Typ gekennzeichnet sind, werden nicht in den Vergleich einbezogen (mit Ausnahme der Typprüfung), auch wenn denjenigen, die einen Variablennamen enthalten, bei einer erfolgeichen Übereinstimmung Werte zugewiesen werden.

Ist kein übereinstimmendes Tupel vorhanden, dann wird der aufrufende Prozess so lange suspendiert, bis ein anderer Prozess das benötigte Tupel einfügt. Daraufhin wird der Aufrufer automatisch aktiviert und erhält das neue Tupel. Da Prozesse automatisch blockiert und freigegeben werden, spielt es keine Rolle, welcher von zwei Prozessen, von denen einer ein Tupel ausgibt und der andere es eingibt, zuerst an die Reihe kommt.

Neben `out` und `in` verfügt Linda auch über `read`, eine mit `in` vergleichbare Operation, die aber das Tupel nicht aus dem Tupelraum entfernt. Ferner gibt es die Operation `eval`, die bewirkt, dass ihre Parameter parallel ausgewertet werden und das resultierende Tupel im Tupelraum abgelegt wird. Dieser Mechanismus lässt sich nutzen, um eine beliebige Berechnung durchzuführen. Auf diese Weise werden in Linda parallele Prozesse erzeugt.

Ein übliches Programmierparadigma in Linda ist das **Modell des replizierten Arbeiters** (**Replicated Worker Model**). Es basiert auf dem Konzept eines **Task Bag**, d.h. einem Container voller anstehender Jobs. Der Hauptprozess beginnt mit der Ausführung einer Schleife, die

```
out("task-bag", job);
```

enthält, wobei in jeder Iteration eine andere Job-Beschreibung an den Tupelraum ausgegeben wird. Jeder Arbeiter (Worker) ruft zunächst mit

```
in("task-bag", ?job);
```

ein Tupel mit einer Job-Beschreibung ab und führt dann den Job aus. Wenn das erledigt ist, ruft er ein neues Tupel ab. Neue Arbeit kann auch während der Ausführung in den Task Bag gestellt werden. Auf diese einfache Weise wird die Arbeit dynamisch auf die Arbeiter verteilt. Jeder Arbeiter ist die ganze Zeit über beschäftigt, ohne dass dabei viel Overhead entsteht.

Von Linda gibt es verschiedene Implementierungen auf Multicomputersystemen. Bestimmend für alle Implementierungen ist der Faktor, wie die Tupel auf die Maschinen zu verteilen sind und wie sie sich bei Bedarf lokalisieren lassen. Zu den verschiedenen Möglichkeiten zählen Broadcasting und Verzeichnisse. Die Replikation ist eine weitere Schlüsselfrage. Auf diese Punkte geht [Bjornson, 1993] detailliert ein.

Orca

Bei einem etwas anderen Ansatz zur Implementierung eines gemeinsamen Speichers auf Anwendungsebene für Multicomputer verwendet man „ausgewachsene“ Objekte statt lediglich Tupel als Austauscheinheit. Objekte besitzen einen internen (verborgenen) Zustand und Methoden, die auf diesem Zustand arbeiten. Wenn man dem Programmierer den direkten Zugriff auf den Zustand verwehrt, eröffnen sich viele Möglichkeiten der gemeinsamen Nutzung durch Maschinen, die selbst keinen gemeinsamen physischen Speicher haben.

Ein objektbasiertes System, das die Illusion eines gemeinsamen Speichers auf Multicomputersystemen vermittelt, ist Orca [Bal, 1991], [Bal et al., 1992] und [Bal und Tanenbaum, 1988]. Orca ist eine herkömmliche Programmiersprache (auf der Basis von Modula 2), die um neue Merkmale erweitert wurde: Objekte und die Fähigkeit, neue Prozesse zu erzeugen. Ein Orca-Objekt ist ein abstrakter Datentyp, der mit einem Objekt in Java oder einem Paket in Ada vergleichbar ist. Er kapselt interne Datenstrukturen und vom Benutzer geschriebene Methoden, die sogenannten **Operationen**. Objekte sind passiv, d.h., sie enthalten keine Threads, an die man Nachrichten senden könnte. Stattdessen greifen Prozesse auf die internen Daten eines Objekts zu, wenn sie seine Methoden aufrufen.

Jede Orca-Methode besteht aus einer Liste mit Guard/Anweisungsblock-Paaren. Ein Guard ist ein boolescher Ausdruck, der keine Nebeneffekte enthält. Ein leerer Guard ist identisch mit dem Wert *true*. Wird eine Operation aufgerufen, werden alle ihre Guards in einer nicht spezifizierten Reihenfolge ausgewertet. Sind alle *false*, wird der Aufrufprozess so lange verzögert, bis einer *true* wird. Wird ein Guard gefunden, der das Ergebnis *true* liefert, wird der ihm folgende Anweisungsblock ausgeführt. ▶Listing 8.2 zeigt ein Objekt *stack* mit den Operationen *push* und *pop*.

```
Object implementation stack;
  top:integer;                          # Speicher für den Keller
  stack: array[integer 0..N-1] of integer;

  operation push(item: integer);        # Funktion, die nichts zurückgibt
  begin
    guard top < N - 1 do
      stack[top]:=item;                 # Lege Element (item) auf den Keller
      top:=top + 1;                     # Inkrementiere den Kellerzeiger
    od;
  end;

  operation pop( ): integer;            # Funktion, die eine Ganzzahl zurückgibt
  begin
    guard top > 0 do                    # Suspendiere, falls der Keller leer ist
      top := top - 1;                   # Dekrementiere den Kellerzeiger
      return stack[top];                # Gib oberstes Element (top) zurück
    od;
  end;

begin
  top := 0;                             # Initialisierung
end;
```

Listing 8.2: Das vereinfachte Orca-Objekt *stack* mit internen Daten und zwei Operationen

Nachdem *stack* definiert wurde, können Variablen dieses Typs deklariert werden. Zum Beispiel erzeugt die Deklaration

```
s, t: stack;
```

zwei *stack*-Objekte und initialisiert die Variable *top* in beiden mit 0. Die ganzzahlige Variable *k* kann mit der Anweisung

```
s$push(k);
```

auf den Keller *s* gelegt werden usw. Die Operation *pop* hat einen Guard. Deshalb suspendiert ein Versuch, eine Variable von einem leeren Keller zu holen, den Aufrufer, bis ein anderer Prozess etwas auf den Keller gelegt hat.

Die `fork`-Anweisung von Orca erzeugt einen neuen Prozess auf einem vom Benutzer festgelegten Prozessor. Der neue Prozess führt die in der `fork`-Anweisung benannte Prozedur aus. An den neuen Prozess lassen sich Parameter – einschließlich Objekte – übergeben. Auf diese Weise werden Objekte auf Maschinen verteilt. So erzeugt die Anweisung

```
for i in 1 .. n do fork foobar(s) on i; od;
```

einen neuen Prozess auf den Maschinen 1 bis *n* und führt in jedem dieser Prozesse das Programm *foobar* aus. Während diese *n* neuen Prozesse (und ihr Elternprozess) parallel laufen, kann jeder von ihnen Elemente auf den gemeinsamen Keller *s* legen oder davon entfernen, als würden alle auf einem Multiprozessor mit gemeinsamem Speicher laufen. Das Laufzeitsystem hat die Aufgabe, die Illusion eines gemeinsamen Speichers aufrechtzuerhalten, obwohl eigentlich keiner vorhanden ist.

Operationen auf gemeinsamen Objekten sind atomar und sequenziell konsistent. Für den Fall, dass mehrere Prozesse Operationen auf denselben gemeinsamen Objekten fast gleichzeitig ausführen, garantiert das System, dass es eine bestimmte Reihenfolge wählt und alle Prozesse dieselbe Reihenfolge der Ereignisse sehen.

Orca integriert gemeinsame Daten und Synchronisierung auf eine Weise, die es bei seitenbasierten DSM-Systemen nicht gibt. Zwei Arten der Synchronisierung sind in parallelen Programmen erforderlich. Die erste ist die Synchronisierung durch wechselseitigen Ausschluss, um zwei Prozesse daran zu hindern, gleichzeitig denselben kritischen Abschnitt auszuführen. In Orca ist jede Operation auf einem gemeinsamen Objekt praktisch wie ein kritischer Abschnitt, weil das System das gleiche Endergebnis garantiert, als würden alle kritischen Abschnitte einzeln nacheinander (d.h. sequenziell) ausgeführt. In dieser Hinsicht entspricht ein Orca-Objekt der verteilten Form eines Monitors [Hoare, 1975].

Die zweite Variante ist die Bedingungssynchronisierung, bei der ein Prozess wartet, bis eine bestimmte Bedingung eintritt. Orca setzt die Bedingungssynchronisierung mit Guards um. Im Beispiel von Listing 8.2 wird ein Prozess suspendiert, der ein Element von einem leeren Keller zu holen versucht, bis der Keller nicht mehr leer ist.

Das Orca-Laufzeitsystem behandelt die Replikation, Migration und Konsistenz von Objekten und den Aufruf von Operationen. Ein Objekt kann sich in einem von zwei Zuständen befinden: Einzelkopie oder Replikat. Ein Objekt mit dem Zustand einer Einzelkopie existiert nur auf einer Maschine, sodass alle entsprechenden Anfragen dorthin gesendet werden. Ein repliziertes Objekt ist auf allen Maschinen vorhanden, auf denen Prozesse laufen, die es verwenden. Dadurch vereinfachen sich Leseoperationen (weil sie lokal ausgeführt werden können), was allerdings zu Lasten aufwendigerer Aktualisierungen geht. Wird eine Operation ausgeführt, die ein repliziertes Objekt modifiziert, dann muss sie zuerst eine Sequenznummer von einem zentralen Prozess einholen, der diese Nummern ausgibt. Dann erhält jede Maschine, die eine Kopie des Objekts besitzt, eine Nachricht, dass sie die Operation ausführen soll. Da alle Aktualisierungen dieser Art Sequenznummern tragen, führen alle Maschinen die Operationen einfach in dieser Reihenfolge aus, sodass sequenzielle Konsistenz garantiert ist.

8.4.7 Leistung

Die **Leistungsfähigkeit** von Parallelrechnern kann auf unterschiedliche Weise gemessen werden. Neben Hardware- und Software-Kenngrößen wird die Beschleunigung von Anwendungen auch in Form standardisierter **Benchmarks** gemessen.

Man baut Parallelrechner, um die Geschwindigkeit gegenüber einem Einprozessorrechner zu steigern. Wenn der Parallelrechner dieses einfache Ziel nicht erreicht, lohnt sich der Aufwand nicht. Außerdem sollte dieses Ziel kostenwirksam erreicht werden. Ein (Parallel-)Rechner, der gegenüber einem Einprozessorrechner doppelt so schnell ist, aber 50-mal mehr kostet, dürfte kein Verkaufsschlager werden. Dieser Abschnitt beschäftigt sich mit einigen Leistungsfragen, die mit Parallelrechnerarchitekturen in Verbindung stehen.

Hardware-Kenngrößen

Vom Standpunkt der Hardware aus gesehen interessieren vor allem die Geschwindigkeiten von CPU und Ein-/Ausgabe sowie die Leistung des Verbindungsnetzes. Die CPU- und E/A-Geschwindigkeiten sind die gleichen wie beim Einprozessorrechner, sodass bei einem parallelen System vor allem die Parameter zählen, die sich auf die Verbindungen der Komponenten beziehen. Es gibt zwei Schlüsselelemente: Latenz und Bandbreite.

Die Antwortzeit oder Umlauflatenz (Round-Trip Latency) ist die Zeitspanne, die vom Senden eines Paketes durch eine CPU bis zum Eintreffen der Antwort vergeht. Wenn die CPU das Paket an einen Speicher sendet, gibt die Latenz die Zeit für das Lesen oder Schreiben eines Wortes oder eines Wortblocks an. Geht das Paket an eine andere CPU, dann ist die Latenz die Zeit der Interprozessorkommunikation für Pakete dieser Größe. Normalerweise interessiert die Latenz für die kleinsten Pakete, die oftmals nur aus einem Wort oder einer kleinen Cachezeile bestehen.

Die Latenz setzt sich aus mehreren Faktoren zusammen und unterscheidet sich bei der Leitungs- und Speichervermittlung und bei den verschiedenen Routing-Algorithmen (Store-and-Forward, Virtual-Cut-Through und Wormhole-Routing). Bei der Leitungsvermittlung ist die Latenz die Summe aus Einrichtzeit und Übertragungszeit. Um eine Leitung einzurichten, muss ein Testpaket für die Reservierung der Ressourcen gesendet werden. Dann erfolgt eine Rückmeldung. Anschließend muss das Datenpaket zusammengestellt werden. Ist es bereit, können die Bits in voller Geschwindigkeit fließen. Beträgt also die gesamte Einrichtzeit T_s, die Paketgröße p Bits und die Bandbreite b Bit/s, so ergibt sich die Latenz in einer Richtung zu $T_s + p/b$. Handelt es sich um eine Vollduplexleitung, dann fällt für die Antwort keine Einrichtzeit an. Um ein Paket mit p Bits zu senden und eine Antwort mit p Bits zu erhalten, berechnet sich dann die minimale Latenz zu $T_s + 2p/b$.

Bei der Paketvermittlung ist es nicht nötig, ein Testpaket im Voraus an das Ziel zu senden. Hier ist aber eine interne Einrichtzeit T_a für das Zusammenstellen des Paketes erforderlich. Die Übertragungszeit in eine Richtung beträgt hier $T_a + p/b$. Das ist aber nur die Zeit, um das Paket in den ersten Switch zu bringen. Im Switch selbst tritt eine endliche Verzögerung von T_d ein. Und dann wiederholt sich der Vorgang zum nächsten Switch usw. Die Verzögerungszeit T_d umfasst sowohl die Verarbeitungszeit als auch die Warteschlangenverzögerung, um auf das Freiwerden eines Ausgabeports zu warten. Sind n Switches vorhanden, so beträgt die gesamte Latenz in einer Richtung $T_a + n(p/b + T_d) + p/b$, wobei der letzte Term für die Kopie vom letzten Switch zum Ziel anfällt.

Die unidirektionalen Latenzen für Virtual-Cut-Through- und Wormhole-Routing liegen im günstigsten Fall nahe bei $T_a + p/b$, weil kein Testpaket zum Einrichten einer Leitung und auch keine Store-and-Forward-Verzögerung anfällt. Grundsätzlich handelt es sich um die anfängliche Einrichtzeit für das Zusammenstellen des Paketes und die Zeit, um die Bits auf den Weg zu bringen. In allen Fällen ist eine – wenn auch kleine – Ausbreitungsverzögerung hinzuzurechnen.

Die zweite Hardware-Kenngröße ist die Bandbreite. Viele parallel arbeitende Programme – insbesondere in den Naturwissenschaften – bewegen große Datenmengen, sodass die Anzahl der Bytes, die das System pro Sekunde übertragen kann, ein entscheidender Leistungsfaktor ist. Für die Bandbreite gibt es mehrere Kenngrößen. Die Bisektionsbandbreite haben Sie bereits kennengelernt. Eine weitere ist die **aggregierte Bandbreite** (Aggregate Bandwidth), die sich aus der Summe aller Verbindungskapazitäten berechnet. Diese Zahl gibt die maximale Anzahl von Bits an, die auf einmal übertragen werden können. Eine ebenso wichtige Kenngröße ist die durchschnittliche Bandbreite, die von jeder CPU abgeht. Kann jede CPU gerade einmal 1 MB/s liefern, bringt es nicht viel, wenn das Verbindungsnetz eine Bisektionsbandbreite von 100 GB/s hat. Die Kommunikation ist darauf begrenzt, wie viele Daten jede CPU ausgeben kann.

In der Praxis lässt sich die theoretische Bandbreite nicht einmal annähernd erreichen. Viele Quellen für Overhead drücken die Kapazität. Beispielsweise ist mit jedem Paket immer ein bestimmter Overhead verbunden, um das Paket zusammenzustellen, seinen Header aufzubauen und das Paket auf den Weg zu bringen. Das Senden von 1024 Paketen mit je 4 Byte erreicht nie die gleiche Bandbreite wie das Senden von 1 Paket mit 4096 Byte. Nun sind aber kleine Pakete besser, wenn man geringe Latenzen erreichen möchte, da große Pakete die Leitungen und die Switches zu lange blockieren. Somit besteht ein Konflikt zwischen geringer Durchschnittslatenz und hoher Bandbreitennutzung. Bei einigen Anwendungen ist der eine Faktor wichtiger als der andere, bei anderen Anwendungen gilt der umgekehrte Fall. Allerdings ist es immer möglich, sich mehr Bandbreite zu erkaufen (durch zusätzliche oder breitere Leitungen), während man niedrigere Latenzen nicht kaufen kann. Folglich ist es im Allgemeinen besser, erst einmal die Latenz so gering wie möglich zu machen und sich erst später um die Bandbreite zu kümmern.

Software-Kenngrößen

Hardware-Kenngrößen wie Latenz und Bandbreite beziehen sich auf die Leistungsfähigkeit der Hardware. Benutzer haben aber eine andere Sichtweise. Sie möchten wissen, um wie viel schneller ihre Programme auf einem Parallelrechner im Vergleich zu einem Einprozessorcomputer laufen. Für sie ist Beschleunigung die wichtigste Kenngröße: Wie viel schneller läuft ein Programm auf einem System mit *n* Prozessoren als auf einem Einprozessorsystem? Normalerweise stellt man diese Ergebnisse in Diagrammen wie in ▶Abbildung 8.42 dar. Die Abbildung zeigt hier verschiedene parallele Programme, die auf einem Multicomputer aus 64 Pentium-Pro-CPUs laufen. Jede Kurve gibt die Beschleunigung eines Programms mit *k* CPUs als Funktion von *k* an. Die perfekte Beschleunigung ist durch die gepunktete Linie gekennzeichnet, bei der das Programm durch den Einsatz von *k* CPUs *k*-mal schneller für jedes beliebige *k* wird. Nur wenige Programme erreichen die perfekte Beschleunigung, einige kommen diesem Ziel aber recht nahe. Das N-Körperproblem lässt sich äußerst gut parallelisieren. Bei Awari (einem afrikanischen Brettspiel) sieht es ähnlich gut aus. Dagegen läuft das Invertieren einer bestimmten Skyline-Matrix nicht mehr als fünfmal schneller ab, gleichgültig, wie viele CPUs verfügbar sind. Die Programme und Ergebnisse werden in [Bal et al., 1998] behandelt.

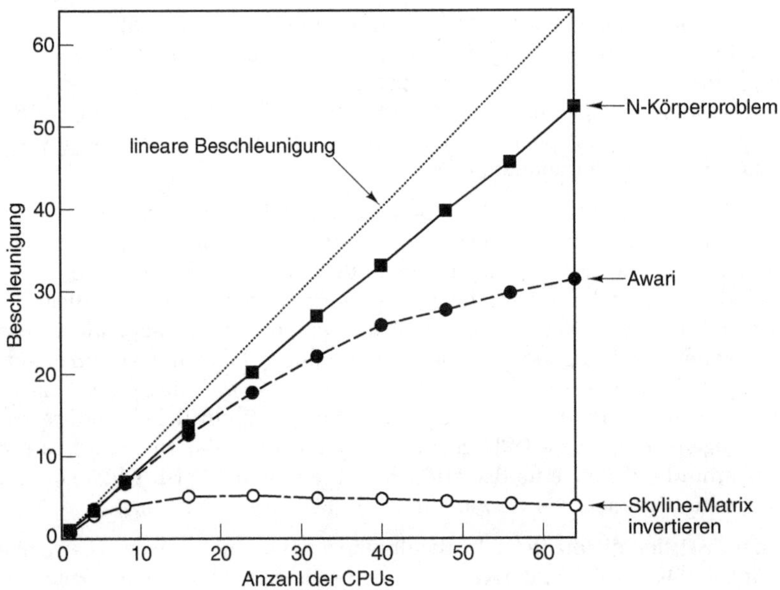

Abbildung 8.42: Reale Programme kommen nicht an die perfekte Beschleunigung heran, die durch die gepunktete Linie gekennzeichnet ist

Die perfekte Beschleunigung lässt sich unter anderem deshalb so gut wie nicht erreichen, weil fast alle Programme eine bestimmte sequenzielle Komponente besitzen, was beispielsweise auf die Initialisierungsphase, das Lesen von Daten oder das Zusammentragen von Ergebnissen zutrifft. Hier bringt es fast nichts, wenn viele CPUs verfügbar sind. Angenommen, ein Programm läuft T s auf einem Einprozessorsystem, wobei ein Anteil f dieser Zeit durch sequenziellen Code und ein Anteil $(1 - f)$ durch potenziell parallelisierbaren Code charakterisiert wird, wie es ▶Abbildung 8.43a verdeutlicht. Wenn man den parallelisierbaren Code auf n CPUs ohne Overhead ausführen kann, lässt sich seine Ausführungszeit im günstigsten Fall von $(1 - f)T$ auf $(1 - f)T/n$ reduzieren, wie es in ▶Abbildung 8.43b dargestellt ist. Daraus ergibt sich die Gesamtausführungszeit für die sequenziellen und parallelen Teile von $fT + (1 - f)T/n$. Nur die Ausführungszeit T des ursprünglichen Programms geteilt durch diese neue Ausführungszeit macht die Beschleunigung aus:

$$\text{Beschleunigung} = \frac{n}{1+(n-1)f}$$

Für $f = 0$ erhalten wir eine lineare Beschleunigung, während für $f > 0$ aufgrund der sequenziellen Komponente keine perfekte Beschleunigung möglich ist. Dieses Ergebnis ist als **Amdahl-Gesetz** bekannt.

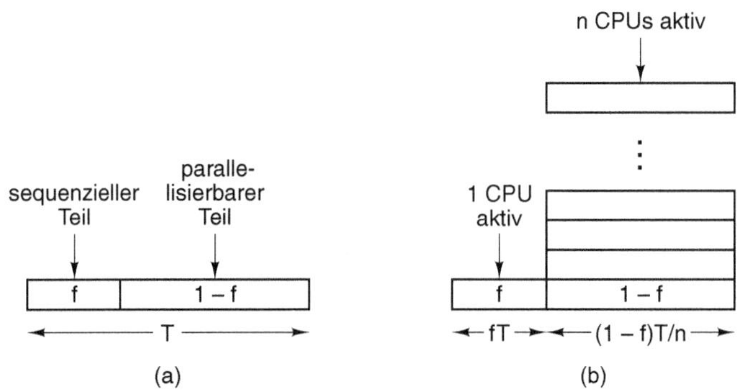

Abbildung 8.43: (a) Ein Programm besteht aus einem sequenziellen und einem parallelisierbaren Teil (b) Wirkung, wenn ein Teil des Programms parallel ausgeführt wird

Das Amdahl-Gesetz ist nicht der einzige Grund, warum sich die perfekte Beschleunigung fast nie erreichen lässt. Kommunikationslatenzen ungleich null, endliche Kommunikationsbandbreiten und ineffiziente Algorithmen können ebenfalls eine Rolle spielen. Doch selbst wenn 1000 CPUs verfügbar sind, lassen sich nicht alle Programme so schreiben, dass sie so viele CPUs auch nutzen können. Zudem kann der Overhead recht beträchtlich sein, um alle CPUs erst einmal mit Arbeit zu versorgen. Darüber hinaus lässt sich manchmal der beste Algorithmus nicht parallelisieren und man muss für den parallelen Fall auf einen suboptimalen Algorithmus ausweichen. Alles in allem ist es bei vielen Anwendungen wünschenswert, dass das Programm n-mal schneller läuft, auch wenn dafür $2n$ CPUs erforderlich sind. Immerhin sind CPUs nicht mehr so furchtbar teuer und viele Firmen kommen in anderen Geschäftsbereichen ohnehin mit weit weniger als einer hundertprozentigen Effizienz aus.

Hohe Leistung erreichen

Am einfachsten lässt sich die Leistung verbessern, wenn man zusätzliche CPUs in das System einbindet. Dabei sind aber Engpässe zu vermeiden. Ein System, das man durch mehrere CPUs erweitern kann und das dementsprechend mehr Rechenleistung erhält, ist **skalierbar**.

Um die Konsequenzen aus der Skalierbarkeit zu verdeutlichen, nehmen wir zunächst vier CPUs an, die wie in ▶Abbildung 8.44a über einen Bus verbunden sind. Stellen Sie sich nun vor, dass wir das System mit 12 zusätzlichen CPUs auf 16 CPUs skalieren möchten, wie es ▶Abbildung 8.44b zeigt. Wenn die Busbandbreite *b* MB/s beträgt und wir die Anzahl der CPUs vervierfachen, verringern wir auch die für jede CPU verfügbare Bandbreite von *b*/4 MB/s auf *b*/16 MB/s. Ein derartiges System ist nicht skalierbar.

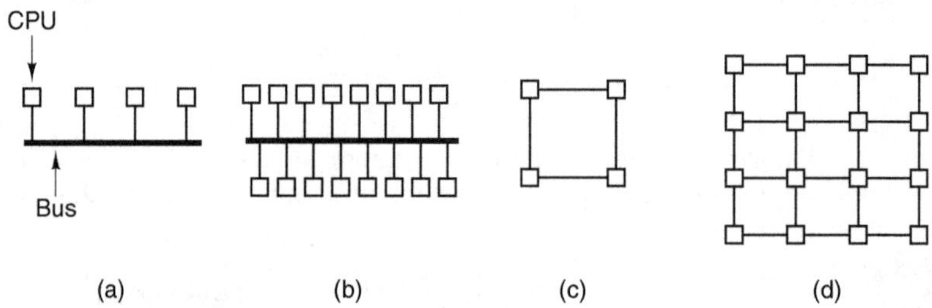

Abbildung 8.44: (a) Ein busbasiertes System mit 4 CPUs (b) ein busbasiertes System mit 16 CPUs (c) ein gitterbasiertes System mit 4 CPUs (d) ein gitterbasiertes System mit 16 CPUs

Jetzt wiederholen wir das Ganze mit einem gitterbasierten System, wie es in ▶Abbildung 8.44c und d zu sehen ist. Bei dieser Topologie kommen mit neuen CPUs auch neue Verbindungen hinzu, sodass durch die Systemerweiterung die Aggregatbandbreite pro CPU nicht wie beim busbasierten System zurückgeht. Es ist sogar so, dass sich das Verhältnis von Verbindungen zu CPUs von 1,0 mit 4 CPUs (4 CPUs, 4 Verbindungen) auf 1,5 bei 16 CPUs (16 CPUs, 24 Verbindungen) erhöht. Fügt man weitere CPUs hinzu, dann verbessert sich also die Aggregatbandbreite pro CPU.

Selbstverständlich ist die Bandbreite nicht der einzige Faktor. Schließt man an den Bus zusätzliche CPUs an, so erhöht sich der Durchmesser des Verbindungsnetzes bzw. die Latenz nicht, wenn der Verkehr gering bleibt, während beide Werte bei der Gittertopologie steigen. Bei einem $n \times n$-Gitter beträgt der Durchmesser $2(n-1)$, sodass sich im ungünstigsten (und durchschnittlichen) Fall die Latenz grob mit der Quadratwurzel der CPU-Anzahl erhöht. Bei 400 CPUs ergibt sich ein Durchmesser von 38, bei 1600 CPUs ist er 78, was bedeutet, dass sich bei der vierfachen CPU-Anzahl der Durchmesser und damit auch die durchschnittliche Latenz ungefähr verdoppelt.

Im Idealfall sollte ein skalierbares System die gleiche durchschnittliche Bandbreite pro CPU und eine konstante durchschnittliche Latenz aufweisen, wenn man weitere CPUs anschließt. In der Praxis lässt sich zwar eine ausreichende Bandbreite pro CPU gewährleisten, doch nimmt bei allen realen Konfigurationen die Latenz mit der Größe zu. Ein logarithmisches Wachstum wie beim Hypercube ist noch das Beste, was sich erreichen lässt.

Das Problem mit der steigenden Latenz bei einer Systemerweiterung besteht darin, dass sich die Latenz bei fein- und mittelkörnigen Anwendungen meist fatal auf die Leistung auswirkt. Braucht ein Programm Daten, die noch nicht in seinem lokalen Speicher stehen, dann entsteht oft eine beträchtliche Verzögerung, um diese Daten zu holen. Wie wir gerade gesehen haben, ist die Verzögerung umso höher, je größer das System ist. Dieses

Problem trifft auf Multiprozessoren und Multicomputer gleichermaßen zu, weil der physische Speicher in beiden Fällen auf weit gestreute Module aufgeteilt ist.

Neben der begrenzten Bandbreite in Parallelrechnern sind **Latenzzeiten** ein Haupthindernis für bessere Leistung. Hard- und Softwareentwickler versuchen, Latenzzeiten zu verringern oder mit anderen Operationen zu überlappen und somit zu verstecken.

Als Folge davon unternehmen Systemdesigner oft große Anstrengungen, um die Latenz zu reduzieren oder zumindest zu kaschieren. Eine der dabei angewandten Techniken ist die Datenreplikation. Können Kopien eines Datenblocks an mehreren Stellen gespeichert werden, dann lassen sich die Zugriffe von diesen Stellen beschleunigen. Eine derartige Replikationstechnik ist das Caching, bei dem eine oder mehrere Kopien von Datenblöcken sowohl dort, wo sie verwendet werden, als auch dort, wohin sie „gehören", gespeichert werden. Bei einer weiteren Strategie verwaltet man mehrere Peer-Kopien – d.h. Kopien, die den gleichen Status besitzen – im Gegensatz zur asymmetrischen Primär-/Sekundärbeziehung wie beim Caching. Wenn man mit mehreren Kopien arbeitet, muss man unabhängig von der konkreten Form die entscheidenden Fragen klären, wo, wann und durch wen Datenblöcke platziert werden. Die Antworten reichen von dynamischer Anordnung auf Anfrage durch die Hardware bis zur gezielten Platzierung zur Ladezeit gemäß bestimmter Compiler-Direktiven. In allen Fällen ist es wichtig, die Konsistenz aufrechtzuerhalten.

Die Latenz kann man auch durch **Prefetching** (Vorauslesen) kaschieren. Lässt sich ein Datenelement bereits lesen, bevor es erforderlich ist, so kann sich der Prefetching-Prozess mit der normalen Ausführung überlappen und das Element steht sofort zur Verfügung, wenn es tatsächlich gebraucht wird. Prefetching kann automatisch oder unter Programmsteuerung erfolgen. Wenn ein Cache nicht nur das referenzierte Wort, sondern eine ganze Cachezeile liest, in der sich das Wort befindet, ist die Wahrscheinlichkeit relativ groß, dass die nachfolgenden Wörter ebenfalls bald benötigt werden.

Prefetching lässt sich auch explizit steuern. Merkt der Compiler, dass ein Programm bestimmte Daten braucht, so kann er sie mit einem expliziten Befehl lesen und diesen Befehl rechtzeitig in den Programmablauf einfügen, damit die Daten dem Programm sofort zur Verfügung stehen. Diese Strategie verlangt, dass der Compiler sowohl genügend Informationen über die zugrunde liegende Maschine und ihre zeitlichen Abläufe besitzt, als auch festlegen kann, wo alle Daten platziert werden. Derart spekulative `LOAD`-Befehle funktionieren am besten, wenn sicher ist, dass die Daten benötigt werden. Entsteht ein Seitenfehler durch einen `LOAD`-Befehl für einen Pfad, der letztlich nicht eingeschlagen wird, kommt das recht teuer zu stehen.

Drittens kann man Latenz durch Multithreading kaschieren. Wenn sich die Prozessumschaltung schnell genug bewerkstelligen lässt, indem man beispielsweise jedem Prozess eigene Speicherabbildungen und Hardwareregister zuordnet, kann die Hardware schnell zu einem arbeitsbereiten Thread umschalten, wenn der aktuelle Thread blockiert ist, weil er auf das Eintreffen von entfernten Daten wartet. Im begrenzten Fall führt die CPU den ersten Befehl des ersten Threads aus, dann den zweiten Befehl des zweiten Threads usw. Auf diese Weise kann man die CPU laufend beschäftigen, auch angesichts langer Speicherlatenzen für die einzelnen Threads.

Eine vierte Technik zum Kaschieren von Latenz sind nicht blockierende Schreiboperationen. Normalerweise wartet die CPU bei der Ausführung eines `STORE`-Befehls, bis der Befehl fertig ist, und fährt erst dann fort. Bei nicht blockierenden Schreiboperationen wird die Speicheroperation gestartet, das Programm fährt aber trotzdem fort. Die Fortsetzung nach einem `LOAD`-Befehl ist zwar schwieriger, doch bei Out-of-Order-Ausführung ebenfalls möglich.

8.5 Grid-Computing

Die heutigen Herausforderungen in Wissenschaft, Technik, Industrie, Umwelt und anderen Bereichen sind hochkomplex und interdisziplinär. Um sich ihnen zu stellen, sind Erfahrungen, Fertigkeiten, Fachkenntnisse, technische Einrichtungen, Software und Daten von mehreren Organisationen und oftmals aus verschiedenen Ländern erforderlich. Drei willkürlich gewählte Beispiele sollen das verdeutlichen:

1. Wissenschaftler, die eine Mars-Mission vorbereiten
2. Ein Industriekonsortium, das an einem komplizierten Produkt arbeitet (z.B. an einem Staudamm oder einem Verkehrsflugzeug)
3. Eine internationale Organisation, die Hilfe nach einer Naturkatastrophe koordiniert

Auch wenn einige auf längerfristige Kooperationen und andere auf ein kürzeres Zusammenwirken ausgerichtet sind, verbindet sie die Forderung, dass separate Organisationen mit ihren eigenen Ressourcen und Abläufen zusammenarbeiten, um ein gemeinsames Ziel zu erreichen.

Bis vor Kurzem ist es äußerst schwierig gewesen, unterschiedliche Organisationen mit unterschiedlichen Computern, Betriebssystemen, Datenbanken und Protokollen zusammenarbeiten zu lassen, um Ressourcen und Daten gemeinsam zu nutzen. Da allerdings die Zusammenarbeit verschiedener Organisationen immer mehr an Bedeutung gewinnt, hat man Systeme und Techniken entwickelt, die räumlich weit entfernte Computer in einem sogenannten **Grid**[2] verbinden. In gewissem Sinn ist das Grid der nächste Schritt entlang der Achse von Abbildung 8.1. Man kann sich ein Grid als sehr großen, internationalen, lose gekoppelten, heterogenen Cluster vorstellen.

Ein Grid soll eine technische Infrastruktur bereitstellen, damit eine Gruppe von Organisationen, die ein gemeinsames Ziel verfolgt, eine **virtuelle Organisation** bilden kann. Diese virtuelle Organisation muss flexibel sein und mit einer großen und wechselnden Mitgliedschaft klarkommen. Dabei muss den Mitgliedern erlaubt sein, auf den für sie geeigneten Gebieten zusammenzuarbeiten, während sie die Kontrolle über ihre eigenen Ressourcen in dem von ihnen gewünschten Maße beibehalten können. Zu diesem Zweck entwickeln Grid-Forscher Dienste, Werkzeuge und Protokolle, um das Funktionieren dieser virtuellen Organisationen zu ermöglichen.

Grid-Computing stellt Ressourcen unterschiedlicher Anbieter in einem System zur gemeinsamen Nutzung zur Verfügung, um eine engere Zusammenarbeit zu ermöglichen.

Das Grid ist vom Wesen her multilateral mit vielen gleichberechtigten Teilnehmern. Es lässt sich vorhandenen Umgebungen zur verteilten Verarbeitung gegenüberstellen. Im Client-Server-Modell sind an einer Transaktion zwei Parteien beteiligt: der Server, der bestimmte Dienste anbietet, und der Client, der die Dienste nutzen möchte. Ein typisches Beispiel des Client-Server-Modells ist das Web, in dem Benutzer auf Webserver zugreifen, um Informationen zu suchen. Das Grid unterscheidet sich aber von Peer-to-Peer-Anwendungen, in denen Paare individueller Computer Dateien austauschen. E-Mail ist ein bekanntes Beispiel für eine Peer-to-Peer-Anwendung. Da das Grid von diesen Modellen abweicht, verlangt es neue Protokolle und eine neue Technik.

Das Grid muss auf eine breite Palette von Ressourcen zugreifen können. Jede Ressource verfügt über ein spezifisches System und eine Organisation, die die Ressource besitzt

2 Der Begriff ist abgeleitet vom amerikanischen Stromnetz, dem Power Grid (Anm. d. Übersetzers).

und entscheidet, in welchem Umfang, zu welcher Zeit und für wen die Ressource im Grid verfügbar gemacht wird. Im abstrakten Sinne geht es beim Grid um Ressourcenzugriff und -verwaltung.

Die geschichtete Hierarchie gemäß ▶Tabelle 8.6 gibt eine Möglichkeit an, das Grid zu modellieren. Die **Fabric Layer** ganz unten ist die Menge der Komponenten, aus denen sich das Grid aufbaut. Sie umfasst CPUs, Festplatten, Netzwerke und Sensoren auf der Hardwareseite sowie Programme und Daten auf der Softwareseite. Das sind die Ressourcen, die das Grid in kontrollierter Form verfügbar macht.

Ebene	Funktion
Application	Anwendungen, die verwaltete Ressourcen in kontrollierter Form gemeinsam nutzen
Collective	Ermittlung, Zuteilung, Überwachung und Steuerung von Ressourcengruppen
Resource	Sicherer, verwalteter Zugriff auf individuelle Ressourcen
Fabric	Physische Ressourcen: Computer, Speicher, Netzwerke, Sensoren, Programme und Daten

Tabelle 8.6: Die Grid-Ebenen

Die darüberliegende **Resource Layer** befasst sich mit der Verwaltung der einzelnen Ressourcen. In vielen Fällen besitzt eine Ressource, die im Grid teilnimmt, einen lokalen Prozess, der sie verwaltet und den gesteuerten Zugriff auf sie durch entfernte Benutzer erlaubt. Diese Ebene realisiert eine einheitliche Schnittstelle zu höheren Ebenen, um die Eigenschaften und den Status individueller Ressourcen abzufragen, sie zu überwachen und sie in sicherer Form zu nutzen.

Die **Collective Layer** behandelt Gruppen von Ressourcen. Eine ihrer Funktionen ist die Ressourcenermittlung, durch die ein Benutzer verfügbare CPU-Zyklen, Festplattenkapazität oder bestimmte Daten lokalisieren kann. Die Collective Layer kann Verzeichnisse oder andere Datenbanken verwenden, um diese Informationen bereitzustellen. Außerdem kann sie einen Zuteilungsdienst anbieten, der die Interessen der Provider und Benutzer von Diensten abgleicht und gegebenenfalls knappe Ressourcen unter konkurrierenden Benutzern aufteilt. Außerdem ist die Gruppenebene dafür zuständig, Daten zu replizieren, die Aufnahme neuer Mitglieder und Ressourcen in das Grid zu koordinieren sowie die Richtliniendatenbanken – d.h., wer was verwenden darf – zu verwalten.

Schließlich sind in der **Application Layer** ganz oben die Benutzerprogramme untergebracht. Diese Ebene greift auf die darunterliegenden Ebenen zurück, um Berechtigungen zur Verwendung bestimmter Ressourcen zu erlangen, Nutzungsanforderungen abzuschicken, den Fortschritt dieser Anforderungen zu überwachen, mit Fehlern umzugehen und den Benutzer über die Ergebnisse zu informieren.

Sicherheit ist der Schlüssel für ein erfolgreiches Grid. Ressourcenbesitzer bestehen nahezu immer auf eine enge Kontrolle ihrer Ressourcen und möchten bestimmen, wer sie wie lange und in welchem Umfang nutzen darf. Ohne ein gutes Sicherheitssystem stellt keine Organisation ihre Ressourcen für das Grid zur Verfügung. Wenn andererseits ein Benutzer für jeden Computer, den er verwenden möchte, ein Benutzerkonto und ein Kennwort haben müsste, wäre die Nutzung des Grids unzumutbar schwerfällig. Folglich muss das Grid ein Sicherheitsmodell entwickeln, das diese Belange unter einen Hut bringt.

Zu den Schlüsseleigenschaften des Sicherheitsmodells gehört die **Einmalige Anmeldung** (Single Sign-On). Im ersten Schritt muss der Benutzer authentifiziert werden und einen Berechtigungsnachweis (Credential) erlangen – ein digital signiertes Dokument, das angibt, in wessen Namen die Arbeit geschehen soll. Berechtigungsnachweise lassen sich delegieren, sodass sich ein untergeordneter Prozess ebenfalls identifizieren lässt, wenn eine Berechnung Unterstützung durch Dritte verlangt. Wenn Berechtigungsnachweise einem entfernen Computer präsentiert werden, muss dieser sie auf den lokalen Sicherheitsmechanismus abbilden. Beispielsweise werden Benutzer auf UNIX-Systemen durch eine 16-Bit-Benutzerkennung identifiziert, während andere Systeme mit anderen Schemas arbeiten. Schließlich benötigt das Grid Mechanismen, um Zugriffsrichtlinien zu formulieren, zu verwalten und zu aktualisieren.

Um die Interoperabilität zwischen unterschiedlichen Organisationen und Maschinen zu gewährleisten, sind Standards erforderlich, und zwar sowohl in Bezug auf die angebotenen Dienste als auch auf die für den Zugriff darauf verwendeten Protokolle. Die Grid-Community hat mit dem Global Grid Forum eine Organisation geschaffen, die den Standardisierungsprozess verwaltet. Herausgekommen ist ein Framework namens **OGSA** (**Open Grid Services Architecture**), das die verschiedenen Standards einordnet, die sich in Entwicklung befinden. Nach Möglichkeit greifen diese Standards auf existierende Standards zurück. Zum Beispiel beschreibt man OGSA-Dienste mittels WSDL (Web Services Definition Language). Die zu standardisierenden Dienste sind momentan in acht breit angelegte Kategorien gegliedert, wobei aber später zweifellos noch mehr dazukommen werden:

1. Infrastrukturdienste (ermöglichen Kommunikation zwischen Ressourcen)
2. Ressourcenverwaltungsdienste (reservieren und verteilen Ressourcen)
3. Datendienste (verschieben und replizieren Daten an die Standorte, wo sie benötigt werden)
4. Kontextdienste (beschreiben erforderliche Ressourcen und Nutzungsrichtlinien)
5. Informationsdienste (liefern Informationen über Ressourcenverfügbarkeit)
6. Selbstverwaltungsdienste (unterstützen eine festgelegte Dienstqualität)
7. Sicherheitsdienste (setzen Sicherheitsrichtlinien durch)
8. Ausführungsverwaltungsdienste (verwalten den Workflow)

Über das Grid ließe sich noch viel mehr sagen, doch erlaubt es der verfügbare Platz nicht, dieses Thema hier weiter zu verfolgen. Weitere Informationen zum Grid-Computing finden Sie in [Abramson, 2011], [Balasangameshwara und Raju, 2012], [Celaya und Arronategui, 2011], [Foster und Kesselman, 2003] und [Lee et al., 2011].

ZUSAMMENFASSUNG

Es wird zunehmend schwieriger, Computer schneller zu machen, indem man einfach die Taktschraube nach oben dreht. Das hängt mit der Abführung der entstehenden Wärme und anderen Problemen zusammen. Stattdessen beschäftigen sich die Entwickler mit Parallelisierung, um eine Beschleunigung zu erreichen. Parallelität lässt sich auf unterschiedlichen Ebenen einführen – angefangen ganz unten, wo die Verarbeitungselemente sehr eng gekoppelt sind, bis zu den höheren Ebenen, wo nur eine sehr lose Kopplung besteht.

Auf der untersten Ebene ist **Parallelität** auf dem Chip selbst realisiert, wobei parallele Aktivitäten auf ein und demselben Chip stattfinden. Eine Form der On-Chip-Parallelität ist die Parallelität auf Befehlsebene, bei der ein Befehl oder eine Sequenz von Befehlen mehrere Operationen auslöst, die sich parallel durch verschiedene Funktionseinheiten ausführen lassen. Eine zweite Form der On-Chip-Parallelität ist Multithreading. Hier kann die CPU zwischen mehreren Threads auf Basis von Befehlseinheiten hin- und herschalten, wodurch ein virtueller Multiprozessor erzeugt wird. Eine dritte Form der On-Chip-Parallelität ist der Ein-Chip-Multiprozessor, in dem zwei oder mehr Kerne auf demselben Chip platziert sind, die gleichzeitig verschiedene Verarbeitungsaufgaben übernehmen können.

Eine Ebene höher finden wir die **Coprozessoren**, die normalerweise auf Einsteckkarten realisiert sind und zusätzliche Verarbeitungsleistung auf einem bestimmten Gebiet bereitstellen, beispielsweise Netzwerkprotokollverarbeitung oder Multimedia. Diese zusätzlichen Prozessoren machen die Haupt-CPU für andere Aufgaben frei, während die Coprozessoren die ihnen übertragenen Spezialaufgaben erledigen.

Auf der nächsten Ebene sind die **Multiprozessoren** mit gemeinsamem Speicher (Shared Memory) angesiedelt. Die Systeme enthalten zwei oder mehr CPUs, die auf ein und denselben Speicher zugreifen. UMA-Multiprozessoren kommunizieren über einen gemeinsam genutzten (Snooping-)Bus, einen Kreuzschienenverteiler oder ein mehrstufiges Schaltnetzwerk. Sie zeichnen sich dadurch aus, dass die Zugriffszeit auf alle Speicherstellen gleich ist. Im Unterschied dazu präsentieren NUMA-Multiprozessoren zwar allen Prozessen denselben gemeinsamen Adressraum, aber hier dauern entfernte Zugriffe beträchtlich länger als lokale. Schließlich realisieren die COMA-Multiprozessoren eine Variante, bei der Cachezeilen auf Anforderung zu den jeweiligen Verbrauchern gesendet werden, wobei aber die Speicherinhalte keinen wirklichen Heimatstandort wie in den anderen Designs haben.

Multicomputer sind Systeme mit vielen CPUs, die keinen Speicher gemeinsam nutzen. Jede CPU hat ihren eigenen privaten Speicher, wobei die Kommunikation durch Nachrichtenaustausch erfolgt. MPPs (massiv parallele Prozessorsysteme) wie der BlueGene/P von IBM sind große Multicomputer mit spezialisierten Kommunikationsnetzwerken. Cluster sind dagegen einfachere Systeme, die mit Standardkomponenten arbeiten. Ein Beispiel hierfür ist das von Google betriebene System.

Die **Programmierung** von Multicomputern erfolgt häufig mithilfe einer Kommunikationsschnittstelle, wie zum Beispiel MPI. Alternativ kann man einen gemeinsamen Speicher auf Anwendungsebene realisieren, wie es zum Beispiel beim seitenbasierten DSM-System, dem Linda-Tupelraum oder den Orca-Objekten der Fall ist. DSM simuliert einen gemeinsamen Speicher auf Seitenebene, sodass es einer NUMA-Maschine ähnelt, allerdings mit einem viel größeren Overhead bei entfernten Referenzen.

Schließlich sind auf der höchsten Ebene (sehr lose Kopplung) die **Grids** zu finden. Das sind Systeme, die ganze Organisationen über das Internet zusammenschließen, um Rechenleistung, Daten und andere Ressourcen gemeinsam zu nutzen.

EXTRAS ONLINE
Lösungen

Aufgaben

Die Lösungen zu den Aufgaben finden Sie auf der Website unter *www.pearson-studium.de.*

1 Intel-x86-Befehle können bis zu 17 Bytes lang sein. Ist der x86 eine VLIW-CPU?

2 Da es die Technologie den Ingenieuren erlaubt, immer mehr Transistoren auf einem Chip unterzubringen, haben Intel und AMD die Anzahl der Kerne auf jedem Chip erhöht. Gibt es andere praktikable Möglichkeiten, für die sie sich stattdessen hätten entscheiden können?

3 Wie lauten die bereichsbegrenzten Werte von 96, −9, 300 und 256 für einen Clipping-Bereich von 0 bis 255?

4 Sind die folgenden TriMedia-Befehle zulässig, und wenn nicht, weshalb nicht?

(a) Ganzzahladdition, Ganzzahlsubtraktion, Laden, Gleitkommaaddition, unmittelbares Laden

(b) Ganzzahlsubtraktion, Ganzzahlmultiplikation, unmittelbares Laden, Verschieben, Verschieben

(c) Unmittelbares Laden, Gleitkommaaddition, Gleitkommamultiplikation, Verzweigung, unmittelbares Laden

5 Die Abbildungen 8.5d und e zeigen 12 Befehlszyklen. Geben Sie für jeden Zyklus an, was in den darauffolgenden drei Zyklen passiert.

6 Auf einer bestimmten CPU benötigt ein Befehl, der zu einem Level-1-Cache-Fehler führt, im Level-2-Cache aber einen Treffer landet, insgesamt *k* Zyklen. Wie viele Threads müssen gleichzeitig bei feinkörnigem Multithreading laufen, um tote Zyklen zu vermeiden, wenn man Level-1-Cache-Fehler durch Multithreading kaschieren möchte?

7 Die Fermi-GPU von NVIDIA ähnelt dem Wesen nach einer der Architekturen, die wir in Kapitel 2 untersucht haben. Um welche handelt es sich?

8 Eines Morgens ruft die Königin eines Bienenstocks ihre Arbeiterbienen zusammen und teilt ihnen mit, dass an diesem Tag Ringelblumennektar zu sammeln ist. Die Arbeiterinnen fliegen in verschiedene Richtungen von dannen und suchen nach Ringelblumen. Handelt es sich hier um ein SIMD- oder ein MIMD-System?

9 In der Beschreibung der Modelle zur Wahrung der Speicherkonsistenz wurde festgestellt, dass ein Konsistenzmodell eine Art Vertrag zwischen der Software und dem Speicher ist. Warum ist ein solcher Vertrag erforderlich?

10 Gegeben sei ein Multiprozessor mit einem gemeinsam genutzten Bus. Was passiert, wenn zwei Prozessoren versuchen, genau im selben Augenblick auf den globalen Speicher zuzugreifen?

11 Gegeben sei ein Multiprozessor mit einem gemeinsam genutzten Bus. Was passiert, wenn drei Prozessoren versuchen, genau im selben Augenblick auf den globalen Speicher zuzugreifen?

12 Nehmen Sie an, dass ein Snooping-Cache aus technischen Gründen nur noch Adressleitungen, aber keine Datenleitungen beschnüffeln kann. Würde sich diese Änderung auf das Write-Through-Protokoll auswirken?

13 Stellen Sie sich in einem einfachen Modell eines busbasierten Multiprozessorsystems ohne Caching vor, dass jeweils einer von vier Befehlen auf den Speicher zugreift und eine Speicherreferenz den Bus über eine ganze Befehlszeit belegt. Bei belegtem Bus wird die Anfrage einer CPU in eine FIFO-Warteschlange gestellt. Um wie viel schneller würde ein 64-CPU-System gegenüber einem 1-CPU-System laufen?

14 Das MESI-Protokoll für Cache-Kohärenz definiert vier Zustände. Andere Write-Back-Protokolle kennen nur drei Zustände. Welchen der vier MESI-Zustände könnte man opfern und welche Folgen würden sich bei jeder Wahl ergeben? Für welche Zustände würden Sie sich entscheiden, wenn Sie nur drei Zustände wählen dürften?

15 Gibt es irgendwelche Situationen beim MESI-Protokoll für Cache-Kohärenz, in denen eine Cachezeile im lokalen Cache vorhanden ist, trotzdem aber eine Bustransaktion nötig ist? Erläutern Sie Ihre Antwort.

16 An einem gemeinsamen Bus seien n CPUs angeschlossen. Die Wahrscheinlichkeit, dass eine der CPUs versucht, den Bus in einem bestimmten Zyklus zu verwenden, betrage p. Wie stehen die Chancen, dass

a. der Bus untätig ist (0 Anfragen)?

b. genau eine Anfrage gestellt wird?

c. mehr als eine Anfrage gestellt wird?

17 Nennen Sie den wichtigsten Vorteil und den wichtigsten Nachteil eines Kreuzschienenverteilers.

18 Wie viele Kreuzschienenverteiler besitzt eine voll ausgestattete Sun Fire E25K?

19 Nehmen Sie an, dass die Leitung zwischen Schalter 2A und Schalter 3B im Omega-Netz von Abbildung 8.27 unterbrochen wird. Wer wird von wem getrennt?

20 Speicherstellen, auf die besonderes viele Zugriffe erfolgen („Hot Spots“) stellen in mehrstufigen Netzwerken zweifellos ein Problem dar. Sind sie auch in busbasierten Systemen ein Problem?

21 Ein Omega-Netzwerk verbindet 4096 RISC-CPUs, die je eine Zykluszeit von 60 ns haben, mit 4096 unendlich schnellen Speichermodulen. Die Vermittlungselemente haben jeweils eine Verzögerung von 5 ns. Wie viele Verzögerungsabschnitte werden von einem `LOAD`-Befehl benötigt?

22 Gegeben sei eine Maschine mit einem Omega-Netzwerk wie die in Abbildung 8.27. Nehmen Sie an, dass das Programm und der Keller für Prozessor i in Speichermodul i abgelegt ist. Schlagen Sie eine geringfügige Änderung in der Topologie vor, die zu einem großen Leistungsunterschied führt (die IBM RP3 und BBN Butterfly verwenden diese modifizierte Topologie). Welchen Nachteil hat Ihre neue Topologie im Vergleich zum Original?

23 Bei einem NUMA-Multiprozessor dauern lokale Speicherreferenzen 20 ns und entfernte Referenzen 120 ns. Ein Programm verweist während seiner Ausführung insgesamt N-mal auf den Speicher, wobei sich 1% auf eine Seite P bezieht. Diese Seite ist anfangs entfernt und es sind C ns erforderlich, um sie in den lokalen Speicher zu kopieren. Unter welchen Bedingungen sollte die Seite in den lokalen Speicher kopiert werden, wenn andere Prozessoren diese Seite kaum verwenden?

24 Gegeben sei ein CC-NUMA-Multiprozessor wie in Abbildung 8.29, jedoch mit 512 Knoten zu je 8 MB. Wie hoch ist der prozentuale Overhead, wenn die Cachezeilen 64 Byte umfassen? Wie verändert sich der Overhead, wenn man die Anzahl der Knoten erhöht? Nimmt er zu, sinkt er oder bleibt er gleich?

25 Wie unterscheiden sich NC-NUMA und CC-NUMA?

26 Berechnen Sie für jede in Abbildung 8.33 dargestellte Topologie den Durchmesser des Netzes.

27 Ermitteln Sie für jede in Abbildung 8.33 dargestellte Topologie den Grad der Fehlertoleranz, definiert als maximale Anzahl von Verbindungen, die verloren gehen können, ohne dass das Netz in zwei Teile zerfällt.

28 Betrachten Sie die zweidimensionale Torus-Topologie von Abbildung 8.33f, jedoch erweitert auf eine Größe von $k \times k$. Wie groß ist der Durchmesser des Netzes? *Hinweis:* Betrachten Sie ungerade k und gerade k getrennt.

29 Ein Verbindungsnetz hat die Form eines 8×8×8-Würfels. Jede Verbindung hat eine Vollduplex-Bandbreite von 1 GB/s. Wie groß ist die Bisektionsbandbreite des Netzes?

30 Das Amdahl-Gesetz beschreibt die Begrenzung der erreichbaren Beschleunigung auf einem Parallelrechner. Berechnen Sie die maximal mögliche Beschleunigung als Funktion von f, wenn die Anzahl der CPUs gegen unendlich geht. Welche Auswirkungen hat diese Grenze für $f = 0{,}1$?

31 Abbildung 8.44 zeigt, wie die Skalierung bei einem Bus fehlschlägt, bei einem Gitter aber erfolgreich ist. Nehmen Sie an, dass jeder Bus oder jede Verbindung eine Bandbreite b hat. Berechnen Sie die durchschnittliche Bandbreite pro CPU für jeden der vier Fälle. Skalieren Sie dann jedes System auf 64 CPUs und wiederholen Sie die Berechnungen. Wo liegt die Grenze, wenn die Anzahl der CPUs gegen unendlich geht?

32 Der Textteil hat drei Varianten von `send` beschrieben: synchron, blockierend und nicht blockierend. Nennen Sie eine vierte Methode, die dem blockierenden `send` ähnelt, aber etwas andere Eigenschaften aufweist. Führen Sie einen Vorteil und einen Nachteil Ihrer Methode im Vergleich zum blockierenden `send` auf.

33 Betrachten Sie einen Multicomputer, der in einem Netzwerk mit Hardware-Broadcasting – zum Beispiel Ethernet – läuft. Warum spielt das Verhältnis zwischen Leseoperationen (diejenigen, die keine internen Zustandsvariablen aktualisieren) und Schreiboperationen (diejenigen, die interne Zustandsvariablen aktualisieren) eine Rolle?

Literaturverzeichnis

In diesem Literaturverzeichnis sind alle Bücher und Artikel, auf die im Buch verwiesen wird, alphabetisch aufgeführt.

ABRAMSON, D.: Mixing Cloud and Grid Resources for Many Task Computing. *Proc. Int'l Workshop on Many Task Computing on Grids and Supercomputers*, ACM, S. 1–2, 2011.

ADAMS, M. und DULCHINOS, D.: OpenCable. *IEEE Commun. Magazine*, Bd. 39, S. 98–105, Juni 2001.

ADIGA, N.R. et al.: An Overview of the BlueGene/L Supercomputer. *Proc. Supercomputing 2002*, ACM, S. 1–22, 2002.

ADVE, S.V. und HILL, M.: Weak Ordering: A New Definition. *Proc. 17th Ann. Int'l Symp. on Computer Arch.*, ACM, S. 2–14, 1990.

AGERWALA, T. und COCKE, J.: High Performance Reduced Instruction Set Processors. IBM T.J. Watson Research Center Technical Report RC12434, 1987.

AHMADINIA, A. und SHAHRABI, A.: A Highly Adaptive and Efficient Router Architecture for Network-on-Chip. *Computer J.*, Bd. 54, S. 1295–1307, Aug. 2011.

ALAM, S., BARRETT, R., BAST, M., FAHEY, M.R., KUEHN, J., MCCURDY, ROGERS, J., ROTH, P., SANKARAN, R., VETTER, J.S., WORLEY, P. und YU, W.: Early Evaluation of IBM BlueGene/P. *Proc. ACM/IEEE Conf. on Supercomputing*, ACM/IEEE, 2008.

ALAMELDEEN, A.R. und WOOD, D.A.: Adaptive Cache Compression for High-Performance Processors. *Proc. 31st Ann. Int'l Symp. on Computer Arch.*, ACM, S. 212–223, 2004.

ALMASI, G.S. et al.: System Management in the BlueGene/L Supercomputer. *Proc. 17th Int'l Parallel and Distr. Proc. Symp.*, IEEE, 2003a.

ALMASI, G.S. et al.: An Overview of the Bluegene/L System Software Organization. *Par. Proc. Letters*, Bd. 13, 561–574, April 2003b.

AMZA, C., COX, A., DWARKADAS, S., KELEHER, P., LU, H., RAJAMONY, R., YU, W. und ZWAENEPOEL, W.: TreadMarks: Shared Memory Computing on a Network of Workstations. *IEEE Computer Magazine*, Bd. 29, S. 18–28, Feb. 1996.

ANDERSON, D.: *Universal Serial Bus System Architecture*, Reading, MA: Addison-Wesley, 1997.

ANDERSON, D., BUDRUK, R. und SHANLEY, T.: *PCI Express System Architecture*, Reading, MA: Addison-Wesley, 2004.

ANDERSON, T.E., CULLER, D.E., PATTERSON, D.A. und the NOW team: A Case for NOW (Networks of Workstations). *IEEE Micro Magazine*, Bd. 15, S. 54–64, Jan. 1995.

AUGUST, D.I., CONNORS, D.A., MAHLKE, S.A., SIAS, J.W., CROZIER, K.M., CHENG, B.-C., EATON, P.R., OLANIRAN, Q.B. und HWU, W.-M.: Integrated Predicated and Speculative Execution in the IMPACT EPIC Architecture. *Proc. 25th Ann. Int'l Symp. on Computer Arch.*, ACM, S. 227–237, 1998.

BAL, H.E.: *Programming Distributed Systems*, Hemel Hempstead, England: Prentice Hall Int'l, 1991.

BAL, H.E., BHOEDJANG, R., HOFMAN, R, JACOBS, C., LANGENDOEN, K., RUHL, T. und KAASHOEK, M.F.: Performance Evaluation of the Orca Shared Object System. *ACM-Trans. on Computer Systems*, Bd. 16, S. 1–40, Jan.–Feb. 1998.

BAL, H.E., KAASHOEK, M.F. und TANENBAUM, A.S.: Orca: A Language for Parallel Programming of Distributed Systems. *IEEE Trans. on Software Engineering*, Bd. 18, S. 190–205, März 1992.

BAL, H.E. und TANENBAUM, A.S.: Distributed Programming with Shared Data. *Proc. 1988 Int'l Conf. on Computer Languages*, IEEE, S. 82–91, 1988.

BALASANGAMESHWARA, J. und RAJU, N.: A Hybrid Policy for Fault Tolerant Load Balancing in Grid Computing Environments. *J. Network and Computer Applications*, Bd. 35, S. 412–422, Jan. 2012.

BARROSO, L.A., DEAN, J. und HOLZLE, U.: Web Search for a Planet: The Google Cluster Architecture. *IEEE Micro Magazine*, Bd. 23, S. 22–28, März–April 2003.

BECHINI, A., CONTE, T.M. und PRETE, C.A.: Opportunities and Challenges in Embedded Systems. *IEEE Micro Magazine*, Bd. 24, S. 8–9, Juli–Aug. 2004.

BHAKTHAVATCHALU, R., DEEPTHY, G.R. und SHANOOJA, S.: Implementation of Reconfigurable Open Core Protocol Compliant Memory System Using VHDL. *Proc. Int'l Conf. on Industrial and Information Systems*, S. 213–218, 2010.

BJORNSON, R.D.: Linda on Distributed Memory Multiprocessors. Ph.D. Thesis, Yale Univ., 1993.

BLUMRICH, M., CHEN, D., CHIU, G., COTEUS, P., GARA, A., GIAMPAPA, M.E., HARING, R.A., HEIDELBERGER, P., HOENICKE, D., KOPCSAY, G.V., OHMACHT, M., STEINMACHER-BUROW, B.D., TAKKEN, T., VRANSAS, P. und LIEBSCH, T.: An Overview of the BlueGene/L System. *IBM J. Research and Devel.*, Bd. 49, März–Mai, 2005.

BOSE, P.: Computer Architecture Research: Shifting Priorities and Newer Challenges. *IEEE Micro Magazine*, Bd. 24, S. 5, Nov.–Dez. 2004.

BOUKNIGHT, W.J., DENENBERG, S.A., MCINTYRE, D.E., RANDALL, J.M., SAMEH, A.H. und SLOTNICK, D.L.: The Illiac IV System. *Proc. IEEE*, S. 369–388, April 1972.

BRADLEY, D.: A Personal History of the IBM PC. *IEEE Computer*, Bd. 44, S. 19–25, Aug. 2011.

BRIDE, E.: The IBM Personal Computer: A Software-Driven Market. *IEEE Computer*, Bd. 44, S. 34–39, Aug. 2011.

BRIGHTWELL, R., CAMP, W., COLE, B., DEBENEDICTIS, E., LELAND, R., TOMPKINS, H und MACCABE, A.B.: Architectural Specification for Massively Parallel Supercomputers: An Experience-and-Measurement-Based Approach. *Concurrency and Computation: Practice and Experience*, Bd. 17, S. 1–46, 2005.

BRIGHTWELL, R., UNDERWOOD, K.D., VAUGHAN, C. und STEVENSON, J.: Performance Evaluation of the Red Storm Dual-Core Upgrade. *Concurrency and Computation: Practice and Experience*, Bd. 22, S. 175–190, Feb. 2010.

BURKHARDT, H., FRANK, S., KNOBE, B. und ROTHNIE, J.: Overview of the KSR-1 Computer System. Technical Report KSR-TR-9202001, Kendall Square Research Corp., Cambridge, MA, 1992.

CARRIERO, N. und GELERNTER, D.: Linda in Context. *Commun. of the ACM*, Bd. 32, S. 444–458, April 1989.

CELAYA, J. und ARRONATEGUI, U.: A Highly Scalable Decentralized Scheduler of Tasks with Deadlines. *Proc. 12th Int'l Conf. on Grid Computing*, IEEE/ACM, S. 58–65, 2011.

CHARLESWORTH, A.: The Sun Fireplane Interconnect. *IEEE Micro Magazine*, Bd. 22, S. 36–45, Jan.–Feb. 2002.

CHARLESWORTH, A.: The Sun Fireplane Interconnect. *Proc. Conf. on High Perf. Networking and Computing*, ACM, 2001.

CHEN, L., DROPSHO, S. und ALBONESI, D.H.: Dynamic Data Dependence Tracking and Its Application to Branch Prediction. *Proc. Ninth Int'l Symp. on High-Performance Computer Arch.*, IEEE, S. 65–78, 2003.

CHENG, L. und CARTER, J.B.: Extending CC-NUMA Systems to Support Write Update Optimizations. *Proc. 2008 ACM/IEEE Conf. on Supercomputing*, ACM/IEEE, 2008.

CHOU, Y., FAHS, B. und ABRAHAM, S.: Microarchitecture Optimizations for Exploiting Memory-Level Parallelism. *Proc. 31st Ann. Int'l Symp. on Computer Arch.*, ACM, S. 76–77, 2004.

COHEN, D.: On Holy Wars and a Plea for Peace. *IEEE Computer Magazine*, Bd. 14, S. 48–54, Okt. 1981.

CORBATO, F.J. und VYSSOTSKY, V.A.: Introduction and Overview of the MULTICS System. *Proc. FJCC*, S. 185–196, 1965.

DENNING, P.J.: The Working Set Model for Program Behavior. *Commun. of the ACM*, Bd. 11, S. 323–333, Mai 1968.

DIJKSTRA, E.W.: GOTO Statement Considered Harmful. *Commun. of the ACM*, Bd. 11, S. 147–148, März 1968a.

DIJKSTRA, E.W.: Co-operating Sequential Processes. in *Programming Languages*, F. Genuys (Hrsg.), New York: Academic Press, 1968b.

DONALDSON, G. und JONES, D.: Cable Television Broadband Network Architectures. *IEEE Commun. Magazine*, Bd. 39, S. 122–126, Juni 2001.

DUBOIS, M., SCHEURICH, C. und BRIGGS, F.A.: Memory Access Buffering in Multiprocessors. *Proc. 13th Ann. Int'l Symp. on Computer Arch.*, ACM, S. 434–442, 1986.

DULONG, C.: The IA-64 Architecture at Work. *IEEE Computer Magazine*, Bd. 31, S. 24–32, Juli 1998.

DUTTA-ROY, A.: An Overview of Cable Modem Technology and Market Perspectives. *IEEE Commun. Magazine*, Bd. 39, S. 81–88, Juni 2001.

FAGGIN, F., HOFF, M.E., Jr., MAZOR, S. und SHIMA, M.: The History of the 4004. *IEEE Micro Magazine*, Bd. 16, S. 10–20, Nov. 1996.

FALCON, A., STARK, J., RAMIREZ, A., LAI, K. und VALERO, M.: Prophet/Critic Hybrid Branch Prediction. *Proc. 31st Ann. Int'l Symp. on Computer Arch.*, ACM, S. 250–261, 2004.

FISHER, J.A. und FREUDENBERGER, S.M.: Predicting Conditional Branch Directions from Previous Runs of a Program. *Proc. Fifth Int'l Conf. on Arch. Support for Prog. Lang. and Operating Syst.*, ACM, S. 85–95, 1992.

FLYNN, D.: AMBA: Enabling Reusable On-Chip Designs. *IEEE Micro Magazine*, Bd. 17, S. 20–27, Juli 1997.

FLYNN, M.J.: Some Computer Organizations and Their Effectiveness. *IEEE Trans. on Computers*, Bd. C-21, S. 948–960, Sept. 1972.

FOSTER, I. und KESSELMAN, C.: *The Grid 2: Blueprint for a New Computing Infrastructure*, San Francisco: Morgan Kaufman, 2003.

FOTHERINGHAM, J.: Dynamic Storage Allocation in the Atlas Computer Including an Automatic Use of a Backing Store. *Commun. of the ACM*, Bd. 4, S. 435–436, Okt. 1961.

FREITAS, H.C., MADRUGA, F.L., ALVES, M. und NAVAUX, P.: Design of Interleaved Multithreading for Network Processors on Chip. *Proc. Int'l Symp. on Circuits and Systems*, IEEE, 2009.

GASPAR, L., FISCHER, V., BERNARD, F., BOSSUET, L. und COTRET, P.: HCrypt: A Novel Concept of Crypto-processor with Secured Key Management. *Int'l Conf. on Reconfigurable Computing and FPGAs*, 2010.

GAUR, J., CHAUDHURI, C. und SUBRAMONEY, S.: Bypass and Insertion Algorithms for Exclusive Last-level Caches. *Proc. 38th Int'l Symp. on Computer Arch.*, ACM, 2011.

GEBHART, M., JOHNSON, D.R., TARJAN, D., KECKLER, S.W., DALLY, W.J., LINDHOLM, E. und SKADRON, K.: Energy-efficient Mechanisms for Managing Thread Context in Throughput Processors. *Proc. 38th Int'l Symp. on Computer Arch.* ACM, 2011.

GEIST, A., BEGUELIN, A., DONGARRA, J., JIANG, W., MANCHECK, R. und SUNDERRAM, V.: *PVM: Parallel Virtual Machine – A User's Guide and Tutorial for Networked Parallel Computing*, Cambridge, MA: MIT Press, 1994.

GEPNER, P., GAMAYUNOV, V. und FRASER, D.L.: The 2nd Generation Intel Core Processor. Architectural Features Supporting HPC. *Proc. 10th Int'l Symp. on Parallel and Dist. Computing*, S. 17–24, 2011.

GERBER, R. und BINSTOCK, A.: *Programming with Hyper-Threading Technology*, Santa Clara, CA: Intel Press, 2004.

GHARACHORLOO, K., LENOSKI, D., LAUDON, J., GIBBONS, P.B., GUPTA, A. und HENNESSY, J.L.: Memory Consistency and Event Ordering in Scalable Shared-Memory Multiprocessors. *Proc. 17th Ann. Int'l Symp. on Comp. Arch.*, ACM, S. 15–26, 1990.

GHEMAWAT, S., GOBIOFF, H. und LEUNG, S.-T.: The Google File System. *Proc. 19th Symp. on Operating Systems Principles*, ACM, S. 29–43, 2003.

GOODMAN, J.R.: Using Cache Memory to Reduce Processor Memory Traffic. *Proc. 10th Ann. Int'l Symp. on Computer Arch.*, ACM, S. 124–131, 1983.

GOODMAN, J.R.: Cache Consistency and Sequential Consistency. Tech. Rep. 61, IEEE Scalable Coherent Interface Working Group, IEEE, 1989.

GOTH, G.: IBM PC Retrospective: There Was Enough Right to Make It Work. *IEEE Computer*, Bd. 44, S. 26–33, Aug. 2011.

GROPP, W., LUSK, E. und SKJELLUM, A.: *Using MPI: Portable Parallel Programming with the Message Passing Interface*, Cambridge, MA: MIT Press, 1994.

GUPTA, N., MANDAL, S., MALAVE, J., MANDAL, A. und MAHAPATRA, R.N.: A Hardware Scheduler for Real Time Multiprocessor System on Chip. *Proc. 23rd Int'l Conf. on VLSI Design*, IEEE, 2010.

GURUMURTHI, S., SIVASUBRAMANIAM, A., KANDEMIR, M. und FRANKE, H.: Reducing Disk Power Consumption in Servers with DRPM. *IEEE Computer Magazine*, Bd. 36, S. 59–66, Dez. 2003.

HAGERSTEN, E., LANDIN, A. und HARIDI, S.: DDM – A Cache-Only Memory Architecture. *IEEE Computer Magazine*, Bd. 25, S. 44–54, Sept. 1992.

HAGHIGHIZADEH, F., ATTARZADEH, H. und SHARIFKHANI, M.: A Compact 8-Bit AES Crypto-processor. *Proc. Second. Int'l Conf. on Computer and Network Tech.*, IEEE, 2010.

HAMMING, R.W.: Error Detecting and Error Correcting Codes. *Bell Syst. Tech. J.*, Bd. 29, S. 147–160, April 1950.

HENKEL, J., HU, X.S. und BHATTACHARYYA, S.S.: Taking on the Embedded System Challenge. *IEEE Computer Magazine,* Bd. 36, S. 35–37, April 2003.

HENNESSY, J.L.: VLSI Processor Architecture. *IEEE Trans. on Computers,* Bd. C-33, S. 1221–1246, Dez. 1984.

HERRERO, E., GONZALEZ, J. und CANAL, R.: Elastic Cooperative Caching: An Autonomous Dynamically Adaptive Memory Hierarchy for Chip Multiprocessors. *Proc. 23rd Int'l Conf. on VLSI Design,* IEEE, 2010.

HOARE, C.A.R.: Monitors: An Operating System Structuring Concept. *Commun. of the ACM,* Bd. 17, S. 549–557, Okt. 1974; Erratum in *Commun. of the ACM,* Bd. 18, S. 95, Feb. 1975.

HWU, W.-M.: Introduction to Predicated Execution. *IEEE Computer Magazine,* Bd. 31, S. 49–50, Jan. 1998.

JIMENEZ, D.A.: Fast Path-Based Neural Branch Prediction. *Proc. 36th Int'l Symp. on Microarchitecture,* IEEE, S. 243–252, 2003.

JOHNSON, K.L., KAASHOEK, M.F. und WALLACH, D.A.: CRL: High-Performance All-Software Distributed Shared Memory. *Proc. 15th Symp. on Operating Systems Principles,* ACM, S. 213–228, 1995.

KAPASI, U.J., RIXNER, S., DALLY, W.J., KHAILANY, B., AHN, J.H., MATTSON, P. und OWENS, J.D.: Programmable Stream Processors. *IEEE Computer Magazine,* Bd. 36, S. 54–62, Aug. 2003.

KAUFMAN, C., PERLMAN, R. und SPECINER, M.: *Network Security,* 2. Aufl., Upper Saddle River, NJ: Prentice Hall, 2002.

KIM, N.S., AUSTIN, T., BLAAUW, D., MUDGE, T., FLAUTNER, K., HU, J.S., IRWIN, M.J., KANDEMIR, M. und NARAYANAN, V.: Leakage Current: Moore's Law Meets Static Power. *IEEE Computer Magazine,* Bd. 36, S. 68–75, Dez. 2003.

KNUTH, D.E.: *The Art of Computer Programming: Fundamental Algorithms,* 3. Aufl., Reading, MA: Addison-Wesley, 1997.

KONTOTHANASSIS, L., HUNT, G., STETS, R., HARDAVELLAS, N., CIERNIAD, M., PARTHASARATHY, S., MEIRA, W., DWARKADAS, S. und SCOTT, M.: VM-Based Shared Memory on Low Latency Remote Memory Access Networks. *Proc. 24th Ann. Int'l Symp. on Computer Arch.,* ACM, S. 157–169, 1997.

LAMPORT, L.: How to Make a Multiprocessor Computer That Correctly Executes Multiprocess Programs. *IEEE Trans. on Computers,* Bd. C-28, S. 690–691, Sept. 1979.

LAROWE, R.P. und ELLIS, C.S.: Experimental Comparison of Memory Management Policies for NUMA Multiprocessors. *ACM Trans. on Computer Systems,* Bd. 9, S. 319–363, Nov. 1991.

LEE, J., KELEHER, P. und SUSSMAN, A.: Supporting Computing Element Heterogeneity in P2P Grids. *Proc. IEEE Int'l Conf. on Cluster Computing,* IEEE, S. 150–158, 2011.

LI, K. und HUDAK, P.: Memory Coherence in Shared Virtual Memory Systems. *ACM Trans. on Computer Systems,* Bd. 7, S. 321–359, Nov. 1989.

LIN, Y.-N., LIN, Y.-D. und LAI, Y.-C.: Thread Allocation in CMP-based Multithreaded Network Processors. *Parallel Computing,* Bd. 36, S. 104–116, Feb. 2010.

LU, H., COX, A.L., DWARKADAS, S., RAJAMONY, R. und ZWAENEPOEL, W.: Software Distributed Shared Memory Support for Irregular Applications. *Proc. Sixth Conf. on Prin. and Practice of Parallel Progr.,* S. 48–56, Juni 1997.

LUKASIEWICZ, J.: *Aristotle's Syllogistic,* 2. Aufl., Oxford: Oxford University Press, 1958.

LYYTINEN, K. und YOO, Y.: Issues and Challenges in Ubiquitous Computing. *Commun. of the ACM,* Bd. 45, S. 63–65, Dez. 2002.

MARTIN, R.P., VAHDAT, A.M., CULLER, D.E. und ANDERSON, T.E.: Effects of Communication Latency, Overhead, and Bandwidth in a Cluster Architecture. *Proc. 24th Ann. Int'l Symp. on Computer Arch.,* ACM, S. 85–97, 1997.

MAYHEW, D. und KRISHNAN, V.: PCI Express and Advanced Switching: Evolutionary Path to Building Next Generation Interconnects. *Proc. 11th Symp. on High Perf. Interconnects,* IEEE, S. 21–29, Aug. 2003.

MCKUSICK, M.K., JOY, W.N., LEFFLER, S.J. und FABRY, R.S.: A Fast File System for UNIX. *ACMTrans. on Computer Systems,* Bd. 2, S. 181–197, Aug. 1984.

MCNAIRY, C. und SOLTIS, D.: Itanium 2 Processor Microarchitecture. *IEEE Micro Magazine,* Bd. 23, S. 44–55, März–April 2003.

MISHRA, A.K., VIJAYKRISHNAN, N. und DAS, C.R.: A Case for Heterogeneous On-Chip Interconnects for CMPs. *Proc. 38th Int'l Symp. on Computer Arch.* ACM, 2011.

MORGAN, C.: *Portraits in Computing,* New York: ACM Press, 1997.

MOUDGILL, M. und VASSILIADIS, S.: Precise Interrupts. *IEEE Micro Magazine,* Bd. 16, S. 58–67, Jan. 1996.

MULLENDER, S.J. und TANENBAUM, A.S.: Immediate Files. *Software – Practice and Experience,* Bd. 14, S. 365–368, 1984.

NAEEM, A., CHEN, X., LU, Z. und JANTSCH, A.: Realization and Performance Comparison of Sequential and Weak Memory Consistency Models in Network-On-Chip Based Multicore Systems. *Proc. 16th Design Automation Conf. Asia and South Pacific,* IEEE, S. 154–159, 2011.

ORGANICK, E.: *The MULTICS System,* Cambridge, MA: MIT Press, 1972.

OSKIN, M., CHONG, F.T. und CHUANG, I.L.: A Practical Architecture for Reliable Quantum Computers. *IEEE Computer Magazine,* Bd. 35, S. 79–87, Jan. 2002.

PAPAMARCOS, M. und PATEL., J.: A Low Overhead Coherence Solution for Multiprocessors with Private Cache Memories. *Proc. 11th Ann. Int'l Symp. on Computer Arch.,* ACM, S. 348–354, 1984.

PARIKH, D., SKADRON, K., ZHANG, Y. und STAN, M.: Power-Aware Branch Prediction: Characterization and Design. *IEEE Trans. on Computers,* Bd. 53, 168–186, Feb. 2004.

PATTERSON, D.A.: Reduced Instruction Set Computers. *Commun. of the ACM,* Bd. 28, S. 8–21, Jan. 1985.

PATTERSON, D.A., GIBSON, G. und KATZ, R.: A Case for Redundant Arrays of Inexpensive Disks (RAID). *Proc. ACM SIGMOD Int'l Conf. on Management of Data,* ACM, S. 109–166, 1988.

PATTERSON, D.A. und SEQUIN, C.H.: A VLSI RISC. *IEEE Computer Magazine,* Bd. 15, S. 8–22, Sept. 1982.

POUNTAIN, D.: Pentium: More RISC than CISC. *Byte,* Bd. 18, S. 195–204, Sept. 1993.

RADIN, G.: The 801 Minicomputer. *Computer Arch. News,* Bd. 10, S. 39–47, März 1982.

RAMAN, S.K., PENTKOVSKI, V. und KESHAVA, J.: Implementing Streaming SIMD Extensions on the Pentium III Processor. *IEEE Micro Magazine*, Bd. 20, S. 47–57, Juli-Aug. 2000.

RITCHIE, D.M.: Reflections on Software Research. *Commun. of the ACM*, Bd. 27, S. 758–760, Aug. 1984.

RITCHIE, D.M. und THOMPSON, K.: The UNIX Time-Sharing System. *Commun. of the ACM*, Bd. 17, S. 365–375, Juli 1974.

ROBINSON, G.S.: Toward the Age of Smarter Storage. *IEEE Computer Magazine*, Bd. 35, S. 35–41, Dez. 2002.

ROSENBLUM, M. und OUSTERHOUT, J.K.: The Design and Implementation of a Log-Structured File System. *Proc. Thirteenth Symp. on Operating System Principles*, ACM, S. 1–15, 1991.

RUSSINOVICH, M.E. und SOLOMON, D.A.: *Microsoft Windows Internals*, 4. Aufl., Redmond, WA: Microsoft Press, 2005.

RUSU, S., MULJONO, H. und CHERKAUER, B.: Itanium 2 Processor 6M. *IEEE Micro Magazine*, Bd. 24, S. 10–18, März–April 2004.

SAHA, D. und MUKHERJEE, A.: Pervasive Computing: A Paradigm for the 21st Century. *IEEE Computer Magazine*, Bd. 36, S. 25–31, März 2003.

SAKAMURA, K.: Making Computers Invisible. *IEEE Micro Magazine*, Bd. 22, S. 7–11, 2002.

SANCHEZ, D. und KOZYRAKIS, C.: Vantage: Scalable and Efficient Fine-Grain Cache Partitioning. *Proc. 38th Ann. Int'l Symp. on Computer Arch.*, ACM, S. 57–68, 2011.

SCALES, D.J., GHARACHORLOO, K. und THEKKATH, C.A.: Shasta: A Low-Overhead Software-Only Approach for Supporting Fine-Grain Shared Memory. *Proc. Seventh Int'l Conf. on Arch. Support for Prog. Lang. and Oper. Syst.*, ACM, S. 174–185, 1996.

SELTZER, M., BOSTIC, K., MCKUSICK, M.K. und STAELIN, C.: An Implementation of a Log-Structured File System for UNIX. *Proc. Winter 1993 USENIX Technical Conf.*, S. 307–326, 1993.

SHANLEY, T. und ANDERSON, D.: *PCI System Architecture*, 4. Aufl., Reading, MA: Addison-Wesley, 1999.

SHOUFAN, A., HUBER, N. und MOLTER, H.G.: A Novel Cryptoprocessor Architecture for Chained Merkle Signature Schemes. *Microprocessors and Microsystems*, Bd. 35, S. 34–47, Feb. 2011.

SINGH, G.: The IBM PC: The Silicon Story. *IEEE Computer*, Bd. 44, S. 40–45, Aug. 2011.

SLATER, R.: *Portraits in Silicon*, Cambridge, MA: MIT Press, 1987.

SNIR, M., OTTO, S.W., HUSS-LEDERMAN, S., WALKER, D.W. und DONGARRA, J.: *MPI: The Complete Reference Manual*, Cambridge, MA: MIT Press, 1996.

SOLARI, E. und CONGDON, B.: *PCI Express Design & System Architecture*, Research Tech, Inc., 2005.

SOLARI, E. und WILLSE, G.: *PCI and PCI-X Hardware and Software*, 6. Aufl., San Diego, CA: Annabooks, 2004.

SORIN, D.J., HILL, M.D. und WOOD, D.A.: *A Primer on Memory Consistency and Cache Coherence*, San Francisco: Morgan & Claypool, 2011.

STETS, R., DWARKADAS, S., HARDAVELLAS, N., HUNT, G., KONTOTHANASSIS, L., PARTHASARATHY, S. und SCOTT, M.: CASHMERE-2L: Software Coherent Shared Memory on Clustered Remote-Write Networks. *Proc. 16th Symp. on Operating Systems Principles*, ACM, S. 170–183, 1997.

SUMMERS, C.K.: *ADSL: Standards, Implementation, and Architecture*, Boca Raton, FL: CRC Press, 1999.

SUNDERRAM, V.B..: PVM: A Framework for Parallel Distributed Computing. *Concurrency: Practice and Experience*, Bd. 2, S. 315–339, Dez. 1990.

SWAN, R.J., FULLER, S.H. und SIEWIOREK, D.P.: Cm* – A Modular Multiprocessor. *Proc. NCC*, S. 645–655, 1977.

TAN, W.M.: *Developing USB PC Peripherals*, San Diego, CA: Annabooks, 1997.

TANENBAUM, A.S. und WETHERALL, D.J.: *Computer Networks*, 5. Aufl., Upper Saddle River, NJ: Prentice Hall, 2011.

THOMPSON, K.: Reflections on Trusting Trust. *Commun. of the ACM*, Bd. 27, S. 761–763, Aug. 1984.

THOMPSON, J., DREISIGMEYER, D.W., JONES, T., KIRBY, M. und LADD, J.: Accurate Fault Prediction of BlueGene/P RAS Logs via Geometric Reduction. IEEE, S. 8–14, 2010.

TRELEAVEN, P.: Control-Driven, Data-Driven, and Demand-Driven Computer Architecture. *Parallel Computing*, Bd. 2, 1985.

TU, X., FAN, X., JIN, H., ZHENG, L. und PENG, X.: Transactional Memory Consistency: A New Consistency Model for Distributed Transactional Memory. *Proc. Third Int'l Joint Conf. on Computational Science and Optimization*, IEEE, 2010.

VAHALIA, U.: *UNIX Internals*, Upper Saddle River, NJ: Prentice Hall, 1996.

VAHID, F.: The Softening of Hardware. *IEEE Computer Magazine*, Bd. 36, S. 27–34, April 2003.

VETTER, P., GODERIS, D., VERPOOTEN, L. und GRANGER, A.: Systems Aspects of APON/VDSL Deployment. *IEEE Commun. Magazine*, Bd. 38, S. 66–72, Mai 2000.

VU, T.D., ZHANG, L. und JESSHOPE, C.: The Verification of the On-Chip COMA Cache Coherence Protocol. *Proc. 12th Int'l Conf. on Algebraic Methodology and Software Technology*, Springer-Verlag, S. 413–429, 2008.

WEISER, M.: The Computer for the 21st Century. *IEEE Pervasive Computing*, Bd. 1, S. 19–25, Jan.–März 2002; urspr. veröffentlicht in *Scientific American*, Sept. 1991.

WILKES, M.V.: Computers Then and Now. *J. ACM*, Bd. 15, S. 1–7, Jan. 1968.

WILKES, M.V.: The Best Way to Design an Automatic Calculating Machine. *Proc. Manchester Univ. Computer Inaugural Conf.*, 1951.

WING-KEI, Y., HUANG, R., XU, S., WANG, S.-E., KAN, E. und SUH, G.E.: SRAM-DRAM Hybrid Memory with Applications to Efficient Register Files in Fine-Grained Multi-Threading Architectures. *Proc. 38th Int'l Symp. on Computer Arch.* ACM, 2011.

YAMAMOTO, S. und NAKAO, A.: Fast Path Performance of Packet Cache Router Using Multi-core Network Processor. *Proc. Seventh Symp. on Arch. for Network and Comm. Sys.*, ACM/IEEE, 2011.

ZHANG, L. und JESSHOPE, C.: On-Chip COMA Cache-Coherence Protocol for Microgrids of Microthreaded Cores. *Proc. of 2007 European Conf. on Parallel Processing*, Springer-Verlag, S. 38–48, 2008.

Binärzahlen

A

ÜBERBLICK

Einleitung

» Die von Computern verwendete Arithmetik unterscheidet sich in mancher Hinsicht von der Arithmetik, die den meisten Menschen geläufig ist. In erster Linie führen Computer Operationen auf Zahlen aus, deren Genauigkeit endlich und feststehend ist. Außerdem arbeiten Computer mit dem binären Zahlensystem und nicht mit dem Dezimalsystem. Auf diese Themen geht dieser Anhang ausführlich ein. «

A.1 Zahlen mit endlicher Genauigkeit

Normalerweise denkt man bei arithmetischen Rechenoperationen kaum darüber nach, wie viele Dezimalziffern zur Darstellung einer Zahl nötig sind. Physiker können berechnen, dass es 10^{78} Elektronen im Universum gibt, ohne sich daran zu stören, dass 79 Dezimalziffern nötig sind, um diese Zahl voll auszuschreiben. Wer den Wert einer Funktion mit Bleistift und Papier berechnet und die Lösung auf sechs Dezimalstellen genau braucht, führt während der Rechnung einfach sieben oder acht Stellen mit, gegebenenfalls auch mehr. Dabei taucht nie die Frage auf, ob das Papier auch für siebenstellige Zahlen breit genug ist.

Bei Computern liegen die Dinge anders. Der für das Speichern von Zahlen verfügbare Speicher wird bei den meisten Computern zur Entwurfszeit festgelegt. Mit bestimmtem Aufwand kann der Programmierer die Zahlen gegenüber dieser festliegenden Größe zwei-, drei- oder sogar mehrfach größer darstellen, was aber an der prinzipiellen Schwierigkeit nichts ändert. Durch die endliche Natur des Computers können wir nur mit Zahlen arbeiten, die sich mit einer festen Anzahl von Ziffern darstellen lassen. Derartige Zahlen bezeichnet man als **Zahlen mit endlicher Genauigkeit** (Finite-Precision Numbers).

Um die Eigenschaften von Zahlen mit endlicher Genauigkeit zu untersuchen, betrachten wir die Menge der positiven Ganzzahlen, die durch drei Dezimalziffern ohne Dezimalpunkt und ohne Vorzeichen darstellbar sind. Diese Menge umfasst genau 1000 Elemente: 000, 001, 002, 003, ..., 999. Aufgrund der getroffenen Einschränkungen ist es unmöglich, bestimmte Zahlenarten auszudrücken, wie zum Beispiel

1. Zahlen, die größer sind als 999
2. Negative Zahlen
3. Brüche
4. Irrationale Zahlen
5. Komplexe Zahlen

Eine wichtige Eigenschaft der Arithmetik auf der Menge aller Ganzzahlen ist die **Abgeschlossenheit** in Bezug auf die Operationen von Addition, Subtraktion und Multiplikation. Anders ausgedrückt: Für jedes Paar von Ganzzahlen i und j sind $i + j$, $i - j$ und $i \times j$ ebenfalls Ganzzahlen. Die Menge der Ganzzahlen ist in Bezug auf die Division nicht abgeschlossen, weil es Werte von i und j gibt, für die sich i/j nicht als Ganzzahl ausdrücken lässt (z.B. 7/2 und 1/0).

Zahlen mit endlicher Genauigkeit sind in Bezug auf diese vier Grundrechenarten nicht abgeschlossen, wie es das nachfolgende Beispiel mit dreistelligen Dezimalzahlen zeigt:

600 + 600 = 1200 t (zu groß)

003 − 005 = −2 t (negativ)

050 × 050 = 2500 t (zu groß)

007 / 002 = 3,5 t (keine Ganzzahl)

Die Verletzungen können in zwei sich gegenseitig ausschließende Klassen unterteilt werden: Operationen, deren Ergebnis größer als die größte Zahl der Menge (Überlauffehler) oder kleiner als die kleinste Zahl der Menge (Unterlauffehler) ist, sowie Operationen, deren Ergebnis weder zu groß noch zu klein, sondern einfach kein Element der Menge ist. Die ersten drei der oben aufgeführten Beispiele sind Verletzungen, die zur ersten Klasse gehören, während das letzte Beispiel eine Verletzung der zweiten Klasse darstellt.

Da Computer endliche Speicher besitzen und deshalb arithmetische Operationen zwingend auf Zahlen mit endlicher Genauigkeit durchführen müssen, sind die Ergebnisse bestimmter Berechnungen vom Standpunkt der klassischen Mathematik aus gesehen schlichtweg falsch. Ein Rechengerät, das die falsche Antwort liefert, auch wenn es sich im perfekten Betriebszustand befindet, mag zunächst seltsam erscheinen. Der Fehler ist aber die logische Konsequenz seiner endlichen Natur. Einige Computer haben spezielle Hardware, die Überlauffehler erkennt.

Die Algebra von Zahlen mit endlicher Genauigkeit unterscheidet sich von der normalen Algebra. Nehmen wir als Beispiel das Assoziativgesetz:

$$a + (b - c) = (a + b) - c$$

Wir wollen nun beide Seiten für $a = 700$, $b = 400$ und $c = 300$ auswerten. Für die linke Seite berechnen wir zuerst $(b - c)$, was 100 ergibt. Dann addieren wir diesen Wert zu a und erhalten 800. Für die rechte Seite berechnen wir zuerst $(a + b)$, was einen Überlauf in der endlichen Arithmetik von dreistelligen Ganzzahlen ergibt. Das Ergebnis kann von der verwendeten Maschine abhängen, wird aber nicht 1100 sein. Wenn man 300 von einer anderen Zahl als 1100 subtrahiert, erhält man auch nicht 800. Das Assoziativgesetz gilt hier nicht. Die Reihenfolge der Operationen ist wichtig.

Sehen wir uns als weiteres Beispiel das Distributivgesetz an:

$$a \times (b - c) = a \times b - a \times c$$

Wir werten beide Seiten für $a = 5$, $b = 210$ und $c = 195$ aus. Die Berechnung 5×15 auf der linken Seite liefert 75. Für die rechte Seite erhält man nicht 75, weil $a \times b$ zu einem Überlauf führt.

Aus diesen Beispielen könnte man schließen, dass Computer zwar universelle Geräte sind, sie sich aber aufgrund ihrer endlichen Natur für arithmetische Operationen nicht eignen. Natürlich trifft diese Schlussfolgerung nicht zu, zeigt aber deutlich, wie wichtig es ist, die Arbeitsweise von Computern zu verstehen und ihre Beschränkungen zu kennen.

A.2 Zahlensysteme mit anderen Basen

Die uns geläufigen Dezimalzahlen bestehen aus einer Folge von Dezimalziffern und gegebenenfalls einem Dezimalkomma. Die allgemeine Form und ihre übliche Interpretation sind in ▶Abbildung A.1 dargestellt. Wir haben 10 als **Basis** der Potenzierung gewählt, weil wir Dezimalzahlen oder Zahlen zur Basis 10 verwenden. Im Zusammenhang mit Computern ist es häufig zweckmäßig, eine von 10 abweichende Basis zu verwenden. Die wichtigsten Basen sind 2, 8 und 16 und die darauf aufbauenden Zahlensysteme bezeichnet man als **binär** (binary), **oktal** (octal) und **hexadezimal** (hexadecimal).

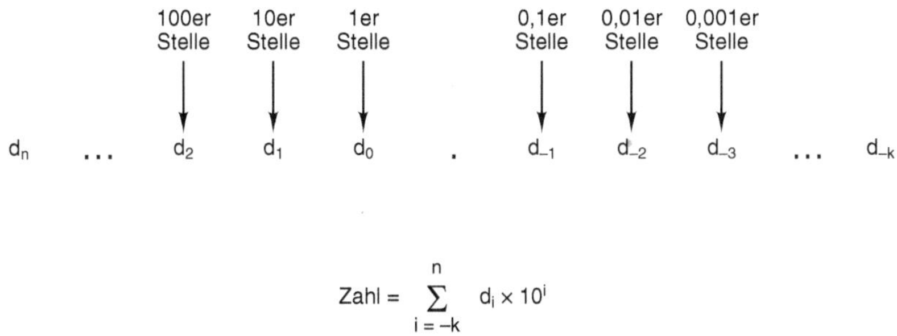

Abbildung A.1: Die allgemeine Form einer Dezimalzahl

Für ein Zahlensystem mit der Basis *k* benötigt man *k* verschiedene Symbole, um die Ziffern 0 bis $k - 1$ darzustellen. Für Dezimalzahlen sind die zehn Dezimalziffern

0 1 2 3 4 5 6 7 8 9

erforderlich. Binärzahlen lassen sich ausschließlich mit den beiden Binärziffern

0 1

bilden. Für Oktalzahlen werden die acht Oktalziffern

0 1 2 3 4 5 6 7

verwendet. Um hexadezimale Zahlen darzustellen, sind 16 Ziffern erforderlich. Neben den üblichen Ziffern 0 bis 9 benötigt man also sechs neue Symbole. Es hat sich eingebürgert, die Buchstaben A bis F für die auf 9 folgenden Ziffern zu verwenden. Folglich bildet man hexadezimale Zahlen aus den folgenden Ziffern:

0 1 2 3 4 5 6 7 8 9 A B C D E F

Eine „Binärziffer“ (Binary Digit) mit der Bedeutung 1 oder 0 bezeichnet man normalerweise als **Bit.** ▶Abbildung A.2 zeigt die Dezimalzahl 2001 in binärer, oktaler und hexadezimaler Darstellung. Die Zahl 7B9 ist offensichtlich hexadezimal, weil das Symbol B nur für hexadezimale Zahlen definiert ist. Die Notation 111 bezeichnet aber in jedem der vier beschriebenen Zahlensysteme eine gültige Zahl. Um Mehrdeutigkeiten zu vermeiden, schreibt man solche Zahlen mit einer tief gestellten 2, 8, 10 oder 16, um die Basis zu kennzeichnen, wenn sie aus dem Kontext nicht eindeutig hervorgeht.

binär	1 1 1 1 1 0 1 0 0 0 1
	$1 \times 2^{10} + 1 \times 2^9 + 1 \times 2^8 + 1 \times 2^7 + 1 \times 2^6 + 0 \times 2^5 + 1 \times 2^4 + 0 \times 2^3 + 0 \times 2^2 + 0 \times 2^1 + 1 \times 2^0$
	1024 + 512 + 256 + 128 + 64 + 0 +16 + 0 + 0 + 0 + 1
oktal	3 7 2 1
	$3 \times 8^3 + 7 \times 8^2 + 2 \times 8^1 + 1 \times 8^0$
	1536 + 448 + 16 + 1
dezimal	2 0 0 1
	$2 \times 10^3 + 0 \times 10^2 + 0 \times 10^1 + 1 \times 10^0$
	2000 + 0 + 0 + 1
hexadezimal	7 D 1
	$7 \times 16^2 + 13 \times 16^1 + 1 \times 16^0$
	1792 + 208 + 1

Abbildung A.2: Die Zahl 2001 in binärer, oktaler, dezimaler und hexadezimaler Darstellung

▶Tabelle A.1 zeigt Beispiele für nichtnegative Ganzzahlen in binärer, oktaler, dezimaler und hexadezimaler Notation. Möglicherweise entdeckt ein Archäologe in tausend Jahren diese Tabelle und hält sie für den Rosetta-Stein[1] für Zahlensysteme des späten zwanzigsten und frühen einundzwanzigsten Jahrhunderts.

Dezimal	Binär	Oktal	Hexadezimal
0	0	0	0
1	1	1	1
2	10	2	2
3	11	3	3
4	100	3	3
5	101	5	5
6	110	6	6
7	111	7	7
8	1000	10	8
9	1001	11	9
10	1010	12	A
11	1011	13	B
12	1100	14	C
13	1101	15	D
14	1110	16	E
15	1111	17	F
16	10000	20	10
20	10100	24	14
30	11110	36	1E
40	101000	50	28
50	110010	62	32
60	111100	74	3C
70	1000110	106	46
80	1010000	120	50
90	1011010	132	5A

Tabelle A.1: Dezimalzahlen mit ihren binären, oktalen und hexadezimalen Äquivalenten

1 Basaltstein aus der ptolemäischen Periode (196 v. Chr.), den Soldaten der Armee Napoleons 1799 in Rosetta (heute Rashid) im Nildelta entdeckten. Der Stein gilt als Schlüssel zur Entzifferung ägyptischer Hieroglyphen. Auf dem Stein werden zwar drei Skripte (Hieroglyphen, Demotisch (Altägyptisch) und Griechisch), aber nur zwei Sprachen dargestellt. Der Rosetta-Stein wird häufig mit Sprachübersetzung assoziiert. Er befindet sich im British Museum in London (Anm. d. Übersetzers).

Dezimal	Binär	Oktal	Hexadezimal
100	11001000	144	64
1000	1111101000	1750	3E8
2989	101110101101	5655	BA

Tabelle A.1: Dezimalzahlen mit ihren binären, oktalen und hexadezimalen Äquivalenten *(Forts.)*

A.3 Umwandlung von einer Basis in eine andere

Oktalzahlen, Hexadezimalzahlen und Binärzahlen lassen sich leicht ineinander umwandeln. Möchte man eine Binärzahl in eine Oktalzahl umwandeln, dann trennt man sie in Gruppen zu je drei Bits auf, wobei die unmittelbar links (bzw. rechts) vom Dezimalkomma stehenden 3 Bits die erste Gruppe bilden, die unmittelbar links daneben stehenden 3 Bits die nächste Gruppe usw. Jede Gruppe von drei Bits lässt sich direkt in eine Oktalziffer von 0 bis 7 konvertieren, wie es die ersten acht Zeilen in Tabelle A.1 zeigen. Gegebenenfalls sind ein oder zwei führende oder nachgestellte Nullen hinzuzufügen, um eine Gruppe auf volle drei Bits aufzufüllen. Die Umwandlung einer Oktalzahl in eine Binärzahl ist ebenso trivial. Man ersetzt einfach jede Oktalziffer durch die gleichwertige 3-Bit-Binärzahl. Die Umwandlung einer Hexadezimalzahl in eine Binärzahl ist im Grunde identisch mit der Oktal-Binär-Umwandlung, außer dass jede hexadezimale Ziffer einer Gruppe von vier Bits statt drei Bits entspricht. ▶Abbildung A.3 zeigt zwei Beispiele.

Beispiel 1

```
hexadezimal    1    9    4    8  .  B    6
binär        0001 1001 0100 1000 . 1011 0110 0
oktal          1   4   5   1   0 . 5   5   4
```

Beispiel 2

```
hexadezimal    7    B    A    3  .  B    C    4
binär        0111 1011 1010 0011 . 1011 1100 0100
oktal          7   5   6   4   3 . 5   7   0   4
```

Abbildung A.3: Beispiele für die Umwandlung Hexadezimal-, Oktal- und Binärzahlen

Die Umwandlung von Dezimal- in Binärzahlen kann auf zweierlei Weise erfolgen. Die erste Methode ergibt sich direkt aus der Definition von Binärzahlen. Von der Ausgangszahl subtrahiert man die größte Potenz von 2, die kleiner ist als die Zahl. Diesen Schritt wiederholt man dann jeweils für die Differenz. Nachdem man die Zahl in Zweierpotenzen zerlegt hat, lässt sich die Binärzahl aus den Einsen in den Bitpositionen, die Zweierpotenzen bei der Zerlegung entsprechen, und den Nullen an den übrigen Stellen zusammensetzen.

Bei der zweiten Methode (die nur für Ganzzahlen gilt) dividiert man die Ausgangszahl durch 2. Den Quotienten schreibt man direkt unter die Originalzahl und den Rest (0 oder 1) neben den Quotienten. Das wiederholt man so lange jeweils mit dem Quotienten, bis die Zahl 0 erreicht ist. Daraus ergeben sich zwei Zahlenspalten – die Quotienten und die Divisionsreste. Die Binärzahl lässt sich nun in der Restspalte von unten nach oben ablesen. ▶Abbildung A.4 zeigt ein Beispiel für die Dezimal-Binäru-Uwandlung.

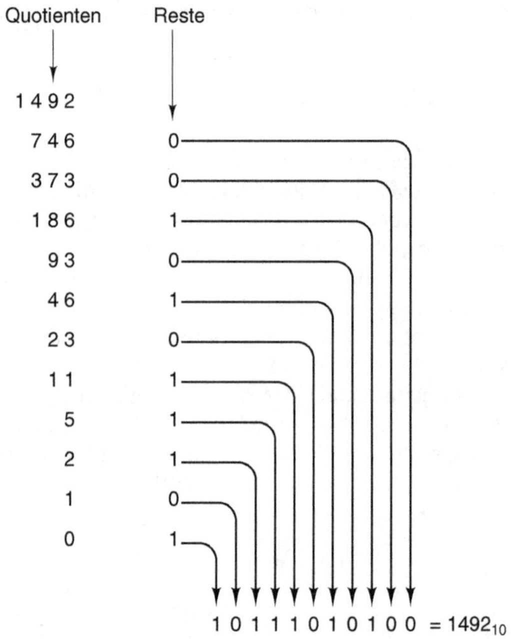

Abbildung A.4: Umwandlung der Dezimalzahl 1492 in eine Binärzahl durch sukzessives Halbieren von oben nach unten. Zum Beispiel ergibt 93 geteilt durch 2 einen Quotienten von 46 und einen Rest von 1; das Ergebnis wird in die Zeile darunter eingetragen.

Binäre Ganzzahlen lassen sich ebenfalls auf zweierlei Weise in die Dezimalform konvertieren. Bei der ersten Methode summiert man die Potenzen von 2, die den 1-Bits in der Zahl entsprechen, zum Beispiel:

$$10110 = 2^4 + 2^2 + 2^1 = 16 + 4 + 2 = 22$$

Bei der zweiten Methode schreibt man die Binärzahl bitweise untereinander, sodass das linke Bit ganz unten steht. Die unterste Zeile erhält die Nummer 1, die Zeile darüber die Nummer 2 usw. Die Dezimalzahl bildet man in einer Spalte parallel zur Binärzahl. In Zeile 1 schreibt man zunächst eine 1. Der Eintrag in Zeile n besteht aus dem Doppelten des Eintrags auf Zeile $n - 1$ plus dem Bit auf Zeile n (entweder 0 oder 1). Der Eintrag in der obersten Zeile liefert das Ergebnis. ▶Abbildung A.5 zeigt ein Beispiel dieser Methode zur Binär-Dezimal-Umwandlung.

Dezimale in oktale und dezimale in hexadezimale Zahlen lassen sich umwandeln, indem man entweder zuerst in Binärzahlen und dann in das gewünschte Zielsystem konvertiert oder Potenzen von 8 bzw. 16 subtrahiert.

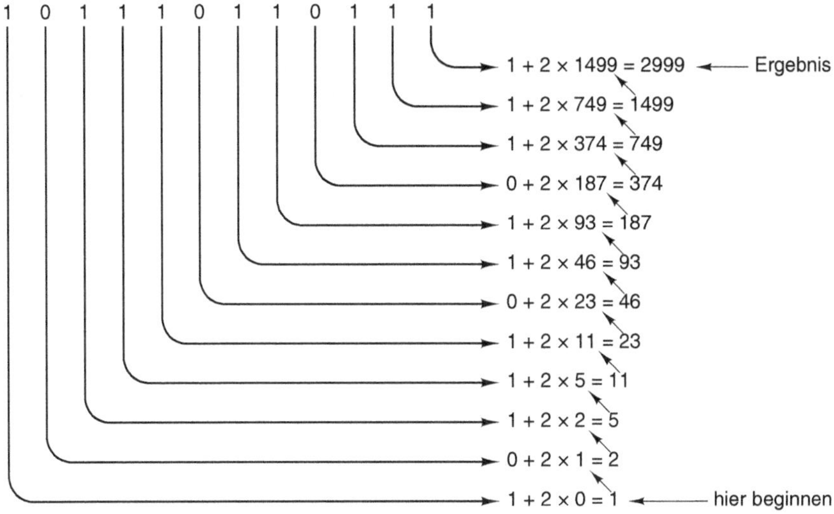

Abbildung A.5: Umwandlung der Binärzahl 1011 1011 0111 in die Dezimalform durch sukzessives Verdoppeln, beginnend von unten. In jede Zeile trägt man das Doppelte der Zeile darunter ein und addiert das entsprechende Bit. Zum Beispiel ist 749 zweimal 374 plus das 1-Bit auf derselben Zeile wie 749.

A.4 Negative Binärzahlen

In der Geschichte der Digitalrechner hat man vier verschiedene Systeme verwendet, um negative Zahlen darzustellen. Eines ist die **Vorzeichen-Betrags-Darstellung** (Signed Magnitude). Dieses System verwendet das am weitesten links stehende Bit als Vorzeichenbit (0 für plus und 1 für minus) und die restlichen Bits stellen den Betrag der Zahl dar.

Das **Einerkomplement** (One's Complement) genannte zweite System hat ebenfalls ein Vorzeichenbit, wobei 0 für plus und 1 für minus steht. Um eine Zahl zu negieren, ersetzt man jede 1 durch eine 0 und jede 0 durch eine 1. Dies gilt auch für das Vorzeichenbit. Dieses System ist überholt.

Das **Zweierkomplement** (Two's Complement) als drittes System verwendet ebenfalls ein Vorzeichenbit, auch hier wieder 0 für plus und 1 für minus. Eine Zahl wird in zwei Schritten negiert. Zuerst ersetzt man wie beim Einerkomplement jede 1 durch eine 0 und jede 0 durch eine 1. Anschließend addiert man 1 zum Ergebnis. Die binäre Addition entspricht der dezimalen Addition, außer dass ein Übertrag entsteht, wenn die Summe größer als 1 statt größer als 9 ist. Beispielsweise erfolgt die Umwandlung von 6 in das Zweierkomplement in den folgenden beiden Schritten:

0000 0110 (+6)
1111 1001 (−6 im Einerkomplement)
1111 1010 (−6 im Zweierkomplement)

Entsteht ein Übertrag vom äußerst linken Bit, so wird er verworfen.

Das für m-Bit-Zahlen verwendete vierte System heißt **Exzess 2^{m-1}**. Es speichert eine Zahl als Summe von 2^{m-1} und der Zahl selbst. Zum Beispiel spricht man bei 8-Bit-Zahlen mit $m = 8$ von „Exzess 128“ und stellt eine Zahl als ihren echten Wert plus 128 dar. Aus -3 wird somit $-3 + 128 = 125$ (binär also 0111 1101). Das System bildet die Zahlen von −128 bis +127 auf 0 bis 255 ab, die sich alle als positive 8-Bit-Ganzzahl ausdrücken lassen. Interessant ist, dass die Darstellungen in diesem System mit dem Zweierkomplement identisch sind, außer dass das Vorzeichenbit umgedreht ist. ▶Tabelle A.2 gibt Beispiele für negative Zahlen in allen vier Systemen an.

N Dezimal	N Binär	−N Vorzeichen/ Betrag	−N Einer-komplement	−N Zweier-komplement	−N Exzess 128
1	00000001	10000001	11111110	11111111	01111111
2	00000010	10000010	11111101	11111110	01111110
3	00000011	10000011	11111100	11111101	01111101
4	00000100	10000100	11111011	11111100	01111100
5	00000101	10000101	11111010	11111011	01111011
6	00000110	10000110	11111001	11111010	01111010
7	00000111	10000111	11111000	11111001	01111001
8	00001000	10001000	11110111	11111000	01111000
9	00001001	10001001	11110110	11110111	01110111
10	00001010	10001010	11110101	11110110	01110110
20	00010100	10010100	11101011	11101100	01101100
30	00011110	10011110	11100001	11100010	01100010
40	00101000	10101000	11010111	11011000	01011000
50	00110010	10110010	11001101	11001110	01001110
60	00111100	10111100	11000011	11000100	01000100
70	01000110	11000110	10111001	10111010	00111010
80	01010000	11010000	10101111	10110000	00110000
90	01011010	11011010	10100101	10100110	00100110
100	01100100	11011010	10011011	10011100	00011100
127	01111111	11111111	10000000	10000001	00000001
128	nicht vorhanden	nicht vorhanden	nicht vorhanden	10000000	00000000

Tabelle A.2: Negative 8-Bit-Zahlen in vier Systemen

Sowohl die Vorzeichen-Betrags-Darstellung als auch das Einerkomplement haben zwei Formen für die Null: eine „Plus-Null“ und eine „Minus-Null“. Dies ist natürlich unerwünscht. Beim Zweierkomplement entsteht dieses Problem nicht, weil das Zweierkomplement von Plus-Null ebenfalls Plus-Null ist. Allerdings weist das Zweierkomplement eine andere Singularität auf. Das Bitmuster, das aus einem 1-Bit mit anschließenden 0-Bits besteht, ist sein eigenes Komplement. Als Ergebnis ist der Bereich der positiven und negativen Zahlen unsymmetrisch. Es gibt eine negative Zahl ohne positives Gegenstück.

Diese Probleme haben wir uns selbst geschaffen, weil wir ein Codiersystem haben möchten, das folgende Eigenschaften aufweist:

1. Für die 0 gibt es nur eine Darstellung.
2. Der Bereich der positiven Zahlen ist genauso groß wie der Bereich der negativen Zahlen.

Das Problem ist, dass eine Zahlenmenge mit gleich vielen positiven wie negativen Zahlen und nur einer 0 eine ungerade Anzahl von Elementen hat, während m Bits eine gerade Anzahl von Bitmustern ermöglichen. Es entsteht immer entweder ein Bitmuster zu viel oder eines zu wenig, unabhängig von der gewählten Darstellung. Dieses zusätzliche Bitmuster kann man für -0, für eine große negative Zahl oder für etwas anderes verwenden. Wie man sich auch entscheidet – jedem System haftet ein Makel an.

A.5 Binärarithmetik

▶Tabelle A.3 stellt die Addition für Binärzahlen dar.

1. Summand	0	0	1	1
2. Summand	+0	+1	+0	+1
Summe	0	1	1	0
Übertrag	0	0	0	1

Tabelle A.3: Addition für Binärzahlen

Zwei Binärzahlen lassen sich addieren, indem man beim Bit ganz rechts beginnt und jeweils die Bits in den beiden Summanden addiert. Entsteht ein Übertrag, dann wird er in die Position nach links übernommen, genauso wie man bei Dezimalarithmetik verfährt. Wenn bei Einerkomplement-Arithmetik ein Übertrag durch die Addition der beiden Bitstellen ganz links entsteht, wird er zum Bit ganz rechts addiert. Das ist der sogenannte **Ringübertrag** (End-Around Carry). Bei der Zweierkomplement-Arithmetik wird ein Übertrag, der bei der Addition der ganz linken Bits entsteht, einfach verworfen. ▶Abbildung A.6 zeigt Beispiele für die Binärarithmetik.

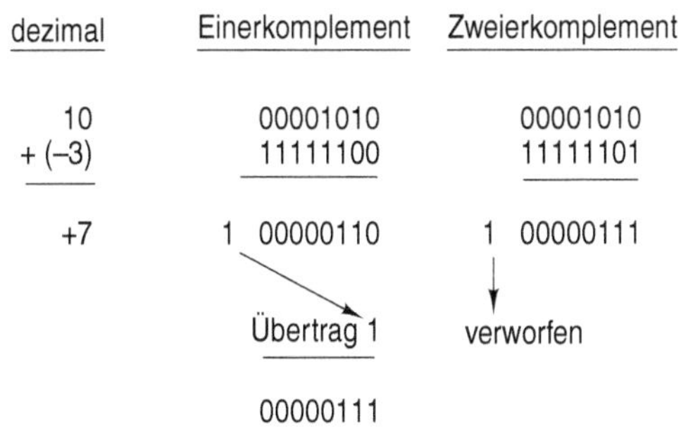

Abbildung A.6: Addition im Einerkomplement und im Zweierkomplement

Haben die beiden Summanden unterschiedliche Vorzeichen, so kann kein Überlauffehler eintreten. Wenn die Summanden das gleiche Vorzeichen haben und das Ergebnis das entgegengesetzte Vorzeichen aufweist, ist ein Überlauffehler aufgetreten und das Ergebnis ist falsch. Sowohl bei der Einerkomplement- als auch bei der Zweierkomplement-Arithmetik tritt ein Überlauf nur dann auf, wenn sich der Übertrag in das Vorzeichenbit vom Übertrag, das aus dem Vorzeichenbit herausläuft, unterscheidet. Die meisten Computer bewahren den aus dem Vorzeichenbit herauslaufenden Übertrag. Der in das Vorzeichenbit einlaufende Übertrag ist jedoch im Ergebnis nicht sichtbar. Aus diesem Grund wird normalerweise ein spezielles Überlaufbit bereitgestellt.

EXTRAS ONLINE Lösungen

Aufgaben

Die Lösungen zu den Aufgaben finden Sie auf der Website unter *www.pearson-studium.de*.

1 Konvertieren Sie die folgenden Zahlen in das Binärformat: 1984, 4000, 8192.

2 Wie sieht der binäre Wert 10 0110 1001 in der dezimalen, oktalen und hexadezimalen Darstellung aus?

3 Welche der folgenden Darstellungen sind gültige hexadezimale Zahlen? BED, CAB, DEAD, DECADE, ACCEDED, BAG, DAD.

4 Drücken Sie die Dezimalzahl 100 in den Zahlensystemen mit den Basen 2 bis 9 aus.

5 Wie viele verschiedene positive Ganzzahlen lassen sich in *k* Ziffern mit Zahlen zur Basis *r* ausdrücken?

6 Viele Menschen können mithilfe ihrer Finger nur bis 10 zählen. Informatiker sind da besser dran. Wie weit können Sie mit beiden Händen zählen, wenn Sie jeden Finger als ein Bit betrachten, wobei ein gestreckter Finger eine 1 und ein zur Handfläche weisender Finger eine 0 bedeutet? Wie groß ist der Zahlenbereich, wenn Sie mit Händen und Füßen zählen? Verwenden Sie nun wieder beide Hände und Füße, interpretieren Sie aber den großen Zeh am linken Fuß als Vorzeichenbit für Zahlen im Zweierkomplement. Wie groß ist jetzt der Bereich der darstellbaren Zahlen?

7 Führen Sie die folgenden Berechnungen auf 8-Bit-Zahlen im Zweierkomplement aus:

00101101	11111111	00000000	11110111
+ 01101111	+ 11111111	− 11111111	− 11110111

8 Wiederholen Sie die Berechnung der vorherigen Aufgabe im Einerkomplement.

9 Betrachten Sie die folgenden Additionsaufgaben für 3-Bit-Binärzahlen im Zweierkomplement. Stellen Sie für jede Summe fest, ob

a. das Vorzeichenbit des Ergebnisses 1 ist.

b. die 3 niederwertigen Bits 0 sind.

c. ein Überlauf aufgetreten ist.

000	000	111	100	100
+ 001	+ 111	+ 110	+ 111	+ 100

10 Vorzeichenbehaftete Dezimalzahlen, die aus n Ziffern bestehen, lassen sich in $n + 1$ Ziffern ohne Vorzeichen darstellen. Positive Zahlen erhalten eine 0 als ganz linke Ziffer. Negative Zahlen werden gebildet, indem man jede Ziffer von 9 subtrahiert. Das negative Gegenstück von 014725 ist folglich 985274. Diese Zahlen im sogenannten Neunerkomplement entsprechen den binären Einerkomplement-Zahlen. Drücken Sie die folgenden Zahlen als 3-stellige Neunerkomplement-Zahlen aus: 6, −2, 100, −14, −1, 0.

11 Ermitteln Sie die Regel für die Addition von Neunerkomplement-Zahlen und führen Sie dann folgende Additionen aus:

0001	0001	9997	9241
+ 9999	+ 9998	+ 9996	+ 0802

12 Das Zehnerkomplement entspricht dem Zweierkomplement. Eine negative Zahl im Zehnerkomplement wird gebildet, wenn man 1 zur entsprechenden Neunerkomplement-Zahl addiert, wobei man einen möglichen Übertrag ignoriert. Wie lautet die Regel für die Zehnerkomplement-Addition?

13 Stellen Sie die Multiplikationstabellen für Zahlen zur Basis 3 auf.

14 Multiplizieren Sie 0111 und 0011 im Binärformat.

15 Schreiben Sie ein Programm, das eine vorzeichenbehaftete Dezimalzahl als ASCII-Zeichenfolge übernimmt und ihre Darstellung im Zweierkomplement binär, oktal und hexadezimal ausgibt.

16 Schreiben Sie ein Programm, das zwei ASCII-Zeichenfolgen mit je 32 Zeichen übernimmt, wobei die Zeichenfolgen nur Nullen und Einsen enthalten und jeweils eine 32-Bit-Binärzahl im Zweierkomplement darstellen. Das Programm soll die Summen als ASCII-Zeichenfolge mit 32 Zeichen (Nullen und Einsen) ausgeben.

Gleitkommazahlen

B

ÜBERBLICK

Einleitung

» Bei vielen Berechnungen ist der verwendete Zahlenbereich sehr groß. Beispielsweise können in einer astronomischen Aufgabe die Masse des Elektrons mit 9×10^{-28} g und die Masse der Sonne mit 2×10^{33} g vorkommen, sodass sich der Zahlenbereich über 10^{60} erstreckt. Man könnte die genannten Zahlen als

0000000000000000000000000000000000,0000000000000000000000000009
2000000000000000000000000000000000,0000000000000000000000000000

darstellen und alle Berechnungen mit 34 Ziffern links vom Dezimalkomma und 28 Stellen rechts davon durchführen. Das Ergebnis enthält dann 62 signifikante Ziffern. Auf einem Computer mit Binärarithmetik könnte man mit mehrfacher Genauigkeit arbeiten, um die Anzahl der signifikanten Stellen wie im Beispiel zu erreichen. Nun ist aber die Masse der Sonne nicht einmal bis auf 5 signifikante Ziffern bekannt und gleich gar nicht bis auf 62 Stellen. Und es gibt wohl kaum Messungen irgendwelcher Art, die man auf 62 Stellen genau durchführen kann (oder muss). Es ist zwar möglich, alle Zwischenrechnungen mit 62 signifikanten Ziffern durchzuführen und dann 50 oder 60 davon zu verwerfen, bevor man die Endergebnisse ausgibt, doch verschwendet das nur wertvolle CPU-Zeit und Speicher.

Man braucht also ein System zur Zahlendarstellung, in dem der Bereich der darstellbaren Zahlen unabhängig von der Anzahl der signifikanten Ziffern ist. Dieser Anhang beschreibt ein derartiges System. Es basiert auf der wissenschaftlichen Notation, die in Physik, Chemie und Technik allgemein üblich ist. «

B.1 Grundlagen der Gleitkommaarithmetik

Der Wertebereich lässt sich von der Genauigkeit trennen, indem man Zahlen in der bekannten wissenschaftlichen Notation

$$n = m \times 10^e$$

ausdrückt, wobei m die **Mantisse** (der gebrochene Anteil) und e der **Exponent** (eine positive oder negative Ganzzahl) ist. Die Computerversion dieser Notation bezeichnet man als **Gleitkommadarstellung** (Floating Point). Die folgenden Beispiele zeigen Zahlen, die in dieser Form ausgedrückt sind:

3,14	= 0,314	$\times 10^1$	= 3,14	$\times 10^0$
0,000001	= 0,1	$\times 10^{-5}$	= 1,0	$\times 10^{-6}$
1941	= 0,1941	$\times 10^4$	= 1,941	$\times 10^3$

Der Bereich ergibt sich praktisch aus der Anzahl der Ziffern im Exponenten, während die Genauigkeit von der Anzahl der Ziffern in der Mantisse bestimmt wird. Da sich eine bestimmte Zahl auf verschiedene Weise darstellen lässt, wählt man normalerweise eine Form als Standard. Die Eigenschaften dieser Zahlendarstellung untersuchen wir anhand einer Darstellung R mit einer vorzeichenbehafteten dreistelligen Mantisse im Bereich von $0{,}1 \leq |\ m\ | < 1$ oder 0 und einem zweistelligen Exponenten mit Vorzeichen. Der Bereich dieser Zahlen erstreckt sich von $+0{,}100 \times 10^{-99}$ bis $+0{,}999 \times 10^{+99}$, d.h. über fast 199 Größenordnungen. Dennoch sind nur fünf Ziffern und zwei Vorzeichen nötig, um eine Zahl zu speichern.

Mit Gleitkommazahlen lassen sich die aus der Mathematik bekannten reellen Zahlen modellieren, wobei allerdings einige wichtige Unterschiede zu beachten sind. ▶Abbildung B.1 zeigt ein stark übertriebenes Schema des reellen Zahlenstrahls mit sieben Bereichen:

1. Große negative Zahlen kleiner als $-0{,}999 \times 10^{99}$
2. Negative Zahlen zwischen $-0{,}999 \times 10^{99}$ und $-0{,}100 \times 10^{-99}$
3. Kleine negative Zahlen kleiner als $-0{,}100 \times 10^{-99}$
4. Null
5. Kleine positive Zahlen kleiner als $0{,}100 \times 10^{-99}$
6. Positive Zahlen zwischen $0{,}100 \times 10^{-99}$ und $0{,}999 \times 10^{99}$
7. Große positive Zahlen größer als $0{,}999 \times 10^{99}$

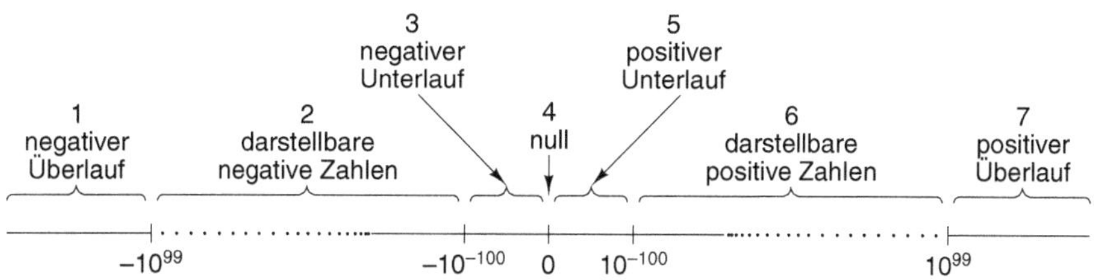

Abbildung B.1: Der Zahlenstrahl der reellen Zahlen lässt sich grob in sieben Bereiche gliedern

Gegenüber den reellen Zahlen kann man mit der Menge der Zahlen, die sich mit drei Mantissen- und zwei Exponentenziffern darstellen lassen, keine Zahlen in den Bereichen 1, 3, 5 und 7 ausdrücken. Ist das Ergebnis einer arithmetischen Operation eine Zahl in den Bereichen 1 oder 7, z.B. $10^{60} \times 10^{60} = 10^{120}$, dann ergibt sich ein **Überlauffehler** (Overflow Error) und die Lösung ist falsch. Dies ist auf die endliche Natur der Zahlendarstellung zurückzuführen und ist unvermeidbar. Analog kann man auch kein Ergebnis in den Bereichen 3 oder 5 ausdrücken. Hier bekommt man es mit einem **Unterlauffehler** (Underflow Error) zu tun. Ein Unterlauffehler ist nicht so schwerwiegend wie ein Überlauffehler, weil 0 oftmals eine zufriedenstellende Näherung für die Zahlen in den Bereichen 3 und 5 darstellt. Immerhin ist ein Kontostand von 10^{-102} Euro kaum besser als einer von 0.

Ein weiterer wichtiger Unterschied zwischen Gleitkommazahlen und reellen Zahlen ist ihre Dichte. Zwischen zwei beliebigen reellen Zahlen x und y gibt es eine andere reelle Zahl, unabhängig davon, wie nahe x an y liegt. Diese Eigenschaft beruht auf der Tatsache, dass sich für beliebige unterscheidbare reelle Zahlen x und y eine reelle Zahl $z = (x + y)/2$ angeben lässt, die genau zwischen x und y liegt. Die reellen Zahlen bilden ein Kontinuum.

Im Unterschied dazu bilden Gleitkommazahlen kein Kontinuum. Im oben beschriebenen System mit fünf Ziffern und zwei Vorzeichen lassen sich genau 179.100 positive und 179.100 negative Zahlen sowie die 0 (die man auf verschiedene Arten ausdrücken kann) also insgesamt 358.201 Zahlen darstellen. Aus der unendlichen Anzahl der reellen Zahlen zwischen -10^{+100} und $+0{,}999 \times 10^{99}$ können mit dieser Notation nur 358.201 Zahlen beschrieben werden, die in Abbildung B.1 durch die Punkte symbolisiert sind. Es ist durchaus möglich, dass das Ergebnis einer Berechnung eine der anderen Zahlen ist, selbst wenn es in Bereich 2 oder 6 fällt. Zum Beispiel lässt sich $+0{,}100 \times 10^{3}$ geteilt durch 3 in unserem Darstellungssystem nicht *genau* ausdrücken. Wenn das Ergebnis einer Berechnung in der verwendeten Zahlendarstellung nicht ausgedrückt werden kann, ist es naheliegend, die nächste darstellbare Zahl zu verwenden. Diesen Vorgang nennt man **Runden** (Rounding).

Der Abstand zwischen benachbarten darstellbaren Zahlen ist in den Bereichen 2 und 6 nicht durchgehend gleich. Zwischen $+0{,}998 \times 10^{99}$ und $+0{,}999 \times 10^{99}$ ist der Abstand deutlich größer als zwischen $+0{,}998 \times 10^{0}$ und $+0{,}999 \times 10^{0}$. Drückt man allerdings den Abstand zwischen einer Zahl und ihrem Nachfolger als Prozentwert dieser Zahl aus, so gibt es über den Bereichen 2 und 6 keine systematische Variation. Mit anderen Worten ist der durch Runden entstehende **relative Fehler** für kleine und große Zahlen ungefähr gleich.

Auch wenn sich die obigen Erläuterungen auf ein Darstellungssystem mit einer dreistelligen Mantisse und einem zweistelligen Exponenten bezogen haben, gelten die Schlussfolgerungen auch für andere Darstellungssysteme. Eine Änderung der Ziffernanzahl in der Mantisse oder im Exponenten verschiebt lediglich die Grenzen der Bereiche 2 und 6 und ändert die Anzahl der darin darstellbaren Punkte. Erhöht man die Anzahl der Ziffern in der Mantisse, dann nimmt die Punktdichte zu, sodass sich die Genauigkeit von Näherungen verbessert. Mit mehr Ziffern im Exponenten vergrößern sich die Bereiche 2 und 6, indem die Bereiche 1, 3, 5 und 7 schrumpfen. ▶Tabelle B.1 zeigt die ungefähren Grenzen von Bereich 6 für dezimale Gleitkommazahlen bei verschiedenen Größen von Mantisse und Exponent.

Ziffern in Mantisse	Ziffern im Exponenten	Untere Grenze	Obere Grenze
3	1	10^{-12}	10^{9}
3	2	10^{-102}	10^{99}
3	3	10^{-1002}	10^{999}
3	4	10^{-10002}	10^{9999}
4	1	10^{-13}	10^{9}
4	2	10^{-103}	10^{99}
4	3	10^{-1003}	10^{999}
4	4	10^{-10003}	10^{9999}
5	1	10^{-14}	10^{9}
5	2	10^{-104}	10^{99}
5	3	10^{-1004}	10^{999}
5	4	10^{-10004}	10^{9999}
10	3	10^{-1009}	10^{999}
20	3	10^{-1019}	10^{999}

Tabelle B.1: Die ungefähren unteren und oberen Grenzen von darstellbaren (nicht normalisierten) dezimalen Gleitkommazahlen

Für den Satz: Zahlen in allen Spalten bitte rechtsbündig ausrichten (bezogen auf die Grundzahl, nicht den Exponenten).

In Computern verwendet man eine Variante dieser Darstellung. Es ist effizienter mit Exponenten zur Basis 2, 4, 8 oder 16 statt 10 zu arbeiten und dabei eine Mantisse als Folge von binären, quartären (zur Basis 4), oktalen oder hexadezimalen Ziffern zu verwenden. Ist die Ziffer ganz links eine Null, so kann man alle Ziffern um eine Stelle nach links verschieben und den Exponenten um 1 verringern, ohne dass sich der Wert der Zahl ändert (abgesehen von einem Unterlauf). Eine Mantisse, deren ganz linke Ziffernstelle ungleich null ist, bezeichnet man als **normalisiert**.

Normalisierte Zahlen sind im Allgemeinen den nicht normalisierten vorzuziehen, weil es nur genau eine normalisierte Form, jedoch viele nicht normalisierte Formen gibt. ▶Abbildung B.2 gibt Beispiele normalisierter Gleitkommazahlen für Exponenten zu zwei verschiedenen Basen an. Diese Beispiele zeigen eine 16-Bit-Mantisse (einschließlich Vorzeichenbit) und einen 7-Bit-Exponenten mit Exzess-64-Notation. Das Komma für die Mantisse befindet sich links neben dem linken Mantissenbit – d.h. rechts neben dem Exponenten.

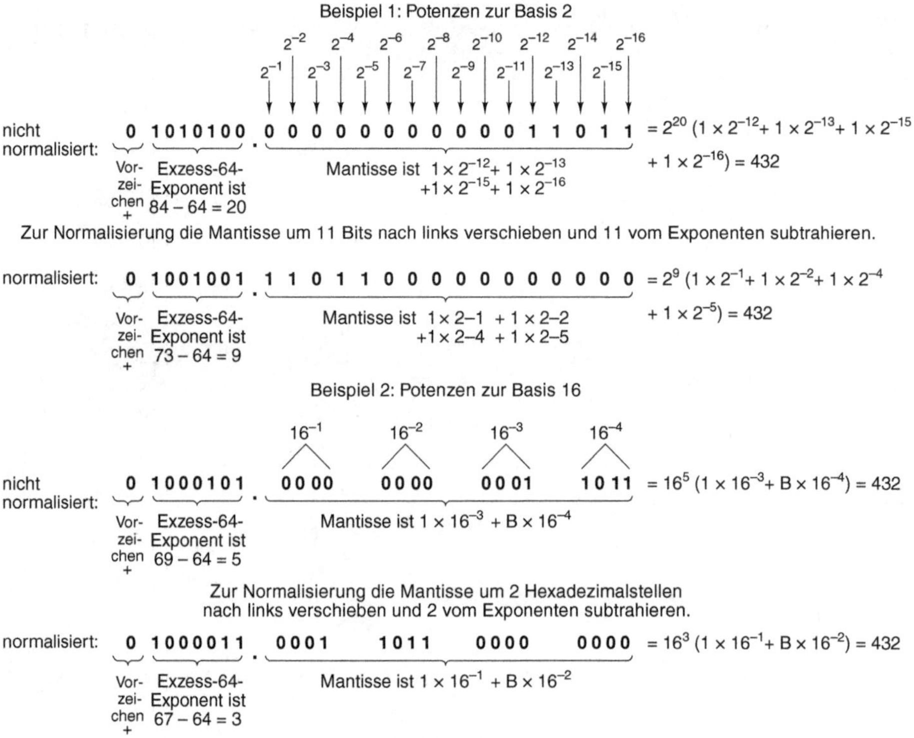

Abbildung B.2: Beispiele normalisierter Gleitkommazahlen

B.2 IEEE-Standard 754 für Gleitkommazahlen

Bis etwa 1980 hatte jeder Computerhersteller sein eigenes Gleitkommaformat und diese Formate waren natürlich alle verschieden. Schwerer wog jedoch, dass einige dieser Formate bei Arithmetikoperationen zu falschen Ergebnissen führten, weil die Gleitkommaarithmetik einige Feinheiten aufweist, die dem durchschnittlichen Hardware-Designer nicht geläufig sind.

Um diesen Missstand zu beseitigen, rief die IEEE Ende der 1970er Jahre einen Ausschuss zur Standardisierung von Gleitkommaarithmetik ins Leben. Ziel war dabei nicht nur, den Austausch von Gleitkommadaten zwischen verschiedenen Computern zu ermöglichen, sondern auch Hardware-Designern ein korrektes Modell zur Verfügung zu stellen. Diese Arbeiten führten zum IEEE-Standard 754 [IEEE, 1985]. Die meisten heutigen CPUs (einschließlich der im Buch untersuchten Intel- und JVM-Prozessoren sowie der JVM) realisieren Gleitkommabefehle, die diesem Standard entsprechen. Im Gegensatz zu vielen Standards, die aufgrund ihrer inkonsequenten Umsetzung mit zu vielen Kompromissen niemandem recht gefallen, ist dieser Standard nicht schlecht. Das ist vor allem darauf zurückzuführen, dass es sich hauptsächlich um die Arbeit eines Einzelnen handelt – des Mathematikprofessors William Kahan an der Berkeley-Universität. Der Rest dieses Abschnittes beschäftigt sich mit diesem Standard.

Der IEEE-Standard 754 definiert drei Formate: einfache Genauigkeit (32 Bit), doppelte Genauigkeit (64 Bit) und erweiterte Genauigkeit (80 Bit). Das Format mit erweiterter Genauigkeit soll Rundungsfehler verringern. Man setzt es vorwiegend in Gleitkomma-arithmetikeinheiten ein, sodass wir uns hier nicht weiter damit beschäftigen. Die beiden Formate für einfache und doppelte Genauigkeit verwenden die Basis 2 für die Mantisse und die Exzess-Notation für Exponenten (▶Abbildung B.3).

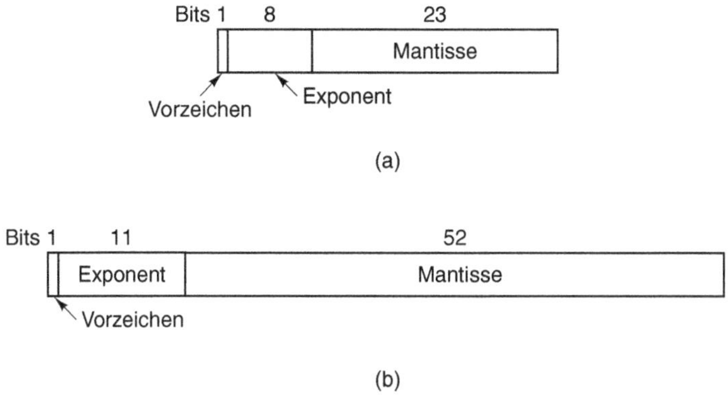

Abbildung B.3: Die IEEE-Gleitkommaformate (a) in einfacher und (b) in doppelter Genauigkeit

Beide Formate beginnen mit einem Vorzeichenbit für die Zahl als Ganzes, wobei 0 positiv und 1 negativ bedeutet. Daran schließt sich der Exponent an, der bei einfacher Genauigkeit Exzess-127 und bei doppelter Genauigkeit Exzess-1023 verwendet. Die kleinsten (0) und größten (255 und 2047) Exponenten werden für normalisierte Zahlen nicht verwendet (mehr dazu weiter unten). Schließlich folgt die Mantisse mit 23 bzw. 52 Bits.

Eine normalisierte Mantisse beginnt mit einem Binärkomma (bzw. Binärpunkt)[1]. Daran schließt sich ein 1-Bit und der Rest der Mantisse an. Gemäß einer Technik, die seit der PDP-11 üblich ist, haben die Autoren des Standards berücksichtigt, dass das führende 1-Bit der Mantisse nicht gespeichert werden muss, da man es (bei normalisierten Zahlen) immer als auf 1 gesetzt annehmen kann. Folglich definiert der Standard die Mantisse etwas abweichend von der gewohnten Art und Weise. Die Mantisse besteht aus einem impliziten 1-Bit, einem impliziten Binärkomma und danach entweder 23 oder 52 beliebigen Bits. Wenn alle 23 oder 52 Bits der Mantisse 0 sind, hat die Mantisse den numerischen Wert 1,0, und wenn alle Bits auf 1 gesetzt sind, ergibt sich ein Wert von etwas weniger als 2,0. Um Verwechslungen mit einer konventionellen Mantisse zu vermeiden, bezeichnet man die Kombination aus dem impliziten 1-Bit, dem implizierten Binärkomma und den 23 bzw. 52 expliziten Bits als **Signifikant** (Significand) statt als Mantisse. Alle normalisierten Zahlen haben einen Signifikanten s im Bereich $1 \leq s < 2$.

▶Tabelle B.2 gibt die numerischen Eigenschaften der IEEE-Gleitkommazahlen an. Beispielsweise werden die Zahlen 0,5, 1 und 1,5 im normalisierten Format einfacher Genauigkeit als hexadezimal 3F00 0000, 3F80 0000 bzw. 3FC0 0000 dargestellt.

1 Als Trennzeichen zwischen ganzem und gebrochenem Anteil einer Zahl dient im Englischen der Punkt, im Deutschen das Komma. In der Programmierung ist durchgängig der Punkt zu verwenden (Anm. des Übersetzers).

Eigenschaft	Einfache Genauigkeit	Doppelte Genauigkeit
Bits im Vorzeichen	1	1
Bits im Exponenten	8	11
Bits in der Mantisse	23	52
Bits insgesamt	32	64
Exponentensystem	Exzess 127	Exzess 1023
Exponentenbereich	–126 bis +127	–1022 bis +1023
Kleinste normalisierte Zahl	2^{-126}	2^{-1022}
Größte normalisierte Zahl	ca. 2^{128}	ca. 2^{1024}
Dezimalbereich	ca. 10^{-38} bis 10^{38}	ca. 10^{-308} bis 10^{308}
Kleinste nicht normalisierte Zahl	ca. 10^{-45}	ca. 10^{-324}

Tabelle B.2: Eigenschaften der IEEE-Gleitkommazahlen

Zu den herkömmlichen Problemen mit Gleitkommazahlen gehört der Umgang mit Unterlauf, Überlauf und nicht initialisierten Zahlen. Der IEEE-Standard lehnt sich hier teilweise an das Konzept des CDC 6600 an und sieht neben den normalisierten Zahlen vier weitere numerische Typen vor (▶Abbildung B.4).

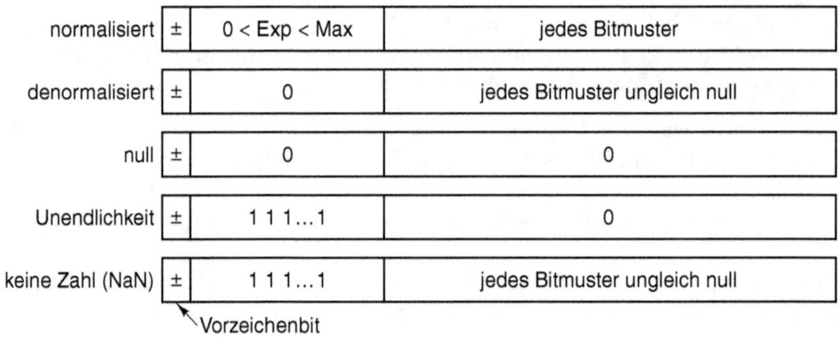

Abbildung B.4: Numerische Typen nach IEEE 754

Ein Problem entsteht, wenn das Ergebnis einer Berechnung kleiner als die kleinste normalisierte Gleitkommazahl ist, die sich in diesem System darstellen lässt. In der Hardware hat man das bisher so realisiert, dass man entweder das Ergebnis auf null setzt und mit der Bearbeitung fortfährt oder einen Trap wegen Gleitkommaunterlauf auslöst. Da keines dieser Konzepte zufriedenstellend ist, hat der IEEE-Standard **denormalisierte Zahlen** eingeführt. Der Exponent dieser Zahlen ist 0 und die Mantisse wird durch die nachfolgenden 23 oder 52 Bits angegeben. Das implizite 1-Bit links vom Binärkomma wird nun zu 0. Da bei normalisierten Zahlen der Exponent 0 nicht erlaubt ist, lassen sich denormalisierte Zahlen am Exponenten 0 erkennen.

Bei der kleinsten normalisierten Zahl einfacher Genauigkeit ist der Exponent 1 und die Mantisse 0, was einen Wert von $1{,}0 \times 2^{-126}$ ergibt. Bei der größten denormalisierten Zahl ist der Exponent 0 und die Mantisse besteht durchweg aus Einsen, was etwa den Wert $0{,}9999999 \times 2^{-127}$ liefert, was fast das Gleiche ist. Diese Zahl weist jedoch nur 23 signifikante Bits gegenüber 24 Bits bei allen normalisierten Zahlen auf.

Wenn sich dieses Ergebnis im Verlauf einer Berechnung weiter verringert, bleibt der Exponent fest auf 0, während die ersten Bits der Mantisse zu null werden, sodass sich sowohl der Wert als auch die Anzahl der signifikanten Bits in der Mantisse reduziert. Die kleinste denormalisierte Zahl ungleich null besteht aus einer 1 im ganz rechts stehenden Bit, während alle übrigen Bits 0 sind. Der Exponent stellt 2^{-127} und die Mantisse 2^{-23} dar, was einen Wert von 2^{-149} liefert. Diese Methode realisiert einen „sanften" Unterlauf mit verringerter Signifikanz, anstatt abrupt auf 0 zu springen, wenn sich das Ergebnis nicht als normalisierte Zahl ausdrücken lässt.

In diesem Schema sind zwei Nullwerte vorhanden, eine positive und eine negative 0, die durch das Vorzeichenbit unterschieden werden. Bei beiden ist der Exponent 0 und die Mantisse 0. Zudem ist auch hier das Bit links vom Binärkomma implizit 0 statt 1.

Ein Überlauf lässt sich nicht so elegant handhaben, weil keine Bitkombinationen mehr übrig sind. Stattdessen steht eine spezielle Darstellung für „unendlich" zur Verfügung: ein ganz aus Nullen bestehender Exponent (bei normalisierten Zahlen nicht zulässig) und eine Mantisse von 0. Diese Zahl kann man als Operand verwenden und sie verhält sich gemäß den üblichen mathematischen Regeln für „unendlich". Zum Beispiel ist „unendlich" plus ein beliebiger Wert wieder „unendlich", eine endliche Zahl geteilt durch „unendlich" ist null und eine endliche Zahl geteilt durch null ergibt „unendlich".

Wie sieht es aus, wenn man „unendlich" durch „unendlich" dividiert? Das Ergebnis ist unbestimmt. Für diesen Fall gibt es ein spezielles Format mit der Bezeichnung **NaN** (**Not a Number** = keine Zahl), das man ebenfalls als Operand mit vorhersagbaren Ergebnissen verwenden darf.

EXTRAS ONLINE
Lösungen

Aufgaben

Die Lösungen zu den Aufgaben finden Sie auf der Website unter *www.pearson-studium.de*.

1 Konvertieren Sie die folgenden Zahlen in das IEEE-Format einfacher Genauigkeit. Geben Sie die Ergebnisse mit acht hexadezimalen Ziffern aus.

a. 9

b. 5/32

c. −5/32

d. 6,125

2 Konvertieren Sie die folgenden IEEE-Gleitkommazahlen einfacher Genauigkeit vom hexadezimalen Format in das dezimale Format:

a. 42E4 8000H

b. 3F88 0000H

c. 0080 0000H

d. C7F0 0000H

3 Das Format von Gleitkommazahlen einfacher Genauigkeit hat auf der IBM 370 einen 7-Bit-Exponenten im Exzess-64-System und eine Mantisse mit 24 Bits und einem Vorzeichenbit, wobei das Binärkomma am linken Ende der Mantisse steht. Der Exponent wird zur Basis 16 dargestellt. Die Reihenfolge der Felder lautet Vorzeichenbit, Exponent, Mantisse. Drücken Sie die Zahl 7/64 in diesem System als normalisierte hexadezimale Zahl aus.

4 Die nachstehenden Gleitkommazahlen bestehen aus einem Vorzeichenbit, einem Exzess-64-Exponenten zur Basis 2 und einer 16-Bit-Mantisse. Normalisieren Sie diese Zahlen.

a. 0 1000000 0001010100000001

b. 0 0111111 0000001111111111

c. 0 1000011 1000000000000000

5 Um zwei Gleitkommazahlen zu addieren, müssen Sie die Exponenten (durch Verschieben der Mantisse) berichtigen, damit sie gleich sind. Dann können Sie die Mantissen addieren und das Ergebnis gegebenenfalls normalisieren. Addieren Sie die IEEE-Zahlen einfacher Genauigkeit 3EE0 0000H und 3D80 0000H und drücken Sie das normalisierte Ergebnis hexadezimal aus.

6 Die Firma Geizhals Computer GmbH hat sich entschieden, eine Maschine mit 16-Bit-Gleitkommazahlen einzuführen. Das Modell 0.001 hat ein Gleitkommaformat mit einem Vorzeichenbit, einem 7 Bit großen Exzess-64-Exponenten und einer 8-Bit-Mantisse. Das Modell 0.002 besitzt ein Vorzeichenbit, einen 5 Bit großen Exzess-16-Exponenten und eine 10-Bit-Mantisse. Beide verwenden Exponenten zur Basis 2. Wie lauten die kleinsten und größten positiven normalisierten Zahlen bei beiden Modellen? Auf wie viele Dezimalziffern genau können beide rechnen? Würden Sie eines dieser Modelle kaufen?

7 Eine Operation auf zwei Gleitkommazahlen kann die Anzahl der signifikanten Bits im Ergebnis drastisch verringern. Wann liegt diese Situation vor?

8 Bestimmte Gleitkommachips bieten einen integrierten Quadratwurzelbefehl. Ein möglicher Algorithmus arbeitet iterativ (z.B. Newton-Raphson). Iterative Algorithmen benötigen eine anfängliche Näherung, die sie dann stetig verbessern. Wie erhält man eine schnelle Näherung für die Quadratwurzel einer Gleitkommazahl?

9 Schreiben Sie eine Prozedur, um zwei IEEE-Gleitkommazahlen einfacher Genauigkeit zu addieren. Jede Zahl wird durch ein 32 Elemente großes boolesches Datenfeld dargestellt.

10 Schreiben Sie eine Prozedur, um zwei Gleitkommazahlen einfacher Genauigkeit zu addieren. Die Zahlen verwenden die Basis 16 für den Exponenten und die Basis 2 für die Mantisse. Allerdings haben sie kein implizites 1-Bit links vom Binärkomma. Die linken 4 Stellen der Mantisse einer normalisierten Zahl können 0001, 0010, ..., 1111 lauten, aber nicht 0000. Eine Zahl wird normalisiert, indem die Mantisse um vier Bits nach links verschoben und 1 vom Exponenten subtrahiert wird.

Assemblerprogrammierung

C

ÜBERBLICK

Einleitung

» Jeder Computer hat eine **Befehlssatzarchitektur (ISA, Instruction Set Architecture)** mit einem Satz von Registern, Anweisungen und anderen Merkmalen, die für Systemprogrammierer sichtbar sind. Diese ISA bezeichnet man auch als **Maschinensprache**, obwohl dieser Begriff nicht hundertprozentig korrekt ist. Ein Programm auf dieser Abstraktionsebene ist eine lange Liste von Binärzahlen (eine je Befehl), die angibt, welche Befehle mit welchen Operanden auszuführen sind. Die Programmierung mit Binärzahlen ist recht mühsam und umständlich. Deshalb besitzen alle Computer eine **Assemblersprache**, die die Befehlssatzarchitektur mit symbolischen Namen wie `ADD`, `SUB` und `MUL` anstelle von Binärzahlen darstellt. Dieser Anhang ist eine Anleitung zur Assemblerprogrammierung für einen konkreten Prozessor, den Intel 8088, der im ursprünglichen IBM-PC eingesetzt wurde und der die Basis bildet, auf der auch der moderne Core-i7-Prozessor beruht. Außerdem werden einige Werkzeuge vorgestellt, die Sie herunterladen können, um tiefer in die Assemblerprogrammierung einzudringen.

Dieser Anhang soll keinen perfekten Assemblerprogrammierer aus Ihnen machen, sondern Ihnen helfen, Ihr Wissen zur Computerarchitektur durch praktische Erfahrungen zu vertiefen. Aus diesem Grund wurde ein einfacher Prozessor – der Intel 8088 – als Einstiegsbeispiel gewählt. Auch wenn man heutzutage kaum noch auf 8088er Prozessoren treffen wird, ist jeder Core i7 in der Lage, Programme auszuführen, die für den Intel 8088 geschrieben wurden, sodass die hier vermittelten Kenntnisse immer noch für moderne Prozessoren zutreffen. Darüber hinaus sind die meisten Kernbefehle des Core i7 mit denen des 8088 identisch, nur dass der Core i7 32-Bit-Register statt 16-Bit-Register verwendet. Somit lässt sich dieser Anhang auch als erste Einführung in die Assemblerprogrammierung des Core i7 betrachten.

Um einen Computer in Assemblersprache programmieren zu können, muss der Programmierer die Befehlssatzarchitektur genauestens kennen. Entsprechend sind die Abschnitte C.1 bis C.4 dieses Anhangs der Architektur des 8088, seiner Speicherorganisation, den Adressierungsmodi und Befehlen gewidmet. Abschnitt C.5 beschreibt den Assemblierer, der in diesem Anhang zum Einsatz kommt und der kostenlos verfügbar ist. Mehr dazu später. Dieser Anhang verwendet die gleiche Notation wie der Assemblierer. Der mit der 8088-Assemblerprogrammierung bereits vertraute Leser sei auf mögliche Unterschiede zu anderen Assemblierern hingewiesen. Abschnitt C.6 beschäftigt sich mit einem Interpreter/Tracer/Debugger-Werkzeug, das sich herunterladen lässt und das den angehenden Programmierer bei der Fehlersuche in seinen Programmen unterstützt. Abschnitt C.7 beschreibt die Installation des Werkzeugs und die ersten Schritte. Programme, Beispiele, Übungen und Lösungen sind in Abschnitt C.8 zu finden. «

Evert Wattel

Vrije Universiteit

Amsterdam, Niederlande

C.1 Überblick

Wir beginnen unsere Tour durch die Assemblerprogrammierung mit einigen Hinweisen zur Assemblersprache und geben dann ein kleines Beispiel an, um Ihnen einen ersten Eindruck der Assemblerprogrammierung zu vermitteln.

C.1.1 Assemblersprache

Für Maschinenbefehle wie Addieren, Subtrahieren oder Multiplizieren verwendet jeder Assemblierer einprägsame (englische) Abkürzungen wie `ADD`, `SUB` oder `MUL` – die sogenannten **Mnemonics**. Daneben erlauben Assemblierer die Verwendung von **symbolischen Namen** für Konstanten und **Marken** (**Label**), um Befehls- und Speicheradressen zu kennzeichnen. Die meisten Assemblierer unterstützen auch eine Reihe von **Pseudobefehlen**, die nicht in Befehle der Befehlssatzarchitektur übersetzt werden, sondern als Steueranweisungen für den Assemblierer fungieren.

Wird ein Programm in Assemblersprache an ein Programm namens **Assemblierer** übergeben, dann konvertiert der Assemblierer das Programm in ein lauffähiges **Binärprogramm**. Dieses Programm lässt sich dann auf der realen Hardware ausführen. Neueinsteiger in die Assemblersprache machen naturgemäß Fehler und das Binärprogramm stoppt einfach, ohne jeglichen Hinweis darauf, was schiefgegangen ist. Um dem Einsteiger das Leben zu erleichtern, ist es manchmal möglich, das Binärprogramm nicht auf der eigentlichen Hardware auszuführen, sondern auf einem Simulator, der die Befehle nacheinander abarbeitet und eine detaillierte Anzeige über die Vorgänge liefert. Damit gestaltet sich die Fehlersuche (das Debuggen) wesentlich einfacher. Natürlich laufen die Programme auf einem Simulator wesentlich langsamer, doch wenn man sich die Assemblersprache aneignen möchte und nicht auf ein industrietaugliches Programm aus ist, fällt der Geschwindigkeitsverlust nicht ins Gewicht. Dieser Anhang basiert auf einer Sammlung von Werkzeugen, die einen derartigen Simulator einschließt. Der Simulator wird **Interpreter** oder **Tracer** genannt, da er die Befehle des Binärprogramms schrittweise interpretiert und protokolliert (vom englischen Wort „trace"). Dieser Anhang verwendet die Begriffe „Simulator", „Interpreter" und „Tracer" gleichberechtigt nebeneinander. Gewöhnlich spricht man von „Interpreter", wenn nur die Ausführung eines Programms gemeint ist, und von „Tracer", wenn das Werkzeug zur Fehlersuche (Debuggen) eingesetzt wird. Letztlich handelt es sich aber um ein und dasselbe Programm.

C.1.2 Ein kleines Assemblerprogramm

Um eine etwas konkretere Vorstellung von diesen abstrakten Konzepten zu bekommen, sehen Sie sich die Programm- und Tracer-Ausgabe in Abbildung C.1 an. ▶Abbildung C.1a zeigt ein einfaches Assemblerprogramm für den 8088. Die Zahlen nach den Ausrufezeichen geben die Zeilennummer des Quellprogramms an. Damit können wir im laufenden Text einfacher auf die Teile eines Programms verweisen.

Eine Kopie dieses Programms finden Sie auf der Website im Verzeichnis *examples* in der Quelldatei *HlloWrld.s*.

Dieses Assemblerprogramm hat wie alle in diesem Anhang besprochenen Programme die Dateierweiterung *.s*, die auf ein Quellprogramm in Assemblersprache hinweist. Die Tracer-Benutzeroberfläche in ▶Abbildung C.1b enthält sieben Fenster, die verschiedene Informationen über den Zustand des ausgeführten Binärprogramms liefern.

```
   _EXIT = 1                 ! 1
   _WRITE  = 4               ! 2
   _STDOUT  = 1              ! 3
.SECT .TEXT                  ! 4
start:                       ! 5
   MOV    CX,de-hw           ! 6
   PUSH   CX                 ! 7
   PUSH   hw                 ! 8
   PUSH   _STDOUT            ! 9
   PUSH   _WRITE             !10
   SYS                       !11
   ADD    SP, 8              !12
   SUB    CX,AX              !13
   PUSH   CX                 !14
   PUSH   _EXIT              !15
   SYS                       !16
.SECT .DATA                  !17
hw:                          !18
. ASCII  "Hello World\n"     !19
de: .BYTE  0                 !20
```

(a)

```
CS: 00   DS=SS=ES: 002       |        |        MOV   CX,de-hw     !  6
AH:00  AL:0c   AX:      12   |        |        PUSH  CX           !  7
BH:00  BL:00   BX:       0   |        |        PUSH  HW           !  8
CH:00  CL:0c   CX:      12   |        |        PUSH  _STDOUT      !  9
DH:00  DL:00   DX:       0   |        |        PUSH  _WRITE       ! 10
SP: 7fd8  SF   O D S Z C     | =>0004 |        SYS                ! 11
BP: 0000  CC   - > p - -     |  0001  | =>     ADD   SP,8         ! 12
SI: 0000   IP:000c:PC        |  0000  |        SUB   CX,AX        ! 13
DI: 0000   start  + 7        |  000c  |        PUSH  CX           ! 14
                             E
                             I
hw
■                            > Hello  World\n
hw + 0 = 0000: 48 65 6c 6c 6f 20 57 6f  Hello  World  25928
```

(b)

Abbildung C.1: (a) Ein Programm in Assemblersprache (b) die korrespondierende Tracer-Anzeige

Untersuchen wir nun kurz die sieben Fenster von Abbildung C.1b. Oben befinden sich drei Fenster, zwei größere und ein kleineres in der Mitte. Das linke obere Fenster zeigt den Zustand des Prozessors, bestehend aus den aktuellen Werten der Segmentregister (CS, DS, SS, ES), der Rechenregister (AH, AL, AX) und anderer Register.

Das mittlere Fenster in der oberen Reihe zeigt den Keller (Stack) – einen Speicherbereich für temporäre Werte.

Das Fenster auf der rechten Seite in der oberen Reihe enthält einen Ausschnitt des Assemblerprogramms, wobei der Pfeil auf den momentan ausgeführten Befehl zeigt. Wenn das Programm läuft, wechselt der aktuelle Befehl und der Pfeil wird auf den neuen Befehl gesetzt. Die Stärke des Tracers liegt darin, dass durch Drücken der [↵]-Taste ein Befehl ausgeführt und alle Fenster aktualisiert werden, wodurch sich das Programm quasi in Zeitlupe ausführen lässt.

Unter dem linken Fenster ist der Aufrufkeller für Unterprogramme zu sehen, der hier leer ist. Darunter erscheinen die Befehle zur Steuerung des Tracers. Das Fenster rechts neben diesen beiden Fenstern ist für Eingabe, Ausgabe und Fehlermeldungen vorgesehen. Das unterste Fenster zeigt einen Teil des Speichers an.

Auf die einzelnen Fenster gehen wir später detailliert ein, die grundsätzliche Idee sollte aber erkennbar sein: Der Tracer zeigt das Quellprogramm, die Prozessorregister und eine ganze Menge Informationen über den Zustand des auszuführenden Programms an. Mit der Ausführung jedes Befehls werden die Informationen aktualisiert, um detailliert darzustellen, was das Programm bewirkt.

C.2 Der 8088-Prozessor

Jeder Prozessor, der 8088 eingeschlossen, besitzt einen internen Statusspeicher, in dem er bestimmte wichtige Informationen aufbewahrt. Zu diesem Zweck verfügt der Prozessor über einen Satz von **Registern**, wo sich diese Informationen speichern und verarbeiten lassen. Das wahrscheinlich wichtigste Register ist der **Programmzähler** PC (Program Counter), der die Speicherstelle – d.h. die **Adresse** – des nächsten auszuführenden Befehls enthält. Dieses Register wird auch als **Befehlszeiger** IP (Instruction Pointer) bezeichnet. Der auszuführende Programmbefehl befindet sich in einem Teil des Hauptspeichers, dem sogenannten **Codesegment**. Der Hauptspeicher kann etwas mehr als 1 MB groß sein, wobei aber das aktuelle Codesegment nur 64 KB umfasst. Das `CS`-Register in Abbildung C.1 sagt aus, wo das 64-KB-Codesegment innerhalb des 1-MB-Speichers beginnt. Ein neues Codesegment lässt sich aktivieren, indem einfach der Wert des `CS`-Registers geändert wird. Analog dazu gibt ein 64-KB-Datensegment an, wo die Daten beginnen. In Abbildung C.1 wird dessen Ursprung durch das `DS`-Register angegeben, das sich ebenfalls bei Bedarf ändern lässt, um auf Daten außerhalb des aktuellen Datensegments zuzugreifen. Die Register `CS` und `DS` sind notwendig, weil die Register des 8088 nur 16 Bit umfassen und somit die 20-Bit-Adressen, die für die Adressierung des gesamten 1-MB-Speichers erforderlich sind, nicht direkt aufnehmen können. Aus diesem Grund wurden die Code- und Datensegmentregister eingeführt.

Die anderen Register enthalten Daten oder Zeiger auf Daten im Hauptspeicher. In Assemblerprogrammen kann man auf diese Register direkt zugreifen. Daneben enthält der Prozessor auch alle erforderlichen Komponenten, um Befehle auszuführen. Diese Komponenten sind aber dem Programmierer nur über die Befehle zugänglich.

C.2.1 Der Prozessorzyklus

Die Arbeitsweise des 8088 (und aller anderen Computer) beruht darauf, Befehle auszuführen – und zwar einen nach dem anderen. Die Ausführung eines einzelnen Befehls lässt sich in folgende Schritte unterteilen:

1. Abrufen des Befehlscodes aus dem Codesegment des Speichers über den Programmzähler `PC`
2. Inkrementieren des Programmzählers
3. Decodieren des abgerufenen Befehls
4. Abrufen der erforderlichen Daten aus dem Speicher und/oder den Prozessorregistern
5. Ausführen des Befehls
6. Ablegen der Ergebnisse des Befehls im Speicher und/oder in den Registern
7. Weiter bei Schritt 1, um den nächsten Befehl abzuarbeiten

Die Ausführung eines Befehls ähnelt in etwa der Ausführung eines sehr kleinen Programms. In der Tat besitzen manche Prozessoren ein sogenanntes **Mikroprogramm**, das die Befehlsausführung steuert. *Kapitel 4* ist detailliert auf Mikroprogramme eingegangen.

Aus der Sicht des Assemblerprogrammierers hat der 8088 einen Satz von 14 Registern. Diese Register sind ständig in Gebrauch und bilden in gewissem Sinne den Zwischenspeicher, auf dem die Befehle operieren, auch wenn die in ihnen gespeicherten Ergebnisse häufig geändert werden. ▶Abbildung C.2 gibt einen Überblick über diese 14 Register. Es liegt auf der Hand, dass diese Abbildung und das Registerfenster des Tracers in Abbildung C.1 sehr ähnlich sind, weil sie dieselben Informationen darstellen.

Die 8088-Register sind 16 Bit breit. Keine zwei Register sind funktionell vollständig äquivalent, allerdings haben manche Register bestimmte Merkmale gemeinsam, sodass man sie in Gruppen gemäß Abbildung C.2 einteilt. Die folgenden Abschnitte beschäftigen sich mit den einzelnen Gruppen.

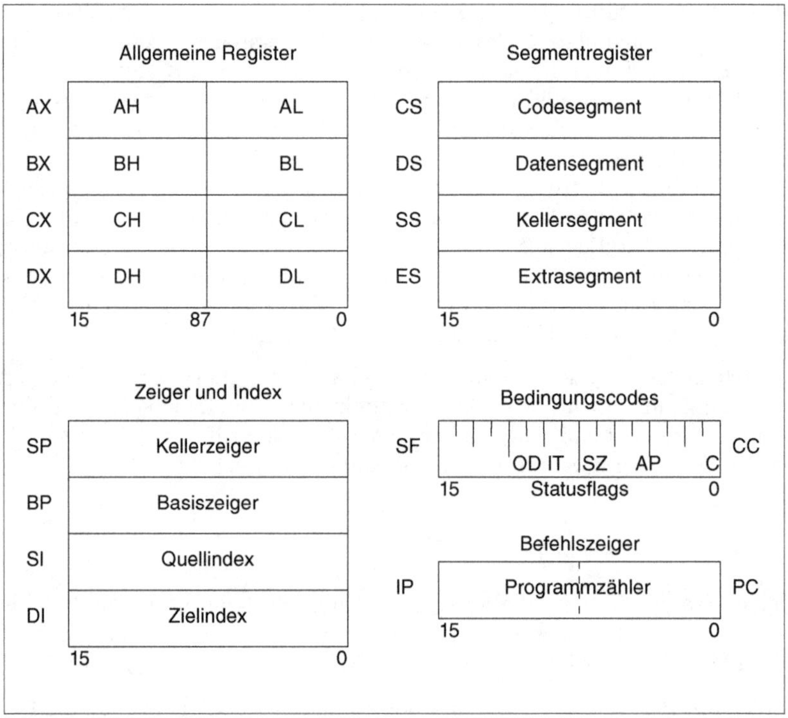

Abbildung C.2: Die Register des Prozessors 8088

C.2.2 Die allgemeinen Register

Die Register `AX`, `BX`, `CX` und `DX` in der ersten Gruppe sind die **allgemeinen Register**. Das erste Register dieser Gruppe, `AX`, heißt **Akkumulator**. Es sammelt („akkumuliert") die Ergebnisse von Berechnungen und dient bei vielen Befehlen als Zielregister. Obwohl für die meisten Aufgaben jedes dieser Register geeignet ist, gilt `AX` in bestimmten Befehlen implizit als Zielregister, beispielsweise bei der Multiplikation.

Das zweite Register dieser Gruppe, `BX`, ist das **Basisregister**. Für viele Zwecke lässt sich `BX` in der gleichen Weise wie `AX` verwenden, es verfügt aber über eine Besonderheit, die `AX` nicht aufweist: Man kann eine Speicheradresse in `BX` eintragen und dann einen Befehl ausführen, dessen Operanden von der in `BX` enthaltenen Speicheradresse kommen. Mit anderen Worten kann `BX` einen Zeiger auf den Speicher aufnehmen, was mit `AX` nicht möglich ist. Um dies zu zeigen, vergleichen wir zwei Befehle. Der Befehl

```
MOV AX, BX
```

kopiert den Inhalt von `BX` nach `AX`. Dagegen kopiert der Befehl

```
MOV AX, (BX)
```

den Inhalt des Speicherwortes, dessen Adresse in `BX` enthalten ist, nach `AX`. Im ersten Beispiel *enthält* `BX` den Quelloperanden; im zweiten Beispiel *zeigt* `BX` auf den Quelloperanden. In beiden Fällen hat der `MOV`-Befehl einen Quell- und einen Zieloperanden. In der hier verwendeten Assemblersprache ist im Befehl zuerst das Ziel und dann die Quelle zu notieren.

Das nächste allgemeine Register ist das **Zählerregister** CX (Counter Register). Insbesondere fungiert es als Zähler für Schleifen. Der LOOP-Befehl dekrementiert das Register automatisch und Schleifenbefehle sind normalerweise beendet, wenn CX den Wert 0 erreicht.

Das vierte Register der allgemeinen Gruppe ist DX, das **Datenregister**. Es wird zusammen mit AX für Doppelwortbefehle (d.h. Befehle mit einer Länge von 32 Bit) verwendet. Dabei nimmt DX die höherwertigen 16 Bit und AX die niederwertigen 16 Bit auf. Normalerweise bezeichnet man 32-Bit-Ganzzahlen als **long**, während die Bezeichnung **double** gewöhnlich für 64-Bit-Gleitkommawerte reserviert ist, obwohl man den Term „double" gelegentlich auch bei 32-Bit-Ganzzahlen antrifft. In diesem Anhang sind Verwechslungen ausgeschlossen, da wir auf Gleitkommazahlen überhaupt nicht eingehen.

Jedes dieser allgemeinen Register kann man entweder als 16-Bit-Register oder als ein Paar 8-Bit-Register ansehen. In dieser Hinsicht besitzt der 8088 genau 8 verschiedene 8-Bit-Register, die sich für Byte- und Zeichenbefehle eignen. Die übrigen Register lassen sich nicht in 8-Bit-Hälften teilen. Manche Befehle verwenden ein ganzes Register wie zum Beispiel AX, andere Befehle dagegen nur die Hälfte eines Registers, wie zum Beispiel AL oder AH. Im Allgemeinen arbeiten arithmetische Befehle mit ganzen 16-Bit-Registern, während Befehle, die Zeichendaten verarbeiten, normalerweise die 8-Bit-Register verwenden. Wichtig ist, dass AL und AH lediglich andere Namen für die beiden Hälften von AX sind. Wenn AX mit einem neuen Wert geladen wird, werden AL und AH auf die untere bzw. obere Hälfte der in AX gespeicherten 16-Bit-Zahl gesetzt. Die Interaktion zwischen AX, AH und AL können Sie mit dem Befehl

```
MOV AX, 258
```

verfolgen, der das AX-Register mit der Dezimalzahl 258 lädt. Nach diesem Befehl enthält das Byteregister AH den Wert 1 und das Byteregister AL die Zahl 2. Wenn sich an diesen Befehl der Befehl

```
ADDB AH, AL
```

für die Byteaddition anschließt, wird das Byteregister AH um den Wert in AL (2) inkrementiert und enthält nun den Wert 3. Diese Aktion wirkt sich auf das Register AX so aus, dass sein Wert jetzt 770 beträgt, was 00000011 00000010 in Binärdarstellung oder 0x03 0x02 in Hexadezimalschreibweise entspricht. Die acht Byteregister sind fast immer austauschbar, mit der Ausnahme, dass AL immer einen der Operanden im MULB-Befehl enthält und zusammen mit AH das implizite Ziel dieser Operation ist. Der Divisionsbefehl DIVB verwendet ebenfalls das Paar AH:AL für den Dividenden. Im niederwertigen Byte des Zählerregisters CL lässt sich die Anzahl von Zyklen in Verschiebe- und Rotationsbefehlen angeben.

Beispiel 2 in Abschnitt C.8 zeigt einige Eigenschaften der allgemeinen Register im Zusammenhang mit dem Programm *GenReg.s*.

C.2.3 Zeigerregister

Die zweite Registergruppe umfasst die **Zeiger-** (Pointer-) und **Indexregister**. Das wichtigste Register dieser Gruppe ist der **Kellerzeiger** (Stack Pointer) SP. Keller (Stacks) sind in den meisten Programmiersprachen wichtig. Der Keller ist ein Speichersegment, das bestimmte Kontextinformationen über das laufende Programm aufnimmt. Beim Aufruf einer Prozedur wird normalerweise ein Teil des Kellers reserviert, um lokale Variablen, die Rückkehradresse nach erfolgter Abarbeitung der Prozedur und andere Steuerinformationen zu speichern. Der Teil des Kellers, der sich auf eine Prozedur bezieht, heißt **Aktivierungsblock** (Stack Frame). Ruft eine aufgerufene Prozedur eine weitere Prozedur auf, wird ein zusätzlicher Rahmen im Speicher reserviert und zwar gewöhnlich unmittelbar unterhalb des aktuellen Rahmens. Weitere Aufrufe reservieren Speicher für weitere Rahmen unter den aktuellen. Auch wenn es nicht zwingend vorgeschrieben ist, wachsen Keller fast immer nach unten – von hohen zu niedrigen Adressen. Trotzdem bezeichnet man die kleinste numerische Adresse des Kellers immer als Spitze des Kellers (Top of the Stack).

Keller nehmen nicht nur lokale Variablen auf, sondern können auch Zwischenergebnisse speichern. Der Befehl `PUSH` des 8088 legt ein 16-Bit-Wort an der Spitze des Kellers ab. Dieser Befehl dekrementiert zuerst `SP` um 2 und speichert dann seinen Operanden an der Adresse, auf die `SP` jetzt zeigt. Umkehrt holt der Befehl `POP` ein 16-Bit-Wort von der Spitze des Kellers, indem er zuerst den obersten Kellereintrag abruft und dann `SP` um 2 inkrementiert. Das `SP`-Register zeigt auf die Spitze des Kellers und wird durch die Befehle `PUSH`, `POP` und `CALL` verändert – bei `PUSH` dekrementiert, bei `POP` inkrementiert und bei `CALL` dekrementiert.

Das nächste Register in dieser Gruppe ist der **Basiszeiger** (Base Pointer) `BP`. Er enthält gewöhnlich eine Adresse im Keller. Während `SP` immer auf die Spitze des Kellers zeigt, kann `BP` auf jede Speicherstelle innerhalb des Kellers verweisen. Es ist übliche Praxis, `BP` auf den Anfang des Aktivierungsblocks der aktuellen Prozedur zu setzen, um einfacher auf die lokalen Variablen der Prozedur zugreifen zu können. Somit zeigt `BP` oftmals auf das untere Ende des aktuellen Aktivierungsblocks (das Wort im Aktivierungsblock mit der höchsten Adresse) und `SP` auf die Spitze des Kellers (das Wort mit der niedrigsten Adresse). Der aktuelle Aktivierungsblock ist somit durch `BP` und `SP` begrenzt.

In dieser Registergruppe gibt es zwei Indexregister: `SI` für den **Quellindex** (Source Index) und `DI` für den **Zielindex** (Destination Index). Diese Register verwendet man oftmals in Verbindung mit `BP`, um Daten im Keller zu adressieren, oder mit `BX`, um die Adressen von Datenspeicherstellen zu berechnen. Mehr zu diesen Registern erfahren Sie im Abschnitt über die Adressierungsmodi.

Eines der wichtigsten Register, das eine eigene Gruppe bildet, ist der **Befehlszeiger** (Instruction Pointer) `IP`, die Intel-Bezeichnung für den Programmzähler (`PC`). Dieses Register wird von den Befehlen nicht direkt adressiert, sondern enthält eine Adresse im Programmcodesegment des Hauptspeichers. Der Befehlszyklus des Prozessors ruft als Erstes den Befehl ab, auf den `PC` zeigt. Der Prozessor inkrementiert dieses Register jeweils, bevor er den Befehl weiter ausführt. Somit zeigt dieser Programmzähler auf den ersten Befehl nach dem aktuellen.

Das **Flagregister** oder **Bedingungscoderegister** ist eigentlich ein Satz von Einzelbitregistern. Der Prozessor setzt die Bits je nach dem Ergebnis von arithmetischen und logischen Befehlen wie folgt:

`ZF` – Ergebnis ist 0

`SF` – Ergebnis ist negativ (Vorzeichenbit)

`OF` – Ergebnis hat einen Überlauf erzeugt

`CF` – Ergebnis hat einen Übertrag erzeugt

`AF` – Hilfsübertrag (Übertrag von Bit 3 für BCD-Arithmetik)

`PF` – Parität des Ergebnisses

Andere Bits in diesem Register steuern die Arbeitsweise des Prozessors. Das `IF`-Bit aktiviert Interrupts. Das `TF`-Bit schaltet den Einzelschrittmodus (Tracing Mode) ein, der für das Debuggen verwendet wird. Schließlich steuert das `DF`-Bit die Richtung (Direction) von Zeichenfolgenoperationen. Der Prozessor 8088 verwendet nicht alle 16 Bits dieses Registers; normalerweise sind die ungenutzten Bits intern auf 0 gesetzt.

Zur Gruppe der **Segmentregister** gehören vier Register. Wie Sie wissen, befinden sich der Keller, die Daten und die Befehle alle im selben Hauptspeicher, nur in unterschiedlichen Bereichen des Speichers. Die Segmentregister regeln die Nutzung dieser unterschiedlichen Speicherbereiche, der sogenannten **Segmente**. `CS` ist das Register für das Codesegment, `DS` für das Datensegment, `SS` für das Kellersegment und `ES` für das Extrasegment. Die meiste Zeit ändern sich die Werte dieser Register nicht. In der Praxis nutzen Datensegment und Kellersegment denselben Teil des Hauptspeichers, wobei die Daten im unteren und der Keller im oberen Teil untergebracht werden. Mehr zu diesen Registern erfahren Sie in Abschnitt C.3.1.

C.3 Speicher und Adressierung

Der Prozessor 8088 hat eine etwas umständliche Speicherorganisation, was auf seine Adressierung eines 1-MB-Speichers mit 16-Bit-Registern zurückzuführen ist. Für eine Speicheradresse in einem 1-MB-Adressraum sind 20 Adressbits erforderlich. Folglich können die 16-Bit-Register allein keinen vollständigen Zeiger auf den Hauptspeicher aufnehmen. Um dieses Problem zu umgehen, organisiert der Prozessor den Speicher in Form von Segmenten, die jeweils 64 KB groß sind. Somit lässt sich eine Adresse innerhalb eines Segments durch 16 Bit darstellen. Der folgende Abschnitt geht näher auf die Speicherarchitektur des 8088 ein.

C.3.1 Speicherorganisation und Segmente

Der Speicher des 8088, der einfach aus einem Array von adressierbaren Bytes zu je 8 Bit besteht, wird sowohl für Befehle als auch für Daten und den Keller genutzt. Um die Teile des Speichers je nach Verwendungszweck voneinander trennen zu können, verwendet der 8088 **Segmente**, d.h. Speicherblöcke, die jeweils für bestimmte Verwendungszwecke vorgesehen sind. Der 8088 verwendet vier Segmente, wobei ein Segment aus 65.536 aufeinanderfolgenden Bytes besteht:

1. Codesegment
2. Datensegment
3. Kellersegment
4. Extrasegment

Das Codesegment enthält die Programmbefehle. Der Inhalt des `PC`-Registers wird immer als Speicheradresse im Codesegment interpretiert. Der `PC`-Wert 0 zeigt auf die niedrigste Adresse im Codesegment, d.h. nicht unbedingt auf die absolute Speicheradresse 0. Das Datensegment nimmt die initialisierten und nicht initialisierten Daten für das Programm auf. Wenn `BX` einen Zeiger enthält, verweist er auf dieses Datensegment. Das Kellersegment ist für lokale Variablen und Zwischenergebnisse gedacht, die auf dem Keller abgelegt werden. Adressen in SP und BP beziehen sich immer auf dieses Kellersegment. Wie der Name schon sagt, ist das Extrasegment ein zusätzliches Segment, das sich an beliebiger Stelle im Speicher befinden kann.

Jedem Segment ist ein Segmentregister zugeordnet: die 16-Bit-Register CS, DS, SS und ES. Die Anfangsadresse eines Segments ist die vorzeichenlose 20-Bit-Ganzzahl, die sich ergibt, wenn das Segmentregister um 4 Bitstellen nach links verschoben und die am weitesten rechts stehenden Positionen auf 0 gesetzt werden. Somit geben Segmentregister immer ein Vielfaches von 16 in einem 20-Bit-Adressraum an. Das Segmentregister zeigt auf die Basis des Segments. Adressen innerhalb eines Segments lassen sich wie folgt berechnen: Man fügt am (niederwertigen) Ende des 16-Bit-Segmentregisters vier Nullbits an, um die wahre 20-Bit-Adresse zu erhalten, und addiert zum Ergebnis den Offset. Praktisch sieht das so aus: Wenn DS den Wert 7 und BX den Wert 12 enthält, dann lautet die durch BX angegebene Adresse 7 * 16 + 12 = 124. Anders ausgedrückt ist die durch DS = 7 implizierte 20-Bit-Binäradresse gleich 0000 0000 0000 0111 0000. Die Addition des 16-Bit-Offsets 0000 0000 0000 1100 (dezimal 12) zum Ursprung des Segments ergibt die 20-Bit-Adresse 0000 0000 0000 0111 1100 (dezimal 124).

Die tatsächliche Speicheradresse wird für *jeden* Speicherzugriff mithilfe des entsprechenden Segmentregisters konstruiert. Enthält ein Befehl eine direkte Adresse ohne Verweis auf ein Register, dann liegt diese Adresse automatisch im Datensegment und DS gibt die Basis des Segments an. Um die physische Speicheradresse des nächsten Befehlscodes zu erhalten, wird der Inhalt von CS um vier Binärstellen nach links verschoben und dazu der Wert des Programmzählers addiert. Mit anderen Worten wird zuerst die durch das 16-Bit-Register CS implizierte 20-Bit-Adresse berechnet und dann der 16-Bit-Programmzähler addiert, woraus sich eine absolute 20-Bit-Speicheradresse ergibt.

Das Kellersegment besteht aus 2-Byte-Wörtern, sodass der Kellerzeiger SP immer eine gerade Zahl enthalten sollte. Der Keller wird beginnend bei hohen Adressen zu niedrigeren Adressen hin gefüllt. Somit dekrementiert der PUSH-Befehl den Kellerzeiger um 2 und speichert dann den Operanden an der Speicheradresse, die sich aus SS und SP ergibt. Der POP-Befehl ruft den Wert ab und inkrementiert SP um 2. Adressen im Kellersegment, die kleiner als die durch SP angegebene Adresse sind, gelten als frei. Um den Keller aufzuräumen, muss man also lediglich SP erhöhen. In der Praxis sind DS und SS immer gleich, sodass sich eine Variable im gemeinsam genutzten Daten-/Kellersegment durch einen 16-Bit-Zeiger ansprechen lässt. Wären DS und SS verschieden, bräuchte man ein 17. Bit für jeden Zeiger, um Zeiger auf das Datensegment von Zeigern auf das Kellersegment zu unterscheiden. Rückblickend lässt sich feststellen, dass die Einführung eines separaten Kellersegments wahrscheinlich eine Fehlentscheidung war.

Wählt man die Adressen in den vier Segmentregistern so, dass sie weit auseinanderliegen, dann entstehen Lücken zwischen den Segmenten. Steht nur begrenzter Speicherplatz zur Verfügung, sollte man die Segmente möglichst kompakt speichern. Nach der Kompilierung steht die Größe des Programmcodes fest. Es ist dann effizient, die Daten- und Kellersegmente beim ersten Vielfachen von 16 nach dem letzten Befehl beginnen zu lassen. Das setzt voraus, dass Code- und Datensegment niemals dieselben physischen Adressen verwenden.

C.3.2 Adressierung

Fast jeder Befehl benötigt Daten, entweder aus dem Hauptspeicher oder aus den Registern. Um diese Daten anzusprechen, besitzt der 8088 eine vernünftige vielseitige Sammlung von Adressierungsmodi. Viele Befehle enthalten zwei Operanden, die gewöhnlich als **Ziel** (Destination) und **Quelle** (Source) bezeichnet werden. Nehmen Sie als Beispiel einen Kopierbefehl wie

```
MOV AX, BX
```

oder einen Additionsbefehl wie

```
ADD CX, 20
```

In diesen Befehlen gibt der erste Operand das Ziel und der zweite die Quelle an. (Die Reihenfolge der Operanden ist willkürlich gewählt; die umgekehrte Anordnung wäre ebenso möglich gewesen.) Es versteht sich von selbst, dass das Ziel in einem solchen Fall ein **linker Wert** (left value) sein muss, d.h. ein Platz, an dem sich etwas speichern lässt. Deshalb kommen Konstanten als Quellen, aber nicht als Ziele infrage.

Im ursprünglichen Konzept hat der 8088 verlangt, dass bei einem Befehl mit zwei Operanden mindestens ein Operand ein Register ist – damit sich der Unterschied zwischen **Wortbefehlen** und **Bytebefehlen** daran erkennen lässt, ob das adressierte Register ein **Wortregister** oder ein **Byteregister** ist. In dem ersten Release des Prozessors wurde dieses Konzept so streng durchgesetzt, dass man nicht einmal eine Konstante auf dem Keller ablegen konnte, weil weder die Quelle noch das Ziel in diesem Befehl ein Register ist. Spätere Versionen waren weniger streng, doch hat das Konzept in jedem Fall den Entwurf beeinflusst. In manchen Fällen wird einer der Operanden nicht angegeben. Zum Beispiel kommt im Befehl `MULB` aus technischer Sicht ohnehin nur das `AX`-Register als Ziel infrage.

Bei einer Reihe von Befehlen mit einem Operanden, wie zum Beispiel Inkrement-, Verschiebe- oder Negationsbefehlen, gibt es die Registerforderung nicht und der Prozessor muss den Unterschied zwischen Wort- und Byteoperationen allein anhand der Opcodes (d.h. der Befehlstypen) ableiten.

Der 8088 unterstützt vier Basisdatentypen: **Byte** mit 1 Byte, **Word** (Wort) mit 2 Bytes, **Long** (Langwort) mit 4 Bytes und **BCD** (Binary Coded Decimal), bei dem zwei Dezimalziffern in einem Wort gepackt sind. Den BCD-Typ unterstützt der Interpreter nicht.

Eine Speicheradresse verweist immer auf ein Byte, wobei bei Word- oder Long-Typen die Speicherstellen unmittelbar oberhalb des angegebenen Bytes implizit eingeschlossen sind. Ein Wort an Adresse 20 liegt im Hauptspeicher an den Stellen 20 und 21. Ein Long-Typ an Adresse 24 belegt die Hauptspeicheradressen 24, 25, 26 und 27. Die Bytereihenfolge beim 8088 bezeichnet man als **Little Endian**, d.h. der niederwertige Teil des Worts wird an der niedrigeren Adresse gespeichert. Im Kellersegment sollten Wörter an geraden Adressen ausgerichtet sein. Die Kombination von `AX` und `DX`, bei der `AX` das niederwertige Wort aufnimmt, ist die einzige Vereinbarung, die es für Long-Typen in Prozessorregistern gibt.

▶Tabelle C.1 gibt einen Überblick über die 8088-Adressierungsmodi, auf die wir jetzt kurz eingehen.

Adressierungsmodus	Operand	Beispiele
Zugriff auf Register		
Byteregister	Byteregister	AH, AL, BH, BL, CH, CL, DH, DL
Wortregister	Wortregister	AX, BX, CX, DX, SP, BP, SI, DI
Zugriff auf Datensegment		
Direkte Adresse	Adresse folgt dem Operationscode	(#)
Register indirekt	Adresse im Register	(SI), (DI), (BX)
Register mit Verschiebung	Adresse ist Register + Verschiebung	#(S), #(DI), #(BX)
Register mit Index	Adresse ist BX + SI/DI	(BX)(SI), (BX)(DI)
Register mit Index und Verschiebung	BX + SI/DI + Verschiebung	#(BX)(SI), #(BX)(DI)
Zugriff auf Kellersegment		
Basiszeiger indirekt	Adresse im Register	(BP)
Basiszeiger mit Verschiebung	Adresse ist BP + Verschiebung	#(BP)
Basiszeiger mit Index	Adresse ist BP + SI/DI	(BP)(SI), (BP)(DI)
Basiszeiger mit Index und Verschiebung	BP + SI/DI + Verschiebung	#(BP)(SI), #(BP)(DI)
Zugriff auf Direktwert		
Direktes Byte/Wort	Daten sind Teil des Befehls	#
Zugriff über implizite Adresse		
Push-/Pop-Befehl	Indirekte Adresse (SP)	PUSH, POP, PUSHF, POPF
Flags laden/speichern	Statusflagregister	LAHF, STC, CLC, CMC
Tabellenübersetzung XLAT	AL, BX	XLAT
Wiederholte Zeichenfolgenbefehle	(SI), (DI), (CX)	MOVS, CMPS, SCAS
Ein-/Ausgabeanweisungen	AX, AL	IN#, OUT#
Byte, Wort konvertieren	AL, AX, DX	CBW, CWD

Tabelle C.1: Adressierungsmodi von Operanden. Das Symbol # kennzeichnet einen numerischen Wert oder eine Marke.

Der erste Block in der Tabelle listet den direkten Zugriff auf Daten im Register auf. Register lassen sich als Operanden in fast allen Befehlen verwenden, und zwar sowohl als Quelle als auch als Ziel. Es gibt acht Wortregister und acht Byteregister.

Der zweite Block enthält die Adressierungsmodi für das Datensegment. In der Notation derartiger Adressen weist immer ein Klammernpaar darauf hin, dass der Inhalt der Adresse und nicht der Wert gemeint ist. Der einfachste Adressierungsmodus dieses Typs ist die **direkte Adressierung**, bei der die Datenadresse des Operanden im Befehl selbst enthalten ist. Zum Beispiel addiert der Befehl

```
ADD CX, (20)
```

den Inhalt des Speicherworts an den Adressen 20 und 21 zu `CX`. In Assemblersprache kennzeichnet man Speicherstellen gewöhnlich durch symbolische Bezeichner (Marken) statt durch numerische Werte, wobei die Umwandlung zur Assemblierungszeit erfolgt. Sogar in CALL- und JMP-Befehlen lässt sich das Ziel in einer Speicherstelle ablegen, die durch eine Marke adressiert wird. Die Klammern um die Marken sind (jedenfalls für den hier eingesetzten Assemblierer) wichtig, weil

```
ADD CX, 20
```

ein ebenfalls gültiger Befehl ist, der aber die *Konstante* 20 und nicht den *Inhalt des Speicherworts* 20 zu CX addiert. In Tabelle C.1 kennzeichnet das Symbol # eine numerische Konstante, eine Marke oder einen Konstantenausdruck, der eine Marke enthält.

Bei der **indirekten Adressierung über Register** (Register Indirect Addressing) ist die Adresse des Operanden in einem der Register BX, SI oder DI gespeichert. In allen drei Fällen steht der Operand im Datensegment. Vor das Register kann man auch eine Konstante setzen, die dann zum Register addiert wird und zur eigentlichen Adresse führt. Diese sogenannte **Registeradressierung mit Verschiebung** (Register Displacement) ist besonders für Arrays komfortabel. Enthält beispielsweise SI den Wert 5, dann lässt sich das fünfte Zeichen der ab der Marke FORMAT gespeicherten Zeichenfolge mit dem Befehl

```
MOVB AL, FORMAT(SI)
```

nach AL laden. Möchte man die gesamte Zeichenfolge durchsuchen, dann inkrementiert bzw. dekrementiert man das SI-Register in jedem Schritt. Bei Wortoperanden wird das Register jeweils um den Wert 2 geändert.

Es ist auch möglich, die Basisadresse (d.h. die niedrigste numerische Adresse) des Arrays in das BX-Register zu schreiben und das SI- oder DI-Register zum Zählen zu nutzen. Dieser Modus heißt **Register-Indexadressierung**. Zum Beispiel ruft

```
PUSH (BX)(DI)
```

den Inhalt der im Datensegment liegenden Speicherstelle ab, deren Adresse durch die Summe aus BX- und DI-Register gegeben ist, und legt dann diesen Wert auf dem Keller ab. Die beiden letzten Adressierungstypen lassen sich zur **Register-Indexadressierung mit Verschiebung** kombinieren. Zum Beispiel bildet der Befehl

```
NOT 20(BX)(DI)
```

das Einerkomplement (bzw. die Negation) des Speicherworts an den Adressen BX + DI + 20 und BX + DI + 21.

Alle indirekten Adressierungsmodi im Datensegment existieren auch für das Kellersegment, wobei der Basiszeiger BP anstelle des Basisregisters BX verwendet wird. Somit ist (BP) der einzige indirekte Kelleradressierungsmodus über Register. Es gibt aber auch komplexere Modi bis zu indirekter Basiszeigeradressierung mit Index und Verschiebung -1(BP)(SI). Diese Modi sind wertvoll für die Adressierung von lokalen Variablen und Funktionsparametern, die in Aktivierungsblöcken von Unterprogrammen gespeichert sind. Auf die Realisierung von Unterprogrammaufrufen geht Abschnitt C.4.5 näher ein.

Alle Adressen, die den bislang behandelten Adressierungsmodi entsprechen, kommen als Quellen und als Ziele für Operationen infrage. Es handelt sich bei ihnen nämlich um **effektive Adressen**. Die Adressierungsmodi in den restlichen zwei Blöcken lassen sich nicht als Ziele verwenden und werden auch nicht als effektive Adressen bezeichnet. Man kann sie nur als Quellen angeben.

Der Adressierungsmodus, bei dem der Operand als konstanter Byte- oder Wortwert im Befehl selbst enthalten ist, heißt **Direktwertadressierung** (Immediate Addressing). Beispielsweise vergleicht

```
CMP AX, 50
```

den Registerinhalt von AX mit der Konstanten 50 und setzt je nach Ergebnis die Bits im Flagregister.

Schließlich verwenden manche Befehle die **implizite Adressierung** (Implied Addressing). Diese Befehle enthalten den oder die Operanden implizit im Befehl selbst. Zum Beispiel legt der Befehl

```
PUSH AX
```

den Inhalt von AX auf dem Keller ab, indem er SP dekrementiert und dann AX an die Stelle kopiert, auf die nun SP zeigt. Der Kellerzeiger SP erscheint allerdings selbst nicht im Befehl; allein die Tatsache, dass es sich um einen PUSH-Befehl handelt, impliziert, dass SP im Spiel ist. Analog dazu verwenden die Befehle zur Flagmanipulation implizit das Statusflagregister, ohne es im Befehl zu nennen. Verschiedene andere Befehle besitzen ebenfalls implizite Operanden.

Der 8088 hat spezielle Befehle für das Übertragen (MOVS), Vergleichen (CMPS) und Durchsuchen (SCAS) von Zeichenfolgen. Bei diesen Zeichenfolgenbefehlen werden die Indexregister SI und DI automatisch nach dem Befehl geändert. Dieses Verhalten heißt **Autoinkrement-** bzw. **Autodekrementmodus**. Ob SI und DI inkrementiert oder dekrementiert werden, hängt vom **Richtungsflag** im Flagregister ab. Ist das Richtungsflag auf 0 gesetzt, dann wird inkrementiert, beim Wert 1 wird dekrementiert. Die Änderung beträgt 1 für Bytebefehle und 2 für Wortbefehle. In gewissem Sinne ist der Kellerzeiger ebenfalls ein Autoinkrement- und Autodekrementregister: es wird zu Beginn eines PUSH-Befehls um 2 dekrementiert und am Ende eines POP-Befehls um 2 inkrementiert.

C.4 Der Befehlssatz des 8088

Das Herz jedes Computers ist der Satz von Befehlen, die er ausführen kann. Um einen Computer wirklich zu verstehen, muss man seinen Befehlssatz genau kennen. Die folgenden Abschnitte behandeln die wichtigsten Befehle des Prozessors 8088. ▶Tabelle C.2 fasst diese Befehle gegliedert in 10 Gruppen zusammen.

			Statusflags			
Mnemonik	**Beschreibung**	**Operanden**	**OF**	**SF**	**ZF**	**CF**
MOV(B)	Überträgt Operanden	r ← e, e ← r, e ← #	–	–	–	–
XCHG(B)	Vertauscht Operanden	r ↔ e	–	–	–	–
LEA	Lädt die effektive Adresse	r ← #e	–	–	–	–
PUSH	Lädt Operanden auf den Keller	e, #	–	–	–	–
POP	Lädt Operanden aus dem Keller	e	–	–	–	–
PUSHF	Lädt Flagregister auf den Keller	–	–	–	–	–
POPF	Lädt Flagregister aus dem Keller	–	–	–	–	–

Tabelle C.2: Die wichtigsten 8088-Befehle

Mnemonik	Beschreibung	Operanden	Statusflags OF	SF	ZF	CF
XLAT	Übersetzt AL	–	–	–	–	–
ADD(B)	Addiert Operanden	r ← e, e ← r, e ← #	*	*	*	*
ADC(B)	Addiert Operanden mit Übertrag	r ← e, e ← r, e ← #	*	*	*	*
SUB(B)	Subtrahiert Operanden	r ← e, e ← r, e ← #	*	*	*	*
SBB(B)	Subtrahiert Operanden mit Übertrag	r ← e, e ← r, e ← #	*	*	*	*
IMUL(B)	Vorzeichenbehaftete Multiplikation	e	*	U	U	*
MUL(B)	Vorzeichenlose Multiplikation	e	*	U	U	*
IDIV(B)	Vorzeichenbehaftete Division	e	U	U	U	U
DIV(B)	Vorzeichenlose Division	e	U	U	U	U
CBW	Konvertiert Byte in Wort (Vorzeichenerweiterung)	–	–	–	–	–
CWD	Konvertiert Wort in Doppelwort (Vorzeichenerweiterung)	–	–	–	–	–
NEG(B)	Binäre Negation des Operanden (Zweierkomplement)	e	*	*	*	*
NOT(B)	Logisches Komplement des Operanden (Einerkomplement)	e	–	–	–	–
INC(B)	Inkrementiert Operanden um 1	e	*	*	*	–
DEC(B)	Dekrementiert Operanden um 1	e	*	*	*	–
AND(B)	Logische AND-Verknüpfung	e ← r, r ← e, e ← #	0	*	*	0
OR(B)	Logische OR-Verknüpfung	e ← r, r ← e, e ← #	0	*	*	0
XOR(B)	Logische XOR-Verknüpfung	e ← r, r ← e, e ← #	0	*	*	0
SHR(B)	Logische Rechtsverschiebung	e ← 1, e ← CL	*	*	*	*
SAR(B)	Arithmetische Rechtsverschiebung	e ← 1, e ← CL	*	*	*	*
SAL(B) = SHL(B)	Arithmetische Linksverschiebung Logische Linksverschiebung	e ← 1, e ← CL	*	*	*	*
ROL(B)	Linksrotation	e ← 1, e ← CL	*	–	–	*
ROR(B)	Rechtsrotation	e ← 1, e ← CL	*	–	–	*
RCL(B)	Linksrotation durch Übertragsflag	e ← 1, e ← CL	*	–	–	*
RCR(B)	Rechtsrotation durch Übertragsflag	e ← 1, e ← CL	*	–	–	*

Tabelle C.2: Die wichtigsten 8088-Befehle *(Forts.)*

Mnemonik	Beschreibung	Operanden	Statusflags			
			OF	SF	ZF	CF
TEST(B)	Testet Operanden	e ↔ r, e ↔ #	0	*	*	0
CMP(B)	Vergleicht Operanden	e ↔ r, e ↔ #	*	*	*	*
STD	Setzt das Richtungsflag (↓)	–	–	–	–	–
CLD	Löscht das Richtungsflag (↑)	–	–	–	–	–
STC	Setzt das Übertragsflag	–	–	–	–	1
CLC	Löscht das Übertragsflag	–	–	–	–	0
CMC	Negiert den Inhalt des Übertragsflags	–	–	–	–	*
LOOP	Dekrementiert CX und springt zur Zieladresse, wenn CX ^{3} 0	Marke	–	–	–	–
LOOPZ LOOPE	Springt zur Zieladresse, wenn Z=1 und DEC(CX) ^{3} 0	Marke	–	–	–	–
LOOPNZ LOOPNE	Springt zur Zieladresse, wenn Z=0 und DEC(CX) ^{3} 0	Marke	–	–	–	–
REP REPZ REPNZ	Wiederholungspräfixe für Zeichenfolgenbefehle	Zeichenfolgenbefehl	–	–	–	–
MOVS(B)	Überträgt Wortzeichenfolge	–	–	–	–	–
LODS(B)	Lädt Wortzeichenfolge	–	–	–	–	–
STOS(B)	Speichert Wortzeichenfolge	–	–	–	–	–
SCAS(B)	Durchsucht Wortzeichenfolge	–	*	*	*	*
CMPS(B)	Vergleicht Wortzeichenfolge	–	*	*	*	*
J*Bedingung*	Springt zur Zieladresse, wenn die im Befehl angegebene Bedingung erfüllt ist	Marke				
JMP	Springt unbedingt zur Zieladresse	e, Marke	–	–	–	–
CALL	Ruft ein Unterprogramm auf	e, Marke	–	–	–	–
RET	Rückkehr aus einem Unterprogramm	–, #	–	–	–	–
SYS[1]	Trap-Befehl für Systemaufruf	–	–	–	–	–

Tabelle C.2: Die wichtigsten 8088-Befehle *(Forts.)*

1 Der Befehl SYS ist ein Spezialbefehl des hier verwendeten Assemblierers und gehört nicht zum Befehlssatz des 8088. Dem Befehlscode entsprechend handelt es sich um den Befehl POP CS, der im 8088 nicht erlaubt ist. Deshalb können Sie mit *as88* unter Windows oder MS DOS keine echten ausführbaren Programme erzeugen. Der Tracer *t88* fängt den Befehl SYS ab, interpretiert ihn und führt den entsprechenden (UNIX-)Systemaufruf aus (Anm. d. Übersetzers).

C.4.1 Lade-, Kopier und Arithmetikbefehle

Die erste Befehlsgruppe umfasst die Lade- und Kopierbefehle. Der bei Weitem häufigste Befehl ist MOV, der einen expliziten Quell- und einen expliziten Zieloperanden hat. Ist der Quelloperand ein Register, so kann das Ziel eine effektive Adresse sein. Die Tabelle bezeichnet einen Registeroperanden durch ein *r* und eine effektive Adresse durch ein *e*, sodass diese Operandenkombination als $e \leftarrow r$ notiert wird. Dies ist der erste Eintrag in der Spalte *Operanden* für MOV. Da die Befehlssyntax das Ziel als ersten Operanden und die Quelle als zweiten Operanden aufführt, dient der Pfeil ← dazu, die Operanden zu kennzeichnen. Somit bedeutet $e \leftarrow r$, dass ein Register an eine effektive Adresse kopiert wird.

Beim MOV-Befehl kann die Quelle auch eine effektive Adresse sein und das Ziel ein Register, was mit $r \leftarrow e$ notiert wird, wie es der zweite Eintrag in der Spalte *Operanden* für diesen Befehl zeigt. Die dritte Möglichkeit sind direkte Daten als Quelle und eine effektive Adresse als Ziel, mit $e \leftarrow \#$ bezeichnet. Direktdaten sind in der Tabelle durch ein Nummernzeichen (#) gekennzeichnet. Da es sowohl einen Befehl MOV zum Übertragen von Wörtern als auch einen Befehl MOVB zum Übertragen von Bytes gibt, endet der Befehlsname mit einem *B* in Klammern. Somit stellt die Zeile praktisch sechs verschiedene Befehle dar.

Ein Ladebefehl beeinflusst keinerlei Bits im Flagregister und die letzten vier Spalten enthalten deshalb den Eintrag „-". Beachten Sie, dass die Ladebefehle keine Daten verschieben, sondern Kopien erzeugen. Die Quelle bleibt deshalb im Unterschied zu einer echten Verschiebung unbeeinflusst.[2]

Als zweiter Befehl in der Tabelle ist XCHG (vom englischen Wort „eXCHanGe") aufgeführt. Dieser Befehl vertauscht den Inhalt eines Registers mit dem Inhalt einer effektiven Adresse. Eine Austauschoperation ist in der Tabelle durch das Symbol ↔ gekennzeichnet. In diesem Fall existieren sowohl eine Byteversion als auch eine Wortversion. Der Befehl ist deshalb mit XCHG(B) angegeben und in der Spalte *Operanden* steht $r \leftrightarrow e$. Der Befehl LEA (Load Effective Address) berechnet den numerischen Wert der effektiven Adresse und speichert ihn in einem Register.

Der Befehl PUSH legt seinen Operanden auf dem Keller ab. Der explizite Operand kann entweder eine Konstante (# in der Spalte *Operanden*) oder eine effektive Adresse (*e* in der Spalte *Operanden*) sein. Es gibt auch einen impliziten Operanden, SP, der in der Befehlssyntax nicht erscheint. Der Befehl dekrementiert SP um 2 und speichert dann den Operanden an der Speicherstelle, auf die jetzt SP zeigt.

Der Befehl POP lädt einen Operanden vom Keller in eine effektive Adresse. Die Befehle PUSHF und POPF arbeiten mit dem Flagregister als implizitem Operanden, den sie auf dem Keller ablegen bzw. vom Keller laden.

Auch der Befehl XLAT enthält einen impliziten Operanden. Der Befehl lädt das Byteregister AL von der Adresse, die sich aus AL + BX ergibt. Mit diesem Befehl kann man sehr schnell auf einzelne Werte in Tabellen mit einer Größe von 256 Bytes zugreifen.[3]

Offiziell im 8088 definiert, aber nicht im Interpreter implementiert (und demzufolge auch nicht in Tabelle C.2 aufgeführt) sind die IN- und OUT-Befehle. Es handelt sich dabei

2 MOV steht für das englische Wort „move" (verschieben, bewegen, übertragen). Bei anderen Prozessoren, wie zum Beispiel dem heute noch (in modernisierter Form) erhältlichen 8-Bit-Prozessor Z80 wird für funktionell ähnliche Befehle die Befehlsmnemonic LD für „load" (laden) verwendet (Anm. d. Übersetzers).

3 XLAT steht für „translate" (übersetzen). Praktisch übersetzt der Befehl den in AL angegebenen Wert durch einen in der Tabelle gespeicherten Wert (Anm. d. Übersetzers).

um Ladebefehle, die Daten von bzw. zu einem Ein-/Ausgabegerät übertragen. Die implizite Adresse ist immer das AX-Register und der zweite Operand des Befehls gibt die Portadresse des angesprochenen Ein-/Ausgabegeräts an.

Der zweite Block von Tabelle C.2 umfasst die Additions- und Subtraktionsbefehle, die jeweils die gleichen Operandenkombinationen wie MOV besitzen: effektive Adresse in Register, Register in effektive Adresse und Konstante in effektive Adresse. Somit enthält die Spalte *Operanden* der Tabelle die Einträge $r \leftarrow e$, $e \leftarrow r$ und $e \leftarrow \#$. Alle vier Befehle setzen die Flags für Überlauf (OF), Vorzeichen (SF), null (ZF) und Übertrag (CF) abhängig vom Ergebnis des Befehls. Das bedeutet beispielsweise, dass das OF-Flag auf 1 gesetzt wird, wenn sich das Ergebnis mit der zulässigen Anzahl von Bits nicht korrekt ausdrücken lässt. Andernfalls wird das OF-Flag gelöscht (auf 0 gesetzt). Wenn man die größte 16-Bit-Zahl 0x7FFF (dezimal 32.767) zu sich selbst addiert, lässt sich das Ergebnis nicht als 16-Bit-Zahl mit Vorzeichen ausdrücken und das gesetzte OF zeigt den Fehler an. In ähnlicher Form reagieren die anderen Flags bei diesen Befehlen. Wenn ein Befehl ein Flagbit beeinflusst, ist in der entsprechenden Spalte ein Sternchen (*) verzeichnet. Die Befehle ADC und SBB berücksichtigen das von einer vorherigen Operation gesetzte Übertragsflag als zusätzliches 1- (oder 0-)Bit. Diese Eigenschaft ist nützlich, wenn man längere Ganzzahlen, die in mehreren Wörtern gespeichert sind, addieren bzw. subtrahieren möchte. Für alle Additions- und Subtraktionsbefehle existieren auch Byteversionen.

Im nächsten Block sind die Multiplikations- und Divisionsbefehle zusammengefasst. Die Befehle IMUL und IDIV sind für vorzeichenbehaftete Ganzzahloperanden vorgesehen, die Befehle MUL und DIV für vorzeichenlose Ganzzahlen. Die Registerkombination AH:AL ist das implizite Ziel in der Byteversion dieser Befehle. Für die Wortversion dient die Registerkombination AX:DX als Ziel. Selbst wenn das Ergebnis einer Multiplikation nur ein Wort oder ein Byte belegt, wird das DX- bzw. AH-Register durch den Befehl neu geschrieben. Die Multiplikation ist immer möglich, weil das Ziel genügend Bits enthält. Die Überlauf- und Übertragsbits werden gesetzt, wenn sich das Produkt nicht in einem Wort bzw. einem Byte darstellen lässt. Nach einer Multiplikation sind die Flags SF und ZF undefiniert.

Die Division verwendet ebenfalls die Registerkombinationen DX:AX oder AH:AL als Ziel. Der Quotient kommt nach AX oder AL, der Divisionsrest nach DX oder AH. Nach einer Divisionsoperation sind alle vier Flags undefiniert. Wenn der Divisor 0 ist oder der Quotient nicht in das Register passt, löst der Befehl einen **Trap** aus, der das Programm stoppt, sofern keine Trap-Behandlungsroutine vorhanden ist. Darüber hinaus ist es sinnvoll, das Minuszeichen vor und nach der Division per Programm zu verarbeiten, weil in der 8088-Definition das Vorzeichen des Divisionsrests gleich dem Vorzeichen des Dividenden ist, während in der Mathematik ein Rest immer nichtnegativ ist.

Die Befehle für binär codierte Dezimalzahlen – darunter die ASCII-Anpassungsbefehle für die Addition (AAA) und die Dezimalanpassung für die Addition mit BCD-Zahlen (DAA) – sind im Interpreter nicht implementiert und deshalb auch nicht in Tabelle C.2 aufgeführt.

C.4.2 Logische Operationen, Bit- und Verschiebeoperationen

Der nächste Block von Tabelle C.2 umfasst Befehle für Vorzeichenerweiterung (Sign Extend), Negation, logisches Komplement, Inkrementieren und Dekrementieren. Die Konvertierungsbefehle zur Vorzeichenerweiterung CBW und CWD haben keine expliziten Operanden, sondern wirken auf die Registerkombinationen DX:AX bzw. AH:AL. Der einzelne Operand für die anderen Befehle dieser Gruppe kann an jeder effektiven Adresse stehen. Die Flags werden wie erwartet im Fall von NEG, INC und DEC beeinflusst, außer dass sich Inkrement und Dekrement nicht auf das Übertragsflag auswirken, was auf den ersten Blick ungewöhnlich scheint und manchmal als Entwurfsfehler eingestuft wird.[4]

Der nächste Befehlsblock umfasst logische Befehle, die die entsprechenden logischen Verknüpfungen bitweise mit zwei Operanden ausführen. In der Gruppe der Verschiebe- und Rotationsbefehle haben alle Befehle eine effektive Adresse als Ziel, während als Quelle entweder das Byteregister `CL` oder die Zahl 1 fungiert. Die Verschiebeoperationen beeinflussen alle vier Flags; die Rotationsbefehle wirken sich nur auf das Übertrags- und das Überlaufflag aus. Bei den Verschiebe- und Rotationsbefehlen wandert je nach Richtung der Operation das höchstwertige oder das niederwertigste Bit des Operanden in das Übertragsbit. Bei den Rotationsbefehlen `RCR`, `RCL`, `RCRB` und `RCLB` bildet das Übertragsbit zusammen mit dem Operanden an der effektiven Adresse ein Umlaufregister mit 17 Bit bzw. 9 Bit, was Mehrwortverschiebungen und -rotationen ermöglicht.

Als Nächstes sind in Tabelle C.2 die Befehle aufgeführt, die Flagbits manipulieren. Auf diese Befehle greift man vor allem zurück, um bedingte Sprünge vorzubereiten. Der Doppelpfeil $\leftrightarrow$ kennzeichnet die beiden Operanden in Vergleichs- und Testoperationen. Die Operanden werden durch die Befehle nicht verändert. Der Befehl `TEST` berechnet das logische `AND` der Operanden, um die Null- und Vorzeichenflags zu setzen oder zu löschen. Der berechnete Wert selbst wird nirgends gespeichert, die Operanden bleiben unverändert. Der Befehl `CMP` berechnet die Differenz der Operanden und setzt bzw. löscht die vier Flags je nach dem Ergebnis des Vergleichs. Das Richtungsflag gibt an, ob `SI` und `DI` in den Zeichenfolgenbefehlen inkrementiert oder dekrementiert werden sollen. Mit den Befehlen `STD` und `CLD` lässt sich das Richtungsflag setzen bzw. löschen.

Außerdem besitzt der 8088 ein **Paritätsflag** und ein zusätzliches **Hilfsübertragsflag**. Das Paritätsflag gibt an, ob die Parität des Ergebnisses gerade oder ungerade ist. Das Hilfsübertragsflag ist für BCD-Arithmetik vorgesehen und nimmt den Übertrag auf, der bei der Verarbeitung der niederwertigen Tetrade (Nibble = Halbbyte mit 4 Bit) entsteht. Weiterhin gibt es die Befehle `LAHF` und `SAHF`, die das niederwertige Byte des Flagregisters nach `AH` bzw. von `AH` in das Flagregister laden. Das Überlaufflag wird im höherwertigen Byte des Flagregisters gespeichert und deshalb von diesen Befehlen nicht übertragen. Diese Befehle und Flags dienen hauptsächlich der Abwärtskompatibilität mit den Prozessoren 8080 und 8085.

C.4.3 Schleifen und wiederholte Zeichenfolgenoperationen

Im nächsten Block von Tabelle C.2 sind die Schleifenbefehle zusammengefasst. Der `LOOP`-Befehl dekrementiert das `CX`-Register und bewirkt einen Programmsprung zur angegebenen Marke, wenn das Ergebnis positiv ist. Die Befehle `LOOPZ`, `LOOPE`, `LOOPNZ` und `LOOPNE` testen auch das `ZF`-Flag und brechen die Schleife vorzeitig ab – nicht erst bei `CX = 0` –, wenn das `ZF`-Flag gesetzt ist.

Das Ziel für alle `LOOP`-Befehle darf von der aktuellen Position des Programmzählers nicht weiter als 128 Bytes entfernt liegen, weil der Befehl die Sprungdistanz mit einem vorzeichenbehafteten 8-Bit-Wert darstellt. Die Anzahl der *Befehle* (im Unterschied zu den Bytes), die übersprungen werden können, lässt sich auf Anhieb nicht genau ange-

4 Dennoch ist es sinnvoll, dass das Übertragsflag bei Inkrement und Dekrement nicht verändert wird, da so bei Arithmetikroutinen in Schleifen mit `INC` und `DEC` (z.B. zur Adressierung des nächsten Wortes) gearbeitet werden kann, ohne dass das Übertragsflag eines `ADC`- oder `SBC`-Ergebnisses aus dem vorhergehenden Schleifendurchlauf beeinflusst wird. Das gilt für alle Arithmetik- und Logikbefehle, die mit dem Übertragsflag arbeiten, so auch die als Nächstes beschriebenen Rotations- und Verschiebebefehle (Anm. d. Übersetzers).

ben, weil verschiedene Befehle unterschiedliche Längen haben. Normalerweise definiert das erste Byte den Typ eines Befehls und einige Befehle belegen lediglich ein Byte im Codesegment. Oftmals dient das zweite Byte dazu, die Register und Registermodi des Befehls zu definieren, und wenn die Befehle Verschiebungen oder Direktdaten enthalten, kann die Befehlslänge auf vier bis sechs Bytes anwachsen. Da die durchschnittliche Befehlslänge ungefähr 2,5 Bytes je Befehl beträgt, eignet sich der `LOOP`-Befehl nur für Schleifen, die maximal 50 Befehle umfassen.

Außerdem gibt es die speziellen Schleifenpräfixe `REP`, `REPZ` und `REPNZ` für Zeichenfolgenbefehle. Die fünf Zeichenfolgenbefehle im nächsten Block von Tabelle C.2 arbeiten mit impliziten Adressen und im Autoinkrement- oder Autodekrementmodus auf den Indexregistern. In allen diesen Befehlen zeigt das `SI`-Register auf das **Datensegment**, das `DI`-Register jedoch auf das **Extrasegment**, dessen Basisadresse in `ES` steht. Zusammen mit dem `REP`-Befehl kann man `MOVSB` verwenden, um komplette Zeichenfolgen mit einem einzigen Befehl zu übertragen. Die Länge der Zeichenfolge ist im `CX`-Register enthalten. Da der Befehl `MOVSB` keine Flags beeinflusst, ist es nicht möglich, während der Kopieroperation mithilfe von `REPNZ` auf ein Byte mit dem ASCII-Wert 0 zu testen. Allerdings kann man zunächst mit `REPNZ SCASB` einen sinnvollen Wert für `CX` erhalten und anschließend `REP MOVSB` verwenden. Diesen Punkt veranschaulicht das Kopierbeispiel in Abschnitt C.8. Bei allen diesen Befehlen sollte man besonders auf das Segmentregister `ES` achten, sofern `ES` und `DS` nicht den gleichen Wert haben. Der Interpreter verwendet ein kleines Speichermodell, sodass `ES = DS = SS` gilt.

C.4.4 Sprung- und Aufrufbefehle

Der letzte Block in Tabelle C.2 umfasst die bedingten und unbedingten Sprungbefehle, Unterprogrammaufrufe und Rückkehrbefehle. Der `JMP`-Befehl ist hier die einfachste Operation. Er kann als Ziel eine Marke oder den Inhalt einer beliebigen effektiven Adresse verwenden. Zu unterscheiden ist zwischen Sprüngen innerhalb des aktuellen Codesegments (**Near Jump**) und Sprüngen über die Segmentgrenze hinweg (**Far Jump**). Wenn das Ziel im aktuellen Codesegment liegt, wirkt sich der Befehl nicht auf `CS` aus. Bei einem Sprung über die Segmentgrenze hinweg wird `CS` durch den Befehl auf einen neuen Wert gesetzt. In der direkten Version mit einer Marke steht der neue Wert des Codesegmentregisters im Aufruf nach der Marke. In der Version mit effektiver Adresse ruft der Befehl ein Langwort aus dem Speicher ab, wobei das niederwertige Wort der Zielmarke entspricht und das höherwertige Wort den neuen Wert für das Codesegmentregister liefert.

Es überrascht sicherlich nicht, dass eine derartige Unterscheidung existiert. Um zu einer beliebigen Adresse innerhalb eines 20-Bit-Adressraums zu springen, muss es ein Instrument geben, um mehr als 16 Bits spezifizieren zu können. Das geschieht hier dadurch, dass `CS` und `PC` auf neue Werte gesetzt werden.

3.4.4.1 Bedingte Sprünge

Der 8088 kennt 15 bedingte Sprungbefehle, von denen einige zwei Namen haben (z.B. ist `JGE` – springe, wenn größer oder gleich – derselbe Befehl wie `JNL` – springe, wenn nicht kleiner als).[5] ▶Tabelle C.3 listet die Sprungbefehle auf (ohne die beiden Befehle, die das

5 Die Sprungbedingungen nach dem J für „Jump“ sind folgendermaßen codiert: A – above (über), B – below (unter), C – carry (Übertrag), E – equal (gleich), G – greater (größer), L – less (kleiner), N – not (nicht), O – overflow (Überlauf), P – parity (Parität), S – sign (Vorzeichen), Z – zero (null). Zum Beispiel ist JGE als „Jump Greater (Or) Equal“ zu lesen und JNL als „Jump Not Less (Than)“. Eine Ausnahme bildet JCXZ, bei dem das C nicht für „carry“, sondern zusammen mit dem nachfolgenden X das Register CX bezeichnet (Anm. d. Übersetzers).

Paritätsbit auswerten). Alle Befehle erlauben Sprungdistanzen über maximal 128 Bytes vom Sprungbefehl aus gerechnet. Liegt das Ziel nicht innerhalb dieses Bereichs, so kann man auf folgende Konstruktion ausweichen: Durch einen Sprung mit der entgegengesetzten Bedingung wird über den nächsten Befehl gesprungen. Wenn der nächste Befehl einen unbedingten Sprung zum gewünschten Ziel enthält, ist die Wirkung dieser beiden Befehle lediglich ein weiter reichender Sprung des ursprünglichen Typs. Wenn zum Beispiel

```
    JB FARLABEL
```

nicht möglich ist, weil FARLABEL weiter als 128 Bytes entfernt liegt, schreibt man

```
    JNA 1f
    JMP FARLABEL
1:
```

Mit anderen Worten: Wenn sich ein JB-Sprung nicht ausführen lässt, springt man mit JNA zur nahen Marke 1 und schreibt unmittelbar nach dem JNA-Befehl einen unbedingten Sprung zu FARLABEL. Die Wirkung ist gleich, allerdings sind sowohl Speicherbedarf als auch Ausführungszeit geringfügig größer. Der Assemblierer generiert diese Sprungkonstruktion automatisch, wenn das Ziel zu weit entfernt liegt. Die Berechnung ist nicht ganz einfach. Nehmen wir an, dass die Distanz fast bis zur möglichen Grenze reicht, aber einige der dazwischenliegenden Befehle ebenfalls bedingte Sprünge sind. Der äußere Sprungbefehl lässt sich erst auflösen, wenn die Größen der inneren Befehle bekannt sind, usw. Um sicher zu sein, geht der Assemblierer etwas übervorsichtig vor und generiert manchmal die Sprungkombination, wenn sie streng genommen nicht notwendig wäre. Einen direkten bedingten Sprung generiert er nur, wenn absolut sicher ist, dass das Ziel innerhalb des zulässigen Bereichs liegt.

Befehl	Beschreibung	Sprung, wenn
JNA, JBE	unter oder gleich	CF = 1 | ZF = 1
JNB, JAE, JNC	nicht unter	CF = 0
JE, JZ	null, gleich	ZF = 1
JNLE, JG	größer als	SF = OF & ZF = 0
JGE, JNL	größer oder gleich	SF = OF
JO	Überlauf	OF = 1
JS	Vorzeichen negativ	SF = 1
JCXZ	Inhalt von CX gleich null	CX = 0
JB, JNAE, JC	unter	CF = 1
JNBE, JA	über	CF = 0 & ZF = 0
JNE, JNZ	nicht null, ungleich	ZF = 0
JL, JNGE	kleiner als	SF ≠ OF
JLE, JNG	kleiner oder gleich	SF ≠ OF | ZF = 1
JNO	kein Überlauf	OF = 0
JNS	Vorzeichen positiv	SF = 0

Tabelle C.3: Bedingte Sprünge

Die meisten bedingten Sprünge hängen von den Statusflags ab, die durch vorangehende Vergleichs- oder Testbefehle gesetzt wurden. Der Befehl `CMP` subtrahiert den Quell- vom Zieloperanden, setzt die Bedingungscodes und verwirft das Ergebnis. Keiner der Operanden hat sich geändert. Wenn das Ergebnis null oder das Vorzeichenbit gesetzt (d.h. negativ) ist, wird das betreffende Flagbit gesetzt. Lässt sich das Ergebnis nicht mit der zulässigen Anzahl von Bits ausdrücken, wird das Überlaufflag gesetzt. Bei einem Übertrag vom höchstwertigen Bit wird das Übertragsflag gesetzt. Die bedingten Sprünge können alle diese Bits testen.

Bei vorzeichenbehafteten Operanden sollte man die Befehle mit „größer" (`G`) und „kleiner" (`L`) verwenden, für vorzeichenlose Operanden die Befehle mit „über" (`A`) und „unter" (`B`).

C.4.5 Unterprogrammaufrufe

Der 8088 verfügt über einen Befehl, mit dem sich Prozeduren – in der Assemblersprache auch als **Unterprogramme** bezeichnet – aufrufen lassen. Analog zu den Sprungbefehlen gibt es **Near Call-** und **Far Call**-Befehle, d.h. Unterprogrammaufrufe im selben Codesegment bzw. über die Segmentgrenze hinweg. Im Interpreter ist nur der segmentinterne `CALL`-Befehl implementiert. Das Ziel ist entweder eine Marke oder steht an einer effektiven Adresse. Im Unterprogramm erforderliche Parameter müssen vor dem Aufruf in umgekehrter Reihenfolge auf den Keller gelegt werden, wie es ▶Abbildung C.3 veranschaulicht. In Assemblersprache bezeichnet man Parameter auch als **Argumente**, doch gewöhnlich werden beide Begriffe gleichberechtigt nebeneinander verwendet. Der `CALL`-Befehl legt zuerst den aktuellen Programmzähler auf den Keller, um die Rückkehradresse zu speichern. Die Rückkehradresse ist die Adresse, bei der die Ausführung der aufrufenden Routine fortgesetzt wird, wenn das Unterprogramm einen Rückkehrbefehl ausführt.

BP+8	...	
BP+6	Argument 2	
BP+4	Argument 1	
BP+2	Rückkehradresse	
BP	alter BP	← BP
BP–2	lokale Variable 1	
BP–4	lokale Variable 2	
BP–6	lokale Variable 3	
BP–8	Zwischenergebnis	← SP

Abbildung C.3: Beispiel für einen Keller

Als Nächstes wird der neue Programmzähler entweder von der Marke oder von der effektiven Adresse geladen. Bei einem `FAR CALL` wird dann das `CS`-Register vor dem `PC` auf den Keller gelegt und sowohl der Programmzähler als auch das Codesegmentregister werden mit Direktdaten oder von der effektiven Adresse geladen. Damit ist der `CALL`-Befehl abgeschlossen.

Der Rückkehrbefehl `RET` holt einfach die Rückkehradresse vom Keller und schreibt sie in den Programmzähler. Das Programm setzt nun mit dem Befehl fort, der unmittelbar auf den `CALL`-Befehl folgt. Manchmal enthält der `RET`-Befehl eine positive Zahl als Direktwert. Diese Zahl wird als Anzahl der Argumentbytes angenommen, die vor dem Aufruf auf den Keller gelegt wurden; sie wird zu SP addiert, um den Keller aufzuräumen. Die FAR-Variante des Befehls, REFT, holt wie zu erwarten das Codesegmentregister nach dem Programmzähler vom Keller.

Innerhalb des Unterprogramms müssen die Argumente zugänglich sein. Ein Unterprogramm legt deshalb häufig den Basiszeiger auf dem Keller ab und kopiert den aktuellen Wert von SP nach BP. Das bedeutet, dass der Basiszeiger auf seinen vorherigen Wert verweist. Die Rückkehradresse liegt nun an BP + 2 und die Argumente 1 und 2 finden sich an den effektiven Adressen BP + 4 bzw. BP + 6. Wenn die Prozedur lokale Variablen benötigt, dann lässt sich die erforderliche Anzahl von Bytes vom Kellerzeiger subtrahieren und man kann diese Variablen vom Basiszeiger aus mit negativen Offsets adressieren. Im Beispiel von Abbildung C.3 gibt es drei lokale Einzelwortvariablen, die sich an BP - 2, BP - 4 und BP - 6 befinden. Auf diese Weise lässt sich die komplette Gruppe der aktuellen Argumente und lokalen Variablen über das BP-Register erreichen.

Der Keller wird in der üblichen Art genutzt, um Zwischenergebnisse zu speichern oder um Argumente für den nächsten Aufruf vorzubereiten. Ohne die Größe des im Unterprogramm verwendeten Kellers berechnen zu müssen, lässt sich der Keller wieder auf den Stand vor dem Rückkehrbefehl zurückbringen, indem man den Basiszeiger in den Kellerzeiger kopiert, den alten BP vom Keller holt und schließlich den RET-Befehl ausführt.

Bei einem Unterprogrammaufruf ändern sich manchmal die Werte der Prozessorregister. Es gehört zum guten Programmierstil, bestimmte Konventionen einzuhalten, beispielsweise dass sich die aufrufende Routine nicht darum zu kümmern braucht, mit welchen Registern die aufgerufene Routine arbeitet. Am einfachsten ist das zu erreichen, wenn man dieselben Konventionen für Systemaufrufe wie für normale Unterprogramme verwendet. Nehmen wir dazu an, dass sich die Register AX und DX in der aufgerufenen Routine ändern können. Wenn eines dieser Register wichtige Informationen enthält, sollte die aufrufende Routine sie vor den Argumenten auf dem Keller sichern. Verwendet das Unterprogramm auch andere Register, können diese unmittelbar zu Beginn des Unterprogramms auf dem Keller abgelegt und vor dem RET-Befehl vom Keller geholt werden. Mit anderen Worten ist es eine gute Konvention für den Aufrufer, AX und DX zu sichern, wenn diese Register irgendetwas Wichtiges enthalten, und für die aufgerufene Routine, alle anderen Register zu sichern, die sie überschreibt.

C.4.6 Systemaufrufe und Systemunterprogramme

Um solche Aufgaben wie Öffnen, Schließen, Lesen und Schreiben von Dateien von der Assemblerprogrammierung zu trennen, laufen Programme unter der Kontrolle eines Betriebssystems. Damit sich der Interpreter auf mehreren Plattformen einsetzen lässt, unterstützt er einen Satz von sieben Systemaufrufen und fünf Funktionen, die in ▶Tabelle C.4 aufgelistet sind.

Diese zwölf Routinen lassen sich durch die Standardaufrufsequenz aktivieren: Zuerst sind die erforderlichen Argumente in umgekehrter Reihenfolge auf den Keller zu legen, dann kommt die Aufrufnummer auf den Keller und schließlich wird der Trap-Befehl SYS (Abfangen eines Systemaufrufs) ohne Operanden ausgeführt. Die Systemroutine findet alle erforderlichen Informationen auf dem Keller vor, einschließlich der Aufrufnummer des angeforderten Systemdienstes. Die Rückgabewerte werden entweder in das Register AX oder in die Registerkombination DX:AX (wenn der Rückgabewert den Typ long hat) geschrieben.

Nummer	Name	Argumente	Rückgabewert	Beschreibung
5	_OPEN	*name, 0/1/2	Dateideskriptor	öffnet Datei
8	_CREAT	*name, *mode	Dateideskriptor	erzeugt Datei
3	_READ	fd, buf, nbytes	Anzahl Bytes	liest *nbytes* Bytes in den Puffer *buf*
4	_WRITE	fd, buf, nbytes	Anzahl Bytes	schreibt *nbytes* Bytes aus dem Puffer *buf*
6	_CLOSE	fd	0 bei Erfolg	schließt Datei mit Dateideskriptor *fd*
19	_LSEEK	fd, offset(long), 0/1/2	Position (long)	verschiebt Dateizeiger
1	_EXIT	status		schließt Dateien, stoppt Prozess
117	_GETCHAR		gelesenes Zeichen	liest Zeichen von der Standardeingabe
122	_PUTCHAR	char	geschriebenes Byte	schreibt Zeichen in die Standardausgabe
127	_PRINTF	*format, arg		gibt formatierte Zeichenfolge an Standardausgabe aus
121	_SPRINTF	buf, *format, arg		gibt formatierte Zeichenfolge in Puffer *buf* aus
125	_SSCANF	buf, *format, arg		liest Argumente aus Puffer *buf*

Tabelle C.4: Einige Systemaufrufe und Unterprogramme von UNIX, die im Interpreter verfügbar sind

Der SYS-Befehl garantiert, dass die Werte aller anderen Register vor und nach der Ausführung des Befehls gleich sind. Außerdem liegen die Argumente nach dem Aufruf immer noch auf dem Keller. Wenn der Aufrufer die Argumente nicht mehr (etwa für einen nachfolgenden Aufruf) benötigt, sollte er den Kellerzeiger nach dem Aufruf entsprechend anpassen.

Es ist zweckmäßig, die Namen der Systemaufrufe vor dem Start des Assemblerprogramms als Konstanten zu definieren, sodass man diese Funktionen nach ihrem Namen aufrufen kann und sich nicht die Nummer merken muss. Die Beispiele stellen mehrere Systemaufrufe vor, sodass sich dieser Abschnitt auf die unbedingt erforderlichen Details beschränkt.

In diesen Systemaufrufen werden Dateien entweder durch den OPEN- oder durch den CREAT-Aufruf geöffnet. In beiden Fällen gibt das erste Argument die Anfangsadresse einer Zeichenfolge an, die den Dateinamen enthält. Das zweite Argument im OPEN-Aufruf ist entweder 0 (wenn die Datei zum Lesen geöffnet werden soll), 1 (wenn sie zum Schreiben zu öffnen ist) oder 2 (für beide Modi). Wenn die Datei geschrieben werden soll und noch nicht existiert, wird sie durch den Aufruf erzeugt. Der CREAT-Aufruf erzeugt eine leere Datei, wobei die Berechtigungen entsprechend dem zweiten Argument gesetzt werden. Sowohl der OPEN- als auch der CREAT-Aufruf geben eine kleine Ganzzahl im AX-Register zurück. Dabei handelt es sich um den sogenannten **Dateideskriptor**, der bei Lesen, Schreiben und Schließen der Datei anzugeben ist. Ein negativer Rückgabewert bedeutet, dass der Aufruf gescheitert ist. Beim Start des Programms sind bereits drei Dateien mit folgenden Dateideskriptoren geöffnet: 0 für die Standardeingabe, 1 für die Standardausgabe und 2 für die Standardfehlerausgabe.

Die READ- und WRITE-Aufrufe übernehmen drei Argumente: den Dateideskriptor, einen Puffer zur Aufnahme der Daten und die Anzahl der zu übertragenden Bytes. Da die Argumente in umgekehrter Reihenfolge auf den Keller kommen, legen wir zuerst die Anzahl der Bytes, dann die Adresse des Pufferanfangs, dann den Dateideskriptor und schließlich die Aufrufnummer (READ oder WRITE) auf den Keller. Die gewählte Reihenfolge der Argumente auf dem Keller entspricht der Aufrufsequenz der Standard-C-Sprache, in der

```
read(fd, buffer, bytes);
```

implementiert wird, indem die Parameter in der Reihenfolge bytes, buffer und schließlich fd auf den Keller gelegt werden.

Der CLOSE-Aufruf verlangt nur den Dateideskriptor und gibt 0 in AX zurück, wenn die Datei erfolgreich geschlossen werden konnte. Der EXIT-Aufruf erwartet den Beenden-Status auf dem Keller und gibt nichts zurück.

Der LSEEK-Aufruf ändert den **Lese-/Schreibzeiger** in einer geöffneten Datei. Das erste Argument ist der Dateideskriptor. Da das zweite Argument vom Typ long ist, wird zuerst das höherwertige und dann das niederwertige Wort auf den Keller gelegt, selbst wenn der Offset in ein Wort passt. Das dritte Argument zeigt an, ob der neue Lese-/Schreibzeiger relativ zum Anfang der Datei (Fall 0), relativ zur aktuellen Position (Fall 1) oder relativ zum Ende der Datei (Fall 2) zu berechnen ist. Der Rückgabewert vom Typ long steht in der Registerkombination DX:AX und liefert die neue Position des Zeigers relativ zum Anfang der Datei.

Jetzt kommen wir zu den Funktionen, die keine Systemaufrufe sind. Die Funktion GETCHAR liest ein Zeichen von der Standardeingabe, übernimmt es nach AL und setzt AH auf 0. Bei einem Fehler wird das gesamte AX-Wort auf −1 gesetzt. Der Aufruf PUTCHAR schreibt ein Byte auf die Standardausgabe. Bei einem erfolgreichen Schreibvorgang gibt die Funktion das geschriebene Zeichen zurück und im Fehlerfall −1.

Der PRINTF-Aufruf gibt formatierte Informationen aus. Das erste Argument ist die Adresse einer Formatzeichenfolge, die das Format der Ausgabe beschreibt. Die Zeichenfolge „%d“ zeigt an, dass das nächste Argument eine Ganzzahl auf dem Keller ist, die bei der Ausgabe in die Dezimaldarstellung zu konvertieren ist. Analog konvertiert „%x“ in Hexadezimalzahlen und „%o“ in Oktalzahlen. Die Formatangabe „%s“ zeigt an, dass das nächste Argument eine nullterminierte Zeichenfolge ist, die an den Aufruf über eine Speicheradresse auf dem Keller übergeben wird. Die Anzahl der zusätzlichen Argumente auf dem Keller muss mit der Anzahl der Konvertierungsangaben in der Formatzeichenfolge übereinstimmen.

Zum Beispiel gibt der Aufruf

```
printf("x = %d and y = %d\n", x, y);
```

die (in Anführungszeichen) gesetzte Formatzeichenfolge aus, wobei die Zeichenfolgen „%d“ in der Formatzeichenfolge durch die numerischen Werte von x und y ersetzt werden. Auch dieser Befehl legt wegen der Kompatibilität mit C die Argumente in der Reihenfolge y, x und schließlich die Adresse der Formatzeichenfolge auf dem Keller ab. Der Grund für diese Konvention ist, dass printf eine variable Anzahl von Parametern übernimmt. Indem man die Parameter in umgekehrter Reihenfolge auf den Keller legt, ist die Formatzeichenfolge selbst immer der letzte Parameter und die Funktion kann sie somit lokalisieren. Würden die Parameter von links nach rechts auf dem Keller abgelegt, dann läge die Formatzeichenfolge tief im Keller und printf wüsste nicht, wo sie zu finden ist.

Im Aufruf von SPRINTF ist das erste Argument der Puffer, der die Ausgabezeichenfolge aufnimmt, und nicht die Standardausgabe. Die anderen Argumente entsprechen PRINTF. Der Aufruf SSCANF ist das Gegenstück zu SPRINTF: Das erste Argument ist eine Zeichenfolge, die Ganzzahlen in dezimaler, oktaler oder hexadezimaler Notation enthalten kann, und das nächste Argument gibt die Formatzeichenfolge mit den Konvertierungsvorschriften an. Die anderen Argumente sind Adressen von Speicherwörtern, um die konvertierten Informationen aufzunehmen. Diese Systemunterprogramme sind sehr vielseitig – eine weiterführende Erläuterung aller Möglichkeiten ginge über den Rahmen dieses Buchs hinaus. In Abschnitt C.8 zeigen mehrere Beispiele, wie Sie die beschriebenen Funktionen in verschiedenen Situationen einsetzen können.

C.4.7 Abschließende Bemerkungen zum Befehlssatz

In der offiziellen Definition des 8088 gibt es ein **Segment-Override**-Präfix, mit dem es möglich ist, effektive Adressen aus einem anderen Segment zu verwenden; d.h. die erste auf das Präfix folgende Speicheradresse wird mithilfe des angegebenen Segmentregisters berechnet. Zum Beispiel berechnet der Befehl

```
ESEG MOV DX,(BX)
```

zuerst die Adresse von BX mithilfe des Extrasegments und überträgt dann den Inhalt nach DX. Allerdings lassen sich das Kellersegment bei Adressierung über SP und das Extrasegment bei Zeichenfolgenbefehlen mit dem DI-Register nicht überschreiben. Die Segmentregister SS, DS und ES können im MOV-Befehl verwendet werden, es ist aber nicht möglich, Direktdaten in ein Segmentregister zu laden, und diese Register können nicht in einer XCHG-Operation verwendet werden. Die Programmierung mit wechselnden Segmentregistern und Präfixen ist nicht ganz trivial und sollte möglichst vermieden werden. Der Interpreter verwendet feststehende Segmentregister, sodass diese Probleme hier gar nicht erst auftauchen.

Die meisten Computer bieten Gleitkommabefehle, die manchmal direkt im Prozessor, manchmal in einem separaten Coprozessor und manchmal per Software über eine spezielle Art von Gleitkomma-Trap implementiert sind. Die ausführliche Behandlung dieser Features ginge aber über den Rahmen dieses Anhangs hinaus.

C.5 Der Assemblierer

Die Behandlung der 8088-Architektur ist nun abgeschlossen. Das nächste Thema betrifft die Software, mit der Sie den 8088 in Assemblersprache programmieren. Insbesondere geht es hier um die Werkzeuge, die Sie zu Lernzwecken auf der Website finden. Zuerst behandeln wir den Assemblierer, gehen dann auf den Tracer ein und geben schließlich einige praktische Hinweise, wie Sie diese Programme einsetzen.

C.5.1 Einführung

Für Befehle haben wir bisher schon **mnemonische Bezeichnungen** (**Mnemonik**) verwendet, d.h. kurze und einprägsame symbolische Namen wie ADD und CMP. Register wurden ebenfalls mit symbolischen Bezeichnern wie AX und BP benannt. Ein Programm, das mit symbolischen Namen für Befehle und Register geschrieben ist, heißt **Assemblerprogramm**. Um ein derartiges Programm auszuführen, muss man es zuerst in die binären Codes übersetzen, die die CPU tatsächlich versteht. Der **Assemblierer** ist das Programm, das ein Assemblerprogramm in Binärcodes konvertiert. Die Ausgabe des Assemblierers ist eine sogenannte **Objektdatei**. Viele Programme rufen Unterprogramme auf, die bereits vorher assembliert und in Bibliotheken gespeichert wurden. Um diese Programme auszuführen, müssen die neu assemblierte Objektdatei und die verwendeten Bibliotheksroutinen (ebenfalls Objektdateien) zu einer einzigen **ausführbaren Binärdatei** kombiniert werden. Das erledigt ein anderes Programm – der sogenannte **Linker** (Binder). Nur wenn der Linker die ausführbare Binärdatei aus einer oder mehreren Objektdateien erstellt hat, ist die Übersetzung vollständig abgeschlossen. Das Betriebssystem kann dann die ausführbare Binärdatei in den Hauptspeicher laden und ausführen.

Als erste Aufgabe muss der Assemblierer eine **Symboltabelle** anlegen, die die Namen der symbolischen Konstanten und Marken den von ihnen verkörperten Binärcodes zuordnet. Direkt im Programm definierte Konstanten lassen sich ohne weitere Verarbeitung in die Symboltabelle übernehmen. Marken dagegen repräsentieren Adressen, deren Werte nicht unmittelbar feststehen. Um die Werte der Marken zu berechnen, durchsucht der Assemblierer das Programm zeilenweise im sogenannten **ersten Lauf** (**Pass**). In diesem Lauf verfolgt er einen **Positionszähler** (Location Counter), der gewöhnlich durch das Punktsymbol „.“ gekennzeichnet wird. Für jeden Befehl und jede Speicherreservierung, die der Assemblierer in diesem Lauf findet, erhöht er den Positionszähler um die Größe des Speicherplatzes, der erforderlich ist, um das durchsuchte Element aufzunehmen. Wenn also zwei Befehle 2 bzw. 3 Bytes lang sind, erhält eine Marke auf dem dritten Befehl den numerischen Wert 5. Liegt beispielsweise das Codefragment

```
    MOV AX, 6
    MOV BX, 500
L:
```

am Anfang des Programms, wird `L` der Wert 5 zugeordnet.

Zu Beginn des **zweiten Laufs** sind die numerischen Werte aller Symbole bekannt. Da die numerischen Werte der Befehlsnamen Konstanten sind, kann nun die **Codeerzeugung** beginnen. Der Assemblierer liest nun erneut die Befehle nacheinander ein und schreibt ihre binären Werte in die Objektdatei. Wenn der letzte Befehl assembliert wurde, ist die Objektdatei vollständig.

C.5.2 Der ACK-basierte Assemblierer as88

Dieser Abschnitt geht detailliert auf den Assemblierer/Linker *as88* ein, den Sie auf der Website finden und der mit dem Tracer zusammenarbeitet. Bei diesem Assemblierer handelt es sich um das *Amsterdam Compiler Kit* (ACK), das sich am Vorbild von UNIX-Assemblierern und nicht von MS-DOS- oder Windows-Assemblierern orientiert. Das Kommentarsymbol ist das Ausrufezeichen (`!`). Alles, was auf das Ausrufezeichen bis zum Ende der Zeile folgt, gilt als Kommentar und hat keinen Einfluss auf die erzeugte Objektdatei. Leerzeilen sind zulässig und werden ignoriert.

Dieser Assemblierer verwendet drei verschiedene Abschnitte, in denen er den übersetzten Code und die Daten speichert. Diese Abschnitte beziehen sich auf die Speichersegmente des Computers. Der erste Abschnitt ist der **TEXT**-Abschnitt für die Prozessorbefehle. Daran schließt sich der **DATA**-Abschnitt für die Initialisierung des Speichers im Datensegment an, das bei Beginn des Prozesses bekannt ist. Der letzte Abschnitt ist der **BSS**-Abschnitt (**Block Started by Symbol**) für die Reservierung von Speicher im Datensegment, das nicht initialisiert ist (d.h. 0 enthält). Jeder dieser Abschnitte hat seinen eigenen Positionszähler. Die verschiedenen Abschnitte sollen dem Assemblierer ermöglichen, einige Befehle, dann einige Daten, dann einige Befehle, dann weitere Daten usw. zu generieren und es dem Linker zu überlassen, die Teile neu anzuordnen, sodass sich letztlich alle Befehle zusammen im Textabschnitt und alle Datenwörter zusammen im Datenabschnitt befinden. Jede Zeile Assemblercode produziert Ausgaben nur für einen Abschnitt, aber Codezeilen und Datenzeilen dürfen sich abwechseln. Zur Laufzeit werden der TEXT-Abschnitt im Textsegment und die Daten- und BSS-Abschnitte (nacheinander) im Datenabschnitt gespeichert.

Im Assemblerprogramm kann ein Befehl oder Datenwort mit einer Marke beginnen. Eine Marke darf auch allein auf einer Zeile stehen. Diese Marke wird dann so behandelt, als würde sie vor dem nächsten Befehl oder Datenwort stehen. Zum Beispiel ist `L` in

```
    CMP AX, ABC
    JE L
    MOV AX, XYZ
L:
```

eine Marke, die sich auf den nächsten Befehl oder das nächste Datenwort bezieht. Es sind zwei Arten von Marken zulässig. Die **globalen Marken** sind alphanumerische Bezeichner, denen ein Doppelpunkt (`:`) folgt. Diese müssen eindeutig sein und dürfen nicht mit einem Schlüsselwort oder einem mnemonischen Befehlsnamen übereinstimmen. Nur im TEXT-Abschnitt können **lokale Marken** stehen, die jeweils aus einer Ziffer gefolgt von einem Doppelpunkt (`:`) bestehen. Eine lokale Marke kann mehrfach vorkommen. Enthält ein Programm einen Befehl wie

```
JE 2f
```

dann bedeutet das, `JUMP EQUAL` vorwärts (`f` steht für „forward“) zur nächsten lokalen Marke `2`. Analog bedeutet

```
JNE 4b
```

`JUMP NOT EQUAL` zurück (`b` steht für „backward“) zur nächsten Marke `4`.

Der Assemblierer erlaubt es, Konstanten mit einem symbolischen Namen mittels der Syntax

```
Bezeichner = Ausdruck
```

zu versehen, wobei der *`Bezeichner`* eine alphanumerische Zeichenfolge ist, wie zum Beispiel:

```
BLOCKSIZE = 1024
```

Wie bei allen Bezeichnern in dieser Assemblersprache sind nur die ersten acht Zeichen signifikant, sodass `BLOCKSIZE` und `BLOCKSIZZ` dasselbe Symbol bezeichnen – nämlich `BLOCKSIZ`. Ausdrücke lassen sich aus Konstanten, numerischen Werten und Operatoren bilden. Marken gelten als Konstanten, da ihre Werte am Ende des ersten Laufs bekannt sind.

Numerische Werte können **oktal** (mit einer 0 beginnend), **dezimal** und **hexadezimal** (mit 0X oder 0x beginnend) angegeben werden. In Hexadezimalzahlen stehen die Buchstaben a bis f oder A bis F für die Werte 10 bis 15. Die Ganzzahloperatoren lauten `+`, `-`, `*`, `/` und `%` für Addition, Subtraktion, Multiplikation, Division und Divisionsrest. Die logischen Operatoren `&`, `^` und `~` symbolisieren bitweises AND, bitweises OR und logisches Komplement (NOT). Ausdrücke lassen sich mit den eckigen Klammern `[` und `]` gruppieren. Runde Klammern sind hierfür *nicht* erlaubt, um Verwechslungen mit den Adressierungsmodi zu vermeiden.

Bei Marken in Ausdrücken ist Vorsicht geboten. Befehlsmarken lassen sich nicht von Datenmarken subtrahieren. Die Differenz zwischen vergleichbaren Marken ist ein numerischer Wert, doch weder Marken noch ihre Differenzen sind als Konstanten in multiplikativen oder logischen Ausdrücken zulässig. Ausdrücke, die in Konstantendefinitionen erlaubt sind, dürfen auch als Konstanten in Prozessorbefehlen erscheinen. Manche Assemblierer bieten eine Makrofunktion, mit der sich mehrere Befehle unter einem gemeinsamen Namen gruppieren lassen. Der *as88* unterstützt dies nicht.

In jeder Assemblersprache gibt es einige Direktiven, die den Assemblierungsvorgang selbst beeinflussen, aber nicht in Binärcode übersetzt werden. Diese sogenannten **Pseudobefehle** sind in ▶Tabelle C.5 aufgeführt.

Befehl	Beschreibung
`.SECT .TEXT`	Assembliert die folgenden Zeilen im TEXT-Abschnitt
`.SECT .DATA`	Assembliert die folgenden Zeilen im DATA-Abschnitt
`.SECT .BSS`	Assembliert die folgenden Zeilen im BSS-Abschnitt
`.BYTE`	Assembliert die Argumente als Folge von Bytes
`.WORD`	Assembliert die Argumente als Folge von Wörtern
`.LONG`	Assembliert die Argumente als Folge von Doppelwörtern
`.ASCII "str"`	Speichert `str` als alphanumerische ASCII-Zeichenfolge ohne nachgestelltes Nullbyte
`.ASCIZ "str"`	Speichert `str` als alphanumerische ASCII-Zeichenfolge mit einem nachgestellten Nullbyte
`.SPACE n`	Setzt den Positionszähler um `n` Positionen weiter
`.ALIGN n`	Setzt den Positionszähler auf die nächste `n`-Byte-Grenze
`.EXTERN`	Bezeichner ist ein externer Name

Tabelle C.5: Die *as88*-Pseudobefehle

Der erste Block der Pseudobefehle bestimmt den Abschnitt, in dem der Assemblierer die folgenden Zeilen verarbeiten soll. Normalerweise steht eine derartige Abschnittsvorschrift auf einer eigenen Zeile und kann an jeder Stelle im Code erscheinen. Die Implementierung des Assemblierers verlangt, dass der erste zu verwendende Abschnitt ein TEXT-Abschnitt ist, an den sich der DATA-Abschnitt und dann der BSS-Abschnitt anschließt. Nach diesen anfänglichen Verweisen dürfen die Abschnitte in beliebiger Folge erscheinen. Darüber hinaus sollte die erste Zeile eines Abschnitts mit einer globalen Marke versehen sein. Weitere Einschränkungen zur Anordnung der Abschnitte bestehen nicht.

Der zweite Block der Pseudobefehle enthält die Datentypkennzeichnungen für den Datenabschnitt. Der Assemblierer kennt vier Typen: `.BYTE`, `.WORD`, `.LONG` und Zeichenfolge. Nach einer optionalen Marke und dem Schlüsselwort für den Pseudobefehl erwarten die drei ersten Typen eine durch Komma getrennte Liste von konstanten Ausdrücken auf dem Rest der Zeile. Für Zeichenfolgen sind zwei Schlüsselwörter definiert, `ASCII` und `ASCIZ`. Diese Typen unterscheiden sich nur darin, dass bei `ASCIZ` ein Nullbyte an das Ende der Zeichenfolge angefügt wird. Beide Typen erwarten eine Zeichenfolge zwischen doppelten Anführungszeichen. In Zeichenfolgendefinitionen sind verschiedene Escape-Zeichen erlaubt, die ▶Tabelle C.6 zeigt. Außer den hier genannten kann man jedes Sonderzeichen einfügen. Dazu ist nach einem Backslash die oktale Darstellung des Zeichens zu schreiben, beispielsweise \377 (höchstens drei Ziffern, 0 hier nicht erforderlich).

Escape-Zeichen	Beschreibung
`\n`	Zeilenwechsel
`\t`	Tabulator
`\\`	umgekehrter Schrägstrich (Backslash)
`\b`	Rückschritt
`\f`	Seitenvorschub
`\r`	Wagenrücklauf
`\"`	doppeltes Anführungszeichen

Tabelle C.6: Einige Escape-Zeichenfolgen, die der as88 unterstützt

Der Pseudobefehl `SPACE` bewirkt, dass der Positionszeiger um die im Argument angegebene Anzahl von Bytes inkrementiert wird. Dieses Schlüsselwort ist vor allem nützlich nach einer Marke im BSS-Abschnitt, um Speicher für eine Variable zu reservieren. Das Schlüsselwort `ALIGN` dient dazu, den Positionszähler auf die nächste 2-, 4- oder 8-Byte-Grenze im Hauptspeicher zu setzen, um Wörter, Doppelwörter usw. an einer geeigneten Speicherstelle beginnen zu lassen. Schließlich kündigt das Schlüsselwort `EXTERN` an, dass die genannte Routine oder Speicherstelle dem Linker für externe Verweise verfügbar gemacht wird. Die Definition muss nicht unbedingt in der aktuellen Datei stehen, sondern kann auch an anderer Stelle erscheinen, sofern der Linker den Verweis auflösen kann.

Obwohl der Assemblierer an sich ziemlich allgemein gehalten ist, sind einige Punkte zu beachten, wenn man ihn in Verbindung mit dem Tracer einsetzt. Der Assemblierer akzeptiert Schlüsselwörter in Groß- oder Kleinbuchstaben, der Tracer zeigt sie aber immer in Großbuchstaben an. Weiterhin akzeptiert der Assemblierer sowohl „\r“ (Wagenrücklauf) als auch „\n“ (Zeilenwechsel) als Zeilenwechselzeichen, der Tracer nimmt aber immer das zweite Escape-Zeichen. Der Assemblierer kann zwar mit Programmen umgehen, die über mehrere Dateien verteilt sind, in Verbindung mit dem Tracer muss jedoch das vollständige Programm in einer einzigen Datei mit der Erweiterung „.$“ enthalten sein. In diese Datei lassen sich Include-Dateien mit dem Befehl

`#include` *`Dateiname`*

einbinden. Die angeforderte Datei wird ebenfalls in die kombinierte „.$“-Datei geschrieben, und zwar an die Position, an der die Anforderung steht. Der Assemblierer prüft, ob die eingebundene Datei bereits verarbeitet wurde, und lädt nur eine Kopie. Das ist nützlich, wenn mehrere Dateien dieselbe Header-Datei verwenden. In diesem Fall wird nur eine Kopie in die kombinierte Quelldatei eingebunden. Der `#include`-Befehl muss als erstes Token auf der Zeile ohne vorherige Whitespace-Zeichen stehen und der Dateipfad ist in doppelte Anführungszeichen einzuschließen.

Gibt es nur eine Quelldatei, beispielsweise *pr.s*, dann wird als Projektname *pr* angenommen und die kombinierte Datei erhält den Namen *pr.$*. Bei mehreren Quelldateien dient der Basisname der ersten Datei als Projektname sowie für die Definition der *.$*-Datei, die der Assemblierer durch Verkettung der Quelldateien generiert. Dieses Verhalten lässt sich überschreiben, wenn auf der Befehlszeile ein Flag „-o *Projektname*“ vor der ersten Quelldatei angegeben ist. In diesem Fall erhält die kombinierte Datei den Namen *Projektname.$*.

Beachten Sie, dass es bestimmte Nachteile gibt, wenn Sie Include-Dateien und mehr als eine Quelldatei verwenden. Es ist erforderlich, dass die Namen von Marken, Variablen und Konstanten für alle Quellen unterschiedlich sind. Die letztlich zur Ladedatei assemblierte Datei ist die *Projektname.$*-Datei, sodass die vom Assemblierer bei Fehlern und Warnungen ausgegebenen Zeilennummern für diese Datei gelten. Bei sehr kleinen Projekten ist es sicherlich am einfachsten, das gesamte Programm in einer einzigen Datei zu erfassen und auf `#include` zu verzichten.

C.5.3 Einige Unterschiede zu anderen 8088-Assemblierern

Der Assemblierer *as88* orientiert sich am UNIX-Standardassemblierer und unterscheidet sich damit in mehreren Beziehungen vom Microsoft Macro Assembler MASM und dem Borland 8088-Assemblierer TASM. Diese beiden Assemblierer sind auf das Betriebssystem MS-DOS ausgerichtet und gelegentlich sind Aspekte des Assemblierers eng mit denen des Betriebssystems verknüpft. MASM und TASM unterstützen alle 8088-Speichermodelle, die MS-DOS erlaubt. Zum Beispiel gibt es das **tiny**-Speichermodell, bei dem der gesamte Code und alle Daten in 64 KB passen müssen, das **small**-Modell, bei dem das Codesegment und das Datensegment jeweils 64 KB groß sein können, sowie **large**-Modelle, die mehrere Code- und Datensegmente enthalten. Der Unterschied zwischen diesen Modellen hängt von der Verwendung der Segmentregister ab. Das large-Modell erlaubt `FAR`-Aufrufe und Änderungen im `DS`-Register. Der Prozessor selbst weist einige Einschränkungen bei den Segmentregistern auf (z.B. ist das `CS`-Register nicht als Ziel in einem `MOV`-Befehl erlaubt). Um das Protokollieren zu vereinfachen, ähnelt das in *as88* verwendete Speichermodell dem small-Modell, obwohl der Assemblierer ohne den Tracer keine Einschränkungen in Bezug auf die Segmentregister verlangt.

Die beiden anderen Assemblierer haben keinen BSS-Abschnitt und initialisieren den Speicher nur in den DATA-Abschnitten. Die Assemblerdatei beginnt normalerweise mit einigen Header-Informationen, daran schließt sich der DATA-Abschnitt an, der durch das Schlüsselwort `.data` gekennzeichnet ist, und dann kommt der Programmtext nach dem Schlüsselwort `.code`. Im Header sind weitere Schlüsselwörter möglich: Nach `title` können Sie den Namen des Programms angeben, mit dem Schlüsselwort `.model` das Speichermodell spezifizieren und das Schlüsselwort `.stack` erlaubt es, Speicher für das Kellersegment zu reservieren. Ist die zu erstellende Binärdatei eine *.com*-Datei, dann wird das tiny-Modell verwendet, alle Segmentregister sind gleich und am Anfang dieses kombinierten Segments sind 256 Bytes für ein „Programmsegmentpräfix“ reserviert.

Anstelle der Direktiven `.WORD`, `.BYTE` und `.ASCIZ` verwenden diese Assemblierer die Schlüsselwörter `DW` für Wörter (Define Word) und `DB` für Bytes (Define Byte). Nach der `DB`-Direktive kann eine Zeichenfolge stehen, die in ein Paar von doppelten Anführungszeichen eingeschlossen ist. Nach Marken für Datendefinitionen steht kein Doppelpunkt. Große Speicherblöcke lassen sich mit dem Operator `*Zähler* DUP *Anfangswert*` initialisieren. Zum Beispiel initialisiert die Anweisung

```
LABEL DB 1000 DUP (0)
```

1000 Bytes mit dem ASCII-Wert 0 an der Marke `LABEL` im Speicher.

Nach Marken für Unterprogramme steht kein Doppelpunkt, sondern das Schlüsselwort `PROC`. Am Ende des Unterprogramms ist die Marke zu wiederholen, gefolgt vom Schlüsselwort `ENDP`, damit der Assemblierer den genauen Gültigkeitsbereich eines Unterprogramms ableiten kann. Lokale Marken werden nicht unterstützt.

Die Schlüsselwörter für die Befehle sind in MASM, TASM und *as88* identisch. Auch steht in Befehlen mit zwei Operanden die Quelle nach dem Ziel. Allerdings ist es üblich, Argumente an Funktionen über Register und nicht auf dem Keller zu übergeben. Setzt man jedoch Assemblerroutinen in C- oder C++-Programmen ein, so empfiehlt es sich, mit dem Keller zu arbeiten, um kompatibel mit dem C-Mechanismus für Unterprogrammaufrufe zu bleiben. Das ist kein wirklicher Unterschied, da es in *as88* ebenfalls möglich ist, Register anstelle des Kellers für Argumente zu verwenden.

Der größte Unterschied zwischen MASM, TASM und *as88* betrifft die Systemaufrufe.[6] In MASM und TASM werden Systemroutinen mithilfe eines (Software-)Interrupts `INT` aufgerufen. Am gebräuchlichsten ist `INT 21H`, der für MS-DOS-Funktionsaufrufe vorgesehen ist. Die Aufrufnummer wird in `AX` eingetragen, sodass auch hier die Übergabe von Argumenten in Registern erfolgt. Für andere Geräte gibt es andere Interrupt-Vektoren oder Interruptnummern, wie zum Beispiel `INT 16H` für die Tastaturfunktionen des BIOS und `INT 10H` für die Anzeige. Um diese Funktionen zu programmieren, benötigt der Programmierer jede Menge geräteabhängige Informationen. Dagegen lassen sich die UNIX-Systemaufrufe von *as88* wesentlich einfacher einsetzen.

C.6 Der Tracer

Der Tracer-Debugger ist für ein normales Terminal mit 24 × 80 Zeichen (VT100) und die ANSI-Standardbefehle für Terminals ausgelegt. Unter UNIX und Linux erfüllt normalerweise der Terminalemulator im X-Window-System diese Anforderungen. Auf Windows-Computern muss man in der Regel den *ansi.sys*-Treiber in die Systeminitialisierungsdateien laden, wie es später beschrieben wird. In den bisher vorgestellten Tracer-Beispielen haben Sie bereits das Layout des Tracer-Fensters kennengelernt. Wie Abbildung C.4 zeigt, gliedert sich der Tracer-Bildschirm in sieben Fenster.

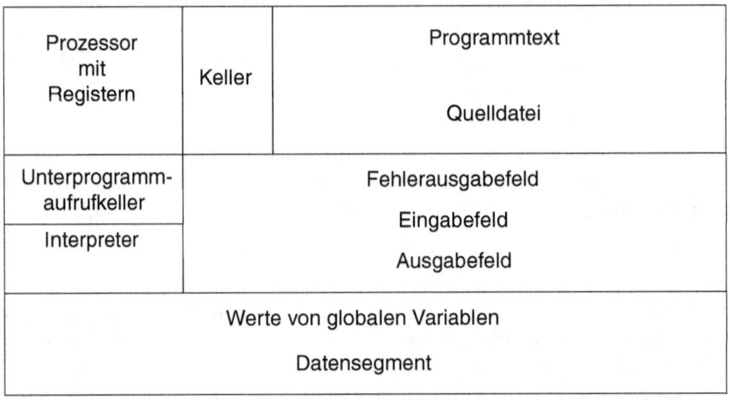

Abbildung C.4: Die Tracer-Fenster

Oben links befindet sich das Prozessorfenster, das die allgemeinen Register in Dezimalnotation und die anderen Register in hexadezimaler Schreibweise anzeigt. Da der numerische Wert des Programmzählers nicht besonders aufschlussreich ist, wird in der Zeile darunter die Position im Quellcode in Bezug auf die vorhergehende globale Marke ange-

6 Siehe auch die Anmerkung zu Tabelle C.2.

geben. Über dem Programmzählerfeld sind fünf Bedingungscodes zu sehen. Der Überlauf wird durch ein „v“ angezeigt, das Richtungsflag durch „>“ für aufwärts und durch „<“ für abwärts. Das Vorzeichenflag ist entweder „n“ für negativ oder „p“ für 0 und positiv. Das gesetzte Nullflag wird durch ein „z“ angezeigt und das gesetzte Übertragsflag durch „c“. Gelöschte Flags sind mit einem „–“ versehen.

Das mittlere Fenster in der oberen Reihe liefert Angaben zum Keller in hexadezimaler Schreibweise. Auf die aktuelle Position des Kellerzeigers weist ein Pfeil „=>“ hin. Rückkehradressen von Unterprogrammen werden durch eine Ziffer vor dem hexadezimalen Wert gekennzeichnet. Das Fenster rechts oben zeigt einen Ausschnitt der Quelldatei in der Nachbarschaft des nächsten auszuführenden Befehls[7] an. Die Position des Programmzählers ist ebenfalls durch einen Pfeil „=>“ markiert.

Das Fenster unter dem Prozessorfenster zeigt die Quellcodepositionen der zuletzt ausgeführten Unterprogramme an. Direkt darunter liegt das Tracer-Kommandofenster, das ganz oben das zuletzt ausgeführte Kommando und unten den Kommandocursor zeigt. Beachten Sie, dass jedes Kommando durch einen Wagenrücklauf (↵ auf PC-Tastaturen) abzuschließen ist.

Das untere Fenster kann sechs Einträge des globalen Datenspeichers aufnehmen. Jeder Eintrag beginnt mit einer Position relativ zu einer bestimmten Marke, gefolgt von der absoluten Position im Datensegment. Daran schließen sich ein Doppelpunkt und acht Bytes in Hexadezimalnotation an. Die nächsten 11 Positionen sind für Zeichen reserviert, gefolgt von vier dezimalen Wortdarstellungen. Die Bytes, die Zeichen und die Wörter verkörpern denselben Speicherinhalt, auch wenn für die Zeichendarstellung drei zusätzliche Bytes vorhanden sind. Dies ist zweckmäßig, da es von Beginn an nicht unbedingt klar ist, ob die Daten als vorzeichenbehaftete oder vorzeichenlose Ganzzahlen oder als Zeichenfolge verwendet werden.

Eingaben und Ausgaben erscheinen im rechten Fenster der mittleren Reihe. Die erste Zeile ist für Fehlerausgaben des Tracers, die zweite Zeile für Eingaben reserviert. Die restlichen Zeilen sind für Ausgaben vorgesehen. Vor einer Fehlerausgabe steht die Kennzeichnung „E“, vor einer Eingabe „I“ und vor einer Standardausgabe ein „>“. In der Eingabezeile weist ein Pfeil „->“ auf das, was als Nächstes gelesen wird. Wenn man das Programm `READ` oder `GETCHAR` aufruft, kommt die nächste Eingabe auf der Tracer-Kommandozeile in das Eingabefeld. In diesem Fall ist es ebenfalls erforderlich, die Eingabezeile mit einem ↵ abzuschließen. Nach dem Pfeil „->“ steht der Teil der Zeile, der noch nicht verarbeitet wurde.

Normalerweise liest der Tracer sowohl seine Kommandos als auch seine Eingaben von der Standardeingabe. Allerdings ist es möglich, eine Datei mit Tracer-Kommandos und eine Datei mit Eingabezeilen bereitzustellen und einzulesen, bevor die Steuerung an die Standardeingabe übergeben wird. Tracer-Kommandodateien haben die Erweiterung *.t* und Eingabedateien die Erweiterung *.i*. Die Assemblersprache erlaubt sowohl Groß- als auch Kleinbuchstaben für Schlüsselwörter, Systemunterprogramme und Pseudobefehle. Bei der Assemblierung wird eine Datei mit der Erweiterung *.$* erstellt, in der die kleingeschriebenen Schlüsselwörter in Großbuchstaben umgewandelt und die Zeichen für Wagenrücklauf entfernt sind. Somit kann jedes Projekt – beispielsweise *pr* – aus bis zu sechs unterschiedlichen Dateien bestehen:

7 Um Verwechslungen zwischen Tracer-Befehlen und Prozessorbefehlen auszuschließen, werden in diesem Anhang die Tracer-Befehle als „Kommandos“ und die Prozessorbefehle wie im übrigen Teil des Buchs als „Befehle“ bezeichnet (Anm. d. Übersetzers).

1. *pr.s* für den Assemblerquellcode
2. *pr.$* für die zusammengesetzte Quelldatei
3. *pr.88* für die Ladedatei
4. *pr.i* für vordefinierte Standardeingaben
5. *pr.t* für vordefinierte Tracer-Kommandos
6. *pr.#* für das Linken des Assemblercodes zur Ladedatei

Die letzte Datei verwendet der Tracer, um das rechte obere Fenster und das Programmzählerfeld in der Anzeige zu füllen. Außerdem prüft der Tracer, ob die Ladedatei nach der letzten Änderung der Programmquelle erzeugt wurde; wenn nicht, gibt er eine Warnung aus.

C.6.1 Tracer-Kommandos

▶Tabelle C.7 gibt die Tracer-Kommandos an. Die wichtigsten Kommandos sind das [↵]-Kommando in der ersten Zeile der Tabelle, das einen einzelnen Prozessorbefehl ausführt, und das Beenden-Kommando *q* in der letzten Zeile. Ist eine Zahl als Kommando angegeben, dann wird die entsprechende Anzahl von Befehlen ausgeführt. Die Zahl *k* entspricht der *k*-maligen Betätigung der [↵]-Taste. Die gleiche Wirkung wird erreicht, wenn der Zahl ein Ausrufezeichen oder ein *X* folgt.

Adresse	Kommando	Beispiel	Beschreibung
			Einen Befehl ausführen
#	, !, X	24	# Befehle ausführen
/T+#	g, !,	/start+5g	Ausführen bis Zeile # nach Marke T
/T+#	b	/start+5b	Haltepunkt auf Zeile # nach Marke T setzen
/T+#	c	/start+5c	Haltepunkt auf Zeile # nach Marke T entfernen
#	g	108g	Programm bis Zeile # ausführen
	g	g	Programm erneut bis zu aktueller Zeile ausführen
	b	b	Haltepunkt auf aktuelle Zeile setzen
	c	c	Haltepunkt auf aktueller Zeile entfernen
	n	n	Programm bis zur nächsten Zeile ausführen
	r	r	Ausführen bis Haltepunkt oder Ende
	=	=	Programm bis zur selben Unterprogrammebene ausführen
	-	-	Ausführen bis Unterprogrammebene minus 1
	+	+	Ausführen bis Unterprogrammebene plus 1
/D+#		/buf+6	Datenabschnitt ab Marke+# anzeigen
/D+#	d, !	/buf+6d	Datenabschnitt ab Marke+# anzeigen
	R, [Strg]+[L]	R	Fenster aktualisieren
	q	q	Tracing anhalten, zurück zur Kommandoshell

Tabelle C.7: Die Tracer-Kommandos. Jedes Kommando ist mit einem Wagenrücklauf (der [↵]-Taste) abzuschließen. Eine leere Zelle in der Spalte Adresse zeigt an, dass lediglich ein Wagenrücklauf erforderlich ist. Kommandos, die ohne *Adresse*-Feld aufgeführt sind, besitzen keine Adresse. Das Symbol # stellt einen ganzzahligen Offset dar.

Mit dem Kommando `g` kann man zu einer bestimmten Zeile in der Quelldatei gehen. Dieses Kommando hat drei Varianten: Steht vor ihm eine Zeilennummer, dann führt der Tracer das Programm aus, bis er zu dieser Zeile gelangt. Bei einer Marke `/T` mit oder ohne `+#` wird die Zeilennummer, bei der anzuhalten ist, von der Befehlsmarke `T` aus berechnet. Das Kommando `g` ohne Vorsätze bewirkt, dass der Tracer Befehle ausführt, bis er erneut bei der aktuellen Zeilennummer ankommt.

Das Kommando `/marke` arbeitet für Befehlsmarken und Datenmarken unterschiedlich. Bei einer Datenmarke füllt oder ersetzt der Tracer eine Zeile im unteren Fenster mit einer Gruppe von Daten, die bei dieser Marke beginnen. Bei einer Befehlsmarke wirkt das Kommando genau wie das Kommando `g`. Nach der Marke kann ein Pluszeichen und eine Zahl stehen (in Tabelle C.7 durch # symbolisiert), um einen Offset von der Marke zu erhalten.

Auf einem Befehl kann man einen **Haltepunkt** (Breakpoint) setzen. Das geschieht mit dem Tracer-Kommando `b`, vor dem man optional eine Befehlsmarke angeben kann, wobei auch ein Offset möglich ist. Trifft der Tracer während der Programmausführung auf eine Zeile mit einem Haltepunkt, stoppt der Tracer. Um das Programm von einem Haltepunkt aus fortzusetzen, ist ein [↵]- oder Ausführen-Kommando erforderlich. Lässt man im Kommando `b` die Marke und die Zahl weg, dann setzt der Tracer einen Haltepunkt auf die aktuelle Zeile. Mit dem Kommando `c`, vor dem wie bei `b` Marken und Zahlen stehen können, lässt sich ein Haltepunkt löschen. Beim Ausführen-Kommando `r` führt der Tracer das Programm aus, bis entweder ein Haltepunkt, ein Exit-Aufruf oder das Ende der Befehle erreicht wird.

Der Tracer verfolgt auch die Unterprogrammebene, auf der das Programm läuft. Dies ist im Fenster unterhalb des Prozessorfensters zu sehen und lässt sich auch anhand der Hinweiszahlen im Kellerfenster erkennen. Drei Kommandos basieren auf diesen Ebenen: Das `-`-Kommando bewirkt, dass der Tracer das Programm ausführt, bis die Unterprogrammebene um eins kleiner als die aktuelle Ebene ist. Anders ausgedrückt führt dieses Kommando Befehle aus, bis das aktuelle Unterprogramm beendet ist. Das Gegenstück ist das `+`–Kommando, wobei der Tracer läuft, bis die nächste Unterprogrammebene erreicht ist. Beim `=`–Kommando läuft der Tracer, bis dieselbe Ebene erreicht ist. Mit diesem Kommando lässt sich ein Unterprogramm beim `CALL`-Befehl ausführen. Wenn man das =-Kommando verwendet, zeigt das Tracer-Fenster keine Details des Unterprogramms an. Das verwandte Kommando `n` führt das Programm bis zur nächsten Programmzeile aus. Dieses Kommando ist insbesondere praktisch, wenn der aktuelle Befehl ein `LOOP`-Befehl ist. Die Programmausführung stoppt genau in der Zeile, die auf den `LOOP`-Befehl folgt, also nach dem Ende der Schleife.

C.7 Erste Schritte

Dieser Abschnitt erläutert, wie Sie die verschiedenen Werkzeuge einsetzen. Zuerst ist es erforderlich, dass Sie die passende Software für Ihre Plattform lokalisieren.

Auf der Website finden Sie vorkompilierte Versionen für Solaris, UNIX, Linux und Windows. EXTRAS ONLINE

Richten Sie auf Ihrer Festplatte ein Unterverzeichnis *assembler* ein und entpacken bzw. kopieren Sie in dieses Verzeichnis die für Ihr Betriebssystem relevanten Dateien. Dann sollte das *assembler*-Verzeichnis die folgenden Unterverzeichnisse und Dateien enthalten: *READ_ME*, *bin*, *as_src*, *trce_src*, *examples* und *exercise*. Die vorkompilierten Quellen finden Sie im *bin*-Verzeichnis und zweckmäßigerweise als Kopie der Binärdateien im *examples*-Verzeichnis.

Um einen ersten Eindruck davon zu bekommen, wie das System arbeitet, gehen Sie bitte in das *examples*-Verzeichnis und tippen das Kommando

```
t88 HlloWrld
```

ein. Dieses Kommando entspricht dem ersten Beispiel in Abschnitt C.8.

Der Quellcode für den Assemblierer ist im Verzeichnis *as_src* untergebracht. Die in der Sprache C geschriebenen Quellcodedateien können Sie mit dem Befehl *make* neu kompilieren. Für POSIX-kompatible Plattformen enthält das Quellverzeichnis eine entsprechende Datei *Makefile*. Für Windows gibt es eine Batch-Datei *make.bat*. Gegebenenfalls müssen Sie die ausführbaren Dateien nach der Kompilierung in ein Programmverzeichnis verschieben oder den Pfad in die Umgebungsvariable `PATH` eintragen, damit sich der Assemblierer *as88* und der Tracer *t88* aus den Verzeichnissen heraus aufrufen lassen, die den Assemblerquellcode enthalten. Alternativ können Sie anstelle von *t88* auch den vollständigen Pfadnamen eingeben.

Unter Windows 2000 und XP ist es erforderlich, den *ansi.sys*-Terminaltreiber zu installieren. Fügen Sie dazu die Zeile

```
device=%systemroot%\System32\ansi.sys
```

in die Konfigurationsdatei *config.nt* ein. Diese Datei finden Sie unter Windows 2000 im Verzeichnis

```
\winnt\system32\config.nt
```

und unter Windows XP im Verzeichnis

```
\windows\system32\config.nt
```

Auf UNIX- und Linux-Systemen gehört der Treiber gewöhnlich zur Standardinstallation.

C.8 Beispiele

Die Abschnitte C.2 bis C.4 haben den 8088-Prozessor sowie seine Speicherorganisation und seinen Befehlssatz vorgestellt. In Abschnitt C.5 haben Sie die in diesem Tutorial verwendete Assemblersprache des *as88* kennengelernt. Abschnitt C.6 hat sich mit dem Tracer beschäftigt. Schließlich hat Abschnitt C.7 erläutert, wie Sie die Werkzeugumgebung einrichten. Rein theoretisch sollten diese Informationen genügen, um Assemblerprogramme mit den bereitgestellten Werkzeugen zu schreiben und Fehler zu beheben. Dennoch dürfte es für viele Leser hilfreich sein, einige detaillierte Beispiele von Assemblerprogrammen kennenzulernen und zu sehen, wie sie sich mit dem Tracer untersuchen lassen. Dafür ist dieser Abschnitt gedacht. Alle hier behandelten Beispielprogramme finden Sie im Verzeichnis *examples*. Es empfiehlt sich, parallel zu den Erläuterungen die einzelnen Beispiele selbst zu assemblieren und zu protokollieren.

C.8.1 Das Beispiel Hello World

Wir beginnen mit dem Beispiel von ▶Abbildung C.5, *HlloWrld.s*. Das Programm ist im linken Fenster aufgelistet. Das Kommentarsymbol des Assemblierers (das Ausrufezeichen) dient im Programmfenster dazu, die Befehle von den darauffolgenden Zeilennummern zu trennen. Die ersten drei Zeilen enthalten Konstantendefinitionen, die die konventionellen Namen von zwei Systemaufrufen und der Ausgabedatei mit ihrer numerischen Kennung verbinden.

```
    _EXIT = 1               ! 1
    _WRITE  = 4             ! 2
    _STDOUT  = 1            ! 3
.SECT .TEXT                 ! 4
start:                      ! 5
    MOV    CX,de-hw         ! 6
    PUSH   CX               ! 7
    PUSH   hw               ! 8
    PUSH   _STDOUT          ! 9
    PUSH   _WRITE           !10
    SYS                     !11
    ADD    SP, 8            ! 12
    SUB    CX,AX            !13
    PUSH   CX               !14
    PUSH   _EXIT            ! 15
    SYS                     !16
.SECT .DATA                 !17
hw:                         !18
. ASCII  "Hello  World\n"   ! 19
de: .BYTE  0                ! 20
```

```
CS: 00   DS=SS=ES: 002      |          |    MOV   CX,de-hw      !  6
AH:00  AL:0c   AX:      12  |          |    PUSH  CX            !  7
BH:00  BL:00   BX:       0  |          |    PUSH  HW            !  8
CH:00  CL:0c   CX:      12  |          |    PUSH  _STDOUT       !  9
DH:00  DL:00   DX:       0  |          |    PUSH  _WRITE        ! 10
SP: 7fd8  SF   O D S Z C    | =>0004   |    SYS                 ! 11
BP: 0000  CC   - > p - -    |   0001   | => ADD   SP,8          ! 12
SI: 0000   IP:000c:PC       |   0000   |    SUB   CX,AX         ! 13
DI: 0000   start  + 7       |   000c   |    PUSH  CX            ! 14
                            E
                            I
hw
■                           > Hello  World\n
hw + 0  =  0000: 48  65  6c  6c  6f  20  57  6f   Hello  World  25928
```

(a) (b)

Abbildung C.5: (a) Das Programm *HlloWrld.s* (b) das entsprechende Tracer-Fenster

Der Pseudobefehl `.SECT` in Zeile 4 besagt, dass die folgenden Zeilen als Teil des TEXT-Abschnitts zu betrachten sind, d.h. als Prozessorbefehle. Analog zeigt Zeile 17 an, dass die darauffolgenden Zeilen als Daten gelten. Zeile 19 initialisiert eine Zeichenfolge von Daten, die aus 12 Bytes besteht, einschließlich eines Leerzeichens und eines Zeilenvorschubzeichens (`\n`) am Ende.

Die Zeilen 5, 18 und 20 enthalten Marken, die mit einem Doppelpunkt abgeschlossen sind. Diese Marken verkörpern – ähnlich wie Konstanten – numerische Werte. In diesem Fall jedoch muss der Assemblierer die numerischen Werte berechnen. Da die Marke `start` am Anfang des TEXT-Abschnitts steht, ist ihr Wert 0, die Werte aller darauffolgenden Marken im TEXT-Abschnitt (in diesem Beispiel nicht vorhanden), hängen aber davon ab, wie viele Codebytes vor ihnen stehen. Sehen Sie sich nun Zeile 6 an. Diese Zeile endet mit der Differenz zweier Marken, was im numerischen Sinne eine Konstante ist. Somit drückt Zeile 6 effektiv dasselbe wie

```
MOV CX, 12
```

aus, außer dass die Länge der Zeichenfolge vom Assemblierer zu bestimmen ist und nicht vom Programmierer vorgegeben wird. Der hier bezeichnete Wert ist der im Datenabschnitt für die Zeichenfolge in Zeile 19 reservierte Platz. Der `MOV`-Befehl in Zeile 6 lädt die Differenz `de-hw` in das Register `CX`.

Die Zeilen 7 bis 11 zeigen, wie die Umgebung Systemaufrufe handhabt. Diese fünf Zeilen sind die Assemblercodeübersetzung des C-Funktionsaufrufs

```
write(1, hw, 12);
```

wobei der erste Parameter den Dateideskriptor für die Standardausgabe (1), der zweite die Adresse der auszugebenden Zeichenfolge (`hw`) und der dritte die Länge der Zeichenfolge (12) angibt. Die Zeilen 7 bis 9 legen diese Parameter entsprechend der C-Aufrufsequenz (die auch der Tracer verwendet) in umgekehrter Reihenfolge auf den Keller. Zeile 10 legt die Nummer des Systemaufrufs für `write` (4) auf den Keller und Zeile 11 führt den eigentlichen Aufruf aus. Diese Aufrufsequenz bildet zwar ziemlich genau die Arbeitsweise eines „echten" Assemblerprogramms auf einem UNIX- (oder Linux-)PC nach, muss aber unter anderen Betriebssystemen gegebenenfalls entsprechend den dort gültigen Aufrufkonventionen modifiziert werden. Der *as88*-Assemblierer und der *t88*-Tracer verwenden allerdings auch die UNIX-Aufrufkonventionen, wenn sie unter Windows laufen.

Der Systemaufruf in Zeile 11 bewirkt die eigentliche Ausgabe. Zeile 12 räumt den Keller auf, indem der Kellerzeiger auf den Wert zurückgesetzt wird, den er hatte, bevor die 2-Byte-Wörter auf den Keller gelegt wurden. Verläuft der `write`-Aufruf erfolgreich, so gibt er die Anzahl der geschriebenen Bytes im Register `AX` zurück. Zeile 13 subtrahiert das Ergebnis des Systemaufrufs nach Zeile 11 von der ursprünglichen Länge der Zeichenfolge in `CX`, um festzustellen, ob der Aufruf erfolgreich verlaufen ist, d.h., ob alle Bytes geschrieben wurden. Somit liefert der Beendigungscode des Programms 0 bei Erfolg und irgendeinen anderen Wert bei fehlerhafter Ausführung. Die Zeilen 14 und 15 legen den Beendigungscode und den Funktionscode für einen `EXIT`-Aufruf auf den Keller, um den Systemaufruf in Zeile 16 vorzubereiten.

Beachten Sie, dass in den `MOV`- und `SUB`-Befehlen der erste Operand das Ziel und der zweite Operand die Quelle angibt. Diese Konvention gilt für unseren Assemblierer; andere Assemblierer können durchaus mit umgekehrter Reihenfolge arbeiten. Es gibt keinen besonderen Grund, die eine Reihenfolge der anderen vorzuziehen.

Probieren Sie nun selbst, das Beispiel *HlloWrld.s* zu assemblieren und auszuführen. Wir geben hier Instruktionen für UNIX- und Windows-Plattformen an. Für Linux, Solaris, MacOS X und andere UNIX-Varianten sollte die Prozedur praktisch der für UNIX entsprechen. Öffnen Sie als Erstes ein Fenster mit einer Eingabeaufforderung (Shell). Unter Windows sieht die Klicksequenz normalerweise wie folgt aus: START | PROGRAMME | ZUBEHÖR | EINGABEAUFFORDERUNG.

Wechseln Sie als Nächstes mit dem Kommando `cd` (change directory) in das *examples*-Verzeichnis. Das Argument für dieses Kommando hängt davon ab, wo Sie die Umgebung im Dateisystem untergebracht haben. Überzeugen Sie sich dann davon, dass die Binärdateien für Assemblierer und Tracer in diesem Verzeichnis enthalten sind – unter UNIX mit `ls` und unter Windows mit `dir`. Die Dateien heißen *as88* bzw. *t88*. Auf Windows-Systemen haben diese Dateien die Erweiterung *.exe*, die Sie aber bei den Kommandos nicht mit eintippen müssen. Wenn Assemblierer und Tracer nicht im *examples*-Verzeichnis vorhanden sind, suchen Sie die Dateien im Dateisystem und kopieren sie dann hierher.

Assemblieren Sie nun das Testprogramm mit

```
as88 HlloWrld.s
```

Wenn sich der Assemblierer im *examples*-Verzeichnis befindet, dieses Kommando aber eine Fehlermeldung liefert, probieren Sie

```
./as88 HlloWrld.s
```

auf UNIX-Systemen oder

```
.\as88 HlloWrld.s
```

auf Windows-Systemen aus.

Ist die Assemblierung korrekt abgeschlossen, dann erscheinen die Meldungen

```
Project HlloWrld listfile HlloWrld.$
Project HlloWrld num file HlloWrld.#
Project HlloWrld loadfile HlloWrld.88.
```

und die entsprechenden drei Dateien wurden erzeugt. Haben Sie keine Fehlermeldungen erhalten, dann können Sie das Tracer-Kommando

```
t88 HlloWrld
```

ausführen. Die Tracer-Anzeige erscheint und der Pfeil im oberen rechten Fenster zeigt auf den Befehl

```
MOV CX,de-hw
```

in Zeile 6. Drücken Sie nun die [↵]-Taste. Beachten Sie, dass der Pfeil nun auf den Befehl

```
PUSH CX
```

zeigt und der Wert von `CX` im linken Fenster jetzt 12 beträgt. Drücken Sie [↵] erneut und beachten Sie, dass die Zeile im mittleren Fenster der oberen Reihe jetzt den Wert 000c enthält, was die hexadezimale Notation für den dezimalen Wert 12 ist. Dieses Fenster zeigt den Keller an, der jetzt ein Wort mit dem Wert 12 enthält. Drücken Sie nun dreimal [↵], um die Ausführung der `PUSH`-Befehle in den Zeilen 8, 9 und 10 zu verfolgen. Der Keller enthält dann vier Einträge und der Programmzähler im linken Fenster hat den Wert 000b.

Wenn Sie das nächste Mal [↵] drücken, führt der Tracer den Systemaufruf aus, die Zeichenfolge „Hello World\n" erscheint im unteren rechten Fenster und der Kellerzeiger `SP` weist den Wert 0x7ff0 auf. Mit dem nächsten [↵]-Kommando wird `SP` um 8 auf 0x7ff8 inkrementiert. Nach vier weiteren [↵]-Kommandos ist der `EXIT`-Systemaufruf abgeschlossen und der Tracer wird beendet.

Um sicher zu sein, dass Sie die Arbeitsweise verstanden haben, laden Sie die Datei *HlloWrld.s* in Ihren bevorzugten Editor. Ein Textverarbeitungsprogramm ist hierfür nicht zu empfehlen. Auf UNIX-Systemen kommen *ex*, *vi* oder *emacs* infrage. Unter Windows genügt der Standardeditor (*notepad*), den Sie über START | PROGRAMME | ZUBEHÖR | EDITOR aufrufen können. Die Textverarbeitung *Word* ist für Assemblerdateien nicht geeignet, da erstens die Anzeige nicht überragend aussieht und zweitens die Datei nach einer Speicherung unzulässige Formatsteuerzeichen enthalten kann.

Ändern Sie die Zeichenfolge in Zeile 19, um eine andere Meldung anzuzeigen. Dann speichern Sie die Datei, assemblieren sie und führen sie mit dem Tracer aus. Damit haben Sie einen ersten Schritt in die Assemblerprogrammierung getan.

C.8.2 Beispiel für allgemeine Register

Das nächste Beispiel demonstriert detaillierter, wie die Register angezeigt werden, und weist auf einen Stolperstein bei der Multiplikation mit dem 8088 hin. In ▶Abbildung C.6 ist links ein Teil des Programms *GenReg.s* zu sehen. In der Mitte und rechts sind zwei Registerfenster des Tracers dargestellt, die verschiedenen Stufen der Programmausführung entsprechen. Abbildung C.6 gibt den Registerzustand nach Ausführung von Zeile 7 wieder. Der Befehl

```
MOV AX,258
```

in Zeile 4 lädt den Wert 258 in Register `AX` mit dem Ergebnis, dass der Wert 1 in `AH` und der Wert 2 in `AL` steht. Zeile 5 addiert dann `AL` zu `AH`, sodass `AH` den Wert 3 annimmt. Zeile 6 kopiert den Inhalt der Variablen `times` (10) in das Register `CX`. In Zeile 7 wird die Adresse der Variablen `muldat`, die 2 ist, weil sie sich im zweiten Byte des DATA-Segments befindet, in das Register `BX` geladen. Der Zustand zu diesem Zeitpunkt ist in Abbildung C.6 zu sehen. Da `AH` den Wert 3 und `AL` den Wert 2 enthält, ergibt sich der Wert in `AX` zu $3 \times 256 + 2 = 770$.

```
start:                  ! 3
    MOV   AX,258        ! 4
    ADDB  AH,AL         ! 5
    MOV   CX,(times)    ! 6
    MOV   BX,muldat     ! 7
    MOV   AX,(BX)       ! 8
llp: MUL  2(BX)         ! 9
    LOOP  llp           !10
.SECT .DATA             !11
times: .WORD 10         !12
muldat :.WORD 625,2     !13
```
(a)

```
CS: 00   DS=SS=ES002
AH:03 AL:02  AX:   770
BH:00 BL:02  BX:     2
CH:00 CL:0a  CX:    10
DH:00 DL:00  DX:     0
SP: 7fe0 SF  O D S Z C
BP: 0000 CC  - > p - -
SI: 0000  IP:0009:PC
DI: 0000  start + 4
```
(b)

```
CS: 00   DS=SS=ES002
AH:38 AL:80  AX: 14464
BH:00 BL:02  BX:     2
CH:00 CL:04  CX:     4
DH:00 DL:01  DX:     1
SP: 7fe0 SF  O D S Z C
BP: 0000 CC  v > p - c
SI: 0000  IP:0011:PC
DI: 0000  start + 7
```
(c)

Abbildung C.6: (a) Ausschnitt aus dem Programm *GenReg.s* (b) das Registerfenster des Tracers, nachdem Zeile 7 ausgeführt wurde (c) die Registerinhalte nach 7 Multiplikationen

Der nächste Befehl (Zeile 8) kopiert den Inhalt von `muldat` nach `AX`. Das Register `AX` enthält also den Wert 625, nachdem Sie [↵] gedrückt haben.

Jetzt tritt das Programm in eine Schleife ein, die den Inhalt von `AX` mit dem durch `2BX` (d.h. `muldat + 2`) adressierten Wort (das den Wert 2 hat) multipliziert. Das implizite Ziel des `MUL`-Befehls ist die Registerkombination `DX:AX` für long-Typen. Beim ersten Durchlauf der Schleife passt das Ergebnis in ein Wort, sodass `AX` das Ergebnis (1250) enthält und `DX` den Wert 0 behält. Abbildung C.6c zeigt die Inhalte der Register nach 7 Multiplikationen.

`AX` enthält vor der ersten Multiplikation den Wert 625. Nach sieben Multiplikationen mit 2 lautet das Ergebnis 80.000. Dieser Wert passt nicht in `AX`, aber das Produkt steht in einem 32-Bit-Register, das aus der Verkettung von `DX:AX` gebildet wird. So enthält `DX` den Wert 1 und `AX` den Wert 14.464. Umgerechnet ergibt sich mit $1 \times 65.536 + 14.464$ das erwartete Ergebnis zu 80.000. Beachten Sie, dass `CX` hier 4 ist, weil der `LOOP`-Befehl das Register bei jedem Durchlauf dekrementiert. Da der Anfangswert auf 10 gesetzt wurde, hat `CX` nach siebenmaliger Ausführung des `MUL`-Befehls (aber nur sechs Iterationen des `LOOP`-Befehls) den Wert 4.

Bei der nächsten Multiplikation taucht ein Problem auf. Die Multiplikation bezieht sich auf `AX`, aber nicht auf `DX`. Der Befehl `MUL` multipliziert also `AX` (14.464) mit 2, was 28.928 liefert. Das führt dazu, dass `AX` auf 28.928 und `DX` auf 0 gesetzt wird, was rechnerisch falsch ist.

C.8.3 Der `CALL`-Befehl und Zeigerregister

Das nächste Beispiel, *vecprod.s*, ist ein kleines Programm, das das innere Produkt von zwei Vektoren, *vec1* und *vec2*, berechnet. ▶Listing C.1 zeigt das Quellprogramm.

```
_EXIT   = 1             !  1 Wert von _EXIT definieren
_PRINTF = 127           !  2 Wert von _PRINTF definieren
.SECT .TEXT             !  3 TEXT-Segment beginnen
inpstart:               !  4 Marke inpstart definieren
        MOV  BP,SP      !  5 SP in BP speichern
        PUSH vec2       !  6 Adresse von vec2 auf Keller legen
        PUSH vec1       !  7 Adresse von vec1 auf Keller legen
        MOV CX,vec2-vec1 !  8 CX = Anzahl der Bytes im Vektor
        SHR  CX,1       !  9 CX = Anzahl der Wörter im Vektor
        PUSH CX         ! 10 Wortzähler auf Keller legen
        CALL vecmul     ! 11 vecmul aufrufen
        MOV  (inprod),AX ! 12 AX kopieren
        PUSH AX         ! 13 Auszugebendes Ergebnis auf Keller legen
```

```
        PUSH pfmt         ! 14 Adresse der Formatzeichenfolge auf Keller legen
        PUSH _PRINTF      ! 15 Funktionscode für PRINTF auf Keller legen
        SYS               ! 16 PRINTF-Funktion aufrufen
        ADD  SP,12        ! 17 Keller aufräumen
        PUSH 0            ! 18 Statuscode auf Keller legen
        PUSH _EXIT        ! 19 Funktionscode für EXIT auf Keller legen
        SYS               ! 20 EXIT-Funktion aufrufen

vecmul:                   ! 21 Beginn von vecmul(count, vec1, vec2)
        PUSH BP           ! 22 BP auf Keller sichern
        MOV  BP,SP        ! 23 SP in BP kopieren, um auf Argumente zuzugreifen
        MOV  CX,4(BP)     ! 24 Schleifenzähler in CX laden
        MOV  SI,6(BP)     ! 25 SI = vec1
        MOV  DI,8(BP)     ! 26 DI = vec2
        PUSH 0            ! 27 0 auf den Keller legen

1:      LODS              ! 28 (SI) nach AX übertragen
        MUL  (DI)         ! 29 AX mit (DI) multiplizieren
        ADD  -2(BP),AX    ! 30 AX zu akkumuliertem Wert im Speicher addieren
        ADD  DI,2         ! 31 DI inkrementieren, um auf nächstes Element zu zeigen
        LOOP 1b           ! 32 Wenn CX>0, zurück zu Marke 1b
        POP  AX           ! 33 Obersten Kellereintrag nach AX
        POP  BP           ! 34 BP wiederherstellen
        RET               ! 35 Rückkehr aus Unterprogramm

.SECT .DATA               ! 36 DATA-Segment beginnen
pfmt: .ASCIZ "Inner product is %d!\n"! 37 Zeichenfolge definieren
.ALIGN 2                  ! 38 An geraden Adressen ausrichten
vec1:   .WORD 3,4,7,11,3  ! 39 Vektor 1
vec2:   .WORD 2,6,3,1,0   ! 40 Vektor 2
.SECT .BSS                ! 41 BSS-Segment beginnen
inprod: .SPACE 2          ! 42 Platz für inprod reservieren
```

Listing C.1: Das Programm *vecprod.s*

Der erste Teil des Programms bereitet den Aufruf von `vecmul` vor. Zuerst sichert es `SP` in `BP` und legt dann die Adressen von `vec2` und `vec1` auf den Keller, damit `vecmul` darauf zugreifen kann. Als Nächstes lädt Zeile 8 die Länge des Vektors in Bytes nach `CX`. Durch Rechtsverschiebung dieses Ergebnisses um ein Bit in Zeile 9 enthält `CX` jetzt die Anzahl der Wörter im Vektor. Zeile 10 legt diesen Wert auf den Keller. In Zeile 11 erfolgt der Aufruf von `vecmul`.

Es sei noch einmal daran erinnert, dass die Argumente von Unterprogrammen per Konvention in umgekehrter Reihenfolge auf dem Keller gespeichert werden, um mit der C-Aufrufkonvention kompatibel zu bleiben. Somit lässt sich `vecmul` auch aus einem C-Programm heraus mit

```
vecmul(count, vec1, vec2)
```

aufrufen. Bei der Ausführung des `CALL`-Befehls wird die Rückkehradresse auf dem Keller abgelegt. Wenn Sie das Programm protokollieren, zeigt sich, dass diese Adresse 0x0011 ist.

Zeile 22 legt mit `PUSH` als erstem Befehl im Unterprogramm den Basiszeiger `BP` auf dem Keller ab. `BP` wird gesichert, weil wir über dieses Register die Argumente und die lokalen Variablen des Unterprogramms adressieren. Als Nächstes kopiert Zeile 23 den Kellerzeiger in das Register `BP`, sodass der neue Wert des Basiszeigers auf den alten Wert zeigt.

Jetzt ist alles bereit, um die Argumente in Register zu laden und Platz für eine lokale Variable zu reservieren. Die nächsten drei Zeilen holen jeweils ein Argument vom Keller und laden es in ein Register. Denken Sie daran, dass der Keller wortorientiert arbeitet und deshalb Kelleradressen geradzahlig sein sollten. Die Rückkehradresse folgt auf den alten Basiszeiger und wird somit durch `2(BP)` adressiert. Daran schließt sich das Argument `count` an, das über `4(BP)` zugänglich ist. Zeile 24 lädt es nach `CX`. Die Zeilen 25 und 26 laden `SI` mit `vec1` und `DI` mit `vec2`. Dieses Unterprogramm benötigt eine lokale Variable mit dem Anfangswert 0, um das Zwischenergebnis zu speichern. Zu diesem Zweck legt Zeile 27 den Wert 0 auf den Keller.

▶Abbildung C.7 gibt den Zustand des Prozessors wieder, bevor das Programm erstmalig in die Schleife ab Zeile 28 eintritt. Das schmale Fenster in der Mitte der oberen Reihe (rechts neben den Registern) zeigt den Keller. Am Fuß des Kellers steht die Adresse von `vec2` (0x0022), darüber die von `vec1` (0x0018) und wiederum darüber das dritte Argument, das die Anzahl der Elemente in jedem Vektor (0x0005) angibt. Daran schließt sich die Rückkehradresse (0x0011) an. Die Zahl 1 links neben dieser Adresse zeigt an, dass es sich um eine Rückkehradresse eine Ebene unterhalb des Hauptprogramms handelt. Das Fenster unter den Registern zeigt dieselbe `1` – dieses Mal mit ihrer symbolischen Adresse. Im Keller befindet sich über der Rückkehradresse der alte Wert von `BP` (0x7fc0) und darüber die in Zeile 27 auf den Keller gelegte 0. Der auf diesen Wert weisende Pfeil gibt an, wohin `SP` zeigt. Das Fenster rechts vom Keller zeigt ein Fragment des Programmtextes, wobei der Pfeil den nächsten auszuführenden Befehl kennzeichnet.

```
   MOV  BP,SP        ! 5  | CS: 00  DS=SS=ES004     |          |        PUSH BP            ! 22
   PUSH vec2         ! 6  | AH:00 AL:00  AX:      0 |          |        MOV  BP,SP         ! 23
   PUSH vec1         ! 7  | BH:00 BL:00  BX:      0 |          |        MOV  CX,4(BP)      ! 24
   MOV  CX,vec2-vec1 ! 8  | CH:00 CL:05  CX:      5 | =>0000   |        MOV  SI,6(BP)      ! 25
   SHR  CX,1         ! 9  | DH:00 DL:00  DX:      0 |   7fc0   |        MOV  DI,8(BP)      ! 26
   PUSH CX           ! 10 | SP: 7fb4 SF  O D S Z C  | 1 0011   |        PUSH 0             ! 27
   CALL vecmul       ! 11 | BP: 7fb6 CC  - > p z -  |   0005   | =>1:   LODS               ! 28
   ----------             | SI: 0018  IP:0031:PC    |   0018   |        MUL  (DI)          ! 29
vecmul :             ! 21 | DI: 0022  vecmul+7      |   0022   |        ADD  -2(BP),AX     ! 30
   PUSH BP           ! 22 |-------------------------------------------------------------------
   MOV  BP,SP        ! 23 |                         |  I
   MOV  CX,4(BP)     ! 24 | 1 <= inpstart + 7       |
   MOV  SI,6(BP)     ! 25 |-------------------------|
   MOV  DI,8(BP)     ! 26 | ■                       |  >
   PUSH 0            ! 27 | vec1+0  =0018: 3  0  4  0  7  0  b  0 ............  3
1: LODS              ! 28 | vec2+0  =0022: 2  0  6  0  3  0  1  0 ............  2
   MUL  (DI)         ! 29 | pfmt+0  =0000:54 68 65 20 69 6e 20 70 The in prod 26708
   ADD  -2(BP),AX    ! 30 | pfmt+18 =0012:25 64 21  a  0  0  3  0 %d!........25637
   ADD  DI,2         ! 31 |
   LOOP 1b           ! 32 |
```

Abbildung C.7: Ausführung von *vecprod.s*, wenn das Programm das erste Mal Zeile 28 erreicht

Kommen wir nun zur Schleife, die in Zeile 28 beginnt. Der Befehl `LODS` lädt ein Speicherwort indirekt über das Register `SI` vom Datensegment nach `AX`. Da das Richtungsflag gesetzt ist, arbeitet `LODS` im Autoinkrementmodus, sodass nach Ausführung des Befehls `SI` auf den nächsten Eintrag von `vec1` zeigt.

Um diesen Effekt bildlich zu verfolgen, starten Sie den Tracer mit dem Kommando

```
t88 vecprod
```

Im Tracer-Fenster tippen Sie das Kommando

```
/vecmul+7b
```

gefolgt von [↵] ein, um einen Haltepunkt auf die Zeile mit dem Befehl `LODS` zu setzen. Von hier an erwähnen wir nicht mehr explizit, dass alle Kommandos mit der [↵]-Taste abzuschließen sind. Geben Sie dann das Kommando

```
g
```

ein, damit der Tracer Befehle ausführt, bis der Haltpunkt erreicht ist. Das Programm hält auf der Zeile an, die `LODS` enthält.

Zeile 29 multipliziert den Wert von `AX` mit dem Quelloperanden. Das Speicherwort für den `MUL`-Befehl wird aus dem Datensegment über das `DI`-Register im indirekten Registermodus abgerufen. Das implizite Ziel von `MUL` ist die long-Registerkombination `DX:AX`, die im Befehl nicht erwähnt wird, aber implizit enthalten ist.

Zeile 30 addiert das Ergebnis zur lokalen Variablen an der Kelleradresse `-2(BP)`. Da der `MUL`-Befehl seinen Operanden nicht automatisch inkrementiert, muss das explizit in Zeile 31 erfolgen. Danach zeigt `DI` auf den nächsten Eintrag von `vec2`.

Der `LOOP`-Befehl schließt diesen Schritt ab. Register `CX` wird dekrementiert und wenn es immer noch einen positiven Wert aufweist, springt das Programm zurück zur lokalen Marke `1` in Zeile 28. Die lokale Marke `1b` bedeutet die nächste Marke `1` von der aktuellen Position aus rückwärts gesehen. Nach der Schleife holt das Unterprogramm den Rückgabewert nach `AX` (Zeile 33), stellt `BP` wieder her (Zeile 34) und kehrt zum aufrufenden Programm zurück (Zeile 35).

Das Hauptprogramm fährt daraufhin nach dem `CALL`-Befehl mit dem `MOV`-Befehl in Zeile 12 fort. Hier beginnt eine Sequenz aus fünf Befehlen, die das Ergebnis ausgibt. Der `PRINTF`-Systemaufruf ist nach der `printf`-Funktion der C-Standardbibliothek modelliert. Die Zeilen 13 bis 15 legen drei Argumente auf dem Keller ab. Dabei handelt es sich um den auszugebenden Ganzzahlwert, die Adresse der Formatzeichenfolge (`pfmt`) und den Funktionscode für `PRINTF` (127). Die Formatzeichenfolge `pfmt` zeigt mit `%d` an, dass im Aufruf von `PRINTF` eine Ganzzahlvariable als Argument übergeben wird, um die Ausgabe zur vervollständigen.

Zeile 17 räumt den Keller auf. Da das Programm zu Beginn in Zeile 5 den Kellerzeiger im Basiszeiger gesichert hat, könnten wir auch den Befehl

```
MOV SP, BP
```

zum Aufräumen des Kellers verwenden. Diese Lösung bietet den Vorteil, dass sich der Programmierer nicht um die Anpassung des Kellers kümmern muss. Für das Hauptprogramm stellt das kein großes Problem dar, in Unterprogrammen lässt sich dagegen mit diesem Ansatz ohne große Mühe „Datenschrott" verwerfen, beispielsweise veraltete lokale Variablen.

Das Unterprogramm `vecmul` kann in andere Programme eingebunden werden. Gibt man die Quelldatei *vecprod.s* auf der Kommandozeile nach einer anderen Assemblerquelldatei an, dann steht das Unterprogramm für die Multiplikation von zwei Vektoren einer festgelegten Länge zur Verfügung. Es empfiehlt sich, vorher die Konstantendefinitionen für `_EXIT` und `_PRINTF` zu entfernen, um doppelte Definitionen zu vermeiden. Wenn Sie die Header-Datei *syscalnr.h* in irgendeine Datei einbinden, ist es nicht mehr notwendig, die Konstanten für Systemaufrufe an anderer Stelle zu definieren.

C.8.4 Fehler in einem Programm zur Ausgabe von Feldern suchen

Die bisher gezeigten Beispielprogramme waren einfach und obendrein fehlerfrei. Dieser Abschnitt erläutert nun, wie Sie mit dem Tracer Fehler in einem Programm finden können. Das nächste Programm soll das Ganzzahlfeld ausgeben, das nach der Marke `vec1` bereitgestellt wird. Die anfängliche Programmversion enthält jedoch drei Fehler. Bevor Sie mit Assemblierer und Tracer diese Fehler korrigieren, sollten Sie sich mit dem Code vertraut machen.

Da jedes Programm Systemaufrufe benötigt und demzufolge Konstanten für die Aufrufnummern definieren muss, haben wir die Konstantendefinitionen für diese Nummern in der separaten Header-Datei *../syscalnr.h* zusammengefasst, die der Code in Zeile 1 einbindet. Zudem definiert diese Datei Konstanten für die Dateideskriptoren

```
STDIN = 0
STDOUT = 1
STDERR = 2
```

die zu Beginn des Prozesses geöffnet werden, sowie Header-Marken für die Text- und Datenabschnitte. Es ist sinnvoll, die Datei im Kopf aller Assemblerquelldateien einzubinden, da man diese Definitionen häufig benötigt. Wenn eine Quelle über mehrere Dateien verteilt ist, bindet der Assemblierer nur die erste Kopie dieser Header-Datei ein, um mehrfache Definitionen der Konstanten zu vermeiden.

▶Listing C.2 zeigt das Programm *arrayprt*. Es enthält keine Kommentare mehr, da Ihnen die Befehle inzwischen geläufig sein sollten. Zeile 4 lädt die Adresse des leeren Kellers in das `BP`-Register, damit sich in Zeile 10 der Keller durch Kopieren von `BP` nach `SP` leicht aufräumen lässt. Diese Technik haben Sie im letzten Beispiel kennengelernt. Die Zeilen 5 bis 8 berechnen die Argumente und legen sie vor dem Aufruf in Zeile 9 auf dem Keller ab – auch dieses Verfahren wurde im letzten Beispiel erläutert. Das Unterprogramm `vecprint` lädt in den Zeilen 22 bis 25 die Register.

```
#include "..\\syscalnr.h"          !  1

.SECT .TEXT                        !  2
vecpstrt:                          !  3
        MOV  BP,SP                 !  4
        PUSH vec1                  !  5
        MOV  CX,frmatstr-vec1      !  6
        SHR  CX                    !  7
        PUSH CX                    !  8
        CALL vecprint              !  9
        MOV  SP,BP                 ! 10
        PUSH 0                     ! 11
        PUSH _EXIT                 ! 12
        SYS                        ! 13

.SECT .DATA                        ! 14
vec1:    .WORD 3,4,7,11,3          ! 15
frmatstr: .ASCIZ "%s"              ! 16

frmatkop:                          ! 17
.ASCIZ "The array contains "       ! 18
frmatint: .ASCIZ " %d"             ! 19
.SECT .TEXT                        ! 20
vecprint:                          ! 21
```

```
        PUSH BP                    ! 22
        MOV  BP,SP                 ! 23
        MOV  CX,4(BP)              ! 24
        MOV  BX,6(BP)              ! 25
        MOV  SI,0                  ! 26
        PUSH frmatkop              ! 27
        PUSH frmatstr              ! 28
        PUSH _PRINTF               ! 29
        SYS                        ! 30
        MOV  -4(BP),frmatint       ! 31
1:      MOV  DI,(BX)(SI)           ! 32
        MOV  -2(BP),DI             ! 33
        SYS                        ! 34
        INC  SI                    ! 35
        LOOP 1b                    ! 36
        PUSH '\n'                  ! 37
        PUSH _PUTCHAR              ! 38
        SYS                        ! 39
        MOV  SP,BP                 ! 40
        RET                        ! 41
.SECT .BSS
```

Listing C.2: Das Programm *arrayprt* vor dem Debuggen

Die Zeilen 27 bis 30 zeigen, wie sich eine Zeichenfolge ausgeben lässt, und die Zeilen 31 bis 34 realisieren den PRINTF-Systemaufruf für einen ganzzahligen Wert. Zeile 27 legt die Adresse der Zeichenfolge auf den Keller, während Zeile 33 den Wert selbst auf den Keller bringt. In beiden Fällen ist die Adresse der Formatzeichenfolge das erste Argument von PRINTF. Die Zeilen 37 bis 39 geben ein einzelnes Zeichen mit dem PUTCHAR-Systemaufruf aus.

Probieren Sie nun, das Programm zu assemblieren und auszuführen. Wenn Sie das Kommando

```
as88 arrayprt.s
```

eingeben, erhalten Sie eine Fehlermeldung bezüglich fehlerhafter Operanden („bad operands") für Zeile 28 der Datei *arrayprt.$*. Diese Datei generiert der Assemblierer, indem er die eingebundenen Dateien mit der Quelldatei kombiniert. Die resultierende Datei stellt die eigentliche Eingabe des Assemblierers dar. Um festzustellen, wo sich Zeile 28 tatsächlich befindet, müssen Sie Zeile 28 von *arrayprt.$* untersuchen. Aus der Datei *arrayprt.s* lässt sich die Zeilennummer nicht ermitteln: Die beiden Dateien stimmen nicht überein, weil die Header-Datei Zeile für Zeile in *arrayprt.$* eingebunden wird. Zeile 28 in *arrayprt.$* entspricht Zeile 7 in *arrayprt.s*, da die eingebundene Header-Datei *syscalnr.h* 21 Zeilen umfasst.

Auf UNIX-Systemen lässt sich Zeile 28 von *arrayprt.$* leicht finden, indem Sie mit

```
head -28 arrayprt.$
```

die ersten 28 Zeilen der kombinierten Datei ausgeben. Die fehlerhafte Zeile ist am unteren Ende des Listings zu sehen. Auf diese Weise (oder indem Sie die Datei in einem Editor öffnen und zu Zeile 28 gehen) lässt sich feststellen, dass der Fehler in Zeile 7 liegt, die den Befehl SHR enthält. Wenn Sie diesen Code mit dem Befehlssatz in ▶Tabelle C.2 vergleichen, zeigt sich das Problem: Der Verschiebungszähler fehlt. Die korrigierte Zeile 7 sollte folgendermaßen aussehen:

```
SHR CX, 1
```

Wichtig ist, dass Sie den Fehler in der ursprünglichen Quelldatei *arrayprt.s* und *nicht* in der kombinierten Quelle *arrayprt.$* korrigieren, da der Assemblierer die *.$*-Datei bei jedem Aufruf automatisch neu generiert.

Der nächste Versuch, die Quelldatei zu assemblieren, sollte erfolgreich verlaufen. Dann können Sie den Tracer mit dem Kommando

```
t88 arrayprt
```

starten. Beim Ausführen des Programms ist zu sehen, dass die Ausgabe nicht mit dem Vektor im Datenabschnitt übereinstimmt. Der Vektor enthält die Werte 3, 4, 7, 11 und 3, während die Ausgabe mit den Werten 3, 1024, ... beginnt. Offensichtlich ist etwas falsch.

Um den Fehler zu finden, starten Sie den Tracer erneut und führen das Programm schrittweise aus. Beobachten Sie dabei den Prozessorstatus unmittelbar vor der Ausgabe des falschen Wertes. Die Zeilen 32 und 33 legen den auszugebenden Wert im Speicher ab. Da ein falscher Wert erscheint, bietet sich hier ein Ansatzpunkt für die Fehlersuche. Beim zweiten Schleifendurchlauf ist festzustellen, dass `SI` eine ungerade Zahl enthält. Es sollte sich aber um eine gerade Zahl handeln, da die Indizierung über Wörter und nicht über Bytes erfolgt. Das Problem liegt in Zeile 35. Der Befehl inkrementiert `SI` um 1. Das Inkrement sollte aber 2 betragen. Um den Fehler zu korrigieren, ändern Sie den Befehl in

```
ADD SI,2
```

Wenn Sie das korrigierte Programm speichern, assemblieren und ausführen, wird die Liste der Zahlen richtig ausgegeben.

Allerdings wartet noch ein weiterer Fehler auf Sie. Wenn `vecprint` abgearbeitet ist und zurückkehrt, beschwert sich der Tracer über den Kellerzeiger. Es ist deshalb zu überprüfen, ob der bei Aufruf von `vecprint` auf den Keller gelegte Wert mit dem Wert übereinstimmt, der auf der Spitze des Kellers liegt, wenn der `RET`-Befehl in Zeile 41 ausgeführt wird. Das ist nicht der Fall. Die Lösung besteht darin, Zeile 40 durch die beiden Zeilen

```
ADD SP,10
POP BP
```

zu ersetzen. Der erste Befehl entfernt die 5 Wörter, die das Unterprogramm `vecprint` auf den Keller gebracht hat, und macht somit den Wert von `BP` zugänglich, der in Zeile 22 auf dem Keller gesichert wurde. Der zweite Befehl holt diesen Wert vom Keller und lädt ihn nach `BP`. Damit ist `BP` wieder auf den Wert vor dem Aufruf zurückgesetzt und der Kellerzeiger zeigt auf die korrekte Rückkehradresse. Jetzt terminiert das Programm ordnungsgemäß. Die Fehlersuche in Assemblercode ist zweifellos mehr eine Kunst als eine Wissenschaft, doch mit dem Tracer steht Ihnen immerhin ein hilfreiches Instrument für diese Aufgabe zur Verfügung.

C.8.5 Zeichenfolgenmanipulation und Zeichenfolgenbefehle

Dieser Abschnitt ist vor allem den wiederholbaren Zeichenfolgenbefehlen gewidmet. ▶Listing C.3 und ▶Listing C.4 zeigen mit *strngcpy.s* und *reverspr.s* zwei einfache Programme zur Zeichenfolgenmanipulation, die Sie im *examples*-Verzeichnis finden. Das Unterprogramm in Listing C.3 kopiert eine Zeichenfolge. Es ruft seinerseits das Unterprogramm `stringpr` auf, das als separate Datei *stringpr.s* vorliegt, in diesem Anhang aber nicht aufgelistet wird. Um Programme zu assemblieren, die Unterprogramme in getrennten Quelldateien enthalten, führen Sie einfach alle Quelldateien im *as88*-Kommando auf. Beginnen Sie dabei mit der Quelldatei für das Hauptprogramm, die die Namen der ausführbaren Datei und der Hilfsdateien bestimmt. Zum Beispiel lautet das Kommando für das Programm in ▶Listing C.3:

```
as88 strngcpy.s stringpr.s
```

Das Programm von Listing C.4 gibt Zeichenfolgen in umgekehrter Reihenfolge aus. Diese beiden Programme sehen wir uns nun nacheinander an.

```
.SECT .TEXT
stcstart:                          ! 1
        PUSH mesg1                 ! 2
        PUSH mesg2                 ! 3
        CALL strngcpy              ! 4
        ADD  SP,4                  ! 5
        PUSH 0                     ! 6
        PUSH 1                     ! 7
        SYS                        ! 8
strngcpy:                          ! 9
        PUSH CX                    ! 10
        PUSH SI                    ! 11
        PUSH DI                    ! 12
        PUSH BP                    ! 13
        MOV  BP,SP                 ! 14
        MOV  AX,0                  ! 15
        MOV  DI,10(BP)             ! 16
        MOV  CX,-1                 ! 17
        REPNZ SCASB                ! 18
        NEG  CX                    ! 19
        DEC CX                     ! 20
        MOV  SI,10(BP)             ! 21
        MOV  DI,12(BP)             ! 22
        PUSH DI                    ! 23
        REP  MOVSB                 ! 24
        CALL stringpr              ! 25
        MOV  SP,BP                 ! 26
        POP  BP                    ! 27
        POP  DI                    ! 28
        POP  SI                    ! 29
        POP  CX                    ! 30
        RET                        ! 31
.SECT .DATA                        ! 32
mesg1: .ASCIZ "Have a look\n"      ! 33
mesg2: .ASCIZ "qrst\n"             ! 34
.SECT .BSS
```

Listing C.3: Kopieren einer Zeichenfolge (*strngcpy.s*)

```
#include "..\\syscalnr.h"                 ! 1
start:  MOV   DI,str                      ! 2
        PUSH  AX                          ! 3
        MOV   BP,SP                       ! 4
        PUSH  _PUTCHAR                    ! 5
        MOVB  AL,'\n'                     ! 6
        MOV   CX,-1                       ! 7
```

```
        REPNZ SCASB                     !  8
        NEG   CX                        !  9
        STD                             ! 10
        DEC   CX                        ! 11
        SUB   DI,2                      ! 12
        MOV   SI,DI                     ! 13
1:      LODSB                           ! 14
        MOV   (BP),AX                   ! 15
        SYS                             ! 16
        LOOP  1b                        ! 17
        MOVB  (BP),'\n'                 ! 18
        SYS                             ! 19
        PUSH 0                          ! 20
        PUSH _EXIT                      ! 21
        SYS                             ! 22
.SECT .DATA                             ! 23
xyz: .ASCIZ "This one is wrong\n"
str: .ASCIZ "reverse\n"                 ! 24
```

Listing C.4: Ausgabe einer Zeichenfolge in umgekehrter Reihenfolge (*reverspr.s*)

Um zu zeigen, dass die angegebenen Zeilennummern tatsächlich nur Kommentare sind, haben wir in Listing C.3 die Zeilen bei der ersten Marke beginnend nummeriert und alles, was davor steht, nicht berücksichtigt. Das Hauptprogramm in den Zeilen 2 bis 8 ruft zuerst `strngcpy` mit zwei Argumenten – der Quellzeichenfolge `mesg2` und der Zielzeichenfolge `mesg1` – auf, um die Quelle zum Ziel zu kopieren.

Sehen Sie sich nun das Unterprogramm `strngcpy` ab Zeile 9 an. Es erwartet, dass die Adressen des Zielpuffers und der Quellzeichenfolge auf dem Keller abgelegt wurden, bevor der Unterprogrammaufruf erfolgt. Die Zeilen 10 bis 13 legen die verwendeten Register auf den Keller, um sie zu sichern und später in den Zeilen 27 bis 30 wiederherstellen zu können. Zeile 14 kopiert in der schon bekannten Art `SP` nach `BP` und `BP` kann jetzt verwendet werden, um die Argumente zu laden. Auch hier räumen wir den Keller in Zeile 26 durch Kopieren von `BP` nach `SP` auf.

Der Befehl `REP MOVSB` in Zeile 24 bildet den Kern des Unterprogramms. Er transportiert das Byte, auf das `SI` zeigt, zur Speicheradresse, auf die `DI` zeigt, und inkrementiert dann sowohl `SI` als auch `DI` um 1. Das Wiederholungspräfix `REP` bewirkt, dass der Befehl wie in einer Schleife wiederholt ausgeführt wird, wobei jeder Durchlauf `CX` um 1 dekrementiert. Die Schleife terminiert, wenn `CX` den Wert 0 erreicht.

Bevor man allerdings den Befehl `REP MOVSB` ausführen kann, sind die Register einzurichten, was in den Zeilen 15 bis 22 geschieht. Zeile 21 kopiert den Quellindex `SI` vom Argument, das auf dem Keller liegt, und Zeile 22 richtet den Zielindex `DI` ein. Der Wert für `CX` lässt sich nicht so einfach ermitteln. Zunächst ist zu beachten, dass das Ende einer Zeichenfolge mit einem Nullbyte gekennzeichnet wird. Da `MOVSB` wie alle `MOV`-Befehle keine Flags beeinflusst, lässt sich das Ende der Zeichenfolge nicht mit diesem Befehl bestimmen. Hier kommt der Befehl `SCASB` zu Hilfe, der eine Zeichenfolge nach einem Byte durchsucht. Er vergleicht den Wert, auf den `DI` zeigt, mit dem Wert in `AL`, setzt die Flags in Abhängigkeit vom Vergleichsergebnis und inkrementiert dann `DI`. Zudem ist er genau wie `MOVSB` wiederholbar. Zeile 15 löscht `AX` und folglich `AL`, Zeile 16 ruft den Zeiger für `DI` vom Keller ab und Zeile 17 initialisiert `CX` mit -1. In Zeile 18 finden Sie den Befehl `REPNZ SCASB`, der `AL` mit den einzelnen Bytes der Zeichenfolge wiederholt vergleicht und bei Gleichheit das Nullflag setzt. In jedem Schleifendurchlauf wird CX dekrementiert. Die Schleife stoppt, wenn das Nullflag gesetzt ist, weil der Befehl durch das Wiederholungspräfix REPNZ sowohl das Nullflag als auch CX testet. Die Zeilen 19 und 20 berechnen nun die Anzahl der Schritte für die MOVSB-Schleife als Differenz zwischen dem aktuellen Wert von CX und dem Anfangswert −1.

Es ist recht umständlich, mit zwei wiederholbaren Zeichenfolgenbefehlen arbeiten zu müssen, doch das ist der Preis für die Entwurfsentscheidung, dass MOV-Befehle keinerlei Flags beeinflussen. Da im Beispiel die REP-Befehle die Indexregister inkrementieren sollen, muss man das Richtungsflag auf 0 setzen.

Die Zeilen 23 und 25 geben die kopierte Zeichenfolge mithilfe des Unterprogramms stringpr aus, das sich im *examples*-Verzeichnis befindet. Auf dieses unkomplizierte Programm gehen wir hier nicht weiter ein.

Im Programm zur gespiegelten Ausgabe einer Zeichenfolge in Listing C.4 bindet die erste Zeile wie schon gewohnt die Systemaufrufnummern ein. Zeile 3 legt einen Dummy-Wert auf den Keller und Zeile 4 lädt BP mit SP, sodass der Basiszeiger auf die Spitze des Kellers zeigt. Da das Programm jeweils einzelne ASCII-Zeichen ausgibt, wird der numerische Wert für _PUTCHAR auf dem Keller abgelegt. Beachten Sie, dass BP bei einem SYS-Aufruf auf das auszugebende Zeichen zeigt.

Die Zeilen 2, 6 und 7 bereiten die Register DI, AL und CX für den wiederholt ausgeführten SCASB-Befehl vor. Das Zählerregister und der Zielindex werden in ähnlicher Weise wie in der Routine zum Kopieren von Zeichenfolgen geladen, außer dass AL jetzt das Zeilenwechselzeichen und nicht den Wert 0 enthält. Somit vergleicht der SCASB-Befehl die Zeichenwerte der Zeichenfolge str mit \n statt mit 0 und setzt das Nullflag, sobald er das Zeichen gefunden hat.

Da der Befehl REP SCASB das DI-Register inkrementiert, zeigt der Zielindex nach einem Treffer auf das Nullzeichen, das auf das Zeilenwechselzeichen folgt. Zeile 12 dekrementiert DI um 2, sodass DI auf den letzten Buchstaben der Zeichenfolge zeigt.

Damit die Zeichenfolge in umgekehrter Reihenfolge durchsucht und zeichenweise ausgegeben wird, setzt Zeile 10 das Richtungsflag auf 1 und kehrt so die Anpassung der Indexregister in den Zeichenfolgenbefehlen um. Zeile 14 holt nun mit dem Befehl LODSB das Zeichen nach AL und Zeile 15 legt dieses Zeichen unmittelbar neben dem _PUTCHAR auf dem Keller ab, sodass der SYS-Befehl dieses Zeichen ausgibt.

Die Befehle in den Zeilen 18 und 19 geben ein zusätzliches Zeilenwechselzeichen aus und das Programm schließt in der üblichen Art mit einem _EXIT-Aufruf.

Die aktuelle Version des Programms enthält einen Fehler. Er lässt sich aufspüren, wenn man das Programm im Schrittbetrieb ausführt.

Das Kommando /str schreibt die Zeichenfolge str in das Datenfeld des Tracers. Da der numerische Wert der Datenadresse ebenfalls angegeben ist, lässt sich erkennen, wie die Indexregister relativ zur Position der Zeichenfolge „durch die Daten wandern“.

Der Fehler tritt allerdings erst auf, wenn man [↵] viele Male gedrückt hat. Mithilfe der Tracer-Kommandos kann man das Problem schneller einkreisen. Starten Sie den Tracer und geben Sie das Kommando 13 ein, um mitten in die Schleife zu gelangen. Mit dem Kommando b setzen Sie nun einen Haltepunkt auf diese Zeile 15. Wenn Sie zweimal [↵] drücken, erscheint der abschließende Buchstabe „e“ im Ausgabefeld. Das Kommando r lässt den Tracer weiterlaufen, bis entweder ein Haltepunkt oder das Ende des Prozesses erreicht ist. Auf diese Weise können Sie die Buchstabenfolge durchlaufen, indem Sie das Kommando r wiederholt ausführen, bis Sie dem Problem nahe gekommen sind. Von diesem Punkt an führen Sie den Tracer im Einzelschrittbetrieb aus, bis zu sehen ist, was bei den kritischen Befehlen passiert.

Es ist auch möglich, den Haltepunkt auf eine bestimmte Zeile zu setzen. Allerdings müssen Sie dann berücksichtigen, dass die Datei *../syscalnr* eingebunden wird, was die Zeilennummern um einen Offset von 20 verändert. Folglich lässt sich der Haltepunkt auf Zeile 16 mit dem Kommando `36b` setzen. Wesentlich eleganter ist es, die globale Marke `start` auf Zeile 2 vor dem Befehl zu verwenden und das Kommando `/start+14b` auszuführen, das den Haltepunkt auf dieselbe Stelle setzt, ohne dass Sie die Größe der eingebundenen Datei kennen müssen.

C.8.6 Verzweigungstabellen

In verschiedenen Programmiersprachen gibt es `case`- oder `switch`-Anweisungen, um einen Sprung aus mehreren Alternativen entsprechend einem numerischen Wert einer Variablen auszuwählen. Manchmal benötigt man derartige Mehrwegverzweigungen auch in Assemblerprogrammen. Stellen Sie sich beispielsweise eine Menge von Unterprogrammen für Systemaufrufe vor, die in einer einzigen `SYS`-Trap-Routine zusammengefasst sind. Das Programm *jumptbl.s* in ▶Listing C.5 zeigt, wie sich eine derartige Mehrwegverzweigung in 8088-Assembler programmieren lässt.

```
#include "..\\syscalnr.h"!  1
.SECT .TEXT              !  2
jumpstrt:                !  3
        PUSH strt        !  4
        MOV  BP,SP       !  5
        PUSH _PRINTF     !  6
        SYS              !  7
        PUSH _GETCHAR    !  8
1:      SYS              !  9
        CMP  AX,5        ! 10
        JL   8f          ! 11
        CMPB AL,'0'      ! 12
        JL   1b          ! 13
        CMPB AL,'9'      ! 14
        JLE  2f          ! 15
        MOVB AL,'9'+1    ! 16
2:      MOV  BX,AX       ! 17
        AND  BX,0Xf      ! 18
        SAL  BX,1        ! 19
        JMP  tbl(BX)     ! 20
!       CALL tbl(BX)     ! 20
!       JMP  1b          ! 21
8:      PUSH 0           ! 22
        PUSH _EXIT       ! 23
        SYS              ! 24

rout0:  MOV  AX,mes0     ! 25
        JMP  9f          ! 26
rout1:  MOV  AX,mes1     ! 27
        JMP  9f          ! 28
rout2:  MOV  AX,mes2     ! 29
        JMP  9f          ! 30
rout3:  MOV  AX,mes3     ! 31
```

```
        JMP  9f           ! 32
rout4:  MOV  AX,mes4      ! 33
        JMP  9f           ! 34
rout5:  MOV  AX,mes5      ! 35
        JMP  9f           ! 36
rout6:  MOV  AX,mes6      ! 37
        JMP  9f           ! 38
rout7:  MOV  AX,mes7      ! 39
        JMP  9f           ! 40
rout8:  MOV  AX,mes8      ! 41
        JMP  9f           ! 42
erout:  MOV  AX,emes      ! 43
9:      PUSH  AX          ! 44
        PUSH  _PRINTF     ! 45
        SYS               ! 46
        ADD  SP,4         ! 47
        JMP 1b            ! 48
!       RET               ! 48

.SECT .DATA                                                               ! 49
tbl: .WORD rout0,rout1,rout2,rout3,rout4,rout5,rout6,rout7,rout8,rout8,erout ! 50
mes0: .ASCIZ "This is a zero.\n"                                          ! 51
mes1: .ASCIZ "How about a one.\n"                                         ! 52
mes2: .ASCIZ "You asked for a two.\n"                                     ! 53
mes3: .ASCIZ "The digit was a three.\n"                                   ! 54
mes4: .ASCIZ "You typed a four.\n"                                        ! 55
mes5: .ASCIZ "You preferred a five.\n"                                    ! 56
mes6: .ASCIZ "A six was encountered.\n"                                   ! 57
mes7: .ASCIZ "This is number seven.\n"                                    ! 58
mes8: .ASCIZ "This digit is not accepted as an octal.\n"                  ! 59
emes: .ASCIZ "This is not a digit. Try again.\n"                          ! 60
strt: .ASCIZ "Type an octal digit with a return. Stop on end of file.\n"  ! 61
```

Listing C.5: Ein Programm (*jumptbl.s*), das eine Mehrwegverzweigung mithilfe einer Verzweigungstabelle demonstriert

Das Programm gibt zunächst eine – an der Marke `strt` gespeicherte – Zeichenfolge aus, die den Benutzer auffordert, eine Oktalzahl einzugeben (Zeilen 4 bis 7). Dann liest es ein Zeichen von der Standardeingabe (Zeilen 8 und 9). Wenn der Wert in `AX` kleiner als 5 ist, interpretiert das Programm ihn als Dateiendemarkierung, springt zu Marke 8 in Zeile 22 und terminiert mit dem Statuscode 0.

Wenn das Ende der Datei noch nicht erreicht ist, wird das nach `AL` eingelesene Zeichen untersucht. Jedes Zeichen kleiner als die Ziffer 0 gilt als Whitespace und wird durch den Sprung in Zeile 13 ignoriert, um ein weiteres Zeichen abzurufen. Jedes Zeichen größer als Ziffer 9 gilt als korrekte Eingabe. In Zeile 16 wird das Zeichen auf den Doppelpunkt – den Nachfolger der Ziffer 9 im ASCII-Zeichensatz – abgebildet.

Somit steht in Zeile 17 ein Wert zwischen Ziffer 0 und dem Doppelpunkt in `AX`. Dieser Wert wird nach `BX` kopiert. In Zeile 18 blendet der `AND`-Befehl alle Bits bis auf die niederwertigen vier Bits aus (Maskierung), sodass eine Zahl zwischen 0 und 10 zurückbleibt (aufgrund der Tatsache, dass dem ASCII-Zeichen „0“ der hexadezimale Wert 0x30 zugeordnet ist). Da wir eine Tabelle aus Wörtern und nicht aus Bytes indizieren wollen, multipliziert Zeile 19 mit einer Linksverschiebung den Wert in `BX` mit 2.

In Zeile 20 steht ein CALL-Befehl. Die effektive Adresse wird gebildet, indem der Wert von BX zum numerischen Wert der Marke tbl addiert und der Inhalt dieser zusammengesetzten Adresse in den Programmzähler PC geladen wird.

Dieses Programm wählt eines von zehn Unterprogrammen aus, abhängig von einem Zeichen, das von der Standardeingabe abgerufen wurde. Die einzelnen Unterprogramme legen die Adresse einer bestimmten Meldung auf den Keller und springen dann zu einer gemeinsam genutzten Sequenz für den _PRINTF-Systemaufruf.

Um den Ablauf zu verstehen, muss man wissen, dass die JMP- und CALL-Befehle die Adresse eines bestimmten Textabschnitts in den PC laden. Eine derartige Adresse ist letztlich nichts weiter als eine Binärzahl und während der Assemblierung werden alle Adressen durch ihre Binärwerte ersetzt. Mit diesen Binärwerten kann man ein Array im Datensegment initialisieren, was in Zeile 50 geschieht. Somit enthält das Array, das bei tbl beginnt, die Startadressen von rout0, rout1, rout2 usw. mit 2 Bytes je Adresse. Die Notwendigkeit für 2-Byte-Adressen erklärt, warum wir die 1-Bit-Verschiebung in Zeile 19 brauchen. Eine derartige Tabelle bezeichnet man auch als **Verzweigungstabelle**.

Wie diese Routinen arbeiten, können Sie in der erout-Routine in den Zeilen 43 bis 48 verfolgen. Diese Routine behandelt den Fall einer außerhalb des Bereichs liegenden Ziffer. Zuerst legt die Routine in Zeile 43 die Adresse der Meldung (in AX) auf den Keller und dann die Nummer des _PRINTF-Systemaufrufs. Anschließend führt sie den Systemaufruf aus, räumt den Keller auf und kehrt zurück. Die anderen neun Routinen, rout0 bis rout8, laden jeweils die Adressen ihrer privaten Meldungen in AX und springen dann zur zweiten Zeile von erout, um die Meldung auszugeben und das Unterprogramm zu beenden.

Das Programm sollten Sie mit mehreren unterschiedlichen Eingabezeichen ausführen, damit Ihnen die Arbeitsweise von Verzweigungstabellen in Fleisch und Blut übergeht. Als Übung können Sie das Programm dahingehend ändern, dass sämtliche Zeichen eine sinnvolle Aktion generieren. Zum Beispiel sollten alle Zeichen außer den Oktalziffern eine Fehlermeldung liefern.

C.8.7 Gepufferter und wahlfreier Dateizugriff

Das Programm *InFilBuf.s* in ▶Listing C.6 zeigt wahlfreie Ein-/Ausgaben mit Dateien. Eine Datei bestehe aus einer Anzahl von Zeilen, wobei verschiedene Zeilen möglicherweise unterschiedliche Längen haben. Das Programm liest zuerst die Datei und erstellt eine Tabelle, in der der Eintrag *n* die Dateiposition angibt, bei der die Zeile *n* beginnt. Später lässt sich eine Zeile anfordern, ihre Position in der Tabelle suchen und die Zeile einlesen. Das geschieht mit den Systemaufrufen LSEEK und READ. Den Dateinamen gibt man als erste Eingabezeile an der Standardeingabe ein. Das Programm enthält mehrere relativ unabhängige Codeblöcke, die Sie für andere Zwecke modifizieren können.

```
#include "..\\syscalnr.h"
bufsiz  = 512
.SECT .TEXT
infbufst:
        MOV  BP,SP
        MOV  DI,linein
        PUSH _GETCHAR
1:      SYS
        CMPB AL,'\n'
```

```
        JL   9f            ! 10
        JE   1f            ! 11
        STOSB              ! 12
        JMP  1b            ! 13
1:      PUSH 0             ! 14
        PUSH linein        ! 15
        PUSH _OPEN         ! 16
        SYS                ! 17
        CMP  AX,0          ! 18
        JL   9f            ! 19
        MOV  (fildes),AX   ! 20
        MOV  BX,0          ! 21
        MOV  SI,linh+2     ! 22
1:      CALL fillbuf       ! 23
        CMP  CX,0          ! 24
        JLE  3f            ! 25
2:      MOVB AL,'\n'       ! 26
        REPNE  SCASB       ! 27
        JNE  1b            ! 28
        INC  (count)       ! 29
        MOV  AX,BX         ! 30
        SUB  AX,CX         ! 31
        XCHG SI,DI         ! 32
        STOS               ! 33
        XCHG SI,DI         ! 34
        CMP  CX,0          ! 35
        JNE  2b            ! 36
        JMP  1b            ! 37

9:      MOV  SP,BP         ! 38
        PUSH linein        ! 39
        PUSH errmess       ! 40
        PUSH _PRINTF       ! 41
        SYS                ! 42
        PUSH _EXIT         ! 43
        PUSH _EXIT         ! 44
        SYS                ! 45

3:      CALL getnum        ! 46
        CMP  AX,0          ! 47
        JLE  8f            ! 48
        MOV  BX,(curlin)   ! 49
        CMP  BX,0          ! 50
        JLE  7f            ! 51
        CMP  BX,(count)    ! 52
        JG   7f            ! 53
        SHL  BX,1          ! 54
        MOV  CX,linh(BX)   ! 55
        MOV  AX,linh-2(BX) ! 56
        PUSH 0             ! 57
        PUSH 0             ! 58
        PUSH AX            ! 59
        PUSH (fildes)      ! 60
        PUSH _LSEEK        ! 61
        SYS                ! 62
        SUB  CX,AX         ! 63
```

```
        PUSH CX
        PUSH buf
        PUSH (fildes)
        PUSH _READ
        SYS
        ADD  SP,4
        PUSH 1
        PUSH _WRITE
        SYS
        ADD  SP,14
        JMP  3b

8:      PUSH scanerr
        PUSH _PRINTF
        SYS
        ADD  SP,4
        JMP  3b

7:      PUSH 0
        PUSH _EXIT
        SYS

fillbuf:
        PUSH bufsiz
        PUSH buf
        PUSH (fildes)
        PUSH _READ
        SYS
        ADD  SP,8
        MOV  CX,AX
        ADD  BX,CX
        MOV  DI,buf
        RET

getnum:
        MOV  DI,linein
        PUSH _GETCHAR
1:      SYS
        CMPB AL,'\n'
        JL   9b
        JE   1f
        STOSB
        JMP  1b
1:      MOVB (DI),'\0'
        PUSH curlin
        PUSH numfmt
        PUSH linein
        PUSH _SSCANF
        SYS
        ADD  SP,10
        RET

.SECT .DATA
errmess:
.ASCIZ "Open %s failed\n"
numfmt: .ASCIZ "%d"
```

```
scanerr:                          !115
.ASCIZ "No number. Try again\n"   !116
.ALIGN 2                          !117
.SECT .BSS                        !118
linein: .SPACE 80                 !119
fildes: .SPACE 2                  !120
linh:   .SPACE 8192               !121
curlin: .SPACE 4                  !122
buf:    .SPACE bufsiz+2           !123
count:  .SPACE 2                  !124
```

Listing C.6: Ein Programm mit gepuffertem Lesen und wahlfreiem Dateizugriff (*InFilBuf.s*)

Die ersten fünf Zeilen definieren wie üblich die Systemaufrufnummern sowie die Puffergröße und setzen den Basiszeiger auf die Spitze des Kellers. Die Zeilen 6 bis 13 lesen den Dateinamen von der Standardeingabe ein und speichern ihn als Zeichenfolge ab der Marke `linein`. Wenn der Dateiname nicht ordnungsgemäß mit einem Zeilenwechselzeichen abgeschlossen ist, generiert das Programm eine Fehlermeldung und der Prozess terminiert mit einem Status ungleich 0. Das ist in den Zeilen 38 bis 45 realisiert. Beachten Sie, dass Zeile 39 die Adresse des Dateinamens und Zeile 40 die Adresse einer Fehlermeldung auf den Keller legen. In der Fehlermeldung selbst (in Zeile 113) ist ein `%s` als Zeichenfolgenanforderung im `_PRINTF`-Format enthalten. An dieser Stelle wird der Inhalt der `linein`-Zeichenfolge eingefügt.

Wenn sich der Dateiname ohne Probleme kopieren lässt, wird die Datei in den Zeilen 14 bis 20 geöffnet. Bei einem gescheiterten `OPEN`-Aufruf ist der Rückgabewert negativ und das Programm springt zu Marke 9 in Zeile 28, um eine Fehlermeldung auszugeben. Verläuft der Systemaufruf erfolgreich, dann ist der Rückgabewert ein Dateideskriptor, der in der Variablen `fildes` gespeichert wird. Dieser Dateideskriptor ist für nachfolgende `READ`- und `LSEEK`-Aufrufe erforderlich.

Als Nächstes liest das Programm die Datei in Blöcken zu je 512 Bytes ein und legt sie im Puffer `buf` ab. Der für den Puffer reservierte Speicher ist zwei Bytes größer als die notwendigen 512 Bytes, nur um zu zeigen, wie sich eine symbolische Konstante und eine Ganzzahl in einem Ausdruck zusammen verwenden lassen (in Zeile 123). Analog dazu wird in Zeile 21 das Register `SI` mit der Adresse des zweiten `linh`-Arrayelements geladen, wodurch am Anfang dieses Arrays ein Maschinenwort mit dem Inhalt 0 verbleibt. Das Register `BX` enthält die Dateiadresse des ersten noch nicht gelesenen Zeichens in der Datei und wird folglich vor dem ersten Füllen des Puffers in Zeile 22 mit 0 initialisiert.

Die Routine `fillbuf` in den Zeilen 83 bis 93 ist für das Füllen des Puffers zuständig. Nachdem sie die Argumente auf den Keller gelegt hat, wird der Systemaufruf `READ` ausgeführt, der die Anzahl der tatsächlich gelesenen Zeichen in `AX` zurückgibt. Diese Zahl wird in das Register `CX` kopiert und die Anzahl der noch im Puffer befindlichen Zeichen bleibt danach in `CX` erhalten. Die Dateiposition des ersten noch nicht gelesenen Zeichens ist in `BX` verzeichnet, sodass `CX` zu `BX` addiert werden muss (Zeile 91). Zeile 92 schreibt den Beginn des Puffers nach `DI`, um den Puffer nach dem nächsten Zeilenwechselzeichen durchsuchen zu können.

Nach der Rückkehr aus `fillbuf` prüft Zeile 24, ob tatsächlich etwas gelesen wurde. Falls nicht, verlässt das Programm mit dem Sprungbefehl in Zeile 25 die Schleife für gepuffertes Lesen und setzt mit dem zweiten Teil des Programms fort.

Jetzt können wir den Puffer durchsuchen. Zeile 26 lädt das Symbol `\n` nach `AL` und Zeile 27 durchsucht mit dem Schleifenbefehl `REP SCASB` den Puffer nach diesem Wert. Es gibt zwei Möglichkeiten, die Schleife zu verlassen: entweder wenn `CX` den Wert 0 erreicht oder wenn ein Zeichen im Puffer das Zeilenwechselzeichen ist. Wenn das Nullflag gesetzt ist, dann war das letzte durchsuchte Symbol ein `\n` und die Dateiposition des aktuellen Symbols (ein Byte nach dem Zeilenwechselzeichen) ist im `linh`-Array zu speichern. Dann wird der Zähler inkrementiert und die Dateiposition anhand von `BX` und der noch in `CX` verfügbaren Anzahl der Zeichen berechnet (Zeilen 29 bis 31). Die Zeilen 32 bis 34 realisieren den eigentlichen Speichervorgang, da aber der Befehl `STOS` das Ziel in `DI` und nicht in `SI` erwartet, sind diese Register vor und nach dem `STOS`-Befehl zu vertauschen. Die Zeilen 35 bis 37 prüfen, ob weitere Daten im Puffer verfügbar sind, und führen Sprungbefehle entsprechend dem Wert von `CX` aus.

Wenn das Ende der Datei erreicht ist, liegt eine vollständige Liste der Dateipositionen für die Zeilenanfänge vor. Da wir das `linh`-Array mit einem 0-Wort begonnen haben, wissen wir, dass die erste Zeile bei Adresse 0 beginnt, der Beginn der nächsten Zeile bei der durch `linh + 2` gegebenen Position zu finden ist, usw. Die Größe von Zeile n lässt sich aus der Beginnadresse von Zeile $n + 1$ minus der Beginnadresse von Zeile n berechnen.

Der Rest des Programms liest die Nummer einer Zeile ein, liest diese Zeile in den Puffer und gibt ihn mit einem `WRITE`-Aufruf aus. Alle erforderlichen Informationen sind im `linh`-Array zu finden, dessen n-ter Eintrag die Beginnposition von Zeile n in der Datei enthält. Wenn die angeforderte Zeilennummer entweder 0 ist oder außerhalb des erfassten Bereichs liegt, terminiert das Programm durch einen Sprung zu Marke `7`.

Dieser Teil des Programms beginnt in Zeile 46 mit einem Aufruf des Unterprogramms `getnum`. Diese Routine liest eine Zeile von der Standardeingabe und speichert sie im Puffer `linein` (in den Zeilen 95 bis 103). Als Nächstes wird der `SSCANF`-Aufruf vorbereitet. Gemäß der umgekehrten Reihenfolge der Argumente legen wir zuerst die Adresse von `curlin`, die einen Ganzzahlwert aufnehmen kann, auf den Keller, dann die Adresse der Ganzzahlformatzeichenfolge `numfmt` und schließlich die Adresse des Puffers `linein`, der die Nummer in Dezimalschreibweise enthält. Das Systemunterprogramm `SSCANF` schreibt den Binärwert nach `curlin`, falls dies möglich ist. Im Fehlerfall gibt es 0 in `AX` zurück. Zeile 48 testet diesen Rückgabewert. Bei einem Fehler generiert das Programm eine Fehlermeldung über Marke `8`.

Gibt das Unterprogramm `getnum` eine gültige Ganzzahl in `curlin` zurück, übernimmt Zeile 49 diesen Wert nach `BX`. Dann testen die Zeilen 50 bis 53, ob der Wert im zulässigen Bereich liegt. Wenn nicht, wird das Programm durch einen Sprung zu Marke `7` über einen `EXIT`-Aufruf beendet.

Andernfalls müssen wir das Ende der ausgewählten Zeile in der Datei und die Anzahl der zu lesenden Bytes ermitteln. Wir multiplizieren also `BX` mit 2 durch eine Linksverschiebung mit `SHL`. Die Dateiposition der betreffenden Zeile wird in Zeile 56 nach `AX` kopiert. Die Dateiposition der nächsten Zeile wird in `CX` aufgehoben und verwendet, um die Anzahl der Bytes in der aktuellen Zeile zu berechnen.

Um aus einer Datei wahlfrei zu lesen, ist mit `lseek` der Dateioffset auf das nächste zu lesende Byte zu setzen. `lseek` wird in Bezug auf den Anfang der Datei ausgeführt wird. Um dies anzuzeigen, legt zuerst Zeile 57 das Argument 0 mit `PUSH` auf dem Keller ab. Das nächste Argument ist der Dateioffset. Per Definition ist dieses Argument eine lange Ganzzahl (d.h. ein 32-Bit-Wert), sodass wir zuerst ein 0-Wort und dann den Wert von `AX` in den Zeilen 58 und 59 mit `PUSH` auf den Keller bringen, um eine 32-Bit-Ganzzahl zu bilden. Dann werden der Dateideskriptor und der Code von `LSEEK` auf dem Keller abgelegt und in Zeile 62 der Systemaufruf ausgeführt. Der Rückgabewert von `LSEEK` gibt die aktuelle Position in der Datei an und steht in der Registerkombination `DX:AX`. Passt die

Zahl in ein Maschinenwort (was bei Dateien bis zu einer Länge von 65.536 Bytes der Fall ist), enthält AX die Adresse. Subtrahiert man AX von CX (Zeile 63), erhält man die Anzahl der zu lesenden Bytes, um die Zeile in den Puffer zu übertragen.

Der Rest des Programms ist einfach. Die Zeilen 64 bis 68 lesen die Zeile aus der Datei und die Zeilen 70 bis 72 schreiben sie dann über den Dateideskriptor 1 in die Standardausgabe. Beachten Sie, dass sich die Zähler- und Pufferwerte immer noch auf dem Keller befinden, nachdem Zeile 69 den Keller teilweise aufgeräumt hat. Schließlich setzt Zeile 73 den Kellerzeiger vollständig zurück und das Programm ist bereit für den nächsten Schritt. Wir springen also zurück zu Marke 3 und starten erneut mit einem weiteren Aufruf von getnum.

3.8.7.1 Danksagungen

Der in diesem Anhang eingesetzte Assemblierer ist Teil des „Amsterdam Compiler Kit". Die komplette Umgebung ist online unter *www.cs.vu.nl/ack* verfügbar. Wir danken folgenden Personen, die für das ursprüngliche Konzept verantwortlich zeichnen: Johan Stevenson, Hans Schaminee und Hans de Vries. Insbesondere sind wir Ceriel Jacobs verpflichtet, der dieses Softwarepaket wartet und dabei geholfen hat, es mehrmals anzupassen, um den Lehranforderungen unserer Kurse gerecht zu werden. Außerdem danken wir Elth Ogston dafür, dass er das Manuskript gelesen und die Beispiele und Übungen getestet hat.

Weiterhin möchten wir Robbert van Renesse und Jan-Mark Wams danken, die Tracer für den PDP-11 bzw. den Motorola 68000 entwickelt haben. Viele ihrer Ideen sind in diesem Tracer umgesetzt. Darüber hinaus möchten wir der großen Gruppe von Assistenten und Systemoperatoren danken, die uns in vielen Kursen zur Assemblerprogrammierung im Verlauf vieler Jahre unterstützt haben.

EXTRAS ONLINE
Lösungen

Aufgaben

Die Lösungen zu den Aufgaben finden Sie auf der Website (CWS) unter *www.pearson-studium.de*.

1 Wie lauten die Dezimalwerte in `AH` und `AL`, nachdem der Befehl `MOV AX, 702` ausgeführt wurde?

2 Das `CS`-Register enthalte den Wert 4. Wie groß ist der Bereich der absoluten Speicheradressen für das Codesegment?

3 Wie lautet die höchste Speicheradresse, auf die der 8088-Prozessor zugreifen kann?

4 Nehmen Sie an, dass `CS = 40`, `DS = 8000` und `IP = 20` ist.

a. Wie lautet die absolute Adresse des nächsten Befehls?

b. Welches Speicherwort wird nach `AX` geladen, wenn `MOV AX, (2)` ausgeführt wird?

5 Ein Unterprogramm mit drei ganzzahligen Argumenten wird entsprechend der im Text beschriebenen Aufrufsequenz aufgerufen, d.h., der aufrufende Code legt die Argumente in umgekehrter Reihenfolge auf den Keller und führt dann einen `CALL`-Befehl aus. Der aufgerufene Code sichert dann den alten Wert von `BP` und lässt den neuen Wert von `BP` auf den gespeicherten alten zeigen. Dann wird der Kellerzeiger dekrementiert, um Speicherplatz für lokale Variablen zu reservieren. Geben Sie mit diesen Konventionen den erforderlichen Befehl an, um das erste Argument nach `AX` zu übertragen.

6 In Abbildung C.1 wird der Ausdruck `de - hw` als Operand verwendet. Dieser Wert stellt die Differenz zweier Marken dar. Gibt es Fälle, in denen sich `de + hw` als gültiger Operand verwenden lässt? Erläutern Sie Ihre Antwort.

7 Geben Sie den Assemblercode für die Berechnung des folgenden Ausdrucks an:

```
x = a + b + 2
```

8 Eine C-Funktion wird durch

```
foobar(x, y);
```

aufgerufen. Geben Sie den Assemblercode für diesen Aufruf an.

9 Schreiben Sie ein Assemblerprogramm, das Eingabeausdrücke bestehend aus einer Ganzzahl, einem Operator und einer anderen Ganzzahl übernimmt und den Wert des Ausdrucks ausgibt. Zugelassen seien die Operatoren +, -, * und /.

Namensregister

Register

Numerisch

A

B

D

E

F

G

J

K

L

M

N

O

P

Q

R

S

T

U

V

W

X

Y

Z